Volker Spiess (Hrsg.)

Berliner Biographisches Lexikon

Volker Spiess (Hrsg.)

Berliner Biographisches Lexikon

SAPERE AUDE

Haude & Spener

Die Bearbeiter

Günther Bellmann (GB), Ulla Biesenkamp (UB), Hans Bohrmann (HB), Eva Dorst (ED), Karl Dürr (KD), Birgit Fleischmann (BF), Eberhard Fromm (EF), Edeltraud Hinkelmann (EH), Utz Hoffmann (UH), Joachim Marzahn (JM), Vera Meischen (VM), Volker Thurner-Meischen (VTM), Reinhard Mozek (RM), Gudrun Raff (GR), Manfred Rauschenbach (MR), Matthias Schütt (MS), Klaus-Dieter Schulz (KDS), Volker Spiess (VS), Regina Stürickow (RS), Irmtraud Ubbens (IU), Dieter Weigert (DW), Doris und Thomas Wieke (DTW), Thomas Wieke (ThW).

Abbildungen: Archiv Volker Spiess, Berlin

2. überarbeitete und erweiterte Auflage

Satz: Volker Spiess, Berlin
Layout: Yvonne Götz, Berlin
Umschlagentwurf: Yvonne Götz, Berlin
Abbildungen Umschlag: Archiv Volker Spiess (4), ddp (1)
Gesamtherstellung: Color-Druck Dorfi GmbH, Berlin
ISBN 3-7759-0468-9

Vorwort

Als das »Berliner Biographische Lexikon« 1992 erstmals erschien, wurde es von Lesern und Medien durchweg positiv aufgenommen. Je nach der persönlichen Interessenlage erhielt der Verlag viele Vorschläge, welche Personen in einer Neuauflage nicht fehlen dürften. Darüber hinaus gab es Hinweise auf Grabstätten, Korrekturen bei Lebensdaten und Ergänzungen bei den Literaturhinweisen.

Viele dieser Anregungen konnten für die vorliegende 2. überarbeitete und erweiterte Auflage berücksichtigt werden. Neben mehr als 200 neu aufgenommenen Biographien, wurde der Grundbestand gründlich überarbeitet bzw. neu verfaßt. Einige der in der 1. Auflage vertretenen Personen wurden jedoch gestrichen, da sich ihre Bedeutung für Berlin als nicht so relevant herausgestellt hat, wie es ursprünglich erschien.

Das Lexikon führt Namen verstorbener Persönlichkeiten an, die in Berlin gelebt und für Berlin gewirkt haben: Architekten, bildende Künstler, Literaten, Militärs, Musiker, Politiker, Regisseure, Schauspieler, Sportler, Techniker, Wissenschaftler – und einen Teil jener »Berliner Originale«, die in keinem Lexikon auftauchen, aber zum Kolorit der Stadt gehören. Neben der jeweiligen Kurzbiographie ergänzen teilweise eine Bibliographie der wichtigsten Werke, weiterführende Literaturhinweise und die Angabe der Grabstelle (soweit diese in Berlin liegt) den Text. Dabei sind nicht allein die akzeptierten Repräsentanten berlinischen Lebens vertreten, sondern zum Teil weniger bekannte oder auch unbequeme Zeitgenossen. Und neben den biographischen Fakten und den speziellen Leistungen steht auch die individuelle Besonderheit der Person im Mittelpunkt, wird durch so manche Parallelität von Einzel- und Stadtschicksal auch immer etwas von der historischen Ambivalenz Berlins sichtbar.

Letztlich erschließen sich in diesem Lexikon aber auch die faszinierenden Etappen einer Stadtentwicklung, die Berlin – von der ehemaligen Kaufmannssiedlung über die kurfürstliche Residenz bis zur preußischen und deutschen Hauptstadt – seine einmalige Ausstrahlung und das besondere Flair verliehen haben: die architektonische Stringenz des achtzehnten Jahrhunderts, die liberalen Strömungen in den Geisteswissenschaften im frühen und die überragende Rolle der Stadt in den Naturwissenschaften im ausgehenden neunzehnten Jahrhundert, wie auch die kulturelle Brillanz und ästhetische Vielfalt zu Beginn des zwanzigsten Jahrhunderts bis zur Gemeinsamkeit – trotz räumlicher und geistiger Trennung über mehr als eine Generation hinweg – einer urbanen Zivilisation. So gesehen, ist dieses Lexikon neben der prägnanten Faktensammlung auch ein Lesebuch zur Berlin-Geschichte.

Mein Dank gilt all jenen, die zur Realisierung dieses Werkes beitrugen, vor allem den Bearbeitern der jeweiligen sachbezogenen Beiträge.

Der Herausgeber

Hinweise für die Benutzung

Das Lexikon ist alphabetisch geordnet. Bis auf wenige Ausnahmen werden generell nur Namen von Einzelpersonen genannt, so daß sich ein Register bzw. Sachkatalog erübrigt. Bei der Namensnennung erfolgt – falls mehrere Vornamen vorhanden – die Schreibweise des Rufnamens stets kursiv; ließ sich der Rufname nicht ermitteln, wurde auf kursive Hervorhebung verzichtet. Die Berufsbezeichnung ist eine annähernde Klassifizierung – sie erhebt keinerlei Anspruch auf Vollständigkeit, soll jedoch nach Möglichkeit Beruf oder Berufung umreißen. Nicht in jedem Fall ließen sich vollständige Lebensdaten ermitteln. Auch die Grabstätte war nicht immer exakt zu bestimmen. Die nach dem Sterbeort in eckigen Klammern stehenden Ziffern [F.000] bezeichnen – nach bestem Wissen – den jetzigen Friedhof, wobei wir uns auf den Berlin-Potsdamer Raum beschränkt haben. Die Friedhöfe werden am Ende des Textteils numerisch aufgeführt. Auch hier können Irrtümer – vor allem bei Umbettungen, Einebnungen bzw. Ehrengräbern – nicht gänzlich ausgeschlossen werden.

Im Gegensatz zu anderen Lexika steht das Verhältnis des Betreffenden zu Berlin im Vordergrund. Wenn zu ermitteln, wurde stets genannt, ab wann die- oder derjenige in Berlin lebten, welche Bedeutung sie für die Stadt hatten und was das Bleibende und Charakteristische in der Beziehung zu Berlin war. Die Werkangaben erheben keinen Anspruch auf Vollständigkeit, auch hier wurde der Akzent (seien es nun Bauwerke, Kompositionen, Literatur oder wissenschaftliche Entdeckungen) vor allem auf den Berlin-Bezug gelegt. Nicht in jedem Fall ist das dann auch – besonders bei Schriftstellern – die bekannteste Schöpfung des Betreffenden. Angaben zu weiterführender Literatur berücksichtigen in der Regel zuerst populäre Darstellungen und sollen allenfalls Anregung zu ausführlichen Studien sein. Auch hier muß nicht unbedingt das repräsentativste Werk genannt werden; wo es angebracht schien, wurden durchaus Arbeiten erwähnt, die kontroverse Ansichten vertreten.

Auf eine gesonderte Auflistung der Abkürzungen wurde verzichtet. Sie gehen über das allgemein übliche Maß nicht hinaus und sind auch ohne Verzeichnis verständlich. Die Bearbeiter sind mit ihrem Namenskürzel am Schluß des jeweiligen Beitrages vermerkt.

A

Abeken, Heinrich Johann Wilhelm Rudolf

Theologe und Diplomat
✶ 19.8.1809 Osnabrück
† 8.8.1872 Berlin

Nach Theologiestudium in Berlin ging A. 1831 nach Rom, wo er 1834 Prediger der preußischen Gesandtschaft wurde. 1838 kehrte er nach Deutschland zurück, wurde beim Regierungsantritt Wilhelms IV. 1841 nach London geschickt, um dort kirchenpolitisch zu wirken. Seit 1847 lebte A. ständig in Berlin und wurde 1853 zum Vortragenden Rat im Ministerium der Auswärtigen Angelegenheiten ernannt. Geschätzt wegen seiner Arbeitskraft und Geschäftsgewandtheit, war er an folgenreichen politischen Verhandlungen unmittelbar beteiligt und arbeitete bald in der Nähe Bismarcks, der großen Wert auf seine Dienste legte (man nannte ihn B.s Feder). A., der in Kriegszeiten (1866, 1870–71) einen großen Teil der Depeschen verfaßte, entwarf auch die Emser Depesche. Ferner schrieb er eine Biographie über C.J. Freiherr von Bunsen, veröffentlichte Vorträge zum religiösen Leben und beteiligte sich an der Herausgabc des Allgemeinen evangelischen Gesang- und Gebetbuchs.

Literatur: Ein schlichtes Leben in bewegter Zeit, aus Briefen zusammengesetzt; hg. v. H. Abeken, 1898, 1910. *EH*

Accum, Friedrich Christian

Chemiker
✶ 29.3.1769 Bückeburg
† 28.6.1838 Berlin

A., ein Pionier der Berliner Gaslichtproduktion, absolvierte eine Apothekerlehre und ging 1793 nach London. Als Professor am Surrey-Institut (ab 1803) experimentierte er mit Leuchtgas und entwickelte ein Verfahren zur Ammoniakgewinnung (1815). 1822 erhielt er eine Professur am Berliner Gewerbeinstitut und an der Bauakademie. Hier verfaßte er zahlreiche Lehrbücher zur Chemie, Mineralogie und Technologie. *UH*

Achard, Franz Karl

Begründer der Rübenzuckerfabrikation
✶ 28.4.1753 Berlin
† 20.4.1821 Kunern (Schlesien)

Nach dem Studium der Physik und Chemie war A. Assistent bei Marggraf, dem damaligen Direktor der Akademie der Wissenschaften in Berlin, der 1747 ein Verfahren zur Zuckerproduktion aus Runkelrüben entwickelt hatte. Dieser erste Kontakt mit dem »Süß-Stoff« prägte A.s weiteren beruflichen Werdegang. Nach einem Ausflug in die Welt des Tabaks, – er verbesserte die inländischen Anbaumethoden, was ihm auf Anweisung des Königs eine lebenslange kleine Rente eintrug –, wurde er 1782 Nachfolger Marggrafs. Als Direktor der physikalischen Klasse der Akademie beschäftigte er sich und seine Studenten vorwiegend mit Galvanismus und Elektrizität, bis er sich 1784 wieder »seinem« Zucker zuwandte. Auf dem Gut Kaulsdorf gelang ihm die Zucht von besonders zuckerhaltigen Runkelrüben. Dies be-

Franz Karl Achard (1753–1821)

eindruckte König Friedrich Wilhelm III., den er für seine Anbaumethoden begeistern konnte und der mit einer Hypothek den Kauf eines weiteren Gutes in Kunern (Schlesien) finanzierte, auf dem 1801 die erste Zuckerfabrik in Deutschland entstand. A. soll in dieser Zeit verschiedene Angebote englischer Zuckerfabrikanten erhalten haben, gegen Zahlung hoher Geldbeträge seine Forschungsarbeit einzustellen, da diese ihr Zuckermonopol, zu Recht, gefährdet sahen. Dank A.s Methoden konnte Zucker zu einem für jedermann erschwinglichen Preis produziert werden, und man war nicht mehr vom Zuckerrohr aus den Kolonien abhängig. Nach einigen erfolgreichen Betriebsjahren brannte die Fabrik 1807 ab. Als Anerkennung für A.s Leistungen löschte der König die Hypothek, mit der Auflage, daß A. eine Lehranstalt für Zuckerproduktion und Runkelrübenzucht betreiben solle. Von 1812 bis 1814 unterrichtete er Schüler, mußte aber wegen seiner Gebrechlichkeit den Lehrbetrieb aufgeben. Er starb in weitgehender Vergessenheit, seine Verfahren aber waren und sind von weltweiter Bedeutung.

Werke: »Vorlesungen über Experimentalphysik« (4 Bde. 1790–92); »Die europäische Zuckerfabrikation aus Runkelrüben ...« (1809).

Literatur: Baxa, Größe und Tragik Achards, 1941.

VTM

Achenbach, *Heinrich* Karl Julius von

Minister für Handel

✶ 23.11.1829 Saarbrücken

† 9.7.1899 Potsdam

Anfangs in der preußischen Bergverwaltung tätig, wirkte A. ab 1860 als ao. Professor der Rechte in Bonn und machte sich auf diesem Gebiet einen Namen. 1866 wurde er ins Abgeordnetenhaus gewählt und war Gründungsmitglied der freikonservativen Partei (später Reichspartei). Seine erfolgreiche Tätigkeit im Abgeordnetenhaus und später im Reichstag führte ihn in die Ministeriallaufbahn. 1866 wurde er als Vortragender Rat in das Handelsministerium berufen, 1871 in das Reichskanzleramt übernommen, 1872 zum Unterstaatssekretär im Kultusministerium ernannt. 1873 trat er an die Spitze des preußischen Handelsministeriums. A. war Anhänger des Manchestertums und geriet in Gegensatz zu Bismarcks Wirtschaftspolitik. 1878 trat A. als Handelsminister zurück und wurde Oberpräsident von Westpreußen, 1879 von Brandenburg. In dieser Eigenschaft hatte er den damaligen Prinzen Wilhelm durch Vorträge in die Verwaltungspolitik einzuführen. In nichtwirtschaftlichen Fragen vertrat A. weiterhin den Regierungskurs und befürwortete eine energische Polenpolitik der preußischen Regierung. *EH*

Adalbert, Max

Schauspieler

✶ 19.12.1874 Danzig

† 7.9.1933 Berlin [F.121]

A. war einer der erfolgreichsten Komiker im Berlin der 20er Jahre. An Barnowskys Künstlertheater sorgte seine Mitwirkung für volle Ränge. Zusammen mit T. Hesterberg kreierte er in dem Schwank »Die Scheidungsreise« (1920) das zum Gassenhauer gewordene Couplet »Wer wird denn weinen, wenn man auseinandergeht?« A. übernahm 1930 am Deutschen Theater die Titelrolle in »Der Hauptmann von Köpenick« von W. Krauss und spielte sie auch in der Verfilmung (1931) von R. Oswald. *DTW*

Adenauer, Konrad Hermann Joseph

Politiker, Bundeskanzler, Ehrenbürger

✶ 5.1.1876 Köln

† 19.4.1967 Rhöndorf b. Bonn

Der Sohn eines Juristen fand nach dem Jurastudium schnell den Weg in die Politik, wurde Mitglied der Zentrumspartei und war von 1917–33 Kölner Oberbürgermeister. Als Präsident des Preußischen Staatsrates hielt er sich zwischen 1920–32 regelmäßig in Berlin auf. In der NS-Zeit suspendiert, gehörte er nach 1945 zu den Mitbegründern der CDU, wurde 1948 zum Präsidenten des Parlamentarischen Rates gewählt und war von 1949–63 Bundeskanzler. Von 1950–66 war er auch Parteivorsitzender der CDU. Adenauer trat engagiert für die Westintegration der Bundesrepublik ein. 1963 wurde ihm für seine Verdienste um Deutschland die Ehrenbürgerwürde Berlins verliehen. *EF*

Adlon, Lorenz

Hotelier

✶ 29.5.1849

† 7.4.1921 Berlin [F.110]

A. eröffnete 1907 am Pariser Patz sein berühmtes »Hotel Adlon«, mit Gesamtbaukosten von 17 Millionen Mark eines der teuersten Hotel-Projekte dieser Zeit. Alle Zimmer waren mit Telefon, Normaluhr und Zentralheizung ausgestattet. Exo-

tische Hölzer und Marmor dominierten die Eingangshalle, die schnell der Dreh- und Angelpunkt internationaler Größen aus Politik, Kunst und Halbwelt bildete. Speziell bei Ausländern war das Adlon beliebt, Höhepunkt war der alljährliche Ball der ausländischen Presse. Das Ende seines Lebenswerks mußte A. zum Glück nicht mehr erleben, sein Hotel brannte 1945 völlig ab. Seine Grabstätte liegt auf dem St.-Hedwigs-Friedhof.
Literatur: H. Adlon, Hotel Adlon, 1984; L. Demps/C.-L. Paeschke, Das Hotel Adlon, 1997.
VTM

Agricola, Johann

(eigtl. J. Schnitter)
Theologe
✶ 20.4.1494 Eisleben
† 22.9.1566 Berlin
Der Sohn eines Schneidermeisters studierte in Leipzig und Wittenberg. Dort kam es zu engen Kontakten mit Martin Luther. Seit 1525 wirkte er als Lehrer und Pfarrer in Eisleben. Hier erarbeitete er eine vielbeachtete Sprichwortsammlung, die 1528, wie üblich niederdeutsch, 1529 erstmals auf hochdeutsch erschien und die mehrfach aufgelegt wurde. Seit 1536 wieder in Wittenberg, holte ihn Kurfürst Joachim II. 1540 nach Berlin, wo er als Oberhofprediger und ab 1543 als Generalsuperintendent der Mark wirkte. Verdienste erwarb er sich bei der Errichtung der evangelischen Kirche in Brandenburg, wobei es zeitweilig zu theologischen Auseinandersetzungen mit Luther kam. 1912 wurde in Moabit die Agricolastraße nach ihm benannt. *EF*

Agricola, Johann Friedrich

Komponist, Kapellmeister, Sänger, Organist und Musikschriftsteller
✶ 4.1.1720 Dobitschen (Altenburg)
† 2.12.1774 Berlin
A. war während seines Studiums in Leipzig 1738–1741 Schüler von J.S. Bach und 1741 von J.J. Quantz in Berlin. Seit 1751 Hofkomponist in Berlin, wurde er 1759 als Nachfolger Grauns Dirigent der kgl. Kapelle. A. komponierte Kirchenmusik, Lieder und Opern; schrieb eine kommentierte Fassung von Adlungs »Musica mechanica organoedi« und das Standardwerk »Anleitung zur Singekunst« (1757). *ThW*

Hans Albers (1891–1960)

Albers, Hans

Schauspieler
✶ 22.9.1891 Hamburg
† 24.7.1960 Tutzing
A. begann in Bad Schandau. Seit er 1917 nach Berlin ans Theater des Westens verpflichtet wurde, arbeitete A. an verschiedenen Berliner Bühnen. Seit 1926 spielte er auch am Deutschen Theater, bei Piscator und an der Volksbühne. Seine wichtigsten Theaterrollen waren Liliom (Molnar, Volksbühne 1931 und Hebbel-Theater 1946), den er über 1800 mal gab, Peer Gynt, Kellner in Bruckners »Verbrecher«, Handelsminister in Shaws »Kaiser von Amerika«, Jean in Kaisers »Zwei Krawatten« (1929, mit M. Dietrich) und Geheimrat Clausen (»Vor Sonnenaufgang«). Seit dem I. Weltkrieg hatte A. in über 100 Stummfilmen mitgewirkt, wurde in den 30er Jahren zu einem der populärsten Filmschauspieler. Paraderollen spielte er u.a. in »F.P. 1 antwortet nicht« (1932), »Der Mann, der Sherlock Holmes war« (1937), »Trenck, der Pandur« (1940), »Münchhausen« (1943), »Große Freiheit Nr. 7« (1944). Nach dem Krieg spielte der »große, elegante Kerl mit vulgärem Charme« (Brecht) den Mackie Messer in München (1949) und auch wieder auf Berliner Bühnen.
Literatur: M. Krützen, Hans Albers. Eine Deutsche Karriere, 1995. *DTW*

Albertz, Heinrich

Pfarrer, Politiker,
Regierender Bürgermeister
✶ 22.1.1915 Breslau
† 18.5.1993 Bremen-Horn

Der Sohn eines protestantischen Theologen kam bereits während seines Theologiestudiums in Breslau, Halle und Berlin sowie während seiner Tätigkeit als Vikar in Priebus und als Pfarrer in Roschkowitz in Konflikte mit dem NS-Regime. Nach Kriegsende Mitglied der SPD, gewann er 1946 die Landtagswahlen in Celle, war 1948 jüngster Minister in Niedersachsen und engagierte sich vor allem für die Flüchtlinge und Umsiedler. 1955 kam er als Senatsdirektor nach Berlin, wo er 1959 zum Chef der Senatskanzlei ernannt wurde. Seit Dezember 1961 wirkte er als Innensenator, 1963 wurde er darüber hinaus Bürgermeister unter Willy Brandt. Als dieser nach Bonn wechselte, wählte das Abgeordnetenhaus A. 1966 zum Regierenden Bürgermeister. Dieses Amt übte er jedoch nur kurze Zeit aus. Als während der Demonstrationen gegen den Schahbesuch der Student Benno Ohnesorg erschossen wurde, trat A. am 2. Juni 1967 zurück und schied damit für immer aus der aktiven Politik aus. Er blieb allerdings auch danach ein öffentlich engagierter Mensch. Davon zeugten sowohl sein Eintreten für Hausbesetzer als auch sein Protest gegen Mittelstreckenraketen in Deutschland und nicht zuletzt seine Bereitschaft, sich 1975 als Geisel zur Verfügung zu stellen, um den entführten Berliner CDU-Vorsitzenden Peter Lorenz zu retten. Nach seinem Rückzug aus der aktiven Politik arbeitete er von 1967–79 als Pfarrer in Berlin-Schlachtensee. 1986 verließ er Berlin und verlebte seine letzten Lebensjahre in einem Altenwohnheim in Bremen-Horn. »Er war furchtlos in jedem notwendigen Kampf und zugleich voller Güte gegenüber dem nächsten«, hieß es im Kondolenzschreiben Richard von Weizsäckers.

Schriften: Albertz, Dagegen gelebt, 1976; ders., Blumen für Stukenbrock. Biographisches, 1983; ders., Am Ende des Weges. Nachdenken über das Alter, 1989; ders., Wind hat sich gedreht. Der Gedanke über uns Deutsche.

Lioteratur: J. Schuster, Heinrich Albertz. Der Mann, der mehrere Leben lebte, 1997. *EF*

Albrecht Achilles

Markgraf und Kurfürst von Brandenburg
✶ 9.11.1414 Tangermünde
† 11.3.1486 Frankfurt/M.

Der dritte Sohn des Kurfürsten Friedrich I. von Brandenburg, eine der glänzendsten und einflußreichsten Persönlichkeiten seiner Zeit, wurde »der deutsche Achilles« genannt. Seine politischen Fähigkeiten erwies er als unermüdlicher Ratgeber Kaiser Friedrichs III. auf Reichs- und Fürstentagen und auch im eigenen Interesse. 1438 erwarb er sich die ersten Lorbeeren im Krieg gegen Böhmen; 1439 wurde er Statthalter in Breslau. Nach dem Tode seines Vaters 1440 erhielt er zusammen mit seinen drei Brüdern das Fürstentum Ansbach, 1460 auch das Fürstentum Bayreuth. Er trat dem Mergentheimer Fürstenbund bei, um eine Art Herzogtum für die fränkischen Bistümer und Städte zu errichten, was ihm jedoch nicht gelang. 1470 erhielt A. die Mark und wurde Kurfürst. Er erließ das Achilleische Hausgesetz (Dispositio Achillea), das u.a. für die Mark die Unteilbarkeit festlegte. 1474 war A. Reichsfeldherr gegen Burgund und trat für Reformen zur Reichsorganisation ein.

Literatur: Das kaiserl. Buch d. Markgr. A. A. hg. v. C. Hoefler u. J. v. Minutoli, 2 Tle. 1850, Nachdr. 1861, 1881. *EH*

Albrecht der Bär

Markgraf von Brandenburg
✶ um 1100
† 18.11.1170 Stendal

Der einzige Sohn des Grafen Otto von Ballenstedt (Askanien) und der ältesten Tochter des Herzogs Magnus von Sachsen konnte – obwohl es ihm nicht gelang, das Herzogtum Sachsen zu erringen – seine Macht nach Osten hin erweitern. 1125 übertrug ihm König Lothar III. Teile der alten Ostmark und der Niederlausitz. Seit 1134 Markgraf der Nordmark, machte er Eroberungen im Havelland und in der Prignitz. Durch das Testament des Hevellerfürsten Pribislaw erhielt er Brandenburg und Umgebung und nannte sich nun Markgraf von Brandenburg. Um diese Gebiete zu besiedeln, gab er Holländern, Rheinländern und Flamen günstiges Siedlerrecht; deren Nachkommen gründeten u.a. Berlin. Mit Hilfe der Prämonstratenser christianisierte er die heidnischen Gebiete und gründete die seit dem großen Slawenaufstand von 983 verwüsteten Bistümer Havelberg und Brandenburg neu (1151/52). A. gilt als Wegbereiter der Ostkolonisation und als der eigentliche Gründer des späteren brandenburgischen Staates.

Literatur: A. Jaster, Geschichte d. askan. Kolonisation in Brandenburg, 1934. *EH*

Alexis, Willibald
(eigtl. Georg Wilhelm Heinrich Häring)
Schriftsteller und Journalist
✶ 29.6.1798 Breslau
† 16.12.1871 Arnstadt (Thüringen)
Er trat 1822 erstmals als Autor mit einigen Novellen hervor, die auf so große Resonanz stießen, daß der Referendar am Berliner Kammergericht sein Amt aufgab und freier Schriftsteller wurde. Schon in seinen ersten Arbeiten, vor allem mit dem Roman »Walladmor« (1823), paßte sich A. geschickt den Erwartungen des Publikums an, indem er Themen und Stil Walter Scotts kopierte und »Walladmor« gar als originäres Werk des populären schottischen Schriftstellers ausgab. Erst mit »Cabanis« (1831) löste sich A. von seinem Vorbild, auch was den Schauplatz anbelangt: Die Handlung spielt im Preußen des Siebenjährigen Krieges. Nach einigen Abschweifungen u.a. in die Balladendichtung nahm A. 1840 die mit »Cabanis« begonnene Thematik wieder auf und verfaßte mehrere »vaterländische« Romane, von denen »Die Hosen des Herrn von Bredow« (1846) und »Ruhe ist die erste Bürgerpflicht« (1852) die bekanntesten wurden. Sie begründeten seinen Ruf als Wegbereiter des historischen Romans in Deutschland. Daneben machte er sich auch als Journalist einen Namen. Bereits 1827 hatte er das »Berliner Conversationsblatt« mitgegründet, redigierte von 1830–35 die Zeitschrift »Der Freimütige« und trat im Revolutionsjahr 1848 in die Redaktion der Vossischen Zeitung ein, der er allerdings schon ein Jahr später wieder den Rücken kehrte. Dem zeitgenössischen Publikum blieb A., der sich 1853 nach Thüringen zurückzog und nach einem Schlaganfall 1856 nicht mehr schreiben konnte, als »Walter Scott der Mark Brandenburg« im Gedächtnis. Im Blick auf seine fortdauernde Wirkung sollte sich jedoch langfristig Fontanes Prophezeiung bewahrheiten: »Willibald Alexis in seiner Gesamterscheinung: in seiner Mischung von Realismus und Romantizismus, im Detail seiner Forschung, der Schwierigkeit seiner Untersuchungen, in der Endlosigkeit seiner Dialoge (geistvoll wie sie sind), *konnte* nicht populär werden und wird es nicht werden.«

Willibald Alexis (1798–1871)

Literatur: W. Beutin, Königtum und Adel in den historischen Romanen des W. Alexis, 1966. *MS*

Alpar, Gitta
Sängerin, Sopranistin
✶ 5.3.1903 Budapest
† 1991 Palm Springs
A. begann an der Staatsoper Budapest, kam über München und Wien 1927 an die Staatsoper Berlin (u.a. Königin der Nacht). Ein populärer Star wurde sie nach dem sensationellen »Bettelstudent«-Erfolg im Metropol-Theater (1930), worauf sie sich ganz der Operette verschrieb, 1931 die »Dubarry« (Millöcker/Mackeben) kreierte und in Filmen mitwirkte (u.a. »Gitta entdeckt ihr Herz«, »Ball im Savoy«). Als Jüdin mußte sie 1933 emigrieren und lebte seither in den USA. *DTW*

Alsberg, Max
Jurist
✶ 16.10.1877 Bonn
† (Freitod) 12.9.1933 Samaden (Schweiz)
Nach dem Jurastudium an den Universitäten in München, Berlin, Leipzig und Bonn und der Promotion 1906 eröffnete A. eine Anwaltskanzlei am Nollendorfplatz in Berlin. Bald wurde er zu einem der namhaftesten deutschen Strafverteidiger, der in vielen Prozessen die unterschiedlichsten Klienten vertrat. So war er nach 1918 juristischer Interessenvertreter des früheren deutschen Kaisers Wilhelm II. und verteidigte 1920 den deutschnationalen Politiker Karl Helfferich gegen den Finanzminister Matthias Erzberger. Andererseits gehörte A. 1931 zu den Verteidigern

des Publizisten Carl von Ossietzky im sogen. »Weltbühnenprozeß«. Er legte eine Vielzahl von Publikationen zu Rechtsfragen vor, so »Justizirrtum und Wiederaufnahme« (1913), »Die Philosophie der Verteidigung« (1930) und »Der Beweisantrag im Strafprozeß« (1930). Auch war er in verschiedenen Gremien tätig, so in der Strafrechtlichen Vereinigung der Berliner Rechtsanwälte. 1931 wurde er Honorarprofessor an der Universität. Daneben schrieb er mit »Voruntersuchung« und »Konflikt« zwei Theaterstücke. Nach den ersten Judenboykotts floh er 1933 in die Schweiz und ging dort in den Freitod. 2001 wurde in der Richard-Strauss-Straße 22, wo er zwischen 1925 und 1933 gewohnt hatte, eine Gedenktafel angebracht. *EF*

Alsleben, Carl August

Jurist, Ehrenbürger
✶ 5.8.1770 Magdeburg
† 6.2.1855 Berlin

Der Sohn des Magdeburger Bürgermeisters wirkte nach dem Studium in Halle in verschiedenen juristischen Ämtern, zuletzt als Präsident des Oberlandesgerichts in Köslin. Nach seiner Pensionierung 1835 lebte er in Berlin und Charlottenburg, wo er sich intensiv in wohltätigen Vereinen engagierte und Mittel für die Armenfürsorge zur Verfügung stellte. Diese Hilfen sowie insbesondere seine Stiftung für Kleinkinderbewahranstalten veranlaßten Berlin, ihm 1845 das Ehrenbürgerrecht zu erteilen. Er ist damit einer der wenigen Berliner Ehrenbürger, der nicht für ein Amt ausgezeichnet wurde, sondern für seine private soziale Haltung. *EF*

Althoff, Friedrich Theodor

Staatsbeamter (Hochschulreferent)
✶ 19.2.1839 Dinslaken
† 20.10.1908 Berlin [F.87]

A. stammte aus einer westfälischen Beamten- und Pfarrerfamilie, studierte Jura und lehrte von 1872–82 als ao. Professor für Zivilrecht in Straßburg. 1882 als Geheimer Regierungsrat und Vortragender Rat in das preußische Kultusministerium nach Berlin berufen, wurde er mit dem Universitätsreferat betraut. Er führte bis 1907 die Hochschulabteilung und seit 1897 als Ministerialdirektor auch die höheren Schulen. A. nahm maßgeblichen Einfluß auf die preußische Kulturpolitik und hat mit neuen Praktiken fruchtbare Einrichtungen für die Wissenschaften geschaffen. Er führte die Gründung der Universität Münster, der TH Breslau und der Akademie in Posen herbei und verstand es, bei Bankdirektoren u. a. Finanzkräftigen Unterstützung für wissenschaftliche Zwecke zu erwirken. Seine ungewöhnliche Position bezeugt, daß er den unmittelbaren Vortrag beim Kaiser hatte.

Literatur: A. Sachse, F. A. und sein Werk, 1928 (Nachlaß im Geheimen Staatsarchiv in Berlin Dahlem). *EH*

Alvensleben, Konstantin von

Militär
✶ 26.8.1809 Eichenbarleben bei Magdeburg
† 28.3.1892 Berlin

K.v. A. stammt aus einer Familie ranghoher brandenburgischer Militärs, wuchs in der Berliner Kadettenanstalt auf und wurde 1827 Leutnant im Kaiser-Alexander-Garde-Grenadierregiment, das seine Garnison in Berlin-Mitte hatte. Er nahm als Offizier Teil an der Niederschlagung der revolutionären Bewegungen 1848/49 in Berlin und Dresden, wurde 1861 schließlich Kommandeur jenes Berliner Regiments, in dem er seine militärische Laufbahn begonnen hatte. Ab 1871 war er kommandierender General des Armeekorps III. *DW*

Amrehn, *Franz*

Bürgermeister
✶ 23.11.1912 Berlin
† 4.10.1981 ebd. [F.61]

A. absolvierte nach seinem Abitur die Bankberufsschule der Industrie- und Handelskammer und war Lehrling bei der Dresdner Bank Berlin. Dort war er auch bis 1940 tätig. Nach dem Krieg wurde er Geschäftsführer der Eigenhausbauten für die Stadt- und Land GmbH. Außerdem gehörte er der Leitung des Gesamtverbandes der kath. Kirchengemeinde Groß-Berlin an. A. studierte Rechtswissenschaften und wurde Mitglied der CDU und Bezirksabgeordneter in Steglitz, dann von 1949–51 Sprecher der Jungen Union im Landesvorstand. Seit 1950 Mitglied des Bundesausschusses, vertrat er die CDU im Beirat der Europa-Union. Von 1955–63 war A. unter den beiden SPD-Bürgermeistern Suhr und Brandt zweiter Bürgermeister im Rathaus Schöneberg. R. von Weizsäcker nannte A. einen »Mann, der für die Politik Berlins Maßstäbe in schweren Zeiten gesetzt« habe. *EH*

Ancillon, Charles
Jurist
✶ 28.7.1659 Metz (Frankreich)
† 5.7.1715 Berlin
Nach dem Studium der Rechtswissenschaften in Marburg, Genf und Paris ließ er sich in Metz als Advokat nieder. Nach Aufhebung des Edikts von Nantes (1685) kam er nach Berlin. 1689 leitete er als erster Direktor das Französische Gymnasium, mit dessen Gründung er vom Großen Kurfürsten seit 1687 beauftragt worden war. Er engagierte sich auch bei der Gründung der Berliner Akademie der Wissenschaften. Neben weiteren Ämtern war er Inspekteur aller Gerichtshöfe der französischen Flüchtlinge in Brandenburg. 1699 erhielt er den Titel eines Historiographen des Kurfürsten. Von ihm stammt 1690 eine erste Geschichte der Hugenotten in Brandenburg. Der Ancillonweg in Pankow wurde nach ihm benannt. *EF*

Ancillon, Johann Peter Friedrich
Theologe und Politiker
✶ 30.4.1767 Berlin
† 19.4.1837 ebd. [F.111]
Der Prediger der französischen Gemeinde von Berlin wurde 1792 Lehrer für Geschichte an der Kriegsakademie und erhielt 1803 den Titel eines preußischen Historiographen. Seit 1805 Mitglied der Akademie der Wissenschaften, wurde ihm in den folgenden Jahren die Erziehung der preußischen Prinzen anvertraut. Ab 1810 widmete er sich vor allem der Erziehung des preußischen Kronprinzen Friedrich Wilhelm. Von 1814 an arbeitete er im preußischen Ministerium des Auswärtigen, dessen Minister er 1832 wurde. In der Außenpolitik war er ein Anhänger des österreichischen Kanzlers Metternich. Karl Friedrich Schinkel schuf auf dem Friedhof der französischen Gemeinde in der Chausseestraße mit dem Ancillon-Monument das Grabmal für A. *EF*

André, Johann
Komponist, Kapellmeister, Musikverleger
✶ 28.3.1741 Offenbach
† 18.6.1799 ebd.
A. war Autodidakt, dessen Vertonung von Goethes »Erwin und Elmire« (1775) die Aufmerksamkeit Doebbelins erregte, der ihn 1776 als Kapellmeister an sein Theater nach Berlin holte, wo in den folgenden acht Jahren das musikalische Repertoire anwuchs, allein 13 Singspiele von A. (u.a. »Claudine von Villa Bella« 1778; »Die Entführung aus dem Serail« 1781; »Der Barbier von Bagdad« 1783) aufgeführt wurden. Ab 1784 wandte er sich ausschließlich seinem Musikverlag zu. *ThW*

Andreas-Salomé, Louise
gen. *Lou* (Pseud. Henry Lou)
Psychoanalytikerin und Schriftstellerin
✶ 12.2.(31.1.)1861 St. Petersburg
† 5.2.1937 Göttingen
Heute vor allem noch als Freundin berühmter Schriftsteller genannt (Wedekind, Hauptmann, Nietzsche, Rilke), war A.-S. selbst als Wissenschaftlerin, Essayistin und Erzählerin ausgesprochen produktiv. Sie studierte zunächst Religionsgeschichte und Philosophie, später Psychologie u.a. bei Sigmund Freund in Wien und praktizierte seit 1915 als Psychoanalytikerin. Ihre schriftstellerische Karriere begann 1885 in Berlin, wo sie sich kurz zuvor niedergelassen hatte. Dem Roman »Im Kampf um Gott« folgten Biographien (Nietzsche, Rilke), Essays, Erzählungen sowie wissenschaftliche Beiträge zur Psychoanalyse. *MS*

Angely, Louis
Schauspieler und Schriftsteller, später Gastwirt
✶ 31.1.1787 Leipzig
† 15.11.1835 Berlin [F.112, Grab eingeebnet]
A. wirkte 1822–30 am Königstädtischen Theater als Komiker und Regisseur. Er bearbeitete französische Vaudevilles und schrieb Berlinische Burlesken und Possen. Während in Hofschauspiel und Hofoper oft leere Ränge gähnten, war das Königstädtische Theater fast immer ausverkauft. Sein »Fest der Handwerker« avancierte zum Lieblingsstück Friedrich Wilhelms III. und wurde noch nach dem I. Weltkrieg an der Volksbühne en suite gegeben. *DTW*

Anschütz, Ottomar
Fotograf
✶ 16.5.1846 Lissa b. Posen
† 30.5.1907 Berlin [F.53]
Nach einer Lehre als Dekorationsmaler und einer Ausbildung zum Fotografen studierte er in Berlin, München und Wien. Als Pionier der fotografierten Bewegungsanalyse konstruierte er von 1887–91 den Schlitzverschluß und den »Anschütz-Schnellseher«: auf einer rotierenden Scheibe werden in schneller Folge Diapositive

durchleuchtet und vermitteln so den Eindruck bewegter Bilder. In Zusammenarbeit mit Siemens & Halske, Berlin, wurden ungefähr 80 solcher Geräte verkauft und kamen in erster Linie auf Jahrmärkten zum Einsatz. In direkter Anwendung der Bewegungsfotografie entstanden zahlreiche Aufnahmen der ersten Flugversuche Otto Lilienthals. *VTM*

Ansorge, Conrad

Pianist und Komponist
✶ 15.10.1862 Buchwald (Schlesien)
† 13.2.1930 Berlin [F.2]
A. studierte 1880/82 in Leipzig und 1885/86 bei Franz Liszt in Weimar und Rom. Nach Konzerttätigkeit in Übersee wirkte er ab 1893 zunächst in Weimar, ab 1895 in Berlin (1918 Professur). 1920 übernahm er die Klavier-Meisterklasse an der Deutschen Akademie für Musik und darstellende Kunst in Prag. Als herausragend galten seine Interpretationen Beethovens, Schuberts, Schumanns und Liszts. A. komponierte vorwiegend Kammer- und Klaviermusik und Lieder. *ThW*

Apitz, Bruno

Schriftsteller
✶ 28.4.1900 Leipzig
† 7.4.1979 Berlin [F.102]
Der gelernte Stempelschneider geriet bereits 1917 wegen »Antikriegspropaganda« erstmals in Konflikt mit den Behörden und verlor wegen revolutionärer Aktivitäten wiederholt seinen Arbeitsplatz. 1927 Eintritt in die KPD und Beginn der literarischen Arbeit. In der NS-Zeit nahezu ununterbrochen inhaftiert. Seine Erfahrungen im KZ Buchenwald verarbeitete A. in seinem Hauptwerk, dem Roman »Nackt unter Wölfen« (1958), in dem menschliche Solidarität über die faschistische Mordmaschinerie siegt. *MS*

Appen, Karl von

Maler und Bühnenbildner
✶ 12.5.1900 Düsseldorf
† 22.8.1981 Berlin
A. studierte u.a. bei M. Beckmann, begann in Frankfurt/M. mit der Ausstattung zu Hebbels »Maria Magdalena« (Künstlertheater 1921–25) und war anschließend freischaffend. Von den Nationalsozialisten verfolgt und 1941–45 in KZ-Haft, war er 1945–54 Ausstattungsleiter am Dresdner Staatstheater, als dessen Intendant er 1947–50 fungierte. 1954 ging er ans Berliner Ensemble und betreute dort fast alle wichtigen Inszenierungen von Brechts Stücken. *DTW*

Archenhold, *Friedrich* Simon

Astronom
✶ 2.10.1861 Lichtenau (Westf.)
† 14.10.1939 Berlin [F.102]
Nach Studium in Straßburg und Berlin war A. ab 1891 an der Außenstation der Berliner Sternwarte im Grunewald tätig. Er konzipierte den Bau eines Riesenrefraktors. Zur Berliner Gewerbeausstellung konnte 1896 das mit 21 m Brennweite bis heute längste Linsenfernrohr der Welt im Treptower Park eingeweiht werden. Die seit 1946 nach ihm benannte Sternwarte entstand 1908–09. Als Direktor der Volkssternwarte erwarb sich A. Verdienste um die Popularisierung der Astronomie. 1900 gründete er die Zeitschrift »Weltall«. 1931 übernahm sein Sohn Günter die Leitung der Sternwarte. Die Familie wurde 1936 von den Nazis vertrieben; Alice und Hilde A. starben in Theresienstadt.
Literatur: D.B. Herrmann, F.S. Archenhold und seine Treptower Sternwarte, 1986. *UH*

Arco, Georg Wilhelm A. Graf von

Hochfrequenzingenieur
✶ 30.8.1869 Großgorschütz bei Ratibor
† 5.5.1940 Berlin [F.121]
Erforschte gemeinsam mit Slaby die Grundlagen der Telegraphie, trat 1898 in die AEG ein und ermöglichte die industrielle Nutzung der Telegraphenapparate. Gemeinsam mit Slaby konnte das »System Slaby-Arco-AEG« verwertet werden, das u.a. während des Boxer-Aufstandes in China eingesetzt wurde. Durch den direkten Wettbewerb mit dem Siemens-Braun-System, und damit verbundenen Prozessen um Patente, entstanden den deutschen Unternehmen erhebliche Nachteile gegenüber dem sehr ausgereiften System des Italieners Marconi. Dies führte schließlich zur Gründung der »Telefunken«, zu der die beiden rivalisierenden Gruppen sich vereinigten. Einer der beiden Geschäftsführer war Graf Arco (der andere Hans Bredow). An der Entwicklung der leistungsstarken Röhrensender war A. maßgeblich beteiligt. Zumal als Graf ungewöhnlich auch sein anderweitiges Interesse: er arbeitete aktiv in der pazifistischen Bewegung während des I. Weltkriegs und gehörte 1923 zu den Grün-

Georg Graf von Arco (1869–1940)

dern der »Gesellschaft der Freunde des Neuen Rußland«. *VTM*

Arndt, Ernst Moritz

Historiker, Publizist und Dichter
✶ 26.12.1769 Groß-Schoritz auf Rügen
† 19.1.1860 Bonn

Von Geburt schwedischer Untertan trat A., der sich 1800 in Greifswald im Fach Geschichte habilitiert hatte, 1805 in seinen Betrachtungen »Geist der Zeit« erstmals als glühender Verfechter der deutschen Einigung hervor. 1809 kam er in Berlin in Kontakt mit den Ideen der preußischen Reformer und wurde Privatsekretär des Freiherrn vom Stein. Die Befreiungskriege begleitete A. mit einer Vielzahl patriotischer Flugschriften (»Der Rhein Teutschlands Strom, aber nicht Teutschlands Grenze«, 1813) sowie seinen »Liedern für Teutsche«. 1818 an die Universität Bonn berufen, erhielt er bereits 1820 im Rahmen der politischen Säuberungen nach den Karlsbader Beschlüssen Vorlesungsverbot. Erst 1840 setzte ihn Friedrich Wilhelm IV. wieder in sein Amt ein. 1848 wurde A. 78-jährig in das Paulskirchen-Parlament gewählt, 1849 gehörte er der Parlamentsdelegation an, die dem preußischen König die Kaiserkrone überreichen sollte

Literatur: J. Paul, E.M. Arndt. »Das ganze Teutschland soll es sein!«, Göttingen 1971. *MS*

Arnhold, Eduard

Kohlengroßhändler
✶ 10.6.1849 Dessau
† 10.8.1925 Berlin [F.95]

Nach der Lehrzeit zwischen 1863 bis 1867 in einer Berliner Kohlengroßhandlung arbeitete er sich in dieser Firma 1882 bis zum Alleininhaber empor. Er engagierte sich für die wirtschaftliche und verkehrstechnische Entwicklung Berlins. So gehörte er zu den Initiatoren der Großen Berliner Straßenbahn-Gesellschaft, die die Zersplitterung des Bahnverkehrs in der Stadt überwand und deren Aufsichtsratsvorsitzender er wurde. Auch für den Bau des Teltowkanals setzte er sich ein. Schließlich erwarb er sich Verdienste um die Gründung und Förderung der Kaiser-Wilhelm-Gesellschaft. Der Kunstsammler A., er besaß eine gute Sammlung französischer Impressionisten, gehörte zu den namhaften Kunstmäzenen der Stadt. Als Geheimer Kommerzienrat geehrt, gehörte er seit 1913 dem Preußischen Herrenhaus an. Sein Ehrengrab befindet sich auf dem Neuen Friedhof in Wannsee. *EF*

Arnim, Carl Joachim *(Achim)* Friedrich Ludwig von

Publizist und Dichter
✶ 26.1.1781 Berlin
† 21.1.1831 Wiepersdorf

Der Ehemann von Bettine von Arnim begann 1798 in Halle mit dem Studium der Rechtswissenschaft, Physik, Mathematik und Chemie und immatrikulierte sich 1800 für Mathematik in Göttingen. Noch in Halle erste wissenschaftliche Veröffentlichungen in den »Annalen der Physik«, die auf interessierte Aufmerksamkeit in der Fachwelt stießen. Die Aufnahme in einen Kreis von Dichtern, vor allem aber die Bekanntschaft mit Clemens Brentano, führten 1801 zur Abkehr von den Naturwissenschaften. Noch im selben Jahr entstand der stark von Goethes Werther inspirierte Roman »Hollins Liebesleben«. Dem Abschluß des Studiums in Göttingen folgten von 1801 bis 1804 Reisejahre, in denen sich A. endgültig der Literatur zuwandte. Er entwickelte ein dichterisches Programm, das durch einen besonderen »romantischen« Geschichtsbegriff geprägt ist: »Was da lebt und wird und woran das Leben haftet, das ist doch weder von heute noch von gestern, es war und wird und wird sein, verlieren kann es sich nie, denn es ist (…) Es gibt eine Zukunft und eine Vergangenheit des Geistes, wie es eine Gegenwart des Geistes gibt, und ohne jene, wer hat diese?« Dieses Credo prägt auch sein bekanntestes Werk, die gemeinsam mit Brentano ab 1805 unter dem Titel »Des Knaben Wunderhorn« herausgegebene Volksliedsammlung. Nach Aufenthalten u.a. in Heidelberg, wo er die für die Heidelberger Romantik repräsentative »Zeitung für Einsiedler« herausgab, ließ sich A. Ende 1808 wieder in Berlin nieder. In der Christlich-deutschen Tischgesellschaft, die er gründete und deren Vorsitz er führte, sammelte sich nach 1811 eine einflußreiche Gruppe preußischer Patrioten, die sich zur Erneuerung Preußens im Sinne der Steinschen Reformen bekannten. 1814 zog sich A. auf seine Güter in Wiepersdorf zurück, wo er sich vor allem Novellen und Erzählungen und nach 1823 journalistischen Arbeiten über Kunst, Politik und Geschichte widmete

Literatur: B. Haustein, A.v. Arnims. dichterische Auseinandersetzung mit dem romantischen Idealismus. Zur Identitäts- und Entfremdungsproblematik, 1971; J. Knaack, Achim von Arnim – Nicht nur Poet, 1976. *MS*

Arnim, Elisabeth Catharina *Bettine(a)* von

(geb. Brentano)
Schriftstellerin
✶ 4.4.1785 Frankfurt/M.
† 20.1.1859 Berlin

Schwester des Dichters Clemens Brentano, Ehefrau von Achim von Arnim. Nach dem Tod der Eltern verbrachte B. mehrere Jahre bei ihrer Großmutter, der Dichterin Sophie von Laroche, in Offenbach, wo sie Künstler, Gelehrte, deutsche Jakobiner und französische Emigranten kennenlernte und erstmals mit der Gedankenwelt Goethes in Berührung kam, dem sie 1807 persönlich begegnete. Die langjährige Freundschaft zum Weimarer Dichterfürst fand Niederschlag in »Goethes Briefwechsel mit einem Kinde«, mit dem die Fünfzigjährige 1835 ihre späte literarische Karriere begann. Nach der Heirat mit Achim von Arnim 1811 lebte sie abwechselnd auf Gut Wiepersdorf und in Berlin, nach Achims Tod 1831 fast ausschließlich in der preußischen Hauptstadt. Die Witwe und Mutter von sieben Kindern begann nun eine rege soziale und literarische Tätigkeit. Sie engagierte sich für die sozialen Hilfsmaßnahmen während der Choleraepidemie, die im Sommer 1831 Berlin heimsuchte. Vor allem in den 40er Jahren verband B. ihr soziales Engagement mit Forderungen nach einer Reform des feudalistischen Systems. Wie viele Zeitgenossen hatte B. große Hoffnungen auf den jungen Friedrich Wilhelm IV. gesetzt, der 1840 den preußischen Thron bestieg. Ihm widmete sie die Schrift »Dies Buch gehört dem König« (1843), das vor allem durch seinen Anhang Aufsehen erregte: schonungslose Berichte über die Lage der verelendeten Bewohner des Vogtlandes, einer Armenkolonie vor den Toren Berlins. Das Königsbuch steht damit in eigenartigem Kontrast zu ihren anderen Werken, in denen sie die Briefwechsel mit Goethe, der Jugendfreundin Karoline von Günderode und mit dem Bruder Clemens künstlerisch bearbeitet hat. Wie B. auf ihre Zeitgenossen wirkte, mag ein Ausspruch ihres engen Freundes Varnhagen von Ense illustrieren, der 1850 notierte: »Häufen Sie Widersprüche auf Widersprüche, bergehoch, überschütten Sie alles mit Blumen, lassen Sie Funken und Blitze herausleuchten, und nennen Sie's Bettina.«.

Bettine(a) von Arnim (1785–1859)

Literatur: I. Drewitz, »darum muß man nichts als leben«. Bettine von Arnim, 1999. *MS*

Arnim, Heinrich Ludwig *Ferdinand* von

Architekt und Maler
✶ 15.9.1814 Treptow a.d. Rega (heute Trzebiatow bzw. Koszalin)
† 23.3.1866 Potsdam (Grabstein 15.9.1815–27.3.1866) [F.127]

Schwager des Architekten und Malers L.F. Hesse. Nach dem Studium 1833–38 an der Bauaka-

demie und Ablegen der Baumeisterprüfung war A. in der Schloßbaukommission tätig und ab 1845 verantwortlich für Immediatbauten. 1849 wurde er Hofbaumeister und Professor an der Bauakademie sowie Architekt der Prinzen Karl und Friedrich Karl. Nach Ernennung zum Hofbaurat (1861) übernahm A. 1862 z.T. das Aufgabengebiet von L.F. Hesse. Er war Vertreter der Nach-Schinkel-Schule.
Wichtige Bauten: Steuerhäuser Charlottenburger Chaussee, Bln.-Spandau (1857); Anbauten am Schloß Sanssouci, Potsdam (1841–42); Bauten am Schloß Glienicke (1842–66); Friedenskirche, Potsdam (1844–54, zus. mit L. Hesse, Leitung L. Persius, A. Stüler).
Literatur: U. Kieling, Berliner Baubeamte und Staatsarchitekten im 19. Jh., 1986. *KDS*

Arnstein, Fanny Freifrau von
Mäzenatin
✶ 29.11.1758 Berlin
† 8.6.1818 Wien
Der Name der Tochter des jüdischen Bankiers Daniel Itzig ist eng mit dem Begriff »Salon« verbunden, jenem Ort, der seit der Aufklärung zum gesellschaftlichen Treffpunkt des aufstrebenden Bürgertums wurde. Während sich bei ihrer Jugendfreundin Henriette Herz in Berlin vor allem Wissenschaftler und Literaten trafen, führte Fanny Arnstein, die später in Wien sehr wohlhabend verheiratet war, ein offenes Haus, in dem »Könige und Minister aus- und eingingen« (Ingeborg Drewitz). Als Mäzenatin förderte sie sowohl das Wiener Musikleben als auch soziale Projekte. *MS*

Aron, Hermann
Physiker und Industrieller
✶ 1.10.1845 Kempen (Posen)
† 29.8.1913 Bad Homburg v. d. Höhe [F.119]
A. studierte in Berlin und Heidelberg, wurde 1873 Lehrer für Physik an der Vereinigten Artillerie- und Ingenieurschule und erhielt 1880 eine Professur an der Berliner Universität. Bekannt machte ihn 1884 der erste in der Praxis einsetzbare Stromzähler (A.sche Elektrizitätsmesser). Seine Erfindungen wertete er in den Aron-Werken Elektrizitäts GmbH aus. *UH*

Arons, Martin Leo
Physiker
✶ 15.2.1860 Berlin
† 10.10.1919 ebd. [F.118]
A. absolvierte seine wissenschaftliche Ausbildung in Leipzig, Würzburg, Berlin und Straßburg. Seit 1890 in Berlin, erfand er u.a. die Quarz-Quecksilberdampflampe (1892) und die nach ihm benannte Schwingungsröhre. Weitere Arbeiten behandelten z.B. elektrische Wellen und Lichtbögen sowie elektrische Eigenschaften leitender Flüssigkeiten. Dem mißliebigen Sozialisten wurde 1899 mittels eines extra für ihn verabschiedeten Gesetzes (Lex Arons) die Lehrbefugnis entzogen. *UH*

Ascherson, *Paul* Friedrich August
Botaniker
✶ 4.6.1834 Berlin
† 6.3.1913 ebd. [F.60]
Nach dem Medizinstudium wandte sich A. der Botanik zu. Ab 1860 am Berliner Botanischen Garten tätig, gab er 1864 die »Flora der Provinz Brandenburg« heraus. Studienreisen führten ihn ans Mittelmeer. Sein Hauptwerk, die »Synopsis der Mitteleuropäischen Flora« bearbeitete er gemeinsam mit Paul Graebner (7 Bde., ab 1894). A., der auch als Historiker, Sprachforscher und Volkskundler hervortrat, galt bei seinen Schülern als wandelndes Lexikon. *UH*

Aschinger, Carl
Gastronom
✶ 18.10.1855
† 5.5.1909
Aschinger, August
Gastronom
✶ 8.4.1862
† 28.1.1911 Berlin [F.6]
Die Aschingers eröffneten 1892 in der Neuen Roßstraße ihre erste Bierquelle, davor waren sie Koch bzw. Kellner im Panorama-Restaurant am Alexanderplatz. Dies war der Anfang eines kometenhaften Aufstiegs der aus Süddeutschland stammenden, mit ausgesprochen modernen Methoden operierenden Brüder. 15 Jahre später besaßen sie bereits 15 Filialen, darunter erstklassige Restaurants, z.B. das »Rheingold«, Aschinger-Cafés (mit Konditorei), Aschinger-Bierglocken und Aschinger-Bierquellen. Die Bierglocken – den Namen erhielten sie durch das Läuten einer Glokke, wenn ein neues Faß angestochen wurde –,

waren trotz des bajuwarischen Outfits, Glasschilder mit weiß-blauem Rautenmuster, urberliner Lokale. Sehr bald wurde A. zu einer preiswerten, schnellen Nahrungsquelle, häufig frequentiert vom Studenten bis zum Künstler. Die rationelle Arbeitsweise, die sich auf den Preis der angebotenen Produkte auswirkte, war das Geschäftsgeheimnis der Aschinger-Kette: das belegte Brötchen für 20, die legendären Löffelerbsen mit Speck – das Rezept stammte übrigens von Justus von Liebig, dem Erfinder des Fleischextraktes – für 30 Pfennig machten satt und beanspruchten wenig Zeit. Die Brötchen, die es gratis dazu gab, stammten aus der eigenen Bäckerei in der Sophienstraße. *VTM*

Aston, Louise

(geb. Hoche)
Schriftstellerin
✶ 26.11.1814 Gröningen b. Halberstadt
† 21.12.1871 Wangen (Allgäu)

Nach ihrer Scheidung von dem englischen Industriellen Samuel Aston zog A. 1845 nach Berlin und arbeitete die Geschichte ihrer Ehe in dem Roman »Aus dem Leben einer Frau« (1847) auf. Sie engagierte sich für die Ziele der Vormärz-Opposition und provozierte durch ihren unkonventionellen Lebensstil – das Rauchen in der Öffentlichkeit war zu jener Zeit noch verboten – mehrfach die Ausweisung aus Berlin. 1848 redigierte sie die Zeitschrift »Der Freischärler« und schrieb den Roman »Revolution und Conterrevolution«, der die Achtundvierziger-Revolution aus der Sicht einer politisch engagierten Frau schildert. *MS*

Auburtin, Victor

Feuilletonist, Dramatiker
✶ 5.9.1870 Berlin
† 28.6.1928 Partenkirchen

Der Sohn eines Schauspielers und Journalisten war nach seinem Studium (Dr.phil.) seit 1911 Redaktionsmitglied im »Berliner Tageblatt«, dessen Leser A. mit »Gedankengängen und Formulierungen« erfreute. Als Pariser Korrespondent des Blattes wurde A. 1914 festgenommen, beinahe wegen seines Namens als Spion hingerichtet und schließlich auf Korsika interniert. Schwerkrank 1917 in die Schweiz ausgetauscht, kehrte er nach Berlin zurück und entwickelte seit 1921 jene kurzen Feuilletons, die ihren Stammplatz im »Berliner Tageblatt« hatten, mehrmals wöchentlich. Seine Arbeiten waren von einer recht fortschrittsskeptischen Einstellung, die soweit führte, daß er als zuständiger Schlußredakteur die Entdeckung des Südpols nur unter der Rubrik »Letzte vermischte Nachrichten« ins Blatt nahm. Als reisender Feuilletonist des Blattes besuchte er Griechenland (1924), wurde Korrespondent in Madrid und schließlich in Rom, wo er erkrankte. Sein Hauptwerk besteht aus vielen hundert Einzelstücken; gesammelt in acht eigenen Bänden, voller Weisheit und Resignation: »Der Ironiker ist ein Mann, der die Dummheit der Welt mit Lieblichkeit zu bekämpfen sucht.«
Literatur: »Sündenfälle« (1970), »Bescheiden steht am Straßenrand …« (1979). *HK*

Auerbach, Berthold

(eigtl. Moses Baruch Auerbacher)
Schriftsteller und Journalist
✶ 28.2.1812 Nordstetten b. Horb
† 8.2.1882 Cannes

Obwohl sein umfangreiches Werk heute in Vergessenheit geraten ist, bleibt sein Name in der Literaturwissenschaft untrennbar mit der Gattung der Dorfgeschichte verbunden, die als zumeist realistische Schilderung aus dem dörflich-bäuerlichen Leben im 19. Jh. ausgesprochen populär war. A. sollte eigentlich Rabbiner werden, mußte diesen Berufsplan allerdings aufgeben, weil er wegen burschenschaftlicher Aktivitäten mit der

Berthold Auerbach (1812–1882)

Obrigkeit in Konflikt geriet und 1837 zwei Monate Festungshaft auf dem berüchtigten Hohen Asperg absitzen mußte. So wandte er sich der Literatur zu und arbeitete als Übersetzer, Journalist und Schriftsteller. Als er sich 1859 in Berlin niederließ, war er bereits ein berühmter Autor: Mit seinen »Schwarzwälder Dorfgeschichten« wurde A. 1843 quasi über Nacht zu einem der meistgelesenen deutschen Erzähler. Schon die Zeitgenossen waren sich allerdings nicht einig über seinen literarischen Rang: Während Gottfried Keller ihn neben Gotthelf zum wichtigsten Repräsentanten der Volkspoesie erklärte, mokierte sich beispielsweise Hebbel über die »Bauern-Verhimmlung« in seinen Erzählungen.
Literatur: E. Huttenmaier-Spitz, Studien zu den Schwarzwälder Dorfgeschichten B. Auerbachs, 1957. *MS*

Aufhäuser, Siegfried
Gewerkschaftspolitiker
✶ 1.5.1884 Augsburg
† 6.12.1969 Berlin
Der Kaufmannssohn gehörte seit 1912 der SPD und zwischenzeitlich – von 1917 bis 1922 – der USP an. Von 1921 bis 1933 war er Abgeordneter im Deutschen Reichstag. Daneben war er seit 1921 Vizepräsident der Berliner Arbeiterbank. Besondere Verdienste erwarb er sich um die gewerkschaftliche Organisation der Angestellten. Zwischen 1920 und 1933 war er Vorsitzender des Allgemeinen Freien Angestellten-Bundes. 1933 zur Emigration gezwungen, hielt er sich vor allem in Frankreich, der Tschechoslowakei und seit 1939 in den USA auf. Von dort kehrte er 1951 nach Berlin zurück und war zwischen 1951 und 1959 Vorsitzender, danach Ehrenvorsitzender des Landesverbandes Berlin der Deutschen Angestelltengewerkschaft (DAG). Der Nestor der deutschen Angestelltenbewegung wurde 1964 als Berliner Stadtältester geehrt. In Neukölln wurde 1984 der Siegfried-Aufhäuser-Platz nach ihm benannt. Das Gewerkschaftshaus in der Blissestraße 2 in Wilmersdorf trägt seinen Namen. *EF*

Austerlitz, Rose
(Pseud. A. Rose)
Schriftstellerin
✶ 9.10.1876 Magdeburg
† 28.5.1939 Berlin
Die Tochter des Schriftstellers Ferdinand Simon wuchs in den Künstlerkreisen von Wien, Berlin und Genf auf. 1899 heiratete sie den Schriftsteller Robert Austerlitz. Viele Jahre arbeitete sie als Redakteurin der in Berlin erscheinenden Frauenzeitschrift »Maja«. Gegenstand ihrer Romane war insbesondere das Leben der Berliner Boheme. Davon zeugen solche Arbeiten wie »Cabaret Sphinx« und vor allem »Café Größenwahn«. *EF*

Auwers, Georg Friedrich Julius *Arthur* von (seit 1912)
Astronom
✶ 12.9.1838 Göttingen
† 24.1.1915 Berlin-Lichterfelde [F.12]
A. wirkte an den Sternwarten Königsberg sowie Gotha und kam 1866 nach Berlin. Als Astronom der Akademie und Professor an der Universität legte er zahlreiche Sternkataloge vor und rief die »Geschichte des Fixsternhimmels« ins Leben. A. galt als Meister in der Beobachtung der Sternörter. Seit 1867 stand er der Direktion des Astrophysikalischen Observatoriums Potsdam und 1881–89 der Astronomischen Gesellschaft vor. *UH*

B

Bab, Julius

Schriftsteller und Dramaturg
✶ 11.12.1880 Berlin
† 12.2.1955 New York

Neben Kerr und Ihering gehörte B. zu den herausragenden Theaterkritikern der Jahre vor 1933. 1904 schrieb er seine ersten Kritiken, war 1905 an der Gründung der »Schaubühne« durch S. Jacobsohn beteiligt und blieb ihm als Autor der »Weltbühne« verbunden. In den 20er Jahren war B. Theaterkritiker der »Berliner Volkszeitung« sowie Lehrer für Dramaturgie u.a. an der Schauspielschule des Deutschen Theaters. Nach 1933 in seiner Arbeit systematisch behindert, emigrierte B. 1938 zunächst nach Frankreich, zwei Jahre später in die USA. Neben seiner journalistischen Tätigkeit und der engagierten Mitarbeit in der Volksbühnenbewegung veröffentlichte er rund 80 Arbeiten zum Bereich Theater und Dramaturgie, darunter 1911 die dreibändige Dramaturgie für Schauspieler »Der Mensch auf der Bühne«. Erst 1988 erfolgte die Drucklegung des im Exil verfaßten Manuskripts »Leben und Tod des deutschen Judentums«. Diese kulturhistorische Darstellung gilt als »Anklageschrift, Appell gegen das Vergessen und Vermächtnis« (K. Siebenhaar).

Literatur: I. Bab, Der Theaterkritiker J. Bab, 1953. *MS*

Bach, Carl Philipp Emanuel

Komponist und Pianist
✶ 8.3.1714 Weimar
† 14.12.1788 Hamburg

Der zweite Sohn von J.S. Bach, auch »Berliner« oder »Hamburger« Bach genannt, war Schüler seines Vaters, studierte neben der musikalischen Betätigung Jura in Leipzig und Frankfurt/O. Kronprinz Friedrich holte ihn 1738 an seinen Musenhof in Ruppin und berief ihn als König 1740 zum Kammercembalisten der Hofkapelle. B. oblag die Begleitung der abendlichen Konzerte in Berlin und Potsdam. Er verkehrte in den musikalischen Zirkeln Berlins um Marpurg, Agricola, Quantz und die Brüder Benda und Graun sowie in den literarischen Zirkeln um Lessing, Ramler, Gleim und Sulzer. In den bürgerlichen Salons war er als geistreicher Plauderer wie als genialer Improvisator auf dem Klavier bzw. Cembalo geschätzt. B. zählte bald zu den wichtigsten Persönlichkeiten des Berliner Musiklebens, das seinerzeit durch die Verknüpfung höfischer mit bürgerlicher Musizierpraxis gekennzeichnet war: Mitglieder der kgl. Kapelle musizierten gemeinsam mit bürgerlichen Dilettanten, z.B. in Janitschs »Akademie«, in Sacks »Musikausübender Gesellschaft«, in Schales »Musikalischer Assemblée« oder in Agricolas Konzerten. In B.s Berliner Zeit entstand auch sein berühmter »Versuch über die wahre Art das Clavier zu spielen« (1753; 2. Teil 1762). Die 1757/58 vertonten 54 Oden Gellerts erfreuten sich großer Beliebtheit. Zahlreiche Lieder gingen in die verschiedenen Sammlungen der 50er Jahre ein. Der Bezug zur Sprache

Carl Philipp Emanuel Bach (1714–1788)

war auch in den Instrumentalwerken so auffällig, daß man später vom »redenden Prinzip« eines »singend denkenden« Komponisten gesprochen hat. Obwohl er zu den führenden Komponisten Europas zählte, entsprachen seine Werke nicht dem Geschmack des Königs und seine Bezahlung nicht seinem Rang. Nach 30 Jahren am preußischen Hof übernahm B. als Nachfolger Telemanns 1768 die musikalische Leitung der fünf Hauptkirchen Hamburgs.
Werke: u.a. 19 Sinfonien, 50 Klavierkonzerte, 30 Triosonaten, 200 Klaviersonaten, 2 Oratorien, 20 Passionsmusiken, 30 Motetten, zahlreiche Lieder und Arien.
Literatur: A.E. Cherbuliez, C.Ph.E. Bach, 1940; H.-G. Ottenberg, C.Ph.E. Bach, 1982. *ThW*

Bach, Wilhelm Friedemann

Komponist, Organist und Klaviervirtuose
✶ 22.11.1710 Weimar
† 1.7.1784 Berlin
Der älteste Sohn von J.S. Bach und dessen Schüler begann seine Laufbahn als Organist der Sophienkirche zu Dresden (1733–46), wo viele seiner besten Kompositionen entstanden. 1746–64 war er in Halle Marien-Organist und Musikdirektor, schied aber wegen Mißhelligkeiten mit dem Dienstherrn aus dem Amt und versuchte, sich als freier Künstler zu einer Zeit zu behaupten, als dafür kaum wirtschaftliche Aussichten bestanden. Häufige Ortswechsel in Kauf nehmend, widmete er sich öffentlichem Konzertieren, Unterrichten und Komponieren. 1774 übersiedelte er nach Berlin. B. schuf spannungsvolle und seiner Zeit vorauseilende Kompositionen. Als Improvisator auf Klavier und Orgel wurde er gerühmt. Beigesetzt war er auf dem Kirchhof der Luisenstadtkirche (Alte Jakobstraße), die im Krieg zerstört und dann abgerissen wurde.
Werke: 9 Sinfonien, 5 Klavierkonzerte, Kammermusik (u.a. 4 Triosonaten), Klaviermusik (u.a. 9 Sonaten, 10 Fantasien, 12 Polonaisen), Orgelmusik, Kirchenmusik und kleinere Vokalkompositionen.
Literatur: M. Falck, W.F. Bach, 1913, Neudruck 1977. *ThW*

Bach, Wilhelm Friedrich Ernst

Komponist und Kapellmeister
✶ 27.5.1759 Bückeburg
† 25.12.1845 Berlin [F.109]
Der Enkel von J.S. Bach bildete sich unter Leitung seines Vaters Johann Christoph Friedrich (»Bückeburger« Bach), später seines Onkels Johann Christian (»Londoner« Bach) zum Pianisten und konzertierte erfolgreich in Frankreich und Holland. B. wurde 1797 Kapellmeister der Königin Luise und in der Folge Musiklehrer aller königlichen Kinder. Seine Kompositionen verschafften ihm seinerzeit großes Ansehen, sind aber heute weitgehend vergessen. *ThW*

Baeck, Leo

jüdischer Theologe
✶ 23.5.1873 Lissa (Posen)
† 2.11.1956 London [F.119, Ehrenreihe]
B., eine der führenden Gestalten des Judentums zwischen beiden Weltkriegen, studierte in Breslau und Berlin, promovierte 1895 bei W. Dilthey. Er wirkte als Rabbiner seit 1897 in Oppeln, ab 1907 in Düsseldorf und ab 1912 in Berlin, wo er eine Dozentur an der Hochschule für die Wissenschaft des Judentums erhielt. Auch nach deren Schließung durch die Gestapo setzte er seine Tätigkeit fort, bis er 1943 nach Theresienstadt deportiert wurde. Seit 1933 hatte er als Präsident der Reichsvertretung der deutschen Juden gewirkt. Er überlebte das KZ und ging nach Kriegsende nach London, um eine umfassende wissenschaftliche und seelsorgerische Arbeit zu leisten. Wirksam wurde er auch in den USA und in Deutschland. Sein ganzes Bemühen galt der Versöhnung und Verständigung. Die Erfahrungen mit dem Nationalsozialismus verarbeitete er in dem postum erschienenen zweibändigen Werk »Dieses Volk« (1955–57). 1954 wurde das Leo-Baeck-Institut gegründet, das Büros in London, New York und Jerusalem unterhält.
Literatur: R. Mayer, Christentum und Judentum in der Schau B.s, 1961. *EH*

Baerensprung, Friedrich Wilhelm *Leopold* von

Oberbürgermeister
✶ 20.8.1779 Berlin
† 4.7.1841 ebd. [F.108]
Der aus einer Beamtenfamilie stammende B. arbeitete nach dem Besuch des Gymnasiums zum Grauen Kloster und dem Jurastudium in Erlangen und Göttingen in verschiedenen Funktionen, bis er 1814 zum Berliner Bürgermeister gewählt wurde. In diesem Amt arbeitete er unter Oberbürgermeister Büsching bis zu dessen Rücktritt 1831.

Danach selbst zum Oberbürgermeister gewählt, konnte er diese Stellung jedoch nur von März 1832 bis Oktober 1834 bekleiden und ließ sich wegen ständiger Auseinandersetzungen um seinen autoritären Führungsstil in den Ruhestand versetzen. In seiner langen Amtszeit zwischen 1814 und 1834 leitete er viele Veränderungen für eine moderne Stadtentwicklung ein. Besondere Verdienste erwarb er sich bei der Klärung der rechtlichen Beziehungen zwischen den Kreisen Teltow und Niederbarnim sowie vor allem bei der Gründung und Entwicklung der Gewerbeschule. *EF*

Baeyer, *Adolf* Johann Friedrich Wilhelm Ritter von (seit 1885)
Chemiker
✶ 31.10.1835 Berlin
† 20.8.1917 Starnberg (Oberbayern)
Der Sohn des Nachfolgenden wuchs in Berlin auf. Er studierte u.a. in Heidelberg und habilitierte sich 1860 in Berlin. Hier, in seinem Labor im Gewerbeinstitut, legte er den Grundstein für seine Welterfolge. Zu seinen hervorragenden Leistungen gehören die Forschungen zum König der Farbstoffe, dem Indigo, die er ab 1872 in Straßburg und ab 1875 in München fortsetzte. 1870 gelang ihm erstmals die Synthese des Indigos, dessen Struktur er 1883 aufklären konnte. B. hat darüber hinaus eine Vielzahl von organischen Stoffklassen untersucht und sich insbesondere mit der Chemie der hydroaromatischen Verbindungen und der Terpene beschäftigt. Diese Untersuchungen bildeten die Grundlage für die Stereochemie der Ringsysteme und gestatteten ein besseres Verständnis der Doppelverbindungen. Seine Verdienste um die organische Chemie, insbesondere die Grundlagenforschung für die deutsche Teerindustrie, würdigte der bayerische König mit dem Adelstitel. B. erhielt 1905 den Nobelpreis für Chemie. Seine »Erinnerungen aus meinem Leben 1835–1905« erschienen 1905.
Literatur: W.R. Pötsch; Lexikon bedeutender Chemiker, 1988. *UH*

Adolf von Baeyer (1835–1917)

Baeyer, Johann Jacob
Geodät
✶ 5.11.1794 Müggelheim bei Berlin
† 11.9.1885 ebd.
Der Vater des Vorigen erhielt wegen seiner ausgeprägten Begabung eine Freistelle im traditionsreichen Joachimsthalschen Gymnasium in Berlin. Er nahm an den Befreiungskriegen gegen Napoleon teil und schlug dann eine militärische Laufbahn ein. 1821 übernahm B. die Leitung des Berliner topographischen Büros und wurde 1825 als Bauernsohn Mitarbeiter des preußischen Generalstabs. In den folgenden Jahren avancierte er zu einem weltweit anerkannten Geodäten. 1831–1838 nahm B. an der ostpreußischen Gradmessung teil. Nach einigen Querelen verließ er 1857 als Generalleutnant die Armee. Er organisierte die europäische Gradmessung zur Ermittlung der Erdkrümmung in Mitteleuropa und stand in Berlin deren Zentralbüro ab 1864 vor. 1870 übernahm B. die Präsidentschaft des von ihm angeregten Geodätischen Instituts, das schnell internationales Renommee errang und 1886 nach Potsdam umzog. *UH*

Baginsky, Adolf
Mediziner
✶ 22.5.1843 Ratibor
† 15.5.1918 Berlin [F.119]
Nach Studium in Berlin sammelte B. praktische Erfahrungen in Seehausen und Nordhausen. Ab 1877 wieder in Berlin, erhielt er 1887 eine Professur. 1890 übernahm er die Leitung des neuerbauten Kaiser- und Kaiserin-Friedrich-Kinderkrankenhauses. B. regte Säuglingsasyle an und setzte sich für den Aufbau der Jugendfürsorge in Berlin ein. Er gab Lehrbücher sowie das »Archiv

für Kinderheilkunde« heraus und gilt als Mitbegründer einer selbständigen Kinderheilkunde.

UH

Bahn, Roma

Schauspielerin

✶ 30.10.1896 Berlin

† 11.1.1975 Bonn

Nach dem Besuch der Berliner Schauspielschule 1913–14 und einem ersten Theater-Engagement in Frankfurt/M. holte sie Max Reinhardt 1919 ans Deutsche Theater nach Berlin. In der Folgezeit spielte sie an verschiedenen Berliner Bühnen, so am Hebbel-, Schiller- und Schloßparktheater. In der Uraufführung der »Dreigroschenoper« von Brecht/Weill 1928 gab sie die Polly. Auch in Filmrollen war sie zu sehen, so in »Mädchen in Uniform«. Nach 1945 lehrte sie auch an der Schauspielschule des Hebbeltheaters. 1958 wurde sie Mitglied der Akademie der Künste. 1964 erhielt sie den Titel einer Berliner Staatsschauspielerin.

EF

Baker, Freda *Josephine*

(geb. McDonald)

Tänzerin, Sängerin

✶ 3.6.1906 Saint Louis (Missouri, USA)

† 12.4.1975 Paris

Die uneheliche Tochter des Schlagzeugers Eddi Carson und der Waschfrau Carrie McDonald mußte, nachdem der Vater die Familie verlassen hatte, mit sieben Jahren (1914) die Schule aufgeben und eine Stelle als Dienstmädchen antreten, um zum Lebensunterhalt der Mutter und der drei Geschwister beizutragen. 1916 ging B. dann wieder zur Schule, die sie 1918 jedoch wieder verlassen mußte. 1919, mit dreizehn Jahren heiratete sie, um der Misere zu entfliehen, den Gießereiarbeiter Willie Wells. Die Ehe hielt jedoch nur wenige Wochen. Nun arbeitete B. als Kellnerin in einen Jazzclub und entdeckte ihre tänzerische Begabung. In den folgenden Jahren tourte B. mit der »Jones Family Band« und »The dixie Steppers« durch die USA. 1921 heiratete sie den Zugbegleiter Willie Baker, dessen Namen sie zeitlebens behielt. 1922 trat B. am Broadway im ersten von Schwarzen komponierten Musical »Shuffle Along« auf. 1924 engagierte Caroline Reagan B. nach Paris. B. ließ sich erneut scheiden und ging nach Europa. In der »Revue Nègre« im Théâtre des Champs-Élysées machte B. als exotische Nackttänzerin Furore. 1926 gastierte sie in Berlin im Nelson-Theater am Kurfürstendamm. Bekleidet nur mit einem Röckchen, bestehend aus 16 Bananen, wurde sie zum Stadtgespräch. Zudem brachte sie den Charleston nach Berlin, der sogleich überall nachgetanzt wurde und von Berlin aus seinen Siegeszug um die Welt antrat. Im Herbst 1926 eröffnete sie in Paris einen eigenen Nachtclub: »Chez Josephine«. B. trat bei den »Folies Bergère« auf, wirkte in Filmen mit und war inzwischen der bestbezahlte Revuestar in Europa. 1927 gastierte sie wieder in Berlin, diesmal mit ihrer »Charleston Jazzband«. Doch nicht überall war B. gern gesehen: 1928 forderten Wiener Nationalisten für B. ein Auftrittsverbot, das jedoch nicht durchgesetzt werden konnte. In München hingegen erhielt sie am 14.2.1929 tatsächlich Auftrittsverbot. In Berlin gastierte sie noch einmal 1928 im Theater des Westens, in Friedrich Hollaenders Revue »Bitte einsteigen!«. Der Nackttanz hatte sich, zumindest in Berlin, überlebt und war weit davon entfernt als Sensation gefeiert zu werden. Die Show war ein Reinfall. Die Premiere wurde ausgebuht und das Publikum verließ vorzeitig das Theater. Das Gastspiel endete mit einem Eklat. B. weigerte sich, noch einmal aufzutreten, das Publikum randalierte indes und verlangte sein Geld zurück. Ab 1930 widmete sie sich verstärkt ihrer Gesangskarriere und nahm Schallplatten bei Columbia Records auf. 1936 kehrte sie in die USA zurück, wo sie allerdings auf Ablehnung stieß und den wachsenden Rassismus zu spüren bekam. Die New York Times bezeichnete sie gar als »Negerschlampe« (Negro wench). Viele Hotels und Restaurants verwehrten B. den Zutritt. B. kündigte ihre Verträge und kehrte nach Europa zurück. 1937 heiratete sie den französischen Großindustriellen Jean Lion, durch den sie die französiche Staatsbürgerschaft erhielt. Nach der Besetzung Frankreichs durch die deutsche Wehrmacht arbeitete B. beim französichen Roten Kreuz und schmuggelte auf ihren Tourneen Geheimbotschaften für die Résistance. Nach ihrer Scheidung von Lion trat B. wieder in verschiedenen Revuetheatern auf, wo sie 1947 den Kapellmeister Jo Bouillon kennenlernte und heiratete. Da B. selbst keine Kinder bekommen konnte, adoptierte sie in den Jahren 1954–65 zwölf Kinder unterschiedlicher Hautfarbe und Religion. 1956 ließ Bouillon sich von ihr scheiden. B. setzte sich zur Ruhe, um Zeit für ihre Kinder zu haben. Finanzielle Probleme zwangen sie jedoch zu einem Comeback, das sie 1959 mit einem autobiographischen Musical »Paris mes amours« in Paris einleitete. Umfangreiche Tourneen führten B. in der Folgezeit nach Südamerika, in die USA und durch Europa. Im Mai 1965 trat B. mit dem RIAS-Tanzorchester unter Werner Müller im Berliner Sportpalast auf. Am 8.4.1975, vier Tage vor ihrem plötzlichen Tod, gab B. im Pariser Théâtre Bobino die letzte Vorstellung ihrer Show »Josephine«, für die sie die besten Kritiken ihrer Karriere erhielt. *RS*

Balen, Alfred

Wasserball-Trainer
✶ 2.1.1930 Zagreb
† 8.12.1986 Zürich [F.122]
Der studierte Jurist und Diplomsportlehrer war zuerst Wasserballtrainer in Ägypten und bis 1969 Nationaltrainer Mexikos. Ab 1969 trainierte er die Wasserballer von Spandau 04, damals scherzhaft Spandau 0:10 genannt: die Spieler brachten buchstäblich kein Bein auf die Erde. B. formte durch geschickte Nachwuchsförderung nach und nach eine schlagkräftige Mannschaft. Ab 1979 gewann Spandau 04 in ununterbrochener Reihenfolge die Deutschen Meisterschaften, dreimal den Europapokal, zweimal wurden sie Supercupgewinner, so auch 1986 in Zürich. Noch am selben Abend brach Balen zusammen und verstarb trotz sofortiger Hilfe durch Spieler und Ärzte. *VTM*

Baluschek, Hans

Maler, Grafiker und Schriftsteller
✶ 9.5.1870 Breslau
† 28.9.1935 Berlin [F.122]
B. studierte 1889–94 an der Berliner Akademie der bildenden Künste, blieb jedoch im wesentlichen Autodidakt. Als Mitbegründer der »Berliner Sezession«, 1899, wurde er deren Schriftführer und 1913 Vorstandsmitglied. Bereits seit 1891 in Kontakt zum gesellschaftskritischen Friedrichshagener Kreis stehend, trat B. 1920 der SPD bei und förderte deren kulturpolitische Ziele. Er arbeitete für Zeitschriften (u.a. 1898/99 Mitarbeit an der Satire-Zeitschrift »Das Narrenschiff«) und schuf Illustrationen z.B. für »Der Wahre Jakob« oder »Lachen links«. Besonders beliebt wurden seine Bilder zu G.v. Bassewitz' Buch »Peterchens Mondfahrt«. Außerdem gestaltete B. auch Schulbücher und betätigte sich literarisch (u.a. »Großstadtgeschichten« 1924). In seinem malerischen Schaffen wandte er sich vor allem dem Berliner Arbeiterleben zu und hinterließ kulturgeschichtliche Zeitzeugnisse der sich entwickelnden Großstadt (u.a. »Sommerfest in der Laubenkolonie« 1909/10).

Literatur: R. Widerra, H. Baluschek. Leben und Werk, Katalog, 1974; G. Meißner, H. Baluschek, 1985; M. Bröhan, H. Baluschek 1870–1935, Maler, Zeichner, Illustrator, 1985. *JM*

Bamberg, Carl

Feinmechaniker
✶ 12.7.1847 Kranichfeld
† 4.6.1892 Berlin [F.53]
Bereits während seiner Mechanikerlehre bei Carl Zeiss Jena hörte B. Vorlesungen in Mathematik und Physik und nahm im Anschluß das Studium auf. 1868 kam er nach Berlin und fand bei Pistor und Martins, die astronomische Instrumente fertigten, eine Anstellung. 1871 gründete er seine eigene feinmechanische Werkstatt, die schnell einen guten Ruf errang. Seine Produktpalette umfaßte Instrumente für Sternwarten, Laboratorien, Vermessungsämter und für die Seefahrt; z.B. dämpfte sein neuartiger Flüssigkeits-Kompaß Vibrationen, die durch den Einsatz starker Schiffsmotoren hervorgerufen wurden und bei herkömmlicher Kompaß-Technik zu ungenauem Ablesen führten. 1877 gründete er zusammen mit Dörffel einen Fachverband Berliner Mechaniker, der sich intensiv um die Aus- und Weiterbildung kümmerte. *VTM*

Bamberg, Hermann

Fabrikant, Ehrenbürger
✶ 26.7.1846 Wittenberge
† 4.10.1928 Berlin [F.2]
Der gelernte Kaufmann kam nach dem Krieg von 1866, an dem er teilgenommen hatte, nach Berlin, wo er in der Bekleidungsbranche tätig wurde. Besonders erfolgreich nutzte er die schnelle wirtschaftliche Entwicklung nach dem Sieg im Deutsch-Französischen Krieg und der Reichsgründung 1871 aus und wurde in hohe Ämter der Unternehmensverbände gewählt, so als Vorsitzender des Verbandes deutscher Damen- und Mädchenmäntelfabrikanten und als Vorsitzender der Vereinigung deutscher Bekleidungsindustrieverbände. In dieser Zeit begann auch seine aktive Tätigkeit für Berlin, vor allem auf dem Gebiet des Gesundheitswesens und der Finanzen. Seit 1900 gehörte er der Berliner Stadtverordnetenversammlung an. 1926 wurde ihm als erstem Unternehmer die Berliner Ehrenbürgerwürde zuerkannt. *EF*

Bamberger, Ludwig

Volkswirtschaftler und liberaler Politiker
✶ 22.7.1823 Mainz
† 14.3.1899 Berlin [F.118]
B. nahm an der Revolution von 1848 teil und wurde wegen Beteiligung an der pfälzischen Erhebung zuerst zu Zuchthaus und 1852 zum Tode verurteilt. Er floh in die Schweiz, ging dann nach Paris, wo er eine Bankfiliale leitete. 1866 kehrte er nach Deutschland zurück, entwickelte sich zu einem Anhänger Bismarcks und wurde dessen finanzpolitischer Berater. Verdienste erwarb er sich bei der Münzreform (Gründung der Reichsbank, Goldwährung). Seit 1868 nationalliberaler Abgeordneter im Zollparlament, war er 1871–73 Reichstagsabgeordneter. Als Verfechter des Freihandels lehnte er die Schutzzoll- und Kolonialpolitik Bismarcks ab und wurde zu einem Vertrauten des Kronprinzen Wilhelm. 1880 war B. maßgeblich an der nationalliberalen Sezession beteiligt, die 1884 in die Gründung der Deutsch-Freisinnigen Partei überging, von der er sich allerdings 1893 trennte.
Literatur: E. Feder, Bismarcks Großes Spiel. Die geheimen Tagebücher L. Bambergers, 1932. *EH*

Bamm, Peter

(eigtl. Curt Emmrich)
Arzt und Schriftsteller
✶ 20.10.1897 Hochneukirch (Rheinland)
† 30.3.1975 Zürich
Nach dem Studium der Medizin und Sinologie, das er sich durch journalistische Arbeiten finanzierte, ging B. zunächst als Schiffsarzt auf Weltreise. Ende der 20er Jahre eröffnete er in Berlin eine eigene Arztpraxis und ließ sich 1932 als freier Schriftsteller nieder. Nach dem II. Weltkrieg arbeitete B. vorrangig für den Rundfunk u.a. über seine Kriegserlebnisse als Arzt (»Die unsichtbare Flagge«, 1953) und wandte sich dann vor allem kulturgeschichtlichen Themen zu (»Alexander oder die Verwandlung der Welt«, 1965). *MS*

Bardeleben, Heinrich *Adolf* von

Mediziner
✶ 1.3.1819 Frankfurt/O.
† 24.9.1895 Berlin [F.46]
B., ab 1848 in Greifswald tätig, leitete ab 1868 die Chirurgische Klinik der Berliner Charité. Dort nahm er als einer der ersten Eingriffe an der Leber vor, führte eine vereinfachte Form der Listerschen Desinfektion ein und behandelte die Hauttuberkulose operativ. 1876–77 stand er der Berliner Universität als Rektor vor. Sein »Lehrbuch der Chirurgie und der Operationslehre« war ein Standardwerk. *UH*

Bardua, Caroline

Malerin
✶ 11.11.1781 Ballenstedt (Harz)
† 2.6.1864 ebd.
Nach einem zweijährigen Aufenthalt in Weimar, bei dem sie auch Goethe malte, und weiteren Studien in Dresden, wo sie zwischen 1807 und 1815 lebte und Caspar David Friedrich porträtierte, kam sie über Halle im Jahre 1819 nach Berlin. Gemeinsam mit ihrer Schwester Wilhelmine (1798–1865), mit der sie zusammenlebte und deren Tagebücher die wichtigste Quelle zum Leben von C. sind, fand sie schnell Zugang zur Berliner Gesellschaft. Sie erhielt Aufträge vom Hof, hatte enge Kontakte mit den Künstlerkreisen und schuf in dieser Zeit u.a. Porträts von Carl Maria von Weber, Friedrich de la Motte Fouqué und Hans Christian Andersen. Enger Kontakt bestand zu Bettina von Arnim und deren Familie. 1843 gründeten die Schwestern Bardua, die Töchter der Bettina von Arnim und einige andere unverheiratete Frauen mit dem »Kaffeter« eine weibliche Künstlergesellschaft, die bis 1848 bestand. In diesem Jahr verließen die Barduas Berlin und zogen sich wieder nach Ballenstedt zurück. *EF*

Barlog, Boleslaw

Regisseur, Theaterdirektor
✶ 28.3.1906 Breslau
† 17.3.1999 Berlin [F.93]
Im Alter von drei Jahren kam B. nach Berlin zu Pflegeeltern, dem Tapezierermeister Carl Melzheimer und seiner Frau Johanna. Schon als Schüler verbrachte B. jede freie Minute im Kino oder im Theater. Nach der vorzeitigen Beendigung der Schule mit dem sogenannten »Einjährigen«, was in etwa der Mittleren Reife entspricht, begann er eine Ausbildung zum Buchhändler, die er jedoch vorzeitig abbrach. Bei der Hütten AG in der Tiergartenstraße absolvierte er schließlich eine Ausbildung zum Buchhalter. Nach der Lehre war B. zunächst arbeitslos und schlug sich mit Gelegenheitsarbeiten durch. Zu Beginn der 30er Jahre kam B. an die Volksbühne am Bülowplatz, wo er bei Karl-Heinz Martin und Heinz Hilpert als Regieassistent arbeitete. Weil er sich weigerte, sei-

nen »Ariernachweis« zu erbringen, fiel er bei den Nazis in Ungnade und wurde 1933 erneut arbeitslos. Wieder hielt er sich mit den verschiedensten Jobs über Wasser: als Tapezierergehilfe, Reklamezettelverteiler, Mietwagenchauffeur, Hilfsbademeister im Strandbad Wannsee. 1936 erhielt B. durch die Vermittlung des Drehbuchautors Robert Adolf Stemmle die Möglichkeit, verschiedene Hilfstätigkeiten beim Film zu übernehmen. Die Filmgesellschaften UFA und Terra beschäftigten ihn als Regieassistent, mit der Option auf eigene Regietätigkeit. Er drehte harmlose Filme wie »Tierarzt Dr. Vlimme« mit Hans Söhnker. Unmittelbar nach Kriegsende übernahm er ein völlig verwahrlostes Steglitzer Vorstadtkino, um es zu renovieren und als Theater zu eröffnen. Die amerikanische Militärregierung erteilte B. eine Lizenz als Theaterdirektor und so wurde das Schloßparktheater am 3.11.1945 mit »Hokuspokus« von Curt Goetz eröffnet. In den Hauptrollen: Hans Söhnker und Winnie Markus; Hildegard Knef sprach den Goethe-Prolog: »Der Anfang ist in allen Dingen schwer«. In wenigen Jahren erarbeitete B. ein breitgefächertes Repertoire, das beim Publikum großen Anklang fand. Aufgrund seines Erfolges trug ihm der Berliner Senat 1951 die Leitung des wieder aufgebauten Schillertheaters an und ernannte ihn zum Generalintendanten beider Häuser. 1959 eröffnete B. die Schiller-Theater-Werkstadt als Experimentierbühne. B. war der Erste, der in Deutschland Samuel Beckett spielen ließ und holte ihn sogar als Regisseur ans Schiller-Theater. B. brachte Edward Albees »Zoogeschichten« zur Uraufführung, Peter Weiss' »Marat« wurde eines der »grandiosesten Theaterereignisse nach dem Kriege«, bravourös inszenierte er die deutsche Erstaufführung von Albees »Wer hat Angst vor Virginia Wolf«. Bei B. standen Pinter, Anouilh, Genet, Mrozek, Gombrowicz sowie Max Frisch, Tennessee Williams oder John Osborne auf dem Spielplan. Regisseure wie Fritz Kortner, Rudolf Noelte, Jürgen Fehling, Hans Schweikart, Walter Henn oder Hans Lietzau inszenierten an den »Barlog-Bühnen«. B. verpflichtete große Darsteller und knüpfte damit an die große Berliner Theatertradition an: Käthe Dorsch, Grete Mosheim, Ernst Deutsch, Werner Krauss, Bernhard Minetti, Hermine Körner, Marianne Hoppe, Tilla Durieux, Curt Bois, Martin Held, Klaus Kammer. Ein Ensemble, das es ihm erlaubte, selbst die kleinste Rolle mit einem großen Namen zu besetzen. Ende der 60er Jahre war B.s »Werktreue« nicht mehr gefragt. 1972 beendete er seinen Vertrag. 27 Jahre leitete B. die Berliner Staatlichen Schauspielbühnen. Es war die längste Intendantenära in der Berliner Theatergeschichte. Nach seinem Abschied als Generalindendant arbeitete er an zahlreichen Sprechbühnen und Opernhäusern als freier Regisseur.

Literatur: B. Barlog, Theater lebenslänglich, 1990; D. Wünsche (Hg.), Boleslaw Barlog: »Also spielen wir Theater ...«, 1994. *RS*

Barnack, Oskar

Feinmechaniker

✶ 1.11.1879 Lynow (Brandenburg)

† 16.1.1936 Bad Nauheim

Nach seiner Lehre in Berlin-Lichterfelde verbrachte er die Gehilfenjahre in Sachsen, Wien und Tirol, bevor er 1911 bei Leitz in Wetzlar als Mechanikermeister anheuerte. Als leidenschaftlicher Filmamateur wollte er das kostbare Filmmaterial (beidseitig perforierter 35 mm-Film) möglichst sparsam einsetzen und entwickelte folgerichtig 1914 die erste Kleinbildkamera im Format 24 × 36 mm (= 2 Kinobilder). Das war die Geburtsstunde der legendären Leica. Darüberhinaus glänzte er durch seine künstlerischen Fotografien: neben scharfen Aufnahmen von Genre-Szenen gelangen ihm auch erste Luftbildaufnahmen aus dem Zeppelin. *VTM*

Barnay, Ludwig

Schauspieler und Theaterleiter

✶ 11.2.1842 Pest (Budapest)

† 1.2.1924 Hannover

B. debütierte 1860 in Trautenau (Böhmen), spielte u.a. in Budapest, Graz, Leipzig und am Burgtheater in Wien, gründete 1871 in Weimar auf dem Ersten allgemeinen deutschen Bühnenkongreß die Genossenschaft Deutscher Bühnenangehöriger, die bis heute wichtigste Interessenvertretung der Schauspieler und Theaterschaffenden in Deutschland. B. zählte seit 1874 zu den führenden Mitgliedern der Meininger, mit denen er zahlreiche Gastspiele in Europa unternahm, u.a. auch in Berlin, wo er 1874 den Antonius in »Julius Caesar« gab. 1883 gründete er mit Adolf L'Arronge das Deutsche Theater im Hause des Friedrich-Wilhelmstädtischen Theaters. 1888–94 war er Leiter des Berliner Theaters, danach bis 1897 Mitglied des Wiesbadener Theaters, 1906–1908 Intendant des Kgl. Schauspielhauses in Berlin, 1908–12 des Hoftheaters Hannover und zwischenzeitlich oft auf Gastspielreisen unterwegs

(Hamlet, Othello,, Wallenstein, Wilhelm Tell u.a.).
Schriften: Erinnerungen (2 Bde., 1903). *DTW*

Barnowsky, Victor
Regisseur und Theaterleiter
✶ 10.9.1875 Berlin
† 9.8.1952 New York
Nach einigen Schauspieler-Jahren an Provinzbühnen kam B. 1903 nach Berlin, leitete mehrere Theater: 1905–13 als Nachfolger Reinhardts das Kleine Theater Unter den Linden, 1913–24 das Lessing-Theater, 1924–33 das Theater in der Königgrätzer Straße; daneben das Deutsche Künstlertheater und das Theater am Schiffbauerdamm. B. emigrierte über Österreich in die USA. Seine »Peer Gynt«-Inszenierung eröffnete 1913 das Lessing-Theater. *DTW*

Baron, Erich
Journalist
✶ 20.7.1881 Berlin
† 26.4.1933 ebd.
Nach dem Jurastudium an der Berliner Universität 1900–04 wurde er Mitglied der SPD und wirkte in Brandenburg als Journalist und in der Stadtverordnetenversammlung. Er schloß sich der USPD an und war im November 1918 Vorsitzender des Zentralen Arbeiter- und Soldatenrates in Brandenburg. Seit 1921 in der KPD als Redakteur tätig, wurde er 1924 Generalsekretär der »Gesellschaft der Freunde des neuen Rußlands« und gab deren Zeitschrift »Das neue Rußland« heraus. Noch in der Nacht des Reichstagsbrandes wurde er verhaftet und kurz darauf im Gefängnis ermordet. Der Erich-Baron-Weg in Mahlsdorf trägt seit 1951 seinen Namen. *EF*

Barth, Erwin
Gartenarchitekt
✶ 28.11.1880 Lübeck
† 10.7.1933 Berlin [F.122]
Nach Ausbildung in Potsdam-Wildpark ist B. 1908–11 Leiter des Gartenamtes in Lübeck und 1912–25 Stadtgartendirektor von Berlin-Charlottenburg, 1926–29 von ganz Berlin. B. nahm 1921 eine Lehrtätigkeit an der TH Charlottenburg auf und wurde 1927 Professor.
Wichtige Werke: Karolingerplatz, Bln.-Charlottenburg (1912–13); Sachsenplatz, Bln.-Charlottenburg/Westend (1918–21); Lietzenseepark, Bln.-Charlottenburg (1919–20); Volkspark Jungfernheide, Bln.-Charlottenburg (1920–24); Volkspark Rehberge, Bln.-Wedding (1926–29, zus. mit R. Germers). *KDS*

Barth, Johann *Heinrich*
Forschungsreisender und Geograph
✶ 16.2.1821 Hamburg
† 25.11.1865 Berlin [F.14]
B. studierte in Berlin. 1845–47 führte ihn eine abenteuerliche Reise nach Marokko, Algerien, Tunesien, Malta, Tripolitanien, Cyrenaika, Ägypten, Palästina, Syrien, Cypern sowie in Teile Kleinasiens. Er zog 1848 nach Berlin und hielt Vorlesungen an der Universität. Dort erreichte ihn 1850 die Einladung, an einer englischen Expedition ins Innere Afrikas teilzunehmen. Mit dieser von ihm seit 1852 allein weitergeführten Forschungsreise leitete B. die klassische Zeit der Sahara- und Sudanforschung ein. Seine Aufnahme von rund 20.000 km Wegstrecke, die Aufzeichnung von 49 Sudansprachen u.a. brachten ihm nach seiner Rückkehr 1855 reiche Ehrungen. Das fünfbändige Hauptwerk »Reisen und Entdeckungen in Nord- und Zentralafrika« erschien 1855–58. Als Vorsitzender der Gesellschaft für Erdkunde zu Berlin (ab 1859) wurde B. zum Inspirator und Förderer der Afrikaforschung seiner Zeit.
Literatur: G.v. Schubert, H. Barth, der Bahnbrecher der deutschen Afrikaforschung, 1897. *UH*

Bartning, Otto
Architekt und Fachautor
✶ 12.4.1883 Karlsruhe
† 20.2.1959 Darmstadt
Nach dem Studium in Karlsruhe, Charlottenburg sowie Berlin und seiner Tätigkeit als selbständiger Architekt in Berlin wurde B. 1926–30 Direktor der Staatlichen Hochschule für Baukunst, Bildende Künste und Handwerk in Weimar, danach selbständiger Architekt in Berlin. 1951 Präsident des Bundes Deutscher Architekten, war B. ab 1957 Vorsitzender des leitenden Ausschusses der Interbau Berlin sowie städtebaulicher Berater der Stadt Berlin. Ursprünglich den Traditionen F. Weinbrenners verbunden, ging B. nach dem I. Weltkrieg zu expressionistischen Gestaltungsweisen über.
Wichtige Bauten: Verwaltungsgebäude der Elektro-Thermit-Gesellschaft, Bln.-Tempelhof (1927);

Otto Bartning (1883–1959)

Rittberg-Kinderkrankenhaus, Bln.-Steglitz/Lichterfelde (1927–28); Wohnblock Goebelstraße der Großsiedlung Siemensstadt, Bln.-Charlottenburg-Nord (1929–31) u. Heizwerk jener Großsiedlung (1929–31, zus. mit M. Mengeringhausen); Landhausklinik, Bln.-Wilmersdorf (1930–32); Offenbarungs-Kirche, Bln.-Friedrichshain (1948–1949).
Literatur: J. Bredow/H. Lerch, Materialien zum Werk des Architekten Otto Bartning, 1983.
KDS

Bassermann, Albert
Schauspieler
✶ 7.9.1867 Mannheim
† 15.5.1952 Zürich
B. debütierte 1889 in Basel, spielte danach in Mannheim, Heidelberg, Köln, Hannover, Lüneburg, Bern und Aachen, ab 1895 am Berliner Theater, wo er O. Brahm auffiel, mit dem er bis 1909 zusammenarbeitete (bis 1904 am Deutschen Theater, danach am Lessing-Theater). Ab 1909 war B. bei Reinhardt am Deutschen Theater. 1911 erhielt er den Iffland-Ring. Seit 1913 wurde er auch vom Film verpflichtet, ab 1915 war er häufig auf Gastspielreisen. Im Großen Schauspielhaus spielte er 1919 den Wilhelm Tell in Jessners legendärer Inszenierung. B. emigrierte nach 1933 zunächst in die Schweiz, später nach Österreich und 1938 in die USA. 1946 kehrte er nach Deutschland zurück. Seine letzte Rolle war der Attinghausen im »Wilhelm Tell«, den er 1951 bei der Wiedereröffnung des Schiller-Theaters spielte. B. gilt als einer der größten deutschen Schauspieler des 20. Jhs. Er spielte fast alle Rollen des klassischen Repertoires, aber auch bei Ibsen, Hauptmann, Sternheim und Zuckmayer fand er Paraderollen. *DTW*

Bassewitz, Magnus Friedrich von
Jurist, Oberpräsident von Brandenburg, Ehrenbürger
✶ 17.1.1773 Schönhof (Mecklenburg)
† 14.1.1858 Berlin
Aus einem alten mecklenburgischen Adelsgeschlecht stammend, wandte sich B. nach dem Studium der Verwaltungsarbeit zu und machte hier schnell Karriere in der obersten Verwaltungsbehörde der Provinz Brandenburg. Als Chefpräsident des Potsdamer Regierungskollegiums und seit 1824 als Oberpräsident der Provinz Brandenburg gelang ihm die Durchsetzung von Verwaltungsreformen. Als er 1842 nach 47 Jahren Staatsdienst in den Ruhestand ging, ernannte ihn Berlin zu seinem Ehrenbürger. Von ihm stammen umfassende verwaltungswissenschaftliche Werke über die Kurmark Brandenburg. *EF*

Bastian, Adolf
Ethnograph
✶ 26.6.1826 Bremen
† 2.2.1905 Port of Spain (Trinidad) [F.121]
Nach dem Medizinstudium heuerte B. als Schiffsarzt an und unternahm 1851–59 eine Weltreise, die er in »Der Mensch in der Geschichte« (1860) beschrieb. Acht weitere Reisen führten ihn nach Asien, Afrika und Amerika. Mit den reichen Expeditionsausbeuten gründete er 1868 das Berliner Museum für Völkerkunde. B. rief 1870 die »Berliner Anthropologische Gesellschaft« ins Leben und stand zudem der »Afrikanischen Gesellschaft in Deutschland« vor. *UH*

Bauer, Alfred
Jurist, Filmhistoriker
✶ 18.11.1911 Würzburg
† 19.10.1986 Berlin
Der Sohn eines Bibliothekars studierte Jura und promovierte über Filmrechtsfragen. Danach arbeitete er für die UFA in Berlin. Nach Kriegsende

war er als Filmberater der britischen Behörden in Berlin tätig. Im November 1950 als Leiter der künftigen Filmfestspiele eingesetzt, begründete er am 6.6.1951 mit den 1. Internationalen Filmfestspielen die Berlinale. 1976 gab er deren Leitung ab. 1977 ehrte ihn Berlin mit einer Ehrenprofessur. Der Alfred-Bauer-Preis für den besten Erstlingsfilm erinnert noch heute auf der Berlinale an ihren Begründer. In zwei Bänden hat er einen »Deutschen Spielfilm-Almanach« für die Zeit von 1929 bis 1955 erarbeitet. *EF*

Bauer, Bruno

Theologe, Philosoph und Historiker
✶ 6.9.1809 Eisenberg (Thüringen)
† 13.4.1882 Berlin-Neukölln [F.23]

B. studierte in Berlin Theologie und ging 1839 nach Bonn. Dort erregten seine Arbeiten, in denen er die Geschichtlichkeit Jesu bestritt, großes Aufsehen. Sein kompromißloses Auftreten gegen Religion, Staat, Ehe und Familie führte zur Relegation. B. kam 1842 nach Berlin zurück. Ein Jahr später kassierte die Zensur seine Streitschrift »Das entdeckte Christentum«. In »Christus und die Caesaren« (1877) datiert er Paulus' Briefe in das 2. Jh. und charakterisiert das Christentum als römisch-griechisch-jüdische Philosophie der Kaiserzeit. Zunächst der liberalen Opposition des Vormärz nahestehend, brachte ihn seine barsche Kritik des bürgerlichen Liberalismus Ende der 50er Jahre in die Nähe der preußischen Konservativen.

Literatur: E. Bauer, B. Bauer, Der Streit der Kritik mit Kirche und Staat, 1978. *UH*

Baum, Herbert

Elektriker, Widerstandskämpfer
✶ 10.2.1912 Berlin
† (hingerichtet; andere Quelle: Selbstmord in Haft nach Folterungen) 11.6.1942 ebd. [F.119]

B. wuchs als Sohn eines Buchhalters in Berlin auf, engagierte sich als 13-jähriger Realschüler bei den Roten Falken und trat 1927 der Deutsch-Jüdischen Jugendgemeinschaft (DJJG) bei. Nach der Realschule erlernte er den Beruf des Elektrikers. Wegen seiner jüdischen Herkunft konnte er nicht wie geplant ein Ingenieurstudium aufnehmen. Während seiner Zwangsarbeit in den Siemens-Werken motivierte er zahlreiche junge Juden zur Widerstandsarbeit. Am 18.5.1942 verübte die Baum-Gruppe einen Brandanschlag auf die Nazi-Propaganda-Ausstellung »Das Sowjetparadies«. Durch Denunzation am 22.5.1942 verhaftet, starb B. am 11.6.1942 vermutlich durch Selbstmord. 27 weitere Angehörige der Baum-Gruppe wurden hingerichtet.

Literatur: Steinbach/Tuchel, Lexikon des Widerstandes 1933–1945, 1998. *KD*

Baum, Vicki

Schriftstellerin
✶ 24.1.1888 Wien
† 29.8.1960 Hollywood

Die Beamtentochter ließ sich zur Harfenistin ausbilden und übte diesen Beruf zunächst auch aus, so im Theaterorchester Darmstadt. 1926 kam sie nach Berlin, um als Redakteurin zu arbeiten. Die »Berliner Illustrirte Zeitung« druckte 1929 ihren ewigen Welt-Bestseller »Menschen im Hotel« als Fortsetzungsroman, desgleichen die Baum-Bücher »Stud. chem. Helene Willfüer« und »Zwischenfall in Lohwinkel«. Der gehobene, auf solide Milieukenntnis gegründete Unterhaltungsstil speziell von »Menschen im Hotel« – die Autorin hatte sich zeitweilig als Zimmermädchen ins »Excelsior« am Anhalter Bahnhof eingeschmuggelt – begründete eine ganze literarische Richtung. Spannungsvoll verflocht B. Schicksale unterschiedlichster Frauen und Männer, die als Gäste oder Angestellte für kurze Zeit zusammenkommen. Anläßlich der Verfilmung mit Greta Garbo (später nochmals mit Sonja Ziemann und Heinz Rühmann) ging Vicki Baum 1931 nach Hollywood, nahm die amerikanische Staatsbürgerschaft an und verfaßte weitere, teils ebenfalls verfilmte Erfolgsbücher, außerdem Bühnenstükke.

Werke: V. Baum: Menschen im Hotel, zuletzt 1998. *GB*

Bebel, August

Mitbegründer der Sozialdemokratischen Partei
✶ 22.2.1840 Köln-Deutz
† 13.8.1913 Passugg (Graubünden)

B. erlernte nach dem frühen Tod des Vaters das Drechslerhandwerk, kam nach seinen Wanderjahren 1860 nach Leipzig, stieß hier zur Arbeiterbewegung, wurde 1865 Vorsitzender des dortigen Arbeiterbildungsvereins und 1867 des Verbandes der deutschen Arbeitervereine. Zusammen mit W. Liebknecht gründete B. 1869 die Sozialdemokratische Arbeiterpartei, deren Vorsitzen-

August Bebel (1840–1913)

der er bald wurde. B. war ein ausgezeichneter Volksredner und Parlamentarier und fand selbst bei seinen Gegnern aus diesem Grunde Anerkennung. Ein Experte für Budget und Militärangelegenheiten seiner Partei im Reichstag, trat er in dieser Zeit zunächst für die Verteidigung Deutschlands ein, opponierte aber gegen die Annektion Elsaß-Lothringens und solidarisierte sich mit der Pariser Kommune. B. wurde daraufhin zusammen mit W. Liebknecht wegen Hochverrats und Majestätsbeleidigung zu Festungshaft verurteilt. Er blieb weiterhin parteipolitisch engagiert; 1875 vereinigte sich unter seiner Führung die Sozialdemokratische Arbeiterpartei in Gotha mit dem Allgemeinen Arbeiterverein zur SDAP. Nach der Aufhebung der Sozialistengesetze war B. maßgeblich an der Ausarbeitung des Erfurter Programms beteiligt. In den 90er Jahren förderte er die Partei zu einer Massenpartei mit zentralen Organisationen; deren programmatische Grundlage war zwar die Marxsche Idee des Klassenkampfes und der internationalen Solidarität des Proletariats geblieben, aber nach B.s Auffassung sollten die politischen Aktionen einzig durch demokratische Wahlkämpfe und parlamentarische Oppositionspolitik bestimmt werden. Diese Linie hat er sowohl gegen den Revisionismus Bernsteins als auch gegen die linken Radikalisten in der SPD verteidigt. B. lebte seit 1890 in Berlin und war an der Redaktion des »Vorwärts« beteiligt.

Literatur: B. Seebacher-Brandt, Bebel. Künder u. Kärrner im Kaiserreich, 1988; A. Bebel. Eine Biographie. Ak. u. d. Ltg. v. U. Herrmann u. V. Emmrich, 1989. *EH*

Becce, Giuseppe

Komponist
✶ 3.2.1887 Longino (Italien)
† 5.10.1973 Berlin

B. zählt zu den Pionieren der Filmmusik und lebte seit 1906 in Berlin. O. Messter besetzte ihn in seinem Film »Richard Wagner«, für den B. auch die Musik zusammenstellte, mit der Titelrolle. Aus seinen weiteren Musiken für Messter-Filme stellte er seit 1919 die sogenannte »Kinothek« zusammen, eine Sammlung illustrativer, auf einzelne, immer wiederkehrende Filmsituationen zugeschnittene Musikstücke. Durch B. erhielten die musikalischen Anweisungen an den Kinopianisten größere Verbindlichkeit. Nach dem I. Weltkrieg war B. einer der bekanntesten Berliner Kinokapellmeister. Becce vertonte u.a. »Das Cabinett des Dr. Caligari«, »Der letzte Mann«, »Tartüff«, »Wege zu Kraft und Schönheit«, später verschiedene Leni-Riefenstahl- und Louis-Trenker-Filme. Nur ausnahmsweise waren seine Musiken wirkliche Original-Kompositionen, häufiger Kompilationen fremder Stücke, die dem Kinogebrauch angepaßt wurden. In den 50er Jahren war er Standardkomponist des deutschen Heimatfilms. *ThW*

Becher, *Johannes* Robert

Dichter und Politiker
✶ 22.5.1891 München
† 11.10.1958 Berlin [F.108]

B. begann mit expressionistischen Gedichten und engagierte sich früh für die Ziele der KPD. Seine politische Tätigkeit in der Weimarer Republik zwang ihn 1933 ins Exil (ab 1935 in der Sowjetunion). Im Mai 1945 kehrte er zurück, ließ sich in Ost-Berlin nieder und engagierte sich im »Kulturbund zur demokratischen Erneuerung Deutschlands« und anderen Verbänden, was ihm 1954 die Berufung zum Minister für Kultur einbrachte. Der Verfasser der DDR-Nationalhymne gilt Kritikern heute als »Klassizistischer Kaisergeburtstagsdichter der Stalinisten«. *MS*

Bechstein, Carl Friedrich Wilhelm
Klavierfabrikant
✶ 1.6.1826 Gotha
† 6.3.1900 Berlin [F.109]
Seine Lehrjahre verbrachte der Sohn eines Perükkenmachers in Erfurt und wurde im Betrieb seines Schwagers zum Klavierbauer ausgebildet. Die Stationen seiner Wanderjahre: bis 1846 war er in Dresden bei der Klavierfabrik C. Pleyel, 1848 in Berlin als Geschäftsführer der Firma G. Perau und 1852 in Paris und London, u.a. arbeitete er dort bei Pape und Kriegelstein. 1853 wieder in Berlin, gründete B. seine eigene Firma, in anfänglich kleinem Umfang. 1856 erblickte der erste Bechstein-Flügel das Licht der Welt und war im In- und Ausland sofort sehr beliebt. Anläßlich der Londoner Industrieausstellung wurde B. 1862 die große englische Preismedaille verliehen. Der Verkauf im Ausland wurde durch Gründung von Filialen in Petersburg, London und Paris unterstützt. Zu zahlreichen bedeutenden Musikern, z.B. Franz Liszt und Arthur Rubinstein, pflegte er

Carl Bechstein (1826–1900)

ein freundschaftliches Verhältnis. Die Anregungen aus der Praxis sind ein Grund für die außerordentliche Güte und den guten Ruf der Bechstein-Instrumente. Bis zum I. Weltkrieg produzierte seine Firma mehrere tausend Flügel und verkaufte sie in alle Welt. Nach dem Tod B.s übernahmen die Söhne, später die Enkel den Betrieb, der 1923 in eine Aktiengesellschaft umgewandelt wurde. Bis heute ist der Fabrikations-Standort Berlin: produziert wird inzwischen am Kreuzberger Moritzplatz.
Literatur: Bechstein-Chronik, 1925. *VTM*

Beck, Ludwig
General der Artillerie, Generaloberst (seit 1938)
✶ 29.6.1880 Biebrich (heute zu Wiesbaden)
† 20.7.1944 Berlin [F.46]
Im I. Weltkrieg Generalstabsoffizier, wurde B. 1933 Chef des Truppenamtes, 1935 Chef des Generalstabs des Heeres. Unter dem Eindruck der Sudetenkrise 1938 distanzierte er sich von der abenteuerlichen Politik Hitlers und warnte diesen seit Mai 1938 in mehreren Denkschriften vor der militärischen Zerschlagung der Tschechoslowakei (der unweigerlich ein Weltkrieg folgen mußte). Von der Generalität nicht mehr unterstützt, trat er am 18.8.1938 als Generalstabschef zurück. Im Verlauf des Krieges wurde B. zur Schlüsselfigur des national-konservativen Widerstands gegen Hitler; bei einem geglückten Umsturz war er als »Reichsverweser« vorgesehen. Nach dem gescheiterten Attentat vom 20.7.1944 plädierte er als Haupt der Verschwörer in Berlin für die Fortsetzung des Aufstands. Nach dem Zusammenbruch der Aktion wurde B. nach einem Selbstmordversuch in seinem Arbeitszimmer erschossen.
Literatur: W. Foerster, Generaloberst L. Beck, 1953; K.J. Müller, General L. Beck, 1980. *ThW*

Becker, Jurek
Schriftsteller
✶ 30.9.1937 Lódz (Polen)
† 14.3.1997 Berlin
Im Ghetto von Lódz aufgewachsen, kam er mit seinen Eltern in die Konzentrationslager Ravensbrück und Sachsenhausen, wo seine Mutter umkam. Seit 1945 lebte er in Berlin, studierte ab 1957 an der Berliner Humboldt-Universität Philosophie, bis er 1960 relegiert wurde. Nach einem Studium an der Filmhochschule in Potsdam-Babelsberg arbeitete er seit 1962 als Drehbuchautor, bevor er sich entschloß, es als freischaffender Schriftsteller zu versuchen. Sein erster Roman »Jakob der Lügner« (1968), der 1974 auch verfilmt wurde, brachte ihm große Anerkennung, was sich in vielen Preisen und Auszeichnungen widerspiegelte, so u.a. im Heinrich-Mann-Preis (1971) und dem Nationalpreis (1975). B. gehörte zu jenen Persönlichkeiten, die offen gegen die

Ausbürgerung von Wolf Biermann durch die DDR-Behörden protestierten. Daraufhin wurde er aus dem Schriftstellerverband der DDR und aus der SED, der er seit 1957 angehörte, ausgeschlossen. Seit 1977 lebte er – ermöglicht durch ein Visum – nach einem längeren USA-Aufenthalt vor allem in Berlin (West). Neben seinen Romanen wie »Schlaflose Tage« (1978), »Aller Welt Freund« (1983) und »Amanda Herzlos« (1992) wurde er vor allem als Drehbuchautor für die Fernsehserie »Liebling Kreuzberg« bekannt. Dafür erhielt er den Adolf-Grimme-Preis. Seit 1990 gehörte er der Akademie der Künste Berlin an. Beigesetzt wurde er in Sieseby (Schleswig-Holstein). *EF*

Beckmann, Friedrich

Schauspieler
✶ 13.1.1803 Breslau
† 7.9.1866 Wien

B. begann als Chorist in Breslau, kam 1824 für 20 Jahre als Komiker an das Königstädtische Theater in Berlin. Seinen größten Erfolg hatte er mit der von ihm geschriebenen Lokalposse »Eckensteher Nante im Verhör« (1833), in der er auch die Hauptrolle spielte. Allein über 100 Aufführungen in Berlin in einem Jahr machten B. zu einem der populärsten Komiker. 1845 ging B. ans Theater an der Wien, von 1846 bis zu seinem Tode war er am Burgtheater in Wien engagiert. *DTW*

Beckmann, Max

Maler und Grafiker
✶ 12.2.1884 Leipzig
† 27.12.1950 New York

B. studierte seit 1900 in Weimar, 1903/04 in Paris und übersiedelte 1904 nach Berlin, wo er sich der Berliner Sezession anschloß, deren Vorstandsmitglied er 1910 wurde. 1914 gründete er mit anderen die »Freie Secession Berlin«, zog jedoch im selben Jahr freiwillig in den Krieg. Danach war er zunächst von 1925–32 an der Frankfurter Kunstgewerbeschule (seit 1929 als Professor) tätig. 1933 entlassen, lebte er bis 1937 wieder in Berlin. Nach der Ausstellung »Entartete Kunst« im selben Jahr in München, emigrierte er nach Paris und Amsterdam. 1947 ging er für zwei Jahre nach St. Louis (USA); von 1949 bis zu seinem Tode war er Professor in New York. Obgleich nur wenig mehr als 14 Jahre in Berlin lebend, gehört B. doch zu den bedeutendsten

Max Beckmann (1884–1950)

Berliner Künstlern, so daß ihm bereits zu Lebzeiten die Nationalgalerie einen eigenen Raum widmete. Seine Berliner Ansichten (u.a. »Die Nacht« 1919) zählen zu den eindrucksvollsten Zeugnissen der Stadt im frühen 20. Jh.
Literatur: St. Lackner, M. Beckmann, 1979; F. Erpel, M. Beckmann, 1981; Ders., M. Beckmann. Leben im Werk. Die Selbstbildnisse, 1985. *JM*

Beer, Wilhelm

Astronom und Bankier
✶ 4.1.1797 Berlin
† 27.3.1850 ebd. [F.118]

B., Bruder des Komponisten G. Meyerbeer, richtete sich im Berliner Tiergarten eine kleine Privatsternwarte ein. Unter Anleitung des Astronomen Johann Heinrich Mädler beobachtete er den Planeten Mars (»Physikalische Beobachtungen des Mars in der Erdnähe«, 1830). Gemeinsam gaben sie 1836 eine Mondkarte heraus und trugen mit »Der Mond nach seinen kosmischen und individuellen Verhältnissen oder allgemeine Selenographie« (2 Bde., 1837) zur Erforschung des Erdtrabanten bei. *UH*

Beese-Boutard, Amelie (Melli)

Pilotin
✶ 13.9.1886 Laubegast b. Dresden
† (Freitod) 22.12.1925 Berlin [F.85]

Nachdem die Architektentochter sich dem Studium der Bildhauerei an der Kunstakademie in Stockholm gewidmet hatte, schrieb sie sich 1909 als Hospitantin an der Technischen Hochschule in Dresden ein, wo Flugtechnik, Mechanik, Schiffbau und Mathematik ihre bevorzugten Fächer waren. Vom Herbst 1910 an, als sie zum erstenmal nach Berlin auf den Flugplatz von Johannisthal kam, kämpfte sie um den Erwerb einer Flugzeugführererlaubnis. Nach vielen Querelen und auch gefährlichen Abstürzen hielt sie diese Erlaubnis an ihrem 25. Geburtstag in den Händen. Damit war sie die erste deutsche Pilotin. Bereits wenige Tage nach ihrer erfolgreichen Prüfung nahm sie an einer Herbstflugwoche teil und belegte einen der vorderen Plätze. 1912 gründete sie eine eigene Flugschule und beteiligte sich an der Entwicklung und am Bau neuer Flugzeuge. Durch die Heirat mit dem französischen Flugzeugkonstrukteur Charles Boutard geriet sie ins Visier nationalistischer Attacken, wurde während des Weltkrieges als feindliche Ausländerin behandelt und nach Wittstock verbannt. Ihre Versuche, nach dem Krieg wieder im Flugwesen aktiv zu werden, wie auch ihre Pläne für einen Fliegerfilm schlugen fehl. 1925 wählte sie den Freitod.
Literatur: Beese-Boutard, Fliegerleben. Selbstporträt im Telegrammstil., o.J. *EF*

Begas, Reinhold

Bildhauer
✶ 15.7.1831 Berlin
† 3.8.1911 ebd. [F.49]
Schon als Schüler wurde B. durch seinen Paten L. Wichmann in die Bildhauerei eingeführt. Später lernte er an der Berliner Akademie u.a. bei J.G. Schadow und von 1848–55 bei C.D. Rauch. Von 1856–58 war er in Rom, wo er als Stipendiat der Akademie arbeitete und Gelegenheit hatte, mit den sich in Rom aufhaltenden deutschen Künstlern – darunter F.v. Lenbach, A. Böcklin und A. Feuerbach – bekannt zu werden. Beeinflußt von der Größe der Kunst Michelangelos, löste sich B. sehr bald vom späten Klassizismus und griff auf barocke Elemente zurück. Seine 1858, nach der Rückkehr nach Berlin, geschaffene »Borussia-Gruppe« auf dem Gebäude der Berliner Börse (zerstört) zeigte dies deutlich. 1861 berief man B. nach Weimar, wo er an der Kunstschule unterrichtete. Von hier verbreitete sich sein Ruf als Erneuerer der Bildhauerei. B. beteiligte sich an einem Wettbewerb für ein Schillerdenkmal auf dem Berliner Gendarmenmarkt, den er für sich entscheiden konnte. Das Werk selbst wurde jedoch erst später (1871) aufgestellt. Von 1863–64 war er erneut in Rom, und, nach weiteren Weimarer Jahren, ab 1869 wieder in Berlin. Er übernahm zahlreiche öffentliche Aufträge, schuf jedoch auch Porträts und malte. Er vollendete 1891 den Berliner Schloßbrunnen (Neptunbrunnen, heute vor dem »Roten Rathaus«) und schuf, gemeinsam mit seinem Bruder Karl, P. Breuer, R. Cauer und A. Gaul, 1892–97 das monumentale Denkmal für Kaiser Wilhelm I. an der Schloßfreiheit (zerstört, figürliche Teile im Tierpark Berlin). Mit Cauer und Gaul arbeitete er ebenfalls bei der Ausführung des Bismarck-Denkmals 1897–1901 (heute am Großen Stern) zusammen. In späteren Lebensjahren schuf er einige Werke für die Siegesallee im Tiergarten. B.' Wirken in Berlin ließ ihn zum wichtigsten Bildhauer der wilhelminischen Ära werden.
Literatur: A.G. Meyer, R. Begas, 1901; Katalog der Gedächtnisausstellung [R.B] in der Berliner Akademie der Künste 1911; F. Noack, Das deutsche Rom, 1912; P. Bloch/W. Grzimek, Das klassische Berlin. Die Berliner Bildhauerschule im 19. Jh., 1978. *JM*

Behmer, Marcus

Zeichner und Grafiker
✶ 1.10.1879 Weimar
† 12.9.1958 Berlin [F.2]
B., der sich als Autodidakt bildete, gestaltete als erstes bedeutendes Werk eine Ausgabe der »Salome« von O. Wilde für den Leipziger Inselverlag. Aufgrund seiner phantasiereichen Vielfalt wurde er einer der bedeutendsten deutschen Exlibris-, Signet- und Buchgestalter. Außerdem war B. als Bildniszeichner und Radierer sehr geschätzt und konnte u.a. für seine Leistungen 1950 den Kunstpreis der Stadt Berlin entgegennehmen.
JM

Behr, Johann Heinrich

Mathematiker und Ingenieur
✶ 1647 Schleiz
† 1717 Berlin
B. nahm nach Eintritt in brandenburgische Kriegsdienste 1683–85 als Befestigungsingenieur an den Türkenfeldzügen teil und kam 1685 nach Berlin. 1695 wurde er Stadtbaudirektor, 1707 Hofbaumeister und Mitglied der Akademie der Wissenschaften. Ab 1710 wohnte B. in der von ihm angelegten Behrenstraße in Berlin. B. war Vertreter des Barock.

Wichtige Bauten: Mitarbeit an Planung und Aufbau der Friedrichstadt (ab 1691); Aufbauleitung an der Französischen und der Behrenstraße (ab 1696) sowie der Jerusalemer und Leipziger Straße (ab 1701). *KDS*

Behrendt, Joachim-Ernst

Musiker

✶ 20.7.1922 Berlin

† 14.2.2000 Hamburg

Der Sohn eines Pfarrers, der im KZ Dachau ums Leben kam, begeisterte sich schon früh für den Jazz, den er als politische Musik verstand. 1945 gehörte er zu den Mitbegründern des Südwestfunks Baden-Baden und leitete von 1950–87 die Jazzredaktion dieses Senders. Als Organisator verschiedener Jazzkonzerte und Festivals begründete er auch 1964 die Berliner Jazztage, die er bis 1972 leitete. Sein 1949 erstmals erschienenes Buch »Der Jazz« machte ihn schnell bekannt und brachte ihm den Namen »Jazzpapst« ein. Zu seinen bekannten Arbeiten zählen auch »Nada Brahma – die Welt ist Klang« (1983) und »Es gibt keinen Weg. Nur Gehen« (2000). B. starb an den Folgen eines Verkehrsunfalls. *EF*

Behrens, Peter

Architekt, Maler, Grafiker und Formgestalter

✶ 14.4.1868 Hamburg

† 27.2.1940 Berlin [F.83, Urnennische neu belegt]

Der Sohn einer Gutsbesitzerfamilie gehörte nach dem Studium an den Kunstschulen in Karlsruhe, Düsseldorf und München (1886–91) 1893 zu den Mitbegründern der Münchner Sezession. Von Großherzog Ernst Ludwig von Hessen wurde B. 1899 in die Darmstädter Künstlerkolonie (1899–1903) berufen und 1903–07 Direktor der Kunstgewerbeschule Düsseldorf, 1907 künstlerischer Berater der AEG in Berlin und 1913 Vorstandsmitglied des Deutschen Werkbundes. B. trat 1922 die Nachfolge Otto Wagners an der Wiener Akademie an und übernahm 1936 die Leitung des Meisterateliers der Preußischen Akademie der Künste in Berlin. Durch seine Tätigkeit als Gestalter von Industrieprodukten und Massenerzeugnissen erschloß B. um 1907 ein völlig neues Fachgebiet, das heute mit »Industrielle Formgestaltung« bezeichnet wird. Als führender Industriearchitekt stand B. am Beginn der modernen Architektur in Deutschland. Zwischen 1900 und 1914 prägte er ganz entscheidend die deutsche Architektur und eröffnete der europäischen Architektur neue Gestaltungsmöglichkeiten. Seine bekanntesten Schüler sind Le Corbusier (1910–11), Walter Gropius (1907–10) und Mies van der Rohe (1908–11). Insbesondere zum Bau der AEG-Turbinenhalle äußerte sich Oskar Lasche, Betriebsingenieur und einer der drei Erbauer: »Dieser moderne Bau ist in seinen wuchtigen Formen ein Abbild der gewaltigen Arbeit, die im Inneren des Gebäudes geleistet wird«.

Wichtige Bauten: Montagehalle der AEG-Turbinenfabrik in Bln.-Tiergarten/Moabit (1908–09); Hochspannungsfabrik (1909–10) und Kleinmotorenfabrik (1910–13) der AEG, Bln.-Wedding; AEG-Porzellan-, Öltuch- und Lackfabrik, Hennigsdorf (1910–11); Zinshäuser für Arbeiter der AEG, Hennigsdorf (1910–11); Kaiserliche Deutsche Botschaft, St. Petersburg (1911–12); AEG-Siedlung, Bln.-Oberschöneweide (1915–16); Verwaltungsgebäude der Farbwerke Hoechst AG, Frankfurt/M. (1920–24); Bürohäuser Berolina u. Alexander, Alexanderplatz, Bln.-Mitte (1930–1932).

Literatur: P.J. Cremers, P. Behrens, Sein Werk von 1909 bis zur Gegenwart, 1928. *KDS*

Behring, Emil von

Mediziner

✶ 15.3.1854 Hansdorf (Ostpreußen)

† 31.3.1917 Marburg

B. studierte an der Pépinière, der Berliner militärärztlichen Ausbildungsstätte. Seine Ausbildung setzte er an der Charité und in Bonn fort. Zurück in Berlin, erforschte B. am Institut von Robert Koch moderne Methoden der Bakteriologie. Über erste Erfolge zur Heilung von Diphtherie von Versuchstieren, die er unter den S-Bahnbögen auf dem Charitégelände hielt, berichtete er 1890. 1893 gelang ihm mit Hilfe von Paul Ehrlich die Entwicklung eines Pferdeserums, das in der Kinderklinik von Otto Heubner erfolgreich bei diphtheriekranken Kindern eingesetzt wurde. B. ging damit als »Retter der Kinder« in die Medizingeschichte ein. Zuvor waren etwa 30% der Erkrankten gestorben, 50.000 Kinder 1892 allein in Deutschland. Streitsucht und übertriebenes Geltungsbedürfnis sowie Prioritätsstreitigkeiten, die er nach eigenen Aussagen »mit aller gebotenen Rücksichtslosigkeit« führte, überschatteten B.s Wirken in Berlin. 1893 verzog B. nach Halle und 1895 nach Marburg. Dort gründete er die Behring-Werke. Mit der Entwicklung eines hochwirksamen ungefährlichen Impfstoffes zur akti-

Emil von Behring (1854–1917)

ven Immunisierung gegen Diphtherie krönte er sein Lebenswerk. Gemeinsam mit dem Japaner Shibasaburo Kitasato gelang es ihm, das erste Wundstarrkrampfserum zu entwickeln. B. erhielt 1901 den ersten Nobelpreis für Medizin, weil er – so das Nobelpreiskomitee – »... einen neuen Weg auf dem Gebiet der medizinischen Wissenschaft gebahnt hat und dem Arzt eine bezwingende Waffe im Kampf gegen Krankheit und Tod gegeben« habe.
Literatur: H. Sattler, E.v. Behring, 1967. A.v. Engelhardt, E.v. Behring. Chronik seiner Forschungsarbeit und seines Institutes für experimentelle Therapie, 1940, Behring-Archiv; Dokumente eines großen Lebens als Arzt und Forscher. E.v. Behring, o. J. *UH*

Belitz, Conrad von
Erster Berliner Bürgermeister
✶ um 1260 Belitz
† 15.5.1308 Berlin [F.104A, Empore]
Aus einer angesehenen Kaufmannsfamilie stammend, aus der später auch ein Ratmann der Stadt hervorging, belegen Eintragungen zwischen 1290 und 1302 im Hamburgischen Schuldbuch die erfolgreiche Handelstätigkeit von C. Durch seinen in der Klosterkirche erhaltenen Grabstein – der in die Nikolaikirche verbracht wurde –, auf dem C. gezeigt wird, existiert damit eines der frühesten Bilder eines Berliner Bürgers. *EF*

Bellachini
(eigtl. Berlach, Samuel)
Magier
✶ 5.5.1828 Ligota (Polen)
† 14.1.1885 Parchim
Mit vierzehn Jahren kam er nach Portugal, wo er sich Zigeunern anschloß. Mit achtzehn Jahren zog er bereits als selbständiger Zauberkünstler umher, wobei er vorwiegend in Deutschland wirkte. Hier wurde er einer der berühmtesten Magier seiner Zeit. Bei einer Zusammenkunft in Bad Gastein ernannte ihn Kaiser Wilhelm I. zum Hofzauberkünstler. Nach ihm wählten später mehr als 50 Artisten den Künstlernamen Bellachini. *EF*

Benda, Franz (Frantisek)
böhmischer Violinist und Komponist
✶ 25.11.1709 Staré Benátky (Alt Benatek)
† 7.3.1786 Neuendorf (Potsdam)
B. studierte in Prag, verließ seine Heimat aus religiösen Gründen. Nach Aufenthalten in Wien, Breslau, Warschau und Dresden trat er 1733 in die Kapelle des Kronprinzen Friedrich ein, ging nach dessen Thronbesteigung nach Berlin, wo er 1. Violinist, 1771 kgl. Konzertmeister wurde. B. begann spät zu komponieren, hinterließ aber zahlreiche Violinkonzerte und -sonaten im empfindsamen Stil der Berliner Schule. *ThW*

Benda, *Hans* Robert Gustav von
(seit 1825)
Dirigent
✶ 22.11.1888 Straßburg
† 13.8.1972 Berlin [F.32]
B., Nachfahre des Vorigen (Familie 1825 geadelt), war 1926–33 Leiter der Musikabteilung der »Funkstunde Berlin«, 1934–39 Intendant der Berliner Philharmonie, in dieser Funktion Gründer und langjähriger Leiter des Berliner Kammerorchesters, mit dem er erfolgreich gastierte (500 Konzerte). 1948–52 war B. Dirigent in Valencia (Spanien), kehrte 1952 nach Berlin zurück, baute das Kammerorchester wieder auf und war zuletzt Leiter der Musikabteilung des SFB. *ThW*

Bendavid, Lazarus
Philosoph
✶ 18.10.1762 Berlin
† 18.10.1832 ebd. [F.118]
Weniger seine Ausbildung an jüdischen Talmudschulen als die autodidaktischen Studien und

Kontakte zu Moses Mendelssohn, Markus Herz und Heinrich Lambert ebneten ihm den Weg zur Philosophie. Nachdem er einige Zeit in Halle und Göttingen als Hauslehrer gearbeitet hatte, ging er 1791 nach Wien. Hier wurde er, der ein Kenner und Anhänger der Philosophie Kants geworden war, zu einem gesuchten Lehrer. 1797 kehrte er nach Berlin zurück und publizierte seine Ansichten in verschiedenen Büchern. Seine Preisschrift »Über den Ursprung unserer Erkenntnis« wurde 1801 von der Berliner Akademie ausgezeichnet. Seit 1802 arbeitete er als Redakteur der Spenerschen Zeitung. 1806–26 leitete er die jüdische Freischule. In seinem Denken der Aufklärung und deren Fortschrittsidealen verpflichtet, stellte er aber auch die ahnungsvolle Frage, »wenn das gesamte Menschengeschlecht in Industrie … und Kultur … den höchsten Gipfel erreicht hat; wie wird es dann mit der Sittlichkeit aussehen?« Heinrich Heine setzte ihm ein literarisches Denkmal, als er über ihn schrieb: »Er war ein Weiser nach antikem Zuschnitt, umflossen vom Sonnenlicht griechischer Heiterkeit, ein Standbild der wahrsten Tugend, und pflichtgehärtet wie der Marmor des kategorischen Imperativs seines Meisters Kant.« *EF*

Bendow, Wilhelm

(eigtl. W. Emil Boden)
Schauspieler, Komiker
✶ 29.9.1884 Einbeck
† 29.5.1950 ebd.

B. debütierte in Putbus (Rügen), kam Ende 1906 nach Berlin, um sich zum »ernsthaften« Schauspieler ausbilden zu lassen. Trotz Engagements am Deutschen Theater (1908–13) wurde er einer der bekanntesten Komiker Berlins, der im »Schall und Rauch«, in T. Hesterbergs »Wilder Bühne« (B.s Auftritt als »tätowierte Dame« ist Legende geworden) und im »Kabarett der Komiker« (hier führte er seine berühmten »Rennbahngespräche« mit Paul Morgan) ebenso Furore machte wie in den Revuen von Charell im Großen Schauspielhaus und in diversen Schwänken und Operetten im Lustspielhaus, im Theater an der Königgrätzer Straße, in der Scala und im Metropol. 1932 eröffnete er sein eigenes Kabarett: »Bendows Bunte Bühne«. Bald nach 1933 mußte er sein Theater wieder schließen, spielte aber weiter an vielen Berliner Bühnen und beim Film. 1948 erlitt B. in Essen einen Bühnenunfall, von dem er sich nicht mehr erholte.

Literatur: W. Bendow. Schauspieler und Kabarettist, 1984. *DTW*

Bengsch, Alfred

Theologe
✶ 10.9.1921 Berlin
† 13.12.1979 ebd. [F.104]

Nach dem Abitur (1940) nahm der Sohn eines Postbeamten in Fulda ein Theologiestudium auf, das durch die Einberufung 1941 und die amerikanische Kriegsgefangenschaft unterbrochen wurde. 1949 kam er als Subdiakon nach Neuzelle und erhielt 1950 die Priesterweihe. Während seiner Priestertätigkeit in der DDR studierte er in München und verteidigte 1956 seine Dissertation. 1961 als Bischof des Bistums Berlin-Brandenburg geweiht, wählte er Ostberlin als seinen Amtssitz, wo er anfänglich in Weißensee, später in Mitte wohnte. Seit 1962 Erzbischof, wurde er 1967 Kardinal. Er gehörte der Deutschen Bischofskonferenz an und leitete gleichzeitig die Berliner Bischofskonferenz, die 1976 für den Bereich der DDR gebildet worden war. Gedenktafeln erinnern in seiner Wirkungsstätte, der St.-Hedwigskathedrale am Bebelplatz in Mitte und in Schöneberg, Tempelhofer Weg 26, an den katholischen Kirchenführer. *EF*

Benjamin, Hilde

Juristin
✶ 5.2.1902 Bernburg
† 18.4.1989 Berlin

Nach dem Jurastudium in Berlin, Heidelberg und Hamburg sowie einigen Jahren Arbeit im Justizapparat ließ sich die Tochter eines Angestellten 1929 in Berlin als Rechtsanwältin nieder. Verheiratet mit dem jüdischen Arzt Georg Benjamin, einem der führenden Gesundheitspolitiker in der KPD, der 1942 im KZ Mauthausen umkam, trat sie 1927 der KPD bei. 1933 wurde sie aus der Berliner Anwaltskammer ausgeschlossen. Während des Krieges war sie in der Konfektionsindustrie dienstverpflichtet. Nach Kriegsende engagierte sie sich sofort für den Wiederaufbau des Justizwesens, zuerst als Oberstaatsanwältin in Steglitz, dann vor allem in Ostdeutschland und der DDR. 1949 wurde sie Vizepräsidentin des Obersten Gerichts der DDR. Von 1953–67 arbeitete sie als Justizministerin. Danach lehrte sie als Professorin an der Potsdamer Akademie für Staats- und Rechtswissenschaften.

Literatur: A. Feth, Hilde Benjamin – Eine Biographie, 1997; M. Brentzel, Die Machtfrau Hilde Benjamin, 1997. *EF*

Benjamin, *Walter* Benedix Schönflies

Philosoph und Schriftsteller
✶ 15.7.1892 Berlin
† 26.9.1940 Port-Bou (Frankreich)

In einer wohlhabenden Kaufmannsfamilie im Berliner Westend aufgewachsen, begann B. 1912 in Freiburg das Studium der Philosophie, das er 1919 mit einer Dissertation zum Kunstbegriff der Romantik abschloß. Schon hier wird »Kritik« zum zentralen Begriff seines Werkes: Kritik als Erkenntnismethode, die das Kunstwerk aus seinem historischen Kontext löst und damit seine angebliche »Autonomie« aufbricht. 1920 kehrte B. nach Berlin zurück und arbeitete als freier Schriftsteller, die einzige berufliche Perspektive, die ihm nach der 1925 gescheiterten Habilitation offenstand. Als Mitarbeiter der »Frankfurter Zeitung« und vor allem der »Literarischen Welt« schrieb er neben Buchrezensionen auch verschiedene Essays u.a. über Keller, Proust und den Strukturalismus. Nachdem er sich schon seit einigen Jahren mit dem Marxismus beschäftigt hatte, wurden die Begegnung mit Brecht und die ersten Rundfunkarbeiten zu einem entscheidenden Wendepunkt: Brecht war für B. der Prototyp des Schriftstellers, dessen Werk funktional im Sinne politischer Agitation ist. Entsprechend sollte das neue Medium Rundfunk wirken, der durch die Form der Sendungen den Hörer zu eigenständiger Produktion anregen und so zur »Selbstaufklärung der Öffentlichkeit« (B. Witte) beitragen sollte. Mit diesem geradezu revolutionären Ansatz setzte B. für das Radio um, was Brecht mit seinen Lehrstücken auf dem Theater versuchte. Im Pariser Exil seit 1933 verlor B. praktisch alle Publikationsmöglichkeiten und lebte am Rande des Existenzminimums. In den folgenden Jahren sollte ein festes Honorar der von Adorno und Horkheimer in New York herausgegebenen »Zeitschrift für Sozialforschung« die einzige regelmäßige Einnahmequelle sein. Für diese Zeitschrift schrieb B. zahlreiche Essays, am bekanntesten wurde »Das Kunstwerk im Zeitalter seiner technischen Reproduzierbarkeit« (1936). »In diesem Marxisten oder eher in diesem extremen Kritizisten«, so 1952 P. Klossowski, »steckte ein Visionär, dem der ganze Bilderreichtum eines Isaias zur Verfügung stand.«

Literatur: B. Witte, W. Benjamin. Der Intellektuelle als Kritiker. Untersuchungen zu seinem Frühwerk, 1976; S. Unseld (Hg.), Zur Aktualität W. Benjamins, 1972. *MS*

Benn, Gottfried

Arzt und Dichter
✶ 2.5.1886 Mansfeld (Westprignitz)
† 7.7.1956 Berlin [F.91]

Als 1912 die ersten Gedichte des jungen Militärarztes unter dem Titel »Morgue und andere Gedichte« erschienen, erzielte er mit dem ersten Honorar von 40 Mark auch einen einzigen Aufschrei der Empörung bei Lesern und Kritik, die seine Gedichte als Angriff auf den guten Geschmack auffaßten. B. hat sich später von diesem Frühwerk vorsichtig distanziert, jedoch keineswegs von den Befindlichkeiten, aus denen es entstanden war: Desillusionierung, Negation aller überlieferten Weltanschauungen, Zivilisationshaß. Verarbeitet wurden hier die Erfahrungen, die B. seit 1905 als Student der Medizin an der Berliner Kaiser-Wilhelm-Akademie für das militärärztliche Bildungswesen gesammelt hatte. Nach der Promotion 1912 und dem Ausscheiden aus dem Militärdienst aus gesundheitlichen Gründen übernahm er eine Stelle am Krankenhaus Charlottenburg-Westend und ließ sich 1914 bei Kriegsbeginn reaktivieren. Nach dem Krieg eröffnete er eine Praxis für Haut- und Geschlechtskrankheiten im Bezirk Kreuzberg, die als nahezu ständiger Aufenthaltsort auch Arbeitsplatz des

Gottfried Benn (1886–1956)

Dichters wurde. Durch die Veröffentlichung weiterer Gedichtsammlungen, Novellen sowie eines »erkenntnistheoretischen« Dramas wurde B. in den 20er Jahren allmählich als führender Vertreter des Expressionismus anerkannt, der sich allerdings der Politisierung der Literatur konsequent entzog. Das führte zu einer harten Auseinandersetzung mit J.R. Becher und E.E. Kisch, als deren Kern B. den »Gegensatz zwischen der kollektivistischen und der artistischen Kunst« definierte. Obwohl er sich anfangs dem Hitler-Staat als Herold angedient hatte, wurde B. 1938 mit Schreibverbot belegt und ließ sich nochmals als Stabsarzt reaktivieren. Nach 1945 praktizierte er wieder als Arzt und schuf sein umfangreiches Spätwerk (»Statische Gedichte«, 1948), mit dem er zu einem der größten deutschen Dichter des 20. Jhs. wurde. B. Brecht schrieb 1953: »Beim Anhören von Versen/Des todessüchtigen Benn/Habe ich auf Arbeitergesichtern einen Ausdruck gesehen/Der nicht dem Versbau galt und kostbarer war/Als das Lächeln der Mona Lisa.«
Literatur: Uhlig, H., Gottfried Benn, 1996. *MS*

Bennet, Jack O.

Flugkapitän, Luftbrückenheld
✶ 19.12.1914 Ebensburg (Pennsylvania, USA)
† 26.8.2001 Berlin

Im Alter von acht Jahren flog der Sohn eines Arztes das erste Mal in einem primitiven Doppeldecker mit. Mit dreizehn half er einem alten, ortsansässigen Flieger, seine altersschwachen, zum Teil schrottreifen einmotorigen Flugzeuge zu warten und mit vierzehn absolvierte er in aller Heimlichkeit seinen ersten Alleinflug. Trotz des Widerstands der Eltern beschloß B. Pilot zu werden. Nach Abschluß des College begann B. ein Studium des Flugzeugbaus am Massachusetts Institute of Technology in Boston. Über die Rockefeller-Stiftung erhielt er 1937 ein Stipendium für Deutschland und ging an die TH Berlin. Durch Freunde wurde er mit Hermann Göring bekannt, der ihn in Rangsdorf, dem größten und modernsten Flughafen der Zeit, die neuesten »Flugmaschinen« testen ließ. Im September 1938 kehrte er in die USA zurück, beendete sein Studium und wurde Pilot. Im Mai 1945 landete B. mit der ersten schweren viermotorigen US-Militärmaschine, einer DC 4, auf dem stark bombenbeschädigten Flughafen Berlin-Tempelhof. An Bord befanden sich hohe amerikanische Militärs und Diplomaten. Anfang 1946, B. war inzwischen Pilot bei der American Overseas Airlines (AOA), kehrte er wieder nach Deutschland zurück und wurde zum Europadirektor der Gesellschaft in Frankfurt/M. ernannt. Am 23. Juli 1948 ließ die US-Army bei B. telefonisch nachfragen, ob er Kohlen nach Berlin fliegen könne. Mit der Begründung, er habe nur Passagier- aber keine Transportmaschinen, reagierte er zunächst ablehnend, ließ sich dann aber überreden, noch am selben Abend Kartoffeln nach Berlin zu fliegen. So landete um 22.09 Uhr, drei Tage vor dem offiziellen Start, der erste Flug der Luftbrücke in Tempelhof. Bis zum letzten Tag der Luftbrücke flog B. nun mehrmals täglich Lebensmittel und Rohstoffe nach Berlin. 1950, seine Gesellschaft war inzwischen von der PanAm gekauft worden, nahm er seinen ständigen Wohnsitz in Berlin und flog die Linienmaschinen der PanAm. In 54 Jahren flog B. mehr als 23.000 mal von und nach Berlin. Am 28.11.1974 absolvierte er in einer Boeing 727 seinen letzten Flug nach Berlin-Tegel. 1982 veröffentlichte er seine Erinnerungen unter dem Titel: »40.000 Stunden am Himmel«. *RS*

Berber, Anita

Tänzerin, Schauspielerin
✶ 10.6.1899 Leipzig
† 10.11.1928 Berlin [F.21]

Die Tochter des ersten Geigers des Gewandhaus-Orchesters Leipzig, Prof. Felix Berber, und der Schauspielerin, Sängerin und Kabarettistin Lucie Berber, wuchs nach der Scheidung der Eltern bei Verwandten der Mutter auf und besuchte zunächst ein Mädchenpensionat in Weimar. 1915 zog B. nach Berlin-Wilmersdorf zu ihrer Mutter, die bei Rudolf Nelson im »Chat Noir« engagiert war. B. erhielt jetzt Tanzunterricht bei Rita Sacchetto und Schauspielunterricht bei Maria Moissi. Im Februar 1916 trat B. erstmals öffentlich auf und nahm mit der Truppe der Sacchetto an einer Gastspielreise nach Hannover, Leipzig, Frankfurt am Main und Hamburg teil. Nach dem Bruch mit Rita Sacchetto ging B. 1917 ans Berliner Apollo-Theater und gastierte in Wien, Prag und Budapest. B. machte als eine der ausdrucksstärksten und anmutigsten Vertreterinnen des expressionistischen Tanzes sowie als eine der ersten Nackttänzerinnen Schlagzeilen, trat in Kabaretts und Varietés auf. Rudolf Nelson engagierte sie für seine Revuen »Total manoli«, »Bitte zahlen« (1920) und »Wir stehn verkehrt« (1921). Der Regisseur Richard Oswald entdeckte B. für den Film. So spielte B. u.a. in »Dreimädelhaus«

(1918) nach dem gleichnamigen Singspiel um das Leben von Franz Schubert die Tänzerin Grisi. Oswald, der eigentliche Schöpfer des Berliner Milieu- und Unterweltfilms, gab B. auch die Hauptrolle in seinem Aufklärungsfilm »Die Prostitution« (1919). Der Film löste einen Skandal aus und wurde in Süddeutschland sogar verboten. Mit Sebastian Droste, ihrem neuen Partner und späteren Ehemann, erarbeitete sie ein neues Programm, die »Tänze des Lasters und der Ekstase«, mit denen sie auch in Wien gastierten. Daß beide kokainabhängig waren, war kein Geheimnis. Sie führten ein ausschweifendes Leben, waren Stammgäste ebenso mondäner wie zwielichtiger Nachtlokale und verkehrten in der Berliner Halbwelt. 1925 porträtierte Otto Dix sie als »Göttin der Leidenschaft und des Todes«. Das Bild galt bei den Nazis als entartet und wurde in die Schweiz versteigert. 1926 hatte Gustav Heppner B. an sein »Intimes Theater« geholt, wo sie u.a. in »Traumspiel« von August Strindberg spielte. Mit ihrem dritten Ehemann, dem Deutschamerikaner Henri Châtin-Hofmann unternahm sie 1926–28 mit dem Programm »Die Schiffbrüchigen« und dem Tanz »Morphium« zur Musik von Mischa Spoliansky zahlreiche Gastspielreisen. Auf einer Tournee in den Nahen Osten (1928) brach B. in Damaskus zusammen und wurde nach Berlin überführt, wo sie im Alter von 29 Jahren an Schwindsucht starb.
Literatur: L. Fischer, Tanz zwischen Rausch und Tod. Anita Berber 1918–1929 in Berlin, 1984.
RS

Berend, Alice
Schriftstellerin
✶ 30.6.1875 Berlin
† 2.4.1938 Florenz
Die Tochter einer jüdischen Kaufmannsfamilie begann nach Beendigung des Lyceums mit journalistischen Beiträgen für das »Berliner Tageblatt«, wurde aber erst durch ihre Romane bekannt, die sie seit 1911 veröffentlichte. Bücher wie »Frau Hempels Tochter« (1912) erlebten bis 1933 hohe Auflagen und brachten ihr wegen der lebensnahen humorvollen Schilderungen aus dem Alltag des Berliner Bürgertums den Spitznamen »die kleine Fontane« ein. B. wurde schnell vergessen, als sie vor den Nationalsozialisten 1935 nach Italien floh. *MS*

Berends, Julius
Politiker
✶ 30.4.1817 Kyritz
† 2.5.1891 Frauenfeld (Schweiz)
Der Sohn eines Bürgermeisters studierte in Greifswald und Berlin evangelische Theologie und Philosophie. Seinen Berufswunsch Pfarrer konnte er sich durch die Verweigerung der Anstellung wegen »kommunistischer Grundsätze« der Probepredigt über Jesus bei den Zöllnern und Sündern durch die preußischen Behörden nicht erfüllen. Daher lebte er in Berlin von den Erträgen einer Druckerei, die er gemeinsam mit Eduard Krause betrieb, war 1844–46 Lehrer und Vorstandsmitglied des Berliner Handwerkervereins, bis ihm auch diese Tätigkeit untersagt wurde. Von 1847 bis zum Mai 1848 war er Berliner Stadtverordneter. Mit Beginn der Barrikadenkämpfe im März 1848 gehörte B. zu den aktivsten Führern der demokratischen Bewegung in Berlin, war Mitbegründer des demokratischen »Volksklubs«, wurde zum Mitglied der preußischen Verfassunggebenden Versammlung gewählt und nahm als Mitglied der Verfassungskommission an der Ausarbeitung des Entwurfs einer preußischen Verfassung teil. Im Februar 1849 wurde B. in seinem Berliner Wahlkreis in die Zweite Kammer des Preußischen Parlaments gewählt, war im März 1849 erster Vorsitzender des 2. Volksvereins, im selben Jahre Mitglied des Vorstands der Berliner »Volkspartei«, führendes Mitglied des Berliner Handwerkervereins und des Maschinenbauarbeiter-Vereins. Nach der Zerschlagung der demokratischen Bewegung wurde B. vor Gericht gestellt und verurteilt und mußte 1853 in die USA emigrieren. Erst 1875 kehrte er nach Preußen zurück, nahm seine Wohnsitz in Neuruppin, verließ aber in den 80er Jahren erneut die Heimat und ließ sich in der Schweiz nieder. *DW*

Bergengruen, Werner
Dichter und Schriftsteller
✶ 16.9.1892 Riga
† 4.9.1964 Baden-Baden
Der vielseitige Schriftsteller, der von 1922 bis 1936 in Berlin lebte, wählte die Stadt auch als Schauplatz einiger seiner Werke. So steht in dem historischen Roman »Am Himmel wie auf Erden« (1940) die astrologische Vorhersage einer Sintflut im Jahr 1524 im Mittelpunkt, die in Berlin und Cölln zu Flucht und Massenhysterie führt. Hier wie bereits in »Der Großtyrann und das Gericht« (1935) stellte B. den ideologischen An-

sprüchen des NS-Regimes eine christliche Verantwortungsethik entgegen, die sich gegen die »Versuchungen der Mächtigen« durchsetzen kann. *MS*

Berger, Ludwig (Louis)

Komponist und Pädagoge
✶ 18.4.1777 Berlin
† 16.2.1839 ebd.

B. wurde in Templin und Frankfurt/O. erzogen, studierte in Berlin, ging 1804 mit dem Pianisten und Komponisten Clementi als dessen Schüler nach St. Petersburg, 1812 nach Stockholm und London. 1815 kehrte er nach Berlin zurück, wo er bald als beliebtester Klavierlehrer der Stadt galt. 1819 gründete er mit L. Rellstab u.a. die jüngere Berliner Liedertafel. Schrieb Sonaten u.a. Klavierwerke sowie ca. 160 damals hochgeschätzte Lieder. *ThW*

Berghaus, Ruth

Regisseurin, Choreographin, Theaterleiterin
✶ 2.7.1927 Dresden
† 26.1.1996 Zeuthen b. Berlin

Als Zwanzigjähre kam B. 1947 an die von Palucca geleitete »Neue Schule für Ausdruckstanz«. Hier entwickelte sich ihre künstlerische Haltung, »Theater als einen unermüdlichen Prozeß der Reinigung der Klassiker von Lüge, Konvention und Unverstand« anzusehen. Der Besuch von Brechts »Mutter Courage« am Berliner Ensemble wurde für sie ein Schlüsselerlebnis. 1951–53 war sie Meisterschülerin an der Akademie der Künste. 1954 heiratete sie den Komponisten Paul Dessau. Anläßlich des Tanzkongresses 1962 in Dresden kam sie in Konflikt mit der Kulturbürokratie der DDR. Fortan inszenierte sie vor allem Opern. Schon mit ihren ersten Arbeiten »Verurteilung des Lukullus«, »Der Barbier von Sevilla« und »Der Freischütz« löste sie Skandale und Debatten über die Neubewertung des romantischen Erbes aus. Nach dem Tod von Helene Weigel war sie 1971–77 Intendantin des Berliner Ensembles. Später war sie mit Gastinszenierungen auf Europas Bühnen vertreten. Ihre Inszenierungen zeichneten sich durch große Musikalität, durch Rhythmik, Gestik und verblüffende szenische Lösungen aus.
Literatur: Berghaus, Das Theater der Ruth Berghaus, 1989. *KD*

Ernst von Bergmann (1836–1907)

Bergmann, *Ernst* Gustav Benjamin von

Mediziner
✶ 16.12.1836 Riga
† 25.3.1907 Wiesbaden [F.128]

B. erhielt 1882 aus Würzburg kommend eine Berufung zum Direktor der angesehenen Berliner Chirurgischen Universitätsklinik. Dort führte er die Listersche Antiseptik und die Dampfsterilisation ein. Erfolgreich war sein Wirken insbesondere in der Neurochirurgie und bei der Therapie tumoröser Darmerkrankungen. Er repräsentierte in Berlin die streng naturwissenschaftlich ausgerichtete Chirurgie und engagierte sich für die Weiterbildung der Ärzte. Die erste Rettungswache geht auf ihn zurück. Große Verdienste erwarb sich B. um das Gesellschafts- und Vereinsleben der Chirurgen. 1888 erkannte er die Kehlkopferkrankung des 99 Tage regierenden Kaisers Friedrich III. Seine Diagnose wurde jedoch angezweifelt und sein Vorschlag zur sofortigen Operation verworfen. B. stand in dem Ruf »einer der letzten universal ausgebildeten und die Chirurgie als Ganzes hervorragend fördernder Arzt und kühner, verantwortungsfreudiger und mit virtuoser Technik operierender Chirurg zu sein«. *UH*

Bergner, Elisabeth

(eigtl. E. Ettel)
Schauspielerin
✶ 22.8.1897 Drohobycz (Galizien)
† 12.5.1986 London

B. studierte am Wiener Konservatorium und debütierte in Innsbruck als Roasalinde (»Wie es euch gefällt«; dass. in Zürich 1917, München 1920, Berlin 1923). Sie war 1916–18 am Züricher Stadttheater, wo sie auch die Ophelia in »Hamlet« mit A. Moissi spielte, 1918/19 an der Barnowsky-Bühne Berlin, 1919/20 an der Neuen Wiener Bühne, 1920–22 in München (Kammerspiele und Staatstheater), seit 1922 wechselweise am Deutschen Theater und bei Barnowsky engagiert, brillierte u.a. als Heilige Johanna (Shaw) unter Reinhardts Regie. 1927 ging sie zum Staatstheater, nahm ab 1928 erste Auslandsgastspiele wahr und emigrierte schon Ende 1932 vor den Nationalsozialisten, ging zunächst nach London, wo ihr Mann Peter Czinner eine eigene Filmproduktion gegründet hatte, und lebte ab 1940 in den USA, wurde 1945 in New York ansässig, lebte später die meiste Zeit in London und kehrte nur noch zu Gastspielen nach Deutschland zurück. Nachdem sie bereits seit 1924 in Stummfilmen gespielt – z.B. »Nju« (1924, mit Emil Jannings), »Der Geiger von Florenz« (1926) – und sich in den frühen Tonfilmen empfohlen hatte – »Ariane« (1931, mit Rudolf Forster), »Der träumende Mund« (1932) – gelang ihr in England eine zweite Karriere als Filmschauspielerin – »Katharina die Große« (1934), »Verlaß mich nie« (1935), »Wie es euch gefällt« (1936), »Träumende Augen« (1939). Nach dem II. Weltkrieg gastierte sie auch wieder in Berlin, spielte mit Rudolf Forster in »Tiefe blaue See« von Rattigan (1954), mit O.E. Hasse in »Geliebter Lügner« (1959) und in »Alle Reichtümer dieser Welt« von O'Neill (1971) am Renaissance-Theater, in »Eines langen Tages Reise in die Nacht« von O'Neill im Theater am Kurfürstendamm. Am Ende ihrer Karriere kehrte sie auch wieder zum Film zurück – »Pfingstausflug« (1979, mit Martin Held). Die B., anfänglich durch ihre knabenhafte Gestalt für Hosenrollen prädestiniert, entwickelte sich in den 20er Jahren zu einem Bühnenstar, der sich gängigen Klischees entzog. 1982 erhielt sie in Venedig den E.-Duse-Pokal.
Autobiographie: Bewundert viel und viel gescholten, 1978. *DTW*

Bernauer, Rudolf

Schauspieler, Theaterleiter
✶ 20.1.1880 Wien
† 27.11.1953 London

Der Kaufmannssohn kam 1892 mit seinen Eltern nach Berlin, besuchte hier das Gymnasium und studierte anschließend Philosophie, Literatur und Kunstgeschichte. Von 1899 an arbeitete er nebenbei als Volontär am Deutschen Theater. Hier erhielt er auch seine allererste kleine Rolle in Gerhart Hauptmanns »Die Weber«. In der Folgezeit brach er sein Studium ab, spielte an verschiedenen Berliner Theatern als Schauspieler, schrieb kleine Stücke und Couplets und arbeitete auch als Regisseur. Seit 1908 führte er gemeinsam mit Carl Meinhard ein eigenes Theater, aus dem sich mehrere Spielstätten, so in der Königgrätzer Straße und das Komödienhaus entwickelten. Hier gaben viele später prominente Schauspieler ihr Debüt, so auch die 16-jährige Marlene Dietrich. Die Uraufführung von Strindbergs »Trauerspiel« 1916 sah B. selbst als die größte künstlerische Leistung der Meinhard-Bernauer-Bühnen an. 1924 gab B. die Leitung der Theater auf und lebte vorwiegend in Italien. In dieser Zeit schrieb er gemeinsam mit Rudolf Österreicher Theaterstükke wie »Der Garten Eden«, »Das zweite Leben« oder »Geld auf der Straße«, aber auch Drehbücher für den Film. Als eine wichtige theoretische Arbeit sah er sein Buch »Die Forderungen der reinen Schauspielkunst« (1920) an, das er nach dem Studium der Philosophie von Kant aus erkenntnistheoretischer Sicht erarbeitet hatte. 1935 emigrierte er nach London. 1955 erschienen seine Erinnerungen »Das Theater meines Lebens«. In Schöneberg am Viktoria-Luise-Platz 1 erinnert eine Gedenktafel an den produktiven Theatermann. *EF*

Bernhard, Georg

Publizist, Chefredakteur
✶ 20.10.1875 Berlin
† 10.2.1944 New York

Nach Universitätsbesuch bis 1898 Banklehre; bereits ab 1896 Zeitungsbeiträge zu Finanzfragen. Schuf den als »volksthümlich« gerühmten Handelsteil der 1898 im Ullstein-Verlag gegründeten »Berliner Morgenpost«, gab dann ein eigenes Wirtschaftsmagazin heraus und wurde schließlich – bis 1930 – Chefredakteur der »Vossischen Zeitung« (ebenfalls Ullstein), die B. hauptsächlich als politischer Leitartikler und Vorkämpfer der deutsch-französischen Annäherung zu einem Blatt von Ruf und Einfluß machte. Vorsitzender des »Vereins Berliner Presse«, 1928–33 Honorarprofessor an der Berliner Handelshochschule. Parteinahme bei einer gerichtlichen Auseinandersetzung in der Verlegerfamilie kostete ihn die Redaktionsstellung. 1933 Emigration nach Frankreich, wo Bernhard deutschsprachige antifaschistische Blätter leitete, zuletzt die »Pariser Tageszeitung«. Als führender streitbarer Journalist der demokratischen Presse und als Jude von den Nationalsozialisten 1934 ausgebürgert, konnte B. vor der deutschen Frankreich-Besetzung in die USA entkommen. *GB*

Bernoulli, Johann (III)

Mathematiker und Astronom
✶ 4.11.1744 Basel
† 13.7.1807 Köpenick bei Berlin [F.123]
B. kam aus einer alten Schweizer Gelehrtenfamilie und war innerhalb von drei Generationen der achte bedeutende Mathematiker. Als fünftes Familienmitglied wurde er 1766 in die Berliner Akademie gewählt, deren Sternwarte er leitete. Er gab mathematische und astronomische Arbeiten heraus und sicherte 1781–84 den Nachlaß von Johann Heinrich Lambert. *UH*

Bernstein, *Aaron* David

Publizist
✶ 6.4.1812 Danzig
† 12.2.1884 Berlin [F.118]
B. war eine der profiliertesten Gestalten in der Berliner Zeitungslandschaft des 19. Jhs. Eigentlich wollte er Rabbiner werden, wandte sich aber unter dem Eindruck der Märzrevolution in Berlin dem Journalismus zu. Er gründete die »Urwähler-Zeitung«, die am 1. April 1849 zum ersten Mal erschien und, nachdem die Behörden sie im März 1853 endgültig unterdrückt hatten, kurz darauf als »Berliner Volkszeitung« auferstand. Dieses Blatt wurde unter seiner Leitung und später auch unter Franz Mehring zu einer weithin gehörten Stimme der preußischen Hauptstadt, der auch heute noch »bei aller Volkstümlichkeit« ein bemerkenswertes Niveau zu bescheinigen ist. Zu diesem Urteil trug entscheidend bei, daß B. als erster Publizist in Deutschland den täglichen Leitartikel einführte. Über das journalistische Tagewerk hinaus verfaßte er zahlreiche naturwissenschaftliche Aufsätze und Erzählungen aus dem Leben des jüdischen Kleinbürgertums. Auch als Erfinder u.a. der automatischen Eisenbahnschrankensicherung trat der Publizist hervor.
Literatur: J.H. Schoeps, Jüdische Emanzipation und bürgerliche Revolution. A. Bernstein in seiner Zeit, 1998. *MS*

Bernstein, Eduard

Politiker, sozialdemokratischer Theoretiker
✶ 6.1.1850 Berlin
† 18.12.1932 ebd. [F.51]
Als Sohn eines Handwerkers trat B. nach dem Gymnasiumsbesuch in ein Berliner Bankgeschäft ein; seit 1872 Sozialdemokrat, beteiligte er sich 1875 an der Ausarbeitung des Gothaer Programms und wurde 1878 Sekretär bei dem Privatgelehrten Höchberg; in dessen Verantwortung lag die Herausgabe der Zeitschrift »Die Zukunft«. Ab 1879 war B. in Zürich selber Herausgeber der deutschen Zeitschrift »Der Sozialdemokrat«. Seit Ende der 80er Jahre hatte B. engen Kontakt zu Engels und Kautsky. In seinem Buch »Die Voraussetzungen des Sozialismus und die Aufgaben der Sozialdemokratie« (1899, 1923) demonstrierte er die theoretischen Grundlagen seiner Kritik am Marxismus. B. sah in dieser Zeit eine Entwicklung, die mit den Marxschen Voraussagen nicht mehr übereinstimmte. Die Klassengegensätze hatten sich nicht wie angekündigt vertieft, und die Mittelschichten hatten sich stabilisiert. B. empfahl darum, die marxistische Erwartung eines naturnotwendigen Zusammenbruchs der kapitalistischen Wirtschaftsordnung aufzugeben; anstelle dessen schlug er die sozialreformistische Gesetzgebungsarbeit für das Parlament vor. B. wollte damit die bestehende Kluft zwischen revolutionärer Theorie und reformistischer Praxis der Sozialdemokratie überbrücken. Für ihn war die Reform kapitalistischer Verhältnisse das naheliegende Ziel der Sozialdemokratie. Es gelang B., seinen Revisionismus in der SPD durchzusetzen und mit seiner Lehre 1921 das SPD-Parteiprogramm von Gotha zu bestimmen. B. war mehrmals Reichstagsabgeordneter und gehörte von 1916–20 der USPD an. 1920 trat er wiederum in die SPD ein.
Literatur: P. Kampfmeyer; E. Bernstein u. der sozialist. Aufbau, 1930; Ch. Gneuss, Um den Einklang von Theorie und Praxis E. Bernsteins, 1959. *EH*

Bersarin, Nikolai Erastowitsch
sowjetischer Militär, Ehrenbürger
✶ 1.4.1904 Petersburg (Rußland)
† 16.6.1945 Berlin
Bereits mit 16 Jahren Angehöriger der Roten Armee, diente sich B. bis zum Generaloberst hoch. Im II. Weltkrieg führte er verschiedene Armeen und nahm an der Spitze der 5. Stoßarmee im April 1945 die Berliner Ortsteile Hohenschönhausen, Marzahn und Kaulsdorf ein. Noch im April zum ersten Berliner Stadtkommandanten ernannt, trat er energisch für die Versorgung der Bevölkerung und die Seuchenbekämpfung ein. Auch engagierte er sich dafür, daß das kulturelle und sportliche Leben wieder in Gang kam. Davon zeugt sein Befehl Nr. 1 vom 28.4.1945, in dem alle diese Aufgaben fixiert wurden. Bei einem Motorradunfall kam er in der Petersburger Straße, die bis 1992 nach ihm benannt war, ums Leben. 1975 wurde er in Ostberlin posthum zum Ehrenbürger ernannt. *EF*

Bertram, Heinrich Walter
Pädagoge, Stadtschulrat, Ehrenbürger
✶ 1.5.1826 Magdeburg
† 5.11.1904 Berlin [F.49]
Aus einer preußischen Beamtenfamilie stammend, wandelte sich das Interesse des Studenten B. von anfänglich Theologie über die Philologie hin zur Mathematik und den Naturwissenschaften. 1851 legte er in Berlin das Examen für das höhere Lehramt ab und erhielt 1853 eine Anstellung an der Königsstädtischen Realschule. 1855 wechselte er an das Friedrichswerdersche Gymnasium wo er bald auch als Rektor wirkte. Als Rektor wurde er 1868 an die neugegründete Sophien-Realschule berufen. Zwischen 1874 und 1900 wirkte er als Stadtschulrat für die Berliner Volksschulen. In seiner Amtszeit setzte er eine Reihe Neuerungen durch, vor allem beim Ausbau der Realschulen, bei der Schaffung von städtischen Schulinspektoren und der Einführung konfessionsloser Schulen. Seit 1881 leitete er alle Fortbildungs- und Fachschulen der Stadt. Kurz bevor er am 1. Januar 1901 in den Ruhestand ging, ernannte ihn Berlin im Dezember 1900 zum Ehrenbürger. *EF*

Bethmann Hollweg, Theobald von
Politiker, Reichskanzler
✶ 29.11.1856 Hohenfinow
† 2.1.1921 ebd.

Die Familie Bethmann gehörte zu den ältesten, im 17. Jh. aus den Niederlanden nach Hessen eingewanderten jüdischen Bankiersgeschlechtern. Th.v. BH. war der Enkel des Rechtswissenschaftler Moritz August v. BH. (1795–1877), des bekanntesten demokratischen Politikers aus dieser Familie. Nach dem Gymnasialbesuch in Pforta studierte Th.v. BH. in Straßburg, Leipzig und Berlin Rechtswissenschaften, wurde 1779 Referendar, 1884 Assessor im Staatsdienst und erwarb 1890 ein Reichstagsmandat. Nach den Stationen Amt Oberbarnim, Oberpräsidium Potsdam, Regierungspräsident Bromberg, preußischer Innenminister wurde er auf Empfehlung des bisherigen Reichskanzlers von Bülow 1909 dessen Nachfolger. In diesen Jahren im Regierungsdienst sammelte BH. umfassende innenpolitische Erfahrungen, u.a. in den Auseinandersetzungen um das preußische Wahlrecht und um eine effektive Reform des Finanzsystems. Als Reichskanzler war BH. bestrebt, einen Ausgleich zwischen Konservativen und Liberalen zu erreichen und die Sozi-

Theobald von Bethmann Hollweg (1856–1921)

aldemokratie zurückzudrängen. BH. setzte sich vergebens für eine langfristige deutsch-englische Verständigung über die globalen Interessensphären und die Flottenstärken ein, konnte sich aber in der Kriegsfrage 1914 im konservativen Lager nicht durchsetzten und mußte 1917 nach erheblichen Differenzen mit der Militärführung über strategische Fragen zurücktreten. Sein Resumé:

»Erfolg habe ich nicht gehabt, aber ich habe meine Pflicht getan.«
Literatur: E.v. Vietsch, Bethmann Hollweg. Staatsmann zwischen Macht und Ethos, 1969; F. Stern, Bethmann Hollweg und der Krieg: die Grenzen der Verantwortung, 1968. *DW*

Beuth, Peter Christian Wilhelm
Gewerbepolitiker, Ministerialdirektor
✶ 28.12.1781 Cleve
† 27.9.1853 Berlin [F.108]
»Der Gewerbefleiß ist die Grundlage der Nationalkraft.« Mit dieser Erkenntnis trat B., nach dem Studium der Rechts- und Verwaltungswissenschaften, 1801 in den preußischen Staatsdienst, wo er es als Wirklicher Geheimer Oberregierungsrat bis zum Direktor der Abteilung für Handel, Gewerbe und Bauwesen im Ministerium des Innern und zum ersten Leiter der 1821 gegründeten Berliner Technischen Gewerbeschule bringen sollte, gleichzeitig zum Gründer des »Vereins zur Beförderung des Gewerbefleißes in Preußen«. Das war ein Zusammenschluß von Fabrikanten, Technikern und sachbefaßten Beamten zum Zweck unternehmerischer Selbsthilfe, aber auch der Interessenvertretung gegenüber den Behörden. B., 1813/14 als Lützower Jäger an den antinapoleonischen Freiheitskriegen beteiligt, war auf Eigenorganisation und Loslösung des Gewerbes und der industriellen Anfänge in Preußen vom merkantilistischen Staatsdirigismus des 18. Jhs. bedacht. Er initiierte »vaterländische« Gewerbe-Ausstellungen, ermöglichte jungen Technikern Auslandsaufenthalte zwecks Erfahrungsgewinn, setzte sich mit dem Gewicht seines Amtes ein für die Ingenieurausbildung und entwickelte das Patentwesen. Als 1861 auf dem Schinkelplatz im Stadtzentrum das B.-Denkmal des Bildhauers August Kiss enthüllt wurde, besaß Berlin eine der ersten Darstellungen eines verdienten bürgerlichen Staatsdieners in Preußen.
Literatur: Helden ohne Degen, 2000. *GB*

Beyme, Karl Friedrich Graf von
preußischer Politiker
✶ 10.7.1765 Königsberg
† 10.12.1838 Steglitz
1806 zum Minister des Auswärtigen ernannt, wirkte B. als bürgerlicher Ratgeber des Königs. Anfänglich von Stein bekämpft, gewann er als entschiedener Anhänger von Reformen schließlich auch dessen Vertrauen. 1808 wurde B. Justizminister. Aus diesem Amt 1810 auf Betreiben Hardenbergs entlassen, unternahm er 1817 noch einen Versuch, als Minister refompolitisch zu wirken. Da er sich jedoch gegen die Konservativen nicht durchsetzen konnte, trat er gleichzeitig mit Humboldt und Boyen zurück. *EH*

Bielschowsky, Albert
Goethe-Forscher
✶ 3.1.1847 Namslau (Niederschlesien)
† 21.10.1902 Berlin [F.7]
B. studierte in Breslau und Berlin. Als Lehrer im höheren Schuldienst in Brieg (1870–86) widmete er sich der Goetheforschung, die er später in Berlin fortsetzte. Sein auflagenstarkes Hauptwerk »Goethe, sein Leben und seine Werke« erschien 1896, ein zweiter Band 1904 postum. B. verstand es, seine Forschungsergebnisse anschaulich für ein breites Publikum darzustellen. Sein Werk galt lange als Grundlage des Goethestudiums. *UH*

Bienert, *Gerhard* Max Richard
Schauspieler
✶ 8.1.1898 Berlin
† 23.12.1986 ebd. [F.93]
B. studierte anfänglich Germanistik und Philosophie. 1921 nahm er Unterricht u.a. bei M. Reinhardt an der Schauspielschule des Deutschen Theaters, debütierte dort in »Die Sendung Semaels«. 1924 folgte die Zusammenarbeit mit E. Piscator. Seit 1928 arbeitete er in der Gruppe Junger Schauspieler: u.a. in »Revolte im Erziehungshaus«, »Cyankali«, »Die Mutter« (UA) und in Roten Agit-Prop-Revuen. B. wandte sich zeitig dem Film zu, spielte meist volkstümliche Rollen, Schupos, Ganoven, Kriminalkommissare: u.a. »Der Blaue Engel«, »M«, »Berlin Alexanderplatz«, »Mutter Krausens Fahrt ins Glück«, »Kuhle Wampe«. Nach 1933 bekam er nur wenige Rollen. 1945–86 war B. mit anspruchsvollen Aufgaben am Deutschen Theater, arbeitete mit Regisseuren wie Brecht und Engel (als Gast am Berliner Ensemble), W. Langhoff, B. Besson, Schönemann, Dresen, Lang u.a. Daneben wirkte er in zahlreichen Kino- und Fernsehfilmen mit, verkörperte überwiegend proletarische Typen und Berlinische Originale mit kauzigem Humor. *DTW*

Bier, August
Mediziner
✶ 24.11.1861 Helsen (Waldeck)
† 12.3.1949 Sauen
B. kam 1907 als Nachfolger Ernst von Bergmanns an die Berliner Chirurgische Universitätsklinik und erwarb sich den Ruf eines meisterhaften Operateurs. Er prägte den Begriff »Blutgefühl« und nutzte die Hyperämie (Blutfülle) als heilende Maßnahme gegen Entzündungen. Die Auswirkungen der von ihm entwickelten Lumbalanästhesie bei der Schmerzausschaltung testete er zuerst an sich selbst. Nachdrücklich förderte B. die Heilgymnastik und den Sport. Seine Hinwendung zur Homöopathie ist umstritten. B. faßte seine Überlegungen, die auf die Naturphilosophie zurückgingen, in dem Werk »Die Seele » zusammen, das 1939–51 elf Auflagen erlebte. 1912 kaufte er das Rittergut Sauen (Kreis Beeskow) und begann dort nach der Devise »Die richtig gemischten Gegensätze fügen sich zur Harmonie« sein großes Waldexperiment. Er ersetzte die eintönige, anfällige Kiefernmonokultur durch einen abwechslungsreichen gesunden Mischwald.
Literatur: K. Vogeler, A. Bier, Leben und Werk, 1942. *UH*

August Bier (1861–1949)

Bierbaum, Otto Julius
Schriftsteller und Journalist
✶ 28.6.1865 Grünberg (Schlesien)
† 1.2.1910 Dresden
Der zu seinen Lebzeiten vielgelesene Autor versuchte sich in nahezu jedem literarischen Genre: von Lyrik und Chanson, über satirische Erzählungen und Zeitromane bis zu mehreren Dramen. Auch Almanache, Kalender sowie Kinderbücher finden sich in seiner umfangreichen Bibliographie. Nachdem er in Berlin schon während seines Studiums kurzzeitig gelebt hatte, ließ er sich hier 1893/94 für einige Jahre nieder und schrieb seinen heute bekanntesten Roman »Stilpe. Ein Roman aus der Froschperspektive« (1897). In dieser Parodie eines Bildungsromans schildert B. Aufstieg und Fall eines Literaten mit verhängnisvoller Leidenschaft für das Kabarett. Diese Leidenschaft teilten Autor und Romanfigur: Mit seinen Beiträgen für das »Überbrettl« in Berlin, die »Elf Scharfrichter« in München gilt B. als ein wichtiger Wegbereiter dieser Kunstform. Unter Verweis auf die zeitweilig von ihm herausgegebenen literarisch-künstlerischen Zeitschriften »Pan« und »Insel« sowie einzelne seiner Bücher wird B. heute auch ein bemerkenswerter Beitrag zur Entwicklung des Jugendstils in der Buchkunst bescheinigt.
Literatur: K.P. Muschol, O.J. Bierbaums dramatisches Werk, 1961. *MS*

Biesalski, *Conrad* Alexander Theodor
Mediziner
✶ 14.11.1868 Osterode (Ostpreußen)
† 28.1.1930 Berlin [F.94]
B. studierte in Halle, wirkte zunächst am Berliner Urban-Krankenhaus und übernahm 1914 die Leitung des Oskar-Helene-Heimes. Dort entwickelte der »Vater der modernen Krüppelfürsorge« die Orthopädietechnik, insbesondere den Prothesenbau, mit Erfolg weiter. Er gab die Zeitschriften für Krüppelfürsorge sowie für orthopädische Chirurgie heraus und rief die »Deutsche Vereinigung für Krüppelfürsorge« ins Leben. *UH*

Biester, Johann Erich
Bibliothekar und Publizist
✶ 17.11.1749 Lübeck
† 20.2.1816 Berlin
Der junge Jurist trat 1777 durch die Vermittlung Nicolais in die Dienste des Staatsministers Karl Abraham von Zedlitz in Berlin und avancierte 1784 zum Direktor der öffentlichen Berliner Bi-

bliothek. Zu diesem Zeitpunkt war B. bereits gemeinsam mit dem Direktor des Friedrichswerderschen Gymnasiums Friedrich Gedicke Herausgeber der einflußreichen aufklärerischen »Berliner Monatsschrift«, die, 1783 gegründet, 1797 in »Berlinische Blätter« und 1799 in »Neue Berlinische Monatsschrift« umbenannt wurde. In dieser Zeitschrift finden sich Beiträge führender Vertreter der Aufklärung u.a. von Kant, Möser und Fichte. Auch Wilhelm von Humboldts erste Schriften wie die »Ideen über Staatsverfassung, durch die neue Französische Konstituzion veranlaßt« erschienen 1792 in der »Monatsschrift«. Während es unter Friedrich II. anscheinend keine Konflikte mit den Behörden gegeben hatte, änderte sich das in der Amtszeit des Ministers Johann Christoph von Wöllner, dessen berüchtigtes »Religionsedikt« zur Knebelung der aufklärerischen Presse und zur zumindest zeitweiligen Einschränkung auch der B.schen Zeitschrift führte.

MS

Bildt, *Paul* Hermann

Schauspieler
✶ 19.5.1885 Berlin
† 13.3.1957 ebd. [F.92]

B. spielte bis 1913 am Berliner Schillertheater, danach am Kleinen Theater Unter den Linden, bis ihn M. Reinhardt 1923 ans Deutsche Theater holte. 1926–44 arbeitete er am Staatstheater, 1945–49 am Deutschen Theater, seit 1950 am Schiller- und Schloßparktheater (seit 1954 auch an den Münchner Kammerspielen). B. wurde als Charakterdarsteller von außerordentlicher Wandlungsfähigkeit geschätzt und spielte ferner seit 1910 in ca. 120 meist kleineren Filmrollen.

DTW

Bilse, Benjamin

Dirigent
✶ 17.8.1816 Liegnitz
† 13.7.1902 ebd.

B. war seit 1843 Stadtmusikus in Liegnitz, wirkte ab 1868 als Militärkapellmeister in Berlin, leitete die sogenannten »Bilse-Konzerte« im Konzerthaus am Dönhoffplatz an der Leipziger Straße. Während der Konzerte, die sich beim Mittelstandspublikum großer Beliebtheit erfreuten – Männer saßen am Bierseidel, Frauen am Strickstrumpf und dazwischen spielten die Kinder – erfolgte Ausschank und Bewirtschaftung. In ungezwungener Atmosphäre genossen Kaufleute, Handwerker, Selbständige, Angestellte und Beamte die Werke bedeutender Komponisten. Zu den Eigentümlichkeiten dieser Konzerte gehörte auch, daß B. nicht wie üblich dem Orchester zugewandt dirigierte, sondern vis à vis mit dem Publikum. 1882 kam es zu Spannungen. Im Ergebnis verließen etliche Musiker das B.-Orchester und gründeten unter dem Dach der vom Konzertagenten Hermann Wolff begründeten Philharmonischen Gesellschaft das Berliner Philharmonische Orchester, das sich in der Folge zu einem Klangkörper von Weltgeltung entwickelte.

ThW

Birch-Pfeiffer, *Charlotte* Johanna

Schauspielerin und Schriftstellerin
✶ 23.6.1800 Stuttgart
† 25.8.1868 Berlin [F.15]

Sie begann ihre Bühnenkarriere im Rollenfach der »Jugendlichen Liebhaberin« 1818 in München und brachte es nach mehreren Stationen bis zur Leiterin des Stadttheaters in Zürich (1837–1842). Ab 1844 am Berliner Hoftheater, wurde sie bald zu einer beherrschenden Größe in der Berliner Theaterwelt. B.-P. schrieb insgesamt 74 Theaterstücke: zumeist Historiendramen nach Stoffen von Victor Hugo und Alexandre Dumas und auch Familienrührstücke in der Tradition Raupachs und Kotzebues. *MS*

Bismarck, Otto Fürst von

Reichskanzler, Ehrenbürger
✶ 1.4.1815 Schönhausen
† 30.7.1898 Friedrichsruh

Der Sohn eines Rittergutsbesitzers besuchte von 1822–32 in Berlin höhere Schulen, studierte in Göttingen und Berlin Jura und war danach zwischen 1836 und 1838 als Jurist in Berlin, Aachen und Potsdam tätig. In den folgenden Jahren widmete er sich der Verwaltung seiner Güter. Mit dem Eintritt in den Vereinigten Preußischen Landtag 1847 begann seine politische Laufbahn. Sie führte 1851 vom Gesandten im Bundestag in Frankfurt/M. und der Berufung ins Preußische Herrenhaus 1854 über die Ernennung zum Gesandten in Petersburg 1859 und Paris 1862 bis zur Ernennung zum preußischen Ministerpräsidenten und Minister des Auswärtigen durch Wilhelm I. im Jahre 1862. B. wirkte führend in der Konservativen Partei. Seit 1849 besaß er in Berlin eine Stadtwohnung. Als Ministerpräsident entwickelte sich B. zu einem originellen Realpolitiker mit hohem diplomatischen Können. Die großen Fragen der Zeit, so seine Devise, werden nicht durch Reden oder Majoritätsbeschlüsse ent-

Otto Fürst von Bismarck (1815–1898)

schieden, sondern durch Blut und Eisen. Davon zeugten die Kriege mit Dänemark (1864), Österreich (1866) und insbesondere Frankreich (1870/71). Mit der Gründung des Deutschen Reiches im Spiegelsaal von Versailles erfüllte sich das politische Ziel B.s. Von 1871–90 wirkte er als Reichskanzler. Außenpolitisch ging es ihm in einer vielgestaltigen Bündnispolitik um die Konsolidierung des deutschen Kaiserreiches (Dreikaiserbündnis mit Rußland und Österreich von 1873, 1881, 1884; Zweibund mit Österreich 1879; Dreibund 1884). Innenpolitisch verstärkten sich die konservativen Züge (Kulturkampf, Sozialistengesetz) mit seiner Hinwendung zur Schutzzollpolitik. Gleichzeitig schuf er Bedeutsames in der Sozialgesetzgebung und beim Ausbau der Wirtschafts- und Rechtseinheit. Nach der Thronbesteigung Wilhelms II. 1888 verschärften sich die Differenzen und führten 1890 zu B.s Entlassung aus allen Staatsämtern. In der Friedrichsruher Ausgabe seiner 15bändigen Gesammelten Werke (1924–35) ist auch das in den letzten Lebensjahren geschriebene politische Testament »Erinnerung und Gedanke« (Bd. 15) enthalten. 1871 hatte er die Berliner Ehrenbürgerrechte erhalten.

Literatur: E. Eyck, Bismarck, 2 Bd., 1941/44; W. Mommsen, Bismarck, 1959; E. Engelberg, Bismarck, 2 Bde., 1985/91. *EH*

Blacher, Boris

Komponist

✶ 6.(19.)1.1903 Niuzhuang (China)

† 30.1.1975 Berlin [F.93]

B. studierte in Berlin Komposition und Musikwissenschaft. Seit 1948 lehrte er Komposition an der Musikhochschule Berlin (West), deren Direktor er 1953–70 war. 1968 wurde er zugleich Präsident der Akademie der Künste (West). B.s Musik war stets offen für moderne Kompositionstechniken und für ästhetische Experimente. Er bediente sich serieller Techniken und neuer Elemente der elektronischen Musik und des Jazz. Als Ordnungsprinzip des musikalischen Materials entwickelte er die »variablen Metren« – die Satzstruktur bestimmende, mathematischen Regeln folgende Taktwechsel (»Ornamente« für Klavier 1950). In »Abstrakte Oper Nummer 1« (1953, Neufassung 1957) versuchte er, in Lautfolgen ohne Handlung und Text seelische Grundsituationen zu gestalten. B.s erfolgreichste Bühnenkompositionen (»Die Flut« 1947; »Die Nachtschwalbe« 1948) fanden weite Verbreitung. B. schrieb weiterhin Orchestermusik, konzertante Werke, Klavier-, Vokal-, Ballett- und Filmmusik.

Literatur: H.H. Stuckenschmidt, B. Blacher, 1985. *ThW*

Blanckertz, Heinrich Siegmund

Stahlfedernfabrikant

✶ 3.6.1823 Jüchen

† 7.8.1908 Berlin [F.117]

Nach Absolvierung der »Höheren Schule« baute er vor allem Webstühle und eröffnete schon 1849, zusammen mit seinem Kompagnon Heintze, eine Werkstätte, die Metallteile, u.a. Tintenfässer, herstellte. Nach dem Ausscheiden Heintzes nahm B. die Produktion von stählernen Schreibfedern auf und war bis 1881 der einzige deutsche Fabrikant von Stahlfedern: die berühmte »Bremer Börsenfeder« ist ein Produkt seiner Firma. Ungewöhnlich sein Sinn für Neuerungen, auch und gerade auf sozialem Gebiet: so führte er bereits 1881 den Acht-Stunden-Tag ein. *VTM*

Blankenfelde, Familie

die – ähnlich wie die Ryke – zu den ältesten Patrizierfamilien Berlins gehörte. Sie ist seit 1287 im Rat nachweisbar. Durch Einkünfte aus Lehnbesitz auf dem Land (z.B. in Pankow und Weißensee), Handel und Geldgeschäfte großen Stils von Reval bis Nürnberg ökonomisch unabhängig, hat-

te sie Rats- und Bürgermeisterämter inne, versah kurfürstliche Ämter und unterhielt zumeist auch Geschäftsbeziehungen zu den jeweiligen Kurfürsten. Peter B. wirkte von 1365–95 sechsmal als Bürgermeister. Sein Sohn Johann (1471–1533), Bischof von Reval und Erzbischof von Riga, vermittelte für Joachim I. in Rom ein Geschäft, bei dem der Bruder des Kurfürsten zwei geistliche Ämter einhandelte. Johann B., Schiffbauunternehmer, ließ eine Schleuse im Spreegraben bauen und errichtete 1572 die erste Spreewasserleitung für eine Reihe von Handwerkern und Gewerbetreibenden der Stadt.
Literatur: Geschichte Berlins; hg. v. Ribbe, 1987.
EH

Blankenstein, *Hermann* Wilhelm Albert

Architekt
✶ 10.1.1829 Grafenbrück (Krs. Niederbarnim)
† 6.3.1910 Berlin [F.12]
Der Sohn des Wasserbauinspektors J.G. Blankenstein, der als Baumeister zuletzt am Finowkanal tätig war, wurde Feldmesser und schloß sein Studium an der Bauakademie in Berlin 1856 mit der Prüfung als Landbaumeister und 1862 als Wasser-, Wege- und Eisenbahnbaumeister ab. 1865 kam B. in die Ministerial-Baukommission, lehrte an der Bauakademie, war 1872–96 Stadtbaurat für Hochbau in Berlin und in zahlreichen Gremien tätig. B. hinterließ insbesondere in Berlin ein unübersehbares Lebenswerk mit unverkennbarer Handschrift. Er schloß sich nicht dem allgemeinen Trend eines überladenen Historismus der Gründer- und Wilhelminischen Zeit an, sondern blieb mit seinen gut gegliederten, auch farblich abgesetzten Backsteinfassaden und Terrakotta-Ornamenten konservativ-nüchtern in der Formensprache einer »hellenistischen Renaissance« (Klinkott).
Wichtige Bauwerke: Erweiterung Preußischer Landtag, Bln.-Mitte (1867); Zwölf-Apostel-Kirche, Bln.-Schöneberg (1871–74); Dorotheenstädtisches Realgymnasium, Friedrichswerdersches Gymnasium, Bln.-Mitte (1871–75); etwa 120 Schulen in Berlin (1872–96); Doppelturmfassade und Wiederherstellung Nikolaikirche, Bln.-Mitte (1877–78); Arbeits- und Arresthaus, Bln.-Lichtenberg/Rummelsburg (1877–79); Zentral-Vieh- und Schlachthof, Bln.-Prenzl. Berg (1878–81); Zentralmarkthalle, Bln.-Mitte (1883–86, abgebr.); weitere 13 Bezirksmarkthallen, Berlin (1884–92); Polizeipräsidium, Bln.-Mitte (1886–90, kriegsbesch., abgetr.); Krankenhaus am Urban, Bln.-Kreuzberg (1887–90); Herzberge Heilanstalt, Bln.-Lichtenberg (1889–93). *KDS*

Bläser, *Gustav* Hermann

Bildhauer
✶ 9.5.1813 Düsseldorf
† 20.4.1874 Cannstadt [F.108]
Als Holzbildhauer in Köln und Mainz ausgebildet, kam B. 1834 nach Berlin und arbeitete sieben Jahre in der Werkstatt C.D. Rauchs, darunter mit diesem gemeinsam zunächst am Reiterdenkmal Friedrichs II. 1845 nach Italien reisend, kehrte er ein Jahr darauf zurück, schuf u.a. für die Schloßbrücke die Gruppe der »Minerva« und war weiterhin, ganz im Sinne der Berliner Bildhauertradition, in der Denkmalsgattung für weitere deutsche Städte tätig (z.B. »Friedrich Wilhelm IV.« Köln, Rheinbrücke). *JM*

Blech, Leo

Dirigent und Komponist
✶ 22.4.1871 Aachen
† 25.8.1958 Berlin [F.2]
B. war Schüler von E. Humperdinck und seit 1906 in Berlin als Dirigent tätig, bis er 1937 das nationalsozialistische Deutschland verlassen mußte. Er emigrierte zunächst nach Riga, später nach Stockholm. 1949 kehrte er nach Berlin (West) zurück und wurde Generalmusikdirektor an der Städtischen Oper. B. schrieb, stilistisch in der Nachfolge Humperdincks, Opern (»Alpenkönig und Menschenfeind« 1903) Orchesterwerke, Kammermusik, Klavierstücke, Chorwerke und Lieder. *ThW*

Blechen, *Karl* Eduard Ferdinand

Maler
✶ 26.7.1798 Cottbus
† 23.7.1840 Berlin [F.10]
Zunächst im Bankgewerbe tätig, gab B. 1822 den Beruf auf und widmete sich ausschließlich seiner seit Kindheit geübten Neigung: der Malerei. Er vervollkommnete sich an der Berliner Akademie und stieß dann zur Dresdner romantischen Schule um C.D. Friedrich. Von 1824–27 schuf er vorwiegend Bühnendekorationen, bereiste 1828/29 Italien, wo er besonders vom Licht- und Farbenspiel der südlichen Landschaft beeinflußt wurde. Er lehrte seit 1831 als Professor an der Berliner Akademie Landschaftsmalerei und wurde 1835 deren Mitglied. Seine Erfahrungen schlugen sich

in einer von Grund auf neuen, teilweise unverstandenen, den späteren Impressionismus vorherahnenden Malweise nieder (z.B. »Park der Villa d'Este«, um 1830). B. gilt heute als ein noch der Romantik verbundener, aber richtungweisender Maler realistischer Prägung, dessen lichtvolle Werke offener Landschaftsdarstellung seinerzeit ohne Beispiel waren.
Literatur: G. Heider, C. Blechen, 1970; L. Brauner, Karl Blechen 1798–1840, Katalog, 1973; H.J. Neidhardt, Karl Blechen, 1983. *JM*

Blei, Franz

Schriftsteller und Publizist
✶ 18.1.1871 Wien
† 14.7.1942 New York
B. begann als Mitarbeiter verschiedener sozialistischer Zeitschriften, fand aber erst nach der Jahrhundertwende in Berlin und München zu seiner eigentlichen Bestimmung, die nahezu das gesamte Tätigkeitsspektrum im Bereich der Literatur umfaßte: Als Kritiker und Essayist, Autor und Übersetzer, Herausgeber und Redakteur wurde B. zu einer Schlüsselfigur des damaligen Literaturbetriebs. Er war der erste, der die Bedeutung von Broch und Musil erkannte und der für Sternheims Dramen eintrat. B. übersetzte u.a. Gide, Claudel, Wilde und Whitman und betreute seit 1909 als Herausgeber die Propyläen-Ausgabe von Goethes Werken. Außerdem war er als Gründer, Herausgeber bzw. Redakteur an verschiedenen Zeitschriften beteiligt und redigierte ab 1925 das Berliner Illustrierte Wochenmagazin »Roland«. Als Autor erzielte B. vor allem mit dem 1920 erstmals veröffentlichten »Bestiarium Literaricum« breite Resonanz, in dem zeitgenössische Autoren satirisch als Tiere porträtiert wurden (»das Sternheim«).
Literatur: P. Raabe, Franz Kafka und F. Blei. In: Kafka Symposium, 1965. *MS*

Franz Blei (1871–1942)

Bleibtreu, Georg

Schlachtenmaler
✶ 27.3.1828 Xanten
† 16.10.1892 Berlin [F.6]
Bereits als Kind fertigte B. nach Buchvorlagen Kampf- und Schlachtenszenen. Seit 1843 besuchte er zunächst fünf Jahre die Düsseldorfer Kunstakademie. Nach kurzer Unterbrechung war er ab 1850 wieder dort tätig und wurde besonders von Th. Hildebrandt und W. Schadow gefördert. Wie kaum ein anderer Maler hat B. sich fast ausschließlich mit Schlachtenszenen beschäftigt, die dem patriotischen Geist des an Kriegen reichen 19. Jhs. entgegenkamen. Darunter nahmen die Befreiungskriege einen bedeutenden Raum ein; so reiste er eigens für Studien zum Gemälde »Die Schlacht bei Großbeeren« nach Berlin, bevor er 1858 endgültig dorthin übersiedelte. Seine Kompositionen aus dem deutsch-österreichischen (1866) und dem deutsch-französischen Krieg (1870/71) brachten B. zahlreiche Aufträge für Repräsentationsbilder deutscher Feldherren sowie für die gemeinsam mit anderen ausgeführte Gestaltung der Ruhmeshalle im Berliner Zeughaus ein (u.a. »Blücher bei Waterloo«).
Literatur: C. Bleibtreu, Aus G. Bleibtreu's Leben und Wirken (Moderne Kunst, 11. Jg.); G. Bleibtreu, Nekrolog, Münchner Allgemeine Zeitung, 19.10.1892. *JM*

Bleichröder, Gerson von (seit 1872)

Bankier
✶ 22.12.1822 Berlin
† 19.2.1893 ebd. [F.118]
B. trat 1839 in das väterliche Bankhaus ein, erhielt 4 Jahre später Prokura und war bereits 1847 Teilhaber. Nach dem Tod seines Vaters übernahm er 1855 die Führung des Bankhauses. Als Vertrauter Bismarcks war er dessen Finanzberater und organisierte die Gelder für die Mobilma-

chung gegen Österreich 1866. In zahlreichen geheimen Missionen reiste er für den Reichskanzler ins Ausland, war unter anderem in Versailles an der Aushandlung und dem Transfer der französischen Kriegsentschädigung beteiligt und wurde später dafür mit dem Eisernen Kreuz ausgezeichnet. 1872 erhob man den Geheimen Kommerzienrat (seit 1867) in den Adelsstand. Der zu dieser Zeit reichste Mann Deutschlands war an zahlreichen Projekten, insbesondere Verkehrsvorhaben, finanziell beteiligt: neben Eisenbahngesellschaften förderte er den Bau des Gotthardt-Tunnels, hatte aber auch eine soziale Ader und spendete Geld für wohltätige Zwecke, z.B. Krankenhäuser. *VTM*

Blesendorf, Joachim Ernst B.

Architekt
✶ 1640 Zielenzig
† 1677 Stettin

Als Sproß einer Berliner Künstlerfamilie ging er nach Rom, um Architektur zu erlernen. Ihm wurde ein großes Talent nachgesagt, das sich durch seinen frühen Tod leider nicht entwickeln konnte. Er hatte maßgeblichen Anteil bei der Planung und Bebauung der Dorotheenstadt ab 1673, starb jedoch während der Belagerung Stettins durch eine feindliche Kugel. *VTM*

Bloch, Iwan

Mediziner
✶ 8.4.1872 Delmenhorst (Oldenburg)
† 22.11.1922 Berlin [F.119]

B. ließ sich nach seinem Studium als Hautarzt in Berlin nieder, wo ihn seine oft unter dem Pseudonym E. Dühren erschienenen kulturhistorischen Publikationen über den Marquis de Sade, über die Syphilis und die Prostitution bekannt machten. Er gilt als Mitbegründer der Sexualwissenschaft, deren Namen er 1906 für den deutschsprachigen Raum einführte. Sein Hauptwerk, »Das Sexualleben unserer Zeit«, wurde vielfach aufgelegt. *UH*

Blisse, Georg Christian

Bauer
✶ 29.1.1823 Wilmersdorf
† 30.12.1905 ebd. [F.83]

Der aus einer alteingesessenen Bauernfamilie stammende B. stiftete gemeinsam mit seiner Ehefrau Auguste B. (17.9.1845–20.8.1907) ein Grundstück und einen hohen Geldbetrag für ein Waisenhaus, für das 1908 in der Wilhelmsaue der Grundstein gelegt wurde, das nach ihnen genannte Blissestift. Das Ehepaar erhielt ein Ehrengrab. 1947 wurde die Blissestraße in Wilmersdorf nach ihnen benannt. *EF*

Blos, Dietrich

Mediziner
✶ 11.6.1901 Karlsruhe
† 27.11.1989 Berlin [F.72]

Der Arztsohn studierte 1921–25 ebenfalls Medizin an den Universitäten von Königsberg, Wien, Tübingen und Córdoba (Argentinien). Nach einigen Jahren Assistenz in verschiedenen Krankenhäusern betrieb er seit 1932 in Karlsruhe eine eigene Praxis mit Privatklinik. Von 1935–37 studierte er noch einmal Medizin in Edinburgh, um bei einer geplanten Emigration auch im Ausland als anerkannter Arzt praktizieren zu können. Von 1939 an bis zu seiner Einberufung 1944 arbeitete er in Berlin bei der Schering AG. Gleich nach Kriegsende wirkte er in Reinickendorf, später auch in Tiergarten als Bezirksstadtrat und Amtsarzt. Aktiv an der Gründung des Deutschen Roten Kreuzes (DRK) beteiligt, arbeitete er von 1950–76 als Präsident des Berliner DRK und gehörte dem Präsidium des DRK an. 1974 führte er die Aktion »Essen auf Rädern« in Berlin ein. 1979 erschien sein Buch »Das Berliner Rote Kreuz 1945–76«. 1981 ehrte ihn Berlin mit der Ernst-Reuter-Plakette. *EF*

Blücher, Gebhard Leberecht, Fürst von Wahlstadt

Militär, Ehrenbürger
✶ 16.12.1742 Rostock
† 12.9.1819 Krieblowitz (Schlesien)

Der Sohn eines kleinen mecklenburgischen Gutsbesitzers begann 1757 seine militärische Karriere als Freiwilliger in einem schwedischen Husarenregiment, wurde nach der Gefangennahme 1760 durch die preußische Armee Kornett und später Offizier im Regiment Belling. Nach einer Auseinandersetzung mit König Friedrich II. schied er aus dem Heer aus, wurde in Arrest gesetzt, konnte aber 1787 wieder in den Dienst zurückkehren. Mit der Teilnahme an den Feldzügen in Holland und als Oberst gegen die französische Republik 1793/1795 begann sich sein Ruf als unerschrockener Kavallerieoffizier zu verbreiten. 1794 wurde er Generalmajor, 1801 Generalleutnant und

Gebhard Leberecht Blücher (1742–1819)

1803 Militärgouverneur des nunmehr preußischen Westfalens in Münster, wo er eng mit dem Freiherrn vom und zum Stein zusammenarbeitete. Die Niederlage der preußischen Armee von 1806 zwang Blüchers Truppen zur Kapitulation. Nach Gefangenschaft und Rückkehr in die Armee erhielt er das Kommando über die preußischen Truppen in Pommern, wurde aber auf Druck Napoleons von dieser Position 1812 entfernt. 1813 übergab der König B. auf Empfehlung Scharnhorsts das Kommando der Schlesischen Armee, an deren Spitze er die Feldzüge 1813/1815 entscheidend prägte. Nach der Völkerschlacht bei Leipzig wurde der populäre Offizier zum Feldmarschall ernannt; seine Führerqualitäten brachten ihn den Namen »Marschall Vorwärts« ein. Legendär wurde seine Rolle in der Schlacht bei Waterloo, als er nach Eilmärschen der englischen Armee unter Wellington am 18. Juni zu Hilfe kam und damit die Niederlage Napoleons entschied. Nach 1815 zog er sich auf seine Güter in Schlesien zurück. Blücher war der erste Offizier, der im Jahre 1816 Ehrenbürger der Stadt Berlin wurde.
Literatur: Campagne-Journal der Jahre 1793 und 1794, 1796; Gedanken über Formierung einer preußischen Nationalarmee, 1805; Varnhagen v. Ense, Biographische Denkmale, Bd. 3. *DW*

Blüher, Hans

Philosoph
✶ 17.2.1888 Freiburg (Schlesien)
† 4.2.1955 Berlin [F.37]
B. kam aus Schlesien nach Berlin und stieg hier zu einem führenden Vertreter der Jugendbewegung auf. Diese sollte nach seinen Worten »gegen den verbildenden Einfluß der Alterskultur« auftreten. Friedrich Nietzsches Ideen aufgreifend, galt ihm die »Bejahung des überlegenen Menschen« als zentrales Thema seiner Philosophie. Nach B. ist Frieden nur »verschwiegener Krieg«. Themen seiner Hauptwerke sind u.a. die Wandervogelbewegung und »Die Rolle der Erotik in der männlichen Gesellschaft« (1917–19). *UH*

Blumenthal, Oskar

Schriftsteller, Kritiker und Theaterleiter
✶ 13.3.1852 Berlin
† 24.4.1917 ebd. [F.119]
Der als Theaterkritiker und Feuilletonchef des »Berliner Tageblatt« zwischen 1875 und 1887 gefürchtete Journalist – Beiname »Blutiger Oskar« – war nach dem Studium zunächst als Herausgeber von Werk und Nachlaß C.D. Grabbes hervorgetreten. 1888 übernahm B. die Leitung des Lessingtheaters und schrieb in den folgenden Jahren mehrere moderne Gesellschaftsschwänke, darunter das gemeinsam mit G. Kadelburg verfaßte, noch heute populäre »Im weißen Rößl« (1898). *MS*

Bobrowski, Johannes

Schriftsteller und Lektor
✶ 9.4.1917 Tilsit
† 2.9.1965 Berlin [F.101]
B. studierte seit 1938 in Berlin Kunstgeschichte, wurde 1939 Soldat und geriet gegen Kriegsende in sowjetische Gefangenschaft, aus der er 1949 nach Berlin zurückkehrte. Ab 1950 war er als Verlagslektor tätig und veröffentlichte 1954 in »Sinn und Form« seine ersten Gedichte. Mit den zu seinen Lebzeiten erschienenen Gedichtsammlungen »Sarmatische Zeit« und »Schattenland Ströme« steht B. in »der Tradition einer magischen Naturdichtung, die wir mit Loerke, Lehmann und Langgässer fast vergessen hatten« (H. Bienek). Inhaltlich sind seine Verse von der Landschaft seiner Kindheit an der Memel geprägt und von den Schicksalen der Menschen im sarmatischen (osteuropäischen) Kulturraum. Seit 1960 fügte B. seinen Gedichten auch Erzählun-

gen und zwei Romane hinzu: »Levins Mühle. 34 Sätze über meinen Großvater« (1964) und »Litauische Claviere« (1966), in dem die nationalen Konflikte zwischen Deutschen und Litauern in den 30er Jahren im Mittelpunkt stehen.
Literatur: G. Wolf, J. Bobrowski. Leben und Werk, 1967. *MS*

Bock, Gustav

Musikverleger
✶ 2.3.1813 Berlin
† 27.4.1863 ebd. [F.46]
B. gründete mit E. Bote (1811–88) 1838 die traditionsreiche, bis 1953 geführte Verlagsfirma und Musikalienhandlung Bote & Bock. Nach dem Ausstieg Botes 1847 die Firma allein führend, machte er sich zunächst um allgemein erschwingliche Klassikerausgaben verdient, behielt jedoch stets die Entwicklung der zeitgenössischen Musik im Auge. So verlegte er sowohl den »Faust« von Ch. Gounod, als auch die »Lustigen Weiber von Windsor« von O. Nicolai. *JM*

Bode, Arnold *Wilhelm* von

Jurist, Kunsthistoriker, Museumsdirektor
✶ 10.12.1848 Calvörde
† 1.3.1929 ebd. [F.5]
B. begann 1872 als Mitarbeiter an den Berliner Königlichen Museen, wo er 1880 zum Direktor der Gemäldegalerie und der Abteilung der Bildwerke christlicher Epochen berufen wurde. 1906 berief ihn Kaiser Wilhelm II. in das Amt des Generaldirektors, das er bis 1920 innehatte. B. entwickelte die Berliner Museen im Kaiserreich und der frühen Weimarer Republik zu einer Stätte der Weltkultur. Als Kenner besonders der niederländischen und italienischen Kunst schon in jungen Jahren weit über Berlin hinaus geschätzt, schuf er mit seinen Schilderungen zu Themen der Kunstgeschichte (»Geschichte der deutschen Plastik« 1887) grundlegende Werke dieser Wissenschaftsdisziplin. Neben seiner intensiven Verwaltungs- und Aufbauarbeit in den Museen förderte er vor allem die enge Verbindung der Sammlungen zum internationalen Kunsthandel und auch das Berliner Mäzenatentum, das nach seinen Vorstellungen letztlich den Museen Vorteile bringen sollte. Folgerichtig gelangten zahlreiche Kunstwerke von Weltgeltung, die noch heute zu Besuchermagneten gezählt werden (z.B. Rembrandt-Sammlung), in die Berliner Museen. Obwohl vorwiegend in der europäischen Kunstgeschichte

Wilhelm von Bode (1848–1929)

tätig, sammelte er selbst und förderte auch außereuropäische Kunst. So bildete seine eigene Sammlung orientalischer Teppiche den Grundstock des späteren Islamischen Museums. Auch die Sammlungen nah- und fernöstlicher Kunst erfuhren durch B. nachhaltige Unterstützung. Hinzu kamen die nicht weniger erfolgreichen Aktivitäten, das Museum als öffentliche Bildungsstätte zu etablieren. Als eines der Ergebnisse dieses Wirkens verdankt ihm Berlin die Errichtung des Kaiser-Friedrich-Museums (heute Bode-Museum) sowie den Aufbau der zunächst als Depotbauten geplanten Museumseinrichtungen in Berlin-Dahlem für die heute weltberühmten Sammlungen des Museums für Völkerkunde.
Literatur: Hauptwerke aus den Staatlichen Museen, W.v. Bode zu Ehren hg. v. den Abteilungsleitern, 1926; W. Waetzoldt, W.v. Bode, Zeitschrift für Kunstgeschichte, Jg. 1929; W.v. Bode, Mein Leben, 2 Bde. 1930; Jahrbuch Preußischer Kulturbesitz 16, 1980. *JM*

Bodelschwingh-Velmede, Ernst von

Finanzminister, Innenminister
✶ 26.11.1794 Velmede (Hamm)
† 18.5.1854 Medebach (Kr. Brilon)
B.-V. stieg nach dem Studium der Rechtswissenschaft rasch im preußischen Staatsdienst auf, wurde 1831 Regierungspräsident in Trier, 1834 Oberpräsident der Rheinprovinz, 1842 preußi-

scher Finanzminister, 1844 Kabinettsminister, 1845 Minister des Innern. Er verteidigte die Anliegen der Regierung geschickt und riet bereits damals zu liberalen Reformen. Während der Revolution von 1848 nahm er vorerst seine Entlassung, wurde aber 1849 Mitglied der zweiten Kammer und Präsident des Verwaltungsrats der Union. 1852 berief man ihn zum Regierungspräsidenten in Arnsberg. *EH*

Bodenstein, Max

Chemiker
✶ 15.7.1871 Magdeburg
† 3.9.1942 Berlin
Der Sohn eines Brauereibesitzers wirkte als Hochschullehrer in Heidelberg, Leipzig, Hannover und Berlin. 1923–36 leitete er das Physikalisch-chemische Institut der Berliner Universität. B. erforschte die Kettenreaktion katalytischer Prozesse und leitete aus Widersprüchen zwischen Berechnungen und dem tatsächlichen Verlauf eine neue Theorie ab. Der Mitbegründer der chemischen Kinetik befaßte sich in Berlin vorrangig mit Gasreaktionen. Seine Arbeiten erlangten große Bedeutung für die chemische Technologie. *UH*

Bodt, Jean de

Ingenieur, Architekt und Offizier
✶ Oktober 1670 Paris
† 3.1.1745 Dresden
Als Hugenotte emigrierte der Sohn eines Mecklenburgischen Adligen und einer Französin 1685 über Brüssel nach Holland, trat 1689 in die Dienste Prinz Wilhelm von Oraniens und wurde 1698 von Kurfürst Friedrich III. von Brandenburg als Inspektor aller Zivil- und Militärgebäude sowie Chef des gesamten Bauwesens und Hauptmann einer Gardekompanie nach Berlin berufen. B. war Vertreter des strengen holländisch-französischen Barock und nach A. Stüler seit 1698 bedeutendster Architekt in Preußen. Ab 1728 bekleidete B. mehrere höhere Zivil- und Militärfunktionen bei August dem Starken.
Wichtige Bauten: Bauleitung und maßgebliche Gestaltbestimmung Zeughaus, Bln.-Mitte (1699–1706); Bauleitung Stadtschloß, Potsdam (1700–1701); Bauaufsicht bei Um- und Ausbau der Herrensitze und Lustschlösser Bornim, Caputh, Fahrland, Glienicke; Palais Podewils (1701–04) und Schwerin, Berlin (bis 1704); Turm der Parochialkirche, Bln.-Mitte (1713–14, Entwurf); Moritzburg bei Dresden (1723–26, zus. mit Longuelune u. Pöppelmann). *KDS*

Boeckh, August

Gräzist und Altertumsforscher, Ehrenbürger
✶ 24.11.1785 Karlsruhe
† 3.8.1867 Berlin [F.108]
B., Sohn eines Notars, studierte in Halle, promovierte in Berlin und erhielt 1811 eine Professsur (sechsmal Dekan). Der Berliner Universität stand er fünfmal als Rektor vor. Auch an der Berliner Akademie der Wissenschaften hat er die Altertumswissenschaften nachhaltig gefördert. Dort rief er das Monumental-Inschriftenwerk »Corpus inscriptionum Graecarum« (1828 ff.) ins Leben. Als Hauptvertreter der realphilologischen Schule der Altertumswissenschaften richtete B. seine Forschungen weit über die Sprachwissenschaft hinaus auf alle Bereiche des geistigen und materiellen Lebens der Griechen aus. Besonderes Interesse hatte er an der antiken Musik, deren moderne wissenschaftliche Erforschung von ihm ausging. Seine »Staatshaushaltung der Athener« (1817–40) gewährt einen Einblick in das gesamte Wirtschaftsleben dieser Zeit und bricht durch realistische Darstellungsweise mit dem idealisierten Griechenbild der Zeit des Klassizismus. Als epochal gilt B.s »De metris Pindari libri III« (1811), eine dreiteilige Ausgabe der Gedichte des Chorlyrikers Pindar. Auch die Grammatik faßte B. historisch auf: »Sie stellt das geschichtlich gewordene Sprachsystem eines Volkes entweder in seiner ganzen Entwicklung oder in einem bestimmten Stadium derselben dar«. Seine Ideen zur modernen Epigraphik des klassischen Altertums wurden durch eine Vielzahl von Schülern aufgegriffen und weitergeführt. Unter seiner Ägide stiegen die wissenschaftlichen Einrichtungen der klassischen Altertumsforschung in der preußischen Hauptstadt zur weltweit führenden Pflegestätte dieser Disziplin auf. 1857 ernannte Berlin ihn zum Ehrenbürger.
Literarur: B. Schneider, A. Boeckh. Altertumsforscher, Universalgelehrter und Wissenschaftsorganisator im Berlin des 19. Jhs., Ausstellungskatalog 1985; J. Irmscher, Die griechisch-römische Altertumswissenschaft am Übergang vom Klassizismus zum Historismus: Zur 200. Wiederkehr der Geburtstage von I. Bekker und A. Boeckh im Jahre 1985, 1986. *UH*

Boguslawski, Albert von
(Pseud. Friedrich Wernau)
Militär und Schriftsteller
✶ 24.12.1834 Berlin
† 7.9.1905 ebd. [F.106]
Der Enkel des preußischen Generals Karl Andreas v. B. verlebte seine Jugend in Wriezen, später in Breslau, trat 1852 in das Infanterie-Regiment Nr. 10 ein, nahm als Truppen-Offizier an den Feldzügen von 1864, 1866 und 1870/71 teil und avancierte in verschiedenen Einheiten bis zum Generalmajor. 1891 verließ er als Generalleutnant den Militärdienst und widmete sich in Berlin militärhistorischen Studien und Publikationen. Bedeutend waren seine Untersuchungen zum französischen Revolutionsgeneral Dumouriez, zur Entwicklung der Taktik im preußischen Heer und zum deutsch-französischen Krieg 1870/71. Unter seinem Pseudonym hatte B. auch belletristische Werke verfaßt. *DW*

Boguslawski, Karl Andreas von
Militär und Schriftsteller
✶ 19.11.1758 Muschlitz (Schlesien)
† 21.9.1817 Berlin [F.106]
Der einer verarmten Gutsbesitzersfamilie in Ostpolen entstammende B. war Kadett in Berlin, erhielt dort eine ausgezeichnete humanistische Bildung u.a. durch den Einfluß des dort wirkenden Professors Ramler. 1776 begann er seine Offiziers-Laufbahn im Infanterie-Regiment Nr.12 in Prenzlau, wurde Adjutant des Kommandeurs, konnte sich schon als Leutnant durch Stabsarbeit und Verantwortung im Ausbildungsbereich einen Namen machen. B. nahm an den Feldzügen 1778/79 gegen Österreich und 1792/95 gegen Frankreich teil, war schon in dieser Zeit schriftstellerisch tätig. Zeugnis dieser Periode ist die im Stile Ramlers geschriebene Übersetzung von Vergils »Vom Landbau«. Als Stabsoffizier war er an den Reformbestrebungen innerhalb der preußischen Armee beteiligt, u.a. von 1802–05 als Mitglied der Militärischen Gesellschaft zu Berlin und nach den Niederlagen von 1806 in der Nähe Scharnhorsts als erster Direktor der neugeschaffenen Allgemeinen Kriegsschule zu Berlin ab 1810. Während der drei Jahre der Kriegsgefangenschaft in der Champagne hatte der Gutsbesitzer B. die agrarischen und ökonomischen Verhältnisse des französischen Ostens intensiv studiert und die Ergebnisse in Preußen 1809 publiziert. Während der Feldzüge 1813/1815 war er als hochrangiger Truppen- und Stabsoffizier Teilnehmer an den wichtigsten militärischen Entscheidungen und auch zeitweilig Stadtkommandant von Berlin. Nach 1815 übernahm er wieder die Direktion der Allgemeinen Kriegsschule und widmete sich der Poesie und Dramatik. *DW*

Bohnen, Michael
Sänger (Baß-Bariton)
✶ 2.5.1888 Köln
† 26.4.1965 Berlin [F.2]
B. studierte in Köln, debütierte 1910 in Düsseldorf und war 1911–14 in Wiesbaden tätig. Der I. Weltkrieg machte eine internationale Karriere vorerst unmöglich. 1916 wurde er Mitglied der Hofoper Berlin. 1922–23 gastierte er erfolgreich an der Metropolitan Opera in New York, kehrte 1935 nach Berlin zurück und sang bis 1944 am Deutschen Opernhaus. 1945–47 war B. Intendant der Städtischen Oper, an der er noch bis 1951 als Sänger wirkte. *ThW*

Bois, Curt
Schauspieler und Regisseur
✶ 5.4.1901 Berlin
† 25.12.1991 ebd. [F.83]
Am 23.10.1908 begann B. seine Bühnenlaufbahn als Heinerle in L. Falls »Der fidele Bauer«. Bis 1914 folgten weitere Kinderrollen. Von 1914–21 tingelte B. als »Salonhumorist« an verschiedenen Varieté-Bühnen in Deutschland, Österreich, Ungarn und der Schweiz. Anfang der 20er Jahre folgte das Engagement bei R. Nelson und T. Hesterberg an der »Wilden Bühne«. 1923–25 spielte er am Theater am Kurfürstendamm und wurde in W. Kollos »Olly Polly« von Reinhardt entdeckt. 1925 gelang B. mit der Uraufführung von Bronnens »Die Exzesse« der Durchbruch als Charakterkomiker. Seit 1925 gastierte er an verschiedenen Berliner Bühnen und auf Tourneen, u.a. arbeitete er mit Barnowsky, Reinhardt und Piscator. In dieser Zeit übernahm B. auch einige Filmrollen. 1933 ging er ins Exil: Prag, Wien, London, Paris waren die ersten Stationen. 1934 versuchte B. in New York vergeblich, am Broadway Fuß zu fassen. 1937–50 lebte er in Hollywood und wirkte in 43 Filmen (u.a. von Curtiz, Vidor, Ophüls, Siodmak) mit. 1950 kehrte er als Regisseur und Schauspieler ans Deutsche Theater zurück. In dieser Zeit gastierte er auch am Berliner Ensemble (in Brechts »Puntila«). 1954 siedelte B. nach Berlin (West) über, wo es bis 1959 keine Rollenangebote gab. Er übernahm

1955/56 den Puntila in der Cavalcanti-Verfilmung »Herr Puntila und sein Knecht Matti«. Seit 1959 arbeitete er am Schillertheater u.a. unter Kortner und Hollmann. Es folgten weitere Verpflichtungen bei Film, Fernsehen und am Theater: in Deutschland (»Der eingebildete Kranke« am Hamburger Schauspielhaus; »Turandot« am Berliner Ensemble; als Frosch in der »Fledermaus« an der Deutschen Staatsoper Berlin); in Österreich und der Schweiz. – In Stücken wie »Don Juan«, »Was ihr wollt«, »Troilus und Kressida«, »Der eingebildete Kranke«, »Juno und der Pfau«, »Leonce und Lena«, »Der Bürger als Edelmann«, »Der Revisor« u.a. spielte er die Narren und Käuze. B. trat auch mit zahlreichen Soloabenden hervor.
Schriften: So schlecht war mir noch nie (Autobiographie, 1967); Zu wahr, um schön zu sein (Autobiographie, 1980) *DTW*

Bolle, Carl

Meiereibesitzer
✶ 1.9.1832
† 28.9.1910 Berlin [F.46]
Der aus der Mark stammende gelernte Maurermeister und Baumschulenbesitzer, sein eigentlicher Berufswunsch war Missionar, begann seine kaufmännische Laufbahn als Fisch- und Eishändler, nachdem er sich zuvor mit Bauspekulationen den Grundstein für sein künftiges Vermögen gelegt hatte. Das Eis für seinen Speiseeisvertrieb gewann er im Winter aus dem Rummelsburger See, hier gründete er auch die Norddeutschen Eiswerke, Lieferant für zahlreiche Berliner Brauereien und Schlachtereien. Fünfhundert Tonnen Natureis brach er jeden Winter aus dem See und lagerte es in Holzschuppen, die mit Holzwolle und Sägespänen isoliert waren. Der Vorrat reichte bis in den Sommer, danach wurden täglich bis zu 3 Tonnen aus Norwegen und der Schweiz importiert – und der Preis für das Speiseeis erhöht. In den 70er Jahren betrieb er in der Lützowstraße eine Landwirtschaft. Neben den Ställen seiner Milchkühe eröffnete er 1879 ein Milchzelt mit angeschlossenem Gartenrestaurant, im Volksmund »Kuhdestille« genannt. Ab 1881 betätigte er sich als ambulanter Milchhändler. Auf seinen »Bolle-Wagen« mit Pferdebespannung rollte er durch Berlin, mit einem blaubeblusten »Bolle-Jungen« auf dem Rücksitz, der die Glocke schwang und die Ankunft ankündigte. Waren es 1882 bereits 50 Wagen, sollte die Zahl bis 1910 auf über 250 steigen. 1887 verlegte B. seinen Firmensitz nach Alt-Moabit und kreierte den einprägsamen Werbespruch »Urahne, Großmutter, Mutter und Kind von Bolles Spezialitäten begeistert sind«. Trotz seiner Bekanntheit ist er aber nicht der Namensgeber für Bolle, dem amüsierfreudigen Mann der Straße, der »jüngst zu Pfingsten nach Pankow reiste«, dieser war schon vor B.s Zeit in aller Munde. Erst nach seinem Tod eröffnete die Meierei C. Bolle stationäre Milchläden in ganz Berlin.
Literatur: Pomplun, Pomplun's Großes Berlin Buch, 1985; Hellwig, Vom Alex bis zum Zoo, 1973. *VTM*

Bölsche, Wilhelm

Schriftsteller und Naturphilosoph
✶ 2.1.1861 Köln
† 31.8.1939 Oberschreiberhau/Riesengebirge
Der seit 1885 in Berlin lebende Schriftsteller trug 1887 mit der Schrift »Die naturwissenschaftlichen Grundlagen der Poesie – Prolegomena einer realistischen Ästhetik« zur programmatischen Definition des Naturalismus bei. 1890 gehörte B. zu den Gründern der Freien Volksbühne, zog sich dann aber nach Friedrichshagen zurück und und widmete sich in der Folge vor allem naturwissenschaftlichen Themen (»Das Liebesleben der Natur«, 1898), mit denen er große Wirkung erzielte. *MS*

Wilhelm Bölsche (1861–1939)

Bonhoeffer, Dietrich

evang. Pfarrer und Widerstandskämpfer

✶ 4.2.1906 Breslau

† (hingerichtet) 9.4.1945 Flossenbürg [F.108, Gedenkstein]

Der Sohn des Psychiaters Karl B. und Bruder des Juristen Klaus B. kam mit der Familie 1912 nach Berlin und besuchte hier das Gymnasium, studierte in Tübingen, Rom und Berlin Theologie und hielt sich in den darauffolgenden Jahren mehrfach im Ausland auf, so in Barcelona, New York und London. In Berlin wirkte er 1929 als Pfarrer im Wedding, 1931 als Studentenpfarrer an der Technischen Hochschule und als Privatdozent an der Universität. Schon früh schloß er sich der Bekennenden Kirche an und leitete deren Predigerseminar in Zingst/Finkenwalde. 1936 wurde ihm die Lehrerlaubnis für die Universität entzogen, 1940 erhielt er allgemeines Rede- und Publikationsverbot. B. sah in Hitler den Antichristen, den es auszumerzen galt. Für B. galt die Maxime, daß die Kirche ihren eigenen Raum nur verteidigen könne, wenn sie nicht um ihn, »sondern um das Heil der Welt kämpft.« Er hatte Kontakte zum militärischen Widerstand um Canaris und wurde 1943 verhaftet. 1944 wurde er ins KZ Buchenwald, von dort nach Schönberg im Bayrischen Wald und schließlich 1945 nach Flossenbürg gebracht, wo man ihn zusammen mit Canaris erhängte. Auf dem Friedhof F.108 erinnert ein Gedenkstein an B.

Literatur: Bonhoeffer, Widerstand und Ergebung, 1994; Bonhoeffer Brevier, 1998; E. Bethge, D. Bonhoeffer, 1967. *EF*

Bonhoeffer, *Karl* Friedrich

Mediziner

✶ 31.3.1868 Neresheim (Württemberg)

† 4.12.1948 Berlin [F.2]

Der Vater des Vorigen (und Nachfolgenden) wirkte zunächst in Königsberg und Breslau und kam dann nach Berlin. 1897 beschrieb er die später nach ihm benannten B.schen Zeichen (Symptom des Muskelzuckens). Mit seinem Werk »Die symptomatischen Psychosen im Gefolge von akuten Infektionen und inneren Erkrankungen« (1910) befruchtete er die Psychiatrie auf dem Gebiet der organischen Psychosen bis in die heutige Zeit positiv. Ein weiteres wichtiges Werk »Die Erbkrankheiten« erschien 1936. Die Heilstätten in Wittenau tragen den Namen des Psychiaters und Neurologen. *UH*

Bonhoeffer, Klaus

Jurist

✶ 5.1.1901 Breslau

† 23.4.1945 Berlin [F.108]

Der Sohn des Vorigen und ältere Bruder von Dietrich B. kam 1912 nach Berlin. Nach dem Jurastudium arbeitete er ab 1930 als Rechtsanwalt und wurde 1936 Syndikus der Lufthansa. Wie sein Bruder Dietrich ein Gegner des NS-Regimes, unterhielt er Kontakte zu verschiedenen Widerstandsgruppierungen. Noch 1945 vom Volksgerichtshof zum Tode verurteilt, wurde er in der Nacht zum 23.4.1945 mit Albrecht Haushofer und 14 anderen politischen Häftlingen des Zellengefängnisses Moabit erschossen. *EF*

Bopp, Franz

Sprachwissenschaftler

✶ 14.9.1791 Mainz

† 23.10.1867 Berlin [F.10]

B. studierte orientalische Sprachen in Paris (1817) und erlernte dort das Sanskrit. Nach Aufenthalten in London (1818) und Göttingen (1820) erhielt er 1821 eine Professur in Berlin. Als erster wies er Übereinstimmungen in der Grammatik des Sanskrit mit den alten europäischen Sprachen nach. Sein Hauptwerk ist die »Vergleichende Grammatik des Sanskrit, Zend, Griechischen, Lateinischen, Litauischen, Altslawischen, Gotischen und Deutschen«, 3 Bde. (1833–52). *UH*

Born, Max

Physiker

✶ 11.12.1882 Breslau

† 5.1.1970 Göttingen

B. wirkte nach dem Studium in Göttingen und war 1915–19 Professor für theoretische Physik in Berlin. Sein weiterer Lebensweg führte ihn über Frankfurt nach Göttingen, Cambridge und Edinburgh. Er gilt als einer der bedeutendsten Physiker seiner Zeit und trug wesentlich zur theoretischen Vertiefung vieler moderner physikalischer Theorien bei. Mit seinen Arbeiten zu einer einheitlichen Kristallphysik auf atomistischer Grundlage (»Dynamik der Kristallgitter« 1915) legte er einen wesentlichen Grundstein der modernen Festkörperphysik. Er wurde einer der Väter der Quantenmechanik. Für seine Leistungen erhielt er 1954 den Nobelpreis für Physik. In seiner Berliner Zeit veröffentlichte er wichtige theoretische Beiträge zur Wärmetheorie, zur allgemeinen Relativitätstheorie, zur Kristallgitter-

Max Born (1882–1970)

theorie und zur Elektrodynamik sowie zur Theorie der elektromagnetischen Strahlung. Er gehörte zu den »Göttinger Achtzehn«, die 1957 den Aufruf gegen die deutsche Atombewaffnung unterzeichneten. *UH*

Börne, Ludwig

(eigtl. Juda Löb Baruch)
Publizist und Schriftsteller
✶ 6.5.1786 Frankfurt/M.
† 12.2.1837 Paris

B., der als politischer Journalist zu den profiliertesten Köpfen der Opposition in der Restaurationszeit nach 1815 gehörte, ließ sich zweimal für kurze Zeit in Berlin nieder. 1802/03 besuchte der 17-jährige Student ein medizinisches Kolleg bei dem angesehenen Arzt Marcus Herz, der ihm auch Haus und Salon öffnete, 1827/28 bereitete der bereits berühmte Publizist in Berlin die Herausgabe seiner Gesammelten Schriften vor. *MS*

Borries, *Bodo* Julius Heinrich Hermann Albert von

Physiker
✶ 22.5.1905 Herford (Westfalen)
† 17.7.1956 Köln

B. studierte in Karlsruhe, Danzig sowie München und kam 1930 an die TH Berlin-Charlottenburg. 1934–48 wirkte er bei Siemens und ab 1945 wiederum an der TH Berlin. 1949 erhielt er eine Professur in Düsseldorf und 1953 in Aachen. B. hatte in Berlin maßgeblichen Anteil an der Entwicklung des Elektronenmikroskops mit magnetischen Linsen, das die Siemens AG ab 1838/39 in Serie produzierte. In seiner Berliner Zeit bearbeitete er Probleme des Kathodenstrahloszillographen. 1932 gelang ihm die Erfindung der Sammellinse kurzer Feldlänge und die Entwicklung des Strahlengangs im Elektronenmikroskop. Viele weitere Neuerungen in der Elektronenmikroskopie sind von ihm ausgegangen. Darunter Arbeiten zum Auflösungsvermögen, zur Bildentstehung sowie zu den Intensitätsverhältnissen und zur Empfindlichkeit. Sein Hauptwerk »Die Übermikroskopie« erschien 1949. *UH*

Borries, Siegfried

Violinist und Pädagoge
✶ 10.3.1912 Münster
† 12.8.1980 Berlin

B. war Schüler in der Meisterklasse von B. Eldering in Köln und erhielt schon während seines Studiums 1932 den Mendelssohn-Preis. 1933 wurde er von Furtwängler als 1. Konzertmeister an die Berliner Philharmonie verpflichtet. Dort leitete er auch die Kammermusikvereinigung. Seit 1945 wirkte er als Lehrer in den Meisterkursen des Internationalen Musikinstituts, seit 1949 als Professor für Violine an der Musikhochschule Berlin (West). *ThW*

Borris, Siegfried

Komponist und Pädagoge
✶ 4.6.1906 Berlin
† 23.8.1987 ebd. [F.92]

B. studierte Komposition und Musikwissenschaft, wirkte 1929–33 als Dozent an der Berliner Musikhochschule und mußte sich nach 1933 als Privatlehrer durchschlagen; 1945 wurde er Leiter des Lehrerseminars der Musikhochschule Berlin (West). B.s Verdienste liegen auf dem Gebiet der Musikpädagogik und ihrer Methodik, er schuf zahlreiche instruktive Lehrwerke und Schul- und Spielmusik. Weit verbreitet war seine »Praktische Harmonielehre«. *ThW*

Borsig, Ernst von

Fabrikant und Arbeitgeber-Funktionär
✶ 13.6.1869 Berlin
† 6.1.1933 ebd.
Der Enkel August B.s übernahm 1894, nach einem Studium in Bonn und an der TH Charlottenburg, zusammen mit seinem Bruder Conrad die Führung der Borsig-Werke, nachdem 16 Jahre lang ein Nachlaßkuratorium die Geschicke der Firma bestimmte. Die Brüder verlegten 1898 die Berliner Werke nach Tegel, um das Unternehmen an einer Stelle zu konzentrieren. B. war in zahlreichen Gremien an einflußreicher Stelle tätig, so ab 1909 als Vorsitzender der Vereinigung der Deutschen Arbeitgeberverbände, im Gesamtverband der Metallindustrie, der Deutschen Lokomotivbauvereinigung und im Reichswirtschaftsrat. Infolge der wirtschaftlichen Rezession ab 1931 wurden die Borsig-Werke von der Rheinmetall kurz nach dem Tode B.s übernommen. *VTM*

Borsig, Johann Friedrich *August*

Maschinenbauer
✶ 13.6.1804 Breslau
† 6.7.1854 Berlin [F.108]
Der Sohn eines Zimmerpoliers lernte Zimmermann, besuchte nebenher in Breslau die Kunst- und Bauhandwerksschule und kam anschließend nach Berlin. An Beuths Kgl. Gewerbeinstitut studierte er knapp zwei Jahre, bevor er in Egells

August Borsig (1804–1854)

Maschinenbauanstalt und Eisengießerei anfing. Bis 1836 war er dort als Werkmeister tätig und erwarb sich hier sehr gute Kenntnisse und einen gleichermaßen guten Ruf als Dampfkesselbauer. 1837 machte B. sich mit einer eher bescheidenen Eisengießerei und Maschinenbauanstalt am Oranienburger Tor im Norden Berlins selbständig. Die boomende Zuckerrübenindustrie mit einem großen Bedarf an Dampfmaschinen erschloß ihm ein großes Arbeitsfeld, er übernahm aber auch zahlreiche andere Aufträge, von Drehbänken über Werkzeugmaschinen bis hin zu Spiegel- und Bilderrahmen. Bereits 1840 konstruierte er die erste Lokomotive und begann mit deren Bau. Nachdem sie sich bei einer Demonstrationsfahrt gegen die englische Konkurrenz behaupten konnte, kaufte die Berlin-Anhalter Bahngesellschaft am 24.7.1841 die 2A1-Lokomotive mit der Fabrikationsnummer 1. B. lieferte weitere 15 Exemplare mit dieser Achsfolge. Seine 24. Lokomotive, ebenfalls für die Berlin-Anhalter Bahngesellschaft, taufte er auf den Namen seines Lehrers »Beuth«, ein Nachbau ist heute im Deutschen Museum in München zu besichtigen. Bis 1846 wurden 120 Lokomotiven hergestellt, und das Werk expandierte zur größten Lokomotivfabrik des Kontinents, in dem 1200 Arbeiter beschäftigt waren. 1847 entstand in Moabit ein Eisenwerk. Kurz vor seinem Tod pachtete B. einen Grubenkomplex in Oberschlesien, um den enormen Bedarf an Eisen und Kohle besser befriedigen zu können. In seinem Todesjahr wurde die 500. Lokomotive ausgeliefert, B. konnte sich gegen die starke (englische) Konkurrenz durchsetzen und lieferte sogar ins Ausland. Auch auf dem Gebiet der Fabrikorganisation, im Werkzeugmaschinenbau und der Werkstoffentwicklung leistete B. Bedeutendes, seinen Arbeitern gewährte er lange vor dem Entstehen der Sozialversicherung vielfältige Unterstützung.
Literatur: A. Borsig. Festschrift zur Feier der 5000sten Lokomotive, 1902; Pfannstiel, M., Der Lokomotivenkönig. Berliner Bilder aus der Zeit A. Borsigs, 1987. *VTM*

Borstell, Carl Leopold Heinrich Ludwig von

General der Kavallerie, Ehrenbürger
✶ 30.12.1773 Tangermünde
† 9.5.1844 Berlin [F.106]
Der Sohn eines Generalleutnants diente seit 1780 im preußischen Heer. Im Krieg von 1806 war er Major im Regiment Garde du Corps. 1813 befeh-

ligte er eine Kavalleriebrigade, focht bei Großbeeren, Dennewitz und Leipzig. Bis B. 1840 seinen Abschied nahm und sich in Berlin niederließ (Ehrenbürger seit 1843), befehligte er verschiedene preußische Armeekorps und wurde 1825 Militärbefehlshaber in den preußisch gewordenen Rheinprovinzen. *ThW*

Bosch, Carl

Chemiker, Unternehmer
✶ 27.8.1874 Köln
† 26./27.4.1940 Heidelberg

B. studierte 1894–96 an der Technischen Hochschule Berlin-Charlottenburg Maschinenbau und Hüttenwesen, schloß das Studium in Leipzig 1898 mit der Promotion ab. Er begann seine wissenschaftliche und wirtschaftliche Laufbahn 1899 in der Indigoabteilung der Badischen Anilin- und Farbengesellschaft (BASF) in Ludwigshafen und konnte sich durch seine Fähigkeiten und Durchsetzungskraft schnell in die Spitze der Betriebsleitung hineinarbeiten. 1914 mit Kriegsausbruch war er stellvertretender Direktor, 1919 Vorsitzender des Vorstandes der BASF, des zu jener Zeit größten Chemieunternehmens der Welt. 1908 erhielt er die Aufgabe, das von Fritz Haber entwickelte Verfahren zur Bindung von Stickstoff aus der Luft großtechnisch umzusetzen. Die Ammoniaksynthese schuf die Grundlage für die autarke Düngemittelproduktion Deutschlands. B. setzte sich persönlich für die Gründung der Betriebe Oppau bei Ludwigshafen und Leuna bei Merseburg ein, dessen erster Geschäftsführer er wurde. 1921 gründete B. zusammen mit Friedrich Naumann in Berlin die Hochschule für Politik. Er war nach 1919 aktiver Führer des Fusionsprozesses der BASF mit anderen chemischen Großunternehmen zur IG Farben, 1926 wurde B. Aufsichtsratsvorsitzender. Damit war er einer der einflußreichsten Wirtschaftsführer Deutschlands. 1931 erhielt er gemeinsam mit F. Bergius den Nobelpreis für Chemie. Ab 1933 stellte B., obwohl er die Weltherrschafts- und Kriegsziele der Nazis durchschaute und einen möglichen Untergang Deutschlands voraussah, seine Fähigkeiten und Kontakte in den Dienst der NS-Herrschaft, wurde 1938 zum »Wehrwirtschaftsführer« ernannt, nachdem er in den 30er Jahren schon Präsident der Kaiser-Wilhelm-Gesellschaft in Berlin und Vorsitzender der Gesellschaft Deutscher Naturforscher geworden war. 1939 erhielt er den Goethe-Preis. *DW*

Böß, *Gustav* August Johann Heinrich

Oberbürgermeister
✶ 11.4.1873 Gießen
† 6.2.1946 Bernried/Starnberger See

B., Sohn eines Prokuristen, absolvierte an der Universität Gießen ein kameralistisches Studium. Nach dem Staatsexamen war er im hessischen Finanzdienst tätig, trat später in die preußisch-hessische Eisenbahnverwaltung ein, ab 1910 in Berlin-Schöneberg Stadtrat. Als engagierter und geschickter Kommunalpolitiker wurde B. 1921 Oberbürgermeister der neuen Einheitsgemeinde Berlin. Bald konnte er beachtliche Erfolge bei der Organisation städtischer Aufgaben verzeichnen. Allerdings schmälerte die Weltwirtschaftskrise sein verdienstvolles Engagement für die Belange der Stadt. Mehr durch äußere Mißgeschicke als durch eigenes Verschulden mußte er ein Disziplinarverfahren hinnehmen; B. ließ sich 1930 pensionieren. Als ihn 1933 die Nationalsozialisten verfolgten, verließ er Berlin und zog sich nach Oberbayern zurück.

Litratur: E. Kaeber, Die Oberbürgermeister Berlins seit d. Steinschen Städteverordnung; in: Jb. d. Ver. f. d. Gesch. Berlins, 1952. *EH*

Bothe, *Walter* Wilhelm Georg Franz

Physiker
✶ 8.1.1891 Oranienburg
† 8.2.1957 Heidelberg

B. studierte in Berlin bei Max Planck, wurde 1920 Regierungsrat und 1927 Mitglied der Physikalisch-Technischen Reichsanstalt Berlin-Charlottenburg. 1927 erhielt er eine Professur an der Berliner Universität. Bekannt machten ihn Anfang der 20er Jahre eine Reihe von Arbeiten zur theoretischen Optik, insbesondere zur Wechselwirkung von elektromagnetischer Strahlung mit Materie. Für seine Forschungen zur Atomumwandlung sowie zur Wechselwirkung Teilchen–Feld erhielt er 1954 den Nobelpreis für Physik. In seiner Berliner Zeit bearbeitete B. die Molekulartheorie der Lichtbrechung und Lichtreflexion und legte zahlreiche Arbeiten zum Photoeffekt vor. Dem folgten Untersuchungen zur Radioaktivität sowie zur Entstehung, Ausbreitung und Streuung von Röntgenstrahlung. B. folgte 1930 einer Berufung nach Gießen und war ab 1934 in Heidelberg tätig. *UH*

Böttcher, Maximilian
Schriftsteller
✶ 20.6.1872 Schönwalde (Mark)
† 16.5.1950 Eisenach
Der Kaufmannssohn und Nachfahre des Porzellanerfinders Johann Friedrich Böttger hat, selten kommt's vor, das Leben unterschiedlicher Bevölkerungsschichten Berlins aus der Entfernung gültig-unterhaltsam beschrieben. Zwar machte er sich ab 1908 hier verdient um regelmäßige Theatervorstellungen für die Jugend und war als Redakteur einer Jagdzeitschrift tätig, doch sein Schriftstellerleben begann 1930 in Eisenach. Dort verfaßte er 1934 zunächst das nach wie vor gern aufgeführte Berliner Volksstück mit dem sprichwörtlich gewordenen Titel »Krach im Hinterhaus«, dem er sechs Jahre später »Krach im Vorderhaus« folgen ließ. Beide Male entstanden erst die Komödien, danach die ebenfalls vielgelesenen Romanfassungen – statt, wie meist üblich, umgekehrt. *GB*

Böttger, Johann Friedrich
(auch Böttiger)
Apotheker, Alchimist und
Erfinder des europäischen Porzellans
✶ 4.2.1682 Schleiz (Thüringen)
† 13.3.1719 Dresden
B., Sohn eines Münzcassierers, nahm mit 12 Jahren beim Apotheker Zorn in Berlin eine Lehre auf, wo er durch Wißbegier, Talent und Fleiß auffiel. Nebenbei wirkte er in der Dagelius'schen Fabrik lackierter Stahlwaren. Durch einen Lehrgenossen und einen Mönch in die Alchimie eingewiesen, unternahm er erste angeblich erfolgreiche Versuche zur Goldherstellung. Dem Unwillen seines Lehrmeisters entzog er sich 1698 durch eine Flucht. Sechs Monate später kehrte er reumütig zurück und versprach »sich hinfüro allen Laborierens und Sudelns zu enthalten und blos die Apotheke zu versehen«. Im Juli 1701 konnte er viele Anwesende davon überzeugen, daß er Blei und Silber in Gold zu verwandeln verstünde. Er bekundete: »Ich habe die rechte Tinctur allerdings gefunden, aber wer weiß, ob ich sie mein Lebtag wiederfinde«. Als auch der König von den vermeintlich erfolgreichen Versuchen hörte, befürchtete B. einen Prozeß, dem er sich am 26.10.1701 durch Flucht nach Wittenberg entzog. Zusammen mit dem Mathematiker und Physiker Tschirnhaus gelang es ihm, 1707 rotes Böttger-Steinzeug und wenig später weißes Porzellan herzustellen. 1710 wurde er Leiter der Dresdner Porzellanmanufaktur, die noch im gleichen Jahr nach Meißen zog.
Literatur: K. Hoffmann, J.F. Böttger: Vom Alchimisten zum weißen Porzellan, 1985. *UH*

Johann Friedrich Böttger (1682–1719)

Bouché, *Jean* David
Gartenarchitekt und Züchter
✶ 1747 Berlin
† 1819 ebd.
Aus einer nach Berlin zugewanderten Hugenottenfamilie stammend, übernahm B. 1781 den Betrieb seines Vaters und führte die in größerem Stile in Berlin und Brandenburg errichteten Obst- und Gemüsegewächshäuser weiter. Seine Treibhäuser, die für die damalige Zeit eine nicht gesehene Größe erreichten, dienten jedoch nicht nur der Nutzpflanzenzucht, sondern auch dem Anbau von Kaffeestauden. An gleichem Ort betrieb B. einen florierenden Kaffeeausschank, der von Beamten und sogar dem König selbst gern genutzt wurde. Sein botanisches Interesse galt vor allem der Einführung der Blumenzwiebelkultur. Die Gartenfreunde verdanken ihm die Einführung der Hortensie, die sich noch bis weit in unsere Zeit als Marktpflanze großer Beliebtheit erfreut. Neben der schwierigen Kultivierung bis dahin in Berlin nicht genutzter Pflanzen widmete er sich auch der Treibhauszucht von Gehölzen.
Literatur: L. Wittmack, C.D. Bouché und die

ältere Bouché'sche Familie (Gartenzeitung, Jg. 1, 1882). *JM*

Bouché, *Peter* Friedrich
Kunstgärtner und Botaniker
✶ 15.2.1785 Berlin
† 3.4.1856 ebd.
B., Sohn des Vorigen, setzte die Familientradition fort – die Einführung und Heimischmachung neuer Kulturen in Preußen, womit er die in Westeuropa weiter entwickelte Gärtnerwissenschaft besonders für Berlin nutzbar machte. Sein besonderes Verdienst liegt darüber hinaus in der Erforschung und Klassifizierung nützlicher und schädlicher Garteninsekten, deren Ergebnisse er in einer diese Spezies behandelnden »Naturgeschichte« (1833) darlegte. Solcherart besonders für die Interessen der kgl. Gartenkunst arbeitend, gründete sich hingegen seine populäre Wirksamkeit auf die in weiteren Kreisen bekannt gewordene Schrift, »Die Behandlung der Pflanzen im Zimmer und in kleinen Gärten« (2. Aufl. 1855), mit der B. zum Vorläufer der noch immer beliebten Haus- und Zimmerpflanzenratgeber wurde. Er führte den Gummibaum in Deutschland ein. *JM*

Boumann d.Ä., Johann
Zimmer-, Tischler- und Schiffsbaumeister, Architekt
✶ 1706 Amsterdam
† 6.9.1776 Berlin [F.130]
Nach seiner Berufung in preußische Dienste (1732) arbeitete B. in Potsdam unter H.G.W. v. Knobelsdorff in Sanssouci. Der Berufung zum Königlich-Preußischen Oberbaudirektor (1748) folgte 1755 seine Übersiedlung nach Berlin. B. war Vertreter des Spätbarock, verwendete Elemente sowohl des Rokoko als auch des Frühklassizismus. Das Wirkungsfeld von B. erstreckte sich hauptsächlich auf Berlin und sein Umland. Er war der erste Lehrer seiner Söhne Georg Friedrich und Michael Philipp Daniel B.
Wichtige Bauten: Holländisches Viertel, Potsdam (1737–42); Bauleitung am Berliner Dom (1747–50); Um- und Ausbau des Stadtschlosses, Potsdam (1747–52, zweite Etappe); Palais des Prinzen Heinrich, heute Humboldt-Universität, Bln.-Mitte (1748–53, in Anlehnung an Entwürfe Friedrichs II. und G.W.v. Knobelsdorffs); Bauleitung St. Hedwigs-Kathedrale, Bln.-Mitte (1748–73, nach Plänen Friedrichs II. und G.W.v. Knobelsdorffs); Potsdamer Rathaus (1753–55, mit C.L. Hildebrandt); Ausbau Schloß Niederschönhausen (1763); Westturmgruppe Dom, Fürstenwalde (1769–71); Französisches Komödienhaus am Gendarmenmarkt, Bln.-Mitte (1774–76).
Literatur: U. Kieling/U. Hecker, Berliner Architekten und Baumeister bis 1800, 1983. *KDS*

Boumann d.J., Michael Philipp Daniel
Architekt
✶ 1747 Potsdam
† 1803 Berlin
Als Sohn und Schüler von Johann B. d.Ä. war B. 1767–70 als Bauführer und ab 1771 als Bauinspektor und Gehilfe seines Vaters tätig. 1778 wurde er zum Geheimen Oberhofbaurat und Baudirektor sowie 1794 zum Oberfinanzrat berufen. Mit C.G. Langhans, F. Becherer, H.A. Riedel d.Ä. u.a. wurde B. 1799 Mitbegründer der Bauakademie. B. war Vertreter des Frühklassizismus. Wichtige Bauten: Umbau Palais der Prinzessin Amalie, spätere Russ. bzw. Sowj. Botschaft, Bln.-Mitte (1767); Schloß Bellevue, Bln.-Tiergarten (1785–86, 1789); Schauspielhaus, Potsdam (1793–95); Schloß auf der Pfaueninsel bei Potsdam (1794). *KDS*

Boveri, *Margret* Antonie
Journalistin und Schriftstellerin
✶ 14.8.1900 Würzburg
† 6.7.1975 Berlin
Sie kam als Studentin in den 20er Jahren nach Berlin und wurde nach Abschluß des Studiums und intensiven Reisen zunächst freie Mitarbeiterin und 1934 dann außenpolitische Redakteurin am »Berliner Tageblatt«. 1937 wechselte sie zur Zeitschrift »Atlantis«, ab 1943 war sie Korrespondentin der »Frankfurter Zeitung« u.a. in Stockholm und New York. Nach dem Verbot der Zeitung wieder freie Journalistin, arbeitete sie später dann für die »Frankfurter Allgemeine Zeitung«. Von ihren Büchern ist vor allem die vierbändige Untersuchung »Der Verrat im 20. Jahrhundert« (1956–1960) zu erwähnen. *MS*

Böwe, Kurt
Schauspieler
✶ 28.4.1929 Reetz (Priegnitz)
† 14.6.2000 Berlin
Der Bauernsohn studierte in Berlin Theaterwissenschaft und arbeitete nach dem Staatsexamen 1954 als Assistent am Institut für Theater-

wissenschaften der Berliner Universität, wo er auch zwischen 1958 und 1960 die Studentenbühne leitete. Seit 1960 Schauspieler am Berliner Maxim-Gorki-Theater, wechselte er 1967 an das Landestheater Halle. 1973 kehrte er nach Berlin zurück und gehörte hier bis 1997 dem Ensemble des Deutschen Theaters an. Sein Repertoire reichte von Goethe über Kleist und Gorki bis Brecht und Barlach. Auch in vielen DEFA-Filmen wirkte er mit. Beigesetzt wurde er auf dem Waldfriedhof in Krumbeck (Priegnitz).
Literatur: H.-D. Schütt, Kurt Böwe – der lange kurze Atem, 1995. *EF*

Boyen, Leopold Hermann Ludwig von

Militär, Politiker, Ehrenbürger
✶ 20.6.1771 Kreuzburg (Ostpreußen)
† 15.2.1848 Berlin [F.107]
In Königsberg als Sohn eines preußischen Offiziers aufgewachsen, trat B. in das Infanterie-Regiment von Wildau ein, nahm als junger Offizier an der Niederschlagung des Kosciuszko-Aufstandes 1794 teil und gehörte in den folgenden Jahren zum Kreis der radikalen Offiziere um Scharnhorst, die sich insbesondere in der »Militärischen Gesellschaft zu Berlin« (1802–1805) für tiefgreifende Reformen der preußischen Armee einsetzten. Als Hauptmann im Stab des Prinzen von Hohenlohe erlebte B. 1806 die Niederlage bei Auerstedt. Schwer verwundet konnte er der Gefangenschaft entgehen. Ab 1808 arbeitete er eng zusammen mit Scharnhorst und dem Freiherrn vom und zum Stein an der Reorganisation der Armee, wurde 1810 Direktor der Ersten Abteilung des Kriegsministeriums und hatte in den Feldzügen 1813–15 großen Anteil an der Erarbeitung und Umsetzung der Operationspläne. Scharnhorst beauftragte ihn 1813 mit der Ausarbeitung von Plänen für die Verteidigung der preußischen Hauptstadt Berlin vor allem durch Landwehreinheiten. 1814 zum Kriegsminister ernannt, war er einer der aktivsten Reformer der preußischen Armee und setzte sich besonders für die Formierung der Landwehr ein. Seine demokratischen Forderungen stießen bei den konservativen Kräften am Hofe auf erheblichen Widerstand, die in der Landwehr den Kern eines gefährlichen »Volksheeres« sahen und die König Friedrich Wilhelm III. drängten, B. 1819 als Kriegsminister zu entlassen und ihn aus dem aktiven Dienst zu entfernen. König Friedrich Wilhelm IV. setzte ihn nach der Thronbesteigung 1840 wieder in sein Amt ein. Im Jahre 1842 verliehen Magistrat und Stadtverordnete General v. B. anläßlich des 34. Jahrestages der Wiederkehr der Verkündigung der Steinschen Städteordnung die Berliner Ehrenbürgerwürde. *DW*
Schriften: u.a. Beiträge zur Kenntnis des Generals v. Scharnhorst (1833), Erinnerungen (3 Bde., erschienen 1889/90; Neuausgabe als Denkwürdigkeiten und Erinnerungen, 2 Bde., 1913).
Literatur: Meinecke, Das Leben des GFM H.v. Boyen, 2 Bde., 1896/99.

Bracht, Clemens Emil *Franz*

Politiker, Verwaltungsjurist
✶ 23.11.1877 Berlin
† 26.11.1933 ebd. [F.121]
Nach dem Studium der Rechte in Würzburg und Berlin war B. 1904 Assessor bei der Staatsanwaltschaft in Köslin, Staatsanwalt in Essen, Regierungsrat im Reichsversicherungsamt, Vortragender Rat im Reichsamt des Innern, Ministerialdirektor im Preußischen Ministerium für Wohlfahrt und ab 1923 Staatssekretär der Reichskanzlei. B. galt als ein ausgezeichneter Kommunalpolitiker; er wurde 1924 Oberbürgermeister der Stadt Essen und konnte diese Stadt günstig durch die Wirtschaftskrise von 1929–32 bringen. Dem rechten Flügel des Zentrums nahestehend, wurde er vom Reichskanzler von Papen nach der Amtsenthebung der preußischen Regierung im Juli 1933 zum stellvertretenden Reichskommissar für Preußen ernannt und erhielt Regierungsgewalt. In dieser Aufgabe strebte B. die Aufhebung des Dualismus zwischen dem Reich und Preußen sowie eine durchgreifende Verwaltungsreform an. B. war kurze Zeit im Kabinett des Reichskanzlers von Schleicher Reichsinnenminister. *EH*

Brachvogel, Albert Emil

Schriftsteller
✶ 29.4.1824 Breslau
† 27.11.1878 Berlin [F.74]
Nach einer ganzen Reihe gescheiterter Ausbildungsversuche u.a. als Buchhändler und Bildhauer wurde B., der bereits 1846 kurzzeitig in Berlin studiert hatte, Journalist in der preußischen Hauptstadt. 1851 wurde sein Intrigenstück »Jean Favard« uraufgeführt. Nach einem kurzen Engagement als Sekretär im Krollschen Theater ging B. 1855 zum Wolffschen Telegraphenbureau und wurde 1856 Redakteur des »Johanniter-Wochenblattes«. Er hatte als Theaterautor vor allem mit

dem Trauerspiel »Narziß« (1856) großen Erfolg. Sein historischer Roman »Friedemann Bach« (1858) fand auch im 20. Jh. noch viele Leser.
MS

Brahm, Otto
(urspr. Otto Abrahamson)
Journalist und Dramaturg
✶ 5.2.1856 Hamburg
† 28.11.1912 Berlin
B. absolvierte eine Banklehre, bevor er sich nach Studium und Promotion 1879 in Berlin als Theaterkritiker niederließ. Von 1881 bis 1885 war B. neben Fontane der zweite Kritiker der »Vossischen Zeitung« und gehörte 1889 zu den Mitbegründern des Vereins »Freie Bühne«, die zur Programmbühne des Naturalismus wurde. Hier setzte er sich vor allem für Ibsen und Hauptmann ein, dessen Dramen bis zu den »Ratten« (1911) fast ausnahmslos unter seiner Leitung uraufgeführt wurden. 1890/91 war B. auch Herausgeber der Wochenschrift des Vereins »Freie Bühne für modernes Leben«, die ab 1894 »Neue Deutsche Rundschau« und ab 1904 »Neue Rundschau« hieß. 1894 übernahm er die Leitung des Deutschen Theaters, 1904 dann das Lessingtheater. B. prägte auch eine neue Spielweise: dem deklamatorischen stellte er einen modernen »verinnerlichten« Darstellungsstil entgegen. B. gilt heute als ein wichtiger Wegbereiter des realistischen Dramas in Deutschland, wenn auch als einseitiger Verfechter des Naturalismus.
Literatur: W. Buth, Das Lessingtheater in Berlin unter der Direktion von O. Brahm (1904–1912), 1965.
MS

Brandenburg, Friedrich Wilhelm Graf von
Militär, preußischer Ministerpräsident, Ehrenbürger
✶ 24.1.1792 Berlin
† 6.11.1850 ebd.
Der Sohn von König Friedrich Wilhelm II. und der Gräfin Sophie von Dönhoff wurde schon 1795 zum Grafen erhoben und durchlief eine steile militärische Karriere. 1815 bereits Oberst und 1832 Generalmajor, führte er seit 1839 als Kommandierender General das VI. Armeekorps in Schlesien, das sich durch Einsätze gegen Unruhen in Posen, Krakau und Breslau einen Namen gemacht hatte. Nach der Märzrevolution 1848 wurde er am 2. November 1848 zum preußischen Ministerpräsidenten berufen und zum General ernannt. Nachdem liberale Abgeordnete 1849 seine Ernennung zum Berliner Ehrenbürger noch verhindern konnten, setzten konservative Kräfte 1850 diese Würdigung durch.
EF

Brandt, Willy
(eigtl. Herbert Ernst Karl Frahm)
Politiker, Regierender Bürgermeister, Bundeskanzler, Ehrenbürger
✶ 8.12.1913 Lübeck
† 8.10.1992 Unkel am Rhein [F.93]
Der Sohn einer alleinstehenden Verkäuferin wuchs bei seinem Großvater auf, trat bereits 1930 der SPD bei, wechselte jedoch 1931 zur Sozialisten Arbeiterpartei (SAP). 1932 konnte er noch sein Abitur ablegen, bevor er 1933 in die Emigration ging, wo er auch den Namen Willy Brandt annahm. Zuerst in Norwegen, später in Schweden engagierte er sich in der antifaschistischen Arbeit und schloß sich der »Internationalen Gruppe demokratischer Sozialisten« an. 1944 trat er der in Schweden agierenden Landesgruppe deutscher Sozialdemokraten bei. Nach dem II. Weltkrieg arbeitete er als Journalist und kam 1947 als Presseattaché der norwegischen Militärmission nach Berlin. Nach seiner Ausbürgerung 1938 norwegischer Staatsbürger, ließ er sich 1949 wieder in Deutschland einbürgern. 1958 wurde er Landes-

Willy Brandt (1913–1992)

vorsitzender der Berliner SPD. 1964–87 war er Vorsitzender der SPD, danach Ehrenvorsitzender seiner Partei. Von 1949–57 und wieder seit 1969 gehörte er dem Deutschen Bundestag an. In Berlin übernahm er 1955 die Funktion des Präsidenten des Abgeordnetenhauses, 1957–66 war er Regierender Bürgermeister. Als Außenminister (1966–69) und als Bundeskanzler (1969–74) setzte er sich erfolgreich für eine neue Ostpolitik ein, so daß unter seiner Kanzlerschaft die Verträge von Moskau und Warschau sowie der Grundlagenvertrag mit der DDR abgeschlossen werden konnten. Innenpolitisch bemühte er sich unter dem Motto »Mehr Demokratie wagen« um eine gezielte Reformpolitik. Für seine Verdienste um Berlin wurde er 1970 zum Ehrenbürger gewählt. 1971 erhielt er als erster deutscher Politiker nach Stresemann den Friedensnobelpreis. Nach seinem Rücktritt als Bundeskanzler – veranlaßt durch die Spionageaffäre Guillaume – widmete er sich verstärkt der internationalen Arbeit. Seit 1976 war er Präsident der Sozialistischen Internationale. Hier engagierte er sich vor allem für Lösungen auf dem Gebiet der Abrüstung und der Dritten Welt. Die deutsche Wiedervereinigung nach 1989 kommentierte er mit dem seitdem geflügelten Wort: »Jetzt wächst zusammen, was zusammengehört.«

Literatur: Brandt/Löwenthal, Ernst Reuter, 1957; W. Brandt/L. Lania, Mein Weg nach Berlin, 1960; W. Brandt, Koexistenz – Zwang zum Wagnis, 1963; ders., Über den Tag hinaus, 1974; ders., Begegnungen und Einsichten, 1978; ders., Links und frei, 1982; ders., Erinnerungen, 1989; P. Koch, Willy Brandt. Eine politische Biographie, 1988. *EF*

Bratring, Friedrich Wilhelm August

Geograph und Historiker
✶ 8.12.1772 Losse (Altmark)
† 10.1.1829 Berlin

Der Sohn eines Pfarrers wurde 1799 Hilfsarbeiter an der Kgl. Bibliothek Berlin, 1803 Sekretär beim Preußischen Generaldirektorium und wirkte ab 1813 als gerichtlicher Bücherauktionskommissar in Berlin. B. widmete sich topographisch-statistischen und geschichtlichen Studien. Sein Hauptwerk »Statistisch-topographische Beschreibung der Mark Brandenburg« (3 Bde. 1804–09) zeichnet sich durch Sorgfalt und Zuverlässigkeit aus. B. gab auch historisch-statistische Darstellungen Preußens sowie Reisejournale, Staats- und Industrieadreßbücher heraus. *UH*

Brauchitsch, Ludwig Matthias Nathaniel Gottlieb von

Militär, Ehrenbürger
✶ 7.5.1757 Breslau
† 19.1.1827 Berlin [F.106]

Der Sohn eines preußischen Artilleriehauptmanns wurde 1770 Page am Hofe des Prinzen Ferdinand von Preußen, nahm als Premierleutnant im Infanterie-Regiment des Prinzen Ferdinand an den Feldzügen 1792/95 gegen Frankreich teil und war schon vor 1806 als Mitglied der Militärischen Gesellschaft zu Berlin an den Auseinandersetzungen um die preußische Armeereform beteiligt. Nach den militärischen Niederlagen von 1806 gehörte v. B. zur Gruppe derjenigen Offiziere, die sich um den Neuaufbau der preußischen Armee verdient gemacht hatten und die aktiv als Truppenkommandeure in den Feldzügen gegen Napoleon kämpften. Im Kriegsjahr 1809, unmittelbar vor der Rückkehr des preußischen Königs in die Residenz Berlin wurde v. B. vom König zum Kommandanten der Garnison Berlins ernannt. In dieser Funktion erwarb er sich umfassende Verdienste insbesondere in den Kriegsjahren 1813/1815, als er u.a. den Landsturm zur Verteidigung der Stadt organisierte und viel zur Wiederherstellung des Vertrauens zwischen Bevölkerung und Militär beitrug. 1812 wurde er zum Generalmajor und Chef der Gendarmerie, 1815 zum Generalleutnant und 1820 auch zum Gouverneur von Berlin befördert. Anläßlich des 50jährigem Dienstjubiläums wurde dem General durch Magistrat und Stadtverordnete die Ehrenbürgerschaft Berlins verliehen. Seine Grabstele auf dem Alten Garnisonfriedhof in Mitte gehört zu den schönsten Beispielen des Berliner Eisenkunstgusses aus der Schinkelschule.

Literatur: K. v. Priesdorff, Militärisches Führertum, 1937, Bd.3. *DW*

Braun, Alfred

Schauspieler, Regisseur, Rundfunkpionier
✶ 3.5.1888 Berlin
† 3.1.1978 ebd. [F.2]

B., an der Schule des Deutschen Theaters ausgebildet, debütierte am Schillertheater. Als Chefreporter der »Funkstunde Berlin«, wo er Hörspiele, Kultursendungen, Live-Konzerte und aktuelle Reportagen entwickelte, inszenierte und moderierte, genoß er eine Popularität, die nur von der Hindenburgs übertroffen wurde. 1933 im KZ Oranienburg inhaftiert, gelang ihm später die Ausreise (Schweiz, Türkei). 1939 konnte er durch Inter-

vention von Jannings wieder nach Deutschland zurückkehren, schrieb Drehbücher, u.a. für Veit Harlan, war Regieassistent. Nach dem Krieg war er zuerst am Rundfunk Stuttgart, 1947–49 beim (Ost-)-Berliner Rundfunk, wo er polemische Kommentare gegen die Luftbrücke sprach. Danach wirkte er als freier Regisseur bei Funk und Film (»Mädchen in Uniform« 1949; »Wenn die Abendglocken läuten« 1951; »Stresemann« 1957, Goldmedaille des Europarates). 1954–57 war B. erster (und wegen seiner Arbeit im Dritten Reich und für Ost-Berlin nicht unumstrittener) Intendant des SFB.
Literatur: S. Jenter, Alfred Braun. Radiopionier und Reporter in Berlin, 1998. *DTW*

Braun, Lily

Schriftstellerin und Frauenrechtlerin
∗ 2.7.1865 Halberstadt
† 9.8.1916 Berlin
Die Tochter einer adligen preußischen Offiziersfamilie, die seit 1890 in Berlin lebte, begann ihre literarische Karriere 1891 mit der Herausgabe der Memoiren ihrer Großmutter, die zum Freundeskreis von Goethe gehört hatte. Sie schrieb dann u.a. für die »Deutsche Rundschau« und beschäftigte sich ab 1893 intensiv mit der sozialistischen Bewegung und vor allem mit der Rolle der Frau (»Die Frauenfrage. Ihre geschichtliche Entwicklung und wirtschaftliche Seite«, 1901). Hauptwerk ihrer literarischen Tätigkeit ist die 1909–1911 als Roman entstandene Autobiographie »Memoiren einer Sozialistin«. *MS*

Braun, Otto

Politiker
∗ 28.1.1872 Königsberg
† 15.12.1955 Ascona (Schweiz)
Seit 1889 Mitglied der SPD und in verschiedenen Funktionen tätig, gehörte er ab 1911 dem Parteivorstand an. Seit 1919 war er ununterbrochen bis zu seiner Emigration 1933 Mitglied der Nationalversammlung bzw. des Reichstages. Als er 1925 für das Amt des Reichspräsidenten kandidierte, erhielt er im ersten Wahlgang 7,8 Millionen Stimmen. Von 1920 an hatte er mit nur kurzen Unterbrechungen das Amt des preußischen Ministerpräsidenten inne, bis seine Regierung am 20.7. 1932 durch eine Verordnung des Reichspräsidenten von Reichskanzler von Papen mit dem sogen. »Preußenschlag« abgesetzt wurde. Seine letzte Ruhestätte fand er in Zehlendorf im Garten des Familiengrundstücks. *EF*

Braun, Wernher Freiherr von

Raketeningenieur und Physiker
∗ 23.3.1912 Wyrzysk
† 16.6.1977 Alexandria
Nach dem Besuch des Gymnasiums in Berlin und Spiekeroog absolvierte er bei Borsig eine technische Lehre und studierte an der TH Berlin Physik und Naturwissenschaften. Schon als Student arbeitete er auf dem Raketenflugplatz in Reinickendorf. 1932 wechselte er zur Universität und promovierte 1934 zum Dr.phil. mit einer Arbeit über Flüssigkeitsraketen, die nicht veröffentlicht werden durfte. Im selben Jahr flogen seine ersten beiden Raketen »Max und Moritz« über 2 km hoch. 1937, als technischer Direktor des Raketenwaffenprojekts in Peenemünde, baute er die V1 und entwickelte die von der Nazi-Propaganda so genannte »Wunderwaffe« V2. Nach Kriegsende ging er mit seinem Mitarbeiterstab und den geretteten Raketenplänen in die USA. 1958 gelang mit der Explorer I die erfolgreiche Ausbringung eines Satelliten, mit der Saturn V die Konstruktion einer Rakete, mit der die Apollo 11 1969 zum Mond fliegen konnte. Eine gewisse Weltraummüdigkeit führte bei v. B. zur Resignation, er verließ 1972 seinen Posten als Chef der Planungsgruppe bei der NASA und wechselte in die private Wirtschaft.
Literatur: J. Weyer, Wernher von Braun, 1999. *VTM*

Brecht, *Bertolt* Eugen Friedrich

Schriftsteller und Dramatiker
∗ 10.2.1898 Augsburg
† 14.8.1956 Berlin [F.108]
Schon der 16-jährige veröffentlichte erste Kurzgeschichten und Gedichte in der »Augsburger Allgemeinen« und riskierte mitten im Krieg durch einen pazifistischen Aufsatz den erfolgreichen Schulabschluß. Nach dem Abitur 1917 und einigen Semestern Medizinstudium in München Theaterkritiken für den Augsburger »Volkswillen« sowie Mitarbeit an verschiedenen Münchner Bühnen u.a. bei Karl Valentin. 1919 schrieb B. sein erstes Theaterstück, das er 1922 selbst an den Münchner Kammerspielen unter dem Titel »Trommeln in der Nacht« inszenierte und das ihm im selben Jahr den Kleist-Preis einbrachte. 1922 erfolgte auch die erste Aufführung in Berlin unter der Regie von Jürgen Fehling. Nachdem ein

erster Versuch, in Berlin als Regisseur Fuß zu fassen, gescheitert war, nahm B. 1924 einen neuen Anlauf, als er zusammen mit C. Zuckmayer als Dramaturg an Reinhardts Deutsches Theater verpflichtet wurde. Nebenbei schrieb er u.a. Kurzgeschichten für Berliner Zeitungen und trat auch als Lyriker hervor (»Hauspostille«, 1927). In diesen Jahren begann er in Abendkursen mit dem gründlichen Studium des Marxismus, der bald auch Eingang in seine Stücke finden sollte. B. prägte eine Theatertheorie, die heute allgemein als »episches Theater« bezeichnet wird: Dem klassischen Illusionstheater, das den Zuschauer suggestiv ergreift und seine Aktivität bindet, stellt er ein Modell entgegen, in dem erzählerisch nacheinander Situationen (und entsprechende Kommentare) präsentiert werden, die den Zuschauer als kritischen Betrachter fordern. Identifikation wird ersetzt durch Distanz zum Bühnengeschehen (Verfremdungseffekt). Schauplatz dieses revolutionären Theaters, das B. zunächst in seinen »Lehrstücken« vorführte (»Die Maßnahme«, 1930) war zumeist das 1928 eröffnete Theater am Schiffbauerdamm, das seit den 50er Jahren ständiger Spielort des von ihm 1949 gegründeten Berliner Ensembles ist. Während der NS-Zeit lebte B. vor allem in Skandinavien und den USA und kehrte 1948 nach Berlin (Ost) zurück. Der durch Werke wie die »Dreigroschenoper« (1928), »Leben des Galilei« (1938) und »Mutter Courage und ihre Kinder« (1939) international berühmte Dramatiker, der nun als Generalintendant dem Deutschen Theater vorstand, galt in der jungen DDR als zentrale künstlerische und moralische Instanz.
Literatur: K. Völker, B. Brecht. Eine Biographie, 1976; W. Mittenzwei, Das Leben des B. Brecht oder Der Umgang mit den Welträtseln, 1986.
MS

Bredel, Willi
Schriftsteller
✶ 2.5.1901 Hamburg
† 27.10.1964 Berlin [F.102]
An der 1927 im Auftrag der KPD gegründeten Proletarischen Feuilleton-Korrespondenz beteiligte sich der gelernte Dreher als Arbeiterkorrespondent, womit ihm der Weg zur Literatur eröffnet wurde. Seit 1928 Redakteur der »Hamburger Volkszeitung«, wurde B. von 1930–34 inhaftiert, kämpfte anschließend im spanischen Bürgerkrieg und ging ins Exil nach Moskau. Den Aufbau der DDR begleitete er als Kulturfunktionär und Schriftsteller. Hauptwerk: die Trilogie »Verwandte und Bekannte« (1943–1953).
MS

Bredow, Hans
Techniker und Ministerialbeamter
✶ 26.11.1879 Schlawe (Pommern)
† 9.1.1959 Wiesbaden
Er studierte in Kiel und in Köthen, mußte aus Geldschwierigkeiten die Hochschule noch vor dem angestrebten Ingenieur-Diplom verlassen. Durch Fürsprache Graf Arcos kam er 1904 nach Berlin zur Telefunken und arbeitete an der Entwicklung von Telegraphensystemen mit. Als Kriegsfreiwilliger erprobte er 1917 die ersten deutschen Röhrensender – und beschallte zur allgemeinen Erbauung die Soldaten mit Grammophonmusik. 1919 gliederte er als Staatssekretär im Reichspostministerium das Funkwesen in das Postressort ein. 1926 bestimmte B. als Rundfunk-Kommissar des Reichspostministers maßgeblich die Entwicklung des deutschen Rundfunks, mußte aber Anfang 1933 den Dienst quittieren und wurde Ende 1933 verhaftet. 1938 zu geringer Haftstrafe verurteilt, bezog er ab 1939 Ruhegelder eines Ministerialrats. Nach dem Krieg war er am Aufbau des Hessischen Rundfunks beteiligt und bis 1951 Verwaltungsratsvorsitzender. Der Versuch, 1950 an die Spitze der neugegründeten ARD zu treten, scheiterte.
Literatur: Bredow, Im Banne der Ätherwellen, 1960.
VTM

Brehm, Alfred Edmund
Zoologe
✶ 2.2.1829 Renthendorf
† 11.11.1884 ebd.
Als Sohn eines Pfarrers und Mitbegründers der wissenschaftlichen Vogelkunde wurde B. früh zur Naturbeobachtung angeregt. Er absolvierte eine Maurerlehre und stürzte sich anschließend in eine an Abenteuern reiche Forschungsreise nach Ägypten und in den Sudan (1847–52). Nach dem Studium in Jena wirkte er, unterbrochen von Reisen, als Lehrer und Publizist in Leipzig. 1863–66 stand er dem Hamburger Zoologischen Garten als Direktor vor. 1867 kam B. nach Berlin. Dort baute er Unter den Linden/Ecke Schadowstraße das erste Aquarium auf, das im Mai 1869 eröffnet wurde und bis 1910 bestand. In dem »Grotten- und Gewölbebau« machte B. die Besucher u.a. mit der Flora und Fauna des Atlantischen Ozeans und des Mittelmeeres vertraut.

Alfred Edmund Brehm (1829–1884)

Neben Meereslebewesen waren u.a. auch Schlangen, Affen, Krokodile und Vögel zu sehen. Sein »Tiergarten unter Dach und Fach« erlangte schlagartig Weltruhm. Noch im Eröffnungsjahr drängten sich über 200.000 Besucher durch die Gänge. Auch in seiner Berliner Zeit setzte B. die Mitarbeit an der »Gartenlaube« fort und publizierte dort über seine Beobachtungen (z.B. »Webervögel im Berliner Aquarium« 1870). Wie in Hamburg kam es auch in Berlin zu Querelen, in deren Ergebnis B. gekündigt wurde. »So ruhig und milde er in seinem glücklichen Familienkreise war, so fesselnd er sich den ganzen Abend mit seiner Stammtischgesellschaft beim Glase Bier unterhielt, so heftig und zornig konnte er werden, wenn er von mattherziger Mittelmäßigkeit angegriffen wurde … Selbst seine Frau war mit den inständigsten Bitten nicht dazu imstande, ihn zur Höflichkeit gegen einflußreiche Persönlichkeiten zu bewegen«, erinnert sich sein Freund Rudolf Blasius. 1863–69 erschien die erste Auflage des »Illustrierten Thierlebens«, das wegen seiner populären Darstellung in weiteren Auflagen als »Brehms Tierleben« Berühmtheit erlangte.
Literatur: H.-D. Haemmerlein, Der Sohn des Vogelpastors, 1985; L. Baege, Verzeichnis der Schriften über die Familie Brehm, 1980. *UH*

Breitensträter, Hans

Berufsboxer
✶ 9.2.1897 Magdeburg
† 23.1.1972
Der »blonde Hans« wurde 1920 erstmalig Deutscher Meister im Schwergewicht und entwickelte sich in den folgenden Jahren zum Publikumsliebling in Berlin. Er konnte den Titel bis 1924 verteidigen, trat 1928 ab. Er hatte zahlreiche Freunde aus der »Gesellschaft«: unter anderen Emil Jannings, Ernst Lubitsch, Ferdinand Sauerbruch und war der Schwarm vieler Frauen; so soll Pola Negri öfter in seiner Begleitung gesehen worden sein. Unvergessen sind seine Kämpfe gegen Paul »Samson« Körner, die beide, miteinander auch im Privatleben verfeindet, bis zum tatsächlichen Umfallen ausgefochten haben.
VTM

Breitscheid, Rudolf Ernst

Politiker, Publizist
✶ 2.11.1874 Köln
† 24.8.1944 Buchenwald [F.121]
B. wirkte früh als Redakteur nationalliberaler Zeitungen in Berlin, schloß sich dann unter dem Einfluß von F. Naumann liberalen und demokratischen Positionen an. Aufgrund seiner Ablehnung des Bülowblocks trennte sich B. von der Freisinnigen Vereinigung, der er seit 1903 angehörte, und war an der Gründung der Demokratischen Vereinigung im Mai 1908 in Berlin aktiv beteiligt. Er wurde deren Vorsitzender und Herausgeber der seit 1910 erscheinenden Wochenzeitung »Das Freie Volk«. 1912 trat er der SPD (1917–22 USPD) bei. Als überzeugter Kriegsgegner schloß er sich – wie Bernstein und E. Reuter – dem im November 1914 gegründeten Bund Neues Vaterland an. Von 1918–23 war er preußischer Innenminister, 1920–23 Reichstagsabgeordneter. Er war einer der einflußreichsten Führer der SPD und trat besonders als außenpolitischer Sprecher seiner Fraktion hervor. 1933 emigrierte B. nach Paris, floh 1940 nach Marseille, wurde jedoch von der Vichy-Regierung ausgeliefert und kam in das Konzentrationslager Buchenwald. *EH*

Brendicke, Hans Heinrich

Heimatforscher
✶ 19.11.1850 Berlin
† 4.8.1925 ebd. [F.18]
Nach dem Studium und der Promotion 1876 an der Berliner Universität zum Dr.phil. legte er

auch die Turnlehrerprüfung ab. Seine Hauptarbeit aber lag auf schriftstellerischem Gebiet. Arbeiten wie »Grundriß der Geschichte der Leibesübungen« oder »Die Geschichte der Schwimmkunst und des Badewesens« zeugen von seiner engen Beziehung zum Turnen. Viele Jahre war er Hauptschriftwart des Berliner Turnerrates und gehörte zwischen 1887 und 1896 zu den Herausgebern der »Jahrbücher der deutschen Turnkunst« und des Turnkalenders. Als passionierter Philatelist gab er bereits von 1886–94 die Zeitschrift »Der Sammler« heraus, bevor er 1890 die »Deutsche Briefmarkenzeitung« gründete, die einige Jahre in Berlin erschien. Sein Interesse an der Berlingeschichte führte ihn 1886 in den Verein für die Geschichte Berlins, dessen Hauptschriftwart er 1892 wurde. Er publizierte viele Beiträge in der Zeitschrift »Der Bär« und betätigte sich auch als Stadtführer. Sein Ehrengrab befindet sich in Kreuzberg. *EF*

Brentano, Clemens von

Dichter
✶ 8.9.1778 Ehrenbreitstein
† 28.7.1842 Aschaffenburg

Der Kaufmannssohn kam während des Studiums in Jena mit den Ideen der Romantik in Verbindung. In Göttingen wurde er 1801 mit Achim von Arnim bekannt, der 1811 seine Schwester Bettina heiratete. Gemeinsam gaben sie in Heidelberg zwischen 1806 und 1808 die Volksliedsammlung »Des Knaben Wunderhorn« heraus, eines der zentralen Werke der deutschen Romantik, zu deren bedeutendsten Repräsentanten B. zählt. 1809 kam er zum erstenmal nach Berlin, wo er nach Abstechern nach Prag und Wien vor allem zwischen 1814 und 1818 lebte. In Berlin lernte er die Dichterin Luise Hensel kennen, mit der ihn bis zu seinem Tod eine starke freundschaftliche Beziehung verband. Nach 1818 lebte er, der sich verstärkt dem Mystizismus zuwandte, vorwiegend in Süddeutschland. *EF*

Breysich, Kurt

Geschichtsphilosoph
✶ 5.7.1866 Posen
† 16.6.1940 Berlin

B. wirkte 1896–1934 als Professor in Berlin. Er ging davon aus, daß die Geschichte der Menschheit ein gesetzmäßig verlaufender Prozeß ist. Um zu einer Darstellung der universalgeschichtlichen Entwicklungsgesetze zu kommen, versuchte er weltgeschichtliche und kulturmorphologische Entwicklungsstadien nachzuweisen. Seine Hauptwerke sind: »Kulturgeschichte der Neuzeit« (2 Bde., 1900–01) und »Der Stufenbau und die Gesetze der Weltgeschichte« (1927). 1932 erschien »Vom deutschen Geist und seiner Wesensart«. B.s monokosmisches, antideistisches Weltbild entwickelt seine »Naturgeschichte und Menschheitsgeschichte« (1930). *UH*

Bröhan, Karl Heinz

Kaufmann, Kunstsammler, Mäzen, Museumsdirektor
✶ 6.7.1921 Hamburg
† 2.1.2000 Berlin

1963 verkaufte der passionierte Kunstsammler sein Dentallabor in Hamburg und zog nach Berlin. Hier widmete er sich ganz der Kunst. Bereits 1970 schenkte B. dem Land Berlin seine Anfang der 60er Jahre zusammengetragene Porzellansammlung (Berliner Porzellan des 18. Jhs.), die den Grundstock des Porzellanmuseums Belvedere im Schloßpark Charlottenburg bildete. B.s eigentliche Leidenschaft galt jedoch dem Jugendstil. Im Laufe der Jahre hat B. 16.000 Einzelstükke der Strömungen Jugendstil, Art Déco und Funktionalismus der Jahre 1889–1939 zusammengetragen. 1973 richtete er in seiner Dahlemer Villa ein Privatmuseum ein. Zu seinem 60. Geburtstag schenkte B. seine gesamte Kunstsammlung komplett dem Land Berlin. Seit 1982 ist das »Bröhan-Museum« in einer ehemaligen spätklassizistischen Infanteriekaserne gegenüber dem Schloß Charlottenburg untergebracht und trägt den offiziellen Namen: Landesmuseum für Jugendstil, Art Déco und Funktionalismus. Die Bestände gliedern sich in zwei Hauptgebiete: Kunsthandwerk und bildende Kunst, vom Jugendstil als Wegbereiter der Moderne bis zum Art Déco und Funktionalismus durch ausgewählte Beispiele aus Glas, Keramik. Porzellan, Silber und Metall in Kombination mit Möbeln, Teppichen, Beleuchtungskörpern, Grafiken und Gemälden. Außergewöhnlich ist auch die umfangreiche Porzellansammlung bedeutender Manufakturen (KPM Berlin, Kgl. Kopenhagen, Meißen, Nymphenburg, Sèvres etc.) Hinzu kommen Metallkunst, Meisterwerke des französichen Art Déco vor allem mit Möbeln von Jacques-Emile Ruhlmann sowie Industriedesign. Zahlreich vertreten sind auch die Berliner Sezessionisten: u.a. Karl Habemeister, Hans Baluschek, Walter Leistikow und Franz Skarbina, die ihre Neubewertung vor allem B. verdanken. Zu B.s umfassendem Lebenswerk zählt auch die wissenschaftlich akribische Katalogisierung aller 16.000 Ausstellungsstücke, ein einmaliges Quellenwerk für Kunst und Kunstgewerbe der Zeit von 1889–1939. Bis zu seinem Tod war B. Direktor des Museums.

RS

Bronnen, Arnolt
(eigtl. Arnold Bronner)
Dramatiker
✶ 19.7.1895 Wien
† 12.10.1959 Berlin [F.108]
Nach Studium und Kriegseinsatz ließ sich B. 1920 in Berlin nieder, wo er mit seinen Dramen (»Vatermord«, 1922) bald neben Brecht zur Bühnenavantgarde gezählt wurde. 1929 erfolgte die politische Wendung vom linken zum äußersten rechten Spektrum. Seit 1933 Dramaturg der Reichsrundfunkgesellschaft, erhielt B. 1937 Publikationsverbot. 1943 zog er zurück nach Österreich, schloß sich dem kommunistischen Widerstand an und wurde nach Kriegsende Kulturredakteur in Linz. 1955 Rückkehr nach Berlin (Ost), Arbeit als Theaterkritiker und Essayist.
Literatur: E. Klinger, Arnolt Bronnen. Werk und Wirkung, 1974. *MS*

Bruch, *Max* Karl August
Komponist und Dirigent
✶ 6.1.1838 Köln
† 2.10.1920 Berlin [F.46]
B. galt als Wunderkind und führte schon mit 14 Jahren seine erste eigene Sinfonie auf. 1853–57 war er Meisterschüler von F. Hiller und K. Reinecke. 1858–61 wirkte er in Köln als Lehrer. Danach begannen Jahre wechselnder Engagements: 1862–64 in Mannheim, 1865–67 in Koblenz als Musikdirektor, 1867–70 als Hofkapellmeister in Sondershausen, 1871–73 in Berlin, 1873–78 in Bonn, 1878–80 als Dirigent des Stern'schen Gesangvereins in Berlin, 1880–83 in Liverpool, 1883–90 in Breslau. 1891 ließ er sich endgültig in Berlin nieder, wo er als Professor (bis 1910) eine Meisterklasse für Komposition an der Akademie leitete und zahlreiche musikalische Ehrenämter bekleidete. B.s Stil ist traditionsverhaftet. Von seinen Werken hat sich nur das 1.Violinkonzert von 1868 im Repertoire gehalten.
Werke: 3 Sinfonien, 3 Violinkonzerte, »Kol Nidre« f. Vc. u. Orch., 3 Opern, zahlreiche vokalsinfonische Werke.
Literatur: K.G. Fellerer, M. Bruch, 1974. *ThW*

Bruckner, Ferdinand
(eigtl. Theodor Tagger)
österreichischer Dramatiker
✶ 26.8.1891 Wien
† 5.12.1958 Berlin [F.2]
B. wurde nach seinem Studium 1914 Lektor der Deutschen Verlagsanstalt in Berlin, wandte sich 1920 als Dramaturg dem Theater zu und gründete 1923 das Renaissance-Theater. 1927 übernahm er zusätzlich die Leitung des Theaters am Kurfürstendamm. Seit 1928 feierte er große Erfolge mit Zeitstücken (»Die Verbrecher«, 1928) sowie mit historischen Dramen (»Elisabeth von England«, 1930). Nach der Rückkehr aus dem amerikanischen Exil in den 50er Jahren wurde B. Dramaturg am Schiller- und am Schloßpark-Theater.

MS

Brugsch, Karl Louis *Theodor*
Mediziner
✶ 11.10.1878 Graz
† 11.7.1963 Berlin [F.108]
Der Sohn des Nachfolgenden wirkte 1906–27 unter Friedrich Kraus an der Charité und gab mit diesem und später allein zahlreiche Lehrbücher zur Inneren Medizin heraus. 1927 folgte er einem Ruf nach Halle, wo er 1936 aus Protest gegen das faschistische Gewaltregime von seinem Lehramt zurücktrat. Nach dem Krieg übernahm B. die

Max Bruch (1838–1920)

Leitung der ersten medizinischen Klinik der Charité. Seine Lebenserinnerungen hielt er in »Arzt seit fünf Jahrzehnten« fest. *UH*

Brugsch-Pascha (seit 1881), **Heinrich Ferdinand Karl**
Ägyptologe
✶ 18.2.1827 Berlin
† 9.9.1894 ebd. [F.6]
Der Vater des Vorigen und Sohn eines Gendarmerie-Wachtmeisters gilt als Begründer der demotischen Studien. Er legte die erste »Sammlung demotischer Urkunden« (1850) und die weltweit für Jahrzehnte einzige »Grammaire démotique« (1855) vor. Unterstützt durch Alexander von Humboldt, unternahm B. zahlreiche Studienreisen u.a. 1853 nach Ägypten. 1854 wurde er in Berlin Privatdozent, ein Jahr später Assistent am Ägyptischen Museum. Nach einer weiteren Reise gab er »Die geographischen Inschriften altägyptischer Denkmäler« (1857–60) heraus. Sie bildeten den Ausgangspunkt für Studien zur Geographie Ägyptens in vorgriechischer Zeit. In »Reise der preußischen Gesandtschaft nach Persien« (1862–63) schilderte B. seine Erlebnisse aus den Jahren 1860–61. Sein »Hieroglyphisches Wörterbuch zum Nutzen der studierenden Jugend« (1872), herausgegeben in Deutsch und Englisch, war lange Zeit das einzige Lehrbuch dieser Art. Weitere grundlegende Werke sind das »Dictionnaire géographique de l'ancienne Egypte« (1877–1880) und die »Geschichte Ägyptens unter den Pharaonen« (1877). 1864 ging B. in den diplomatischen Dienst und wurde Konsul in Kairo. Nach einem Zwischenspiel an der Universität Göttingen übernahm er die Leitung eines Instituts in Kairo und kehrte 1879 nach Berlin zurück. Er begleitete den Kronprinzen Rudolf von Österreich und den Prinzen Karl von Preußen auf Reisen. 1892 bemühte er sich um den Ankauf von ägyptischen Altertümern für die Berliner Museen. In seinem Alterswerk »Ägyptologie« (1891) unternahm B. den Versuch, den Wissensstand der Zeit für sein Fachgebiet zusammenzufassen. B. gab die erste einschlägige »Zeitschrift für ägyptische Sprache und Altertumskunde« heraus. 1894 folgte seine Autobiographie »Mein Leben und mein Wandern«. Als wohl bedeutendster Ägyptologe der zweiten Hälfte des 19. Jhs. wurde er 1881 durch Khedive Tecofik Pascha mit dem Pascha-Titel geehrt. *UH*

Brühl, Karl Friedrich Moritz Paul Reichsgraf von
Theaterleiter
✶ 18.5.1772 Pforten (Thüringen)
† 9.8.1837 Berlin
Der Höfling und Liebhaberdarsteller wurde 1815 als Nachfolger August Wilhelm Ifflands vom preußischen Staatskanzler Hardenberg zum Generalintendanten der Berliner Königlichen Schauspiele berufen: »Machen Sie das beste Theater in Deutschland, und danach sagen Sie mir, was es kostet.« Während der Amtszeit B.s brannte das Langhanssche Theater auf dem Gendarmenmarkt ab. Der Direktor setzte Karl Friedrich Schinkel bei König Friedrich Wilhelm III. als Architekt des Neubaus durch. Eröffnung in heutiger äußerer Gestalt am 26. Mai 1821. Drei Wochen später trat von hier aus Carl Maria von Webers romantische Oper »Der Freischütz« ihren Siegeszug um die Welt an. Diese Uraufführung unter Leitung des Komponisten ging als größtes Verdienst B.s, der außerdem das Ausstattungs- und Kostümwesen vorteilhaft beeinflußte, in die Theatergeschichte ein. 1828 trat er zurück, um zwei Jahre später die Leitung der Königlichen Museen zu übernehmen.
Literatur: A. Mühr: Rund um den Gendarmenmarkt, 1965; G. Bellmann: Schauspielhausgeschichten, 1993. *GB*

Brüning, Heinrich
Reichskanzler
✶ 26.11.1885 Münster
† 30.3.1970 Norwich
B. stammte aus einer kath. Kaufmannsfamilie, studierte Philosophie und Volkswirtschaft. Von 1920–30 war er Geschäftsführer des christlichen deutschen Gewerkschaftsbundes, daneben wurde er als Mitglied des Zentrums Reichstagsabgeordneter, hier seit 1929 Fraktionsführer. B. tat sich als Finanzpolitiker hervor und erreichte 1925 die Annahme der Lex Brüning, die das Aufkommen der Lohnsteuer begrenzte (1927 und 1929 abgeändert). Nach dem Zerfall der großen Koalition im Reichstag berief Hindenburg B. an die Spitze eines unabhängigen Kabinetts. Bis zum Frühjahr 1932 schuf er hier wesentliche Voraussetzungen für die Revision der Reparationen (Lausanner Konferenz, Juli 1932). Trotzdem war seine innenpolitische Position nicht gefestigt, und General von Schleicher, der gegen B.s Programm der Osthilfe war, konnte dessen Entlassung erwirken. Damit war auch B.s Versuch einer Revision des

Heinrich Brüning (1885–1970)

parlamentarischen Systems im konstitutiven Sinne gescheitert; er wandte sich vergeblich gegen das Ermächtigungsgesetz. Nach dem Krieg unternahm B. aussichtslose Versuche erneuter politischer Aktivität und zog sich darum bald in die USA zurück. *EH*

Buch, Christian *Leopold* Freiherr von

Geologe
✶ 25.4.1774 Stolpe (Uckermark)
† 4.3.1853 Berlin
B. verließ nach dem Studium in Freiberg 1797 als vermögender Freiherr den Staatsdienst und ließ sich in Berlin nieder. Er unternahm ausgedehnte Forschungsreisen. Beobachtungen auf den Kanarischen Inseln und Studien in den Alpen führten ihn zu der Hypothese, daß die Gebirge als Erhebungen magmatischer Massen entlang großer Spalten entstanden seien. Dadurch trug er maßgeblich zur Überwindung der Lehre des Neptunismus bei. Nach Abschluß der Arbeiten zur ersten geologischen Karte Deutschlands konzentrierte sich B. ab 1826 auf Forschungen zur Paläontologie. Dabei erwarb er sich besondere Verdienste um die Erkennung von Leitfossilien und die Begründung der Stratigraphie. Er förderte nachhaltig die Berliner Gesellschaft Naturforschender Freunde. Alexander von Humboldt nannte ihn den größten Geognosten seiner Zeit. Zu seinen Hauptwerken gehören: »Über Erhebungskrater und Vulkane« (1836) und »Über den Jura in Deutschland« (1839). *UH*

Bucher, Lothar

Politiker
✶ 25.10.1817 Neustettin
† 12.10.1892 Montreux
Der Sohn eines pommerschen Gymnasialrektors trat nach dem Studium an der Berliner Universität 1838 eine erfolgversprechende Juristenkarriere an, wurde aber schon nach wenigen Jahren mit der preußischen Bürokratie konfrontiert und entwickelte sich zu einem scharfen Kritiker des konservativen politischen Systems Preußens, insbesondere der Polizeiwillkür und den Verhältnissen auf dem Lande. Im Frühjahr 1848 wurde er in die Verfassunggebende Versammlung Preußens gewählt und gehörte bis zu deren Zerschlagung zur Gruppe der Linken. Sein Motto im Sommer 1848: »Ich meine, wir werden in dem Volk einen treuen Hüter haben, wenn das Volk an uns einen treuen Hüter seiner Rechte hat«. Während des Staatsstreiches im November 1848 rief B. zur Steuerverweigerung und zu anderen Formen des Widerstandes auf. Diese demokratische Konsequenz führte zu seiner Wiederwahl in die Zweite Kammer im Februar 1849. Nach der Zerschlagung des Parlaments im April 1849 wurde B. verfolgt, zu Festungshaft verurteilt, konnte sich aber durch Flucht der Vollstreckung des Urteils entziehen. In der englischen Emigration ab 1850 arbeitete er als Journalist, entschied sich nach der Amnestie 1864 zur Rückkehr und begann in Berlin eine zweite politische Karriere, diesmal als enger Mitarbeiter und Vertrauter Bismarcks im Auswärtigen Amt. Insbesondere durch die strategische Gestaltung der Beziehungen zu Frankreich und die Vorbereitung der Berliner Konferenz 1884 wurde er im In- und Ausland bekannt. Nach dem Ausscheiden aus dem Amt 1886 zog er sich in die Schweiz zurück.
Literatur: F. Gebauer, Lothar Bucher. Theorie und Pragmatismus, in: Gestalten der Bismarckzeit, Bd. II, Berlin 1986. *DW*

Bücherl, Emil Sebastian

Mediziner
✶ 6.11.1919 Fürth
† 28.6.2001 Berlin [F.6]
Nach dem Studium der Medizin in München, Rom und Heidelberg arbeitete er in verschiedenen Orten als Arzt. 1957 kam er an die Freie

Universität nach Berlin, wo er noch im gleichen Jahr als erster Chirurg in Deutschland eine Operation am offenen Herzen durchführte. 1962 wurde er außerplanmäßiger Professor. Seit dieser Zeit forschte er intensiv an der Entwicklung eines künstlichen Herzens. Von 1964 bis 1968 leitete er als Chefarzt die Chirurgie am Krankenhaus Neukölln. 1968 als Ordinarius und Klinikdirektor an die FU berufen, widmete er sich weiter dem »Berliner Kunstherz«, das von ihm 1986 erstmals eingesetzt wurde. Auch nach seiner Emeritierung 1988 arbeitete er weiter am Projekt des künstlichen Herzens. 1976 verlieh ihm Berlin die Ernst-Reuter-Plakette. *EF*

Buchholz, *Horst* Werner

Schauspieler
✶ 4.12.1933 Berlin
† 3.3.2003 ebd. [F.2]

B. wuchs als Sohn eines Schuhmachers im Berliner Arbeiterbezirk Prenzlauer Berg auf. Infolge der schweren Bombenangriffe des Jahres 1943 wurde der gerade 10jährige in ein Kinderlandverschickungsheim nach Schlesien evakuiert. Nach Kriegsende schlug er sich auf eigene Faust zurück nach Berlin durch, wo er sich zunächst selbst versorgen mußte. Im Alter von 13 Jahren erhielt er auf der Bühne eines Theaters in seinem Heimatbezirk in Erich Kästners »Emil und die Detektive« seine erste Bühnenrolle. Mit weiteren kleinen Rollen, einem Engagement als Synchronsprecher und als Statist im Metropol-Theater verdiente er sich seinen Lebensunterhalt. 1950 verließ er endgültig die Schule und nahm, gefördert von Boleslaw Barlog, dem späteren Generalintendanten der Staatlichen Schauspielbühnen, Schauspielunterricht. Erste Engagements ließen nicht lange auf sich warten: In den Jahren 1950–55 spielte B. unter anderem an der Tribüne, am Schloßpark- und Schillertheater. Mitte der 50er Jahre wandte B. sich dann fast ausschließlich dem Film zu. Für seine Darstellung des Russen Mischa in Helmut Käutners »Himmel ohne Sterne« erhielt er 1955 das Filmband in Silber als bester Nachwuchsschauspieler. Der endgültige Durchbruch gelang ihm ein Jahr später in Georg Tresslers »Die Halbstarken«; ein Film, der frischen Wind in den selbstgefälligen, heimatseligen deutschen Nachkriegsfilm brachte und in dem B. die Rolle des aufbegehrenden Teenagers Freddy Borchert so überzeugend verkörperte, daß er gleichsam über Nacht zum Publikumsliebling, zum »deutschen James Dean«, avancierte. 1957 drehte Tressler mit B. »Endstation Liebe« und 1959 »Das Totenschiff«, eine gelungene Verfilmung des Romans von B. Traven. B. ließ sich jedoch nicht auf das Image des aufsässigen Halbwüchsigen festlegen. Seine Vielseitigkeit bewies er als charmant-raffinierter Hochstapler in Kurt Hoffmanns Thomas-Mann-Verfilmung »Die Bekenntnisse der Hochstaplers Felix Krull« (1957). B. gehörte jetzt zu den gefragtesten Schauspielern der bundesdeutschen Filmindustrie. Zweimal spielte B. an der Seite von Romy Schneider: in dem Melodram »Robinson soll nicht sterben« (Josef von Baky, 1956) und in der Paris-Romanze »Monpti« (Helmut Käutner, 1959). Insgesamt wirkte B. in rund 90 Filmen mit. B. gehörte zu den wenigen deutschen Filmstars, denen eine internationale Filmkarriere gelang. So erhielt B. Angebote aus Hollywood, wo er sich zeitweise Henry Bookhold nannte, aus Italien, Frankreich und Spanien. B. galt, allein schon aufgrund seines Äußeren – dunkle Haare, dunkle Augen –, im Ausland nie als der typische Deutsche. In dem Broadway-Musical »Chérie« (1959) nach Colette und in der Pagnol-Verfilmung »Fanny«, verkörperte B. jeweils einen Franzosen und in dem englischen Streifen von Lee Thompson »Tiger Bay« (1959) stellte er einen polnischen Seemann dar. In dem Western-Klassiker »Die glorreichen Sieben« (1960) spielte er an der Seite von Yul Brunner, Charles Bronson und Steve McQueen den Mexikaner Chico. 1961 mimte B. in Billy Wilders Ost-West-Satire »Eins, zwei, drei« den Jungkommunisten Otto Ludwig Piffl. Darüber hinaus verkörperte B. auch immer wieder historische Persönlichkeiten wie Marco Polo, Miguel de Cervantes oder Johann Strauss. Nach jahrelangem Aufenthalt in den USA stand B. in Deutschland erstmals wieder 1973 in dem Film »... aber Johnny« vor der Kamera und wirkte in den folgenden Jahren in zahlreichen Fernsehproduktionen mit, u.a. in der legendären Krimiserie »Derrick«. In Berlin war B. auch immer wieder auf der Bühne zu sehen: Im Theater des Westens als Conférencier in »Cabaret« (Dezember 1978), im Renaissance-Theater spielte er in »Die zwölf Geschworenen« die Nr. 8, den Architekten (Premiere am 9.5.1984. Regie: Heribert Sasse). Für seine darstellerische Leistung in Christian Rischerts »Wenn ich mich fürchte« (1983) – B. spielte einen TV-Star in der Midlife-Crisis – erhielt er 1984 das Filmband in Gold. 1992 war B. an der Seite von Heinz Rühmann, Hildegard Knef, Peter Falk und Bruno Ganz als US-Gangster Tony Baker in Wim Wenders' »In weiter Ferne, so nah« zu sehen. Der Streifen erhielt bei den Filmfestspielen in Cannes den Großen Preis der Jury. 1997 spielte er in Roberto Benignis Oskar-gekröntem Film »Das Leben ist schön« den KZ-Arzt Dr. Lessing. Nach seiner Rückkehr aus den USA in den 70er Jahren lebte B. vorwiegend in Paris und in der Schweiz. Doch immer wieder zog es ihn zurück nach Berlin, wo er auch die letzten Jahre seines Lebens verbrachte. Über Berlin pflegte B. zu sagen: »Es bleibt der Bauch aus dem ich komme. Ich bin nicht Deutscher, ich bin Berliner, das ist meine Heimat.« *RS*

Büchmann, August Methusalem *Georg*

Lehrer und Sprachforscher
✶ 4.1.1822 Berlin
† 24.2.1884 ebd. [F.46]
Sein Name bleibt mit einem Werk verbunden, für das der Begriff »Standardwerk« noch untertrieben erscheint. Die 1864 erstmals erschienenen »Geflügelten Worte. Der Zitatenschatz des deutschen Volkes« gehören seither zur kulturellen Grundausstattung des deutschen Bildungsbürgertums. Der Urheber studierte nach dem Besuch des Joachimsthalschen Gymnasiums zunächst Theologie, verlegte sich aber bald auf die Philologie und wurde Gewerbeschullehrer. B. verfügte über eine außergewöhnliche Sprachbegabung – neben den klassischen Schulsprachen hatte er umfangreiche Kenntnisse in Englisch, Französisch, Spanisch sowie u.a. auch in Polnisch – und eine ebenfalls als international zu bezeichnende Kenntnis der Literatur. Diese beiden Interessen führten zur Vorbereitung eines Vortrags, den B. 1864 im Berliner Königlichen Schauspielhaus unter dem Titel »Landläufige Zitate« hielt. Unter den Zuhörern befand sich der Verleger Friedrich Weidling, der B. zur Ausarbeitung seines Vortrags ermunterte und noch im selben Jahr die erste Auflage dieses Zitatenschatzes in seinem Verlag Haude & Spener herausbrachte. Der Erfolg war beträchtlich. Zu Lebzeiten des Autors erschienen zunächst jährlich, ab 1868 alle zwei Jahre Neuauflagen dieser »literarisch belegbaren, allgemein geläufigen Redensarten«, wie B. seine Zitatensammlung definierte. Wie der Begriff »Geflügelte Worte«, so ging auch der Name »Büchmann« in den Wortschatz ein: Der Reichskanzler Fürst Bernhard von Bülow (1900–09) erwarb sich wegen seiner Zitier-Leidenschaft den Spitznamen »wandelnder Büchmann«, und bereits 1879 war ein offenbar sozialistisches Gedankengut verbreitender »roter Büchmann« erschienen. Zur Rezeption gehört auch die Kritik an Struktur und Thematik des »Büchmann«, in dem mancher vor allem ein mit fremden Federn geschmücktes »Bildungsphilistertum« zu erkennen meinte. H.G. Schumann, der 1968 die Neuausgabe von O. Ladendorfs »Historischem Schlagwörterbuch« einleitete, sprach abwertend von »Büchmanns Zitateneinmaleins geflügelter – oder auch mehr oder weniger hinkender Worte«.
Literatur: L. Fränkel, G. Büchmann. In: ADB XLVII, 1903. *MS*

Buchner, Eduard

Chemiker
✶ 20.5.1860 München
† 13.8.1917 Feldlazarett Focsani (Rumänien)
B. studierte in München, wirkte danach in Kiel und folgte 1898 einer Berufung an die Berliner Landwirtschaftliche Hochschule. Sein Hauptarbeitsgebiet waren gärungstechnische Untersuchungen. Dabei entdeckte er 1897, daß die alkoholische Gärung des Zuckers keine Lebensäußerung der Hefezellen ist, sondern auf deren Enzym »Zymase« basiert. Für seine biologisch-chemischen Forschungen und für die Untersuchungen über die zellfreie Gärung erhielt B. 1907 den Nobelpreis für Chemie. *UH*

Buhlan, Bully

(eigtl. Hans-Joachim B.)
Rechtsanwalt und Schlagersänger
✶ 3.2.1924 Berlin
† 7.11.1982 ebd. [F.91]
B. begann seine musikalische Karriere 1944 als singender Barpianist. 1948 wurde er Solist des RIAS-Tanzorchesters und kreierte zahlreiche Hits der Nachkriegszeit. Berühmt wurden seine Interpretationen von »Lieber Leierkastenmann« und »Das war sein Milljöh«. Mit seinem bekanntesten Schlager »Ich hab noch einen Koffer in Berlin« wurde er schlagartig zur Symbolfigur der Berliner. In seiner großen Zeit wirkte er auch in mehreren Spielfilmen mit. *DTW*

Bülow, Friedrich Wilhelm Graf B. von Dennewitz

preußischer General
✶ 16.2.1755 Falkenberg (Kreis Osterburg)
† 25.1.1816 Königsberg
B. nahm an den Kriegen 1792–95 und 1806/07 teil, 1812/13 bereitete er als interimistischer Gou

Friedrich Wilhelm Graf Bülow (1755–1816)

verneur von Ostpreußen die Erhebung gegen Napoleon vor. Im Sommer 1813 sicherte er Berlin gegen die Franzosen, siegte bei Luckau, Großbeeren und Dennewitz. Überliefert ist sein Spruch vor der Schlacht bei Großbeeren: »Unsre Knochen sollen vor Berlin bleichen! Nicht rückwärts!« *ThW*

Bülow, *Hans* Guido von

Dirigent und Pianist
✶ 8.1.1830 Dresden
† 12.2.1894 Kairo
B. entflammte nach Studien in Dresden, Leipzig und Berlin für R. Wagner, ging schon 1850 zu diesem nach Zürich, wo er als Kapellmeister wirkte. 1857 vollendete er seine Ausbildung bei F. Liszt, dessen Tochter Cosima er heiratete, die ihn jedoch Wagners wegen verließ. B. dirigierte die Uraufführungen »Tristan und Isolde« und »Meistersinger«. B.s Karriere im Berliner Musikleben begann 1855 als Klavierpädagoge am Stern'schen Konservatorium. Den Stern'schen Gesangverein entwickelte er zu einer ernsthaften Konkurrenz zur alten Singakademie. Ab 1863 war er künstlerischer Leiter der »Gesellschaft der Musikfreunde«. Sein Engagement galt der Durchsetzung zeitgenössischer Komponisten wie Wagner und Brahms, doch stieß er auf den Widerstand der Kulturbürokratie und verließ enttäuscht Berlin. Erst dem Konzertagenten H. Wolff, dem Gründer der Philharmonischen Gesellschaft, gelang es 1887, B. als Chefdirigenten der Berliner Philharmoniker zu verpflichten.
Literatur: Briefe und Schriften, 8 Bände, 1896–1908. *ThW*

Bürgel, Bruno Hans

Schriftsteller und Journalist
✶ 14.11.1875 Berlin
† 8.7.1948 Potsdam [F.124]
Im Berliner »Scheunenviertel« aufgewachsen, blieben B. Ausbildung und Studium versagt. Erst als Hilfskraft an der Berliner Sternwarte ab 1895 konnte er sich allmählich durch autodidaktische Studien eine naturwissenschaftliche Grundbildung verschaffen, die er ab 1898 in populärwissenschaftlichen Veröffentlichungen weitergab (Hauptwerk »Aus fernen Welten«, 1910). In 21 Büchern und über 1000 Artikeln brachte B. einem ständig wachsenden Leserkreis vor allem astronomische Themen nahe. Er gehörte auch zu den Verfechtern des Volksbildungsgedankens, aus dem das heutige Volkshochschulsystem hervorging. *MS*

Burgemeister, *Otto* Friedrich

Politiker
✶ 27.5.1883 Riestedt (Kreis Sangerhausen)
† 31.1.1957 Berlin [F.63]
B. war nach einer rechtswissenschaftlichen Ausbildung als Bürovorsteher großer Anwalts- und Rechtsbüros tätig. Von 1919–33 übernahm er die Leitung der Rechtsabteilung des Zentralverbandes der Angestellten Berlins und war außerdem seit 1929 Stadtverordneter und ab 1933 Mitglied des preußischen Landtages. In der Zeit von 1942–45 leitete er die juristische Abteilung eines Baukonzerns. Nach dem Krieg wurde er aufgrund seiner juristischen und sozialpolitischen Erfahrungen als Oberbürgermeister von Marienfelde eingesetzt. 1946 wurde B. zum Bezirksstadtrat berufen und war anschließend von 1947–51 Bezirksbürgermeister von Tempelhof, seit Dezember 1950 Mitglied des Abgeordnetenhauses von Berlin. *EH*

Burger, Reinhold

Erfinder, Fabrikant
✶ 13.1.1866 Glashütte (Niederlausitz)
† 21.12.1954 Berlin [F.133]

Aus einer Glasmacherfamilie stammend, erhielt er seine Ausbildung als Glastechniker in Berlin und arbeitete anschließend bei Siemens & Halske. Nach einigen Aufenthalten in den USA gründete er 1894 in Berlin einen eigenen Betrieb, die erste Glasinstrumentenfabrik Berlins, die er bis zu seinem Tod leitete. Hier wurden vor allem Laborgeräte, Thermometer sowie medizinische Diagnose- und Therapiegeräte hergestellt. So entwickelte er 1926 einen Kaltlicht-Rotstrahl-Apparat. B. produzierte auch Ausrüstungen für den Physiker Wilhelm Conrad Röntgen. Auf der Grundlage bereits vorhandener Versuche anderer Forscher konstruierte er eine für den allgemeinen Gebrauch nutzbare Kühlflasche, der er den Namen »Thermosflasche« gab und die er sich 1903 patentieren ließ. Die von ihm für deren Produktion 1906 gegründete Gesellschaft sowie die Auslandsrechte verkaufte er 1909 an Firmen, die damit große Gewinne erzielten. In Pankow trägt heute die Schule in der Schönholzer Straße 32 seinen Namen. 1998 wurde in der Wilhelm-Kuhr-Straße 3 in Pankow eine Gedenktafel angebracht. Im Museumsdorf Glashütte kann man den Nachlaß des Erfinders besichtigen *EF*

Burgsdorff, *Konrad* Alexander Magnus von

brandenburgischer Staatsmann
✶ 11.12.1595 o. O.
† 11.2.1652 Berlin

B., der aus einem alten märkischen Adelsgeschlecht stammte, kam im Alter von vierzehn Jahren an den kurfürstlichen Hof nach Berlin und wurde Spielgefährte des jungen Kurprinzen Georg Wilhelm. Der engen Bindung zwischen beiden verdankte B. höchstwahrscheinlich seine spätere Karriere. B. trat schon in jungen Jahren in den Kriegsdienst ein; als er 1623 Oberst wurde, führte er bereits mit Wallenstein und Tilly geschickt militärische Verhandlungen um die Senkung der Quartierkosten. Ab 1641 erhielt B. hohe Ämter und damit verbundene Macht: der Kurfürst übertrug ihm 1642 das Oberkommando über die märkischen Festungen, im gleichen Jahr ernannte man ihn zum Oberkammerherrn; das bedeutete gleichzeitig seinen Vorrang im Geheimen Rat. B. war bis 1651 einflußreicher Ratgeber des Großen Kurfürsten und nahm entscheidenden Einfluß auf die Staatsführung. 1647 verhandelte er diplomatisch um die jülische Erbschaft, indem er für eine Union der norddeutschen Fürsten eintrat. Die Ursachen für seinen jähen Sturz 1652 sind nicht ganz ersichtlich, vermutlich machte man ihn für die finanziellen Mißstände verantwortlich; hinzu kamen die Intrigen derer, die ihn um die Gunst des Kurfürsten beneideten. *EH*

Busch, *Ernst* Friedrich Wilhelm

Schauspieler und Sänger
✶ 22.1.1900 Kiel
† 8.6.1980 Berlin [F.114]

B. entstammte proletarischem Milieu, war Maschinenschlosser und Werftarbeiter sowie früh politisch engagiert und organisiert. Nach dem I. Weltkrieg nahm er Schauspiel- und Gesangsunterricht. Aus der Werft entlassen, bekam er 1920 sein erstes Engagement am Kieler Stadttheater, ging von dort nach Frankfurt/O. und 1927 nach Berlin (Volksbühne, Piscator-Bühne), wo er auch in Kabaretts auftrat, für den Rundfunk und für den Film arbeitete (»Dreigroschenoper«, »Kuhle Wampe«). Die Bekanntschaft mit Brecht, Eisler, Piscator, Weinert, Dudow u.a. linken Künstlern wurde prägend für seinen künstlerischen Werdegang. 1933 emigrierte er (zuerst Holland, später Belgien, Frankreich, England, Schweiz, Moskau), nahm 1937–39 auf seiten der Republikaner am Spanischen Bürgerkrieg teil – seine Interpretation von Dessaus berühmtem Spanienlied und andere Kampflieder sind bleibende künstlerische Dokumente dieses Bürgerkrieges geworden –, wurde 1939 in Frankreich interniert, von der Vichy-Regierung schließlich an die Nationalsozialisten ausgeliefert und 1943 in Moabit zu 7 Jahren Zuchthaus verurteilt; Schlimmeres verhinderte die Intervention von G. Gründgens. Nach dem Krieg trat B. zunächst als Sänger auf, war seit 1946 am Hebbel-Theater, seit 1951 am Deutschen Theater und am Berliner Ensemble engagiert und seit 1961 fast ausschließlich als Sänger tätig. 1972 wurde er Mitglied der Akademie der Künste (Ost). B. verkörperte zahlreiche Rollen bei Brecht (Koch in »Mutter Courage«, Lapkin in »Die Mutter«, Azdak im »Kreidekreis«, Galilei), war aber ebenso gerühmt als Mephisto wie als Lysander (»Sommernachtstraum«). Bekannt wurde er durch seine Interpretationen sozialkritischer und politischer Songs von Brecht/Eisler, Dessau und durch seine Vertonungen von Majakowski, W. Mehring, Mühsam, Tucholsky, Wedekind, Weinert u.a. In der DDR wurden seine Lieder auf einem eigens begründeten Plattenlable (»Aurora«) verbreitet. 1968 drehte K. Gass über ihn den Dokumentarfilm »Vorwärts die Zeit«, 1980/82 wurde der 6-teilige Dokumentarfilm »Busch singt« die letzte Regiearbeit von K. Wolf. *DTW*

Busch, *Paul* Vincenz

Zirkusdirektor, Schulreiter
✶ 21.1.1850 Berlin
† 28.11.1927 ebd. [F.75]

B., Sohn eines Kaufmanns und von Hause aus eigentlich Landwirt, arbeitete nach dem deutsch-französischen Krieg von 1870/71 zunächst in Reval (heute Tallinn/Estland) als Dresseur in der dortigen Pferdehandels- und Reitanstalt (Tattersall), deren Direktor er später wurde. Mit seinen nach klassischer Art, der sogenannten Hohen Schule dressierten Pferden trat er anfangs im berühmten russischen Zirkus von A. Salamansky in St. Petersburg auf. 1884 gründete B. in Schweden dann seinen eigenen Wanderzirkus, mit dem er eine mehrjährige große Tournee durch ganz Skandinavien unternahm. 1892 eröffnete B. in Hamburg-Altona seine erste Spielstätte in einem

Paul Busch (1850–1927)

festen Zirkushaus, womit sein Kampf gegen eine schon damals große und erfolgreiche Konkurrenz im deutschen und europäischen Schausteller- und Zirkusgeschäft begann. Seine spätere internationale Anerkennung, die vor allem auf den ausgezeichneten Pferdedressuren beruhte, wofür er sich teilweise mehr als 100 auserlesene Tiere hielt, führte zu seinem Entschluß, weitere feste Zirkusbauten zu errichten. Noch im selben Jahr wurde ein Zirkus Busch-Haus im Wiener Prater in Betrieb genommen. 1895 eröffnete B. dann am ehem. Bahnhof Börse (heute: Hackescher Markt) den berühmt gewordenen Zirkusbau, dem schließlich ein weiteres Haus in Breslau folgte. B.s. Zirkushäuser, die ihm neben dem Chapiteaubetrieb eine saisonunabhängige jährliche Spielzeit in einigen der wichtigsten Städte Deutschlands gestatteten, waren zwar keine völlige Neuerung, doch versuchte er durch den Einsatz neuester technischer Mittel (z.B. eine versenkbare Manege) seinem Publikum das seinerzeit bestmögliche Programm zu bieten. Er führte die gleichfalls in den Varietés jener Zeit beliebten Wasserspiele im Zirkus ein und erweiterte den üblichen Programmablauf um die Aufnahme historischer Themen, die er auf populäre Weise und mit großem Aufwand an Kostümen und Personal umsetzte.

Literatur: Winkler, G., Circus Busch. Geschichte einer Manege in Berlin, 1998. *JM*

Büsching, Anton Friedrich

Theologe und Geograph
✶ 27.9.1724 Stadthagen (Schaumburg-Lippe)
† 28.5.1793 Berlin

Nach dem Studium der Theologie in Halle ging B. 1749 als Erzieher nach Petersburg. Nach einigen Zwischenstationen kam er 1766 nach Berlin, wo er bis zu seinem Tod dem Gymnasium zum Grauen Kloster als Direktor vorstand. Er legte zahlreiche Schriften zu historischen, theologischen und pädagogischen Themen vor. Mit seiner »Neuen Erdbeschreibung«, einer politischen Geographie, begründete er die vergleichende Statistik. Sie erschien 1754–92 in zehn Bänden Europa sowie elf Bänden Asien, erlebte zahlreiche Nachauflagen und wurde auch postum weitergeführt. B. galt als »ein Deutscher vom emsigsten Ameisenfleiß«. Er gab 1767–88 ein 23bändiges »Magazin für die Historie und Geographie der neueren Zeit« heraus. *UH*

Büsching, Johann Stefan Gottfried

Stadtpräsident, Oberbürgermeister
✶ 18.4.1761 Göttingen
† 23.4.1833 Berlin

Der Sohn eines Gelehrten genoß seine Schulbildung am Gymnasium zum Grauen Kloster und studierte dann in Göttingen und Halle Rechtswissenschaften. B. begann seine Tätigkeit bei der kurmärkischen Kriegs- und Domänenkammer und war dann Kriegs- und Steuerrat. Später kam er in das Generaldirektorium Preußens und wurde 1804 Polizeidirektor und Stadtpräsident von Berlin. Als 1806 Napoleon eine neue städtische Verwaltungsbehörde, das Comité administratif, einrichtete, leitete B. dort die Polizeiabteilung. 1808 legte er sein Amt nieder, blieb aber im Magistrat. B. wurde 1809 Bürgermeister und 1814 Oberbürgermeister. Während seiner ganzen Amtszeit befaßte er sich mit der Städteordnung, mit der Teilung von Verwaltung und Verantwortung zwischen Staat und Stadt. Zwar hat er eine endgültige Regelung nicht erreicht, aber 1819 wurde das staatliche Armenwesen von der Stadt übernommen, ein städtisches Volksschulwesen begonnen und die Stadtfinanzen aufgebessert. B. erhielt die Würde eines Stadtältesten. *EH*

Busoni, *Ferruccio* Benvenuto

italienisch-deutscher Komponist und Pianist
✶ 1.4.1866 Empoli (Florenz)
† 27.7.1924 Berlin [F.53]
Aus musikalischem Elternhaus stammend, trat B. bereits mit 8 Jahren öffentlich auf, studierte danach in Graz, Bologna und Leipzig (bei C. Reinecke), unternahm Konzertreisen als Klaviervirtuose durch ganz Europa und wirkte daneben als Lehrer an den Konservatorien Helsinki, Moskau und Boston. Seit 1894 lebte er mit mehreren Unterbrechungen (1907–08 Wien, 1915–20 Bologna und Zürich) in Berlin. 1898 organisierte B. eine Folge von vier Konzerten, in denen er, selbst als Solist brillierend, die Entwicklung der Gattung »Klavierkonzert« von Bach bis Liszt demonstrierte und ein 80-seitiges Programmheft verfaßte. Auf B.s Initiative spielte die Berliner Philharmonie in den Jahren 1902–09 in einer Reihe von 12 Konzerten »Neue und selten aufgeführte Werke«. Wo immer Busoni in diesen Jahren konzertierte oder unterrichtete, hatte er stets eine treue Gefolgschaft von Schülern um sich. 1920 übernahm er an der Berliner Akademie der Künste eine Meisterklasse für Komposition. Busoni bestimmte die deutsche Musikentwicklung im ersten Viertel des 20. Jhs. mit. Er gehörte zum beratenden Ausschuß der 1. Donaueschinger Musiktage. Von seinem klassizistischen Beginn stieß er in neue harmonische Klangwelten vor, die auf Dur-Moll-Tonalität verzichteten. Seine Entwürfe zu einer Neuordnung des Tonsystems sorgten für heftige theoretische Dispute, blieben fürs eigene Werk jedoch bedeutungslos. Lange Zeit im Mittelpunkt der ästhetischen Debatten standen seine Transskriptionen und stark revidierten Editionen der Werke J.S. Bachs. Die radikalen Umbrüche der Musiksprache des 20. Jhs. ließen B.s einst hochgeschätztes Instrumentalwerk wie seine 4 Opern fast völlig in Vergessenheit geraten; höher geschätzt wurden seine theoretischen Ansätze für die Neue Musik.
Werke: versch. Orchesterwerke (u.a. Violinkonzert, »Indianische Fantasie«), 2 Streichquartette, 2 Violinsonaten, zahlreiche Klavierwerke und Transskriptionen, 4 Opern.
Literatur: H.H. Stuckenschmidt, F. Busoni, 1967; A. Beaumont, Busoni the Composer, London 1985. *ThW*

Buttmann, Philipp Karl

Philologe
✶ 5.12.1764 Frankfurt/M.
† 21.6.1829 Berlin [F.108]
Der Kaufmannssohn, der aus einer Hugenottenfamilie stammte, die ihren Namen Boudemont eingedeutscht hatte, studierte ab 1782 in Göttingen zuerst Theologie, bald aber alte Sprachen. Nach längerem Aufenthalt in Straßburg 1786 und einer Tätigkeit als Prinzenerzieher in Dessau kam er 1788 wieder nach Frankfurt. Von hier aus ging er 1789 nach Berlin, wo er anfänglich als Hilfsarbeiter in der königlichen Bibliothek, seit 1796 als Bibliothekssekretär angestellt war. 1800 heiratete er die Tochter des Mediziners und Aufkärers Christian Gottlieb Selle. Von 1800–08 lehrte er am Joachimsthalschen Gymnasium alte Sprachen. Seine zweibändige griechische Grammatik erlebte viele Auflagen. Seit 1806 war er Mitglied der Akademie der Wissenschaften. B. pflegte gesellschaftlichen Umgang mit vielen bekannten Persönlichkeiten der Stadt. Er begründete 1809 die »Gesetzlose Gesellschaft«, in der sich viele berühmte Berliner regelmäßig in Kempers Hof in Tiergarten zwanglos unter ihrem »Zwingherrn« B. trafen. *EF*

Büxenstein, Friedrich Wilhelm Georg

Unternehmer
✶ 13.2.1857 Berlin
† 12.7.1924 Ladeburg b. Bernau [F.13]
Der als Geheimer Kommerzienrat geehrte Druckereibesitzer machte sich in Berlin vor allem einen Namen durch seine aktive Tätigkeit im

Rudersport. Er gründete 1876 den Berliner Ruderverein, den späteren »Ruderclub 1876«. Zur Sicherung der Grünauer Ruderregatta entstand 1881 der Berliner Ruder Regattaverein, dessen Vorsitz B. seit 1902 innehatte. Die Büxensteinallee in Grünau trägt seit 1938 seinen Namen. Berlin ehrte ihn außerdem mit einem Ehrengrab.
EF

C

Calandrelli, *Alexander* Emil Lodovico

Bildhauer
✶ 9.5.1834 Berlin
† 26.5.1903 ebd. [F.83, Grab eingeebnet]
C., der aus einer italienischen Steinschneiderfamilie stammte, studierte zunächst 1847–50 an der Berliner Akademie, mußte jedoch wegen Geldmangels aufgeben. Es gelang ihm aber, 1852 bei F. Drake und 1855 bei A. Fischer seine Ausbildung fortzusetzen. Seit 1864 fertigte er in eigener Werkstatt kunsthandwerkliche Entwürfe. Er erhielt bald öffentliche Aufträge, so arbeitete er 1871 an der Berliner Siegessäule mit. 1874 wurde C. Professor für Bildhauerei, 1883 Mitglied und 1887 Senatsmitglied der Akademie der Künste. 1879 schuf er die Terracottareliefs für den Neubau des Rathauses (»Rotes Rathaus«) und 1886 das Reiterstandbild Friedrich Wilhelms IV. an der Nationalgalerie. C.s. an den Klassizismus angelehntem Schaffen verdankt Berlin einige der wichtigsten öffentlichen Denkmäler.
Literatur: Das geistige Deutschland I, 1898; Berlin und seine Bauten, bearbeitet und hg. v. Architektenverein zu Berlin und der Vereinigung der Berliner Architekten II, 1896. *JM*

Campanini, Barberina

Tänzerin
✶ 1721 Parma (Italien)
† 7.6.1799 Barschau (Lübben)
Friedrich II. ließ sie 1744 in Venedig gegen eine hohe Gage (12.000 Taler) abwerben. Sie zeichnete sich durch körperliche Anmut, feine geistige Bildung und besondere Verschwendung aus. Friedrich II. schmückte seine Tafel mit ihr, so daß sie zeitweilig als seine Mätresse galt. Das Palais in der Wilhelmstraße, das er ihr zur Verfügung stellte, wurde später das Auswärtige Amt. B. beschloß ihr Leben als Gräfin Campanini und Oberin eines adeligen Damenstifts. *ThW*

Campe, Joachim Heinrich von

Pädagoge und Verleger
✶ 29.6.1746 Deensen
† 22.10.1818 Braunschweig
C. studierte Theologie in Helmstedt und in Halle und kam 1769 als Hauslehrer der Familie Humboldt nach Tegel bei Berlin. Danach Feldgeistlicher in Potsdam, stellte er einen Erziehungsplan für den preußischen Kronprinzen auf. Ab 1775 wirkte C. als Erzieher von Wilhelm und Alexander von Humboldt. 1776–77 ging er ans Philanthropin nach Dessau. Entsetzt von der »Erziehungsfabrik«, baute C. am Hammerdeich bei Hamburg eine eigene Erziehungsanstalt auf. 1789 reiste er mit Wilhelm von Humboldt nach Paris. Dort erhielt er 1792 den Ehrenbürgerbrief der Französischen Republik. Seinen Lebensabend verbrachte er auf einem Landsitz bei Braunschweig, wo er 33.000 Bäume pflanzte. C. gilt als fruchtbarster Schriftsteller des Philanthropismus.

Barberina Campanini (1721–1799)

Sein »Robinson« (1779) war eines der ersten Jugendbücher.
Literatur: L. Fertig, Campes politische Erziehung. Eine Einführung in die Pädagogik der Aufklärung, 1977. *UH*

Camphausen, Gottfried Ludolf

Politiker
✶ 10.1.1803 Hünshoven b. Aachen
† 3.12.1890 Köln
Der Kaufmannssohn übernahm nach einer kaufmännischen Lehre in Düsseldorf 1824 mit seinem Bruder Otto das väterliche Geschäft. Seit 1830 lebte er in Köln, wo er bald zu einem engagierten liberalen Politiker wurde. So engagierte er sich für den Eisenbahnbau im Rheinland sowie die Rheinschiffahrt und unterstützte die »Rheinische Zeitung«, obwohl er nicht immer mit dem von Karl Marx bestimmten Kurs der Zeitung einverstanden war. Seit 1843 war er Abgeordneter des rheinischen Provinziallandtages. Im März 1848 berief ihn Friedrich Wilhelm IV. als preußischen Ministerpräsidenten nach Berlin. Damit war diese Position erstmals nicht mit einem Vertreter des Adels, sondern mit einem Bürgerlichen besetzt. Doch schon im Juni scheiterte er mit seiner Regierung und trat zurück. Nach kurzer Tätigkeit als Beauftragter der preußischen Regierung in Frankfurt/M. zog er sich aus der Politik zurück. 1860 verlieh ihm die Berliner Universität die Ehrendoktorwürde. *EF*

Camphausen, Otto von

Politiker
✶ 21.101812 Hünshoven b. Aachen
† 18.5.1896 Berlin [F.46]
Der Kaufmannssohn und Bruder des Vorigen trat nach dem Studium der Rechtswissenschaften 1834 in den preußischen Staatsdienst. Wie sein Bruder ein Vertreter des Liberalismus, gehörte er von 1849–52 dem preußischen Abgeordnetenhaus und seit 1860 dem preußischen Herrenhaus an. Seit 1854 war er Präsident der preußischen Seehandlung, die nach 1848 zu einem reinem Bankinstitut umgewandelt worden war. Von 1869 bis zu seinem Rückzug aus seinen Regierungsämtern 1878 war er preußischer Finanzminister. 1896 wurde er für seine Verdienste geadelt. In Berlin erinnert die Camphausenstraße in Zehlendorf an den Politiker. *EF*

Wilhelm Canaris (1887–1945)

Canaris, *Wilhelm* Walter

Admiral
✶ 1.1.1887 Aplerbeck
† (hingerichtet) 9.4.1945 Flossenbürg
C. entstammte einer Industriellenfamilie, wurde 1908 Leutnant zur See. Seit 1912 Offizier auf dem Kreuzer »Dresden«, schlug er sich nach dessen Selbstversenkung 1915 vor der chilenischen Küste aus der Internierung nach Deutschland durch, erledigte in Spanien Spionageaufträge für das Marineamt. 1918 war C. U-Bootkommandant, 1919/20 im Stab Noskes und danach bei der Reichsmarine für die Wiederaufrüstung zuständig. 1935 wurde er zum Chef des Amtes Ausland/Abwehr ernannt und baute für die Wehrmacht den Spionage-, Diversions- und Abwehrapparat auf. C. wurde bald Gegner der abenteuerlichen Politik Hitlers und knüpfte Kontakte zur Widerstandsbewegung und zum Ausland; im Februar 1944 wurde das Amt Ausland/Abwehr aufgelöst, C. wurde beurlaubt, nach dem Attentat vom 20.7.1944 verhaftet und hingerichtet.
Literatur: A. Brissaud, Canaris, Le petit admiral, prince de l'espionnage allemand, 1970; H. Höhne, Canaris. Patriot im Zwielicht, Neuausgabe 1978. *ThW*

Cantian, Johann Gottlieb *Christian*

Architekt, Steinmetz, Bauunternehmer
✶ 23.6.1794 Berlin
† 11.4.1866 ebd. [F.108]
Als Sohn eines Berliner Steinmetzmeisters studierte C. um 1812 an der Akademie der Künste sowie an der Bauakademie und legte die Bauführer- (1818) und Baumeisterprüfung (verm. 1822) ab. 1822–32 unbesoldeter Stadtbaurat und Bauinspektor (1826), übernahm C. nach dem Tod seines Bruders (1829) das Familiengeschäft und wurde 1844 Baurat.
Wichtige Bauwerke: Granitschale im Lustgarten, Bln.-Mitte (1826–31); Gewölbeschlußsteine für Friedrich-Werdersche Kirche, Bln.-Mitte (1828, Entwurf K.F. Schinkel); Säulen der Rotunde im Alten Museum, Bln.-Mitte (1828, Entwurf K.F. Schinkel); Friedenssäule auf dem Belle-Alliance-Platz, heute Mehringplatz, Bln.-Kreuzberg (1839–1843, Statue C.D. Rauch); Anfertigung und Verlegung des Grundsteins für das Denkmal Friedrichs II. Unter den Linden, Bln.-Mitte (1840).
Literatur: U. Kieling, Berliner Privatarchitekten und Eisenbahnbaumeister im 19. Jh., 1988. *KDS*

Carion, Johannes

Astronom
✶ 22.3.1499 Bietigheim
† 1537 Wittenberg
C. erhielt 1522 in Berlin eine Stelle als Hofmechanikus und Hauslehrer des Kurfürsten Joachim I. Weit verbreitet waren seine astrologischen Schriften. Die »Chronika« (ab 1532), ein von Melanchthon überarbeiteter Abriß der Weltgeschichte, erlebte zahlreiche Auflagen, Fortsetzungen sowie Übertragungen in andere Sprachen. C.s Tod, so vermerkte ein Biograph, »scheint durch die Freuden der Tafel beschleunigt worden zu sein«. *UH*

Carmer, Johann-Heinrich Casimir Graf von

Justizminister, Großkanzler
✶ 29.12.1720 Kreuznach
† 23.5.1801 Rützen (Schlesien)
C. stammte aus einem alten normannisch-germanischen Geschlecht. Er studierte in Jena und Halle Rechtswissenschaften, ging 1748 nach Berlin, wurde Kammergerichts-Referendarius und 1763 Präsident der Oberamtsregierung zu Breslau. 1768 erhielt C. die Ernennung zum Chefpräsidenten aller Regierungen in Schlesien mit dem Titel eines Justizministers. Von 1779–95 war er Großkanzler und blieb auch weiterhin Präsident der Gesetzeskommission. In dieser Aufgabe betraute ihn Friedrich II. mit der Durchführung der Justizreform. Unter C.s Leitung entstand das Corpus Juris Fridericarum, das zur Grundlage der Allgemeinen Gerichtsordnung von 1793 wurde. Mit ihm konnte C. die Anwaltschaft als freien Stand fast ganz beseitigen und ihre Aufgaben gerichtlichen Beamten übertragen. Auch das materielle Recht wurde neu geregelt. C. erhielt als Belohnung für diese »große Justizreform, die in der Hauptsache eine glückliche war«, das höchste Ehrenzeichen des Staates, den Schwarzen Adlerorden.
Literatur: A. Stoelzel, Rechtsverw. u. Rechtsverf. II, 1888. *EH*

Carow, Erich

Schauspieler, Komiker
✶ 17.6.1893 Dresden
† 31.8.1956 Berlin [F.95]
C. gründete und leitete das Kabarett »Carows Lachbühne« am Weinbergsweg. Dort, schrieb H. Mann, »verbirgt sich eine Groteske, die, wenn sie wollte, die Welt erschüttern könnte vor Lachen.« Hier fand man auch stets viele Gutsituierte aus dem Berliner Westen, die sich amüsieren wollten. Ursprünglich schrieb C. Zuckmayer für C. den »Hauptmann von Köpenick« (den dann Krauss spielte). Nach der Kriegszerstörung der »Lachbühne« begann C. 1955 neu mit »Haus Gatow am See«. *DTW*

Carstenn, Johann Anton Wilhelm von

Städtebauer und Spekulant
✶ 12.12.1822 Hamburg
† 20.12.1896 Berlin [F.58]
Sein erster Coup gelang ihm 1854 mit dem Bau der Villensiedlung in Hamburg-Wandsbeck, der ihm ein beträchtliches Vermögen einbrachte. Mitsamt seinem Geld kam er 1865 in den Berliner Raum und erwarb diverse Rittergüter in Lichterfelde. Ab 1868, als frischgebackener »Preußischer Untertane«, vorher war er »Ausländer«, begann er mit der Umwandlung der Äcker in Bauland – nicht ohne vorher mit der Berlin-Anhaltischen Eisenbahn ein Abkommen geschlossen zu haben, das die Anbindung Lichterfeldes an das Bahnnetz vorsah. C. baute dafür das Stationsgebäude, noch 1868 als Lichterfelde-Ost eröffnet. Es entstand eine Villensiedlung, die C.

nach und nach an die neuen Eigentümer verkaufte. Im Spekulationsjahr 1871 schenkte C. dem Preußischen Militärfiskus 93 Morgen Land für die Verlegung der Kadettenanstalt von Berlin nach Lichterfelde. Dieser Prestigegewinn für Lichterfelde brachte ihn aber auch in eine finanzielle Schieflage. Letztlich blieben von den 3 Millionen Mark, mit denen er aus Hamburg gekommen war, seinen Erben nur 200.000,– Mark übrig. Das Urteil über C. ist sehr gespalten: Vom »bedeutendsten Städtebauer Berlins« (Hegemann) bis zum »Napoleon der Spekulanten« (Baedeker Stadtführer Berlin) sind alle Ansichten vertreten: es kommt nur auf den Standpunkt an. *VTM*

Carstens, Karl

Jurist, Politiker, Bundespräsident, Ehrenbürger
✶ 14.12.1914 Bremen
† 31.5.1992 Heckenheim b. Bonn
Nach dem Studium und der Promotion war Carstens zwischen 1939 und 1945 Soldat. Nach dem Krieg schloß er sich 1955 der CDU an und wirkte in verschiedenen, vor allem außenpolitischen Funktionen der Bundesrepublik. Seit 1972 Mitglied des Bundestages, wurde er bald Fraktionsvorsitzender seiner Partei und 1976 Bundestagspräsident. Von 1979–84 übernahm er das hohe Amt des Bundespräsidenten. Wie alle seine Vorgänger in diesem Amt machte ihn Berlin 1984 zu seinem Ehrenbürger, honorierte dabei jedoch ausdrücklich sein demonstratives Engagement für Berlin. *EF*

Caspar, Horst

(eigtl. Joachim Arthur C.)
Schauspieler
✶ 20.1.1913 Radegast (Anhalt)
† 27.12.1952 Berlin [F.92]
C. begann 1933 in Bochum, ging 1938 an die Kammerspiele München, 1940–44 war er am Schillertheater Berlin, seit 1942 daneben auch am Wiener Burgtheater. C. war in den 30er und 40er Jahren ein gefeiertes Idol der deutschen Theaterbesucher, er verfügte über hohe Sprechkultur, spielte alle großen Heldenrollen, besonders die tragischen Kämpfernaturen. Das machte ihn auch für den Film interessant. 1940 spielte er in dem für »staatspolitisch wertvoll« gehaltenen Film »Friedrich Schiller« die Titelrolle und 1945 den Gneisenau in Veit Harlans zum »Film der Nation« erhobenen Durchhalte-Epos »Kolberg«. Nach dem Krieg brillierte er zwischen Ruinen als Hamlet am Deutschen Theater, dem er bis 1948 angehörte. 1949 und – unterbrochen durch schwere Erkrankung – 1952 spielte er am Schauspielhaus Düsseldorf. Seine Rollen waren u.a. Tasso, Prinz Friedrich von Homburg, Ferdinand (»Kabale und Liebe«), Romeo, Hamlet, Danton, Tellheim (»Minna von Barnhelm«), Orest (»Iphigenie«). *DTW*

Horst Caspar (1913–1952)

Cassel, Oskar

Kommunalpolitiker, Ehrenbürger
✶ 4.6.1849 Schwetz
† 8.8.1923 Berlin [F.119]
Nach dem Schulbesuch in Berlin und dem Jurastudium arbeitete er als Lehrer im Berliner Handwerkerverein. Als er 1888 zum Stadtverordneten gewählt wurde, engagierte er sich vor allem auf dem Gebiet des städtischen Verkehrswesens, das in diesen Jahren einen großen Aufschwung nahm. Er gehörte der Verkehrsdeputation und dem Aufsichtsrat der Städtischen Straßenbahngesellschaft an. Von 1908–21 wirkte er als Stellvertreter des Stadtverordnetenvorstehers. Für seine aktive Arbeit in der Stadtverordnetenversammlung wurden ihm 1913 die Ehrenbürgerrechte verliehen. Cassel vertrat auch viele Jahre einen Berliner Wahlkreis im Preußischen Abgeordnetenhaus. *EF*

Cassirer, Paul

Kunsthändler und Verleger
✶ 21.2.1871 Görlitz
† 7.1.1926 Berlin [F.2]
C. studierte Kunstgeschichte in München, nahm Kontakt zu dortigen Künstlerkreisen auf, veröffentlichte erste literarische Arbeiten und wurde Redakteur der Zeitschrift »Simplicissimus«. Nach Berlin übergesiedelt, gründete er mit seinem Vetter Bruno C. 1898 eine Kunst- und Verlagsbuchhandlung, deren Kunsthandlungsteil er seit 1901 allein weiterführte. Seine kaufmännischen und finanziellen Fähigkeiten stellte C. in den Dienst der »Berliner Secession«, durch ihn wurden Künstler wie L. Corinth, M. Liebermann und M. Slevogt entscheidend gefördert. Er verhalf dieser Vereinigung zum endgültigen Erfolg, brachte sich jedoch dadurch auch in einen Gegensatz zur herrschenden Kunstauffassung des wilhelminischen Berlin. Mit der Gründung eines eigenen Verlages 1909 dehnte C. seine Unterstützung auf die Literatur aus, wobei besonders Expressionisten im Mittelpunkt standen. Im selben Jahr begann seine »Pan-Presse« als Druckanstalt vor allem zeitgenössische Buchillustrationen zu verbreiten. 1910 gründete C. zusätzlich die noch heute existierende kunstkritische Zeitschrift »Pan«. Als Mäzen, Kaufmann und Verleger prägte er die künstlerische Landschaft des späten kaiserlichen Berlin. Zunächst als Freiwilliger 1914 in den Krieg gezogen, kehrte C. bald als völliger Kriegsgegner in die Heimat zurück und war hier vielen Anfeindungen ausgesetzt. Sogar der Kaiser bot seinen Einfluß auf, den Verlag C.s. stillzulegen. 1917 ging C. deshalb nach Bern, wo er als Verleger emigrierte pazifistische Autoren unterstützte. Nach 1918 wieder in Berlin, trat er der USPD bei, verlegte u.a. Schriften von K. Kautsky und E. Bernstein. Seinem Leben setzte er 1926 selbst ein Ende, die Existenz des Verlages endete erst mit der Machtübernahme der Nationalsozialisten 1933. Er war mit Tilla Durieux verheiratet.
Literatur: H. Graf Kessler, In Memoriam P. Cassirer, 1926; T. Durieux, Eine Tür steht offen, Erinnerungen, 1954; Jüdisches Lexikon I, 1927.
JM

Cauer, *Minna* (Wilhelmine) Theodore Marie

Frauenrechtlerin und Schriftstellerin
✶ 1.11.1841 Freyenstein (Ostprignitz)
† 3.8.1922 Berlin [F.46]
Seit 1869 in Berlin wohnhaft, begann C. in den 70er Jahren, sich mit der Frauenfrage zu befassen, engagierte sich jedoch erst Ende der 80er Jahre nach der Gründung des Vereins »Frauenwohl« in der Frauenbewegung. Ab 1895 gab sie die Zeitschrift »Frauenbewegung« heraus und profilierte sich als Führerin des linken Flügels der bürgerlichen Frauenbewegung, der sich vorrangig um politische Emanzipation (Stimmrechtsbewegung) bemühte. 1898 erschien ihre Schrift »Die Frau im 19. Jahrhundert«.
MS

Celibidache, Sergiu

Musiker, Dirigent
✶ 11.7.1912 Roman (Rumänien)
† 14.8.1996 Paris
Der Sohn eines Kavallerieoffiziers, dessen Geburtsdatum nach altem Julianischen Kalender mit dem 28.6.1912 angegeben wird, studierte in Bukarest, Paris und von 1936–45 in Berlin Musik, Philosophie und Mathematik. In Berlin erarbeitete er zwei Dissertationen auf musikwissenschaftlichem bzw. mathematischem Gebiet, ohne daß es durch die Kriegsereignisse zu einer Promotion kam. Im August 1945 gab er sein erstes Konzert als Dirigent mit den Berliner Philharmonikern, zu dessen Chefdirigenten er 1946 gewählt wurde. Diese Funktion übte er bis 1952 aus und unternahm mit dem Orchester viele Reisen nach England, Italien, Frankreich und Südamerika. Als er 1954 sein vorläufig letztes Konzert mit dem Berliner Klangkörper gab, hatte er es auf insgesamt 414 Auftritte gebracht. In den darauffolgenden Jahren wirkte C. als Chefdirigent bekannter Orchester in Mailand, in Schweden und von 1979 an bei den Münchner Philharmonikern. Mit ihnen gastierte er mehrfach bei den Berliner Festwochen. Der Ehrenbürger Münchens wurde in Berlin mit dem Kunstpreis und 1991 mit einer Ehrenprofessur geehrt.
Literatur: K. Weiler, Celibidache. Musiker und Philosoph, 1993
EF

Cerf, Karl Friedrich

Theater-Unternehmer
✶ 27.2.1771 Unterreißheim
† 6.11.1845 Berlin
C. begann 1802 in Dessau als Pferdehändler, war 1813–15 Oberkriegskommissär der russischen Armee, lebte danach von den Mieteinnahmen seiner Berliner Häuser. 1822 erhielt er die Konzession zur »Errichtung eines Volkstheaters« und

eröffnete 1824 das Königstädtische Theater (ab 1829 alleiniger Besitzer) als erste Bühne neben dem Kgl. Schauspielhaus. Autoren wie Holtei und Angely, die C. an sein Haus holte, sorgten mit ihren Berliner Volksstücken für volle Ränge.
DTW

Chamisso, Adelbert von

(eigtl. Louis Charles Adélaide de Chamisso)
Dichter und Naturforscher
✶ 30.1.1781 Schloß Boncourt (Champagne, Frankreich)
† 21.8.1838 Berlin [F.14]

Während der französischen Revolution floh die Familie über Lüttich, Den Haag und Düsseldorf nach Berlin, wo der 15-jährige als Page bei Königin Luise unterkam. Hier erhielt C. Privatunterricht und schlug die Militärlaufbahn ein. Nachdem er 1808 den Militärdienst quittiert hatte, wandte er sich literarischen und seit 1812 vor allem botanischen Studien zu. 1814 erschien sein berühmtes Märchen vom verkauften Schatten: »Peter Schlemihls wundersame Geschichte«. C. ging 1815 für drei Jahre als Naturforscher auf Weltreise und fand 1819 eine Anstellung als Custos am Berliner Botanischen Garten. Wissenschaftsgeschichtlich gilt er für große Teile Amerikas, der Arktis und der Südsee als einer der bedeutendsten Floristen, was ihm 1835 die Wahl in die Berliner Akademie der Wissenschaften einbrachte. Literaturgeschichtlich steht C., der ab 1833 gemeinsam mit G. Schwab den »Deutschen Muselalmanach« herausgab und auch als Balladendichter hervortrat, an der Schwelle zwischen Romantik und Realismus. Peter Schlemihl ist einerseits noch phantastisches Märchen, deutet andererseits aber auch schon auf die Zerrissenheit des modernen Menschen.

Literatur: H.P. Müssle, Ch.s »Peter Schlemihl«, oder die Weltordnung des Teufels, 1961. *MS*

Adelbert von Chamisso (1781–1838)

Charell, Erik

(eigtl. Erich Löwenberg)
Tänzer, Choreograph, Regisseur
✶ 8.4.1894 Breslau
† 18.7.1974 Zug (Schweiz)

Der 19jährige Anfänger wurde schlagartig bekannt, als er am 29. August 1913 im Deutschen Theater Berlin eine Premiere rettete: Weil eine klemmende Tür die Hauptdarsteller am Auftritt hinderte, improvisierte Ch. in Mini-Briefträgerrolle eine überbrückende Tanzeinlage, der das Publikum begeistert applaudierte. Alsbald reiste er mit eigener Ballettruppe (u.a. Bühnenschauen im Beiprogramm zu den ersten großen Filmpremieren) und wurde Berater Max Reinhardts, der ihm 1924 die Leitung des Großen Schauspielhauses – später Friedrichstadtpalast – übertrug. Dort inszenierte Charell legendäre Ausstattungsrevuen wie »An Alle«, »Hofball bei Zille« oder »Von Mund zu Mund« mit Schlagern, komischen Sketchen, Artistik und exakt trainierten Girltänzen. Nachdem sich das Genre überlebt hatte, warf er sich auf die Revue-Operette (»Madame Pompadour«, »Dreimäderlhaus«, »Lustige Witwe«) und feierte einen letzten Triumph mit der Uraufführung von Ralph Benatzkys »Im weißen Rößl« am 8. November 1930 – 416mal en suite gespielt. Ehe er emigrierte, wendete sich Ch. dem jungen Tonfilm zu (»Der Kongreß tanzt«). Seiner Förderung haben namhafte Künstler wie Marlene Dietrich und die Comedian Harmonists viel zu verdanken.

Literatur: Taschenbuch der Künste. Unterhaltungskunst A–Z, 1975; W. Carlé/H. Martens, Das hat Berlin schon mal gesehen, 1982, und Kinder, wie die Zeit vergeht, 1987. *GB*

Chemin-Petit, Hans-Helmuth

Komponist
✶ 24.7.1902 Potsdam
† 12.4.1981 Berlin [F.18]

Ch.-P. war seit 1929 Theorielehrer an der Staatlichen Akademie für Kirchen- und Schulmusik (ab

1942 auch Lehrer für Chorleitung), daneben Chorleiter in Magdeburg und 1944 in Berlin Dirigent des Philharmonischen Chores. 1945–48 leitete er den Städtischen Chor Potsdam, 1948 wurde er Theorielehrer an der Musikhochschule Berlin (West), 1968 Leiter der Musikabteilung der Akademie der Künste (West). Als Komponist erwarb er sich Verdienste um die polyphone Chormusik. *ThW*

Chièze, Philipp de

holländischer Kaufmann in brandenburgischen Diensten, Offizier und Hofbeamter
✶ 25.12.1629 Amersfoort (Holland)
† 1673 Berlin

Ch. kam aus einer nach Holland eingewanderten italienischen Familie. Trotz fehlender Bau-Fachausbildung wurde er am kurfürstlichen Hof zum Generalquartiermeister ernannt (1660) und baute sich, nach Schenkung durch Kurfürst Friedrich Wilhelm (3.6.1662) den Landsitz Caputh zum eigenen Landschloß aus. Ch. hatte die administrative Aufsicht beim Bau bzw. Ausbau kurfürstlicher Bauten, u.a. Schloß Berlin und Stadtschloß Potsdam. Wahrscheinlich ist er der Erfinder der »Berline« (vierrädrige Kutsche mit Klappverdeck). *KDS*

Chodowiecki, *Daniel* Nikolaus

Maler, Zeichner und Radierer
✶ 16.10.1726 Danzig
† 7.2.1801 Berlin [F.111]

Aus begüterter wie begabter Familie stammend, lernte Ch. nach dem Tode seines Vaters zunächst seit 1743 im Geschäft seines Onkels in Berlin das Fertigen von Schmuckentwürfen, später die Emailmalerei. Seit 1754 in gleicher Branche selbständiger Unternehmer, nahm er nebenher Malunterricht bei Ch.B. Rode und begann auch mit Radierungen. Er illustrierte Almanache und Historienkalender, die in jener Zeit weit verbreitet waren, so z.B. den »Berliner Historisch-Genealogischen Kalender« oder auch weitere an europäischen Höfen wie im Bürgertum gleichermaßen beliebte Publikationen ähnlicher Art. Hierunter zählte einerseits die Fertigung einer erheblichen Zahl von Stichen zu damals vielgelesenen Werken, so u.a. zu Lessings »Minna v. Barnhelm«, Goethes »Werther«, Cervantes' »Don Quixote« etc. Andererseits schuf er Bildnisse seiner Zeitgenossen (z.B. des öfteren König Friedrich II.), in denen er eine hohe Meisterschaft erreichte. Seine durch Detailtreue und Intimität bestechenden Werke waren so beliebt, daß er mehrere Kupferstecher beschäftigen mußte, um der Menge der Aufträge nachkommen zu können. Die einzige Erholung in jener Zeit fand Ch. 1773 in einer Danzig-Reise, von der ein illustriertes Tagebuch überliefert ist. Seit 1764 war Ch. Mitglied der Berliner Akademie, als deren Sekretär er ab 1786 Ausstellungen zu organisieren hatte. 1790 wurde er zum Vizedirektor und 1797 schließlich zum Direktor dieser Einrichtung berufen. Bei seinem Tode hinterließ er mehr als 2000 Radierungen und ein bedeutendes Werk an Handzeichnungen in verschiedensten Techniken. Viele der darin behandelten Themen sind Zeugnisse des Berliner Lebens zu seiner Zeit, so daß seine Bilder noch heute als einzigartige Quellen zu Geschehnissen und Personen des 18. Jhs. gelten.

Literatur: W.v. Oettingen, D. Chodowiecki, 1895; E.W. Bredt, Chodowiecki. Zwischen Rokoko und Romantik, 1918; P. Dehnert, D. Chodowiecki, 1977. *JM*

Clauberg, Claus

Komponist
✶ 12.4.1890 Schwerin
† 15.3.1963 ebd.

Seit 1912 wirkte C. 32 Jahre lang in Berlin als Komponist und Begleiter. In den 20er Jahren schrieb er an zahlreichen progressiven Kabarettprogrammen mit, komponierte ca. 60 Chansons für Claire Waldoff, Balettrevuen für den Indra-Palast und zahlreiche Songs und Balladen für die Kabaretts »Größenwahn«, »Wilde Bühne« und »Schall und Rauch«. C. erhielt 1936 Aufführungsverbot. Nach 1945 war er in Schwerin tätig und schrieb Orchester- und Kammermusik unterhaltenden Charakters. *ThW*

Clauert, Hans

»Märkischer Eulenspiegel«
✶ um 1506 Trebbin
† 1566 ebd.

Er war kein Literat oder Journalist, er konnte nach Aussagen seiner Biographen nicht einmal schreiben. Dennoch war der gelernte Schlosser eine zu seiner Zeit weithin bekannte und bald auch literarische Persönlichkeit, berühmt und berüchtigt als Spaßmacher in der Tradition Till Eulenspiegels. Selbst Kurfürst Joachim II. wurde des öfteren Opfer seiner Scherze, die der Nachwelt durch die Sammlung des Trebbiner Stadtschreibers Bartholomäus Krüger erhalten sind: Er veröffentlichte 1587 in Berlin die Sammlung »Hans Clawerts werkliche Historien«. *MS*

Clauren, Heinrich

(eigtl. Johann Gottlieb Samuel Carl Heun)
Jurist und Schriftsteller
✶ 20.3.1771 Dobrilugk (Niederlausitz)
† 2.8.1854 Berlin
C. betätigte sich zunächst in verschiedenen Berufen u.a. als Mitherausgeber der Jenaer Allgemeinen Literaturzeitung, bevor er 1811 in den preußischen Staatsdienst trat und 1820 die Redaktion der Allgemeinen Preußischen Staatszeitung übernahm. Zu dieser Zeit hatte er bereits seinen ersten großen Erfolg als Romanautor mit »Mimili« (1816) erzielt. Es folgten zahllose Erzählwerke sentimentaler Liebes- oder gruseliger Abenteuergeschichten, mit denen er die Lesebedürfnisse seines biedermeierlichen Publikums bestens bediente. *MS*

Clausewitz, *Karl* Philipp Gottfried von

General und Militärtheoretiker
✶ 1.6.1780 Burg b. Magdeburg
† 16.11.1831 Breslau
C. trat schon mit 12 Jahren in die Armee ein und nahm am Krieg gegen Frankreich 1793–95 teil. 1795 wurde er zum Offizier befördert. Danach bildete sich C. autodidaktisch weiter, bis er seine Kommandierung an die Lehranstalt für Infanterie- und Kavallerieoffiziere, die Scharnhorst leitete, durchsetzen konnte. Seit 1803 Adjutant des Prinzen August, geriet er 1806 in französische Gefangenschaft und kehrte nach dem Frieden von Tilsit 1807 nach Berlin zurück. 1809 gehörte er im Generalstab und als Bürochef im allgemeinen Kriegsdepartement zum Kreis der Reformer um Scharnhorst und Gneisenau. Nach 1810 war er Taktiklehrer an der Allgemeinen Kriegsschule. 1812 quittierte er den Dienst und ging nach Rußland, war dort Generalstabsoffizier und nahm an den Kämpfen um Smolensk und Borodino teil. Als Beauftragter Diebitschs fädelte er die Konvention von Tauroggen ein und erarbeitete die Organisationsstruktur der ostpreußischen Landwehr. Reaktionäre Hofkreise hintertrieben seine Wiederaufnahme ins preußische Heer, in das er erst nach dem Friedensschluß 1814 eintreten konnte. Im Feldzug von 1815 war C. Stabschef eines Armeekorps. 1818 wurde er zum Direktor

Karl von Clausewitz (1780–1831)

der Allgemeinen Kriegsschule und zum Generalmajor ernannt, blieb aber einflußlos auf Lehrinhalte und militärische Strukturen. 1830 wurde er Chef der Artillerieinspektion, diente im gleichen Jahr unter Gneisenau in den polnischen Provinzen als Generalstabschef und übernahm anschließend bis zu seinem Tod die Artillerieinspektion in Breslau. C.' militärtheoretische Leistung bestand vor allem in der Aufdeckung des grundsätzlichen Zusammenhangs zwischen Politik und Krieg, damit trug er zum grundsätzlichen Verständnis von Strategie und Taktik im Kriege bei. Seine tiefgründigen Analysen der wichtigsten Kriegsereignsse der Neuzeit wurden erstmals 1832 in einer 10-bändigen Ausgabe veröffentlicht, die auch das (unvollendete) Standardwerk »Vom Kriege« enthält, das seither in zahllosen Auflagen erschienen ist.
Literatur: R. Aron, Clausewitz, den Krieg denken (a.d.Frz.), 1980; W.v. Schramm, Clausewitz Leben und Werk, 3. Aufl. 1981. *ThW*

Clay, Lucius D.(ubignon)

US-amerikanischer General, Ehrenbürger
✶ 23.4.1897 Marietta (Georgia, USA)
† 16.4.1978 Chatham (Mass., USA)
C., als Sohn eines Senators geboren und auf der Militärakademie von West Point erzogen, war seit 1918 beim Ingenieurkorps der US-Army und wurde Spezialist für Flugplatz-, Hafen und Stau-

dammbauten. Während der Invasion der Alliierten in der Normandie – C. war zu der Zeit Chef des Stabes von General Eisenhower – vollbrachte er in kürzester Zeit die Wiederherstellung des Hafens von Cherbourg, was zur Sicherung der Landungsoperation von entscheidender Bedeutung war. Kurz vor Kriegsende wurde er stellvertretender Militärgouverneur, 1947 dann Militärgouverneur der amerikanischen Besatzungszone in Deutschland und Befehlshaber der US-Landstreitkräfte in Europa. Trotz anfänglicher Vorbehalte gegenüber den Deutschen setzte C. sich für den schnellen Wiederaufbau und die Westintegration der amerikanischen, englischen und französischen Besatzungszonen ein. In seine Amtszeit fiel die schwerste Belastung der Nachkriegszeit, die sowjetische Blockade der Westsektoren Berlins. Als Stalin im Sommer 1948 alle Landverbindungen, Wasserwege und Stromleitungen unterbrechen ließ, um die Westalliierten zu erpressen, baute C. innerhalb kürzester Zeit eine »Luftbrücke« zur Versorgung West-Berlins. Mit rund 213.000 Flügen wurden über 1,7 Millionen Tonnen Versorgungsgüter, von der Nähnadel bis zur kompletten Kraftwerksausrüstung (dem späteren Kraftwerk »Ernst Reuter«) in die blockierte Stadt geschafft. Nach der Aufhebung der Blockade nahm C. am 1.6.1949 seinen Abschied (bei gleichzeitiger Beförderung zum Armeegeneral). In den USA hatte er in den folgenden Jahren führende Positionen in der Wirtschaft inne, war sogar als republikanischer Präsidentschaftskandit im Gespräch, blieb aber Berlin weiterhin verbunden. Er hielt die Festansprache zur Einweihung der Freiheitsglocke. Nach dem Mauerbau nutzte der demokratische Präsident Kennedy die Berlin-Erfahrung des Republikaners C. und machte ihn zu seinem persönlichen Berlin-Beauftragten im Rang eines Botschafters. Seit dem 5.5.1952 ist C. Ehrenbürger von Berlin.
Schrift: Decision in Germany, 1950, (deutsch: Entscheidung in Deutschland). *ThW*

Cocceji, *Samuel* Freiherr von

Jurist, preußischer Großkanzler
✶ 20.10.1679 Heidelberg
† 4.10.1755 Berlin [Gruftkirche der Parochialkirche]
C. stammte aus einer Juristenfamilie, studierte Rechtswissenschaften in Frankfurt/O. und verteidigte 1699 seine Doktorarbeit. Seit 1702 hatte C. eine Professur in Frankfurt/O., und bald entdeckte er seine Neigung für die politische Praxis. Er wurde Rat, Direktor der Regierung zu Halberstadt, Stadtdelegierter bei der Visitation des Reichskammergerichts zu Wetzlar. In diesen Jahren beendete er den ersten Band seines »Jus civile controversum« (1913; der zweite folgt 1918), in dem er die wichtigsten Kontroversen des Zivilrechts erörtert. 1714 wurde C. zum Geheimen Justizrat zu Berlin ernannt. Der Regierungsantritt König Friedrich Wilhelms I. brachte auch energische Maßnahmen zur Verbesserung der Justiz mit sich. So wurde C. 1723 Präsident des Kammergerichts, 1727 Staats- und Kriegsminister, 1731 Oberappelationspräsident und 1747 schließlich zum Großkanzler berufen. In dieser Zeit wurde C. zu einem bedeutenden Reformer des preußischen Justizwesens. Wichtige Maßnahmen im Zuge seiner Reformen waren die Abschaffung der Aktenversendung (1746), die zweckmäßige Einrichtung der Gerichtsverfassung sowie die Vereinheitlichung des Gerichtsaufbaus. Nachdem C. die Justiz reformiert hatte, führte er eine Neuordnung des Prozeßrechts durch.
Literatur: E. Dühring, Geschichte der deutschen Rechtspflege seit 1500, 1953. *EH*

Collande, Volker von

(eigtl. V. Hubertus Valentin Maria von Mitschke-Collande)
Schauspieler und Regisseur
✶ 21.11.1913 Dresden-Laubegast
† 29.10.1990 Hannover
Der Sohn eines Malers und Bühnenbildners spielte 1931 seine erste Hauptrolle am Dresdner Staatstheater. 1932 ging er nach Stuttgart und wurde 1933 von Hilpert ans Deutsche Theater nach Berlin geholt. In seinen ersten beiden Spielzeiten spielte er nicht weniger als elf Hauptrollen. 1935 engagierte ihn Gründgens ans Staatstheater, wo er in über 50 Inszenierungen mitwirkte. Daneben war C. Hauptdarsteller in 45 Filmen und inszenierte selbst 9 Filme, von denen »Zwei in einer großen Stadt« (1942) und »Das Bad auf der Tenne« (Farbfilm, 1943) die bekanntesten sind. Nach der Rückkehr aus der Kriegsgefangenschaft war C. u.a. in Saarbrücken und Hamburg als Schauspieler, Regisseur und Bühnenbildner tätig, später als Leiter der Fernsehfilmabteilung der UFA in Berlin. 1965 wurde C. Intendant in Regensburg, 1969 in Freiburg, 1975–83 Direktor des Theaters Wolfsburg. Sein bekanntester Nachkriegsfilm war »Hochzeit auf Immenhof«. *DTW*

Comedian Harmonists

Gesangssextett der 30er Jahre
Ari Leschnikow (1.Tenor)
Erich Collin (2.Tenor)
Roman Cykowski (Bariton)
Robert Biberti (Baß)
Harry Frommermann (Buffo)
Erwin Bootz (Klavier)
Die C.H. verbanden artistische musikalische Präzision mit Volkstümlichkeit und Witz. Erik Charell engagierte sie 1928 für seine Revue »Casanova« im Berliner Großen Schauspielhaus. Anschließend traten sie in Spolianskys »Zwei Krawatten« im alten Berliner Theater mit Marlene Dietrich und Hans Albers auf. Danach begann der Siegeszug des Sextetts. Ihr Repertoire umfaßte Bearbeitungen klassischer Musik, Unterhaltungsmusik, Volkslieder und Parodien. Tourneen führten die C.H. in 12 europäische Länder und nach Übersee. Sie produzierten 140 Schallplatten mit 280 Titeln. 1934 verboten die Nazis Auftritte der C.H. aus »rassischen Gründen«. Im September 1934 trennte sich das Sextett. Frommermann, Cykowski und Collin gingen nach Wien und ergänzten das Sextett; Biberti, Leschnikow und Bootz traten, ergänzt um neue Mitglieder, als »Meistersextett, früher C.H.« noch bis 1939 auf. *ThW*

Conrad, Wilhelm

Bankier und Kaufmann
✶ 1822 Berlin
† 1899 ebd. [F.89]
Der Sohn eines Kaufmanns sammelte seine ersten kaufmännischen Erfahrungen in Paris, wohin er 1846 umgesiedelt war und gemeinsam mit einem Freund eine chemische Fabrik gegründet hatte. 1856 zog es ihn wieder zurück in die Heimat, er trat in die Berliner Firma Breest & Gelpcke ein und wurde 1860 Inhaber der Berliner Handelsgesellschaft. Ihm war es maßgeblich zu verdanken, daß sich Berlin zu dieser Zeit im Bank- und Börsenwesen einen Namen machte. Als Begründer der Villenkolonie Wannsee schrieb er auch Baugeschichte, als er sich bereits 1871 mit seiner Familie am Wannsee ansiedelte, dem Hohn und Spott seiner Mitbürger zum Trotz. *VTM*

Conradi, August

Komponist und Kapellmeister
✶ 27.6.1821 Berlin
† 26.5.1873 ebd. [F.118A, Grab eingeebnet]
Als Organist ausgebildet, betätigte sich C. ab 1848 als Instrumentationsgehilfe von Franz Liszt, wirkte seit 1855 in Berlin als Kapellmeister, zuerst am Krollschen, dann am Königstädtischen, lange Zeit als Hauskomponist am Wallnerschen und schließlich am Victoria-Theater. Nach erfolglosen Sinfonien und Opern hatten seine Singspiele und Lokalpossen »Berlin wie es weint und lacht«, »Berlin wird Weltstadt« und »Berlin bei Nacht« dauerhaften Erfolg. *ThW*

Consentius, *Ernst* Robert Emil

Bibliothekar und Schriftsteller
✶ 1.12.1876 Berlin
† 2.5.1937 ebd.
Schon im Studium der Geschichte und Kunstgeschichte sowie in seiner Dissertation (»Lessing und die Vossische Zeitung«, 1901) befaßte sich C. mit dem Wissenschaftsgebiet, das ihn sein Leben lang fesseln sollte: die Erforschung der frühen Berliner Presse. In seiner Studie »Die Berliner Zeitungen bis zur Regierung Friedrichs des Großen« (1904) verwies er erstmals auf die weitgehend vernachlässigten »Intelligenz-Blätter« als Quellen, die Aufschluß über das Alltagsleben im 18. Jh. geben können. C. profilierte sich mit diesem Ansatz als früher Wegbereiter einer sozialgeschichtlich orientierten Forschung. In seinem Hauptwerk »Alt-Berlin. Anno 1740« (1907) stellte er denn auch konsequent »das profane und bürgerliche Leben« den »Helden- und Staatsgeschichten« als Gegenstand seiner Betrachtung gegenüber. Der Privatgelehrte ging 1919 in den bibliothekarischen Dienst der Preußischen Staatsbibliothek, wo er u.a. mit der Katalogisierung der Zeitungsbestände beauftragt wurde. 1924 gründete er die »Dr.-Ernst-Consentius-Stiftung«, die spätere Erbin seines Kapitalvermögens, über das die Preußische Staatsbibliothek verfügen konnte.
Literatur: K.-W. Drozd, Die Geschwister C. und ihr Vermächtnis. 60 Jahre Dr.-Ernst-Consentius-Stiftung für die Staatsbibliothek. In: Jahrbuch Preußischer Kulturbesitz, Bd. XX, 1983, S.141–160. *MS*

Conwentz, Hugo

Botaniker
✶ 20.1.1855 Danzig
† 12.5.1922 Berlin [F.121]
Der Begründer der Naturschutzbewegung in Deutschland studierte in Breslau und Göttingen und spezialisierte sich in Danzig auf die Paläobo-

tanik. Nach seiner 1904 veröffentlichten Denkschrift »Die Gefährdung der Naturdenkmäler und Vorschläge zu ihrer Erhaltung« berief man ihn 1906 nach Berlin zum Kommissar der ersten staatlichen Stelle für Naturdenkmalpflege in Preußen. In dieser Funktion propagierte C. unermüdlich seine Forderungen zum Natur- und Heimatschutz. *UH*

Conze, *Alexander* Christian Leopold

Archäologe
✶ 10.12.1831 Hannover
† 19.7.1914 Berlin [F.84, Grab eingeebnet]
Der Sohn eines Rittmeisters studierte in Göttingen und kam 1853 nach Berlin. Studienreisen führten ihn 1857–58 nach Paris, London und Griechenland. Als Stipendiat des Römischen Instituts legte er beispielhafte Publikationen über Denkmälergruppen wie Melische Tongefäße und Attische Grabreliefs vor. 1863 erhielt C. eine Berufung nach Halle und 1869 nach Wien. Als Direktor der Berliner Antikensammlung (ab 1877) tat sich C. durch Neuordnung und Erweiterung der Sammlungen sowie durch einen Skulpturenkatalog hervor. Sechs Grabungen in Pergamon (1878–86 und 1900–12) brachten den Pergamon-Altar nach Berlin und befruchteten nachhaltig die Erforschung der hellenistischen Kunst in Kleinasien. C. verließ 1887 den Museumsdienst. Seit 1881 war er Vorsitzender der Zentraldirektion des Deutschen Archäologischen Instituts.
Literatur: H. Dragendorff, Gedächtnisrede gehalten am Winckelmannstage 1914 in der Archäologischen Gesellschaft, 1915. *UH*

Corinth, Lovis

(eigtl. Franz Heinrich *Louis*)
Maler, Grafiker und Zeichner
✶ 21.7.1858 Tapiau (Ostpreußen)
† 17.7.1925 Zandvoort (Niederlande) [F.121]
C. studierte zunächst von 1876–80 an der Kunstakademie in Königsberg, setzte seine Studien an der Münchner Akademie fort, ging 1884 für kurze Zeit nach Antwerpen und anschließend für drei Jahre nach Paris (Académie Julian). Er hielt sich danach abwechselnd entweder in München, Berlin oder Königsberg auf, um 1891 zunächst fest nach München zu übersiedeln. Anfangs Mitglied der Münchner Sezession, verließ er diese jedoch bald und hielt Kontakt zu Vertretern des Jugendstils. Gemeinsam mit M. Slevogt siedelte

Lovis Corinth (1858–1925)

C. 1900 dann nach Berlin über, wo er sich an der Berliner Sezession beteiligte und bald zu einem ihrer wichtigsten Mitglieder avancierte. Er betrieb außerdem eine Malschule, in der er bis 1914 sein Wissen an private Interessenten weitergab. Eigene Studien führten C. regelmäßig im Sommer nach Norddeutschland, in den Harz, oder auch nach Dänemark, in die Niederlande und nach Italien. Seit 1918 hielt er sich, wenn er nicht in Berlin tätig war, regelmäßig in Urfeld am Walchensee/Obb. auf (Landschaften). In seinen erfolgreichsten Schaffensjahren nach der Jahrhundertwende wuchs der Ruf C.s. als einer der führenden Maler des sog. deutschen Impressionismus, was ihm 1915 die Präsidentschaft der Berliner Sezession eintrug. Er bevorzugte kein ausgewähltes Sujet, sondern verwendete die sich bietende Lebensumwelt als Motiv, die er mit einer kraftvollen, groben, farblich eindringlichen und spannungsgeladenen Malweise gestaltete. Neben Landschaften, Stilleben und Porträts (darunter Reichspräsident Friedrich Ebert u.a. bekannte Persönlichkeiten) spielten mythologische Themen (u.a. »Kindheit des Zeus«, 1905) und auch alttestamentliche (u.a. »Simsons Blendung« 1912) eine bedeutende Rolle in C.s Schaffen. In seinem Spätwerk dagegen wird der Umfang des Gegenständlichen reduziert zugunsten eines verstärkten Farbspiels.
Literatur: L. Corinth. Eine Dokumentation zusammengest. und erläutert v. Th. Corinth, 1979;

Z. Felix (Hg.), L. Corinth – Gemälde, Zeichnungen und Graphik, 1985. *JM*

Cornelius, *Peter* Joseph von

Maler und Illustrator
✶ 23.9.1783 Düsseldorf
† 6.3.1867 Berlin [F.110]
Nach ersten Wandgemälden in Kirchen (1809–1811) und Privathäusern trat C. 1808 als Illustrator u.a. zu Goethes Faust, 1. Teil, und zum »Nibelungenlied« der Ausgabe F.H. von der Hagens in Erscheinung. Seit 1811 in Rom lebend, war er mit L. Overbeck u.a. in dem um künstlerische Erneuerung kämpfenden Lucasbund (»Nazarener«) tätig und beteiligte sich an der Ausmalung der Casa Bartholdy in Rom (Kartons in der Nationalgalerie, Berlin). 1818 nach München berufen, schuf C. die Fresken mit antiken Themen in der neuerbauten Glyptothek und übernahm 1824 die Leitung der dortigen Akademie. Nach einem Bruch mit König Ludwig II. trat C. 1841 in preußische Dienste und beteiligte sich in Berlin an der Gestaltung des damaligen Domneubaus. 1844 erhielt er den Ehrendoktortitel, seit 1862 war er Kanzler des Ordens »Pour le mérite«. Mit seinen Wandbildern sowie deren Entwürfen (z.B. Fresken für einen Camposanto der Hohenzollern [nicht ausgeführt], 1846), die einen kraftvollsicheren Zeichenstil offenbaren, trug C. viel zur Durchsetzung der Romantik in Berlin bei.
Literatur: A. Kuhn, P.v. Cornelius und die geistigen Strömungen seiner Zeit, 1921; W. Geismeier, Die Malerei der deutschen Romantiker, 1984. *JM*

Cornelsen, Franz

Verleger
✶ 22.7.1908 Minden (Westfalen)
† 31.10.1989 Berlin [F.85]
Nach dem Studium in München, Hannover und Berlin beendete er seine Ausbildung 1933 als Diplom-Ingenieur für Elektrotechnik und arbeitete für die Firma Siemens. 1946 gründete er in Berlin einen eigenen Verlag, der sich bald zu einem führenden Schulbuchverlag entwickelte. 1955 gründete er den Verband der Schulbuchverlage und war viele Jahre dessen Vorsitzender. Eine gleiche Funktion hatte er von 1956–63 in dem von ihm mitbegründeteten Verband der Karthographischen Verlage und Institute. 1978 gründete er die Cornelsen Stiftung Lehren und Lernen. Im gleichen Jahr ehrte ihn Berlin mit der Ernst-Reuter-Plakette. Ein Privatweg in Wilmersdorf trägt seit 1996 seinen Namen. *EF*

Correns, *Carl* Erich

Botaniker
✶ 19.9.1864 München
† 14.2.1933 Berlin [F.91]
C. studierte u.a. in Berlin, wirkte in Tübingen, Leipzig und Münster. 1914 folgte er einer Berufung zum Direktor des Kaiser-Wilhelm-Instituts für Biologie in Berlin-Dahlem. Er gilt als einer der Mitbegründer der experimentellen Vererbungsforschung. 1889 gelang ihm die Wiederentdeckung der Mendelschen Vererbungsgesetze. Mit seinen Forschungen konnte er die Vererbungserscheinungen erfolgreich analysieren und zum allgemeinen Verständnis der Vererbungsvorgänge beitragen. Zu seinem wichtigsten Publikationen zählen »Über Vererbungsgesetze« (1905), »Die Bestimmung und Vererbung des Geschlechts« (1907) und »Die neuen Vererbungsgesetze« (1912).
Literatur: O. Renner, William Bateson und C. Correns, 1961. *UH*

Cothenius, Christian Andreas

Mediziner
✶ 14.2.1708 Anklam
† 5.1.1789 Berlin
C. studierte in Karlsbad, ließ sich 1734 in Havelberg nieder und wurde 1750 Kreis- und Leibarzt Friedrichs II. in Potsdam. Als Generalfeldstabsarzt teilte er seinem König nach dem Siebenjährigen Krieg mit, daß 220.000 Verwundete und Kranke »gesund aus dem Lazareth gegangen« sind. Nach dem Krieg ließ sich C. in Berlin nieder und bezog das Ephraimpalais. Er trug ein großes Naturalienkabinett zusammen, reorganisierte die Hofapotheke und hatte Spitäler sowie die Charité zu überwachen. Mit Leidenschaft betreute er seine armen und reichen Patienten. Der Berliner Akademie und der Leopoldina hinterließ C. je 1000 Taler für die Vergabe von Preisaufgaben. *UH*

Courths-Mahler, Hedwig

(eigtl. Ernestine Friederike Elisabeth)
Schriftstellerin
✶ 18.2.1867 Nebra/Unstrut
† 26.11.1950 Tegernsee
Sie war Dienstmädchen, Verkäuferin und auch zeitweilig Vorleserin, wobei sie erstmals mit der

Literatur (E. Marlitt) in Berührung kam. Seit 1905 lebte sie in Berlin und veröffentlichte im selben Jahr ihren ersten Roman »Scheinehe«, dem bis 1939 insgesamt 205 Unterhaltungsromane mit einer Gesamtauflage von über 30 Mio. Exemplaren folgten. C.-M. schrieb so, wie das Leben eigentlich sein müßte: Das Gute siegt, und die Liebe heilt alle Wunden. Mit diesem Grundmuster kam sie den Bedürfnissen breiter Schichten nach, die in ihren Büchern zumindest zeitweilig der rauhen Wirklichkeit entfliehen konnten. *MS*

Crelinger, Auguste

(geb. Düring, verw. Stich)
Schauspielerin
✶ 7.10.1795 Berlin
† 11.4.1865 ebd. [F.13]
C. debütierte 1812 am Berliner Hoftheater, dem sie ununterbrochen bis 1862 angehörte. Sie galt als eine der berühmtesten Tragödinnen ihrer Zeit. H. Laube pries ihr wohlklingendes Organ und die Haltung ihres Körpers. Gastspielreisen führten sie nach Wien, München, durch Frankreich und Rußland. Ihre berühmteste Rolle war die Iphigenie, mit der sie sich nach 50 Bühnenjahren unter gewaltigen Ovationen der Berliner von der Bühne verabschiedete. *DTW*

Crelle, August Leopold

Mathematiker und Baumeister
✶ 11.3.1780 Eichwerder b. Wriezen
† 6.10.1855 Berlin
C. absolvierte ein autodidaktisches Studium und legte 1802 in Berlin sein »Großes architektonisches Examen« ab. Bekannt wurde er durch die Herausgabe des »Journals für reine und angewandte Mathematik« (1826–55). Nach C.s Entwürfen wurde u.a. die Berlin-Potsdamer-Eisenbahn gebaut. Er gab das »Handbuch des Feldmessens und Nivellierens« (1826) heraus und förderte als Beamter im Preußischen Kultusministerium (1828–48) zahlreiche junge Mathematiker. *UH*

Creutz, Boguslaw Ehrenreich von

Geheimrat und Minister
✶ um 1670 Stargard (Pommern)
† 13.2.1733 Berlin [Marienkirche in Mitte]
C. war der Sohn eines brandenburgischen Amtmannes, hatte an der Universität Viadrina in Frankfurt/O. Rechtswissenschaft studiert und wurde nach erfolgreichem Abschluß als Militärjurist (Ober-Auditeur) 1705 im Leibregiment des Kronprinzen, dem späteren König Friedrich Wilhelm I., Standort Königs Wusterhausen, eingestellt. Diese Entscheidung hatte Premierminister von Wartenberg persönlich getroffen. Der Jurist und Verwaltungsfachmann C. wurde enger Vertrauter des Kronprinzen, unterstützte ihn entscheidend bei der Entmachtung des korrupten Premierministers von Wartenberg und dessen Komplizen Wittgenstein und Wartensleben im Jahre 1710 und gehörte mit der Thronbesteigung Friedrich Wilhelms 1713 zum Kreis der engsten Berater des Königs. Schon 1708 in den erblichen Adelsstand erhoben, wird er Erster Kabinettsekretär und Minister; innerhalb der Hierarchie des Hofes nimmt C. die Stellung des obersten Finanz- und Verwaltungsbeamten ein (»Controlleur général«). Durch Einheirat in die märkische Adelsfamilie von Häseler erwirbt C. umfangreichen Grundbesitz in der Uckermark, wird zu einem der reichsten Beamten Berlins. Das Hauptwerk des Staatsmannes C. war die konzeptionelle Vorbereitung und Durchsetzung der umfassenden Verwaltungsreform von 1723 mit der Schaffung des Generaldirektoriums und eines einheitlichen, zentralisierten Finanzsystems des preußischen Staates. C. selbst war Vizepräsident des Direktoriums und darüber hinaus u.a. »Protector« der Königlichen Akademie der Wissenschaften zu Berlin und Direktor des Ober-Collegium Medicum, einflußreiche und einträgliche Positionen in der Berliner Gesellschaft. Das von Martin Böhme geschaffene und wahrscheinlich auf Ideen Schlüters zurückgehende »Palais Creutz« in der Klosterstraße, später Gebäude des Preußischen Gewerbeinstituts, ist den Bomben des II. Weltkrieges zum Opfer gefallen. Beigesetzt wurde C. in der Marienkirche. Der Berliner Schriftsteller Jochen Klepper hat C. in dem Roman »Der Vater. Roman eines Königs« (Berlin 1937) ein Denkmal gesetzt. *DW*

Crüger, Johann(es)

Komponist und Organist
✶ 9.4.1598 Großbreesen
† 23.2.1662 Berlin [F.104A]
C. kam 1615 als Hauslehrer nach Berlin, studierte später in Wittenberg Theologie und wurde 1622 Kantor an der Nikolaikirche in Berlin sowie Lehrer am Gymnasium zum Grauen Kloster. C. zählt zu den wichtigsten Melodienschöpfern des evan-

gelischen Kirchenliedes seit Luther. Herausragend sind seine Vertonungen von Texten Paul Gerhardts und Johann Francks. Sein »Newes vollkömliches Gesangbuch Augspurgischer Confession« (1640) erschien in über 40 Auflagen.
ThW

Cürlis, Hans (Johannes)

Dokumentarfilmregisseur
✶ 16.11.1889 Niederdorf-Straehlen (Geldern)
† 6.8.1982 Berlin [F.61]
C. studierte in München, leitete seit 1919 das Institut für Kulturforschung in Berlin sowie das angeschlossene Kulturfilminstitut. Hier richtete er u.a. einen Tricktisch ein, experimentierte mit Scherenschnitt-Figuren und animierte L. Reininger zu ihren ersten Trickfilmen. C. schuf ca. 350 damals so genannte Kulturfilme: z.B. 1919 die ersten Filme über Kunstwerke und 1923 die ersten Filme über Künstler bei der Arbeit. *DTW*

Curtius, Ernst

Archäologe
✶ 2.9.1814 Lübeck
† 11.7.1896 Berlin [F.46]
Als Erzieher des späteren Kaisers Friedrich erhielt C. 1847 eine Professur an der Berliner Universität. Seine »Peloponnesos, eine historisch geographische Beschreibung der Halbinsel« (2 Bde., 1851–52) gilt als Standardwerk. In einem berühmten Vortrag in der Berliner Singakademie regte C. am 10.1.1852 Grabungen in Olympia an. In seiner Göttinger Zeit (1855–67) legte C. die erste von einem Deutschen verfaßte »Griechische

Ernst Curtius (1814–1896)

Geschichte« (3 Bde., 1857–67) vor. 1868 kehrte er als Professor für klassische Archäologie und Direktor des Alten Museums (ab 1872 auch des Antiquariums) nach Berlin zurück. Bei Grabungen in Olympia (ab 1874) gelangen unter seiner Leitung so berühmte Funde wie der Hermes des Praxiteles und die Skulpturen des Zeustempels. Der Grabungsvertrag – Vorbild für viele spätere Vereinbarungen – sah vor, alle Funde dem Gastland zu überlassen.
Literatur: F. Curtius, E. Curtius. Ein Lebensbild in Briefen, 1903. *UH*

D

Dagover, Lil

(eigtl. Marie Antonie Sieglinde Martha Seubert)
Schauspielerin
✶ 30.9.1887 Madium (Java)
† 23.1.1980 München
D.s Jugend ist – von z.T. selbstgewebten – Legenden umwoben. D. spielte in den Berlin-Weißenseer Studios bei der Decla in Abenteuer- und Exotik-Filmen (u.a. »Der goldene See« von F. Lang, 1919), trat als Tänzerin auf und landete als Jane in »Das Cabinet des Dr. Caligari« (1920) einen sensationellen Erfolg – selbst Tucholsky war davon beeindruckt, »daß in diesem Film, von einer geraubten Frau, ein Schrei ertönt, den man hört, wirklich hört«. Mit »Der müde Tod« (1921) folgte ein weiterer Lang-Film. In der Folgezeit spielte D. in melodramatischen Filmen, später reichte ihr Rollenspektrum über den Typ Karriere- und Luxusfrau zu Königinnen- und Kaiserinnenrollen und zum geheimnisumwitterten Vamp. Während der NS-Zeit spielte sie nur noch in durchschnittlichen Unterhaltungsfilmen. »Geschichten aus dem Wienerwald« (1978, M. Schell) war ihr letzter Film. Bundesfilmpreis 1955, 1962. Bundesverdienstkreuz 1967.
Autobiographie: Ich war die Dame (1979).
DTW

Dahlhaus, Carl

Musikwissenschaftler
✶ 10.6.1928 Hannover
† 13.3.1989 Berlin [F.89]
D. studierte in Göttingen Musikwissenschaft, war 1950–58 Dramaturg am Deutschen Theater Göttingen, 1960–62 Musikredakteur der »Stuttgarter Zeitung« und arbeitete 1962–66 als wissenschaftlicher Assistent an der Kieler Universität. Nach seiner Habilitation wurde er 1967 zum Professor für Musikwissenschaft an der TU Berlin berufen. D. arbeitete vorwiegend zur Musik des 19. und 20 Jhs.; er gehörte auf seinem Fachgebiet zu den einflußreichsten Persönlichkeiten und galt als Autorität auf dem Gebiet der Musikästhetik. Er gab die Ergänzungsbände und den Sachteil des Riemann-Musiklexikons heraus, war Editionsleiter der Richard-Wagner-Gesamtausgabe und Mitherausgeber der Werke Schönbergs.
Schriften: u.a. Musikästhetik (1967), Analyse und Werturteil (1970), Wagners Konzeption des musikalischen Dramas (1971), Die Idee der absoluten Musik (1974), Die Musik des 19. Jahrhunderts (1980), Vom Musikdrama zur Literaturoper (1984).
ThW

Danckelmann, *Eberhard* Christoph Balthasar von

brandenburgischer Staatsmann
✶ 23.11.1643 Lingen/Ems
† 31.3.1722 Berlin
D. wuchs in einer Juristenfamilie auf und erhielt gemeinsam mit seinen älteren Brüdern Privatunterricht. Seine wohl auch diesem Umstand geschuldete frühreife geistige Entwicklung befähigte ihn, bereits als 10jähriger mit dem Studium der Rechtswissenschaften zu beginnen. Schon 1663 wurde D., der von ernster Veranlagung und strenger Lebensauffassung war, als Erzieher des Prinzen Friedrich angestellt. Er wurde 1665 Rat, 1668 Regierungsrat, dann zum Wirklichen Geheimen Staats- und Kriegsrat ernannt, war also mit der Gegenzeichnung aller vom Kurfürsten zu vollziehenden Ausfertigungen betraut und de facto bereits der leitende Minister des Staates. D. führte konsequent die vom Großen Kurfürsten angebahnte Zentralisierung der Verwaltung durch, wurde 1695 zum Premierminister und Oberpräsidenten aller Landeskollegien ernannt. Seine große Machtstellung und seine Strenge in Hof- und Beamtenkreisen verschafften ihm viele Feinde, die das Mißtrauen des Kurfürsten gegen ihn weckten. 1697 wurde D. verhaftet, ihm wurden die schlechte Finanzpolitik und außenpolitische Mißerfolge zur Last gelegt.
EH

Danz, Tamara

Rockmusikerin

✶ 14.12.1952 Breitungen (Thüringen)

† 22.7.1996 Berlin

Die Diplomatentocher lebte durch die Tätigkeit der Eltern viel im Ausland und beherrschte mehrere Sprachen. Ihr Philologiestudium gab sie jedoch auf, um sich ganz der Musik zu widmen. Als Sängerin der Gruppe »Silly« wurde sie zur »Rocklady der DDR«. Bekannt wurde sie mit Titeln wie »Mont Klamott« oder »Bataillon d'amour«. 1989 gehörte sie zu den Unterzeichnern des »Aufrufs für unser Land«. Das letzte Album der mit dem Kritikerpreis der Berliner Zeitung ausgezeichneten Sängerin trug den Titel »Paradies«. Wie ihre Freundin Helga Hahnemann erlag sie einem Krebsleiden.

Literatur: A. Osang, T. Danz – Legenden, 1997.

EF

Dathe, Heinrich

Zoologe, Tiergärtner

✶ 7.11.1910 Reichenbach (Vogtland)

† 6.1.1991 Berlin

Nach dem Studium verschiedener Gebiete wie Zoologie, Botanik, Mineralogie und Geographie begann seine berufliche Tätigkeit im Leipziger Zoo, allerdings unterbrochen durch seine Soldatenzeit während des II. Weltkrieges. 1954 wurde er als Gründungsdirektor an den Berliner Tierpark in Friedrichsfelde berufen, der 1955 eröffnet werden konnte. Unter seiner Leitung entwickelte sich diese Einrichtung zu einem Zentrum der Zootierforschung. International anerkannt, wirkte er durch seine Veröffentlichungen – seine Bibliographie umfaßt mehr als 1000 Titel – sowie über Funk und Fernsehen auf umweltbewußtes Verhalten, Natur- und Artenschutz ein. 1957 zum Professor ernannt, war er auch Vizepräsident des Verbandes deutscher Zoodirektoren. 1995 wurde seine Büste im Tierpark aufgestellt. *EF*

Däubler, Theodor

Dichter und Kunstkritiker

✶ 17.8.1876 Triest

† 13.6.1934 St. Blasien [F.2]

Da D. auf dem Gymnasium Schwierigkeiten hatte, sollte er auf Wunsch seiner Eltern Schiffsjunge werden, war aber beständig seekrank. Mit Hilfe von Privatlehrern machte er schließlich (vermutlich 1896) doch noch das Abitur. Nach Studien in Wien unternahm D. weite Reisen durch Europa, Nordafrika und Vorderasien. Nachhaltig wurde seine vorwiegend lyrische Dichtung vom Erlebnis der Mittelmeerlandschaft bestimmt, in der er aufwuchs. Am bekanntesten wurde das mehr als 30.000 Verse umfassende Epos »Das Nordlicht« (1910), eine visionäre, durch ihren Symbolgehalt schwer ergründbare Kosmogonie, in der christliches und antik-heidnisches Weltgefühl zusammenströmen. Während des I. Weltkriegs und ab 1926 lebte er überwiegend in Berlin, wo er sich an den Künstlerstammtischen im Café des Westens und dem Romanischen Café aufhielt. Er war auch als Kunstkritiker am »Börsen-Courier« und mehreren Zeitschriften tätig. 1932 erlitt er einen Schlaganfall und starb 58jährig im Sanatorium St. Blasien im Schwarzwald.

MR

Debye, *Peter* Joseph Wilhelm

Physiker

✶ 24.3.1884 Maastricht

† 2.11.1966 Ithaca (New York, USA)

D. durchlief die Hochschulen bzw. Universitäten in Aachen, München, Zürich, Göttingen, Leipzig und leitete 1935–40 das Kaiser-Wilhelm-Institut für Physik in Berlin. Von ihm stammen wesentliche Beiträge zur Aufklärung der elektronischen Struktur von Molekülen durch Bestimmung ihrer Dipolelemente und durch Interpretation der Beu-

Theodor Däubler (1876–1934)

gungserscheinung. Dafür erhielt er 1936 den Nobelpreis für Chemie. D., einer der bedeutendsten Physiker des 20. Jhs., emigrierte 1940 in die USA. *UH*

Decker, Georg Jakob

Verleger und Buchdrucker
∗ 12.2.1732 Basel
† 17.11.1799 Berlin
Der Sohn eines Baseler Buchdruckers kam nach seiner Buchdrucker-Lehre in Basel über Straßburg, Frankfurt, Leipzig und Zeitz nach 1751 nach Berlin und gründete hier in der Folge eine Buchdruckerdynastie. Dank seiner vorzüglichen französischen Sprachkenntnisse erhielt er sofort eine Anstellung beim damaligen Hofbuchdrucker C.F. Henning. 1755 heiratete er die Tochter des Buchdruckers Grynaeus und übernahm 1756 die Druckerei der Schwiegereltern. Unter seiner Regie florierte die Druckerei zunehmend. Neben Verlagen zählte er auch verschiedene Behörden und die Akademie der Wissenschaften zu seinem Kundenkreis. 1763 wurden ihm der Titel und 1765 die Rechte des Hofbuchdruckers verliehen. 1787 erhielt er zusammen mit dem Buchhändler C.F. Voss das Privileg, die gesammelten Werke Friedrichs II. zu verlegen, allerdings mit der Auflage, daß dies innerhalb des kgl. Schlosses zu geschehen habe. 1789 war der Druck der 28 Bände vollendet. *VTM*

Decker, Georg Jakob (II.)

Buchdrucker
∗ 9.11.1765 Berlin
† 26.8.1819 ebd.
Der Sohn des Vorigen erlernte im väterlichen Betrieb die Druckkunst. Nach seinen Wanderjahren, die er in den berühmtesten Buchdruckereien verbrachte, kehrte er 1788 nach Berlin zurück und wurde Teilhaber am Familienbetrieb. Seinen Anteil am Verlag verkaufte er bis auf die Werke des Königs 1792 an seinen Schwager H.A. Rottmann und widmete sich fortan ausschließlich der Druckkunst. Der geheime Oberhofbuchdrucker, bereits 1789 wurde er dazu ernannt, errichtete auf Wunsch der preußischen Regierung 1794 in Posen die Südpreußische Hofbuchdruckerei Decker & Co., u.a. Verlag der Südpreußischen Zeitung. 1802 verkaufte er endgültig den Baseler Druckereibetrieb, der bis zu dieser Zeit zwar noch im Familienbesitz war, aber durch Spekulationen des damaligen Geschäftsführers in erheblichen finanziellen Schwierigkeiten steckte. Er verstarb nach langer Krankheit, hatte aber mit seinem Vermächtnis, alle 3 Söhne sollten bis zur Volljährigkeit des Jüngsten die Geschäfte gemeinsam führen, die Fortführung des Betriebs innerhalb der Familie gesichert. *VTM*

Decker, Rudolf Ludwig

Buchdrucker
∗ 8.1.1804 Berlin
† 12.1.1877
Der Sohn des Vorigen übernahm, dem letzten Willen seines Vaters folgend, 1825 gemeinsam mit seinem Bruder Karl Gustav die elterliche Druckerei, nachdem der Älteste, Johann Georg Wilhelm, bereits vorher gestorben war. Nach dem Tod Karl Gustavs war er ab 1829 alleiniger und gleichfalls letzter privater Inhaber des Decker'schen Druckereibetriebes, eine der bedeutendsten Druckereien Berlins, die nach seinem Tod vom Deutschen Reich übernommen und mit der preußischen Staatsdruckerei zur Deutschen Reichsdruckerei verschmolzen wurde. *VTM*

Degner, Artur

Maler und Grafiker
∗ 2.3.1887 Gumbinnen (Ostpreußen)
† 7.3.1972 Berlin [F.63]
Nach dem Studium 1906/08 in Königsberg kam D. 1909 nach Berlin, wurde Mitglied der Freien Sezession und lehrte seit 1920 an der Königsberger Akademie. Von 1925 an Professor an der Berliner Hochschule für Bildende Künste, wandte er sich vom Impressionismus zum expressionistischen Gestalten und wurde durch seine Akte, Blumenbilder und Landschaften in Öl und Aquarelltechnik zu einem beliebten Berliner Künstler, dessen Werke auch andernorts gesucht waren. *JM*

Dehmel, Richard

Schriftsteller
∗ 18.11.1863 Wendisch-Hermsdorf
† 8.2.1920 Blankenese b. Hamburg
D. war Sohn eines Försters; 1882–87 Studium der Soziologie und Philosophie in Berlin und Leipzig, das er mit der Promotion (1887) abschloß. Von 1887–95 arbeitete D. als Versicherungsbeamter in Berlin. Nach dem Erscheinen seines ersten Gedicht- und Novellenbandes »Lebensblätter« (1893) Freundschaft mit den Berliner Naturalisten Peter Hille, den Brüdern Hart,

Richard Dehmel (1863–1920)

Arno Holz und August Strindberg. 1894 zählte er zu den Mitbegründern der Zeitschrift »PAN«, ein Jahr später begann er seine Arbeit als freier Schriftsteller. Literarischen Ruhm erlangte er mit seinem Roman in Romanzen »Zwei Menschen« (1903). Inzwischen war er nach Blankenese bei Hamburg übergesiedelt, in die Nähe seines Freundes Detlev von Liliencron. Zu Beginn des I. Weltkrieges meldete sich D. als Kriegsfreiwilliger und wurde an der West- und Ostfront eingesetzt. 1919 erschien sein Kriegstagebuch »Zwischen Volk und Menschheit«. *MR*

Deitmer, Josef Carl Maria

Theologe
✶ 12.8.1865 Münster
† 16.1.1929 Berlin [F.104]

Der katholische Pfarrer kam 1892 nach Berlin, wo er zuerst in Schöneberg und danach in Steglitz tätig war. Seit 1920 war er Probst an der St.-Hedwigskathedrale. Von 1923 an wirkte er von Berlin aus als Weihbischof der Diözese Breslau. Seit 1952 trägt eine Straße in Steglitz seinen Namen. Eine Gedenktafel in der St.-Hedwigskathedrale Mitte erinnert an den Kirchenmann. *EF*

Delbrück, *Hans* Gottlieb Leopold

Historiker und Politiker
✶ 11.11.1848 Bergen (Rügen)
† 14.7.1929 Berlin [F.84]

D. erhielt 1895 eine Professur in Berlin, wo er 1896 der Nachfolger von Treitschke wurde. Er legte umfangreiche Abhandlungen zur »Geschichte der Kriegskunst im Rahmen der politischen Geschichte« (1900–20) und eine »Weltgeschichte« (5 Bde., 1923–28) vor. Als »Gelehrter in der Politik« war er 1882–85 Mitglied des Abgeordnetenhauses und 1884–90 des Reichstages. Seine Kritik an Nationalliberalen und Konservativen artikulierte er ab 1889 als Alleinherausgeber der »Preußischen Jahrbücher«. Während des I. Weltkrieges setzte er sich für »maßvolle Kriegsziele« und für Reformen, wie die Abschaffung des Dreiklassenwahlrechtes, ein. D., der sich als »aufgeklärter Konservativer« sah, trat nach Kriegsende entschieden gegen die »Kriegsschuldlüge« und »Dolchstoßlegende« auf.

Literatur: A. Thimme, H. Delbrück als Kritiker der Wilhelminischen Epoche, 1955; H. Wolf, Der Nachlaß H. Delbrücks, 1980. *UH*

Demmler, Georg

Architekt und Sportfunktionär
✶ 13.3.1873 Berlin
† 2.10.1931 ebd.

Der Sohn eines Fabrikanten widmete sich neben seiner Ausbildung als Architekt bereits frühzeitig aktiv dem Sport. Er spielte Fußball und war als Werfer begeisterter Leichtathlet. Daneben engagierte er sich für den Aufbau von Sportorganisationen. So war er Vorsitzender des Berliner Fußballvereins FC Germania 88 und 1897 an der Gründung des Berliner Fußballverbandes beteiligt. Während der ersten Olympischen Spiele 1896 in Athen fungierte er als Kampfrichter. Besondere Verdienste erwarb er sich 1898 um die Gründung der Sportbehörde für Leichtathletik, der Vorläuferin des Deutschen Leichtathletikverbandes. Daran erinnert eine 1998 enthüllte Gedenktafel in der Friedrichstraße (Mitte) im Quartier 206. Auch als Architekt hat er sich mit Sportbauten befaßt. So stammt das Poststadion in Tiergarten von ihm; 1925 schuf er gemeinsam mit Paul Kardow die Tennisanlage in der Wilmersdorfer Waldmeisterstraße. Eine Gedenktafel in der Katzbachstraße (Kreuzberg) auf der Sportanlage erinnert an D. *EF*

Derfflinger, Georg Reichsfreiherr von

brandenburgischer General
✶ 10.3.1606 Neuhofen (a.d. Krems)
† 4.2.1695 Gusow

D. war während des 30jährigen Krieges zuerst in schwedischen Diensten, die er 1646 verließ. 1654 trat er als Generalwachtmeister in brandenburgischen Sold und wurde 1670 Generalfeldmarschall. D. erwarb sich besondere Verdienste um die Organisation der brandenburgischen Reiterei. Seine militärischen Fähigkeiten bewies er in der Schlacht bei Fehrbellin (1675), die er mit seiner Reiterei entschied. *ThW*

Dessau, Paul

Komponist und Dirigent
✶ 19.12.1894 Hamburg
† 28.6.1979 Königs Wusterhausen [F.108]

D. studierte 1910–12 in Berlin Klavier und Komposition. 1913–14 war er Korrepetitor an der Hamburger Oper, 1914 2. Operettenkapellmeister in Bremen. Nach dem I. Weltkrieg war D. zunächst Schauspielkapellmeister und -komponist an den Hamburger Kammerspielen, später Kapellmeister in Köln, anschließend in Mainz. 1925 berief ihn Bruno Walter als 1. Kapellmeister an die Städtische Oper Berlin. In den folgenden Jahren komponierte er Filmmusik und Chöre für den Arbeitersängerbund. 1933 mußte D. emigrieren. Er ging zuerst nach Paris zu R. Leibowitz – hier schuf er vor allem Filmmusiken (u.a. das berühmte Spanienlied »Die Thälmann-Kolonne« 1936), – 1939 in die USA, wo er sich mit Gelegenheitsarbeiten (u.a. in einer Hühnerfarm) durchschlagen mußte. 1942 begann durch die Begegnung mit Brecht eine sein weiteres Werk prägende Zusammenarbeit. D. schuf die »klassischen« Bühnenmusiken zu den meisten Stücken von Brecht (»Mutter Courage« 1946). Die Oper »Die Verurteilung des Lukullus« wurde zu seinem erfolgreichsten Bühnenwerk. 1948 kehrte D. nach Berlin (Ost) zurück, wurde Mitglied der Akademie der Künste (Ost), 1959 deren Vizepräsident. Er galt als herausragender Komponist der DDR, als Kronzeuge des »sozialistischen Realismus«, doch sperrten sich avantgardistische Kompositionsweise und nonkonformes politisches Verhalten gegen die plumpe Indienstnahme als Staatskunst (vgl. die Debatten um »Die Verurteilung des Lukullus«). D. leitete eine Meisterklasse an der Akademie der Künste (Ost); hier waren u.a. R. Bredemeyer, P.-H. Dittrich, F. Goldmann, G. Katzer seine Schüler.

Werke: Orchestermusik 1955, In memoriam Bertolt Brecht (1957), Bach-Variationen (1963), Orchestermusik 4 (1973), Kammermusik, Klaviermusik, Opern (Die Verurteilung des Lukullus 1951; Puntila 1960; Lanzelot 1969; Einstein 1973, Leonce und Lena 1978), Kantaten (Lilo Herrmann 1953; Requiem für Lumumba 1963), zahlreiche weitere Vokalwerke, Bühnen-, Film- und Hörspielmusiken.
Schriften: Notizen zu Noten (1974).
Literatur: F. Hennenberg, P. Dessau, 1981. *ThW*

Deutsch, Ernst

(amerikanisches Pseud. Ernest Dorian)
Schauspieler
✶ 16.9.1890 Prag
† 22.3.1969 Berlin [F.9]

D. kam über Wien und Dresden 1917 nach Berlin, wo er am Deutschen Theater, am Staatstheater, an den Barnowsky-Bühnen sowie bei Piscator spielte. Schon im Stummfilm wurde D. wegen seines Aussehens gern mit jüdischen bzw. orientalisch-exotischen Rollen besetzt. 1933 emigrierte er über Wien, Prag, Brüssel, London nach Hollywood, kehrte 1947 zurück und spielte in Wien, Düsseldorf und am Schillertheater Berlin. *DTW*

Devrient, Ludwig

Schauspieler
✶ 15.12.1784 Berlin
† 30.12.1832 ebd. [F.111]

D., Sohn eines Seidenhändlers, wurde gegen seinen Willen zur kaufmännischen Laufbahn gezwungen, entzog sich der väterlichen Gewalt durch heimliche Flucht zu einer Wandertruppe und trat 1804 in Gera zum ersten Mal auf: als Bote in Schillers »Braut von Messina«. In Dessau fand D. sein erstes Engagement und seine künstlerische Linie. Leider zerrüttete seine zügellose Lebensweise seine Verhältnisse, so daß er 1809 das Dessauer Theater klammheimlich verlassen mußte. D. wandte sich zunächst nach Breslau, wo er es auf 2000 Reichstaler Schulden brachte, wurde 1815 auf Vermittlung Ifflands – dessen letzte künstlerische Entscheidung – nach Berlin berufen, wo er zum Liebling des Publikums avancierte, während er selbst geistige Getränke mehr als alles andere zu lieben schien; ein zeitgenössischer Kritiker vermeinte, bei dem Naturgeistigen in D.s Kunst stets den Miteinfluß des Weingeistigen zu beobachten. Seine Trinkgelage mit E.T.A. Hoffmann waren legendär und eine Berliner Sehenswürdigkeit und sind außerdem von literarischer Relevanz gewesen. Der Intendant Brühl versuchte D. zu disziplinieren, indem er ihm die Regie über die Komödien antrug, doch scheiterte er mit seiner Absicht. D.s Stärken lagen in der völligen Identifikation mit der darzustellenden Figur und im intuitiven Erfassen ihrer Widersprüche. Sein sprödes Organ war variabel genug, das »Entsetzliche, Grauenerregende, das

Ludwig Devrient (1784–1832)

Bizarre und das Lächerliche, von den feinsten, leisesten Zügen bis zum letztmöglichen Grade des Ausdrucks« (E. Devrient, »Geschichte der deutschen Schauspielkunst«) zu gestalten. D. galt als der bedeutendste Schauspieler seiner Zeit, vollbrachte in Tragödie und Komödie gleichermaßen Herausragendes. Sein Falstaff bestimmte 1817 den König, ihm seine inzwischen wieder auf 4000 Taler angewachsenen Schulden zu begleichen. Mit dem Falstaff-Zitat »Gib mir ein Glas Sekt, Schurke!« stürzte der stets champagnerdurstige D. in den Weinkeller Lutter & Wegner; seither bedeutet Sekt Schaumwein der Champagner Art, und nicht mehr den aus trockenen Beeren bereiteten südländischen Wein, der vordem unter Sekt firmierte. *DTW*

Dibelius, Otto Friedrich Karl

Bischof der Evangelischen Kirche, Ehrenbürger
✶ 15.5.1880 Berlin
† 31.1.1967 ebd. [F.55]

Aus einer Beamtenfamilie stammend, in der der christliche Glaube eine festen Platz hatte, entschloß sich D. zum Theologiestudium, das er u.a. in Berlin bei Adolf Harnack absolvierte. Nach der Promotion in Gießen und seiner Ordination 1906 in der Berliner Nikolaikirche ging er als Gemeindepfarrer nach Crossen, Danzig und Lauenburg, bevor er 1915 eine Pfarrstelle in Schöneberg antrat. 1921 wurde er Oberkonsistorialrat und 1925 Generalsuperintendent der Kurmark. In dieser Funktion predigte er auch am 21.3.1933 in Potsdam in der Nikolaikirche vor den evangelischen Reichstagsabgeordneten zur Eröffnung des Reichstages. Noch 1933 aus seinen Ämtern gedrängt, schloß er sich der Bekennenden Kirche an und trat gegen den staatlichen Zwang und die Gleichschaltung der Kirche auf. In einem Prozeß 1937 freigesprochen, erhielt er trotzdem Redeverbot. Seit 1945 Leiter der Evangelischen Kirche in Berlin-Brandenburg und Bischof, wurde er 1949 zum Ratsvorsitzenden der Evangelischen Kirche Deutschlands (EKD) gewählt und war damit Repräsentant der Kirchen in beiden deutschen Staaten. Als er 1957 den Militärseelsorgevertrag zwischen der EKD und der Bundesregierung unterzeichnete, wurde ihm seitens der DDR-Organe die Einreise und das Predigen in der Ostberliner Nikolaikirche untersagt. Nur ein Jahr vor seinem Tod, Ostern 1966, hielt er seine Abschiedspredigt. Als man ihm 1958 den Titel eines Berliner Ehrenbürgers verlieh, wurde damit, wie Willy Brandt ausführte, »der aufrechte Widerstandskämpfer in der Zeit der nationalsozialistischen Gewaltherrschaft« und sein »selbstloses Wirken für die Menschen in beiden Teilen unseres Vaterlandes gewürdigt.«

Literatur: Dibelius, Heimkehr zum Wort. Ein Andachtsbuch der Bekennenden Kirche, 1935; ders., Ein Christ ist immer im Dienst, 1961; ders., Der Christ und sein Vaterland, 1966; ders., So hab ich's erlebt. Selbstzeugnisse, 1980; R. Stupperich, Otto Dibelius, 1970. *EF*

Dieffenbach, Johann Friedrich

Mediziner
✶ 1.2.1792 Königsberg
† 11.11.1847 Berlin [F.16]

D. kam aus Bonn 1824 nach Berlin und wirkte am Universitätsklinikum in der Ziegelstraße, dessen

Leitung er 1840 übernahm. Hervorragende Ergebnisse erzielte er u.a. bei der plastischen Chirurgie, deren Techniken er wesentlich verfeinerte. D. legte auch Publikationen wie »Die Heilung des Stotterns« (1841) und »Der Äther gegen den Schmerz« (1847) vor. Er gilt als einer der erfolgreichsten Chirurgen seiner Zeit. *UH*

Diels, Friedrich *Ludwig* Emil

Botaniker
✶ 24.9.1874 Hamburg
† 30.11.1945 Berlin [F.87]
D. studierte in Berlin, ging 1906 nach Marburg und wurde 1914 zweiter Direktor des Botanischen Gartens und Museums in Berlin-Dahlem (1921 erster Direktor). Als einer der letzten großen Pflanzensystematiker bearbeitete er wichtige Sammlungen (z.B. Westaustralien) und gab zahlreiche Monographien heraus. Seine Forschungsergebnisse faßte er 1906 in »Vegetation der Erde« zusammen. Die von ihm herausgegebene »Pflanzengeographie« (1945) gilt als Standardwerk. *UH*

Diels, Otto

Chemiker
✶ 23.1.1876 Hamburg
† 7.3.1954 Kiel
Der Sohn eines Philologieprofessors studierte ab 1895 in Berlin und trat 1899 in das Institut von Emil Fischer ein. In seiner Berliner Zeit entdeckte er das Kohlensuboxid. D. führte die Selen-Dehydrierung ein, womit es ihm gelang, die Konstitution des Cholesterin aufzuklären. 1916 ging er nach Kiel. Dort entwickelte er 1927–28 mit Kurt Adler die Dien-Synthese, bei der sich ein sechsgliedriger Kohlenstoffring durch die Vereinigung von zwei ungesättigten Partnern (Dien und Philodien) bildet. Für diese wichtige Reaktion der organischen Chemie erhielt D. 1950 den Nobelpreis für Chemie. *UH*

Diem, Carl

Sportwissenschaftler und Pädagoge
✶ 24.6.1882 Würzburg
† 17.12.1962 Köln
Als Schriftführer (ab 1908 Vorsitzender) der Deutschen Sportbehörde für Athletik gründete er 1904 den Verband Berliner Athletik-Vereine. In der Folgezeit war er bei zahlreichen Berliner Sportveranstaltungen als Organisator beteiligt: z.B. Hallensportfeste, Wald- und Straffelläufe. 1920 gründete D. zusammen mit Professor Bier die Deutsche Hochschule für Leibesübungen in Berlin. Nachdem er schon für die (ausgefallenen) Olympischen Spiele 1916 in Berlin als Generalsekretär des Organisationskommitees tätig war, konnte er schließlich 1936 in gleicher Funktion seine Olympia-Lorbeeren ernten und ging als Schöpfer des Olympischen Fackellaufes in die (Olympia-)Geschichte ein. Von 1938–44 war er Direktor des Internationalen Olympischen Instituts in Berlin. Nach dem Krieg wandte sich D. vom Sport-Standort Berlin ab, was ihm nicht nur Freunde einbrachte, und setzte 1947 die Gründung der Deutschen Sporthochschule in Köln durch, deren erster Rektor er bis zu seinem Tod war. Zahlreiche Veröffentlichungen: u.a. »Olympische Flamme« (1942); »Weltgeschichte des Sports« (1960). *VTM*

Diesterweg, Friedrich *Adolph* Wilhelm

Pädagoge
✶ 29.10.1790 Siegen
† 7.7.1866 Berlin [F.46]
D. kam als Lehrer in Frankfurt/M. (1811–17) und Elberfeld (1818–20) mit den Ideen Pestalozzis in Berührung. Als Seminardirektor in Moers (ab 1820) und Berlin (ab 1832) setzte er sich für die Verbesserung der Lehrerausbildung und der sozialen Absicherung der Pädagogen ein. In seinen Schriften wandte sich D. gegen den Obrigkeitsstaat, gegen geistliche Aufsicht in der Schule, ja gegen konfessionelle Schulen und gegen jeden mit einem Bekenntnis verbundenen Religionsunterricht. Seit 1827 gab er die »Rheinischen Blätter für Erziehung und Unterricht« und seit 1851 das »Pädagogische Jahrbuch für Lehrer und Schulfreunde« heraus. Zahlreiche Leitfäden für Arithmetik, Geometrie und Deutsche Sprache stammen aus seiner Feder. Zu Standardwerken wurden D.s »Populäre Himmelskunde und Mathematische Geographie« (1840–1941, 26 Auflagen) und sein »Wegweiser zur Bildung für Deutsche Lehrer« (1836). In seinen praktischen Ratschlägen betonte D. die große Bedeutung der Persönlichkeit des Lehrers, der nur solange lebendig lehren könne, wie er selbst geistig lebendig sei. Seine jeden Drill der Schüler ablehnenden liberalen Ansichten führten 1850 zur Zwangspensionierung. Hoffnung schöpfte er aus der 48er Revolution. Unter der Überschrift » Was fordert die Zeit?« rief D. die Lehrer auf, sich zu organisieren und ihre Forderungen zu formulieren: »Jetzt ist es an Euch, diese großen Errungen-

schaften der Berliner Barrikaden zu benutzen«, denn sonst »seid Ihr nicht wert, den 18. März erlebt zu haben«. Als Landtagsabgeordneter (ab 1850) bekämpfte D. leidenschaftlich die reaktionären preußischen Regulative von 1854.
Literatur: H.G. Bloth, A. Diesterweg, Sein Leben und Wirken für Pädagogik und Schule, 1966; E. Groß, Erziehung und Gesellschaft im Werk A. Diesterwegs, 1966; H. Rupp, F.A.W. Diesterweg, Pädagogik und Politik, 1989. *UH*

Dietrich, Marlene

(eigtl. Maria Magdalena von Losch)
Filmschauspielerin und Sängerin
✶ 27.12.1901 Berlin
† 6.5.1992 Paris [F.53]

Den Traum von der Violinvirtuosin mußte die Tochter eines preußischen Offiziers wegen einer chronischen Sehnenscheidentzündung bald begraben. D. nahm Schauspielunterricht an der Max-Reinhardt-Schule in Berlin. Gleichzeitig begann sie eine Karriere als Revue-Star an verschiedenen Berliner Bühnen. An der Seite von Hans Albers spielte sie 1929 in »Zwei Krawatten« von G. Kaiser. Bereits seit 1929 wirkte sie in Stummfilmen mit. In »Die Frau, nach der man sich sehnt« (1929) setzte sie zum ersten Mal ihr als erotisch aufreizend empfundenes Körperspiel ein. Durchschlagenden Erfolg hatte sie in »Der blaue Engel« (1930), mit dem sie über Nacht zum Megastar avancierte. Auf heute kaum nachvollziehbare Weise verkörperte sie die erotischen Männerphantasien dieser Jahre. H.H. Stuckenschmidt sprach 1930 vom »schlackenlosen neuen Dirnencharakter«, einer »Welt eingestandener Nur-Geschlechtlichkeit« und einer »rücksichtslos egozentrischen Sphäre nackter Erotomanie«. Unmittelbar nach diesem Erfolg ging die D. mit J. v. Sternberg nach Hollywood. Die Paramount stylte sie von Film zu Film immer mehr zur erotischen Kunst- und Kultfigur: Make-up- und Beleuchtungstricks gaben ihr das Flair des verrucht-unnahbaren Vamps. Mit Sternberg realisierte sie bis 1935 sechs weitere Filme (u.a. »Shanghai-Expreß« 1932; »Blonde Venus« 1933; »Die große Zarin« 1935). Später arbeitete sie mit Lubitsch (»Engel« 1937), R. Clair (»Die Abenteuerin« 1941), Hitchcock (»Die rote Lola« 1950), B. Wilder (»Zeugin der Anklage« 1957), O. Welles (»Im Zeichen des Bösen« 1959) und St. Kramer (»Das Urteil von Nürnberg« 1961). Während des II. Weltkriegs widmete sich die D. als engagierte Antifaschistin der Truppenbetreu-

Marlene Dietrich (1901–1992)

ung, danach ihrer zweiten großen Karriere als Diseuse. Über 20 Jahre tourte sie durch nahezu alle Weltgegenden. Nach einem Bühnenunfall 1974 beendete die D. ihre Bühnenkarriere und zog sich gänzlich in ihre Pariser Wohnung zurück. 1978 publizierte sie ihre Autobiographie »Nehmt nur mein Leben«. 1983 drehte M. Schell die Dokumentation »Marlene«.
Literatur: M. Dietrich, Ich bin, Gott sei Dank, Berlinerin. Memoiren, 1998. *DTW*

Dilthey, *Wilhelm* Christian Ludwig

Philosoph
✶ 19.11.1833 Biebrich b. Wiesbaden
† 1.10.1911 Seis (Tirol)

Der Sohn eines Oberhofpredigers studierte u.a. in Berlin Theologie, wo er nach zweijährigem Schuldienst als freier Schriftsteller lebte. Ab 1866 bekleidete er Professuren in Basel, Kiel, Breslau und folgte schließlich 1882 einer Berufung nach Berlin. 1905 gab er seine Lehrtätigkeit auf, um sich ganz seiner wissenschaftlichen Arbeit widmen zu können. D. gilt als Begründer der Erkenntnistheorie der Geisteswissenschaften und war einer der bedeutendsten Vertreter der hermeneutischen Wissenschaften. In seinen Arbeiten unternahm er den Versuch, eine Erfahrungswissenschaft der geistigen Erscheinungen, eine geschichtliche Lebensphilosophie aufzubauen (»Der Aufbau der geschichtlichen Welt in den

Geisteswissenschaften« 1910). Danach erlangt der Mensch durch das Erleben fremder Sinnformen und deren Rekonstruktion der Entstehung ein Verständnis seiner Geschichtlichkeit. Dieser Weg führt nach D. zum hermeneutischen Sinnverstehen der drei Klassen menschlicher Lebensäußerungen: sprachliche Ausdrücke, Handlungen und Erlebnisausdrücke. Vor allem mit seinen Arbeiten über Schleiermacher und die Romantiker, über den jungen Hegel und zur Geschichte des Pantheismus hatte D. nachhaltigen Einfluß auf das Denken seiner Zeit. Die von ihm eingeführte Lebensphilosophie griff die »Dilthey Schule« auf. Sie wirkte aber auch auf andere philosophische Richtungen sowie auf die Literatur- und Kunstgeschichtsschreibung, auf die Ästhetik, Pädagogik und Psychologie. Zu seinen Hauptwerken gehören: »Das Leben Schleiermachers« (2 Bde. 1879–1922), »Das Erlebnis und die Dichtung« (1906) und »Von Deutscher Dichtung und Musik« (1933).
Literatur: O.F. Bollnow, Dilthey. Eine Einführung in seine Philosophie, 1967; C. Misch, Der junge Dilthey. Ein Lebensbild in Briefen und Tagebüchern 1852–1870. *UH*

Dircksen, *Ernst* August

Ingenieur, Eisenbahnbaumeister
✶ 31.5.1830 Danzig
† 11.5.1899 Erfurt
D., Sohn eines Lehrers, war nach dem Studium an der Bauakademie (Baumeister 1859) bei verschiedenen Eisenbahngesellschaften tätig. 1867–70 bei der Deutschen Eisenbahngesellschaft Berlin (Stadtbahn) angestellt, wurde er 1874–83 Vorsitzender der Eisenbahndirektion für den Stadtbahnbau in Berlin und 1883 Oberbaurat bei verschiedenen Eisenbahndirektionen. D. war einer der bedeutendsten S-Bahn-Planer in Berlin.
Wichtige Bauwerke: 1. Bauabschnitt Ringbahn, Bln.-Moabit/Stralau/Schöneberg (1867–70, Bauleitung); Stadtbahn Schlesischer Bahnhof/Friedrichstraße/Charlottenburg (1874–83, Entwurf u. Bauleitung); Viadukt der Stadtbahn über dem alten Befestigungsgraben, Dircksenstraße, Bln.-Mitte (1878–82).
Literatur: U. Kieling, Berliner Privatarchitekten u. Eisenbahnbaumeister im 19. Jh., 1988. *KDS*

Dirichlet, Gustav *Peter*

(eigtl. Lejeune D.)
Mathematiker
✶ 13.2.1805 Düren
† 5.5.1859 Göttingen
D., Sohn eines Postmeisters, kam 1828 aus Breslau nach Berlin, wo er Lehrer an der Kriegsschule wurde. 1831 erhielt er eine Professur an der Berliner Universität. Dort wies er durch seine Forschungen der Zahlentheorie neue Wege. Wichtige Beiträge lieferte er auch zur Analysis, Algebra, Mechanik und Physik. Auf seine Untersuchungen gehen viele mathematische Begriffe zurück. D. folgte 1855 einer Berufung nach Göttingen. *UH*

Distelmeyer, *Lamprecht* (Lampert)

brandenburgischer Diplomat
✶ 22.2.1522 Leipzig
† 12.10.1588 Berlin
D., der aus einer Handwerkerfamilie stammte, studierte in Leipzig, widmete sich hier zuerst theologisch-philologischen Studien und ab 1541 dann den Staatswissenschaften, welche er mit dem Dr. jur. abschloß. Er übernahm anfangs in einer Kanzlei diplomatische Arbeiten, wurde dann Syndikus der Stadt Bautzen, deren Interessen er geschickt gegen Kaiser Ferdinand I. zu vertreten verstand. 1550 wurde er Rat am brandenburgischen Hof. Hier hatte er viele diplomatische Erfolge, wie die für Brandenburg günstigen Ergebnisse des Passauer Vertrages (1552), die Erneuerung der Erbverbrüderung zwischen Sachsen, Hessen und Brandenburg (1555), die Mitwirkung beim Zustandekommen des Augsburger Religionsfriedens (1555), vor allem jedoch die Erlangung der Mitbelehnung der brandenburgischen Hohenzollern mit dem Herzogtum Preußen (1569). D. war Kanzler und behielt sein Amt bis zu seinem Tode. *EH*

Diterichs, Friedrich Wilhelm

(auch Dietrichs oder Dieterichs)
Architekt
✶ 10.4.1702 Uelzen
† 13.12.1782 Orpensdorf b. Stendal
D. kam 1717 nach Berlin und war zwischen 1721 und 1723 Bauinspektor der Kurmärkischen Kammer; 1737 zum Baudirektor und 1742 zum Oberbaudirektor befördert. 1744–45 oblag dem Vertreter des Barock die Leitung der Potsdamer Bauten Knobelsdorffs.

Wichtige Bauten: Gouverneurshaus König-/Ecke Jüdenstraße, Bln.-Mitte (1721); Prinzessinnenpalais, heute Operncafé, Bln.-Mitte (1730–33, zerst. u. rekonstr.); Palais der Prinzessin Amalie, spätere Russ. u. Sowj. Botschaft, Bln.-Mitte (1750, stark verändert wieder aufgebaut); Palais Ephraim, Bln.-Mitte (1761–1766); wahrsch. Umbau Ermeler-Haus, Bln.-Mitte (um 1760).
Literatur: U. Kieling/U. Hecker, Berliner Architekten und Baumeister bis 1800, 1983. *KDS*

Döbbelin, Carl Theophil

Schauspieler und Theaterleiter
✶ 27.4.1727 Königsberg
† 10.12.1793 Berlin
D. studierte in Halle Jura, mußte wegen Beteiligung an einem Tumult flüchten und schloß sich 1750 der Schauspieltruppe der Neuberin an, bei der er als Schauspieler debütierte. 1752 wurde er Mitglied der Truppe von Schuch, 1754 der Ackermannschen Gesellschaft, 1756/57 und erneut 1767 gründete er eigene Truppen, unterstützte zwischenzeitlich Schuchs Unternehmungen und trug zur Abschaffung der extemporierten Stegreifkomödie bei. 1775 wurde er mit seiner Gesellschaft in Berlin ansässig sowie 1786 im ehemaligen französischen Komödienhaus am Gendarmenmarkt erster Direktor des Berliner Nationaltheaters, das, als D. es 1789 an den Hof abtrat, die Grundlage des Berliner Hoftheaters wurde. Hier veranstaltete er 1783 die erste Aufführung von Lessings »Nathan der Weise«, nachdem er 1768 »Minna von Barnhelm« gespielt und 1772 in Braunschweig »Emilia Galotti« zur Uraufführung gebracht hatte. *DTW*

Döblin, Alfred

(Pseud. Linke Poot)
Schriftsteller und Arzt
✶ 10.8.1878 Stettin
† 28.6.1957 Emmendingen b. Freiburg i.Br.
D. war Sohn eines Schneiders. Trotz finanzieller Schwierigkeiten ermöglichten ihm seine Eltern das Medizinstudium. Von 1911–33 praktizierte er als Arzt im Osten Berlins. Während des I. Weltkriegs arbeitete er als Militärarzt. Seit 1910 war er Mitarbeiter an Waldens avantgardistischer Zeitschrift »Sturm«. Während der Novemberrevolution 1918 stand er der USPD nahe und kritisierte als »Linke Poot« scharf die Weimarer Republik. 1920 erschien sein zweibändiger historischer Roman »Wallenstein«. D. erhielt dafür den Kleist- und Fontanepreis und wurde 1928 in die Preußische Akademie der Künste gewählt. Ein Jahr später veröffentlichte er den Roman »Berlin Alexanderplatz«, den weltliterarischen Höhepunkt seines Schaffens. Vor dem Hintergrund des Berliner Scheunenviertels wird der zähe Existenzkampf des Transportarbeiters Franz Biberkopf gezeigt, sein Ringen darum, anständig zu bleiben. Dieser Roman ist zugleich auch der formal gelungene Versuch, die Hektik der Großstadt und die Isoliertheit des Individuums sprachlich zu artikulieren. 1933 wurden D.s Werke von den Nazis verbrannt, er selbst als jüdischer Schriftsteller verfolgt. D. emigrierte über die Schweiz nach Paris, nahm 1936 die französische Staatsbürgerschaft an und arbeitete ab Kriegsbeginn im französischen Informationsministerium. Beim Einfall der faschistischen Truppen floh er über Portugal nach den USA (New York, Los Angeles, Hollywood); 1941 trat er zum Katholizismus über. Nach dem II. Weltkrieg kehrte er nach Deutschland zurück und arbeitete als Abteilungsleiter bei der Kulturbehörde der Französischen Militärverwaltung. Vom Nachkriegsdeutschland enttäuscht, zog er sich 1953 nach Paris zurück. In seinem letzten Werk, dem Roman »Hamlet oder die lange Nacht nimmt ein Ende« (1956), verbindet er mit der Schilderung eines Heimkehrerschicksals auch die Abrechnung mit dem Faschismus und der Barbarei des Krieges. Der Literaturpreis, den ihm die Bayerische Akademie der Schönen Künste am 27.6.1957 verlieh, kam für ihn zu spät. Einen Tag später starb D. nach langer Krankheit.
Literatur: A. Arnold, Alfred Döblin, 1996. *MR*

Dohm, Christian Wilhelm von

Diplomat und Schriftsteller
✶ 11.12.1751 Lemgo
† 29.5.1820 Pustleben b. Nordhausen
Nach dem Studium der Theologie, später der Rechtswissenschaften in Leipzig und Göttingen war D., Sohn eines Predigers, in Berlin als Pagenmeister am Hofe des Prinzen Ferdinand tätig. 1776 wurde er zum Professor für Finanzwissenschaft und Statistik an das Collegium Carolinum in Braunschweig berufen, erwarb durch erste Veröffentlichungen den Ruf einer historischen Autorität und wurde 1779 nach Veröffentlichung der »Geschichte des Bayerischen Erbfolgestreits« als Geheimer Kriegs- und Archivrat im Preußischen Außenministerium angestellt. Zu seinem Aufgabenbereich zählten diplomatische Missionen, hi-

storische Untersuchungen zu politischen und militärischen Konflikten sowie statistische Untersuchungen. D. gehörte als Schriftsteller zu den Verehrern des preußischen Königs Friedrich II. und stand in enger Beziehung zum Freundeskreis des Halberstädter Domsekretärs Johann Wilhelm Ludwig Gleim. In Berlin erregte D. 1781 politische Aufmerksamkeit mit der auf Veranlassung von Moses Mendelssohn herausgegebenen Streitschrift »Über die bürgerliche Verbesserung der Juden«, die erstmals in Deutschland die Forderung nach der bürgerlichen Gleichberechtigung der Juden auf allen Gebieten enthielt. 1786 wurde D. in den Adelsstand erhoben und war seither im diplomatischen Dienst Preußens tätig, u.a. als Gesandter Preußens auf dem Rastatter Kongreß 1797/99.
Literatur: Denkwürdigkeiten meiner Zeit von 1778–1806 (1814–19) *DW*

Dominicus, Adolf *Alexander* Eberhard

Bürgermeister von Berlin-Schöneberg
✶ 19.4.1873 Straßburg
† 18.10.1945 Freiburg
D. stammte aus einer Beamtenfamilie, studierte Rechtswissenschaften in Straßburg, München und Berlin und trat 1900 als Regierungsassessor die Verwaltung Elsaß-Lothringens an. 1902 wurde er zum Beigeordneten von Straßburg, wo er sich durch die Reform der Arbeitsnachweise und den Ausbau des Schulwesens einen Namen schuf. 1911 berief man ihn zum Bürgermeister von Berlin-Schöneberg. Durch seine Initiative entstand 1920 das Gesetz über die Bildung einer neuen Stadtgemeinde Berlin (bisher hatten etwa 50 Gemeindebehörden neben- und auch gegeneinander regiert). Durch dieses Gesetz entstand Groß-Berlin, das von einem Zentralen Magistrat einheitlich geleitet und von 20 Bezirksämtern verwaltet wurde. Nach seinem Ausscheiden aus dem öffentlichen Dienst leitete D. ein Kindererholungsheim, das als eine der größten deutschen Wohlfahrtsanstalten bekannt wurde. *EH*

Dominik, Hans-Joachim

Verfasser von technischen Zukunftsromanen und populärwissenschaftlichen Sachbüchern
✶ 15.11.1872 Zwickau
† 9.12.1945 Berlin [F.94]
Der Sohn eines Verlagsbuchhändlers ging in Berlin und Gotha zur Schule, studierte nach dem Abitur an der TH Berlin Maschinenbau und Elektrotechnik. 1898–1904 arbeitete er bei verschiedenen Berliner Großbetrieben. Die seit 1902 nebenbei ausgeübte Schriftstellerei wurde ab 1924 zu seinem Hauptberuf. D. wurde zu einem der meistgelesenen Autoren technisch-utopischer Romane in deutscher Sprache. Zwei seiner bekanntesten Romane haben die Anwendung der Atomenergie zum Inhalt: »Der Brand der Cheopspyramide« (1926) und »Atomgewicht 500«. Schon zu

Hans-Joachim Dominik (1872–1945)

Lebzeiten erreichten D.s Werke, in denen allerdings auch rassistische Untertöne mitschwingen, obwohl er mit den Nazis nichts zu tun hatte, eine Gesamtauflage von über 2 Millionen Exemplaren. 1942 erschien seine Autobiographie unter dem Titel »Vom Schraubstock zum Schreibtisch«. *MR*

Dorothea

Kurfürstin von Brandenburg
✶ 9.10.1636 Glücksburg
† 16.8.1689 Karlsbad
D. vermählte sich in zweiter Ehe mit dem Kurfürsten Friedrich Wilhelm von Brandenburg. In dieser Verbindung machte sie sich um die Stadt Berlin verdient. Sie verwendete ein großes Grundstück, das ihr der Kurfürst geschenkt hatte, dazu, in Berlin einen neuen Stadtteil anzulegen. D. verkaufte einzelne Teile ihres Besitzes an Bauleute, erließ anfänglich einen Teil der Abga-

ben und schenkte selber Bauholz. So entstand die Dorotheenstadt und zu ihrer Verschönerung die große Lindenallee, die später als »Straße unter den Linden« zur vornehmsten Straße Berlins wurde. D. hatte hier höchstpersönlich den ersten Baum gepflanzt. Vor dem Spandauer Tor ließ sie Gemüsekulturen anlegen, und auch eine Gastwirtschaft entstand; die Berliner honorierten ihr das jedoch nicht und sahen in ihren Unternehmungen eher eine Konkurrenz für ihr Gewerbe. Auch D.s Einflußnahme auf politische Entscheidungen des Kurfürsten wurde mißverständlich aufgenommen. Als sie zum Frieden von Saint-Germain-en-Laye riet, unterstellte man ihr keine Friedensabsichten, sondern führte ihren Vorschlag auf die großzügigen Geschenke Ludwigs XIV. zurück. *EH*

Dorsch, Käthe

Schauspielerin

✶ 29.12.1890 Neumarkt (Oberpfalz)

† 25.12.1957 Wien [F.92, Gedenkstein]

D. begann ursprünglich als Operettensoubrette, kam 1912 nach Berlin. 1919 ging sie zum Residenztheater, 1920 schaffte sie den Übergang zum Schauspiel. Bis 1938 spielte sie in Berlin (Lessing-Theater, Staatstheater, Volksbühne, Künstlertheater, Deutsches Theater), war seit 1939 in Wien am Burgtheater, seit 1951 am Schiller- und Schloßpark-Theater in Berlin, 1955 ging sie zu Gründgens nach Düsseldorf. D. begann als volkstümliche Mädchengestalt, entwickelte später ihre Begabung fürs tragische Fach, wurde zu einem Star, deren sinnlich-vitale Spielweise und süddeutscher Charme ihr zu großer Popularität verhalfen. Sie spielte auch in zahlreichen Boulevardkomödien und Revuen. Als Filmschauspielerin (mit über 1000,– RM Tagesgage Spitzenverdienerin im deutschen Film der 30er Jahre) spielte sie in relativ wenigen anspruchsvolleren Produktionen. Durch ihre Beziehung zu H. Göring, dessen Verlobte sie einmal war, konnte sie vielen jüdischen Kollegen aus unmittelbarer Bedrängnis helfen. *DTW*

Dove, Heinrich Wilhelm

Physiker und Meteorologe

✶ 6.10.1803 Liegnitz

† 4.4.1879 Berlin [F.117]

D. studierte in Breslau und Königsberg. 1829 wurde er Dozent in Berlin und zugleich Lehrer an der Artillerieschule. Von ihm stammt eine Arbeit über die Anwendung des Stereoskops zur Unterscheidung von falschem und echtem Papiergeld. Sein Hauptverdienst ist die Erarbeitung der physikalischen Grundlagen der Meteorologie (Drehungsgesetz des Windes, 1845) und ihre Etablierung als selbständige Wissenschaft. D. publizierte zahlreiche Arbeiten über die Temperaturverteilung auf der Erde und das Klima ausgewählter Regionen; darunter »Die Witterungsverhältnisse von Berlin« (1842). 1845 erhielt er eine Professur an der Berliner Universität. 1848 wurde er Direktor des 1846 gegründeten Meteorologischen Instituts, das unter seiner Leitung schnell zu einem Zentrum der jungen Wissenschaft aufstieg. 1837–49 gab D. das »Repertorium der Physik« heraus. D. gilt als Begründer der modernen Meteorologie und damit der Wettervorhersage. *UH*

Dovifat, Emil

Publizistik-Wissenschaftler

✶ 27.12.1890 Moresnet b. Eupen

† 8.10.1969 Berlin [F.94]

D. arbeitete 1921–28 als Redakteur bei verschiedenen Zeitungen und leitete 1928–47 das Berliner Institut für Zeitungswissenschaften. Er hatte maßgeblichen Anteil an der Gründung der CDU in Berlin. 1948–61 wirkte er als Direktor des Instituts für Publizistik der FU Berlin, deren Mitbegründer er war. Seine Hauptwerke sind »Der amerikanische Journalismus« (1927) und die »Zeitungslehre« (2 Bde., 1931). Er gab das »Handbuch der Publizistik« (3 Bde., 1966–69) heraus. *UH*

Drache, Heinz

Schauspieler

✶ 9.2.1923 Essen

† 3.4.2002 Berlin [F.88]

Bereits in früher Jugend entdeckte der Kaufmannssohn seine Liebe zum Theater, und so übernahm D. schon als Schüler Statistenrollen am Essener Schauspielhaus. 1942 debütierte er dann am Nürnberger Schauspielhaus als Prinz Wunderhold in einem Märchenstück. 1946 wurde D. von Wolfgang Langhoff ans Deutsche Theater nach Berlin engagiert, 1947 holte Gustaf Gründgens ihn ans Düsseldorfer Schauspielhaus, wo D. bis 1953 festes Ensemblemitglied blieb. Zahlreiche Engagements führten ihn in den 50er Jahren aber immer wieder zurück nach Berlin. Seine größten Erfolge feierte D. am Schiller-Theater u.a. in Herman Wouks »Meuterei auf der Caine« (1954)

unter der Regie von Boleslaw Barlog, sowie, ebenfalls unter Barlog, in Carl Zuckmayers »Das kalte Licht« (1955) an der Seite von Martin Held. Darüber hinaus spielte D. immer wieder im Theater am Kurfürstendamm und im Renaissance-Theater, wo er unter eigener Regie Jean Anouilhs »Monsieur Ornifle« gab. Nachdem er 1953 bereits in einigen Unterhaltungsstreifen (»Die Dalmatinische Hochzeit«, »Bei dir war es immer so schön«) sein Debüt als Filmschauspieler gegeben hatte, wandte D. sich in den 60er Jahren mehr und mehr Film und Fernsehen zu. 1962 spielte D. den Inspektor Yates in dem legendären sechsteiligen Fernseh-Krimi »Das Halstuch« von Francis Durbridge, der erste »Straßenfeger« in der Geschichte des Deutschen Fernsehens. Den Höhepunkt seiner Popularität erreichte D. mit 20 Edgar-Wallace-Filmen (u.a. »Der Hexer«, »Der Zinker«, »Der Frosch mit der Maske«). Den letzten, »Der Hund von Blackwood Castle«, drehte er 1968. Danach widmete D. sich wieder ganz dem Theater und kehrte erst 1985 in der Rolle des Gentleman-Kommissars Bülow in der Krimireihe »Tatort« auf den Bildschirm zurück. Die Drehbücher der in Berlin spielenden und vom Sender Freies Berlin produzierten Krimis entsprachen jedoch nicht den Erwartungen und Bülow wurde nach sechs Folgen abgelöst. Als Synchronsprecher lieh D. u.a. Sean Connery, Richard Widmark, Frank Sinatra und Robert Duvall seine Stimme. *RS*

Drake, Heinrich

Bildhauer
✶ 15.2.1903 Ratsiek b. Detmold
† 26.7.1994 Berlin
Der Sohn eines Schuhmachermeisters mußte gegen seinen Willen nach einer mißlungenen Tischlerlehre bei seinem Vater den Beruf eines Schuhmachers erlernen und erhielt 1921 den Gesellenbrief. Von 1925 arbeitete er als Holzschnitzer in Detmold, bevor er 1927 mit einem kleinen Stipendium an die Akademie für Kunstgewerbe nach Dresden kam. 1929 kam er nach Berlin, wo er hoffte, ein Stipendium und einen Platz an einer Bildhauerschule zu bekommen. Als das mißlang, lebte er als freier Bildhauer unter meist schlechten finanziellen Bedingungen. 1930 in Detmold und 1931 in Berlin kam es zu seinen ersten Ausstellungen. Seit 1936 gehörte er dem Verein Berliner Künstler an. Mit dem Rom-Preis der Preußischen Akademie der Künste konnte er sich 1940 einen Italienaufenthalt gestalten. In den Kriegsjahren seit 1942 kriegsdienstverpflichtet, mußte er als Feinmechaniker arbeiten. Nach Kriegsende war er als Zeichenlehrer tätig. 1946 gehörte er zu den Gründungsmitgliedern der Kunsthochschule in Berlin-Weißensee. Dort lehrte er bis zu seiner Emeritierung 1969 als Professor. 1954 wurde er Mitglied der Ostberliner Akademie der Künste. Für seine Arbeiten wurde er vielfach ausgezeichnet, so 1954 und 1965 mit dem Nationalpreis, 1984 mit dem Goethepreis. Zu seinen bekanntesten Arbeiten gehören seine Tierplastiken, die Büsten von Marx und Beethoven sowie das Zille-Denkmal und das Goethe-Denkmal. In Köpenick in der Hochlandstraße 13 erinnert eine Gedenktafel an den Künstler. *EF*

Drake, Johann *Friedrich*

Bildhauer
✶ 23.6.1805 Pyrmont
† 6.4.1882 Berlin [F.46]
D. lernte zuerst Kunstdrechsler und arbeitete in der väterlichen Mechanikerwerkstatt, bevor er seit 1827 in der Berliner Werkstatt C.D. Rauchs zur Bildhauerei überging und später dessen bedeutendster Schüler wurde. Erste selbständige Arbeiten begannen 1828, wobei seine Bildnisse, Büsten oder Statuetten in Marmor, Bronze oder Zink stets eine besondere Rolle spielten (u.a. »W.v. Humboldt« 1834). 1836/37 reiste D. nach Italien und begann danach sein für Berlin prägendes Denkmalschaffen, das er auch als Professor und Mitglied der Berliner Kunstakademie weiterzugeben wußte. Künstlerisch Rauch nahestehend, arbeitete er insgesamt schlichter, blieb jedoch den klassizistischen Idealen treu. Neben vielen Denkmälern für andere Orte in Deutschland sind vor allem seine Gruppe »Nike krönt den Sieger« (1857) auf der Berliner Schloßbrücke und besonders die »Viktoria« (1873, sog. »Goldelse«) auf der Berliner Siegessäule hervorzuheben. *JM*

Drenkmann, Günter von

Jurist
✶ 9.11.1910 Berlin
† (ermordet) 10.11.1974 ebd. [F.2]
D. schlug, wie sein Großvater, die Juristenlaufbahn ein, beendete seine Ausbildung 1937, trat aber erst nach dem Krieg, nach einigen Jahren als Rechtsanwalt, in den Justizdienst, wurde Richter, Personalreferent bei der Senatsverwaltung, Senatsdirektor und schließlich 1967 Kammergerichtspräsident. Einen Tag nach seinem 64. Geburtstag (und dem Hungertod des Baader/Mein-

hof-Mitglieds Holger Meins) wurde er vor seiner Haustür von RAF-Terroristen erschossen. *ThW*

Drewitz, Ingeborg
(geb. Neubert)
Schriftstellerin
✶ 10.1.1923 Berlin
† 26.11.1986 ebd. [F.94]
Die Tochter eines Ingenieurs und einer Pianistin verbrachte ihr ganzes Leben in Berlin. Sie studierte Philosophie, Germanistik und Geschichte (1945 Promotion). Danach schrieb sie zunächst Dramen für eine Theatergruppe. Beachtung fand das 1955 uraufgeführte Stück »Alle Tore waren bewacht«, das sich mit den nazistischen Konzentrationslagern beschäftigte. Neben essayistischen Arbeiten, z.B. »Berliner Salons« (1979, 3. Aufl. 1984), galt ihr Hauptaugenmerk der erzählerischen Prosa. Die Themen ihrer meist in Berlin spielenden Romane nahm sie aus der aktuellen Tagespolitik, aber auch aus eigenen Erfahrungen der Jugend unter dem Nationalsozialismus. Stark autobiographische Züge trägt der Roman »Gestern war Heute. Hundert Jahre Gegenwart« (1978). In »Bettine von Arnim« (1969) behandelte sie die gesellschaftliche Rolle der Frau. *MR*

Drews, *Berta* Helene
Schauspielerin
✶ 19.11.1905 Berlin
† 10.4.1987 ebd.
D. studierte an der Hochschule für Musik Berlin, war 1925 in Stuttgart, 1926–30 an den Kammerspielen München, kam 1930 nach Berlin (Staatstheater, Volksbühne, ab 1938 Schillertheater), heiratete H. George. Nach dem Krieg war sie 1949 am Hebbel-Theater und kehrte 1951 ans Schiller- und Schloßpark-Theater zurück. Neben ihren großen Bühnenrollen (z.B. Eboli in »Don Carlos«, Orsina in »Emilia Galotti«) war sie auch eine beliebte Fernsehdarstellerin. *DTW*

Dronke, Ernst
Schriftsteller und Journalist
✶ 17.8.1822 Koblenz
† 3.2.1891 Liverpool
Als Sohn eines Gymnasialprofessors studierte D. in Marburg und Bonn Jura. Von 1843–45 arbeitete er als Journalist in Berlin, bis er wegen von ihm verfaßter Gedichte als »gemeingefährlich« ausgewiesen wurde. Nach Erscheinen seines gesellschaftskritischen Buches »Berlin« (1846), verurteilte ihn die preußische Regierung 1847 zu einer Gefängnisstrafe von zwei Jahren. Während seiner Haft auf der Festung Wesel kam er in Kontakt zum »Bund der Kommunisten«. 1848 floh er nach Brüssel. 1851 ging er nach London und übernahm 1860 die Vertretung einer Kupfermine. *MR*

Droysen, *Johann* Gustav Bernhard
Historiker
✶ 6.7.1808 Treptow/Rega
† 19.6.1884 Berlin [F.49]
Der Sohn eines Feld- und Garnisonspredigers studierte in Berlin, wirkte danach am Gymnasium zum Grauen Kloster und war ab 1833 auch Privatdozent an der Universität. Berühmtheit erlangte der 25-jährige mit seiner »Geschichte Alexander des Großen« (1833). Dieses Thema fortführend, entstand die »Geschichte des Hellenismus« (3 Bde., 1877–78). 1840 folgte D. einer Berufung nach Kiel, wo er u.a. »Vorlesungen über die Freiheitskriege« (2 Bde., 1846) hielt und publizistisch gegen dänische Ansprüche an Schleswig-Holstein auftrat. Als Teilnehmer an der 48er Revolution wurde er Abgeordneter der Nationalversammlung. D. folgte dann einer Berufung nach Jena und kehrte 1859 nach Berlin zurück. Hier vollendete er sein Hauptwerk, die »Geschichte der preußischen Politik« (14 Bde., 1855–86).

Johann Gustav Droysen (1808–1884)

Darin konstruierte er eine Kontinuität deutscher Politik seit dem 15. Jh.
Literatur: W. Hock, Liberales Denken im Zeitalter der Paulskirche. Droysen und die Frankfurter Mitte, 1957; K.-H.. Spieler, Untersuchungen zu J.G. Droysens »Historik«, 1970. *UH*

Dryander, Ernst Hermann von

Theologe
✶ 18.4.1843 Halle
† 4.9.1922 Berlin
Der Pfarrerssohn studierte nach dem Besuch der Halleschen Franckeschen Stiftung in Halle und Tübingen Theologie. Anschließend besuchte er zwei Jahre das Domkandidatenstiftin Berlin, bereiste Frankreich und Italien, bevor er 1870 als Hilfsprediger am Domkandidatenstift eingesetzt wurde. Nach seelsorgerischer Tätigkeit in Torgau und Bonn kam er 1882 als Prediger an die Dreifaltigkeitskirche in Berlin. 1892 wurde er Generalsuperintendent der Kurmark. 1897 als Schloßprediger und 1898 zum Oberhofprediger berufen, übte er dieses Amt bis 1918 aus. Er blieb auch danach der Kaiserfamilie verbunden. So überführte er 1921 den Sarg der deutschen Kaiserin aus dem holländischen Exil nach Potsdam, wo er auch die Trauerfeierlichkeiten leitete. 1922 erschienen seine »Erinnerungen aus meinem Leben«. *EF*

Du Bois-Reymond, *Emil* Heinrich

Physiologe
✶ 7.11.1818 Berlin
† 26.12.1896 ebd. [F.111]
Der Abkömmling einer Hugenottenfamilie studierte in Berlin und Bonn Theologie, Philosophie, Mathematik und Geologie. 1839 wieder in Berlin, wechselte er zur Medizin, habilitierte sich 1846 für Physiologie und wirkte als Dozent für Anatomie an der Berliner Akademie der Künste. D. erhielt 1858 eine Professur. Unter seiner Leitung entstand 1877 der Neubau des Physiologischen Instituts der Berliner Universität. Als Sekretar stand er ab 1867 der mathematisch-physikalischen Klasse der Berliner Akademie der Wissenschaften vor. D. war einer der bedeutendsten theoretischen Mediziner der zweiten Hälfte des 19. Jhs. In seinen Arbeiten über die Physiologie von Nerven und Muskeln versuchte er, alle Lebenserscheinungen des Organismus auf physikalische Gesetzmäßigkeiten zurückzuführen. Internationale Anerkennung erlangte er mit seinen »Untersuchungen über tierische Elektricität« (2 Bde., 1848–84).
Literatur: H. Borutta, E. du Bois-Reymond, 1922; G. Mann, Naturwissenschaft und Erkenntnis. E. du Bois-Reymond, 1981. *UH*

Du Titre, Marie Anne

(auch Dutitre)
Berliner Original
✶ 27.1.1748 Berlin
† 22.7.1827 ebd. [F.111]
Ihr Vater, Benjamin George und ihre Mutter, geborene Sara Robert, waren Mitglieder der französischen Kolonie in Berlin. 33jährig heiratete sie 1781 den reichen Textilfabrikanten Etienne du Titre. Aus der Ehe gingen drei Kinder hervor. Durch ihre ungenierte und witzige Ausdrucksweise wurde die »Berliner Madame«, wie sie allgemein hieß, zum Urbild der schlagfertigen, kessen Berlinerin, die kein Blatt vor den Mund nimmt. Selbst König Friedrich Wilhelm III. und der Kronprinz fanden Gefallen an dieser originellen Persönlichkeit. Stets elegant gekleidet von der ersten Modistin Berlins (Madame Löwe) war sie eine rege Besucherin der Berliner Theaterwelt. Zu geflügelten Worten sind ihre Aussprüche geworden: Sie sieht im Theater Shakespeares »Macbeth«. Als die wahnsinnige Lady Macbeth mit brennender Kerze durch die Schloßräume wandelt, ruft sie in die feierliche Stille: »Macbethen, Sie drippen!« (die Kerze tropft). – Als Friedrich Wilhelm III. am Todestag seiner Gattin deren Grabstätte besucht, begegnen sich beide. In der Absicht ihn zu trösten sagt sie: »Ja, Majestäteken, et is schlimm for ihnen, wer nimmt och jern 'nen Witwer mit sieben Kinder.« – Bei einem Besuch in Weimar begegnet sie Goethe und sagt »Jott, wenn ick denke, wie schön sie det jedichtet haben: Festjemauert in die Erde!« Als Goethe ihr sagt, daß dies ein Gedicht von Schiller sei, entgegnet sie: »Ach, det macht nischt, Exellenzchen, Schiller und Joethe, det is bei uns alles eine Schmiere.« – Ihr Mann lag im Sterben und sie wirkte in der Küche um die Trauergäste zu bewirten. Als ihr Mann den Wunsch äußerte, sie noch einmal sehen zu wollen, ging sie zögerlich bis zur Schwelle des Sterbezimmers und jammerte: »Jott Vater, wat soll denn det, du weeßt doch, ick kann keene Doten nich sehn!« – Kurz vor ihrem Tod sagte sie beim Aufsetzen des Testamentes: »Wenn ick so denke, wer von meine Verwandte all det scheene Jeld erbt, möchte ick am liebsten jarnich sterben.«

Literatur. I. Hildebrandt, Zwischen Suppenküche und Salon, 2002. *KD*

Dudow, Slatan

Filmregisseur
✶ 30.1.1903 Zaribrod (Bulgarien)
† 12.7.1963 Berlin [F.108]
Der Sohn eines Eisenbahners kam 1922 nach Berlin, wo er als Werkstudent Theaterwissenschaft studierte. Er hospitierte bei Jessner und Fehling und war Chormitglied bei Piscator. 1929 lernte er in Moskau Majakowski und Eisenstein kennen, wurde später von Brecht in seine Theaterarbeit integriert (Inszenierung »Die Maßnahme«). Seine erste Filmarbeit war 1929/30 der Reportagefilm »Wie der Berliner Arbeiter wohnt«, der sofort die Zensur auf den Plan rief, ebenso wie sein erster Spielfilm »Kuhle Wampe« (Buch gemeinsam mit Brecht und Ottwald) von 1932. Nach 1933 war er mehrfach verhaftet und emigrierte nach Frankreich, wurde 1939 interniert und floh in die Schweiz. 1946 kehrte er nach Berlin zurück, drehte bei der DEFA 1949 einen der wichtigsten Nachkriegsfilme »Unser täglich Brot«, ferner »Frauenschicksale« (1952), »Stärker als die Nacht« (1954), »Der Hauptmann von Köln« (1956) u.a. D. machte sich als Lehrer und Mentor zahlreicher junger Regisseure verdient.

Karl Eugen Dühring (1833–1921)

Literatur: H. Herlinghaus, S. Dudow, 1965. *DTW*

Duensing, Erich

Polizeipräsident
✶ 20.12.1905 Frankfurt/M.
† 9.5.1982 Hub-Ottersweil
D. besuchte eine Polizeischule in Hannoversch-Münden und war ab 1925 Polizeioffizier in der preußischen Schutz- und Landespolizei. Ab 1936 Oberleutnant der Wehrmacht, wurde er Bataillonskommandant, Kompaniechef und Regimentsadjutant. 1938–40 erhielt D. eine Generalstabsausbildung und wurde später Truppenkommandeur und Generalstabsoffizier in einer Heeresgruppe. D. war bis 1948 in Kriegsgefangenschaft; nach seiner Entlassung wurde er Oberbeamter in der hessischen Landesgendarmerie, später im Innenministerium, Abteilung Öffentliche Sicherheit. Seit 1951 war er Kommandeur der Schutzpolizei Berlin und fungierte gleichzeitig als Präsident des Polizeisportvereins Berlin. D. wurde schließlich aufgrund seiner Kompetenz der Nachfolger des Polizeipräsidenten Stumm. Als bei einer Demonstration gegen den Schah-Besuch (2.6. 1967) der Student Benno Ohnesorg erschossen wurde, erhob die Öffentlichkeit schwere Vorwürfe gegen die Ausbildung und die Grundeinstellung der Berliner Polizei. Man empfahl D., abzudanken. *EH*

Dühring, Karl *Eugen*

Philosoph und Nationalökonom
✶ 12.1.1833 Berlin
† 21.9.1921 Nowawes b. Potsdam [F.12]
D. promovierte in Berlin und wollte eine juristische Laufbahn einschlagen. Nach Erblinden wandte er sich der Nationalökonomie und Philosophie zu. 1877 wurde ihm nach heftigen persönlichen Fehden mit Berliner Kollegen und Kritik am Universitätswesen die Lehrbefugnis entzogen. Als freier Schriftsteller profilierte sich D. zu einem führenden Vertreter des deutschen Positivismus. Auf die provozierende Marx-Kritik D.s antwortete Engels mit dem sogenannten Anti-Dühring (»Herrn E.D.s Umwälzung der Wissenschaft« 1877). Darin kennzeichnete Engels D.s Positionen als Vulgärmaterialismus und Utopismus. *UH*

Duncker, *Franz* Günter

Buchhändler und Politiker
✶ 4.6.1822 Berlin
† 18.6.1888 ebd. [F.12]
D. stammte aus einer berühmten Berliner Buchhändlerfamilie, er studierte Philosophie und Geschichte und erwarb 1850 die Bessersche Buchhandlung, die er 25 Jahre lang leitete. In dieser Zeit kaufte er auch die Urwähler-Zeitung und machte sie zu einem einflußreichen Organ der liberalen Opposition. 1859 nahm D. an der Gründung des Nationalvereins teil, 1861 an der der Fortschrittspartei und war seit 1867 Reichstagsabgeordneter. Seit 1865 stand er an der Spitze des Berliner Handwerkervereins und gründete 1869 mit Schultze-Delitzsch und Hirsch die Hirsch-Dunckerschen Deutschen Gewerkvereine; sie vertraten liberale Positionen und versuchten von diesem Standpunkt aus, der Sozialdemokratie entgegenzuwirken. *EH*

Duncker, *Maximilian* (Max) Wolfgang

Deutscher Historiker und Politiker
✶ 15.10.1811 Berlin
† 21.7.1886 Ansbach [F.49]
Von 1842 an als Professor für Geschichte in Halle, war er aktiver Teilnehmer an der 48er Revolution und (altliberales) Mitglied der Frankfurter Nationalversammlung. Nach einem Intermezzo in Tübingen, wo er ab 1857 Professor war, trat er 1859 als Leiter der zentralen Pressestelle im Staatsministerium in den preußischen Staatsdienst ein, wurde 1866 Zivilkommissar in Kurhessen und war maßgeblich am Entwurf der Verfassung des Norddeutschen Bundes beteiligt. Von 1867–1874 war D. als Direktor der preußischen Archive tätig. Hauptwerk: »Geschichte des Altertums« (7 Bde. 1878–82) *VTM*

Durieux, Tilla

(eigtl. Ottilie Godeffroy)
Schauspielerin
✶ 18.8.1880 Wien
† 21.2.1971 Berlin [F.2]
D. studierte in Wien, begann in Olmütz, ging 1903 nach Breslau und im gleichen Jahr nach Berlin ans Deutsche Theater, dem sie bis 1911 verpflichtet blieb. Unter Reinhardt hatte sie ihre erste künstlerische Glanzzeit, verkörperte aufgrund ihres aparten Aussehens das exotische Element (Titelrollen in Hebbels »Judith« und Wildes »Salome«, Jokaste in »König Ödipus«). 1911–1914 spielte sie am Lessing-Theater, 1915 wurde sie ans Kgl. Schauspielhaus (später Staatstheater) verpflichtet, wo sie große Frauenrollen spielte (Kriemhild in Hebbels »Nibelungen«, Medea, Kleopatra in Shakespeares »Antonius und Kleopatra«), jedoch keine künstlerische Befriedigung fand. Zwischenzeitlich spielte sie in München, seit 1920 an verschiedenen Berliner Bühnen. 1927 beteiligte sie sich künstlerisch und auch finanziell an der Piscator-Bühne. 1933 emigrierte sie in die Schweiz und nach Zagreb, sie unternahm Gastspiele in der Schweiz und der Tschechoslowakei, in Österreich und Skandinavien. Im II. Weltkrieg sah man sie an der Seite jugoslawischer Partisanen. 1945–51 schneiderte sie Kostüme für ein jugoslawisches Puppentheater. D. kehrte, nach Gastspielen 1952, erst 1955 endgültig nach Deutschland zurück, spielte in Berlin im Theater am Kurfürstendamm, in Hamburg und Münster, daneben auch in Filmen (»Anastasia, die letzte Zarentochter« 1956; »Auferstehung« 1958). 1967 stiftete sie den D.-Schmuck (Pendant zum Iffland-Ring) für außerordentliche Leistungen einer Schauspielerin. D. war eine Schauspielerin von höchster Wandlungsfähigkeit. Sie spielte Heroinen wie Salonkätzchen, Königinnen wie Dienerinnen, Huren wie keusche Blumenmädchen. Ihr soziales und politisches Engagement trug ihr Sympathien wie Anfeindungen ein. D. war in zweiter Ehe mit dem Verleger Paul Cassirer verheiratet, wurde von Corinth, Kokoschka, Orlik, Renoir und Slevogt gemalt und von Barlach modelliert.
Schriften: Zagreb 1945 (Bühnenstück), Eine Tür fällt ins Schloß (Autobiographie, 1928), Eine Tür steht offen (Theaterroman, 1954), Meine ersten neunzig Jahre (1971).
Literatur: T. Durieux, hg. v. J.W. Preuss, 1965.
DTW

Dutschke, Rudolf *(Rudi)*

Soziologe
✶ 7.3.1940 Schönefeld b. Luckenwalde
† 24.12.1979 Aarhus (Dänemark) [F.88]
D. stammte aus einer Beamtenfamilie und war schon als Schüler in sozialen Bewegungen engagiert, z.B. in der »Jungen Gemeinde«. Eigentlich wollte er Sportjournalist werden, da er aber bereits in DDR-Zeiten den Wehrdienst verweigerte, war ihm dort das Studium verwehrt. Er lernte zunächst Industriekaufmann. Ab 1960 versuchte er, in Westberlin zu studieren. Nach dem Bau der Mauer kehrte D. nicht in die DDR zurück, son-

dern begann 1961 ein Soziologiestudium an der FU. D. trat erst 1966, anläßlich einer Veranstaltung gegen die Große Koalition, vor allem jedoch nach dem Tod des Studenten Benno Ohnesorg (2.6.1967) in der Studentenbewegung hervor und wurde in der Folgezeit zum geistigen Kopf der studentischen APO. »Der lange Marsch durch die Institutionen« sollte das gesellschaftliche und politische System verändern. Am 11.4.1968 wurde D. auf offener Straße angeschossen und lebensgefährlich verletzt. Nach seiner Genesung war er politisch und theoretisch wieder sehr engagiert und konnte, obwohl gesundheitlich nie wieder ganz hergestellt, 1973 seine Promotion abschließen. 1979 verstarb er an den Nachwirkungen des Attentats. *EH*

Düttmann, Werner

Architekt, Maler und Grafiker
✶ 6.3.1921 Berlin
† 26.1.1983 ebd. [F.2]

D., Sohn eines Berliner Bildhauers, trat bald nach dem Studium der Architektur an der TH Charlottenburg (1939–42) sowie der TU Berlin (1947/48) in die Berliner Bauverwaltung ein, wurde 1953 zum Regierungsbaurat ernannt und an zahlreichen wichtigen Bauvorhaben jener Zeit maßgeblich beteiligt. D. war »Anreger, angetreten zur Mobilisierung einer stark verharzten Bauverwaltung«. Unter Bausenator R. Schwedtler war D. 1960–66 Senatsbaudirektor und übernahm nach seiner Tätigkeit als Honorarprofessor (seit 1963) 1966–70 ein Ordinat für »Entwerfen von Hochbauten« an der TU Berlin. 1971 bis zu seinem Tode war D. nach Boris Blacher Präsident der Akademie der Künste. D. ist Vertreter sachlicher funktionalistischer Stilelemente und rationell kubischer Baukörper.

Wichtige Bauten: Ausbau der Buchhandlung Wasmuth, Hardenbergstraße, Bln.-Charlottenburg (1956); Mitarbeit am Entwurf der Kongreßhalle, Bln.-Tiergarten (1956–57, zus. mit H. Stubbins, Detailbearbeitung und Bauleitung zus. mit F. Mocken); U-Bahnhof Hansaplatz mit Stadtbücherei, Bln.-Tiergarten (1957); Akademie der Künste, Bln.-Tiergarten (1960); Städtebauliche Planung für das Märkische Viertel, Bln.-Reinickendorf (1963, zus. mit G. Heinrichs u. H.C. Müller); St. Agneskirche, Bln.-Kreuzberg (1967); Büro- und Verwaltungsgebäude An der Urania, Bln.-Schöneberg (1967); Brücke-Museum, Bln.-Dahlem (1967); Wohnbauten im Märkischen Viertel, Bln.-Reinickendorf (1970); Geschäftshaus Kudamm-Eck, Bln.-Charlottenburg (1972); Gemeindezentrum und St. Martinskirche, Bln.-Reinickendorf (1973); Wohnbauten am Mehringplatz, Bln.-Kreuzberg (1974).

Literatur: W. Ribbe/W. Schäche (Hg.), Baumeister, Architekten, Stadtplaner, 1987. *KDS*

E

Eberhard, Johann August
Philosoph
✶ 31.8.1739 Halberstadt
† 6.1.1809 Halle/Saale
Nach dem Theologiestudium in Halle nahm der Sohn eines Kantors und Lehrers 1759 eine Hofmeisterstelle an. 1766 kam er nach Berlin. Hier wirkte er als Prediger des Armenhauses und seit 1774 in Charlottenburg. Mit seinen Arbeiten »Die neue Apologie des Sokrates« von 1772 und »Allgemeine Theorie des Denkens und Empfindens« von 1776 fand er vor allem unter den Berliner Aufklärern um Mendelssohn und Nicolai große Aufmerksamkeit. Seit 1778 lehrte er an der Universität in Halle, wo Schleiermacher einer seiner Schüler wurde. In Halle gab er die Zeitschriften »Philosophisches Magazin« (1788/1792) und »Philosophisches Archiv« (1792/1795) heraus, in denen gegen die Philosophie Kants polemisiert wurde. Seit 1786 war er Mitglied der Berliner Akademie der Wissenschaften. Zu seiner Polemik gegen Kant meinte dieser, daß »Hr. Eberhard, wie mehrere andere, mich nicht verstanden habe, ist das mindeste, was man sagen kann ...«
EF

Ebert, Carl
Schauspieler, Opernregisseur und Intendant
✶ 20.2.1887 Berlin
† 14.5.1980 Santa Monica (USA)
E. wirkte als Schauspieler 1915–22 in Frankfurt/M., 1922–27 am Staatstheater in Berlin; war 1927–31 Intendant in Darmstadt und 1931–33 der Städtischen Oper Berlin. E. mußte 1933 emigrieren, war 1934–39 künstlerischer Leiter der Mozartfestspiele in Glyndebourne (erneut 1947–1959); 1950–61 in Los Angeles tätig, war er 1954–61 zugleich Intendant der Städtischen Oper in Berlin und stilbildender Opernregisseur.
ThW

Friedrich Ebert (1871–1925)

Ebert, Friedrich
1. Reichspräsident, Vorsitzender der SPD
✶ 4.2.1871 Heidelberg
† 28.2.1925 Berlin
E. stammte aus einer Handwerkerfamilie, erlernte den Sattlerberuf und schloß sich in seinen Wanderjahren der sozialdemokratischen Gewerkschaftsbewegung an. Seit 1893 in Bremen ansässig, wurde er in der Folgezeit Gastwirt und zugleich Redakteur der sozialdemokratischen »Bremer Bürger Zeitung«, 1900 Mitglied der Bremer Bürgerschaft, 1905 dann Sekretär des sozialdemokratischen Parteivorstandes in Berlin. E. war ein Anhänger Lassalles, galt als nicht doktrinär und Gegner der radikalen Linken. Seit 1908 führend in der Jugendbewegung, orientierte er auf eine enge Zusammenarbeit von Partei und Gewerkschaften. 1912 wurde E. Reichstagsabgeordneter und 1913, nach Bebels Tod, Vorsitzender der Partei. Nach der Spaltung der USPD wurde er 1916 neben Scheidemann Führer der

Reichstagsfraktion. E. war Kriegsgegner; wenn er bei Ausbruch des I. Weltkrieges trotzdem für die Bewilligung der Kriegskredite stimmte, so deshalb, weil er ihn als einen Verteidigungskrieg gegen das zaristische Rußland verstand. Als ein Mann, welcher der Politik der Volksverständigung den Vorzug gab, suchte er z.B. den Munitionsarbeiterstreik im Januar 1918 zu verhindern, stellte sich an dessen Spitze, um ihn in gesetzlichen Bahnen zu halten. Am 9.11.1918 übertrug Prinz Max nach Abdankung Kaiser Wilhelms II. E. das Reichskanzleramt. Nach der Novemberrevolution, die E. nicht gewollt hatte, wurde er Vorsitzender der Volksbeauftragten und erhielt die Referate Inneres und Militär. Am 11.2.1919 wurde E. zum Vorläufigen Reichspräsidenten gewählt. Bei der Niederschlagung des Kapp-Putsches bewies er Besonnenheit und Umsicht. E.s Amtszeit wurde auch aus diesem Grund vom Reichstag von 1922–25 verlängert, denn E. trug durch besagte Fähigkeiten und durch seine sachliche Haltung zur Festigung der Republik und zum Ausgleich der politischen Spannungen in dieser historisch schwierigen Zeit bei. E. starb vor Ablauf seiner Amtszeit an einer Blinddarmoperation.

Literatur: Schriften, Aufzeichnungen u. Reden; hg. v. F. Ebert jun., 2 Bde., 1926; Ebert und seine Zeit. Gedenkwerk, hg. v. P. Löbe, 1928; P. Kampfmeyer, F. Ebert, 1924; P.-C. Witt, Friedrich Ebert – Parteiführer, Reichskanzler, Volksbeauftragter, Reichspräsident, 1987. *EH*

Ebert, Friedrich

Politiker

✶ 12.9.1894 Bremen

† 4.12.1979 Berlin [F.102]

Der Sohn des Vorigen war seit 1913 Mitglied der SPD, 1928 Reichstagsabgeordneter und Mitglied des preußischen Staatsrates. Während des II. Weltkrieges war er illegal antifaschistisch tätig. Nach 1945 wurde E. Sekretär des SPD-Bezirksverbandes Brandenburg-Land, bei der Vereinigung der beiden Arbeiterparteien Mitglied der SED. Im November 1946 Präsident des Landtags von Brandenburg, nahm er von November 1948 bis Juli 1967 das Amt des Oberbürgermeisters von Berlin (Ost) wahr. 1967 in Berlin (Ost) als Ehrenbürger gewürdigt, wurde er nicht in die Gesamtberliner Ehrenbürgerliste übernommen. *EH*

Ebinger, Blandine

Schauspielerin, Chansonsängerin, Kabarettistin

✶ 4.11.1899 Berlin

† 25.12.1993 ebd. [F.91]

Tochter einer Schauspielerin und eines Pianisten trat sie schon mit 8 Jahren in Kinderrollen u.a. am Schauspielhaus Leipzig auf. Später am Lessing-Theater und am Königlichen Schauspielhaus engagiert, drehte sie 1917 ihren ersten Film »Das

Blandine Ebinger (1899–1993)

Nachträtsel«. Sie wirkte in fast 100 Filmen mit, zuletzt 1972 in »Wir bauen unser Haus«, zusammen mit Peter Alexander. Daneben gastierte sie auf den wichtigsten Berliner Kabarettbühnen. 1919 heirateet sie Friedrich Hollaender, der für sie die »Lieder eines armen Mädchens« komponierte und textete. Über ihre Liedinterpretationen schrieb Karl Kraus 1929 in seiner »Fackel«: »Von allen späteren Antikriegsproduktionen hat mir keine so einen starken Eindruck hinterlassen, wie die ›Trommlerin‹, in der ergreifenden szenischen Gestaltung durch Blandine E.«. 1937 emigrierte E. in die USA, wo sie durch Deutschunterricht und gelegentliche Theaterrollen ihren Lebensunterhalt verdiente. 1947 spielte sie am Züricher Schauspielhaus, später an den Barlog-Bühnen in Berlin. 1974 feierte sie ein Comeback mit den »Liedern eines armen Mädchens«. Mit Texten von Klabund, Kästner, Mehring und Tucholsky und der Musik von Hollaender hatte sie einen ganz neuen Typ einer Weddinger Hinterhofjöre,

mit kränkelnd-morbider Ausstrahlung, geschaffen. Die letzten Jahre lebte sie an der Seite ihres zweiten Mannes in Berlin.
Literatur: Ebinger, Blandine, 1985 *KD*

Eckenberg, Johann Carl

Artist (genannt »der starke Mann«), Theaterleiter
✶ 6.4.1684 Harzgerode
† 1748 Luxemburg
Der Sattlersohn erlernte den Beruf des Vaters, schloß sich dann jedoch einer Artistengruppe an, in der er als »Herkules Harzmann« und »Samson« auftrat. Bald verfügte er über eine eigene Truppe, mit der er in Deutschland herumreiste. Berühmt wurde er durch seine außergewöhnlichen Kraftakte. 1717 trat er vor dem preußischen König Friedrich Wilhelm I. im Charlottenburger Schloß auf. Beeindruckt von den Leistungen des Artisten, erhielt E. die Erlaubnis, auf dem Gendarmenmarkt insgesamt 32 Vorstellungen zu geben. Nach weiteren Touren durch Europa kehrte E. mit seiner Truppe 1731 wieder nach Berlin zurück, wurde 1732 Hofkomödiant und erhielt die Erlaubnis, ein Theater zu bauen, um »honette Sachen, keinesfalls aber skandalöse Sauzoten« aufzuführen. Durch den Bau des ersten festen Theaters in der Berliner Friedrichstadt stark verschuldet, mußte er sogar die Stadt zeitweilig auf der Flucht vor seinen Gläubigern verlassen. Unter dem neuen König Friedrich II. wurde seine Truppe mit vielen Auflagen versehen und stellte bald keine Konkurrenz mehr für die neuen Theatergruppen mit anspruchsvollen Stücken dar. 1742 verließ er verbittert die Stadt. *EF*

Edelmann, Johann Christian

Philosoph
✶ 9.7.1698 Weißenfels
† 15.2.1767 Berlin
Der Beamtensohn konnte sein Studium der Theologie in Jena wegen fehlender Mittel nicht beenden und nahm verschiedene Stellungen in Österreich an. Nach einem Aufenthalt bei der Herrnhuter Brüdergemeinde führte er ein unstetes Leben. 1734 erschienen die ersten Teile seiner »Unschuldigen Wahrheiten«, 1740 die mehrbändige Arbeit »Moses mit aufgedecktem Angesicht«. Durch seine radikale Religionskritik wurde der bald als der »berüchtigte Edelmann« bezeichnete Denker nirgendwo lange geduldet. Aus Neuwied, wo er sich zwischen 1744 und 1747 aufhielt, wurde er ausgewiesen. In Frankfurt/M. wurden seine Schriften 1750 öffentlich verbrannt. Er schrieb und lebte nach der Maxime »Lieber mit Spinoza ein Atheist, als ... ein Orthodox.« Erst in seinen letzten Lebensjahren gestattete ihm Friedrich II. den Aufenthalt in Berlin.
Literatur: Edelmann, Selbstbiographie, 1849 (1976); W. Heise, J.C. Edelmann, Diss. 1954. *EF*

Egells, Franz Anton

Maschinenbauer
✶ 25.8.1788 Rheine
† 30.8.1854 Egellshütte b. Reinerz
Der gelernte Schlosser wanderte nach seiner Lehre nach Berlin aus und arbeitete bei der Kgl. Eisengießerei. Ihm gelangen Verbesserungen im Produktionsablauf, die das Interesse der preußischen Gewerbeförderer, v.a. Beuths, weckten. Studienreisen nach England, dem damaligen Eldorado der Maschinenbauer, und Frankreich wurden ebenso ermöglicht wie 1821 die Eröffnung einer privaten Eisengießerei und Maschinenbauanstalt in Berlin. Ausgestattet war die Fabrik mit feinsten Werkzeugmaschinen englischer Herkunft, trotzdem konnte der Vorsatz, möglichst bald selbst konstruierte Dampfmaschinen herstellen zu können, nicht verwirklicht werden; das Investitionsklima war noch zu frostig. Erst nach und nach war er mit seiner raumsparenden »Bügelmaschine« erfolgreich, die ohne besonderes Maschinenhaus auskam. 1838 errichtete er zusammen mit D. Einsiedel eine Eisenhütte, die 1844 in sein alleiniges Eigentum überging, und kaufte im schlesischen Reinerz Eisengrube und -hütte. Seine Fabrik hatte einen ausgezeichneten Ruf und galt als die modernste ihrer Zeit – entsprechend begehrt waren die Ausbildungsstellen.
Literatur: Matschoß, Entwicklung der Dampfmaschine I, 1908 *VTM*

Eggebrecht, Axel

Publizist und Schriftsteller
✶ 10.1.1899 Leipzig
† 14.7.1991 Hamburg
Der Sohn eines Arztes meldete sich aus purer Abenteuerlust 1917 als Kriegsfreiwilliger und wurde schwer verwundet. Nach einem abgebrochenen Germanistik- und Philosophiestudium in Leipzig und Kiel kam er durch Vermittlung von George Grosz 1921 nach Berlin zum Malik-Verlag, wo er als Packer und Bücherbote arbeitete. Hier erhielt er Verbindung zur KPD und wurde mit Willi Münzenberg, Ruth Fischer und Nikolai

Bucharin bekannt. Längere Moskauaufenthalte veranlaßten ihn jedoch schon 1925, wieder mit der Partei zu brechen. In den 20er Jahren wurde E. Mitarbeiter an Jacobsohns »Weltbühne«. Er schrieb ferner für die »Literarische Welt« und die großen liberalen Tageszeitungen Berlins. Nach Hitlers Machtergreifung wurde er verhaftet und kam ins KZ. Durch persönliche Beziehungen seines Vaters wieder freigelassen, arbeitete er in der Folgezeit als Drehbuchautor. Nach 1945 half er beim Aufbau des ersten Funksenders in Hamburg und war bis 1949 Abteilungsleiter beim NWDR. Seine Autobiographie »Der halbe Weg. Zwischenbilanz einer Epoche« (1975) ist ein Zeitzeugnis des 20. Jhs. *MR*

Egk, Werner

(eigtl. W. Mayer)
Komponist und Dirigent
✶ 17.5.1901 Auchsesheim (Donauwörth)
† 10.7.1983 Inning a. Ammersee
E. war Schüler von Carl Orff in München, 1930–33 Mitarbeiter am Bayerischen Rundfunk. 1936–40 wirkte er als Kapellmeister an der Staatsoper Berlin, 1950–53 als Direktor an der Musikhochschule in Berlin (West). E. stand der GEMA und dem (West)Deutschen Komponistenverband vor. Sehr bekannt wurden seine Opern »Die Zaubergeige« (1935), »Peer Gynt« (1938), »Der Revisor« (1957) und das Ballett »Abraxas« (1948). *ThW*

Ehlers, Hermann

Jurist, Bundestagspräsident
✶ 1.10.1904 Berlin
† 29.10.1954 Oldenburg
E. stammte aus einer Beamtenfamilie, besuchte die Oberrealschule und war in der christlichen Jugendbewegung engagiert. Er studierte Rechtswissenschaften in Berlin und Bonn, promovierte zu einem staatsrechtlichen Thema und nahm anschließend eine juristische Tätigkeit auf; von 1933–34 war er Leiter eines Rechtsberatungsreferats des Stadtbezirks Steglitz, da er aber kein Parteimitglied war, wurde ihm diese Stelle gekündigt. 1936 kehrte E. in den Staatsdienst zurück und arbeitete als Richter; gleichzeitig gehörte er der Redaktion der Zeitschrift »Jugendwacht« an, bis diese 1938 verboten wurde. Seit 1935 war E. Mitglied des Bruderrats der Bekennenden Kirche. Seine kirchlichen Aktivitäten führten schließlich dazu, daß er für den Staatsdienst endgültig abgelehnt wurde. Er war bis 1941 Leutnant d.R. und ab 1945 Mitglied des Oberkirchenrates in Oldenburg. Ende 1950 wurde E. zum Präsidenten des deutschen Bundestages gewählt. *EH*

Ehrenberg, Christian Gottfried

Naturforscher
✶ 19.4.1795 Delitzsch
† 27.6.1876 Berlin [F.117]
E. promovierte 1818 über die Pilzflora Berlins. Danach unternahm er eine an Gefahren und Abenteuern reiche Forschungsreise nach Ägypten, Libyen und Palästina. Deren wissenschaftlich wertvolle Ausbeute brachte ihm eine Professur an der Berliner Universität ein, der er 1855–56 als Rektor vorstand. Sein Hauptarbeitsfeld waren die sogenannten Infusionstierchen, die durch Aufgüsse auf Heu, Erde usw. gewonnen wurden. Bei seinen mikroskopischen Untersuchungen gelang ihm 1835 der aufsehenerregende Beweis, daß Blutregen, Hostienblut und Meeresleuchten durch Mikroorganismen entstehen. Mit seinem Hauptwerk »Mikrogeologie. Das Erden und Felsen schaffende Wirken des unsichtbar kleinen selbständigen Lebens auf der Erde« (1854–56) begründete E. die Mikropaläontologie. Er konnte nachweisen, daß verschiedene Gesteine wie Kieselgure, Guanos und Kreide organischen Ursprungs sind.
Literatur: R. Bolling, J. Lischke, Ch.G. Ehrenberg, 1795–1876, 1976. *UH*

Ehrlich, Max

Schauspieler, Kabarettist
✶ 25.11.1892 Berlin
† (KZ Auschwitz ermordet) 30.10.1944
In Berlin aufgewachsen, besuchte E. 1911 die Schauspielschule von Max Reinhardt und spielte schon ein Jahr später an dessen Deutschen Theater. In den 20er Jahren einer der bekanntesten Komiker wirkte er bei den berühmten »Haller-Revuen« mit. 1928 erschien sein Buch »Von Adalbert bis Zilzer«, in dem er seine Kollegen anhand von Anekdoten porträtierte. Zwischen 1930 und 1933 wirkte er in 17 Filmen mit, seit 1932 war er an Wilhelm Bendows »Bunter Bühne« engagiert. Er befand sich auf dem Höhepunkt seiner Karriere. 1933 als Jude von den Nazis mit Aufführungsverbot belegt, floh er aus Deutschland und ging mit einer Nelson-Revue auf Auslandstournee. 1935 kehrte er vor Heimweh nach Deutschland zurück, um 1939 angesichts der

Nazipogrome endgültig zu emigrieren. In Holland spielte E. unter Willy Rosen an dessen »Theater der Prominenten«. Nach der Besetzung Hollands verschleppte man E. 1944 in das Lager Westerbork, von dort kam er mit einem der letzten Transporte in das Vernichtungslager Auschwitz.
Literatur: Liebe, »Verehrt, verfolgt, vergessen, 1992. *KD*

Ehrlich, Paul

Mediziner und Serologe
✶ 14.3.1854 Strehlen (Schlesien)
† 20.8.1915 Bad Homburg v.d. Höhe
E., Sohn eines Destilleurs und Lotterieeinnehmers, entdeckte schon als Student die granulierten Mastzellen. Er kam 1878 an die Berliner Charité, wo er wegen seiner Erfolge bei der Vitalfärbung 1874 eine Professur erhielt. Nach einer Tuberkelinfektion, zugezogen bei Laborarbeiten, ging er 1887 für einige Monate nach Ägypten und richtete sich danach in Berlin ein kleines Privatlabor ein. Als Mitarbeiter von Robert Koch am neuen Institut für Infektionskrankheiten (ab 1891) legte E. erste Untersuchungen zur Immunität vor. 1896 übernahm er die Direktion des neu eingerichteten Instituts für Serumforschung und Serumprüfung, das unter seiner Leitung als Institut für experimentelle Therapie 1899 nach Frankfurt/M. zog. E. gilt als außerordentlich vielseitiger Forscher und Begründer der experimentellen Medizin. Bahnbrechend waren seine Arbeiten zur Hämatologie, Serologie und Immunologie. E. setzte saure, basische und neutrale Aniline zur Vitalfärbung ein. Erfolgreich waren insbesondere seine Färbungsversuche der Tuberkelbazillen. Die mikroskopische Differenzierung des Blutbildes ging von ihm aus. Diese Erfolge basieren auf Arbeiten über das Sauerstoffbedürfnis des Organismus (1855). Schon in seinem Abituraufsatz »Das Leben ein Traum« hatte er seine Lehrer durch die Feststellung »alles Leben beruht auf normaler Oxydation« verstört. Im Experiment gelang es E. 1890, Tiere gegen Diphtherie zu immunisieren. In der berühmten Seitenkettentheorie (1890–1905) nahm er an, daß Giftstoffe in die Zellen der Gewebe aufgenommen und durch das Serum abgefangen werden. Daraus leiten sich seine Forschungen zur experimentellen Chemotherapie (1904–14) ab, als deren Begründer E. gilt. Er entwickelte 1910 das Salvarsan, das erste hochwirksame Medikament gegen Syphilis. Für seine grundlegenden Arbeiten zur Immunologie erhielt er 1908 den Nobelpreis für Medizin.
Literatur: E. Baender, P. Ehrlich. Forscher für das Leben, 1980; H. Sattler, P. Ehrlich. Begründer der Chemotherapie. Leben, Werk, Vermächtnis, 1962. *UH*

Paul Ehrlich (1854–1915)

Eichendorff, Joseph Freiherr von

Lyriker und Erzähler
✶ 10.3.1788 Schloß Lubowitz b. Ratibor (Oberschlesien)
† 26.11.1857 Neiße
Nach dem Besuch des Matthias-Gymnasiums in Breslau studierte E. Jura und Philosophie in Halle und ab 1807 in Heidelberg. Reisen durch Österreich und Deutschland führten auch zu längeren Aufenthalten in Berlin und Wien. 1813 trat E. in das Lützowsche Freikorps ein und nahm an den Befreiungskriegen teil. 1816 verließ er die Armee und arbeitete als Referendar in Breslau, als Regierungsrat in Danzig und als Oberpräsidialrat in Königsberg. Erst 1831 kam er wieder nach Berlin und war am Berliner Kultusministerium tätig, bis ihn 1844 sein schlechter Gesundheitszustand zum Ausscheiden aus dem Staatsdienst zwang. Nunmehr widmete er sich völlig seiner dichterischen und literaturhistorischen Arbeiten. Die letzten drei Jahre bis zu seinem Tod wohnte er in Neiße. Sein bedeutendstes Werk ist die Novelle »Aus dem Leben eines Taugenichts« (1826). Diese Idylle, die sich zwischen märchenhaftem Traum

und lebendig gezeichneter Wirklichkeit bewegt, hat bis heute nichts von ihrem Reiz eingebüßt.

MR

Eichler, August Wilhelm

Botaniker

✶ 22.4.1839 Neukirchen (Oberhessen)

† 2.3.1887 Berlin

E. erhielt nach wissenschaftlicher Tätigkeit in München, Graz und Kiel 1878 eine Professur an der Berliner Universität. Dort wurde er Direktor des Herbariums und des Botanischen Gartens Schöneberg und richtete das Botanische Museum ein. E. wirkte an der »Flora Brasiliensis« (1840–1906) mit. In seinem Hauptwerk »Blütendiagramme« (1875–78) führte er die vergleichende Betrachtungsweise in dieses Spezialgebiet ein. Als Systematiker leistete er insbesondere in der äußeren Pflanzenmorphologie wichtige Beiträge.

UH

Eiermann, Egon

Architekt

✶ 29.9.1904 Neuendorf (Kreis Teltow)

† 19.7.1970 Baden-Baden

E. war zunächst spezialisiert auf Industriebau und in den 30er Jahren vom International Style der amerikanischen Architektur beeinflußt. Als Schüler H. Poelzigs in Berlin gehörte E. zusammen mit H. Scharoun zu den profiliertesten Architekten im Nachkriegsdeutschland. E. war zunächst selbständiger Architekt in Berlin und ab 1947 Professor an der TH Karlsruhe. Hier machte er sich auch als Designer einen Namen.

Wichtige Bauten: Fabrikerweiterung der Auergesellschaft, Bln.-Tiergarten (1937–38); Textilfabrik Blumberg (1951); Neckermann-Versandhaus, Frankfurt/M. (1958–61); Wohnungsbau Hansaviertel, Bln.-Tiergarten (1960–61); Neubau Kaiser-Wilhelm-Gedächtnis-Kirche, Bln.-Charlottenburg (1960–63); Kaufhäuser Horten in Heidelberg und Stuttgart (1961); Bundesdeutsche Botschaft, Washington (1961–63).

Literatur: W. Ribbe/W. Schäche (Hg.), Baumeister, Architekten, Stadtplaner, 1987. *KDS*

Einstein, Albert

Physiker

✶ 14.3.1879 Ulm

† 18.4.1955 Princeton (USA)

E. studierte in Zürich und wirkte 1902–09 am Patentamt in Bern. Er bekleidete Professuren in

Albert Einstein (1879–1955)

Prag sowie in Zürich und folgte 1914 einer Berufung nach Berlin. Dort wurde er Direktor des Kaiser-Wilhelm-Instituts für Physik und hauptamtliches Mitglied der Akademie der Wissenschaften. Als er am 14. April in der Hauptstadt eintraf, bemerkte er spöttisch: »Die Herren Berliner spekulieren mit mir wie mit einem prämiierten Legehuhn. Dabei weiß ich selbst nicht, ob ich überhaupt noch Eier legen kann«. Schon 1905 hatte E. mit seiner epochalen Arbeit »Zur Elektrodynamik bewegter Körper« die spezielle Relativitätstheorie entwickelt. Damit überwand er die klassischen Vorstellungen von absolutem Raum, absoluter Gleichzeitigkeit und von der Konstanz der Lichtgeschwindigkeit. Er leitete die Längenkontraktion und Zeitdehnung ab und folgerte 1907 auf die Äquivalenz von Masse und Energie. Im schöpferischen Klima der berühmten »Berliner Physik« erlebte E. seine erfolgreichste Forschungszeit. Mit der allgemeinen Relativitätstheorie und weiteren grundlegenden Arbeiten revolutionierte er jahrhundertealte Vorstellungen zur Struktur des physikalischen Raumes. 1921 erhielt E. den Nobelpreis für Physik für seine quantentheoretische Deutung des Photoeffekts. Er lieferte weitere bedeutende Beiträge zur Entwicklung der Quantentheorie. Mit der statistischen Interpretation durch Max Bohr konnte er sich allerdings nicht anfreunden. Für ihn galt es, die objektive Realität deterministisch zu beschreiben (»Gott würfelt nicht«). Während der faschi-

stischen Machtergreifung befand sich E. auf einer Vorlesungsreise im Ausland. Er legte alle Ämter in Deutschland nieder und kam nie wieder nach Berlin. Als Pazifist rief er zur Einheitsfront gegen den Nationalsozialismus auf. Nach dem Krieg setzte sich der bedeutendste Physiker des 20. Jhs. mit Nachdruck für die Ächtung aller Atomwaffen ein.
Literatur: F. Herneck, A. Einstein, 1974; Chr. Kirsten/H.-J. Treder, A. Einstein in Berlin, 2 Bde., 1979. *UH*

Eisbrenner, *Werner* Wolfgang Friedrich

Komponist
✶ 2.12.1908 Berlin
† 7.11.1981 ebd. [F.91]
E. studierte an der Berliner Akademie für Kirchen- und Schulmusik. Er komponierte Tanzmusik und Orchestermusik unterhaltenden Charakters, galt vor allem aber als einer der führenden Filmmusik-Komponisten; von 1935 bis 1945 vertonte er ca. 30 Filme; u.a. »Titanic« (1943), »Romanze in Moll« (1943), »Große Freiheit Nr. 7« (1944), »Träumerei« (1944). Nach dem Krieg schrieb E. wieder Filmmusik. Seit 1959 war er Dirigent beim SFB. *ThW*

Eisler, Hanns

Komponist
✶ 6.7.1898 Leipzig
† 6.9.1962 Berlin [F.108]
E. wuchs in Wien auf, wo er 1918 das Musikstudium aufnahm. 1919–23 war er Schüler A. Schönbergs. 1924 übersiedelte E. nach Berlin. Auf den Musikfesten in Donaueschingen, Baden-Baden und Venedig erregten seine Kompositionen Aufsehen. Aus Enttäuschung über den bürgerlichen Musikbetrieb wandte E. sich Mitte der 20er Jahre der Arbeiterbewegung zu. In Zusammenarbeit mit Brecht, Weinert, Busch schuf er Lieder, Balladen und Chöre, aber auch Bühnen- und Filmmusiken (z.B. »Kuhle Wampe« 1932), in denen er Elemente des Massenliedes, der Unterhaltungsmusik und avancierte Kompositionsweisen verschmolz. 1933 emigrierte E., arbeitete in verschiedenen europäischen Staaten, 1938 als Gastprofessor an der New School of Social Research in New York, 1939 in Mexiko, seit 1940 in den USA. E. schrieb u.a. experimentelle Filmmusik und mit Adorno das Buch »Komposition für den Film«. 1947 vor den McCarthy-Ausschuß zitiert, verließ er 1948 die USA. Zunächst in Wien lebend, kam er 1950 in die DDR, übernahm eine Meisterklasse an der Akademie der Künste (Ost) und an der Berliner Musikhochschule (Ost), schrieb hauptsächlich Film- und Bühnenmusiken. Sein Libretto zur Oper »Doktor Faustus« (1952) löste heftige Attacken stalinistischer Kulturpolitiker aus, die Eislers Schaffenskraft zermürbten. Sein frühes Engagement für die Arbeiterbewegung legte seine Indienstnahme durch die SED nahe, obgleich er nie Parteimitglied war und österreichischer Staatsbürger blieb. Von der DDR später hoch geehrt, zeigen sich doch Züge der Resignation in seinem Spätwerk.
Werke: Orchestermusik (Suiten aus Bühnen- und Filmmusiken; Kleine Sinfonie 1932; 5 Orchesterstücke 1938; Kammersinfonie 1940; Deutsche Sinfonie 1935–39) Klavier- und Kammermusik (3 Klaviersonaten; Streichquartett 1937; 2 Septette 1941/47; 2 Nonette 1939; Vierzehn Arten, den Regen zu beschreiben 1941), über 600 Lieder, Kantaten, Chöre; Film- und Bühnenmusiken.
Schriften: Gesammelte Werke, Serie III, Bd. 1–4, 7, 1973 ff.
Literatur: J. Schebera, H. Eisler im USA-Exil, 1978; A. Betz, H. Eisler, 1976; H. Bunge, Die Debatte um H. Eislers »Johann Faustus«, 1991. *ThW*

Elisabeth Christine

preußische Königin
✶ 8.11.1715 Wolfenbüttel
† 13.1.1797 Berlin [F.103]
Als Gattin des Kronprinzen Friedrich kam die Prinzessin von Bevern-Braunschweig 1733 nach Berlin und lebte bis zur Thronbesteigung Friedrichs II. zuerst in der Garnison Ruppin und seit 1736 auf Schloß Rheinsberg. Seit 1740 war ihr Wohnsitz das Berliner Schloß und Schloß Schönhausen. Da sich die Beziehungen zum König sehr distanziert gestalteten – »sie hat ein gutes Herz, aber lieben werde ich sie nicht können«, sagte Friedrich II. von ihr –, lebte sie meist getrennt vom Hof des Königs. Sie widmete sich schriftstellerischer Arbeit und Übersetzungen ins Französische. Die Ehe blieb kinderlos. »Jenseits wird mir wohler sein«, äußerte sie sich kurz vor ihrem Tod. Sie wurde auch nicht an der Seite ihres Mannes in Potsdam, sondern in der Berliner Domkirche beigesetzt. *EF*

Eloesser, Arthur

Schriftsteller, Dramaturg, Herausgeber, Kritiker
✶ 20.3.1870 Berlin
† 14.2.1938 ebd. [F.122]

Geboren in der Prenzlauer Straße, wo sein Vater ein »Waren-Commissions-Geschäft« betrieb (»Die Straße meiner Jugend« 1919), studierte E. zunächst Geschichte, später Germanistik und Romanistik in Berlin, Genf und Paris. 1893 promovierte er mit einer Dissertation über die ältesten deutschen Molière-Übersetzungen. Sein Plan, sich mit einer Arbeit über »Das bürgerliche Drama. Seine Geschichte im 18. und 19. Jahrhundert« (1898) zu habilitieren und die Laufbahn als Wissenschaftler einzuschlagen, scheiterte an seiner jüdischen Herkunft. 1899 machte ihm die traditionsreiche »Vossische Zeitung« in Berlin das Angebot, als Theaterkritiker bei ihr zu arbeiten. E. wurde einer der angesehensten Rezensenten der preußischen Hauptstadt. Er verkörperte literarisches Berlinertum bester Überlieferung, verbunden mit einer klug dosierten französischen Schulung. Seine aufgeschlossene Haltung gegenüber den sozialen Problemen seiner Zeit ließ ihn sich besonders für Gerhart Hauptmann einsetzen, während ihm die Dramen eines Hermann Sudermann und Frank Wedekind nicht besonders lagen. 1913 folgte er seinem Vorgänger bei der »Vossischen«, Paul Schlenther, und ging zur praktischen Theaterarbeit über. Sechs Jahre lang arbeitete er als Dramaturg am Lessing-Theater. 1920 kehrte er wieder zum Journalismus zurück, ein Verdienst Siegfried Jacobsohns, der ihn an die »Weltbühne« holte. Nach Jacobsohns Tod ging E. erneut zur »Vossischen Zeitung«. Neben seiner Theaterarbeit trat er aber auch als Schriftsteller und Literaturhistoriker hervor und war Vorsitzender des Schutzverbands deutscher Schriftsteller. Er schrieb Porträts über Balzac und Zola, Kleist und Thomas Mann. In seinen Berlin-Feuilletons wollte er versuchen, »etwas von der seelischen und geistigen Beschaffenheit des Berlinertums fühlbar zu machen« und war, wie Tucholsky sagte, »ein guter Berliner, ein richtiger Berliner, ein leiser Berliner«. 1930/31 erschien sein zweibändiges Werk »Die deutsche Literatur vom Barock bis zur Gegenwart«. Mit der Machtergreifung der Nationalsozialisten mußte E. die Kulturredaktion der »Vossischen Zeitung« verlassen. Bis zu seinem Tod arbeitete er aber weiter als Journalist bei der »Jüdischen Rundschau«. Hier erschienen auch seine »Erinnerungen eines Berliner Juden«.

Fanny Elßler (1810–1884)

Literatur: D. Schaaf, Der Theaterkritiker A. Eloesser, 1962. *MR/HK*

Elsas, Fritz

Politiker
✶ 1890 Stuttgart-Cannstatt
† (hingerichtet) Dezember 1944 Berlin

E. wurde 1926 Vizepräsident und geschäftsführendes Vorstandsmitglied des Deutschen und Preußischen Städtetages. 1930 wurde er Zweiter Bürgermeister von Berlin. Von den Nationalsozialisten rassisch und politisch verfolgt, blieb er dennoch ein unerschrockener Hitler-Gegner, stand mit den Männern des 20. Juli in Verbindung, bot nach dem Scheitern des Attentats Carl Goerdeler Zuflucht, wurde denunziert, verurteilt und hingerichtet. *ThW*

Elßholz, Johannes Sigismund

Chemiker und Mediziner
✶ 26.8.1623 Frankfurt/O.
† 28.2.1688 Berlin

E. studierte in Wittenberg sowie Königsberg, promovierte 1653 in Padua und wurde danach Hofarzt des Kurfürsten Friedrich Wilhelm. Er publizierte u.a. über die Injektion von Arzneimitteln in die Venen (1676), ein »Diaeteticon, das ist Neues Tischbuch ...« (6 Bde., 1682) sowie eine

»Flora Marchica« (1663). Seine chemischen Arbeiten behandelten u.a. das Leuchten des Flußspates beim Erwärmen (1677). E. war Mitglied der Akademie der Naturforscher Leopoldina, in deren Abhandlungen viele seiner Arbeiten erschienen. *UH*

Elßler, Fanny

Tänzerin

✶ 23.6.1810 Gumpendorf b. Wien

† 27.11.1884 ebd.

Als die Tochter des Kammerdieners von Joseph Haydn 1830–32 drei Gastspiele in Berlin absolvierte, war ihr der Ruf vorausgeeilt, die »phantastische Geliebte« von F. Gentz gewesen zu sein. Grillparzer nannte sie »einen tanzenden Körper mit Begierden«, andere meinten, sie tanze das Lächeln ihres Jahrhunderts. Als die E. in Berlin auftrat, spülte sie eine Welle der Neugierde und der Sympathie zum Erfolg, sie galt als die beste Tänzerin Europas. *DTW*

Encke, Johann Franz

Astronom

✶ 23.9.1791 Hamburg

† 28.8.1865 Spandau [F.13]

E. wirkte zunächst an der Sternwarte Gotha und übernahm 1825 die Direktion der Berliner Sternwarte, die unter seiner Leitung nach Entwürfen von Schinkel neu erbaut wurde. Schwerpunkt seiner Arbeiten war die Beobachtung und Berechnung von Kometen. Bekannt wurde er durch die Bestimmung der Periodizität von 3,3 Jahren eines 1818 in Marseille entdeckten Kometen, der später nach E. benannt wurde. Die Vorübergänge der Venus vor der Sonne in den Jahren 1761 und 1769 benutzte E. zur Berechnung der Sonnenparalaxe. Unter seiner Leitung wurden Bahnberechnungen und Störungen kleiner Planeten ein Arbeitsschwerpunkt der Berliner Sternwarte. Mit Hilfe der von E. herausgegebenen Berliner Akademischen Sternkarten gelang es Johann Gottfried Galle 1846 in Berlin, den Planeten Neptun zu entdecken. 1830–65 redigierte E. das Berliner Astronomische Jahrbuch. *UH*

Ende, *Hermann* Gustav Louis

Architekt

✶ 4.3.1829 Landsberg/Warthe

† 10.8.1907 Berlin [F.95]

Nach dem Studium in Berlin betrieb E. zusammen mit W. Böckmann (1859–95) eine der erfolgreichsten Architekten-Firmen des kaiserlichen Berlins. 1878–85 war E. Professor an der Bauakademie und Technischen Hochschule, ab 1885 Vorsteher des Meisterateliers und 1895–1904 Präsident der Akademie der Künste. E. ist Vertreter des Spätklassizismus und insbesondere des Historismus in den Formen der Neo-Renaissance mit z.T. überschwenglich repräsentativen Formen.

Wichtige Bauten: Villa von der Heydt, Bln.-Tiergarten (1860–62, zus. mit G.A. Linke); Union-Brauerei, Bln.-Mitte (1868–69); Antilopenhaus, Elefantenhaus u. Festsaal im Zoologischen Garten, Bln.-Tiergarten (1870–75, teils zerst.); Deutsche Union-Bank, Bln.-Mitte (1872–74); Haus des Architektenvereins, Bln.-Mitte (1875, zerst.); Bürogebäude der Disconto-Gesellschaft, Bln.-Mitte (1889–92). *KDS*

Engel, Erich

Theater- und Filmregisseur

✶ 14.2.1891 Hamburg

† 10.5.1966 Berlin [F.108]

E. lernte anfänglich im Kaffeegroßhandel, studierte an der Hamburger Schauspielschule Jessners 1918–21 und gab an den Hamburger Kammerspielen 1919 sein Regiedebüt. 1922–24 arbeitete er am Staatstheater München, dort lernte er Brecht und Neher kennen und begann die Zusammenarbeit mit ihnen. Seit 1924 inszenierte E. auch in Berlin; 1925 wurde er von Reinhardt ans Deutsche Theater als Oberspielleiter verpflichtet, arbeitete auch am Lessing-Theater, am Staatstheater und am Theater am Schiffbauerdamm. 1933–45 war er unter Hilpert am Deutschen Theater engagiert und führte Regie bei ca. 20 Filmen, unter denen »Pygmalion« (1935) und »Der Maulkorb« (1938) herausragen. 1945 Generalintendant in München, kam er 1947 nach Berlin, arbeitete wieder mit Brecht (1949 »Mutter Courage«, Co-Regie: Brecht; »Puntila«, Co-Regie: Brecht; 1959 »Galilei«, Vollendung von Brechts Regiearbeit; 1963 »Schweyk im zweiten Weltkrieg«) und drehte Filme im Osten (»Affäre Blum« DEFA 1948; »Geschwader Fledermaus« DEFA 1958) wie im Westen (»Der fröhliche Weinberg« 1952).

Literatur: G. Rühle, Theater für die Republik 1917–1933, 1967. *DTW*

Engel, Johann Jakob
Philosoph und Schriftsteller
✶ 11.9.1741 Parchim (Mecklenburg)
† 28.6.1802 ebd.
Der Sohn eines Predigers studierte an der mecklenburgischen Universität Bützow Philosophie, Mathematik, Physik und promovierte 1763 in Philosophie. 1776 trat er in Berlin eine Professur der Moralphilosophie und der schönen Wissenschaften am Joachimsthalschen Gymnasium an. Als Gast der Berliner »Mittwochsgesellschaft« und des »Montagsklubs« pflegte er bald Umgang mit Literaten und Künstlern der Stadt; als Hauslehrer unterrichtete er die Brüder Alexander und Wilhelm v. Humboldt und verschiedene preußische Prinzen. *MR*

Engels, Friedrich
sozialistischer Theoretiker
✶ 28.11.1820 Barmen
† 5.8.1895 London
E., Sohn eines Fabrikanten, absolvierte eine kaufmännische Lehre in Bremen und ging 1841 als Freiwilliger zum Regiment nach Berlin. Ihn zogen hier aber vor allem der rege Universitätsbetrieb und die Diskussionen der Junghegelianer an; er beteiligte sich zeitweilig führend am junghegelianischen Kampf gegen Schelling. 1842 ging E. nach Manchester in ein Zweiggeschäft seines Vaters. Während dieser Zeit studierte er die Chartisten- und Arbeiterbewegung, besuchte Fabriken und Arbeiterviertel. Seine sozialkritischen Studien veröffentlichte E. in »Die Lage der arbeitenden Klasse in England«; seit 1844 entstand zwischen E. und Karl Marx eine enge Zusammenarbeit, später Freundschaft. Beide schlossen sich dem »Bund der Gerechten« an, der nach ihrem Beitritt zum »Bund der Kommunisten« wurde; sie verfaßten zu dessen Neuorientierung 1848 das »Kommunistische Manifest«. *EH*

Engler, *Adolf* Gustav Heinrich
Botaniker
✶ 25.3.1844 Sagan (Schlesien)
† 10.10.1930 Berlin [F.87]
E. gründete den Botanischen Garten am neuen Standort in Berlin-Dahlem, richtete ihn auf die Pflanzengeographie aus und stand ihm 1889–1921 als Direktor vor. Er gilt als hervorragender Pflanzensystematiker seiner Zeit. Ein Standardwerk wurde »Die natürlichen Pflanzenfamilien« (19 Bde., 1887–1909). Weitere Publikationen behandelten die »Pflanzenwelt Afrikas« (5 Bde., 1908–25) und »Die Vegetation der Erde« (15 Bde., ab 1896). *UH*

Eosander von Göthe, *Johann Friedrich* Nilsson
Architekt, Offizier, Militärschriftsteller und Diplomat
✶ August 1669 (getauft 23.8.1669) Stralsund
† 22.5.1728 oder 1729 Dresden
E. war der dritte Sohn des schwedischen Militärbaumeisters Nicolas (Nils) Israel E. (= 1698). Nach mehreren Reisen (Schweden, Italien, Frankreich) und Teilnahme an Kriegen trat E. 1699 als Hauptmann und mit der Bestallung als Hofarchitekt in brandenburgische Dienste und wurde nach Berlin berufen. Bereits 1702 erfolgte seine Ernennung zum Generalquartiermeister-Leutnant, 1705 zum Oberst und General-Quartiermeister. Als der Schlütersche Münzturm, der zum Berliner Schloß und Lustgarten gehörende Was-

Johann Friedrich Eosander von Göthe (1669–1728)

serturm, einstürzte, gehörte E. zusammen mit L.C. Sturm und M. Grünberg 1706 der Kommission zur Untersuchung der Einsturzursachen an. Nach A. Schlüters Entlassung wurde E. 1707 zum Schloßbaumeister und 1709 zum Ersten Baudirektor ernannt und hatte die Aufsicht über den Bau von ca. 25 Schlössern und Lusthäusern. E. galt als Vermittler französischer und römischer

Elemente in der Barockarchitektur Berlins und Brandenburgs. U.a. wegen des Verdachts der Veruntreuung von Bauunterlagen, Karten, militärischen Plänen und Dokumenten wurde E. 1713 aus preußischen Diensten in Unehren entlassen und 1718 vor Gericht gestellt. Ab 1713 war E. zunächst in schwedischen, ab 1723 in sächsischen Diensten angestellt.
Wichtige Bauten: Entwürfe (ab 1701) für Umbau und Erweiterung Schloß Charlottenburg, u.a. Kuppelturm, Kapelle, Orangerie (etwa 1704–13, Bauzeit); Stadterweiterung Charlottenburg (1702 u. ab 1706); Lusthaus Graf Wartenberg, später Mitteltrakt von Schloß Monbijou, Bln.-Mitte (1703–08, zerst.); Umbau Landhaus Grumbkow zum Schloß Niederschönhausen (1704–08); Bauten am Schloß Oranienburg (im wesentlichen 1706–09); Weiterführung des Schlüterschen Schloßbaus, Bln.-Mitte, Erweiterung um Schloßhof I, Bildergalerie, Entwurf für inneren Flügel zwischen Hof I und II (1706–13, im II. Weltkrieg beschädigt, später abgebr.).
Publikation: Kriegsschule oder Der deutsche Soldat, T. 1, 1716–22.
Literatur: H. Reuther, Barock in Berlin, 1969.
KDS

Ephraim, Nathan Veitel Heine

Hofjuwelier
✶ 1703 Berlin
† 16.5.1775 ebd. [F.113, Grab nicht mehr vorhanden]
1723 gründete E. mit seinem Vater zusammen die Firma Chajim Heine & Sohn, die später in E. und Söhne umgetauft wurde, nachdem seine beiden Brüder Joseph und Benjamin Veitel eingetreten waren. Seit 1737 war E. Lieferant der Münze, in der Folgezeit konnte er sich gegen die meisten seiner Konkurrenten durchsetzen und erhielt 1755 Münzrechte in Kleve und Aurich, 1756 in Leipzig und Dresden. Hier entstanden die eigentlichen »Ephraimiten«: das minderwertige sächsische 8- und 18-Groschenstück. Der Schlagschatz, d.h. die Differenz zwischen Herstellungskosten und Kurs, war beträchtlich. E. hatte einen bedeutenden Anteil an der Finanzierung des Siebenjährigen Krieges. Alle sächsischen und preußischen Münzstätten wurden 1758 an E., Itzig und Isaak verpachtet; die Münzen wurden immer schlechter, da der herrschende Krieg finanziert werden mußte. Trotz der hohen Kriegsabgaben war jeder Genosse am Kriegsende Millionär. E. konnte die meisten seiner Konkurrenten ausschalten, so in Quedlinburg, Schwerin, Sondershausen usw., und beteiligte sich an Manufakturen und Fabriken. Das bekannteste seiner Häuser, das Ephraim-Palais, war bis 1823 in Familienbesitz und dient heute als Museum.
VTM

Erman, Johann Peter *Adolf*

Ägyptologe
✶ 31.10.1854 Berlin
† 26.6.1937 ebd. [F.91]
Der Nachkomme hugenottischer Einwanderer, Sohn eines Asienreisenden, begründete die moderne Erforschung der ägyptischen Sprache, initiierte die »Kommission des ägyptischen Wörterbuches« bei der Preußischen Akademie der Wissenschaften (das Werk wurde von seinem Mitarbeiter Hermann Grapow 1953 abgeschlossen) und gab wichtige literarische und religiöse Texte der alten Ägypter heraus. Sein besonderes Verdienst liegt in der Fähigkeit, das scheinbar entlegene Fachgebiet breiten Kreisen nahezubringen, etwa durch das fesselnd geschriebene Buch »Die Welt am Nil« (1936). 1884–1914 leitete der Universitätsprofessor das Berliner Ägyptische Museum.
GB

Erman, Paul

Physiker
✶ 27.2.1764 Berlin
† 11.10.1851 ebd.
E., Mitglied der französischen Kolonie in Berlin, erhielt 1791 eine Professur am Französischen Gymnasium. Gleichzeitig lehrte er Physik an der Académie des nobles (seit 1818 Allgemeine Kriegsschule). Mit Gründung der Berliner Universität wurde er deren erster Ordinarius für Physik. Als Gegner der romantischen Naturphilosophie profilierte er die Experimentalphysik. Eigene Arbeiten behandelten u.a. das Spannungsgefälle im äußeren Stromkreis der Voltaischen Säule. In den Rüdersdorfer Kalksteinbrüchen wies er die stetige Temperaturzunahme im Erdinnern nach.
UH

Ermeler, Wilhelm Ferdinand

Tabakwarengroßhändler
✶ 6.2.1784
† 24.6.1866 Berlin
Der Begründer der Berliner Tabakfabrikation verlegte 1825 seinen Firmensitz vom Neukollner Fischmarkt in die Breite Straße, wo er die vom

Vorbesitzer J.H. Neumann errichtete Fabrik übernahm. Im »Ermelerhaus«, das 1966/67 infolge der Straßenverbreiterung und Neubau des Ministeriums für Bauwesens abgerissen, auf vielfachen Protest aber eine Kopie der Fassade am Märkischen Ufer errichtet wurde, in dem heute ein Gastronomiebetrieb seine Dienste anbietet, entstand der berühmte Werbespruch: »Wo kommt der beste Tabak her? Merk auf, mein Freund: von Ermeler«, ein Musterbeispiel »gereimter« Werbung. *VTM*

Erpenbeck, Fritz

Schriftsteller und Theaterkritiker
✶ 6.4.1897 Mainz
† 12.2.1975 Berlin [F.108]
Als Sohn eines Ingenieurs lernte E. Maschinenschlosser und war danach als Schauspieler, Kritiker und Schriftsteller tätig. Während der Nazizeit lebte er in der Tschechoslowakei und – ab 1935 – in der Sowjetunion. Nach 1945 war E. lange Jahre Chefredakteur der Zeitschrift »Theater der Zeit« in Berlin (Ost). 1937 erschien sein Roman »Emigranten«, in dem er das Schicksal der aus Deutschland Vertriebenen schilderte. *MR*

Esser, Paul

Schauspieler, Regisseur und Theaterleiter
✶ 24.4.1913 Kapellen (Niederrhein)
† 20.1.1988 Teneriffa
E. debütierte in Paderborn, war in Weimar, Posen, am Deutschen Theater Berlin, später am Schauspielhaus Düsseldorf. 1951 spielte er bei der Wiedereröffnung des Berliner Schiller-Theaters den Tell. 1963 gründete er in Berlin das Hansa-Theater, dessen langjähriger Leiter er war. E. spielte im Film (z.B. »Der Untertan« von Staudte; »Das Wirtshaus im Spessart«) und wurde im Fernsehen als »Tatort«-Kommissar Kasulke bekannt. *DTW*

Eulenburg, *Botho* Wend August Graf zu

preußischer Innenminister
✶ 31.7.1831 Wicken b. Bartenstein (Ostpreußen)
† 5.11.1912 Berlin [F.11]
E. stammte aus einer alten obersächsischen Adelsfamilie, studierte Rechtswissenschaften in Königsberg und Bonn und ging anschließend in den Verwaltungsdienst. Er war 1869 Regierungspräsident in Wiesbaden, 1872 Bezirkspräsident in Metz, 1873 Oberpräsident von Hannover; 1878 trat er in das preußische Innenministerium ein. Bismarck bezeichnete ihn als den »einzigen fähigen Kopf unter den jüngeren Räten des Innenministeriums«. E. wurde 1892 als Nachfolger von Caprivi preußischer Innenminister; er galt als Gegner der sozialistischen Bewegung und sozialpolitischer Reformen. 1894 betrieb er mit dem Einverständnis Wilhelms II. ein neues Sondergesetz gegen die Sozialdemokratie, das auch ohne Zustimmung des Reichstages durchgesetzt werden sollte. Caprivi bekämpfte diesen Plan zum Staatsstreich und das gegen die Sozialdemokratie gerichtete Sondergesetz; er konnte sich auch mit Hilfe der süddeutschen Bundesstaaten bei Wilhelm II. durchsetzen. Da Caprivi nun eine weitere Zusammenarbeit mit E. ablehnte, wurden beide 1894 entlassen. *EH*

Euler, Leonhard

Mathematiker
✶ 15.4.1707 Basel
† 18.9.1783 St. Petersburg
E., Sohn eines an Mathematik interessierten Pfarrers, wurde durch Johann Bernoulli in die Mathematik eingewiesen. Er ging mit 20 Jahren nach St. Petersburg und erhielt dort 1730 eine Professur. 1741 folgte er einem Ruf Friedrichs II. an die Berliner Akademie der Wissenschaften. Seine Lehrbücher – oft Pionierwerke – behandeln u.a. Fragen der Analysis, Differential- sowie Integralrechnung und Algebra. Bedeutende Beiträge lieferte E. auch zur Mechanik, Musiktheorie, Astronomie und Schiffstheorie. Mehr als 50 Begriffe, Sätze und Verfahren tragen seinen Namen. Der König zog Euler zum Bau des Finowkanals und zur Trockenlegung des Oderbruchs hinzu und ließ ihn u.a. die Staatslotterie sowie die Fontänen von Sanssouci berechnen. Sein vielfach aufgelegtes Büchlein »Briefe an eine deutsche Prinzessin« (1768) gilt als Meisterwerk populärwissenschaftlicher Darstellungsweise. E. förderte nachhaltig den Aufbau deutsch-russischer Wissenschaftsbeziehungen. Über den treusorgenden Vater von 13 Kindern berichtet ein Zeitgenosse: »Ein Kind auf den Knien, eine Katze auf dem Rücken, so schrieb er seine unsterblichen Werke«. Euler, der bedeutendste und produktivste Mathematiker des 18. Jhs. wurde trotz seiner Verdienste von Friedrich II. nicht zum Akademiepräsidenten ernannt. Auseinandersetzungen mit Kollegen veranlaßten ihn 1766, wieder nach

Leonhard Euler (1707–1783)

St. Petersburg zu gehen. Dort konnte auch die vollständige Erblindung (1771) seinen Schaffensdrang nicht mindern. Sein Nachfolger in Berlin, Joseph-Louis de Lagrange, rühmte ihn: »Lest Euler, er ist unser aller Meister«.

Literatur: R. Fueter, L. Euler, 1979; R. Thiele, L. Euler, 1982; Gedenkband des Kantons Basel-Stadt, L. Euler, 1707–1783, 1983; W. Knobloch, L. Eulers Wirken an der Berliner Akademie der Wissenschaften 1741–1766, 1984. *UH*

Eysoldt, Gertrud

Schauspielerin

✶ 30.11.1870 Pirna (Sachsen)

† 6.1.1955 Ohlstadt (Bayern) [F.108]

E. begann in München, war anschließend in Meiningen engagiert und nahm 1890 am Rußlandgastspiel der Meininger teil. 1893 ging sie nach Stuttgart, 1897 nach Berlin (Schiller-Theater, Lessing-Theater), wo sie in Reinhardts Ensemble 1902–33 an fast allen seinen Theatern – seit 1905 auch als Co-Direktorin der Schauspielschule des Deutschen Theaters – wirkte. Sie spielte u.a. Lulu (Wedekind, Uraufführung 1902), Salome (Wilde, 1902), Elektra (Sophokles, 1903), Fräulein Julie (1903), Puck (»Sommernachtstraum« in fünf Inszenierungen Reinhardts 1905–21). 1920/21, als Direktorin des kleinen Schauspielhauses, setzte sie trotz Androhung einer Haftstrafe und das Aufführungsverbot mißachtend, die Aufführung von A. Schnitzlers »Reigen« durch, worauf es zum sogenannten »Reigen«-Prozeß kam. 1933 beendete sie ihre Bühnenlaufbahn, unterrichtete aber noch an der Schauspielschule des Deutschen Theaters. E. war seit 1923 auch beim Stummfilm beschäftigt. Sie wurde von Kokoschka und Corinth gemalt. *DTW*

Eyth, Max von

Schriftsteller und Ingenieur

✶ 6.5.1836 Kirchheim/Teck

† 25.8.1906 Ulm

Nach seinem Studium wurde er 1856 Maschinenbauingenieur und war nach einem Praktikum in einer schwäbischen Maschinenfabrik ab 1861 als Ingenier bei John Fowler's Dampfpflugfabrik in Leeds beschäftigt. Auf allen Kontinenten hatte er maßgeblichen Anteil bei der Einführung des Dampfpflugs in der Landwirtschaft: bekannt wurde er jedoch erst durch seine Romane, die er im Alter schrieb. Nachdem er 1882 bei Fowler ausgeschieden war, gründete er 1885 in Berlin die Deutsche Landwirtschaftsgesellschaft, der er 11 Jahre als geschäftsführender Direktor angehörte. Dabei bemühte er sich in erster Linie um den Einzug der aufstrebenden Technik in die Landwirtschaft. 1896 zog er zu seiner verwitweten Mutter nach Ulm. Hier entstanden seine wichtigsten Romane, die von der Entwicklung der Technik geprägt sind: »Hinter Pflug und Schraubstock« (1899), »Der Kampf um die Cheopspyramide« (1902) und, nach seinem Tod, »Der Schneider von Ulm« (1906). *VTM*

F

Falbe, *Joachim* Martin
Maler und Radierer
✶ 11.6.1709 Berlin
† 22.3.1782 ebd.
Seit 1730 bei J. Harper, danach bis 1733 bei A. Pesne ausgebildet, wurde F. zum Hofmaler des Fürsten von Anhalt-Köthen ernannt, blieb jedoch weiter in Berlin ansässig. Hier arbeitete er als Bildnismaler und Radierer von Gemäldevorlagen (u.a. Rembrandt). Sein mit der Zeit wachsender künstlerischer Ruf verschaffte F. das Vermächtnis, nach Pesnes Tod dessen sämtliche unfertigen Porträts zu vollenden, wodurch diese Berliner Maltradition am wirkungsvollsten gewahrt blieb. *JM*

Falckenberg, Heinrich Friedrich Ludwig
Kommunalpolitiker, Ehrenbürger
✶ 1771 Stendal
† 25.9.1845 Berlin
Seit 1810 in Berlin, übernahm er die Führung der Stadtschuldenkasse und brachte die Finanzen der Stadt in so kurzer Zeit in Ordnung, daß man ihm 1815, so schnell wie später keinem anderen, die Ehrenbürgerrechte verlieh. 1822 wurde er zum Stadtrat und Kämmerer gewählt und hatte dieses Amt bis Ende 1839 inne. Dabei kam es allerdings mehrfach zu Auseinandersetzungen um seine Amtsführung. Obwohl die neuen Notwendigkeiten eine straffe zentrale Leitung der städtischen Finanzen erforderte, beharrte er auf der bisherigen Praxis eines dezentralisierten Kassenwesens. Als er 1840 in den Ruhestand ging, erhielt er den Titel eines Stadtältesten. *EF*

Falke, Otto von
Kunsthistoriker
✶ 29.4.1862 Wien
† 15.8.1942 Schwäbisch Hall [F.121]
F. studierte in Wien und leitete ab 1895 das Kunstgewerbemuseum in Köln. 1908 kam er als Direktor des Kunstgewerbemuseums nach Berlin und übernahm 1920–27 die Generaldirektion der Berliner Museen. Er publizierte u.a. über Bronze-, Goldschmiede- und Emailkunst. 1910–27 fungierte F. als Mitherausgeber des »Jahrbuchs der preussischen Kunstsammlungen«. *UH*

Fallada, Hans
(eigtl. Rudolf Ditzen)
Schriftsteller
✶ 21.7.1893 Greifswald
† 5.2.1947 Berlin [F.114, 1982 nach dem Friedhof in Rheinsberg umgebettet]
Der Sohn eines Landgerichtsrats kam bereits als Fünfzehnjähriger mit dem Gesetz in Konflikt, als er einen Schulfreund im Duell erschoß. Nach einem Selbstmordversuch war er zwei Jahre in einer Anstalt interniert. 1899 übersiedelte er mit seinen Eltern nach Berlin, besuchte hier das Gymnasium in Schöneberg und Grunewald, bis er 1908 auf das Gymnasium in Rudolstadt kam, wo jenes Duell stattfand. Nach seiner Entlassung aus der Anstalt kam er 1916 wieder nach Berlin, wo er sich in verschiedenen Berufen versuchte. Hier entstanden – von Ernst Rowohlt gefördert – sein großer Zeitroman »Bauern, Bomben, Bonzen« (1931) und das autobiographische Werk »Kleiner Mann – was nun?« (1932), die Geschichte vom arbeitslosen Textilverkäufer Pinneberg und Lämmchen, seiner Frau. Der Erfolg der Bücher ermöglichte ihm den Ankauf eines bescheidenen Zweieinhalbzimmerhauses in Neuenhagen bei Berlin, das die Familie 1931 bezog. Mit dem Machtantritt der Nazis übersiedelte er nach Carwitz bei Feldberg in Mecklenburg. Hier beendete er als schriftstellernder Landwirt die Romane »Wer einmal aus dem Blechnapf frißt« (1934), die Geschichte eines Vorbestraften, und die Inflationsgeschichte »Wolf unter Wölfen« (1937) sowie die meisten der in den Kinderbüchern »Hoppelpoppel, wo bist du?« (1936) und »Geschichten aus der Murkelei« (1938) zusammengefaßten, von tiefem Einfühlungsvermögen in die Psyche des Kindes zeugenden Erzählungen. 1945 war er vier Monate lang Bürgermeister in Feldberg. Die-

se Tätigkeit endete für F. mit einem Nervenzusammenbruch und einem Aufenthalt in einer Trinkerheilanstalt, wo in etwa zwei Wochen der Roman »Der Trinker« entstand, der sein eigenes, hoffnungsloses Schicksal beschrieb (F. war zeitlebens alkohol- und in seinen letzten Lebensjahren auch drogenabhängig).
Literatur: J. Manthey, H. Fallada in Selbstzeugnissen und Dokumenten, 1963; W. Liersch, Biographie H. Fallada, 1983. *MR*

Fasch, Christian Friedrich *Karl*
Komponist
✶ 18.11.1736 Zerbst
† 3.8.1800 Berlin [F.12]
F. wurde durch seinen Vater, den Zerbster Hofkapellmeister J.F. Fasch, musikalisch unterwiesen. 1756 wurde er, neben C.Ph.E. Bach, 2. Cembalist am Hof Friedrichs II., 1774–76 interimistischer Kapellmeister der Kgl. Oper. Im Mai 1791 gründete er einen Chor, die Berliner Singakademie – so genannt wegen des Probenortes, dem Saal der Akademie der Künste; schon im September hatte der Chor seine Premiere in der Marienkirche – zum ersten Mal sangen in Berlin Männer und Frauen gemeinsam eine Kirchenmusik. 1796 wohnte auch der junge Beethoven, damals noch vornehmlich als Pianist bekannt, den Proben der Singakademie bei und wurde von Fasch überredet, sich am Klavier improvisierend hören zu lassen. Unter Faschs Leitung widmete sich der Chor von Anfang an der Pflege der Werke Bachs und Händels. F.s Nachfolger wurde sein Schüler C.F. Zelter. Von seinen Kompositionen sind neben einer 16stimmigen Messe 4 Kantaten, 1 Requiem sowie zahlreiche Lieder, Chor- und Klavierwerke überliefert. *ThW*

Fechner, Herbert
Bauhandwerker, Oberbürgermeister
✶ 27.8.1913 Berlin
† 28.12.1998 ebd.
Der Arbeitersohn fand früh den Weg zur Sozialistischen Arbeiterjugend. Er arbeitete vorwiegend auf dem Bau, bis er als Soldat eingezogen wurde. 1945 schloß er sich der SPD und 1946 der SED an. Von 1948 an wirkte er in verschiedenen Berliner Parteifunktionen. Von 1951–61 arbeitete er im Magistrat als Stadtrat für Volksbildung, Gesundheits- und Sozialwesen und war einige Jahre Stellvertreter des Oberbürgermeisters. Danach wurde er bis 1967 Bezirksbürgermeister von Köpenick. Im gleichen Jahr wählte man ihn zum Berliner Oberbürgermeister, ein Amt, das er bis 1974 ausübte. Von 1967–90 war er Mitglied der Volkskammer der DDR. Er war begeisterter Segler und führte als Präsident von 1959–90 den Bund Deutscher Segler. *EF*

Fechter, Paul
Literaturhistoriker, Journalist
✶ 14.9.1888 Elbing
† 9.1.1958 Berlin [F.66]
F. studierte Architektur, Natur- und Geisteswissenschaften und promovierte 1905. Über die »Dresdner Neuesten Nachrichten« kam er 1911 als Feuilletonredakteur an die »Vossische Zeitung« nach Berlin. Als Theaterkritiker gehörte er zum Kreis um Alfred Polgar und Herbert Ihering. 1918 ging er an die »Deutsche Allgemeine Zeitung« in Berlin. Seinem Werk »Der Expressionismus« (1914) folgten u.a. 1956–58 drei Bände über »Das europäische Drama«. *MR*

Jürgen Fehling (1885–1968)

Fehling, Jürgen
Regisseur
✶ 1.3.1885 Lübeck
† 14.6.1968 Hamburg
F. nahm Schauspielunterricht u.a. bei Wegener und fand 1910 sein erstes Engagement am Neuen Schauspielhaus Berlin am Nollendorfplatz. Nach

Reisen mit einer märkischen Wanderbühne kam er über Wien 1918 an die Berliner Volksbühne, wo ihm der Durchbruch als Regisseur gelang. 1922–44 wirkte er mit Unterbrechungen am Staatstheater Berlin, inszenierte während des Nationalsozialismus auch diverse Blut-und-Boden-Stücke. F. übernahm nach 1945 die Leitung des Hebbel-Theaters (von den Alliierten als Intendant abgelehnt), wirkte zuletzt bis 1952 am Staatsschauspiel München und lebte seitdem in einer Nervenheilanstalt. F. verhalf mehreren Autoren mit Uraufführungen zum Erfolg (Toller, »Masse Mensch« 1921; Jahnn, »Medea« 1926; Lasker-Schüler, »Die Wupper« 1927). Seine letzte Inszenierung war »Maria Stuart« (1952) am Schiller-Theater Berlin. F.s Regiestil war nicht unumstritten, phantasievoll und antiillusionistisch, suggestiv und spontan. Gefürchtet und beliebt waren seine Ausbrüche von Grobheit auf den Proben. *DTW*

Feilner, Tobias Christoph

Keramiker und Ofenfabrikant
✶ 19.5.1773 Weiden
† 7.4.1839 Berlin [F.18]
1793 kam der gelernte Töpfer nach Berlin und arbeitete bei J.G. Höhler. Er wurde technischer Leiter der Werkstatt und übernahm nach Höhlers Tod 1812 den Betrieb. Neben kunstgewerblichen Arbeiten, bekannnt wurde seine »enkaustische Malerei«, er malte ab 1804 unterglas auf gebranntem Ton, gelangen ihm konstruktive Verbesserungen im Ofenbau. Er gilt als Vater des Berliner Kachelofens. Der Ofenbau florierte und F. beschäftigte über 100 Arbeiter. Der Höhepunkt seines Schaffens war 1825 im Zusammenwirken mit Schinkel erreicht, seine Skulpturen und Reliefs waren eine Grundlage für den Erfolg Schinkels. *VTM*

Felsenstein, Walter

Regisseur
✶ 30.5.1901 Wien
† 8.10.1975 Berlin
F. nahm, nach technischen Studien, Schauspielunterricht und begann seine Theaterlaufbahn in Lübeck, Mannheim und Beuthen, wo er seine erste Regieaufgabe bekam. In Basel, Freiburg, Köln, Zürich war er Oberspielleiter für Schauspiel und Oper, ab 1940 arbeitete er in Berlin als Schauspielregisseur. 1945/46 erregte seine Offenbach-Inszenierung »Pariser Leben« das Interesse der Sowjetischen Militäradministratur; als 1947 die Komische Oper gegründet wurde, berief man F. zu ihrem Intendanten. F. bildete sich ein Ensemble heran, das seine Vorstellungen von der Oper als einem nicht nur musikalisch, sondern auch theatralisch vollgültigem Kunstwerk umsetzen konnte: Durch stärkere schauspielerische Durchformung (Sänger als Darsteller), durch Rückgriffe auf den musikalischen Urtext sowie durch Neuübersetzungen von Opernlibretti. Zahlreiche seiner 35 Inszenierungen (»Othello« 1959, »Ritter Blaubart« 1963, »Der Fiedler auf dem Dach« 1971, »Carmen« 1972, »Figaro« 1975) begründeten das internationale Renommee der Komischen Oper. *ThW*

Fernau, Rudolf

(eigtl. Andreas R. Neuberger)
Schauspieler
✶ 7.1.1901 München
† 4.11.1985 ebd.
F. wirkte als Charakterdarsteller in Hamburg, am Deutschen Theater und am Staatstheater Berlin, in Düsseldorf und Stuttgart; nach 1945 in Bremen, Tübingen, Stuttgart und München tätig und am Schiller- und Schloßparktheater Berlin. F. war in den Filmen der 30er und 40er Jahre als Bösewicht gefragt. Berühmt wurde »Dr. Crippen an Bord« (1942). Sein Memoirenband »Als Lied begann« (1972) hält die Jahre am Staatstheater Berlin fest. *DTW*

Fichte, Johann Gottlieb

Philosoph
✶ 19.5.1762 Rammenau (Oberlausitz)
† 29.1.1814 Berlin [F.108]
Der Sohn eines Bandwirkers studierte Theologie in Jena und wirkte danach als Hauslehrer. Um 1790 begann ihn die Philosophie Kants zu fesseln. Sein »Versuch einer Kritik aller Offenbarung« (1792) machte F. schlagartig bekannt. Er folgte 1794 einer Berufung nach Jena und hatte als Anhänger der französichen Revolution großen Zulauf unter den Studenten. Des Atheismus bezichtigt, mußte F. Jena 1799 verlassen. In Berlin hielt er privatim Vorlesungen und arbeitete an seiner »Wissenschaftslehre«, die er auch in Erlangen (1805) und Königsberg (1806–07) vortrug. Als engagierter Gegner Napoleons hielt F. 1807–08 in dem von Franzosen besetzten Berlin seine berühmten »Reden an die deutsche Nation«. Er setzte sich für eine Erhebung und für eine Volksbewaffnung zur Befreiung ein. F. wirk-

Johann Gottlieb Fichte (1762–1814)

te an der Gründung der Berliner Universität mit und wurde 1811 deren erster gewählter Rektor. Als er gegen das Renommistenunwesen einschritt und für einen jüdischen Studenten eintrat, wandte sich der Lehrkörper von ihm ab und F. trat vorzeitig von seinem Amt zurück. F. legte in seinen Schriften ein System der Transzendental-Philosophie vor, wonach diese eine Wissenschaft im strengen Sinne sein muß (»Grundlage der gesammten Wissenschaftslehre«, 1794). Er versuchte in etwa 15 Fassungen, seine, als subjektiver Idealismus fehlinterpretierte, Wissenschaftslehre weiterzuentwickeln. In seiner Rechtslehre propagierte er eine strikte Abtrennung des Sittlichen (»Das System der Sittenlehre«, 2 Bde., 1797–98) und legte den Entwurf eines republikanischen Staates vor (»Grundlage des Naturrechts« 1796; »Rechtslehre« 1812; »Staatslehre« 1812). F.s Geschichtslehre postuliert eine fünfstufige Entwicklung hin zur Verwirklichung voller Vernunft (»Die Grundzüge des gegenwärtigen Zeitalters« 1806). Heinrich Heine hob hervor: »Sein ganzes Leben war ein Kampf«, und Franz Mehring formulierte: »Unter unseren klassischen Philosophen war Fichte der kühnste und revolutionärste Denker, ein ganzer Mann, zu dessen gewaltigem Lebenswerk jeder gesittete Mensch nur mit Ehrfurcht emporblicken wird«.
Literatur: H. Schuffenhauer, J.G. Fichte, 1985.
UH

Fidicin, Ernst Carl

Heimatforscher und Stadtarchivar
∗ 27.4.1802 Potsdam
† 19.12.1883 Berlin [F.18]
F. arbeitete nach einjährigem Militärdienst als Eleve im Stadtgericht Potsdam. 1828 kam er als Actuar zum Kammergericht in Berlin und betreute ab 1829 die Registratur bei der Stadtverordnetenversammlung. F.s Interesse galt der Geschichtsschreibung Berlins und den historischen Quellen. 1836 fand er bei seinen Studien das als verschollen geltende Berliner Stadtbuch aus dem Jahre 1397 in der Städtischen Bibliothek zu Bremen. Dieses sowie andere Berliner Urkundenbücher konnte er dem Archiv hinzufügen. 1837–42 erschienen F.s »Historisch diplomatische Beiträge zur Geschichte der Stadt Berlin«. 1846 wurde er mit der Einrichtung des städtischen Archivs nach wissenschaftlichen Prinzipien betraut. Nach seiner Pensionierung (1878) blieb er Ehrenpräsident des Vereins für die Geschichte Berlins und gab das Berlinische Urkundenbuch heraus. *UH*

Fiedler, Erich

Schauspieler
∗ 15.3.1901 Berlin
† 19.5.1981 ebd. [F.2]
F. studierte an der Max-Reinhardt-Schule in Berlin, spielte an den Reinhardt-Bühnen (u.a. Moritz Stiefel in Wedekinds »Frühlings Erwachen«; Edgar in »König Lear«). Nach verschiedenen Engagements in der Provinz kehrte er 1932 wieder nach Berlin zurück, wo er an verschiedenen Theatern als Charakterdarsteller, Komiker, singender Bonvivant und Conférencier eingesetzt war. Sein eigentliches Betätigungsfeld fand F. in über 100 Filmrollen, zahlreichen Synchron- und Hörspielproduktionen. *DTW*

Finck, Werner

Schauspieler
∗ 2.5.1902 Görlitz
† 31.7.1978 München
Nach Versuchen als Journalist nahm er Schauspielunterricht und debütierte an Theatern in Bunzlau und Darmstadt, bevor er sich in Berlin als Kabarettist versuchte. Anfänglich trat er in Kleinbühnen wie »Larifari« oder im Künstlerkaffee (»Küka«) auf. 1929 gründete er das Kabarett »Katakombe«, das er bis 1935 leitete. Die Spielstätte lag zuerst am Potsdamer Platz, dann aber im Gebäude der Scala in der Lutherstraße.

Zum Ensemble gehörten zeitweilig Ernst Busch, Theo Lingen und Rudolf Platte. Wegen kritischer Texte kam er nach der Schließung des Kabaretts für kurze Zeit ins KZ Esterwegen. Ein gegen ihn angestrengter Prozeß endete mit Freispruch. Kurz vor den Olympischen Spielen in Berlin 1936 durfte er wieder auftreten und im »Berliner Tageblatt« publizieren. 1939 erfolgte jedoch der Ausschluß aus der Reichskulturkammer und damit Berufsverbot mit der Begründung, er habe »in seinem Auftreten jede positive Einstellung zum Nationalsozialismus vermissen lassen und damit in der Öffentlichkeit und vor allem bei den Parteigenossen schwerstes Ärgernis erregt«. F. wurde Soldat und kam 1941 als Funker an die Ostfront. Während eines Heimaturlaubs wurde er festgenommen und acht Monate inhaftiert. Nach Kriegsende bemühte er sich um die Wiederbelebung des deutschen Kabaretts. Von 1948 bis 1951 leitete er das kabarettistische Theater »Die Mausefalle« in Stuttgart. *EF*

Fischer, Hermann *Emil*

Chemiker
✶ 9.10.1852 Euskirchen (Rheinland)
† (Freitod) 15.7.1919 Berlin [F.95]

Der Sohn eines Kaufmannes und Fabrikanten studierte in Bonn und Straßburg und wirkte anschließend als Hochschullehrer in München, Erlangen und Würzburg. 1892 folgte er einer Berufung nach Berlin. F. entwickelte eine Fülle von Verfahren zur Sythese von Zuckern, deren chemische Konstitution er aufklärte. In seiner Berliner Zeit konzentrierte er sich auf die Analyse und Synthese von Eiweißen, deren Zusammensetzung aus Alpha-Aminosäuren er nachwies. Grundlegend waren seine Arbeiten auf dem Gebiet der Gerbstoffe, Fette und Purinderivate. Das Schlafmittel Veronal wurde durch F. synthetisiert. Nach F.s Plänen wurde das Chemische Institut in der Hessischen Straße erbaut und 1900 eröffnet. Dort bildete er eine bedeutende Schule von organischen Chemikern heran. Vier seiner Schüler erhielten wie er den Nobelpreis. F. trat für neue Organisationsformen der wissenschaftlichen Forschung ein und war an der Gründung der Kaiser-Wilhelm-Gesellschaft beteiligt. Bei Arbeiten mit Phenylhydrazin zog sich F. schwere Vergiftungen zu, die schließlich Darmkrebs hervorriefen. Bevor er in den Freitod ging, übertrug er der Berliner Akademie der Wissenschaften sein Vermögen von 750.000 Mark zur Förderung des wisenschaftlichen Nachwuchses. In seinen »Gesammelten Werken« (hg. von M. Bergmann, 1906–24), ist auch seine Autobiographie »Aus meinem Leben« enthalten.

Literatur: K. Hoesch, E. Fischer, sein Leben und sein Werk, in Sonderheft Nr. 54 der Berichte der Deutschen chemischen Gesellschaft, 1921; K. Heinig, Biographien bedeutender Chemiker, 1983; H. Remane, E. Fischer, 1984. *UH*

Emil Fischer (1852–1919)

Fischer, Karl

Pädagoge, Organisator und Führer der Wandervogelbewegung
✶ 21.3.1881 Berlin
† 13.6.1941 ebd. [F.61]

Der begeisterte Wanderer gehörte bereits als Gymnasiast einer Wandergruppe in Steglitz an, bevor er am 4. November 1901 im Steglitzer Ratskeller den »Wandervogel. Ausschuß für Schülerfahrten« gründete. Die Wandervogelbewegung wuchs schnell an, wobei die kniefreie Hose, das offene Hemd und die Klampfe zu den Markenzeichen der jugendlichen Wanderer wurden, die »Bacchanten«, wie sie ihr Oberbacchant Fischer nannte. Wegen seines autoritären Führungsstils kam es bald zu inneren Zwistigkeiten, weswegen F. 1904 sein Amt abgab und sich 1906 ganz aus der Bewegung zurückzog. Heute erinnern eine Gedenktafel am Steglitzer Rathaus, ein Gedenkstein im Stadtpark Steglitz, der Karl-Fischer-Weg in Steglitz sowie das Jugend-, Kultur-

und Nachbarschaftszentrum »Karl Fischer« in Steglitz an das Wirken des Mannes. *EF*

Fischer, Ruth
(eigtl. Elfriede Golke)
Politikerin
✶ 11.12.1895 Leipzig
† 13.3.1961 Paris
Die Tochter des Wiener Philosophen Rudolf Eisler und Schwester des Komponisten Hanns Eisler und des KPD-Politikers Gerhart Eisler gehörte 1918 zu den Gründern der Kommunistischen Partei Österreichs. 1919 kam sie nach Berlin und war hier zwischen 1924 und 1925 Vorsitzende der KPD. Wegen »linksradikaler« Positionen 1926 aus der KPD ausgeschlossen, begann sie sich kritisch mit der Rolle Stalins in der kommunistischen Bewegung auseinanderzusetzen. Von 1924 bis 1928 gehörte sie dem Deutschen Reichstag an. 1933 emigrierte sie nach Paris und ging 1941 in die USA. 1955 kehrte sie nach Europa zurück und lebte in Paris. Wichtige Arbeiten waren »Stalin und der deutsche Kommunismus« (1949) und »Die Umformung der Sowjetgesellschaft« (1958).
Literatur: S. Hering/K. Schilde, Kampfname R. F. Wandlungen einer deutschen Kommunistin. 1995
EF

Fischer, Samuel
Verleger
✶ 24.12.1859 Lipto Szent Miklos (Ungarn)
† 15.10.1934 Berlin [F.119]
Nach dem Schulbesuch absolvierte F. eine Buchhändlerausbildung in Wien, wandte sich aber dann Berlin zu, wo er zunächst in eine Verlagsbuchhandlung einstieg, aber 1886 den eigenen S. Fischer Verlag begründete. Fundament des Buchverlages wurde die damals zeitgenössische Literatur v.a. des Naturalismus (Henrik Ibsen, Gerhart Hauptmann, Thomas Mann, Jakob Wassermann, Hermann Hesse u.a.). Der Verlag unterhielt auch eine Theaterabteilung. Für die öffentliche Diskussion genauso bedeutsam war die Zeitschrift »Freie Bühne für modernes Leben« (später in »Neue Rundschau« umbenannt), die der Berliner Theaterkritiker Otto Brahm im S. Fischer Verlag seit dem Gründungsjahr herausgab. Brahm hatte F. bereits für die Mitgliedschaft im Verein Freie Bühne gewonnen, der nach Pariser Vorbild Privattheateraufführungen junger Dramatiker des In- und Auslandes organisierte und finanzierte (auch um einer staatlichen Zensur keine Handhabe zu geben). Der Verlag S. Fischer war im Kaiserreich als kulturelle Größe oppositionell eingestellt, der Naturalismus als Kunstrichtung wurde v.a. vom Kaiser Wilhelm II. völlig abgelehnt. F., der sich mit der modernen Kunst auch persönlich identifizierte, wird als »Cotta des Naturalismus« bezeichnet. In der Weimarer Republik setzten sich viele Ideen F.s und seiner Autoren in der Gesellschaft durch. Der Verlag S. Fischer veröffentlichte die repräsentativen Autoren der Zeit. 1932 schied F. aus der Leitung des Verlages aus, die an seinen Schwiegersohn Dr. med. Gottfried Bermann Fischer überging. Der Verlag mußte in der Zeit des Nationalsozialismus zunächst nach Wien, dann nach Stockholm verlegt werden. In Berlin blieb unter der Obhut Peter Suhrkamps ein Teil des Verlages und seiner Autoren zurück. Dieser Verlag durfte bis 1942 den Zusatz: vormals S. Fischer, führen. Nach dem Krieg nach Frankfurt zurückgekehrt, ist der Verlag, der heute dem Holtzbrinck-Konzern gehört, noch immer ein führender literarischer Verlag.

Samuel Fischer (1859–1934)

Literatur: G. Bermann Fischer, Bedroht, bewahrt. Weg eines Verlegers, 1971; S. Fischer, Verlag. Von der Gründung bis zur Rückkehr aus dem Exil. Eine Ausstellung des Deutschen Literaturarchivs im Schiller-Nationalmusum, 1985; P. de Mendelssohn, S. Fischer und sein Verlag, 1970.
HB

Flatow, Alfred

Turner

✶ 8.10.1869 Danzig

† (verhungert) 28.12.1942 Theresienstadt

Als er 1887 nach Berlin kam, schloß sich der begeisterte Turner der Berliner Turnerschaft an. Seinen Lebensunterhalt verdiente er als Fahrradhändler. Gemeinsam mit seinem Cousin Gustav F. und 17 anderen Sportlern beteiligte er sich gegen den Widerstand der Sportführung an den I. Olympischen Spielen 1896 in Athen. Dort errang er mit der Turnriege die Goldmedaille am Barren und am Reck. Als Einzelturner gewann er Gold am Barren und Silber am Reck. Viele Jahre aktiver Sportfunktionär, mußte er 1933 wegen antisemitischer Attacken die Berliner Turnerschaft verlassen. 1936 noch Ehrengast der Olympischen Spiele in Berlin, wurde er 1942 nach Theresienstadt deportiert, wo er verhungerte. *EF*

Flatow, Gustav Felix

Turner

✶ 7.1.1875 Berent (Koscierzyna)

† (verhungert) 29.1.1945 Theresienstadt

F. trat 1893 in den Berliner Turnerverein ein und war wie sein Cousin Alfred F. ebenfalls Olympiasieger im Turnen 1896; emigrierte aber im Gegensatz zu diesem 1933 nach Holland. Nach der Besetzung durch die deutsche Wehrmacht tauchte F. mit seiner Familie im südholländischen Driebergen unter, wurde jedoch verraten und 1943 verhaftet. Über das Lager Westerbork erfolgte im Februar 1944 seine Deportation in das KZ Thereseienstadt. Er starb den Hungertod, seine Frau Margarete und sein Sohn Stefan konnten überleben. *VTM*

Fleck, Johann Friedrich *Ferdinand*

Schauspieler und Regisseur

✶ 10.6.1757 Breslau

† 20.12.1801 Berlin [F.13]

F. studierte in Breslau Theologie, mußte das Studium wegen Mittellosigkeit aufgeben und schloß sich 1777 der Bondinischen Schauspielergesellschaft an. 1779 ging er nach Hamburg und debütierte als Gloster im »Lear«. 1783 stieß er zur Gesellschaft von Döbbelin, als deren Regisseur er ab 1790 auf der zum Nationaltheater erhobenen Bühne wirkte. Schauspielerisch glänzte er als Götz, Karl Moor, Lear und Wallenstein. *DTW*

Flottwell, *Eduard* Heinrich von

preußischer Staatsmann, Ehrenbürger

✶ 23.7.1786 Insterburg

† 28.5.1865 Berlin

F. stammte aus einer preußischen Adelsfamilie, studierte Rechtswissenschaften in Königsberg und trat 1808 in den Justizdienst ein. 1812 wurde er Regierungsrat, 1816 Geheimer Regierungsrat, 1825 Regierungspräsident in Marienwerder. F. bewährte sich 1827 und 1829 im Kampf gegen die Hungers- und Wassernot und gewann dadurch das Vertrauen des Königs; er wurde Oberpräsident des Großherzogtums Posen und bemühte sich in seinem Amt, Posen in den preußischen Staat einzugliedern. F. strebte die Erneuerung der Landräte durch den Staat, die Regulierung bäuerlicher Verhältnisse, die Städteordnung und die Gewerbefreiheit an, konnte sich aber nicht immer gegen die Minister durchsetzen. Ebenso brachten ihm seine Erneuerungen im Schulwesen ständige Kämpfe mit der katholischen Geistlichkeit ein. Als Friedrich Wilhelm IV. den Streit zwischen Kirche und Staat beendete, mußte F. andere Ämter übernehmen, wurde aber 1849 in die preußische erste Kammer gewählt, bekam 1850 das Oberpräsidium in Brandenburg und war 1858 für wenige Monate Innenminister. 1862 trat er in den Ruhestand. 1856 hatte er die Berliner Ehrenbürgerrechte erhalten. *EH*

Foerster, *Wilhelm* Julius

Astronom

✶ 16.12.1832 Grünberg

† 18.1.1921 Potsdam [F.12]

F. studierte in Berlin sowie Bonn und kam 1855 an die Berliner Sternwarte, die er 1865–1903 leitete. Bekannt wurde er durch die Erforschung kleiner Planeten. Besondere Verdienste erwarb er sich durch seine wissenschaftsorganisatorische Tätigkeit. F. war an der Einführung des metrischen Systems beteiligt und förderte das europäische Gradnetz. Der öffentliche Zeitdienst und die Normaluhren in Berlin gehen auf ihn zurück. An der Gründung des Astrophysikalischen Observatoriums in Potsdam, der Physikalisch-Technischen Reichsanstalt und der Gesellschaft Urania war er maßgeblich beteiligt. Die Sternwarte mit Zeiss-Planetarium am Schöneberger Insulaner trägt seinen Namen. *UH*

Fontane, Theodor

Schriftsteller und Theaterkritiker
∗ 30.12.1819 Neuruppin
† 20.9.1898 Berlin [F.112]
F. war Sohn eines Apothekers und entstammte einer Hugenottenfamilie. Er besuchte das Ruppiner Gymnasium und die Klödensche Gewerbeschule in Berlin. Von 1836–49 arbeitete er als Apotheker in Berlin, Burg, Leipzig, Dresden und

Theodor Fontane (1819–1898)

wieder in Berlin, wo er seit 1844 der literarischen Vereinigung »Tunnel über der Spree« angehörte. 1849 gab er den ungeliebten Apothekerberuf auf und versuchte, vom Schreiben zu leben, was ihm Jahre härtester Arbeit und ständiger wirtschaftlicher Schwierigkeiten brachte. 1852 ging er als Journalist für verschiedene preußische Zeitungen nach England. Hier reifte bereits der Plan für sein fünfbändiges Werk der »Wanderungen durch die Mark Brandenburg« (1862–89). Es wurde eine Meisterleistung der künstlerisch-journalistischen Form des Reisefeuilletons. Von 1860–70 war er Schriftleiter der konservativen Berliner »Kreuzzeitung«, anschließend bis 1889 Theaterkritiker der »Vossischen Zeitung«, bevor er sich ganz seinem epischen Spätwerk widmete. Unter seinen 14 Romanen und Novellen war »Effi Briest« (1896) der einzige, der zu seiner Zeit wirklich erfolgreich war. In ihm schilderte F. die Moral des Adels als eine inhumane Maschinerie, die Gefühl und Glück der Menschen bedroht. Ironisch-kritisch dagegen beschreibt er in »Frau Jenny Treibel« (1893) die Welt des neureichen Bürgertums, in der Besitz und Bildung auseinanderklaffen und die Phrase die Moral ersetzt. In seiner Spätphase erst entfaltete F. seine ganze Größe. Dennoch wurde sein letzter Roman »Der Stechlin« (in Buchform postum 1899) anfangs wenig geschätzt. Heute zählt er zu den besten Romanen F.s, wenn auch seine Deutung immer noch umstritten ist. 1872 hatte F. seine letzte Wohnung im dritten Stock der Potsdamer Straße 134c bezogen, in der er als fast 80-Jähriger am Schlaganfall starb. Trotz der Ehrungen des letzten Jahrzehnts (1894 Ehrendoktor der Berliner Universität), wurde seine überragende Bedeutung für die deutsche Literatur erst nach seinem Tod erkannt.
Literatur: H. Scholz, Th. Fontane, 1978; H.-H. Reuter, Fontane, 2 Bd., Berlin u. München 1968.
MR

Forck, Gottfried

Theologe
∗ 6.10.1923 Ilmenau
† 24.12.1996 Rheinsberg [F.120]
Der Pfarrerssohn wuchs in Hamburg auf. Im Krieg diente er seit 1942 auf einem U-Boot. Nach der Entlassung aus amerikanischer Gefangenschaft studierte ab 1947 in Bethel, Heidelberg – wo er 1956 promovierte – und Berlin Theologie. Er übersiedelte in die DDR und wirkte hier anfänglich von 1954–59 als Studentenpfarrer an der Berliner Humboldt-Universität. 1959 kam er nach Lautawerk bei Senftenberg, danach war er als Generalsuperintendent in Cottbus tätig. 1981–91 war er Bischof von Berlin-Brandenburg. Seine Maxime lautete, daß die DDR »kein gottvergessenes Land« sei. Er gehörte 1989 zu den Mitinitiatoren des »Runden Tisches« und gewährte Erich Honecker zeitweilig Zuflucht in einem kirchlichen Heim. Nachdem er 1991 in den Ruhestand getreten war, lebte er in den letzten Jahren in Rheinsberg. 1993 ernannte ihn Berlin zum Stadtältesten. *EF*

Forckenbeck, *Maximilian (Max)* Franz August von

Politiker, Oberbürgermeister von Berlin
∗ 23.10.1821 Münster
† 26.5.1892 Berlin [F.117]
F. stammte aus einer alten münsterländischen Familie. Er studierte Rechtswissenschaften in

Gießen und Berlin, wurde anschließend Assessor, dann Rechtsanwalt. 1872 wurde er zum Oberbürgermeister von Breslau gewählt und hatte damit seit 1873 einen Sitz im preußischen Herrenhaus. F. war einer der Führer der Deutschen Fortschrittspartei und kam 1861 in den Ausschuß des Deutschen Nationalvereins, wurde 1866–73 Präsident des preußischen Abgeordnetenhauses, 1874–79 des Reichstags; hier suchte er zwischen Bismarck und der liberalen Bewegung zu vermitteln, was ihm aber nicht gelang. Er gab auf und widmete sich kommunalpolitischen Fragen. 1878 wurde F. Oberbürgermeister von Berlin und leistete Bedeutendes für die Entwicklung der Reichshauptstadt: eine Kanalisation, Entwicklung des Schulwesens, Ausbau des Straßennetzes, Aufbau einer Straßenreinigung und auch eine private Pferdebahn. Markthallen entstanden, Schlachthöfe wurden gebaut, Wasser- und Elektrizitätswerke eingerichtet. F. bevorzugte hier das private Unternehnen mit starker städtischer Gewinnbeteiligung. *EH*

Formey, Johann Heinrich Samuel

Philosoph

✶ 31.5.1711 Berlin

† 8.3.1797 ebd.

Durch seine hugenottische Herkunft eng mit Frankreich verbunden, lehrte er nach seiner Theologieausbildung viele Jahre am Französischen Gymnasium. Mit seiner wissenschaftlichen Arbeit stellte er Beziehungen zwischen der französischen und der deutschen Aufklärung her, machte er doch die Ansichten von Christian Wolff und Gottfried Leibniz in Frankreich bekannt. Er selbst schrieb viele Beiträge für die französische Enzyklopädie, wobei er sich vor allem Fragen der Moral und der Religionsphilosophie widmete. 1744 Mitglied der Berliner Akademie der Wissenschaften, war er als Sekretär und seit 1788 als Direktor der philosophischen Klasse tätig. Außerdem bekleidete er das Amt eines Historiographen der Akademie. Von seiner Produktivität zeugen mehr als 600 von ihm verfaßte Schriften, aber auch ein immenser Briefwechsel, der etwa 40.000 Briefe umfaßt. *EF*

Forst, Willi

(eigtl. Wilhelm Anton Froß)

Schauspieler und Filmregisseur

✶ 7.4.1903 Wien

† 11.8.1980 ebd.

F. begann als Schauspieler und Operettentenor. Beim Film debütierte er 1922, seine erste Regie war 1933 der Film »Leise flehen meine Lieder« in Österreich, 1934 folgte in Deutschland »Maskerade«. F. rückte zu den Star-Regisseuren des Unterhaltungsfilms auf, spielte auch in einigen seiner Filme die Hauptrollen (»Bel Ami« 1939), unterhielt eine eigene Produktion, inszenierte auch nach dem Krieg Unterhaltungsfilme (»Im weißen Rößl« 1952). *DTW*

Forßmann, Werner

Mediziner

✶ 29.8. 1904 Berlin

† 1.6.1979 Schopfheim (Schwarzwald)

F. führte sich 1929 als Assistenzarzt am Auguste-Victoria-Krankenhaus in Eberswalde bei Berlin in Selbstversuchen erstmals einen Katheter ins Herz, um dort u.a. Blut zu entnehmen sowie Medikamente und Röntgenkontrastmittel zu verabreichen. Sein Chef hatte ihm zuvor solche Experimente als »Selbstmord« verboten. F. setzte seine Studien im Oktober 1931 in der Berliner Charité fort. Dort vertrieb ihn Ferdinand Sauerbruch mit den Worten: »Mit derartigen Methoden habilitiert man sich in einem Zirkus, nicht aber in einer anständigen Klinik«. Zurückgekehrt nach Eberswalde, erarbeitete F. die Grundlagen der modernen Gefäßdarstellung in Tierversuchen und stellte sie auf dem 55. Kongreß der Deutschen Gesellschaft für Chirurgie in Berlin ohne Resonanz vor. Zwei Wissenschaftler der New Yorker Columbia Universität führten F.s Ansätze fort und entwickelten sie zu einem wichtigen diagnostischen Verfahren für die klinische Praxis. Gemeinsam mit ihnen erhielt F. 1956 den Nobelpreis für Medizin. Erst danach fand er Anerkennung in Deutschland. F. wirkte als Professor in Düsseldorf. *UH*

Fouqué, Friedrich Baron de la Motte

Schriftsteller und Offizier

✶ 12.2.1777 Brandenburg

† 23.1.1843 Berlin [F.106]

F. entstammt einer französischen Emigrantenfamilie. Er nahm an den Befreiungskriegen teil, aus jener Zeit stammt das von F. verfaßte Lied »Frisch auf zum fröhlichen Jagen ...«. 1815 quittierte er als Major den Militärdienst und wandte sich ganz der literarischen Tätigkeit zu. 1840–42 gab er in Berlin die »Zeitung für den Adel« heraus. F. war eine Zeit lang ein erfolgreicher

Friedrich de la Motte Fouqué (1777–1843)

Vielschreiber, der seine Stoffe der germanischen Frühzeit und den nordischen Sagen entlehnte, wobei zumeist idealisierte Rittergestalten die Helden der pathetisch-abenteuerlichen Romane waren. Das voluminöse Werk »Der Zauberring« (3 Bde. 1813) war nicht nur der Lieblingsroman von Friedrich Wilhelm IV., sondern das meistgelesene Buch der Zeit und wurde sogar ins Arabische übersetzt. F.s Nachruhm gründet sich auf das volkstümliche romantische Kunstmärchen »Undine« (1811), das zur poetischen Vorlage für die gleichnamigen Opern (E.T.A. Hoffmann, Lortzing) wurde.
Werke: F. de la Motte Fouqué, Ritter und Geister (Märkischer Dichtergarten, hg. v. G. de Bruyn, 1980). *MR*

Fraenkel, James
Mediziner
✶ 21.3.1859 Rybnik (Oberschlesien)
† 7.6.1935 Berlin [F.119]
Aus einer kinderreichen Rabbinerfamilie stammend, mußte er sich sein Medizinstudium selbst erarbeiten. Im April 1890 eröffnete er in Berlin-Lankwitz die Heil- und Pflegeanstalt »Berolinum«, die bald zu einer renommierten Nervenheilanstalt wurde. Bereits 1903 war sie mit ihren 520 Betten die größte private Einrichtung im Berliner Raum. F. selbst gehörte als Mitbegründer der Psychotherapie zu den angesehensten Nervenärzten Europas. Neben seiner medizinischen Tätigkeit wirkte er auch aktiv in der Jüdischen Gemeinde in Steglitz und in der Lankwitzer Gemeindevertretung. Nach dem I. Weltkrieg verpachtete er einen großen Teil der Anlagen der Anstalt und führte das »Berolinum« in verkleinerter Gestalt bis zu seinem Tode. Seit 2001 erinnert eine Gedenktafel in der Leonorenstraße 17–33 an den verdienstvollen Sanitätsrat. *EF*

Franck, James
Physiker
✶ 26.8.1882 Hamburg
† 21.5.1964 Göttingen
F. studierte in Berlin und wirkte 1906–20 am Kaiser-Wilhelm-Institut für physikalische Chemie in Berlin-Dahlem. Dann folgte er einer Berufung nach Göttingen, wo er aus Protest gegen die nationalsozialistische Politik 1933 seine Ämter niederlegte und in die USA emigrierte. Er lehrte an den Universitäten in Baltimore und Chicago. F. gilt als Begründer der Quanten- und Photochemie. In seiner Berliner Zeit gelang ihm 1913 mit dem Nachweis diskreter Anregungszustände der Atome des Quecksilbers (Franck-Hertz-Versuch) die Bestätigung der Quantenhypothese und der Bohr-Sommerfeldschen Atomtheorie. Gemeinsam mit Gustav Hertz erhielt er dafür 1925 den Nobelpreis für Physik.
Literatur: J. Lemmerich, Max Born, J. Franck, Physiker in ihrer Zeit. Der Luxus des Gewissens, 1982. *UH*

Franzos, Karl Emil
Schriftsteller
✶ 25.10.1848 Czortkow
† 28.1.1904 Berlin [F.119]
Der Sohn eines Arztes besuchte das Gymnasium in Czernowitz und studierte 1867–71 Jura, Philosophie und Geschichte in Wien und Graz. 1887 übersiedelte er nach Berlin und begründete die Halbmonatsschrift »Deutsche Dichtung«. Seine Romane »Ein Kampf ums Recht« (1882) und »Der Pojaz« (1905) behandeln Probleme von Völkern der Donaumonarchie. Sein großes Verdienst ist die kritische Ausgabe der Werke Büchners. *MR*

Freisler, Roland

Präsident des Volksgerichtshofes
✶ 30.10.1893 Celle (Hannover)
† 3.2.1945 Berlin

Der Sohn eines Diplomingenieurs und Gewerbelehrers studierte nach dem Abitur Rechtswissenschaften in Jena. 1914 wurde er Soldat und geriet bereits ein Jahr darauf in russische Gefangenschaft. F. lernte die russische Sprache und interessierte sich für den Marxismus. Nach 1917 schloß er sich den Bolschewiki an und wurde Kommissar. 1920 kehrte er nach Deutschland zurück und setzte in Jena sein Studium fort, das er mit der Promotion abschloß. Ab 1924 war F. Rechtsanwalt in Kassel und galt bald als ausgezeichneter Strafverteidiger. Politisch entschied er sich nun für die Rechten und wurde 1925 Mitglied der NSDAP. Seit 1932 im Preußischen Landtag, wurde er 1933 Leiter der Personalabteilung im Preußischen Justizministerium und kurz danach Leiter einer besonderen Abteilung zur Bekämpfung der Sabotage. An der »Akademie für deutsches Recht« übernahm F. dann den Vorsitz der Strafrechtsabteilung. 1942 ernannte man ihn zum Präsidenten des sog. Volksgerichtshofs. F. war bereits als NS-Jurist berüchtigt, ehe er im September 1944 die Schauprozesse gegen die Offiziere des 20. Juli führte.

Literatur: G. Buchheit, Richter in roter Robe, 1968. *EH*

Frenzel, Karl

Publizist und Erzähler
✶ 6.12.1827 Berlin
† 10.6.1914 ebd.

F.s Vater war Restaurator und konnte ihm eine gründliche Ausbildung finanzieren, die er dann 1853 als Dr. phil. abschloß. Bereits vor der 48er Revolution hatte er im »Berliner Figaro« kleinere Arbeiten veröffentlicht. In den Märztagen nahm er als Mitherausgeber von »Der Freischärler« unmittelbar am politischen Tagesgeschehen teil. 1853 holte ihn Karl Gutzkow als Redakteur an seine Familienzeitschrift »Unterhaltungen am häuslichen Herd«. Am erfolgreichsten war er als Feuilletonchef der Berliner »National-Zeitung«, deren Mitarbeiter er 1862 wurde. Zwölf Jahre später holte ihn Julius Rodenberg als Literatur- und Theaterkritiker an die »Deutsche Rundschau«. Doch sah der damals aufkommende Naturalismus in F. den Vertreter einer überlebten Kunstauffassung. So hatte er als Schriftsteller, der sich in seinen Büchern sowohl mit historischen als auch Gegenwartsstoffen beschäftigte, nicht die Anerkennung, die er als nationalliberaler Journalist genoß.

Literatur: W. Haacke, Handbuch der Zeitungswissenschaft, Bd. 1, 1940. *MR*

Freund, Georg Christian

Konstrukteur
✶ 15.4.1793 Uthlede/Weser
† 11.10.1819 Gleiwitz

1814 von Kopenhagen nach Berlin gekommen, entwickelte er 1816 für die Fabrik Hensel & Schumann eine Dampfmaschine mit einer Leistung von 6 PS, die bis 1902 in Dienst stand. Eine zweite Pionierleistung war die Errichtung der ersten Berliner Gasbeleuchtungsanlage mit 40 Brennstellen. Trotz des wohlwollenden Beifalls für diese geniale Leistung durch Friedrich Wilhelm III. wurde sein Plan, diese Beleuchtungsform auch für den Bereich des Schlosses zu installieren, abgelehnt. *VTM*

Friedel, Ernst

Museologe und Politiker
✶ 23.6.1837 Berlin
† 10.3.1918 ebd. [F.102, Grab eingeebnet]

Der Sohn des Leiters einer Erziehungsanstalt für junge Leute aus den höheren Ständen studierte Jura und arbeitete als Gerichts- und Verwaltungsbeamter. 1872 wurde er Stadtrat und engagierte sich in der Baudeputation, der Parkdeputation und der Armendirektion, dem Straßenbau-, Polizei- und Bestattungswesen. Der Humboldthain und der Viktoriapark sowie der Friedhof in Friedrichsfelde sind ihm zu verdanken. Sein besonderes Interesse galt der Heimatforschung. 1875 gründete er das Märkische Provinzialmuseum der Stadtgemeinde Berlin und machte es zu einem bedeutenden Geschichtsmuseum. 1875–1908 mußte die Sammlung vier provisorische Unterkünfte beziehen – die Rotunde des Rathauses, das Podewilssche Palais in der Klosterstraße, das Köllnische Rathaus in der Breiten Straße und das Sparkassengebäude in der Zimmerstraße. Unter schwierigen Bedingungen gelang es ihm und seinen Mitarbeitern, durch intensive Sammlungstätigkeit etwa 90.000 Exponate zur Berliner Geschichte zusammenzutragen. 1898 wurde ein Museumsbau vom Magistrat genehmigt. Als Standort wählte man den Köllnischen Park. 1908 konnte das nach Entwürfen des Stadtbaurates Ludwig

Hoffmann erbaute Märkische Museum seine Pforten für die Besucher öffnen. F. war Vorsitzender des Vereins für die Geschichte Berlins, gehörte dem Ausschuß der Berliner Gesellschaft für Anthropologie, Ethnologie und Vorgeschichte an und gründete eine Gesellschaft für Heimatkunde, die »Brandenburgia« (1892). *UH*

Friedensburg, *Ferdinand*

Politiker, Ehrenbürger
✶ 17.11.1886 Schweidnitz (Schlesien)
† 11.3.1972 Berlin [F.89]

Der Sohn des Senatspräsidenten Ferdinand F. besuchte ein humanistisches Gymnasium in Berlin-Steglitz, arbeitete im Bergbau und studierte anschließend Rechts- und Bergbauwissenschaften in Marburg und Berlin. Nach Examen und Promotion wurde er an der Berliner Bergakademie Bergassessor. Nach dem I. Weltkrieg war F. von 1921–25 Landrat in Westpreußen, ab 1925 Vizepräsident der Berliner Polizei und von 1927–33 Regierungspräsident in Kassel. Die Nationalsozialisten mißtrauten dem überzeugten Demokraten und machten F. 1935 zweimal den Prozeß; er mußte jedoch freigesprochen werden. Nach dem II. Weltkrieg war F. Mitbegründer der CDU. 1945 wurde er als Bergfachmann zum Präsidenten der Zentralverwaltung für Brennstoffindustrie in der SBZ ernannt; zudem übertrug man ihm die Kontrolle der Bergakademie in Freiberg. Auf Befehl der sowjetischen Militärverwaltung wurde er 1946 beider Ämter enthoben. Von 1946–51 war F. Stellv. Oberbürgermeister von Berlin; bis 1948 hatte er einen Lehrauftrag an der Berliner Humboldt-Universität, war von 1948–50 Stadtverordneter und von 1950–52 für die CDU Mitglied des Berliner Abgeordnetenhauses. Von 1945–68 war F. Präsident des deutschen Instituts für Wirtschaftsforschung und saß von 1952–65 als Vertreter Berlins im Bundestag (1962 Alterspräsident). Dort setzte er sich beständig für ein neues Verhältnis zur damaligen Sowjetunion ein. Im Interesse der deutschen Wiedervereinigung forderte er auf dem Stuttgarter Parteitag 1956 »praktische, vielleicht sogar opfervolle Schritte«. F. war lange Jahre wissenschaftlich aktiv, er las am Otto-Suhr-Institut, war Präsident der Arbeitsgemeinschaft deutscher wirtschaftswissenschaftlicher Forschungsinstitute e.V., seit 1953 Professor für Bergwissenschaften an der TU und von 1954–65 Mitglied des Europäischen Parlaments. F. schrieb u.a. »Lebenserinnerungen« und »Es ging um Deutschlands Einheit. Rückschau eines Berliners auf die Jahre nach 1945« (2 Bde. 1969 ff.). F. hatte hohe Auszeichnungen und war Ehrendoktor der Wayne-Universität, der Universität in Detroit und der Columbia-Universität New York. 1971 wurde er zum Berliner Ehrenbürger ernannt. *EH*

Friedenthal, Richard

Schriftsteller
✶ 9.6.1896 München
† 19.10.1979 Kiel [F.89]

F. wuchs in Berlin auf und war Soldat im I. Weltkrieg. Er studierte in München, Berlin und Jena Literaturwissenschaften und Kunstgeschichte. Nach der Promotion arbeitete er als freier Schriftsteller. Ersten Erfolg errang er mit dem Cortez-Roman »Der Eroberer« (1929). Von 1930 bis 1936 war er Lektor und gab »Knaurs Konversationslexikon« (1932) heraus. Als jüdischer Autor erhielt er 1933 Schreibverbot und emigrierte nach England. 1943–50 arbeitete er bei der BBC und nach 1945 als Redakteur der »Neuen Rundschau«. 1950 kehrte F. wieder nach Deutschland zurück und arbeitete als Lektor. *MR*

Friedlaender, Salomo

(Pseud. Mynona)
Schriftsteller
✶ 4.5.1871 Gollantsch (Posen)
† 9.9.1946 Paris

Als Sohn einer jüdischen Arztfamilie verbrachte F. seine Kindheit und Jugend in Posen und Berlin. In München und Berlin studierte er Medizin und Zahnmedizin. Mit Philosophie, Geschichte und Germanistik befaßte er sich in Jena, wo er auch 1902 promovierte. Vier Jahre später siedelte er endgültig nach Berlin über. Neben philosophischen Schriften veröffentlichte F. vor allem Grotesken, die er mit Mynona zeichnete, dem Anagramm von anonym und in den expressionistischen Zeitschriften »Der Sturm« und »Die Aktion« veröffentlichte. Sie erschienen später unter den Titeln »Mein Papa und die Jungfrau von Orleans« (1921) oder »Mein hundertster Geburtstag und andere Grimassen« (1928) auch als Bücher. F.s philosophisches Hauptwerk »Die schöpferische Indifferenz« kam 1918 im Verlag Georg Müller heraus. Seine später im Pariser Exil geschriebenen Werke, darunter auch die autobiographische Skizze »Ich«, blieben weitgehend unveröffentlicht.

Literatur: S. Friedlaender/Mynona 1871–1946, Ausstellungskatalog der Akademie der Künste, Berlin 1972. *MR*

Friedländer, *David* Joachim

Erster jüdischer Stadtrat Berlins
✶ 6.12.1750 Königsberg
† 25.12.1834 Berlin [F.118]
F. stammte aus einer Königsberger Familie, die zu den Silberlieferanten der dortigen Münze gehörte. Er kam 1771 nach Berlin und war bald ein erfolgreicher Kaufmann. F. galt als einer der ersten Juden mit deutschem Nationalbewußtsein. Seine »Aktenstücke, die Reform der Jüdischen Kolonien in den preußischen Staaten betreffend« beinhalten z.B. seine Verhandlungen um Heimatrechte der deutschen Juden. F. war staatstreu und wurde 1809 Stadtrat. Als das Edikt von 1812 die bürgerliche Gleichberechtigung der preußischen Juden brachte, forderte F. von seinen Glaubensgenossen gottesdienstliche Reformen. Er bemühte sich um kulturelle Assimilation, gründete 1778 eine jüdische Freischule in Berlin und übersetzte religiöse jüdische Schriften ins Deutsche. In seinem »Sendschreiben an Probst Teller zu Berlin, von einigen Hausvätern jüdischer Religion« (1799) erklärte er, daß der jüdische Kreis Zeremonialgesetze aufgeben wolle und beabsichtige, die Taufe anzunehmen. Der Probst lehnte ab. F.s Vorschlag, refomierte Juden mit dogmenfreien Christen zu verbinden, erschien als opportunistisch. F. blieb bis zu seinem Tode der jüdischen Religion treu. *EH*

Friedländer, *Max* Jacob

Kunsthistoriker
✶ 5.6.1867 Berlin
† 11.10.1958 Amsterdam [F.2]
F. stand der Berliner Gemäldegalerie ab 1904 als zweiter und 1924–33 als erster Direktor vor. 1938 emigrierte er nach den Niederlanden. Sein Hauptwerk ist »Die altniederländische Malerei« (14 Bde., 1924–37). Bekannt wurde er auch durch seine Monographien »Albrecht Dürer« (1921), »Pieter Bruegel« (1921), »Albrecht Altdorfer (1923) und »Max Liebermann« (1924). 1955 erschien sein Alterswerk »Von Kunst und Kennerschaft«. Neben W.v. Bode bestimmte er ganz entscheidend den Aufkauf und Ausbau der Berliner Sammlungen mit.
Literatur: Festschrift zum 75. Geburtstag, 1942. *UH*

Friedrich, Götz

Theaterleiter
✶ 4.8.1930 Naumburg/Saale
† 12.12.2000 Berlin [F.93]
Der Sohn eines Juristen wuchs in Freyburg/Unstrut auf, besuchte in Naumburg das Gymnasium und studierte anschließend am Theaterinstitut in Weimar. Danach kam er 1953 als Regieassistent an die Komische Oper in Berlin, die von Walter Felsenstein geführt wurde. Hier arbeitete er ab 1959 als Regisseur und seit 1968 als Spielleiter. Er übernahm an verschiedenen Kunstschulen Lehrtätigkeiten und wurde 1970 als Professor an die Berliner Musikhochschule »Hanns Eisler« berufen. Zu seinen ersten Inszenierungen gehörten »La Boheme« und »Tosca«. 1970 brachte er eine deutsche Fassung der Gershwin-Oper »Porgy und Bess« mit Manfred Krug als Sportin Life heraus. 1972 gab er sein Debüt außerhalb der DDR, als er in Bayreuth den »Tannhäuser« von Richard Wagner inszenierte. Im gleichen Jahr blieb er nach einem schwedischen Gastaufenthalt in der Bundesrepublik und arbeitete als Oberspielleiter und später als Chefregisseur an der Hamburgischen Staatsoper. Verschiedene Arbeiten führten ihn auch nach London, nach Skandinavien und in die USA. Seit 1981 leitete er als Generalintendant und Chefregisseur die Deutsche Oper in Berlin (West), von 1984–93 zusätzlich auch noch das Theater des Westens. Seit 1982 gehörte er der Akademie der Künste an. Berlin ehrte ihn 1996 mit der Ernst-Reuter-Plakette. Über seine Lebensmaxime hatte er einmal in einem Fragebogen geschrieben: »Man muß immer höher zielen, als man treffen will.«
Literatur: M. Reißinger, Götz Friedrich. Künstler wider Willen, 2000 *EF*

Friedrich I.

Kurfürst von Brandenburg
✶ 21.9.1371 (oder 1372)
† 20.9.1440 Kadolzburg b. Nürnberg
Friedrich VI., Burggraf von Nürnberg, wurde für seine Verdienste von Kaiser Sigismund 1411 zum Statthalter der Mark Brandenburg gemacht, 1415 in den Markgrafen- und Kurfürstenstand erhoben und erhielt 1417 offiziell die Kurmark als Lehen. Als Begründer einer neuen Dynastie – der Hohenzollern – nannte er sich von nun an Friedrich I. 1424 kam es wegen der Uckermark zum Bruch mit dem Kaiser. Nach glücklosen Auseinandersetzungen mit Pommern, Mecklenburg, dem

Deutschen Orden und Polen verließ er 1426 die Mark. *EF*

Friedrich I.

König in Preußen
✶ 11.7.1657 Königsberg
† 25.2.1713 Berlin [F.103]
Als Nachfolger des Großen Kurfürsten regierte Friedrich III. seit 1688 als Kurfürst von Brandenburg. Seinen ganzen Ehrgeiz setzte er in die Königskrönung, die 1701 in Königsberg zum König Friedrich I. in Preußen erfolgte. In der Folgezeit wurde diese Bezeichnung auch für die anderen Gebiete des Kurfürsten eingeführt. In seiner Regierungszeit verringerte sich die Bedeutung Preußens außenpolitisch, innenpolitisch verschlechterte sich die wirtschaftliche Lage. *EF*

Friedrich II. (der Eiserne)

Kurfürst von Brandenburg
✶ 19.11.1413 Tangermünde
† 10.2.1471 Plassenburg b. Kulmbach
Der erste Sohn von Kurfürst Friedrich I. regierte ab 1437 in den Marken. In seiner Regierungszeit wurden die märkischen Städte unterworfen und verloren ihre städtische Autonomie. Der Versuch von Berlin-Cölln, sich dem zu widersetzen (»Berliner Unwillen« 1447/48) verlief erfolglos. Häufige Grenzkriege gegen Pommern und andere Nachbarn sowie geschickte Erbfolgepolitik führten zu einer schrittweisen Vergrößerung Brandenburgs; 1454 kam die Neumark zu Brandenburg, 1462 waren es die Herrschaften Cottbus und Peitz sowie das Land Teupitz. 1470 trat F. zugunsten seines Bruders Albrecht Achilles zurück. *EF*

Friedrich II., der Große

König von Preußen
✶ 24.1.1712 Berlin
† 17.8.1786 Potsdam [F.131]
F. geriet frühzeitig in Konflikt mit seinem despotischen Vater Friedrich Wilhelm I. Nach einem mißlungenen Fluchtversuch (1730) wurde er in der Festung bzw. Stadt Küstrin unter Arrest gestellt. 1732 diente er als Oberst in Ruppin und führte ab 1736 im Schloß Rheinsberg einen eigenen Hof. Musisch interessiert und offen für geistige Probleme, beschäftigte er sich intensiv mit der Philosophie Christian Wolffs und knüpfte Kontakte zu den französischen Aufklärern Fon-

Friedrich II. (1712–1786)

tenelle und Voltaire. Während er bereits in den Küstriner Jahren seine Vorstellungen über die außenpolitischen Ziele Preußens entwickelte, formte er nun im »Antimachiavell« (1740) sein innenpolitisches Credo. Diese Ziele setzte er in seiner Regierungszeit seit 1740 als aufgeklärter absolutistischer Herrscher konsequent durch. In zwei Kriegen (1740–42 und 1744–45) eroberte er Schlesien und verteidigte es im Siebenjährigen Krieg (1756–63) gegen eine mächtige, von Österreich geführte europäische Allianz. Durch die erste polnische Teilung 1772 gewann er Polnisch-Preußen. Im Bayerischen Erbfolgekrieg (1778–79) sicherte F. das Gleichgewicht mit Österreich. Diesem Ziel diente auch der von ihm initiierte deutsche Fürstenbund (1785). In der Innenpolitik betrieb er eine erfolgreiche Besiedlungs- und Kultivierungspolitik (Binnenkolonisation). 1745 begann eine umfängliche Justizreform. In dem von ihm 1752 bzw. 1768 verfaßten »Politischen Testament« formulierte er seine innen- und außenpolitischen Ziele mit einer solchen Offenheit, daß sie erst 1922 in Deutschland erscheinen konnten. Im Umgang mit den schönen Künsten und der Wissenschaft ein aufgeklärter Herrscher, zog er namhafte Persönlichkeiten an seinen Hof, regte vielfältige repräsentative Bauten in Berlin an, komponierte und musizierte und führte einen umfangreichen Briefwechsel. Seit 1747 lebte er vorwiegend in dem auf seine Weisung erbauten Schloß Sanssouci. Hier schrieb er

eine Reihe seiner umfänglichen Bücher (»Geschichte meiner Zeit«, »Generalprinzipien des Krieges«).
Literatur: Die Werke Friedrichs d.G. in dtsch. Sprache, hg. v. G.B. Volz, 10 Bde., 1913/14; R. Koser, Geschichte Friedrichs d.G., 4 Bde., Neudr. 1963; T. Schieder, Friedrich d.G., 1983. *EF*

Friedrich Wilhelm

Kurfürst von Brandenburg (der Große Kurfürst)
✶ 16.2.1620 Cölln/Spree
† 9.5.1688 Potsdam [F.103]

Der Sohn von Kurfürst Georg Wilhelm verlebte seine Kindheit in Küstrin. 1634 ging er zur weiteren Ausbildung nach Holland, von wo er erst auf Befehl des Vaters 1638 zurückkehrte und sich mit diesem nach Königsberg begab. Als Kurfürst (1640) rang er um Machtzuwachs durch Gebietserweiterung. 1643 kehrte er in das verödete Berlin zurück und machte es zum Zentrum seiner zerstreuten Besitzungen. Zwar verlor er im Westfälischen Frieden 1648 Vorpommern an Schweden, erhielt aber Magdeburg, Minden, Halberstadt und Kammin dazu. Um die Anerkennung im Innern mußte F.W. viele Jahre mit den Ständen verschiedener Regionen kämpfen. Außenpolitisch erreichte F.W. durch geschickte Frontwechsel im schwedisch-polnischen Krieg (1655–1660) volle Souveränität über das Herzogtum Preußen. Einbezogen in die Kriege des Reiches mit Frankreich, war er um erfolgreiche Bündnisse bemüht. Im Brandenburgisch-Schwedischen Krieg (1674–79) gelang ihm ein wichtiger Sieg in der Schlacht von Fehrbellin (1675). Der unter französischem Druck entstandene Friedensvertrag brachte jedoch keinen Gewinn. Erst durch geheime Bündnisverträge mit Frankreich, aber auch einer Verbindung mit dem Kaiser und Annäherung an Schweden kam es zu einer Stabilisierung. Die Aufhebung des Edikts von Nantes (1685) durch Ludwig XIV. beantwortete F.W. sofort mit seinem Edikt von Potsdam, in dem er den Hugenotten Asyl anbot. Ihr Zuzug brachte besonders Berlin einen wirtschaftlichen Aufschwung, wozu auch eine Reihe wirtschaftlicher Maßnahmen, Verwaltungsreformen sowie eine forcierte Bautätigkeit beitrugen. Von der Toleranz F.W. zeugt ein Brief von 1686, in dem es heißt: »Wie heftig auch immer in der Regel der aus Verschiedenheit der Religionsmeinungen entstehende Haß sein mag, älter und heiliger ist doch das Gesetz der Natur, nach welchem der Mensch den Menschen zu tragen, zu dulden, ja dem ohne Schuld Gebeugten zu helfen verpflichtet ist. Denn ohne diese Bande der menschlichen Gesellschaft ... hätte nie irgendein Verkehr unter den Völkern sein und bestehen können.«
Literatur: S. v. Pufendorf, Friedrich Wilhelm, des Großen Kurfürsten v. Brandenburg Leben und Taten, 1695; L. Hüttl, Friedrich Wilhelm v. Brandenburg., der Große Kurfürst, 1981. *EF*

Friedrich Wilhelm I.

König von Preußen (Soldatenkönig)
✶ 14.8.1688 Cölln/Spree
† 31.5.1740 Potsdam [Friedenskirche]

Der Sohn Friedrichs I. hatte bereits als Kronprinz durch Bildungsreisen in die prosperierenden Niederlande und durch seine calvinistische Erziehung prägende Eindrücke empfangen. Frühzeitig engagierte er sich für ein starkes Preußen und sah in einem einsatzbereiten Heer das entscheidende Mittel dafür. In seiner Regierungszeit von 1713–1740 herrschte ein strenges Sparsamkeitsregime. Rigoros schränkte er die Ausgaben des Hofes ein. 1722 führte er eine straffe Verwaltungsorganisation ein und formte seine absolutistische Herrschaft aus. Die Armee mit ihren zuletzt 80.000 Mann stellte er in den Mittelpunkt des Staates. Diese viertgrößte europäische Streitmacht kam jedoch kaum zum Einsatz. Territorialen Zuwachs errang F.W. lediglich 1720, als Schweden an Preußen Stettin, Usedom sowie das Gebiet zwischen Oder und Peene abtrat. Bekannt wurde vor allem die in Potsdam stationierte Riesengarde der »langen Kerls«. Das aus dem Adel geformte Offizierskorps verpflichtete er zu unbedingtem Gehorsam. Als erster europäischer Monarch trug er seit 1725 ständig Uniform. Preußen erschien so zunehmend als das »Sparta des Nordens«. F.W. verfügte in Fragen der Wirtschaft, der Verwaltung und der Armee über umfassende Kenntnisse. In dem ihm liebsten Wohnsitz Wusterhausen entwickelte er eine Musterdomäne. Gegenüber dem geistig-kulturellen Leben und den Künsten zeigte er sich dagegen gleichgültig und ablehnend. Von den Wissenschaften unterstützte er lediglich die Medizin, Chemie und Verwaltungslehren, während die Berliner Akademie der Wissenschaften zur Bedeutungslosigkeit herabsank. Er betrieb eine merkantilistische Wirtschaftspolitik sowie eine aktive Einwanderungspolitik gegenüber Handwerkern und Kaufleuten. In diesem Zusammenhang praktizierte er religiöse Toleranz. Mit seiner Innenpolitik prägte er entscheidend die innere Ordnung Preußens. Von seinem Nach-

folger forderte er: »An euch mein lieber Successor ist was eure vorfahren angefangen zu sutteniren und eure Pretensionen und lender darbeyschaffen die unßerm haußе von Gott und rechtswehgen zugehöhren.«
Literatur: C. Hinrichs, Friedrich Wilhelm I., 1941; G. Oestreich, Friedrich Wilhelm I., 1977.
EF

Friedrich Wilhelm II.

König von Preußen
✶ 25.9.1744 Berlin
† 16.11.1797 Potsdam

Der Neffe Friedrichs II. war in seiner Regierungszeit (1786–97) unfähig, das Werk seines Vorgängers fortzusetzen. Innenpolitisch bekämpfte er Aufklärung und Toleranz (Religionsedikt 1788). Außenpolitisch pendelte er zwischen zeitweiliger Annäherung an Österreich (Konvention von Reichenbach 1790) und neuer Verschärfung der Konflikte – hervorgerufen durch die Niederlagen im ersten Krieg gegen Frankreich und die polnischen Teilungen 1793 und 1795. Der Friede mit Frankreich 1795 fand wenig Zustimmung. *EF*

Friedrich Wilhelm III.

König von Preußen
✶ 3.8.1770 Potsdam
† 7.6.1840 Berlin [F.1]

In der Regierungszeit des Sohnes Friedrich Wilhelms II. (1797–1840) vollzogen sich bedeutende innere und internationale Veränderungen. F.W. revidierte die aufklärungsfeindliche Politik seines Vorgängers (Aufhebung des Religionsedikts von 1788). Gegenüber inneren Reformen (Bauernbefreiung, Zollwesen) verhielt er sich jedoch halbherzig. Nach anfänglicher Neutralität im zweiten und dritten antifranzösischen Koalitionskrieg kam es 1806/07 zum Krieg gegen Frankreich, der mit einer Niederlage und dem Einzug Napoleons in Berlin endete. F.W. floh über Königsberg nach Memel (Friede von Tilsit 1807) und zeigte sich jetzt aufgeschlossener gegenüber den Reformbestrebungen in Staat und Armee. Im Krieg gegen Rußland noch Verbündeter Napoleons, kam es 1812 zum Neutralitätsvertrag (Tauroggen) und 1813 zum Bündnis mit Rußland. 1813 erfolgte der Aufruf »An mein Volk«. Als enger Verbündeter von Alexander I. auf dem Wiener Kongreß wurde er ein Verfechter der Restaurationspolitik und vereitelte die Verfassungspläne der reformerischen Kräfte in Preußen. *EF*

Friedrich Wilhelm IV.

König von Preußen
✶ 15.10.1795 Berlin
† 2.1.1861 Potsdam [Herz des Königs in F.1, Sarg in Friedenskirche zu Potsdam]

Er begann seine Regierungszeit (1840–61) mit einschneidenden Veränderungen gegenüber der Politik seines Vaters, indem er die Zensur erleichterte, die sog. Demagogenverfolgung beendete und die Arbeit der Ständevertretungen verbesserte. Geprägt durch eine christlich-germanische Weltsicht, idealisierte er mittelalterliche Verhältnisse, begeisterte sich am Ziel eines großdeutschen mitteleuropäischen Reiches und wurde zum »Romantiker auf dem Thron«. Nur zögernd folgte er dem Verlangen nach einer preußischen Verfassung und berief 1847 den Vereinigten Landtag. Unter dem Druck der revolutionären Ereignisse im März 1848 gab er den Forderungen der liberalen Kräfte nach, um jedoch wenig später alle freiheitlichen Maßnahmen rückgängig zu machen. 1849 lehnte er die ihm von der Frankfurter Nationalversammlung angetragene Kaiserwürde ab. Unter seiner Herrschaft wurden reaktionäre Züge in der preußischen Innen- und Au-

Friedrich Wilhelm III. (1770–1840)

ßenpolitik immer ausgeprägter. Aufgrund einer 1857 zum Ausbruch kommenden Geisteskrankheit übernahm in den letzten Jahren sein Bruder Wilhelm, Prinz von Preußen, die Regentschaft. Literatur: O. Büsch, Friedrich Wilhelm IV. in seiner Zeit, 1987; F.-L. Kroll, Friedrich Wilhelm IV. und das Staatsdenken der deutschen Romantik, 1990. *EF*

Friesen, Karl Friedrich

Pädagoge

✶ 25.9.1784 Magdeburg

† (gefallen) 16.3.1814 La Lobbe in den Ardennen (Frankreich) [F.107]

Nach kurzem Studium an der Berliner Bauakademie und der Berliner Universität arbeitete er 1807 als Zeichner bei A.v. Humboldt. 1808 wurde er Lehrer an der Plamannschen Erziehungsanstalt. 1811 gründete er die erste Berliner Schwimmschule und half F. L. Jahn bei der Schaffung des ersten öffentlichen Turnplatzes in der Hasenheide. 1813 trat er dem Lützowschen Freikorps bei und wurde in Frankreich erschossen. 1844 erhielt er ein Ehrengrab auf dem Invalidenfriedhof. An den Mitbegründer der deutschen Turn- und Sportbewegung erinnern heute die Friedrich-Friesen-Allee (Charlottenburg) und die Friesenstraße zwischen Kreuzberg und Tempelhof. Eine Schule in Marzahn in der Max-Hermann-Straße 5 trägt seinen Namen. *EF*

Fritsch, Werner Freiherr von

General der Artillerie,
Oberbefehlshaber des Heeres

✶ 4.8.1880 Benrath

† (gefallen) 22.9.1939 Warschau [F.107]

F. entstammte einer Offiziersfamilie, wurde 1900 Leutnant der kaiserlichen Armee, besuchte 1907–1910 die Kriegsakademie und diente während des I. Weltkriegs in verschiedenen Generalstabsstellungen. 1919 war er unter Seeckt 1. Generalstabsoffizier im Grenzschutz-Armeeoberkommando Nord im Baltikum. In der Reichswehr avancierte er bis 1932 vom Major zum Generalleutnant, war zuletzt Befehlshaber des Wehrkreises 3 (Berlin-Brandenburg). Am 1.2.1934 wurde F. zum General der Artillerie und zum Chef der Heeresleitung bzw. Oberbefehlshaber des Heeres ernannt. 1936 zum Generaloberst befördert, geriet er 1937 in Konflikt mit der abenteuerlichen Aggressionspolitik Hitlers; am 4.2.1938 wurde er unter falschen, persönlich diffamierenden Anschuldigungen (wegen angeblicher Homosexualität) verabschiedet. Später rehabilitiert, trat er mit Kriegsbeginn freiwillig dem Artillerieregiment 12 bei, als deren nomineller Chef er vor Warschau den Tod suchte und fand. *ThW*

Fritsch, Willy

(eigtl. Wilhelm Egon Fritz)
Schauspieler

✶ 27.1.1901 Kattowitz

† 13.7.1973 Hamburg

F. war schon Ingenieur, besuchte dann die Max-Reinhardt-Schule und begann am Deutschen Theater in Berlin, machte alsbald beim Film Karriere, war mit Lilian Harvey das »Traumliebespaar« der UFA (»Die Drei von der Tankstelle«; »Glückskinder«). In »Amphitryon« brillierte F. in der Doppelrolle Jupiter/Amphitryon, wechselte später ins Charakterfach. Nach dem Krieg konnte er an einstige Erfolge nicht anknüpfen – (1964 Memoiren »... das kommt nicht wieder«). *DTW*

Fritz, Bruno

Schauspieler

✶ 4.3.1900 Berlin

† 12.6.1984 ebd [F.85].

F. besuchte nach anfänglichen Universitätsstudien die Max-Reinhardt-Schule und trat in der Folgezeit an verschiedenen Berliner Bühnen auf (Schiller-, Residenz-, Lessing-Theater, Theater am Kurfürstendamm und am Nollendorfplatz, Renaissance- und Hebbel-Theater). Seine wichtigste Bühnenrolle war der Giesecke im »Weißen Rößl«. Schon 1927 wechselte er zum Rundfunk, später arbeitete er auch beim Film. Seit 1948/49 gab er im RIAS den Kummer bei »Günter Neumann und seine Insulaner«. *DTW*

Frobenius, *Leo* Viktor

Völkerkundler und Kulturhistoriker

✶ 29.6.1873 Berlin

† 9.8.1938 Biganzolo/Lago Maggiore

F. begann 1893 in Berlin mit dem Aufbau einer ethnographischen Motivexzerptur und einer völkerkundlichen Bildersammlung. Zwölf Expeditionen führten ihn 1904–35 nach Afrika. Schwerpunkte seiner Tätigkeit waren völkerkundliche Feldarbeit und die Erfassung von Felsbildern. Mit seinem Afrika-Archiv zog er 1922 nach München (Forschungsinstitut für Kulturmorphologie).

1934 übernahm F. dort die Leitung des Städtischen Museums für Völkerkunde. Er entwickelte die Lehre vom »Kulturkreis«, unter dem er Gebiete mit gleichen Kulturelementen integrierte, und führte damit eine neue wissenschaftliche Betrachtungsweise in die Ethnographie ein. (»Der westafrikanische Kulturkreis« 1897; »Der Ursprung der afrikanischen Kulturen« 1898). Dadurch gelang es ihm, das verwirrende Tatsachen-

Leo Frobenius (1873–1938)

material von schriftlosen Völkern sinnvoll räumlich und zeitlich zu ordnen. Das Bemühen, diesen Kulturen eine geschichtliche Dimension zu verleihen, mündete später in die historische Kulturkreislehre der Wiener Schule. Mit Nachdruck setzte sich F. für eine kulturmorphologische Betrachtungsweise ein (»Die naturwissenschaftliche Kulturlehre« 1899). In seiner Paideuma interpretierte er die Kulturen als lebendige Organismen mit einer Lebenskurve: »Ergriffenheit« (Jugend), »Ausdruck« (Reife) und »Anwendung« (Alter). Wichtige Werke sind weiterhin: »Atlantis, Volksmärchen und Volksdichtung Afrikas« (12 Bde., 1921–28), »Atlas Africanus« (1922–30), »Erlebte Erdteile« (7 Bde., 1925–29) und »Kulturgeschichte Afrikas« (1933).

Literatur: U. Luig, Vom Schreibtisch zum Äquator. Afrikanische Reisen, 1982. *UH*

Froelich, *Carl* August Hugo

Schauspieler, Filmregisseur und -produzent

✶ 5.9.1875 Berlin

† 12.2.1953 ebd. [F.85, Grab eingeebnet]

F. war ursprünglich Techniker bei Siemens und gehört zu den Pionieren des deutschen Films. Schon vor dem I. Weltkrieg Regisseur, war er während des Krieges für die Oberste Heeresleitung als »Flugzeugkinematograph« tätig. In der Stummfilmzeit inszenierte er zahlreiche Filme mit Henny Porten und einen der ersten deutschen Tonfilme (»Die Nacht gehört uns«, 1929). 1933 drehte er den Film »Der Choral von Leuthen« mit O. Gebühr; auch in der Folgezeit schuf er mehrere »staatspolitisch wertvolle« (z.B. »Ich für Dich – Du für mich« über den Alltag von RAD-Mädels 1934; »Heimat« mit Z. Leander 1938), aber auch künstlerisch anspruchsvollere Filme (»Traumulus« nach Arno Holz, 1936). Zweimal bekam F. den National-Filmpreis (1936, 1938), wurde 1939 Präsident der Reichsfilmkammer und 1940 aus dem »Dotationsfonds des Führers« bedacht. 1936 hatte seine Produktionsfirma gemeinsam mit Siemens & Halske den ersten deutschen Farbfilm, den Kurzfilm »Das Schönheitsfleckchen«, hergestellt.

Literatur: H. Belach, Henny Porten. Der erste deutsche Filmstar 1890–1960, 1986. *DTW*

Frommel, Emil

Garnisonpfarrer und Schriftsteller

✶ 5.1.1828 Karlsruhe

† 9.11.1986 Berlin [F.106]

Der Sohn des Direktors der Großherzoglich-Badenschen Kunstgalerie in Karlsruhe war eigentlich für eine künstlerische Laufbahn prädestiniert, mußte aber aus familiären Gründen protestantische Theologie in Halle/Saale und Heidelberg studieren. Eine vorsichtige Annäherung an die revolutionären studentischen Bewegungen des Sommers 1848 und die Teilnahme am Wartburgfest führten ihn schnell zur Ernüchterung angesichts der radikal-demokratischen Entwicklungen und militärischen Auseinandersetzungen in Baden im Frühsommer 1849. F. unternahm seine ersten beruflichen Schritte als Pfarrer in den pietistischen Zentren Wuppertal und Baden. 1869 erhielt er durch Vermittlung eines ehemaligen Studienfreundes den Ruf an die Garnisongemeinde Berlin, damit in die unmittelbare Nähe des Hofes. Die Erlebnisse des Krieges gegen Frankreich 1870/71 verstärkten diese Bindungen: Kaiser Wilhelm I. empfahl Frommel für die

Siegespredigt in der Straßburger Thomaskirche und nutzte dessen rhetorisches Talent in Berlin für die politischen Grundsatzreferate auf Reichs-Lehrerkonferenzen, für die Vermittlung der »Lehren aus dem Kriege« im Sinne eines offenen Chauvinismus. Auch der junge Kaiser Wilhelm II. suchte die Nähe des volkstümlichen Predigers und Lehrers, indem er ihn mit der Erziehung seiner Söhne in philosophischen und religiösen Fragen betraute. Als »Volksschriftsteller« ging F. in die Berliner Geschichte ein, mehr als 5 Bände Erzählungen, Novellen, Kurzgeschichten und Predigten konnten zu Lebzeiten und auch posthum publiziert werden. Frommels Grabmal auf dem Alten Garnisonfriedhof aus Carrara-Marmor gehört zu den besten Plastiken des Historismus am Ende des 19. Jhs. *DW*

Frömming, Johannes (»Hänschen«) Wilhelm Arthur

Trabrennfahrer
✶ 28.6.1910 Berlin
† 8.11.1996 Hamburg

Nach dem frühen Tod des Vaters wuchs er bei seinem Großvater in Steglitz auf. Nach der Lehre als Pferdewirt und Erhalt der Fahrerlizenz begann seine einmalige Laufbahn als Trabrennfahrer mit einem ersten Sieg 1926 in Berlin-Ruhleben. 1931 erfolgte der erste Auslandsstart. In seiner aktiven Rennfahrerzeit absolvierte er mehr als 20.000 Rennen, von denen er knapp 5600 gewann. Zu den größten Erfolgen gehörte der dreimalige Gewinn des Prix d'Amerique, des wohl bedeutendsten Trabrennens der Welt. Das Deutsche Derby sah ihn elfmal als Sieger. In dem Spielfilm »Derby« spielte er einen Trabertrainer. In den letzten Jahrzehnten lebte er mit seiner Frau in Hamburg. 1969 erschien sein Erinnerungsbuch »Meine ersten 5000 Trabrennsiege«. *EF*

Fuchs, Günter Bruno

Schriftsteller und Grafiker
✶ 3.7.1928 Berlin
† 19.4.1977 ebd. [F.25]

Als Sohn eines Kellners wurde F. noch als 14jähriger Luftwaffenhelfer an der Front eingesetzt. Er kam in belgische Kriegsgefangenschaft und kehrte 1945 nach Berlin zurück. Nach einem Studium an der Hochschule für Bildende Künste in Berlin lebte er seit 1952 als freischaffender Schriftsteller und Grafiker in mehreren westdeutschen Städten. 1952 kehrte er nach Berlin zurück und wurde Mitbegründer der »zinke«-Hinterhof-Galerie und 1963 Leiter der »Rixdorfer Drucke«. Wie er von sich selbst sagt, ist er ein Nachfahre der Vagantendichter, ein Poet mit einem weinenden und einem lachenden Auge. Berlins Straßen, Kneipen und Rummelplätze sind das Milieu seines Romans »Krümelnehmer oder 34 Kapitel aus dem Leben des Tierstimmenimitators Ewald K.« (1963). Viele seiner Werke hat F. selbst illustriert, so auch den Roman »Bericht eines Bremer Stadtmusikanten« (1969), ein modernes Märchen, dessen Handlung in einer surrealistischen Traumlandschaft spielt.

Literatur: Das Lesebuch des G.B. Fuchs, 1970. *MR*

Fühmann, Franz

Schriftsteller
✶ 15.1.1922 Rochlitz (Böhmen, heute Rokytnice in Tschechien)
† 8.7.1984 Berlin

Der Apothekersohn brach die Ausbildung in einer Klosterschule ab und meldete sich nach der deutschen Besetzung des Sudentenlandes freiwillig als Soldat. 1945 geriet er in russische Gefangenschaft und besuchte eine Antifa-Schule. Nach der Entlassung aus der Gefangenschaft ging er 1949 in die DDR und schloß sich der Nationaldemokratischen Partei Deutschlands (NDPD) an, der er bis 1958 angehörte. Mit seinen Erzählungen und seiner Lyrik erreichte er bald Anerkennung. Seine Anti-Kriegserzählung »Kameraden« (1955) wurde unter dem Titel »Betrogen bis zum jüngsten Tag« verfilmt. 1957 erschien der Lyrikband »Aber die Schöpfung soll dauern«. Seit Ende der 60er Jahre übersetzte und erzählte er Werke der Weltliteratur für Kinder, so »Shakespeare« (1968), »Das Nibelungenlied« (1971) »Prometheus« (1975) oder »Das hölzerne Pferd« (1979). Daneben publizierte er mit Augenzwinkern »Saiäns-Fiktschen Erzählungen« (1981). Der mehrfach ausgezeichnete Künstler – er erhielt 1956 den Heinrich-Mann-Preis, 1957 den Nationalpreis und wurde 1972 Mitglied der Akademie der Künste – geriet in immer stärkere Widersprüche zu den in der DDR herrschenden Kulturauffassungen. 1979 wandte er sich mit einem »Offenen Brief an den Minister für Kultur Klaus Höpcke« und gehörte auch zu jenen Persönlichkeiten, die offen gegen die Ausbürgerung Wolf Biermanns protestierten. Wie eine eigene Lebensmaxime heißt es in einem Essay über den von ihm verehrten Georg Trakl: »Du verlierst nichts von dem, was du einmal warst, und du bist gewesen, was du erst wirst.« Sein Grab befindet sich auf dem Friedhof in Märkisch-Buchholz, wo der Künstler neben Berlin wohnte. *EF*

Fulda, Ludwig (Anton Salomon)
Schriftsteller und Dramatiker
✶ 15.7.1862 Frankfurt/M.
† (Selbstmord) 30.3.1939 Berlin [F.91]
F. stammte aus einer alten jüdischen Kaufmannsfamilie, studierte Germanistik und Philosophie in Heidelberg, Berlin und Leipzig. Ab 1888 lebte er fast ausschließlich in Berlin, wo er Mitbegründer der »Freien Bühne« war und sich besonders für Sudermann und Hauptmann einsetzte. F. verfaßte 38 Stücke, darunter »Der Talisman« (1892) und »Die Gegenkandidaten« (1924), und 12 Einakter, die heute weitgehend vergessen sind. Lebendig geblieben sind seine Übersetzungen der Shakespeare-Sonette und der Dramen von Molière. Von den Nazis verfemt, endete er 1939 durch Selbstmord. *MR*

Fürstenberg, Carl
Bankier
✶ 28.8.1850 Danzig
† 9.2.1932 Berlin
Nach seiner kaufmännischen Ausbildung in Danzig zog F. 1869 nach Berlin. Im Bankhaus Bleichröder machte er ab 1871 Karriere und war schließlich Generalbevollmächtigter. 1883 trat F. als Gesellschafter in die Berliner Handels-Gesellschaft ein, ein im stillen wirkendes Haus ohne Filialen, aber mit erheblichem Einfluß. Finanziell war er im In- und Ausland engagiert, bei der Kolonialisierung in Deutsch-Südwest genauso wie als erster westlicher Geldgeber für die Sowjetunion. In Berlin finanzierte er die Erschließung des Kurfüstendamms, der Villenkolonie Grunewald (sein Vorgänger Conrad hatte bereits Wannsee erschlossen) und des Hohenzollerndamms; an Rhein und Ruhr hatte er großen Anteil an der Industrieentwicklung. *VTM*

Furtwängler, *Adolf* Michael
Archäologe
✶ 30.6.1853 Freiburg i.Br.
† 10.10.1907 Athen
F., Vater des Nachfolgenden, nahm nach ausgedehnten Reisen 1878 an der Ausgrabung von Olympia teil. Untersuchungen mykenischer Vasen vermittelten ihm ein tiefes Einfühlungsvermögen in die Kultur des 2. Jahrtausends v. Chr. An der Berliner Antikensammlung übernahm er die Bearbeitung der Kleinkunst. In dieser Zeit entstandene Publikationen, wie »Meisterwerke der griechischen Plastik« (1893), gelten als Marksteine der Archäologie. Seine Abhandlungen zur »Griechischen Vasenmalerei« (1900–04) und die »Antiken Gemmen« (3 Bde., 1900) weisen ihn als profunden Kenner der Materie aus. Seit 1884 auch an der Berliner Universität tätig, ging F. 1894 nach München. Grabungen führten den Mitbegründer der neueren kunsthistorisch orientierten Archäologie u.a. nach Orchomenos und Amyklai. *UH*

Furtwängler, Gustav Heinrich Ernst Martin *Wilhelm*
Dirigent und Komponist
✶ 25.1.1886 Berlin
† 30.11.1954 Ebersteinburg b. Baden-Baden
Der Sohn des Vorigen studierte zunächst verschiedene humanistische Disziplinen, schließlich aber Musik, u.a. bei M.v. Schillings. F. wollte Komponist werden; die Dirigierbegabung wurde offenbar, als der 19-jährige seine erste eigene Sinfonie zur Aufführung brachte. Die Dirigentenlaufbahn begann F. in Zürich als Chordirigent. Seit 1908 in München, ging er als Kapellmeister nach Straßburg und Lübeck, war 1915–20 Operndirektor in Mannheim und wirkte als Dirigent des Orchesters des Wiener Tonkünstlervereins. 1920 wurde er an der Staatsoper Berlin Nachfolger von R. Strauss, 1922 von Nikisch beim Gewandhausorchester Leipzig (bis 1928) und gleichzeitig Dirigent der Berliner Philharmonie. Daneben leitete F. die Wiener Philharmoniker (1927–30, 1939/40), wurde 1931 Leiter der Bayreuther Festspiele, 1933 Direktor der Staatsoper Berlin, 1937 Chef der Salzburger Festspiele. Sein Verbleiben im Deutschland des Nationalsozialismus wurde von vielen Emigranten kritisiert (F. war Vizepräsident der Reichsmusikkammer). Während die Nationalsozialisten F.s internationalen Ruf zur Aufbesserung des eigenen Renommees nutzten, geriet F. selbst, zum Beispiel wegen seines Eintretens für den als entartet diffamierten P. Hindemith, in Konflikt mit der NS-Kunstpolitik und legte zeitweilig seine Ämter nieder. 1935 trug sich F. mit der Absicht, nach den USA zu emigrieren, doch blieb er wegen der Rivalität zu Toscanini in Deutschland. 1947 trat F. wieder als Dirigent der Berliner Philharmonie an die Öffentlichkeit und wurde 1952 vom Orchester zum

»Dirigenten auf Lebenszeit« gewählt. Seine Interpretationen der Werke Beethovens, Bruckners und Brahms' setzten Maßstäbe. F. war kein reisender Stardirigent, sondern kompromißloser Orchestererzieher, dessen intensive Probenarbeit gerühmt und gefürchtet war.

Werke: 3 Sinfonien, Klavierkonzert, Te Deum, 2 Violinsonaten, Kammer- und Chormusik.
Schriften: Der Fall Hindemith (1943), Gespräche über Musik (1948), Der Musiker und sein Publikum (1955).
Literatur: J. Matzner, Furtwängler, 1986. *ThW*

G

Gaertner, Johann Philipp *Eduard*

Maler

✶ 2.6.1801 Berlin

† 22.2.1877 Zechlin

Seinen ersten Zeichenunterricht nahm G. in Kassel bei F. Müller, nachmaligem Leiter der Darmstädter Zeichenakademie. 1814 wieder in Berlin, begann er als Lehrling der Porzellanmanufaktur, ging jedoch 1821 als Theatermaler in die Werkstatt von C. Gropius. Danach hielt er sich 1825–1827 in Paris auf und wurde, nach Berlin zurückgekehrt, 1833 Mitglied der Kunstakademie. Er hatte danach den königlichen Auftrag, Prospektmalerei in Berliner Schlössern einzuführen (u.a. »Großes Panorama«, 1834). 1837–39 ging er nach Rußland und arbeitete in Moskau an gleichen Aufträgen. Weitere Darstellungen von Gebäuden und Stadtansichten der preußischen Hauptstadt schlossen sich an. G.s. Panoramen aus der ersten Hälfte des 19. Jhs. sind heute, nach den Zerstörungen des II. Weltkrieges, besonders wertvolle Zeugnisse einstiger gewachsener Urbanität Berlins.

Literatur: U. Cosmann, E. Gaertner 1801–77, Katalog, 1977; I. Wirth, E. Gaertner, der Berliner Architekturmaler, 1979; E. Trost, E. Gaertner, 1990. *JM*

Gagern, Heinrich Wilhelm August Freiherr von

Politiker, Ehrenbürger

✶ 20.8.1799 Bayreuth

† 22.5.1880 Darmstadt

Der Sohn eines liberalen nassauischen Ministers war während seines Studiums aktiver Burschenschaftler und setzte sich auch als hessischer Staatsbeamter (ab 1820) für demokratische und konstitutionelle Ziele ein. G. gehörte schon vor 1848 zu den Vorbereitern der Schaffung einer gesamtdeutschen parlamentarischen Vertretung und wurde 1848 in die Frankfurter Nationalversammlung gewählt, als deren Präsident er bekannt wurde. Sein politisches Ziel, den preußischen König als deutschen Kaiser gekrönt zu sehen, scheiterte an der starren Haltung Friedrich Wilhelms IV. Am 29. März 1849 wurde G. zum Berliner Ehrenbürger ernannt. *DW*

Galen, Clemens August Joseph Kardinal Graf von

Theologe

✶ 16.3.1878 Dinklage b. Oldenburg

† 22.3.1946 Münster

Nach dem Studium der Theologie an der Innsbrucker Universität zwischen 1898 und 1903 erhielt er 1904 die Priesterweihe. 1906 kam er nach Berlin und war hier bis 1911 als Kaplan an der St. Matthias Kirche, danach bis 1919 als Kuratus an der St. Clemens Kirche und bis 1929 als Pfarrer an der St. Matthias Kirche tätig. Von 1929 bis 1933 arbeitete er als Pfarrer in Münster, bis er im Oktober 1933 zum Bischof von Münster berufen wurde. In dieser Funktion machte er sich einen Namen durch sein mutiges öffentliches Auftreten gegen Übergriffe des NS-Regimes. So protestierte er nachdrücklich gegen die praktizierte Euthanasie und setzte sich mit dem Nazi-Ideologen Rosenberg auseinander. 1946 vom Papst in besonderer Würdigung seiner mutigen Haltung in der NS-Zeit zum Kardinal ernannt, starb er kurze Zeit nach der Rückkehr aus Rom. In Berlin erinnern Gedenktafeln in der Stresemannstraße 66 (Kreuzberg) in der St. Clemens Kirche sowie am Winterfeldplatz (Schöneberg) und die Galenstraße (Spandau) an den Kirchenmann. *EF*

Galinski, Heinz

Vorsitzender der Jüdischen Gemeinde Berlin, Ehrenbürger

✶ 28.11.1912 Marienburg

† 19.7.1992 Berlin [F.9]

Als Sohn eines jüdischen Kaufmanns trat G. nach dem Besuch des Gymnasiums eine kaufmännische Lehre an und arbeitete danach als Textilverkäufer. 1938 zog er zu seinen Eltern nach Berlin.

1943 wurde die gesamte Familie verhaftet und nach Auschwitz deportiert. G. überlebte als einziger und wurde 1945 aus dem KZ Bergen-Belsen befreit. Er ging nach Berlin und machte sich um die Gründung der Jüdischen Gemeinde verdient, die anfänglich dem Ziel diente, die Auswanderung der Überlebenden nach Israel und in die USA vorzubereiten. Seit 1949 stand G. der Jüdischen Gemeinde in Berlin vor und war maßgeblich an der Ausarbeitung des Entschädigungsgesetzes für politisch, rassisch und religiös Verfolgte beteiligt. Seit 1988 war er auch Vorsitzender des Zentralrates der Juden in Deutschland. Vielfach geehrt, erhielt er u.a. auch die Ehrendoktorwürde der Universität von Ramat Gan. Am 26.11. 1987 wurde er Berliner Ehrenbürger. Engagiert trat er gegen Antisemitismus und Rassismus auf und widmete sich der selbstgestellten Aufgabe, »mitzuwirken am Aufbau einer neuen demokratischen Gesellschaft in Deutschland.« *EF*

Galle, Johann Gottfried

Astronom
✶ 9.6.1812 Radis
† 10.7.1910 Potsdam

G. studierte 1830–33 in Berlin und wirkte anschließend als Lehrer. 1835 kam er an die neue Berliner Sternwarte am Halleschen Tor und entdeckte dort drei neue Kometen sowie den Kreppring des Saturn. Von dem Pariser Theoretiker Leverrier erhielt er aufgrund von Unregelmäßigkeiten der Uranusbewegung 1845 Hinweise auf einen noch unbekannten Planeten. Daraufhin entdeckte Galle am 23.9.1846 in Berlin den Planeten Neptun. G. folgte 1856 einer Berufung nach Breslau. *UH*

Gans, Eduard

Jurist und Rechtsphilosoph
✶ 22.3.1798 Berlin
† 5.5.1839 ebd. [F.108]

Der Sohn eines Kaufmanns und Bankiers studierte in Berlin, Göttingen und Heidelberg. Ab 1820 wieder in Berlin, erhielt er erst nach Konvertierung zum christlichen Glauben und unter Protektion von Hardenberg und Altenstein eine Professur an der Universität. G., ein Schüler Hegels und Lehrer von Marx, unternahm den Versuch, die Rechtswissenschaft aus der Philosophie zu begründen. Er griff Hegels Kritik an der historischen Rechtsschule auf und konkretisierte sie durch Analysen historischer Materialien zum Erbrecht (»Das Erbrecht in weltgeschichtlicher Entwicklung«, 4 Bde., 1824–35). Damit wurde er einer der wichtigsten Vertreter der »rechten« Schule Hegels, die das liberale Moment von dessen Rechts- und Geschichtsphilosophie weiterführte. Der glänzende Redner trat vielfach öffentlich dafür ein, die Geschichte als einen Prozeß der Verwirklichung der Freiheit zu interpretieren. Seine Vorlesungen zu aktuellen Themen zählten bis zu eintausend Hörer. *UH*

Gaudy, Franz Bernhard Heinrich Wilhelm Freiherr von

Schriftsteller und Journalist
✶ 19.4.1800 Frankfurt/O.
† 5.2.1840 Berlin [F.12]

G. stammte aus einer Offiziersfamilie; sein Vater war Generalleutnant. G. besuchte das Französische Gymnasium in Berlin und war ein Jugendkamerad Friedrich Wilhelms IV. Von 1818–33 gehörte er dem preußischen Heer an, begann aber daneben schon zu schreiben. Nach dem Tode seines Vaters 1823 verlor die Familie fast ihr ganzes Vermögen. Durch die Vermittlung Friedrich Wilhelms IV. erhielt G. 1833 den oft vergeblich erbetenen Abschied aus dem Heer. Er ging wieder nach Berlin, wo ihm eine finanzielle Unterstützung des Prinzen ermöglichte, sich ganz der Literatur zu widmen. In Adelbert von Chamisso fand G. einen väterlichen Freund. Mit Chamisso zusammen arbeitete er als Redakteur am »Deutschen Musenalmanach«. G. gehörte in Berlin neben Willibald Alexis, Joseph von Eichendorff, August Kopisch und Friedrich de la Motte Fouquet zur 1824 gegründeten »Neuen Mittwochsgesellschaft«. Seine frühen Lieder sind beeinflußt von Heinrich Heine. In den »Kaiserliedern« 1834/35 zeigt er sich als Bewunderer Napoleons. Ausgedehnte Reisen nach Italien (1835 und 1838) regten ihn zu den Prosawerken »Mein Römerzug« (1836), »Tagebuch eines wandernden Schneidergesellen« (1836) und den »Venetianischen Novellen« (1838) an. Sein Grab liegt auf dem Friedhof der Jerusalems-Gemeinde und der Neuen Kirchen-Gemeinde. *IU*

Gaul, Georg *August*

Bildhauer und Grafiker
✶ 22.10.1869 Großauheim/Hanau
† 19.10.1921 Berlin [F.92]

Als Sohn eines Steinmetzen erlernte G. schon früh die Bildhauerei, besuchte jedoch zuerst eine

Otto Gebühr (1877–1954)

Zeichenschule in Hanau (1884–88) und erlernte den Beruf des Ziseleurs. 1889 wurde G. Schüler Calandrellis in Berlin, nahm ab 1891 Abendkurse an der Kunstgewerbeschule und studierte seit 1894 Tiermalerei an der Akademie. 1897 vollendete er bereits als Meisterschüler R. Begas' die vier Löwenplastiken am Denkmal Kaiser Wilhelms I. (heute im Tierpark Berlin). 1897–98 reiste er nach Italien, wo er in Kontakt mit L. Tuaillon kam. Nach seiner Rückkehr der Berliner Sezession beigetreten, seit 1902 auch in deren Vorstand arbeitend, entwickelte G. sehr bald einen eigenen Stil, der sich auf die Wiedergabe des Wesentlichen in der Plastik konzentrierte. Fast ausschließlich Tierplastiken fertigend, wurde er somit zum Hauptvertreter dieser Kunstgattung im 20. Jh.
Literatur: E. Waldmann, A. Gaul, 1919; A. Walther, A. Gaul, 1973. *JM*

Gauß, Friedrich *Gustav*
Geodät
✶ 20.6.1829 Bielefeld
† 26.6.1915 Berlin [F.12]
Der Sohn eines Kleinhändlers absolvierte 1848 die Prüfung als Feldmesser. Nach zehnjähriger Tätigkeit im rheinisch-westfälischen Grundsteuerkataster folgte er 1858 einer Berufung ins preußische Finanzministerium, wo er mit 3.400 Mitarbeitern das Aufstellen des Katasters für mehrere Preußische Provinzen leitete. G. gab Logarithmentafeln heraus, publizierte über Feldmeßkunst und entwickelte Schätzmethoden für den Wert von Grundstücken. *UH*

Gebühr, Otto
Schauspieler
✶ 29.5.1877 Kettwig/Ruhr
† 13.3.1954 Wiesbaden [F.81]
G. begann in Görlitz, kam über Dresden 1909 nach Berlin, wo er zuerst am Lessing-Theater, 1912 am Theater in der Königgrätzer Straße und seit 1917 am Deutschen Theater spielte. 1932/33 war er in Leipzig engagiert, danach war er ausschließlich im Film zu sehen, für den er schon seit 1920 gearbeitet hatte. G. wirkte in zahlreichen Preußen-Filmen mit und galt als ideale Verkörperung Friedrichs II. (»Der Choral von Leuthen« 1933; »Fridericus« 1937; »Der große König« 1942). *DTW*

Gedike, Friedrich
Pädagoge
✶ 15.1.1754 Boberow (Prignitz)
† 2.5.1803 Berlin
G., Sohn eines Pfarres, studierte in Frankfurt/O. und kam 1775 nach Berlin. Im Alter von 25 Jahren übernahm er die Leitung des Friedrich-Werderschen Gymnasiums. Montagsclub, Mittwochsgesellschaft und die Loge zu den Drei Weltkugeln erlebten ihn als Philantropen und Verfechter der Aufklärung. Seine pädagogischen Ansichten faßte G. in »Aristoteles und Basedow oder Fragmente über Erziehung ...« (1779) zusammen. 1787 gründete er das erste schulpraktische Ausbildungsseminar für Lehramtskandidaten. Nachhaltig propagierte G. später im Sinne des Neuhumanismus eine weltoffene Bildung mit Erdkunde- sowie Sachunterricht, ohne die altsprachliche Ausbildung zu vernachlässigen. Als Direktor des Gymnasiums zum Grauen Kloster setzte sich G. mit seiner »imperatorischen Natur« für Neuerungen ein. Das Zensurensystem und Hausarbeiten sowie das Examen beim Abitur (1788) gingen von ihm aus. *UH*

Geiger, *Hans* (Johannes) Wilhelm

Physiker
✶ 30.9.1882 Neustadt a.d. Weinstraße
† 24.9.1945 Potsdam [F.84]

Der Sohn eines Iranisten und Indologen studierte in München und Erlangen. Als Mitarbeiter von Ernest Rutherford (1906–12) in Manchester fand er mit Forschungen zur Radioaktivität seine Lebensaufgabe. G.s Entdeckungen zur Streuung von Alphateilchen in dünnen Metallfolien hatten Einfluß auf die Aufstellung des Rutherfordschen Atommodells. 1912 nach Berlin berufen, baute G. an der Physikalisch-Technischen Reichsanstalt ein Radiumlabor auf. 1913 konstruierte er den Spitzenzähler zum Nachweis ionisierender Strahlung. Das Geiger-Müller-Zählrohr (auch Geigerzähler genannt, 1928) zum Nachweis geladener Teilchen wurde eines der wichtigsten Meßgeräte der Kernphysik. G. wirkte zwischenzeitlich in Kiel (ab 1925) sowie in Tübingen (ab 1929) und übernahm 1936 die Direktion des Physikalisch-Technischen Instituts der TH Berlin-Charlottenburg. Seine Vorlesungen mit den Experimenten waren so mitreißend, anschaulich, überzeugend und oft heiter, daß ihm die Studenten den Spitznamen »Varieté-Geiger« gaben.

Literatur: F.G. Rheingans; H. Geiger und die elektrischen Zählmethoden 1908–1928, 1988.

UH

Geiger, *Ludwig* Moritz Philipp

Kultur- und Literaturhistoriker
✶ 5.6.1848 Breslau
† 9.2.1919 Berlin [F.118]

G., Sohn eines Rabbiners, promovierte in Göttingen. 1870 zog er mit seinem Vater nach Berlin, wo dieser die Lehranstalt für die Wissenschaft des Judentums aufbaute. 1880 erhielt G. eine Professur. Er legte zahlreiche Arbeiten zum Themenkreis Renaissance, Humanismus und Reformation, zur Goethe-Philologie und zur Geschichte des deutschen Judentums vor. Zu seinen wichtigsten Leistungen gehören die Gründung und Herausgabe des »Goethe-Jahrbuchs« (1880–1913) sowie die »Geschichte der Juden in Berlin« (Nachdruck 1988).

UH

Genest, Wilhelm Ludwig Werner

Fernmeldegerätefabrikant
✶ 18.8.1850 Jerichow/Elbe
† 13.3.1920 Berlin

Von 1869–73 Maschinenbau-Studium an der Berliner Gewerbeakademie. Gründete 1879 die Mix & Genest Telegraphenbau-Anstalt und produzierte neben Telefonen auch Blitzableiteranlagen. Bald gehörte auch die Produktion von Telefon-Vermittlungsstellen zum Lieferumfang, später auch Rohrpost- und Förderanlagen. An der 1900 erteilten Genehmigung für den Telephon-Betrieb mit privaten Nebenstellenanlagen war G. maßgeblich beteiligt.

VTM

Gennat, Ernst

Kriminalkommissar, preuß. Regierungsrat
✶ 1.1.1880 Berlin
† 20.8.1939 ebd. [F.121]

Der Sohn eines Oberinspektors der Strafanstalt Berlin-Plötzensee und Bruder eines Staatsanwalts ging nach Jurastudium als Kriminalanwärter zur Polizei; seit 1906 Kriminalkommissar von alsbald legendärem Ruf wegen seiner überragenden Gedächtnis- und Kombinationsleistungen. Die Aufklärungsrate des sprichwörtlichen »Schreibtisch-Kriminalisten« lag bei über 90 Prozent und wurde international gerühmt. Gennat leitete die Mordkommission, zuletzt als Regierungsrat. Er perfektionierte das System der Spurensicherung und Täterfahndung entsprechend den jeweils neuesten naturwissenschaftlich-medizinischen Erkenntnissen. Zu den Höhepunkten seiner Laufbahn gehörte 1938 die weltweit erste Einbezie-

Ludwig Geiger (1848–1919)

hung des jungen Fernsehens in die Ermittlung eines Mörders, dessen Mantel gezeigt und tatsächlich identifiziert wurde. G., zugleich Berliner Original mit stadtbekanntem Riesenkonsum von Kuchen und Torten: »Die Verbrecher, mit denen ich zu tun habe, bleiben in der Familie. Ich fange sie, mein Bruder verknackt sie, und mein Vater heißt sie in Plötzensee willkommen.«
Literatur: R. Stürickow, Der Kommissar vom Alexanderplatz, 1998. *GB*

Genschow, *Fritz* Heinrich Wilhelm

Schauspieler
✶ 15.5.1905 Berlin
† 21.6.1977 ebd. [F.93]
G. begann nach ersten Provinzengagements in Berlin an der Volksbühne, an der Piscator-Bühne und am Staatstheater, spielte dann auch im Film. 1933 kaltgestellt, vom Staatstheater entlassen, von der Gestapo überwacht, schlug er sich als Statist beim Film durch. Nach 1945 gründete er das Kindertheater Berlin und 1953 eine Jugendfilmproduktion. Von 1947–72 gestaltete er als »Onkel Tobias vom RIAS« eine der populärsten Kindersendungen des Hörfunks. *DTW*

Gentz, Heinrich

Architekt
✶ 5.2.1766 Breslau
† 3.10.1811 Berlin [F.105]
Seine Architekturausbildung erhielt G. nach seiner Übersiedlung nach Berlin 1783–90 bei C.v. Gontard an der Akademie der Künste, zusätzlich Zeichenunterricht bei J.C. Hoppenhaupt und A.J. Carstens. Nach seinen Studienreisen 1790–95 durch ganz Europa wurde G. zum Oberhofbauinspektor in Berlin berufen, war ab 1796 Lehrer an der Akademie der Künste und 1799 Mitgründer und Professor an der Bauakademie. Auf Empfehlung Goethes war G. ab 1801 in Weimar tätig. Er ist Hauptvertreter des Klassizismus und Vorläufer K.F. Schinkels.
Wichtige Bauten: Neue Münze, Bln.-Mitte (1798–1800, abger.); Schloß Steglitz (1804, zus. mit D. Gilly); Mausoleum für Königin Luise im Schloßpark Charlottenburg (1810–12, zus. mit K.F. Schinkel); Ausbau des Prinzessinnenpalais, heute Oper-Café, Bln.-Mitte (1810–11).
Publikation: Elementar-Lehrbuch für den Zeichenunterricht in den kgl.-preußischen Provinzial- und Gewerkschulen (1803 und 1806).
Literatur: U. Kieling, Berliner Baubeamte u. Staatsarchitekten im 19. Jh., 1986. *KDS*

Georg Wilhelm

Kurfürst von Brandenburg
✶ 13.11.1595 Cölln
† 1.12.1640 Königsberg
Der Sohn von Johann Sigismund wirkte anfänglich als Statthalter von Kleve, führte dann seit 1617 die Regierungsgeschäfte für den schwerkranken Vater und wurde 1619 Kurfürst. Seine Hauptresidenz war Berlin-Cölln. 1623 wurde er mit dem Herzogtum Preußen belehnt. Im 30jährigen Krieg war er um Neutralität bemüht. 1627 mußte er sein Land den kaiserlichen Truppen unter Wallenstein öffnen, gegen deren Vorgehen er 1629 beim Kaiser protestierte. 1631 erzwang Gustav Adolf ein Bündnis mit seinem Schwager G.W., indem er mit seinen Truppen in Berlin einmarschierte. Die Bündnisverhandlungen mit dem Schwedenkönig fanden im Mai 1631 im Wald zwischen Köpenick und Treptow statt. 1635 wurde Brandenburg duch die Kriegswirren zerstört. G.W. mußte zeitweilig in die Festung Peitz bei Cottbus fliehen. Er näherte sich dem Kaiser an und trat dem Frieden von Prag (1635) bei. 1640 wurde er sogar kaiserlicher Generalissimus im Krieg gegen die Schweden. Seit 1638 siechte er dahin und resignierte angesichts der grauenvollen Verwüstung seines Landes. *EF*

George, Heinrich

(eigtl. Heinz Georg Schulz)
Schauspieler und Theaterleiter
✶ 9.10.1893 Stettin
† 25.9.1946 Sachsenhausen
G. begann 1912 in Kolberg, kam über Bromberg, Neustrelitz, Dresden, Frankfurt/M. und Darmstadt 1922 ans Deutsche Theater in Berlin, 1923–25 arbeitete er am Staatstheater, 1925–28 an der Volksbühne, danach wieder am Staatstheater Berlin. 1933 wurde G., dem man seine Nähe zur KPD (Schauspielerstreik 1930) ankreidete, entlassen, nach Gesinnungswechsel 1934 wieder engagiert, worauf sich der Zugang zu Rollen und Ämtern öffnete. 1938–44 war G. Intendant des Schillertheaters. 1945 galt G. den sowjetischen Militärs als ein Hauptrepräsentant nationalsozialistischer Kulturpolitik, sie internierten ihn (trotz Fürsprache Bersarins) im Lager Sachsenhausen, wo er an den unmenschlichen Haftbedingungen verstarb. G. war einer der größten deutschen Charakterdarsteller. Neben zahlreichen klassischen Bühnenrollen spielte er auch im Film, z.B. den Franz Biberkopf in »Berlin Alexanderplatz« (1931), »Der Postmeister«

(1940), aber auch den Nettelbeck in »Kolberg« (1945).
Literatur: P. Laregh, Heinrich George. Komödiant seiner Zeit, 1992. *DTW*

Gerhard, Carl Abraham

Naturforscher und Mineraloge
✶ 26.2.1738 Lerchenbrunn (Schlesien)
† 9.3.1821 Berlin
G., Sohn eines Pfarrers, gründete 1780 die Berliner Bergakademie, an der er bis 1789 lehrte. Der engagierte Aufklärer beschrieb die Bergwerke Europas und gab 1873–76 eine der ersten modernen Darstellungen der Mineralogie heraus. Sein Hauptwerk ist der »Versuch einer Geschichte des Mineralreichs« (2 Bde., 1781–82). 1805–12 stand der Geheime Bergrat als Sekretar der Physikalischen Klasse der Berliner Akademie vor. *UH*

Gerhardt, Paul

evang. Theologe, Liederdichter
✶ 12.3.1607 Gräfenhainichen b. Dessau
† 27.5.1676 Lübben (Spreewald)
Nach dem Besuch der Fürstenschule in Grimma studierte er ab 1628 in Wittenberg. Von 1634–42 war er als Hauslehrer in Wittenberg tätig. 1643 kam er nach Berlin, wo er ebenfalls als Hauslehrer arbeitete. 1651 erhielt er eine Anstellung als Pfarrer in Mittenwalde. 1657 wieder in Berlin,

Paul Gerhardt (1607–1676)

wirkte er als Pfarrer an der Nikolaikirche. In den Auseinandersetzungen zwischen lutherischen und reformierten Christen bezog er in den vom Kurfürsten angeordneten Religionsgesprächen zwischen 1662 und 1663 eine unversöhnliche Haltung gegenüber den Reformierten und lehnte die vom Kurfürsten in einem Edikt von 1664 geforderte Toleranz ab. 1666 kam es deshalb zur Amtsenthebung. 1669 verließ er Berlin und lebte seither in Lübben. Bereits in den 40er Jahren hatte G. gemeinsam mit Johann Crüger (1598–1662) ein Liederbuch für den kirchlichen Gebrauch herausgegeben. Die 10. Auflage von 1661 enthielt an die 90 Lieder von G., darunter bis heute so bekannte wie »O Haupt voll Blut und Wunden« und »Geh aus Mein Herz, und suche Freud«. Insgesamt schuf er 137 Gedichte und Lieder. In Berlin erinnern eine Gedenktafel am Nikolaikirchplatz 4, die Gerhardtstraße (Tiergarten) und der Paul-Gerhardt-Ring (Spandau) sowie das Paul-Gerhardt-Stift (Wedding) an den populären Liederdichter.
Literatur: Christian Bunnus: Paul Gerhardt. Berlin 1993 *EF*

Gerlach, Andreas Christian

Veterinär
✶ 15.5.1811 Weddensteedt b. Quedlinburg
† 29.8.1877 Berlin
Der Bauernsohn begann 1830 sein Studium an der Berliner Tierarzneischule. Seit 1833 Tierarzt, praktizierte er anfänglich in Helmstedt und Halberstadt, bevor er 1846 wieder nach Berlin kam, wo er an der Tierarzneischule arbeitete. 1849 wurde er dort Lehrer. 1859 ging er für einige Jahre als Direktor an die Tierarzneischule in Hannover. Zum Professor berufen, leitete er ab 1870 als Direktor die Berliner Tierarzneischule. Er gilt als der Begründer des öffentlichen Veterinärwesens. Seit 1855 gab er mit Theodor Leisering die »Mitteilungen aus der tierärztlichen Praxis« heraus, ab 1874 fungierte er als Herausgeber des »Archivs für wissenschaftliche und praktische Tierheilkunde«. Sein Denkmal steht in der Luisenstraße 56 (Mitte) im Innenhof der früheren Tierarzneischule. *EF*

Gerlach, Carl Friedrich Leopold von

Berliner Oberbürgermeister
✶ 25.8.1757 Halberstadt
† 8.6.1813 Berlin [F. 74]
Der kurmärkische Kammerpräsident wurde nach

der Niederlage Preußens 1806 zum General-Zivilkommissar für die Marken ernannt. Als Gegner der Steinschen Reformpläne schied er nach dessen Wiedereintritt in die Regierung aus dem Amt. Nach Einführung der neuen Städteordnung 1808 wurde G. zum Berliner Stadtverordneten gewählt, als Oberbürgermeister vorgeschlagen und vom König bestätigt. Er hatte diese Position bis zu seinem Tode inne. *EF*

Gerlach, Carl Johann Heinrich Eduard von (seit 1840)

Berliner Polizeipräsident und Oberbürgermeister, Ehrenbürger
✶ 30.12.1792 Neuwedell
† 14.8.1863 Berlin
G. beteiligte sich an den Befreiungskriegen, studierte danach zwischen 1816 und 1817 in Berlin und trat 1818 in den Berliner Polizeidienst, war aber auch in der Gewerbesteuerdirektion tätig. Von 1821 an arbeitete er im Kriegsministerium. 1832 wurde er zum Polizeipräsidenten von Berlin ernannt. Zwei Jahre später (1834) berief man ihn als Oberbürgermeister. Im gleichen Jahr wurde er Berliner Ehrenbürger. *EF*

Gerlach, Ernst Ludwig von

preußischer Politiker, Publizist
✶ 7.3.1795 Berlin
† 18.2.1877 ebd. [F.74]
Fest in konservativen Traditionen wurzelnd, propagierte G. extrem reaktionäre Positionen, wofür er vor allem seine bis 1857 erscheinenden »Rundschauen« der »Kreuzzeitung« nutzte. Im preußischen Abgeordnetenhaus führte er die konservative Fraktion. Anfangs unterstützte er Bismarck, wandte sich dann aber von Positionen einer christlichen Prinzipien verpflichteten Politik gegen Bismarcks Interessenpolitik. Er schied zwar aus dem Parlament aus, behielt jedoch Einfluß in der Konservativen Partei. *EF*

Gerlach, Hellmut von

Politiker, Journalist
✶ 2.2.1866 Mönchmotschelnitz b. Wohlau (Schlesien)
† 2.8.1935 Paris
Der Sohn eines schlesischen Junkers legte 1884 sein Abitur ab und studierte anschließend Rechtswissenschaft in Genf, Straßburg, Leipzig und Berlin. Zwischen 1887 und 1892 arbeitete er als Referendar bzw. Regierungsassessor in Lübben, Berlin, Neumünster und Ratzeburg, bevor er 1892 den Staatsdienst quittierte. 1896 gehörte er mit F. Naumann zu den Begründern des Nationalsozialen Vereins und war von 1903–06 Mitglied des Deutschen Reichstages. 1908 gründete er mit R. Breitscheid die Demokratische Vereinigung. Nach der Novemberrevolution 1918 arbeitete er für einige Monate als Unterstaatssekretär im preußischen Innenministerium. 1933 emigrierte er nach Paris. Neben seinen politischen Aktivitäten arbeitete er als Journalist und publizierte Arbeiten wie die »Geschichte des preußischen Wahlrechts« (1908) und »August Bebel« (1909). 1919 erschien das Buch »Meine Erlebnisse in der preußischen Verwaltung« und 1925 kamen seine »Erinnerungen eines Junkers« heraus. G. wandelte sich von einem Konservativen, der zeitweilig sogar zum antisemitischen Kreis um Stoecker gehörte, zum überzeugten Pazifisten und liberalen Politiker, der sich für die Verwirklichung der Demokratie engagierte.
Literatur: F.G. Schulte, Der Publizist Hellmut von Gerlach, 1988 *EF*

Gerlach d.J., Johann Philipp

Architekt, Baumeister
✶ 24.7.1679 Spandau
† 17.9.1748 Berlin
G., Sohn des Militärbaumeisters Philipp G. d.Ä. und Militärarchitekt, hat unter dem schwedischen Hofarchitekten J.F.N. Eosander und unter J. de Bodt als Kondukteur gearbeitet. Nach dem Tode von M. Grünberg wurde G. 1707 Kgl. Baudirektor und Chef der Baupolizei. Als Oberbaudirektor (1720) und Mitglied der Baukommission (1721–1737) wirkte G. maßgeblich an der Berliner Stadterweiterung mit (Friedrichstadt ab 1721, Dorotheenstadt ab 1732) und arbeitete auch Bebauungspläne für Neu-Eberswalde, Küstrin und Köslin aus. G. ist Vertreter des Barock.
Wichtige Bauwerke: Turm der Parochialkirche, Bln.-Mitte (1713–14, Entwurf J. de Bodt); Mitwirkung bauliche Erweiterung Charlottenburgs (1715–20); Neubau Garnisonkirche, Bln.-Mitte (1720, abgebr.); Stadtkirche St. Nikolai, Potsdam (1721–24); Garnisonkirche, Potsdam (1731–35, nach Kriegsschäden 1945 abgebr.); Kronprinzenpalais, Bln.-Mitte (1732–33, von 1945 abgebr., 1969 rekonstr.); Kollegienhaus, Bln.-Kreuzberg (1734–35, nach Kriegsschäden 1962–67 Wiederaufbau als Berlin-Museum, heute Jüdisches Museum).

Literatur: W. Ribbe/W. Schäche (Hg.), Baumeister, Architekten, Stadtplaner, 1987. *KDS*

Gern, Albert

Schauspieler, Komiker
✶ 12.11.1789 Mannheim
† 25.2.1869 Berlin

Der Sohn eines Opernsängers widmete sich anfangs in Berlin dem Baufach, folgte aber seit 1807 seinen Neigungen zur Bühne und war seitdem bis 1865 ohne Unterbrechungen am Hoftheater engagiert. G. war als Darsteller gebrochener Charaktere beliebt, fand aber seine Bestimmung im komischen Fach. G. führte die Berliner Lokaltypen auf der Hofbühne ein und schuf als Schelle in Raupachs »Schleichhändlern« eine originelle, in späteren Stücken wiederkehrende Figur. *DTW*

Gerron, Kurt

(eigtl. K. Gerson)
Schauspieler, Kabarettist
✶ 11.5.1897 Berlin
† 28.10.1944 KZ Auschwitz

G. wuchs als Kind jüdischer Eltern in Berlin auf. Die Mutter hatte ein Geschäft, der Vater war in der Konfektion tätig. 1914 machte G. sein Abitur, wollte Medizin studieren, was aber der Krieg verhinderte. Er wurde eingezogen und schwer verwundet. Nach Genesung war er kriegsuntauglich und konnte nun sein Medizinstudium aufnehmen. 1917 wurde er als junger Arzt an die Front geschickt. Nach dem Krieg war er im Soldatenrat tätig und ergänzte seine Medizinkenntnisse. Sein Entschluß Schauspieler zu werden, kam ganz spontan. Er verkehrte im Berliner Künstlerkaffee »KüKa« und hatte 1919 seinen ersten Auftritt. Nun hatte er Theaterblut geleckt und nahm Unterricht. Bereits 1921 spielte er an der renommierten »Wilden Bühne« von Trude Hesterberg, ab 1927 an Reinhardts Deutschem Theater. Ein Jahr später gab er in der Uraufführung von Brechts »Dreigroschenoper« den Polizeichef Brown. Er wirkte u.a. in so bekannten Filmen wie »Die Drei von der Tankstelle« und »Bomben auf Monte Carlo« mit und brachte es auf über 50 Filmrollen. International bekannt wurde er durch den 1930 gedrehten Film »Der blaue Engel«, in dem er den Wirt spielte. 1933 flüchtete er vor den Nazis nach Holland. 1943 wurde er ins KZ Westerbork deportiert und kam dann nach Theresienstadt. Hier mußte er den Nazi-Propagandafilm »Der Führer schenkt den Juden eine Stadt« drehen. Noch vor Abschluß des Films wurde er im KZ Auschwitz ermordet.
Literatur: U. Liebe, verehrt, verfolgt, vergessen, 1992. *KD*

Gerson, Hermann

Kaufmann
✶ 28.2.1813 Königsberg
† 6.12.1861 Berlin [F.118]

Er kam 1835 nach Berlin und eröffnete hier 1839 eine Leinen- und Seidenhandlung. 1848 schuf er das erstes Berliner Kaufhaus in der Werderschen Straße. Das Unternehmen des führenden Berliner Konfektionärs entwickelte sich nach seinem Tode zum Branchenführer. 1936 wurde es »arisiert«. *EF*

Gert, Valeska

(eigtl. Gertrud Valesca Samosch)
Schauspielerin, Tänzerin und Kabarettistin
✶ 11.1.1892 Berlin
† 16.3.1978 Kampen (Sylt) [F.3]

G. spielte in München und am Deutschen Theater Berlin, galt aber vor allem als Enfant terrible des Berliner Kabaretts der 20er Jahre. Ihre pantomimischen Tanzimprovisationen schockierten durch die hemmungslose Groteske und Mut zur Häßlichkeit. 1932 gründete sie ihr eigenes Kabarett »Kohlkopp«. 1933 emigrierte sie, schlug sich in den USA als Tellerwäscherin, Aktmodell und Tänzerin durch, gründete in New York »Die Bettler-Bar«, ein Exil-Kabarett mit Halbwelt-Flair, dessen Hauptattraktion ihre exzentrischen Tänze waren. 1950 eröffnete sie in Berlin das Kabarettlokal »Hexenküche«, 1951 in Kampen (Sylt) den »Ziegenstall«. G. spielte in Stummfilmen (»Die freudlose Gasse« 1925), nach dem II. Weltkrieg in »Julia und die Geister« (1965, Fellini), »Der Fangschuß« (1976, Schlöndorff).
Schriften: Die Bettlerbar von New York (1950); Ich bin eine Hexe (1968); Katze von Kampen (1973).
Literatur: F.M. Peter, Auf den Spuren von V. Gert, 1985. *DTW*

Giehse, Therese

(eigtl. Th. Gift)
Schauspielerin
✶ 6.3.1898 München
† 3.3.1975 ebd.

G. nahm privaten Schauspielunterricht in München, kam über Landshut, Siegen, Gleiwitz, Breslau an die Münchner Kammerspiele. Gemeinsam mit Erika Mann gründete sie das politische Kabarett »Die Pfeffermühle«. 1933 mußte sie emigrieren, folgte E. Mann nach Zürich, wo die »Pfeffermühle« wieder eröffnet wurde. Bis 1936 gastierte die »Pfeffermühle« in sieben Ländern mit über 1000 Vorstellungen. Die G. arbeitete anschließend am Züricher Schauspielhaus (u.a. mit Langhoff und Heinz). 1949–52 arbeitete sie bei Brecht am Berliner Ensemble, 1952 wieder an den Münchner Kammerspielen, am Schauspielhaus Zürich, in den 70er Jahren auch an der Schaubühne am Halleschen Ufer in Berlin und als Gast am Berliner Ensemble. Zu ihren wichtigsten Rollen gehören die Mutter Wolffen (»Der Biberpelz«), Anna Fierling (»Mutter Courage«), Marthe Rull (»Der zerbrochene Krug«), Frau John (»Die Ratten«), Wlassowa (»Die Mutter«). G. galt als eine der bedeutendsten Brecht-Darstellerinnen. *DTW*

Gierke, *Otto* Friedrich von (seit 1911)

Rechtshistoriker
✶ 11.1.1841 Stettin
† 10.10.1921 Berlin [F.7]
G. studierte in Berlin und Heidelberg. Seine Hochschullaufbahn begann 1867 in Berlin und führte über Breslau und Heidelberg 1887 zurück in die Reichshauptstadt. 1902–03 stand G. der Universität als Rektor vor. Sein monumentales Lebenswerk widmete er der Geschichte und dem Recht der deutschen Genossenschaften. Mit seiner Forderung nach einem »Tropfen sozialen Öles« hat G. nachhaltig Einfluß auf die Entwicklung des Sozial- und Arbeitsrechtes genommen. *UH*

Gilbert, Jean

(eigtl. Max Winterfeld)
Komponist
✶ 11.2.1879 Hamburg
† 20.12.1942 Buenos Aires
G. studierte in Kiel, Sondershausen, Weimar und Berlin, begann 1897 seine Laufbahn als Theaterkapellmeister in Bremerhaven, ging 1899 nach Hamburg und danach nach Berlin. Sein größter Erfolg war die 1909 in Magdeburg uraufgeführte Operette »Die keusche Susanne«: über Nacht wurde er mit diesem Stück in Berlin zur Berühmtheit, zum »unumschränkten Herrscher im Reiche der Berliner Posse«, zum »Napoleon der Grammophonplatte«. Musikverlage und Theateragenten standen bei ihm Schlange, selbst seine unausgeführten Pläne wurden notiert wie Börsenkurse. Bis zum Beginn des I. Weltkriegs galt G. auch international als Stern erster Größe. Später konnte er seine einstigen Erfolge nicht mehr wiederholen; das Milieu seiner Musik, die Berliner Lebewelt um 1910, war verschwunden. 1933 mußte er Deutschland verlassen und emigrierte nach Südamerika. Seine zahlreichen weiteren Operetten sind heute vergessen, lediglich »Die keusche Susanne« hält sich auf den Bühnen. *ThW*

Gilly d.Ä., *David* Friedrich

Architekt, Baubeamter, Architektur-Theoretiker, Publizist
✶ 7.1.1748 Schwedt/Oder
† 5.5.1808 Berlin [F.13]
G. stammte aus einer Hugenottenfamilie. Nach seiner Tätigkeit als Baueleve (ab 1761) und als Kondukteur (ab 1763) legte er 1770 die Baumeisterprüfung ab und wurde im gleichen Jahr Landbaumeister in Preußen. 1776 trat G. die Nachfolge von C. Dornstein als Baudirektor in Pommern an. Nach seiner Berufung zum Geheimen Oberbaurat siedelte er im März 1788 nach Berlin über. G. rief 1793–96 die erste private Berliner Bauschule ins Leben und war einer der namhaftesten Vertreter bei der Vorbereitung und Gründung der Bauakademie 1799, an der er 1799–1804 Lehrer und Direktionsmitglied wurde. Auf Grund der Auflösung des Staatsapparates verlor G. 1806 alle seine Ämter und war ohne Einkommen. In seinen kubisch einfachen Baukörpern mit antiken Gliederungselementen war er einer der Wegbereiter des Klassizismus. Im Sinne künftiger Entwicklungen befaßte er sich theoretisch und praktisch mit konstruktiven und Materialproblemen, mit Nutzbauten u.v.a.m. Dabei hat er »... auf die historische Richtigkeit und die Details wenig Rücksicht genommen« (Frick), sondern setzte die Formen ohne Einschränkung durch Konventionen schöpferisch um. Als vermutlich produktivster zeitgenössischer Fachpublizist veröffentlichte G. ein umfangreiches Werk zur Aus- und Weiterbildung von Architekten und zur ökonomischen Bauweise im Landbau sowie über Brandschutz, Blitzableiter, Lehm- und Wasserbau. Zusammen mit A. Eytelwein gab er von 1797–1806 die erste Berliner Baufachzeitschrift heraus.
Wichtige Bauten: Lehmversuchsbau Försterhaus Spandauer Heide (1789); Dorf und Schloß Steinhöfel bei Fürstenwalde (1790–95); Schloß Freienwalde (1798–99); Gestaltung Lustgarten, Bln.-Mitte (1798–99); Exerzier- und Reithäuser Bln.-

Mitte u. Charlottenburg (1799–1800); Mitteltrakt und linker Flügel Zuchthaus Spandau (1805); Umbau Palais Prinz August, Bln.-Mitte (1806–1808); zahlreiche Nutzgebäude wie Speicher, Magazine, Mühlen, Kirchen, Militär-, Staats- und Kommunalbauten, Stadt- und Dorfanlagen.
Literatur: U. Kieling, Berliner Baubeamte und Staatsarchitekten im 19. Jh., 1988. *KDS*

Gilly d.J., Friedrich

Architekt
✶ 16.2.1772 Altdamm b. Stettin
† 3.8.1800 Karlsbad
Nach Abschluß der Maurer-, Zimmerer- und Steinschneiderlehre wurde G. von seinem Vater David Friedrich G. in Privatkursen unterrichtet. Zur weiteren Ausbildung kam er 1787 nach Berlin, absolvierte 1788–89 die Architekturklasse der Akademie der Künste, erhielt 1789 seine erste Anstellung beim Oberhofbauamt und wurde 1797 zum Oberhofbauinspektor befördert. Nach Gründung der Bauakademie 1799 lehrte G. dort als Professor. Schüler von C.G. Langhans und F.W.v. Erdmannsdorf, wurde G. auf seinen zahlreichen Reisen durch Europa insbesondere von der französischen Revolutionsarchitektur beeinflußt. Durch Übernahme jener rationalen klaren Formen beeinflußte er entscheidend den Durchbruch des Klassizismus in Preußen. Hauptsächlich der junge K.F. Schinkel fühlte sich ihm verpflichtet. G. war außerdem theoretischer Begründer des neuzeitlichen Theaterbaus.
Wichtige Bauten: Turmhelm der Marienkirche, Bln.-Mitte (1789–90, Mitarbeit bei C.G. Langhans); Spreeflügel Stadtvogtei in Berlin (1791, zus. mit P.L. Simon); Mitarbeit Ausstattung Schloß Schwedt (1795); Meierei Schloßpark Bellevue, Bln.-Tiergarten (1801); Schauspielhaus in Posen (1802–05); Hundebrücke, Berlin (1804).
Literatur: U. Kieling, Berlin – Baumeister und Bauten, 1987. *KDS*

Gladow, Werner

Berufsverbrecher
✶ 8.5.1931 Berlin
† 10.11.1950 Frankfurt/O.
In eine asoziale Familie hineingeboren, mußte G. wegen Evakuierung während des II. Weltkriegs elfmal die Schule wechseln. Ab 1946 erfüllte den Halbwüchsigen der erklärte Drang, der »Al Capone von Berlin« zu werden. In der Vier-Sektoren-Stadt mit Fluchtmöglichkeiten über nahe Grenzen betätigte er sich zunächst betrügerisch auf Schwarzmärkten. Während einer Gefängnisstrafe rekrutierte er Mithäftlinge zu einer Bande, die es schließlich auf die bis dahin in der Berliner Kriminalgeschichte nicht gekannte Rekordzahl von 78 Köpfen unter »Doktorchens« Führung brachte: Gladow hatte vorgespiegelt, Medizinstudent gewesen zu sein. Er und seine Leute terrorisierten die Stadt jahrelang mit insgesamt zwei Morden, 15 Mordversuchen, 19 Raubüberfällen und zehn schweren Diebstählen – wobei diese Zahlen aus der Anklageschrift lediglich die schlimmsten von 127 aktenkundigen Verbrechen erfaßten. Gladows Festnahme in der Friedrichshainer Schreinerstraße am 3. Juni 1949 geriet zum einstündigen Feuergefecht zwischen Gangsterboß und Polizei vor 2000 Schaulustigen. Todesurteil in der Strafanstalt Frankfurt/O. durch Guillotinieren vollstreckt.
Literatur: C.-P. Steinmann: Tatort Berlin – Erlesene Kriminalfälle, 1997. *GB*

Glaßbrenner, George *Adolf* Theodor

(Pseud. Adolf Brennglas)
Journalist, Schriftsteller
✶ 27.3.1810 Berlin
† 25.9.1876 ebd. [F.14]
G. war Sohn eines Putzfederfabrikanten. Nach einer kaufmännischen Lehre bildete er sich autodidaktisch weiter und trat ab 1828 mit journalistischen und literarischen Arbeiten hervor. Zu dieser Zeit war er bereits Mitarbeiter am »Berliner Courier«. Von 1832–50 gab er die Reihe »Berlin, wie es ist und – trinkt« (32 Hefte) heraus, die später durch die Reihe »Buntes Berlin« (15 Hefte) ergänzt wurde. 1847–51 erschienen sie in einer dreibändigen Ausgabe unter dem Titel »Berliner Volksleben«. Damit führte G. die untersten Volksschichten und den Berliner Dialekt in die Literatur ein. Mit Recht konnte er von sich sagen, daß er »der erste war«, der das Volk von Berlin »sprechen ließ, als es noch schweigen mußte«. Lebendig schilderte G. das Berliner Leben im Vormärz, das er in Volkstypen wie dem Eckensteher Nante, den Fuhrleuten, Nachtwächtern, Hökerinnen und Guckkästnern, aber auch in solchen Kleinbürgern und Weißbierphilistern wie dem Herrn Buffey anschaulich überliefert hat. »Adolf Glaßbrenner hat mit seinem Werk den Aufstieg der Vormärzbewegung bis zur Revolution begleitet. Im aufsässig-freisinnigen, oft derben Witz wie auch in der duckmäuserischen Verzagtheit seiner Figuren ist ein fast vollständiges

Zeitpanorama festgehalten.« Das bewiesen auch seine »Komischen (Lustigen) Volkskalender« (von 1846 mit Unterbrechungen bis 1867, 17 Bde.) sowie die von G. bevorzugt verwendeten kleinen literarischen Formen: Gedichte, Bänkellieder, kleine dramatische Szenen und Prosaskizzen. Sein poetisches Hauptwerk ist das Tierepos »Neuer Reineke Fuchs« (1846), eine satirische Anprangerung der gesellschaftlichen und politischen Mißstände seiner Zeit. Schikanen der preußischen Behörden vertrieben G. und seine Frau, die Schauspielerin Adele Peroni, aus Berlin. 1841 übersiedelten beide nach Neustrelitz. Bei Ausbruch der Revolution eilte G. wieder nach Berlin, wo er allerdings 1850 erneut ausgewiesen wurde. Über die Zwischenstation Neustrelitz gelangte er schließlich nach Hamburg, wo er sich journalistisch betätigte. 1858 kehrte er nach Berlin zurück, durfte sich aber bis zu seinem Tode nicht mehr politisch äußern. Der Philosoph Karl Rosenkranz fand für G. die treffenden Worte: »Es gibt Schriftsteller, die wir nicht zu den Klassikern rechnen und welche doch auf ihrem Gebiet klassisch sind.«

Literatur: Adolf Glaßbrenner »... ne scheene Jejend is det hier«, (hg. v. K. Böttcher), 1976.

MR

Gleditsch, Johann Gottlieb

Botaniker

✶ 5.2.1714 Leipzig

† 5.10.1786 Berlin

Der Sohn des Stadtmusikus studierte in seiner Geburtsstadt Philosophie und Medizin. Anatomische und chirurgische Kenntnisse erwarb er am Berliner Collegium medico-chirurgicum. Nach einigen Zwischenstationen kam G. 1744 nach Berlin und übernahm dort 1746 die Leitung des Botanischen Gartens. Seine Versuche zur Sexualität von Pflanzen (1749–53) gingen als Experimentum berolinense in die Botanikgeschichte ein. Grundlegend waren G.s Forschungen zur Bewegung von Gewächsen, bei denen er den Einfluß der Witterung auf Pflanzenorgane nachwies. Seiner Zeit weit voraus waren Studien zur Rolle der Insekten bei der Befruchtung von Pflanzen. Mit seinen Vorlesungen an der Berliner Forstakademie und seiner »Systematischen Einleitung in die neuere aus ihren eigentümlich physikalischen-ökonomischen Gründen hergeleitete Forstwirtschaft« (2 Bde., 1775) gab er der Forstbotanik eine wissenschaftliche Grundlage. Die Gattung Gleditsia (Dornkronenbaum) trägt seinen Namen.

UH

Gliese, Rochus

Bühnenbildner, Filmszenograph und -regisseur

✶ 6.1.1891 Berlin

† 21.12.1978 ebd. [F.83]

G. wurde nach dem Studium ans Deutsche Künstlertheater Berlin engagiert. Daneben wirkte er ab 1913 für den Film und stattete die frühen Paul-Wegener-Filme (»Der Student von Prag« 1913; »Der Golem« 1915; »Der Golem und die Tänzerin« 1917) und Filme F.W. Murnaus aus. 1927–29 wirkte er als Filmarchitekt in den USA, führte in den 20er Jahren mehrfach Regie und arbeitete nach 1945 gelegentlich für die DEFA als Szenograph. G. wurde vom Expressionisten zum Praktiker und Rationalisten des szenischen Raums. Als Bühnenbildner in Berlin stattete er u.a. die Barlach-Inszenierungen von Fehling (»Der arme Vetter« 1923; »Die Sündflut« 1925; »Der blaue Boll« 1930) aus. 1934–44 war G. Ausstattungsleiter am Staatlichen Schauspielhaus. Nach 1945 wirkte er in Weimar, am Berliner Theater am Schiffbauerdamm und als Intendant in Potsdam (1948/49). G. war an zahlreichen Bühnen des In- und Auslandes gefragt, arbeitete u.a. auch am Renaissance-Theater in Berlin.

DTW

Glinka, Michail Iwanowitsch

russischer Komponist

✶ 20.5. (1.6.) 1804 Nowospasskoje (Smolensk)

† 15.2.1857 Berlin [F.44 Grabplatte und Gedenkstein; 1945 Umbettung nach St. Petersburg]

G. arbeitete 1824–28 als Beamter im russischen Verkehrsministerium, lebte 1830–33 in Italien, studierte 1834 in Berlin bei S. Dehn Harmonielehre und Komposition. Seine Opern »Iwan Sussanin« (1836) und »Ruslan und Ludmilla« (1842) gelten als Beginn der russischen Nationalmusik. 1856 reiste er erneut nach Berlin, um bei Dehn zu studieren, und starb im rauhen Berliner Winter an einer schweren Erkältung. *ThW*

Glume, *Christian* Friedrich d.J.

Bildhauer

✶ 25.3.1717 Berlin

† 1752 (oder 1768) ebd.

Als Schüler seines Vaters Johann Georg arbeitete er u.a. mit A. Nahl unter G.W.v. Knobelsdorff an verschiedenen Projekten der preußischen Hofbaukunst und entwickelte u.a. eine derbere spätbarocke Formgebung, die besonders in seinen

Michail Iwanowitsch Glinka (1804–1857)

dicken Putti sichtbar wird. Um 1740 ist seine Arbeit in Rheinsberg nachweisbar, doch fertigte er auch Figurenschmuck für das Berliner Opernhaus (1742/43) und war als Bauplastiker am Berliner und Potsdamer Schloß tätig. *JM*

Gneisenau, August Wilhelm Anton *Neidhardt* von

preußischer General und Heeresreformer
✶ 27.10.1760 Schilda b. Torgau
† 23.8.1831 Posen
Der Sohn eines kaiserlichen Offiziers trat 1780 in ansbach-bayreutische, 1786 in preußische Militärdienste. Nach der Niederlage bei Jena und Auerstedt 1806 unterbreitete er dem König in einer Denkschrift Vorschläge zu einer grundsätzlichen Heeresreform. Im April 1807 wurde er zum Kommandanten der belagerten Festung Kolberg ernannt, nach dem Frieden von Tilsit in die Militärreorganisationskommission berufen, wo er mit Scharnhorst und Boyen für die Heeresreform wirkte. 1812 quittierte er den Dienst. Als Generalquartiermeister Blüchers (seit Anfang 1813) zeichnete G. für die Aufmarschpläne bei Leipzig (1813) und Paris (1814) verantwortlich. Im Feldzug von 1815 war er Generalstabschef Blüchers. Danach wurde G. zwar mit äußeren Ehren bedacht (Generalfeldmarschall 1825), von der reaktionären Hofkamarilla wegen seiner demokratischen Ansichten jedoch von jedem militärpolitischen Einfluß ferngehalten. *ThW*

Gneist, Rudolf von

liberaler Politiker
✶ 13.8.1816 Berlin
† 22.7.1895 ebd. [F.46]
Der hochgebildete Jurist erhielt 1844 eine Professur an der Berliner Universität. Als Mitglied des preußischen Abgeordnetenhauses (1858–93) und des Reichstages (bis 1884) führte er die liberale Opposition an. Seit 1867 stand er an der Spitze der Nationalliberalen Partei. Er trat energisch für eine preußische Verfassungsreform ein. Zu seinen bedeutendsten Arbeiten gehören Untersuchungen zum englischen Verfassungs- und Verwaltungsrecht (3 Bde., 1857–1863) und »Der Rechtsstaat« (1872). *EF*

Goebbels, Paul *Joseph*

nationalsozialistischer Politiker, Reichsminister
✶ 19.10.1897 Rheydt
† (Selbstmord) 1.5.1945 Berlin
Aus einer katholischen Familie stammend, studierte G. Germanistik und promovierte in München, wo er Hitler kennenlernte. Er trat 1922 der NSDAP bei und wirkte seit 1926 als Gauleiter

Neidhardt von Gneisenau (1760–1831)

von Berlin-Brandenburg, seit 1928 als Reichspropagandaleiter der NSDAP. 1933 zum Reichsminister für Volksaufklärung und Propaganda und zum Präsidenten der Reichskulturkammer ernannt, unterstanden ihm alle Bereiche des geistig-kulturellen Lebens. Er gehörte zu den fanatischsten Anhängern Hitlers und dessen Führerkult. G. entwickelte ein System der Massenbeeinflussung, propagierte den Antisemitismus und setzte die antijüdische Politik in den Bereichen der Kunst, Kultur und Wissenschaft rücksichtslos durch. Seit 1939 entfachte er eine Kriegshysterie und schuf die Durchhalteparolen vom totalen Krieg. 1944 ernannte ihn Hitler zum Generalbevollmächtigten für den totalen Kriegseinsatz und bestimmte ihn noch kurz vor Kriegsende zu seinem Nachfolger. Angesichts der vordringenden sowjetischen Truppen beging er mit seiner Familie Selbstmord.
Literatur: R.G. Reuth, Goebbels, 1992. *EF*

Goedsche, Hermann Ottomar Friedrich

(Pseud. Sir John Retcliffe)
Schriftsteller
✶ 12.2.1815 Drachenberg (Schlesien)
† 8.11.1878 Warmbrunn
Nach dem Realschulabschluß war G. zunächst Postbeamter, wurde dann Journalist, kam Mitte des vorigen Jhs. nach Berlin und ließ sich hier als freier Schriftsteller nieder. Er war ein Nachahmer Scotts und ein ausgesprochener Modeautor jener Zeit. Seine zumeist mehrbändigen Abenteuer- und historischen Romane (»Sebastopol« 1855, »Nena Sahib« 1858, »Villafranca« 1860, »Das Ende des Cäsars« 1876) erfreuten sich lange Zeit großer Beliebtheit und erschienen noch 1926–32 in einer bearbeiteten Ausgabe, die sich über 35 Bände erstreckte. *MR*

Goerz, Carl Paul

Industrieller
✶ 21.7.1854 Brandenburg
† 14.1.1923 Berlin [F.84]
Nach einer kaufmännischen Lehre war G. zunächst als Vertreter für feinmechanische und optische Firmen tätig. 1886 kam er nach Berlin und eröffnete ein Versandhaus für mathematische Instrumente, später nahm er noch Fotoapparate in sein Lieferprogramm auf, die er ab 1888 selber fertigte. Ihm gelang die Vermarktung des gerade erst von Anschütz erfundenen Schlitzverschlusses und diverser Objektive. In der Folgezeit wurden zunehmend Geräte entwickelt, die in der Militärtechnik Anwendung fanden, vom Geschützvisier bis zum Periskop für U-Boote, aber auch astronomische Instrumente, Scheinwerfer und Kinogeräte gehörten zur Produktpalette. Fing er 1888 mit 2 Mitarbeitern an, so beschäftigte G. 1917 ca. 10.000. Zur Beschaffung der notwendigen Spezialgläser errichtete er 1913 in Zehlendorf eine eigene Glashütte. Seinen Arbeitern war er fürsorglich verbunden, immerhin führte er 1894 die 48 Stunden-Woche ein und ab 1897 einen bezahlten Sommerurlaub. Die Firma ging 1927 in der Zeiss-Ikon-AG auf. *VTM*

Goetz, Curt

(eigtl. Kurt Götz)
Lustspielautor und Schauspieler
✶ 17.9.1888 Mainz
† 12.9.1960 Grabs (Schweiz) [F.2]
Als Sohn eines Kaufmanns geboren, verlebte G. seine Kindheit in Halle und wurde mit 17 Jahren Schauspieler. Engagements brachten ihn an die Bühnen in Rostock und Nürnberg sowie 1911 an das Kleine Theater Unter den Linden in Berlin. Im Künstlertheater in der Nürnberger Straße trat er zusammen mit M. Adelbert als Partner auf. Er wohnte in der Fredericiastraße im Westend. Als Bühnenautor trat er zum erstenmal 1918 mit der Groteske »Nachtbeleuchtung« hervor. 1923 heiratete er die Schauspielerin Valerie von Martens, die fast ausschließlich als seine Partnerin und in seinen Stücken auftrat. Von 1939–46 lebte das Paar in der Filmstadt Hollywood, ernährte sich vom Ertrag einer Hühnerfarm und ließ sich nach dem Krieg in Merlingen in der Schweiz nieder. 1950 gingen sie nach Liechtenstein. G. wurde durch seine unterhaltsamen, effektvoll gemachten Komödien weit über Deutschland hinaus bekannt. 1951 erschien sein Roman »Die Tote von Beverly Hills«, bereits 1946 seine Komödie »Das Haus in Montevideo« (Erstfassung 1924 unter dem Titel »Die tote Tante«, 1951 verfilmt).
Literatur: Ausgewählte dramatische Werke, 1937, 3 Bde., erw. 1958. *MR*

Goetze, Walter W. (Wilhelm)

Komponist
✶ 17.4.1883 Berlin
† 24.3.1961 ebd.
G. war Kabarett-Pianist in Berlin (»Pêle-Mêle«, »Intimes Theater«) und komponierte Chansons. Die Posse »Parkettsitz Nr. 10« wurde 1911 sein

Durchbruch, nach mehreren Flops landete er 1919 mit »Ihre Hoheit – die Tänzerin« wieder einen Erfolg. Vor allem durch »Die göttliche Jette«, die J. Fehling 1931 am Schillertheater herausbrachte, wurde G. bekannt. Nach 1945 versuchte er, an einstige Erfolge anzuknüpfen (»Liebe im Dreiklang« 1950). *ThW*

Goldstein, Eugen

Physiker
✶ 5.9.1850 Gleiwitz
† 25.12.1930 Berlin [F.119]
G. studierte in Breslau und Berlin. Er arbeitete zunächst als Privatmann, ab 1888 wirkte er an der Sternwarte, baute 1889 ein Kabinett bei der Urania auf. 1890–96 forschte er als Gast bei der Physikalisch-Technischen Reichsanstalt und richtete sich danach ein Labor in einer Mietwohnung ein. 1886 entdeckte G. die Kanalstrahlen, die an der Rückseite einer durchbohrten Kathode austreten. Damit nahm er wesentlichen Einfluß auf die Entdeckung der Isotope und damit auf die moderne Atomphysik. Grundlegend waren seine Arbeiten über Kathodenstrahlen, deren Namen er einführte. G. wies deren elektrostatische Ablenkbarkeit nach und ebnete den Weg zum Fernsehen und zur Elektronenmikroskopie. Trotz hervorragender wissenschaftlicher Erfolge blieb dem jüdischen Gelehrten offizielle Anerkennung weitgehend versagt. *UH*

Goldstein, Moritz

(Pseud. Egon Distl, Michael Osten, Maximilian Golz und vor allem Inquit)
Journalist und Schriftsteller
✶ 27.3.1880 Berlin
† 3.9.1977 New York
G.s Vater war 20 Jahre lang kaufmännischer Direktor der bekannten Kaiser- oder auch Linden-Passage Ecke Friedrichstr./Unter den Linden. G. studierte in Berlin Germanistik, Philosophie und Kunstgeschichte. Ein Semester verbrachte er in München. Nach seiner Promotion wurde G. durch Vermittlung seines Germanistikprofessors und Doktorvaters Erich Schmidt Herausgeber der »Goldenen Klassiker-Bibliothek« im Verlag Richard Bong (1907–14). 1912 erschien im »Kunstwart« sein Aufsatz »Der deutsch-jüdische Parnass«, in dem G. die endgültig vollzogene deutsch-jüdische Symbiose in Frage stellte und damit eine umfangreiche Diskussion auslöste. 1915–18 war er Soldat in Frankreich. Mit seinem Schauspiel »Die Gabe Gottes« hatte G. 1920 einen gewissen Erfolg als Dramatiker, als es von Leopold Jessner im Deutschen Schauspielhaus Berlin aufgeführt wurde. Die Hauptrollen spielten Albert und Else Bassermann. Von 1918–33 arbeitete G. als Journalist, Redakteur und Feuilletonist an der »Vossischen Zeitung«. Bekannt wurde er vor allem durch seine literarischen Gerichtsberichte, die von 1928–33 unter seinem Pseudonym »Inquit« fast täglich in der »Voss. Ztg.« erschienen. In diesen spiegelt sich das Berlin der kleinen Leute, der Künstler, Prominenten und Politiker am Ende der Weimarer Republik. Von 1933–39 lebte G. im Exil in Italien, danach in Großbritannien und von 1947 bis zu seinem Tode in den USA. 1953 wurde G. US-amerikanischer Staatsbürger.
Werke: Michael Osten, Führers must fall. Abhandlung über das Problem der Macht, 1943; M. Goldstein, Berliner Jahre. Erinnerungen 1880–1933. Autobiographie, 1977.
Literatur: I. Ubbens, »... aus meiner Sprache verbannt«. Moritz Goldstein, ein deutsch-jüdischer Journalist und Schriftsteller im Exil, 2002. *IU*

Gollwitzer, Helmut

Theologe
✶ 29.12.1908 Pappenheim
† 17.10.1993 Berlin [F.88]
Sohn eines Pfarrers studierte G. seit 1930 in München, Erlangen, Jena und Bonn. 1932 Vikar in München, 1935 Referent der Bekennenden Kirche in Preußen und Thüringen. 1938 wird er nach der Verhaftung Niemöllers durch die Nazis dessen Nachfolger an der Berliner St.-Annen-Kirche. In dieser Funktion wendet er sich öffentlich gegen die Judenverfolgung und beteiligt sich an Hilfsmaßnahmen für bedrohte Juden. Mehrfach verhaftet und ab 1940 mit einem Redeverbot belegt, wird er im gleichen Jahr zur Wehrmacht eingezogen. 1950 zum Professor für Systematische Theologie an die Universität Bonn berufen, folgt er 1957 einem Ruf an die Freie Universität Berlin. Er engagiert sich in der kritischen Auseinandersetzung für die Studentenbewegung, die Hausbesetzer, die Friedensbewegung und für den deutsch-jüdischen Dialog. Für sein mutiges Engagement wurde er mit der Buber-Rosenzweig-Medaille und der Carl-von-Ossietzky-Medaille ausgezeichnet.
Literatur: Gollwitzer, Die Christen und die Atomwaffen, 1957. *KD*

Gontard, *Carl* Philipp Christian von

Architekt
✶ 13.1.1731 Mannheim
† 23.9.1791 Breslau

G. entstammte einem alten Hugenottengeschlecht, das in mehrere mitteleuropäische Länder emigrierte und im Exil den Adelstitel abgelegt hatte. Nach einer Ausbildung in Mathematik und Baukunst wurde G. 1749 Kondukteur am Hofbauamt in Bayreuth, erhielt bei einem mehrjährigen Frankreichaufenthalt bis 1753 u.a. eine Ausbildung bei J.F. Blondel und wurde danach wieder in Bayreuth tätig. Nach dem Tode des Markgrafen Friedrich übersiedelte G. 1765 nach Potsdam, wurde zum Ingenieur-Hauptmann befördert und trat die Nachfolge J.G. Bürings als Chef des Baucomptoirs Friedrichs II. an. In Potsdam baute er neben den kgl. Bauten im Park von Sanssouci auch zahlreiche öffentliche Gebäude und Bürgerhäuser. Nach der Reformierung der kgl. Baubehörde 1769 fiel G. 1774–75 wegen Unstimmigkeiten in den Baurechnungen – die es nicht gab – bei Friedrich II. in Ungnade, übersiedelte als kgl. Baudirektor 1779 nach Berlin und wurde hier Mitglied der Immediatkommission. 1788–91 war G. Lehrer an der Akademie der Künste (architektonische Lehranstalt). G. vollendete 1787–90 die Königskammern im Berliner Schloß, wurde aber dann innerhalb weniger Monate von C.G. Langhans vom Hofe verdrängt. Zusammen mit G.C. Unger bestimmte G. wesentlich den Spätbarock in Berlin sowie in Potsdam und leitete mit seinem »Zopfstil« den Übergang zum Klassizismus ein.

Wichtige Bauten: Ausbau Neues Palais und Communes in Potsdam-Sanssouci (ab 1765); Antiken- und Freundschaftstempel (1768) sowie Drachenhaus (1770) in Sanssouci; Brandenburger Tor, Potsdam (1770); Umbauung Gendarmenmarkt, Bln.-Mitte (1775–80, zus. mit G.C. Unger); Spittelkolonnaden mit Brücke, Bln.-Mitte (1776–77, Ausfg. F. Becherer); Kuppeltürme an der Deutschen u. Französischen Kirche, Gendarmenmarkt, Bln.-Mitte (1780–85, Ausfg. G.C. Unger); Rosenthaler (1781–88, Ausfg. G.C. Unger, abgebr.) und Oranienburger Tor, Bln.-Mitte (1786–88, abgebr.); Königskammern Stadtschloß Berlin (1785, abgebr.).

Literatur: U. Kieling, Berlin, Baumeister und seine Bauten, 1987. *KDS*

Gontard, Friedrich Carl Ludwig von

Militär, Ehrenbürger
✶ 30.7.1764 Bayreuth
† 1.3.1839 Berlin [F.106]

Der Sohn des Architekten und Baumeisters Carl v.G. hatte 1779 als Kadett seinen militärischen Dienst begonnen, war die Stufen der Offizierskarriere unter König Friedrich II. in Berlin emporgestiegen und wurde 1806 durch König Friedrich Wilhelm III. als Kapitän zum Platzmajor der Berliner Garnison ernannt. Zu seinem Aufgabenbereich gehörte im Auftrag des Gouverneurs und des Stadtkommandanten die Abstimmung des Tagesablaufs der in Berlin stationierten Regimenter, die Organisation des Wachdienstes und der Beziehungen des Militärs zu den zivilen Behörden der Stadt, zur Polizeikommandantur und zur Bevölkerung. Magistrat und Stadtverordnetenversammlung Berlins verliehen G. 1829 anläßlich des 50jährigen Dienstjubliläums die Ehrenbürgerwürde. *DW*

Görcke, Johann

Mediziner
✶ 3.5.1750 Sorquitten (Ostpreußen)
† 30.6.1822 Potsdam [F.127]

G. stand über fünf Jahrzehnte dem von ihm reformierten preußischen Militärmedizinalwesen vor. Auf seine Initiative wurde in Berlin 1795 die Pépinière, die erste militärärztliche Bildungsanstalt, gegründet. Ihm unterstand auch die 1811 ins Leben gerufene Medizinisch-chirurgische Akademie für das Militär. Aus diesen Bildungsanstalten, die auch mittellosen Studenten zugänglich waren, gingen zahlreiche bedeutende Mediziner hervor. *UH*

Göring, Hermann

nationalsozialistischer Politiker,
Ministerpräsident
✶ 12.1.1893 Rosenheim
† (Selbstmord) 19.10.1946 Nürnberg

Als Kampfflieger im I. Weltkrieg hochdekoriert, kam G. 1922 zur NSDAP, wurde schnell einer der engsten Vertrauten Hitlers und Führer der SA. Nach dem Putschversuch 1923 mußte er ins Ausland fliehen. 1927 nach Deutschland zurückgekehrt, wurde er 1928 Abgeordneter des Reichstags und 1932 Reichstagspräsident. 1933 zum preußischen Ministerpräsidenten und Innenminister berufen, gehörte er seit 1933 auch der Reichsregierung an und wirkte in ihr in verschiedenen

Ressorts, so als Reichsluftfahrtminister (1933), als Beauftragter für den Vierjahresplan (1936) und als Vorsitzender des Ministerrats für Reichsverteidigung (1939). Als Oberbefehlshaber der Luftwaffe (seit 1935) war er maßgeblich für die rücksichtslose Kriegführung im II. Weltkrieg verantwortlich, wofür er den Rang eines Reichsmarschalls erhielt. 1941 gab er den Auftrag, die »Gesamtlösung der Judenfrage« in Angriff zu nehmen. Im Nürnberger Kriegsverbrecherprozeß 1945/46 zum Tode verurteilt, beging G. Selbstmord. *EF*

Gossner, Johannes Evangelista

(auch Goßner)
Theologe und Missionsgründer
✶ 14.12.1773 Hausen b. Waldstätten
† 20.3.1858 Berlin [F.17]

Der Sohn bayrischer Bauern kam nach dem Abschluß des Augsburger Gymnasiums 1793 auf ein Priesterseminar und erhielt 1796 die Priesterweihe. Der mitreißende Prediger wirkte u.a. in München, Düsseldorf, Petersburg und Leipzig, wobei es immer wieder zu Auseinandersetzungen mit der katholischen Kirche, vor allem aber mit den Jesuiten kam. 1926 trat er zur evangelischen Kirche über. Im gleichen Jahr kam er nach Berlin. Hier erhielt er 1829 eine Pfarrstelle an der Bethlehemskirche, die er bis 1846 innehatte. 1834 gründete er die erste Berliner Kleinkinderbewahranstalt. Bis 1841 entstanden sechs weitere Kindergärten. Auf seine Initiative geht 1837 die Gründung des ersten evangelischen Krankenhauses in Berlin – das Elisabeth-, Diakonissen- und Krankenhaus – zurück. 1842 begründete er mit Genehmigung des preußischen Königs einen evangelischen Missionsverein und schuf sein Missionshaus in Friedenau. Die Missionare des Vereins wirkten vor allem in Indien und Afrika, aber auch in anderen Teilen der Welt.

Literatur: Charlotte Sauer, Fremdling und Bürger. Lebensroman des Johannes Evangelista Goßner, 1966 *EF*

Gottschalk, Joachim

Schauspieler
✶ 10.4.1904 Calau (Lausitz)
† (Freitod) 7.11.1941 Berlin [F.121]

Der Sohn eines Arztes begann seine Bühnenlaufbahn in Zwickau, spielte in Stuttgart und kam schließlich an die Volksbühne Berlin. G. galt als einer der brillantesten Filmschauspieler der NS-Zeit, als »deutscher Clark Gable«, besonders mit seiner Filmpartnerin B. Horney. Er spielte u.a. in »Du und ich« (1938), »Eine Frau wie Du« (1939), »Ein Leben lang« (1940), »Das Mädchen von Fanö« (1941), »Die schwedische Nachtigall« (1941). Weil er sich von seiner jüdischen Frau nicht trennen wollte, geriet er unter den Druck des NS-Terrorapparats. Seiner Einberufung an die Ostfront und der drohenden Deportation seiner Frau entzog sich G., indem er mit seiner Familie in den Freitod ging. »Meta und Michael schlafen schon« schrieb er in seinem Abschiedsbrief, als das Gas schon strömte. Der Beisetzung in Stahnsdorf wohnten trotz Gestapo-Präsenz viele prominente Kollegen bei. K. Mätzig drehte 1947 nach G.s Schicksal »Ehe im Schatten«, einen der besten Nachkriegsfilme der DEFA. *DTW*

Gotzkowsky, Johann Ernst

Kaufmann
✶ 21.11.1710 Konitz (Westpreußen)
† 9.8.1775 Berlin

Als 5jähriger bereits elternlos, wurde G. von Verwandten in Dresden erzogen, bis er mit 14 Jahren nach Berlin zu seinem älteren Bruder zog. Dieser vermittelte ihm eine Lehrstelle bei der Adrian-Sprögelschen-Materialwarenhandlung. Nach Abschluß der Lehre 1730 arbeitete G. bei seinem Bruder, der sich inzwischen mit einer Schmuck- und Kurzwarenhandlung selbständig gemacht hatte. Da die Königin und der kronprinzliche Hof in Rheinsberg zum Kundenkreis zählten, kam er in Kontakt zu Friedrich II., der ihn 1740 nach Charlottenburg berief. G. sollte ihn bei der Ansiedlung von Manufakturen und beim Aufbau seiner Gemäldesammlung beraten. 1745 heiratete er die Tochter des Kaufmanns und Hoflieferanten Blume. Auf Anraten des Schwiegersohns gründete dieser eine Samtfabrik, verstarb aber kurz darauf. G. übernahm 1746 die Firma und entwickelte sie konsequent weiter. 1753 übernahm er noch eine Seiden- und Taftmanufaktur und hatte 1754 immerhin 250 Webstühle im Einsatz. Unglücklicherweise entdeckte er aber auch seine Vorliebe für Spekulationsgeschäfte, die ihm später zum Verhängnis werden sollte. Nachdem Friedrich II. ihm in Meißen einige Porzellanstücke zeigte und den Wunsch äußerte, so etwas auch gern in seinem Land produzieren zu lassen, gründete G. mit Hilfe von E.R. Richard 1761 die »Aechte Porcelaine-Manufacture« in Berlin. Richard war mit der Herstellung von Porzellan vertraut und vorher bei der Porzellanfabrik Wegely beschäftigt gewesen. Mit ca. 150 Mitarbeitern wurde das Porzellan mit dem blauen »G« hergestellt. Im Siebenjährigen Krieg, während der Besetzung Berlins durch die Russen, gelang es G. durch sein Geschick und unter Einsatz seines Vermögens, die geforderte Kriegssteuer aufzubringen, Verluste aus Spekulationsgeschäften relativierten jedoch diesen Erfolg. Die Folge war der Verlust seiner Kreditwürdigkeit, zahlreiche Gläubiger, u.a. die Münzer Ephraim und Itzig, verlangten Befriedigung. Nach Kriegsende mußte er seine Porzellan-Manufaktur verkaufen, die von Friedrich II. in Anerkennung seiner Verdienste zu einem guten Preis übernommen wurde. Später entstand daraus die Kgl. Porzellanmanufaktur »KPM«. Trotzdem reichte das Geld nicht, G. mußte auch seine restlichen Fabriken verkaufen und starb in Armut. Beigesetzt war er auf dem St. Nikolai Friedhof, der Anfang des 19. Jhs. aufgelöst wurde. *VTM*

Gräbert, Johanna (»Julie«)

(geb. Pickenbach)
Theaterleiterin
✶ 26.4.1803 Berlin
† 18.1.1870 ebd. [F.113A, Grab eingeebnet]
Die Bürgermeistertochter aus Teltow übernahm nach dem Tode ihres Mannes Louis G. 1854 die Leitung des Vorstädtischen Theaters am Weinbergweg, das sogen. »Schmalzstullentheater«. In ihrem Volkstheater wurden vorwiegend Schwänke und Possen mit großem Erfolg gespielt. *EF*

Gradl, Johann Baptist

Politiker, Ehrenbürger
✶ 25.3.1904 Berlin
† 2.7.1988 ebd. [F.68]
Nach dem Studium in Halle, wo er 1930 zum Dr.rer.pol. promovierte, wirkte er in der Zentrumspartei und leitete zwischen 1926 und 1930 die politische Redaktion des Parteiorgans »Germania«. In den Jahren danach arbeitete er leitend im Sparkassen- und Giroverband sowie in der Reichsgruppe Banken. 1945 gehörte er zu den Gründern der CDU in Berlin und in der sowjetischen Besatzungszone. Nach Maßregelungen durch sowjetische Dienststellen übersiedelte er Ende 1947 nach Berlin (West). Hier schuf er mit Jakob Kaiser einen Verlag, in dem bis 1963 die Zeitung »Der Tag« erschien. Als Mitglied des CDU-Bundesvorstandes (1953–71) und Leiter der Berliner CDU-Büros sowie als Berliner Abgeordneter im Deutschen Bundestag (1957–80) engagierte er sich vor allem in Fragen der Deutschlandpolitik und galt auch bei seinen politischen Gegnern als ein »Anwalt der Nation«. 1965 war er Bundesminister für Vertriebene und 1966 kurze Zeit Bundesminister für gesamtdeutsche Fragen. Am 28.4.1982 wurde er Ehrenbürger der Stadt Berlin. *EF*

Graeb, *Carl* Georg Anton

Maler
✶ 18.3.1816 Berlin
† 8.4.1884 ebd [F.49].
Nach Besuch der Schule und einer Theatermalerwerkstatt unternahm G. größere Studienreisen. Seine dabei gefertigten Stadtansichten machten ihn am Berliner Hof bekannt; er wurde u.a. mit Wandbildern im Neuen Museum beauftragt, 1851 zum Hofmaler, schließlich 1855 zum Professor und 1860 zum Akademiemitglied ernannt. Sein bereits früh bevorzugtes Genre waren Darstellungen von Kircheninterieurs, die in der Berliner Bürgerschaft sehr gefragt waren. *JM*

Graefe, Friedrich Wilhelm Ernst *Albrecht* von

Mediziner
✶ 22.5.1828 Finkenheerd bei Berlin
† 20.7.1870 Berlin [F.13]
Der Sohn des Nachfolgenden besuchte das Französische Gymnasium und studierte in Berlin. In Prag wandte er sich der Augenheilkunde zu und assistierte danach in Wien, Paris, London, Glasgow und Dublin bei den Koryphäen dieser Fachrichtung. Nur wenige Monate nachdem Hermann von Helmholtz 1850 den Augenspiegel erfunden hatte, untersuchte G. als einer der ersten damit das Innere des menschlichen Auges. Als Ergebnis seiner Forschungen erkannte er das Wesen des Grünen Stars und operierte ihn erstmals 1856. Mit neuen, von ihm eingeführten Methoden, wie dem peripheren Linearschnitt, konnte er die Erfolgsrate auf etwa 95% steigern. G. führte etwa 10.000 Operationen aus. Als seine bedeutendste Leistung gilt die Heilung des akuten Glaukoms durch Iridektomie. Er wies auf Wechselwirkungen zwischen Augen- und anderen Krankheiten hin und erkannte die Stauungspupille bei Gehirntumoren. Seine in Berlin eröffnete Privatklinik avancierte schnell zur wohl weltweit bedeutendsten Forschungsstätte, die Patienten und Schüler

aus aller Welt anlockte. Der Begründer der modernen Augenheilkunde behandelte zahlreiche arme Patienten kostenlos. Erst 1857 erhielt G. eine Professur an der Berliner Universität. Als Ordinarius übernahm er die Leitung der dürftig ausgestatteten ophthalmologischen Abteilung der Charité. G. gründete 1863 die »Deutsche Ophthalmologische Gesellschaft« und gab ab 1854 das »Archiv für Ophthalmologie« heraus. Als er im Alter von nur 42 Jahren an Tuberkulose starb, nannte ihn Helmholtz einen der seltenen »Männer, die im Gewühl der aufreibenden Praxis noch große Ideen verfolgen können«. *UH*

Graefe, *Karl* Ferdinand von

Mediziner
✶ 8.3.1787 Warschau
† 4.7.1840 Hannover [F.13]
Der Vater des Vorigen und Sohn des Intendanten eines Kron-Großmarschalls, studierte in Dresden, Halle und Leipzig, wo er im Alter von 17 Jahren zum Doktor der Medizin promovierte. Als Ordinarius für Chirurgie in Berlin (ab 1810) erwarb er sich den Ruf eines hervorragenden Operateurs und Augenarztes. Er entwickelte zahlreiche chirurgische Instrumente und führte neue Operationsmethoden ein. G. gilt als Vater der modernen plastischen Chirurgie (insbesondere Ersatz der Nase). *UH*

Graeser, Erdmann

(Pseud. E. Grond)
Journalist und Schriftsteller
✶ 5.5.1870 Berlin
† 7.7.1937 ebd. [F.94]
In der damaligen Königgrätzer Straße (heute Stresemannstraße) in Berlin kam G. als Sohn eines Geheimen Kanzleirats im preußischen Finanzministerium zur Welt. Seine Kinder- und Schulzeit verbrachte er in der Gegend rund um die Bülowstraße, wo auch viele seiner späteren Romane spielen. Nach einem Volontariat im Ullstein Verlag arbeitete er von 1900 bis 1905 als Redakteur bei der »Berliner Morgenpost«, anschließend bei der »Berliner Illustrirten Zeitung« und der »Berliner Allgemeinen Zeitung«, ab 1920 schrieb er für die »Vossische Zeitung«. Nebenher entstanden fast zwei Dutzend Romane und Erzählungen, die sich fast alle mit Geschichten aus dem Berliner Leben befassen. Die wichtigsten davon sind der sechsbändige humoristische Roman »Lemkes selige Witwe« (1907, dramatische Bearbeitung 1926), »Koblanks« und »Koblanks Kinder« (beide 1922) und »Spreelore« (postum 1950). G., der sein ganzes Leben in Berlin verbrachte, ist der volkstümliche Chronist des Lebens in dieser Stadt um die Jahrhundertwende. *MR*

Graff, Erna

Sängerin, Tierschützerin
✶ 3.6.1906 Berlin
† 5.2.1988 ebd. [F.59]
Die Tochter eines jüdischen Glasers wurde 1909 getauft. Nach ihrer Gesangsausbildung wirkte sie erfolgreich als Chor-Sopranistin und als 1. Solistin bei den Bayreuther Festspielen mit. Nach 1933 wurde ihr die Aufnahme in die Reichstheaterkammer wegen ihrer jüdischen Herkunft verweigert, so daß sie keine künstlerische Anstellung mehr fand. Auch der von ihr danach geführte Textilhandel wurde ihr untersagt. 1945 wurde sie als Opfer des Faschismus anerkannt. Sie engagierte sich in Lankwitz beim Wiederaufbau und der Entwicklung des Tierheims, das 1901 gegründet und 1943 fast völlig zerstört worden war. So organisierte sie in den 50er Jahren Wohltätigkeitskonzerte »Künstler helfen Tieren«, schuf innerhalb des Tierschutzvereins die Kindergruppen und entwickelte immer wieder neue Initiativen zur Unterstützung des Tierschutzes. Sie leitete das Tierheim in Lankwitz, gehörte dem Vorstand des Deutschen Tierschutzbundes an und war bis zu ihrem Lebensende Ehrenpräsidentin des Berliner Tierschutzvereins. Sie rief 1983 die Erna-Graff-Stiftung für Tierschutz Berlin ins Leben, deren Vorstandsvorsitzende sie bis zu ihrem Tod war und für die sie erhebliche Mittel aus ihrem Nachlaß zur Verfügung stellte. Die Stiftung vergibt jährlich einen Tierschutzpreis für Nachwuchswissenschaftler. *EF*

Granach, Alexander

(eigtl. Jessaia Gronach)
Schauspieler
✶ April 1893 Werbowitz (Galizien)
† 14.3.1945 New York
G. kam 1908 nach Berlin, schloß sich jüdisch-anarchistischen Gruppen an, spielte jiddisches Theater und lernte Deutsch. Nach der Reinhardt-Schauspielschule bekam er am Deutschen Theater 1910 sein erstes Engagement. Ab 1921 spielte G. an verschiedenen Berliner Bühnen: u.a. Kragler (»Trommeln in der Nacht«, Brecht), den Vater (»Vatermord«, Bronnen), Franz Moor, Etzel

(»Nibelungen«, Hebbel), Mephisto, Lenin (»Rasputin«, A. Tolstoi). 1933 emigrierte G., spielte in »Professor Mamlock« (F. Wolf, 1934 Uraufführung Warschau in jiddischer Sprache) die Titelrolle, war zeitweilig in der UdSSR und ging dann über Zürich (Macbeth, 1937 im Schauspielhaus) in die USA. Früh kam G. zum Film (Rollen u.a. in »Nosferatu« 1922; »Erdgeist« 1923), spielte in den USA u.a. in »Ninotschka« (1939), »Hangmen Also Die« (1943, Lang), »The Seventh Cross« (1944).
Autobiographie: Da geht ein Mensch (1990)
Literatur: W. Huder, A. Granach und das jiddische Theater des Ostens, 1971; A. Klein/R. Kruk, Alexander Granach, 1994. *DTW*

Graun, Carl Heinrich

Komponist
✶ 7.5.1701 Wahrenbrück b. Torgau
† 8.8.1759 Berlin
G. war Kreuzschüler in Dresden und betätigte sich früh als Kirchenkomponist. 1725 ging er als Operntenor nach Braunschweig, trat dort auch als Komponist und Dirigent hervor und wurde bald darauf zum Vizekapellmeister ernannt. 1735 trat er in Rheinsberg als Kammersänger der Kapelle des Kronprinzen bei, wo er ca. 50 Konzertkantaten komponierte und zur Aufführung brachte. Nach seiner Thronbesteigung ernannte ihn Friedrich II. zum Kapellmeister und beauftragte ihn mit der Gründung einer Oper in Berlin. Mit G.s Oper »Cesare e Cleopatra« wurde 1742 die Berliner Oper eröffnet. Die italienischen Opern G.s, an deren Texten Friedrich II. z.T. mitgearbeitet hatte, genossen den Beifall des Hofes und beherrschten den Spielplan, bis sie von Glucks Opern vollständig verdrängt wurden. Hingegen wurde seine Passionsmusik »Der Tod Jesu« (1760, Text von Ramler) noch bis 1884 alljährlich am Karfreitag in Berlin aufgeführt. G. hinterließ 34 Opern und eine große Anzahl Kirchenkompositionen. Beigesetzt war er in der 1809 durch Brand zerstörten Petrikirche (Grabstätten vernichtet). *ThW*

Carl Heinrich Graun (1701–1759)

Grell, August Eduard

Musiker
✶ 6.11.1800 Berlin
† 10.8.1886 Berlin-Steglitz [F.16]
Nach dem Besuch des Gymnasiums zum Grauen Kloster erhielt er bereits 1817 eine Anstellung als Organist der Nikolaikirche. Von 1822 an wirkte er als Musiklehrer, vor allem am Gymnasium zum Grauen Kloster und beim Domchor. Er gehörte der Singakademie an, deren Direktor er zwischen 1853 und 1876 war. Seit 1841 Mitglied der Akademie der Künste, leitete er dort von 1882 bis zu seinem Tod eine Meisterklasse für Komposition. Als Komponist schuf er Oratorien, Singspiele und eine Messe. 1864 wurde er mit dem Orden Pour le merité ausgezeichnet. Eine Gedenktafel an seinem Geburtshaus in der Poststraße 12 (Mitte) erinnert an den Musiker. Die Grellstraße in Prenzlauer Berg trägt seinen Namen. Sein Ehrengrab befindet sich in Kreuzberg. *EF*

Grenander, Alfred

Architekt, Innenraumgestalter, Kunstgewerbler
✶ 26.6.1863 Sköfde (Schweden)
† 14.7.1931 Berlin
Nach dem Studium in Stockholm und an der TH Charlottenburg war G. in Berlin von 1896–1903 selbständiger Architekt in der mit seinem Schwager O. Spalding gegründeten Firma (Fa. Spalding & Grenander). 1887–1931 übernahm G. eine Lehrtätigkeit am Kunstgewerbemuseum und später als Professor an den Vereinigten Staatsschulen für freie und angewandte Kunst. Von 1900–31 für die Berliner Hoch- und Untergrundbahn-Gesellschaft tätig, entwarf er Bahnhöfe und Viadukte, die sachlich modern – zumeist Klinker – gestaltet sind.

Wichtige Bauten: Erste U- bzw. Hochbahnstrecke Berlins zwischen Warschauer Str. und Zoo (ab 1902); Verwaltungs- und Fabrikgebäude L. Loewe AG, Bln.-Tiergarten (1907–10 u. 1913–17); Gotzkowskybrücke, Bln.-Tiergarten (1910–11); U-Bahnhof Wittenbergplatz, Bln.-Schöneberg (1910–13); Hochbahnhof Schönhauser Allee, Bln.-Prenzl. Berg (1913–15); Verwaltungs- und Fabrikgebäude der Knorr-Bremse AG, Bln.-Friedrichshain (1913–16, 1922–27); U-Bahnhof Hermannplatz, Bln.-Neukölln (1926); U-Bahnhof Nollendorfplatz, Bln.-Schöneberg (1926); U-Bahnhöfe Onkel-Toms-Hütte u. Krumme Lanke, Bln.-Zehlendorf (1927–28); Umformerwerk, Bln.-Neukölln (1927–28); U-Bahnhof Alexanderplatz, Bln.-Mitte (1927–31); Hochbahnhof Kottbusser Tor, Bln.-Kreuzberg (1928–29); Verwaltungsgebäude BVG, Bln.-Mitte (1929–30). *KDS*

Grieneisen, Julius

Tischlermeister und Bestattungsunternehmer
✶ 21.1.1800 Berlin
† 1885 ebd.

Der Sproß einer Tischlerfamilie machte sich 1830 selbständig, nachdem er das Haus des Tischlermeisters Möller gekauft hatte und ihm vom Kgl. Polizeipräsidium die Erlaubnis zum Gewerbebetrieb einer Tischlerei erteilt worden war. Ab 1836 betätigte er sich als Sarglieferant. Zwar durfte er noch keine Beerdigungen durchführen – die Bestattungsordnung untersagte dies –, aber er lieferte maßgefertigte Särge mit der dazugehörenden Innenausstattung. Die eigentliche Bestattung übernahm der »Leichen-Commissarius«. Mit dem Inkrafttreten der Preußischen Gewerbeordnung 1869 wurde das Bestattungswesen liberalisiert und G. wandelte seinen Betrieb in ein Bestattungsinstitut um, wobei das starke Bevölkerungswachstum Berlins eine ideale Ausgangsbasis bildete. Er legte sich Pferd und Wagen zu und gründete eine erste Zweigstelle. Der Betrieb blieb auch nach seinem Tod in Familienbesitz. *VTM*

Griesinger, Wilhelm

Mediziner
✶ 29.7.1817 Stuttgart
† 26.10.1868 Berlin [F.46]

G. wirkte zunächst in Tübingen, Zürich, Winnenthal, Kiel und Kairo, bevor er 1865 einer Berufung an die Charité folgte. Mit der dort im gleichen Jahr eröffneten Nervenabteilung fand die moderne Psychiatrie ihre erste Heimstatt in Berlin. G. ging an die Geisteskrankheiten vom rationell-psychologischen Standpunkt heran und berücksichtigte die Morphologie des Gehirns. Als Aufgabe seiner Fachrichtung sah er eine »die leibliche und geistige Natur des Menschen umfassende Behandlung«. Für ihn waren Milieutherapie und zweckmäßige Beschäftigung des Patienten »erstes und wichtigstes Mittel« einer humanen Geisteskrankenpflege. G. förderte den Gedanken der Einheit von Neurologie und Psychiatrie und gründete 1867 die Berliner Medizinisch-Psychiatrische Gesellschaft. Während seiner nur dreijährigen Tätigkeit in Berlin befaßte sich G. vorrangig mit Epilepsien und Psychosen. Die 1893 gegründete Nervenklinik Wuhlgarten trägt heute seinen Namen (W.-G.-Krankenhaus Marzahn-Hellersdorf). *UH*

Grimm, *Hermann* Friedrich

Kunst- und Literaturhistoriker
✶ 6.1.1828 Kassel
† 16.6.1901 Berlin [F.46]

Der Sohn von Wilhelm G. besuchte ab 1842 das Friedrich-Wilhelms-Gymnasium in Berlin. Er studierte in Berlin sowie Bonn und erhielt 1873 eine Professur in Berlin. Er trat mit »Essays über Kunst und Literatur« (4 Bde., 1859–60) und Biographien u.a. Michelangelos und Raphaels hervor. Mit seinen Vorlesungen 1874–75 und dem Werk »Goethe« (2 Bde., 1877) leitete er eine Goethe-Renaissance ein. *UH*

Grimm, *Jacob* Ludwig Carl

Germanist
✶ 4.1.1785 Hanau
† 20.9.1863 Berlin [F.46]

G., Sohn eines Justizamtmannes, war eng mit seinem Bruder Wilhelm (nachfolgend) durch gemeinsames Arbeiten und Wohnen verbunden. Er studierte in Marburg Jura, wirkte nach einigen Zwischenstationen als Bibliothekar in Kassel (1816) und ging 1830 nach Göttingen. Dort gehörten die Brüder G. zu den »Göttinger Sieben«, die wegen ihres Protestes gegen die Aufhebung des Staatsgrundgesetzes durch König Ernst August von Hannover 1857 amtsenthoben und ausgewiesen wurden. Er ging nach Kassel und folgte 1851 einer Berufung an die Berliner Akademie der Wissenschaften. G. gilt als Begründer der germanischen Sprachwissenschaft und der deutschen Philologie. Anregungen Savignys und Angehöriger aus dem Kreis der »Heidelberger Ro-

Jacob Grimm (1785–1863)

Wilhelm Grimm (1786–1859)

mantik« folgend, nahmen die Brüder G. ihre auf exakter Quellen- und Detailforschung beruhende Sammeltätigkeit auf. Gemeinsam gaben sie die berühmten »Kinder- und Hausmärchen« (2 Bde., 1812–15) und die »Deutschen Sagen« (2 Bde., 1816–18) heraus. Dann konzentrierte sich G. auf die Philologie. Mit seiner »Deutschen Grammatik« (ab 1819) erwarb er sich den Ruf eines der bedeutendsten Sprachforschers seiner Zeit. Er stellte die Sprache in ihrem organischen Wachstum dar, entdeckte die Gesetzmäßigkeit des Lautwandels und stellte die Verwandtschaft der indogermanischen Sprachen heraus. Grundlegend waren auch seine germanische Rechtsgeschichte »Deutsche Rechts-Alterthümer« (1828) und die »Deutsche Mythologie« (1835). In Berlin setzte G. seine Arbeiten an einer Sammlung altdeutscher Bauernrechte, den »Weistümern« (1840–78) fort. Schwerpunkt seiner Tätigkeit war hier die Herausgabe des monumentalen »Deutschen Wörterbuches«, von dem G. die Buchstaben A, B, C und F bis zum Wort Frucht bearbeitete. Generationen nachfolgender Wissenschaftler brachten dieses Werk 1961 zu einem ersten Abschluß.

Literatur: L. Denecke, J. Grimm und sein Bruder Wilhelm, 1971; U. Wiss, Die wilde Philologie: J. Grimm und der Historismus, 1977; R. Michaelis-Jena, Die Brüder Grimm, 1980; H. Scurla, Die Brüder Grimm, 1985; G. Seitz, Die Brüder Grimm, 1985. *UH*

Grimm, *Wilhelm* Carl

Germanist

✶ 24.2.1786 Hanau

† 16.12.1859 Berlin [F.46]

G.s Leben war eng mit dem seines Bruders Jacob (der Vorige) verbunden. Gemeinsam gingen sie 1830 nach Göttingen, wurden dort vertrieben und zogen 1841 nach Berlin. Zusammen gaben sie die Kinder- und Hausmärchen heraus. Deren Siegeszug zu einem Volksbuch ist besonders dem erzählerischen Talent G.s geschuldet. Die Naivität seiner Darstellungen sprach die Kinder weit besser an, als dies die Dichter zuvor vermochten. G. legte zahlreiche Publikationen über Sagen, altdeutsche Dichtungen und Sprachdenkmäler vor. Am »Deutschen Wörterbuch« war G. mit dem Buchstaben D beteiligt. In Berlin konzentrierte er sich auf Forschungen »Über Freidank« (2 Bde. 1850– 55), von dem er zu Unrecht vermutete, daß Walther von der Vogelweide diesen Namen als Pseudonym geführt hätte. Er legte eine Abhandlung »Zur Geschichte des Reims« (1852) vor und publizierte die »Einleitung zur Vorlesung über Gudrun« (1843–49) sowie die »Einleitung zur Vorlesung über Hartmanns Ehrek« (1843–50).

Literatur: siehe beim Vorigen. *UH*

Grolmann, Karl Wilhelm von

Militär

✶ 30.7.1777 Berlin

† 15.9.1843 Posen

Aus einer Berliner Juristenfamilie stammend, trat G. mit 14 Jahren in das Infanterieregiment Nr. 25 (von Möllendorf) ein, durchlief die ersten Stufen der Offizierslaufbahn relativ schnell und kam in Berlin in Kontakt zu den Reformkreisen innerhalb der preußischen Armee um Scharnhorst. Zwischen 1802 und 1805 war er aktives Mitglied der Militärischen Gesellschaft zu Berlin. Als Stabskapitän nahm er am Feldzug von 1806 teil, wurde bei Auerstedt verwundet, konnte aber der Gefangenschaft entgehen. An den nun einsetzenden Bestrebungen zur Reorganisation der Armee und der Untersuchung der Ursachen der Niederlagen von 1806 war er führend beteiligt, wurde 1809 Direktor der 1. Division des Kriegsministeriums. Im selben Jahr schied er aus Enttäuschung über die preußische Politik aus der Armee aus, nahm in spanischen Diensten an den Feldzügen gegen Napoleon teil und kehrte nach dem Kriegsausbruch 1813 zurück. Zwischen 1813 und 1815 war G. als Offizier im Generalstab an der Seite Scharnhorsts, Boyens und Gneisenaus an den wichtigsten Entscheidungen der Feldzüge gegen Frankreich beteiligt und wurde Mitglied der preußischen Delegation auf dem Wiener Kongreß. Nach dem Friedensschluß von 1815 kehrte er in das Kriegsministerium unter Boyen zurück und erwarb sich historische Verdienste um die Reorganisation des Generalstabes der preußischen Armee (2. Dision im Kriegsministerium) und um die Stärkung der Landwehr als demokratisches Element innerhalb des Heeres. Aus politischen Gründen nahm er 1819 angesichts der restaurativen Entwicklung in Preußen und in der Armee zusammen mit Boyen seinen Abschied, wurde aber 1825 durch den König wieder reaktiviert, zum Divisionskommandeur und später Kommandeur des V. Armeekorps befördert. *DW*

Gropius, *Carl* Wilhelm

Maler

✶ 4.4.1793 Braunschweig

† 20.2.1870 Berlin

G., Sohn eines Maskenfabrikanten, erhielt seine erste Ausbildung beim Vater, vervollkommnete dann aber auf Reisen sein Können in der Landschaftsmalerei. In Berlin zunächst als Theatermaler tätig, wurde er 1820 königlicher Theaterinspektor, später Hoftheatermaler und betrieb daneben in der Klosterstraße eine Art Kabinett mit Bauwerks- und anderen Darstellungen. Seit 1822 Mitglied der Kunstakademie, eröffnete er 1827 mit seinen Brüdern das später weltbekannte »Diorama« in der Georgenstraße, wo man Dioramen und Transparentbilder zeigte und außerdem ein sog. Berliner Kabinett betrieb, in dem neueste Berliner Kunstwerke zu festen Preisen zu erwerben waren. Darüber hinaus betrieb er einen dem Diorama angeschlossenen Kunstverlag, in dem Kinderbücher und Spielzeuge, Berliner Ansichten und Pläne vertrieben wurden.

Literatur: S.H. Spiker, Berlin und seine Umgebungen im 19. Jh., 1833; A. Rosenberg, Die Berliner Malerschule, 1879. *JM*

Gropius, *Martin* Carl Philipp

Architekt

✶ 11.8.1824 Berlin

† 13.12.1880 ebd. [F.10]

Nach dem Studium an der Bauakademie in Berlin (1849–55) wurde der Großonkel von Walter G. (dem Nachfolgenden) ab 1856 selbständiger Architekt. Gleichzeitig nahm G. 1856–66 eine nebenberufliche Lehrtätigkeit an der Bauakademie auf, die er ab 1865 hauptberuflich ausübte (Professor ab 1866). G. war Hauptvertreter der Nach-Schinkel-Schule und hatte in seiner Funktion als Leiter der Unterrichtsanstalt des Kunstgewerbemuseums (ab 1867), Direktor der Kgl. Kunstschule (ab 1869), Mitglied des Senats der Akademie der Künste und oberster Leiter aller Preußischen Kunstschulen großen Einfluß auf nachfolgende Architektengenerationen. Mit H. Schmieden war G. 1866–80 in einer der ersten großen und erfolgreichen Architektenfirmen (Fa. Gropius & Schmieden) soziiert.

Wichtige Bauten: Michael-Kirche, Bln.-Mitte (1855–56, Bauleitung G., Entwurf E. Söller); Villen und Wohnhäuser im Tiergartenviertel, in Charlottenburg und Mitte; Umbau Singakademie, heute Maxim-Gorki-Theater, Bln.-Mitte (1865); Schloß Biesdorf, Bln.-Marzahn (1868); Krankenhaus am Friedrichshain, Bln.-Friedrichshain (1868–74, teilw. erhalten); Erweiterungen Bethanien- und Elisabeth-Krankenhaus, Bln.-Kreuzberg (1872); Garnisonlazarett Tempelhof, heute Wenckebach-Krankenhaus (1875–78); Kunstgewerbemuseum, heute Martin-Gropius-Bau, Bln.-Kreuzberg (1875–83); Chirurgisches Universitätsklinikum und Frauenklinik, Ziegelstr., Bln.-Mitte (1878–83, 1880–82).

Literatur: U. Kieling, Berliner Privatarchitekten und Eisenbahnbaumeister im 19. Jh., 1983. *KDS*

Gropius, Walter

Architekt
✶ 18.5.1883 Berlin
† 5.7.1969 Boston (USA)
G., Großneffe von Martin C.P. Gropius und Sohn eines Architekten, studierte 1903–05 an den TH München und Berlin Architektur und arbeitete von 1907–10 im Büro von Peter Behrens, wo er mit den Grundprinzipien des modernen Bauens vertraut wurde. Sein erstes großes Bauwerk (Faguswerke in Alfeld an der Leine, 1911 zus. mit A. Meyer) war einer der ersten Baukomplexe mit neuen funktionsbetonten Architekturelementen (klare kubische Form, Vorhangfassade, keine sichtbaren Stützen und Träger an den Ecken). Als Direktor des Bauhauses in Weimar (1919–25) und Dessau (1925–28) und – nach seiner Emigration (1934) aus Deutschland – Berufung zum Professor sowie Leiter der Architekturabteilung in Harvard (ab 1937) wurde G. bahnbrechender Vertreter der modernen Architektur in der ersten Hälfte des 20. Jhs. G. sah am Bauwerk die Einheit von Handwerk und Gestaltung sowie von Technik und Kunst. »Bauen bedeutet Gestaltung von Lebensvorgängen« … »Das Wohnhaus ist ein betriebstechnischer Organismus, dessen Einheit sich aus vielen Einzelfunktionen zusammensetzt …« In Berlin hinterließ G. in Siemensstadt (1929) vor seiner Vertreibung durch die Nationalsozialisten und nach dem II. Weltkrieg im Hansaviertel (1957) bedeutende Bauten.

Walter Gropius (1883–1969)

Wichtige Bauten: Bauhaus-Gebäude, Dessau (1925–26); Forschungssiedlung Haselhorst, Bln.-Spandau (1928–29); Großsiedlung, Berlin (1929, zus. mit S. Fischer); Wohnblöcke Großsiedlung Siemensstadt, Bln.-Spandau (1929–30); Wohnhochhäuser, Bln.-Wannsee (1930–31); zahlreiche Villen in Berlin; Wettbewerbsentwurf Sowjetpalast, Moskau (1931); Impington Village College bei Cambridge (1936–39, zus. mit M. Fry). Wohnblock Hansaviertel, Bln.-Tiergarten (1955–57); Botschaftsgebäude USA, Athen (1956–61); Städtebauprojekt Großsiedlung, Bln.-Britz-Buckow-Rudow, »Gropiusstadt« (1960–73); Walter Gropius-Gesamtschule und Kita, Bln.-Neukölln (1962–68); Bauhaus-Archiv, Bln.-Tiergarten (Entwurf 1964–68, Ausführung 1976–79).
Literatur: C. Schädlich/H. Probst, Walter Gropius, Bd. 1 bis 3, 1985, 1986, 1987. *KDS*

Gross, *Walter* Hugo

Schauspieler
✶ 5.2.1904 Eberswalde
† 17.5.1989 Berlin [F.92]
Nach kaufmännischer Lehre und Schauspielschule des Deutschen Theaters debütierte G. in Berlin 1926 als Revueschauspieler; wirkte 1929–1932 in den Nelson- und Hollaender-Revuen mit. Seit 1939 war er an verschiedenen Berliner Bühnen tätig. Nach 1945 künstlerischer Leiter des Kabaretts »Frischer Wind« und am Renaissance-Theater tätig, gab G. im RIAS den Ost-Funktionär bei »Günter Neumann und seine Insulaner«, der sein Markenzeichen wurde.
Literatur: R. Stürickow, Der Insulaner verliert die Ruhe nicht, 1983. *DTW*

Grosz, George

(eigtl. *Georg* Ehrenfried Groß)
Maler, Grafiker, Bühnenbildner
✶ 26.7.1893 Berlin
† 6.7.1959 ebd. [F.2]
G. studierte 1909–11 an der Kunstakademie in Dresden und kam dann nach Berlin. Er blieb bis 1913 an der Berliner Kunstgewerbeschule und ging danach für kurze Zeit nach Paris. Ab 1914 Kriegsteilnehmer, geriet er 1918 mit dem Kriegs-

George Grosz (1893–1959)

recht in Konflikt und konnte nur mit Hilfe H. Graf Kesslers vor dem Tode bewahrt werden. Als künstlerische Reaktion folgte u.a. die Mitbegründung der Dada-Gruppe Berlins und als politische der Eintritt in die KPD (1918). Auf Reisen besuchte G. u.a. 1922 Rußland, wo er Lenin traf, sowie Frankreich, Großbritannien, Italien und die Niederlande. 1924 beteiligte er sich an der »Roten Gruppe« und 1928 an der »Assoziation Revolutionärer Bildender Künstler Deutschlands« (ASSO). War G. schon seit 1910 als Zeichner von Karikaturen bekannt geworden, so hatte seine zunehmende Schärfe in den 20er Jahren des öfteren Geldstrafen zur Folge. Dennoch blieb G. in seiner Berliner Zeit ein unerbittlicher Gegner des Krieges und seiner Folgen. Seine Zeichnungen, die sich des scharfen Umrisses und der Mehrschichtigkeit bedienten, ließen ihn wegen seiner Sympathie für die Unterdrückten zum damals bekanntesten Satirezeichner Deutschlands werden (Grafische Folgen: »Gott mit uns«, »Das Gesicht der herrschenden Klasse« u.a.). Zugleich schuf er jedoch auch Gemälde (»Stützen der Gesellschaft«) und (z.T. mit J. Heartfield) Fotomontagen sowie Illustrationen für zeitgenössische Autoren (Malik-Verlag) und Bühnenbilder. 1932 ging G. nach New York, wohin er 1933 endgültig übersiedelte. Er gründete eine eigene Kunstschule und dozierte u.a. in New York, Long Island und Dallas. Während dieser Zeit zog sich G. von der Satire zurück und wandte sich Landschafts- und Menschendarstellungen zu. 1938 ausgebürgert, besuchte er nach dem Krieg mehrfach Deutschland, kehrte 1959 sogar nach Berlin zurück, wo er bald darauf unerwartet verstarb.

Literatur: J.I.H. Baur, G. Grosz, Catalogue, 1954; G. Anders, G. Grosz, 1961; L. Lang (Hg.), G. Grosz, 1979; H. Hess, G. Grosz, 1982. *JM*

Grotewohl, Otto

sozialdemokratischer Politiker, Ministerpräsident der DDR

✶ 11.3.1894 Braunschweig

† 21.9.1964 Berlin [F.102]

Nach der Volksschule erlernte G. den Beruf des Buchdruckers, in dem er bis 1914 tätig war. Im I. Weltkrieg wurde er mehrfach verwundet. Seit 1911 Mitglied der SPD (USPD von 1918 bis 1922), wirkte er in verschiedenen Funktionen. 1920 in den Braunschweiger Landtag gewählt, war er 1921/22 als Minister für Volksbildung und 1923/24 als Innenminister der Landesregierung tätig, von 1925–33 als Reichstagsabgeordneter. 1928–33 arbeitete er als Präsident der Landesversicherungsanstalt Braunschweig. Bis 1945 schlug sich G. mit verschiedenen Tätigkeiten durch. Seit 1938 lebte er in Berlin. Zweimal (1938, 1939) wurde er verhaftet. 1945 gründete er mit anderen den Zentralausschuß der SPD, engagierte sich frühzeitig für eine Vereinigung von SPD und KPD und führte 1946 den größten Teil der SPD-Mitglieder der SBZ in die SED. Er war einer der beiden Vorsitzenden der Partei (mit W. Pieck). Seit 1949 wirkte er als Ministerpräsident der DDR.

Literatur: M. Jodl, Amboß oder Hammer? O. Grotewohl, 1997. *EF*

Grotjahn, Alfred

Mediziner

✶ 25.11.1869 Schladen (Harz)

† 4.9.1931 Berlin

Der Arztsohn studierte in Greifswald, Leipzig, Kiel und Berlin Medizin. Angeregt durch sozialdemokratische Ideen und durch Ansichten des Berliner Nationalökonomen Gustav Schmoller, wandte sich sein Interesse früh sozialhygienischen Problemen zu. 1896 eröffnete er in Berlin seine Praxis. Neben der Betreuung der Patienten beschäftigte er sich mit übergreifenden Fragen wie dem Alkoholismus, der Volksernährung und den Wohnverhältnissen. 1905 gehörte er zu den Mitbegründern des Vereins für soziale Medizin,

Hygiene und Medizinalstatistik und erarbeitete eine eigene Bestimmung der Sozialhygiene. Mit seinen Ansichten fand er jedoch bei der Masse der Ärzte wenig Gehör. Dafür sah er sich mit den Auffassungen der Eugenik konfrontiert. Obwohl er selbst kein Anhänger der Rassenhygiene war, konnten manche seiner Positionen dafür ausgenutzt werden. 1915 gab er seine Praxis auf und arbeitete bis 1919 im Berliner Medizinalamt. Seit 1912 Dozent an der Charité, erhielt er hier 1920 den ersten deutschen Lehrstuhl für Sozialhygiene. Innerhalb der SPD, für die er zwischen 1921 und 1924 im Reichstag saß, bemühte er sich um die Durchsetzung seiner gesundheitspolitischen Ansichten. Bei aller Widersprüchlichkeit seiner Positionen und deren unterschiedlichen Bewertungen gilt G. als Begründer der Sozialhygiene in Deutschland.
Literatur: A. Grotjahn, Soziale Pathologie, 1912; ders., Erlebtes und Erstrebtes, 1932. *EF*

Grüber, Heinrich

evang. Pfarrer, Ehrenbürger
✶ 24.6.1891 Stolberg (Niederrhein)
† 29.11.1975 Berlin [F.74]
Der Lehrersohn mußte nach dem Studium der Theologie, Geschichte und Philosophie in Bonn, Berlin und Utrecht 1914 an die Front. Nach Kriegsende kam er nach Berlin an das Domkandidatenstift, erhielt hier 1920 seine Ordination und wirkte danach als Pfarrer in Dortmund bzw. als Direktor des Erziehungsheims Waldhof in Templin. Seit 1934 arbeitete er als Pfarrer in Berlin-Kaulsdorf, betreute aber auch die Niederländische Gemeinde in Berlin sowie das Lazarett im Krankenhaus Wuhlgarten in Berlin-Biesdorf. Er schloß sich der Bekennenden Kirche an und setzte sich in ihrem Namen für jüdische Bürger christlichen Glaubens ein. Dieses »Büro Grüber« betreute von Berlin aus über 20 Anlaufstellen in Deutschland und konnte die Auswanderung von mehr als 1700 rassisch verfolgten Personen erreichen. 1940 wurde G. verhaftet und bis 1943 in die Konzentrationslager Sachsenhausen und Dachau überführt. 1945 kurzzeitig Bürgermeister von Kaulsdorf, war er dann Propst der Berliner Kirchen St. Nicolai und St. Marien und beriet den Magistrat in Kirchenfragen. 1948 wurde er Ehrendoktor der Humboldt-Universität. Von 1949 bis 1958 wirkte er als Bevollmächtigter des Rates der Evangelischen Kirche Deutschlands (EKD) bei der Regierung der DDR, ein Amt, in dem er sich immer wieder um Ausgleich bemühte. In dieser Zeit war er auch zeitweilig als stellvertretender Vorsitzender der Vereinigung der Verfolgten des Naziregimes (VVN) tätig und engagierte sich in der Friedensbewegung. 1958 entband man ihn seitens der DDR-Regierung von dieser Arbeit und betrachtete ihn als unerwünschte Person. G. trat 1961 als einziger nichtjüdischer deutscher Zeuge im Eichmann-Prozess in Israel auf. Von der israelischen Regierung als »Gerechter unter den Völkern« geehrt, ernannte ihn die deutsch-israelische Gesellschaft 1966 zu ihrem Ehrenpräsidenten. 1970 erhielt er die Berliner Ehrenbürgerwürde.
Schriften: Grüber, Dona nobis pacem! Gesammelte Predigten und Aufsätze, 1956; ders., Zeuge pro Israel, 1963; ders., Erinnerungen aus sieben Jahrzehnten, 1968.
Literaur: D. Winkler, Heinrich Grüber. Protestierender Christ, 1993. *EF*

Grumbkow, Friedrich Wilhelm von

Militär, Politiker
✶ 4.10.1678 Berlin
† 18.3.1739 ebd. [F.121]
Der Sohn des Hofmarschalls des Großen Kurfürsten trat schon mit acht Jahren als Kammerjunker am Hofe in Erscheinung, begann seine politische Laufbahn nach dem Studium in Holland 1695 beim Militär und war mit 19 Jahren Kompaniechef. 1703 ist er Regimentskommandeur und Oberst, nimmt im Spanischen Erbfolgekrieg an den blutigen Schlachten von Höchstädt und Malplaquet teil und wird in diesen Jahren im diplomatischen Dienst eingesetzt. 1709 wird er zum Generalmajor ernannt und mit der Thronbesteigung Friedrich Wilhelms I. Staatsminister und Chef des Generalkommissariats. G. war enger Vertrauter des Soldatenkönigs, wird 1723 Kriegsminister im Generaldirektorium, war für den König in diplomatischen Missionen in Rußland und Polen und wurde 1737 Generalfeldmarschall. Seine Beisetzung fand in den Grüften der Berliner Garnisonkirche statt. *DW*

Gründgens, Gustaf

Schauspieler, Regisseur und Theaterleiter
✶ 22.12.1899 Düsseldorf
† 7.10.1963 Manila
G. genoß seine schauspielerische Ausbildung in Düsseldorf, begann 1921 in Halberstadt, ging 1922 nach Kiel und war 1923–28 an den Hamburger Kammerspielen. 1928 wurde er von Rein-

hardt nach Berlin ans Deutsche Theater geholt, spielte seit 1932 am Staatstheater und wurde Intendant der Berliner Staatsoper. 1934–44 war er Generalintendant der Staatstheater (Preußischer Staatsrat 1936). 1945 wurde »Generalintendant« G. von der sowjetischen Armee im Lager Jamlitz an der Neiße interniert, weil man ihn seines Titels wegen für einen hohen militärischen Befehlshaber hielt. 1946/47 spielte er am Deutschen Theater Berlin, ging anschließend nach Düsseldorf, wo er bis 1951 Generalintendant der Städtischen Bühnen, danach bis 1955 Intendant des Schauspielhauses war. 1955–62 war G. Intendant des Schauspielhauses Hamburg. G. zählt zu den herausragenden Persönlichkeiten im deutschen Theater des 20. Jhs. Körperlich-pantomimisch hervorragend geschult, tänzerisch brillant wie ein Revuestar, legte er vorrangig Wert auf die geistige Durchdringung der Bühnensprache. Durchschlagenden Erfolg erzielte sein Mephisto in der Faust-Inszenierung von 1932. Als Schauspieler – auch in zahlreichen Filmrollen – und als Regisseur gleichermaßen Perfektionist, war seine Rolle während der NS-Zeit widersprüchlich. Durch seine guten Beziehungen zu H. Göring – er verhalf dessen Geliebter Emmy Sonnemann zu wenigstens bescheidenem schauspielerischem Erfolg – konnte er die Berliner Staatstheater vor dem Zugriff der Goebbelsschen Propagandamaschinerie schützen, stabile Ensembles bewahren und politisch oder rassisch verfolgten Kollegen helfen, setzte sich andererseits aber dem Zwielicht zu großer Nähe zu den Machthabern aus. Unter seiner Leitung erlebte das Berliner Schauspielhaus seine letzte große Zeit als Theater.
Schriften: Wirklichkeit des Theaters (1953); Briefe, Aufsätze, Reden (1967).
Literatur: T. Blubacher, Gustaf Gründgens, 1999.
DTW

Gruner, Justus von

preußischer Politiker
✶ 28.2.1777 Osnabrück
† 8.2.1820 Wiesbaden
Der Neffe von J. Möser war seit 1801 im preußischen Staatsdienst tätig. 1811 zum Leiter der Hohen (politischen) Polizei ernannt, entwickelte er einen umfänglichen Apparat der Gegenspionage, vor allem gegen die französische Überwachung. Als Anhänger Steins 1812 entlassen, ging er nach Prag, wo er wegen antinapoleonischer Aktivitäten verhaftet wurde. 1813 verwaltete er das Großherzogtum Berg, 1814 wurde er General-Gouverneur des Mittelrheins. Von 1816–18 war er preußischer Gesandter in Bern. *EF*

Gruner, Justus Karl Alexander von

preußischer Diplomat
✶ 2.4.1807 Berlin
† 2.10.1885 ebd. [F.46]
G. studierte nach seiner Berliner Militärzeit (1827) in Göttingen, Heidelberg und Berlin Jura. 1835 trat er in den höheren preußischen Verwaltungsdienst. Seit 1844 im Auswärtigen Dienst, arbeitete ab 1847 im Ministerium des Äußeren. 1851 nahm G. seinen Abschied, trat aber 1858 erneut in das Ministerium ein, das er erst verließ, als Bismarck, dessen notorischer Gegner er war, 1862 die Leitung übernahm. Danach wirkte er im preußischen Herrenhaus und seit 1867 im Norddeutschen Reichstag. *EF*

Gruner, Wolfgang

Schauspieler, Kabarettist
✶ 20.9.1926 Rathenow (Havelland)
† 16.3.2002 Berlin
G. begann zunächst eine Ausbildung als Steuerberater und besuchte eine Finanzschule. 1944 wurde er zum »Volkssturm« einberufen und geriet in russische Kriegsgefangenschaft. Im Arbeitslager spielte er abends Theater und entdeckte so sein schauspielerisches Talent. Nach seiner Rückkehr nach Berlin 1949 nahm er Schauspielunterricht bei Marlise Ludwig, bei der er seine späteren Kollegen Edith Hancke, Harald Juhnke und Horst Buchholz kennenlernte. Sein erstes Engagement erhielt er (1950) in der musikalischen Revue von Rolf Ulrich, Joachim Wedekind und Olaf Bienert: »Die nackten und die Roten« an der Tribüne. In den 50er Jahren spielte G. darüber hinaus am Hebbel-Theater und in der Komödie am Kurfürstendamm, wo er (1957) zusammen mit Wolfgang Neuss in dem Stück »Zwei Berliner in Paris« Erfolge feierte. 1951 hatte ihn sein Freund Harald Juhnke mit Rolf Ulrich bekannt gemacht, der 1949 im Jazzkeller »Badewanne« in der Nürnberger Straße ein Kabarett mit dem prägnanten Namen »Die Stachelschweine« gegründet hatte. Ulrich engagierte die »Quasselstrippe mit der kieksenden Stimme« auf der Stelle. In kürzester Zeit avancierte G. zum Protagonisten der Truppe, die inzwischen in den »Burgkeller«, eine Halb-Ruine am Kurfürstendamm umgezogen war. Ab 1959 schrieb G. auch Texte und übernahm 1965, mit dem Umzug aus

der Rankestraße in den Keller des gerade erst errichteten Europa-Centers, die Leitung des Kabaretts. Bei den Berlinern und den Berlinbesuchern nach wie vor beliebt, gerieten die »Stachelschweine« bei der Kritik indes mehr und mehr in Mißkredit, wurden als bieder, wenig bissig und »klamottenselig« gerügt. G. wirkte auch in zahlreichen Filmsatiren mit, u.a. in »Als geheilt entlassen« und »Wir Kellerkinder«, immer zusammen mit Wolfgang Neuss. In der »Berliner Abendschau«, dem Regionalmagazin des Sender Freies Berlin, kommentierte er als Straßenkehrer Otto Schruppke von 1958–68 jeden Sonnabend das politische Geschehen in der Stadt. *RS*

Gruyter, Walter de

Verleger
✶ 10.5.1862 Duisburg
† 6.9.1923 Berlin [F.55]
Nach dem Studium der Philologie in Berlin, Bonn und Leipzig, wo er 1887 promovierte, arbeitete er anfänglich im Kohlegroßhandel des Vaters. 1893 wandte er sich dem Verlagswesen zu, ging nach Berlin und erwarb zwischen 1897 und 1911 eine Reihe von Verlagen, die sich vorwiegend mit wissenschaftlicher Literatur befaßten. Daraus entwickelte sich 1919 die »Vereinigung wissenschaftlicher Verleger, Walter de Gruyter & Co«. Er war bemüht, nur solche Arbeiten zu verlegen, mit denen er sich selbst identifizieren konnte. Sein Firmensitz war seit 1897 in Berlin-Tiergarten, wo auch heute noch der Verlag Walter de Gruyter & Co angesiedelt ist. *EF*

Grzimek, Waldemar

Bildhauer, Grafiker, Schriftsteller
✶ 5.12.1918 Rastenburg (Ostpreußen)
† 26.5.1984 Berlin [F.92]
G. kam mit seiner Familie 1924 nach Berlin, schuf bereits in jungen Jahren Tierplastiken und konnte 1926 erste Arbeiten im Berliner Zoo ausstellen. Seine eigentliche Ausbildung begann jedoch 1937 an der Berliner Hochschule für Bildende Künste, wo er bald darauf mit G. Marcks, F. Cremer und G. Seitz in Berührung kam und seit 1941 als Meisterschüler W. Gerstels arbeitete. Nach kurzem Kriegsdienst konnte er 1943 als Rompreisträger (1942) am Sitz der Deutschen Akademie in Rom (Villa Massimo) seine Studien fortsetzen. Nach 1945 zunächst in Berlin tätig, arbeitete G. 1946–48 als Lehrer an der Halleschen Burg Giebichenstein und von 1948–51 erneut an der Charlottenburger Hochschule, danach bis 1957 freischaffend. 1954 als Vorsitzender des Verbandes Bildender Künstler Deutschlands gewählt, folgte er 1957 einem Ruf an die Kunsthochschule Berlin-Weißensee und ging 1961 nach Friedrichshafen. Sowohl dort als auch in Berlin war er abwechselnd tätig, bis er erneut ein Lehramt an der Technische Hochschule Darmstadt ausübte. Seinen Hauptwohnsitz behielt G. allerdings in Berlin, wo er seinen Ruf als einer der führenden deutschen Bildhauer der Moderne begründen konnte. Anfangs die Kleinplastik bevorzugend, wandte sich G. später auch abstrakten sowie geometrischen Themen zu. In den 50er Jahren war er außerdem denkmalbildnerisch tätig (u.a. »Heine-Denkmal«, Reliefs KZ Buchenwald und Plastiken KZ Sachsenhausen). Seit 1955 begannen zunehmend grafische Arbeiten sowie Versuche, neue Materialien und Formen zu bewältigen (u.a. Fertigteilplastik an Bauten). Darüber hinaus arbeitete G. nach 1960 an symbolischen Themen (»Stürzender«, 1962), beteiligte sich an sakraler Ausstattung (Kloster Chorin, Südportal Magdeburger Dom, 1977) und setzte sich schriftstellerisch mit dem deutschen Bildhauererbe auseinander. Er war einer der wenigen Künstler, die aufgrund ihres in Ost wie West anerkannten Schaffens in beiden Teilen Deutschlands arbeiten konnten.
Literatur: W. Grzimek. Katalog, 1958; W. Grzimek – Plastik, Graphik. Katalog, 1960; R. Decho, W. Grzimek, 1961; R. Hoffmann, W. Grzimek, 1989. *JM*

Gsovsky, Tatjana

(geb. Issatschenko)
Tänzerin, Choreographin, Tanzpädagogin
✶ 18.3.1901 Moskau
† 29.9.1993 Berlin [F.93]
Die Tochter eines russischen Generals und einer deutschen Schauspielerin wuchs in St. Petersburg auf, wo sie ihren ersten klassischen Ballettunterricht erhielt. Sie studierte bei namhaften Ballettpädagogen, u.a. bei Isadora Duncan. Nach der Oktoberrevolution wurde sie zur Ballettmeisterin in Krasnodar ernannt, wo sie den Tänzer Viktor Gsovsky kennenlernte und heiratete. 1924 floh das Paar vor den Revolutionswirren nach Berlin, wo Viktor Gsovsky (1925–28) als Ballettmeister an der Staatoper Unter den Linden tätig war. Nach einem Bühnenunfall mußte G. ihre Karriere als Tänzerin beenden, und sie begann zu unterrichten. 1928 eröffnete sie in einer Eckkneipe in

Tatjana Gsovsky (1901–1993)

der Hanauer Straße ihre erste Ballettschule. Später zog sie in die Fasanenstraße, wo sie in einem Keller unterrichtete. G.s erste eigene Choreographien entstanden in den 30er Jahren. Die meisten wurden jedoch, wie z.B. ihre »Prinzessin Turandot«, von den Nazis als »artfremd« verboten. Erst nach dem Krieg gelang G. der künstlerische Durchbruch. Von 1945–52 war G. Ballettmeisterin an der Deutschen Staatsoper. Im Frühjahr 1946 zeigte sie im Admiralspalast, dem Ausweichquartier der stark beschädigten Staatsoper, eigene choreographische Arbeiten und stand in Ravels Bolero selbst noch einmal auf der Bühne. Über Nacht war G. in Berlin zur Berühmtheit geworden und wurde als Theaterwunder gefeiert. 1952 brachte sie ihr Handlungsballett nach Dostojewskij »Der Idiot« (Musik Hans Werner Henze) im Hebbel-Theater heraus. Die Hauptrolle des Fürst Myschkin hatte G. als Sprechrolle angelegt. Die Texte, die Ingeborg Bachmann geschrieben hatte, trug Klaus Kinski vor. 1953 führte sie ebenfalls im Hebbel-Theater ihr »Hamlet«-Ballett (Musik Boris Blacher) auf, ein Handlungsballett, mit dem sie sich ihre herausragende Stellung im Berliner Theaterleben endgültig sicherte. 1955 gründete sie die Tourneetruppe »Berliner Ballett«, ein modernes Tanztheater auf klassischer Grundlage, aus dem das Ballett der Deutschen Oper Berlin hervorging, das sie bis 1965 leitete. G. galt als Vorreiterein des modernen Tanztheaters. Sie fühlte sich dem klassischen Ballett ebenso verpflichtet wie dem freien Tanz der Isadora Duncan. G.s »Berliner Ballett« gastierte mit modernen Choreographien zu der Musik von Boris Blacher, Hans Werner Henze und Luigi Nono auf allen großen Bühnen der Welt und errang internationale Anerkennung. 1965 nahm G. ihren Abschied von der Oper und widmete sich ganz ihrer pädagogischen Arbeit. 1975 kehrte sie als Choreographin noch einmal an die Deutsche Oper zurück und inszenierte »Raymonda« (Musik Alexander Glasonow). Danach widmete G. sich ausschließlich ihrer ballettpädagogischen Arbeit. Bis kurz vor ihrem Tod gab sie noch täglich Unterricht. *RS*

Gubitz, Friedrich Wilhelm

Verleger, Theaterautor und -kritiker, Grafiker
* 27.2.1786 Leipzig
† 5.6.1870 Berlin

Den Sohn eines Schriftsetzers zeichnete vor allem künstlerische Vielfalt aus. Bereits als Schüler beschäftigte er sich mit dem Holzschnitt. Aber statt des Studiums an einer Kunsthochschule wählte er die Theologie an der Universität Jena. 1805 an die Berliner Kunstakademie berufen, machte er sich besonders als Lehrer um die Holzschnittkunst verdient. Gleichzeitig war er Mitarbeiter am »Berliner Morgenblatt« (1807–20) und Theaterkritiker an der »Spenerschen Zeitung« (1812/13). Mit dem »Gesellschafter« gab er in den Jahren 1817–48 eine eigene Zeitschrift heraus, an der Arnim, Brentano, Chamisso und Heine mitarbeiteten. In seinem langen Leben hat G. rund 70 Theaterstücke geschrieben, die ihn als soliden Handwerker ausweisen. Den Höhepunkt seines Schaffens erreichte G., der einer der führenden Theaterkritiker Berlins war, als er im Jahre 1823 als Theaterkritiker an die »Vossische Zeitung« berufen wurde.

Literatur: F. Pruskil, Der Theaterkritiker F.W. Gubitz, 1938. *MR*

Gülstorff, *Max* Walter

Schauspieler
* 23.3.1882 Tilsit
† 6.2.1947 Berlin [F.66]

G. begann in Harburg, kam nach mehreren Jahren der »Schmiere« ans Schiller-Theater Berlin, 1915 ans Deutsche Theater, führte 1923 Regie in Wien, spielte später wieder in Berlin. Seit 1916 war G. beim Film beschäftigt, der Stummfilm schätzte seine knappe, plastische Charakterzeichnung. Im Tonfilm spielte er schrullige Einzelgänger, skurrile Kleinbürgerfiguren – aus der Vielzahl der Rollen ragt sein Licht in »Der zerbrochene Krug« heraus. *DTW*

Gundling, Jacob Paul

Historiker, Wirtschaftswissenschaftler
✶ 19.8.1673 Hersbruck (Franken)
† 11.4.1731 Potsdam [F.46]
Der Sohn eines Nürnberger Pfarrers studierte an den Universitäten Altdorf, Helmstedt und Jena Geschichte und Rechtswissenschaften, konnte durch die Großzügigkeit eines adligen Mäzens Reisen durch mehrere Staaten Europas unternehmen und damit Kontakt zu den führenden Wissenschaftlern seiner Zeit aufnehmen. Auf Empfehlung des Geheimen Staatsrats von Danckelmann wurde G. 1705 als Professor für Geschichte, Literatur und bürgerliches Recht an die neuerrichtete Adelsakademie zu Berlin berufen. Gleichzeitig war er mit der wissenschaftlich-historischen Leitung des Oberheroldsamtes beauftragt. Gundlings Stellen gehörten zu den ersten, die den Sparmaßnahmen König Friedrich Wilhelm I. bei dessen Regierungsantritt 1713 zum Opfer fielen. G. erhielt nunmehr den Auftrag, als Hofrat Presseanalysen anzufertigen und im Tabakskollegium vorzutragen. Nach einer mißglückten Flucht ins Ausland 1717 wurde seine Stellung am Hofe sicherer, er erhielt die Position eines Präsidenten der Akademie der Wissenschaften und wurde in den Freiherrnstand erhoben. Friedrich Wilhelm I. schätze seine juristischen, statistischen und kommerziellen Analysen, nutzte seine rhetorischen Fähigkeiten und seinen Witz zur Belustigung des Hofes. Sein Bruder Nikolaus Hieronymus war ordentlicher Professor für Philosophie in Halle/Saale.
Literatur: Leben und Taten Friedrich I. (Halle 1715); Auszug brandenburgischer Geschichte (Halle 1722) *DW*

Gurk, Paul

(Pseud. Franz Grau)
Dramatiker und Schriftsteller
✶ 26.4.1880 Frankfurt/O.
† 12.4.1953 Berlin [F.74]
G. kam bereits als 5jähriger nach Berlin, der Stadt, der er ein Leben lang verbunden blieb. Bis 1900 besuchte er ein Lehrerseminar, war dann Bürohilfe, später Stadtobersekretär beim Magistrat. Ab 1924 arbeitete er als freischaffender Schriftsteller. G. war ein grüblerischer Einzelgänger im Leben und in seinem umfangreichen Werk (40 Dramen, 50 Romane, davon nur 25 veröffentlicht). Aus seiner eigenbrödlerischen Phantasie schuf er seine teils mit expressionistischen, teils mit surrealistischen Elementen durchsetzten Dichtungen. 1921 erhielt er für seine historische Tragödie »Thomas Münzer« (1922) den Kleistpreis. Außer diesem Stück war nur noch seine Tragödie »Wallenstein und Ferdinand II.« (1927) auf der Bühne erfolgreich. G., dessen Großstadt-Romane »Berlin« (1934) und »Laubenkolonie Schwanensee« (1949) sehr treffend Berliner Kolorit wiedergegeben, gehört zu den vergessenen Schriftstellern des 20. Jhs.
Literatur: H.J. Schütz, Vom Dasein eines Namenlosen. In: Börsenblatt Nr. 39, 1983. *MR*

Gutzkow, Karl

(Pseud. E.L. Bulwer)
Journalist, Schriftsteller, Dramatiker
✶ 17.3.1811 Berlin
† 16.12.1878 Sachsenhausen b. Frankfurt/M.
Der Sohn eines kleinen Hofbeamten studierte Theologie und Philologie in Berlin, danach arbeitete er journalistisch. 1831 war er in Stuttgart Mitarbeiter an Menzels »Literaturblatt«. 1835 fiel er unter das vom Deutschen Bundestag gegen die »Jungdeutschen« erlassene Druck- und Schreib-

Karl Gutzkow (1811–1878)

verbot (1842 wieder aufgehoben). Von 1838–48 gab er in Hamburg den »Telegraph für Deutschland« heraus, 1848/49 arbeitete er als Dramaturg in Dresden. 1862 übersiedelte er nach Weimar und war Generalsekretär der deutschen Schillerstiftung. Danach häufiger Wohnortwechsel, bedingt durch ein Nervenleiden. Als sein bedeutendstes Werk wird die Tragödie »Uriel Acosta« (1846) eingeschätzt, in dem er für humanistische Toleranz und gegen klerikale Orthodoxie auftrat. Beachtung fand auch sein Lustspiel »Das Urbild des Tartüffe« (1845). G.s großes Verdienst war, daß er Georg Büchner entdeckte und förderte.

Literatur: Rasch, W. (Hg.), Karl Gutzkow – Berlin, Panorama einer Residenzstadt, 1995. *MR*

H

Haack, Käthe

(eigtl. Lisbeth Minna Sophie Isolde H.)
Schauspielerin
✶ 11.8.1897 Berlin
† 5.5.1986 ebd. [F.2]

H. (verheiratet mit dem Schauspieler H. Schroth, Mutter der Schauspielerin H. Schroth) debütierte 1914 in Göttingen, ging an die Barnowsky-Bühnen in Berlin, später ans Deutsche Theater, war 1935–44 am Staatstheater. Nach 1945 spielte sie in München. Nach ersten Stummfilmrollen wurde sie später mit Mütter- bzw. Großmütterrollen besetzt (»Emil und die Detektive« 1931; »Die gute Sieben« 1940; »Der Himmel ist nie ausverkauft« 1955). *DTW*

Haack, Albert Friedrich Wilhelm

Jurist, Kaufmann, Ehrenbürger
✶ 20.9.1832 Berlin
† 14.3.1906 ebd. [F.109]

Der Sohn eines Holzhändlers mußte schon bald nach seinem Jurastudium in Berlin und Heidelberg seine juristische Laufbahn aufgeben, um mit seinem Bruder die Holzhandlung des verstorbenen Vaters zu übernehmen. Neben seiner kaufmännischen Tätigkeit widmete er sich der kommunalen Arbeit. Seit 1867 Stadtverordneter, wurde er 1869 zum unbesoldeten Stadtrat gewählt. In dieser Funktion war er 36 Jahre tätig und wirkte hier zuerst in der Gewerbedeputation, vor allem aber als Vorsitzender der Deputation der Wasserwerke. Unter seiner Leitung wurden die Wasserwerke 1874 in städtischen Besitz übernommen und mehrere neue Wasserwerke errichtet. Als er 1904 aus seinen kommunalen Ämtern ausschied, erhielt er 1905 die Ehrenbürgerwürde. *EF*

Haase, Helga

Sportlerin
✶ 9.6.1934 Danzig
† 16.6.1989 Berlin

Die Handballerin und Leichtathletin Helga Obschernitzki kam 1953 nach Berlin. Hier wechselte sie zum Eisschnelllauf und heiratete 1954 ihren Trainer Helmut Haase. Bei den Olympischen Winterspielen 1960 in Squaw Valley wurde sie über 500 m Olympiasiegerin und gewann über 1000 m die Silbermedaille. Weniger erfolgreich war sie bei den Winterspielen 1964 in Innsbruck, wo sie Vierte über 1000 m und Fünfte über 1500 m wurde. Die vielfache DDR-Rekordhalterin beendete 1967 ihre sportliche Laufbahn, arbeitete als Nachwuchstrainerin und in der Leitung der Sportvereinigung Dynamo. *EF*

Habel, Johann Simon

Weinhändler
✶ 3.11.1752 Hachtal b. Rothenburg o. d. Tauber
† 2.7.1826 Berlin

H. kam aus Süddeutschland nach Berlin und hatte in Rothenburg o.d.T. die Bierbrauerei betrieben. Er trat in den kgl. Kellereidienst, begann als Kellerknecht, wurde Küfner und 1797 Kellermeister. 1779 eröffnete er eine private Weinhandlung in Berlin. Da sein Hofamt ihm bei der Führung seines Geschäftes hinderlich war, schloß er mit seinem Bruder Johann Georg H. 1789 einen Sozietätsvertrag und gründete die Firma »Gebrüder Habel«. 1788 hatte H. das Haus Unter den Linden Nr. 30 erworben, ließ es 1801 in frühklassizistischem Stil umbauen und machte seine Weinhandlung zu einem Mittelpunkt der guten Gesellschaft Berlins. Beigesetzt wurde H. auf dem heute nicht mehr vorhandenen Dorotheenstädtischen Friedhof (1826 geschlossen). *BF*

Haber, Fritz

Chemiker
✶ 9.12.1868 Breslau
† 29.1.1934 Basel

Der Sohn eines vermögenden jüdischen Farbenhändlers konvertierte 1893 zum Protestantismus. Nach Studium in Berlin und Heidelberg promo-

Fritz Haber (1868–1934)

vierte er 1891 an der TH Charlottenburg. Dem schlossen sich praktische Tätigkeiten bei Chemiefirmen und Forschungsarbeiten in Zürich und Jena an. Ab 1894 an der TH Karlsruhe tätig, erhielt H. dort 1898 eine Professur und wandte sich der jungen Physikalischen Chemie zu. 1909 gelang ihm die Ammoniaksynthese aus elementarem Stick- und Wasserstoff. Carl Bosch setzte die Synthese in Ludwigshafen großtechnisch um. H. erhielt für diese Pionierleistung 1918 den Nobelpreis für Chemie (überreicht wurde dieser erst 1919). Durch das Haber-Bosch-Verfahren war es Deutschland möglich, während des I. Weltkrieges auch ohne chilenischen Salpeter Sprengstoffe herzustellen und die Landwirtschaft mit Düngemittel zu versorgen. 1912 folgte H. einer Berufung nach Berlin, wo er die Direktion des gerade gegründeten Kaiser-Wilhelm-Instituts für Physikalische Chemie und Elektrochemie übernahm. Hier legte er insbesondere Forschungsergebnisse zur Verknüpfung der Bindungswärme mit der Quantentheorie, die Theorie der Wärmetönung sowie zur Anregung von Gasspektren durch chemische Reaktion vor. Seit 1914 war H. an Versuchen zur Herstellung von Gaskampfstoffen beteiligt. Für deren Produktion ab 1916 zuständig, trug H. auch persönlich Verantwortung für den Einsatz von Giftgas auf den Schlachtfeldern des I. Weltkrieges. Nach Kriegsende verlieh H. mit Planck und anderen Forschern durch die Gründung der »Notgemeinschaft der deutschen Wissenschaft« der Forschung in Deutschland neue Impulse. Damit hatte er wesentlichen Anteil an der bislang unerreichten Blüte der deutschen Forschung in den 20er Jahren. Seine Versuche, die deutschen Kriegsschulden durch das Gewinnen von Gold aus dem Meer zu begleichen, schlugen fehl. 1933 emigrierte der Begründer der modernen Elektrochemie und Vater einer Schule bekannter physikalischer Chemiker nach England. Literatur: Ch. Haber, Mein Leben mit F. Haber, 1970; P. Guenther, F. Haber, Ein Mann der Jahrhundertwende, 1969. *UH*

Haber, Siegmund

Schriftsteller
✶ 11.9.1835 Neiße (Schlesien)
† 27.2.1895 Berlin [F.119]
Nachdem er einige Zeit als Handlungsgehilfe in Breslau gearbeitet hatte, kam er 1870 nach Berlin. Hier gehörte er mit R. Mosse zu den Gründern des »Berliner Tageblattes«, wo er viele Jahre als Chefredakteur der humoristischen Beilage »Ulk« tätig war. Von ihm stammen Lustspiele, Schwänke, Erzählungen sowie Bücher über Berlin. *EF*

Hacke, Hans Christoph Friedrich Graf von

Militär
✶ 21.10.1699 Staßfurt
† 17.8.1754 Berlin
Die Laufbahn des Sohnes eines anhaltinischen Salzunternehmers begann 1715 als Fähnrich im Regiment der »Langen Kerls« in Potsdam (Infanterie-Regiment Nr. 6 von Kalckstein). Durch Diensteifer und Körpergröße fiel er dem Soldatenkönig auf, wurde Adjutant, später Generaladjutant des Königs und in dieser Position auch von Friedrich II. übernommen. 1732 heiratete Hacke die einzige Tochter des Ministers von Creutz und wurde zu einem der reichsten Offiziere Preußens, erlangte 1742 das Kommando des in Berlin stationierten Infanterie-Regiments Nr. 1 und – inzwischen Generalleutnant und Graf – 1849 die Stadtkommandantur der Residenz. In dieser Eigenschaft war er verantwortlich für den Abriß der nördlichen Befestigungsmauern Berlins und für die Anlage des nach ihm benannten Hackeschen Marktes, für die Pressezensur, für die Kontrolle der öffentlichen Bauten. *DW*

Haffner, Sebastian
(eigtl. Raimund Pretzel)
Publizist
✶ 27.12.1907 Berlin
† 2.1.1999 ebd.
Der Sohn eines Oberschulrats wandte sich schon während seines Jurastudiums der journalistischen Tätigkeit zu und schrieb für Blätter wie die »Berliner Illustrirte« und die »Vossische Zeitung«. Nach der Promotion und dem Assessorenexamen ging er 1938 mit seiner späteren ersten Frau Erika Hirsch nach England. Hier entstand 1940 mit »Germany: Jekyll & Hyde« eine der ersten kritischen Auseinandersetzungen mit dem NS-Regime. In seinen journalistischen Arbeiten, vorwiegend für den »Observer«, nannte er sich Sebastian Haffner. Seit 1948 britischer Staatsbürger, kam er 1954 wieder nach Berlin, wo er als Korrespondent tätig wurde. Er selbst bezeichnete sich als »einen Deutschen mit britischem Paß«. Nach anfänglicher Tätigkeit für die Zeitungen »Christ und Welt« und »Die Welt« schrieb er seit den 60er Jahren vor allem für den »Stern« und zuletzt für die Zeitschrift »konkret«. Nachdem er sich 1975 ganz aus der journalistischen Arbeit zurückgezogen hatte, entstanden eine Reihe historischer Arbeiten, in denen er immer um eine neue, originelle Sicht bemüht war. Charakteristisch für seine Haltung war seine Position zur Spiegelaffäre 1962, als er öffentlich erklärte: »Wenn die deutsche Öffentlichkeit sich das gefallen läßt, wenn sie nicht nachhaltig auf Aufklärung dringt, dann adieu Pressefreiheit, adieu Rechtsstaat, adieu Demokratie!«
Literatur: Haffner, Anmerkungen zu Hitler, 1978; ders., Preußen ohne Legende, 1979; ders., Von Bismarck zu Hitler, 1987; ders., Geschichte eines Deutschen, 2001. *EF*

Haftmann, Werner
Kunsthistoriker
✶ 28.4.1912 Glowno (Westpreußen)
† 28.7.1999 Gmünd am Tegernsee
Nach dem Studium der Kunstgeschichte in Berlin und der Promotion 1933 in Göttingen arbeitete er ab 1936 am Kunstwissenschaftlichen Institut Florenz. Er gehörte 1955 zu den Mitbegründern der »Documenta« in Kassel. 1967 wurde er als Direktor der Neuen Nationalgalerie nach Berlin berufen, eine Funktion, die er bis 1974 ausübte, als er sich aus gesundheitlichen Gründen zurückzog. Im gleichen Jahr erhielt er die Ernst-Reuter-Plakette der Stadt Berlin. Seit 1970 war er Mitglied der Berliner Akademie der Künste. Zu seinen bekanntesten Arbeiten gehören die Bücher über Emil Nolde (1958), Paul Klee (1961), Marc Chagall (1975) sowie das umfassende Werk »Die Malerei im 20. Jahrhundert« (erstmals 1955) und »Verfemte Kunst« (1986). *EF*

Hahn, Otto
Chemiker, Ehrenbürger
✶ 8.3.1879 Frankfurt/M.
† 28.7.1968 Göttingen
H. studierte in Marburg und setzte seine Ausbildung bei Sir William Ramsay (London) und Ernest Rutherford (Montreal) fort. Dort orientierte er sich 1905/06 auf Forschungen zur Radiochemie. Er habilitierte sich danach bei Emil Fischer in Berlin und erhielt in dessen Institut 1910 eine Professur. Seit 1907 forschte er gemeinsam mit der Physikerin Lise Meitner. Beide wirkten ab 1912 in der Abteilung für Radioaktivität des Kaiser-Wilhelm-Instituts für Chemie, dem H. 1929–1945 vorstand. Zunächst allein, später mit Meitner, untersuchte bzw. entdeckte er zahlreiche radioaktive Elemente und Isotope. (Radiothor, 1905; Mesothor 1 und 2, 1906; Protactinium, 1918 usw.) Am Uran Z gelang es H. 1921, die erste Kernisomerie nachzuweisen. Meitner regte H. 1934 an, Uran und Thorium mit Neutronen zu bestrahlen. Beim Beschuß mit verlangsamten Neutronen entdeckte H. mit seinem Assistenten Fritz Straßmann im Dezember 1938 das »Zerplatzen« des Urans. Meitner, die kurz zuvor emigriert war, interpretierte diesen Vorgang als Kernspaltung und berechnete die dabei freiwerdende Energiemenge. Die Kernspaltung bildete die Grundlage für die technische und militärische Nutzung der Kernenergie. H. erhielt dafür 1945 den Nobelpreis für Chemie. 1946–60 stand H. der Max-Planck-Gesellschaft (Nachfolgerin der Kaiser-Wilhelm-Gesellschaft) als Präsident vor. Dadurch nahm er nachhaltigen Einfluß auf den Wiederaufbau der Grundlagenforschung nach dem II. Weltkrieg in Deutschland. Als Unterzeichner der Erklärung der »Göttinger Achtzehn« (1957) widersetzte er sich mit Nachdruck allen Bestrebungen zur atomaren Bewaffnung der Bundesrepublik. Eine Bilanz zog H. in seiner Autobiographie »Mein Leben« (1968). Im selben Jahr wurde er Berliner Ehrenbürger.
Literatur: H. Berninger, O. Hahn in Selbstzeugnissen und Bilddokumenten, 1974; W. Gerlach, O. Hahn. ein Forscherleben unserer Zeit, 1970; D. Hahn, O. Hahn. Begründer des Atomzeital-

ters. Eine Biographie in Bildern und Dokumenten, 1979. *UH*

Hahnemann, Helga

Schauspielerin, Sängerin, Entertainerin
✶ 8.9.1937 Berlin
† 20.11.1991 ebd. [F.115A]
H. begann als Schauspielerin und wirkte in zahlreichen Fernsehspielen und Unterhaltungssendungen mit. Wirklich durchschlagenden Erfolg hatte sie als Sängerin im Unterhaltungsgenre, wo ihr Mutterwitz, gepaart mit kompakter Statur und unverwechselbarer Stimme den Ehrentitel »Big Helga« einbrachten. Zahlreiche Radio-, TV- und Schallplattenproduktionen machten sie in ganz Berlin als Berliner Kodderschnauze schlechthin bekannt. Sie erlag einem Krebsleiden. *ThW*

Hahnke, Wilhelm von

preußischer General
✶ 1.10.1833 Berlin
† 8.2.1912 ebd.
H. wurde im Kadettenkorps erzogen, diente sich vom Subalternoffizier zum Generalstab hoch, nahm 1864 an der Erstürmung der Düppeler Schanzen sowie an den Kriegen 1866 und 1870/71 als Generalstabsoffizier teil. 1881 wurde er Kommandant von Potsdam, 1886 Generalleutnant, 1890 General der Infanterie, 1905 Generalfeldmarschall. 1888–1901 war H. Chef des Militärkabinetts, 1901–09 Oberbefehlshaber der Marken, seit 1903 Mitglied des preußischen Herrenhauses. *ThW*

Hake, Karl Georg Albrecht Ernst von

Kriegsminister
✶ 8.8.1768 Flatow b. Kremmen
† 19.5.1835 Castellamare b. Neapel
H. begann 1780 als Page bei Friedrich II., kam 1793 in den Generalstab, diente zeitweilig als Adjutant (so 1804 beim Prinzen Heinrich) und arbeitete in der Militärverwaltung. 1809 übernahm er von Scharnhorst die Stelle des Chefs des allgemeinen Kriegsdepartements. 1812 zum Generalmajor befördert, nahm er an den Befreiungskriegen teil und wirkte von 1819–33 als Kriegsminister. Nach seinem Abschied lebte er in Italien. *EF*

Halske, Johann Georg

Präzisionsmechaniker, Industrieller
✶ 30.7.1814 Hamburg
† 18.3.1890 Berlin [F.10]
H. kam 1825 nach Berlin, wo er das Gymnasium zum Grauen Kloster besuchte und anschließend das Mechanikerhandwerk erlernte. Nach seiner Lehrzeit arbeitete er zunächst in Berlin, dann in Hamburg, wo er u.a. Meßinstrumente für die St.

Johann Georg Halske (1814–1890)

Petersburger Sternwarte baute. 1843 kam er endgültig nach Berlin und eröffnete gemeinsam mit F.M. Boetticher eine kleine Mechanikerwerkstatt. 1846 gründete er mit Werner von Siemens in der Schöneberger Straße die »Telegraphen Bau-Anstalt Siemens & Halske«, die sich in der zweiten Jahrhunderthälfte zum bedeutendsten Elektrounternehmen Deutschlands entwickelte. 1848 bekam die Firma den Auftrag, eine unterirdische Telegraphenlinie von Berlin nach Frankfurt/M. zu bauen. 1851 zogen Siemens und H. in die Markgrafenstraße 94. Je größer das Auftragsvolumen der Firma wurde, die sich zunehmend um Auslandsaufträge bemühte, umso mehr wurde aus der Werkstattarbeit Massenfabrikation. H., der als Präzisionsmechaniker Probleme mit dieser Entwicklung hatte, schied 1867 aus dem Geschäft aus. Er engagierte sich fortan als Stadtverordneter und ehrenamtlicher Stadtrat für das Berliner Kunstgewerbe, vor allem für den Bau des Kunstgewerbemuseums. *BF*

Hammerstein-Gesmold, Wilhelm Freiherr von
preußischer Politiker
✶ 21.2.1838 Retzow (Rechlin)
† 17.3.1904 Berlin
Der konservative Rittergutsbesitzer kam 1876 ins preußische Abgeordnetenhaus und war zwischen 1881 und 1890 sowie 1892 und 1896 Mitglied des Reichstages. Hier gehörte er zu den Führern des rechten Flügels der Deutschkonservativen Partei. Viele Jahre (1881–95) arbeitete er als Chefredakteur der »Neuen Preußischen Zeitung« (Kreuzzeitung). Seine politische Laufbahn endete, nachdem er 1896 wegen Betruges verurteilt wurde. *EF*

Hanussen, Erik Jan
(eigtl. Hermann Steinschneider)
Hellseher
✶ 2.6.1889 Ottakring b. Wien
† 24.3.1933 Berlin [F.121]
Der Sohn eines Schmierenkomödianten wuchs in ärmlichen Verhältnissen auf und blieb ohne abgeschlossene Schulbildung. Die Familie soll einem Rabbinergeschlecht entstammen, H. behauptete allerdings hartnäckig, Sproß eines uralten dänischen Adelsgeschlechts zu sein. Sein Vater nahm ihn auf Tourneen mit, zog mit ihm von Jahrmarkt zu Jahrmarkt und so lernte H. schon als Kind die Tricks der Varieté- und Zirkuskünstler kennen. Mit 14 Jahren (ca. 1903) verließ er Schule und Elternhaus und ging zum Theater, wo er jedoch nicht einmal seinen Lebensunterhalt verdiente. Schließlich zog er mit Zirkusunternehmen und Jahrmarktskomödianten durch die Lande. Dank der Vermittlung eines Onkels arbeitete er ab ca. 1910 als Journalist bei einer kroatischen Regionalzeitung, später beim »Österreichischen Handelsblatt« in Wien. Sein Interesse am Okkultismus soll um 1910 erwacht sein. 1917 gab H. in Krakau die Broschüre »Worauf beruht das –?! Telepathie, ihre Erklärung und Ausübung« heraus, in der er Hellseherei als Betrug anprangerte. 1920 erschien sein Buch »Das Gedankenlesen«, das erneut die Telepathie und das Gedankenlesen als Schwindel darstellte. Inzwischen hatte er sich jedoch längst selbst diesem Metier verschrieben. Bekannt wurde H. 1918, als er in einem ersten öffentlichen Auftritt in Weimar seine (angeblichen) hellseherischen bzw. paranormalen Fähigkeiten zum besten gab. Die meisten seiner Experimente waren allerdings raffinierte Tricks. Während des Krieges hat H. seine hellseherischen Fähigkeiten angeblich der Polizei zur Verfügung gestellt, die dank seiner Hilfe mehrere Verbrechen aufgeklärt haben soll. H.s ersten Auftritten in Varietés folgten Gastspielreisen in die USA und nach Paris. In Berlin trat er im Lunapark, im Wintergarten und in der Scala auf. 1930 ging H. ganz nach Berlin, wo er seine »Praxis« am Kurfürstendamm 16 eröffnete. H. hielt Vorträge über Telepathie, Graphologie und Hellseherei, trat in

Erik Jan Hanussen (1889–1933)

Varietés sowie im Alhambra, im Friedrichstadtpalast und immer wieder im Lunapark und in der Scala auf. 1931 kaufte er eine Druckerei in Breslau, gab ein eigenes Okkult-Magazin »Die andere Welt« sowie das Wochenblatt »Hanussen-Zeitung« heraus. 1932 gründete er seinen eigenen Verlag. Obwohl die Presse immer wieder gegen ihn polemisierte, ihn als Lügner, Schwindler, Gaukler oder Hochstapler bezeichnete und vor seinem Humbug warnte, blieb H.s Erfolg ungebrochen. Die Prominenten strömten in Scharen zu H., um sich von ihm ihre Zukunft weissagen und beraten zu lassen. Sein erstes festes Engagement hatte H. ab dem 29.2.1932 in der 3.000 Zuschauer fassenden Berliner Scala, wo er mit seinen Hellseh-Experimenten Schlagzeilen machte. Ab Mai 1932 gab er sogar täglich zwei Vorstellungen. Anfang 1933 mietete er eine große Wohnung in der Lietzenburger Straße und eröffnete seinen Palast des Okkultismus. Seine Seancen wurden bald Stadtgespräch. In einer Privat-

seance am 26.2.1933 gab er vor, ein brennendes Haus zu sehen und meinte den Reichstag. Im März trat er erneut in der Scala auf. Am 24.3.1933 gab H. noch seine Nachmittagsvorstellung, erschien jedoch nicht zur Abendvorstellung. Sie mußte abgesagt werden. Zu diesem Zeitpunkt wußte noch niemand, daß H. von einem SA-Kommando verschleppt und ermordet worden war. Bis heute ist nicht vollständig geklärt, inwieweit H., der sich stets mit NS-Größen umgeben hatte, von den Plänen der SA, den Reichstag anzuzünden, wußte. Seine Leiche wurde am 7.4.1933 mit Schußverletzungen in einem Waldstück in der Nähe von Baruth bei Berlin gefunden.
Literatur: W. Kugel, Hanussen. Die wahre Geschichte des Hermann Steinschneider, 1998. *RS*

Hansemann, David Justus Ludwig

Kaufmann, Bankier, preußischer Staatsmann
✶ 12.7.1790 Finkenwerder b. Hamburg
† 4.8.1864 Schlangenbad [F.46]
H. machte in Rheda in Westf. eine Kaufmannslehre und ließ sich 1817 als Wollhändler in Aachen nieder. Er gründete die Aachener Feuerversicherungsgesellschaft und widmete sich in mehreren Schriften dem Eisenbahnwesen, speziell dem Bau der Eisenbahnlinie von Köln über Aachen an die belgische Grenze. Seit 1838 war H. Präsident der Aachener Handelskammer; 1845 wurde er Abgeordneter im Rheinischen Provinziallandtag, 1847 Mitglied des Vereinigten Landtags, 1848 Abgeordneter der Preußischen Nationalversammlung. H. war einer der Führer des liberalen Bürgertums. Im März 1848 wurde er preußischer Finanzminister, trat mit dem Kabinett aber schon im September zurück und wurde zum Chef der Preußischen Bank und der Seehandlung ernannt. H. geriet zunehmend in Opposition zur Regierung und wurde 1851 entlassen. Daraufhin gründete er die Berliner »Discontogesellschaft«, die zu einem der bedeutendsten Bankinstitute Deutschlands wurde.
Werke: Die deutsche Verfassungsfrage (1848); Die deutsche Verfassung vom 28. März 1849 (1849); Das preußische und deutsche Verfassungswerk (1850). *BF*

Hansmann, Otto Friedrich Gustav

Finanzbeamter und Chorleiter, Ehrenbürger
✶ 30.5.1769 Berlin
† 4.5.1836 ebd.
H. war 40 Jahre Organist von St. Petri und Mitglied von Zelters Singakademie. Deren exklusivem Charakter setzte er sein populäres »Gesangsinstitut« entgegen, das er 1804 gründete. 12 Jahre blieb es private Hausmusik, 1816 trat es mit einer Kantate von Rungenhagen an die Öffentlichkeit und führte in der Folge große Werke von Haydn und Graun auf. Die Reinerlöse stiftete H. gemeinnützigen Zwecken. 1829 wurde er Ehrenbürger von Berlin. *ThW*

Harbou, Thea von

Schriftstellerin
✶ 27.12.1889 Tauperlitz b. Hof
† 1.7.1954 Berlin [F.2]
H. lernte in Berlin den Filmregisseur F. Lang kennen, mit dem sie 1922–33 verheiratet war. Lang verfilmte eine Reihe ihrer Drehbücher (z.T. nach zuvor verfaßten Unterhaltungsromanen), z.B. »Die Nibelungen« (1924), »Metropolis« (1926/27), »Die Frau im Mond« (1928/29), »M« (1931). H. gehörte zu den gefragtesten und bestbezahltesten Drehbuchschreibern der 20er Jahre (25.000 RM pro Filmskript). Neben weiteren Drehbüchern für Lang lieferte sie auch anderen Regisseuren Filmskripte (z.B. Murnau). Während Lang 1933 emigrierte, war H. 1932 in die NSDAP eingetreten, führte 1933/34 erstmalig selbst Regie und schrieb weitere zwei Dutzend Drehbücher u.a. für K. Hoffmann, W. Liebeneiner, A.M. Rabenalt und V. Harlan. 1945 war sie zeitweilig vom britischen Militär interniert, arbeitete auf dem Bau, kam über die Synchronisation ausländischer Filme (u.a. »Der dritte Mann«, »Der Dieb von Bagdad«, »Anna Karenina«) wieder ins Filmgeschäft, konnte aber an ihre Erfolge vor 1945 nicht mehr anknüpfen. *DTW*

Harden, *Maximilian* Felix Ernst

(bis 1876 Wittkowski)
Schauspieler und Publizist
✶ 20.10.1861 Berlin
† 30.10.1927 Montana-Vermala (Schweiz) [F.2]
Zur Kaufmannslehre gezwungen, floh H. zum Theater und begann hier, neben der Schauspielerei, mit Übersetzen und Publizieren. Er verhalf 1889 der Berliner Freien Bühne zur Existenz und unterstützte Max Reinhardt am Deutschen Theater. Im Jahr der Gründung seiner Zeitschrift »Die Zukunft« (1892), die er drei Jahrzehnte als kriti-

sches Forum freigeistiger Art führte, lernte er Bismarck kennen, zu dem er freundschaftlichen Kontakt hielt. Publizistisch und mit Vorträgen wandte er sich besonders gegen die Person Kaiser Wilhelms II., gehörte jedoch anfangs zu den Befürwortern des I. Weltkrieges. Später Pazifist und Kritiker der Weimarer Republik, entging er 1922 nur knapp einem Attentat. 1927 begab sich H. in die Schweiz. Als bedeutender Berliner Publizist begleitete er zugleich kritisch und fördernd seine Zeit.

Literatur: H.F. Young, Maximilian Harden. Ein Publizist im Widerstand, 1971. *JM*

Hardenberg, Karl August Fürst von

preußischer Politiker und Staatskanzler
✶ 31.5.1750 Hannover
† 26.11.1822 Genua

H. hatte seine diplomatischen Fähigkeiten bereits in Hannover, London und Braunschweig erprobt, als er 1791 in preußische Dienste trat und hier schnell – auch wegen seiner Verdienste um den Frieden von Basel 1795 – Kabinettsminister und Leiter der Außenpolitik wurde. Von Napoleon nach Preußens Niederlage 1806 aus diesem Amt entfernt, aber auf Betreiben des Zaren Alexander I. 1807 wieder zum Außenminister ernannt, mußte er nach dem Tilsiter Frieden nach Riga fliehen. Hier entwickelte er die Ideen für eine Reform des preußischen Staates, wobei es ihm darum ging, demokratische Grundsätze in einer monarchischen Regierung zu verwirklichen. Im Unterschied zu den Reformplänen seines Vorgängers v. Stein verfocht H., 1810 zum Staatskanzler berufen, Ideen eines aufgeklärten Absolutismus. Zusätzlich mit der Führung des Außen-, Innen- und Finanzministeriums betraut, setzte er eine Reihe wichtiger Veränderungen in Preußen durch. 1810 wurde mit dem Edikt über die Gewerbesteuer eine allgemeine Steuerpflicht eingeführt, 1811 hob man den Zunftzwang auf, 1812 erfolgte die staatsbürgerliche Gleichstellung der Juden (Edikt über die bürgerliche Verfassung der Juden). Unter seiner Leitung wurde die Bauernbefreiung fortgesetzt, und es kam schließlich zur Schaffung einer neuen Verwaltungsorganisation, die dem gewachsenen Preußen nach 1815 besser entsprach (Aufteilung in Provinzen, Regierungsbezirke und Kreise; Bildung eines Staatsrates). In Auseinandersetzungen mit W.v. Humboldt blieb H. zwar Sieger, doch schwächte die sog. Ministerkrise von 1819 die Reformkräfte derart, daß auch H. in den letzten Jahren fast völlig seinen politischen Einfluß verlor. In der Außenpolitik lavierte er im Interesse der Erhaltung der Dynastie zwischen Frankreich und Rußland, warnte entgegen dem Druck patriotischer Kräfte vor einem zu frühen Bündnis mit Rußland und riet dem König erst Ende 1812, zum Befreiungskampf gegen Napoleon aufzurufen. Kompromißbereit im Interesse der preußischen Monarchie wirkte er auch auf dem Wiener Kongreß. *EF*

Karl August Fürst von Hardenberg (1750–1822)

Harnack, Arvid

Jurist und Nationalökonom
✶ 24.5.1901 Darmstadt
† (hingerichtet) 22.12.1942 Berlin-Plötzensee [F.73]

H., aus einer bekannten deutschen Gelehrtenfamilie stammend, war nach dem Studium (u.a. in den USA) im Reichswirtschaftsministerium tätig, zuletzt als Oberregierungsrat. Er war Lehrbeauftragter für Wirtschaftsgeschichte der USA an der Berliner Universität, befaßte sich auch mit sowjetischer Wirtschaft und leitete 1932 eine Studienfahrt in die UdSSR. Seit 1933 war er Kopf eines illegalen Kreises von Hitlergegnern, den er 1938 mit der von Harro Schulze-Boysen geleiteten Gruppe zu einer der größten damaligen Widerstandsorganisationen verband. Ebenso wie seine Frau Mildred (1902–43) und 49 der über 130 in Berlin verhafteten Mitglieder der Organisation, die von der Gestapo »Rote Kapelle« genannt wurde, wurde er am 19.12.1942 zum Tode verurteilt. *ED*

Harnack, Karl Gustav *Adolf* von
(seit 1914)
Theologe
✶ 7.5.1851 Dorpat (Estland)
† 10.6.1930 Heidelberg [F.46]
Der Sohn eines Theologen blieb der Familientradition treu, studierte in Dorpat und Leipzig Theologie und wählte dann die akademische Laufbahn. Zuerst an der Universität Leipzig, ab 1879 in Gießen und seit 1886 in Marburg lehrte er Kirchengeschichte. 1888 kam er an die Berliner Universität, wurde 1890 Mitglied der Akademie der Wissenschaften und leitete als Generaldirektor zwischen 1905 und 1921 die Staatsbibliothek. Hier erwarb er sich große Verdienste bei der Einrichtung neuer Abteilungen und Spezialsammlungen. Als die Bibliothek 1914 von der »Kommode« in das heutige Gebäude Unter den Linden zog, wurde ihm für sein Engagement der erbliche Adel verliehen. Mit der Gründung der Kaiser-Wilhelm-Gesellschaft zur Förderung der Wissenschaften 1911, die H. 1909 in einer Denkschrift angeregt hatte, wurde er ihr erster Präsident. Damit wurden vor allem seine Fähigkeiten als Wissenschaftskoordinator gefordert. Trotz seiner vielen Ämter umfaßt die Bibliographie seiner Schriften 1.775 Titel, wobei im Mittelpunkt die Arbeiten zur alten Kirchen- und Dogmengeschichte stehen.
Literatur: A. v. Zahn-Harnack, A.v. Harnack, 1951; S. Rebenich, Theodor Mommsen und A. Harnack, 1997. *EF*

Hart, Julius
Publizist und Schriftsteller
✶ 9.4.1859 Münster
† 7.7.1930 Berlin [F.94]
Nach seinem Jurastudium in Berlin verbrachte H. einen kurzen Aufenthalt als Theaterkritiker in Bremen und lebte dann seit 1881 in Berlin. Anfangs arbeitete er für die Zeitschriften, die sein Bruder Heinrich H. herausgab, dann seit 1887 als Kritiker der »Täglichen Rundschau« und seit 1901 am »Tag«. Er gehörte dem literarischen Verein »Durch« und dem Friedrichshagener Kreis an. Dichter und Kritiker des Naturalismus und maßgebend für die Bildung einer naturalistischen Ästhetik, schrieb er selbst vorwiegend eine pantheistische Gedankenlyrik (»Sansara« 1879, »Homo Sum« 1890). Seine großangelegte kulturphilosophische Darstellung »Lied der Menschheit« (1888–96) blieb ein Fragment. Später tendierte er zum Symbolismus und Expressionismus und zur frühen Großstadtlyrik. *UB*

Hartig, Georg Ludwig
Forstwissenschaftler
✶ 2.9.1764 Gladenbach (Hessen)
† 2.2.1837 Berlin [F.108]
H. studierte in Gießen und bildete anschließend in Hungen und Dillenburg Forstleute aus. 1811 als Oberlandforstmeister nach Berlin berufen, erwarb er sich Verdienste bei der Durchsetzung der bürgerlichen Reformen. Er führte das Revierförster-, später das Oberförstersystem ein, baute die Forstverwaltung auf und förderte eine geregelte Waldbewirtschaftung in Preußen. Mit seinen Publikationen erlangte er internationale Ausstrahlung. *UH*

Hartmann, Gustav
Fuhrunternehmer (»Eiserner Gustav«)
✶ 4.6.1859 Magdeburg
† 23.12.1938 Berlin [F.90]
Nachdem er Anfang der 80er Jahre nach Berlin gekommen war, eröffnete er 1885 sein Fuhrgeschäft und erhielt als Droschkenkutscher schon bald den Namen »Eiserner Gustav«. Als die Motorisierung die Berliner Droschken immer mehr verdrängte, machte er mit einer spektakulären Aktion auf die Probleme seines Gewerbes aufmerksam. Er fuhr – unterstützt von Journalisten des Ullstein Verlages – mit seiner Droschke von Berlin, wo er am 2. April 1928 startete, nach Paris, wo er am 4. Juli ankam. Die Rückfahrt dauerte vom 5. August bis zum 12. September. Hans Fallada gestaltete in seinem Roman »Der eiserne Gustav« die Ereignisse recht frei nach. In Berlin erinnern das Ehrengrab in Zehlendorf und eine Gedenktafel in der Alsenstraße 11 (Zehlendorf) an dieses Berliner Original. *EF*

Hartmann, Paul *Nicolai*
Philosoph
✶ 20.2.1882 Riga
† 9.10.1950 Göttingen
Der Sohn eines Ingenieurs studierte in Dorpat, St. Petersburg und Marburg, wo er bis 1925 wirkte. Weitere Stationen seiner Universitätslaufbahn waren Köln, Berlin (1931–45) und schließlich

Nicolai Hartmann (1882–1950)

Göttingen. Zunächst der Marburger Schule des Neukantianismus angehörend, baute er später eine eigenständige Philosophie auf. Sie hat ihren Ausgangspunkt in einer realistischen Ontologie, mit der er den Rationalismus der Wesensontologie zu überwinden versuchte. H. unterscheidet vier Seinsschichten: eine anorganische, eine organische, eine psychophysische und eine Schicht des »objektiven Geistes« (Sprache, Wissenschaft, Kunst usw.). Damit sich das an der Erkenntnis der Werte orientierende freie Handeln durchsetzen kann, postuliert H. den Atheismus. Hauptwerke seiner Berliner Zeit sind: »Zur Grundlegung der Ontologie« (1925), »Möglichkeit und Wirklichkeit« (1938) sowie der »Aufbau der realen Welt« (1940).
Literatur: W. Dahlberg, Sein und Zeit bei N. Hartmann, 1983. *UH*

Hartung, Karl

Bildhauer
✶ 2.5.1908 Hamburg
† 19.7.1967 Berlin [F.93]
1925–29 lernte H. in Hamburg Holzbildhauer und besuchte die Kunstgewerbeschule. Nach drei weiteren Jahren in Paris ging er 1932/33 zu Studien nach Florenz. Nach 1933 wieder in Hamburg lebend, wurde ab 1935 sein plastisches Schaffen zunehmend abstrakt. Von 1936 an in Berlin ansässig, arbeitete er dort bis zum Beginn des II. Weltkrieges. Als Soldat 1943 erneut in Paris, gewann er Zugang zum Werk zeitgenössischer Abstrakter (u.a. A. Archipenko, H. Arp), deren Beeinflussung länger spürbar blieb. Schon 1946 mit einer Ausstellung wieder in Berlin, wurde er u.a. 1950 Mitglied des Deutschen Künstlerbundes und 1955 dessen Präsident. Daneben wirkte er seit 1951 als Professor an der Hochschule für Bildende Künste und wurde 1956 Mitglied der Akademie. Vor allem seine durchbrochenen Körperdarstellungen und Architekturreliefs machten ihn zu einem führenden Vertreter der abstrakten Bildhauerei der Nachkriegszeit in Berlin.
Literatur: C. Linfert, K. Hartung (Junge Künstler 59/60), 1959; W. Grzimek, Deutsche Bildhauer des 20. Jhs, 1969. *JM*

Harvey, Lilian

(eigtl. L. Muriel Helen Pape)
Filmschauspielerin
✶ 19.1.1907 Hornsey (London, England)
† 27.7.1968 Cap d'Antibes (Frankreich)
H. begann in Berlin als Revuegirl. Ihre Karriere ist mit UFA-Operetten- und Revuefilmen (»Der Kongreß tanzt« 1931) verbunden. Systematisch zum Topstar aufgebaut, ging sie 1933 nach Hollywood, war, ab 1935 wieder in Deutschland, das »süße Mädel« und mit W. Fritsch das »Traumpaar des UFA-Films« (u.a. »Glückskinder« 1937). 1939 verließ sie Deutschland, scheiterte aber in Frankreich und den USA mit eigenen Produktionen.
Literatur: C. Habich, Lilian Harvey, 1990. *DTW*

Hase, Annemarie

Schauspielerin und Kabarettistin
✶ 14.6.1900
† 22.2.1971
H. studierte an der Reinhardt-Schule in Berlin, begann in Osnabrück, gehörte zu den bekanntesten Interpretinnen des Berliner Kabaretts (u.a. »Wilde Bühne«), unternahm mit T. Hesterberg eine Kabarett-Tournee und war dann am Kabarett »Schall und Rauch« in Berlin. 1936–47 emigrierte H., 1949 kehrte sie nach Berlin zurück, war zunächst am Berliner Ensemble, später am Deutschen Theater, wo sie besonders als Darstellerin plebejischer Figuren geschätzt wurde. *DTW*

Hase, Paul von

General
✶ 14.7.1885 Hannover
† (hingerichtet) 9.8.1944 Berlin
H. gehörte zu den Verschwörern vom 20. Juli 1944. Als Standortkommandanten von Berlin unterstanden ihm die Heeresschulen, die Garnison Spandau und das Wachbataillon. Diese Einheiten hatten nach dem Plan »Walküre« die Besetzung der SS-Kasernen und die Abriegelung des Regierungsviertels vorzunehmen. Nach dem Scheitern des Umsturzversuchs wurde H. verhaftet, vom »Volksgerichtshof« abgeurteilt und in Plötzensee hingerichtet. *ThW*

Hasenclever, Alexander

Mediziner
✶ 6.8.1918 Orjechewo-Sujewo b. Moskau
† 28.12.1990 Berlin [F.61]
H. studierte 1939–43 in Berlin und Rostock Medizin und verteidigte bereits 1943 in Berlin seine Doktorarbeit. Danach war er bis 1945 als Soldat im Kriegsdienst. Nach dem Ende des Krieges ließ H. sich in Berlin als Arzt nieder. In den Jahren von 1967–71 war er Präsident der Ärztekammer. Politisch engagierte sich H. in der CDU und war von 1963–67 und 1969–81 für diese Partei Mitglied des Abgeordnetenhauses. 1984 wurde er Stadtältester. *EH*

Hasse, O.E. (Otto Eduard)

Schauspieler und Regisseur
✶ 11.7.1903 Obersitzko (Posen)
† 12.9.1978 Berlin [F.91]
Nach abgebrochenem Jura-Studium und Reinhardt-Schule in Berlin spielte H. u.a. am Deutschen Theater, in Breslau, München, Prag (führte seit 1936 Regie), nach 1945 wieder in Berlin. Im Film machte H. nach 1945 (auch international) Karriere: Bemerkenswert seine Verkörperung der Titelrolle in »Canaris« (1954), sein Staatsanwalt in »Der Maulkorb« (1958). Als gefragter Synchronsprecher lieh er seine Stimme Spencer Tracy und Charles Laughton. *DTW*

Haubach, Theodor

sozialdemokratischer Politiker
✶ 15.9.1896 Frankfurt/M.
† (hingerichtet) 23.1.1945 Berlin [F.73]
H. nahm am I. Weltkrieg als Kriegsfreiwilliger teil und wurde mehrfach verwundet. Nach 1918 studierte er in Heidelberg Philosophie, Soziologie und Staatswissenschaften. Er schloß sich eng an K. Jaspers an, bei dem er auch 1923 promovierte. Für kurze Zeit war er 1923 am Berliner Institut für Außenpolitik beschäftigt, bevor er 1924 in Hamburg eine Tätigkeit als Redakteur der Zeitung »Hamburger Echo« aufnahm. Als Mitglied der SPD gehörte er hier dem Reichsbanner Schwarz Rot Gold an, dessen 1. Vorsitzender er für Hamburg wurde. Auch später zählte er zu den führenden Kräften im Reichsbanner und wurde schließlich dessen 2. Vorsitzender für das Reichsgebiet. Seit 1929 als Pressechef beim preußischen Innenminister Severing tätig, übernahm er 1930 das Amt des Pressechefs im Berliner Polizeipräsidium. Nach 1933 wurde er mehrfach in Haft (1933, 1934–36, 1939) genommen. H. schloß sich 1942 dem Kreisauer Kreis an und war eng befreundet mit C. Mierendorf. Er wurde nach dem Attentat auf Hitler 1944 verhaftet, zum Tode verurteilt und 1945 in Plötzensee hingerichtet. *EF*

Haude, Ambrosius

Buchhändler, Zeitungsgründer
✶ 1690 Schweidnitz
† 1748 Berlin [F.104A, Nordwand]
H. erhielt 1723 das kgl. Privileg, die 1614 von Hans und Samuel Kalle gegründete Buchhand-

O.E. Hasse (1903–1978)

lung An der Stechbahn in unmittelbarer Nähe des Stadtschlosses weiterzuführen. H. hatte enge Beziehungen zu dem literarisch interessierten Kronprinzen, dem späteren König Friedrich II. Er kaufte die »verbotenen« Bücher, die Friedrich Wilhelm I. seinem Sohn abgenommen hatte, und ließ sie diesem heimlich wieder zukommen. Außerdem überließ er dem Kronprinzen ein Hinterzimmer für seine umfangreiche Privatbibliothek, die dessen Vater allerdings 1730 entdeckte und in Amsterdam versteigern ließ. Nach seiner Thronbesteigung 1740 förderte Friedrich II. den wagemutigen Buchhändler und Verleger. Er erteilte ihm die Erlaubnis zur Herausgabe der »Berlinischen Nachrichten« (Wahlspruch »Wahrheit und Freyheit«). Diese später nach ihrem neuen Besitzer benannte »Spenersche Zeitung« blieb bis zur Mitte des 19. Jhs. gemeinsam mit der »Vossischen Zeitung« eine der beiden maßgeblichen Zeitungen Berlins. Im Volksmund hieß sie »Onkel Spener« analog zu ihrer Konkurrentin »Tante Voß«. In seinem Buchverlag brachte H. u.a. Textausgaben klassischer Schriftsteller nach dem neuesten wissenschaftlichen Stand und in geschmackvoller Ausstattung heraus. *BF*

Haupt, Rudolf Friedrich *Moritz*

Altphilologe und Germanist
✶ 27.7.1808 Zittau
† 5.2.1874 Berlin [F.10]
H. studierte in Leipzig, arbeitete sich in Zittau in die altdeutsche, altfranzösische und altböhmische Literatur ein und gab mit Hoffmann von Fallersleben die »Altdeutschen Blätter« (2 Bde., 1836–1840) heraus. 1841 erhielt er eine Berufung nach Leipzig, aus der man ihn 1850 wegen seiner Beteiligung an der 48er Revolution entließ. Als Nachfolger seines Freundes Karl Lachmann folgte H. 1853 einer Berufung nach Berlin. Zugleich Sekretar an der Akademie der Wissenschaften, erwarb er durch die textkritische Herausgabe mittelhochdeutscher Dichtung großes Ansehen. Gustav Freytag diente H. als Vorbild für die Gestalt des Professors Werner in der »Verlorenen Handschrift«. *UH*

Hauptmann, Gerhart

Schriftsteller und Dramatiker
✶ 15.11.1862 Bad Salzbrunn
† 6.6.1946 Agnetendorf (Schlesien)
Der Sohn eines Gastwirts besuchte nach einer landwirtschaftlichen Ausbildung die Kunstschule Breslau, studierte anschließend Philosophie in Jena und 1884 in Berlin zwei Semester Geschichte. Nebenher nahm er Schauspielunterricht. Seine Eheschließung mit einer Großkaufmannstochter machte ihn 1885 wirtschaftlich unabhängig, so daß er als freier Schriftsteller leben konnte, zuerst in Erkner bei Berlin, später dann bis 1891 in Charlottenburg. Er schloß sich dem literarischen Verein »Durch« und dem Friedrichshagener Kreis an, insbesondere an A. Holz und J. Schlaf. Seine sozialen Dramen verursachten im Rahmen der Berliner Freien Bühne einen Theaterskandal (»Vor Sonnenaufgang« 1889, »Die Weber« 1892, »Der Biberpelz« 1893). Durch diese Werke (auch »Bahnwärter Thiel« 1892) verhalf er als wichtigster deutscher Vertreter dem Naturalismus zum Durchbruch. Seit 1892 lebte er nur noch zeitweise in Berlin. 1912 erhielt er den Nobelpreis für Literatur. H. verstarb 1946, bevor er seine geplante Rückkehr aus dem nun polnisch verwalteten Agnetendorf (Schlesien) nach Berlin durchführen konnte.
Literatur: J. Seyppel, Gerhart Hauptmann, 1993. *UB*

Hausberg, Fritz

Bezirksstadtrat, Kommunalpolitiker
✶ 2.1.1880 Dortmund
† 16.11.1959 Berlin [F.43]
H. besuchte die Volksschule, absolvierte eine Lehre als Zeichner in einer Maschinenfabrik, war Konstrukteur im Apparatebau, Chefkonstrukteur und schließlich Oberingenieur und Leiter der Sozialpolitischen Abteilung in der Großindustrie. Die NSDAP veranlaßte 1933, daß H. vorzeitig pensioniert wurde. Seit 1907 hatte sich H. politisch betätigt, in der Feisinnigen Vereinigung und später in der Fortschrittlichen Volkspartei und Deutschen Staatspartei bis zu ihrer Auflösung. Nach 1945 wurde H. Mitglied des Antifa-Ausschusses im Bezirk Wedding; er war Mitbegründer der LDP im Bezirk Wedding und des Landesverbandes Berlin der LDP und wurde deren erster Vorsitzender. Seit 1946 war H. Stadtverordneter und später Abgeordneter und Vizepräsident des Abgeordnetenhauses. Ab 1947 war er Bezirksrat bzw. Bezirksstadtrat für Gesundheitswesen im Bezirk Wedding. *EH*

Haushofer, Albrecht

(Pseud. Jürgen Werdefels)
Lyriker und Dramatiker
✶ 7.1.1903 München
† 23.4.1945 Berlin [F.71]
Der Sohn des Geopolitikers Karl H. studierte in München und kam 1924 als Dr.phil. nach Berlin. Nach mehrjähriger beruflicher Reisetätigkeit erhielt er 1940 in Berlin eine Professur für politische Geographie und Geopolitik und war außerdem bis 1941 Mitarbeiter des faschistischen Auswärtigen Amtes und politischer Berater von R. Heß. In jenem Jahr wurde er aus seinem Amt entlassen und erhielt Redeverbot. In klassizistischen Römerdramen übte er eine verschlüsselte Kritik am Regime (»Sulla« 1938, »Augustus« 1939). Mit »Moabiter Sonette« (veröffentlicht 1946) hat er die wohl bedeutendste Dichtung des Widerstandes gegen den Nationalsozialismus im Lande selbst geschaffen. Wegen seiner Teilnahme an der Verschwörung des 20. Juli 1944 wurde er während des Einmarsches der Roten Armee als eines der letzten Opfer des Naziregimes erschossen. *UB*

Havemann, Robert

Physikochemiker und Philosoph
✶ 11.3.1910 München
† 9.4.1982 Grünheide (Mark)
H., seit 1932 Mitglied der KPD, organisierte eine Widerstandsgruppe und wurde 1943 vom Volksgerichtshof zum Tode verurteilt. Aus der Haft befreit, stand er 1945–47 dem Kaiser-Wilhelm-Institut für Physikalische Chemie und Elektrochemie in Berlin (West) vor und lehrte 1947–64 an der Humboldt-Universität im Ostteil der Stadt. Während der »Entstalinisierung« wurde H. Wortführer einer intellektuellen Gruppe innerhalb der SED. Er kritisierte insbesondere den diktatorischen Führungsstil des Parteiapparates, den er im Widerspruch zur sozialistischen Demokratie sah. 1964 wurde H. aus der SED ausgeschlossen, verlor sein Lehramt und 1966 auch seine Wirkungsmöglichkeiten als Akademiemitglied. Der Reformkommunist stand 1977–79 unter Hausarrest. Seine gesellschaftspolitischen Ansichten stellte er u.a. in »Fragen, Antworten, Fragen« (1970) und »Ein deutscher Kommunist. Rückblick und Perspektiven aus der Isolation« (1978) vor. *UH*

Heartfield, John

(eigtl. Helmut Franz Josef Herzfeld)
Fotocollagist, Zeichner, Typograph, Buchgestalter und Bühnenbildner
✶ 19.6.1891 Berlin
† 26.4.1968 ebd. [F.108]
Bruder des Schriftstellers und Verlegers Wieland Herzfelde. H. studierte von 1908–11 an der Münchner Kunstgewerbeschule, arbeitete 1912 als Grafiker in Dresden und setzte 1913–14 seine Studien an der Kunstgewerbeschule in Charlottenburg fort. Nach dem Erlebnis des Kriegsdienstes nannte er sich seit 1916 J.H. Gemeinsam mit seinem Bruder gründete er im selben Jahr zunächst die Zeitschrift »Neue Jugend«, ein Jahr darauf den berühmten Berliner Malik-Verlag, wo er seine selbstentwickelten Typographien umsetzte. Besonders fruchtbar erwies sich die Verbindung mit G. Grosz. Es folgten seit 1918/19 die Herausgabe der Zeitschrift »Die Pleite«, Klebebilder mit G. Grosz sowie Auftritte und Ausstellungen im Dada-Kreis Berlins. Ab 1920 schuf H. erste Bühnenbilder für E. Piscator, dann setzte er sein Schaffen zunächst bis 1922 an den Bühnen M. Reinhardts fort. Danach arbeitete er als Redakteur der Zeitschrift »Der Knüppel«, gestaltete jedoch weiterhin Umschläge für den Malik-Verlag. Aus dieser Tätigkeit entwickelte sich um 1924 seine berühmte, unmittelbar auf den Zeitgeist bissig-satirisch reagierende Fotomontagekunst, die er besonders im Kampf gegen den aufkommenden Nationalsozialismus einzusetzen wußte. Bis zu seiner Emigration 1933 nach Prag gestaltete er die AIZ. 1938 emigrierte er nach England und kehrte 1950 in die damalige DDR zurück, wo er vornehmlich als Buchausstatter wirkte.
Literatur: J. Heartfield, Photomontages of the Nazi Period, 1977; R. März, Heartfield montiert. 1930–1938, 1990. *JM*

Heck, *Ludwig* Franz Friedrich Georg

Zoologe
✶ 11.8.1860 Darmstadt
† 17.7.1951 München
H., Sohn eines Lehrers, studierte u.a. in Berlin und wurde 1886 Direktor des Zoologischen Gartens in Köln. 1888–1931 stand er dem Berliner Zoo vor und brachte ihm durch seine erfolgreiche Tätigkeit Weltgeltung. Ohne selbst forschend tätig zu sein, förderte er wissenschaftliche Studien und öffnete Tiermalern und Bildhauern den Zugang zum Zoo. Er bearbeitete das Kapitel Säuge-

tiere in »Brehms Tierleben« (4. Aufl. 1912–16) und schrieb 1938 seine »Heiter-ernste Lebensbeichte«. *UH*

Heegewaldt, Johann David
Preußischer Beamter, Ehrenbürger
✶ 15.6.1773 Berlin
† 16.4.1850 ebd. [F.10]
Schon früh entschied er sich für die Beamtenlaufbahn, war anfänglich in der Königlich-Preußischen Hauptstempelkammer, dann in der Verwaltung des Kassenwesens der Kurmark Brandenburg und schließlich als Rechnungsführer der Staatsschuldentilgungskasse tätig. Seine Leistungen wurden mit der Ernennung zum Hofrat und Geheimen Hofrat honoriert. Seit 1821 erprobte er die kommunale Armenpflege in Berlin und gehörte dann der Berliner Armendirektion an. Die von ihm 1828 redigierte Schrift »Die öffentliche Armenpflege in Berlin« war eine wichtige Orientierung für den Ausbau der verschiedenen Armenkommissionen in der Stadt. Nachdem er 1843 aus dem Staatsdienst ausgeschieden war, verlieh ihm Berlin 1844 für seine Verdienste um die Armenverwaltung und Armenfürsorge den Titel eines Ehrenbürgers. *EF*

Heese, Johann Adolf
Seidenbauer
✶ 11.6.1783 Berlin
† 25.3.1862 ebd. [F.132]
H. lernte das Handwerk des Seidenwirkers und war mit 24 Jahren Werkführer der Gabainschen Seidenwarenfabriken. 1813 legte er die Meisterprüfung ab. 1822 war er Mitinhaber der Firma »Hermann & Heese« am Petriplatz. Schließlich gründete er 1827 eine eigene Firma in »Raules Hof«, Alte Leipziger Straße 1. Den Gewinn investierte er in neue Betriebe und legte eine Plantage von Maulbeerbäumen in Steglitz an. 1847 zog er nach Steglitz und widmete sich fortan der Züchtung von Seidenraupen und dem Seidenbau. H. erfand neue Haspelmaschinen und handelte mit Seidenraupen-Eiern auch über Deutschland hinaus. *BF*

Hefter, Johann August
Fleischermeister
✶ 1.5.1828 Guben
† 1.7.1910 Berlin [F.15]
Nach der Lehrzeit in der väterlichen Fleischerei führte ihn eine ausgedehnte Wanderschaft nach Paris, London und Wien. Einige Jahre arbeitete er danach in Breslau. 1853 gründete er einen eigenen Fleischereibetrieb in Frankfurt/O. Von dort übersiedelte er 1861 nach Berlin und schuf hier im Laufe der Jahre eine Kette mit 64 Filialen, in denen bis zu 600 Mitarbeiter tätig waren. Die von ihm produzierten und verkauften »Hefter-Würstchen« waren in Berlin ein Begriff. Viele Jahre war er Ehren-Obermeister der Berliner Fleischerinnung. *EF*

Hegel, Georg Wilhelm Friedrich
Philosoph
✶ 27.8.1770 Stuttgart
† 14.11.1831 Berlin [F.108]
H., Sohn eines Rentkammer-Sekretärs und späteren Expeditionsrates, besuchte ab 1788 das Tübinger Stift, wo er sich mit Hölderlin und Schelling anfreundete. Danach wirkte er 1793–1800 als Hauslehrer in Bern und Frankfurt/M. Nach dem Tod seines Vaters (1799) hatte er die finanziellen Mittel, um in Jena die Lehrbefugnis zu erwerben. 1807 redigierte er die Bamberger Zeitung und übernahm 1808 das Rektorat des Ägidiengymnasiums in Nürnberg. H. erhielt 1816 eine Professur in Heidelberg und trat 1818 die Nachfolge Fichtes in Berlin an. In dieser Stadt erlebte er die größte Ausstrahlung insbesondere durch die von ihm 1827 ins Leben gerufenen

Georg Wilhelm Friedrich Hegel (1770–1831)

»Jahrbücher für wissenschaftliche Kritik«. 1829/1830 wurde er zum Rektor der Berliner Universität gewählt. H. entwickelte, beeinflußt von aufklärerischen und kritischen Positionen (Rousseau, Kant u.a.), unter Einbeziehung der historischen Betrachtungsweise eines der bedeutendsten philosophischen Systeme. Mit ihr findet die an Kant anschließende idealistische Philosophie ihren Höhepunkt und Abschluß. H. unternahm den gigantischen Versuch, Metaphysik, moderne wissenschaftliche Methoden, das moderne Naturrecht und die Gesellschaftstheorie in Einklang zu bringen. Im Mittelpunkt dieses Systems steht das Absolute, als absolute Idee, als Natur und Geist. Weltgeschichte ist für ihn der notwendig fortschreitende Prozeß des absoluten Geistes, in dem er sich seiner Freiheit bewußt wird. Den modernen Staat begreift H. als Verwirklichung der Freiheit. Das Absolute realisiert sich nach H. im dialektischen Dreischritt von These, Antithese und Synthese. Neben kleineren Schriften veröffentlichte er in Berlin u.a. die »Grundlinien der Philosophie des Rechts« (1821). Durch H. wurde die Berliner Universität zum Mittelpunkt der philosophischen Lehre und Forschung in Deutschland.

Literatur: O. Poeggeler, Hegel in Berlin. Preußische Kulturpolitik und idealistische Ästhetik, 1981. *UH*

Heilborn, Ernst Friedrich

Schriftsteller und Publizist

✶ 10.6.1867 Berlin

† 16.5.1942 ebd. [F.119]

Nach einem Studium der Germanistik, Philosophie und Geschichte in Jena und Berlin arbeitete H. seit 1892 als Journalist und Theaterkritiker in Berlin. 1911 bis 1933 war er Herausgeber der Zeitschrift das »Literarische Echo« (ab 1924 »Die Literatur«). Er schrieb realistische Novellen und Berliner Romane mit bürgerlichen Charakter- und Entwicklungsstudien. (»Die steile Stufe« 1910, »Die kupferne Stadt« Großstadtlegende 1918) Nach seinem Versuch, aus Deutschland zu fliehen, starb er im Gefängnis. *UB*

Heiliger, Bernhard

Bildhauer

✶ 11.11.1915 Stettin

† 26.10.1995 Berlin [F.92]

Der Kaufmannssohn absolvierte von 1930–33 eine Lehre als Steinbildhauer, besuchte anschließend die Stettiner Werkschule für Gestaltende Arbeiten und kam 1938 nach Berlin. Hier studierte er an der Kunstschule bei Arno Breker, bis er 1941 einberufen wurde. Nach Kriegsende kehrte er nach Berlin zurück und arbeitete als freier Bildhauer. Von 1947–49 lehrte er an der Kunsthochschule in Weißensee, danach bis 1986 an der Berliner Hochschule der Künste. Seit 1949 lebte und arbeitete er in seinem Dahlemer Atelier. 1950 erhielt er den Kunstpreis Berlin. Danach folgten viele weitere Auszeichnungen, so der Burda-Preis und der Lovis-Corinth-Preis. Seine Werke waren auf vielen nationalen und internationalen Ausstellungen zu sehen. In Berlin stehen viele Arbeiten des Künstlers, so die Großplastik »Die Flamme« am Ernst-Reuter-Platz, die Skulpturen »Echo I« und »Echo II« vor dem Kammermusiksaal und die Aluminiumskulptur »Auftakt« in der Philharmonie. Er gestaltete über 60 Porträtköpfe, darunter Gropius, Heidegger, Ernst Reuter und Heuss. Der Bildhauer arbeitete erfolgreich mit so unterschiedlichem Material wie Bronze, Eisen und Aluminium. Er erhielt ein Ehrengrab in Zehlendorf. 1996 wurde in seinem Dahlemer Atelier die Bernhard-Heiliger-Stiftung gegründet. *EF*

Heilmann, Ernst

Politiker und Jurist

✶ 13.4.1881 Berlin

† (ermordet) 3.4.1940 KZ Buchenwald [F.121]

Der Sohn eines jüdischen Kaufmanns studierte nach dem Abitur von 1900–03 Rechts- und Staatswissenschaften in Berlin und schloß mit dem Referendar-Examen ab. Die Fortsetzung des Studiums und damit die Übernahme in den Staatsdienst wurde auf Grund seiner Mitgliedschaft in der SPD (seit 1898) und wegen der jüdischen Herkunft verweigert. Von 1903–07 Arbeit für die sozialdemokratische Presse, 1907 Redakteur der »Volksstimme« Chemnitz, von 1909–17 deren Chefredakteur. 1914 Kriegsfreiwilliger, nach schwerer Verwundung wurde er am 3.3.1916 aus dem Militärdienst entlassen. 1918 gab er die »Internationale Korrespondenz« heraus (von Ende 1918–22 »Sozialistische Korrespondenz«). Von 1919–33 arbeitete H. als Redakteur des »Vorwärts« und war 1928–33 Herausgeber der Wochenschrift »Das Freie Wort – Sozialdemokratisches Diskussions-Organ«. Von 1919–20 Mitglied der Stadtverordnetenversammlung Berlin-Charlottenburg, war H. von 1919–33 Mitglied des Preußischen Landtags (seit Ende 1921 Fraktionsvorsitzender) und von 1928–33 Reichstagsabgeordneter. 1933 weigerte sich H., Deutschland zu verlassen mit der Begründung: »Meine Wähler können Deutschland ja auch nicht verlassen, und deshalb werde ich bei ihnen bleiben!« Im Juli 1933 wurde H. als sog. Schutzhäftling durch die KZ Oranienburg, Papenburg, Börgermoor, Esterwegen, Dachau, Sachsenhausen nach Buchenwald verbracht und dort 1940 von dem SS-Hauptscharführer Martin Sommer ermordet (1958 Verurteilung Sommers zu lebenslangem Zuchthaus). H. war sozialdemokratischer Reformpolitiker und Pragmatiker, der wesentlichen Anteil daran hatte, daß in Preußen die »Weimarer Koalition« (SPD, Zentrum, DDP) bis 1932 bestehen blieb. *VS*

Heim, Ernst Ludwig

Mediziner, Ehrenbürger
✶ 22.7.1747 Solz b. Meiningen
† 15.9.1834 Berlin [F.13]

H. wurde von seinem Vater, einem Pfarrer, unterrichtet und studierte in Halle. Danach führte ihn eine Studienreise durch Europa. Als Stadtphysicus in Spandau drang die Kunde von seinem Heilvermögen bald auch bis nach Berlin. Kurerfolge ließen ihn schon 1778 zum Hofrat und Kreisphysicus aufsteigen. 1783 ließ er sich in Berlin nieder. Hier wurde er der populärste Volks- und Leibarzt preußischer Fürsten – ein Leitbild des Ärztestandes schlechthin. Über ihn kursierte der Spruch »Gesund allein macht Doktor Heim«. Als eine der volkstümlichsten Persönlichkeiten der Stadt trieb ihn die rastlose Fürsorge für Arm und Reich um. Noch im Greisenalter von 82 Jahren ritt er zu mehr als 2000 armen Patienten und bezahlte nicht selten die notwendigen Medikamente selbst. H. war ein hervorragender Diagnostiker und führte u.a. die von Edward Jenner 1796 entwickelte Kuhpockenimpfung 1799 in Berlin ein. Er war kein Vertreter der sich in dieser Zeit entwickelnden naturwissenschaftlich orientierten Medizin. Seine Schriften weisen ihn als Anhänger tradierter medizinischer Lehre aus. In einer Übergangszeit medizinischer Theorien vermied er aber weitgehend Spekulationen und orientierte sich – sehr zum Wohl seiner Patienten – an der Beobachtung der Kranken. Seine Vorliebe galt der Botanik, in der er u.a. die Brüder Humboldt im Kindesalter unterrichtete. Der Botaniker Link ehrte H.s Verdienst auch in dieser Disziplin durch die Benennung einer mexikanischen Pflanze als »Heimia«. Über H.s Charakter äußerte Christoph Wilhelm Hufeland im Nachruf: »Die höchste Uneigennützigkeit und gänzlicher Mangel an Habsucht und Ehrsucht waren seine Zierde. Sein ganzes Leben war Aufopferung für andere, immer bereit, immer sich gleich, bei Tag und Nacht, bei Armen und Reichen«. Dem »Alten Heim« wurde ein Nachruhm zuteil, wie ihn kaum jemals wieder ein praktizierender Arzt in Berlin erreichte. 1822 wurde er als Ehrenbürger ausgezeichnet.

Literatur: H. Hertwig, Arzt von Gottes Gnade E.L. Heim, 1954. *UH*

Heimann, Hugo

Verleger, Vorsteher der Stadtverordnetenversammlung, Ehrenbürger
✶ 15.4.1859 Konitz (Westpreußen)
† 23.2.1951 New York (USA)

Früh nach Berlin gekommen, besuchte er hier das Gymnasium zum Grauen Kloster und erlernte dann in Berlin und London den Beruf eines Buchhändlers. 1890 übernahm er die Guttentag'sche Verlagsbuchhandlung, die er erfolgreich als Heimann'sche Verlagsbuchhandlung weiterführte. Als er sie verkaufte, ging sie in der Folgezeit in den Verlag de Gruyter ein. Die von ihm 1899 errichtete öffentliche Bibliothek und Lesehalle in Kreuzberg wurde seit 1920 unter dem Namen »Hugo Heimann's Bücherei und Lesehalle« von der Stadt weitergeführt. Anfang der 90er Jahre trat er, der mit den sozialdemokratischen Führern August Bebel und Paul Singer befreundet war, der SPD bei. Sein verstärktes Engagement für die kommunalen Belange Berlins führten 1910 zu seiner Wahl in die Stadtverordnetenversammlung, wo er von 1915–18 ein Stellvertreter, danach bis 1920 als Vorsteher der Stadtverordnetenversammlung wirkte. Über Berlin hinaus gehörte er seit 1919 der Nationalversammlung bzw. dem Reichstag an. 1932 schied er aus all seinen Funktionen aus und emigrierte 1939 in die USA. Das ihm 1926 verliehene Ehrenbürgerrecht wurde ihm 1933 wegen seiner jüdischen Herkunft entzogen; 1947 wurde sein Ehrenbürgertitel erneuert. *EF*

Heimann, Moritz

Schriftsteller und Lektor
✶ 19.7.1869 Werder (Niederbarnim)
† 22.9.1925 Berlin [F.119]

H. studierte Philosophie und Geschichte in Berlin. Seit 1896 war er Lektor des Berliner S. Fischer Verlages und beeinflußte in dieser Stel-

lung maßgebend die moderne Literatur als Entdecker von jungen Talenten. H. schrieb Dramen (»Der Weiberschreck« Lsp. 1896, »Das Weib des Dr. Akiba« 1922) und psychologische Novellen (»Gleichnisse« 1905), zeichnete sich aber vor allem durch seine Aphorismen und als scharfsinniger Essayist aus. (»Die Wahrheit liegt in der Mitte«, hg. von W. Lehmann, 1966).
Werk: M. Heimann – die Mark, wo sie am märkischsten ist. Hg. von G. de Bruyn, 1996. *UB*

Heine, Heinrich

Schriftsteller
✶ 13.12.1797 Düsseldorf
† 17.2.1856 Paris
Der Sohn eines jüdischen Tuchhändlers kam 1821 nach Berlin, um hier das in Göttingen wegen eines Duellvergehens unterbrochene Jurastudium fortzusetzen. Er bevorzugte jedoch mehr die Philosophievorlesungen Hegels und den Salon der R. Varnhagen und nahm Verbindungen zu

Heinrich Heine (1797–1856)

dem »Verein für Kultur und Wissenschaften der Juden« auf. 1831 ließ sich H. endgültig als Korrespondent der Augsburger »Allgemeinen Zeitung« in Paris nieder, wo er, abgesehen von zwei Reisen nach Deutschland, bis zu seinem Tod lebte. 1835 wurden seine Schriften in Deutschland verboten. Schon zu Lebzeiten hatte H. großen Erfolg mit seinen durch Witz und Ironie gebrochenen, teils schwermütig-romantischen, teils zeitkritischen Gedichten (»Buch der Lieder« 1827, »Neue Gedichte« 1844, »Romanzero« 1851). Als Reiseschriftsteller entwickelte er eine moderne Prosa (»Reisebilder«, 2 Bde, 1826–27) und in »Der Salon« (4 Bde. 1834–40) kämpfte er gegen die spätromantische Deutschtümelei.
Literatur: H. Heine. Epoche, Werke, Wirkung. Hg. v. I. Brummack u.a. 1980. *UB*

Heinemann, Gustav

Politiker, Bundespräsident, Ehrenbürger
✶ 23.7.1899 Schwelm
† 7.7.1976 Essen
Nach dem Jurastudium als Rechtsanwalt tätig, war H. langjähriges Vorstandsmitglied der Rheinischen Stahlwerke (1936–49). Als engagierter Christ zählte er 1933 zu den Organisatoren der Bekennenden Kirche. Nach 1945 gehörte er von 1945–67 dem Rat der EKD an und war von 1949–1955 Präses ihrer Synode. H. trat 1945 der CDU bei, die er jedoch 1952 verließ. 1957 wurde er Mitglied der SPD. Bis 1949 hatte er auf kommunaler und Landesebene verschiedene Funktionen inne: Er war Oberbürgermeister von Essen, Landtagsabgeordneter in Nordrhein-Westfalen und Justizminister dieses Landes. Nach 1949 wurde er Bundesinnenminister, trat jedoch 1950 von diesem Posten zurück. Seit 1957 Mitglied des Bundestages, arbeitete er von 1966–69 als Bundesjustizminister. 1969 wurde er zum Bundespräsidenten gewählt und übte dieses Amt bis 1974 aus. Am 18.2.1974 wurde er Berliner Ehrenbürger.
Literatur: J. Braun, Der unbequeme Präsident, 1972; H. Lindemann, G. Heinemann, 1978. *EF*

Heinrich, Prinz von Preußen

Militär, Diplomat
✶ 18.1.1726 Berlin
† 3.8.1802 Rheinsberg
Der Bruder Friedrichs des Großen erwarb sich als Feldherr Verdienste in den Schlesischen Kriegen und im Siebenjährigen Krieg (so in der Schlacht bei Freiberg 1762). Von Friedrich II. häufig als diplomatischer Sonderbotschafter entsandt, hatte er großen Anteil an der Entwicklung freundschaftlicher Beziehungen zu Katharina II. von Rußland und war während der ersten polnischen Teilung am Gewinn Westpreußens entscheidend beteiligt. Von Friedrich II. fühlte er sich ständig

Heinrich Prinz von Preußen (1726–1802)

zurückgesetzt und opponierte daher häufig gegen seinen Bruder. Er lebte auf Schloß Rheinsberg.

EF

Heinroth, Katharina

Zoologin

✶ 4.2.1897 Breslau

† 20.10.1989 Berlin [F.70]

Die Ehefrau des Nachfolgenden absolvierte zunächst eine pädagogische Ausbildung, wandte sich dann aber der Biologie und Zoologie zu. In ihrer Doktorarbeit in Breslau wies sie erstmals das Hörvermögen der Reptilien nach. In München wirkte sie u.a. in einem privaten Vivarium am Englischen Garten. Nach Zwischenstationen in Berlin und Hohenheim kehrte sie in die Hauptstadt zurück, wo sie 1933 die Ehe mit Oskar H. einging. Auf dem großen Dachboden des Berliner Aquariums hielten beide Hunderte von Brieftauben und erforschten deren Heimkehrfähigkeit. In ihrer im Haus befindlichen Dienstwohnung trafen sich viele Gleichgesinnte, darunter Erwin Stresemann, Konrad Lorenz und Bernhard Grzimek. Im Krieg wurde das Aquarium durch einen Volltreffer zerstört, ihre Wohnung ging in den Flammen unter. Nach ihrem Motto »Tu was, dann wird dir besser« übernahm H. im September 1945 die Leitung des Zoos. Sie rettete die Zoo-Eichen, die auf alliierten Beschluß abgeholzt werden sollten und brachte den Tiergarten auch über die schwere Zeit der Blockade. In den 50er Jahren entstanden nach modernen tiergartenbiologischen Erkenntnissen neue Tierhäuser, wie das Antilopen- und das Elefanten-Haus. 1953 kehrte die Giraffenkuh »Rieke« als einziges der 750 im Kriegsverlauf evakuierten Tiere nach Berlin zurück. Neben der nervenzehrenden Aufbauarbeit fand H. auch Zeit zur Forschung. Sie beschäftigte sich vorrangig mit der Verhaltensentwicklung handaufgezogener Tiere. 1955 gab sie 272 Tafeln der mitteleuropäischen Vogelwelt heraus. 1956 in den Ruhestand gegangen, verfaßte sie eine Biographie ihres Mannes und gab 1979 ihre Autobiographie »Mit Faltern begann's« heraus.

UH

Heinroth, *Oskar* August

Zoologe

✶ 1.3.1871 Kastel-Kostheim b. Mainz

† 31.5.1945 Berlin [F.70]

H. studierte Medizin und promovierte 1895 in Kiel. Er kam 1896 nach Berlin, wo er zunächst am Zoologischen Garten und in der Vogelabteilung des Zoologischen Museums wirkte. H. baute 1911–13 das berühmte Berliner Aquarium auf. Grundlegend waren seine Arbeiten zur vergleichenden Verhaltensforschung. Sein Hauptwerk sind »Die Vögel Mitteleuropas« (4 Bde. 1924–34). H. überlebte die Zerstörung des Aquariums 1944 nur um wenige Monate. *UH*

Heinz, Wolfgang

Schauspieler, Regisseur und Theaterleiter, Ehrenbürger

✶ 18.5.1900 Pilsen

† 30.10.1984 Berlin

H. kam über Eisenach, Wien, Hamburg nach Berlin (Deutsches Theater und Staatliches Schauspielhaus). 1933 emigrierte H., ging nach Zürich und wirkte u.a. mit Langhoff am Schauspielhaus als Schauspieler und Regisseur. 1946 ging er ans Wiener Volkstheater und war 1948–56 Direktor des u.a. von ihm gegründeten Neuen Theaters in der Scala in Wien. Seit 1950 hatte er Regiearbeiten am Deutschen Theater übernommen, an das er 1956 endgültig als Schauspieler und Regisseur kam und dessen Intendant er 1963–69 wurde. H. war ein stets auf sorgfältige Schauspielerausbildung bedachter Pädagoge, zeitweilig Direktor der Staatlichen Schauspielschule Berlin (Ost); spielte auch im Fernsehen. Seine wichtigsten Rollen waren der Lear, Wallenstein, Professor Mamlock, Nathan und Galilei. Als Regisseur machte H. sich besonders um Gorki und

Tschechow verdient. H. war Mitglied der Akademie der Künste (Ost) und Präsident des Theaterverbandes der DDR. 1981 in Berlin (Ost) zum Ehrenbürger ernannt, wurde er in die 1992 beschlossene Gesamtberliner Ehrenbürgerliste aufgenommen. *DTW*

Heisenberg, Werner

Physiker
✶ 5.12.1901 Würzburg
† 1.2.1976 München
Der Sohn eines Byzantinistik-Professors schloß seine wissenschaftliche Ausbildung in München, Göttingen sowie Kopenhagen ab und erhielt 1927 einen Lehrstuhl in Leipzig. Sein Name ist eng mit der Entwicklung der Quantenmechanik und der Darstellungsform der Matritzenmechanik verbunden. Wesentliche Beiträge lieferte er zur Theorie der Elementarteilchen. Für die von ihm 1927 aufgestellte Unbestimmtheitsrelation (Nachweis, daß eine klassische Beschreibung im atomaren Bereich unmöglich ist) und die »Kopenhagener Deutung« der Quantentheorie erhielt H. 1933 den Nobelpreis für Physik. Konsequent verteidigte er die Relativitäts- und Quantentheorie vor Angriffen durch die »Deutsche Physik«. Das brachte ihm Verunglimpfungen wie »weißer Jude« durch die Nationalsozialisten ein. 1939 wurde er zum Kaiser-Wilhelm-Institut für Physik und Astrophysik in Berlin einberufen (Direktor 1941–46) und leitete dort das »Uranprojekt«. Die Voraussetzungen zum Bau einer Atombombe waren aber in Deutschland nicht gegeben. Nach kurzer Internierung durch die Engländer hatte H. als Präsident des Deutschen Forschungsrates wesentlichen Anteil am Wiederaufbau der Wissenschaft nach dem II. Weltkrieg in Deutschland. Er war maßgeblich am »Göttinger Manifest« gegen die atomare Bewaffnung der Bundesrepublik beteiligt.
Literatur: H. Pfeiffer, Denken und Umdenken. Zu Werk und Wirkung von W. Heisenberg, 1977; E. Heisenberg, Das politische Leben eines Unpolitischen. Erinnerungen an W. Heisenberg, 1980. *UH*

Held, Martin

Schauspieler
✶ 11.11.1908 Berlin
† 31.1.1992 ebd. [F.93]
H. war ursprünglich Techniker, studierte an der Staatlichen Schauspielschule Berlin, kam über Königsberg, Bremerhaven, Darmstadt, Frankfurt/M. (1941–51) 1951 ans Schiller- und Schloßparktheater in Berlin. H. spielte u.a. den Wehrhahn (»Der Biberpelz«), den Leicester (»Maria Stuart«), Malvolio (»Was ihr wollt«) und Mephisto (1954, Regie: Barlog). Er verkörperte Figuren Anouilhs und Brechts (Puntila, Galilei) und spielte zahlreiche Film- und Fernsehrollen. *DTW*

Helldorf, Wolf Heinrich Graf von

Berliner Polizeipräsident
✶ 14.10.1896 Merseburg
† (hingerichtet) 15.8.1944 Berlin-Plötzensee
H. war Offizier im I. Weltkrieg, diente danach in einem Freikorps und beteiligte sich am Kapp-Putsch. 1920 trat er der NSDAP bei. Seit 1925 Abgeordneter des preußischen Landtags, wurde er 1935 Polizeipräsident von Berlin. Seit 1938 nahm er Beziehungen zu oppositionellen Kräften im Militär auf und hatte auch Verbindungen zum Kreis um Goerdeler, doch bleibt seine Rolle im Widerstand umstritten. Im Zusammenhang mit dem Attentat 1944 wurde er verhaftet und in Plötzensee hingerichtet. *EF*

Hellmann, Johann Georg *Gustav*

Meteorologe
✶ 8.7.1854 Löwen (Schlesien)
† 21.2.1939 Berlin [F.117]
H. wurde nach mehrjährigen Reisen 1879 Assistent am Preußischen Meteorologischen Institut in Berlin, dessen Direktion er 1907 in Potsdam übernahm. In seinen wissenschaftlichen Arbeiten dominierten klimatische Studien über die Niederschlagsverhältnisse in Deutschland und über instrumentelle Untersuchungen. Schriften weisen ihn auch als Historiker der Meteorologie und des Erdmagnetismus aus. *UH*

Helmerding, *Karl* Heinrich

Schauspieler, Berliner Lokalkomiker
✶ 29.10.1822 Berlin
† 20.12.1899 ebd. [F.13]
H. wurde zunächst Schlosser, nahm Zeichenunterricht bei Schadow und frönte seinen theatralischen Neigungen an mehreren kleinen Bühnen Berlins. Als Berufsschauspieler debütierte er 1847 in Meißen, spielte Intriganten- und Charakterrollen und kam am Hennigschen Sommertheater in Berlin zum komischen Fach. Über Son-

dershausen und Erfurt ging er 1852 ans Königstädtische Theater, war 1854 am Krollschen Theater und schließlich 1855 am Wallner-Theater, wo er über zwei Jahrzehnte für das komische Fach und die Berliner Lokalposse, deren Ruf er begründen half, unentbehrlich wurde. Durch seine Rollengestaltung schuf er in jeder Partie den Berliner schlechthin – so als Doucet in »Berlin wird Weltstadt«, als Steglitz in »Otto Bellmann« und als Weigelt in »Mein Leopold«. H. schrieb auch eigene Bühnenwerke (»Die Weinprobe«), verfaßte Übersetzungen und schrieb für Journale. 1878 zog er sich von der Bühne zurück.
Literatur: Kohut, K. Helmerding, 1892. *DTW*

Helmholtz, *Hermann* Ludwig Ferdinand von (seit 1882)

Physiologe und Physiker
✶ 31.8.1821 Potsdam
† 8.9.1894 Berlin [F.95]

Der Sohn eines Gymnasiallehrers absolvierte die Pépinière, die 1795 gegründete militärärztliche Schule in Berlin, und wirkte 1843–48 als Militärarzt in Potsdam. Nach kurzer Zwischenstation als Anatomielehrer an der Berliner Kunstakademie folgten H.s Berufungen an die Universitäten Königsberg, Bonn und Heidelberg. Schon 1847 formulierte H. in seinem berühmten Vortrag »Über die Erhaltung der Kraft« vor der Physikalischen Gesellschaft in Berlin mathematisch exakt das universelle Prinzip von der Erhaltung der Energie. Mit Julius Robert Mayer und James Prescott Joule trug er damit zur Überwindung des Vitalismus bei. 1850 erfand H. den Augenspiegel. Grundlegend waren seine Erkenntnisse zur Reizleitung in Nerven sowie zum Hören und Sehen. 1871 wurde er Ordinarius für Physik in Berlin und nahm eine zentrale Stellung im Wissenschaftsleben ein (»Reichskanzler der Physik«). Mit seinen Beiträgen zur Thermo-, Hydro- und Elektrodynamik wurde er ein Klassiker der Naturwissenschaften des 19. Jhs. und legte den Grundstein für die später weltberühmte »Berliner Physik«. 1887/88 wirkte er als Rektor der Universität und stand ab 1888 der Physikalisch-Technischen Reichsanstalt vor. Seine Stärken lagen in der Unterweisung von Praktikanten und der Anleitung insbesondere theoretischer Abhandlungen. An H.s Vorlesungen erinnerte sich Max Planck: »Helmholtz hatte sich offenbar nie richtig vorbereitet, er sprach immer nur stockend, wobei er in einem kleinen Notizbuch sich die nötigen Daten heraussuchte, außerdem verrechnete er sich beständig an der Tafel und wir hatten das Gefühl, daß er sich selber bei diesem Vortrag mindestens ebenso langweilte wie wir«.

Hermann Helmholtz (1821–1894)

Literatur: L. Koenigsberger, H.v. Helmholtz, 3 Bde., 1902–03; H. Ebert, H.v. Helmholtz 1821–1894, 1949; E. Hermann, H.v. Helmholtz, 1949. *UH*

Henie, Sonja

Eiskunstläuferin
✶ 8.4.1912 Christiania (Norwegen)
† (Flugzeugabsturz) 12.10.1969 bei Oslo

Von 1927–36 ununterbrochen Weltmeisterin im Eiskunstlauf. Sie gewann 1928, 1932 und 1936 die Goldmedaillen bei den Olympischen Winterspielen. »Häseken«, wie sie von den Berliner Zuschauern im Sportpalast genannt wurde, trat schon mit 13 Jahren in Berlin bei einem Schaulaufen zwischen Eishockeyspielen auf und erreichte in der Folgezeit eine große Beliebtheit. Selbst die Kopie des »sterbenden Schwans«, nicht gerade ein Publikumserfolg, tat ihrer Popularität keinen Abbruch. Sie ging 1936 in die USA und trat 1953 noch einmal mit ihrer Eisrevue in Berlin auf. *VTM*

Hensel, Fanny Cäcilie

Musikerin
✶ 14.11.1805 Hamburg
† 14.5.1847 Berlin [F.10]
Die Tochter des Bankiers Abraham Mendelssohn Bartholdy, Enkelin des Philosophen Moses Mendelssohn und Schwester des Komponisten Felix Mendelssohn Bartholdy, wurde mit ihren Geschwistern 1816 getauft. In Berlin erhielt sie eine gediegene Ausbildung, wurde Mitglied der unter Zelters Leitung stehenden Singakademie und begann früh, eigene Kompositionen zu erarbeiten. Im Freundeskreis der Familie begegnete sie den Brüdern Humboldt, dem Philosophen Hegel, den Musikern Clara und Robert Schumann. 1829 heiratete sie den Maler Wilhelm Hensel (folgender Eintrag), der vor allem durch seine Porträtzeichnungen bekannt wurde. 1839 verbrachte das Paar ein Jahr in Italien. Ihre Kompositionen, zumeist Kammermusik und Lieder, wurden meistens zum erstenmal bei den »Sonntagsmusiken« im Salon ihrer Mutter Lea Mendelssohn Bartholdy aufgeführt. Mitten in einer Probe für solch eine Aufführung verstarb Fanny H.
Literatur: F. Tillard, Die verkannte Schwester. Die späte Entdeckung der Komponistin Fanny Mendelssohn Bartholdy, 1994. *EF*

Hensel, Wilhelm

Maler, Zeichner
✶ 6.7.1794 Trebbin (Mark)
† 26.11.1861 Berlin [F.11]
Zunächst an der Berliner Bauakademie begonnen, führte H. seine Ausbildung 1811 an der Kunstakademie fort. Zwischenzeitlich am Befreiungskrieg 1813–15 teilnehmend, widmete er sich danach vor allem Kalender- und Almanachillustrationen. Hierdurch bekannt geworden, erhielt H. größere Aufträge u.a. Porträtarbeiten und Abbildungen gestellter Szenen, die in Form von Radierungen weite Verbreitung fanden. 1823–28 war H. in Rom und wurde nach seiner Rückkehr 1829 Hofmaler, 1831 Professor an der Berliner Akademie. Besonders H.s. Bildnisse bekannter Berliner Zeitgenossen gelten noch heute als wichtige Zeugnisse des 19. Jhs.
Literatur: P.O. Rave, Die Bildnis-Sammlung W. Hensel, in: Berliner Museen NF 6, 1957. *JM*

Henselmann, Hermann

Architekt
✶ 3.2.1905 Roßla (Harz)
† 19.1.1995 Berlin
Der Sohn eines Holzbildhauers durchlief eine Tischlerlehre, kam dann an die Berliner Kunstgewerbeschule und arbeitete danach in einem Berliner Baubüro. 1945 wurde er zum Leiter der Hochschule für Baukunst und bildende Kunst in Weimar berufen. 1949 kam er an das Berliner Institut für Bauwesen der Akademie der Wissenschaften, wo er unter Leitung von Hans Scharoun arbeitete. Seit Gründung der Deutschen Bauakademie 1951 war er dort leitend tätig. Von 1953–59 arbeitete er als Chefarchitekt beim Magistrat. Von ihm stammen die Entwürfe für das Hochhaus an der Weberwiese und die Stalinallee (heute Karl-Marx-Allee) mit den Turmhauspaaren am Strausberger Platz und am Frankfurter Tor sowie für das Haus des Lehrers mit der Kongreßhalle am Alexanderplatz und weitere Pläne für die Gestaltung der Berliner Innenstadt. 1952 wurde er mit dem Goethepreis geehrt.
Literatur: H. Henselmann: Drei Reisen nach Berlin. Der Lebenslauf und Lebenswandel eines deutschen Architekten ..., 1981. *EF*

Herbst, Jo

Schauspieler und Kabarettist
✶ 11.8.1928 Berlin
† 19.9.1980 ebd. [F.2]
H. machte sich vor allem als Kabarettist einen Namen, gehörte 17 Jahre lang dem Kabarett »Die Stachelschweine« an und wurde gewissermaßen eine »Berliner Institution«. H. schrieb auch Texte fürs Kabarett und für Shows, trat mit eigenen Chansons, Sketchen und Szenen im Fernsehen auf. Außerdem spielt er an verschiedenen Berliner Bühnen (u.a. Theater am Kurfürstendamm) und war in zahlreichen Film- und Rundfunkproduktionen beschäftigt. *DTW*

Hermann, Georg

(eigtl. Georg Hermann Borchardt)
Schriftsteller und Kunstkritiker
✶ 7.10.1871 Berlin
† 19.11.1943 Auschwitz
Nach Schulbesuch, Kaufmannslehre und Militärzeit war H. zunächst mit Hilfstätigkeiten im Statistischen Amt in Berlin beschäftigt, bevor er sich in literatur- und kunstgeschichtlichen Vorlesungen an der Universität ein Fundament für seine

schriftstellerische Tätigkeit schuf. Nachdem er schon in seiner Jugend mit ersten Erzählungen (»Spielkinder«, 1896) hervorgetreten war, schrieb er nun zunächst kunstwissenschaftliche Studien u.a. über Wilhelm Busch (1902) und Max Liebermann (1904) und wurde dann 1906 quasi über Nacht berühmt als Verfasser des in der »Vossischen Zeitung« abgedruckten Fortsetzungsromans »Jettchen Gebert« (1908 erweitert zu »Jettchen Geberts Geschichte«). Dieser Roman begründete seinen Ruhm als Nachfolger Fontanes – wie dieser ein »Volksschriftsteller im besten Sinne« (H. Ohff). An diesem Schicksal eines jüdischen Bürgermädchens im Berliner Vormärz, das an den gesellschaftlichen Konventionen und einem unüberwindbaren Herzenskonflikt zerbricht, interessierte Leser und Kritik nicht nur die Handlung, sondern auch das zuverlässig gezeichnete Bild der Berliner Gesellschaft und vor allem ihrer jüdischen Bürger. Neben diesem Themenkreis wählte H. seine Stoffe auch aus den unteren sozialen Schichten (»Rosenemil«, 1935) und aus der preußischen Geschichte (»Grenadier Wordelmann«, 1930), jeweils mit scharfem Blick für die sozialen und politischen Verhältnisse. Allerdings war keines seiner Werke so erfolgreich wie »Jettchen Gebert«, das bis 1912 in 56 Auflagen(!) nachgedruckt wurde. Nachdem das Interesse an seinen Büchern schon seit Mitte der 20er Jahre rapide gesunken war, zählte H. fast zu den Vergessenen, als er 1933 nach Holland floh. 1943 im KZ Westerbork interniert, wurde H. im November desselben Jahres in Auschwitz ermordet. Die Literaturkritik hat später nur noch wenig Notiz von diesem Autor genommen, der dennoch keine Randfigur der Literaturgeschichte ist: »Die Selbstverständlichkeit, mit der sich hier traditionelles bürgerliches Kulturbewußtsein, Kennerschaft, ja Genuß in künstlerischen Dingen, eine spielerische Lust am Milieu- und Genrehaften mit progressiven, humanen Haltungen verbinden (und das über Jahrzehnte hinweg), ist in der deutschen Literatur eine Ausnahmeerscheinung.« (O.F. Riewoldt).
Literatur: V.I. Wentworth, G. Hermann und das Biedermeier, 1973; C.G. van Lieres, G. Hermann. Materialien zur Kenntnis seines Lebens und seines Werkes, 1974. *MS*

Hermbstaedt, Sigesmund Friedrich

Chemiker
✶ 14.4.1760 Erfurt
† 22.10.1833 Berlin [F.108]

H. studierte in Erfurt und wirkte danach in Hamburg. Ab 1784 in der Berliner Apotheke Zum weißen Schwan tätig, wurde er 1790 Administrator der Hofapotheke und erhielt eine Professur am Collegium medico-chirurgicum und ab 1819 auch an der Universität. Mit seinen Forschungen u.a. zur Färbe- und Bleichkunst sowie zu den »chemischen Grundsätzen der Kunst Branntwein zu brennen« beförderte er den Aufschwung der preußischen Industrie. *UH*

Herrmann-Neiße, Max

(eigtl. Max Herrmann)
Schriftsteller und Journalist
✶ 23.5.1886 Neiße (Schlesien)
† 8.4.1941 London

Nach einem Studium der Literatur- und Kunstwissenschaften in München und Breslau arbeitete H.-N. zunächst in seiner Geburtsstadt als freier Schriftsteller u.a. für Zeitschriften wie »Aktion«, »Pan« und »Weiße Blätter«, bevor er 1917 nach Berlin kam und sich zusätzlich als Theater- und Kabarettkritiker betätigte. Seine expressionistische Lyrik zeichnet sich durch das Eintreten für die Unterdrückten und die Überwindung der menschlichen Einsamkeit durch eine Menschheitsverbrüderung aus (»Im Stern des Schmerzes« 1924, »Einsame Stimme« 1927). 1933 emigrierte er über die Schweiz, Holland und Frankreich nach London. Schwermütige, in der Form konservative Gedichte thematisieren das Emigrantenschicksal (»Um uns die Fremde« 1936). *UB*

Herrnfeld, Anton

✶ 15.1.1866 Raab (Gyorsziget, Ungarn)
† 1929 Berlin [F.99]

Herrnfeld, David Donat

✶ 11.11.1867 Raab (Gyorsziget, Ungarn)
† 8.6.1916 Berlin [F.119]
Schauspieler, Theaterleiter

Die Brüder gründeten 1884 ihre erste Theatergruppe »Erste Original Budapester Erpheum Gesellschaft«, mit der sie seit 1886 auch in Deutschland gastierten. 1892 traten sie zum erstenmal in Berlin auf. 1897 besaßen sie am Alexanderplatz ihr eigenes »Budapester Possen- und Operettentheater«. Die beiden Brüder spielten hier viele ihrer eigenen Stücke und verschafften so dem jüdischen Theater in Berlin große Popularität. 1906 zogen sie in das »Theater in der Kommandantenstraße«, das als Herrnfeld-Bühne bekannt wurde. Kurt Tucholsky schrieb über das Spiel der

Brüder: »Ihre wahre Größe entfalteten sie in den Konversationen.« Auch an Filmen versuchten sich die beiden Theatermänner. Nach dem Tod des Bruders ging Anton H. für einige Jahre nach Amerika, kehrte aber 1926 wieder nach Berlin zurück. Im gleichen Jahr gab er die Sammlung »Herrnfeld-Humor. Eine Sammlung der besten Anekdoten, Scherze und Humoresken« heraus.
Literatur: P. Sprengel, Populäres Jüdisches Theater in Berlin von 1877–1933, 1997. *EF*

Hertz, *Gustav* Ludwig

Physiker
✶ 22.7.1887 Hamburg
† 30.10.1975 Berlin
H., Neffe des Nachfolgenden, studierte in Göttingen, München und 1908–11 in Berlin. Gemeinsam mit James Franck untersuchte er an der Berliner Universität Stoßprozesse von Elektronen in Gasen. Dabei gelangen ihnen 1912–14 in Berlin erste Messungen des im Jahre 1900 postulierten Planck'schen Wirkungsquantums und gleichzeitig wichtige Aussagen zum 1913 formulierten Bohr'schen Atommodell. Diese 1925 mit dem Nobelpreis geehrte Leistung gilt als ein Grundversuch der modernen Physik. H. wirkte ab 1920 bei Philips und übernahm 1927 die Leitung des Physikalischen Instituts der TH Berlin-Charlottenburg. 1935 ging er in die Industrieforschung, wo er Gasreinigungs- und Trennungsverfahren entwickelte. 1945–54 war er am Bau von Urantrennungsanlagen in der Sowjetunion beteiligt. H. war der einzige Nobelpreisträger, der sich für ein Leben in der DDR entschied. Er wirkte zunächst in Leipzig und nach seiner Emeritierung an der Berliner Akademie. *UH*

Hertz, *Heinrich* Rudolf

Physiker
✶ 22.2.1857 Hamburg
† 1.1.1894 Bonn
H. promovierte in Berlin im vierten Semester. Als Schüler von Helmholtz legte er 1880–83 vielbeachtete Untersuchungen zur Elastizität, zur Verdunstung sowie zur Maxwell'schen Elektrodynamik vor. Er folgte 1885 einem Ruf an die TH Karlsruhe. Dort wies er in Fortsetzung seiner Berliner Experimente die von der Maxwell'schen Theorie geforderten elektromagnetischen Wellen hoher Frequenz nach. Damit legte er den Grundstein für das heute weltumspannend existierende Nachrichtensystem und bahnte den Weg zum

Heinrich Rudolf Hertz (1857–1894)

Rundfunk. Er ging 1889 nach Bonn und starb als einer der bedeutendsten Physiker des ausgehenden 19. Jhs. im Alter von 36 Jahren.
Literatur: J. Kuczera, H. Hertz, Entdecker der Radiowellen, 1977. *UH*

Hertz, Paul

Politiker
✶ 23.6.1888 Worms
† 23.10.1961 Berlin [F.93]
Der Kaufmannssohn schloß sich bereits 1905 der SPD an und arbeitete seit 1906 beim Zentralverband der Handlungsgehilfen. 1910 nahm er das Studium der Volkswirtschaft in München und Tübingen auf, das er mit der Promotion zum Dr.rer.pol. abschloß. Er wurde Soldat und ging während des Krieges zur USPD über, für deren Zeitung »Die Freiheit« er zwischen 1918 und 1922 als Redakteur eng mit Rudolf Hilferding zusammenarbeitete. Als ein Teil der USPD sich 1922 der KPD anschloß, ging er zur SPD zurück. In Berlin war er von 1919–25 Stadtverordneter; zwischen 1920 und 1933 war er Mitglied des Deutschen Reichstages. In der Öffentlichkeit bekannt wurde er 1929, als er in einer Rundfunkrede begründete, warum er den ihm angetragenen Posten eines Reichsfinanzministers ablehne. 1933 emigrierte er nach Prag und gehörte bis 1938 dem Exilvorstand der SPD an. 1939 übersiedelte er in die USA, wo er als Wirtschaftsprüfer arbeitete.

Auf Wunsch seines Freundes Ernst Reuter kam er 1949 nach Berlin. Hier wirkte er erfolgreich als Senator für Marshallplan und Kreditwesen (1951–53) bzw. für Wirtschaft und Kredit (1955–1961). Berlin ehrte ihn 1958 mit der Ernst-Reuter-Plakette und setzte ihm am Heckerdamm (Charlottenburg) ein Denkmal. Sein Ehrengrab liegt in Zehlendorf. *EF*

Hertzberg, Ewald Friedrich Graf von

preußischer Politiker
✶ 2.9.1725 Lottin
† 27.5.1795 Berlin [F.28]

Während seines Studiums in Halle, wo er auch die Doktorwürde erwarb, widmete sich H. vor allem der Geschichte und dem Staatsrecht. Seit 1745 in Berlin lebend, fand er Anstellung im Auswärtigen Amt und arbeitete hier die Akten des Staatsarchivs durch. 1750 erhielt er die Aufsicht über das Geheime Cabinetts-Archiv und forschte nicht nur selbst intensiv zur Geschichte Brandenburgs, sondern weckte überhaupt das Interesse für historische Studien. Zu verschiedenen Problemen verfaßte er Denkschriften, mit denen er Einfluß auf die Politik gewinnen konnte. 1763 wurde er zum Staatsminister berufen. Obwohl er Friedrich II. tief verehrte, war er nicht immer mit ihm einer Meinung und vor allem unzufrieden über seine Stellung. Seine Hoffnungen, unter Friedrich Wilhelm II. seine Position zu verbessern, erfüllten sich schließlich nicht. Zwar fand er seine Auffassungen vom europäischen Gleichgewicht noch in den 80er Jahren bestätigt und befand sich auf dem Höhepunkt seines politischen Einflusses, doch nach der französischen Revolution 1789 verfiel dieser schnell, und er zog sich 1791 aus der Politik zurück. *EF*

Hertzog, Rudolf

Kaufmann
✶ 15.6.1815 Berlin
† 2.5.1894 ebd. [F.75]

Der Vater H.s besaß ein Manufakturwarengeschäft am Mühlendamm in Berlin. H. begann seine kaufmännische Karriere als Lehrling im damals angesehenen Modewarenhaus J. Sy in Berlin und war anschließend bei George Gabain angestellt. Er eröffnete 1839 ein Manufakturwarengeschäft in der Breiten Straße 13, das 1848 nach Nr. 15 verlegt wurde. H. führte als erster feste Preise in Berlin ein, eine Neuerung, die er auf Reisen nach Frankreich kennengelernt hatte. H.s Erfolg beruhte z.T. auf Werbung. In den 70er Jahren erschienen regelmäßig ganzseitige Zeitungsanzeigen mit Angeboten seines Warenhauses. Er gilt als einer der Schöpfer der Berliner Reklame. *BF*

Herz, Henriette Julie

(geb. de Lemos)
Literatin
✶ 5.9.1764 Berlin
† 22.10.1847 ebd. [F.13]

Als Tochter eines führenden jüdischen Berliner Arztes wurde die zwölfjährige Henriette nach jüdischem Brauch mit dem 17 Jahre älteren Philosophen und Arzt Markus Herz (nachfolgender Eintrag) verlobt. Herz, Lieblingsschüler Kants, veranstaltete in seiner Wohnung in der Spandauer Straße berühmte philosophische Vortragsabende, an denen sämtliche Berliner Autoritäten, bis hin zum Kronprinzen, teilnahmen. Seit 1784 gab es im Hause Herz zwei sehr verschiedenartige nebeneinander existierende Gesellschaften. Während Markus Herz die Gelehrten empfing, entwickelte sich im Salon der schönen und belesenen Dame des Hauses das erste Zentrum der Berliner Romantik. Die Mitbegründerin eines »Tugendbundes«, dem auch A. und W.v. Humboldt angehörten, empfing viele bedeutende Persönlichkeiten: Prinz Louis Ferdinand, Graf Mirabeau, Schleiermacher, mit dem sie eine lebenslange Freundschaft verband und der sie bei Übersetzungen aus dem Englischen unterstützte, Dorothea Veit und Friedrich Schlegel, Jean Paul und den jungen Börne, der einen Selbstmordversuch ob seiner von ihr unerwiderten Liebe unternahm. Nach dem Tode von Markus Herz 1803 zog sie aus der seit 1795 bewohnten Neuen Friedrichstraße in eine kleinere Wohnung in die Markgrafenstraße 59. Zunehmende wirtschaftliche Probleme zwangen sie, Privatunterricht zu geben. 1817 konvertierte sie zum christlichen Glauben. 1828 diktierte sie ihre Erinnerungen (»Henriette Herz. Ihr Leben und ihre Erinnerungen«. Hg. v. J. Fürst, 1850). Der König setzte ihr 1845 dank der Fürsprache von A.v. Humboldt eine Rente von 500 Talern aus. 1870 schrieb K. Hillebrand: »Alle Berühmtheiten drängten sich in Henriettes Salon zusammen, ergriffen von einer gewissen Vorherrschaft der Hausfrau, die ohne hervorragende geistige Überlegenheit die einzigartige, nicht erlernbare und nicht lehrbare Kunst besaß, Empfänge zu veranstalten.«
Literatur: H. Herz. Berliner Salon. Erinnerungen und Portraits. Hg. v. U. Janetzki, 1984. *UB*

Herz, Markus
Mediziner
✶ 17.1.1747 Berlin
† 19.1.1803 ebd. [F.113]
Der Sohn eines Thoraschreibers mußte anfänglich als Handlungsgehilfe arbeiten, bevor er Gönner fand, die sein Studium in Königsberg unterstützten. Hier wandte er sich nicht nur der Medizin zu, sondern hörte auch Vorlesungen bei Immanuel Kant, dessen philosophische Positionen er bis zu seinem Lebensende propagierte. In einem Brief an Kant schrieb er 1770: »Ich werde nicht aufhören, den Tag, an welchem ich mich den Wissenschaften übergab, für den glücklichsten, und denjenigen, da Sie mein Lehrer wurden, für den ersten meines Lebens zu halten.« Nachdem er sein Medizinstudium 1774 mit der Promotion in Halle abgeschlossen hatte, ließ er sich in Berlin nieder und praktizierte auch im Jüdischen Krankenhaus. 1779 heiratete er Henriette de Lemos, deren Salon später zu einem geistigen Zentrum der Stadt wurde. Seit 1776 hielt er private Vorlesungen zu Fragen der Medizin, der Naturwissenschaften und der Philosophie, die sowohl von Mitgliedern des Hofes als auch von Intellektuellen der Stadt besucht wurden, unter ihnen die Brüder Humboldt und Minister von Zedlitz. 1787 verlieh ihm der König den Titel eines Professors für Philosophie. Die Aufnahme in die Akademie der Wissenschaften blieb ihm allerdings verwehrt. Er war ein Freund von Moses Mendelssohn und mit den Berliner Aufklärern der »Mittwochsgesellschaft« eng verbunden. Davon zeugen solche Arbeiten wie der »Versuch über den Schwindel«, die »Briefe an die Ärzte« und der »Grundriß aller medicinischen Wissenschaften«.
EF

Herzfeld, Hans
Historiker
✶ 22.6.1892 Halle/Saale
† 16.5.1982 Berlin [F.92]
H. wirkte als Hochschullehrer in Halle (1929–38), Freiburg im Breisgau (1946–50) und Berlin (1950–60). Er beschäftigte sich vorrangig mit Forschungen zur neueren Geschichte, insbesondere des 19. und 20. Jhs. Zu seinen Hauptwerken zählen »Johannes von Miquel« (2 Bde., 1939), »Ausgewählte Aufsätze« (1962), »Die Weimarer Republik« (1966) und »Berlin in der Weltpolitik 1945–70« (1973).
Literatur; O. Büsch (Hg.), Hans Herzfeld. Persönlichkeit und Werk, 1983. *UH*

Herzfelde, Wieland
(eigtl. Herzfeld)
Schriftsteller, Verleger, Ehrenbürger
✶ 11.4.1896 Weggis (Schweiz)
† 23.11.1988 Berlin [F.108]
H., Sohn des Schriftstellers Franz Held, kam nach dem frühen Tod der Eltern 1899 mit seinem Bruder, der sich später John Heartfield nannte, zu Verwandten nach Deutschland. Er wandte sich 1917 zum Studium nach Berlin, wo er gemeinsam mit George Grosz die – schon bald verbotene – Zeitschrift »Neue Jugend« herausgab, mit der die Dada-Bewegung begründet wurde. 1917 erschien der Gedichtband »Sulamith«, H.s Debüt als Schriftsteller. Im gleichen Jahr gründete H. in Berlin zusammen mit seinem Bruder den Malik-Verlag, der ein international bedeutsames Publikationsforum moderner Grafik, der jungen sowjetischen und der linken, gesellschaftskritischen Welt-Literatur war. »Unter lebhafter Mitarbeit der Brüder (Herzfelde) wurde Berlins Dada-Programm eine politisch-radikale Posaune des allerjüngsten Gerichts, die keine sanften Flötentöne der Kunst mehr anerkennen wollte, sondern alles auf eine Karte der radikalen Veränderung der Gesellschaft zu setzen beliebte« (Hans Richter). H. war Mitglied der KPD und des Bundes proletarisch-revolutionärer Schriftsteller. 1933 flüchtete er vor den Nationalsozialisten nach Prag, wo er den Malik-Verlag weiterführte und zusammen mit Anna Seghers und Oskar Maria Graf die antifaschistisch orientierten »Neuen Deutschen Blätter« herausgab. Erneut zur Flucht getrieben, ließ er sich 1939 in New York nieder, arbeitete als Buchhändler und gründete mit Bertolt Brecht und anderen Emigranten den »Aurora«-Verlag. Als Professor für Soziologie der neueren Literatur holte ihn die DDR 1949 an die Leipziger Universität. U.a. arbeitete er mit seinem Bruder an Plakaten, Bühnenausstattungen und Buchgestaltungen. 1959 erhielt er den Heinrich-Heine-Preis. Er war Mitglied der Akademie der Künste der DDR und Ehrenmitglied des Schriftstellerverbandes. 1986 verlieh ihm Berlin (Ost) die Ehrenbürgerwürde der Stadt; diese wurde mit Aufnahme in die 1992 beschlossene Gesamtberliner Ehrenbürgerliste bestätigt.
Werke: Sulamith, Gedichte (1917); Schutzhaft (1919); Immergrüner Garten (1949); John Heartfield – Leben, Werk (1961); Zur Sache. Geschrieben und Gesprochen zw. 18 u. 80 (1976). *BF*

Hesekiel, George Ludwig

Lyriker und Dramatiker

✶ 12.8.1819 Halle

† 26.2.1874 Berlin

Der Sohn des Generalsuperintendenten und religiösen Lyrikers Friedrich H. studierte in Jena, Halle und Berlin. Von Fouqué angeregt, leitete er seit 1846 die Zeitschrift »Die Rosen«. 1849 übernahm er die Leitung der »Neuen preußischen (Kreuz=)Zeitung« und war 1855 Mitbegründer der sozialpolitischen Wochenschrift »Berliner Revue«, in der seine historischen Romane erschienen. Er war ein fruchtbarer Erzähler, vaterländischer Lyriker, Dramatiker und Bismarck-Biograph (»Das Buch vom Grafen Bismarck« 1868). *UB*

Hessel, Franz

Schriftsteller und Lektor

✶ 21.11.1880 Stettin

† 6.1.1941 Sanary sur Mer

Der Sohn einer großbürgerlichen jüdischen Familie aus Stettin kam im Alter von 8 Jahren nach Berlin. Sein Vater ließ sich als Bankier im Berliner alten Westen nieder. Nach dem Studium der Literaturgeschichte in München, wo er sich an F.v. Reventlow und K. Wolfskehl anschloß und so zum weiteren Umfeld des George-Kreises gehörte, lebte er von 1906–14 in Paris. Nach »Kramladen des Glücks« (1913) entstand die »Pariser Romanze« (1920). Zusammen mit »Heimliches Berlin« (1927) bilden sie gewissermaßen die autobiographische Trilogie eines Flaneurs – von den ersten unsicheren Streifzügen durch die Münchner Boheme zu denen eines Nicht-Helden im Paris vor dem I. Weltkrieg, bis zu den Feldzügen der Blicke durch das Berlin der 20er Jahre. In den 20er und frühen 30er Jahren arbeitete Ernst Rowohlts Lieblingsautor H. als Lektor in dessen Verlag in Berlin. Es entstanden »Teigwaren leicht gefärbt« (1926) und im Jahre 1929 »Nachtfeier« und »Spazieren in Berlin«, das Buch eines Flaneurs, der meinte, Argwohn zu erregen, während er langsam durch Berlin ging, »rundherum und mittendurch«. 1933 erschien »Ermunterung zum Genuß: Kleine Prosa«. Neben eigenen Übersetzungen aus dem Französischen (Stendhal), übersetzte er gemeinsam mit W. Benjamin Proust. Der jüdisch-deutsche Feuilletonist (so bezeichnete er sich), der nicht mehr schreiben durfte, beharrte darauf, in Berlin zu bleiben. Nach 1933 lebte er dort im Verborgenen. Seine Frau holte ihn 1938 in die Emigration nach Paris. Mai bis Juli 1940 verbrachte er im Internierungslager Les Milles. Er hinterließ zwei Fragmente (»Alter Mann« 1987 und »Letzte Heimkehr nach Paris«, das mit biographischen Skizzen 1988 veröffentlicht wurde). In seinem Nachruf 1941 schrieb A. Polgar: »Er war eine reine Seele, ohne Tropfen Bosheit, und schrieb reines Deutsch, in dem die rechten Worte am rechten Fleck stehen.« Seine Person war die filmische Vorlage für den Jules in dem Truffaut-Film »Jules und Jim«. *UB*

Hesterberg, Trude

Schauspielerin, Sängerin, Kabarettistin

✶ 2.5.1892 Berlin

† 31.8.1967 München

Die bereits als Operettensoubrette bekannt gewordene H. spielte seit 1912 am Deutschen Theater, eröffnete im September 1921 im Keller des Theaters des Westens das Kabarett »Wilde Bühne«. Hausautor der H. wurde W. Mehring. Von ihm kreierte sie die »wilde Trude« (von anderen wurde sie die »rote Trude« genannt). Auch Tucholsky und Klabund schrieben für sie. Unter dem Pseudonym Ernst Fabian debütierte Erich Kästner als Kabarettautor. Ringelnatz las hier seine Gedichte und Brecht trug zur Laute seine »Legende vom toten Soldaten« vor, was einen gesellschaftlichen Skandal verursachte. Interpreten der »Wilden Bühne« waren u.a. A. Hase, W. Bendow, K. Gerron. Später trat sie in verschiedenen Kabaretts und Revuen sowie mit eigenen Programmen in allen namhaften Etablissements auf. Während der NS-Zeit – ihr Kabarett »Die Musenschaukel« wurde verboten – war sie beim Film beschäftigt. Nach 1945 spielte sie in München, ohne an ihren Ruhm aus der Weimarer Republik anknüpfen zu können. *DTW*

Heubner, Otto

Mediziner

✶ 21.1.1843 Mühltroff (Sachsen)

† 17.10.1926 Loschwitz b. Dresden

H. gründete ein privates Kinderkrankenhaus in Leipzig und folgte 1894 einer Berufung zum Direktor der Kinderklinik der Berliner Charité. Dort setzte er den Institutsneubau durch und legte Forschungen zur Diphtherie, zu Ernährungsstörungen sowie zur Säuglingsfürsorge vor. Sein Engagement verhalf der jungen Disziplin Pädiatrie zur Anerkennung. H. war ein hervorragender Diagnostiker, der seine Schüler zur exakten Beobachtung der jungen Patienten anhielt. *UH*

Heuss, Theodor

liberaler Politiker, Bundespräsident, Ehrenbürger
✶ 31.1.1884 Brackenheim
† 12.12.1963 Stuttgart
Der Sohn eines Regierungsbaumeisters studierte in Berlin und München sowohl Kunstgeschichte als auch Staatswissenschaften. In München promovierte er 1905 bei L. Brentano. In Berlin, wo er nach dem Studium lebte, fand er früh Anschluß

Theodor Heuss (1884–1963)

an den Kreis um F. Naumann und trat 1903 der Freisinnigen Vereinigung (ab 1910 Fortschrittliche Volkspartei) bei. Zwischen 1905 und 1912 arbeitete er an der Zeitschrift »Hilfe« mit und war danach Chefredakteuer der »Neckar-Zeitung«. Nach dem I. Weltkrieg wirkte H. zeitweilig als Geschäftsführer des Deutschen Werkbundes in Berlin, leitete die Zeitschrift »Deutsche Politik« und lehrte als Dozent an der Berliner Hochschule für Politik (1920–33). In dieser Zeit war er auch als Schöneberger Stadt- bzw. Bezirksverordneter tätig. Nach 1918 mit F. Naumann an der Gründung der Deutschen Demokratischen Partei (seit 1930 Deutsche Staatspartei) beteiligt, wurde er von 1924–28 bzw. von 1930–33 Mitglied des Reichstags. Er verfaßte Arbeiten wie »Volk und Staat« (1926) und »Hitlers Weg« (1932), wobei letzteres zu den 1933 verbrannten Büchern gehörte. Nach 1933 versuchte er sich zeitweilig wieder als Herausgeber der »Hilfe« (1933–36) und schrieb, teilweise unter Pseudonym, für die Frankfurter Zeitung. In dieser Zeit entstand seine Biographie über Friedrich Naumann (1937). Nach 1945 gehörte H., der seit 1943 in Heidelberg lebte, zu den Mitbegründern der Demokratischen Volkspartei; er wirkte in Baden-Württemberg als Kultusminister und Landtagsabgeordneter und lehrte an der TH Stuttgart als Professor für Geschichte. Seit 1948 arbeitete H. im Parlamentarischen Rat mit und zählt zu den Vätern des Grundgesetzes. 1948 wurde er Vorsitzender der FDP und führte als Bundestagsabgeordneter seit 1949 die FDP-Fraktion. Im selben Jahr zum ersten Bundespräsidenten gewählt, übte er dieses Amt nach seiner Wiederwahl 1954 bis 1959 aus. H. repäsentierte die Bundesrepublik nach außen im Geiste der von ihm vertretenen liberalen und demokratischen Traditionen und war im Innern um den Ausgleich der Parteien bemüht. Seine »Erinnerungen 1905–1933« erschienen 1963. Am 31.10.1949 wurde er Berliner Ehrenbürger.
Literatur: H. Bott, T. Heuss in seiner Zeit, 1966.
EF

Heydt, August Freiherr von der

preußischer Minister
✶ 15.2.1801 Elberfeld
† 13.6.1874 Berlin [F.46]
Nach seiner Ausbildung in Frankreich und England trat H. 1824 in das väterliche Bankhaus in Elberfeld ein. 1841 kam er in den rheinischen Provinziallandtag und 1847 als einer der führenden Liberalen in den preußischen Landtag. Von 1848 bis 1862 leitete er das Handelsministerium und setzte wichtige Neuerungen im Post- und Telegraphenwesen, beim Eisenbahn-, Straßen- und Kanalbau sowie im Gewerbewesen durch. 1866 zum Finanzminister ernannt, wurde er wegen Konflikten mit dem Landtag 1869 entlassen.
EF

Heyl, Hedwig

Sozialpolitikerin
✶ 5.5.1850 Bremen
† 23.1.1934 Berlin [F.5]
Die Tochter des Mitbegründers des Norddeutschen Lloyd heiratete im Alter von 18 Jahren den Fabrikantensohn Georg H., in dessen Charlottenburger chemischen Fabrik sie zahlreiche soziale Einrichtungen schuf. H. gründete 1884 die erste Koch- und Haushaltungsschule (später Pestalozzi-Fröbel-Haus) und 1890 die erste Gartenbauschule für Frauen. 1912 initiierte sie in Berlin die Ausstellung »Die Frau in Haus und

Beruf«. 1925 berichtete H. »Aus meinem Leben«. *UH*

Heym, Georg

Lyriker

✶ 30.10.1887 Hirschberg (Schlesien)

† 16.1.1912 Berlin [F.6]

Der Sohn eines Militäranwalts kam als Kind nach Berlin. Er studierte Jura in Würzburg, Berlin und Jena. In Berlin war er Mitglied des »Neopathetischen Cabarets«. Nach seinem Staatexamen 1911 arbeitete er in der Referendarzeit in Wusterhausen und später als Dr.jur. in Rostock. Zwischen Lindwerder und Schwanenwerder ertrank er beim Eislauf auf der Havel. Als einer der bedeutendsten Vertreter der frühexpressionistischen Lyrik beschwört er mit äußerster Formstrenge (Sonett) in düsteren Bildern die Gnadenlosigkeit der Großstadt und Visionen von kommenden Kulturkatastrophen. (»Der ewige Tag« 1911, »Umbra vitae« 1912).

Literatur: P. Schünemann, Georg Heym, 1993.

UB

Heym, Stefan

(eigtl. Helmut Flieg)

Schriftsteller

✶ 10.4.1913 Chemnitz

† 16.12.2001 Jerusalem (Israel) [F.119]

Der Kaufmannssohn Helmut Flieg kam 1932 nach Berlin, wo er sein Abitur ablegte und das Studium der Philosophie, der Germanistik und der Zeitungswissenschaften begann. Gleichzeitig schrieb er kleine Beiträge für die Presse. 1933 nahm er den Namen Stefan Heym an, um seine jüdische Familie zu schützen, und emigrierte in die Tschechoslowakei, wo er als Journalist arbeitete. 1935 wählte sein Vater den Freitod, viele Familienangehörige kamen in die Vernichtungslager. H. übersiedelte in die USA, leitete zwischen 1937 und 1939 die New Yorker Wochenzeitung »Deutsches Volksecho« und veröffentlichte 1942 mit »Hostages« (dt. 1958 »Der Fall Glasenapp«) seinen ersten Roman. Von 1943–45 diente er in der US-Army. Sein Roman »The Crusaders« aus dem Jahre 1948 (dtsch. 1950 »Kreuzfahrer von heute«) wurde zu einem internationalen Bestseller. 1952 übersiedelte er in die DDR, wo er u.a. mit dem Heinrich-Mann-Preis (1953) und dem Nationalpreis (1959) ausgezeichnet wurde. Bereits 1953 geriet er über seine Arbeit an einem Buch über den 17. Juni in Konflikt mit der politischen Führung, so daß der Roman nicht erscheinen konnte (1974 »5 Tage im Juni«). Er protestierte 1976 gegen die Ausbürgerung Biermanns. Es kam zu Repressalien und 1979 zum Ausschluß aus dem Schriftstellerverband. 1989 gehörte er zu den Mitinitiatoren des Aufrufs »Für unser Land« und erhielt als Redner auf der Kundgebung vom 4.11.1989 auf dem Berliner Alexanderplatz großen Beifall, als er erklärte: »Wir haben in den letzten Wochen unsere Sprachlosigkeit überwunden und sind jetzt dabei, den aufrechten Gang zu erlernen.« International wurde er mit dem Jerusalem-Preis für Literatur und mit Ehrendoktoren der Universitäten von Bern und Cambridge gewürdigt. Seine Heimatstadt Chemnitz verlieh ihm die Ehrenbürgerwürde. Zu den Bundestagswahlen 1994 kandidierte er als Parteiloser erfolgreich für die PDS und eröffnete im November 1994 als Alterspräsident die neue Legislaturperiode des Deutschen Bundestages. Zu seinen bekanntesten Arbeiten gehören die Romane »Lassalle« (1969), »Der König David Bericht« (1972), »Collin« (1979) und »Radek« (1995) sowie sein autobiographischer Roman »Nachruf« (1988). *EF*

Heynitz, Friedrich Anton Freiherr von

Politiker

✶ 14.5.1725 Dröschkau b. Torgau (Sachsen)

† 15.5.1802 Berlin

Der Sohn eines kursächsischen Beamten besuchte die berühmte Fürstenschule Schulpforta bei Naumburg und befaßte sich anschließend mit dem Salinenwesen in Bad Kösen. In den folgenden Jahren studierte er in Dresden und Freiberg vor allem Probleme des Erzbergbaus und des Hüttenwesens. Seit 1746 arbeitete er für den Hof von Braunschweig und entwickelte sich hier bis zum Leiter des Harzer Bergbaus. 1763 wechselte er in die Dienste Sachsens, wo ihm von 1765 an als Generalbergkommissar das gesamte sächsische Berg-, Hütten- und auch Forstwesen unterstand. In dieser Funktion initiierte er die Gründung der Bergakademie in Freiberg, der heute ältesten Montanhochschule der Welt. Nach Differenzen mit der sächsischen Regierung schied er 1774 aus seinen Funktionen aus und zog sich auf sein Gut zurück. 1776 folgte er jedoch dem Ruf von Friedrich II. und kam als Minister nach Preußen. Schon 1781 entwarf er einen Generalplan für das gesamte preußische Berg- und Hüttenwesen. Er setzte sich für die Modernisierung der Berliner Bergakademie ein, wirkte seit 1786 als Kurator der Akademie der bildenden Künste und beteiligte sich 1798 an der Gründung der Bauakademie. Unter H. dienten später so erfolgreiche Persönlichkeiten wie der Reichsfreiherr vom und zum Stein, Alexander von Humboldt und Hardenberg. Stein nannte den Staatsminister »einen der vortrefflichsten Männer seines Zeitalters.« Seine letzte Ruhestätte fand er in der Familiengruft in der Kirche von Belgern. In Berlin erinnert der Heinitzweg (Tempelhof) an das Wirken dieses Mannes. *EF*

Heyse, Paul

Schriftsteller
✶ 15.3.1830 Berlin
† 2.4.1914 München

Der Sohn des Sprachforschers Karl H. wuchs in Berlin auf und studierte dort Klassische Philologie. 1846 wurde er von Geibel in den Dichterkreis »Tunnel über der Spree« eingeführt. Nach einem Studium der Romanistik und Kunstgeschichte in Bonn kam er 1852 als Dr.phil. zurück nach Berlin, wo er dann, nach einer langen Italienreise, bis 1854 als Privatgelehrter lebte. 1854 wurde er mit einem Jahrgeld ohne weitere Verpflichtung vom bayerischen König nach München berufen und war dort Mittelpunkt des Münchner Dichterkreises. 1910 erhielt er als erster Deutscher den Nobelpreis für Literatur. Als fruchtbarer Epigone der klassizistisch-romantischen Bildungstradition wurde er vom gebildeten Bürgertum geschätzt und der naturalistischen Generation verspottet. Seine erste Novelle »L'Arrabbiata« (1855) blieb in der Form beispielhaft für über hundert nachfolgende Novellen. Darüber hinaus schrieb er zahlreiche Theaterstücke und Romane. *UB*

Hilberseimer, *Ludwig* Karl

Architekt, Stadtplaner, Fachschriftsteller
✶ 14.9.1885 Karlsruhe
† 6.5.1967 Chicago

Nach seinem Studium an der TH Karlsruhe war H. in Berlin von 1910–38 selbständiger Architekt. Als Vertreter einer radikalen Sachlichkeit in Städtebau und Architektur wurde er 1919 Mitglied des Arbeitsrates für Kunst sowie der Novembergruppe und bestimmte das Neue Bauen entscheidend mit. H. vertrat vor allem eine sozial ausgerichtete Städtebauplanung, die er in zahlreichen Publikationen auch theoretisch untermauert hat. Nach seiner Lehrtätigkeit für Städtebau am Bauhaus in Dessau und Berlin (1928–33) emigrierte H. 1938 in die USA, arbeitete zunächst 1938–55 als Professor für Stadt- und Regionalplanung am Illinois Institute of Technology in Chicago und wurde 1955 Direktor des Chicago Departement of City and Regional Planning.

Wichtige Bauten: Siedlung Adlergestell/Dörpfeldstraße, Bln.-Treptow/Adlershof (1925–27); Wohnhaus Dr. Blumenthal, Wilskistr., Bln.-Zehlendorf (1932); Wohnhaus Zelle GmbH, Bln.-Charlottenburg (1935). Wichtige Projekte: Hochhausstadt (1924); Kreuzungsbahnhof an Stelle des Lehrter Bahnhofs (1927); Zentrumsbebauung Berlin (1930). Publikation: Großstadtarchitektur (1927).

Literatur: W. Ribbe/W. Schäche, (Hg.), Baumeister, Architekten, Stadtplaner, 1987. *KDS*

Hildebrand, Hilde

(eigtl. Emma Minna H.)
Schauspielerin
✶ 10.9.1897 Hannover
† 28.4.1976 Berlin [F.2]

H. begann an den Barnowsky-Bühnen in Berlin, war am Renaissance-Theater und zuletzt an der Freien Volksbühne. Ihren Ruf begründete der Tonfilm. Von der Halbweltdame (»Moral und Liebe« 1933) über die männervertilgende Nymphomanin (»Bel ami« 1939) bis zur alternden Varieté-Besitzerin (»Große Freiheit Nr. 7« 1944) brillierte sie im Fach der raffinierten Salonlöwin durch ihre pointierte, witzige, z.T. kabarettistische Gestik. *DTW*

Hilferding, Rudolf,

sozialdemokratischer Politiker und Ökonom
✶ 10.8.1877 Wien
† (Selbstmord) 11.2.1941 Paris

Aus einer jüdischen Kaufmannsfamilie stammend, studierte H. Medizin, promovierte 1901 und praktizierte viele Jahre als Kinderarzt. Frühzeitig interessierte er sich für Probleme der Nationalökonomie und Finanzwirtschaft und wurde Mitglied der Sozialdemokratie. Von 1907–15 war er Redakteur des »Vorwärts« in Berlin und schrieb für »Neue Zeit«. Von 1918–23 leitete er die USPD-Zeitung »Freiheit«. Besonderes Gewicht hat sein Buch »Das Finanzkapital« (1910). Er wirkte sowohl in der österreichischen wie auch der deutschen Sozialdemokratie und gilt als einer der Begründer des Austromarxismus, wobei er das Konzept eines »organisierten Kapitalismus« und einer Wirtschaftsdemokratie vertrat.

Von 1924–33 war er Reichstagsabgeordneter. In verschiedenen Regierungen wirkte er – allerdings glücklos – als Finanzminister (1923, 1928). Er emigrierte 1933 über Zürich nach Paris, wo er 1941 an die Gestapo ausgeliefert wurde und sich im Gefängnis das Leben nahm. *EF*

Hille, Peter

Schriftsteller

✶ 11.9.1854 Erwitzen

† 7.5.1904 Berlin (Großlichterfelde) [F.68]

Nach einem Studium der Philosophie und Literatur in Leipzig lebte er dort als freier Schriftsteller, arbeitete 1878 als Journalist in Bremen und vagabundierte als »Literaturzigeuner« 1880–82 durch London, Amsterdam und Rotterdam, anschließend durch Italien. Seit 1891 lebte er vorwiegend in Berlin, übernachtete oft im Freien und trug seine Aufzeichnungen in einem großen Sack mit sich herum. Er war befreundet mit den Brüdern Hart, E. Lasker-Schüler, Bierbaum und Liliencron. Der impressionistische Lyriker, Erzähler und Dramatiker war ein Meister des kurzen Stimmungsgedichts und des Aphorismus. Viele seiner Werke gingen vermutlich verloren. (P. H. Ges. Werke in 6 Bdn. Hg. v. F. Kienecker 1985 ff.)

Literatur: G. Albrecht (Hg.), Peter Hille – Der Bohemien von Schlachtensee, 1994. *UB*

Hilpert, Heinz

Schauspieler, Regisseur und Theaterleiter

✶ 1.3.1890 Berlin

† 25.11.1967 Göttingen

H. begann in Düsseldorf und Frankfurt/M., war 1919–25 an der Volksbühne Berlin, 1926–32 am Deutschen Theater, 1932–34 wiederum an der Volksbühne. 1934 wurde er Intendant des Deutschen Theaters, 1938 auch des Theaters in der Josefstadt Wien. Nach 1945 war er Intendant in Frankfurt/M., Konstanz, Göttingen. Er inszenierte in Berlin die Uraufführungen von Bruckners »Verbrecher« (1928) und »Elisabeth von England« (1930), Zuckmayers »Hauptmann von Köpenick« (1931), Horvaths »Geschichten aus dem Wiener Wald« (1931), schuf daneben maßstabsetzende Inszenierungen Shakespeares und Kleists am Deutschen Theater, inszenierte nach 1945 die Uraufführungen von Zuckmayers »Des Teufels General« (1946), »Barbara Blomberg« (1949), »Gesang im Feuerofen« (1950), »Die Uhr schlägt eins« (1961).

Schriften: Vom Sinn und Wesen des Theaters in unserer Zeit (1947); Liebe zum Theater (Erinnerungen, 1967).

Literatur: H.G. Falkenberg, H. Hilpert, 1968. *DTW*

Hinckeldey, Karl Ludwig Friedrich von

Polizeipräsident

✶ 1.9.1805 auf Schloß Sinnershausen bei Wasungen

† 10.3.1856 Berlin [F.117]

Nach dem Studium in Berlin und Göttingen war H. seit 1826 in der preußischen Justiz tätig. 1848 holte man ihn als Polizeipräsident nach Berlin, wo er besonders rücksichtslos vorging. Als neuernannter Generalpolizeidirektor organisierte er die Polizeiverwaltung um, was zu einigen Verbesserungen führte, die seinen Ruf in der Stadt und beim König veränderten. 1853 wurde er Leiter der Abteilung Polizei im Ministerium des Innern. Er starb in einem Duell. *EF*

Hindenburg, Paul von Beneckendorff und von

Reichspräsident, Ehrenbürger

✶ 2.10.1847 Posen

† 2.8.1934 Neudeck

Als Sohn eines Berufsoffiziers wuchs H. im Kasernenmilieu solcher Städte wie Graudenz, Köln, Pinne und Glogau auf. Seit 1859 wurde er in der Kadettenanstalt im schlesischen Wahlstatt erzogen. Im Krieg 1866 diente er bereits als Leutnant und wurde danach in Hannover stationiert. Er nahm am deutsch-französischen Krieg 1870/71 teil und erlebte die Zeremonie der Reichsgründung in Versailles mit. Seit 1873 besuchte er die Berliner Kriegsakademie, diente 1877 ein Jahr im Generalstab und wurde 1878 nach Stettin versetzt. Über weitere Stationen führte ihn 1885 sein Weg wieder in den Generalstab nach Berlin und von dort 1888 ins Kriegsministerium. 1911 schied er aus dem aktiven Dienst aus und lebte bis 1914 in Hannover. Nach Ausbruch des I. Weltkrieges übernahm H. den Oberbefehl Ost und wurde zum Generalfeldmarschall befördert. Seit 1916 war er Chef der Obersten Heeresleitung (OHL). In dieser Funktion erlebte er die militärische Niederlage, die Abdankung des Kaisers, was ihn als überzeugten Monarchisten besonders tief traf, die Novemberrevolution sowie die Wirren der unmittelbaren Nachkriegszeit. Erst mit der erzwungenen Auflösung durch den Versailler Friedensvertrag von 1919 legte er den

Paul von Hindenburg (1847–1934)

Oberbefehl nieder. Danach lebte er in Hannover, bis er 1925 zum Reichspräsidenten gewählt wurde. In den nun folgenden Jahren verschärften sich die inneren politischen Gegensätze und wirtschaftlichen Bedingungen. Mit seiner Autorität stützte H. die immer stärker auf undemokratische Notverordnungen zurückgreifenden Regierungen und trug so zum Verfall der Weimarer Republik bei. 1932 erneut zum Reichspräsidenten gewählt, mußte er 1933 Hitler zum Reichskanzler ernennen. Im gleichen Jahr wurde er Berliner Ehrenbürger, und es erschienen seine Erinnerungen »Aus meinem Leben«. Nach Hitlers Ermächtigungsgesetz zog sich H. für immer längere Zeit aus dem Berliner Reichspräsidentenpalais in der Wilhemstraße auf sein Gut Neudeck zurück.
Literatur: W. Görlitz, Hindenburg. Ein Lebensbild, 1953; E. Marcks, Hindenburg, Feldmarschall und Reichspräsident, 1963. *EF*

Hinz, Werner

Schauspieler
✶ 18.1.1903 Berlin
† 10.2.1985 Hamburg [F.92]
H. studierte 1920–22 an der Reinhardt-Schule in Berlin, war bis 1924 am Deutschen Theater, 1939–44 an der Volksbühne Berlin, 1947–50 am Deutschen Theater und am Berliner Ensemble, am Hebbel- und am Schloßpark-Theater in Berlin, später am Deutschen Schauspielhaus Hamburg. H. begann in Operetten und Schwänken, spielte das gesamte klassische Liebhaber- und Heldenrepertoire. In Theater- wie Filmrollen bestachen sein vitaler Charme und die Vielfalt seiner Ausdrucksmittel. *DTW*

Hirsch, Hugo

Komponist
✶ 12.3.1884 Birnbaum (Posen)
† 16.8.1961 Berlin [F.92]
H. studierte zunächst Medizin, später in Berlin Komposition. Seit 1910 trat er als Komponist von Operetten und Revuen, später auch von Filmmusik hervor. Besonders bekannt wurde er als »Hauskomponist« von Otto Reutter – aus der Revue-Posse »Gehn Sie bloß nicht nach Berlin« stammt das Couplet »Ick wundre mir über gar nischt mehr«, das zum populären Schlager wurde. 1933 mußte H. emigrieren. 1950 kehrte er wieder nach Berlin zurück. *ThW*

Hirsch, Max

Verlagsbuchhändler, Politiker
✶ 30.12.1832 Halberstadt
† 26.6.1905 Berlin [F.119]
H. studierte Volkswirtschaft in Tübingen, Heidelberg, Berlin und gründete 1859 in Berlin eine Verlagsbuchhandlung. 1862 wandte er sich nach Magdeburg, um das umfangreiche »Landesproduktengeschäft« des Vaters zu übernehmen. 1864 wurde er in den ständigen Ausschuß der Arbeiterbildungsvereine gewählt. 1867 siedelte er wieder nach Berlin über. H. war von 1869–93 Mitglied des Parlaments des Norddeutschen Bundes bzw. des Reichstags. Er schloß sich der links-liberalen Fortschrittspartei an. H. gründete 1868 nach englischem Vorbild die »Deutschen (Hirsch-Dunckerschen) Gewerkevereine«, deren Vereinsorgan er herausgab. Er veröffentlichte zahlreiche Schriften über sozialpolitische und volkswirtschaftliche Fragen.
Werke: Über den Einfluß der Maschinen auf die Volkswirtschaft; Soziale Briefe aus England; Die hauptsächlichsten Streitfragen der Arbeiterbewegung (1886). *BF*

Hirschberg, Julius

Mediziner
✶ 18.9.1843 Potsdam
† 17.2.1925 Berlin [F.118]
Der Sohn eines Kaufmanns studierte in Berlin

und kam durch seinen Lehrer Albrecht von Graefe zur Augenheilkunde. 1869 eröffnete er eine Praxis in Berlin, die sich regen Zuspruchs erfreute. Um die Jahrhundertwende bildete H. in seiner Klinik zahlreiche angehende Augenärzte aus. Ab 1885 verwirklichte er seine Idee, Eisenmetall-Fremdkörper mittels Magneten aus dem Auge zu entfernen. Als einer der bedeutendsten Ophthalmologen seiner Zeit gab er das »Handbuch der gesamten Augenheilkunde« (9 Bde., 1899–1912) heraus. *UH*

Hirschfeld, Magnus

Sexualwissenschaftler

✶ 14.5.1868 Kolberg (Pommern)

† 14.5.1935 Nizza (Frankreich)

H., Sohn eines jüdischen Arztes, studierte in Breslau, Straßburg, München, Heidelberg und Berlin. Reisen führten ihn u.a. nach Amerika und Afrika. Nach zweijähriger Tätigkeit in Magdeburg ließ sich H. 1896 als praktischer Arzt in Berlin-Charlottenburg nieder. Es folgten Aufenthalte in Paris und London. 1910 eröffnete er eine Praxis für Neurologie und Psychologie in Berlin. Im Zentrum seiner Forschungen stand das Phänomen der intersexuellen Varianten. Seine Schriften behandeln die Übergänge zwischen männlichem und weiblichem Geschlechtstypus. Nach seiner Zwischenstufentheorie gibt es zwischen Mann und Frau viele körperlich-seelische Varietäten. Homosexualität war für ihn eine anlagenbedingte Spielart der Natur, somit weder heilbar noch strafwürdig. Er untersuchte als erster Erscheinungen wie den Transvestitismus. 1899–1925 gab er das »Jahrbuch für sexuelle Zwischenstufen« heraus und gründete 1908 mit anderen die erste »Zeitschrift für Sexualwissenschaft«. Er rief 1897 das »Wissenschaftlich-humanitäre Komitee« ins Leben, das sich für die Aufhebung des Paragraphen 175 einsetzte. Als Präsident der »Weltliga für Sexualreform« focht er für die rechtliche und soziale Lage des »Dritten Geschlechts«. 1918 gründete H. das Berliner »Institut für Sexualwissenschaft«, das zahllosen Homosexuellen half und zugleich die Eheberatung in Deutschland einführte. Seine Hauptwerke sind: »Die Homosexualität des Mannes und des Weibes« (1914), »Geschlechtsübergänge« (1905) und »Die Transvestiten« (1910). Sein Engagement war mit vielen Anfechtungen und sogar tätlichen Angriffen verbunden. 1933 emigrierte H. Sein Institut wurde im Mai 1933 »gesäubert«, seine Bücher verbrannte man.

Literatur: Ch. Wolff, M. Hirschfeld a portrait of a pioneer in sexology, 1986; M. Hirschfeld. Leben und Werk – Ausstellungskatalog, 1985. *UH*

Hitler, Adolf

nationalsozialistischer Politiker, Reichskanzler

✶ 20.4.1889 Braunau/Inn

† (Selbstmord) 30.4.1945 Berlin

Als Sohn eines österreichischen Zöllners wuchs H. in Linz auf, mußte 1905 den Schulbesuch abbrechen und lebte von 1907–13 unter erbärmlichen Verhältnissen in Wien. Nach München übergesiedelt, meldete er sich bei Kriegsausbruch 1914 als Freiwilliger. Mehrfach verwundet, wurde er 1919 als Gefreiter entlassen und lebte wiederum in München. Hier schloß er sich der Deutschen Arbeiterpartei an und wurde bald zum Führer der in Nationalsozialistische Deutsche Arbeiterpartei (NSDAP) umbenannten Bewegung, die von Nationalismus und Antisemitismus geprägt war. Nach dem Scheitern eines Putschversuches 1923 in München zu Festungshaft verurteilt, schrieb er auf der Festung Landsberg seine programmatische Schrift »Mein Kampf«. 1925 formierte er die NSDAP neu und entwickelte einen auf seine Person zugeschnittenen Führerkult. Durch politische wie soziale Spannungen begünstigt, gewannen die soziale Demagogie sowie die nationalistischen und rassistischen Parolen Masseneinfluß. Am 30.1.1933 zum Reichskanzler ernannt, wirkte H. sofort auf den Ausbau eines totalitären Regimes hin, das er in der Folgezeit brutal ausnutzte. Außenpolitisch verfolgte er einen Kurs langfristiger Kriegsvorbereitungen und schrittweiser Gebietserweiterungen. Diese Politik mündete in den II. Weltkrieg, der 1939 mit dem Überfall auf Polen begann, zur Besetzung fast ganz Europas führte, auf Afrika übergriff und 1941 im Krieg gegen die UdSSR sowie dann auch gegen die USA seinen Höhepunkt und 1945 mit der bedingungslosen Kapitalution und der Zerstörung Berlins sein Ende fand. Seiner Verantwortung für Verbrechen gegen die Menschlichkeit und Kriegsverbrechen von bisher ungeahnter Dimension entzog sich H. durch Selbstmord.

Literatur: R. Olden, Hitler, 1935; Bullock, Hitler. Eine Studie über Tyrannei, 1953; J.C. Fest, Hitler, 1973. *EF*

Hitzig, Georg *Friedrich* Heinrich

Architekt
✶ 8.4.1811 Berlin
† 11.10.1881 ebd. [F.108]

Der Sohn des Nachfolgenden arbeitete nach dem Studium an der Bauakademie als selbständiger Architekt in Berlin. Gemeinsam mit C. Hoffmann und G. Erbkam gründete H. 1850/51 die Zeitschrift für Bauwesen. 1855 Mitglied, 1875 Präsident der Akademie der Künste, war H. Vertreter der italienisch geprägten Neorenaissance.
Wichtige Bauten: Reichsbank, Bln.-Mitte (1869–76, zerst.); Hauptgebäude TH, Bln.-Charlottenburg, heute TU (1878–84, zus. mit R. Lucae., J. Raschdorff, Rückfront und Seitenbauten). *KDS*

Hitzig, Julius Eduard

Jurist und Schriftsteller
✶ 26.3.1780 Berlin
† 26.11.1849 ebd. [F.108]

Nach dem Jurastudium arbeitete der Sohn eines Potsdamer Stadtrates am Berliner Kammergericht, von 1827–32 als Direktor des Inquisitorials beim Kammergericht. Seine besonderen Verdienste liegen jedoch weniger im Justizwesen – wenn man von den »Kriminalgeschichten aller Länder«, dem sogenannten »Pitaval« einmal absieht – als im kulturellen Bereich. 1824 initiierte er die Gründung eines literarischen Zirkels, der in der Berliner Geschichte zweiten »Mittwochsgesellschaft«, die über dreißig Jahre Bestand hatte. Er pflegte enge Kontakt zu den Kulturschaffenden der Stadt von Alexis und Chamisso bis E.T.A. Hoffmann und Varnhagen van Ense. 1825 publizierte er »Gelehrtes Berlin« und verfaßte eine Reihe von Biographien über Dichter seiner Zeit. Seine Tochter Clara heiratete 1833 den namhaften Berliner Kunstwissenschaftler Franz Kugler. Sein Sohn Georg Friedrich Heinrich wurde einer der bekanntesten Berliner Architekten seiner Zeit (vgl. vorherigen Eintrag). *EF*

Hobrecht, Arthur Johnson

Oberbürgermeister, Ehrenbürger
✶ 14.8.1824 Kobierzyn (Kreis Dirschau)
† 7.7.1912 Berlin [F.60]

H. war der Sohn eines Gutsbesitzers, studierte Rechtswissenschaften und wurde Landrat und Regierungsassessor. 1863 wählte man ihn zum Oberbürgermeister von Breslau. Hier hat er sich besonders für die von den Stadtverordneten beschlossene Konfessionslosigkeit der Schulen eingesetzt und in dieser Angelegenheit beim König persönlich vorgesprochen. Auch auf finanziellem Gebiet hatte sich H. als weitsichtiger Kommunalpolitiker in Breslau bewiesen. So war er prädestiniert für das Oberbürgermeisteramt in Berlin, das er nach Seydels Ableben antrat. H.s Ziel war es, die Spannungen zwischen Magistrat und Stadtverordneten zu beseitigen. H. erreichte z.B., daß die Polizei nicht mehr dem Staat, sondern der Stadt unterstellt wurde; auch die Straßenreinigung wurde aus der Hand des Staates in die Verantwortung der Stadt gegeben, und die Kanalisation konnte zu Ende geführt werden. Weniger Glück hatte H. mit seinem Vereinigungsversuch der Stadtkreise Berlin und Charlottenburg mit einem aus den umliegenden Dörfern gebildeten Landkreis zu einer Provinz Berlin. Die Stadtverordneten waren nicht aufgeschlossen für seine Reformpläne. H. war von 1881–90 Reichstagsabgeordneter. 1904 wurde er Berliner Ehrenbürger. *EH*

Hobrecht, *James* Friedrich Ludolf

Ingenieur, Architekt, Baubeamter
✶ 31.12.1815 Memel
† 8.9.1902 Berlin

H., Sohn eines ostpreußischen Gutsbesitzers und Bruder des Vorigen, wurde nach dem Studium an der Bauakademie von 1859–61 zum Leiter des »Kommissariums zur Ausarbeitung der Bebauungspläne für die Umgebung Berlins« berufen. Erst 1869 jedoch wurde H. zum Chefingenieur der Berliner Kanalisation ernannt, nachdem er von 1861–69 den Ausbau der Kanalisation in Stettin geleitet hatte. 1884 erfolgte für 12 Jahre seine Berufung zum Stadtbaurat für Straßen- und Brückenbau in Berlin. Der Bau der Berliner Kanalisation von 1873–93 wurde von H. entworfen und vorangetrieben. Im Gegensatz zu Wiebe, der eine Ableitung der ungereinigten Abwässer in die Spree vorsah, entwickelte H. ein System von radialen Entwässerungsleitungen, die insbesondere die Fäkalien über Pumpwerke auf Rieselfelder am Rande oder außerhalb der Stadt leiten sollten. Rudolf Virchow vor der Entscheidungskommission: »... nahm die Deputation mit großer Geneigtheit den Gedanken des Herrn Baurat Hobrecht entgegen, die Stadt in mehrere Entwässerungsgebiete zu zerlegen und jedes einzelne derselben mit einem unabhängigen Kanalsystem, dessen Mündung in der Peripherie des betreffenden Stadtteils gelegen ist, zu versehen ..., (so) daß Störungen in einem Radialsystem vorkom-

men und ausgeglichen werden können, ohne daß die anderen daran beteiligt werden ...« Dieses weitsichtig angelegte Entwässerungssystem ist bis in die Gegenwart nutzbar. H. hatte für mehr als 30 deutsche Städte und auch für Moskau, Tokio, Kairo und Alexandria Pläne ausgearbeitet. Zur Verhinderung von Überflutungen durch Hochwasser hat H. den Spreelauf in Berlin mit zahlreichen Kanälen und Brückenbauten reguliert. Aber nicht überall war H. weitsichtig. Offenbar um »seine Kanalisation nicht verderben (zu) lassen« verzögerte H. zugunsten von Pferde- und Straßenbahn aus ästhetischen, finanziellen und Baugrundvorbehalten den Bau von Hoch- und Untergrundbahnen.
Wichtige Werke: Bebauungsplan Berlin (1859–61); Bau der Kanalisation von Berlin, 1,5 Mio. Einwohner (1873–93).
Literatur: U. Kieling, Berliner Baubeamte und Staatsarchitekten im 19. Jh., 1986. *KDS*

Höch, *Hannah* Anna Therese J.

Malerin
✶ 1.11.1898 Gotha
† 31.5.1978 Berlin [F.36]
Nach einer Ausbildung an der Berliner Kunstgewerbeschule studierte sie 1915 bei E. Orlik und gehörte 1920 zu den Mitgliedern der sog. »Novembergruppe«. 1926–29 lebte sie in den Niederlanden. Die u.a. mit K. Schwitters befreundete H. erhielt wegen ihrer abstrakten und Dada-Kunst in der Nazizeit Ausstellungsverbot, konnte jedoch nach 1945 zu ihrer früheren Schaffenskraft wiederfinden und war eine der bekanntesten Künstlerinnen der Berliner Moderne. *JM*

Hoddis, Jakob van

(eigtl. Hans Davidsohn)
Schriftsteller
✶ 16.5.1887 Berlin
† 30.4.1942 bei Koblenz
Nach einem Studium der Architektur in München studierte H. Klassische Philologie und Philosophie in Jena und Berlin, wo er 1909 einer der Mitbegründer des frühexpressionistischen »Neuen Clubs« und des »Neopathetischen Cabaretts« war. Seit 1912 wurde er zunehmend geisteskrank und führte ein unstetes Wanderleben zwischen Paris, München und Berlin. Als Jude wurde er 1933 aus einer Heilanstalt bei Koblenz abtransportiert und getötet. H. schrieb schwermütige, – auch ironische – frühexpressionistische Gedichte (»Weltende« 1918), voller prophetisch-visionärer Bilder, die in der »Aktion« oder im »Sturm« veröffentlicht wurden. *UB*

Hoepner, Erich

Generaloberst
✶ 14.9.1886 Frankfurt/O.
† (hingerichtet) 8.8.1944 Berlin
H. führte im II. Weltkrieg erfolgreich Panzerverbände gegen Polen, Frankreich und die Sowjetunion. Im Dezember 1941 nahm er die 4. Panzerarmee vor Moskau zurück, um sie vor der Einkreisung und Vernichtung zu bewahren, und wurde von Hitler »aus der Wehrmacht ausgestoßen«. H. schloß sich den militärischen Widerstandsgruppen um Beck und Olbricht an. Nach dem 20.7.1944 wurde er vom »Volksgerichtshof« abgeurteilt und in Plötzensee hingerichtet. *ThW*

Hofer, *Carl* Christian Ludwig

Maler und Grafiker
✶ 11.10.1878 Karlsruhe
† 3.4.1955 Berlin [F.91]
Zunächst in einer Buchhandlung ausgebildet, fand H. 1896 den Weg zur bildenden Kunst mit dem Eintritt in die Karlsruher Akademie, wo er u.a. Schüler von H. Thoma wurde. 1899–1901 hielt er sich in Paris auf und begann sich am Werk P. Cézannes zu orientieren. 1902 wechselte

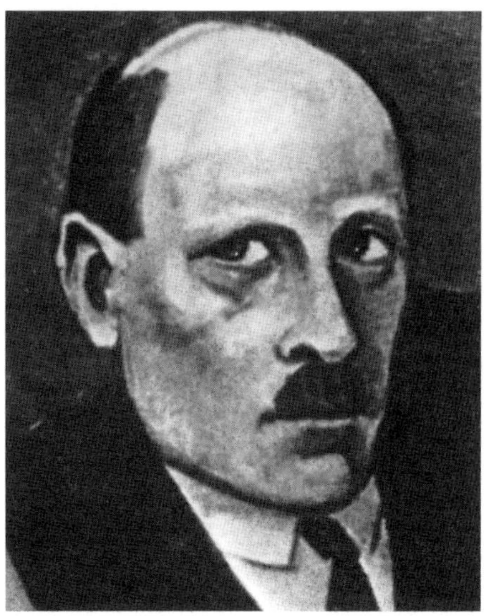

Carl Hofer (1878–1955)

er an die Akademie in Stuttgart, verbrachte die Zeit von 1903–08 in Rom sowie nachfolgend (bis 1913) wieder in Paris. Einen unterbrechenden Höhepunkt seiner Pariser Studienzeit bildeten 1909 und 1911 zwei Reisen an die Malabar-Küste Südwestindiens, die – zusammen mit den bisherigen Arbeiten – seinen eigenen Stil festigten. Sein geplanter Aufenthalt in Berlin nach der 1913 erfolgten Übersiedlung war jedoch nicht von langer Dauer, da man H. bei Ausbruch des I. Weltkrieges während einer Ferienreise in Frankreich internierte. 1917 in die Schweiz entlassen, konnte er erst 1919 nach Berlin zurückkehren. Er erhielt jedoch schon ein Jahr darauf seine erste Berufung an die Hochschule für Bildende Künste, 1923 an die Berliner Akademie. Seine Tätigkeit in beiden Institutionen dauerte aber nur bis 1933, da er von den neuen Machthabern entlassen wurde. Der in der Nazizeit nicht schweigende Künstler erfuhr mehrfache Demütigungen, seine Werke galten als »entartet«, zudem wurde ein Teil durch den Krieg zerstört. Daß sich H. davon nicht entmutigen ließ, zeigen seine aus dem Gedächtnis wiederaufgenommenen Neuschöpfungen verlorener Bilder, besonders jedoch die durch ihn vorangetriebene Neugründung der Berliner Hochschule für Bildende Künste sofort nach Ende des Krieges. Einerseits dem Menschenbild (»Große Tischgesellschaft« 1924) verpflichtet, aber auch der Landschaft zugetan, gewinnt die Symbolik im Schaffen H.s. nach 1933 mehr Raum (»Rufer« 1937; »Schwarze Zimmer« 1942). 1947 zum Präsidenten der Berliner Akademie der Künste gewählt, versuchte H. bis zu seinem Tode, der jungen Berliner Künstlergeneration seine Sicht eines neuen Weltbildes zu vermitteln.

Literatur: W. Haftmann, Malerei im 20. Jahrhundert, 1954; G. Marcks, in: Orden pour le mérite für Wissenschaft und Künste, Reden und Gedenkworte I, 1958. *JM*

Hoffmann, E.T.A. (Ernst Theodor Amadeus)

(eigtl. Ernst Theodor Wilhelm H.)
Schriftsteller, Musiker und Advokat
✶ 24.1.1776 Königsberg
† 26.6.1822 Berlin [F.14]

Der Sohn eines Advokaten kam nach seinem Jurastudium in Königsberg 1798 als Kammergerichtsreferendar nach Berlin. Der begabte Karikaturist wurde schon bald nach Polen strafversetzt, kam aber 1807 nach Berlin zurück, wo er sich nun seinen Lebensunterhalt als Musiker, Zeichner und Literat verdiente. 1808 ging er als Kapellmeister und Musikkritiker nach Bamberg, später nach Leipzig und Dresden. 1814 kam er zurück nach Berlin. Bis zu seinem Lebensende wohnte er in der Taubenstraße am Gendarmenmarkt. Seine Laufbahn als Komponist war beendet, er schrieb nur noch wenige Kompositionen, entfaltete aber umso stärker seine literarische Begabung. Seit 1816 war er Regierungsrat am Kammergericht und als Richter nur sehr widerwillig an der »Demagogenverfolgung« gegen die burschenschaftlichen Umtriebe beteiligt, was ihm ein Disziplinarverfahren eintrug. Zudem wurde er Opfer der preußischen Zensur; »Meister Floh« (1822) wurde nur verharmlost zur Veröffentlichung freigegeben. In Berlin galt er als eine der führenden literarischen Persönlichkeiten in der Tafelrunde der Serapionsbrüder bei Lutter und Wegner. Wie in seinem gegensätzlichen Leben als gewissenhafter Beamter und leidenschaftlicher Künstler stehen in seinen Romanen (»Elixiere des Teufels« 2 Bde. 1815/16, »Lebens-Ansichten des Kater Murr« 2 Bde. 1819/21) Novellen und Erzählungen (»Fantasiestücke in Callot's Manier« 4 Bde. 1814/15) eine realistische Alltagswelt und eine phantasievolle, übersinnliche Welt nebeneinander. Eine wichtige Rolle als Vorboten des technischen Zeitalters spielen Automaten und Maschinen. Seine neue Erzählform wirkte mit ihren grotesken Motiven und phantastischen Zügen prägend auf die Weltliteratur, entgegen der Aussage von A.v. Chamisso: »Unser Hoffmann ist wohl noch eigentümlicher örtlicher deutsch als Jean Paul – unverständlicher und fremder für Euch (Franzosen) – jetzt unstreitig unser erster Humorist …«

Literatur: E.T.A. Hoffmann. Epoche, Werk, Wirkung. Hg. v. B. Feldges/U. Stadler 1986; R. Safranski: E.T.A. Hoffmann. Das Leben eines skeptischen Phantasten, 1984. *UB*

Hoffmann, *Ludwig* Ernst Emil

Architekt, Ehrenbürger
✶ 30.7.1852 Darmstadt
† 11.11.1932 Berlin

H., Sohn eines Advokaten, studierte zunächst an der Kunstakademie in Kassel und ab 1874 zusammen mit seinem Jugendfreund A. Messel an der Bauakademie zu Berlin. Große Erfahrung und Anerkennung durch den Kaiser sammelte H. bei Entwurf und Bau des Reichsgerichtsgebäudes in Leipzig (1886–96), bei dem sich H. von der Schinkel-Schule abwandte und den Formenschatz

von Wallots Reichstagsgebäude rezipierte. H. wurde so Vertreter eines schöpferischen Historismus unter Bevorzugung von Formen der Neogotik, der Neorenaissance und des Neobarock. 1896–1924 übte H., neue Architekturströmungen ignorierend, in seiner Funktion als Stadtbaurat von Berlin großen Einfluß auf die Architektur aus. 1924 wurde er Berliner Ehrenbürger.
Wichtige Bauten: Badeanstalt Oderberger Str., Bln.-Prenzl. Berg (1899–1902); Märchenbrunnen, Bln.-Friedrichshain (1901–13); Rudolf-Virchow-Krankenhaus, Bln.-Wedding (1898–1906); Krankenhaus Moabit, Bln.-Tiergarten (1899–1905); Heilanstalten in Buch, Bln.-Pankow (1899–1929, in mehreren Etappen); Märkisches Museum, Bln.-Mitte (1896–1908); Pergamon-Museum, Bln.-Mitte (1909–30, Entwurf A. Messel); Erweiterungsbau Friedrich-Wilhelm-Universität, heute Humboldt-Universität, Bln.-Mitte (1913–19); Bau bzw. Entwurf von mehr als 60 Schulen; Stadthaus, Bln.-Mitte (1902–11). *KDS*

Höflich, Lucie

(eigtl. Helene Lucie von Holwede)
Schauspielerin
∗ 20.2.1883 Hannover
† 8.10.1956 Berlin [F.92]
H. kam über Bromberg, Nürnberg, Wien 1903 nach Berlin ans Deutsche Theater, wo sie viele jugendliche Frauenrollen (von Gretchen bis Rose Bernd) spielte. Ab 1915 Lehrerin an der Schauspielschule des Deutschen Theaters, leitete sie 1935/36 das Nachwuchsstudio an der Berliner Volksbühne. 1946–50 war H. Regisseurin und Schauspieldirektorin in Schwerin, kehrte nach Berlin zurück und spielte am Hebbel-, Schiller- und Schloßparktheater. *DTW*

Hofmann, August Wilhelm von

(seit 1888)
Chemiker
∗ 8.4.1818 Gießen
† 5.5.1892 Berlin [F.108]
Der Sohn eines Hofkammerrates sowie Universitätsbaumeisters studierte als Schüler des großen Liebig in Gießen. 1843 entdeckte er die Identität des von Runge beschriebenen »Kyanols« mit der Substanz Anilin. Ab 1845 arbeitete H. am Londoner Royal College of Chemistry. Dort verfaßte er zahlreiche Werke zur Farbstoffgewinnung aus Destillationsprodukten des Teers (z.B. Hofmann's Violette). Bei seiner Berufung 1865 nach Berlin warnte ihn Liebig: »Was gäbe ich drum, wenn ich die geisttötenden Prüfungen der Mediziner und Pharmazeuten hier in München abschütteln könnte, aber in Berlin sind sie vernichtend …«. In Berlin entstand unter H.s Leitung 1869 der Neubau des Chemischen Instituts. Mit den dort entwickelten Farbstoffen trug H. zum Aufschwung der chemischen Industrie in Deutschland bei. Unter seiner Ägide wurde Berlin um die Jahrhundertwende eine Hochburg der organischen Chemie. 1880/81 stand H. der Berliner Universität als Rektor vor. *UH*

Hofmann, Fritz

Kaufmann, Sportler
∗ 19.6.1871 Berlin
† 14.7.1927 ebd. [F.108]
Der vielseitige Sportler gehörte seit 1887 der Berliner Turngemeinde an. Seine größten Erfolge errang er bei den I. Olympischen Spielen in Athen 1896, als er mit der deutschen Turnriege die Goldmedaille am Barren und am Reck erkämpfte. Damit jedoch nicht genug, konnte er auch in der Leichtathletik Medaillen erringen: Silber über 100 m und Bronze über 400 m. Neben dem Turnen und der Leichtathletik war er auch im Radsport aktiv und Mitglied im Berliner Ruderclub. Darüber hinaus hatte er verschiedene Funktionen in den Sportvereinen inne. Gemeinsam mit Karl Mann eröffnete er 1901 das erste Berliner Sportbad und gehörte zu den Herausgebern der Zeitschrift »Kraft und Schönheit«. *EF*

Hollaender, Felix

Schriftsteller, Dramaturg, Regisseur und Theaterkritiker
∗ 1.11.1867 Leobschütz
† 29.5.1931 Berlin [F.2]
H. war Dramaturg, Regisseur und Oberspielleiter bei Reinhardt am Deutschen Theater, leitete 1920–23 in dessen Auftrag das Deutsche Theater und die anderen zum Reinhardt-Unternehmen gehörigen Bühnen. Ende 1923 schied er aus und wurde Theaterkritiker beim »8 Uhr-Abendblatt«. H. hinterließ eine Anzahl von Romanen, von denen einige dem Spannungs- und Abenteuergenre zuzurechnen sind. *DTW*

Hollaender, Friedrich

Komponist, Pianist, Textautor und Kabarettleiter
∗ 18.10.1896 London
† 18.1.1976 München
H. war eine der vielseitigsten Gestalten des Berliner Kabaretts der 20er Jahre. Als Komponist und Pianist für »Schall und Rauch« und »Größenwahn« tätig, war er in seinen Kabarettrevuen (seit 1926 am Renaissance-Theater u.a. »Laterna magica« 1926, »Bei uns um die Gedächtniskirche rum« 1927, »Bitte einsteigen« mit Gaststar Josephine Baker 1928) in der Regel Textautor, Komponist und Regisseur in einer Person. 1931 eröffnete H. sein »Tingel-Tangel-Theater«, in dem er weitere Revuen aufführte. H. schuf 1931 die Filmmusik zu »Der blaue Engel«. Das Lied »Ich bin von Kopf bis Fuß auf Liebe eingestellt« – obwohl ursprünglich als »Schimmel« (ein provisorisch anstelle später zu komponierender Musik eingesetztes Stück) geplant – wurde zum Welterfolg. 1933 emigrierte H. nach den USA, wo er als Filmkomponist von 175 Filmmusiken erfolgreich war. 1955 wurde H. in München ansässig und schrieb hier wieder erfolgreiche Kabarettrevuen.
Schriften: F. Hollaender, Von Kopf bis Fuß. Mein Leben mit Text und Musik, 1996. *ThW*

Holstein, Friedrich von

Politiker
∗ 24.4.1837 Schwedt
† 8.5.1909 Berlin [F.107, Grab durch Bau an DDR-Grenzanlagen zerstört]
Seit 1860 als Diplomat tätig, kam H. 1876 ins Auswärtige Amt nach Berlin. Hier wandelte er sich von einem engen Mitarbeiter Bismarcks zu dessen heimlichen Gegenspieler. Nach dem Sturz Bismarcks wuchs der Einfluß H.s. Dabei versuchte er, zwischen den europäischen Kräftegruppierungen zu lavieren, ohne die reale Lage richtig einzuschätzen, was zu außenpolitischen Niederlagen (Marokko-Krise 1906) führte. Seine Zeitgenossen sahen in ihm die »Graue Eminenz« der deutschen Außenpolitik. *EF*

Holtei, Karl von

Theaterdirektor und Theaterdichter
∗ 24.2.1798 Breslau
† 12.2.1880 ebd.
Der Sohn eines österreichischen Rittmeisters hatte schon in jungen Jahren eine starke Vorliebe für das Theater. Nach seinem Jurastudium in Breslau gab er 1819 die juristische Laufbahn auf und debütierte am dortigen Stadttheater. Nach nur geringen Erfolgen, auch in Dresden unter Tieck, übersiedelte er 1823 nach Berlin und arbeitete als Spielleiter und Bühnendichter am Königstädtischen Theater. Seit 1833 führte er ein schauspielerisches Wanderleben. 1876 trat er, obwohl Protestant, in seiner Heimatstadt ins Kloster ein. H. war ein produktiver Bühnenautor mit einer Neigung zu volkstümlichen Wirkungen. Er gilt als Schöpfer des deutschen Liederspiels (»Leonore« 1829). Im Alter schrieb er in der Theaterwelt spielende Romane und eine für das Theater kulturgeschichtlich interessante Autobiographie (»Vierzig Jahre« 8 Bde. 1843/50). *UB*

Holz, Arno

Schriftsteller
∗ 26.4.1863 Rastenburg
† 26.10.1929 Berlin [F.2]
Der Sohn eines Apothekers kam als Kind 1875 nach Berlin. Nach dem Besuch des Gymnasiums

Arno Holz (1863–1929)

lebte er oft in ungesicherten Verhältnissen als freier Redakteur und Schriftsteller in Niederschönhausen bei Berlin. Er schloß sich dem literarischen Verein »Durch« an und wurde zum ersten Schriftleiter der »Freien Bühne« (später »Neue Rundschau«). 1888 befreundete er sich mit J. Schlaf, mit dem er auch schriftstellerisch zusammenarbeitete (»Die Familie Selicke« Drama 1890, »Papa Hamlet« Novellen 1889). Unter Zolas Einfluß wurde er zum Theoretiker eines konsequenten Naturalismus, der sich für die Einbeziehung der Umgangssprache und sozialer Themen in die Literatur einsetzte. Er schrieb eine virtuose Lyrik (»Das Buch der Zeit. Lieder eines Modernen« 1886) und hatte eine Vorliebe für barocke Sprachformen (»Lieder auf einer alten Laute« 1903). *UB*

Honecker, Erich

Politiker
✶ 25.8.1912 Neunkirchen (Saarland)
† 29.5.1994 Santiago (Chile)

Der Sohn eines Bergarbeiters erlernte den Beruf eines Dachdeckers und wählte schon früh eine politische Laufbahn. Seit 1929 Mitglied der KPD, arbeitete er nach dem Besuch einer Funktionärsschule in Moskau in der kommunistischen Jugendbewegung. Nach seiner Verhaftung 1935 saß er bis zur Befreiung 1945 im Zuchthaus Brandenburg ein. 1945 kam er nach Berlin. Als einer der Mitbegründer der Freien Deutschen Jugend (FDJ) war er zwischen 1946 und 1955 deren Vorsitzender. In der SED gehörte er seit 1950 zur Parteiführung und übernahm 1971 die Funktion des 1. Sekretärs bzw. des Generalsekretärs, die er bis 1989 innehatte. Von 1976–89 war er Vorsitzender des Staatsrates der DDR. 1989 wurde er aus der SED ausgeschlossen und verlor alle seine Ämter. Auch die Berliner Ehrenbürgerschaft, die er 1982 erhalten hatte, wurde ihm 1989 aberkannt. Ab März 1991 hielt er sich in Moskau auf, wurde 1992 nach Berlin überführt und vor Gericht gestellt. Nach Einstellung des Verfahrens aus Gesundheitsgründen emigrierte er 1993 nach Chile. *EF*

Hopp, Hanns

Architekt
✶ 9.2.1890 Lübeck
† 21.2.1971 Berlin

Nach Kunst- und Architekturstudium in Karlsruhe und München kam H. 1950 nach Berlin (Ost). Hier war er 1951 Gründungsmitglied der Deutschen Bauakademie und für den Aufbau der Stalinallee (heute Karl-Marx-Allee) mitverantwortlich. Von 1952–57 Präsident und bis 1966 Ehrenpräsident des neu gegründeten BDA/DDR, war H. in den 50er Jahren neben H. Henselmann, R. Paulick, K.W. Leucht u.a. ein Hauptvertreter der national-traditionalistisch ausgerichteten Architektur der DDR.

Wichtige Bauten: Wiederaufbauplanung Stadtzentrum Dresden (1946–49); Wiederaufbau Preußischer Landtag (heute Berliner Abgeordnetenhaus), Bln.-Mitte; Wiederaufbau Schloß Niederschönhausen, Bln.-Pankow; Abschnitt F und G Stalinallee (heute Karl-Marx-Allee), Bln.-Friedrichshain (1952–55). *KDS*

Hoppe, Marianne

Schauspielerin
✶ 26.04.1909 Rostock
† 23.10.2002 Berlin

Die Tochter eines mecklenburgischen Gutsbesitzers begann in Weimar eine Banklehre, entdeckte jedoch schon bald ihre Liebe zum Theater und nahm heimlich Schauspielunterricht. 1927 ging H. nach Berlin und begann eine Schauspielausbildung an Max Reinhardts Deutschem Theater. 1928 bekam sie ihre Erste Rolle im Berliner Theater der Jugend. 1929 wurde H. ans Neue

Marianne Hoppe (1909–2002)

Theater nach Frankfurt/M. und 1932 an die Münchner Kammerspiele engagiert. 1934 kehrte sie nach Berlin zurück und wurde Ensemblemitglied des Schauspielhauses am Gendarmenmarkt, dessen Intendant inzwischen Gustaf Gründgens geworden war. Bis 1945 blieb sie dem Schauspielhaus, wo sie rund fünfzig große klassische Frauenrollen spielte, treu. Mit ihrer kühlen, dem Zeitgeschmack entsprechenden Ausstrahlung avancierte H. innerhalb kurzer Zeit zu einer der gefragtesten und beliebtesten deutschen Schauspielerinnen. Zwischen 1933 und 1943 spielte sie in rund 20 UFA-Filmen, u.a. in »Der Schimmelreiter«, »Romanze in Moll« (1942), »Eine Frau ohne Bedeutung« (1936), »Capriolen« (1937) oder in der Effi-Briest-Verfilmung »Der Schritt vom Wege« (1939). Im Juni 1936 heiratete sie Gustaf Gründgens, der ihre künstlerische Entwicklung entscheidend mitprägte. Das Kriegsende erlebte H. in Berlin. Ihrem Einsatz war es letztlich zu verdanken, daß Gründgens, der mehrfach von den Sowjets verhaftet wurde, im April 1946 nach neunmonatiger Haft aus dem Konzentrationslager Jamlitz freikam. Ihr Helfer, der Journalist Rolf Izzard, war auch der Vater ihres Sohnes. Nach der Scheidung von Gründgens Ende 1946, zog H. sich zunächst nach Oberbayern zurück, doch Gründgens, inzwischen Generalintendant in Düsseldorf, holte sie zurück zum Theater. 1947–55 gehörte H. dem Ensemble des Düsseldorfer Schauspielhauses an, anschließend folgte sie Gründgens ans Deutsche Schauspielhaus nach Hamburg. An ein festes Ensemble mochte sich H. jedoch nicht mehr binden. In den folgenden Jahren spielte sie in Düsseldorf, Hamburg, Bochum, München, Salzburg und am Wiener Burgtheater. Auch nach Berlin kehrte sie immer wieder zurück und spielte als Gast am Schiller- und Schloßparktheater. Zu ihren Lieblingsautoren gehörten Ödön von Horwarth und Thomas Bernhard, dessen Stücken sie zum Durchbruch verhalf. Sie spielte u.a. die Generalin in der »Jagdgesellschaft« oder die Frau Professor in Bernhards skandalumwobenen »Heldenplatz« am Wieder Burgtheater. Bis ins hohe Alter wurde H. von den renommiertesten Regisseuren als Charakterdarstellerin von Format hoch geschätzt. Neben Gustaf Gründgens arbeitete sie u.a. mit Jürgen Fehling, Fritz Kortner, Hans Lietzau, Rudolf Noelte, Gustav Rudolf Sellner, Hans Schweikart und Claus Peymann. Mit sensationellem Erfolg spielte sie 1990 die Titelrolle in Shakespeares »König Lear« in Frankfurt am Main in der Regie von Robert Wilson und schrieb damit Theatergeschichte. Ihre letzten Rollen spielte sie nach der Wiedervereinigung im Berliner Ensemble, u.a. 1994/95 in Heiner Müllers »Quartett«, ebenso in Müllers berühmter Brecht-Inszenierung des »Arturo Ui« (1997). Berührungsängste mit dem Unterhaltungsgenre kannte die H. nicht. Sie wirkte u.a. in der Karl-May-Verfilmung »Der Schatz im Silbersee« (1962) mit, spielte zahlreiche Rollen in Fernsehfilmen, so in den stets hochkarätig besetzten Fernsehserien »Der Kommissar« mit Erik Ode, oder in »Der Alte« mit Siegfried Lowitz. Auch in der Mediensatire »Kir Royal« war die H. zu sehen. H. war eine der bedeutendsten deutschsprachigen Schauspielerinnen des 20. Jhs. Ihre letzten Lebensjahre verbrachte sie in einem Altersheim in Berlin, bevor sie sich nach Bayern zurückzog.

Literatur: P. Kohse, Marianne Hoppe. Ein Schritt vom Wege. Biographie, 2001. *RS*

Hoppenhaupt, Johann *Christian*

Bildhauer, Modelleur und Zeichner

✶ 16.8.1719 Merseburg

† 26.3.1785 Berlin

Wie sein Bruder J. Michael wirkte Ch. H. bei der Ausstattung der preußischen Schlösser entscheidend mit, wobei er vornehmlich in Potsdam tätig war. Berlin verdankt ihm die Einrichtung der Wohnung Friedrichs II. im Schloß Charlottenburg (1746/47), sowie eine Reihe wichtiger Rokoko-Entwürfe für Goldschmiedearbeiten und Porzellan. *JM*

Hoppenhaupt, Johann *Michael*

Bildhauer und Zeichner

✶ 8.10.1709 Zittau

† nach 1755

Nach Ausbildungsjahren bei seinem Vater, wohl auch in Dresden und Wien, war H. seit etwa 1740 in Berlin und Potsdam, wo er durch seine Innenausstattung der Schlösser entscheidend zur Entwicklung des preußischen Rokoko beigetragen hat. Von ihm stammte eine ganze Reihe von Projektentwürfen für die Raumkunst, von denen die ausgeführten Ausstattungen, u.a. die des Schreibzimmers im zerstörten Berliner Schloß (1745–47), zu den kostbarsten gehörten. *JM*

Horney, Brigitte

Schauspielerin

✶ 29.3.1911 Berlin

† 27.7.1988 Hamburg

H. nahm schon als Schülerin Schauspielunterricht an der Schauspielschule des Deutschen Theaters sowie Tanzunterricht bei M. Wigman und wurde bald darauf mit dem Max-Reinhardt-Preis ausgezeichnet. Sie spielte in Würzburg, am Deutschen Theater und an der Volksbühne Berlin. 1930 debütierte sie beim Film in »Abschied« von R. Siodmak. In den 30er und 40er Jahren, als Erotik und Sexualität weitgehend tabuisiert waren, war sie die vielleicht erotischste Schauspielerin des deutschen Films: herausragend ihre an Zwischentönen reiche Leistung in »Das Mädchen von Fanö« (1941, mit J. Gottschalk und G. Knuth). Auf andere Weise nicht weniger faszinierend wirkte sie als Zarin in »Münchhausen« (1943, mit H. Albers). 1943 verließ sie Deutschland, spielte in der Schweiz zuerst am Schauspielhaus Zürich, seit 1950 lebte sie in den USA. Seit den 60er Jahren war sie auch häufig in TV-Produktionen zu sehen (z.B. in der Episodenserie »Jakob und Adele« und als Mutter der »Guldenburgs«). *DTW*

Hosemann, *Theodor* Friedrich Wilhelm Heinrich

Maler und Grafiker
✶ 24.9.1807 Brandenburg/Havel
† 15.10.1875 Berlin [F.109]
In Düsseldorf, wo die Familie seit 1816 lebte, erlernte H. zunächst den Beruf eines Lithographen und arbeitete danach als Zeichner. Darüber hinaus studierte er an der dortigen Akademie u.a. bei P.v. Cornelius. 1828 gelangte er mit der Werkstatt, in der er beschäftigt war, nach Berlin, war hier als Illustrator tätig. Bekannt wurde H., als er u.a. für A. Glaßbrenners Almanach »Berlin wie es ist und – trinkt« Abbildungen schuf und mit diesem 1837–53 die Hefte »Buntes Berlin« herausgab. Seine oftmals deftigen, sog. »Vormärz«-Karikaturen, erfreuten sich großer Beliebtheit. Außerdem trat H. als lithographischer Ausstatter vor allem von Kinderbüchern in Erscheinung, darunter der Geschichten des Barons von Münchhausen (1840). 1857 wurde er Professor, 1860 Mitglied der Akademie der Künste.
Literatur: B. Wirth, T. Hosemann. Maler und Illustrator im alten Berlin, 1967; H. Ludwig (Hg.), T. Hosemann, 1987. *JM*

Hoyer, Dore

Tänzerin und Choreographin
✶ 12.12.1911 Dresden
† (Freitod) 31.12.1967/2.1.1968 Berlin
In Dresden ausgebildet, begann H. in Plauen, war 1933 Ballettmeisterin in Oldenburg, gab erste Soloabende. 1935/36 in der M. Wigman-Gruppe, trat sie 1940 der »Deutschen Tanzbühne« Berlin bei, arbeitete seit 1941 in Dresden. 1945 übernahm sie dort die Wigman-Schule, nach deren Schließung 1948 sie als Ballettmeisterin nach Hamburg ging. 1966 gründete sie in Berlin eine neue Tanzgruppe, mit der sie das Gruppenwerk »Großstadt« herausbrachte. *DTW*

Huber, Lotti

(geb. Goldmann)
Schauspielerin, Tänzerin
✶ 16.10.1912 Kiel
† 31.5.1998 Berlin [F.9]
Die Tochter des Textilkaufmanns Goldmann zog es bald nach dem Abitur zusammen mit ihrem Freund, dem Sohn des Kieler Oberbürgermeisters, nach Berlin. Hier begann sie ihre Laufbahn als Tänzerin. Nach einer Denunziation der nach NS-Gesetzen verbotenen Beziehung zwischen ihr und ihrem Freund wurde dieser ermordet, sie selbst kam 1937 in das KZ Lichtenburg. 1938 freigekauft, übersiedelte sie nach Palästina, arbeitete zeitweilig als Tänzerin in Kairo, führte auf Zypern ein Restaurant und kam nach längerem Londonaufenthalt 1965 wieder nach Berlin. Nach dem plötzlichen Tod ihres zweiten Mannes 1972 hielt sie sich mühsam mit Vermieten, Übersetzungen und Statistenrollen über Wasser, bis sie von Rosa von Praunheim als Schauspielerin gewonnen wurde. Durch ihre Rollen in Filmen wie »Unsere Leichen leben noch« (1980) und »Affengeil« (1990) wurde sie zu einer Kultfigur der Künstlerszene. Ihr bewegtes Leben gestaltete sie in den beiden autobiographischen Büchern »Diese Zitrone hat noch viel Saft« (1990) und »Drei Schritte vor und einer zurück« (1998). *EF*

Huchel, Peter

Lyriker
✶ 3.4.1903 Berlin
† 30.5.1981 Staufen i.Br.
Nachdem H. seine Jugend auf dem großväterlichen Hof in der Mark verbracht hatte, studierte er Philosophie und Literatur in Berlin, Freiburg und Wien. Nach längerem Aufenthalt in Südfrankreich kehrte er 1925 als freier Schriftsteller nach Berlin zurück. Nach seiner Entlassung aus russischer Kriegsgefangenschaft wurde er von 1945–48 künstlerischer Direktor des Ostberliner Rundfunks. Von 1948 bis zum Jahre 1962 (in dem er in Ungnade fiel) war er Herausgeber der Literaturzeitschrift der Akademie der Künste Berlin (Ost) »Sinn und Form«. 1971 verließ er die DDR. H. verfaßte eine Naturlyrik mit zeitbezo-

genem und zeitkritischem Hintergrund. (»Die Sternenreuse. Gedichte 1925–1947«, »Chausseen, Chausseen« 1963). *UB*

Hufeland, Christoph Wilhelm

Mediziner
✶ 12.8.1762 Langensalza
† 25.8.1836 Berlin [F.108]

Der Sohn eines Arztes studierte in Jena sowie Göttingen und übernahm danach die väterliche Praxis in Weimar, wo Goethe, Schiller und Herder zu seinen Patienten zählten. Er wurde 1793 nach Jena und 1810 an die gerade gegründete Berliner Universität berufen. Dort betrat er einen »ganz neuen Schauplatz, eine große Welt, in der ich wirken sollte, einen königlichen Hof, in dem ich als Leibarzt dienen sollte, eine medizinische Fakultät, der ich als Direktor vorstehen sollte, ein großes Krankenhaus, in welchem ich der erste Arzt sein sollte, überdies noch die Akademie der Wissenschaften, die meine Tätigkeit in Anspruch

Christoph Wilhelm Hufeland (1762–1836)

nahm. Es waren viele und wichtige Geschäfte, die meine ganze Kraft erforderten, ja überstiegen«. H. war eine der bekanntesten Ärztepersönlichkeiten seiner Zeit. Er besuchte täglich bis zu 40 Patienten und setzte sich unermüdlich für die öffentliche Gesundheitspflege in Berlin ein. Mit Nachdruck forderte H. staatliche Hygienegesetze und die Einführung der Gesundheitsfürsorge in Schulen. Schon 1810 gründete er die erste Poliklinik für die unentgeltliche Behandlung mittelloser Kranker. Als Erzieher des Volkes hielt er sich von den spekulativen medizinischen »Systemen« seiner Zeit fern. Er führte in Preußen Jenners Pockenimpfung ein. Eng war seine Verbindung zur königlichen Familie. Königin Luise war seine Patientin und den König begleitete er 1813 zu Beginn des Befreiungskampfes nach Schlesien. Trotz seiner zahlreichen Verpflichtungen legte er über 400 Publikationen vor. Berühmt wurde seine vielfach aufgelegte Schrift »Die Kunst, das menschliche Leben zu verlängern«. Darin gab er viele Hinweise für eine gesunde Lebensführung (z.B. Vorbeugen ist besser als Heilen).

Literatur: H. Busse, C.W. Hufeland, Der berühmte Arzt der Goethezeit, 1982. *UH*

Hugenberg, Alfred

Politiker, Wirtschaftsführer
✶ 19.6.1865 Hannover
† 12.3.1951 Rohbrake bei Rinteln/Weser

Der studierte Jurist war nacheinander Raiffeisen-Direktor, preußischer Finanzbeamter und Bankchef, ehe er 1909 zum Vorsitzenden des Direktoriums der Krupp-Werke aufstieg (bis 1918). Als Reichstagsabgeordneter schloß er sich 1919 dem rechten Flügel der Deutschnationalen Volkspartei (DNVP) an, der gegen die Weimarer Republik und den Versailler Vertrag opponierte. Weithin bekannt wurde H. 1916 durch Formierung eines Konzerns, hauptsächlich bestehend aus Scherl-Verlag (»Berliner Lokalanzeiger«), Telegraphen-Union und Filmgesellschaft UFA, zum schlagkräftigen Instrument der Meinungsbeeinflussung, das republikanische Institutionen diffamierte und nationalistische Ideologie verbreitete. Bis 1933 bezogen 1600 Zeitungen sein Nachrichtenmaterial. Ab 1931 betrieb Hugenberg, inzwischen DNVP-Vorsitzender, mit der Nazipartei NSDAP gemeinsame Obstruktionspolitik. Der ersten Hitler-Regierung gehörte er als Wirtschafts- und Ernährungsminister an, wurde jedoch Ende Juni 1933 durch die NSDAP verdrängt. Rückzug ins Privatleben; bei der Entnazifizierung nach 1945 als politisch »Entlasteter« eingestuft. *GB*

Human, Carl

Archäologe
✶ 4.1.1839 Steele b. Essen
† 12.4.1896 Smyrna (Kleinasien)

H., Sohn eines Gastwirtes und Steinbruchbesitzers, studierte in Berlin und reiste zur Kurierung eines Lungenleidens 1861 in den Orient. Dort nahm er an Grabungen teil und projektierte Fernstraßen und Bahnlinien. 1871 entdeckte Reliefs in einer Burgmauer erwiesen sich später als Bestandteile des Gigantenfrieses. Wenig später entdeckte H., angeregt durch Ernst Curtius u.a., das Badegelände Asclepieion. 1872 wurde er Mitglied des Deutschen Archäologischen Instituts in Rom und erhielt 1878 den Auftrag zur planmäßigen Ausgrabung Pergamons. Schon am dritten Tag stieß er auf den zu den Weltwundern zählenden Zeus-Altar. Bis 1886 leitete H. drei Grabekampagnen und rief damit eine hellenistische Renaissance in der Kunstgeschichte hervor. Der von H. ab 1879 nach Berlin verbrachte Pergamon-Altar und das eigens dafür errichtete Museum auf der Museumsinsel sind bis heute Anziehungspunkt für Besucher aus aller Welt. 1884 wurde H. Berliner Museumsdirektor mit Sitz in Smyrna und damit Leiter aller deutschen Grabungen im Vorderen Orient. Der deutsche Botschafter v. Radowitz pries ihn als »Vizekönig von Kleinasien«.

Literatur: E. Schulte, C. Human, der Entdecker des Weltwunders von Pergamon, in Zeugnissen seiner Zeit 1839–96, 1971. *UH*

Humblot, Peter

Buchhändler, Stadtverordneter
✶ 13.3.1779 Berlin
† 11.12.1828 ebd.

H. war Sohn eines aus der Champagne zugewanderten Messerschmieds. Er besuchte das Friedrich-Werdersche Gymnasium und absolvierte anschließend eine Lehre in der Franke'schen Buchhandlung in Berlin. Von 1798–1802 arbeitete er in Buchhandlungen in Braunschweig und Basel. 1802 trat H. eine Stelle in der Buchhandlung »Haude & Spener« in Berlin an, ging aber bald nach Paris und kam erst 1806 endgültig zurück. Zusammen mit Karl Duncker gründete er 1806 die Buchhandlung »Duncker & Humblot«, die zu einer der angesehensten in Deutschland wurde und heute noch als Verlag existiert. 1828, kurz vor seinem Tod, wurde er in die Stadtverordnetenversammlung gewählt. *BF*

Humboldt, Friedrich Wilhelm Heinrich *Alexander* von

Naturforscher, Ehrenbürger
✶ 14.9.1769 Berlin
† 6.5.1859 ebd. [F.43]

Der Bruder des Nachfolgenden erhielt eine gediegene Ausbildung durch Hauslehrer. H. studierte in Frankfurt/O., Göttingen, Hamburg sowie Freiberg und wirkte 1792–96 in der preußischen

Alexander von Humboldt (1769–1859)

Bergwerksverwaltung. 1799–1804 absolvierte er seine große amerikanische Forschungsreise. Deren Auswertung in Paris (34 Bde.) nahm fast ein Vierteljahrhundert in Anspruch und machte ihn zu einem der populärsten Naturforscher der Goethezeit. 1827 kehrte H. in seine Geburtsstadt zurück und hielt im Winter 1827/28 seine berühmten 61 Vorlesungen über Physische Weltbeschreibung. Ein gesellschaftliches Ereignis wurden die parallel dazu stattfindenen 16 populärwissenschaftlichen Vorträge in der Singakademie. H. war Mitglied von etwa 130 Akademien und wissenschaftlichen Gesellschaften. Hervorragende Leistungen vollbrachte H. u.a. als Geograph, Botaniker und Geologe. In der Geophysik initiierte er Forschungen zur Verteilung des Erdmagnetismus. Er stellte vergleichende Betrachtungen über Vulkane an und erkannte deren Zusammenhang mit der Gebirgsbildung. H. gilt als Mitbegründer der Orographie, der Hochgebirgsforschung und der thematischen Kartographie.

Berlins Entwicklung zur späteren Weltstadt der Wissenschaft wurde von ihm nachhaltig gefördert. H. unterstützte den Neubau der Berliner Sternwarte, regte die Gründung des Meteorologischen Instituts an und verstand es, seine Stellung als Kammerherr des Königs immer wieder zur Förderung junger Wissenschaftler und Künstler zu nutzen. H. war einer der letzten Universalgelehrten. In seinem Alterswerk »Kosmos« (5 Bde., 1845–62) unternahm er den Versuch, die »Physische Kosmologie« vom Weltall bis zum einzelnen Lebewesen zu beschreiben. Die Berliner Universität erhielt 1949 den Namen der Brüder Humboldt. H. spottete oft über Berlin, die »intellektuell verödete, kleine, unliterarische und dazu überhämische Stadt«, in der »nüchterne Gleichgültigkeit gegen alle gesellige Liebenswürdigkeit« herrsche – und war ihr dennoch zugeneigt. 1956 wurde er Berliner Ehrenbürger.
Literatur: S. Fröhling/A. Reuß, Die Humboldts, 1999; A. Meyer-Abich, Alexander von Humboldt, 1999. *UH*

Humboldt, Karl *Wilhelm* von

Gelehrter und Staatsmann
✶ 22.6.1767 Potsdam
† 8.4.1835 Tegel b. Berlin [F.43]

Der Bruder des Vorigen studierte in Frankfurt/O. und Göttingen Jura. Das brachte ihn mit klassischen Sprachen in Verbindung, die ihn sein Leben lang beschäftigen sollten. 1792 legte er seine »Ideen zu einem Versuch, die Grenzen der Wirksamkeit des Staates zu bestimmen« vor. Darin untersucht er, vom Liberalismus ausgehend, das Verhältnis Individuum–Menschheit. Rom erlebte er 1802–08 als preußischer Ministerresident. Nach Fürsprache des Freiherrn vom und zum Stein wurde H. 1809 zum Direktor für Cultus und Unterricht im Preußischen Innenministerium berufen. In dieser Funktion setzte er das Konzept der Humanistischen Gymnasien durch. Mit seiner Schrift »Über die innere und äußere Organisation der höheren wissenschaftlichen Anstalten in Berlin« konzipierte er die Berliner Universität, an deren Eröffnung er entscheidend mitwirkte. Wisssenschaft war ihm ein sich in Freiheit vollziehender Prozeß von Lehre und Forschung. Im Zeichen des Neuhumanismus hielt er die Begegnung mit der Antike und mit der Kunst für unverzichtbar. Diese Prämissen machten Berlin schnell zum Mittelpunkt des wissenschaftlichen Lebens in Deutschland und die Berliner Universität zum Vorbild für andere Gründungen. Diplomatische

Wilhelm von Humboldt (1767–1835)

Missionen führten H. 1810 nach Österreich, wo er eine Allianz mit Kaiser Franz und Metternich gegen Napoleon anstrebte. 1813 konstatierte er »Ich habe jetzt eine wichtige Sache im Leben durchgesetzt«. Gemeinsam mit Hardenberg vertrat H. die Interessen Preußens auf dem Wiener Kongreß 1814/15. In seinen wissenschaftlichen Studien postulierte H. die Sprache als eine Grundschicht in der Seele des Menschen. Grundlegend waren H.s Arbeiten »Über die Kawi-Sprache auf der Insel Java ...« (3 Bde., 1836–40).
Literatur: Ch.M. Sauter, W.v. Humboldt und die deutsche Aufklärung, 1989; R. Freese, Humboldt, Aus Briefen und Tagebüchern, 1985. *UH*

Hummel, *Johann* Erdmann

Maler
✶ 11.9.1769 Kassel
† 26.8.1852 Berlin

Von 1780–92 an der Kasseler Akademie im Zeichnen unterrichtet, ging H. 1792 nach Rom. Anfangs unter dem Einfluß des Klassizismus arbeitend, wandte er sich dann der Romantik zu (Vedutenbilder). 1799 zunächst nach Kassel, 1800 nach Berlin übergesiedelt, wurde er durch Stiche zu Luthers Leben bekannt. 1809 ernannte man H. zum Professor an der Berliner Akademie, auf sein Betreiben zum Lehrer in Perspektive, Architektur und Optik. Neben kunstgewerblichen Entwürfen sind vor allem seine historischen Ber-

liner Ansichten zu nennen, die ihm den Spitznamen »Perspektive-H.« eintrugen. Zu seinen bekanntesten Werken zählt eine Bildfolge über die Granitschale im Berliner Lustgarten.
Literatur: G. Hummel, Der Maler J.E. Hummel, 1954; W. Geismeier, Malerei des Biedermeier, 1985. *JM*

Humperdinck, Engelbert

Komponist
✶ 1.9.1854 Siegburg (Rheinland)
† 27.9.1921 Neustrelitz [F.121]
H. studierte zunächst in Köln, später in München Komposition und nahm Privatunterricht bei F. Lachner. 1880–82 erfuhr er seine prägenden musikalischen und ästhetischen Eindrücke – er arbeitete als Assistent R. Wagners in Bayreuth. Später ging er nach Paris und Köln und folgte 1885 einem Ruf als Kompositionslehrer ans Konservatorium Barcelona. 1887 kehrte er nach Köln zurück, wurde 1888 Lektor des Schott Musikverlages, 1890 Lehrer am Hochschen Konservatorium und Opernkritiker in Frankfurt/M. Von 1900–1920 leitete er eine Meisterklasse für Komposition an der Akademie der Künste Berlin. H.s Kompositionen sind stark von R. Wagner beeinflußt. Bis heute hält sich lediglich die Märchenoper »Hänsel und Gretel« im Spielplan (traditionell in der Adventszeit), in der sich H. am weitesten von Wagners Opernästhetik emanzipierte und durch die Einbeziehung von Volks- und Kinderliedern – in der Geschichte der postwagnerschen Oper einzigartig – große Popularität erreichte. *ThW*

Hundrieser, Emil

Bildhauer
✶ 13.3.1846 Königsberg
† 30.1.1911 Berlin
H. studierte 1865–68 an der Berliner Akademie, arbeitete seit 1873 selbständig und war seit 1905 Direktor des Rauch-Museums. Von Begas beeinflußt, wurde er durch seine neobarocken Arbeiten zu einem der wichtigsten Bildhauer der wilhelminischen Zeit. Von seinen zahlreichen Denkmälern und Werken für öffentliche Gebäude sind vor allem das Denkmal Kaiser Wilhelms I. auf dem Kyffhäuser und in Berlin die Kolossalstatue der »Berolina« (1895) populär geworden. *JM*

Hünefeld, Günther Freiherr von

Flieger und Schriftsteller
✶ 1.5.1892 Königsberg
† 5.2.1929 Berlin [F.61]
Nach philosophischen Studien in Berlin und Kriegseinsatz auf dem Balkan wurde H. als Vizekonsul nach Maastricht berufen. 1920 ging er als Pressechef zum Norddeutschen Lloyd nach Bremen. Das Flugzeug spielte in seiner Vorstellung des friedlichen Zusammenlebens unterschiedlicher Kulturen eine wichtige Vermittlerrolle. Zusammen mit Hermann Köhl und James Fitzmaurice gelang ihm 1928 die erste Atlantiküberquerung in Ost-West-Richtung, dem im selben Jahr noch ein großer Ostasienflug von Berlin nach Tokio folgte, schriftstellerisch in seinem Werk »Mein Ostasienflug« verarbeitet. *VTM*

I

Iffland, August Wilhelm
Schauspieler, Regisseur, Dramatiker und Theaterleiter
✶ 19.4.1759 Hannover
† 22.9.1814 Berlin [F.13]
Der Sohn eines Kgl. Kriegskanzlisten ging 1777 in sein erstes Engagement zu Ekhof nach Gotha, wurde 1779 von Dalberg an das Mannheimer Nationaltheater engagiert, wo er sich, neben ersten Regieverpflichtungen, zum herausragenden Charakterdarsteller entwickelte. Er galt als bedeutender Vertreter der Mannheimer Schule. I.s größter Erfolg war der Franz Moor in der Uraufführung von Schillers »Die Räuber« (1782). I.s entschiedenem Einspruch gegen den Titel »Louise Millerin« verdankte Schiller, daß sein Stück als »Kabale und Liebe« seinen Erfolgszug über die Bühnen antrat. Am 14.11.1796 wurde I. zum Direktor des Berliner Nationaltheaters berufen, das er dank kluger Organisation und Personalpolitik in kurzer Zeit zu einer der führenden deutschsprachigen Bühnen machte. 1799 brachte er kurz nach der Weimarer Uraufführung die beiden Teile von Schillers »Wallenstein« (I. spielte den Octavio Piccolomini und übernahm später die Titelrolle) und Shakespeares »Hamlet« in der Schlegelschen Übersetzung heraus. 1801 folgten Schillers »Maria Stuart« und »Die Jungfrau von Orleans« und Goethes »Egmont«. Am 1.1.1802 wurde das von Langhans erbaute neue Schauspielhaus am Gendarmenmarkt eröffnet. 1803 wurden dort Goethes »Iphigenie« und »Die natürliche Tochter« und Schillers »Braut von Messina« und »Wilhelm Tell« gegeben. Der repräsentative Spielplan zeitgenössischer deutscher Autoren wurde durch Shakespeare in den Schlegelschen Übersetzungen ergänzt. Da das Schauspielhaus aus der königlichen Schatulle nur mit 5% subventioniert wurde, nahm I. auch gängige Unterhaltungsstücke in den Spielplan, die volle Ränge und solide Einnahmen garantierten. An der Spitze rangierte Kotzebue mit 80 Stücken, aber auch I. selbst steuerte 26 Stücke aus eigener Feder bei. 1811 erreichte I. den Gipfel seines

August Wilhelm Iffland (1759–1814)

Ruhms: er bekam die »Direction der Schauspiele und zugleich der Kapelle und Musik, der Ballets und aller hierzu gehörigen Gegenstände als Genraldirektor«.
Literatur: A. Mühr, Rund um den Gendarmenmarkt, 1965. *DTW*

Ihering, *Herbert* Georg Albrecht E. Gustav
Publizist, Dramaturg, Theaterkritiker
✶ 29.2.1888 Springe b. Hannover
† 15.1.1977 Berlin [F.94]
Nach germanistischen Studien in Freiburg, München und Berlin begann I. 1909 als Theaterkritiker bei der »Schaubühne« und der »Vossischen Zeitung«. 1914–18 Dramaturg und Regisseur an der Wiener Volksbühne war er 1918–33 Feuilletonredakteur beim einflußreichen »Berliner Börsen-Courier«. Als sein Widersacher beim »Berliner Tageblatt«, Alfred Kerr, wegen seines jüdi-

schen Glaubens ausscheiden mußte, übernahm er 1933 dessen Nachfolge. 1935 von den Nazis mit Schreibverbot belegt, galt I. schon damals als einer der kompetentesten Theaterkritiker in Deutschland. 1950 beschrieb er sein Arbeitsprinzip: »Die Fähigkeit eines Kritikers beweist sich darin, mit seinen kritischen Argumenten den Regisseur zu überzeugen, ihn zu befruchten, damit er in seiner nächsten Arbeit daraus Nutzen ziehen kann.« Er trug dazu bei, den jungen Brecht, Fritz Kortner und Erwin Piscator durchzusetzen. Nach 1935 seiner Kritikerfunktion beraubt, arbeitete er als Besetzungschef bei Tobis-Film und als Chefdramaturg an der Wiener Burg. 1945–54 war er Chefdramaturg am Deutschen Theater Berlin. Seit 1955 leitete er das Theater- und Filmreferat von »Sinn und Form« und schrieb für Ost- und Westdeutsche Periodika. In späteren Jahren widmete er sich der Publikation von Theaterannalen wie: »Begegnungen mit Zeit und Menschen« (1963), »Theater der produktiven Widersprüche 1945–1949« (1967) oder »Der Kampf ums Theater« (1974).
Literatur: E. Krull, Herbert Ihering, 1964; Ihering, Theater in Aktion, Hg. Krull und Fetting, 1987 *KD*

Ihlenfeld, Kurt
Pfarrer, Verlagsleiter und Schriftsteller
✶ 26.5.1901 Colmar
† 25.8.1972 Berlin [F.93]
I. studierte Theologie und Kunstgeschichte in Halle und Greifswald, promovierte 1923 und lebte als Pfarrer in Schlesien. Von 1933–43 leitete er den Eckart-Verlag in Berlin, gab die gleichnamige Literaturzeitschrift heraus und gründete den »Eckart-Kreis«, ein Zentrum des geistigen Widerstands christlich-konservativer Schriftsteller. Später lebte I. als freier Schriftsteller in Berlin. Sein erstes Werk, der Roman »Wintergewitter« (1951), wurde 1952 mit dem Fontane-Preis ausgezeichnet. 1958 und 1962 erschienen die Romane »Der Kandidat« und »Gregors vergebliche Reise«. *VM*

Ihne, *Ernst* Eberhard von (seit 1906)
Architekt
✶ 23.5.1848 Elberfeld
† 21.4.1917 Berlin [F.110, Grab durch Mauerbau zerstört]
Nach Studien in Karlsruhe, Berlin und Paris war I. zunächst Privatarchitekt und 1878–88 mit P. Stegmüller in Berlin soziiert. 1888 Hofbaurat, 1896 Geheimer Oberhofbaurat, war I. Hauptvertreter der Staatsarchitektur des deutschen Kaiserreichs in den Formen des italienischen Neobarock.
Wichtige Bauten: Neuer Marstall, Bln.-Mitte (1897–1901); Kaiser-Friedrich-Museum, heute Bode-Museum (1897–1904); Preußische Staatsbibliothek, heute Deutsche Staatsbibliothek, Bln.-Mitte (1908–14); zahlreiche Schlösser und Villen. *KDS*

Ilgen, Heinrich Rüdiger von
Politiker
✶ 30.9.1654 Petershagen b. Minden
† 6.12.1728 Britz b. Berlin
Nach dem Studium der Rechte und Staatswissenschaften trat er 1672 in brandenburgische Dienste. 1679 kam er in die Geheime Kanzlei des Großen Kurfürsten und wurde hier für lange Zeit der Verantwortliche für die Außenpolitik. 1711 machte ihn König Friedrich I. zum ersten preußischen Außenminister, eine Funktion, die er auch unter seinem Nachfolger Friedrich Wilhelm I. beibehielt. Das Denkmal in Alt-Britz (Neukölln) und der Ilgenweg (Neukölln) erinnern an den Politiker aus den frühen Jahren des noch jungen Preußen. *EF*

Israel, James
Mediziner
✶ 2.2.1848 Berlin
† 2.2.1926 ebd. [F.118]
I. studierte in Berlin und wurde 1872 Assistenzarzt am Krankenhaus der Jüdischen Gemeinde. Dort übernahm er 1880 die Leitung der chirurgischen Abteilung. I. spezialisierte sich ab 1882 erfolgreich auf die Diagnostik und Therapie von Erkrankungen der Niere. Als führender Vertreter der urologischen Chirurgie seiner Zeit faßte er sein Wissen in »Chirurgie der Niere und des Harnleiters« (1925) zusammen. *UH*

Itzig, Daniel
Kaufmann, Silberlieferant, Münzunternehmer, Münzpächter, Fabrikant
✶ 18.3.1722 oder 1723
† 19.5.1799 Berlin [F.113, Grab nicht mehr vorhanden]
I. war neben Veitel Ephraim einer der wichtigsten Silberlieferanten für die staatliche Münze

und Münzpächter unter Friedrich II. Er übernahm 1772 die vom König in Potsdam angelegte Fabrik für englisches Leder. I. unterstützte die Jüdische Gemeinde in Berlin durch großzügige Schenkungen und stellte ihr ein Gebäude zur Einrichtung der ersten jüdischen Freischule zur Verfügung.

BF

J

Jablonski, Daniel Ernst

Theologe

✶ 26.11.1660 Nassenhuben (auch Hochzeit) b. Danzig

† 25.5.1741 Berlin

Nach dem Studium der Theologie in Frankfurt/O. und Oxford wirkte der Enkel des Gelehrten Johann A. Comenius ab 1683 als Pfarrer in Magdeburg. 1686 wurde er Rektor und Pfarrer des Gymnasiums von Lissa (Polen). Zwischen 1691 und 1693 war er Hofprediger in Königsberg, bis er 1693 als Domprediger nach Berlin gerufen wurde. Hier erhielt er 1699 die Bischofswürde. Gemeinsam mit Leibniz gehörte er 1700 zu den Gründungsmitgliedern der preußischen Akademie der Wissenschaften, deren Präsident er zwischen 1733 und 1741 war. In Berlin erinnert die Jablonskistraße (Prenzlauer Berg) an den Theologen.

Literatur: H. Dalton, D.E. Jablonski. Eine preußische Hofpredigergestalt im Berlin vor 200 Jahren, 1903. *EF*

Jacob, Mathilde

Sekretärin

✶ 8.3.1873 Berlin

† (ermordet) 14.4.1943 KZ Theresienstadt

Als Tochter eines Fleischers wuchs J. mit sieben Geschwistern in Berlin auf. Als der Vater 1907 starb, zog die Mutter zu ihr und lebte bis zu ihrem Tod mit ihr zusammen. J. verdiente ihren Lebensunterhalt mit Schreib- und Übersetzungsarbeiten sowie mit Untervermietung. Etwa 1913 lernte sie Rosa Luxemburg kennen. Aus dem Arbeits- entwickelte sich bald ein Freundschaftsverhältnis. Während R. Luxemburgs Gefängnisaufenthalten wurde J. zu einer verläßlichen Kontakt- und Vertrauensperson. Als R. Luxemburg am 15.1.1919 erwordet wurde, übernahm J. die traurige Pflicht, die entstellte Leiche ihrer Freundin zu identifizieren. Es ist das Verdienst von J., daß sie im Jahre 1939 den Nachlaß von Rosa Luxemburg dem amerikanischen Historiker Ralph H. Lutz übergab und damit die kostbaren Dokumente vor den Nazis rettete. Einen Teil des Nachlasses hat sie den Angehörigen von Paul Levi, Kampf- und Weggefährte Rosa Luxemburgs, übergeben. J. wurde am 27.7.1944 mit einem sog. »Altentransport« in das KZ Theresienstadt verschleppt und dort ermordet.

Literatur: H. Knobloch, Meine liebste Mathilde, 1994. *KD*

Jacobi, Karl Gustav Jacob

Mathematiker

✶ 10.12.1804 Potsdam

† 18.2.1851 Berlin [F.11]

J., der hochbegabte Sohn einer jüdischen Kaufmannsfamilie, habilitierte sich im Alter von 21 Jahren in Berlin. Nach Königsberg berufen, brachte er als 26-jähriger Professor der dortigen mathematischen Forschung Weltgeltung ein. Das von ihm gegründete berühmte mathematisch-physikalische Seminar war das erste seiner Art überhaupt. 1844 kehrte er erkrankt nach Berlin zurück. Zu den Arbeitsfeldern des vielseitigen Mathematikers gehörten die Theorie der elliptischen Funktionen, die Zahlentheorie, die Theorie der Differentialgleichungen und die Variationsrechnung. In allen diesen Spezialgebieten legte er vielbeachtete Forschungsergebnisse vor. *UH*

Jacobsen, Emil

(Pseud. Hunold Müller v.d. Havel)

Chemiker, Schriftsteller

✶ 3.7.1836 Danzig

† 11.2.1911 Charlottenburg b. Berlin [F.78]

Nach dem Studium der Chemie in Breslau und der Promotion entwickelte er sich zu einem erfolgreichen Chemiker. 1862 kam er nach Berlin. Hier konnte er seine weitgespannten literarischen Interessen ausleben. So gründete er 1882 den Allgemeinen Deutschen Reimverein, hob das Bernauer Heimatfest aus der Taufe, half mit, dort ein Heimatmuseum zu schaffen und wurde so zum Vorbild für die Figur des Dr. Havelmüller in Seidels Roman »Leberecht Hühnchen«. Der Jacobsenweg in Reinickendorf ist nach ihm benannt. *EF*

Jacobsohn, Siegfried

Publizist und Theaterkritiker
✶ 28.1.1881 Berlin
† 3.12.1926 ebd. [F.121]
Der Sohn eines Kaufmanns war bereits als Schüler begeisterter Theaterbesucher. Mit 15 Jahren verließ J. vor dem Abitur das Gymnasium und studierte als Gasthörer Germanistik in Berlin. Seine berufliche Laufbahn begann 1901 bei der liberalen »Welt am Montag«, wo er bis 1904 als Theaterkritiker beschäftigt war. In demselben Jahr erschien J.s erste theaterwissenschaftliche Schrift »Das Theater in der Reichshauptstadt«, in der er das »Volltheater« fordert, eine Synthese aus klassischem und modernem Theater, das er später bei Max Reinhardt verwirklicht sah (»Max Reinhardt« 1910). Nach einer einjährigen Reise durch Frankreich und Italien gründete J. 1905 in Berlin eine eigene Theaterzeitschrift, »Die Schaubühne«, die trotz konstanter finanzieller Probleme eine der einflußreichsten Theaterzeitschriften ihrer Zeit wurde. 1913 erhielt sie den Untertitel »Wochenzeitschrift für Politik, Kunst und Wirtschaft« und wurde durch satirische, politische und wirtschaftliche Beiträge erweitert. Im selben Jahr konnte J. auch Tucholsky für die »Schaubühne« gewinnen, der 1926, nach J.s Tod, die Leitung übernahm, bis 1927 Ossietzky Herausgeber wurde. Der Politisierung der Zeitschrift durch Kriegsjahre und Novemberrevolution trug man 1918 durch die Umbenennung in »Weltbühne« Rechnung. Sie entwickelte sich zu einem wichtigen Organ linksbürgerlicher, pazifistischer Kräfte in der Weimarer Republik. J. war neben Kerr einer der bedeutendsten Kritiker des Theaters seiner Zeit. Neben seiner Begeisterung für Shakespeare, Kleist, Goethe und Lessing hatten seine Besprechungen dazu beigetragen, modernen Autoren wie Ibsen, Hauptmann, Strindberg und Wedekind den Weg zu ebnen. Seine gesammelten Kritiken erschienen in »Das Jahr der Bühne« (10 Bde. 1911–21).
Literatur: W. Steinke, Der Publizist S. Jacobsohn als Theaterkritiker. Diss. Bln. 1960; A. Eggebrecht, S. Jacobsohn, in: H.J. Schultz (Hg.), Journalisten über Journalisten, 1980. *VM*

Jacobson, Israel

Kaufmann
✶ 17.10.1768 Halberstadt
† 13.9.1828 Berlin [F.118]
Der wohlhabende Kaufmann gründete in Braunschweig ein angesehenes Handelshaus und engagierte sich zugleich dafür, daß der bis dahin zu zahlende Leibzoll der Juden in Braunschweig und Baden abgeschafft wurde. 1806 wurde er Finanzrat des westfälischen Königs Jerome und konnte in den folgenden Jahren seinen Reichtum erheblich vermehren. 1814 kam er nach Berlin und zählte hier zu den reichsten jüdischen Bürgern der Stadt. *EF*

Jaczo von Köpenick

Wendenfürst
12. Jahrhundert
Fehlende urkundliche Quellen lassen das Leben dieses frühen wendischen Fürsten im Dunkeln. Er herrschte zeitweilig über die märkischen Gebiete um Barnim und Teltow und residierte auf der Burg Köpenick. Historisch belegt sind seine langwierigen Kämpfe, die er vor allem gegen Albrecht den Bären um die Anerkennung seiner Ansprüche auf die Mark führte. 1157 wurde er im Kampf um Brandenburg entscheidend geschlagen und verlor auch seine übrigen märkischen Gebiete. Danach lebte er vor allem in Pommern. *EF*

Jaffé, Philipp

Historiker
✶ 17.2.1819 Schwersenz b. Posen
† (Freitod) 3.4.1870 Wittenberge
Nach dem Studium der Geschichte 1840 und einem Studium der Medizin zwischen 1850 und 1853 in Berlin gehörte er von 1854–62 zu den Mitarbeitern der »Monumenta Germaniae Historica«. 1862 wurde er als erster Jude zum ao. Professor an die Berliner Universität berufen. Zu seinen wichtigsten Arbeiten gehören »Regesta pontificum Romanorum«, eine erste Edition von Papstdokumenten, sowie die Sammlung »Bibliotheca rerum Germanicarum« (6 Bde.). *EF*

Jagow, *Traugott* Achatz von

preußischer Politiker
✶ 18.5.1865 Perleberg
† 15.6.1941 Berlin
J. war 1909–16 Polizeipräsident von Berlin, 1916–19 Regierungspräsident in Breslau. Er ge-

hörte zu den Initiatoren und Anführern des Kapp-Putsches im März 1920, in dessen Verlauf er für wenige Tage das Innenministerium übernahm. Als einziger der führenden Putschisten wurde J. 1921 vom Reichsgericht wegen Beihilfe zum Hochverrat zu 5 Jahren Festungshaft verurteilt, aber bereits 1924 wieder begnadigt. *ThW*

Jahn, Friedrich Ludwig

»Turnvater« und Lehrer

✶ 11.8.1778 Lanz (Kr. Ludwigslust)

† 15.10.1852 Freyburg/Unstrut

Ab 1810 als Lehrer in Berlin – wenngleich er sich 1809 um eine Oberlehrerstelle in Königsberg bemühte. Da er die dafür notwendige Prüfung nicht bestand, blieb er den Berlinern für neue Aufgaben erhalten. Ab 1810 veranstaltete J. in der Hasenheide regelmäßig mit seinen Gymnasiasten Leibesübungen, ab 1811 sogar auf einem eigens dafür eingezäunten Platz. Die ersten »Turn«-geräte (Erfindung von Barren und Reck) wurden angeschafft und über eigens ausgegebene lederne

Friedrich Ludwig Jahn (1778–1852)

Turnmarken finanziert, quasi Vorläufer eines Vereinsausweises. Ab 1819 Turnverbot in der Hasenheide und Verhaftung wegen seines Einflusses auf die Burschenschaften, deren Mitbegründer er war. Der Prozeß endete 1825 mit seinem Freispruch, er stand dennoch bis 1840 unter Polizeiaufsicht. 1848 war J. Abgeordneter der Erbkaiserpartei in der Frankfurter Nationalversammlung, konnte sich aber mit seinen demokratisch-monarchistischen Ideen nicht durchsetzen. Zwielichtig seine deutschtümelnden Ideen, hart an der Grenze zum Chauvinismus.

Wichtigste Werke: Deutsches Volkstum (1809); Die Deutsche Turnkunst (1816). *VTM*

Jandorf, Adolph

Kaufmann, Kaufhausgründer

✶ 7.2.1870 Hengstfeld (Württemberg)

† 12.1.1932 Berlin [F.119]

J. studierte in den USA moderne Verkaufstechniken. Er eröffnete 1892 in Berlin das »Hamburger Engros-Lager«, ein Spezialgeschäft für Kurz-, Weiß- und Wollwaren sowie Tapisserie. J. gründete das »Kaufhaus des Westens« an der Tauentzienstraße, das 1907 eröffnet wurde. Es wurde zum größten Warenhaus Deutschlands. Das Haus wurde nach Plänen des Architekten Emil Schaudt gebaut. Das »KaDeWe« gab den entscheidenden Anstoß für die geschäftliche Belebung von Tauentzienstraße und Kurfürstendamm. *BF*

Janitsch, Johann Gottlieb

Komponist und Dirigent

✶ 19.6.1708 Schweidnitz (Schlesien)

† um 1763 Berlin

J. studierte in Frankfurt/O. und spielte im Collegium musicum. 1736 wurde er vom Kronprinzen an die Kapelle in Ruppin, später nach Rheinsberg berufen, wo er 1740 die »Freitags-Akademien« begründete, die er in Berlin fortsetzte: Sie waren die älteste ständige Konzerteinrichtung Berlins. J., ein vergessener Pionier des Berliner Musiklebens, komponierte Serenaden, Festmusiken, Sinfonien, Kammermusik, ein Te Deum und Lieder. *ThW*

Jannings, Emil

(eigtl. Theodor Friedrich Emil Janenz)

Schauspieler

✶ 23.7.1884 Rorschach (Schweiz)

† 2.1.1950 Strobl (Österreich)

Der Sohn eines deutschstämmigen Nordamerikaners und Strickmaschinenfabrikanten war Schiffsjunge, Zimmerkellner u.ä., begann seine Bühnenlaufbahn in einem böhmischen Provinzgasthof, ging mit Wandertheatern auf Schmiere und kam über verschiedene Provinzbühnen nach Berlin, wurde 1914 von Barnowsky abgelehnt, aber von Reinhardt 1915 engagiert (Schulmeister in Grabbes »Scherz, Satire, Ironie und tiefere Bedeutung«). 1918 spielte er am Kgl. Schauspielhaus erfolgreich den Adam im »Zerbrochenen Krug« (später auch in der Verfilmung, 1937). 1920 verließ er das Deutsche Theater und widmete sich ganz dem Film, für den er schon seit 1914 gearbeitet hatte. Herausragende Stummfilmrollen spielte er in »Madame Dubarry« (1919, Lubitsch), »Die Brüder Karamasow« (1920, Lubitsch), »Danton« (1921, Lubitsch), »Der letzte Mann« (1924, Murnau), »Tartüff« (1926, Murnau). Von 1926–29 arbeitete J. in Hollywood für die Paramount. Mit Beginn der Tonfilmära erreichte er als Professor Unrat in »Der blaue Engel« (mit M. Dietrich) einen künstlerischen Höhepunkt. Bis Anfang der 30er Jahre spielte er noch einzelne Bühnenrollen (Fuhrmann Henschel, Geheimrat Clausen in »Vor Sonnenaufgang«), widmete sich später ausschließlich dem Film, hauptsächlich Produktionen mit historischer Thematik. Dem Nationalsozialismus widersetzte sich J. nicht; ohne selbst faschistische Anschauungen zu vertreten, ließ er sich von der NS-Kulturpolitik vereinnahmen (Staatsschauspieler 1936, NS-Kultursenator 1937). 1936 wurde er Mitglied, 1938 Vorsitzender des Aufsichtsrats der Tobis, war somit Produzent mehrerer seiner Filme (u.a. »Robert Koch, der Bekämpfer des Todes« 1939; »Ohm Krüger« 1941; »Die Entlassung« 1942). Die Alliierten hielten ihm nach 1945 seine künstlerisch und unternehmerisch exponierte Stellung im Nationalsozialismus vor; einzelne seiner Filme fielen unter alliiertes Aufführungsverbot.

Autobiographie: Theater – Film und ich (1951)

Literatur: J. Gregor, Meister deutscher Schauspielkunst, 1939; H. Ihering, E. Jannings, 1941.

DTW

Jessel, Leon

Komponist und Dirigent

✶ 22.1.1871 Stettin

† 4.2.1942 Berlin [F.83]

J. war Kapellmeister in Oberhausen, Kiel, Stettin, Chemnitz und Lübeck. Als Komponist von Salonmusikstücken (»Parade der Zinnsoldaten«) bekannt geworden, versuchte er sich mit Operetten und Revuen, bevor er mit der Operette »Schwarzwaldmädel« den großen Wurf landete. Nach der Premiere am 27.8.1917 in der damaligen Berliner Komischen Oper erreichte das Stück allein in diesem Haus 900 Aufführungen und findet sich noch heute auf den Spielplänen aller Operettenbühnen. Einzelne Lieder daraus wurden zu Schlagern (»Erklingen zum Tanze die Geigen«). Obwohl Jessel noch 18 weitere Operetten komponierte, errang keine mehr den Erfolg von »Schwarzwaldmädel« – sie sind heute alle vergessen. Nach 1933 war Jessel als Jude Restriktionen und Verfolgungen ausgesetzt. Bis 1940 lebte er unbehelligt in Berlin, weil er »arisch« verheiratet war, dann wurde er ins Polizeigefängnis am Alexanderplatz verschleppt und in dessen Kellern so mißhandelt, daß er nach anderthalbjähriger Haft an den Folgen der Folterungen verstarb.

ThW

Jessner, Leopold

Regisseur, Schauspieler und Theaterleiter

✶ 3.3.1878 Königsberg

† 30.10.1945 Hollywood

J. begann zunächst als Schauspieler und war 1904–15 Regisseur am Hamburger Thalia-Theater, danach bis 1919 Intendant in Königsberg. 1919 wurde J. Intendant des zum Staatstheater mutierten Kgl. Schauspielhauses, durchbrach die szenische Tradition Berlins und revolutionierte das Theater der 20er Jahre. Er setzte dem Illusionstheater mit naturalistisch-psychologischem Habitus einen sachlichen, klaren Darstellungsstil entgegen, der anfangs durch revolutionäres Pathos, immer durch kämpferischen Aktionismus geprägt war. Herausragende Theaterereignisse waren seine Inszenierungen von »Wilhelm Tell« (1919, mit Bassermann und Kortner), Wedekinds »Der Marquis von Keith« (1920, mit Kortner), »Richard III.« (1920, mit Kortner), »Othello«, »Wallenstein« (1924), Bronnens »Ostpolzug« (1925, mit Kortner), Hebbels »Herodes und Mariamne«, »Hamlet« (1926), »Die Weber« (1928), »Ödipus« (1929, mit Kortner und Weigel). J.s Regiekonzept beruhte auf dem literarischen Text als Ausgangsmaterial, das er politisierte und aktualisierte, aus dem er »Leitmotive« ableitete, gleichsam statt der Fabel die Idee der Fabel inszenierend. J. entrümpelte die Kulissenbühne, ließ »Wilhelm Tell« und »Richard III.« auf einer gestuften Bühne spielen (die oft kopierte und mißverstandene »Jessnertreppe«), »Othello« auf einem ovalen Podest, »Ostpolzug« mit Filmeinblendungen. J. rhythmisierte Bühnensprache wie szenische Abläufe zu einem überhöhten, nichtnaturalistischen Theater. Bereits mit der antimilitaristischen »Hamlet«-Inszenierung war J. in den Strudel parteipolitischer Auseinandersetzun-

gen geraten. Als sich das politische Klima verschlechterte, kündigte J. 1930 seinen Intendantenvertrag. J. förderte am Staatstheater junge Regisseure (Fehling), Schauspieler (Kortner, Gründgens) und Autoren (Bronnen, Brecht). 1933 emigrierte er zuerst nach England, dann nach Palästina und schließlich in die USA, wo er zeitweilig als Lektor bei MGM beschäftigt war.
Literatur: F. Ziege, L. Jessner und das moderne Zeittheater, 1928; G. Rühle, Theater für die Republik, 1967. *DTW*

Joachim, Joseph

Violinist und Komponist
✶ 28.6.1831 Kittsee b. Preßburg
† 15.8.1907 Berlin [F.7]
J. wurde am Wiener Konservatorium ausgebildet, studierte ab 1843 in Leipzig und wurde 1850 als Konzertmeister in Weimar angestellt. 1854–66 wirkte er in gleicher Eigenschaft in Hannover. Ausgedehnte Konzertreisen brachten ihn in freundschaftlichen Verkehr zu R. Schumann und J. Brahms – beide schrieben unter Beteiligung von A. Dietrich gemeinsam eine Violinsonate für J. – und begründeten seinen Ruf als Violinsolist. J. Brahms, A. Dvorák und M. Bruch schrieben Violinkonzerte für ihn. Nach 1866 ließ er sich in Berlin nieder, wurde kgl. Professor, Direktor der neugegründeten Musikhochschule und Mitglied der Akademie der Künste. Als Primarius des nach ihm benannten Streichquartetts wurde er ebenso gerühmt wie als Solist, der auf äußerliche Virtuosität verzichtete. Nachhaltige Wirkung hatte er als Pädagoge. Während die meisten seiner Kompositionen vergessen sind, haben die ausschmükkenden Kadenzen zu klassischen Violinkonzerten aus seiner Feder bis heute Bestand. *ThW*

Joachim I. Nestor

Kurfürst von Brandenburg
✶ 21.2.1484
† 11.7.1535 Cölln
Der älteste Sohn des Kurfürsten Johannes Cicero verfügte über eine hohe Bildung und galt als einer der kenntnisreichsten Fürsten seiner Zeit. So setzte er sich auch für die Universität in Frankfurt/O. ein, deren Eröffnung 1506 erfolgte. Seit seiner Regierungsübernahme 1499 hatte sich J. mit dem heftigen Widerstand des Adels, mit Übergriffen räuberischer Ritter und einem verbreiteten Banditentum auseinanderzusetzen. Davon zeugte auch der Kampf gegen den zwischen 1523 und 1531 agierenden Kohlhas. Gegen die Rechtsunordnung führte er 1527 mit der Joachimschen Konstitution ein Gesetzbuch ein. Mit Ruppin, Zossen, der Neumark, Peitz und Teupitz gelang ihm erheblicher Landgewinn. Obwohl er sich noch häufig in Tangermünde aufhielt, wurde Schloß Cölln zu seinem festen Wohnsitz. Zwar lernte er bei einem Besuch Luther persönlich kennen, doch blieb er ein Gegner der Reformation. Außenpolitisch bezog er gegensätzliche Positionen. So unterstützte er bei der Kaiserwahl anfänglich den von Frankreich favorisierten Franz I., stimmte dann jedoch für den Habsburger Karl V. *EF*

Joachim II. Hector

Kurfürst von Brandenburg
✶ 13.1.1505
† 3.1.1571 Köpenick
J. erhielt als besonders gebildeter und ritterlicher Fürst den Beinamen Hector. Noch vor seiner Regierungszeit (1535) begleitete er 1532 den Kaiser während des Krieges gegen die Türken und wirkte auch später stets auf ein festes Bündnis mit den Habsburgern hin. 1539 übernahm er für sich und sein Land die Reformation und wirkte 1555 aktiv am Augsburger Religionsfrieden mit. Durch Verträge gelang ihm Landgewinn. Vom polnischen König wurde er mit dem Herzogtum Preußen mitbelehnt. Er wählte Berlin-Cölln zu seinem ständigen Sitz. *EF*

Joachim Friedrich

Kurfürst von Brandenburg
✶ 27.1.1546
† 18.7.1608 Cölln
Der Sohn des Kurfürsten Johann Georg war seit 1563 Administrator des Erzbistums Magdeburg, bevor er 1598 seine Regierung als Kurfürst antrat. Er schloß den Geraischen Hausvertrag ab, der die Unteilbarkeit des Hohenzollernschen Besitzes sowie die Erbfolge durch den ältesten Sohn festlegte. In seiner Amtszeit kam es zu Auseinandersetzungen mit den Ständen. Er setzte die Reformation weiter durch und gewann durch ein Sparsamkeitsregime früher verpfändete Ländereien wie Jerichow und Jüterbog zurück. *EF*

Jobst von Mähren (1354–1411)

Jobst (Jodocus) von Mähren

Markgraf von Mähren, Kurfürst
✶ 1354
† 17.1.1411
1375 übernahm J. von seinem Vater das Markgrafentum. Durch eine kluge Politik und harte Kämpfe gelang es ihm, sowohl Geld und Land als auch Ansehen zu gewinnen. So erwarb er die Altmark und Priegnitz. 1388 wurde ihm die Mark Brandenburg für 500.000 Gulden vom ungarischen König Sigismund verpfändet. 1397 erhielt er sie dann als Lehen. Als Kurfürst hatte er eine Vielzahl kriegerischer Auseinandersetzungen mit der eigenen Familie und dem Adel zu bestehen.
EF

Jöde, Fritz

Musikerzieher
✶ 2.8.1887 Hamburg
† 19.10.1970 ebd.
J. arbeitete zunächst als Volksschullehrer und schloß sich nach 1916 der Jugendbewegung an. 1920/21 studierte J. Musikwissenschaft in Leipzig, wurde aber schon 1923 als Professor an die Staatliche Akademie für Kirchen- und Schulmusik in Berlin berufen. J. war ein Pionier der musikalischen Jugenderziehung, er rief eine Musikantengilde ins Leben, in der sich hunderttausende musikalisch begabter Jugendliche zusammenschlossen. 1923 gründete J. in Berlin-Charlottenburg die erste Jugendmusikschule, 1925 die erste Volksmusikschule in Berlin und führte 1926 die Offenen Singstunden ein. J. gab bis 1970 etwa 60 Lieder- und Chorsammlungen heraus; diese Lieder, begleitet von Gitarre oder Laute und um Blockflötenstimmen ergänzt, wurden zum Symbol der Jugendmusikbewegung der Weimarer Zeit. 1939–43 lehrte J. am Mozarteum in Salzburg und leitete 1952–63 das Internationale Institut für Jugend- und Volksmusik Trossingen. Schriften: Musik und Erziehung (1919); Unser Musikleben (1924); Musikdienst am Volk (1927).
ThW

Johann I.

Markgraf von Brandenburg
✶ 1214
† 1266
Gemeinsam mit seinem Bruder Otto III. führte er 33 Jahre hindurch die Regierungsgeschäfte, ohne daß es zwischen ihnen zu Zwistigkeiten kam. Vielmehr gelangen ein Zugewinn von Land (Uckermark, Neumark) und die Hebung des Wohlstandes. Nicht nur Frankfurt/O. wurde 1253 gegründet, sondern es entstanden auch solche Städte wie Strausberg, Angermünde, Stolp, Liebenwalde und Stargard. Die Schwesterstädte Berlin und Cölln begannen, dem Zentrum Brandenburg den Rang streitig zu machen. *EF*

Johann der Alchimist

Markgraf von Brandenburg
✶ 1403
† 16.11.1464 Baiersdorf
Der Sohn des Kurfürsten Friedrich I. erhielt den Beinamen für seine Lieblingsbeschäftigung, während er sich um andere Dinge kaum kümmerte. 1426 wurde J. Statthalter der Mark, übte jedoch kaum Einfluß auf die Regierungsgeschäfte aus.
EH

Johann Cicero

Kurfürst von Brandenburg
✶ 2.8.1455 Ansbach
† 9.1.1499 Arneburg
J. übernahm die Kurfürstenwürde 1486 von seinem Vater Albrecht Achilles. Selbst hochgebildet, öffnete er den humanistischen Studien neue Wege, woraus sich auch sein Beiname Cicero Germanicus erklärt. Er verfolgte gegenüber den Ständen eine Politik des Ausgleichs, was ihm nicht immer gelang. So kam es nach der Einführung einer Biersteuer 1488 zu Rebellionen in den Städten. Nach außen betrieb er eine Politik der

Stabilisierung, was sich in einer Reihe von Verträgen mit Pommern, Ungarn, Magdeburg und Lüneburg niederschlug. *EF*

Johann Georg

Kurfürst von Brandenburg
✶ 11.9.1525
† 8.1.1598
Der Sohn Joachims II. erwarb sich an der Universität Frankfurt/O. eine solide Bildung. Er nahm am Schmalkaldischen Krieg teil (Schlacht bei Mühlberg 1547). Zeit seines Lebens zeichnete er sich durch Mäßigkeit aus. Nach seinem Regierungsantritt 1571 ging er hart gegen jegliche Verschwendung vor. Gegen den Widerstand verschiedener Kräfte im Lande festigte er die Positionen des Protestantismus. 1575 erwarb er Beeskow und Storkow. Unter seiner Herrschaft wurde schließlich die ganze Mark Brandenburg wieder vereint. *EF*

Johann Georg

Markgraf von Brandenburg
✶ 16.12.1577 Wolmirstedt
† 2.3.1624 Leutschau b. Kaschau
Der Sohn des Kurfürsten Joachim Friedrich und Bruder des späteren Kurfürsten Johann Sigismund wurde 1592 Bischof von Straßburg und 1607 Herzog von Jägerndorf. In den ersten Jahren des 30jährigen Krieges, in denen er als Heerführer wirkte, wechselte er mehrfach die Fronten und kämpfte sowohl für als auch gegen den Kaiser. *EF*

Johann Sigismund

Kurfürst von Brandenburg
✶ 8.11.1572 Halle
† 23.12.1619 Berlin
Der Sohn von Joachim Friedrich studierte seit 1588 in Straßburg und hielt sich viele Jahre in Heidelberg auf. Nachdem er 1608 Kurfürst geworden war, trat er in einer spektakulären Aktion 1613 im Berliner Dom zum Calvinismus über. In Glaubensfragen verhielt er sich insgesamt tolerant, wovon das Toleranzedikt vom 24.2.1614 zeugt, das das Lästern und Schelten gegenüber anderen Glaubensansichten verbot. Im gleichen Jahr gewann er durch den Vertrag von Xanten Gebiete um Kleve und Ravensberg und wurde 1618 Herzog von Preußen. *EF*

Johnson, Uwe

Schriftsteller
✶ 20.7.1934 Kammin (Pommern), heute: Kamién Pomorski (Polen)
† 23.2.1984 Sheerness-on-Sea (Kent, England)
J. war der Sohn eines Gutsverwalters und Landwirts und einer Bauerntochter. Er wuchs in Anklam und Mecklenburg auf und studierte von 1952–56 in Rostock und Leipzig Germanistik. Anschließend lebte er drei Jahre von germanistischer Heimarbeit, da er aus politischen Gründen keine Anstellung bekam. J.s erster Roman »Ingrid Babendererde/Reifeprüfung« (1953) wurde von den Verlagen der DDR abgelehnt, auch Suhrkamp konnte sich erst zur Veröffentlichung von »Mutmaßungen über Jakob« (1959) entschließen. Am Veröffentlichungstag übersiedelte J. nach Berlin (West), wo er mit einigen Unterbrechungen (1962 Villa-Massimo-Stipendium in Rom, 1966–68 Schulbuchlektor in New York) bis 1974 lebte. Das Thema der deutschen Teilung und das damit verbundene gegenseitige Fremdwerden greifen auch die folgenden Romane J.s in experimenteller Form auf, »Das dritte Buch über Achim« (1961) und »Zwei Ansichten« (1965). 1964 schrieb J. Fernsehkritiken (DDR-Programm) für den Berliner »Tagesspiegel«. Zwischen 1970 und 1983 erschien sein Hauptwerk, die Tetralogie »Jahrestage«. J.s Werk wurde vielfach geehrt, u.a. mit dem Büchner-Preis (1971), Th.-Mann-Preis (1978). Ab 1974 lebte J. zurückgezogen in England, zuletzt auf der Themse-Insel Sheppey.
Literatur: S. Hanuschek, Uwe Johnson, 1994.
VM

Jung, Georg

Politiker, Publizist
✶ 2.1.1814 Rotterdam
† 8.10.1886 Berlin
Der Sohn eines begüterten holländischen Kaufmanns nahm während des Studiums der Rechtswissenschaften und Philosophie in Bonn (1834/35) die preußische Staatsbürgerschaft an, ging nach dem Abschluß des Studiums an der Berliner Universität in das Rheinland und wurde in Köln Redakteur der liberalen »Rheinischen Zeitung« und der »Deutschen Jahrbücher«. In den Jahren des Vormärz ist er als Theoretiker der junghegelianischen Philosophie und durch seine Zusammenarbeit mit Arnold Ruge, Karl Marx und Moses Heß bekannt. 1846 nimmt er seinen Wohnsitz in Berlin und widmet sich der Bildungstätigkeit für Arbeiter, leitet zusammen mit dem

liberalen Arzt Carl d' Ester den Allgemeinen Hilfs- und Bildungsverein für Arbeiter in Berlin. Mit dem Ausbruch der Revolution am 18. März 1848 in Berlin, den er publizistisch und politisch mit vorbereitet hat, wird er Mitbegründer und erster Präsident des Politischen Clubs, der am 21. Mai in Demokratischer Club umgenannt wird. Am 22. März hält er im Friedrichshain die offizielle Trauerrede beim Begräbnis der Opfer des 18. März. Als gewähltes Mitglied der preußischen Konstituante gehörte J. bis zu ihrer Zerschlagung durch die Reaktion 1849 zur Gruppe der radikalen Linken, hatte bleibendes Verdienst an der Ausarbeitung einer demokratischen Verfasssung für Preußen und an der Mobilisierung der Berliner Massen zur Unterstützung der parlamentarischen Tätigkeit der republikanischen Opposition. Nach der Niederlage der Revolution wird J. in den 60er Jahren zu einem der Führer der Fortschrittspartei und der Nationalliberalen, wird ab 1863 ins Preußische Abgeordnetenhaus gewählt. Am Ende seines Lebens als praktischer Politiker und Publizist schwenkt er auf Positionen Bismarcks über. *DW*

Justi, Ludwig

Kunsthistoriker
✶ 14.3.1876 Marburg/Lahn
† 19.10.1957 Potsdam [F.127]

Der Sohn eines bekannten Orientalisten studierte in Berlin. 1903 folgte er einer Berufung nach Halle und 1904 nach Frankfurt/M. Ab 1905 wieder in Berlin, verfaßte J. eine Monographie über den italienischen Maler »Giorgione« (2 Bde., 1908). 33jährig wurde er Direktor der Berliner National-Galerie. Nach deren Umbau (1911–13) richtete J. sie auf die Kunst des 19. Jhs. aus. 1917 öffnete er das Haus den Werken der Berliner Sezessionisten und widmete Liebermann einen Ausstellungssaal. Die Expressionisten zogen 1918 in die Neue Abteilung ein. Mit Vertretern der »Brücke«, des »Blauen Reiters« und des Bauhauses prägte J. wesentlich das öffentliche Verständnis und Ansehen der Kunst des 20. Jhs. 1933 beurlaubt und dann strafversetzt, mußte er erleben, wie die Sammlung der modernen Kunst 1937 für die Ausstellung »Entartete Kunst« herhalten mußte. Die meisten Werke gingen durch Verkauf oder Vernichtung verloren. Nach 1945 hatte J. als Generaldirektor Anteil am schwierigen Wiederaufbau der Museumsinsel. *UH*

Jutzi, Piel

(Phil, Name 1931 geändert
aufgrund einer Klage von H. Piel)
Regisseur und Kameramann
✶ 22.7.1896 Neustadt (Bergstraße)
† 1.5.1946 ebd.

P. war ursprünglich Kunstmaler, begann 1919 in Heidelberg als Kameramann Serienkrimis zu drehen. Später bearbeitete er bei der »Prometheus-Film« sowjetische Filme und begann eigene Dokumentar- und Spielfilme zu drehen. Mit »Mutter Krausens Fahrt ins Glück« (1928) gelang ihm in der Bildsprache die größte Nähe zu H. Zille. 1931 verdichtete er Döblins »Berlin Alexanderplatz« zum Individualschicksal des Franz Biberkopf, ohne der Vielschichtigkeit des Romans voll gerecht zu werden. 1933 emigrierte J. nicht, lehnte aber Angebote der Nationalsozialisten, eine neue Version von »Mutter Krausens Fahrt ins Glück« im NS-Müttergenesungswerk positiv enden zu lassen, konsequent ab. Der als Fachmann hochgeschätze J. drehte in den 30er Jahren in Österreich noch zwei Filme, in Deutschland nur noch Kurz- und Werbefilme und arbeitete, nach der kriegsbedingten Einstellung der Kurzfilmproduktion, als Kameramann. *DTW*

K

Kadelburg, Gustav

Schauspieler und Lustspieldichter
✶ 26.7. 1851 Budapest
† 11.9.1925 Berlin [F.121]
K. war 1871–94 mit kurzen Unterbrechungen in Berlin am Wallner-Theater engagiert, wo er in Bonvivant-Rollen auftrat, eigentlich *der* Bonvivant Berlins, der zum ersten Mal die Gestalt des »schneidigen preußischen Offiziers« auf die Bühne brachte. 1883 gehörte er zum »Gründungsensemble« des Deutschen Theaters. Mit Schönthan und Blumenthal betrieb er eine »Lustspielmanufaktur«, der zahlreiche erfolgreiche Stücke entsprangen, z.B. »Im weißen Rößl« (1894). *DTW*

Kaeber, Ernst

Historiker
✶ 5.12.1882 Charlottenburg
† 5.7.1961 Berlin
Der Vater, Direktor der Charlottenburger Wasserwerke, ermöglichte ihm eine gediegene Ausbildung. Nach dem Joachimsthalschen Gymnasium studierte er in Berlin und Königsberg Geschichte und promovierte 1906. Von 1907 an arbeitete er in verschiedenen Archiven, bis er 1913 zum Berliner Stadtarchivar berufen wurde. In seinen Erinnerungen schreibt er, er hätte sich keine schönere Aufgabe denken können, »als die selbständige Leitung des Archivs der Hauptstadt.« Im gleichen Jahr wurde er auch Mitglied des »Vereins für die Geschichte Berlins«. Ihm gelang der Aufbau eines gutgeordneten Archivs, das sich zum Zentrum der Berliner Stadtgeschichtsforschung entwickelte. 1937 mußte er vorzeitig in den Ruhestand gehen, da er sich weigerte, sich von seiner jüdischen Frau zu trennen. Aber bereits ab Juni 1946 arbeitete er wieder als Leiter des Stadtarchivs. Mit der politischen Spaltung der Stadt ging er in den Westteil, um erneut mit dem Aufbau eines Berliner Archivs, des späteren Landesarchivs zu beginnen. 1955 schied er aus seinem Amt, widmete sich aber weiterhin der Berliner Stadtgeschichte, zu deren profundesten Kennern er gehörte. *EF*

Kainz, Josef

Schauspieler
✶ 2.1.1858 Wieselburg (Ungarn)
† 20.9.1910 Wien
K. spielte in Halberstadt, Kassel, Marburg (Drau), Leipzig. Der eigtl. Beginn seiner Karriere datiert mit dem Engagement in Meiningen (1877–80). Nach dem Engagement in München (1880–83) kam K. nach Berlin und war 1883–89 und 1892–1899 am Deutschen Theater, danach am Burgtheater in Wien. K. galt als größter deutschsprachiger Schauspieler seiner Zeit. Seine Glanzrollen in Berlin waren u.a. Don Carlos, Hamlet, Richard II., Tasso. *DTW*

Kaiser, Georg

Dramatiker
✶ 25.11.1878 Magdeburg
† 4.6.1945 Ascona
Der Kaufmannssohn entfloh als Schiffsjunge 1898 seiner Kaufmannslehre, landete in Argentinien und arbeitete dort in einem Büro der AEG in Buenos Aires. Schwer erkrankt an der Malaria, kehrte er über Spanien und Italien nach Magdeburg zurück und begann, ans Krankenbett gefesselt, Theaterstücke zu schreiben. Seinen ersten großen Theatererfolg erlebte er gleich mit der ersten Inszenierung: 1917 wurde in Frankfurt sein Drama »Die Bürger von Calais« (geschrieben 1914), uraufgeführt und schon drei Monate später in München »Von morgens bis mitternachts« (1916). Die geplante Berliner Uraufführung war durch die wilhelminische Zensur verhindert worden, trotz oder wegen des starken Bezugs zu Berlin. Seit 1921 lebte er als freier Schriftsteller zunächst in Magdeburg, dann in den Jahren 1921–38 in Grünheide bei Berlin und in Berlin. In dieser Zeit entwickelte er sich zum bedeutendsten Repräsentanten des expressionisti-

schen Dramas und wurde zum meistgespielten Dramatiker auf deutschen Bühnen. Innerhalb von zwanzig Jahren wurden einundvierzig Stücke uraufgeführt, zu einem guten Drittel in Berlin. Er schrieb mehr als siebzig Dramen, von der klassischen Tragödie bis zur Komödie und Posse, die sich alle durch einen bühnenwirksamen Aufbau auszeichnen. Seine Thematik hatte stets einen Zeitbezug, selbst wenn er historische Stoffe bearbeitete. Er behandelte mit scharfem spielerischem Intellekt vorwiegend die Problematik des – im expressionistischen Sinn – »neuen Menschen«, in dessen Kampf gegen die Unterdrückung durch die kapitalistische Gesellschaft und Industrialisierung, die für soziale Probleme und Krieg verantwortlich gemacht werden (»Gas« 1918, »Gas. Zweiter Teil«, 1920). 1933 wurde K. als »Kulturbolschewist« aus der Preußischen Akademie der Künste ausgeschlossen. Die Aufführung seiner Stücke war verboten, seine Bücher wurden verbrannt. 1938 emigrierte er über Holland in die Schweiz.

Literatur: E. Schürer, G. Kaiser und B. Brecht, 1971; G. Kaiser. Symposium. Hg. v. H.A. Pausch u. E. Reinhold, 1980. *UB*

Kaiser, Jakob

Politiker, Bundesminister, Ehrenbürger

✶ 8.2.1888 Hammelburg

† 7.5.1961 Berlin [F.93]

Buchbinder wie sein Vater, schloß sich K. 1912 den christlichen Gewerkschaften an. Als Mitglied der Zentrumspartei, der er nach dem I. Weltkrieg beitrat, kam er 1932 in den Reichstag. Seit 1921 arbeitete er in Berlin als Geschäftsführer der christlichen Gewerkschaften. Da er sich 1933 gegen die Selbstauflösung der Gewerkschaften wandte, wurde er mehrfach verhaftet. Er knüpfte Beziehungen zu oppositionellen Kräften, so auch zu den Männern des 20. Juli 1944 und mußte sich nach dem Attentat bis Kriegsende versteckt halten. 1945 gehörte er in der SBZ zu den Mitbegründern der CDU, vertrat Ideen eines christlichen Sozialismus und sah Deutschland als eine wichtige Brücke zwischen Ost und West. Scharfe Konflikte im Osten zwangen ihn, 1946 nach Berlin (West) zu gehen, wo er im Stadtparlament wirkte und Berlin im Parlamentarischen Rat vertrat. 1949 wurde er Mitglied des Bundestages und Minister für Gesamtdeutsche Fragen. Er war stellvertretender CDU-Vorsitzender und Vorsitzender der CDU-Sozialausschüsse. 1957 zog er sich krankheitsbedingt aus der Politik

Jakob Kaiser (1888–1961)

zurück. Am 8.2.1958 wurde er Ehrenbürger Berlins. *EF*

Kaiser, Josef

Architekt

✶ 1.5.1910 Celje (Slowenien)

† 5.10.1991 Altenberg (Erzgebirge)

Nach dem Studium an der TH Prag (1929–35) und Arbeit als Architekt in Weimar und Berlin (1935–45), gehörte K. 1950–55 in der Deutschen Bauakademie Berlin (Ost) zu den Vertretern einer nationalen Tradition und war bis 1969 Teamleiter im Architekturbüro Berlin-Projekt. 1969–1973 war K. Professor für Allgemeinen Hochbau an der Hochschule für Architektur und Bauwesen Weimar.

Wichtige Bauten: Filmtheater Kosmos, Bln.-Friedrichshain (1962); Bauten im Wohngebiet Karl-Marx-Allee II zwischen Strausberger Platz und Alexanderplatz, Bln.-Mitte (1958–67); zehngesch. Wohngebäude mit Ladenpavillons (1962), Filmtheater International und Hotel Berolina (1963); Restaurant Moskau (1964); Ministerium für Auswärtige Angelegenheiten, Bln.-Mitte (1965–67; abgetr.); Warenhaus am Alexanderplatz, Bln.-Mitte (1967–70, zus. mit R. Korn). *KDS*

Kaiser, Wolf
Schauspieler
✶ 26.10.1916 Frankfurt/M.
† (Freitod) 21.10.1992 Berlin [F.108]
K. kam vom Stadttheater Iglau 1942 an die Volksbühne Berlin, spielte 1947–50 am Leipziger Schauspielhaus und ging 1950 ans Berliner Ensemble, wo er u.a. den Feldprediger in »Mutter Courage«, Giri in »Arturo Ui«, Papa in »Tage der Commune« und den Kleinbauern in Strittmatters »Katzgraben« spielte und vor allem als Macheath in der »Dreigroschenoper«-Inszenierung E. Engels gefeiert wurde. 1966 kehrte K. wieder an die Volksbühne zurück, wo er u.a. als Caesar in Shaws »Caesar und Cleopatra« und als Philipp II. in »Don Carlos« überzeugte. Seit 1969 gehörte er zum Schauspieler-Ensemble des DDR-Fernsehens. In mehrteiligen Fensehfilmen wurde er auf idealisierte Arbeiterfiguren mit sozialistischem Vorbild-Charakter festgelegt (z.B. in »Geduld der Kühnen«, »Zeit ist Glück«, »Die Zeichen der Ersten«), spielte aber auch den Thomas Müntzer, den Hochstapler Jachmann in »Kleiner Mann – was nun?« und den Präsidenten Walter in »Kabale und Liebe«. Eine seiner späteren Glanzrollen war der Casanova in dem Fernsehspiel »Casanova auf Schloß Dux«. *DTW*

Kaléko, Mascha
Lyrikerin
✶ 7.6.1907 Chrzanów (Polen)
† 21.1.1975 Zürich
Nach dem I. Weltkrieg kam die Tochter eines russischen Vaters und einer österreichischen Mutter nach Berlin. In Berlin arbeitete sie an verschiedenen Zeitschriften und schrieb ihren ersten Gedichtzyklus »Das lyrische Stenogrammheft« 1933. Als Jüdin mußte sie 1938 emigrieren. Sie lebte in den USA und ab 1960 in Jerusalem. Der Ton ihrer frühen ironisch leichten Gebrauchs- und Großstadtlyrik (»Verse für Zeitgenossen« 1945, »Der Papagei, die Mamagei« 1961) veränderte sich und wurde in den späten Gedichten verhalten und melancholisch (»Heute ist morgen schon gestern« hg. 1980, »Der Stern auf dem wir leben« hg. 1984).
Literatur: G. Zoch-Westphal, Aus den sechs Leben der Mascha Kaléko. Biographische Skizzen, Tagbuch, Briefe, 1988. *UB*

Kalisch, David
Schriftsteller
✶ 23.2.1820 Breslau
† 21.8.1872 Berlin [F.46]
Nachdem der aus einer gebildeten jüdischen Familie stammende K. das Gymnasium aus finanziellen Gründen verlassen mußte, machte er eine Kaufmannslehre. 1844 reiste er nach Paris und lernte dort Heine, Herwegh und Marx kennen. Während seiner anschließenden Arbeit als Buchhalter in Straßburg begann nebenher seine literarische Tätigkeit. 1846 kam er nach Berlin, wo seine Schwänke und Possen so großen Beifall fanden, daß er den Brotberuf aufgeben konnte. 1848 gründete er die politisch-satirische Zeitschrift »Kladderadatsch«, die ihm viel Ärger mit der Staatsgewalt eintrug. Kalisch gilt als Schöpfer des Berliner Lokalstücks und Couplets (»Berliner Leierkasten. Couplets« 3 Bde. 1858–1866). *UB*

Kamptz, Carl Christoph Albert Heinrich von
Jurist, preußischer Beamter, Ehrenbürger
✶ 16.9.1769 Schwerin
† 3.11.1849 Berlin
Der an der Göttinger Universität ausgebildete Jurist hatte bereits eine erfolgreiche Karriere als Jurist im Mecklenburgischen hinter sich, als er 1804 in preußische Dienste trat. Kurzzeitig für das Königreich Württemberg tätig, kam er 1812 nach Berlin, wo er in hohen Funktionen in verschiedenen Ministerien tätig war. Seit 1817 Mitglied des Staatsrates, wirkte er von 1832 bis zu seiner Pensionierung 1842 als Direktor im Justizministerium. Als Repräsentant der Restauration in Preußen erwarb er sich den Ruf eines hartnäkkigen Feindes aller demokratischen Bewegungen und war Motor der sogenannten Demagogenverfolgung, 1840 wurde er Ehrenbürger von Berlin. *EF*

Kapelle, Heinz
Widerstandskämpfer
✶ 17.9.1913 Berlin
† (hingerichtet) 1.7.1941 Berlin-Plötzensee
K. war Buchdrucker und seit 1931 Mitglied der KPD. Er sammelte 1936 eine Gruppe von Kommunisten, sozialdemokratischen und katholischen Jugendlichen aus Neukölln, Kreuzberg, Tempelhof und Treptow um sich. Im September 1939

riefen sie zum Kampf gegen Hitler auf. Mit fünf Gefährten wurde er festgenommen und im Februar 1941 zum Tode verurteilt. *ED*

Karajan, Herbert von

Dirigent, Ehrenbürger
✶ 5.4.1908 Salzburg
† 16.7.1989 Anif b. Salzburg
K. studierte am Salzburger Mozarteum und wollte eigentlich Pianist werden. 1927 begann er in Ulm als Korrepetitor, Dirigent und Operndirektor, ging 1934 nach Aachen, gastierte ab 1937 auch bei den Berliner Philharmonikern und an der Staatsoper Berlin, deren Chefdirigent er 1941 wurde. Nach 1945 war K. zunächst in Wien tätig, gastierte bei den Salzburger und Luzerner Festspielen, tourte mit den Londoner und Wiener Philharmonikern und trat mit Inszenierungen an führenden europäischen Opernhäusern hervor. 1948 begann seine Regietätigkeit an der Mailänder Scala (bis 1955); 1951/52 gestaltete er mit Wieland Wagner die Wiedereröffnung der Bayreuther Festspiele. 1955 wurde er von den Berliner Philharmonikern zum »Dirigenten auf Lebenszeit« ernannt; zugleich war er 1957–64 künstlerischer Leiter und Dirigent der Wiener Staatsoper sowie Leiter und (seit 1964) Direktoriumsmitglied der Salzburger Festspiele. Mit den »Salzburger Osterfestspielen« schuf er sich eine eigene Opernwerkstatt von internationaler Geltung. 1968 gründete er die »Herbert-von-Karajan-Stiftung«, die Forschungsvorhaben fördern und den in Berlin veranstalteten Dirigier- und Orchesterwettbewerb unterstützen sollte. 1971 initiierte K. in Berlin die »Orchester-Akademie des Berliner Philharmonischen Orchesters«, in der die besten Musikstudenten Berlins, aber auch des Auslandes weitergebildet wurden. K., Prototyp des jetsettenden Stardirigenten schlechthin (K. flog eine »Falcon-10-Mystère«), machte Musik zum Medienereignis (100 Millionen Schallplatten; Verbundproduktionen von Live-Aufführungen, Tonträgern und Bildkonserven bei weltweiter Verwertung), brachte sich durch glanzvolle Aufführungen ebenso ins Gespräch wie durch autokratischen Führungsstil, der Konflikte mit den Berliner Philharmonikern heraufbeschwor; sie entzündeten sich an der Verpflichtung der Klarinettistin Sabine Meyer und kulminierten 1984 in der Entlassung des Intendanten, woraufhin K. das Pfingstkonzert in Salzburg absagte. Die Versöhnung mit dem Orchester war oberflächlich, im April 1989 sagte sich K. endgültig

Karl IV. (1316–1378)

von den Philharmonikern los. 1973 hatte er die Ehrenbürgerwürde Berlins erhalten. *ThW*

Kardorff-Oheimb, Katharina von

Politikerin
✶ 2.1.1879 Neuss
† 22.3.1962 Düsseldorf
Katharina van Endert kam 1912 nach Berlin. Sie hatte bereits zwei Ehen hinter sich, als sie 1913 den Rittmeister Joachim von Oheimb heiratete. Nach dem I. Weltkrieg wandte sie sich der Politik zu und gehörte 1920 zu den ersten Frauen im Reichstag. In ihrem Berliner Salon trafen sich bekannte Politiker, Industrielle und Militärs. Sie schrieb für verschiedene Zeitungen und gab seit 1924 die »Allgemeine Bilderzeitung« (ABZ) heraus. 1927 ging sie ihre vierte Ehe mit dem Politiker Siegfried von Kardorff ein, der viele Jahre als Vizepräsident des Deutschen Reichstages wirkte. Nach 1933 zog sie sich aus der Politik zurück und lebte in den letzten Kriegsjahren vorwiegend in Ahrensdorf in der Uckermark. Nach 1945 kurzzeitig Mitglied der Liberal-Demokratischen Partei (LDP), setzte sie sich in den ersten Nachkriegsjahren für die deutsche Wiedervereinigung ein, engagierte sich dann für die Idee eines vereinigten Europas.
Literatur: K.v. Kardorff-Oheimb, Politik und Lebensbeichte, 1965. *EF*

Karl IV.
deutscher König und Kaiser,
Markgraf von Brandenburg
✶ 14.5.1316 Prag
† 29.11.1378 ebd.
K. hatte 1363 mit Erbvertrag zeitweilig die Verwaltung der Mark Brandenburg übernommen. Als er 1371–73 Krieg gegen die Mark und ihre Städte führte, leistete ihm auch ein Truppenkontingent aus Berlin Widerstand. 1373, nachdem er die Mark von Ludwig dem Älteren gegen größere Entschädigungen erworben hatte, ließ er den Bürgermeister von Cölln, Tile Wardenberg, und weitere Gegner aus dem Rat entfernen und ergriff Maßnahmen, um die Macht des Landesherren gegen die städtische Autonomie zu stärken. K. hat sich u.a. um Finanzverwaltung, Einführung einer Landfriedensordnung, Auslösung verpfändeter Landesteile bemüht. Dazu wurden die Einkünfte und Rechte des Markgrafen und der Besitzstand in den Dörfern erfaßt und 1375 in einem Landbuch aufgezeichnet. Er hinterließ die Mark 1376 seinem zweiten Sohn Sigismund. *ED*

Karsch(in), Anna Luise
Lyrikerin
✶ 1.12.1722 bei Schwiebus
† 12.10.1791 Berlin [F.105, Grabtafel an der Nordwand der Sophienkirche]
Die Tochter eines Pächters – die mit sechzehn Jahren einen Tuchweber heiratete, der sie mißhandelte und nach der Scheidung den Schneider K., von dem sie sich trennte, weil er ein Trunkenbold war – hatte sich ihre Bildung, trotz widriger Umstände, autodidaktisch erworben. 1761 wurde sie von ihrem Entdecker Baron v. Kottwitz nach Berlin gebracht und sogleich von Sulzer, Ramler, Mendelssohn und Lessing gefördert. Gleim brachte 1764 ihre erste Gedichtsammlung »Auserlesene Gedichte« heraus. 1781 schenkte ihr König Friedrich Wilhelm II. ein Haus in Berlin. Diese Wertschätzung verdankte sie ihrer vers- und reimgewandten, an anakreontischen Vorbildern geschulten Naturlyrik, durch die sie für ihre Zeitgenossen zu einer »deutschen Sappho« wurde. *UB*

Kasack, Hermann
Schriftsteller und Lektor
✶ 24.7.1896 Potsdam
† 10.1.1966 Stuttgart
Der Arztsohn studierte Germanistik und Nationalökonomie in Berlin und München und arbeitete anschließend von 1920–25 im Kiepenheuer Verlag in Potsdam, zunächst als Lektor, später als Verlagsleiter. 1926 und 1927 im S. Fischer Verlag Berlin, lebte er danach als freier Schriftsteller und Rundfunkautor, bis er von 1941–49 im Suhrkamp Verlag das Lektorat von O. Loerke übernahm. 1948 war er einer der Gründer des deutschen P.E.N.-Zentrums und von 1953–63 Präsident der Deutschen Akademie für Sprache und Wissenschaften in Darmstadt. Sein unter Kriegseinfluß geschriebenes Hauptwerk, der Roman »Die Stadt hinter dem Strom« (1947), der ein schemenhaftes Reich zwischen Sein und Nichtsein mit einer diktatorischen kafkaesken Bürokratie beschreibt, war eines der meist diskutierten Bücher der Nachkriegszeit. Es ist stark von Kafka, Joyce und vom surrealistischen und existentialistischen Denken geprägt. *UB*

Kästner, Erich
Schriftsteller
✶ 23.2.1899 Dresden
† 29.9.1974 München
Der Sohn eines Sattlermeisters besuchte zunächst ein Lehrerseminar, bevor er in Berlin, Rostock und Leipzig Germanistik studierte. Seit 1927 lebte K. als freier Schriftsteller in Berlin. Der von der Neuen Sachlichkeit beeinflußte Lyriker und Erzähler schrieb satirische zeitkritische Literatur für jung und alt. Sein Witz ist verbunden mit der Stadt, in der er lebte, man denke nur an eines seiner vielen Kinderbücher »Pünktchen und Anton« (1930), oder an die scharfe Sozialsatire »Fabian« (1931), in der er sich treffsicher gegen die Spießbürgermoral wendet, oder auch an die Gedichte und Lieder, die oft für das Kabarett geschrieben wurden (»Gesang zwischen den Stühlen« 1932). Nach dem Verbot und der Verbrennung seiner Bücher 1933 blieb er, mußte aber im Ausland publizieren. Seit 1945 wirkte er in München als Feuilletonredakteur, Herausgeber einer Jugendzeitschrift und im Kabarett »Schaubude«. 1957 wurde ihm der Georg-Büchner-Preis verliehen.
Literatur: L. Enderle, E. Kästner in Selbstzeugnissen und Bilddokumenten, 1960. *UB*

Kaufmann, Oskar
Architekt
✶ 2.2.1873 Neu St. Anna (Ungarn)
† 8.9.1956 Budapest
Nach dem Architekturstudium in Kassel arbeitete er ab 1900 als freischaffender Architekt in Berlin

und wurde zu einem der führenden Theaterarchitekten. In Berlin erbaute er das Hebbeltheater (1907), die Volksbühne (1910–14), die Krolloper (1924) und das Renaissancetheater (1927). Auch eine Reihe Villen stammen von ihm, so die Oskar-Kaufmann-Villa in Wilmersdorf. Max Osborn nannte Kaufmanns Stil ein »expressionistisches Rokoko«. 1933 mußte er emigrieren und lebte in Tel Aviv. 1941 kehrte er nach Ungarn zurück und baute dort nach Kriegsende viele der zerstörten Theater wieder auf.
Literatur: A. Hansen, Oskar Kaufmann. Ein Theaterarchitekt zwischen Tradition und Moderne, 2001 *EF*

Kaun, Hugo

Komponist
✶ 21.3.1863 Berlin
† 2.4.1932 ebd. [F.94]
K. studierte an der Berliner Musikhochschule sowie an der Meisterklasse der Akademie. 1887–1901 wirkte er als Dirigent und Lehrer in Milwaukee (USA), später in Berlin. Seit 1912 Mitglied der Akademie der Künste in Berlin, lehrte er ab 1922 Komposition am Scharwenka-Konservatorium. K. schrieb sinfonische Werke, drei Opern, Kammer- und Klaviermusik; besonders geschätzt waren seine Werke für Männerchor, z.B. die Zyklen »Vom deutschen Rhein« und »Heimat«. *ThW*

Kaupert, Johann August

Topograph und Kartograph
✶ 9.5.1822 Kassel
† 11.2.1899 Berlin
K. arbeitete nach seiner Ausbildung als Geometer 1841–66 bei der topographischen Landesaufnahme Kurhessens. Nach dem Anschluß dieses Staates an Preußen (1866) wurde K. Abteilungsleiter in der Preußischen Landesaufnahme. Seine »Karte des deutschen Reiches« zählte zu den besten Kartenwerken Europas. Neben seiner Amtstätigkeit nahm K. 1875–99 an der kartographischen Erfassung der klassischen Stätten des Altertums in Griechenland teil. *UH*

Käutner, Helmut

Schauspieler, Regisseur und Drehbuchautor
✶ 25.3.1908 Düsseldorf
† 20.4.1980 Castelina (Italien) [F.93]
K. studierte Germanistik, Kunstgeschichte, Philosophie, Psychologie und Theaterwissenschaft, schrieb für bayerische Provinzzeitungen Kritiken und Kulturberichte und begann bei einem Wandertheater in Wunsiedel. K. erprobte sich als Kabarettist und war Mitbegründer des Kabaretts »Die vier Nachrichter« (1935 verboten). Neben Schauspiel- und ersten Regiearbeiten am Theater begann er beim Film als Drehbuchautor und gab sein Regie-Debüt mit »Kitty und die Weltkonferenz« (1939, wegen proenglischer Tendenz bei Kriegsbeginn zurückgezogen). K. drehte in der Folge Unterhaltungsfilme mit künstlerischem Anspruch, darunter so erfolgreiche wie »Kleider machen Leute« (1940), »Frau nach Maß« (1940), »Wir machen Musik« (1942), »Romanze in Moll« (1943), »Große Freiheit Nr. 7« (1943/44), mit dem er sich den Zorn von Großadmiral Dönitz zuzog und der im Grunde erst nach 1945 in deutsche Kinos kam. »Unter den Brücken« (1944), der »Versuch eines melancholischen Volksliedes«, der zu seinen besten künstlerischen Leistungen zählt, wurde der Zensur gar nicht mehr vorgelegt. Er war an Außenschauplätzen rund um Berlin gedreht und im Spätherbst 1944 fertiggestellt worden. Nach Kriegsende baute K. in Hamburg das Theaterleben mit auf und arbeitete für den Hörfunk. Mit »In jenen Tagen« (1947) gelang ihm ein bemerkenswerter Nachkriegsfilm. 1950 erregte seine Berliner Inszenierung von Millers »Tod eines Handlungsreisenden« (Hebbel-Theater) Aufsehen – K. inszenierte später auch am Schiller-, Schloßpark-, Renaissance-Theater und an der Freien Volksbühne – gleichzeitig drehte er in Brauners CCC-Ateliers den Film »Epilog«. Später hatten die Verfilmungen literarischer Vorlagen Erfolg (»Des Teufels General« 1955, »Der Hauptmann von Köpenick« 1956, »Der Schinderhannes« 1958, »Das Glas Wasser« 1960, »Lausbubengeschichten« 1964), gleichzeitig machte er mit Fernsehinszenierungen von sich reden (u.a. »Wir Kellerkinder« 1960, mit W. Neuss).
Literatur: W. Jacobsen/H.H. Prinzler, Käutner, 1992. *DTW*

Kay, Ella

Kommunalpolitikerin
✶ 16.12.1895 Berlin
† 3.2.1988 ebd. [F.77]
Sie besuchte die Deutsche Hochschule für Politik in Berlin, arbeitete als Fürsorgerin und als Abteilungsleiterin im Jugendamt Berlin-Prenzlauer Berg. Mitglied der SPD seit 1919, erhielt sie

1933 Arbeitsverbot, stand unter Polizeiaufsicht und kam schließlich ins Konzentrationslager Ravensbrück. Nach Kriegsende kehrte sie in ihr Amt zurück, war 1946–50 Stadtverordnete, ab 1947 Bürgermeisterin von Prenzlauer Berg. Seit 1948 arbeitete sie im Stadtparlament von Berlin (West) und war 1955–62 Senatorin für Jugend und Sport. 1958–67 wirkte sie als Mitglied des Abgeordnetenhauses von Berlin und wurde 1965 Stadtälteste. *ED*

Kayßler, *Friedrich* Martin Adalbert

Schauspieler, Regisseur und Theaterleiter
✶ 7.4.1874 Neurode
† 24.(oder 30.)4.1945 Kleinmachnow b. Berlin

K., dessen Eltern früh starben, versuchte sich als Schauspieler schon während des Studiums an der Münchner Universität. Von O. Brahm entdeckt, spielte er 1895/96 zum ersten Mal am Deutschen Theater. Nach verschiedenen Engagements war er ab 1899 wieder am Deutschen Theater. Mit Reinhardt und Zickel gründete er 1901 das Kabarett »Schall und Rauch«. Ab 1904 spielte er an den Reinhardt-Bühnen und leistete erste Regiearbeiten, ab 1911 spielte er auch an den Barnowsky-Bühnen (u.a. den Peer Gynt am Lessing-Theater 1913) und an verschiedenen anderen Berliner Bühnen. 1918–23 war K. Intendant der Volksbühne und dort Förderer von Nachwuchskräften (Fehling, Hilpert, Tiessen), 1933–44 am Staatlichen Schauspielhaus. Schon im Stummfilm beschäftigt, bescherte ihm der Tonfilm eine Vielzahl von Rollen. In den letzten Kriegstagen 1945 wurde K. unter nie ganz aufgehellten Umständen Opfer der Kampfhandlungen um Berlin. *DTW*

Friedrich Kayßler (1874–1945)

Kempinski, Berthold

Gastronom
✶ 10.10.1843 Raschkow (Posen)
† 14.3.1910 Berlin [F.119]

K. begann als Weinreisender in seiner Heimatprovinz, betrieb dann in Breslau eine Weinstube. 1872 kam er nach Berlin und eröffnete zunächst ein kleines Weinlokal in der Kronenstraße, später ein größeres Weinrestaurant an der Ecke Friedrich-/Leipziger Straße. K. bot zu besonders geringen Preisen Saisondelikatessen wie Austern und Krebse an, womit er bald populär wurde. Eine Neuerung waren seine Tagesmenüs für 1,25 Mark und die »halbe Portion« für 75 Pfennige. 1889 eröffnete er ein weitläufiges Restaurant in der Leipziger Straße 25, das als größter Betrieb seiner Art in Berlin K.s Namen bald berühmt machte. Die zahlreichen Säle des »Kempi« waren im überladenen Stil der Zeit eingerichtet. Zur Einweihung des »Kaisersaals« erschien Wilhelm II.. K. überließ in seinen letzten Jahren die Geschäftsleitung weitgehend seinem Schwiegersohn und einem Neffen, die den Betrieb nach seinem Tod erfolgreich weiterführten und 1926 ein neues »Kempinski« am Kurfürstendamm bauten. *BF*

Kempner, Robert

Jurist, Ankläger im Nürnberger Kriegsverbrecherprozeß
✶ 17.10.1899 Freiburg
† 15.8.1993 Königstein/Taunus

Aufgewachsen in Berlin-Lichterfelde besuchte er das humanistische Schiller-Gymnasium, meldete sich nach dem Abitur freiwillig zum Militär und kam mit dem Eisernen Kreuz 2. Klasse aus dem I. Weltkrieg zurück. Nach dem Jurastudium und der Promotion 1923 war er als Richter und Staatsanwalt tätig. 1926 wurde er Dozent an der Hochschule für Politik, 1928 Justitiar der Polizeiabteilung des preußischen Innenministeriums. Er erarbeitete eine Denkschrift, die die Verfassungswidrigkeit der NSDAP nachweist. 1933 zwangsweise beurlaubt, emigrierte er über Italien in die

USA. Bekannt wurde K. durch die Entdeckung der Protokolle der Wannsee-Konferenz und als amerikanischer Anklagevertreter bei den Nürnberger Kriegsverbrecherprozessen. 1951 gründete er in Frankfurt/M. eine Anwaltskanzlei, die sich für die Entschädigung von Opfern des Nationalsozialismus einsetzte.
Literatur: Kempner, Ankläger einer Epoche, 1983. *KD*

Kerr, Alfred

(eigtl. A. Kempner)
Theaterkritiker und Schriftsteller
✶ 25.12.1867 Breslau
† 12.10.1948 Hamburg
Der einer vornehmen jüdischen Familie von Predigern und Weinhändlern entstammende Kerr studierte Philosophie und Geschichte in Breslau und Berlin. Seine Doktorarbeit schrieb er 1898 über C. Brentanos »Godwi. Ein Kapitel deutscher Romantik«. Er blieb in Berlin und übte sich beruf-

Alfred Kerr (1867–1948)

lich seit 1895 in der Kritik, die für ihn eine gleichberechtigte literarische Gattung darstellte. Von 1900–19 war er Theaterkritiker am »Tag«, nebenher in den Jahren 1912–15 Mitarbeiter und Herausgeber der Zeitschrift »Pan« – für die er Klabund entdeckte – und seit 1920 am »Berliner Tageblatt«. Durch seine prägnante, geistreiche Darstellung des augenblicklichen Eindrucks wurde er zum einflußreichsten Theaterkritiker Berlins und maßgebend für das literarische Leben in der Stadt. Hans Sahl beschreibt in seinen Memoiren, wie Kerr in seinem altmodischen Gehrock und Vatermörder neben seinem Sitz in der ersten Reihe stand und sich dem Publikum zeigte, bevor der Vorhang aufging, und stellt ihn mit folgenden Worten vor: »A. Kerr war geistreich, genießerisch, subjektiv, von Fall zu Fall urteilend, ein Impressionist, für den die Kritik eine Nachdichtung des Theaterabends war: er liebte die Illusion, den schönen Schein, das Augen- und Gedankenfest« K. förderte Ibsen und Hauptmann und bekämpfte Sudermann und Brecht. Seine Theaterkritiken aus drei Jahrzehnten wurden 1982 unter dem Titel »Mit Schleuder und Harfe« veröffentlicht. In seinen täglichen Glossen im Berliner Rundfunk forderte er schon früh eine Vereinigte Linke gegen die Nationalsozialisten (in: »Die Diktatur der Hausknechte« 1934). Viele Reisen führten ihn in vier Erdteile, über die er impressionistische Reiseskizzen veröffentlichte (»New York und London« 1923, »O Spanien« 1925). 1933 emigrierte er über Prag, Lugano und Paris nach London und arbeitete dort für Emigrantenzeitschriften. Nach 1945 schrieb er für »Die Welt« und »Die Neue Zeitung«. Postum wurde sein Tagebuch aus dem Nachlaß »Ich kam nach England« (1979) veröffentlicht. Das Kerr-Archiv befindet sich in der Akademie der Künste. 1999 erschien: A. Kerr, Mein Berlin. Schauplätze einer Metropole.
Literatur: H. Schneider, A. Kerr als Theaterkritiker, 1984. *UB*

Kestenberg, Leo

Pianist und Pädagoge
✶ 27.11.1882 Rosenberg (Slowakei)
† 14.1.1962 Tel Aviv-Jaffa (Israel)
K. studierte u.a. bei Busoni und schlug die Pianistenlaufbahn ein. 1918 wurde er Referent für musikalische Angelegenheiten im preußischen Kultusministerium, reformierte grundlegend die schulische Musikerziehung – 1933 wurde ihm die »Ausmerzung des religiösen und vaterländischen Liedgutes« angekreidet. K. war für Personalfragen der Preußen unterstehenden musikalischen Körperschaften zuständig: von Orchestern und Theatern bis zu Lehrämtern. 1933 wurde K.s Name von den Nationalsozialisten als Synonym für die »Zustände der Systemzeit« verwendet. Viele bedeutende Musiker Berlins wurden allein deshalb entlassen, weil sie einst von K. einge-

stellt worden waren. K. emigrierte über Prag 1939 nach Palästina/Israel, wo er seither lebte, das Palestine Orchestra leitete und 1945 Direktor eines Musiklehrerseminars wurde.
Schriften: Musikerziehung und Musikpflege (1921); Jahrbuch der deutschen Musikorganisation (Hg., 1929); Bewegte Zeiten (Erinnerungen, 1961). *ThW*

Keun, Irmgard

Schriftstellerin
✶ 6.2.1910 Berlin
† 5.5.1982 Köln
Die Bühnenlaufbahn der ausgebildeten Schauspielerin war nur kurz: Kurt Tucholsky (»Was es noch nie gegeben hat: eine deutsche Humoristin«) entdeckte ihre schriftstellerische, speziell ironisch-satirische Begabung. In salopper, alltagsnaher Sprache verfaßte K. erfolgreiche Unterhaltungsromane mit kritischem Impetus. Der bekannteste, »Das kunstseidene Mädchen« (1932), wurde 1960 verfilmt; die Hauptrolle spielte Giulietta Masina. Im Buch erweist sich die 18jährige Berliner Sekretärin Doris mit trokkenem Witz und gesunder Skepsis, ebenso selbstbewußt wie selbstironisch, als unempfänglich für die Avancen ihres Rechtsanwalts-Chefs und wird darum gefeuert. Irmgard Keun hatte ab 1933 Berufsverbot und ging zeitweilig in die Emigration, wo sie u.a. »Das Mädchen, mit dem die Kinder nicht verkehren durften« (1936) schrieb.
Weitere Werke: Wenn wir alle gut wären, kleine Gelegenheitsprosa, 1957; Blühende Neurosen, 1962. *GB*

Kiehl, Reinhold

Architekt und Stadtbaurat
✶ 22.4.1874 Danzig
† 10.3.1913 Berlin [F.23]
Nach der Architekturausbildung und Tätigkeit als Bauführer wurde K. 1901 Stadtbauinspektor in Berlin-Charlottenburg, anschließend 1904–12 Stadtbaumeister in Berlin-Rixdorf und ab 1912 im Zweckverband Berlin. K. war Vertreter des Heimatstils unter zurückhaltender Einbeziehung von Elementen früherer Stilepochen.
Wichtige Bauten: Rathaus Charlottenburg (1901–1904, Bauleitung); Rathaus Rixdorf, Bln.-Neukölln (1908); Stadtbad Neukölln (1912–14); Krankenhaus Buckow, Bln.-Neukölln (1908–09); mehrere Schulen (um 1910), Kraftwerk Weigandufer (1911), Baugewerkschule Leinestr. (1914), jeweils Bln.-Neukölln. *KDS*

Kiekebusch, Albert

Prähistoriker
✶ 8.3.1870 Waßmannsdorf (Teltow)
† 27.6.1935 Berlin
K. arbeitete seit 1890 als Volksschullehrer und nahm erst 1904 in Berlin das Studium auf. Nach seiner Promotion 1908 ging K. ans Märkische Museum, wo er 1922 Abteilungsleiter wurde. Seit 1929 hatte er einen Lehrauftrag an der Universität. K. leitete die Freilegung des bronzezeitlichen Dorfes Buch bei Berlin (1910–14). Sein besonderes Anliegen war es, die Vorgeschichte unter heimatkundlichen Aspekten zu popularisieren. *UH*

Kiepert, Johann Samuel *Heinrich*

Kartograph
✶ 31.7.1818 Berlin
† 21.4.1899 ebd. [F.23]
K. studierte in Berlin, wirkte seit 1845 in Weimar und kam 1852 zum Verlag Dietrich Reimer nach Berlin. 1871 wurde er Professor für Geographie an der Berliner Universität. K. gab 1841–46 den Topographisch-historischen Atlas von Hellas und den hellenischen Kolonien heraus. Als Meisterleistung gilt seine »Karte von Kleinasien ...« (1844). Sein »Atlas Antiquus« (1861) zur alten Geschichte wurde in viele Sprachen übersetzt. *UH*

Kilger, Heinrich

Maler und Bühnenbildner
✶ 8.3.1907 Heidelberg
† 19.1.1970 Berlin [F.108]
K., ursprünglich Maler, begann erst nach 1945 mit Bühnenbildern (1946–48 Hebbel-Theater, u.a. Uraufführung von Weisenborns »Die Illegalen«; »Die Fliegen« von Sartre). Seit 1948 war er Chefausstatter des Deutschen Theaters, wo er u.a. die wichtigsten Inszenierungen von Langhoff, Heinz und Besson ausstattete. K. war Professor für Bühnengestaltung an der Hochschule für Bildende Kunst in Berlin-Weißensee und Mitglied der Akademie der Künste (Ost). *DTW*

Kipphardt, Heinar

Schriftsteller und Dramaturg
✶ 8.3.1922 Heidersdorf (Schlesien)
† 18.11.1982 Angelsbruck (Oberbayern)
1950 gab K. seine medizinische Laufbahn auf und arbeitete von nun an bis 1959 als Chefdra-

maturg am Deutschen Theater in Berlin, danach in gleicher Position in Düsseldorf. Seit 1960 lebte er als freier Schriftsteller in München. In den Jahren 1970–71 war er Chefdramaturg an den Münchener Kammerspielen. K. schrieb Gedichte, Erzählungen, Hör- und Fernsehspiele, wurde aber vor allem durch seine dokumentarischen Dramen bekannt, in denen er brisante Stoffe aus der Kriegs- und Nachkriegszeit verarbeitete. Mit seinem Stück »In der Sache J. Robert Oppenheimer« (1964) errang er einen Welterfolg.
Literatur: S. Hanuschek, Heinar Kipphardt, 1996.
UB

Kircheisen, Carl David

Bürgermeister
✶ 3.6.1704 Dresden
† 28.12.1770 Berlin
Der aus einer sächsischen Beamtenfamilie stammende K. trat nach dem Jurastudium in Hannoveraner Dienste, war in der Wiener Gesandtschaft tätig und wechselte 1732 in die Preußische Gesandtschaft. 1733 kam er nach Berlin und übernahm hier das Amt des Bürgermeisters, in dem er dem Stadtpräsidenten Heinrich Adam von Neuendorf unterstand. Er selbst wurde 1746 Stadtpräsident von Berlin, eine Funktion, die er bis zu seinem Tod ausübte. Zusätzlich war er seit 1741 auch noch Berliner Polizeipräsident. *EF*

Kircheisen, Friedrich Leopold von

preußischer Staatsmann
✶ 28.6.1749 Berlin
† 18.3.1825 ebd.
K. hat sich bei der von Friedrich II. und seinem Minister Johann von Carmer 1780 eingeleiteten Justizreform in Preußen Verdienste erworben, besonders bei der Ausarbeitung des »Allgemeinen Landrechts« und der Organisation des Rechtswesens. Er wurde 1810 unter Staatskanzler Karl von Hardenberg Justizminister. *ED*

Kirchhoff, Gustav *Robert*

Physiker
✶ 12.3.1824 Königsberg
† 17.10.1887 Berlin [F.46]
K. studierte 1842–47 in Königsberg. Nach Professuren in Breslau (1850–54) und Heidelberg (seit 1854) kam er 1875 nach Berlin. Zusammen mit Helmholtz begründete K. die »Berliner Schule« der Physik, die für Jahrzehnte Weltgeltung

Robert Kirchhoff (1824–1887)

besaß. K. gilt als einer der bedeutendsten theoretischen Physiker seiner Zeit, der zu allen wesentlichen Gebieten der Physik hervorragende Beiträge lieferte. Als junger Physiker hatte er elektrische Ströme in verzweigten Leitungen untersucht und die später so benannten K.schen Gesetze abgeleitet. Er beschäftigte sich auch mit der Wärmelehre und den Eigenschaften des Lichts. K. gilt als Entdecker der Spektralanalyse, die seine Schüler weiterentwickelten. Mit Erfolg bemühte er sich um die theoretische (mathematische) Begründung und Interpretation seiner experimentellen Ergebnisse. 1874 erschienen seine »Vorlesungen über mathematische Physik«. *UH*

Kirschner, Martin

Oberbürgermeister, Ehrenbürger
✶ 10.11.1842 Freiburg (Schlesien)
† 13.9.1912 Ehrwald (Tirol) [F.102]
Der Richter, Staatsanwalt und liberale Stadtverordnete in Breslau wurde 1892 zum Bürgermeister und 1898 für 12 Jahre zum Oberbürgermeister von Berlin gewählt. In seiner Amtszeit – um 1900 hatte sich Berlin zur Metropole entwickelt – wurden u.a. Stadthaus, Märkisches Museum, Rudolf-Virchow-Krankenhaus, Heil- und Pflegeanstalten in Buch und der Osthafen gebaut sowie die Kanalisation fertiggestellt. K. wurde 1912 zum Berliner Ehrenbürger ernannt. *ED*

Kirschner, Mathilde
Pädagogin, Sozialarbeiterin
✶ 10.5.1875 Breslau
† 30.4.1951 Berlin [F.102]
Als Lehrerin und als Krankenschwester ausgebildet, kam die Tochter des Vorigen 1893 mit der Familie nach Berlin, wo ihr Vater Martin K. zuerst als Bürgermeister, dann ab 1898 als Oberbürgermeister tätig war. Ihre Mutter Margarethe K. wurde in Berlin ein aktives Mitglied der bürgerlichen Frauenbewegung um Minna Cauer. Mathilde bemühte sich in Berlin vor allem um die jungen Arbeiterinnen und deren verschiedene Notlagen. »Die Frau«, schrieb sie, »wird nicht nur in wirtschaftlicher, sondern auch in seelischer Beziehung in ihren Lebenskräften gehemmt.« Zwischen 1899 und 1912 gelang es ihr, verschiedene Heimstätten für junge Frauen zu schaffen. Daraus entstand das Haus des Vereins der Arbeiterinnenwohlfahrt, das heutige Mathilde-Kirschner-Heim in Alt-Moabit. Sie leitete dieses Haus bis zu ihrem Tod. Sie engagierte sich auch über die Grenzen der Sozialarbeit hinaus. So war sie in den 20er Jahren Stadtbezirksverordnete und arbeitete als unbesoldete Stadträtin. 1928 gründete sie den Reichsverband Deutscher Heimleiterinnen. Nach 1945 kam es zu Auseinandersetzungen mit dem Bezirksamt, das sie sogar zu entlassen suchte. Gegen alle Vorwürfe erklärte sie unmißverständlich: »Ich habe immer nach sozialen Gründen und nach sozialen Zielen in meiner Arbeit gehandelt.« *EF*

Kisch, Egon Erwin
Schriftsteller und Journalist
✶ 19.4.1885 Prag
† 31.3.1948 ebd.
Seit 1904 arbeitete der Sohn eines jüdischen Tuchhändlers, nachdem er ein Ingenieurstudium an der TH Prag absolviert hatte, als Journalist zwei Jahre beim »Prager Tageblatt«, danach bis 1913 als Lokalreporter für die »Bohemia«. Aus dieser Zeit stammen seine ersten Reportagen »Aus Prager Gassen und Nächten« (1914). Im gleichen Jahr kam er nach einer Englandreise als Mitarbeiter ans »Berliner Tageblatt« und als Dramaturg ins »Künstlertheater« nach Berlin. Nach seiner Teilnahme am I. Weltkrieg war er in Wien Führer der roten Garde und wurde deswegen 1919 nach einer Haftstrafe ausgewiesen. Er bereiste ausgiebig Frankreich, bis er 1921 wieder nach Berlin zurückkam. Abenteuerliche Reisen führten ihn von dort aus nach Rußland, China, Afrika und in die USA (»Der rasende Reporter« 1925, »Zaren, Popen, Bolschewiki« 1927). In der Nacht des Reichstagsbrandes 1933 wurde er verhaftet und nach Prag abgeschoben. Er nahm seine journalistischen Reisen wieder auf, beteiligte sich 1937/38 in den Internationalen Brigaden am Spanischen Bürgerkrieg und emigrierte 1939 nach Mexiko, wo er an der Emigrantenzeitung »Freies Deutschland« mitwirkte. Der tschechisch-jüdische Schriftsteller deutscher Sprache führte die lebensnahe und sachliche Reportage als eine Form des politischen Kampfes in die Literatur ein.
Literatur: M.G. Patka, Der Rasende Reporter Egon Erwin Kisch. Eine Biographie in Bildern, 1998. *UB*

Kiss, *August* Karl Eduard
Bildhauer
✶ 11.10.1802 Paprotzan (Oberschlesien)
† 24.3.1865 Berlin [F.46]
Schon in der kgl. Eisengießerei zu Gleiwitz wurde K. mit Modellieren und Zieselieren vertraut. 1825 wurde er Schüler in Ch. Rauchs Werkstatt. Er beteiligte sich an F. Tiecks Arbeiten für das Alte Museum und führte nach 1828 selbständige Aufgaben (u.a. für die Berliner Sternwarte) aus. Seit 1830 war K. als Ziselierlehrer am Berliner Gewerbeinstitut tätig. Seiner Aufnahme in die Akademie 1837 folgten dann erste große Leistungen, so u.a. die 1841 geschaffene »Amazone« auf der rechten Treppenwange des Alten Museums, der später, 1855, der »St. Georg« für den ersten Schloßhof (heute Nikolaiviertel) folgte. Bis auf zwei Ausnahmen hat K. ausschließlich in Bronze gearbeitet, darunter vor allem Reiterfiguren, jedoch auch Bildnisse von Zeitgenossen.
Literatur: K. Bimler, A. Kiss, Ein Bildhauer aus Oberschlesien, 1915; W. Grzimek, Das klassische Berlin. Die Berliner Bildhauerschule im 19. Jh., 1978. *JM*

Klabund
(eigtl. Alfred Henschke)
Schriftsteller
✶ 4.11.1890 Crossen/O.
† 14.8.1928 Davos
Der Sohn eines Apothekers besuchte das Gymnasium in Frankfurt/O., wo er sich mit Benn befreundete. Schon mit 16 Jahren wurde er lungenkrank. Er studierte Philosophie und Literatur in München und Berlin und lebte anschließend al-

ternierend als freier Schriftsteller in den beiden Städten, unterbrochen von Aufenthalten in Schweizer Sanatorien. 1913 erschienen erste Gedichte im »Pan«. Der Autor konnte sich dank der Gutachter Wedekind und Dehmel für seine »unsittlichen« Verse vor Gericht behaupten. Klabund (= Wandlung), aber auch eine Mischung aus »Klabautermann« und »Vagabund«, schrieb eine farbige und formenreiche, von symbolischen Versen bis zu volksliedhaften Balladen reichende Lyrik, die oft um von Villon beeinflußte erotische Bilder oder aber um pazifistische Themen kreist. (»Die Himmelsleiter« 1916, »Der himmlische Vagant« 1919). Expressionistische Kurzromane haben autobiographische oder historisch-stilisierte Züge (»Bracke« 1918, »Borgia« 1928). Einfühlende Nachdichtungen fernöstlicher Lyrik sichern ihm eine bleibende Bedeutung. *UB*

Klaproth, Martin Heinrich

Pharmazeut und Chemiker
✶ 1.12.1743 Wernigerode
† 1.1.1817 Berlin

Der Sohn eines Schneiders wirkte als Pharmaziegehilfe ab 1768 in Berlin und dann in Danzig. Seine wissenschafliche Laufbahn begann 1771 in Berlin als Verwalter der Roseschen Apotheke. Er erwarb dann die Apotheke Zum Bären in der Spandauer/Ecke Probststraße, die unter seiner Leitung großes Ansehen gewann. Zu seinen bedeutendsten Leistungen gehörte 1789 die Entdekkung des Urans sowie der Elemente Zirconium, Titanium und Tellur. Ihm gelang die Zweitentdeckung von Strontium, Chrom, Beryllium und Cerium. Ab 1800 leitete er das chemische Laboratorium der Akademie der Wissenschaften. Mit seinen Mineralanalysen förderte er nachhaltig die Entwicklung der anorganischen Chemie. Gegen die Überreste mittelalterlicher Alchimie trat er mit Nachdruck auf. K. gehörte zu den ersten Berliner Gelehrten, die Abhandlungen in deutscher Sprache publizierten. Er erhielt mit Gründung der Berliner Universität 1810 eine Professur. K. schrieb u.a. »Beiträge zur Kenntnis der Minerale« (6 Bde., 1795–1815). *UH*

Kleiber, Erich

Dirigent
✶ 5.8.1890 Wien
† 27.1.1956 Zürich

K. begann seine Laufbahn als Korrepetitor in Prag. Ab 1912 wirkte er als Kapellmeister in Darmstadt, Düsseldorf und Mannheim. 1923–35 war er Generalmusikdirektor an der Staatsoper Berlin – hier leitete er 1924 die deutsche Erstaufführung von Janáceks »Jenufa«, 1926 die Uraufführung von A. Bergs »Wozzeck«. K. emigrierte 1935 und war in Buenos Aires und anderen internationalen Musikzentren tätig. Nach 1945 war er häufig Gastdirigent in Berlin, u.a. der Staatskapelle. *ThW*

Klein, Ernst Ferdinand

Jurist
✶ 3.9.1743 Breslau
† 18.3.1810 Berlin

Der Sohn eines Kürschners ging nach dem Jura-Studium in Halle wieder in seine Heimatstadt zurück und ließ sich dort als Rechtsanwalt nieder. An theoretischen Rechtsfragen interessiert, veröffentlichte er 1779 eine erste Publikation unter dem Titel »Vermischte Abhandlungen über Gegenstände der Gesetzgebung ...«. Er war befreundet mit Svarez, der ihn 1781 nach Berlin holen ließ, um mit ihm an der Justizreform und vor allem am preußischen Landrecht mitzuarbeiten. Das Ergebnis dieser Arbeit wurde zwischen 1784 bis 1788 unter dem Titel »Entwurf eines Allgemeinen Gesetzbuches für die preußischen Staaten« veröffentlicht und diskutiert. Aber erst 1794 trat es unter dem Titel »Allgemeines Landrecht« in Kraft und gehörte zu den bedeutendsten Gesetzeswerken der Zeit. Von 1791–1800 lehrte K., ein Anhänger der Kantschen Philosophie, an der Universität Halle, kam dann jedoch mit seiner Berufung als Obertribunalrat nach Berlin zurück. Er gehörte zum Kreis der Berliner Aufklärer in ihrer »Mittwochsgesellschaft« und publizierte in der »Berlinischen Monatsschrift«. Moses Mendelssohn sagte über ihn: »Selten habe ich einen Mann gefunden, der mit so viel Gutmütigkeit so viel Scharfsinn verbunden hätte.« Der Freimaurer K. war Großmeister der Loge Royal York.
Literatur: Freyheit und Eigenthum, abgehandelt in acht Gesprächen über die Beschlüsse der französischen Nationalversammlung, 1790 (1977). *EF*

Kleinau, Willy A.

Schauspieler
✶ 12.11.1907 Mühlhausen
† (Autounfall) 18.10.1957 bei Merseburg [F.108]

K. studierte in Düsseldorf, wo er auch als Schauspieler, Dramaturg und Regisseur tätig war. Ab

1932 spielt er bei verschiedenen Theatern und einer Wanderbühne. 1949 kam er ans Berliner Ensemble und ging schließlich ans Deutsche Theater. Neben Bühnenrollen (Faust, Jegor Bulytschow, Othello, Lear am Deutschen Theater; Götz von Berlichingen an der Volksbühne), spielte er in zahlreichen Filmproduktionen große Rollen: u.a. »Der Rat der Götter« (1950), »Das Beil von Wandsbeck« (1951), »Die Unbesiegbaren« (1953), »Kein Hüsung« (1954), »Carola Lamberti – Eine vom Zirkus« (1954, mit H. Porten), »Der Teufel vom Mühlenberg«, »Das Fräulein von Scuderi«, »Das Bad auf der Tenne« (1955), »Zar und Zimmermann«, »Der Hauptmann von Köpenick« (1956), »Frühling in Berlin« (1957). Auch bei Funkproduktionen (»Herhören, hier spricht Hackenberger«) trat er hervor. K. war ein komödiantisches Urgestein, bei dem sich perfekte Verwandlungs- und Verkörperungskraft mit einer starken Persönlichkeit verbanden. *DTW*

Kleist, Ewald Christian von

Schriftsteller und Offizier
✶ 7.3.1715 Zeblin
† 24.8.1759 Frankfurt/O.
Der Jesuitenzögling studierte seit 1731 Philosophie und Mathematik in Königsberg, wurde 1736 dänischer, dann 1740 preußischer Offizier in Potsdam und kämpfte auf österreichischen, französischen und russischen Kriegsschauplätzen. In Berlin war er mit Gleim, Ramler und Nicolai befreundet. Unter Klopstocks Einfluß entstand die bukolische Idylle »Der Frühling« (1749). Seine vaterländische »Ode an die preußische Armee« und sein kleines Epos »Eissides und Pachis« bekunden einen königstreuen Patriotismus. Lessing, mit dem er sich 1758 in Leipzig befreundet hatte, diente er als Vorbild für den »Tellheim« in »Minna von Barnhelm«. *UB*

Kleist, Heinrich von

Dramatiker und Erzähler
✶ 18.10.1777 Frankfurt/O.
† (Freitod) 21.11.1811 Kleiner Wannsee/ Berlin [F.97]
Der früh verwaiste älteste Sohn eines preußischen Hauptmanns aus altem pommerschen Adelsgeschlecht trat 1792 in das Potsdamer Garderegiment ein und quittierte 1799 den verhaßten Dienst, um sich seiner Bildung zu widmen. Nach einem kurzen Studium der Jurisprudenz und der Kameralwissenschaften in Königsberg wandte er sich der Dichtung zu. Er führte ein unstetes Leben, das ihn über die Schweiz, Mailand, Paris bis in die napoleonischen Landungscorps gegen England zurück über Königsberg und Dresden wieder nach Berlin brachte. Während dieser Wanderjahre entstanden die Dramen »Die Familie Schroffenstein« (1803), »Amphitryon« (gedr. 1807), »Der zerbrochene Krug« (gedr. 1811), »Penthesilea« (1808) sowie die Entwürfe zu den Erzählungen »Die Marquise von O.« und »Michael Kohlhaas«, die 1808 in der von ihm redigierten Kunstzeitschrift »Phöbus« erschienen. 1809 tauchte er als bereits Totgesagter wieder in Berlin auf und fand seine Freunde im Umkreis der Familien Arnim-Brentano. Vom Oktober 1810 bis zum März 1811 gab K. die erste täglich erscheinende Zeitung heraus, die »Berliner Abendblätter«, in der er seine Anekdoten veröffentlichte und die Polizeinachrichten schrieb, die aber nach Anfangserfolgen auf Grund amtlicher Hintertreibungen eingestellt werden mußte. Auch sonst hatte K. in Berlin kein Glück: der Berliner Schauspieldirektor lehnte das in Wien uraufgeführte »große historische Ritterspiel« »Das Käthchen von Heilbronn« ab, und sein letztes Meisterwerk, »Prinz Friedrich von Homburg«, verschaffte ihm nicht die erhoffte Anerkennung und finanzielle Unterstützung, sondern wurde in Preußen verboten, weil darin ein General in Ohnmacht fällt. Ohne Zukunftshoffnung, nahm er sich gemeinsam mit der schwerkranken Henriette Vogel am Kleinen Wannsee das Leben.
Werke: H.v. Kleist, Sämtliche Werke und Briefe. Hg. v. H. Sembdner, 1984
Literatur: C. Hohoff, H.v. Kleist, 1984. *UB*

Klemke, Else

(geb. Wolter)
Gastwirtin
✶ 13.1. 1906 Hamburg
† 21.4.1988 Berlin
Weil der Vater, ein Ingenieur bei Siemens, für einige Monate in die Hansestadt versetzt worden war, kam K. mehr oder weniger zufällig in Hamburg zur Welt. Kurz nach der Geburt des Kindes kehrte die Familie allerdings wieder nach Berlin zurück. Nach Abschluß der Schule begann K. zunächst eine Ausbildung zur Krankenschwester. Mit 18 Jahren lernte sie Wilhelm Klemke jr. kennen, den Sohn des Inhabers einer Großgaststätte am Kurfürstendamm, des Berliner Kindl-Bräu. 1924 brach K. ihre Ausbildung ab und heiratete gegen den erbitterten Widerstand der

Eltern den Gastwirtssohn und bezog mit ihm die große Wohnung seiner Eltern direkt über der Gaststätte. Hier wurden auch die beiden Söhne Friedrich Wilhelm (1931) und Werner (1934) geboren. Vom ersten Tag ihrer Ehe arbeitete K. in der Gaststätte mit. Das Restaurant war nicht nur Anziehungspunkt für Berliner aller Bevölkerungsschichten, sondern auch beliebter Künstler- und Prominententreff. »Mutter Klemke«, die Seele des Unternehmens, war eine humorvolle und gutherzige Chefin. Selbst während des Krieges sorgte sie dafür, daß das beliebte Restaurant so gut es ging weitergeführt werden konnte. Unmittelbar nach Ende der Kampfhandlungen nahm K. den Betrieb auf unkonventionelle Weise wieder auf: Im Keller hatte sie noch säckeweise Erbsen. Die leidenschaftliche Gastwirtin wollte die Berliner nicht hungern sehen und baute eine Art »Gulaschkanone« vor dem Kindl-Bräu auf, kochte Erbsensuppe und verteilte sie kostenlos. Nach dem plötzlichen Tod ihres Mannes (1947) mußte sie völlig unvorbereitet die Verantwortung für das Unternehmen mit mehr als hundert Angestellten übernehmen. Unter ihrer Ägide wurde das Kindl-Bräu schnell wieder zu einer der beliebtesten und bekanntesten Gaststätten, die sich zudem jeder leisten konnte. Ca. 4.000 Mahlzeiten verließen täglich die Küche. 1964 zählte der Betrieb 153 Mitarbeiter: Anlaß für K., eine Kinderschwester zu engagieren und eine Art Betriebskindergarten einzurichten. Das Gästebuch ist ein Who's Who internationaler Prominenz, die hier neben dem Rentner aus Neukölln saß und speiste. 1967 lief der Pachtvertrag aus. Eine etwaige Verlängerung war mit einer empfindlichen Erhöhung der Pacht verbunden. Um die Kosten aufbringen zu können, wären nicht nur drastische Preiserhöhungen, sondern auch Entlassungen unumgänglich gewesen. Für K. indiskutabel. So schloß das Berliner Kindl-Bräu für immer seine Pforten.

RS

Klemperer, Otto

Dirigent und Opernregisseur
✶ 14.5.1885 Breslau
† 6.7.1973 Zürich

K. studierte in Frankfurt/M. und in Berlin (bei H. Pfitzner), begann als Kapellmeister in Prag, wurde 1910 1. Kapellmeister in Hamburg, 1924 Opernchef in Wiesbaden. 1927 kam er nach Berlin, war zunächst Operndirektor, ab 1928 Dirigent der Kroll-Oper und nach ihrer Auflösung 1931 an der Lindenoper. K. wurde 1933 von den

Otto Klemperer (1885–1973)

Nationalsozialisten »aus rassischen Gründen« entlassen, nachdem die NS-Presse eine Hetzkampagne gegen die »Tannhäuser«-Einstudierung (gemeinsam mit J. Fehling) entfacht hatte. Er verließ Deutschland und leitete das Philharmonic Orchestra in Los Angeles. Gastspiele führten ihn in fast alle internationalen Musikzentren. Nach dem II. Weltkrieg leitete er kurzzeitig die Budapester Oper, wurde später Bürger Israels, ließ sich aber in Zürich nieder, von wo aus er international gastierte. K. wurde vor allem als Mahler-Interpret gerühmt. In seiner Berliner Zeit machte er zwischen 1927 und 1931 die Kroll-Oper zu einem international beachteten Zentrum der Erneuerung des Musiktheaters. Neben maßstabsetzenden Neuinszenierungen klassischer Opern (»Fidelio« 1927; »Don Giovanni« 1928; »Zauberflöte« 1929; »Figaro« 1931) schuf K. für zeitgenössische Komponisten ein Forum, veranstaltete Strawinsky-Abende (»Oedipus Rex«, »Geschichte vom Soldaten« 1928), brachte Zeitopern von E. Krenek und K. Weill zur Aufführung (»Der Diktator« 1928; »Der Jasager« 1930), nahm Schönbergs Melodramen in den Spielplan (»Erwartung«, »Die glückliche Hand« 1930) und führte Janáceks »Aus einem Totenhaus« auf (1931). Schon seine Eröffnungsinszenierung »Fidelio« wurde von sachverständiger Seite gerühmt – H. Strobel nannte sie eine »reformatorische Tat«; sie fegte »Schlamperei und Mimenroutine hinweg, die seit Jahrzehnten das Kunst-

werk überwucherten« – während Konservative die »grausige Kälte dieser Vorstellung« beklagten, es herrsche die Atmospäre »einer Zwangserziehungsanstalt«. Die rechten Parteien im preußischen Landtag setzten einen »Untersuchungsausschuß Kroll-Oper« durch, vor den auch K. geladen wurde, und ließen die Spielstätte zum Spielzeitende 1931 schließen.
Literatur: P. Heyworth, Otto Klemperer. Dirigent der Republik 1885–1933, 1988. *ThW*

Klepper, Jochen

Schriftsteller
✶ 22.3.1903 Beuthen/O.
† (Freitod) 11.12.1942 Berlin [F.89]
Der Sohn eines protestantischen Pfarrers studierte Theologie und arbeitete anschließend journalistisch für Presse und Rundfunk in Breslau und dann in Berlin. K. bot mit seinem historischen Roman über den Preußenkönig Friedrich Wilhelm I. »Der Vater« (1937), in dem die irdische Welt als ein Abbild der göttlichen Ordnung dargestellt wird, unter dem Hitlerregime ein Beispiel für moralische Integrität. Mit seiner jüdischen Frau und Stieftochter beging er unter politischem Druck Selbstmord. Seine erschütternden Tagebuchaufzeichnungen wurden postum veröffentlicht (»Unter dem Schatten deiner Flügel« hg. 1956 und »Überwindung« hg. 1958). *UB*

Klimsch, Fritz

Bildhauer
✶ 10.2.1870 Frankfurt/M.
† 30.3.1960 Freiburg i.Br.
Bereits im Elternhaus mit der Bildhauerei vertraut geworden, beendete K. seine Schulausbildung 1886 vorzeitig und begab sich nach Berlin, um 1886–94 an der Akademie der Künste zu studieren. Seit 1895 freischaffend tätig, beteiligte sich K. an Ausstellungen und errang 1894 den Staatspreis, der ihm Auslandsreisen ermöglichte. Nach Berlin zurückgekehrt, gründete er 1898 mit M. Liebermann und W. Leistikow die Berliner Sezession. 1906 gewann er den Wettbewerb für das Virchow-Denkmal auf dem Karlplatz (1910 vollendet) und gehörte seitdem zu den bekanntesten Plastikern Berlins. In der Folge schuf K. eine Reihe bemerkenswerter Porträts (u.a. L. Corinth 1907, M. Planck 1931) sowie später auch Auftragswerke. Schon 1910 zum Professor ernannt, wurde K. 1912 zum Akademiemitglied sowie 1921 Inhaber des Lehrstuhls für Bildhauerei an der Hochschule für freie und angewandte Kunst.
Literatur: H. Braun, F. Klimsch, Katalog, 1980.
JM

Klindworth, Karl

Pianist und Musikpädagoge
✶ 25.9.1830 Hannover
† 27.7.1916 Stolpe
K. war Schüler von F. Liszt. Bis 1884 lehrte er in London und Moskau, tat sich aber vor allem als Einrichter der Klavierauszüge zu den Musikdramen R. Wagners hervor. Daneben komponierte er Klaviermusik und Lieder. Seit Mitte der 80er Jahre dirigierte K. (neben J. Joachim und F. Wüllner) die Philharmonischen Konzerte in Berlin, gründete eine Klavierschule, die 1893 mit dem von Scharwenka gegründeten Institut zum K.-Scharwenka-Konservatorium vereinigt wurde.
ThW

Klingenberg, Ernst Georg

Elektroingenieur, Kraftwerksbauer
✶ 28.11.1870 Hamburg
† 7.12.1925 Berlin [F.10]
Sein Bruder, der Architekt Walter K., hatte 1913 mit Werner Issel die Fa. Klingenberg & Issel gegründet. Nach dem Studium in Osnabrück, Berlin und Rostock wurde K. 1896–1906 Professor an der TH Charlottenburg und ab 1902 für das Arbeitsgebiet »Bau und Betrieb von Elektrizitätswerken« in den Vorstand der AEG berufen. 1922 übernahm K. den Vorsitz des VDI. K. war Erbauer von über 70 Elektrizitätswerken, die nach modernen Gesichtspunkten errichtet wurden. Er vertrat Formen der expressionistischen Architektur und Neuen Sachlichkeit insbesondere auf dem Gebiet des modernen Industriebaus. Außerdem ist K. auch als Konstrukteur von Autos, Hubschraubern und anderen technischen Geräten tätig gewesen.
Wichtige Bauten: Kraftwerk Charlottenburg (1899–1900); Abspannwerk Knie, Bln.-Charlottenburg (1922); Haus Klingenberg, Bln.-Charlottenburg (1922); Kraftwerk Klingenberg, Bln.-Lichtenberg/Rummelsburg (1924–26, Planungsleiter Georg K., Ausführung Walter K. und W. Issel). *KDS*

Klinger, Max

Maler, Grafiker, Bildhauer
✶ 18.2.1857 Leipzig
† 4.7.1920 Großjena/Naumburg
Nach kurzem Studium in Karlsruhe 1874 setzte K. seine Ausbildung 1875/76 zunächst an der

Berliner Akademie fort. 1879 ging er nach Brüssel, 1880/81 nach München, war 1881–83 wieder in Berlin und hielt sich 1883–86 in Paris sowie 1888–93 öfter in Italien auf. 1892 gehörte K. zu den Mitbegründern der »Berliner Gruppe der XI«, lebte dann jedoch seit 1893 in Leipzig, bzw. seit 1903 an seinem zweiten Wohnsitz Großjena. Insbesondere als Mitglied der Berliner Akademie seit 1894, doch auch als Vizepräsident des Deutschen Künstlerbundes und seit 1906 als Vorsitzender des Villa-Romana-Vereins hat K. nachhaltig auf seine Zeitgenossen gewirkt. Durch einen besonderen Zusammenklang aus Naturalismus und Jugendstil in seinem malerischen wie plastischen Schaffen galt K. als als einer der führenden Künstler um 1900 in Berlin.
Literatur: A. Dückers, M. Klinger, 1976; G. Winkler, M. Klinger, 1984. *JM*

Klöden, Karl *Friedrich* von

Naturforscher, Historiker und Pädagoge
✶ 21.5.1786 Berlin
† 9.1.1856 ebd. [F.18, Grab eingeebnet]
K. verlebte seine Kindheit in ärmlichen und zerrütteten Verhältnissen. Während seiner Lehre erwarb er sich jedoch autodidaktisch eine vielseitige Bildung, vor allem in Fremdsprachen, Geographie und Geometrie. 1813 Lehrer geworden, schrieb sich K. 1814 an der Berliner Universität ein, wo er Philosophie und Theologie studierte. 1817–24 Direktor des Potsdamer Lehrerseminars, erhielt K. 1824 den Auftrag, in Berlin die erste Gewerbeschule einzurichten, die er bis 1855 mit Erfolg leitete. Neben seiner pädagogischen Tätigkeit befaßte er sich mit mineralogischen und paläontologischen Forschungen und legte umfangreiche Naturaliensammlungen sowie eine große Bibliothek an. Zu Themen aus Geographie und Astronomie verfaßte K. populärwissenschaftliche Schriften und hielt öffentliche Vorlesungen. Seine Publikationen zur Geschichte der Mark Brandenburg und Berlins fanden weite Verbreitung. K.s »Jugenderinnerungen« erschienen 1912. *UH*

Klöpfer, Eugen

Schauspieler und Theaterleiter
✶ 10.3.1886 Talheim
† 3.3.1950 Wiesbaden
K. war nach kurzer Ausbildung 1909–17 an verschiedenen Provinzbühnen beschäftigt. 1918 kam er nach Berlin, wo er u.a. wechselnd am Lessing-Theater, Deutschen Theater, Staatstheater und an der Volksbühne auftrat. 1936–44 war K. Intendant der Volksbühne. Seine saft- und kraftvolle Spielweise war ebenso gefragt, wie seine alkoholischen Exzesse gefürchtet waren. Auf der Bühne spielte er Figuren wie Falstaff, Götz von Berlichingen (auch im Film) und besonders Hauptmann-Figuren wie Florian Geyer, Fuhrmann Henschel, Michael Kramer. Beim Film war er seit 1918 beschäftigt. Unter den Stummfilmen sind die beiden Carl-Mayer-Filme »Die Straße« (1923) und »Sylvester« (1924) und die Titelrolle in »Martin Luther« (1927) hervorzuheben. Aus der Vielzahl der Tonfilmrollen ragt der Herzog Eugen in »Friedrich Schiller« (1941, mit H. Caspar) heraus. Seine exponierte Stellung während der NS-Zeit und die Mitwirkung am »Jud Süß«-Film wurden ihm nach 1945 von den Alliierten angekreidet. *DTW*

Klünner, Hans-Werner

Heimatforscher
✶ 13.5.1928 Berlin
† 14.10.1999 ebd.
Der gelernte Schriftsetzer kam nach der Rückkehr aus dem Krieg in die Senatsbauverwaltung, wo er bis 1974 in seinem Beruf tätig war. Danach war er fünf Jahre Archivar des Bauhauses. Neben seiner beruflichen Arbeit widmete er sich intensiv der Berliner Geschichte. Seit 1952 gehörte er dem Verein für die Geschichte Berlins, seit 1955 der Landesgeschichtlichen Vereinigung der Mark Brandenburg an. 1990 zählte er zu den Mitbegründern der Fontane-Gesellschaft. Von ihm stammen viele Bücher zur Berlingeschichte, so über Spandau und die Siemensstadt, über Berlin als Zirkusstadt und über Berliner Plätze. Er wurde vielfach geehrt, u.a. mit der Fontane-Plakette, der Fidicin-Medaille und 1998 mit dem Verdienstorden des Landes Berlin. *EF*

Knef, *Hildegard* Frieda Albertine

Schauspielerin, Chansonsängerin, Autorin
✶ 28.12.1928 Ulm
† 1.2.2002 Berlin [F.93]
Nach dem Tod des Vaters, K. war gerade sechs Monate alt, siedelte die Mutter mir ihr nach Berlin über, wo K. in Schöneberg und Wilmersdorf aufwuchs. 1942 begann K. eine Ausbildung als Trickfilmzeichnerin bei der UFA. Nach kurzer Zeit brach sie die Ausbildung ab und besuchte die Filmhochschule Babelsberg. Noch während des

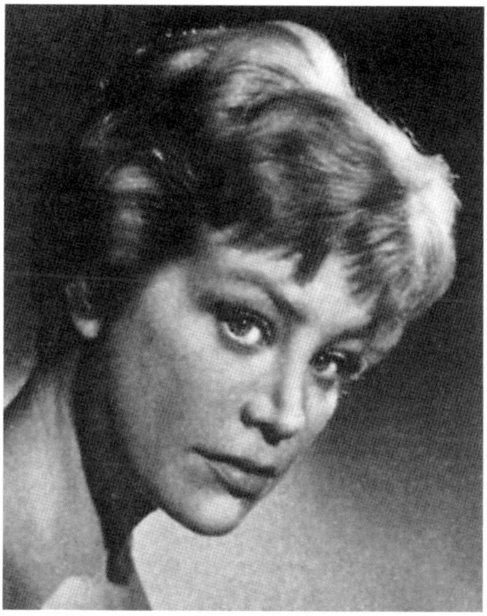

Hildegard Knef (1928–2002)

Krieges erhielt K. zahlreiche kleinere Nebenrollen in UFA-Filmen. Ihr erster größerer Filmauftritt in Harald Brauns »Träumerei« (1944) fiel dem Schnitt zum Opfer. Unmittelbar nach Kriegsende holte Victor de Kowa sie an die gerade wiedereröffnete »Tribüne«, wo sie die Conférence zu dem Kleinkunstprogramm »Heute abend um 6« übernahm. Wenig später engagierte Boleslav Barlog sie ans »Schloßparktheater«. Im ersten deutschen Nachkriegsfilm der DEFA, in Wolfgang Staudtes »Die Mörder sind unter uns« (1946) gelang ihr der Durchbruch als Charakterdarstellerin. Der vielbeachtete Film machte sie auch im Ausland bekannt. Die Filme »Unter den Brücken« (Helmut Käutner, 1945) und »Zwischen Gestern und Morgen« (Harald Brauns, 1947) kamen erst Jahre später in die Kinos. Mit ihrem ersten Ehemann, dem amerikanischen Filmoffizier Karl Hirsch, ging K. 1947 in die USA. Ihr erster Anlauf, in den USA als Schauspielerin Fuß zu fassen, scheiterte jedoch. 1950 kehrt K. nach Deutschland zurück und spielte die Titelrolle in Willi Forsts »Die Sünderin«, die wegen einer sekundenkurzen Nacktszene einen Skandal auslöste. Bei den Filmfestspielen in Locarno erhielt K. 1948 für die weibliche Hauptrolle in »Film ohne Titel« (Wolfgang Jugert 1947) die Auszeichnung als beste Schauspielerin. Anfang der 50er Jahre ging K. wieder in die USA, und spielte u.a. neben Gregory Peck und Ava Gardner in dem Film »Schnee am Kilimandjaro« (1952), in dem sie auch drei Cole Porter Songs sang. Porter engagierte K. daraufhin für sein Musical »Silk Stockings« (Seidenstrümpfe), nach dem Lubitsch-Film »Ninotschka«. 1954–56 spielte K. als Hildegarde Neff in der Rolle der Ninotschka 675 Vorstellungen des Broadway-Musicals. Nach dem Bau der Mauer setzte Berlins Regierender Bürgermeister Willy Brandt K. als »Berlin-Botschafterin« ein. 1963 begann K. eine zweite Karriere als Chansonsängerin. Die Texte schrieb K. zum Teil selbst. Ella Fitzgerald bezeichnete K. als die »größte Sängerin ohne Stimme«. 1970 erschien ihre vielgelobte Autobiographie: »Der geschenkte Gaul«, der ein internationaler Bestseller wurde. Als Schauspielerin blieb K. im In- und Ausland gefragt. Sie spielte u.a. in Claude Chabrols »Landru« (1962) und in Billy Wilders »Fedora« (1978). In Alfred Vohrers »Jeder stirbt für sich allein« (1975) spielte sie an der Seite von Carl Raddatz. 1982 siedelte K. nach Hollywood über, kehrte aber 1989 wieder zurück nach Berlin. 1991 drehte der SFB mit ihr die Fernsehserie »Das Haus am See«.

Literatur: A. Andrée, Die Knef, 2000. *RS*

Knesebeck, Adolphine Susanne Luise Karoline Johanna von dem

Schriftstellerin

✶ 27.9.1772 Burg b. Magdeburg

† 26.3.1844 Berlin [F.106]

Als Tochter des preußischen Generals Friedrich von Klitzing wuchs sie auf dem Familiengut in der Nähe von Cottbus auf und kam in ihrer Jugend in enge freundschaftliche Beziehung zu Heinrich von Kleist. 1791 heiratete sie den preußischen Kriegs- und Steuerrat Christoph Wilhelm von Werdeck, einen trockenen Beamten, der ihren geistigen Ansprüchen nicht gerecht wurde und von dem sie sich schließlich 1813 scheiden ließ. Während der Potsdamer Amtszeit ihres Ehemanns wurde sie enge Vertraute der preußischen Königin Luise; in dieser Zeit und auf mehreren Auslandsreisen kam es zu weiteren intensiven Kontakten zu H.v. Kleist und seinem Kreis und zu einem regen Briefwechsel. Im Jahre 1815 heiratete sie Karl Friedrich von dem Knesebeck (folgender Eintrag), lebte in Berlin und entwikkelte eine rege schriftstellerische Produktion. Leider sind die meisten Briefe, Tagebücher und Reisebeschreibungen verloren. *DW*

Knesebeck, Karl Friedrich von dem

Militär und Diplomat
✶ 5.5.1768 Karwe/Neuruppin
† 12.1.1848 Berlin [F.106]

Mit 14 Jahren trat der preußische Offizierssohn als Fahnenjunker in das Infanterie-Regiment von Kalckstein ein, wurde 1787 nach Halberstadt in das Regiment Herzog von Braunschweig versetzt und war aktiver Teilnehmer an den Sitzungen des Dichterkreises des dortigen Domsekretärs Johann Wilhelm Ludwig Gleim. Aus dem Feldzug gegen Frankreich 1792–94 gibt es anschauliche Briefe des Leutnants v.d. K. an seinen Freund Gleim. Als Stabsoffizier war v.d. K. ab 1795 in Potsdam stationiert, konnte sich an den Debatten um notwendige Reformen der preußischen Armee beteiligen, u.a. 1802–05 als Mitglied der durch Scharnhorst geführten »Militärischen Gesellschaft zu Berlin«. Nach 1806 war er kurzzeitig in russischen Diensten, 1812 wieder als Oberst in die preußischen Armee aufgenommen und in diplomatischen Missionen an die Höfe von Petersburg, Kassel und Wien gesandt worden. In diesen Jahren erarbeitete er eine Studie über die Notwendigkeiten und Möglichkeiten der Schaffung einer preußischen Landwehr, deren praktische Umsetzung aber erst 1813 durch Scharnhorst und Gneisenau erfolgte. Friedrich Wilhelm III. ernannte K. 1813 zu seinem Generaladjutanten, beförderte ihn zum General und delegierte ihn 1814/15 auf Empfehlung Metternichs zum Wiener Kongreß. Die Frage, inwieweit K. dem russischen Generalstab entscheidend zur Strategie des Rückzugs vor den napoleonischen Truppen in die Tiefe des Raumes geraten hatte, ist in der Militärgeschichte umstritten. Nach 1815 blieb K. als Generaladjutant in der Nähe des Königs, wurde 1822 Chef des reitenden Feldjägerkorps, übernahm nach Gneisenaus Tod einen Teil von dessen Kommandos über vier Armeekorps und war seit 1817 Mitglied des preußischen Staatsrates.

Literatur: T. Fontane, Wanderungen durch die Mark Brandenburg. Die Grafschaft Ruppin. *DW*

Knobelsdorff, Hans Georg Wenzeslaus von

Maler, Gartengestalter, Architekt, Innendekorateur
✶ 17.2.1699 Gut Kuckädel (heute Kukadlo) b. Crossen/O.
† 16.9.1753 Berlin [F.12]

K., Sohn des Landadligen Georg Siegmund von K. aus einem etwa 1000jährigen Adelsgeschlecht, war Halbwaise und kam bereits mit 15 Jahren zum preußischen Militärdienst nach Küstrin. Nach Verlegung seines Regiments 1729 nach Berlin hatte K. erste Kontakte zum Kronprinzen Friedrich. Gesundheitliche Gründe (Bluthusten) zwangen K., den Militärdienst 1729 zu verlassen; er bildete sich autodidaktisch auf der Berliner Akademie (vor allem bei dem Maler A. Pesne und den Landbaumeistern A.v. Wangenheim und J.G. Kemmeter). Bei Regierungsantritt Friedrichs II. (Juni 1740) wurde K. zum Oberintendanten der Kgl. Gärten und Schlösser ernannt, womit er de facto Leiter des gesamten preußischen Bauwesens war. Ende 1740 wurde er Surintendant, Finanz-, Kriegs- und Domänenrat. Ab 1742 kam es zu stärker werdenden Kontroversen zwischen K. und dem König in architektonischen und städtebaulichen Fragen und 1752 zur direkten Unterstellung des Potsdamer Bau-Comptoirs unter den Befehl Friedrichs II. K., ausgesprochener Vertreter des Spätbarock, hatte Sinn für Proportion und Angemessenheit und schuf in nur einem Jahrzehnt Bauten, die, insbesondere auch wegen ihrer Innenraumgestaltung, einen besonderen Rang in der europäischen Kunstgeschichte einnehmen. »Er verschönerte die Architektur durch seinen malerischen Geschmack, der den gewöhnlichen Ornamenten eigene Anmut verlieh. Er liebte die edle Schlichtheit der Griechen, und sein Feingefühl verwarf alle unangebrachten Verzierungen ... In der Außenarchitektur waren die Italiener

Georg Wenzeslaus v. Knobelsdorff (1699–1753)

sein Vorbild, während er bei der Auszierung von Innenräumen dem französischen Geschmack folgte« (Friedrich II.).
Wichtige Werke: Umbau Schloß Rheinsberg (1737–39); Konzept Forum fridericianum mit neuem Residenzschloß u.a., Bln.-Mitte (vor 1740), davon verwirklicht Kgl. Opernhaus, heute Deutsche Staatsoper, Bln.-Mitte (1741–43, mehrfach zerst. und aufg.); Umbau Schloß Charlottenburg, Bln.-Charlottenburg (1740–43); Schloß und Teile der Parkanlage von Sanssouci, Potsdam (1745–47, nach Ideenskizze Friedrichs II.); Entwürfe 1. Berliner Dom und St. Hedwigskathedrale, Bln.-Mitte (1747–73).
Literatur: H.J. Kadatz, G.W.v. Knobelsdorff, in: Große Baumeister, 1987. *KDS*

Knoblauch, Karl Heinrich *Eduard*

Architekt
✶ 25.9.1801 Berlin
† 29.5.1865 ebd. [F.117]
K. entstammte einer ungarischen Kaufmanns- und Fabrikantenfamilie. Nach dem Studium an der Bauakademie in Berlin (mit Unterbrechung 1818–28) legte K. 1822 die Bauführer- und 1828 die Baumeisterprüfung ab. Bereits 1824 war K. mit A. Stüler Mitbegründer des Architektenvereins zu Berlin und gehörte bis 1862 dem Vorstand an, in dem er auch mehrere Jahre den Vorsitz führte. Die von K. initiierten Periodika des Vereins (»Notizblatt des Architektenvereins«, ab 1838) stellten Anfänge einer Fachpresse dar und gingen 1851 in der »Zeitschrift für Bauwesen« auf. K. wurde ab 1830 der erste bedeutende Privatarchitekt in Berlin und forderte als Mitglied der Akademie der Künste (seit 1845) in seiner Denkschrift von 1847 eine Demokratisierung jener Akademie. K. arbeitete ab 1848 maßgeblich an einer neuen Bauordnung sowie an einer Reorganisation der Bauakademie mit. Als Vertreter des Historismus war K. vor allem im Wohnungsbau tätig, sein bedeutendstes Werk ist die Synagoge in der Oranienburger Straße. *KDS*

Knobloch, Heinz

Journalist, Schriftsteller
✶ 3.3.1926 Dresden
† 24.7.2003 Berlin
1926 in Dresden geboren, wuchs K. in Berlin auf, wurde 1943 Soldat, desertierte 1944 und kam in Kriegsgefangenschaft in die USA und nach Schottland. Danach arbeitete er als Bürohilfskraft, dann Journalist und war jahrelang Feuilletonredakteur der Berliner Wochenpost. Seit 1957 war er literarisch tätig; neben Romanen und Kurzgeschichten schrieb er mehr als 1600 literarische Feuilletons. An Victor Auburtin, Alfred Polgar und Franz Hessel geschult, hat er die besondere Tradition dieses Genres wiederentdeckt und ist dabei unverwechselbar geworden. In seinen gründlich recherchierten Werken lebten Moses Mendelssohn, Mathilde Jakob oder Wilhelm Krützfeld wieder auf, der in der Nacht vom 9. zum 10. November 1938 die Synagoge in der Oranienburger Straße vor Brandstiftung schützte. K. erfuhr zahlreiche literarische Ehrungen, u.a. 1965 Heinrich-Heine-Preis (DDR), 1986 Lion-Feuchtwanger-Preis, 1994 Moses-Mendelssohn-Preis des Senats von Berlin.
Wichtige Werke: Herr Moses in Berlin, 1979; Meine liebste Mathilde, 1985; Der beherzte Reviervorsteher, 1990. *VS*

Knorr, Georg

Eisenbahn-Ingenieur
✶ 13.11.1859 Ruda
† 15.4.1911 Davos
Bereits nach der Schule arbeitete er in einer Eisenbahnwerkstatt. Ein Studium in Eisenach folgte, bevor er 1884 nach Berlin ging und in Carpenters neugegründete Firma für die Produktion von Eisenbahn-Bremsen eintrat. Der Wettbewerb war hart – neben Carpenter und Knorr gab es noch Bremsen von Westinghouse und Michael Schleifer – dementsprechend auch das Innovationspotential: in kurzen Abständen wurden neue Ideen produktionsreif umgesetzt. Nach einer längeren Durststrecke konnte Knorr 1893 die Firma von Carpenter günstig erwerben. Mangels Auslastung hatte er in den folgenden Jahren sogar Fabrikräume an Otto Lilienthal untervermietet. 1898 wurde die verkleinerte Fabrik nach Britz verlegt. Hier erfolgte später die Fabrikation von Druckluftbremsen für Straßen- und Kleinbahnen – u.a. für die Berliner Hoch- und U-Bahn. Der eigentliche Durchbruch gelang nach der Jahrhundertwende: dank überlegener Technik konnte die Knorr-Bremse im Laufe der Jahre bei der Preußisch-Hessischen Staatseisenbahn generell eingeführt und zur Einheitsbremse aller europäischen Bahnen werden. *VTM*

Koch, Robert

Mediziner, Ehrenbürger
✶ 11.12.1843 Clausthal-Zellerfeld
† 27.5.1910 Baden-Baden [F.82]

K. war der Sohn eines leitenden Beamten. Das Studium der Naturwissenschaften in Göttingen begann er 1862 mit dem Ziel, Lehrer zu werden, doch wechselte er schon nach einem Semester zur Medizin. Von 1866 an war K. an verschiedenen Orten als Arzt tätig, bevor er 1872 eine Stelle als Kreisphysicus in Wollstein erhielt. Hier gelang ihm der Nachweis, daß der Bacillus anthracis der Erreger des Milzbrandes ist, dauerhafte Sporen zu bilden und so seine Infektiösität über viele Jahre zu bewahren vermag. Seine Ergebnisse publizierte K. in der Schrift »Zur Ätiologie der Milzbrandkrankheit« (1876). Noch in Wollstein wandte er sich der Erforschung der Wundinfektionskrankheiten zu und wurde 1880 ans neugegründete Kaiserliche Gesundheitsamt nach Berlin berufen, wo er die Leitung der bakteriologischen Abteilung übernahm. Hier begründeten K. und seine Schüler mit der Entwicklung mehrerer Standardmethoden, der erfolgreichen Suche nach Krankheitserregern und der theoretischen Verallgemeinerung ihrer Resultate (so den späteren K.-Henleschen Postulaten) die moderne Bakteriologie. Weltruhm erlangte K. mit der Entdeckung des Tuberkelbazillus (1882) und, im Ergebnis von Expeditionen nach Ägypten und Indien, des Cholera-Erregers (1884). 1885 wurde K. zum Professor und Leiter des Universitäts-Instituts für Hygiene berufen. Einen Mißerfolg mußte er bei der Entwicklung des »Tuberkulins«, eines Präparates gegen Tuberkulose hinnehmen. Es zeigte nicht die erhoffte Wirkung. 1891 übernahm er die Direktion des Berliner Instituts für Infektionskrankheiten. Während K. sich 1896–1907 auf ausgedehnten Reisen der tropenmedizinischen Forschung widmete, wobei Pest, Rinderpest und vor allem die Malaria zu seinen Themen gehörten, wandte er sich in seinen letzten Lebensjahren wieder verstärkt der Erforschung und Bekämpfung einheimischer Krankheiten (Tuberkulose und Typhus) zu. 1890 war er Berliner Ehrenbürger geworden.

Literatur: B. Elkeles, R. Koch, in: Klassiker der Medizin, 1991; W. Genschorek, R. Koch, 1982.

UH

Kochhann, Heinrich Eduard

Bäcker, Vorsteher der Stadtverordnetenversammlung, Ehrenbürger
✶ 11.5.1805 Berlin
† 11.2.1890 ebd. [F.18]

Der Bäckersohn mußte schon früh im väterlichen Betrieb mitarbeiten und konnte so seine Studienpläne nicht verwirklichen. Er engagierte sich dafür in der kommunalen Arbeit, wurde 1839 als Stadtverordneter gewählt, zog sich allerdings 1850 wegen der restaurativen Entwicklung aus allen öffentlichen Ämtern zurück. 1858 kehrte er jedoch mit der erneuten Wahl zum Stadtverordneten in diese Arbeit zurück. Zwischen 1863 und 1875 leitete er als Vorsteher die Stadtverordnetenversammlung. Sein besonderes Engagement galt der weiteren Entwicklung der Stadt wie neuen Krankenhäusern, Schulen, Parks und dem Ausbau der Kanalisation. Als er 1875 seine Ämter niederlegte, erhielt er die Ehrenbürgerwürde. Seine Maxime, in seinen Tagebüchern formuliert, lief darauf hinaus, »daß die freie Mitarbeit des Bürgers an der Ausgestaltung seines Gemeinwesens Männer erzieht, die im Falle der Not nicht verzagen, im Wohlstand sich nicht zu überheben vermessen.« *EF*

Koeltze, Friedrich

Oberbürgermeister von Spandau
✶ 23.4.1852 Züllichau
† 25.6.1939 Berlin [F.54]

K. war Geheimer Regierungsrat, Stadtrat und Bürgermeister, bevor er 1884 Oberbürgermeister von Spandau wurde, das bis zur Bildung von Groß-Berlin 1920 eine eigene Stadtverwaltung hatte. K. übte dieses Amt dreißig Jahre lang aus. Er wurde 1924 Stadtältester. *ED*

Köhl, Hermann

Flieger
✶ 15.5.1888 Neu-Ulm
† 7.10.1938 München

Als Leutnant kam er während des I. Weltkriegs zur Fliegerei und gewann auf zahlreichen Nachtflügen gute Kenntnisse in Navigation und Orientierung. Ab 1925 bei den Junkers-Werken zuständig für den Aufbau der Nachtflugstrecken Berlin–Warnemünde und Berlin–Königsberg, der ersten Strecke mit planmäßiger Passagierbeförderung, gelang ihm mit Freiherr v. Hünefeld und James Fitzmaurice 1928 erstmalig die Überquerung des Atlantiks in Ost-West-Richtung. Später arbeitete er an der Entwicklung von Delta-Flüglern. *VTM*

Kohlhase, Hans

Kaufmann
✶ um 1500 vermutlich Tempelberg
b. Fürstenwalde
† (hingerichtet) 22.3.1540 Berlin

Das historische Vorbild der Kleistschen Novelle wurde 1532 auf dem Weg zur Leipziger Messe vom sächsischen Junker Günther von Zaschwitz des Pferdediebstahls bezichtigt und seiner Pferde beraubt. Der Junker gestand dies später als Irrtum ein, händigte die völlig zugrunde gerichteten Pferde wieder aus und wollte überdies das Futtergeld erstattet haben. In seiner Ehre gekränkt, forderte K. Entschädigung. Da er durch Gerichtsverhandlungen nicht zu seinem Recht kam, erklärte er 1534 dem Junker die Fehde und führte mit einer Schar Rebellen und Sympathisanten aus Berlin, Cölln u.a. Städten und Dörfern jahrelang Raubzüge in ganz Kursachsen. Die Brandenburger Kurfürsten schritten erst ein, als er auch auf ihrem Territorium zu plündern begann. Nahe dem heutigen Kohlhasenbrück überfiel er 1539 einen Silbertransport von Mansfeld nach Berlin. Daraufhin ließ ihn Joachim II. nach Berlin locken und verhaften. Mit einem seiner Gesellen wurde »einer der rechtschaffensten und zugleich entsetzlichsten Menschen seiner Zeit« (Kleist) am 22.3.1540 durch das Rad hingerichtet. *ED*

Kohlrausch, *Friedrich* Wilhelm Georg

Physiker
✶ 14.11.1840 Rinteln/Weser
† 17.1.1910 Marburg

K. wirkte als Hochschullehrer in Göttingen, Zürich, Darmstadt, Würzburg und Straßburg, bevor er 1895 Präsident der Physikalisch-Technischen Reichsanstalt Berlin-Charlottenburg wurde. 1900–05 lehrte er auch als Professor an der Universität. Als einer der berühmtesten Experimentalphysiker erwarb er sich Verdienste um seine Disziplin in Berlin. K. entwickelte zahlreiche elektrische und magnetische Meßinstrumente und gab den »Leitfaden für praktische Physik« (1870) heraus. *UH*

Georg Kolbe (1877–1947)

Kolbe, Georg

Bildhauer
✶ 15.4.1877 Waldheim/Sa.
† 20.11.1947 Berlin [F.2]

Bereits 1891 belegte K. erste Kurse an der Dresdner Kunstgewerbeschule in Malerei und Zeichnen. 1895 wechselte er zur Münchner Akademie über, um dann 1897–98 an der Pariser Académie Julian weiterzuarbeiten. Hier wurde er durch A. Rodin beeinflußt, was schließlich durch die Bekanntschaft mit L. Tuaillon und A. Gaul in Rom, wo er sich 1898–1901 aufhielt, zur Konzentration auf die Bildhauerei führte. Zurückgekehrt nach Deutschland, lebte er zunächst in Leipzig, wo er in naher Beziehung zu M. Klinger stand. 1904 übersiedelte K. nach Berlin, um sich hier an der Berliner Sezession zu beteiligen und 1906 seine erste Ausstellung bei P. Cassirer durchzuführen. Der Berliner Nationalgalerie verdankte K. bereits seit 1912 eine breite Anerkennung durch deren Erwerbung seiner »Tänzerin«, der noch der Einfluß Rodins anzumerken ist. 1914 ging K. als Freiwilliger an die Front und führte ab 1916 u.a. Ehrenmale für Kriegsgefallene aus. 1918 erfolgte seine Ernennung zum Professor und 1919 die Wahl zum Mitglied der Akademie der Künste. Nach 1925 entwickelte K. eine eigene Form und Ausdruckssprache, die ihn zu einem der bedeutendsten Plastiker Deutschlands werden ließen. Von seiner Anziehungskraft auf die Öffentlichkeit zeugen zahlreiche Porträts (u.a Slevogt, Cassirer, auch Selbstbildnisse), die ergänzt werden durch seine Auseinandersetzung mit dem menschlichen Körper. Obwohl während des Nationalsozialismus teilweise in seinem Schaffen eingeschränkt, geriet K. durch gewisse Werke (z.B. »Zarathustra«, 1937) unwillentlich in die Nähe der herrschenden Kunstauffassung. Zudem mußte er als Folge des Krieges die Zerstörung einiger seiner Werke erleben. In den letzten Lebensjahren widmete sich K. dem Wiederaufbau einer neuen Kultur innerhalb des nach 1945 gegründeten Kulturbundes.

Literatur: L. Justi, Georg Kolbe, 1931; R.G. Binding, Vom Leben der Plastik. Inhalt und Schönheit des Werkes von G. Kolbe, 1948; W. Grzimek, Deutsche Bildhauer des 20. Jhs., 1969; U. Berger, G. Kolbe, Leben und Werk, 1990. *JM*

Kölling, Rudolf

Tänzer, Choreograph und Ballettmeister
✶ 9.2.1904 Hannover
† 5.5.1970 Münster

K. war Schüler von Laban und M. Wigman, kam 1924 als Solotänzer an die Berliner Staatsoper, unternahm als einer der »Sechs von der Staatsoper« Anfang der 30er Jahre zahlreiche Tourneen, war 1934–44 Ballettmeister des Deutschen Opernhauses Berlin, das ihm ein eigenständiges Ballettkonzept verdankte. Nach 1945 war er Ballettmeister in Berlin an der Städtischen Oper und am Metropol-Theater, in Weimar, München und Münster. *DTW*

Kollo, Walter

(eigtl. Kollodzieyski)
Komponist
✶ 28.1.1878 Neidenburg (Ostpreußen)
† 30.9.1940 Berlin [F.109]

K. galt, neben J. Gilbert und P. Lincke, als Begründer der Berliner Operette; war im Gegensatz zum Lebewelt-Komponisten Gilbert der »Komponist des kleinen Mannes«. Sein Vater brachte ihn als Handlungsgehilfen in einem Musikaliengeschäft unter. In Sondershausen studierte er Musik, ging als Kapellmeister nach Königsberg und Stettin und schließlich 1910 nach Berlin, wo er anfänglich einer 16-Mann-Kapelle im Buggenhagen-Theater vorstand, ab 1911 Musiken zu verschiedenen Revuen beisteuerte und 1913 mit »Wie einst im Mai« einen Volltreffer landete (daraus: »Es war in Schöneberg, im Monat Mai«, »Die Männer sind alle Verbrecher«). Aus der Revue-Posse »Filmzauber« (1913) stammt die Berliner Lokalhymne »Untern Linden«. Nach mehreren Weltkriegs-»Possen« voller peinlichstem Hurra-Patriotismus errang K. mit den Operetten »Die Frau ohne Kuß« (daraus: »Das ist der Frühling in Berlin«) und »Marietta« (daraus: »Warte, warte nur ein Weilchen«) in den 20er Jahren noch weitere Erfolge. *ThW*

Kollo, Willi

(eigtl. Willi Arthur Kollodzieyski)
Komponist und Autor
✶ 28.4.1904 Königsberg
† 4.2.1988 Berlin [F.2]

Der Sohn des Vorigen wurde als Autor von Operettentexten Mitarbeiter seines Vaters, verfaßte und komponierte Kabarett-Revuen. Seit 1930 war er als Drehbuchautor und Filmkomponist tätig (z.B. »Arche Nora«, »Leichte Muse«, »Zwei in einer großen Stadt«). 1945 war er in Hamburg Kabarettist, hatte dort 1949 sein eigenes Theater und vereinigte 1955 in Berlin seinen und seines Vaters Musikverlag zu einem gemeinsamen Unternehmen. *ThW*

Kollwitz, Käthe

(geb. Schmidt)
Grafikerin, Bildhauerin, Zeichnerin
✶ 8.7.1867 Königsberg (Ostpreußen)
† 22.4.1945 Schloß Moritzburg b. Dresden [F.102]

Seit Kindheit im Zeichnen geübt, kam K. 1884 erstmals auf einer Berlinreise mit der Großstadt in Berührung und studierte 1885–88 in Berlin an der Schule von K. Staufer-Bern. Es folgten Jahre in München sowie 1890 längere Selbststudien in Königsberg. 1891 heiratete sie den Arzt K. Kollwitz, mit dem sie nach Berlin übersiedelte, als er im Berliner Arbeiterviertel Prenzlauer Berg seine Praxis gründete. Dadurch im Kontakt mit dem Großstadtproletariat, begann K. unter dem Einfluß M. Klingers mit grafischen Arbeiten, deren Mittelpunkt die Menschen ihrer Umwelt waren. Stark berührt durch G. Hauptmanns »Die Weber«, begann sie 1893 mit dem Zyklus »Der Weberaufstand«, der sie als Grafikerin weit über Berlin hinaus bekannt machte. Begleitet von einem Aufenthalt im Jahre 1904 in Paris (Académie Julian) und einer Reise 1907 nach Florenz, entstand bis 1908 ihr Zyklus »Der Bauernkrieg«. Seit 1910 begann K. auch plastisch zu arbeiten. Der Kriegstod ihres jüngsten Sohnes 1914 ver-

Hilde Körber (1906–1969)

tiefte ihre Hinwendung zur Motivwelt des Leides und Schmerzes. Später bekam ihr Schaffen einen anklägerischen Zug (»Gedenkblatt für K. Liebknecht« 1921). Als erste Frau wurde K. 1919 Mitglied der Preußischen Akademie der Künste, ihr wurde ein Professorentitel zuerkannt und ein Atelier zur Verfügung gestellt. Ihr weiteres Schaffen blieb bis 1933 geprägt von der aufrüttelnden Darstellung menschlichen Leides (u.a. Blätter für die Internationale Hungerhilfe). Ende 1933 aus dem Atelier gedrängt, lebte und arbeitete sie seitdem zurückgezogen. Nach dem Tode ihres Mannes 1940 zog sie 1943 nach Nordhausen. Ihre letzte Zuflucht fand K., die dank ihrer unvergleichlichen Beherrschung künstlerischer Techniken als bedeutendste deutsche Grafikerin des 20. Jhs. gilt, durch Unterstützung des Prinzen v. Sachsen in Moritzburg.

Literatur: A. Bonus (Hg.), Das K. Kollwitz-Werk, 1930; H. Bittner, K. Kollwitz Drawings, [4]1964; E. Schmalenbach, K. Kollwitz, [2]1984; K. Kollwitz, Die Tagebücher, 1989. *JM*

Kolmar, Gertrud

Lyrikerin

✶ 10.12.1894 Berlin

† 1943

Die Tochter eines jüdischen Rechtsanwalts arbeitete nach einem Lehrer- und Sprachexamen als Übersetzerin und Erzieherin. Auch nach 1933 blieb sie in Berlin, um ihren kranken Vater zu pflegen. Im März 1943 wurde sie in ein unbekannt gebliebenes Vernichtungslager deportiert. Ihre sprachlich traditionelle Lyrik von strenger Spiritualität erzählt von der Natur, den Tieren, dem Leid und einer unerfüllten weiblichen Sehnsucht. Balladen in volksliedhaften Tönen behandeln historische Themen (»Das lyrische Werk, 1960«). *UB*

Körber, Hilde(gard Gertrude Lilly)

Schauspielerin, Schriftstellerin, Pädagogin

✶ 2.7.1906 Wien

† 31.5.1969 Berlin [F.91]

K. studierte in Wien, kam über Oldenburg, Stuttgart und Zürich 1924 nach Berlin, spielte an verschiedenen Bühnen (Lulu, 1928; Agnes Bernauer, 1938; Lady Macbeth, 1945), sowie bei Film und Funk. Ihering hielt sie für »die ideale Darstellerin von Marieluise Fleißers Mädchenrollen«. Nach 1945 war sie Direktorin der Max-Reinhardt-Schule in Berlin (West). Sie schrieb Stücke, Prosa, Essays. *DTW*

Korber, Horst

Politiker

✶ 16.3.1927 Stadtroda b. Jena

† 2.7.1981 Berlin [F.91]

K., Mitglied des Berliner Abgeordnetenhauses für die SPD, war in den Ost-West-Verhandlungen von 1963 Unterhändler für die Passierschein-Angelegenheiten. 1967 wirkte er als Senator für Familie, Jugend und Sport, 1975–77 als Senator für Bundesangelegenheiten. *ED*

Körner, (Karl) Theodor

Dichter und Dramatiker

✶ 23.9.1791 Dresden

† 26.8.1813 Gadebusch (Meckl.)

K. wuchs in literarischen Kreisen auf und studierte, nachdem er von der Universität Leipzig wegen eines Duells verwiesen worden war, seit 1810 in Berlin Philosophie, Geschichte und Naturwissenschaften. 1811 zog er weiter nach Wien und wurde 1813 Theaterdichter am Hofburgtheater, wo seine Tragödie »Zriny« erfolgreich uraufgeführt wurde. Im selben Jahr trat er in Lützows Freischar ein und starb im Gefecht an der Straße von Gadebusch. Der sprachbegabte Dichter der Befreiungskriege und Dramatiker von

leichten Lustspielen (»Der Nachtwächter« 1812) wurde insbesondere berühmt durch seine volkstümlichen Kriegslieder (»Lützows wilde Jagd«).
UB

Körte, Friedrich Emil *Werner*

Mediziner
* 21.10.1853 Berlin
† 4.12.1937 ebd. [F.108]
Nach dem Medizinstudium in Berlin, Bonn und Straßburg arbeitete er zunächst als Assistenzarzt und vervollkommnete seine Ausbildung dann in Berlin. Als junger Arzt leitete er kommissarisch die Chirurgie im Bethanien-Krankenhaus. Besonders erfolgreich war er in der Bauch- und Brustchirurgie. 1889 übernahm er die Leitung des neuen städtischen Krankenhauses am Urban zu Berlin, wo er bis 1924 als einer der populärsten Chirurgen seiner Zeit wirkte. *UH*

Fritz Kortner (1892–1970)

Kortner, Fritz

Schauspieler und Regisseur
* 12.5.1892 Wien
† 22.7.1970 München
K. studierte an der Akademie für Musik und Darstellende Kunst in Wien, wurde 1910 am Nationaltheater Mannheim engagiert, kam 1911 ans Deutsche Theater Berlin, ging 1912 an die Wiener Volksbühne, später ans Lessing-Theater Berlin, ans Albert-Theater Dresden, ans Wiener Volkstheater und an die Hamburger Kammerspiele, bevor er 1919 an die Tribüne Berlin kam und im selben Jahr zu Jessner ans Staatstheater ging (1919–23 und 1926–30; dazwischen Deutsches Theater, Volksbühne, Barnowsky-Bühnen, B. Viertels »Die Truppe«, Künstlertheater und Komödienhaus). In Tollers »Die Wandlung« (1919, Martin) erzielte er seinen Durchbruch in Berlin. Am Staatstheater spielte er u.a. den Mortimer; in Jessners Inszenierungen den Marquis von Keith (Wedekind), Geßler, Richard III., Hamlet, Herodes (Hebbel), Ödipus; ferner den alten Sedemund (Barlach), Othello, Macbeth, Shylock, John Gabriel Borkman (Ibsen). An der Volksbühne und am Deutschen Theater spielte er den Shlink (»Im Dickicht der Städte«), Danton, Coriolan. Am Staatstheater war er das darstellerische alter ego des Regisseurs Jessner. Seine ungewöhnlichen darstellerischen Fähigkeiten und seine ausdrucksstarke Stimme machten ihn geeignet, Jessners Idee vom »reinen Gesinnungstheater« gegen den Hoftheatermief einerseits und gegen Reinhardts psychologisierendes Theater andererseits durchzusetzen. Seit 1915 spielte K. zahlreiche Filmrollen, anfangs in Sensationsfilmen von H. Piel. Anspruchsvolle Aufgaben hatte er in »Dreyfus« (1930) und »Danton« (1931) mit den Titelrollen. 1933 mußte K. emigrieren, ging zunächst in die Schweiz, dann über Dänemark, Österreich nach England, wo er in mehreren Filmen mitspielte, und schließlich 1938 in die USA (»The Strange Death of Adolf Hitler« 1943, Ko-Drehbuchautor; »The Hitler Gang« 1944). 1947 kehrte K. nach Deutschland zurück und machte sich durch zahlreiche Bühnen- und Filminszenierungen einen Namen (in Berlin u.a. »Hamlet« 1957, »Die Räuber« 1959, Frischs »Andorra« 1962, »Der Sturm« 1968, »Antonius und Cleopatra« 1969).
Autobiographie: Aller Tage Abend (1959/67).
Literatur: K. Völker, Fritz Kortner. Schauspieler und Regisseur, 1993; P. Schütze, Fritz Kortner. Mit Selbstzeugnissen und Bilddokumenten, 1994.
DTW

Koser, Reinhold

Historiker
* 7.2.1852 Schmarsow (Uckermark)
† 25.8.1914 Berlin [F.43]
K., ein Pastorensohn, studierte in Berlin und Halle. Nach seiner Promotion 1874 begann er in Berlin im Auftrag der Preußischen Akademie der Wissenschaften die Edition der politischen

Schriften Friedrichs II., deren erste zehn Bände 1879–83 erschienen. 1880 wurde K. Privatdozent, 1884 Professor in Berlin. Seit 1891 lehrte er in Bonn, wurde jedoch 1896 nach Berlin zurückberufen, um die Leitung des Geheimen Staatsarchivs zu übernehmen. 1898 zum »Historiographen des preußischen Staates« ernannt, erwarb sich K. Verdienste um die Organisation des Archivwesens und als Biograph Friedrichs II.

UH

Kossak, Ernst Ludwig

Feuilletonist, Musikkritiker
✶ 4.8.1814 Marienwerder
† 3.1.1880 Berlin [F.46, Grab eingeebnet]
Der Sohn eines preußischen Regierungsbeamten mußte sein Studium in Berlin wegen Geldmangels abbrechen und lebte seit 1838 von Klavierstunden und Rezensionen. Von 1846–70 Musikkritiker, Feuilletonist und Redakteur angesehener Blätter. Kurze Zusammenarbeit mit Adolf Glaßbrenner. 1849 Feuilletonchef der »Constitutionellen Zeitung«, später der »Berliner Feuerspritze«; von 1854–67 Chef der Wochenzeitung »Berliner Montagspost«. Der »erste wirksame Anreger einer ansprechenden Gattung volkstümlicher Kritik«, gerühmt als »Vater des Berliner Feuilletons«, doch schon zu Lebzeiten vergessen, als er – wie Heine, den er 1855 in Paris besuchte –, über ein Jahrzehnt gelähmt zu Hause lag.
Literatur: A. Rutari (Arthur Levi), E. Kossak, 1884; U. Ellermann, E. Kossak, 1946. E. Kossak: Aus dem Papierkorbe eines Journalisten, 1976.

HK

Kossel, Albrecht

Physiologe
✶ 16.9.1853 Rostock
† 5.7.1927 Heidelberg
K. erhielt nach ersten wissenschaftlichen Erfolgen in Straßburg 1883 eine Berufung zum Leiter der chemischen Abteilung des Physiologischen Instituts der Berliner Universität und wurde 1887 zum Professor ernannt. Er ging 1895 nach Marburg und wirkte ab 1901 in Heidelberg. In Berlin entdeckte er 1885 das Adenin und 1893 das Thymin. Die von ihm aufgefundenen basischen Bestandteile der Nukleinsäure erwiesen sich später als entscheidende Faktoren bei der Übertragung der genetischen Informationen aller Lebewesen. »Als Anerkennung für seine Beiträge zur Chemie der Zelle, die er durch seine Arbeiten über Proteine einschließlich der Kernsubstanzen geleistet hat«, erhielt K. 1910 den Nobelpreis für Medizin und Physiologie.

UH

Kossinna, Gustav

Prähistoriker
✶ 28.9.1858 Tilsit
† 20.12.1931 Berlin [F.60]
K. wandte sich zunächst der germanischen Philologie zu und studierte in Göttingen, Leipzig, Berlin und Straßburg. Nach der Promotion arbeitete er als Bibliothekar, ab 1892 auch in Berlin. Zunehmend widmete sich K. der Archäologie und versuchte, anhand von Sachfunden die Ausbreitung und Wanderung von Völkern in prähistorischer Zeit zu bestimmen. 1902 in Berlin zum Professor berufen, blieb ihm allerdings großer wissenschaftlicher Erfolg versagt.

UH

Köster, Liselotte

Tänzerin
✶ 3.5.1911 Berlin
† 19.9.1987 ebd. [F.2]
K. war zunächst an der Berliner Staatsoper, danach bis 1944 am Deutschen Opernhaus tätig. Nach 1945 war sie wieder Solotänzerin an der Städtischen Oper Berlin, seit 1959/60 nur noch gelegentlich gastierend. K. kreierte viele Charakterrollen, u.a. in Köllings »Stralauer Fischzug« und »Die Gaunerstreiche der Courasche« (beide 1936), Keiths »Josephslegende« (1946), Charats »Abraxas« (Egk, 1949) und war die Königin in T. Gsovskys Blacher-Choreographie »Hamlet« (1953).

DTW

Kotikow, Alexander Georgjewitsch

Militär
✶ 27.8.1902 Bakino b. Tula (Rußland)
† 19.7.1981 Moskau (Rußland)
Der russische Generalmajor hatte die typische Laufbahn eines Berufsoffiziers bis hin zur Militärakademie durchlaufen, als er im II. Weltkrieg an verschiedenen Kommandeursstellen tätig wurde. So befehligte er den sogenannten Wolchow-Frontabschnitt und war mit seinen Truppen an den Kämpfen um Warschau und Berlin beteiligt. Nach der Kapitulation im Mai 1945 wurde er als Chef der Sowjetischen Militärverwaltung (SMAD) in Sachsen und danach in Sachsen-Anhalt eingesetzt. Im April 1946 übernahm er die Funktion des Militärkommandanten von Berlin, die er bis Juni 1950 innehatte. Er vertrat damit in

der Interalliierten Militärkommandantur für Groß-Berlin die acht Ostberliner Stadtbezirke, bis diese Dienststelle im Juni 1948 ihre Arbeit einstellte. Mit seinem 14-Punkte-Programm über notwendige »Maßnahmen zur Verbesserung der rechtlichen und materiellen Lage der Arbeiter und Angestellten«, das bald als »Kotikow-Programm« bekannt wurde, unternahm er große Anstrengungen, um das Leben in der Stadt wieder in Gang zu setzen und die größten Notsituationen der Zivilbevölkerung zu lindern. Das reichte bis zur Ausgabe von markenfreiem Mittagessen in den Betrieben, das von den Berlinern schnell als »Kotikow-Essen« bezeichnet wurde. 1965 wurde er in Ostberlin als Ehrenbürger geehrt. In die 1992 beschlossene Gesamtberliner Ehrenbürgerliste wurde er nicht übernommen. *EF*

Kowa, Viktor de

(eigtl. Viktor Kowalczyk)
Schauspieler und Regisseur
✶ 8.3.1904 Hochkirch b. Görlitz
† 8.4.1973 Berlin [F.2]

K. wurde an der Kadettenanstalt in Dresden erzogen, studierte an der Kunstakademie Malerei und wurde von E. Ponto fürs Theater entdeckt. 1918–1923 am Staatstheater Dresden engagiert, kam er 1928 nach Berlin (Volksbühne, Deutsches Theater u.a. Bühnen, 1935–43 Staatstheater) und war 1943/44 Intendant des Theaters am Kurfürstendamm und der Komödie, nach Kriegsende Intendant der Tribüne in Berlin bis 1946. K., herausragender Vertreter des Boulevardschauspieler-Typus, wurde daneben hauptsächlich durch zahlreiche Filmrollen bekannt, in dem er sein darstellerisches Spektrum vom jugendlichen Liebhaber und Bonvivant bis zu schwierigen Charakterrollen und dem komischen Fach unter Beweis stellte: u.a. »Ein Lied geht um die Welt« (1933), »Die göttliche Jette« (1937), »Schneider Wibbel« (1939, Debüt als Regisseur), »Wir machen Musik« (1942), »Des Teufels General« (1954), »Das Haus in Montevideo« (1963). Autobiographie: Als ich noch Prinz war in Arkadien, 1967. *DTW*

Kracht, Dietrich von

brandenburgischer Oberst
✶ 1608
† 1657

Im 30jährigen Krieg übernahm das Regiment des Obersten von K. den Schutz der Spreestädte Berlin und Cölln. K. wurde zum Stadtkommandanten ernannt. Am 18.1.1641 ließ K. angesichts einiger schwedischer Streifscharen die Vorstädte von Cölln und die kurfürstlichen Bauten auf dem Werder ohne militärische Notwendigkeit niederbrennen. Die Bürger Berlins erhoben daraufhin Schadensersatzansprüche. K. mußte sich vor einem kurfürstlichen Gericht verantworten. *ThW*

Krack, Erhard

Kommunalpolitiker, Oberbürgermeister
✶ 9.1.1931 Danzig
† 11.12.2000 Berlin

Nach dem Ökonomiestudium in Rostock arbeitete der Arbeitersohn auf der Warnow-Werft in Warnemünde, kam 1963 für die SED in den Rostocker Bezirkstag und wurde Vorsitzender des Bezirkswirtschaftsrates. 1965 kam er nach Berlin, wo er bis 1974 als Minister für bezirksgeleitete und Lebensmittelindustrie tätig war. 1974 zum Oberbürgermeister von Ostberlin gewählt, gehörte er ab 1976 auch dem DDR-Ministerrat an und war seit 1981 Mitglied des ZK der SED. In seine Amtzeit fallen die Wohnungsneubauten in Marzahn, Hellersdorf und Hohenschönhausen, der Neubau des Nikolaiviertels und der Charité sowie die Restauration der Bauten am Gendarmenmarkt. Als ihm als Vorsitzenden der Berliner Wahlkommission Manipulation der Wahlergebnisse von 1989 vorgeworfen wurde, trat er im Februar 1990 von seinem Amt als Oberbürgermeister zurück. Das Berliner Amtsgericht verurteilte ihn wegen des Verdachts der Anstiftung zur Wahlfälschung zu 10 Monaten Freiheitsentzug auf Bewährung. *EF*

Kranzler, Johann Georg

Konditor
✶ 25.04.1795 Tautendorf b. Gars (Niederösterreich)
† 12.12.1866 Berlin [F.75]

K. erlernte in Wien den Konditorberuf und kam 1816 im Gefolge des Kanzlers Hardenberg als dessen persönlicher Küchenchef nach Berlin. 1824 erwarb er in Berlin das Bürgerrecht und eröffnete 1825 an der Ecke Friedrich-/Behrenstraße eine eigene Konditorei. Das Geschäft war ungemein erfolgreich. K. konnte bald das an der Ecke zur Friedrichstraße gelegene Haus Unter den Linden Nr. 25 kaufen, ließ es durch August Stüler umbauen und aufstocken und eröffnete Ende 1834 das neue »Café K.«, das das gesamte

Erd- und das erste Obergeschoß einnahm. Besonderer Anziehungspunkt des Cafés war vor allem im Sommer die »Rampe«, die Straßenterrasse, die von der Baupolizei gern geschlossen worden wäre, auf Weisung König Friedrich Wilhelms III. aber bleiben konnte. Das »Café K.« erwarb sich einen legendären Ruf, die »Kranzlerecke« wurde Wahrzeichen eines Brennpunkts Berliner Lebens und Verkehrs bis weit ins 20. Jh. K. richtete als erster Kaffeehausunternehmer in Berlin einen Rauchsalon ein; neben österreichischen Konditorei-Spezialitäten wurde bei K. auch russisches Eis serviert. 1852 wurde K., der für die Hof-Feste selbst hergestellte Konditorwaren lieferte, zum Hofkonditor ernannt. *BF*

Krause, Christian Gottfried

Komponist und Musiktheoretiker
✶ 17.4.1719 Winzig (Schlesien)
† 4.5.1770 Berlin
K. studierte Jura in Frankfurt/O., kam 1746 nach Berlin und wurde hier 1753 Advokat. Obwohl nur nebenberuflich Musiker, war er ein führender Kopf der 1. Berliner Liederschule. Während Ramler Texte sammelte, stellte K. die Melodien zusammen, vertonte z.B. Gleims »Kriegslieder« (1758). K. publizierte u.a. »Von der musikalischen Poesie« (1752), »Oden mit Melodien« (2 Bände, 1753/55), »Lieder der Deutschen mit Melodien« (4 Bände, 1767/68). *ThW*

Krausnick, Heinrich Wilhelm

Oberbürgermeister von Berlin, Ehrenbürger
✶ 13.3.1797 Potsdam
† 14.12.1882 Berlin [F.13]
K. war 1834–48 und erneut 1850–62 Oberbürgermeister. Während seiner langen Amtszeit wurden Straßen, Beleuchtung, Feuerwehr und Wasserversorgung verbessert. 1847 entstand die erste Gasanstalt, und 1861 gemeindete man u.a. Wedding, Moabit und Teile Schönebergs ein. 1871 wurde K. Ehrenbürger der Stadt. *ED*

Krauss, Werner

Schauspieler
✶ 23.6.1884 Gestungshausen b. Coburg
† 20.10.1959 Wien
K. tingelte gegen den Willen seiner Eltern ohne Ausbildung mit Wanderbühnen, arbeitete sich 1910 zum Stadttheater Nürnberg hoch und wurde von Moissi M. Reinhardt empfohlen, der ihn

Werner Krauss (1884–1959)

1913 als Chargenspieler (bis dahin schon über 400 Rollen) engagierte (Reinhardt-Bühnen bis 1925 und 1926–31). 1914 debütierte K. beim Film (über 100 Stummfilme). und erwarb sich 1920 mit der Titelrolle in »Das Cabinet des Dr. Caligari« große und nachhaltige Popularität. Auch am Theater fielen K. nun größere Rollen zu (Franz Moor in »Die Räuber«; Robespierre in »Dantons Tod«; Wallenstein; Jago in Shakespeares »Othello«). Während der NS-Zeit Vizepräsident der Reichstheaterkammer und NS-Kultursenator, ließ K. sich zur niederträchtigen Darstellung von jüdischen Rollen im Film herab (»Jud Süß« 1940). K. spielte 1924–25 und 1933–1944 am Staatstheater. Nach Kriegsende verhaftet, ausgewiesen und mit Auftrittsverbot belegt, wurde er 1948 österreichischer Staatsbürger und Burgschauspieler. *DTW*

Kraut, Johann Andreas von

preußischer Handels- u. Gewerbeminister, Wollmanufakturgründer
✶ 17.7.1661
† 23.8.1723
K. war zunächst in der magdeburgischen Ratskammer zu Halle tätig. Anfang 1713 kam er nach Berlin, gestaltete das ihm von König Friedrich Wilhelm I. zugedachte Commerz- und Finanzdepartement und gründete das Lagerhaus, eine Wollmanufaktur, die vorbildlich für ganz Preu-

ßen wurde. Die Wiederbelebung der Textilindustrie in Preußen und das mit Friedrich Wilhelm I. organisierte Merkantil- und Schutzzoll-System sind K. zu verdanken. *BF*

Kremser, Simon

Fuhrunternehmer, Begründer des Berliner Kutschenwesens
✶ 15.9.1775 Breslau
† 1849 ebd.
K. fungierte 1806 als »Kgl. preußischer Kriegscommissarius« im persönlichen Dienste Blüchers. Wegen der Rettung der Kriegskasse aus Feindeshand wurden ihm das Eiserne Kreuz und der Orden Pour le Mérite verliehen. 1825 erhielt er das Privileg, vor den Toren Berlins einen neuartigen Fahrzeugbetrieb einzuführen. Er bot seine Pferdefuhrwerke für mehrere Personen, die er »Kremserwagen« nannte, für Lustfahrten vor den Toren der Stadt an. 1826 zählte K.s Wagenpark bereits 52 Fahrzeuge. K. beschäftigte eigene Schmiede, Stellmacher, Sattler, Schlosser und Lackierer. *BF*

Kretzer, Max

Schriftsteller
✶ 7.6.1854 Posen
† 15.7.1941 Berlin [F.5]
Der Sohn eines verarmten Hotelbesitzers wurde im Alter von 13 Jahren Fabrikarbeiter und lernte früh das soziale Elend kennen. Durch einen Unglücksfall ans Bett gefesselt, wurde er Schriftsteller. Nach dem Erscheinen seines ersten Romans »Die beiden Genossen« (1880), der im Sinne Zolas eine konsequente naturalistische Milieuschilderung des Großstadtproletariats darstellt und zum ersten Mal im deutschen Roman die sozialistische Bewegung behandelt, lebte er stets in finanzieller Not in Berlin-Charlottenburg als freier Schriftsteller und Mitarbeiter der sozialdemokratischen Presse. Sein bekanntester Roman »Meister Timpe« (1888) behandelt den verzweifelten, aussichtslosen Kampf eines Berliner Handwerkermeisters gegen die Konkurrenz der Großbetriebe. Neben zahlreichen Kolportageromanen hinterließ K. Novellen, Skizzen (»Gesammelte Berliner Skizzen« 1883), Dramen, Gedichte und »Berliner Erinnerungen« (1939). *UB*

Kreuer, Willi

Architekt
✶ 21.11.1910 Köln
† 12.9.1984 Berlin [F.63]
Nach seiner Tätigkeit in verschiedenen Kölner Baubüros 1928–37 wurde K. 1938 in Berlin Mitarbeiter von W. March und ab 1945 selbständiger Architekt. 1949 nahm K. die Lehrtätigkeit an der TU Berlin auf, wurde 1951 Professor und war 1968–76 Direktor des Instituts für Wohnungsbau. K. war Vertreter von sachlichen funktionalistischen Stilelementen und rationellen kubischen Baukörpern.
Wichtige Bauten: AGB, Bln.-Kreuzberg (1951–54, mit F. Bornemann, G. Jobst und F. Wille); Rathaus Kreuzberg, Bln.-Kreuzberg (1952–59); Institut für Bergbau und Hüttenwesen (1954–59) sowie Institut für Technische Chemie (1965–70) der TU, Bln.-Charlottenburg; St. Ansgar Kirche, Bln.-Tiergarten (1956–58). *KDS*

Kroll, Josef

Gastwirt
✶ 27.7.1797 Breslau
† 15.4.1848 Berlin
K. war durch seinen Unternehmungsgeist in Breslau aufgefallen; durch kgl. Kabinettsorder bekam er in Berlin einen Platz an der Westseite des ehemaligen Exerzierplatzes vor dem Brandenburger Tor zum Bau eines »Wintergartens«. In zehnmonatiger Bauzeit entstand »Krolls Etablissement«, das sich »dem gebildeten Publikum« mit mehreren Lokalen, drei Sälen, 13 Logen, 14 größeren Zimmern und einem Tunnel empfahl. Insgesamt bot dieser damals größte Berliner Vergnügungspalast 5.000 Personen Platz, 60 Musiker spielten und 40 Kellner flitzten; im Biertunnel konnte der Berliner rauchen – Rauchfreiheit in der Öffentlichkeit bestand noch nicht. Bei K. fanden neben Bällen und Tanzvergnügen auch Konzerte sowie Schaustellungen von Kuriositäten statt. Nach K.s Tod kam seine Tochter Auguste um eine Theaterkonzession ein und eröffnete 1850 ein Sommertheater. An der Stelle des K.schen Etablissements stand später die K.-Oper: 1927–31 Zentrum des modernen Musiktheaters, nach 1933 Tagungsort des nationalsozialistischen »Reichstages«.
Literatur: T. Wieke, Vom Etablissement zur Oper. Die Geschichte der Kroll-Oper, 1993; J.J. Reichardt, … bei Kroll 1844–1957, 1988. *DTW*

Kronecker, Leopold

Mathematiker
✶ 7.12.1823 Liegnitz (Schlesien)
† 29.12.1891 Berlin [F.46]
K. studierte in Berlin, Bonn und Breslau Mathematik und Naturwissenschaften. Nach seiner Promotion lebte er zehn Jahre als Geschäftsmann in seiner Heimatstadt. 1855 ließ er sich als Privatgelehrter in Berlin nieder und wurde 1883 zum Professor an der Berliner Universität berufen. Seine wissenschaftlichen Arbeiten haben in erster Linie die Begründung der Algebra und die algebraische Zahlentheorie zum Inhalt. K. strebte eine »Arithmetisierung« der Mathematik an. Seine »Gesammelten Werke« (5 Bde.) erschienen 1895–1930. *UH*

Krüger, Franz

Maler
✶ 3.9.1797 Großbadegast b. Köthen
† 21.1.1857 Berlin [F.108]
Als Sohn eines anhaltinischen Amtsverwalters konnte K. seine künstlerische Ausbildung schon in der Schulzeit beginnen. Nach seiner Berlin-Übersiedlung setzte er sie ab 1812 an der Berliner Akademie fort. Durch ständige Teilnahme an Ausstellungen bekannt geworden, wurde er 1826 Akademiemitglied und zum Professor ernannt. Die folgende Zeit verbrachte er meist in Berlin, begab sich aber nach 1832 auch auf Reisen, so u.a. nach St. Petersburg, Paris und zu Auftragsarbeiten an die Höfe von Hannover und Schwerin. Anfänglich auf Tierdarstellungen spezialisiert, was ihm wegen der naturalistischen Vorliebe für Pferdekörper den Beinamen »Pferde-Krüger« eintrug, entwickelte sich K. später zum Meister des Porträts. Seine bekannten »preußischen Paradebilder« (u.a. »Parade am Opernplatz«, 1824–29) zeigen in der Volksmenge Darstellungen erkennbarer Berliner Bürger. Er wurde damit zum beliebtesten Maler des Berliner Biedermeier.
Literatur: W. Weidmann, F. Krüger, 1927; R. Franke, Berlin vom König bis zum Schusterjungen. F. Krügers »Paraden«, Bilder preußischen Selbstverständnisses, Diss., 1984. *JM*

Krüger, Johann Christian

Jurist, preußischer Beamter, Ehrenbürger
✶ 8.2.1772 Berlin
† 25.12.1845 ebd.
Aus einer Juristenfamilie stammend, absolvierte er ein Studium der Rechtswissenschaften an der Universität Halle. 1793 kam er nach Berlin und arbeitete zuerst am Berliner Kammergericht und seit 1798 am Stadtgericht Berlin. Er gehörte der Kammerjustizdeputation an und war Mitglied des Vormundschaftsgerichts. Seine vielfältige juristische Arbeit in Berlin wurde anläßlich seines 50. Dienstjubiläums 1843 mit dem Berliner Ehrenbürgertitel gewürdigt. *EF*

Kruse, Carl *Max*

Bildhauer, Maler und Grafiker
✶ 14.4.1854 Berlin
† 29.10.1942 Bad Kösen
Nach einem Architekturstudium nahm der Mann von Käthe K. 1877–79 Kurse in Bildhauerei an der Berliner Akademie und ließ sich nach Aufenthalten in Rom und Paris in Berlin nieder. 1908 wurde er Professor und 1913 Akademiemitglied. Als Plastiker bevorzugte er die architektonisch geschlossene, fast kubische Form und wurde somit zu einem der ersten Bildhauer der Moderne in Berlin. K. hat jedoch auch zahlreiche Landschaftsdarstellungen sowie Bühnenbilder u.a. für M. Reinhardt gefertigt. *JM*

Kruse, Käthe

(geb. Simon)
»Puppenmutter«, Spielzeuggestalterin
✶ 17.9.1883 Breslau
† 19.7.1968 Murnau
Aus ärmlichen Verhältnissen stammend, nahm K. zunächst Schauspielunterricht und trat erfolgreich auf deutschen Bühnen (u.a. 1900–02 Lessingtheater, Berlin) sowie in Warschau und Moskau auf. 1902 heiratete sie den Bildhauer M. Kruse, gab ihren Beruf auf, begann aber bald mit der Anfertigung von Puppen für ihre Kinder, die zugleich ihre Modelle waren. 1910 stellte K. erstmals in Berlin die in Handarbeit gefertigten Puppen, die sich durch Lebendigkeit und Individualität auszeichneten, öffentlich aus. Anfangs in ihrer Berliner Wohnung arbeitend, errichtete sie 1912 in Bad Kösen eine größere Produktionsstätte, die erst 1950 nach Donauwörth verlegt wurde. Zu den noch heute produzierten Stücken, deren ältere bereits Sammlerobjekte sind, traten seit den 30er Jahren auch bewegliche Schaufensterpuppen.
Literatur: Käthe Kruse, Das große Puppenspiel, 1951, 1982; A.u.U. Gauder, Die deutsche Puppenindustrie 1815–1940, 1978. *JM*

Kuckhoff, Adam

Theaterwissenschaftler und Schriftsteller
✶ 10.8.1887 Aachen
† (hingerichtet) 5.8.1943 Berlin
K., der 1912 in Halle mit einer Arbeit über Schiller promoviert hatte, arbeitete als Übersetzer, in Verlagen und an Theatern. Er schrieb Lyrik, Dramen und Romane, von denen »Scherry« (1930) am bekanntesten wurde. K. kam 1930 als Dramaturg ans Berliner Schauspielhaus; ab 1932 war er freischaffend als Lektor und Filmdramaturg tätig. Im antifaschistischen Widerstand aktiv, wurde K. als Mitglied der »Roten Kapelle« 1942 verhaftet. *UH*

Kuckhoff, Greta

Volkswirtschaftlerin
✶ 14.12.1902 Frankfurt/O.
† 11.11.1981 Berlin
Nach dem Studium in Berlin und der Heirat mit dem Vorigen schloß sie sich nach 1933 dem antifaschistischen Widerstand an und wurde mit ihrem Mann Mitglied der sogenannten »Roten Kappelle«. In dieser Widerstandsgruppe wurden während des Krieges Kundschafterdienste für die Sowjetunion geleistet. Wie ihr Mann 1942 verhaftet und zum Tode verurteilt, wurde sie jedoch zu zehn Jahren Zuchthaus begnadigt. Nach der Befreiung arbeitete sie 1945 im Berliner Magistrat und war zwischen 1950 und 1958 Präsidentin der Deutschen Notenbank.
Literatur: G. Kuckhoff, Vom Rosenkranz zur Roten Kapelle, 1972. *EF*

Kugler, *Franz* Theodor

Kunsthistoriker
✶ 19.1.1808 Stettin
† 18.3.1858 Berlin [F.46]
Der Kaufmannssohn studierte in Berlin zunächst Philologie, später Architektur, fühlte sich jedoch stärker zu den Künsten hingezogen. Seit 1833 in Berlin Privatdozent für Kunstgeschichte, behandelten seine ersten Arbeiten Themen der antiken und der mittelalterlichen deutschen Kunst. Berühmt wurden sein »Handbuch der Kunstgeschichte« (1842) und seine Bücher zur preußischen Geschichte. K. erwarb sich auch Verdienste um die öffentliche Kunstförderung. *UH*

Kühnel, Ernst

Kunsthistoriker
✶ 26.10.1882 Neubrandenburg
† 5.8.1964 Berlin
Der »Altmeister der islamischen Kunstgeschichte und Archäologie« wollte ursprünglich in den diplomatischen Dienst gehen, wandte sich dann aber von seinen juristischen Studien ab und der Kunstgeschichte zu. Aus dem Material ausgedehnter Studienreisen entstanden populärwissenschaftliche Bücher. Dieser ersten Begegnung mit islamischer Kunst folgte ein durch den I. Weltkrieg erzwungener längerer Aufenthalt in Marokko und Spanien. Seit dieser Zeit bildete die maurische Kunst auf der iberischen Halbinsel seinen Hauptforschungsgegenstand. Ab 1911 in der Islamischen Abteilung der Berliner Museen tätig, wurde K. 1922 Kustos und 1931 ihr Direktor. Nach dem II. Weltkrieg machte er sich um den Wiederaufbau der Sammlungen im Pergamon-Museum und in Dahlem verdient. 1930–54 lehrte K. an der Berliner Universität. *UH*

Kullak, Theodor

Pianist
✶ 12.9.1818 Krotoschin (Posen)
† 1.3.1882 Berlin
K. trat schon mit 11 Jahren als Pianist auf, wurde nach Medizinstudium Schüler u.a. von Czerny und O. Nicolai. Ab 1843 wirkte K. als Musiklehrer am Berliner Hof (1846 Hofpianist). 1850 gründete er mit J. Stern und Marx die »Musikschule für Gesang, Klavier und Komposition« (später: Sternsches Konservatorium) und 1855 mit der »Neuen Akademie der Tonkunst« sein eigenes Institut. K. war ein gefragter Lehrer, schrieb u.a. »Schule des Oktavspiels«. *ThW*

Kummer, Ernst Eduard

Mathematiker
✶ 29.1.1810 Sorau
† 14.5.1893 Berlin
K. studierte in Halle zuerst Theologie, wandte sich dann jedoch der Mathematik zu. Bis 1842 arbeitete er als Gymnasiallehrer in Schlesien und wurde anschließend Professor an der Breslauer Universität. 1855–84 lehrte K. an der Berliner Alma mater, der er 1868/69 als Rektor vorstand, und außerdem 1855–74 an der Berliner Kriegsschule. Berühmt wurde er vor allem durch seine zahlentheoretischen Arbeiten. Er führte 1844 die idealen Faktoren ein, mit denen er den großen

Eduard Künneke (1885–1953)

Fermatschen Satz erfolgreich untersuchte. 1851 begründete er die Theorie der Primzahlen. Seine Theorie der Strahlungssysteme führte zu der später nach ihm benannten K.schen Fläche. K. legte auch Forschungen zur mathematischen Physik und zur Geometrie vor. *UH*

Kunckel, Johann

(auch K. von Löwenstern)
Alchimist und Chemiker
✶ um 1604 Wittenburg b. Plön (Holstein)
† 20.3.1703 Dreißighufen b. Perna
K. zog als Alchimist durch Deutschland und hielt sich zwischen 1677 und 1692 vorwiegend in Berlin und Potsdam auf. Seine Transmutationsversuche auf der Pfaueninsel bei Potsdam, also die Elementumwandlung z.B. von Blei in Gold, sind dem Wissensstand seiner Zeit geschuldet. Darüber hinaus gab er mit seinen exakt aufgezeichneten experimentellen Beobachtungen Anstöße zur weiteren Entwicklung der Chemie. K. gelangen die Präparation von weißem Phosphor aus Urin und die Aufdeckung der geheimgehaltenen Technologie der Herstellung von Rubinglas (Kunckelgläser). Nach dem Tod seines Gönners, des Kurfürsten Friedrich Wilhelm von Brandenburg, ging K. an den schwedischen Königshof und wurde dort geadelt. *UH*

Künneke, Eduard

Komponist
✶ 27.1.1885 Emmerich (Rheinland)
† 27.10.1953 Berlin [F.2]
K. studierte an der Berliner Musikhochschule bei M. Bruch und arbeitete seit 1907 als Kapellmeister in Berlin. Schon vor dem I. Weltkrieg begann er zu komponieren, aber seine Singspiele errangen nur Achtungserfolge. Durchschlagend war hingegen der Erfolg von »Der Vetter aus Dingsda« (1921); die Operette ist noch heute in den Spielplänen zu finden. Spätere, auch größer angelegte Werke erreichten diesen Erfolg nicht mehr. *ThW*

Künneke, Evelyn

(eigtl. Eva-Susanne)
Tänzerin, Schauspielerin, Sängerin
✶ 15.12.1921 Berlin
† 28.4.2001 ebd.
Die Tochter des Vorigen und der Opernsängerin Katharina Garden verbrachte ihre Kindheit in Berlin und (1924–26) in den USA. Nach der Rückkehr nach Berlin erhielt K. Ballettunterricht und hatte mit 14 Jahren ihren ersten Auftritt als Solotänzerin an der Staatsoper Unter den Linden. Obwohl die Eltern an ihrer musikalischen Begabung zweifelten, wollte sie unbedingt Sängerin werden und nahm bei der renommierten Gesangspädagogin Maria Ivogrün heimlich Unterricht. Wenig später nahm sie dann auch noch Schauspielunterricht bei Lucie Höflich sowie bei Leslie Howard in London. Mitte der 30er Jahre ließ sie sich in Stepptanz ausbilden und trat unter dem Künstlernamen Evelyn King in Berliner Kabaretts und Varietes auf. Sowohl im »Kabarett der Komiker« als auch in der »Scala« feierte sie mit ihrer Show beachtliche Erfolge. 1939 untersagten ihr die Nazis das Führen des »undeutschen« Künstlernamens und boykottierten ihre Auftritte, die mit Swing-Musik und Stepptanz als zu »amerikanisch« galten. Andere Quelle geben an, daß sie wegen jüdischer Verwandter keine Bühnenengagements mehr erhielt. Mit ihrem Schlager »Sing, Nachtigall, sing« (1942) eroberte K. die Herzen der deutschen Landser und wurde als »Wehrmachtsbetreuerin« eingesetzt. Nach dem Krieg avancierte sie zu einer der beliebtesten Swinginterpretinnen und arbeitete für britische und amerikanische Rundfunksender. K. wirkte in 25 Filmen mit, darunter in Helmut Käutners »Auf Wiedersehen Franziska«, spielte Theater, gastierte mit Chansonabenden an verschiedenen Klein-

kunstbühnen und machte Schallplatten. Ihr rauher Charme, gepaart mit schnoddrigem Berliner Witz und bissigem Humor machten sie zu einem beliebten Talk-Show-Gast. Ihre Auftritte in der schwul-alternativen Kulturszene trugen ihr den Namen »Callas der Subkultur« ein. Mit der Bühnenshow »Drei alte Schachteln« feierte sie an der Seite von Helen Vita und Brigitte Mira sensationelle Erfolge. Ihr Vater, Eduard K., sagte einmal: »Meine Tochter kann überhaupt nichts, und schön ist sie auch nicht. Aber sie hat die Begabung, 500 Leuten einzureden, daß sie bei ihr zum Tee eingeladen sind. Und damit wird sie wohl ihren Weg machen.« *RS*

Künstler, Franz

Politiker

✶ 13.5.1888 Berlin

† 10.9.1942 ebd. [F.102]

Der Maschinenschlosser K. trat als Soldat im I. Weltkrieg in die USPD ein und war seitdem in leitenden Funktionen – nach ihrer Vereinigung mit der SPD 1922 – für diese tätig. Er wirkte im Parteivorstand, zuletzt von April bis Juni 1933, war 1920–33 Mitglied des Reichstags, 1924–33 Bezirksvorsitzender der SPD von Berlin. Als Sprecher eines großen Teils der Mitgliedschaft nahm K. zur Politik der SPD-Führung oft kritische Positionen ein, war aber andererseits um Vermittlung bemüht. Ungeachtet großer Vorbehalte gegen den Kommunismus trat er, um den Faschismus wirksamer zu bekämpfen, im Juli 1932 für Verständigung mit der KPD ein und nahm an entsprechenden Aktivitäten teil, auch nach seiner Inhaftierung im Zuchthaus Spandau und im Konzentrationslager Oranienburg, aus dem er 1934 schwerkrank entlassen wurde. *ED*

Kunth, *Gottlob* Johann Christian

Politiker

✶ 12.6.1757 Baruth

† 22.11.1829 Berlin [F.43, Eingangspforte]

Im damaligen Kursachsen geboren, wuchs K. als Sohn eines hochgebildeten evangelischen Pfarrers und Superintendenten wohlbehütet und durch gute Hauslehrer erzogen auf. Ab 1772 Student des Pädagogicums in Halle/Saale kam er in Berührung zu bekannten Professoren der Universitäten Halle und Leipzig, erwarb er sich ab 1774 als Student der Leipziger Universität eine gediegene Bildung nicht nur in Theologie und Philosophie, sondern insbesondere in den Rechtswissenschaften. Ohne Abschluß kehrte er 1776 nach Baruth zurück, versuchte sich im Selbststudium für die notwendigen Prüfungen vorzubereiten, kam über eine familiäre Beziehung in Kontakt zur Familie von Humboldt in Berlin und wurde als 20jähriger im Jahre 1777 Erzieher der Brüder Alexander und Wilhelm von H. Nach dem Tod des Vaters der beiden Zöglinge wurde K. durch die Witwe zusätzlich mit der Verwaltung der Güter und des Vermögens der Familie beauftragt. In der Berliner Gesellschaft hatte sich K. innerhalb weniger Jahre einen Ruf als Pädagoge und juristischer und Verwaltungsexperte erworben und war durch die gemeinsame Tätigkeit im Hause Humboldt mit Moses Mendelssohn, David Friedländer, Karl Gottlieb Suarez und Chistian Wilhelm von Dohm eng verbunden. 1789 trat K. in den Staatsdienst ein, wurde ab 1804 leitender Beamter in der Verwaltung der Fabrik- und Handelssachen, damit verantwortlich u.a. für die Förderung der Zuckerproduktion, für die Beschaffung technischer Informationen aus dem Ausland und für die Entwicklung von industriellen Musterbetrieben in Preußen. In enger Zusammenarbeit mit dem Minister vom und zum Stein und später mit dem Gewerbepolitiker Peter Beuth hatte K. großes Verdienst an der beschleunigten industriellen Entwicklung Preußens und Berlins. Literatur: F. u. P. Goldschmidt, Das Leben des Staatsrates Kunth, Berlin 1888. *DW*

Küster, Georg *Gottfried*

Pädagoge und Historiker

✶ 1695 Halle

† 28.2.1776 Berlin

K. studierte in seiner Heimatstadt Theologie und war von 1716–18 in Berlin Hauslehrer. Nach fünfjähriger Tätigkeit als Schuldirektor in Tangermünde kehrte er 1723 in die preußische Hauptstadt zurück. Zunächst am Cöllnischen Gymnasium angestellt, war er von 1732 bis zu seinem Tode Rektor des Friedrich-Werderschen Gymnasiums. K. machte sich um die Erforschung der märkischen Geschichte verdient und legte eine erste Chronik Berlins vor. *UH*

L

L'Arronge, Adolph
(eigtl. A. Aronsohn)
Kapellmeister, Journalist, Autor
und Theaterleiter
✶ 8.3.1838 Hamburg
† 25.5.1908 Kreuzlingen b. Konstanz [F.14]
L'A. war seit 1866 als Kapellmeister an der Krollschen Oper in Berlin beschäftigt und seit 1869 publizistisch tätig. 1874–78 war er Direktor des Lobe-Theaters in Breslau. Mit damals sehr erfolgreichen Volksstücken wie »Mein Leopold« (1873) und »Hasemanns Töchter« (1877) sowie »Der Compagnon« (1880), die am Berliner Wallner-Theater Serienerfolge waren, hatte er ein ansehnliches Vermögen gemacht. 1881 kaufte er das Friedrich-Wilhelmstädtische Theater und gründete u.a. mit Barnay jene Sozietät, die 1883, nach entsprechenden Umbauten auf den Grundstücken in der Schumannstraße, das Deutsche Theater ins Leben riefen. Dem Gründungsensemble gehörten u.a. Barnay, Kainz, Sorma an. L'A. leitete das Haus bis 1894, sein Nachfolger war O. Brahm.
Schriften: Deutsches Theater und Deutsche Schauspielkunst (1896).
Literatur: K. Raeck, Das Deutsche Theater zu Berlin unter A. L'Arronge, 1928. *DTW*

Laban, Rudolf von
(eigtl. R.L. de Varaljas)
Tänzer, Choreograph, Tanztheoretiker
✶ 15.12.1879 Preßburg
† 1.7.1958 Weybridge (Großbritannien)
L. kam nach seinen Studien um 1910 nach München, wo er eine Schule gründete, zu der auch M. Wigman stieß. 1914–19 war L. in Ascona, 1920 in Stuttgart. Danach kam er über Mannheim, Hamburg, Würzburg nach Berlin, wo er 1930–34 Ballett-Direktor an der Staatsoper war. Mit seiner Gruppe trat er u.a. bei den Bayreuther Festspielen 1930 und bei den Olympischen Spielen 1936 auf. Im März 1937 wurde L., der Sozialist und Pazifist war, zur Emigration gezwungen. L. ging über Paris 1938 nach England, wo er 1946 das Art of Movement Studio in Manchester (ab 1953 Addlestone) gründete. Sein 1926 veröffentlichtes Buch »Choreographie« bildete die Grundlagen der von ihm entwickelten Kinetographie, die von der Deutschen Gesellschaft für Tanzschrift in Berlin propagiert wurde und auch im Ausland als »Labanotation« Verbreitung fand.
Schriften: Schrifttanz (1928); Ein Leben für den Tanz (1935); Principles of Dance and Movement Notation (1956). *DTW*

Lachmann, Karl
Philologe
✶ 4.3.1793 Braunschweig
† 13.3.1851 Berlin [F.10]
Der Pfarrerssohn studierte in Göttingen klassische Philologie, Altertumskunde sowie englische und deutsche Literatur. Seit 1815 wirkte er in Berlin am Friedrich-Werderschen Gymnasium.

Karl Lachmann (1793–1851)

1816–25 lebte L. in Königsberg. Dann kehrte er nach Berlin zurück, um an der Universität alte Sprachen und Germanistik zu lehren. Mehrfach war er Dekan und Rektor. Verdienstvoll war seine umfangreiche Editionstätigkeit, wobei er unter Zuhilfenahme von Handschriften nach möglichst originaler Rekonstruktion alter Texte strebte. Wichtige Studien L.s behandeln das Nibelungenlied und die Dichtungen Wolfram von Eschenbachs.
Literatur: H. Sparnaay, K. Lachmann als Germanist, 1948. *UH*

Ladenberg, Johann Philipp von

Jurist, preußischer Beamter, Ehrenbürger
✶ 15.8.1769 Magdeburg
† 11.2.1847 Berlin
Nach dem Jurastudium in Halle und Bonn kam er 1789 an das Berliner Stadtgericht. Von 1792–1809 war L. in verschiedenen Ämtern in der Kurmark, in Ansbach, Bialystok, Marienwerder und Potsdam tätig, bevor er 1810 wieder nach Berlin zurückkehrte, wo er im Finanzministerium arbeitete. Seine Bemühungen um ein neues Finanzsystem waren so erfolgreich, daß er 1817 geadelt und in den Staatsrat berufen wurde. Seit 1819 stand er an der Spitze der Kommission zur Generalkontrolle der preußischen Finanzen, von 1823 war er Präsident der Oberrechnungskammer. Auf Grund von Veränderungen im Finanzministerium erhielt er 1834 den Posten eines Chefs der Domänen und Forsten. 1837 erfolgte seine Ernennung zum Geheimen Staatsminister. 1838 zu seinem 50. Dienstjubiläum wurde er mit der Berliner Ehrenbürgerwürde ausgezeichnet. 1842 ging er in den Ruhestand. Nach seinem Tode wurde er im Familiengrab in Halle beigesetzt. *EF*

Laehr, Heinrich

Mediziner
✶ 10.3.1820 Sagan (Schlesien)
† 18.8.1905 Berlin-Zehlendorf [F.96]
Nach dem Medizinstudium in Berlin und Halle und der Promotion 1843 wurde er zwischen 1848 und 1852 als Psychiater ausgebildet. 1852 kam er nach Zehlendorf und schuf hier die Nervenheilanstalt Schweizerhof, die bis 1920 bestand. Seit 1857 leitete er die Redaktion der Allgemeinen Zeitschrift für Psychiatrie. 1891 zum Professor ernannt, arbeitete der Mediziner auch als Gemeindevertreter in Zehlendorf. Seine letzte Ruhestätte fand er im Familiengrab im Schönower Park (Teltower Damm), der seinen Namen trägt. Außerdem erinnern in Zehlendorf die Laehrstraße und der Laehr'sche Jagdweg an den Mediziner. *EF*

Lagrange, Joseph-Louis Comte de

Mathematiker
✶ 25.1.1736 Turin
† 10.4.1813 Paris
L. lehrte seit 1755 Mathematik an der Turiner Artillerieschule. 1766 folgte er einem Ruf nach Berlin, wo er in die Akademie der Wissenschaften aufgenommen und Direktor ihrer mathematischen Klasse wurde. Mit seinen Beiträgen u.a. zur Variationsrechnung und zur Himmelsmechanik wurde er einer der bedeutendsten Mathematiker des 18. Jhs. L. entwickelte wichtige mathematische Methoden zur Lösung physikalischer Probleme, so aus der Mechanik, Hydrodynamik und Astronomie. Darüber hinaus arbeitete er zur Zahlentheorie und Analysis. Friedrich II. nannte ihn wegen seines zurückhaltenden Wesens »Philosoph ohne Lärm«. Nach dem Tod des Königs ging L. 1786 nach Paris und wirkte an der École Normale und an der École Polytechnique. Sein Hauptwerk ist die »Analytische Mechanik« (1788). *UH*

Lambert, Johann Heinrich

Philosoph und Mathematiker
✶ 26.8.1728 Mülhausen (Elsaß)
† 25.9.1777 Berlin
L., aus einer Handwerkerfamilie stammend, versuchte sich in verschiedenen Berufen und war schließlich 1748–59 Hauslehrer im schweizerischen Chur. Der Autodidakt befaßte sich in dieser Zeit mit Arbeiten zur geometrischen Perspektive, zur Astronomie und Wärmelehre. 1765 wurde L. in Berlin Akademiemitglied. Der ungemein vielseitige Gelehrte war einer der bedeutendsten Mathematiker der Zeit. Zu seinen wesentlichen Leistungen gehört die konsequente Nutzung der mathematischen Methoden in Physik und Astronomie, aber auch in der Philosophie, insbesondere in der Logik. Im wohl wichtigsten seiner Werke, der »Photometrie« (1769), legte L. die theoretischen und experimentellen Grundlagen für die Strahlungskunde.
Literatur: F. Löwenhaupt, J.H. Lambert, Leistung und Leben, 1943; O. Baensch, J.H. Lamberts Philosophie und seine Stellung zu Kant, 1902. *UH*

Lamprecht, Gerhard

Regisseur, Drehbuchautor und Filmhistoriker
✶ 6.10.1897 Berlin
† 4.5.1974 ebd. [F.93]
Der Sohn des Tegeler Gefängnispfarrers schrieb mit 16 Jahren sein erstes Drehbuch, studierte Kunstgeschichte und Theaterwissenschaften, war mit 19 Drehbuchautor u.a. von Messter. 1920 gab L. sein Regiedebüt und drehte in den 20er Jahren durchschnittlich drei Filme pro Jahr, wobei die Trilogie »Die Verrufenen«, »Menschen untereinander«, »Die Unehelichen« (1926) seinen Ruf als sozialkritischer Regisseur begründete. In den 30er Jahren gehörten »Emil und die Detektive« (1931), »Madame Turandot« (1934), »Madame Bovary« (1937) und »Der Spieler« (1938) zu seinen herausragenden Leistungen. Nach dem II. Weltkrieg begann L. bei der DEFA, drehte 1946 den zweiten Nachkriegsfilm »Irgendwo in Berlin«. In den folgenden Jahren drehte er weitere Filme (sein Gesamtwerk umfaßt 54 Filme) überwiegend in Westdeutschland. Als Filmhistoriker schuf er mit dem 1970 vollendeten 11-bändigen Gesamtkatalog »Deutsche Stummfilme« das maßgebliche Standardwerk zur deutschen Filmproduktion von 1903–31. *DTW*

Landau, Edmund

Mathematiker
✶ 14.2.1877 Berlin
† 19.2.1938 ebd. [F.119]
L. besuchte das Französische Gymnasium, studierte, promovierte und habilitierte sich in Berlin. 1909 folgte er einer Berufung nach Göttingen. 1934 von den Faschisten aus dem Amt vertrieben, kam L. nach Berlin zurück. Er gilt als einer der bedeutendsten Zahlentheoretiker seiner Zeit. Besondere Erfolge erzielte er in der Theorie der Primzahlen. L. strebte nach äußerster Genauigkeit und Kürze der mathematischen Darstellung. Seine zahlreichen Lehrbücher sind z.T. bis heute unübertroffen. *UH*

Landoldt, *Hans* Heinrich

Chemiker
✶ 5.12.1831 Zürich
† 15.3.1910 Berlin
L. entstammt einer Züricher Patrizierfamilie. Er wirkte als Hochschullehrer in Breslau, Bonn, Aachen und folgte 1880 einer Berufung an die Berliner Landwirtschaftliche Hochschule. 1891–1905 leitete er das II. Chemische Institut der Berliner Universität. Berühmt wurde L. als Herausgeber der immer wieder neu aufgelegten Physikalisch-chemischen Tabellen »Landoldt-Börnstein«. In seiner Berliner Zeit gelang ihm der Nachweis des Gesetzes von der Erhaltung der Masse bei chemischen Reaktionen. *UH*

Lang, *Fritz* (Friedrich) Christian Anton

Regisseur, Filmproduzent und Autor
✶ 5.12.1890 Wien
† 2.8.1976 Los Angeles
Nach einem Architekturstudium an der Technischen Hochschule Wien und Studium der Malerei in München meldete sich L. als Kriegsfreiwilliger, begann während eines Lazarettaufenthaltes Drehbücher zu schreiben, die ihm Joe May, der in den Berlin-Weißenseer Studios produzierte, abkaufte. Ab 1918 arbeitete L. bei der Decla in Berlin-Weißensee als Dramaturg und Autor; 1919 führte er erstmalig Regie (»Halbblut«). 1920 begann die Zusammenarbeit mit der Autorin Th.v.

Fritz Lang (1890–1976)

Harbou, die er 1922 heiratete. Aus dieser Zusammenarbeit entstanden u.a. »Der müde Tod« (1921), »Dr. Mabuse, der Spieler« (2teilig, 1922), »Die Nibelungen« (2teilig, 1924); »Metropolis« (1927), der trotz des kommerziellen Mißerfolgs zu einem Filmklassiker wurde, »Die Frau im Mond« (1929). Seine Stummfilme suchten äußere Perfektion zu erreichen, besonders im technischen Detail. Auf diese Weise wurde L. zum Erfinder des Rückwärtszählens (»Countdown«) bei Raketenstarts. Seine ersten Tonfilme »M« (1930) und »Das Testament des Dr. Mabuse« (1933, von der Zensur 1933 verboten) wandten sich kritisch Gegenwartsthemen zu. 1933 emigrierte L., nachdem Goebbels ihm die Leitung der deutschen Filmindustrie angeboten hatte, zuerst nach Frankreich (»Liliom« 1934), 1935 in die USA. In Hollywood drehte er einige sozialkritische Streifen, versuchte sich dann im Western-Genre, drehte während des Krieges Anti-Nazi-Filme wie »Hangmen Also Die« (1942, Drehbuch Brecht, Musik Eisler) und lieferte seit Mitte der 40er Jahre Beiträge zur sozialkritisch getönten »Schwarzen Serie«. Ein Comeback im kommerziellen Film Deutschlands scheiterte, L. hatte sich Themen- und Motivkreisen aus seiner Anfangszeit erneut zugewandt (»Der Tiger von Eschnapur«, »Das indische Grabmahl 1959; »Die tausend Augen des Dr. Mabuse« 1960). Als L. weder in Hollywood noch in Europa befriedigende Arbeitsmöglichkeiten sah, entdeckten ihn die Jungfilmer der 60er Jahre, besonders die französische Kritik und namentlich Godard, als Filmklassiker neu.

Literatur: M. Töteberg, F. Lang, 1985. *DTW*

Lange, Georg

Kommunalpolitiker

✶ 15.8.1883 Schlawa in Schlesien

† 14.5.1964 Berlin [F.85]

Nach dem Studium in München und Breslau (Dr.jur.), war L. ab 1912 im Magistrat beschäftigt, leistete im I. Weltkrieg Militärdienst und war 1919/20 wieder beim Magistrat von Berlin tätig: 1919/20 Stadtrat, 1920–26 Generalsteuerdirektor, seit 1926 Stadtkämmerer. 1930 trat er in den Ruhestand, war als Rechtsanwalt tätig und nach 1945 Bürgermeister von Krausnick im Spreewald, 1946–55 Bezirksrat bzw. Stadtrat für Finanzen in Berlin-Wilmersdorf. 1958 wurde er Stadtältester. *ED*

Lange, Helene

Pädagogin

✶ 9.4.1848 Oldenburg

† 13.5.1930 Berlin [F.2]

Aus einer liberal orientierten Kaufmannsfamilie stammend und früh verwaist, legte sie mit 24 das Lehrerinnenexamen ab und engagierte sich für die Gleichberechtigung der Frau. Erste Real- und Gymnasialkurse für Frauen in Berlin sind ihr zu verdanken. 1890 gründete sie den »Allgemeinen Deutschen Lehrerinnenverein«, 1894 einen Dachverband deutscher Frauenvereine, 1892–1930 war sie Vorsitzende des 1865 gegründeten »Allgemeinen Deutschen Frauenvereins«. Eine Lebensgemeinschaft verband sie mit Gertrud Bäumer (1873–1954). Sie gaben gemeinsam eine Zeitschrift »Die Frau« (1893–1944) und ein »Handbuch der Frauenbewegung« (5 Bde, 1901–06) heraus. Weitere Werke u.a.: »Die Frauenbewegung in ihren modernen Problemen« (1908), Lebenserinnerungen (1921).

Literatur: D. Frandsen, H. Lange. Ein Leben für das volle Bürgerrecht der Frau, 1980. *ED*

Langenbeck, Rudolf Konrad *Bernhard* von

Mediziner

✶ 10.11.1810 Padingbüttel

† 29.9.1887 Wiesbaden [F.46]

L. studierte in Göttingen und erhielt für seine wichtigen Arbeiten über die Netzhaut des Auges ein Stipendium, das ihm einen zweijährigen Studienaufenthalt in Westeuropa ermöglichte. Zunächst vor allem mit pathologischer Anatomie und Physiologie (1841 Professor in Göttingen; 1842 in Kiel) befaßt, wandte sich L. später der Chirurgie zu und wurde 1847 als Ordinarius für dieses Fach an die Berliner Universität berufen. Als Direktor des »Klinischen Instituts für Chirurgie und Augenheilkunde« (bis 1882) wie auch als Rektor (1866–67) der Universität erwarb er sich Verdienste um die Entwicklung der chirurgischen Klinik der Charité. Auf L. gehen verschiedene chirurgische Instrumente und neue Methoden der plastischen und Gelenkchirurgie zurück. Als hoher Sanitätsoffizier in den Kriegen von 1864, 1866 und 1870–71 bemühte sich L. um die Verbesserung der Verwundetenversorgung und eine humane Behandlung der Kriegsgefangenen. *UH*

Langenscheidt, Gustav

Philologe, Verleger

✶ 21.10.1832 Berlin

† 11.11.1895 ebd. [F.121]

Nach ausgedehnten Reisen durch England, Frankreich und Italien verfaßte L. zusammen mit dem französischen Sprachlehrer Toussaint die »Französischen Unterrichtsbriefe zum Selbststudium«. Diese Briefe erschienen in dem 1856 von ihm zunächst als Selbstverlag gegründeten Berliner

Verlag. L. entwickelte eine neue Sprachlehrmethode und erfand ein neues System für die Bezeichnung der Aussprache. Die Toussaint-Langenscheidt'sche Unterrichtsmethode wurde später auch auf andere Sprachen übertragen. Nach dem großen Erfolg der französischen veröffentlichte L. auch englische Unterrichtsbriefe. In L.s Verlag, der sich auf Wörterbücher, Lehrbücher und Sprachführer spezialisierte und heute noch in Berlin und München existiert, erschienen das große Sachs-Villattesche französisch-deutsche Wörterbuch (1868–80) und das Muret-Sandersche englisch-deutsche Wörterbuch (1891 ff.). 1874 wurde L. der Professorentitel verliehen.

BF

Langerhans, Paul

Mediziner, Vorsteher der Stadtverordnetenversammlung, Ehrenbürger
✶ 25.5.1820 Berlin
† 21.6.1908 ebd. [F.18]
Nach dem Besuch des Gymnasiums zum Grauen Kloster und dem Medizinstudium in Berlin, Paris, Wien und der Promotion 1842 in Berlin arbeitete er als praktischer Arzt. Politisch wirkte er seit 1861 in der Deutschen Fortschrittspartei und gehörte zwischen 1862 und 1866 sowie wieder 1877 dem preußischen Abgeordnetenhaus und zwischen 1881 bis 1903 dem Deutschen Reichstag an. Der enge Freund von Rudolf Virchow unterstützte dessen politisches Wirken sowohl in Berlin als auch darüber hinaus. Von 1875 bis zu seinem Tode gehörte er der Stadtverordnetenversammlung an, der er zwischen 1893 und 1907 vorstand. Sein besonderes Interesse galt natürlich dem Berliner Gesundheitswesen, aber auch der Entwicklung des kulturellen Lebens der Stadt. 1900 zum Ehrenbürger ernannt, wurde in der Begründung besonders betont, daß er »in echtem Bürgersinn und Bürgerstolz alle Zeit die Grundsätze der Selbstverwaltung als Voraussetzung für das Blühen und Gedeihen des städtischen Gemeinwesens hochgehalten und verfochten hat«.

EF

Langhans d.Ä., Carl Gotthard

Architekt
✶ 15.12.1732 Landeshut (Schlesien)
† 1.10.1808 Grüneiche b. Breslau (Schlesien)
L., Sohn eines Konrektors (später Rektors) an einem Gymnasium und Vater des Nachfolgenden, studierte ab 1753 an der Universität Halle Jura, Mathematik, Kunstgeschichte. Zahlreiche Bildungsreisen führten L. u.a. nach Süddeutschland und Italien (1765 und 1768–69), Berlin (1770), nach Holland, England, Frankreich (1775–76), wo er sich auch Anregungen für seine Entwürfe holte. J.G. Schadow: »Auf seinen Reisen hatte er seine Mappen gefüllt, und eine Wiederholung anerkannter Meisterwerke dünkte ihm sicherer als neue Originale von unser einem …«. Nach seiner Berufung als Oberbau- und Kriegsrat an die Breslauer Kammer (1775) holte Friedrich Wilhelm II. L. 1786 nach Berlin und übertrug ihm 1788 das neu gegründete Direktorat der Zentralbehörde des Oberhofbauamtes. L. verkörperte, wie kein anderer, die Übergangszeit vom Spätbarock zum Frühklassizismus, der insbesondere durch das Brandenburger Tor repräsentiert wird. Jenes Tor hatte für L. antike Vorbilder. »Die Lage des Brandenburger Thores ist … die Schönste von der gantzen Welt, (deshalb) habe ich bey dem Bau des Neuen Thores, das Stadt-Thor von Athen zum Modelle genommen, so, wie solches von le Roy und Stuart et Revett nach … in Griechen-Land befindlichen Ruinen, umständlich beschrieben wird …« (C.G. Langhans). Das Brandenburger Tor ist das erste der für Staatsfeiern errichteten dorischen Tore, wie sie im frühen 19. Jh. in ganz Europa gebaut wurden.
Wichtige Bauten: Tanzsaal Schloß Bellevue, Bln.-Tiergarten (1785); Umbau Kgl. Opernhaus, Bln.-Mitte (1787, Ausfg. G.F. Boumann d.J. 1787–88, zerst., verändert aufg.); Schloßtheater (1787, Ausfg. G.F. Boumann d.J. 1788–91) und Belvedere (1788–89), Bln.-Charlottenburg; Kolonnaden Mohrenstraße, Bln.-Mitte (1787); Turmhelm Marienkirche, Bln.-Mitte (1787, Ausfg. Held und G.F. Boumann d.J.); Brandenburger Tor, Bln.-Mitte (1788–91); Tierarzneischule, Bln.-Mitte (1789–90); Entwurf Kgl. Nationaltheater, Gendarmenmarkt, Bln.-Mitte (1800–02, Ausfg. J.G. Moser, mehrfach zerst. und verändert aufg.).
Literatur: U. Kieling/U. Hecker, Berliner Architekten und Baumeister bis 1800, 1983. *KDS*

Langhans d.J., Carl Ferdinand

Architekt
✶ 14.1.1782 Breslau
† 22.11.1869 Berlin [F.14]
1787 zog L. mit seiner Familie nach Berlin und erhielt eine frühe Fachausbildung durch seinen Vater und D. Gilly. Nach Studium an der Bauakademie (1799–1800) und Ernennung zum Baumeister war L. in Wien und Breslau tätig und kam 1842 zum Umbau des Kgl. Opernhauses nach

Berlin. L. gilt als bedeutendster Theaterbaumeister im Übergang vom Klassizismus zum Historismus, veröffentlichte zahlreiche Werke über Theaterbau und war auf jenem Gebiet in vielen deutschen Städten und im Ausland tätig.
Wichtige Bauten: Gaststätte Zenner, Bln.-Treptow (1821–22, im II. Weltkrieg zerst., verändert aufg.); Palais Prinz Wilhelm, Bln.-Mitte (1834–37); Rekonstruktion Heilig-Geist-Kapelle, Spandauer Str., Bln.-Mitte (1834–35); Wiederaufbau Kgl. Opernhaus nach Brand 1843, Bln.-Mitte (1843–44, Erweiterung 1867–69); Palais Schwerin, Bln.-Mitte (1852). *KDS*

Langhoff, Wolfgang

Schauspieler, Regisseur und Theaterleiter
✶ 6.10.1901 Berlin
† 25.8.1966 ebd. [F.108]
Nach ersten Engagements in Königsberg, Hamburg und Wiesbaden war L. 1928–33 in Düsseldorf. Nach Beitritt zur KPD war L. für diese als ehrenamtlicher Funktionär tätig. 1933/34 wurde er in den Konzentrationslagern Börgemoor (hier entstand das »Moorsoldaten«-Lied) und Lichtenburg gefangengehalten. 1934 gelang ihm die Flucht in die Schweiz, wo er bis 1945 am Züricher Schauspielhaus tätig war. 1945 kurzzeitig Generalintendant der Städtischen Bühnen Düsseldorf, wurde L. 1946 Intendant des Deutschen Theaters Berlin, das er in den Jahren bis zu seinem Ausscheiden zu hohem künstlerischen Niveau führte. Am Deutschen Theater inszenierte er u.a. »König Lear«, »Minna von Barnhelm«, »Wilhelm Tell«, »Iphigenie auf Tauris«, ferner Uraufführungen von Hacks, F. Wolf, Zinner. Neben der Theaterarbeit spielte L. auch einige Fernsehrollen. Wegen seiner schweren Erkrankung gab er 1963 die Intendanz an W. Heinz ab, seine letzte Inszenierung »Heinrich IV.« konnte nicht mehr vollendet werden. *DTW*

Lasker, Emanuel

Schachweltmeister, Mathematiker und Philosoph
✶ 24.12.1868 Berlinchen (Brandenburg)
† 13.1.1941 New York
1894 wurde er Schachweltmeister durch den Sieg gegen Steinitz und verteidigte den Titel insgesamt 7 mal; erst 1921 verlor er den WM-Kampf gegen Capablanca. L. lebte lange Zeit in Berlin, mußte aber 1933 vor den Nazis fliehen: erst nach Rußland, danach in die USA. L. beschäftigte sich neben dem Schachspiel mit Mathematik und Philosophie und promovierte 1902 in Mathematik an der Universität Erlangen. Er entwickelte eine neue Schachstrategie, in der die Psyche des Gegners miteinbezogen wird: im Vordergrund steht nicht der objektiv beste Zug, sondern der, der dem Gegner die größten Schwierigkeiten macht. Zahlreiche Veröffentlichungen: »Zur Theorie der Moduln und Ideale« (1905), »Kampf« (1907), »Das Begreifen der Welt« (1913), »Philosophie des Unvollendbaren« (1919), »Gesunder Menschenverstand im Schach« (1925) und »Lehrbuch des Schachspiels« (1926). 1925 wurde sein Theaterstück »Vom Menschen die Geschichte« in Berlin uraufgeführt.
Literatur: Hannak; E. Lasker, Biogr. eines Schachweltmeisters, 1952. *VTM*

Lasker-Schüler, Else

Lyrikerin und Dramatikerin
✶ 11.2.1869 Elberfeld
† 22.1.1945 Jerusalem
E(lisabeth) Schüler wuchs in jüdischer Glaubenstradition in einem großbürgerlichen Elternhaus auf. 1894 heiratete sie B. Lasker und zog nach Berlin. 1899 wurden erste Gedichte veröffentlicht; Geburt des Sohnes Paul (gest. 1927). 1902 erschien die erste Gedichtsammlung »Styx«. 1903–10 zweite Ehe mit Herwarth Walden. L.-S. war Mitarbeiterin des Malik-Verlages und vieler

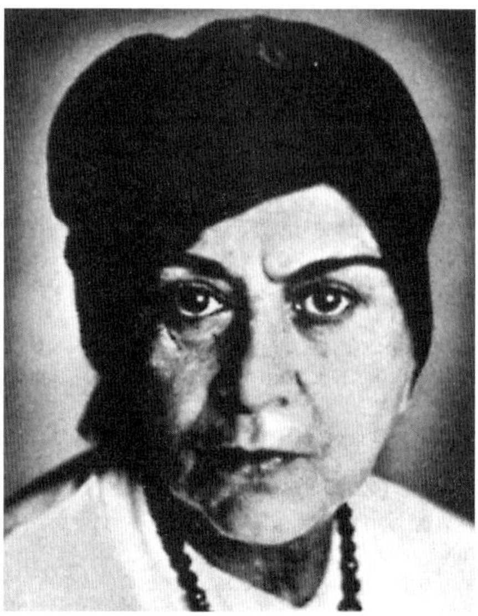

Else Lasker-Schüler (1869–1945)

literarischer Zeitschriften. Meist verarmt und in billigen Hotelzimmern lebend, war sie häufig Gast im Café des Westens und den anderen Berliner literarischen Cafés. Sie gehörte zum Kreis der literarischen Avantgarde um die expressionistische Zeitschrift »Sturm« und war u.a. befreundet mit F. Marc, G. Trakl, F. Werfel, G. Benn und K. Kraus, der sie »die stärkste und unwegsamste lyrische Erscheinung des modernen Deutschland« nannte. Ihre Gedichtbände illustrierte sie oft selbst. 1932 erhielt sie den Kleist-Preis. Im März 1933 wurde ihr Stück »Arthur Aronymus und seine Väter« im Berliner Schillertheater noch vor der Generalprobe von den Nationalsozialisten abgesetzt. Im April schlugen Nazis sie auf der Straße mit einer Eisenstange nieder. L.-S. emigrierte in die Schweiz, wo sie sich vorwiegend in Zürich aufhielt. In Deutschland wurden ihre Bücher verbrannt. Von 1939 bis zu ihrem Tod lebte sie in Jerusalem. Sie wurde am Ölberg begraben.

Werke: Ges. Werke, hg. v. F. Kemp u. W. Kraft, 3 Bde., 1961 ff.

Literatur: F. Baumer, Else Lasker-Schüler, 1998.

GR

Lassalle, Ferdinand

Schriftsteller und Politiker

✶ 11.4.1825 Breslau

† 31.8.1864 Genf

Sohn eines Seidenhändlers, studierte L. 1843–46 Geschichte, Philosophie und klassische Philologie in Breslau und Berlin. Unter dem Einfluß von Hegel und Heine entwickelte er sich zum revolutionären Demokraten und nahm mit 23 Jahren an der Revolution im Rheinland teil. Hier traf er zum ersten Mal Karl Marx. 1846–54 führte er als Rechtsbeistand der Gräfin Sophie von Hatzfeld erfolgreich einen langwierigen Prozeß und gelangte dadurch zu Vermögen und Protektion. 1858, nach Veröffentlichung seiner philosophischen Dissertation über Heraklit, erwirkte er – gegen den ein Ausweisungsbefehl lief – die Aufenthaltserlaubnis für Berlin. Selbst immer wieder mit Prozessen verfolgt, bot er anderen Verfolgten Hilfe und Rechtsbeistand und unterstützte als scharfsinniger Theoretiker und souveräner Redner demokratische und Arbeiterbildungs-Vereine. L. war Mitbegründer des Allgemeinen Deutschen Arbeitervereins am 23.5.1863 in Leipzig, der ersten selbständigen politischen Organisation der deutschen Arbeiter. Er gab ihr ein Programm, wurde ihr Präsident und ging sein Amt mit Ehrgeiz und autoritärem Führungsstil an. Der Lassalleanismus orientierte darauf, mit dem allgemeinen, gleichen und direkten Wahlrecht und durch die Gründung von Produktivgenossenschaften mit Staatskrediten schrittweise sozialistische Umgestaltungen zu bewirken. Als Gegenleistung für die Gewährung allgemeinen Wahlrechts hatte er Bismarck Mitte Mai 1863 in internen Gesprächen einen Pakt gegen die bürgerliche Opposition sowie Unterstützung bei der Einigung Deuschlands unter preußischer Führung angeboten. L. fand 1864 den Tod im Duell wegen einer Liebesaffäre.

Werke: Gesammelte Reden und Schriften, hg. v. E. Bernstein, 12 Bde., 1919 ff.; Nachgelassene Briefe und Schriften, 6 Bde., 1921 ff.

Literatur: G. Mayer, Bismarck und Lassalle, 1928.

ED

Laue, *Max* Felix Theodor von

Physiker

✶ 9.10.1879 Ehrenbreitstein b. Koblenz

† 24.4.1960 Berlin

Der Sohn eines Offiziers studierte 1899–1903 in Straßburg, Göttingen, München und Berlin Naturwissenschaften. Nach seiner Promotion arbeitete L. als Assistent bei Max Planck und ging dann nach München, wo ihm 1909 der Nachweis gelang, daß es sich bei den Röntgenstrahlen um transversale elektromagnetische Wellen ähnlich dem Licht handelt, jedoch mit viel kürzerer Wellenlänge. Entscheidend dafür war seine Entdekkung der Interferenz von Röntgenstrahlen, die gleichzeitig den methodischen Zugang zur Analyse von Kristallstrukturen, später von Riesenmolekülen organischer Herkunft, eröffnete. Für diese Leistung erhielt L. 1914 den Nobelpreis für Physik. Nach Lehraufträgen in Zürich und Frankfurt wurde L. 1919 als Professor für Theoretische Physik an die Berliner Universität berufen. Dort lehrte er bis 1943 und wirkte gleichzeitig als Direktor des Kaiser-Wilhelm-Instituts für Physik. Nach mehrjähriger Lehrtätigkeit in Göttingen kehrte L. 1951 nach Berlin zurück, um die Leitung des Max-Planck-Instituts für physikalische Chemie und Elektrochemie und anschließend (1953) die des Fritz-Haber-Instituts in Dahlem zu übernehmen. Hervorzuheben sind seine Beiträge zur Thermodynamik, Elektronentheorie, zur Supraleitung und besonders zur Quanten- und Relativitätstheorie, die er in brillanter Weise darzustellen und zu interpretieren vermochte. Wichtige Werke L.s sind »Röntgenstrahleninterferenz« (1914); »Physikalisches Weltbild« (1921); »Korpuskular- und Wellentheorie« (1933) sowie »Relativitätstheorie« (1952). In seinem Vorschlag, L.

zum Akademiemitglied zu wählen, räumte Planck ihm schon 1920 einen »Ehrenplatz in der Reihe der führenden Physiker« ein. Mit seinen in Berlin erbrachten wissenschaftlichen Leistungen wurde L. einer der bedeutendsten Theoretiker der Physikgeschichte.
Literatur: A. Hermann, Die neue Physik, 1979.

UH

Leber, *Julius*

Politiker
✶ 16.11.1891 Biesheim (Elsaß)
† (hingerichtet) 5.1.1945 Berlin-Plötzensee [F.73]

L. wuchs als Adoptivkind eines Tagelöhners auf. Er absolvierte nach kaufmännischer Lehre und nachgeholtem Schulabschluß das Studium der Nationalökonomie und promovierte 1920. Kriegsfreiwilliger im I. Weltkrieg und bis 1920 Reichswehroffizier, stand er beim Kapp-Putsch auf Seiten der Weimarer Republik. Als Chefredakteur des sozialdemokratischen »Lübecker Volksboten« förderte er die ersten publizistischen Schritte von Willy Brandt und wurde dessen Mentor. Seit 1924 Reichstagsabgeordneter, wirkte er für die SPD, der er 1913 beigetreten war. Er befürwortete die Koalitionspolitik der SPD-Führung. Während er zunächst eine »zu große Kompromißbereitschaft und Vernachlässigung der an Marx orientierten Grundsätze der Parteitheorie bemängelte« (D. Beck), kam er ab 1923 zu der Auffassung, daß die enge Bindung an diese Theorie die demokratische Mitwirkung und die Demokratie innerhalb der Partei beeinträchtige. Entschieden trat er gegen die NSDAP auf. Er wurde am 31.1.1933 in Lübeck von einem SA-Schlägertrupp überfallen. Einer der Uniformierten kam durch Notwehr zu Tode, L. wurde zu zwanzig Monaten Gefängnis verurteilt und kam dann bis 1937 in die Konzentrationslager Esterwegen und Sachsenhausen. Nach seiner Freilassung verbarg er sich in Berlin und wurde Mitinhaber einer Kohlenhandlung. Er nahm Kontakt zum Kreisauer Kreis, zur Goerdeler-Gruppe, zu Stauffenberg und zu kommunistischen Widerstandskämpfern auf. Seit 1943 war er an den Vorbereitungen zum Sturz der Diktatur beteiligt und als Innenminister einer provisorischen Regierung vorgesehen. Nach Stauffenbergs Hitlerattentat verhaftet, wurde er am 20.11.1944 zum Tode verurteilt. Willy Brandt charakterisierte ihn in seinen Erinnerungen als »sozialdemokratischen Parteiführer, der das Zeug zum Kanzler ganz gewiß gehabt hätte. So, wie er war – weltoffen und wagemutig, charismatisch und machtbewußt«.
Schriften: Ein Mann geht seinen Weg. Schriften, Reden, Briefe, 1952.
Literatur: A. Leber/W. Brandt/K.D. Bracher, Das Gewissen steht auf. 64 Lebensbilder aus dem Widerstand, 1954; D. Beck, J. Leber, Sozialdemokrat zwischen Reform und Widerstand, 1983.

ED

Julius Leber (1891–1945)

Legal, *Ernst* Otto Eduard

Schauspieler, Regisseur und Theaterleiter
✶ 2.5.1881 Schlieben (Sachsen)
† 29.6.1955 Berlin [F.94]

Der gelernte Buchhändler studierte in Weimar, begann seine Laufbahn an Wandertheatern, kam über verschiedene Engagements 1912 nach Wiesbaden, wurde dort auch als Regisseur tätig und schließlich Intendant. 1920–24 war L. Schauspieler, Dramaturg und Regisseur am Staatlichen Schauspielhaus Berlin. 1924–27 Intendant in Darmstadt, 1927/28 in Kassel, wurde L. 1928–32 Intendant der Kroll-Oper in Berlin, die er mit O. Klemperer zu einem Kristallisationspunkt zeitgemäßen Musiktheaters machte. Hier inszenierte er neben klassischen Opern Werke von Krenek, Strawinsky, Hindemith, Schönberg, Janácek. Nach Jessners Rücktritt auch Intendant des Schauspielhauses, leitete er 1933–44 das heutige Hebbel-Theater, 1938–44 spielte er unter George am Schillertheater. 1945–52 war L. Intendant der Deutschen Staatsoper Berlin. Langhoff nannte ihn »eine der anziehendsten und merkwürdigsten Persönlichkeiten der jüngeren Theatergeschichte«. *DTW*

Legien, Carl

Gewerkschaftsführer
✶ 1.12.1861 Marienburg (Westpreußen)
† 26.12.1920 Berlin [F.102]
L., Drechslergeselle und Mitglied der SPD, war seit 1886 in der Gewerkschaftsbewegung tätig. Bei der Gründung des Allgemeinen Deutschen Gewerkschaftsverbandes 1913 wurde er dessen erster Vorsitzender. 1914 unterstützte er die Kriegspolitik der Regierung. Er trat für die Unabhängigkeit der Gewerkschaften von der SPD ein und wandte sich entschieden gegen revolutionäre Aktivitäten derselben. 1920 leitete er den Generalstreik zur Niederschlagung des Kapp-Putsches. *ED*

Lehmbruck, Wilhelm

Bildhauer, Grafiker, Maler
✶ 4.1.1881 Duisburg
† (Freitod) 25.3.1919 Berlin
Der aus einer Arbeiterfamilie stammende L. studierte ab 1895 an der Kunstgewerbeschule und seit 1901 an der Kunstakademie Düsseldorf. Schon 1902 fand er mit der »Badenden« von der akademischen zur freieren Körperform. Reisen in die Niederlande, nach England und Italien veranlaßten ihn, ab 1906 freischaffend zu arbeiten. 1907 ging L. erstmals nach Paris und geriet unter den Einfluß A. Maillols (»Kleine Stehende«, 1908), doch fertigte er weiterhin konventionelle Auftragsarbeiten. Nach Ausstellungen in München, Düsseldorf, Paris und Berlin verlegte er seinen Wohnsitz 1910 nach Paris und gelangte dort mit der deutlich expressionistischen »Knieenden« (1911) zu seinem charakteristischen, auch als »Gotik« bezeichneten Stil. Kurz nach seinem Beitritt zur Berliner »Freien Sezession« 1914 mußte er bei Kriegsausbruch Paris verlassen und wurde – nach seiner Übersiedlung nach Berlin – Sanitäter, schließlich 1916 Kriegsmaler in Straßburg. Noch kurz zuvor entstand in Berlin der symbolische, alle Toten des Krieges gleichermaßen beklagende »Gestürzte«. 1916 gelang L. mit einer Ausstellung in Zürich die Übersiedlung in die Schweiz, wo er Kontakt zu Emigranten wie L. Frank, O. Flake, F. v. Unruh, Th. Däubler u.a. fand, die er teilweise porträtierte. Hier entstand der sitzende »Trauernde«, der später, nach L.s. Tod, in Duisburg als Kriegerdenkmal aufgestellt wurde (1937 von den Nationalsozialisten beseitigt). Trotz Ausstellungen in Basel und Berlin und Planungen für das weitere Werk gelang dem seit längerem unter Depressionen leidenden Künstler nur noch Fragmentarisches. Kurz nach seiner Wahl zum Mitglied der Preußischen Akademie der Künste, 1919, vollzog er in Verzweiflung Suizid. L. galt schon zu Lebzeiten vielen aufgrund seiner verinnerlichten expressiven Formauffassung als bedeutendster deutscher Bildhauer und hatte sowohl auf Zeitgenossen wie auf nachfolgende Bildhauer richtungweisenden Einfluß.
Literatur: A. Hoff, W. Lehmbruck, 1936, 1961; S. Salzmann (Hg.), Wilhelm-Lehmbruck-Museum, 1981; D. Schubert, Die Kunst Lehmbrucks, 1990. *JM*

Lehmus, Emilie

Medizinerin
✶ 30.8.1841 Fürth
† 17.10.1932 Gräfenberg b. Erlangen
Die Tochter eines bayrischen Pfarrers ließ sich erst als Lehrerin ausbilden und arbeitete auch in diesem Beruf, bevor sie im Oktober 1870 in Zürich als erste deutsche Studentin mit dem Medizinstudium begann. Ein Jahr später nahm Franziska Tiburtius an gleicher Stelle das Medizinstudium auf. Beide Frauen verband eine enge Freundschaft, die sich später in Berlin unter den erschwerten Bedingungen ihrer ärztlichen Arbeit bewährte. In Deutschland war zu dieser Zeit den Frauen nicht nur das Medizinstudium verwehrt, sondern außerhalb Deutschlands erworbene Abschlüsse wurden auch nicht anerkannt. So erhielt die promovierte Ärztin L. keine Approbation, als sie sich nach kurzer Tätigkeit in Prag und Dresden 1876 in Berlin niederließ. Sie mußte vielmehr auf der Grundlage der Gewerbeordnung praktizieren, die auch »Nichtärzten« erlaubte, sich mit Heilkunde zu befassen. Trotz vieler Beschränkungen widmete sie sich insbesondere der medizinischen Betreuung der Frauen. Gemeinsam mit Franziska Tiburtius gründete sie eine Poliklinik für Frauen. 1900 gab sie aus gesundheitlichen Gründen ihren Beruf auf, verließ Berlin und lebte bis zu ihrem Tod in München und Gräfenberg. *EF*

Leibniz, Gottfried Wilhelm Freiherr von

Universalgelehrter
✶ 1.7.1646 Leipzig
† 14.11.1716 Hannover

Der Sohn eines Juristen studierte 1661–67 in seiner Heimatstadt sowie in Altdorf bei Nürnberg vorrangig Naturphilosophie und Jurisprudenz. In diplomatischer Mission wurde L. vom Mainzer Fürstbischof 1672 nach Paris gesandt. 1677 kehrte er in die Heimat zurück und folgte einem Ruf nach Hannover, wo L. dann als Bibliothekar, Historiograph, Verwaltungs- und Justizbeamter wirkte. Auf seine Initiative hin wurden die Akademien der Wissenschaften zu Berlin (1700), Wien (1713) und Petersburg (1723) gegründet. Der Berliner Akademie stand L. als erster Präsident vor. Friedrich II. nannte den interdisziplinär wirkenden Gelehrten »eine Akademie für sich«. In der Mathematik hat L., unabhängig von Newton, um 1675 die Differential- und Integralrechnung erfunden und die heute übliche Symbolik eingeführt. Auch der Multiplikationspunkt geht als Symbol auf L. zurück. Bereits 1672 hatte er eine Rechenmaschine für die vier Grundrechenarten konstruiert. Auf technischem Gebiet nahm er das Prinzip der Dampfmaschine vorweg und schlug die Nutzung der Windkraft vor. In der Physik dagegen sind L.' Ansichten, so zur Dynamik und Mechanik, später widerlegt worden. Als Jurist bemühte er sich um die Vereinfachung des Rechts und zeigte auch den philosophischen Kern in juristischen Problemstellungen auf. Erkenntnistheorie und Logik sowie das »Prinzip des zureichenden Grundes« für alle Prozesse und Geschehnisse standen im Zentrum seines philosophischen Denkens. Auf historischem Gebiet war sein Hauptwerk die Geschichtsschreibung des Welfen-Hauses. L. hat sich auch mit der Entwicklung der Sprachen und mit der Frühgeschichte der Erde beschäftigt.

Gottfried Wilhelm Leibniz (1646–1716)

Literatur: K. Müller, Leben und Werk von G.W. Leibniz, 1969. *UH*

Leipziger, Leo(n)

Journalist und Schriftsteller
✶ 17.12.1861 Breslau
† 21.12.1922 Berlin

L. besuchte von 1874–81 das Französische Gymnasium in Berlin und studierte Jurisprudenz in Leipzig und Heidelberg. In Berlin Assessor und ab 1893 Rechtsanwalt, wandte sich L. bald dem Journalismus und der Literatur zu. 1903 gründete er die Wochenschrift »Roland von Berlin«, in der er vom politischen und gesellschaftlichen Leben der Stadt berichtete und Tagesereignisse glossierte. L. schrieb auch unter dem Pseudonym »Roland von Berlin« Gesellschaftsromane mit Berliner Lokalkolorit. »Die Ballhaus-Anna. Ein Berliner Sittenroman« (1895) wurde u.d.T. »Mascotte« verfilmt. *GR*

Leistikow, Walter

Maler, Graphiker, Schriftsteller
✶ 25.10.1865 Bromberg
† 24.7.1908 Berlin [F.61]

L. studierte 1883–87 bei H. Eschke und H. Gude in Berlin Malerei und war von 1890–93 als Lehrer an der Berliner Kunstschule tätig. Zeitgleich begann er zu schreiben, veröffentlichte 1896 seinen ersten Roman und blieb auch später publizistisch aktiv. Seit jeher gegen alle Bevormundung in der Kunst antretend, gründete er u.a. mit M. Liebermann 1892 den freien Berliner Künstlerverein »Vereinigung der XI«, dem, aufgrund des Ausschlusses seiner »Abendlandschaft am Grunewaldsee« 1898 aus der Großen Kunstausstellung, 1899 die Gründung der »Berliner Sezession« folgte, deren treibende Kraft L. war. Wenn auch auf das Landschaftsbild spezialisiert, so erreichte L. hierin hohe Meisterschaft und prägte durch seine künstlerische Persönlichkeit als Entdecker der Schönheiten der Mark Brandenburg

das Kunstleben Berlins um die Jahrhundertwende.
Literatur: L. Corinth, Das Leben W. Leistikows, ein Stück Berliner Kulturgeschichte, 1910; M. Bröhan, W. Leistikow, 1988. *JM*

Lemmer, Ernst

Politiker
✶ 28.4.1898 Remscheid
† 18.8.1970 Berlin [F.93]
L., Sohn eines Architekten, Kriegsfreiwilliger von 1915, wurde nach dem Studium der Geschichte und Nationalökonomie Journalist. Zunächst Mitglied der Deutschen Demokratischen Partei (DDP), dann der Deutschen Staatspartei, war er 1924–33 Reichstagsabgeordneter und an der Gründung des Reichsbanners Schwarz-Rot-Gold beteiligt. Zusammen mit ehemaligen DDP-Mitgliedern wie Otto Nuschke und Walther Schreiber gründete er im Juni 1945 die CDU in Berlin, war seit 1947 ihr zweiter Vorsitzender in der sowjetischen Besatzungszone und wurde 1948 von der dortigen Militäradministration abgesetzt. 1952–70 war L. Mitglied des Bundestages für Berlin, 1957–62 Bundesminister für gesamtdeutsche Fragen, 1964–65 Bundesminister der Vertriebenen, 1965–69 Sonderbeauftragter für Berlin. Memoiren: »Manches war doch anders. Erinnerungen eines deutschen Demokraten«, 1968. *ED*

Lenné, *Peter* Joseph

Garten- und Landschaftsarchitekt
✶ 29.9.1789 Bonn
† 23.1.1866 Potsdam [F.127]
Aus einer Hofgärtnerfamilie stammend, kam L. schon früh mit der Gartengestaltung in Kontakt und lernte folgerichtig Gärtner bei seinem Onkel C. Weyhe in Brühl. Nach ersten Studienreisen begab er sich 1811 nach Paris und arbeitete bei G. Thouin, dem damals wichtigsten französischen Gartengestalter, um danach in München den Nymphenburger Schloßpark und den englischen Garten zu studieren. Von 1812–14 in Schönbrunn tätig, erhielt L. 1814 seinen ersten eigenen Auftrag in der Gestaltung des Parks von Laxenburg (Niederösterreich). Nach Deutschland zurückgekehrt, befaßte er sich zunächst mit der Festungsbaukunst, um dann 1816 als Gartengehilfe in Potsdam einzutreten. Hier erwartete ihn die Aufgabe, den Neuen Garten und den Park von Glienicke zu gestalten, der er sich nun schon meisterlich unterzog. Weiterhin in Sanssouci, Glienicke und Babelsberg tätig, wurde L. 1818 in die königliche Gartenintendantur berufen. 1824 ernannte ihn der preußische König zum Gartendirektor und 1828 zum alleinigen Gartendirektor. Nunmehr hatte L. die Möglichkeit, umfassende Planungen anzufertigen, darunter eine Zusammenfassung der Potsdamer Gärten zu einer landeskulturellen Einheit, die er ab 1840 zu verwirklichen begann. Er wurde dadurch zu einem wirklichen Landschaftsgestalter, dessen Schaffen auch heute noch in Berlin spürbar ist. So plante L. Parks für Charlottenburg und Schönhausen, schuf den Berliner Tiergarten als große öffentliche Anlage, verwirklichte die ersten Volksparks (u.a. Magdeburg, Dresden, Leipzig, Köln) und gestaltete auch den ersten Ausbau des Berliner Zoologischen Gartens. Obwohl auch fernerhin hauptsächlich im Gartenbau tätig, galt seine Arbeit auch anderen Projekten, wie z.B. dem Kanalbau (Landwehrkanal in Berlin) oder auch der Städteplanung. Seit 1853 war L. Mitglied der Preußischen Akademie der Künste, 1854 wurde er zum General-Gartendirektor ernannt. Die Universität Breslau ehrte ihn 1861 mit der Ehrendoktorwürde.
Literatur: G. Hinz, P.J. Lenné und seine bedeutendsten Schöpfungen in Berlin und Potsdam, 1937; Ders., P.J. Lenné. Landschaftsgestalter und Städteplaner, 1977. *JM*

Lenya, Lotte

(eigtl. Karoline Blamauer)
Schauspielerin und Sängerin
✶ 18.10.1900 Wien
† 27.11.1981 New York
L., in erster Ehe verheiratet mit K. Weill, spielte in Brechts »Dreigroschenoper« die Seeräuber-Jenny und in der Berliner »Mahagonny«-Aufführung die Jenny. Sie trug mit ihrer kleinen, ungewöhnlich zarten und fast schüchtern zu nennenden Stimme wesentlich zum Erfolg der Songs und Balladen bei. 1933 emigrierte L. mit Weill, spielte in Paris in »Die sieben Todsünden«, ging später in die USA, trat erst 1955 wieder in Europa auf.
Literatur: L. Lenya, Eine Autobiographie in Bildern. Zusammengestellt u. hg. von David Farneth, 1998. *DTW*

Lepsius, Karl *Richard*

Ägyptologe
✶ 23.12.1810 Naumburg
† 10.7.1884 Berlin [F.74]

L. stammte aus einer Beamtenfamilie und erhielt in Schulpforta eine gediegene Bildung. In Leipzig, Göttingen und Berlin studierte er Philologie und Geschichte. Ab 1833 setzte L. seine Ausbildung in Paris fort und wandte sich dort der in ihren Anfängen stehenden Ägyptologie zu. Während er sich zunächst mit der Entzifferung der Hieroglyphen und Fragen der Grammatik befaßte, beschäftigte sich L. später mit der Erforschung der Religion der alten Ägypter und der Chronologie ihrer Reiche. 1842–45 leitete er eine preußische Expedition nach Ägypten und Nubien, die mit vielen neuen Erkenntnissen und einer wertvollen Sammlung zurückkehrte. 1846 wurde L. Professor an der Berliner Universität und 1855 Direktor des Ägyptischen Museums. Sein Hauptwerk ist das zwölfbändige Tafelwerk »Denkmäler aus Ägypten und Nubien« (1849–56), eine Zusammenstellung kommentierter bildlicher Darstellungen.

Literatur: Ebers, »R. Lepsius, ein Lebensbild«, 1885; E. Freier, Eine Reise durch Ägypten, 1984. *UH*

Lessing, Gotthold Ephraim

Dramatiker, Theater- und Kunsttheoretiker
✶ 22.1.1729 Kamenz
† 15.2.1781 Braunschweig

Der Sohn eines lutherischen Pfarrers lebte nach dem Studium der Theologie, Medizin und Philologie ab 1748 als Journalist, Schriftsteller und Übersetzer in Berlin, wo er u.a. Theaterrezensionen für die »Vossische Zeitung« schrieb. Hier schloß er Freundschaft mit M. Mendelssohn und F. Nicolai und gründete mit ihnen 1759 die Zeitschrift »Briefe, die neueste Literatur betreffend«. In den folgenden Jahren lebte L. abwechselnd in Leipzig und Berlin und von 1760 bis 1765 in Breslau. Mit »Miß Sara Sampson« (1755) schrieb er eines der ersten bürgerlichen Trauerspiele in Deutschland, die sich über die sog. Ständeklausel hinwegsetzten, und mit »Minna von Barnhelm« (1767) begründete er das Charakterlustspiel. Seine dramentheoretischen Überlegungen sind in der sog. »Hamburgischen Dramaturgie« (1767–69) gesammelt, die aus seiner Tätigkeit als Dramaturg am Hamburger Nationaltheater seit 1767 hervorging. Von 1770 an arbeitete L. als Bibliothekar in Wolfenbüttel. Eine durch Zensurmaßnahmen abgebrochene Theologiedebatte mit dem orthodoxen Pastor J.M. Goeze (1778) greift L. mit seinem dramatischen Gedicht »Nathan der Weise« (1779) wieder auf. L., dessen Grundgedanken zur Aufklärung seine gesamten literarischen und kunsttheoretischen Schriften durchziehen, gilt als bedeutendster Vertreter der deutschen Aufklärung.

Gotthold Ephraim Lessing (1729–1781)

Werke: Werke und Briefe in 12 Bd., hg. v. W. Barner, 1985ff.

Literatur: K.S. Guthke, G.E. Lessing, 1979. *GR*

Lette, Wilhelm *Adolf*

Jurist und Sozialpolitiker
✶ 10.5.1799 Kienitz (Neumark)
† 3.12.1868 Berlin [F.13]

Der Sohn eines Gutsbesitzers besuchte das Berliner Gymnasium zum Grauen Kloster und studierte in Heidelberg, Göttingen und Berlin Rechtswissenschaften. Trotz zeitweiliger politischer Schwierigkeiten und sogar kurzer Haft wegen seiner Teilnahme am Wartburgfest wurde er 1821 in den preußischen Staatsdienst übernommen. L. war an verschiedenen Orten als Verwaltungsbeamter und Jurist tätig, bevor er 1843 als vortragender Rat ins Innenministerium nach Berlin berufen wurde. Auf seine Initiative hin erfolgte 1845 die Gründung des »Revisionscollegiums für Landesculturssachen«, dessen Leitung L. übernahm. In diesem Amt erwarb er sich Verdienste um die Entwicklung der preußischen Landwirtschaft und um die öffentliche Förderung des kulturellen Lebens. 1853–54 erschien sein dreibändiges Hauptwerk »Die Landesculturgesetzgebung des preußischen Staates« (zusammen mit F.v. Rönne). Der Befürworter und Teilnehmer der Revolution von 1848 blieb politisch aktiv als Abgeordneter und einer der Führer der liberalen Partei. Sein Engagement für soziale Fragen ließ ihn zum Begründer und Organisator einer ganzen Reihe gemeinnütziger Vereine werden. Dazu gehörten der »Berliner Handwerkerverein«, der »Verein zur Beförderung des Seidenbaus in der Mark Brandenburg« und der »Zentralverein für das Wohl der arbeitenden Klassen«, dessen Präsident L. war. Nicht in Wohltätigkeit sah er die Lösung sozialer Probleme, sondern darin, jedem Menschen eine ihm angemessene Beschäftigung zu sichern. Dem dienten auch seine Bestrebungen, die Arbeitsmöglichkeiten für Frauen zu verbessern. Ziel eines von ihm 1866 initiierten Vereins war die »Beseitigung der der Erwerbstätigkeit der Frauen entgegenstehenden Vorurteile«. Im selben Jahr gründete L. eine Gewerbe-, Zeichen- und Handelsschule für Frauen, die sich nach seinem Tode zunehmend künstlerisch orientierte (»Lette-Schule«). *UH*

Levezow, Jakob Andreas *Konrad*

Altertumsforscher
✶ 3.9.1770 Stettin
† 13.10.1835 Berlin

L. hatte in Halle studiert und in Pommern als Hauslehrer gearbeitet, bevor er 1795 als Gymnasiallehrer nach Berlin kam. Seit 1804 war L. auch Professor für Altertumskunde und Mythologie an der Akademie der Künste. 1828 zum Direktor des Antiquariums der Königlichen Kunstkammer (im Neuen Museum) ernannt, erweiterte er die Sammlungen beträchtlich. Darüber hinaus machte sich L. um die brandenburgische und pommersche Heimatgeschichte und die Denkmalpflege verdient. *UH*

Levi, Paul

Rechtsanwalt, Politiker
✶ 11.3.1883 Hechingen
† 9.2.1930 Berlin [F.83]

Der Sohn eines Webereibesitzers studierte in Berlin und Grenoble Rechtswissenschaft und ließ sich 1908 (Dr.jur.) in Frankfurt/M. als Rechtsanwalt nieder. Mitglied der SPD. 1914 im Prozeß (Soldatenmißhandlungen) Verteidiger Rosa Luxemburgs und ihr Geliebter. Im Weltkrieg Angehöriger der Spartakusgruppe, lebte L. seit 1916 in der Schweiz, wo er Verbindung zu Lenin bekam. Im November 1918 Mitglied der Führung des Spartakusbundes und der Redaktion der »Roten Fahne«. Am Jahreswechsel 1918/19 Mitbegründer der KPD, die er seit März 1919 nach der Ermordung ihrer Führer leitete. 1920 Reichstagsmitglied. Als Kritiker an der Politik der VKPD, der mit dem linken Flügel der USPD vereinigten KPD, trat L. als Vorsitzender Anfang 1921 zurück. Als er den Mitteldeutschen Aufstand (1921) der KPD und die Politik der Komintern auch öffentlich kritisierte, (»Unser Weg. Wider den Putschismus«) wurde er aus der KPD ausgeschlossen und gründete die Kommunistische Arbeitsgemeinschaft (KAG), mit der er 1922 zur USPD und mit ihr zur SPD übertrat. 1924 wurde L. für die SPD als Reichstagsabgeordneter gewählt und führte deren linken Flügel. Sein Wahlkreis: Chemnitz-Zwickau. In diesen Jahren gab L. Rosa Luxemburgs Manuskript »Die russische Revolution« heraus, in dem sie ahnungsvoll die Fehler der Bolschewiki in Rußland kritisierte, die später zum Untergang der UdSSR führen sollten. 1929 verteidigte L. den Autor Bornstein in einem Beleidigungsprozeß, der ermöglichte, die Hintergründe der Ermordung Liebknechts und Luxemburgs (15.1.1919) aufzudecken: (»Der Jorns-Prozeß«). Während der Revisionsverhandlung 1930 erkrankte L. an Grippe und stürzte sich im Fieberwahn aus seiner Wohnung.

Literatur: Ch. Beradt, P. Levi, ein demokratischer Sozialist in der Weimarer Republik, 1969; S. Quack, Geistig frei und niemands Knecht, 1983. *HK*

Leyden, Ernst Viktor von

Mediziner
✶ 20.4.1832 Danzig
† 5.10.1910 Berlin [F.16]

L. absolvierte die Pépinière und wirkte danach in Berlin, Königsberg sowie Straßburg und ab 1876 wieder in Berlin. Hier leitete er die Propädeutische Klinik und ab 1885 die I. Medizinische Klinik der Charité. Als einer der bekanntesten Vertreter der Blütezeit der Berliner Medizin erforschte L. Erkrankungen der Lunge, des Herzens und des Nervensytems. Er richtete die naturwissenschaftliche Medizin auf die Therapie aus und räumte der Psychotherapie breiten Raum ein. Von ihm stammt die Anregung zur Gründung eines Komitees für Krebsforschung 1900 in Berlin. L. führte die Krebsstatistik ein, war Mitherausgeber der Zeitschrift für Krebsforschung und gründete 1908 die Internationale Vereinigung für Krebsforschung. Auf sein Betreiben wurden Tuberkuloseheilstätten gegründet und in der Brüderstraße eine Krankenküche für ambulante Patienten eröffnet. *UH*

Lichtenberg, Bernhard

Theologe

✶ 3.12.1875 Ohlau (Schlesien)

† 5.11.1943 Hof (Bayern) [F.104]

Als Papst Johannes Paul II. 1996 in Berlin den Dompropst Bernhard Lichtenberg selig sprach, würdigte er damit ein Leben, das von Toleranz und echter Nächstenliebe gekennzeichnet war. »Er hat seine Freiheit und sein Leben gewagt, indem er für die Verfolgten des Nazi-Regimes, besonders für die Juden, eingetreten ist«, sagte der Papst am Grab in der St.-Hedwigs-Kathedrale. Tatsächlich hat der katholische Geistliche einen furchtlosen Widerstand gegen den Faschismus geleistet. Der Kaufmannssohn erhielt nach dem Theologiestudium in Innsbruck und Breslau 1899 die Priesterweihe und war in verschiedenen Orten tätig, bevor er 1903 nach Berlin kam. Hier wirkte er in verschiedenen Gemeinden, seit 1913 in der Herz-Jesu-Gemeinde in Charlottenburg. Während des I. Weltkrieges wirkte er auch als Militärpfarrer und wurde nach Kriegsende zu einem aktiven Mitglied der Friedensbewegung. 1932 übernahm er das Amt eines Dompfarrers an der St.-Hedwigs-Kathedrale und wurde 1938 Dompropst. Im »Hilfswerk beim Bischöflichen Ordinariat Berlin« engagierte er sich für die Unterstützung von Juden. Er verbreitete die Predigten des Bischofs von Münster, Clemens August von Galen, der sich offen gegen das NS-Regime ausgesprochen hatte, machte selbst auf die schlimmen Verhältnisse in den Konzentrationslagern aufmerksam und schloß in seine täglichen öffentlichen Abendgebete nicht nur gefallene Soldaten, sondern auch Juden und KZ-Häftlinge ein. 1941 verhaftet, saß er bis zu seiner Verurteilung 1942 in der Strafanstalt Plötzensee ein. Seine zweijährige Haftstraße verbüßte er in der Strafanstalt Tegel, wurde danach jedoch nicht freigelassen, sondern kam in einem Transport in das KZ Dachau. Der bereits schwerkranke Geistliche überlebte diesen Transport nicht und verstarb im Krankenhaus von Hof.

Literatur: O. Oigermann, Bis zum letzten Atemzug. Das Leben und Aufbegehren des Priesters B. Lichtenberg, 1983; E. Kock, Er widerstand. B. Lichtenberg, 1996. *EF*

Lichtenstein, Hinrich Martin

Zoologe

✶ 10.1.1780 Hamburg

† 3.9.1857 auf See vor Kiel

L. hatte in Jena und Helmstedt Medizin studiert, bevor er 1802–06 in der südafrikanischen Kapkolonie als Hauslehrer und Militärarzt arbeitete. Seine Landschaftsbeschreibungen, ethnologischen und zoologischen Beobachtungen legte er in seinem Werk »Reisen im südlichen Afrika 1803–1806« (2 Bde., 1811–12) nieder. Seit 1810 hielt L. an der neugegründeten Berliner Universität Vorlesungen und wurde ein Jahr später zum Professor für Zoologie berufen. Er legte große naturkundliche Sammlungen an und baute das Zoologische Museum auf, das er von 1813 bis zu seinem Tode leitete. Dreimal (1820–21, 1826–27 und 1840–41) übte L. das Amt des Rektors der Universität aus. Zeitweise leitete er auch den Botanischen Garten. L.s Studien galten vor allem den Säugetieren. Er verfaßte mehrere Monographien. Am bekanntesten wurde er als Gründer (1844) und erster Direktor des Berliner Zoologischen Gartens. *UH*

Liebeneiner, Wolfgang

Schauspieler, Theater- und Filmregisseur und Autor

✶ 6.10.1905 Liebau (Schlesien)

† 28.11.1987 Wien

L. nahm nach dem Universitätsstudium Schauspiel- und Regieunterricht in München, war seit 1928 in München, 1936–44 am Staatstheater Berlin. Als »jugendlicher Liebhaber« auch beim Film bekannt (u.a. Chopin in »Abschiedswalzer« 1934), gab er sein Debüt als Filmregisseur 1937 mit »Versprich mir nichts« und »Der Mustergatte«. L. erwies sich, namentlich in seinen Unterhaltungsfilmen, als Meister von Schauspielerführung und Bewegungsregie sowie eines spannungsreichen optischen Rhythmus (»Ziel in den Wolken« 1938). L. war nie Mitglied der NSDAP, half politisch und rassisch Verfolgten, drehte aber 1941 das Euthanasie-Epos »Ich klage an«. 1943 wurde er zum Professor und künstlerischen Produktionschef der UFA berufen. 1947 drehte er mit »Liebe 47« (nach Borcherts »Draußen vor der Tür«) seinen ersten Nachkriegsfilm. Großen kommerziellen Erfolg hatten seine beiden Unterhaltungstreifen »Die Trapp-Familie« (1956) und »Die Trapp-Familie in Amerika« (1958). *DTW*

Liebermann, Max
Maler und Grafiker, Ehrenbürger
✶ 20.7.1847 Berlin
† 8.2.1935 ebd. [F.118]
Schon in der Schulzeit nahm L. Kunstunterricht, den er nach dem Abitur von 1868–73 an der Weimarischen Kunstschule fortsetzte. Auf Reisen nach Westdeutschland und Holland begann er Themen aus der Arbeitswelt aufzunehmen, die er zuerst in den »Gänserupferinnen« (1872) umsetzte. Von 1873–78 hielt L. in Paris u.a. Kontakt zu J.F. Millet, C.-F. Daubigny, die auf seine Entwicklung großen Einfluß hatten. 1879 ging L. nach München, verkehrte mit W. Leibl und L. Gedon und schuf u.a. »Die Bleiche« und seinen »Christus unter den Schriftgelehrten«, der ihm wegen des groben Realismus öffentliche Kritik eintrug. Nach 1884 wieder in Berlin, begann sein großes naturalistisches Schaffen (u.a. »Flachsscheuer in Laren«), in dessen Mittelpunkt der arbeitende Mensch stand. Somit in Widerspruch zur herrschenden Kunstauffassung stehend, folgte fast zwangsläufig 1892 die durch ihn mitbetriebene Gründung der »Freien Künstlervereinigung«, und später, 1898, der »Berliner Sezession« (mit W. Leistikow). Als Professor (1897), Mitglied der Akademie der Künste (seit 1898) und (bis 1911) Präsident der Sezession prägte L. vor allem durch seinen sog. »deutschen Impressionismus« die gesamte Berliner Kunstentwicklung. L.s. bedeutender Humanismus war richtungweisend, sein Oeuvre hieraus eigenständig, was besonders in seiner Porträtmalerei (u.a. »Hamburger Professorenkonvent«) sichtbar wurde. Der Künstler L., der sich, trotz seines selbstbewußten bürgerlichen Lebens, durch sein Bekenntnis zum Berlinischen und seinen scharfen Witz großer Beliebtheit erfreute, erfuhr bedeutende Ehrungen, darunter schon 1912 die Ehrendoktorwürde der Berliner Universität, die Präsidentschaft der Preußischen Kunstakademie 1920 (bis 1932) und die Ehrenbürgerschaft Berlins 1927. Von den Nazis jedoch als »entartet« verfemt, wurden seine Werke aus den öffentlichen Sammlungen entfernt. L. starb, hochbetagt, als jüdischer Bürger in fast völliger Isolation.
Literatur: M.J. Friedländer, M. Liebermann, 1924; W. Kurth, M. Liebermann, 1947; M. Liebermann, Die Phantasie in der Malerei, Reden und Schriften, 1983. *JM*

Max Liebermann (1847–1935)

Liebich, *Konstantin* Gerhard
Journalist, Schriftsteller
✶ 9.6.1847 Breslau
† 29.12.1928 Berlin [F.10]
Der gelernte Drechsler kam 1880 nach Berlin und wurde ein Anhänger von Adolf Stoecker. Er publizierte in konservativen Zeitungen und schrieb sozial engagierte Romane wie »Obdachlos« oder »Ein Arbeitsheer« (1902). Ende 1882 gründete er den Verein »Dienst am Arbeitslosen«. Das für den Verein errichtete Gebäude in der Hussitenstraße erhielt im Volksmund den Namen »Schrippenkirche«. Eine Gedenktafel in der Ackerstraße 52 (Wedding) erinnert an L. *EF*

Liebknecht, Karl
Politiker
✶ 13.8.1871 Leipzig
† (ermordet) 15.1.1919 Berlin [F.102]
Der Sohn des Nachfolgenden studierte Jura und Nationalökonomie in Leipzig und, nachdem die Familie dorthin übergesiedelt war, in Berlin. Bis 1899 im Staatsdienst, gründete er hier mit seinem älteren Bruder Theodor (1870–1948) ein Anwaltsbüro in der Chausseestraße 121. Er verteidigte u.a. Sozialdemokraten und russische Revolutionäre in politischen Prozessen. Seit 1900 Mitglied der Sozialdemokratie, wirkte er als Stadtverordneter 1902–13, Reichstagsabgeordne-

ter 1912–16. Wegen seiner Schrift »Militarismus und Antimilitarismus unter besonderer Berücksichtigung der internationalen Jugendbewegung« wurde er als Hochverräter verurteilt und zwei Jahre auf der Festung Glatz inhaftiert. Er und Rosa Luxemburg entwickelten sich zu den einflußreichsten Führern des linken Flügels in der deutschen Sozialdemokratie. 1913/14 analysierte L. »Die Internationale der Rüstungsindustrie« und erklärte mit Namen und Adressen Rüstungskonzerne und Miltärs zu Feinden des Volkes. Von dieser Position stimmte er – der sich im August noch der Fraktion untergeordnet hatte – im Dezember 1914 als einziger Reichstagsabgeordneter gegen die Kriegskredite. Im Februar 1914 eingezogen und Armierungssoldat an der West- und Ostfront, arbeitete er illegal gegen den Krieg weiter, z.B. mit dem Flugblatt »Der Hauptfeind steht im eigenen Land« (1915). Er propagierte »Burgkrieg, nicht Burgfriede!« und forderte, auf die Kriegsniederlage der eigenen Regierung hinzuarbeiten. 1916 wegen Hochverrats verurteilt, kam er bis zur Amnestie im Oktober 1918 ins Zuchthaus Luckau. L. war Mitbegründer des Spartakusbundes und der KPD und einer der Organisatoren des Aufstands von 1918/19. Am 9. November 1918 rief er vom Balkon des Berliner Schlosses die sozialistische Republik aus. Er wurde von Mitgliedern der Garde-Kavallerie-Schützen-Division am Neuen See im Tiergarten erschossen. L. und Rosa Luxemburg »verkörperten wie niemand sonst in den Augen von Freund und Feind die deutsche Revolution. Sie waren ihre Symbole, mit ihnen erschlug man die Revolution« (Sebastian Haffner). *ED*

Liebknecht, Wilhelm

Politiker und Journalist
✶ 29.3.1826 Gießen
† 7.8.1900 Berlin [F.102]

Der Vater des Vorigen wuchs in einer Gelehrtenfamilie auf und studierte von 1842 bis 1847 Theologie, Philologie und Philosophie in Gießen, Berlin und Marburg. Nachdem er sich 1848 an der Märzrevolution beteiligt hatte, lebte er im Exil in der Schweiz und in England, wo er K. Marx und F. Engels kennenlernte. 1862 kehrte er nach Deutschland zurück und war dort an der Gründung der Sozialdemokratischen Arbeiterpartei Deutschlands (SDAP) 1869 beteiligt. Ab 1874 fast ununterbrochen Mitglied des Reichstags, gehörte er neben A. Bebel zu den führenden Sozialdemokraten. Seine Bemühungen um die Einigung der Arbeiter waren für den Zusammenschluß von SDAP und dem Allgemeinen Deutschen Arbeiterverein (ADAV) zur Sozialistischen Arbeiterpartei Deutschlands (1875) entscheidend. Unter Bismarcks Sozialistengesetz (1878–90) wurde L. mehrfach inhaftiert. Nach Aufhebung des Gesetzes wurde der »Vorwärts« nach Berlin verlegt. L., der von 1876 an Leiter des Zentralorgans der Partei war, siedelte mit seiner Familie nach Berlin über. Hier war er auch maßgeblich an der Gründung der Berliner Arbeiterschule 1891 beteiligt. *GR*

Liedtke, Harry

Schauspieler
✶ 12.10.1882 Königsberg
† 28.4.1945 Bad Saarow-Pieskow bei Berlin

L. war Kaufmann, bevor er über verschiedene Provinztheater 1910 ans Deutsche Theater Berlin kam. Doch gab er früh die Bühnenlaufbahn zugunsten des Films auf. O. Messter holte ihn schon 1911 ins Atelier. Als Partner von H. Porten und P. Negri wurde er einer der beliebtesten Stummfilmstars, spielte u.a. in den Filmen von E. Lubitsch (»Carmen«, »Die Augen der Mumie Ma« beide 1918; »Die Austernprinzessin«, »Madame Dubarry« beide 1919, »Das Weib des Pharao« 1922). Die einseitige Besetzung als Bonvivant in vielen belanglosen Unterhaltungsfilmen brachte ihm den Spitznamen »schöner Harry« ein. Im Tonfilm wurde L. nur noch selten besetzt (»Stadt Anatol« 1936; »Quax, der Bruchpilot« 1941; »Sophienlund« 1943). 1945 wurde er Opfer der Kampfhandlungen um Berlin; in manchen Darstellungen wurde er von russischen Soldaten erschlagen, nachdem ein Suizidversuch mit Gift gescheitert und seine Frau mehrfach vergewaltigt worden war. *DTW*

Liesegang, Jonny (Pseud.)

(eigtl. Haasis, Johannes)
Journalist
✶ 6.10.1897 Berlin
† 30.3.1961 ebd. [F.76]

Nachdem er sich in verschiedenen Berufen versucht hatte, fand er zu Beginn der 30er Jahre seine Erfüllung im Journalismus, wobei er sich vor allem mit dem lokalen Geschehen in Berlin befaßte. Seine Beiträge erschienen in verschiedenen Berliner Zeitungen, so in der »Morgenpost« und dem »Tagesspiegel«. Eine Gedenktafel an seinem Wohnhaus in der Afrikanischen Straße

146c (Wedding) erinnert an den »Musensohn des Wedding«. Viele seiner Geschichten sind in Büchern erschienen wie »Det fiel mir uff. Schnafte Geschichten und dufte Bilder« (1938), »Det fiel mir ooch noch uff (1939), »Det fiel mir ›trotzdem‹ uff« (1949). *EF*

Lietzau, Hans

Regisseur und Theaterleiter
✶ 2.9.1913 Berlin
† 30.11.1991 ebd.
L. absolvierte die Schauspielschule des Preußischen Staatstheaters und arbeitete als Schauspieler und freier Regisseur. 1954 wurde er Oberspielleiter am Schiller- und Schloßpark-Theater, ging später als Chefregisseur ans Residenztheater München, arbeitete außerdem für Rundfunk und Fernsehen. 1972–80 war er Generalintendant der Staatlichen Schauspielbühnen Berlin (West). L. wurde besonders durch seine Inszenierungen von Barlach, Dürrenmatt und Genet bekannt. *DTW*

Lilienthal, Gustav

Baumeister und Ingenieur
✶ 9.10.1849 Anklam
† 1.2.1933 Berlin [F.55]
Nach dem nicht sehr erfolgreichen Besuch des Gymnasiums in Anklam und einer Maurerlehre folgte er seinem Bruder Otto nach Berlin und besuchte die Berliner Bauakademie. Bis 1869 lebten die Brüder vom Stipendium Ottos und unternahmen gemeinsam flugtechnische Experimente. Ab 1871 arbeitete L. als Bauleiter, so in Prag und London, ab 1874 in der Berliner Bauverwaltung. 1879 erfanden die Lilienthals einen Steinbaukasten, die Idee wurde aber an eine Manufaktur verkauft (und von dieser prächtig vermarktet). Der Erlös reichte jedoch aus, um 1880 mit seiner Schwester Marie nach Australien auszuwandern. Bereits 1885 war er jedoch wieder in Berlin. 1895 gründete er die »Freie Scholle« in Waidmannslust, ein Genossenschaftsprojekt, in dem jeder Genosse eine »Gartenheimstätte« erhielt. Zwischen 1890 und 1900 entstanden die bemerkenswerten Landhäuser in Lichterfelde-West, von denen über zwei Drittel Kriegs- und anschließende »Renovierungs«wirren überstanden haben. Die flugtechnischen Ambitionen waren, zumal nach dem Tode seines Bruders, trotz großen Einsatzes von wenig Erfolg gekrönt: sein Schwingenflugzeug kam über Rollversuche nicht hinaus.

Literatur: H.J. Reichhardt (Hg.), Gustav Lilienthal 1849–1933. Baumeister – Lebensreformer – Flugtechniker, 1989. *VTM*

Lilienthal, Otto

Flieger und Ingenieur
✶ 23.5.1848 Anklam
† 10.8.1896 Berlin [F.59]
Nach dem Besuch des Anklamer Gymnasiums besuchte er ab 1864 in Potsdam die Provinzial-Gewerbeschule. Ab 1867 erfolgten erste flugtechnische Experimente, zusammen mit seinem Bruder Gustav. Danach studierte er Mechanik an der Berliner Gewerbeakademie. Nach der Rückkehr aus dem Krieg 1870/71 baute er einige kleinere Flugmodelle. Er arbeitete als Ingenieur bei der Maschinenfabrik Hoppe, machte sich dann selbständig und beschäftigte sich Anfang der 90er Jahre hauptsächlich mit der Konstruktion von Bergbaugeräten und Dampfkesseln. Die hohe Unfallrate beim Dampfkesselbetrieb, damals fiel gerade in Berlin so mancher »Gewerbehinterhof« einer Kesselexplosion zum Opfer, gaben den Ausschlag für die Produktion seines »gefahrlosen Schlangenrohrkessels«, der aus zahlreichen engen Röhren zusammengesetzt war. Ab 1886 wandte er sich verstärkt wieder dem Fliegerischen zu: 1889 erschien sein Grundlagenwerk »Der Vogelflug als Grundlage der Fliegerkunst«. Zunehmend setzte er seine theoretischen Erkennt-

Otto Lilienthal (1848–1896)

nisse in die Praxis um und erreichte bereits 1891 Flugweiten von 25 m. Erste Segelflüge gelangen, während die Versuche mit einem Kohlensäuremotor scheiterten. Bei einem Flugversuch stürzte L. tödlich ab.
Literatur: Halle, O. Lilienthal, 1936; Schwipps, Lilienthal, 1979. *VTM*

Lincke, Carl Emil *Paul*

Komponist, Kapellmeister und Musikverleger, Ehrenbürger
✶ 7.11.1866 Berlin
† 4.9.1946 Hahnenklee (Harz)
L. erlernte das musikalische Handwerk in der Stadtpfeiferei von Wittenberge (Violine, Fagott) und wollte nach seiner Rückkehr nach Berlin 1884 Militärkapellmeister werden, wurde aber wegen körperlicher Untüchtigkeit abgewiesen. L. schlug sich mit Gelegenheitsarbeiten durch und kam schließlich als Fagottist am Central-Theater unter. 1885 ging er ans Ostend-Theater als Korrepetitor. 1887 war er Kapellmeister am Königstädtischen Theater, komponierte aktuelle Einlagen und kleine Lieder für die laufenden Possen. 1890 war er am Parodie-Theater am Moritzplatz beschäftigt, wechselte zum Belle-Alliance-Theater und landete beim Apollo-Varieté. L. komponierte Couplets, Parodien und lustige Einakter. 1897–99 profitierte das Pariser Théâtre Folies-Bergères von seiner musikalischen Wendigkeit. 1899 ging er erneut zum Apollo. Hier hatte am 1. Mai »Frau Luna« Premiere. L.s Ruf als Komponist der »Berliner Operette« war begründet. Im gleichen Jahr folgte »Im Reiche des Indra«. Seinen ersten Welterfolg landete L. mit einer Nummer aus der Operette »Lysistrata« – dem »Glühwürmchen-Idyll«. L. war in den Jahren nach 1900 auch als Dirigent in vielen Städten Europas unterwegs und gründete einen eigenen Musikverlag, mit dem er die Vermarktung seiner eigenen Kompositionen betrieb. Er schrieb die Musiken zu zahlreichen Revue-Possen am Apollo und am Metropol. Bei dieser Gelegenheit entstand auch der Berlin-Marsch »Berliner Luft«. Am Ende des Jahrzehnts ließ das Interesse an Lincke nach. Er konnte und wollte den musikalischen Modewellen des Tango und Foxtrott nicht folgen; seiner Musik wohnte stets etwas Bierlokal und Parademarsch inne. In den 20er Jahren war es still um L., erst die Entwicklung des Rundfunks brachte eine Renaissance der Lincke-Melodien; von den Nationalsozialisten wurde der »arische« L. bewußt gefördert und gegen die zahlreichen jüdischen Operettenkomponisten ausgespielt. L. wurde 1942 zum Professor ernannt, wofür er sich beim »Führer« überschwenglich bedankte und ihm ein sentimentales Soldatenlied widmete. 1941 hatte Berlin L. die Ehrenbürgerwürde verliehen. *ThW*

Lindau, Paul

Schriftsteller, Journalist und Übersetzer
✶ 3.6.1839 Magdeburg
† 31.1.1919 Berlin
Sohn eines protestantischen Pfarrers, studierte L. Philosophie und Literaturgeschichte in Halle, Leipzig, Berlin und Paris. Er war Mitarbeiter verschiedener Zeitungen in Düsseldorf, Leipzig und Berlin. In Berlin gründete er 1872 die Wochenschrift für Kunst, Literatur und öffentliches Leben »Gegenwart«, für die u.a. F. Freiligrath und Th. Fontane schrieben, und gab ab 1878 die Monatsschrift »Nord und Süd« heraus. L. galt bis Mitte der 80er Jahre als Kritiker Nr.1 in Berlin. Er popularisierte den Witz und trieb gern sein ironisches Spiel mit Personen des öffentlichen Lebens. Von 1895 bis 1899 war er Intendant des Meininger Hoftheaters und anschließend in Berlin Direktor des Berliner Theaters und des Deutschen Theaters und bis 1918 erster Dramaturg am Kgl. Schauspielhaus. Als Kritiker, Dramaturg und Übersetzer suchte er dem deutschen Publikum die zeitgenössischen französischen Autoren nahezubringen. Er selbst verfaßte Salonstücke nach französischem Muster und schrieb vielgelesene Berliner Zeit- und Gesellschaftsromane wie die Trilogie »Berlin« (»Der Zug nach dem Westen« 1886, »Arme Mädchen« 1887, »Spitzen« 1888).
Literatur: Literarisches Leben in Berlin 1871–1933 hg. v. P. Wruck, Bd.I, 1987. *GR*

Linderer, Joseph

Mediziner
✶ 26.2.1809 Göttingen
† 20.7.1887 Berlin [F.118]
Der Sohn eines Zahnarztes kam mit der Familie 1826 nach Berlin. Er studierte dort und wurde als erster Dozent seiner Disziplin an der Berliner Universität ein Mitbegründer der wissenschaftlichen Zahnheilkunde. K. publizierte u.a. über Karies und trug mit seinen Arbeiten zur Überwindung der Empirie bei. In volkstümlichen Schriften erklärte er den Wert gesunder Zähne und gab Hinweise zu deren Pflege. In Berlin war er als »Zahnschmerzlinderer« bekannt. *UH*

Lingner, Reinhold

Garten- und Landschaftgestalter
✶ 27.6.1902 Berlin
† 1.1.1968 ebd.
Nach der Lehre in den Berliner Späth'schen Baumschulen und dem Abschluß seines Studiums an der Höheren Gartenbauanstalt Berlin-Dahlem (1932) sowie Emigration wurde L. 1945 Leiter des Hauptamtes für Grünplanung beim Magistrat von Groß-Berlin. Zusammen mit der Arbeitsgruppe von H. Scharoun konzipierte L. den Neuaufbau eines Berliner Freiflächensystems als »Stadtlandschaft« im Urstromtal der Spree unter Einbeziehung der Trümmerberge und des Tegeler Fließes. Neben seiner wissenschaftlichen Tätigkeit am Institut für Bauwesen der Deutschen Akademie der Wissenschaften (1949–51), an der Deutschen Bauakademie (1951–58) und an der Berliner Humboldt-Universität (ab 1961 Institutsdirektor) war L. an zahlreichen praktischen Aufgaben beteiligt (u.a. Chefarchitekt der Internationalen Gartenbauausstellung in Erfurt, 1958–61).
Wichtige Werke: Gedenkstätte der Sozialisten, Bln.-Lichtenberg (1949); Erneuerung Schloßpark Niederschönhausen, Bln.-Pankow (1949–51); Stadion der Weltjugend, Bln.-Mitte (1951, zus. mit S. Selmanagic; 1992 abgebr.); Pionierrepublik am Werbellinsee (1952); Kulturpark, seit 1992 Spreepark, Bln.-Treptow (1952; seit Okt. 2001 geschl.); Kulturpark Stalinstadt, heute Eisenhüttenstadt (1952); zahlreiche Wohngrünanlagen in Berlin, Frankfurt/O., Eisenhüttenstadt.
Literatur: S. Hain/E. Schünemann, Reinhold Lingner (Manuskript), 1992. *KDS*

Link, *Heinrich* Friedrich

Botaniker und Naturwissenschaftler
✶ 2.2.1767 Hildesheim
† 1.1.1851 Berlin
Der Sohn eines Pfarrers studierte in Göttingen, wirkte in Rostock und Breslau und war 1815–51 Professor für Botanik an der Berliner Universität. Dort begründete er das Berliner Herbarium und verschaffte dem Botanischen Garten, dem er als Direktor vorstand, internationales Ansehen. Der vielseitige Gelehrte bearbeitete vorrangig Fragen der Systematik, Anatomie sowie der Physiologie und gab u.a. »Icones, Abbildungen seltener Gewächse des Botanischen Gartens zu Berlin« heraus. *UH*

Lipperheide, Franz Josef Freiherr von

Schriftsteller, Verlagsbuchhändler
✶ 22.7.1838 Berleburg (Westfalen)
† 30.7.1906 München [F.46]
L. gründete am 15.8.1865 in Berlin eine Verlagsbuchhandlung, deren bedeutendstes Unternehmen »Die Modenwelt. Illustrierte Zeitung für Toilette und Handarbeiten« war, an der auch L.s Frau mitwirkte. 1892 erhielt L. den erblichen kgl. preußischen Freiherrentitel. L. legte eine kostümwissenschaftliche Sammlung an (Werke, Handzeichnungen, Bilder), die er dem preußischen Staat hinterließ, sowie eine Sammlung antiker Bronzen.
Werke: Lieder zu Schutz und Trutz (1870); Mustersammlung von Holzschnitten aus engl., franz. u. deutschen Blättern (1885–86). *BF*

Lippert, Julius

Journalist und Politiker
✶ 9.7.1895 Basel
† 30.6.1956 Bad Schwalbach
Mitglied der NSDAP seit April 1927, half L. als Chefredakteur des »Angriff« Joseph Goebbels, Berlin für die Nationalsozialisten zu erobern. 1930 Vorsitzender der NSDAP-Fraktion in der Stadtverordnetenversammlung, wurde er 1933 als »Stadtkommissar« für die Gleichschaltung der Stadtverwaltung verantwortlich. Nach den Olympischen Spielen 1936 wurde er Oberbürgermeister und Stadtpräsident von Berlin. Konflikte mit Albert Speer führten 1940 zu seiner Entlassung. Als Offizier kam er in amerikanische Gefangenschaft und wurde in Belgien zu 7 Jahren Zuchthaus verurteilt, die er nicht antreten mußte. Eine Frankfurter Spruchkammer stufte ihn 1953 in »Gruppe II (Aktivisten)« ein, entzog ihm das passive Wahlrecht und den Pensionsanspruch. *ED*

Lisiewski, Georg

(eigtl. Jerzy)
Maler
✶ 1674 Olesko (Polen)
† 6.1.1750 Berlin
L. kam zunächst als Diener Eosander v. Göthes nach Berlin, wurde jedoch hier als Maler im Porträtfach ausgebildet. Am Hofe König Friedrich Wilhelms I., der ihn wegen seiner preiswerteren Arbeiten gelegentlich A. Pesne vorzog, schuf er zahlreiche Porträts der kgl. Familie, jedoch auch für bürgerliche Auftraggeber. Dane-

ben wurde L. vor allem wegen seiner Bildnisse preußischer Generale und der berühmten Garde der »Langen Kerls« bekannt. *JM*

Litfaß, Ernst Theodor Amandus

Druckereibesitzer, Erfinder der Litfaß-Säule
✶ 11.2.1816 Berlin
† 27.12.1874 Wiesbaden [F.108]

L. war acht Tage alt, als sein Vater, der Besitzer einer Buchdruckerei und Verlagsbuchhandlung in Berlin, starb. Sein Stiefvater förderte das bereits wohlangesehene Geschäft, in das L. 1846 als Leiter der Druckerei eintrat. Er reformierte die vorhandene Technik und stellte Schnellpressen auf. 1851 gründete er den »Berliner Tagestelegraph«. 1854 kam er auf die Idee, statt der die Häuser verunzierenden Plakate an geeigneten Orten Anschlagsäulen aufzustellen. Am 1. Juli 1855 wurden der Stadt unter großem Beifall der Berliner 100 Säulen und 50 Brunnenumhüllungen für diese Zwecke übergeben. 1865 wurden 50 weitere Anschlagsäulen aufgestellt. L.' erfolgreiche Druckerei widmete sich speziell Plakaten und Anschlagzetteln und mußte ständig erweitert werden. Gleichzeitig betätigte sich L. als Wohltäter und organisierte große Festlichkeiten u.a. in der Kroll-Oper, deren Reinertrag wohltätigen Zwecken gestiftet wurde. 1861 wurde L. zum Kommissionsrath, 1863 zum kgl. Hofdrukker, 1865 zum Ritter des Kronenordens und 1867 zum Geheimen Kommissionsrat ernannt. 1868 führte L. das Buntdruckverfahren ein und fügte der Druckerei eine lithographische Anstalt an. *BF*

Löbe, Paul Gustav Emil

Politiker, Ehrenbürger
✶ 14.12.1875 Liegnitz (Schlesien)
† 3.8.1967 Bonn [F.93]

Schriftsetzer, SPD-Mitglied seit 1893, war L. 1899–1919 Journalist in Breslau. 1914 vertrat er die Position der Mehrheit von SPD-Reichstagsfraktion und Parteivorstand und unterstützte die Kriegspolitik der Regierung. 1919/20 war er Mitglied der Weimarer Nationalversammlung, 1920–1933 Mitglied, 1924–32 Präsident bzw. Vizepräsident des Reichstags. L. trat für eine Koalition mit der Deutschen Demokratischen Partei, der Zentrumspartei und der Deutschen Volkspartei ein, befürwortete den Anschluß Österreichs an Deutschland und war zu Konzessionen an die Nationalsozialisten bereit. Unter seinem Einfluß als Parteivorstandsmitglied stimmten die am 17.5.1933 anwesenden sozialdemokratischen Abgeordneten dem außenpolitischen Programm Hitlers zu. Durch Trennung vom Parteivorstand im Prager Exil, Bildung eines neuen Vorstands unter seiner Führung und weitgehende Zugeständnisse an die faschistische Regierung – bis zur Entfernung jüdischer Mitglieder aus dem SPD-Vorstand – wollte er die Legalität der Partei erhalten, doch blieb sein Bemühen erfolglos. Er wurde 1933 und 1944 inhaftiert. 1935–44 arbeitete er als Korrektor beim Verlag de Gruyter. Nach 1945 war er am Wiederaufbau der SPD beteiligt, wandte sich gegen die Vereinigung von SPD und KPD und trat für die deutsche Einheit ein. L. war Lizenzträger und Mitherausgeber des Berliner »Telegraf«, gehörte 1948/49 dem Parlamentarischen Rat an, wurde 1949 Alterspräsident des Bundestages, 1954 Vorsitzender des Kuratoriums »Unteilbares Deutschland« und 1955 Ehrenbürger der Stadt Berlin.

Schriften: Der Weg war lang, Lebenserinnerungen, 1991.

Literatur: H. Neubach in: Große Schlesier, hg. v. H. Hupka, 1979. *ED*

Lobeck, Ludwig Heinrich

Kaufmann
✶ 25.3.1787 Demmin
† 30.12.1855 Berlin

Nach längerem Aufenthalt in England zwischen 1809 und 1833, wo er sich Kenntnisse des britischen Versicherungswesens angeeignet hatte, kam er nach Berlin. Hier gründete er 1836 mit der Berlinischen Lebensversicherung die erste derartige Versicherung in Preußen. In Kreuzberg trägt eine Straße seinen Namen. *EF*

Loebermann, Werner

Flughafendirektor
✶ 14.4.1902
† 19.12.1987 Berlin

L. kam aus dem Rheinland nach Berlin und trat in die Berliner Flughafen GmbH ein. 1938 wurde er Direktor dieser Gesellschaft und leitete nach dem Krieg in dieser Stellung den Wiederaufbau und die Erweiterung der Anlagen in Tempelhof wie auch die Projektierung des neuen Flughafens in Tegel. *ED*

Loerke, Oskar

Lyriker und Essayist
✶ 13.3.1884 Jungen (Westpreußen)
† 24.2.1941 Berlin [F.35]

L., der aus einer Bauernfamilie stammte, studierte seit 1903 in Berlin Philosophie, Literatur, Musik und Geschichte. Er arbeitete als Literaturessayist für die »Neue Rundschau« und den »Berliner Börsen-Courier«. Von 1917–41 war er Lektor bei S. Fischer in Berlin, wo er sich für junge Autoren einsetzte. L. schrieb überwiegend Naturlyrik. 1913 erhielt er den Kleistpreis. 1926 wurde er Mitglied der Preußischen Akademie der Künste und 1928 Sekretär der Sektion Dichtkunst. Am 18.3.1933 wurde er entlassen. Seine Tagebücher 1903–39 gehören zu den interessantesten zeitgeschichtlichen und literaturhistorischen Zeugnissen. *GR*

Loewe, Isidor

Kaufmann, Industrieller
✶ 24.1.1848 Heiligenstadt
† 28.8.1910 Berlin [F.118]

L. stammte aus einer jüdischen Kantorsfamilie. Er besuchte das Gymnasium und kam mit seinem Bruder Ludwig 1858 nach Berlin. Er ging im angesehenen Privatbankhaus F.W. Krause & Co. in die Lehre. 1870 reiste L. mit seinem Bruder durch die USA, an deren industrieller Entwicklung er seine eigenen Unternehmungen später orientierte. Doch zunächst ging er zur Ostdeutschen Bank nach Posen und wurde anschließend Direktor der Posener Spritfabrik. 1875 folgte er dem Ruf seines Bruders, dessen Unternehmen in der Krise steckte, und trat erst als Prokurist, 1878 als zweiter persönlich haftender Gesellschafter, in die Nähmaschinen- und Gewehrfabrik von Ludwig L. ein. L., der als Finanz- und Organisationsgenie galt, führte das Unternehmen nach dem frühen Tod des Bruders erfolgreich weiter und baute es zu einem Weltkonzern auf. Er war einer der fähigsten und vielseitigsten Industriemagnaten des Kaiserreichs. L. saß in den Aufsichtsräten zahlreicher Unternehmen wie der Daimler-Motoren-Gesellschaft, den Dürener Metallwerken, des VS Norddeutschen Lloyd, der Großen Berliner Straßenbahngesellschaft. 1896 gründete er die »Deutsche Waffen- und Munitionsfabriken AG« mit Sitz in Berlin. L. rüstete auch die Armeen Chinas, Spaniens, Argentiniens, Chiles und Brasiliens aus. Er mußte sich verschiedener antisemitischer Angriffe erwehren. Ein berüchtigter Antisemit, der Rechtsanwalt Ahlwardt, der L. in Broschüren beschuldigte, er baue Gewehre, die »im Kriege fast weniger dem Feinde als vielmehr ihren Trägern gefährlich« würden, wurde 1894 in einem Beleidigungsprozeß zu fünf Monaten Gefängnis verurteilt. In die Geschichte der politischen Prozesse sind die Anfeindungen gegen L. unter dem Begriff »Judenflinten« eingegangen. L. förderte die Forschung im Maschinenbau und gründete eine Forschungsstelle in Neubabelsberg, wo das Metall Duraluminium entdeckt wurde, das für den Fahrzeug- und Flugzeugbau eine große Rolle spielte. 1892 gründete L. die »Union Elektrizitäts-Gesellschaft«, die in seinen eigenen Werken Straßenbahnen baute. L. erreichte, daß ihm die Neueinrichtungen staatlicher Gewehrfabriken fast ganz übertragen wurden. »Wo immer seit den neunziger Jahren gerüstet, die Rüstung erweitert und intensiviert wurde, geschah das mit Löwes Hilfe« (Wilhelm Treue). Kaiser Wilhelm II. verlieh L. den Titel Geheimer Kommerzienrat, die TH Charlottenburg zeichnete ihn in Anerkennung seiner Verdienste um die deutsche Industrie mit dem Doktortitel ehrenhalber aus. *BF*

Loewe, Ludwig

Fabrikant, Stadtverordneter
✶ 27.11.1837 Heiligenstadt
† 11.9.1886 Berlin [F.118]

Der Bruder des Vorigen absolvierte eine kaufmännische Lehre in Nordhausen in einem Kurzwarengeschäft. 1858 zog er nach Berlin und eröffnete ein Wollwarenkommissions-Geschäft. Reisen ins Ausland, speziell in die USA, schärften seinen Blick für den Erfolg technischer Neuerungen, und er begann mit der Reparatur und dem Verkauf landwirtschaftlicher Geräte. 1869 gründete er eine Kommanditgesellschaft auf Aktien und begann mit der Massenproduktion von Nähmaschinen. L. hatte jedoch die Absatzmöglichkeiten überschätzt und geriet mit seinem Unternehmen nach 1873 in eine Krise. Der Auftrag der preußischen Regierung, Teile für das Mausergewehr Modell 71 herzustellen, rettete das Unternehmen und war der Anfang eines enormen wirtschaftlichen Aufschwungs der Firma. Das Unternehmen erzeugte hauptsächlich Visiere und Auszieher – bereits beim ersten Auftrag je eine Million Stück. Ende 1874 wurde L.s Fabrik auch bei der Neubewaffnung der Artillerie herangezogen. 1887 kaufte er die süddeutsche Firma Gebr. Mauser in Oberndorf/Neckar auf. Das Unternehmen erlebte mit Waffenbestellungen aus der Türkei und Rußland einen gewaltigen Produktionsaufschwung und wurde zur größten Waffenfabrik Europas. Gleichzeitig betrieb der Konzern seit 1880 Werkzeugmaschinenbau, der bis zu L.s Tod eine stürmische Aufwärtsentwicklung nahm. In seinem Unternehmen führte L. viele Reformen zugunsten der Arbeiter ein. L., angezogen von den Ideen Ferdinand Lassalles, war einige Zeit dessen Privatsekretär und mit 27 Jahren Stadtverordneter. 1877 entsandte ihn der 1. Berliner Wahlkreis ins preußische Abgeordnetenhaus, im gleichen Jahr in den Reichstag. Seine entschieden liberale Gesinnung führte ihn in die Reihen der Fortschrittspartei, von 1884 an zur Deutsch-Freisinnigen Partei. L., der als einer der schlagfertigsten Redner im Reichstag galt und auch von politischen Gegnern geachtet wurde, bekämpfte Bismarcks Schutzzollpolitik und die Sozialistengesetze. Rudolf Virchow sagte bei der Beisetzung L.s über ihn: »Er brachte soviel Herz mit in das politische Leben, daß er zuweilen selbst in heiligem Zorn emporfahren konnte, ungeachtet der Ordnungsrufe, die ihm auf öffentlicher Tribüne drohten und andererseits war doch sein Herz wieder so sehr zur Versöhnung geneigt, daß er nie die Folgen seiner augenblicklichen Erregung übertragen hat auf spätere Zeiten.« *BF*

Löffler, Friedrich

Mediziner und Mikrobiologe
✶ 24.6.1852 Frankfurt/O.
† 9.4.1915 Berlin

Der aus einer Ärztefamilie stammende L. studierte in Würzburg und Berlin Medizin. Seit 1874 im militärärztlichen Dienst stehend, wurde er 1879 ans Kaiserliche Gesundheitsamt Berlin abkommandiert und war dort 1880 der erste Mitarbeiter von Robert Koch. 1884 gelang ihm die Entdekkung des Diphtherie-Erregers. Zusammen mit Wilhelm Schütz fand L. auch die Erreger der Tierseuchen Rotz (1882) und Rotlauf (1885). Seit 1884 arbeitete L. am Berliner Friedrich-Wilhelm-Institut, bis er 1888 als Professor für Hygiene nach Greifswald berufen wurde. Mit seinen Untersuchungen zur Maul- und Klauenseuche wurde L. zu einem Wegbereiter der Virologie. Auf seine Initiative hin entstand 1908 auf der Insel Riems im Greifswalder Bodden die später weltbekannte Forschungsanstalt für Tierseuchen. Von 1913 an wirkte L. wieder in Berlin am Institut für Infektionskrankheiten.

Literatur: Die F. Löffler-Feier 1952, 1952. *UH*

Lohmann, *Karl* Heinrich Adolf

Physiologe und Biochemiker
✶ 10.4.1898 Bielefeld
† 22.4.1978 Berlin [F.116]

L. arbeitete seit 1924 am Kaiser-Wilhelm-Institut für Biologie und Medizin. 1929 ließ er sich als Privatdozent in Berlin nieder und ging 1931 nach Heidelberg. Von 1937–51 war L. Direktor des physiologisch-chemischen Instituts der Charité und nach dem Krieg auch erster Dekan der medizinischen Fakultät. Später setzte er seine wissenschaftliche Arbeit am Institut für Ernährungswissenschaften in Potsdam-Rehbrücke fort. Seit 1961 war L. Direktor des Instituts für Biochemie der Akademie der Wissenschaften in Berlin-Buch und Ordinarius für Biochemie an der Humboldt-Universität. Seine Forschungsarbeiten befaßten sich vorrangig mit dem Enzymhaushalt und dem Zellstoffwechsel des Organismus. Speziell untersuchte L. die bei der Sauerstoffübertragung wirksamen Fermente. Als »L.s Reaktionsfolge« werden die phosphorylierenden Abbauschritte der Glukose zur Milchsäure bezeichnet. Schon 1928 gelang dem jungen Wissenschaftler die Entdekkung des Adenosintriphosphats (ATP), eines für alle entscheidenden Prozesse des Stoffwechsels und der Zellfunktion notwendigen Energieträgers. *UH*

Lorenz, Carl

Ingenieur
✶ 6.7.1844 Hannover
† 20.12.1889 Berlin

Ab 1870 in Berlin, arbeitete er bei der Fa. Wilhelm Horn, Betreiberin einer Telegraphen-Bauanstalt. Ab 1878 Teilhaber, ab 1880 alleiniger Inhaber der Firma, da Wilhelm Horn aus gesundheitlichen Gründen ausschied. In erster Linie wurden Morse-Apparate hergestellt. 1885, mit dem Bezug neuer Fabrikräume, erfolgte die Umstellung auf »Dampfkraft« (und Einstellung der ersten Arbeiterin!). Um flaue Zeiten zu überbrükken, wurden Arbeiten für die Optische Industrie ausgeführt. L. erlebte den rasanten Aufstieg der Carl Lorenz AG nicht mehr: er fiel der 1889 grassierenden Grippe-Epidemie zum Opfer. *VTM*

Lorenz, Peter

Politiker
✶ 22.12.1922 Berlin
† 6.12.1987 ebd. [F.89]

Nach Arbeits- und Wehrdienst war L. seit Kriegsende im Magistrat und als freier Journalist tätig.

Er studierte 1948–52 in Berlin Jura und wirkte seit 1956 als Rechtsanwalt, 1967–77 als Justitiar des Senders RIAS. CDU-Mitglied seit 1945, übte er in seiner Partei und in Parlamenten zahlreiche Funktionen aus: 1946–49 und 1953 Vorsitzender der Jungen Union in Berlin; seit 1954 Mitglied, 1967 Vizepräsident, 1975–80 Präsident des Berliner Abgeordnetenhauses; 1969–81 Vorsitzender des Landesverbandes Berlin und 1971–81 Mitglied des Bundesvorstandes der CDU; Mitglied des Bundestages 1976/77 und seit 1980 Parlamentarischer Staatssekretär und Bevollmächtigter der Bundesrepublik in Berlin seit 1982. Im Februar 1975 Spitzenkandidat seiner Partei bei den bevorstehenden Berliner Wahlen, entführten ihn Terroristen und erpreßten so die Freilassung von sechs Inhaftierten der »Bewegung 2. Juni«. *ED*

Lorre, Peter

(eigtl. Ladislav Loewenstein)
Schauspieler
✶ 26.6.1904 Rószahegy (Ungarn)
† 23.3.1964 Hollywood
L. kam 1929 nach Berlin. Brecht gab ihm am Theater am Schiffbauerdamm eine Rolle in M. Fleißers »Pioniere in Ingolstadt«. Danach spielte er an verschiedenen Berliner Bühnen (u.a. Galy Gay in »Mann ist Mann«), bis ihn F. Lang entdeckte und als Kindermörder in »M« (1931) besetzte; eine Rolle, die ihn über Nacht berühmt machte, aber zugleich für lange Zeit künstlerisch festlegte. *DTW*

Lortzing, Albert

Komponist, Sänger, Dirigent und Schauspieler
✶ 23.10.1801 Berlin
† 21.1.1851 ebd. [F.109]
L.s Vater gab 1812 sein Ledergeschäft auf und wurde Berufsschauspieler. L. erhielt früh Musikunterricht und bildete sich autodidaktisch weiter. Er trat zunächst als Schauspieler auf. In Detmold (1826–33) brachte L. eigene Singspiele und Bühnenmusiken zur Aufführung. 1833 ging er als Kapellmeister nach Leipzig, wo er zwischen 1837–42 sieben komische Opern herausbrachte, u.a. »Zar und Zimmermann« (1837), »Hans Sachs« (1840), »Der Wildschütz« (1842). In Wien (1846–48) wurde seine »Undine« (1845) als »zu deutsch« abgelehnt. Zwei Jahre reiste er wieder als Schauspieler. 1850 fand er in Berlin eine Anstellung als Kapellmeister am Friedrich-Wilhelmstädtischen Theater, die ihn weder künstlerisch noch finanziell befriedigte. Während zahlreiche Theater dank seiner Opern volle Ränge hatten, starb der Begründer der volkstümlichen deutschen Spieloper völlig verarmt.
Weitere Werke: Casanova (1841), Der Waffenschmied (1846), Regina (1848), Die Opernprobe (1851). *ThW*

Albert Lortzing (1801–1851)

Louis Ferdinand, Prinz von Preußen

preußischer General
✶ 18.11.1772 Berlin
† (gefallen) 10.10.1806 bei Saalfeld [F.103]
Der Sohn des Prinzen Ferdinand von Preußen und Neffe Friedrichs II. erwarb sich im Feldzug gegen das revolutionäre Frankreich 1792/93 den Ruf besonderer Tapferkeit. Nicht nur militärisch, sondern auch musikalisch und literarisch gebildet, war er umschwärmter Held der Berliner Salons. Einer antinapoleonischen Denkschrift wegen, die er im August 1806 mit dem Freiherrn vom und zum Stein u.a. Patrioten verfaßt hatte, behandelte ihn König Friedrich Wilhelm III. als Frondeur. L. zog in den Kampf gegen Napoleon und fand vier Tage, bevor die preußische Armee bei Jena und Auerstedt geschlagen wurde, den Tod. Aus seiner Verbindung mit Henriette Fromme gingen zwei Kinder und als Enkel der Dichter Ernst von Wildenbruch (1845–1909) hervor. *ED*

Lubitsch, Ernst

Regisseur, Drehbuchautor, Schauspieler und Filmproduzent

✶ 28.(29?)1.1892 Berlin

† 30.11.1947 Hollywood

Der Sohn eines aus Polen stammenden jüdischen Schneiders verließ den Kleinbetrieb seines Vaters, verdingte sich als Kleindarsteller und trat in Kabaretts auf, wurde 1911 am Deutschen Theater engagiert. Dort lernte er Wegener, Murnau und Winterstein kennen. Beim Film – erste Rollen ab 1913 – avancierte er in kurzer Zeit zum Starkomiker, indem er den begabten, schlitzohrigen aber tolpatschigen jüdischen Aufsteiger als Typus kreierte. Als Filmregisseur debütierte er mit »Blindekuh« (1914), war bis 1918 weiter als Drehbuchautor, Regisseur und Darsteller tätig, danach fast ausschließlich als Regisseur. Nach zwei aufwendigen Monumentalfilmen mit P. Negri (»Carmen«, »Die Augen der Mumie Ma« beide 1918) drehte L. eine Reihe meisterhafter Komödien (»Die Austernprinzessin«, »Die Puppe« beide 1919, »Kohlhiesls Töchter« 1920; »Die Bergkatze« 1922) – S. Kracauer schrieb: »Ohne L. wären die deutschen Filmlustspiele jener Zeit kaum einer Erwähnung wert« – und einige Kostümfilme (»Madame Dubarry 1919; »Anna Boleyn« 1920, »Das Weib des Pharao« 1922), die nicht zuletzt durch ihre prachtvolle Ausstattung und durch ihre bewegten Massenszenen – in »Anna Boleyn« dirigierte L. bis zu 4000 Statisten vor der Kamera – bestachen. 1923 ging L. nach Hollywood zu Warner Bros. und inszenierte Gesellschaftskomödien, in denen er einen für ihn typischen »europäischen« Stil, den sogenannten »Lubitsch-Touch« entwickelte, in dem er seinen komödiantischen Humor und seine filmischen Mittel weiter verfeinerte (»Lady Windermeres Fächer« 1925). Auf den Tonfilm reagierte L. zunächst mit gekonnt inszenierten Operetten (»Die lustige Witwe« 1934). 1933 wurde L. US-Bürger, 1933–36 war er Produktionschef der Paramount, drehte in der Folgezeit zahlreiche Filme (u.a. solche Klassiker wie »Angel« 1937, mit M. Dietrich; »Ninotschka« 1939, mit G. Garbo), mit denen er den Regiestil Hollywoods nachhaltig beeinflußte. 1942 drehte er mit »To Be or Not To Be« die bis heute genialste Anti-Hitler-Satire.

Literatur: H.H. Prinzler/E. Patalas, E. Lubitsch, 1984 *DTW*

Lübke, Heinrich

Ingenieur, Bundespräsident, Ehrenbürger

✶ 14.10.1894 Enkhausen (Westfalen)

† 6.4.1972 Bonn

Der Handwerkersohn war in beiden Weltkriegen aktiver Soldat. Nach dem Studium war er seit 1923 als Vermessungsingenieur in landwirtschaftlichen Organisationen tätig. Von 1937 an arbeitete in einem Berliner Architekten- und Ingenieurbüro, das an verschiedenen kriegswichtigen Bauten beteiligt war. Er trat 1945 der CDU bei, wurde 1947 Minister in Nordrhein-Westfalen, kam 1949 in den Bundestag und übernahm 1953 das Amt des Bundesministers für Ernährung und Landwirtschaft. 1959 als Bundespräsident gewählt, wirkte er in dieser Funktion bis 1969. 1962 verlieh ihm Berlin die Ehrenbürgerwürde. *EF*

Luckhardt, Gebrüder

1. Hans

Architekt

✶ 16.6.1890 Berlin

† 12.10.1954 Bad Wiessee [F.18]

2. Wassili

Architekt

✶ 22.7.1889 Berlin

† 2.12.1972 ebd. [F.18]

Nach Architekturstudium in Karlsruhe, Berlin und Dresden wurden beide Brüder 1919 Mitglied im »Arbeitsrat für Kunst« und in der »Novembergruppe« in Berlin. Seit 1921 betrieben sie ein gemeinsames Architekturbüro, 1924–37 auch zusammen mit Alfons Anker. 1. wurde 1952 Professor an der Hochschule der bildenden Künste, 2. nach 1954 selbständiger Architekt. Die Brüder L. vertraten das Neue Bauen in Form von streng kubischen Baukörpern mit weißem glatten Putz und flachem Dach.

Wichtige Bauten: Stahlskelett-Versuchsbauten, Schorlemmerallee, Bln.-Zehlendorf (1927); Telschowhaus, Potsdamer Platz, Bln.-Tiergarten (1926–28, zerst.); Eckhaus Kurfürstendamm/Knesebeckstraße, Bln.-Charlottenburg (1929); Neuumbauung Alexanderplatz, Bln.-Mitte (1929, Projekt); Hochhaus am Potsdamer Platz, Bln.-Tiergarten (1930, Projekt); FU Berlin (1952, Projekt); Wohnhausgruppe am Kottbusser Tor, Bln.-Kreuzberg (1955–56); Wohnungsbau zur Interbau, Hansaviertel, Bln.-Tiergarten (1957, zus. mit H. Hoffmann).

Literatur: W. Ribbe/W. Schäche (Hg.), Baumeister, Architekten, Stadtplaner, 1987. *KDS*

Lüders, Marie-Elisabeth
Politikerin, Ehrenbürgerin
✶ 25.6.1878 Berlin
† 23.3.1966 ebd. [F.91]
Als erste deutsche Frau promovierte L. 1912 in Berlin zum Dr.rer.pol. 1920/21 und 1924–30 war sie Mitglied des Reichstages für die Deutsche Demokratische Partei. Ihr Arbeitsgebiet war die Sozialpolitik, u.a. die Schaffung familien- und kinderfreundlicher Siedlungen (z.B. Spandau-Haselhorst von Walter Gropius), Gleichberechtigung der Frau und Reform des Scheidungsrechts. 1933 erhielt sie Berufsverbot und wurde 1937 inhaftiert. 1947 trat sie in die Sozialverwaltung Berlins ein. Als Mitglied der LDP, später FDP, war sie 1948/49 Stadtverordnete von Berlin (West), 1949/50 Stadträtin für Sozialwesen, 1957 Ehrenvorsitzende der FDP, 1958 Ehrenbürgerin von Berlin, 1953–61 Alterspräsidentin des Bundestages. *ED*

Ludwig IV., der Bayer
Herzog von Bayern, deutscher König und Kaiser
✶ 1287
† 11.10.1347 Puch b. München
L., seit 1314 König, ließ sich 1328 zum Kaiser des Heiligen Römischen Reiches krönen. An ihn fiel die Mark Brandenburg, als die Linie der dort regierenden Askanier-Markgrafen 1320 ausstarb. Er belehnte 1323 seinen Sohn Ludwig den Älteren mit dem Land, begründete die bis 1373 währende Herrschaft der Wittelsbacher in der Mark und begann mit der Reorganisation des Landes. Die Mark und ihre Städte gerieten in dieser Zeit in die Wirren und Kämpfe zwischen dem Papst und den rivalisierenden Fürstenhäusern Wittelsbach und Luxemburg (Karl IV.), wurden bloße Einnahmequelle und Handelsobjekt und nach Bedarf verpachtet oder verkauft. *ED*

Ludwig V., der Ältere, auch der Brandenburger
Herzog von Bayern, Kurfürst von Brandenburg
✶ Mai 1315
† 18.9.1361 Zorneding b. München
Der Sohn des Wittelsbachers Ludwig IV. wurde 1323, mit acht Jahren, Markgraf und Kurfürst von Brandenburg. Das Land war zu dieser Zeit weitgehend von benachbarten Fürsten besetzt. An seiner Stelle regierte der Landesverweser Berthold von Henneberg, dem es gelang, den größten Teil des Territoriums zurückzugewinnen. 1346 griff L. in die Kämpfe der Zunfthandwerker von Berlin und Cölln gegen die im Rat der Doppelstädte herrschenden Patrizier ein und verhalf den Zünften zur Beteiligung an der Stadtverwaltung. Die Folge dieser Eingriffe in die Stadtautonomie war der Aufruhr der Patrizier gegen ihn, die daraufhin den falschen Waldemar u.a. seiner Gegner unterstützten. 1351 überließ L. seinen Brüdern Ludwig VI. und Otto die Mark Brandenburg und die Lausitz. *ED*

Ludwig VI., der Römer
Markgraf von Brandenburg
✶ 12.5.1330 München
† 1364 oder 1365 Berlin
Der älteste Sohn Ludwigs IV. aus zweiter Ehe hatte sich seit 1348 mit seinem Bruder Ludwig V. an den Kämpfen gegen den in der Mark Brandenburg auftretenden falschen Waldemar beteiligt. 1351 überließ Ludwig V. seinen Brüdern L. und Otto, der später den Beinamen der Faule erhielt, die Regentschaft in der Mark. Beide schlossen 1363 mit Karl IV. einen Erbvertrag, der diesem die Landesverwaltung übertrug. L. starb in Berlin und wurde im Grauen Kloster bestattet. *ED*

Luft, Friedrich John
Theater- und Filmkritiker, Essayist, Schriftsteller
✶ 24.8.1911 Berlin
† 24.12.1990 ebd. [F.91]
Sohn eines Berliner Studienrates und einer schottischen Mutter, studierte L. von 1931–36 in Berlin und Königsberg Germanistik, Anglistik und Geschichte. Infolge einer Schlägerei mit Nazi-Studenten mußte er 1936 das Studium abbrechen und arbeitete als Essayist und Drehbuchautor. 1945 wurde er Feuilleton-Redakteur der »Neuen Zeitung« und 1955 Chefkritiker der »Welt« in Berlin. Er schrieb für mehrere überregionale Zeitungen, arbeitete an Berlin- und Theaterbüchern mit, verfaßte Biographien und Drehbücher und gestaltete zusammen mit seiner Frau, der Zeichnerin und Illustratorin Heide Luft, ein Kinderbuch. Populär wurde L. vor allem als Berliner Theater- und Filmkritiker. Vom ersten Sendetag des RIAS Berlin am 7.2.1946 informierte er über dreißig Jahre lang als »Stimme der Kritik« jeden Sonntag Hörer aller Bevölkerungsschichten über die Theaterereignisse der Stadt. Seine Kritiken waren lebendig und unterhaltsam formuliert, ge-

legentlich berlinisch salopp vorgetragen, dabei immer informativ und treffsicher. Man kannte seine Stimme, seinen Stil und seine rasante, den Weltstadtton demonstrierende Vortragsweise. L. wurde zur Institution. »Erst wenn Luft seinen Theatersessel erreicht hatte, war eine Premiere wirklich eine Premiere« (B. Hinrichs). Er griff nach 1945 so entscheidend in die Berliner Theaterszene ein, daß seine Position in jenen Jahren mit der A. Kerrs oder H. Jherings vor 1933 verglichen worden ist, und er selbst fühlte sich der Kulturkritik »aus Berlins größter Theaterzeit«, die er als Schüler und junger Mann noch miterlebte, verpflichtet. Die Rezensionen von »Deutschlands letzte(m) Metropolenkritiker« (B. Hinrichs) wurden 1961 u.d.T. »Berliner Theater 1945–1961« herausgegeben. 1965 konnte eine um den Zeitraum bis 1965 erweiterte Auflage u.d.T. »Stimme der Kritik. Berliner Theater seit 1945« erscheinen, und 1979 erschienen weitere Rezensionen u.d.T. »Stimme der Kritik. Theaterereignisse seit 1965«. L. wurde 1951 Mitglied des PEN (BRD), 1970 der Royal Acad. of Arts, London und 1967 Präsident des Kuratoriums »Literarisches Colloquium Berlin e.V.«. 1976 wurde er für »hervorragende Verdienste um Berlin auf dem Gebiete der Kunst«, für »Leistungen von internationalem Niveau« zum Professor h.c. ernannt. 1978 erhielt er den Ricarda-Huch-Preis der Stadt Darmstadt.

Literatur: P. Kohse, Gleiche Stelle, gleiche Welle. Friedrich Luft und seine Zeit, 1998. *GR*

Luise (Auguste Wilhelmine Amalie)

Königin von Preußen
✶ 10.3.1776 Hannover
† 19.7.1810 Hohenzieritz [F.1]

Die Prinzessin von Mecklenburg-Strelitz wuchs nach dem frühen Tod der Mutter unter der Obhut ihrer Großmutter mütterlicherseits in Darmstadt auf. Mit 17 Jahren wurde sie mit dem Kronprinzen von Preußen verlobt. Die Hochzeit fand am 24.12.1793 im Weißen Saal des Berliner Schlosses statt. Von 1794–1809 brachte L. zehn Kinder zur Welt, 1795 den Thronfolger Friedrich Wilhelm und 1797 Wilhelm, der 1861 König und 1871 Kaiser wurde. Drei der Kinder starben früh. Noch nach der Thronbesteigung Friedrich Wilhelms III. bewohnte das Paar das Kronprinzenpalais Unter den Linden. Statt in einem der Schlösser weilte die Familie im Sommer lieber in der dörflichen Atmosphäre von Paretz. Im Kontrast zu der mürrischen, oft schroffen Art des Königs trat L. den Menschen unkonventionell, natürlich und warmherzig entgegen und gewann viel Sympathie und Popularität. Sie stellte sich den Aufgaben, die ihr an der Seite des Königs in der schweren Zeit nach Napoleons Sieg über Preußen 1806 zufielen. Zielstrebig unterrichtete sie sich durch Lektüre, Vortrag, Umgang mit gebildeten Frauen und Männern, vor allem mit den Reformern Stein, Hardenberg, Wilhelm von

Luise (1776–1810)

Humboldt und vielen anderen über »die neuen Weltzustände« und über Mittel, Wege und Personen, die Preußen helfen könnten, seine Zurückgebliebenheit und seine Niederlage zu überwinden. »Sie versammelt alle großen Männer, die der König vernachlässigt, und von denen uns doch nur Rettung kommen kann, um sich; ja sie ist es, die das, was noch nicht zusammengestürzt ist, hält«, schrieb Heinrich von Kleist 1808. Reformpläne wurden in der Regel über sie dem König unterbreitet. Von diesem als Diplomatin vorgeschickt, setzte sie sich bei der legendären Begegnung vom 6.7.1807 in Tilsit bei Napoleon vergeblich für mildere Friedensbedingungen ein. Sie nahm die Strapazen jener Jahre, Teilnahme am Feldzug, Flucht nach Ostpreußen, ungewisses Schicksal des Landes und der Familie, mutig auf sich. Diese Belastungen untergruben ihre ohnehin angegriffene Gesundheit. Sie starb mit 34 Jahren beim Besuch ihres Vaters in Hohenzieritz bei Neustrelitz an einer Lungenentzündung.

Schon zu ihren Lebzeiten verehrt, war sie nach ihrem Tod Symbol des Widerstands gegen Napoleon und Ideal der Freiheitskämpfer von 1813/14. Bereits 1802 hatte die Cöllner Vorstadt auf Ersuchen ihrer Bürger den Namen Luisenstadt erhalten. Seit 1811 gab es die Luisenstiftung, als Ausbildungsstätte für Erzieherinnen, und seit 1814 den Luisenorden für Verdienste bei der Kranken- und Armenpflege. Schließlich entstand ein regelrechter Luisenkult. 1919 nutzte die Deutschnationale Volkspartei ihr Porträt auf Wahlplakaten, und 1923 nannte sich eine konservative Frauenorganisation »Luisenbund«.
Literatur: H. Hartmann, Luise. Preußens große Königin, 1985; J.von Flocken, Luise. Eine Königin in Preußen, 1989. *ED*

Lützow, Adolf Ludwig Wilhelm Freiherr von

Generalmajor, Freikorpsführer
✶ 18.5.1782 Berlin
† 6.12.1834 ebd. [F.106]
L. begann als 13jähriger seine militärische Laufbahn, kämpfte als Kürassieroffizier bei Auerstedt, schloß sich 1809 der Freischar Schills an und stellte im Februar 1813 das nach ihm benannte Korps nichtpreußischer Freiwilliger auf, dem u.a. Körner angehörte, dessen Gedichte, z.T. von Weber vertont, »Lützows wilde verwegene Jagd« populär machten. Das L.sche Korps kämpfte bis Juni 1813 hinter den feindlichen Linien und wurde nach dem zeitweiligen Waffenstillstand am 14. Juni von den Franzosen niedergemacht. Im August 1813 neu aufgestellt und auf 2.800 Mann angewachsen, wurde es regulären Verbänden zugeteilt. Nach der Frühjahrskampagne 1814 wurde das Korps aufgelöst. L. kämpfte 1815 bei Ligny, wurde 1822 zum Generalmajor ernannt. Da er zum reformerischen Flügel im Offizierskorps gezählt wurde – die Idee des Freikorps war zu stark von Elementen des Volkskrieges geprägt, – bestand für seine weitere militärische Karriere keine Aussicht. 1830 nahm er seinen Abschied. *ThW*

Luxemburg, Rosa

Politikerin
✶ 5.3.1871 Zamość
† (ermordet) 15.1.1919 Berlin [F.102]
L., Tochter einer Kaufmannsfamilie aus dem damals russischen Teil Polens, studierte in Zürich Naturwissenschaften, Mathematik, Staatswissenschaften und Nationalökonomie und promovierte 1897 zum Dr.phil. Schon mit 16 Jahren hatte sie sich der polnischen Sozialdemokratie angeschlossen. Durch Heirat erwarb sie 1897 die deutsche Staatbürgerschaft, wurde Mitglied der SPD und entwickelte sich zu einer führenden Theoretikerin und glänzenden Rednerin des linken Flügels sowie der internationalen Sozialdemokratie. In den Debatten über den politischen Massenstreik 1902–10 ging es ihr um neue Formen des Kampfes der Arbeiter für ihre Interessen. Ab August 1914 rief sie zu Massenaktionen für die sofortige Beendigung des Krieges und schließlich zur Revolution auf. Diese Haltung führte 1915 zur Konstituierung der »Gruppe Internationale«, zur Spartakusgruppe, dem späteren Spartakusbund und zur Gründung der KPD als selbständige Partei (30.12.1918/1.1.1919), die sich die Weiterführung der Revolution und eine sozialistische Republik zum Ziel setzte. Aus ihrer Polemik gegen die Diktaturtheorie von Lenin und Trotzki im November 1918 stammt das Wort: »Freiheit nur für die Anhänger der Regierung, nur für Mitglieder einer Partei – mögen sie noch so zahlreich sein – ist keine Freiheit. Freiheit ist immer auch Freiheit der Andersdenkenden.« L. war im Laufe ihres politischen Wirkens wiederholt inhaftiert, zuletzt 1916–18. Seit Januar 1919 mit Morddrohungen verfolgt, wurden Liebknecht und L. am 15.1.1919 von Angehörigen der Garde-Kavallerie-Schützen-Division unter Befehl von Hauptmann Waldemar Pabst ermordet.
Gesammelte Werke, 5 Bde., 1970 ff.; Gesammelte Briefe, 5 Bde., 1982 ff. *ED*

Lynar, Graf Rochus von

Festungsbau-Ingenieur, Offizier, Diplomat, Höfling, Geschäftsmann
✶ 25.12.1525 Maradi b. Florenz
† 22.12.1596 Spandau [Sarkophag in der Gruftkirche d. Nikolaikirche Spandau]
L. (und seine Angehörigen) mußte 1542 wegen einer väterlichen Duellaffäre nach Frankreich fliehen und kam, wegen des von ihm geführten – aber gescheiterten – Metzer Hugenottenaufstands (1567) über die Pfalz, Dresden, Hessen und Anhalt 1578 nach Berlin. L. hatte sich am französischen Hof umfangreiche Kenntnisse auf den Gebieten Festungsbau, Architektur, Metallverarbeitung, Münzwesen, Forstwirtschaft, Bergbau, Verwaltung angeeignet, die ihm als Generaloberst der Artillerie, Zeug- und Baumeister (Oberaufsicht Berliner Schloß) in Brandenburg zugute

kamen. L. lebte zwar zur Zeit der deutschen Renaissance, seine architektonischen Gestaltungsqualitäten wurden jedoch schon von seinen Zeitgenossen in Frage gestellt. Seine zahlreichen Festungs- und Schloßbauten sind zwar funktionell wohl durchdacht, ihre Gestaltung ist aber zumeist von erheblicher Nüchternheit. Neben seinen Bauten war L. auch wirtschaftlich und diplomatisch erfolgreich. L. ist beigesetzt in der Nikolaikirche in Spandau.

Wichtige Bauten: Oberleitung bei Festungsbau Spandau (ab 1578, Entwurf C. Römer), Fertigstellung der Zitadelle (um 1583), der Festung (1593); Oberaufsicht über Baumaßnahmen am Residenzschloß Berlin (1578–1596); Pulvermühle Spandau (1578). *KDS*

M

Maaßen, Karl Georg
preußischer Finanzpolitiker
✶ 23.8.1769 Kleve
† 2.11.1834 Berlin [F.108]
Nach Jurastudium und Staatsdienst in Kleve, Münster und Potsdam wurde M. 1816 Direktor der Generalverwaltung für Handel und Gewerbe im preußischen Finanzministerium. Hier war er maßgeblich an der Steuergesetzreform beteiligt. Ein nach ihm benanntes Zollgesetz vom 26.5. 1818 beseitigte die Binnenzölle und schuf wichtige Voraussetzungen für den späteren Deutschen Zollverein. 1830 wurde M. Finanzminister. *ED*

Mackeben, Theo
(Pseud. John Morris)
Komponist und Kapellmeister
✶ 5.1.1897 Preußisch Stargard
† 10.1.1953 Berlin [F.83]
M. studierte in Köln und 1917/18 in Warschau (als Militärmusiker) und war nach dem Krieg Instrumentalist und seit 1925 Kapellmeister an verschiedenen Berliner Theatern. 1928 dirigierte M. die Premiere der »Dreigroschenoper« von Brecht und K. Weill im Theater am Schiffbauerdamm, 1931 brachte er seine eigene Millöcker-Bearbeitung »Die Dubarry« auf die Bühne des Admiralspalastes. An seine beiden Opern, das Klavierkonzert oder die »Sinfonische Ballade« erinnert sich heute niemand mehr. In Erinnerung geblieben sind jedoch seine zahlreichen Filmmusiken (insgesamt über 50), darunter »Tanz auf dem Vulkan« (daraus: »Die Nacht ist nicht allein zum Schlafen da«), »Bel ami« (daraus: »Du hast Glück bei den Frau'n«), »Pygmalion«, »Das Bad auf der Tenne«. Nach 1945 kam M. bei der DEFA in Babelsberg bald wieder ins Filmmusikgeschäft: »Und über uns der Himmel«, »Die Sünderin«. M. dirigierte auch wieder in Berlin, u.a. am Metropol-Theater. *ThW*

Theo Mackeben (1897–1953)

Magnus, Eduard
Maler
✶ 7.1.1799 Berlin
† 8.8.1872 ebd. [F.108]
Aus begüterter Kaufmannsfamilie stammend, widmete sich M. zugleich Universitäts- und Kunststudien und entschied sich, nach mehreren Studienreisen nach Italien, Frankreich, Spanien und England, für die Malerei. In der Mitte des 19. Jhs. war er einer der begehrtesten Bildnismaler und schuf gleichsam eine visuelle Chronik der Berliner Gesellschaft. Er wurde 1837 Akademiemitglied, 1844 Professor, ist aber auch als Schriftsteller und Ausstellungstheoretiker hervorgetreten. *JM*

Magnus, Heinrich *Gustav*

Physiker
✶ 2.5.1802 Berlin
† 4.4.1870 ebd. [F.108]
Der Bruder des Vorigen studierte 1821–27 in Berlin Physik, Chemie und Technologie. Seine Ausbildung ergänzte er bei Berzelius in Stockholm sowie in Paris bei Gay-Lussac. Seit 1829 lehrte M. an mehreren technischen Bildungseinrichtungen Berlins und wurde 1834 als Professor für Physik und Technologie an die Universität berufen. Seit 1845 war er Ordinarius für Physik, 1861–62 auch Rektor der Berliner Universität. M. galt als hervorragender akademischer Lehrer; seine Experimentalvorlesungen waren berühmt. In seinem Wohnhaus richtete er ein Labor ein, das auch seinen zahlreichen Schülern offenstand. Diese (Helmholtz, Kirchhoff, Warburg und viele andere) machten Berlin zu einem Mekka der Physik. M. bearbeitete viele Gebiete der Physik, aber auch der organischen und physiologischen Chemie (Untersuchungen an Blutgasen). Bekannt wurden seine experimentell gestützten Berechnungen von Geschoßbahnen und -abweichungen (M.-Effekt). *UH*

Maltzan, Maria Gräfin von

(eigtl. Maria Helene Françoise Izabel von Maltzan, Freiin zu Wartenberg und Penzlin)
Tierärztin, Widerstandskämpferin
✶ 25.3.1909 Militsch (Schlesien)
† 12.11.1997 Berlin
Schon als Kind zeigte sich M.s große Zuneigung zu Tieren. Sie betrieb eine florierende Zucht von Kaninchen, Meerschweinchen und weißen Mäusen, mit denen sie einen schwunghaften Handel trieb. Vom sechsten Lebensjahr an erhielt M. Privatunterricht von einem Dorfschullehrer, besuchte dann ab 1921 die Militscher Schule. Da sie, um eine Wildkatze beobachten zu können, längere Zeit die Schule schwänzte, kam sie Ostern 1923 in ein Internat in Warmbrunn im Riesengebirge. Zu Weihnachten wurde sie wegen »Aufsässigkeit« von der Schule gewiesen. Ihre Mutter schickte sie daraufhin nach Berlin in die Jungmädchenpension Koch/von Kuhlwein. Hier ging sie auf das Kirstein-Lyzeum in der Passauer Straße, wo sich ihre schulischen Leistungen schlagartig um ein Vielfaches verbesserten. Ab Ostern 1925 besuchte sie gegen den Willen der Mutter die Staatliche Elisabeth-Schule, wo sie auch das Abitur erwarb. Nach dem Abitur ging sie nach Militsch zurück und begann in Breslau Zoologie, Botanik und Anthropologie zu studieren. 1928 setzte sie ihr Studium in München fort und promovierte im Herbst 1933 zum Dr.rer.nat. In München trat sie der Widerstandsgruppe um den Jesuitenpater Friedrich Muckermann bei. 1934 reiste M. ein halbes Jahr lang durch Afrika. Im Juni 1934 kehrte sie nach München zurück, wo sie den Kabarettisten Walter Victor Hillbring kennenlernte und heiratete. Kurz nach der Hochzeit zog das Paar nach Berlin, wo M. eine Anstellung in einem Kunstverlag fand. 1936 kehrte Hillbring nach München zurück und reichte die Scheidung ein. M. blieb in Berlin. Hier hatte sie inzwischen engen Kontakt zur schwedischen Kirche, die rassisch und politisch Verfolgte unterstützte. In dieser Zeit schrieb sie populärwissenschaftliche Artikel und sentimentale Tiergeschichten, die ihr die Redakteure förmlich aus der Hand rissen. Ostern 1940 begann M. ein Studium der Veterinärmedizin. 1939 bereits hatte sie den jüdischen Schriftsteller Hans Hirschel kennengelernt, den sie ab 1942 in ihrer Wohnung versteckte. Nach dem Examen assistierte sie bei Tierärzten und arbeitete bis Kriegsende im Tierheim Lankwitz. Neben ihrer Arbeit als Tierärztin unterstützte sie weiterhin Widerstandsgruppen und politisch Verfolgte. Im Mai 1945 erhielt M. die Erlaubnis, eine eigene Tierarztpraxis zu eröffnen. Sie heiratete Hans Hirschel, doch die Ehe scheiterte schon zwei Jahre später. Danach machte M. viele Krisen durch, überstand Drogenprobleme, ausgelöst durch Aufpuschmittel, die sie während des Krieges, als sie als Tierärztin und Widerstandskämpferin Nächte hindurch arbeitete, einnahm, um der Belastung standhalten zu können. Über ihre Drogenprobleme berichtet M. in ihren Memoiren »Schlage die Trommel und fürchte dich nicht« (1986) in aller Offenheit. Nach Zwischenstationen als Urlaubsvertretung verschiedener Tierärzte und Zirkustierärztin eröffnete M. in Berlin-Kreuzberg wieder eine Praxis. 1972 heiratete sie Hans Hirschel ein zweites Mal. Er starb 1975. Ihre Schicksalsjahre 1939–1945 wurden unter dem Titel »Versteckt« mit Jaqueline Bisset und Jürgen Prochnow in den Hauptrollen verfilmt.
RS

Mann, Heinrich

Schriftsteller
✶ 27.3.1871 Lübeck
† 12.3.1950 Santa Monica (USA) [F.108]
Als er 1928 nach Berlin übersiedelte, war M. bereits ein ausgewiesener Schriftsteller, der mit

Romanen wie »Professor Unrat«, »Die kleine Stadt« oder »Der Untertan« weit über die Grenzen Deutschlands einen Namen hatte. Der Sohn eines Lübecker Großkaufmanns und Senators hatte Berlin schon 1890 kennen gelernt, als er hier beim Fischer-Verlag als Volontär tätig war. In den Jahren danach lebte er vorwiegend in München, war viel auf Reisen und profilierte sich nicht nur als Romanschriftsteller, sondern auch als einer der bedeutendsten deutschen Essayisten. Davon zeugen solche Arbeiten wie »Zola«, »Macht und Mensch« oder auch die Sammlung »Diktatur der Vernunft«. Er bekannte sich zur »Leidenschaft des Geistes, die das Leben rein und den Menschen ganz menschlich will.« Gerade wegen seiner linksliberalen Ansichten kam es 1915 zu Konflikten mit dem Bruder Thomas, die erst Anfang der 20er Jahre ausgeräumt werden konnten. 1926 wurde er Mitglied der Sektion Dichtkunst der Preußischen Akademie der Künste und 1931 Präsident dieser Sektion. Als er gemeinsam mit Käthe Kollwitz einen Aufruf zur Aktionseinheit von SPD und KPD gegen die drohende faschistische Gefahr unterzeichnete, wurde das im Februar 1933 zum Anlaß genommen, ihn zum Austritt aus der Akademie zu zwingen. Noch im gleichen Monat emigrierte er nach Frankreich und beteiligte sich aktiv an den Bemühungen um eine antifaschistische Volksfront. 1940 gelang ihm die Flucht in die USA. Die Berliner Humboldt-Universität ernannte ihn 1947 zu ihrem Ehrendoktor. 1950 wurde er zum ersten Präsidenten der neugegründeten Akademie der Künste in Berlin (Ost) berufen, konnte das Amt jedoch nicht mehr antreten. 1961 wurden seine Urne in Berlin beigesetzt.

Literatur: H. Mann, Der Haß, 1933; ders., Die Jugend und die Vollendung des Königs Henri Quatre, 1935, 1938; ders., Ein Zeitalter wird besichtigt, 1945; ders., Empfang bei der Welt, 1956; H. Ihering, H. Mann, 1952; J. Willi, Der Bruder. Heinrich Mann, 1992 *EF*

Heinrich Mann (1871–1950)

Manteuffel, Otto Theodor Freiherr von

preußischer Politiker, Ehrenbürger

✶ 3.2.1805 Lübben (Spreewald)

† 26.11.1882 Krossen bei Luckau

M. studierte in Halle und wurde 1829 Referendar am Kammergericht Berlin, wechselte in die Verwaltung und wurde 1833 Landrat in Luckau. Seit 1837 Abgeordneter in den Brandenburgischen Provinziallandtagen setzte er seine Karriere 1841 als Oberregierungsrat und Dirigent des Innenressorts in Königsberg fort. 1844 berief ihn der Prinz von Preußen, der damals dem Staatsministerium vorstand, nach Berlin, wo er es bis zum Direktor im Innenministerium brachte. Im Vereinigten Landtag von 1847 trat er entschieden dem konstitutionellen Liberalismus entgegen. Am 8.11.1848 wurde er Innenminister im Kabinett des Grafen von Brandenburg und nahm maßgeblichen Anteil an der Zurückdrängung demokratischer Errungenschaften der Revolution von 1848. Im Dezember 1850 wurde er zusätzlich Außenminister und Präsident des Staatsministeriums. Nachdem Prinz Wilhelm 1858 die Regentschaft übernommen hatte, wurde M. entlassen und zog sich auf sein Gut Krossen zurück. Berlin ehrte ihn 1950 mit dem Titel Ehrenbürger. *ThW*

March, Ernst

Tonwarenfabrikant

✶ 30.6.1798 Panknin (Hinterpommern)

† 14.12.1847 Berlin [F.4]

M. kam als 16jähriger nach Berlin und wurde als Lehrling in die Feilnersche Tonwaren-Fabrik aufgenommen. Auf Veranlassung seines Lehrherrn besuchte er sechs Jahre lang neben seiner Arbeit in der Fabrik die Akademie der Künste. 1828 nahm er eine Stelle in Frankreich an. 1832 kam er nach Berlin zurück und wurde Teilhaber bei Feilner. M. gründete 1836 eine eigene Tonwarenfabrik in Tiergartenfelde bei Charlottenburg. Viele öffentliche Gebäude waren mit aus seiner Werkstatt hervorgegangenen Kunstwerken verziert, u.a. trat er mit schmuckvollen Tongefäßen bei der Industrieausstellung in Berlin 1844 hervor. *BF*

March, Otto

Architekt und Fachschriftsteller
✶ 17.10.1845 Charlottenburg
† 1.4.1913 ebd. [F.5]
Der Vater von Werner und Walter M. war nach dem Studium in Wien und Berlin zunächst ab 1872 als Architekt in Wien tätig und arbeitete ab 1880 als selbständiger Architekt in Berlin. Seit 1907 im Ausschuß Groß-Berlin, entwickelte er Aktivitäten für die rechtzeitige städtebauliche Planung jener künftigen Groß-Gemeinde Berlin. M. war Initiator des Wettbewerbs »Groß-Berlin« (1907–08) und der Allgemeinen Städtebau-Ausstellung Berlin 1910.
Wichtige Bauten: Fabrik- und Wohngebäude Firma Schering, Bln.-Charlottenburg (1895–98); Wohnsiedlung Amalienpark, Bln.-Pankow (1896); Umbau Französische Kirche, Gendarmenmarkt, Bln.-Mitte (1905); Deutsches Stadion, Vorläufer Olympiastadion, Bln.-Charlottenburg (1912); zahlreiche Wohnhäuser in Bln.-Charlottenburg. *KDS*

March, Werner

Architekt
✶ 17.1.1894 Charlottenburg
† 11.1.1976 Berlin [F.5]
Der Sohn von Otto M. war nach seinem Architekturstudium in Berlin und Dresden vorübergehend in Minden, ab 1922 an der Berliner Akademie und ab 1925 mit selbständigem Büro in Berlin tätig. 1954 wurde M. an der TU Berlin zum Professor berufen. M. bevorzugte moderne Architekturgestaltung mit konstruktiv bedingten Formen in den bestimmenden Materialien Stahlbeton und Glas.
Wichtige Bauten: Reichsbanksiedlung Schmargendorf, Bln.-Wilmersdorf (1923–26); Deutsches Sportforum, Bln.-Charlottenburg (1926–28, erw. 1934–36); Reichssportfeld mit Maifeld, Dietrich-Eckart-Bühne (heute Waldbühne), Olympia- und Schwimmstadion (Entwurf ab 1925, Ausführung 1934–36); Jugoslawische Gesandschaft, Bln.-Tiergarten (1938–40); Vater-Unser-Kirche, Bln.-Wilmersdorf (1959–61).
Literatur: W. Ribbe/W. Schäche (Hg.), Baumeister, Architekten, Stadtplaner, 1987. *KDS*

Marcks, Gerhard

Bildhauer und Grafiker
✶ 18.2.1889 Berlin
† 13.11.1981 Burgbrohl/Eifel
In anfänglicher Nachfolge von A. Gaul und R. Scheibe erste Anerkennung gewinnend, begann M. 1918 als Lehrer an der Berliner Kunstgewerbeschule, ging 1919–25 an die Töpferwerkstatt des Bauhauses in Dornburg und lehrte 1925–33 an der Halleschen Burg Giebichenstein. 1933 aus dem Dienst getrieben, zog M. nach Berlin und arbeitete abwechselnd dort und zurückgezogen in Nienhagen weiter. 1944 verlor er durch Bombenangriffe einen Teil seiner Werke. Nach dem II. Weltkrieg arbeitete M. 1946–50 an der Landeskunstschule in Hamburg und war seit 1950 in Köln freischaffend tätig. Anfangs unter dem Einfluß des Bauhauses zum Expressionismus neigend, fand M. nach 1930 zu eigener künstlerischer Sprache (z.B. »Thüringer Venus«, 1930), die ihn zu einem der bedeutendsten Bildhauer des 20. Jhs. in Deutschland werden ließ. Nach 1945 arbeitete er u.a. für Gedenkstätten, Sakralbauten und Denkmäler.
Literatur: Busch/Rudloff, G. Marcks, Das plastische Werk, 1977. *JM*

Maretzky, Oskar

Jurist, Kommunalpolitiker
✶ 2.6.1881 Breslau
† unbekannt
Nach dem Jurastudium in Breslau und Leipzig widmete er sich bald der Kommunalpolitik und wurde 1912 Stadtsyndikus und von 1918 bis 1920 Bürgermeister von Lichtenberg. Da er während des Kapp-Putsches als Berliner Polizeipräsident bestimmt worden war, mußte er nach dem Scheitern des Putsches sein kommunales Wirkungsfeld aufgeben. Als Mitglied der Deutschen Volkspartei gehörte er zwischen 1920 und 1924 dem Reichstag an, danach war er für die Deutschnationale Volkspartei bis 1928 im Preußischen Abgeordnetenhaus. 1933 zum Berliner Bürgermeister unter Oberbürgermeister Heinrich Sahm berufen, amtierte er nach dessen Rücktritt zwischen Dezember 1935 bis März 1937 kommissarisch als Berliner Oberbürgermeister, hatte in dieser Funktion aber kaum noch Kompetenzen gegenüber dem vom NS-Regime eingesetzten

Berliner Staatskommissar Julius Lippert. Als dieser zum Stadtpräsidenten berufen und das Amt des Oberbürgermeisters überflüssig gemacht wurde, war die kommunale Laufbahn von M. beendet. Er arbeitete in der Folgezeit bei der Knorr-Bremse AG in Berlin. Ab 1939 fehlen die Angaben zu seiner Person. *EF*

Marggraf, Andreas Sigismund

Chemiker

✶ 3.3.1709 Berlin

† 7.8.1782 ebd.

Der Apothekersohn studierte in Berlin, Straßburg, Halle und Freiberg. 1735 nach Berlin zurückgekehrt, wurde er schon 1738 Mitglied der königlich Preußischen Sozietät der Wissenschaften (der späteren Akademie) und 1760 Direktor ihrer Physikalisch-Mathematischen Klasse. M. entdeckte 1747 den Zucker in der Runkelrübe und isolierte auch viele andere Naturstoffe. Er führte neue analytische Verfahren sowie das Mikroskop in die Laborpraxis ein. Beigesetzt wurde M. auf dem heute nicht mehr vorhandenen Dorotheenstädtischen Friedhof (1826 geschlossen). *UH*

Marggraff, Karl Arnold

Apotheker, Kommunalpolitiker, Ehrenbürger

✶ 17.5.1834 Berlin

† 5.6.1915 ebd. [F.109]

Der Sohn eines Lehrers erlernte den Beruf des Apothekers und betrieb ab 1858 eine Apotheke in der Charlottenstraße. Von 1863–87 gehörte ihm die »Rothe-Apotheke« in der Rosenthaler Straße. Seit 1867 Mitglied der Stadtverordnetenversammlung, wirkte er ab 1872 als unbesoldeter Stadtrat und gehörte verschiedenen städtischen Gremien an. Als Vorsitzender der Kanalisationsdeputation setzte er sich für den Ausbau der Berliner Kanalisation ein und leitete den Kauf der notwendigen Rieselfelder am Stadtrand. 1911 wurde er als Ehrenbürger ausgezeichnet, vor allem für seine Verdienste um die Kanalisation und die Frischwasserversorgung der Stadt. *EF*

Marheineke, Philipp Konrad

Theologe

✶ 1.5.1780 Hildesheim

† 31.5.1846 Berlin [F.10]

Nach Lehrämtern in Erlangen und Heidelberg kam M. 1811 an die Berliner Universität, als deren Rektor er in den Jahren 1817/18 und 1831/32 wirkte. Seit 1820 war er auch Prediger an der Berliner Dreifaltigkeitskirche. Seine Hauptwerke, das »System der theologischen Moral« und das »System der christlichen Dogmatik« erschienen 1847. M., ein Anhänger Hegels, setzte sich für eine Reformierung der Kirche ein und forderte die Freiheit der akademischen Lehre. *UH*

Marpurg, Friedrich Wilhelm

Musiktheoretiker und Komponist

✶ 21.11.1718 Seehof/Wendemark (Altmark)

† 22.5.1795 Berlin

Der Freund Lessings und Winckelmanns stand 1746 in Paris in enger Verbindung zu Voltaire, Maupertuis, d'Alambert und Rameau, ging 1749 nach Berlin und wurde, um seinen Unterhalt zu sichern, 1763 kgl. Lotteriedirektor. M. zählte zu den Vertretern der Aufklärung in der Musikliteratur. Er popularisierte Batteux und Rameau, bezog als einer der ersten mathematische Methoden in die akustische Grundlagenforschung ein und formulierte zahlreiche Probleme der neueren Musiktheorie. Er gab die Zeitschriften »Der critische Musikus an der Spree« (1750, Neudruck 1970), »Historisch-critische Beyträge zur Aufnahme der Musik« (1754–62) und »Kritische Briefe über die Tonkunst« (1760–64) heraus. Von der großen Zahl musiktheoretischer Schriften genoß »Legende einiger Musikheiligen« (1786, Neudruck 1977) die größte Popularität. Als Komponist gehörte er zu den Initiatoren der Berliner Liederschule und veröffentlichte mehrere Sammlungen Oden und Lieder. *ThW*

Marot, Samuel

Theologe, Ehrenbürger

✶ 11.12.1770 Magdeburg

† 12.10.1865 Berlin [F.15]

Nach dem Theologiestudium in Frankfurt/O. kam er nach kurzer Hauslehrertätigkeit 1788 nach Berlin. Hier arbeitete M. anfänglich als Lehrer, ab 1798 als Prediger am Waisenhaus und seit 1808 als Prediger an der Jerusalems- und Neuen Kirche. 1816 bzw. 1827 sowohl Superintendent der reformierten wie auch der lutherischen Diözese, trat er für die Vereinigung beider Kirchen ein, die er 1830 in seinen beiden Gemeinden durchsetzte. Wesentlich war seine Mitarbeit am Berliner Gesangsbuch. 1848 wurde er Oberkonsistorialrat, 1858 Ehrendoktor an der Theologischen Fakultät der Berliner Universität und 1858 zu seinem 60. Dienstjubiläum Berliner Ehrenbürger. *EF*

Marsilius

Schultheiß von Berlin

Sein Name als vom Landesherrn bestimmtes Oberhaupt und Richter der städtischen Gemeinde findet sich auf zwei Urkunden von 1247 und 1253. Von den 1220–67 gemeinsam regierenden askanischen Markgrafen von Brandenburg, Johann I. und Otto III., eingesetzt, wirkte er während der Gründungszeit der späteren Doppelstadt Berlin und Cölln. *ED*

Martin, Karlheinz

Regisseur und Theaterleiter

✶ 6.5.1888 Freiburg

† 13.1.1948 Berlin [F.2]

M. begann als Schauspieler in Mannheim, führte schon früh Regie, kam über Frankfurt/M., Hamburg 1919 nach Berlin, gründete hier mit R. Leonhardt die Tribüne, wo er Stücke Hasenclevers und die Uraufführung von Tollers »Die Wandlung« auf die Bühne brachte. M.s Vorstellungen von politischem Theater führten ihn zu Versuchen, Bühne und Zuschauerraum zu verschmelzen, das Publikum zu aktivieren (»Bühne zur Tribüne«). M. verzichtete zunächst auf herkömmliche Szenerie, schuf szenische Raumordnungen mit einfachen Podesten, inszenierte aber auch am Großen Schauspielhaus und am Deutschen Theater und an der Volksbühne (u.a. die Uraufführungen von Hasenclevers »Antigone« und Kreneks »Jonny spielt auf«). 1929–31 war er Chef der Volksbühne, danach ging er nach Wien, hatte Berufsverbot bis 1941, war danach wieder in Berlin (Schiller-Theater, Volksbühne). 1945 inszenierte er die »Dreigroschenoper« zur Wiedereröffnung des Hebbel-Theaters in Berlin, dem er bis zu seinem Tod verbunden blieb. *DTW*

Marx, Adolf Bernhard

Musiktheoretiker und Komponist

✶ 15.5.1795 Halle

† 17.5.1866 Berlin

M. war nach Jurastudium zunächst in Naumburg, dann am Kammergericht Berlin tätig und bildete sich autodidaktisch (zeitweilig als Schüler von Zelter) zum Musiker. M. gründete 1824 die »Berliner Allgemeine Musikalische Zeitung«, die er bis 1830 redigierte, promovierte in Marburg 1828 und wurde 1830 Professor der Musik an der Berliner Universität, 1832 auch Universitätsmusikdirektor. 1850 gründete er mit Stern und Kullak die »Musikschule für Gesang, Klavier und Komposition« (das spätere Stern'sche Konservatorium), aus deren Leitung er 1857 ausschied, um sich ganz der Lehre und Forschung zu widmen. M., der in seiner Kompositionslehre Klassizist war, wandte sich entschieden gegen Kommerzialisierung und Verflachung des Musiklebens und Dilettantismus. Als Theoretiker bedeutend, leistete er als Komponist nur wenig Eigenständiges. Schriften: u.a. Die Lehre von der musikalischen Komposition (4 Bde., 1837/47), Allgemeine Musiklehre (1839), Gluck und die Oper (2 Bde. 1863). *ThW*

Marx, Karl

sozialistischer Theoretiker

✶ 5.5.1818 Trier

† 14.3.1883 London

Nach Jura-, Geschichts- und Philosophiestudium in Bonn und Berlin sowie Promotion hatte er 1836–41 in Berlin »Hegel von Anfang bis zum Ende samt den meisten seiner Schüler« kennengelernt und im Doktorklub im Café Stehely, Jägerstraße 57 Ecke Charlottenstraße, mit dem radikalen Religionskritiker Bruno Bauer und anderen Junghegelianern heiß diskutiert. Unter diesem Einfluß sowie geprägt von Erfahrungen, die er 1842/43 als Chefredakteur der »Rheinischen Zeitung« gewann, wurde M. Demokrat und schließlich Kommunist. In dieser Zeit begann seine Freundschaft mit Engels. 1848–49 als Herausgeber der »Neuen Rheinischen Zeitung« tätig, mußte M. 1849 wegen seiner politischen Aktivitäten Deutschland verlassen. Er emigrierte über Paris nach London, wo er sich der Ausarbeitung seiner Theorie und ihrer Verbindung mit der Arbeiterbewegung widmete. 1867 erschien der erste Band seines »Kapital«. M. hatte sich hierin das Ziel gestellt, »das ökonomische Bewegungsgesetz der kapitalistischen Gesellschaft » aufzudekken. Die beiden anderen Bände gab Engels nach M.' Tod heraus. *ED*

Massary, Fritzi

(eigtl. Friedrike Massaryk)

Operettensängerin und Schauspielerin

✶ 21.3.1882 Wien

† 30.1.1969 Los Angeles

M., Tochter eines Wiener Kaufmanns, erhielt bereits im Kindesalter Gesangsunterricht und trat seit 1899 am Landestheater von Linz vorwiegend in Operettenrollen auf. Von Linz aus ging sie

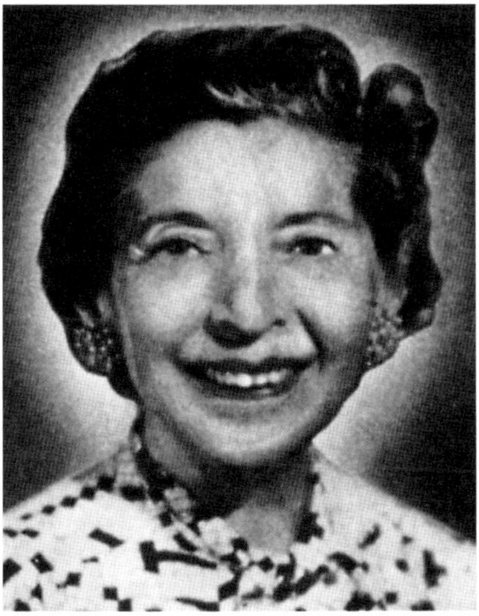

Fritzi Massary (1882–1969)

nach Hamburg (Carl-Schultze-Theater), spielte zunächst in S. Jones Operette »Die Geisha« und war danach in einigen Soubrettenrollen zu erleben. Schon 1901 wieder in Wien, wo sie mit der Revuebühne in Berührung kam, ging sie 1904 nach Berlin ans Metropol-Theater, an dem gerade die revueartigen Operetten F.v. Hollaenders und P. Linckes gespielt wurden. Rasch gewann sie an Persönlichkeit, wozu ihr, neben ihrer Stimme, ihr sprichwörtlicher Charme und vor allem ihre natürliche Eleganz verholfen haben. Seit 1912 wurde sie zumeist in Hauptrollen besetzt und trat an allen großen Berliner Bühnen der leichten Muse auf, wie dem Berliner Theater, dem Theater am Nollendorfplatz und dem Theater des Westens. Als Hauptdarstellerin in den Operetten von L. Fall, E. Kálmán, J. Offenbach, O. Straus, F. Lehár u.a. eroberte sie sich in den 20er Jahren die Herzen der Berliner und wurde zur gefeierten Diva. Während sie sich später (nach 1929) auch auf der Sprechbühne versuchte, dort jedoch nicht den gewünschten Erfolg hatte, brachte ihr der Auftritt in Operetten stets volle Häuser und Ruhm; sie trat sogar 1926 zu den Salzburger Festspielen auf und sang unter der Leitung des späteren Chefs der Wiener Staatsoper, Bruno Walter, in der »Fledermaus« die Rolle der Adele. In offenbarer Ablehnung der politischen Entwicklung – M. machte bis 1933 aus ihrem Judentum keinen Hehl – emigrierte sie im selben Jahr nach Österreich, dann in die Schweiz und, schließlich, nach kurzer Zeit in London 1938, nach Kalifornien, wo sie bis zu ihrem Tode in Beverly Hills in Los Angeles lebte.

Literatur: O. Bie, F. Massary, 1920; B. Gruhn, Die leichte Muse, Kulturgeschichte der Operette, 1961; O. Schneidereit, F. Massary, 1970. *JM*

Massolle, Joseph

Ingenieur

✶ 24.3.1889 Bielefeld

† 2.4.1957 Berlin

Nach seiner Marinezeit kam M. 1918 nach Berlin und schloß sich mit Vogt und Engl zur Gruppe Tri-ergon zusammen. Der Schwerpunkt ihrer Zusammenarbeit war die Entwicklung eines Verfahrens zur Aufnahme und Wiedergabe von Tonfilm, uraufgeführt 1922 im Berliner »Alhambra«. Finanzielle Schwierigkeiten führten 1929 zur endgültigen Übernahme der Patente durch die UFA, anschließend konnte sich das Tri-ergon-Lichtfilmverfahren durchsetzen. M. war bis Kriegsende verantwortlicher Leiter der UFA für die Tontechnik, fand nach dem Krieg keinen Anschluß mehr und starb nach langer Krankheit in Armut. *VTM*

Matkowsky, Adalbert

(eigtl. Matzkowsky)

Schauspieler

✶ 6.12.1857 Königsberg

† 16.3.1909 Berlin [F.5]

M. debütierte 1877 am Dresdner Hoftheater, ging 1886 nach Hamburg, 1889 ans Kgl. Schauspielhaus in Berlin, dem er bis zu seinem Tode als Liebhaber, Helden- und Charakterspieler treu blieb. M. wurde 1900 als erster Schauspieler zum kgl. Hofschauspieler ernannt. Von großer, kräftiger Statur, spielte er besonders klassische Rollen mit urwüchsiger Kraft und Leidenschaft. Er schrieb »Exotisches« (1895), »Eigenes, Fremdes« (1896). *DTW*

Matthes, Günter

Journalist

✶ 31.12.1920 Leipzig

† 22.11.1995 Berlin

M. kam nach Schulausbildung und Kriegsdienst zum Journalismus im westlichen Teil Berlins, zunächst im französisch lizenzierten »Kurier« (1950), wo er bereits als Ressortleiter Kommunalpolitik und Lokales verantwortet. 1952 ging er zum amerikanisch lizenzierten »Tagesspiegel«, dessen wichtigste Figur unter den Lizenzträgern der bereits in der Weimarer Republik als Schriftsteller (Neue Sachlichkeit) bekannte Erik Reger († 1954) war. Auch hier widmete sich M. dem Lokalen (Berlin-Redaktion). Er baute das Ressort zur führenden Sparte der West-Berliner Zeitungen aus. Er legte den Finger in die Wunden der lokalen Politik, ohne Ansehen der betroffenen politischen Parteien. Dadurch gewann er Respekt für sich und seine Zeitung. Wenn es seit den 60er Jahren im Westen Berlins eine Zeitung gab, die journalistisch an die Weimarer Tradition anknüpfen konnte, war es der »Tagesspiegel«, der dabei nicht zuletzt auf die Stärke seines Lokalressorts bauen konnte. Die Verbreitung in der Sowjetischen Besatzungszone und später der DDR war bereits seit dem Ende der 40er Jahre untersagt, die Abholabonnements von Lesern aus dem östlichen Teil Berlins wurden durch den Mauerbau 1961 unterbunden. So von seinem natürlichen Verbreitungsgebiet großenteils abgeschnitten blieb die im weiter entfernten Westdeutschland verbreitete Auflage des Blattes unbedeutend. Um so bemerkenswerter bleibt die gleichmäßig hohe Qualität der Lokalberichterstattung, die M. prägte. In der jahrzehntelang von ihm geschriebenen Spalte »Am Rande bemerkt« griff er auch zunächst unscheinbare Vorgänge auf, deren charakteristische Bedeutung er herauszuarbeiten verstand. M. schrieb für den »Tagesspiegel« auch Leitartikel, wenn es die Wichtigkeit seines Gegenstandes hergab. 1984 wurde M. auch Mitglied der dreiköpfigen Redaktionsleitung. In seinem letzten Berufsjahr erlebte M. 1989/90 das erste Zusammenwachsen Berlins durch die Vereinigung der beiden Teile Deutschlands, ein Ziel, dem sich der »Tagesspiegel« seit seiner Gründung verschrieben hatte. *HB*

Matthias, Thomas

ab 1547 kurfürstlicher Kammerherr
und Bürgermeister von Berlin
✶ (nicht zu ermitteln) Brandenburg
† 7.7.1576 ebd.

M. stammte aus einer reichen Berliner Patrizierfamilie. Selbst bei Philipp Melanchthon erzogen, förderte er Gelehrte, u.a. die Professoren der Universität Frankfurt/O. Als Finanzverwalter und zugleich Gläubiger Joachims II. wurde er in Geldgeschäfte und Händel des Kurfürsten verwickelt und gerichtlich verfolgt. In einer Denkschrift wies er auf die für die Stadt nachteiligen Folgen hin, die sich aus der Steuerfreiheit von Adel und Geistlichkeit ergaben. *ED*

Maupertuis, Pierre-Louis Moreau de

Naturforscher, Mathematiker und Philosoph
✶ 28.9.1698 Saint-Malo
† 27.7.1759 Basel

Nach mathematischen und philosophischen Studien in Paris, Kriegsdienst und wissenschaftlicher Arbeit in Frankreich, später auch in London und in der Schweiz nahm er an einer Expedition nach Lappland teil. 1736 gelang es ihm dort, die Abplattung der Erde an den Polen nachzuweisen und damit Newtons Theorie zu bestätigen. Als »Abplatter« gefeiert, wurde er daraufhin in den Kreis der 40 Unsterblichen der Académie Française aufgenommen. 1741 folgte M. einer Berufung durch Friedrich II. nach Berlin. Er verbrachte hier insgesamt zwölf Jahre und wirkte 1745–53 als Präsident der Akademie der Wissenschaften zu Berlin. Seine 1746 veröffentlichte Schrift über das Prinzip der geringsten Aktion löste einen Prioritätsstreit aus, in den auch Voltaire mit beißender Ironie eingriff. M. erkrankte daraufhin und zog nach Basel. Seine wichtigsten wissenschaftlichen Leistungen vollbrachte M. auf den Gebieten der Geodäsie, Astronomie und der theoretischen Mechanik. *UH*

Mauthner, Fritz

Schriftsteller, Kritiker und Sprachphilosoph
✶ 22.9.1849 Horitz (Böhmen)
† 29.6.1923 Meersburg/Bodensee

M. stammte aus einer Gelehrten- und Kaufmannsfamilie. Er wuchs in Prag auf und studierte dort Jura. In Berlin gehörte er in den 80er Jahren des 19. Jhs. zu den einflußreichsten Literatur- und Theaterkritikern und arbeitete an verschiedenen Zeitungen mit u.a. am »Berliner Tageblatt«. Bekannt machten ihn seine in Mosses »Deutschem Montagsblatt« erschienenen Parodien »Nach berühmten Mustern« (als Buchausgabe in 2 Teilen., 1878–80), in denen er Modeschriftsteller wie Berthold Auerbach, Felix Dahn, Gustav Freytag und Victor von Scheffel persiflierte. Er selbst schrieb gesellschaftskritische und historische Romane. Mit seinem ironischen dreibändigen Romanzyklus »Berlin W« (»Quartett« 1886; »Die Fanfare« 1888 und »Der Villenhof« 1890) kreierte M. noch vor Paul Lindau und Theodor Fontane den Typus des Berlin-Romans. Jedoch hat er sich mit seinen Romanen nicht durchsetzen können.

M. wurde nach dem Ausscheiden Maximilian Hardens und Theodor Wolffs zusammen mit Ludwig Fulda und Gerhart Hauptmann aktives Mitglied der »Freien Bühne« in Berlin. Er stand dem Naturalismus nahe. Sein sprachphilosophisches Hauptwerk sind die »Beiträge zu einer Kritik der Sprache« (1901 u. 1902) ein Werk gegen den »Wortaberglauben«. Grundgedanke ist, daß »Sprache ein untaugliches Werkzeug für die Erkenntnis« sei, da ihr der Realitätsbezug fehle. Die Bezeichnung der Dinge und die Wirklichkeit hätten keine Verbindung miteinander. Mit diesen Beiträgen, die ein grundlegendes Werk der Sprachkritik seiner Zeit sind, hat er auf viele Autoren des 20. Jhs. eingewirkt. 1905 verließ M. Berlin und lebte und wirkte in Freiburg i.Br., später in Meersburg/Bodensee. Hier schrieb er »Prager Jugendjahre. Erinnerungen« (1918) und »Der Atheismus und seine Geschichte im Abendland« (4 Bde., 1920–1923). *IU*

May, Joe

(eigtl. Joseph Mandel)
Filmregisseur und -produzent
✶ 7.11.1880 Wien
† 29.4.1954 Hollywood
M. kam 1911 nach Berlin zur Continental-Filmgesellschaft, wo er 1912 in den Ateliers Chausseestraße 123 zu drehen begann. 1914 gründete er die J.-M.-Film, die 1920 in der UFA aufging. M. holte u.a. F. Lang in die neuen Weißenseer Ateliers. Nach dem I. Weltkrieg baute er in Woltersdorf bei Berlin eine »Filmstadt«, in der exotische und Historienfilme gedreht wurden. »Heimkehr« (1928) und »Asphalt« (1929) ragen unter seinen Filmen heraus. *DTW*

McCloy, John Jay

Jurist, Hochkommissar für Deutschland, Ehrenbürger
✶ 31.3.1895 Philadelphia (USA)
† 11.3.1989 Stamford (USA)
Der Sohn eines Versicherungsangestellten und Harvard-Absolvent arbeitete seit 1921 als Rechtsanwalt in New York. Von 1940 bis zum Kriegsende wirkte er in verschiedenen Funktionen in Ministerien und anderen staatlichen Gremien. Seit 1947 bekleidete er das Amt eines Präsidenten der Weltbank. Von 1949–52 war er Hochkommissar der USA für Deutschland. In dieser Funktion weilte er mehrfach in Berlin. 1951 überreichte er dem Regierenden Bürgermeister einen Scheck über 5 Millionen Mark für den Bau der Amerika-Gedenkbibliothek. Aus Anlaß seines 90. Geburtstages erhielt er 1985 die Berliner Ehrenbürgerwürde. *EF*

Mebes, *Paul* Louis Adolf

Architekt
✶ 23.1.1872 Magdeburg
† 9.4.1938 Berlin [F.94]
Nach dem Studium in Braunschweig und Charlottenburg war M. 1902–05 im Staatsdienst und seit 1906 in Berlin als Architekt tätig. Von 1906–22 für die Planung und Ausführung von Wohngebäuden und Siedlungen verantwortlich, war M. ein wichtiger Vertreter des Neuen Bauens, insbesondere auf dem Gebiet des rationellen Kleinwohnungsbaus. 1911–38 hatte M. zusammen mit seinem Schwager Paul Emmerich ein gemeinsames Büro (Fa. Mebes & Emmerich), in dem der Bau jener Siedlungen vorbereitet wurde. Seit 1912 war M. Mitglied des Deutschen Werkbundes, ab 1918 Professor an der TH Charlottenburg und 1919–33 Mitglied der Preußischen Akademie der Künste.
Wichtige Bauten (jeweils zusammen mit P. Emmerich): Wohnbauten Lindenstraße, heute Grabbeallee, Bln.-Pankow (1908–09); Schadow-Gymnasium, Bln.-Zehlendorf (1911–13); Verwaltungsgebäude der Nordstern-Lebensversicherung AG., Bln.-Schöneberg (1913–15); Siedlung Am Heidehof, Bln.-Zehlendorf (1923–30); Spreesiedlung, Bln.-Treptow (1929–36); Friedrich-Ebert-Siedlung, Bln.-Wedding (1929–31); Reichsforschungssiedlung Haselhorst, Bln.-Spandau (1930–32, zusammen mit P. Emmerich und F. Forbat); Siedlung »Rauchlose Stadt«, Bln.-Steglitz (1930–32, zusammen mit P. Emmerich und H. Straumer); darüber hinaus zahlreiche Wohnhäuser, Verwaltungsgebäude u.ä.
Literatur: P. Mebes, Miethausbau in Berlin 1906–1938, 1972. *KDS*

Mehring, Franz

Publizist
✶ 27.2.1846 Schlawe (Pommern)
† 28.1.1919 Berlin [F.102]
Der Vater, einst aktiver Offizier und nun Steuerbeamter, erzog seinen Sohn im Sinne der preußischen Tugenden. Doch M. ging eigene Wege. Seine Studien an den Universitäten Leipzig und Berlin brach er 1869 ab, um sich ganz dem Journalismus zu widmen. Über »Die Zukunft«, die

»Spenersche Zeitung« und die »Frankfurter Zeitung« fand er den Weg zur Berliner »Volkszeitung«, deren Chefredakteur er 1886 wurde. Nach anfänglicher Gegnerschaft zur Sozialdemokratie wurde er mit deren Führern bekannt, trat 1891 selbst der Partei bei und wurde ständiger Mitarbeiter der »Neuen Zeit«, dem theoretischen Organ der SPD. Zwischen 1902 und 1913 wirkte er als Chefredakteur der sozialdemokratisch orientierten »Leipziger Volkszeitung« und lehrte von 1906–11 an der zentralen Parteischule der SPD in Berlin. Nach Ausbruch des Krieges näherte er sich der Parteilinken an und wurde 1916 Mitglied des Spartakus-Bundes. Er starb im Sanatorium Grunewald bei Berlin.
Literatur: Mehring, Die Lessing-Legende, 1893; ders., Geschichte der deutschen Sozialdemokratie, 1897/98; ders., Karl Marx. Geschichte seines Lebens, 1918. *EF*

Mehring, Walter

(Pseud. Walt Merin)
Schriftsteller
✶ 29.4.1896 Berlin
† 3.10.1981 Zürich (Schweiz) [F.102]
Der Sohn eines Journalisten wollte ursprünglich Kunstmaler werden, wandte sich dann jedoch der Literatur zu. Seine ersten Gedichte erschienen in Herwarth Waldens »Sturm«. Doch bald gehörte M. zum Kreis der Berliner DADAisten um George Grosz. Mit seinen Gedichten und Songs zählte er zu den Begründern des politischen Kabaretts in Berlin. Zwischen 1921 und 1928 lebte er vorwiegend in Paris. Als 1933 seine Bücher verbrannt und er selbst ausgebürgert wurde, floh er über Wien nach Paris, wurde 1940 interniert und konnte 1941 in die USA entkommen. Seit 1953 wieder in Europa, lebte er in Zürich. Berlin ehrte ihn 1967 mit dem Kunstpreis und verlieh ihm 1976 eine Ehrenprofessur. Der scharfsinnige Zeitkritiker fand bisher viel zu wenig Beachtung.
Literatur: Mehring, Die verlorene Bibliothek. Autobiographie einer Kultur, 1951; ders., Berlin DADA, 1959; ders., Chronik der Lustbarkeiten. Die Gedichte, Lieder und Chansons 1918–1933, 1981; ders., Das Mitternachtstagebuch. Texte des Exils 1933–1939, 1996. *EF*

Meierotto, Johann Heinrich Ludwig

Pädagoge
✶ 22.8.1742 Stargard (Pommern)
† 24.9.1800 Berlin
Der Sohn eines Lehrers wollte ursprünglich Theologe werden. Doch nach dem Besuch des Joachimsthalschen Gymnasiums verdingte er sich 1765 für fünf Jahre als Erzieher. Danach erhielt er 1771 durch Vermittlung von Johann Georg Sulzer, mit dem er bekannt war, eine Stellung am Joachimsthalschen Gymnasium. Von 1775 an wirkte er als dessen Rektor und leistete eine erfolgreiche Arbeit. Ihm verdankte die Schule zum Beispiel die Einführung naturwissenschaftlicher Fächer. Vom Minister von Zedlitz beauftragt, eine Lehrordnung für das Gymnasium auszuarbeiten, hatte er die Genugtuung, daß diese dann als Vorbild für alle preußischen Gymnasien verwendet wurde. 1786 wurde er Mitglied der Akademie der Wissenschaften, seit 1790 gehörte er auch der Akademie der Künste an. *EF*

Meil, *Johann* Wilhelm

Zeichner, Radierer und Illustrator
✶ 23.10.1733 Altenburg
† 2.2.1805 Berlin
Als Autodidakt kam M. 1752 nach Berlin und wurde 1766 Mitglied der Akademie der Künste, wo er 1801 D. Chodowiecki im Direktorenamt ablöste. M. arbeitete nach Hoppenhaupt'schen Entwürfen für Architekturstücke (u.a. Sanssouci), schuf aber auch Kostüme für das Berliner Hoftheater und Vorlagen für Porzellane. Darüber hinaus galt M. als einer der bekanntesten Illustratoren der Aufklärungsliteratur in der Rokokozeit Berlins. *JM*

Meinecke, Friedrich

Historiker
✶ 30.10.1862 Salzwedel
† 6.2.1954 Berlin [F.92]
Der aus einer Beamtenfamilie stammende M. studierte in Berlin Geschichte und Germanistik und trat anschließend in den Archivdienst ein. Als Professor wirkte er in Straßburg (1901–06) und Freiburg (ab 1906), bevor er 1914 an die Berliner Universität berufen wurde. Nach seiner Emeritierung 1932 zog er sich, den Nationalsozialismus entschieden ablehnend, zunehmend in eine »innere Emigration« zurück. 1948 kehrte der hochbetagte Wissenschaftler, der nach dem Krieg politisch für die Westintegration Deutschlands eintrat, ins öffentliche Leben zurück und wurde erster Rektor der Freien Universität Berlin. In der Nachkriegszeit übte M. einen starken geistigen Einfluß auf Entwicklung und Ausrichtung der

(west)deutschen Geschichtswissenschaft aus. In seinem umfangreichen Gesamtschaffen nimmt die deutsche und europäische Geistes- und Ideengeschichte den zentralen Platz ein. So beschreibt M. im ersten seiner drei Hauptwerke, den »Studien zur Genesis des deutschen Nationalstaats« (1907), u.a. das Ringen bekannter Persönlichkeiten um ihre Position zur nationalstaatlichen Einigung. Diesen Nationalstaat sah er nach dem I. Weltkrieg viel kritischer und bejahte die Weimarer Republik: »Ich bin nicht aus ursprünglicher Liebe zur Republik, sondern aus Vernunft und vor allem aus Liebe zu meinem Vaterlande Republikaner geworden.« Im Mittelpunkt des Werkes »Die Idee der Staatsräson in der neueren Geschichte« (1924) steht der Widerspruch zwischen dem Handeln aus Machtinteresse und dem nach moralischen Kriterien. In der »Entstehung des Historismus« (1936) kritisiert M. Nationalismus und Werterelativismus. Die größte Verbreitung unter seinen Büchern fand »Die deutsche Katastrophe« (1945).
Literatur: M. Erbe (Hg.), Friedrich Meinecke heute, 1981. *UH*

Meisel, August *Will* (Wilhelm)
Komponist und Musikverleger
✶ 17.9.1897 Berlin
† 29.4.1967 Müllheim (Baden) [F.83]
M. war ursprünglich Tänzer und wirkte 1907–23 an der Berliner Hofoper (bzw. Staatsoper), etablierte sich dann als freischaffender Komponist in Berlin und gründete 1926 den Musikverlag »Edition Meisel & Co.«. M. schrieb neben zahlreichen Liedern, Chansons und Schlagern hauptsächlich Operetten (»Fräulein pardon« 1929; »Königin einer Nacht« 1943) und Filmmusiken (»Die Sonne geht auf«, »La Paloma« beide 1934; »Ein Walzer für Dich« 1943).
Literatur: K. Eidam/R. Schröder, 100 Jahre Will Meisel. Eine Berliner Geschichte mit Musik, 1997. *ThW*

Meitner, Lise
Physikerin
✶ 7.11.1878 Wien
† 27.10.1968 Cambridge
Die Tochter eines Rechtsanwalts studierte in Wien Naturwissenschaften und promovierte 1906. Im folgenden Jahr kam sie nach Berlin, um bei Max Planck Vorlesungen zu hören. Sie blieb, und es begann ihre dreißigjährige fruchtbare Zusammenarbeit mit Otto Hahn. 1912–38 arbeitete M. am Kaiser-Wilhelm-Institut für Chemie; 1922 wurde sie Privatdozentin, 1926 Professorin für Physik an der Berliner Universität. Aus »rassischen« Gründen wurde ihr die Lehrbefugnis 1933 entzogen. Nach der Annexion Österreichs mußte M. 1938 nach Schweden emigrieren. 1947 erhielt sie eine Professur an der Technischen Hochschule Stockholm. Im Zentrum ihrer experimentellen

Lise Meitner (1878–1968)

Arbeiten standen die Radioaktivität, insbesondere die Erforschung der Beta- und Gammastrahlen, die Struktur der Atomkerne und die künstliche Elementumwandlung durch Kernreaktionen. Kurz vor ihrer Flucht aus Nazideutschland regte M. die Versuchsreihe an und schlug die dazu notwendige technische Versuchsanordnung vor, in deren Ergebnis Otto Hahn und Fritz Straßmann 1938 die erste künstliche Uranspaltung gelang. Über die weitreichende Bedeutung dieses Experiments war sie sich besser im klaren als Hahn selber. Schon im Januar 1939 deutete M. diese Entdeckung physikalisch richtig und berechnete erstmals die dabei freiwerdende Energie. Sie führte auch den Begriff »Kernspaltung« in Fachwelt und Öffentlichkeit ein. Wie M. schon 1935 erklärte, war es ihr »sehnlichster Wunsch«, daß die Erkenntnisse der Atomphysiker nur dem Wohle der Menschheit dienen sollten. Wohl aus solcher Motivation heraus hat sie es auch abgelehnt, im Gegensatz zu vielen ihrer Berufskollegen, sich an den amerikanischen Arbeiten zur Entwicklung der Atombombe zu beteiligen. Wichtige Werke von M. sind das »Handbuch für Physik: Kernstruktur« (1933) und »Aufbau der Atomkerne« (1935).

Literatur: F. Krafft, L. Meitner. Eine Biographie, 1988; P. Rife, L. Meitner. Ein Leben für die Wissenschaft, 1990. *UH*

Memhardt, Johann Gregor

Festungsbaumeister und Ingenieur

✶ 1607 Linz an der Drau

† 1678 Berlin

Seine Ausbildung als Festungsbaumeister erhielt M. wahrscheinlich in Holland, wohin die protestantische Familie um 1622 emigriert war. Etwa ab 1640 in brandenburgischen Diensten, kam M. 1650 nach Berlin, wo ihm 1656 die Aufsicht über alle kurfürstlichen Gebäude und 1658 der Direktorposten über die Festungsbauwerke übertragen wurde. Im gleichen Jahr begann der Berliner Festungsbau, zu dessen Vorbereitung ein Stadtplan aufgestellt wurde (veröffentlicht 1652), der noch heute ein wichtiges Dokument der Stadtgeschichte ist. Obwohl kein Gebäude von M. in Berlin erhalten geblieben ist, hat sein Festungsbau die Stadtstruktur in Berlin-Mitte maßgeblich geprägt (Überbauung des Festungsgrabens durch das S-Bahn-Viadukt).

Wichtige Werke: Schloßneubau, Oranienburg (1651–55, mit M.M. Smids); Berliner Stadtplan (1652); Wohnhäuser Friedrichswerder, Bln.-Mitte (ab 1653); Berliner Festung (Entwurf ab 1652, Ausführung 1658– 83, geschleift ab ca. 1730). *KDS*

Mendelsohn, Erich

Architekt

✶ 21.3.1887 Allenstein (Ostpreußen; heute Olsztyn, Polen)

† 15.9.1953 San Francisco (USA)

Nach dem Architekturstudium in Berlin und München war der Kaufmannssohn M. zunächst in München mit Malerei, Bühnenentwürfen und verschiedenen Bauprojekten beschäftigt und fand hier zum Expressionismus, der sich später auch in seinen Architekturwerken zeigte. Eine Maxime war: der Zweck des Gebäudes sollte sich symbolisch in seiner Form spiegeln. Jene Maxime drückte sich insbesondere im Einsteinturm, Potsdam, aus, den M. entwarf, als er sich 1918 nach dem I. Weltkrieg in Berlin angesiedelt hatte. Sein folgendes Lebenswerk ist gekennzeichnet durch Zweckbestimmung und Funktionalität der Gebäudeform sowie originelle Verwendung der Materialien Stahl, Beton und Glas. Nach seiner Emigration 1933 war M. in Belgien, England, Palästina und in den USA tätig.

Wichtige Bauten: Einsteinturm, Potsdam (1920–1921); Hutfabrik Luckenwalde (1921–23); Baukomplex der WOGA, einschließlich Universum Kino, Kurfürstendamm, Bln.-Charlottenburg (1927–28); Columbus Haus, Potsdamer Platz, Bln.-Mitte (1930– 32, zerst. 17.6.1953); zahlreiche Villen und Geschäftshäuser in Berlin.

Literatur: W. Ribbe/W. Schäche (Hg.), Baumeister, Architekten, Stadtplaner, 1987. *KDS*

Mendelssohn, Moses

Philosoph

✶ 17.6.1728 Dessau

† 4.1.1786 Berlin [F.113]

[*Anmerkung*: Zu dem »neuen« Geburtsdatum (1728) vgl. Eva Engel-Holland, Herausgeberin der Mendelssohn-Gesamtausgabe, in Berlinische Monatsschrift 1/1995, S. 32; auch in Aschkenas 1/1991, S. 151ff.] EF

Der Sohn eines jüdischen Schulmeisters kam 1743 nach Berlin. Völlig unbemittelt und ohne gründliche Ausbildung bildete er sich autodidaktisch universell aus: Nach wenigen Jahren beherrschte er die deutsche Sprache, dazu Französisch, Englisch und Latein. Durch seine Bekanntschaft mit Lessing beschäftigte er sich umfassend mit der Literatur. Zugleich setzte er sich mit philosophischen Fragen auseinander. Schon 1748 gehörte er dem Montagsclub an, später auch als Ehrenmitglied der Mittwochsgesellschaft, dem Zentrum der Berliner Aufklärung. Seinen Lebensunterhalt verdiente er sich im Geschäft eines Seidenhändlers. Aus der freundschaftlichen Beziehung mit Lessing und Nicolai entstanden so bedeutende Zeitschriften wie die »Bibliothek der schönen Wissenschaften und freien Künste« (1757) und vor allem die »Briefe, die neueste Litteratur betreffend« (1759). 1767 erschien mit »Phädon oder über die Unsterblichkeit der Seele« sein wohl bedeutendstes Werk. Sein Freund K.P. Moritz schrieb später zu der Wirkung dieses Buches: »Es ist wahrlich nicht zuviel von ihm gesagt, daß er der Sokrates seines Zeitalters war«. Auch mit Kant stand M. in Verbindung, obwohl sich ihre Ansichten deutlich unterschieden. 1784 veröffentliche er – noch vor dem vielzitierten Beitrag von Kant – in der »Berlinischen Monatsschrift« seine Antwort auf die Frage »Was ist Aufklärung?« Die vielseitigen Leistungen des Denkers auf solchen Gebieten wie der Philosophie, der Literaturkritik und der Sprachwissenschaft sind bisher noch längst nicht erschlossen. Die Herausgeberin der Mendelssohn-Gesamtausgabe, Eva Engel-Holland, erklärte dazu kritisch: »Noch immer hat Moses Mendelssohn in der Literatur-, der Philosophie- und der Wissenschaftsgeschichte nicht den ihm gebührenden Platz.«

Literatur: Die frühen Mendelssohn-Biographien in: Gesammelte Schriften Bd. 23/2, 1998; Altmann, Moses Mendelssohn. A Biographical Study, 1973; H. Knobloch, Herr Moses in Berlin, 1993 (6. Aufl.). *EF*

Moses Mendelssohn (1728–1786)

Mendelssohn Bartholdy, Jacob Ludwig *Felix*

Komponist und Dirigent
✶ 3.2.1809 Hamburg
† 4.11.1847 Leipzig [F.11]

Enkel des Philosophen Moses Mendelssohn. Nach der Plünderung Hamburgs durch die Franzosen übersiedelte die Familie nach Berlin, wo M.s Vater, der Bankier Abraham M., zum Protestantismus konvertierte (Annahme des Namenszusatzes Bartholdy). M. war ein musikalisches Wunderkind, das frühzeitig von den besten Kräften, z.B. C.F. Zelter, ausgebildet wurde. Bis 1825 hatte er bereits 4 Singspiele, 13 Streichersinfonien, 1 große Sinfonie, 3 Doppelkonzerte, 2 Solokonzerte und zahlreiche Vokal-, Klavier- und Kammermusik geschrieben, als ihm mit der Ouvertüre zu Shakespeares »Sommernachtstraum« ein großer Wurf gelang. 1826 hörte M. an der Berliner Universität u.a. Ästhetik bei Hegel und Geschichte bei Gans. Die von M. an der Singakademie geleitete Wiederaufführung von Bachs fast vergessener »Matthäus-Passion« 1829 steht am Beginn der modernen Bachpflege. 1830–32 bereiste M. England, Schottland, Mittel- und Süddeutschland, Italien und Frankreich. Künstlerische Früchte dieser Reise waren in den folgenden Jahren die »Schottische«, die »Italienische« und die »Reformations«-Sinfonie«, sowie die »Hebriden-Ouvertüre«. 1832 bewarb er sich um die Nachfolge Zelters als Dirigent der Singakademie, unterlag jedoch Rungenhagen. Dafür übernahm M. 1833 die Leitung des Niederrheinischen Musikfestes in Düsseldorf, wo er bis 1834 als Musikdirektor blieb. 1835 folgte er dem Ruf nach Leipzig als Gewandhauskapellmeister und brachte das Orchester zu bedeutendem Ruf. M. wäre gern für immer in Berlin geblieben, aber Hoffnungen auf eine Anstellung zerschlugen sich; M.s Berliner Aufenthalte blieben Episode. Ab 1845 leitete er wieder die Gewandhauskonzerte. Erst kurz vor seinem Tode war er endgültig entschlossen, nach Berlin überzusiedeln.

Weitere Werke: Violinkonzert (1844), 3 Streichquartette, 2 Streichquintette, »Lieder ohne Worte« für Klavier (1833–45), Schauspielmusik zu »Ein Sommernachtstraum«, 2 Oratorien, zahlreiche Lieder. *ThW*

Menuhin, Yehudi

Musiker, Violinvirtuose
✶ 22.4.1916 New York City (USA)
† 12.3.1999 Berlin

Aufgewachsen vor allem in San Francisco und New York in der Familie jüdischer Auswanderer aus Rußland, entwickelte er sich früh zu einem perfekten Violinvirtuosen. 1921 war sein erster öffentlicher Auftritt. 1929 trat er zum erstenmal in Berlin auf. 1935 führte ihn eine erste Welttournee durch Amerika, Australien, Südafrika und Europa. Seit dieser Zeit hat er in der ganzen Welt Konzerte gegeben. 1947 trat er erstmals nach dem Krieg wieder in Berlin auf. Seit 1958 arbeitete er auch als Dirigent. »Ich suche immer. Mein Leben lang suche ich und bin neugierig auf alles«, erklärte er das Motto seines Schaffens. Der

in aller Welt ausgezeichnete Musiker erhielt 1979 den Friedenspreis des Deutschen Buchhandels. Seit 1985 war er britischer Staatsbürger und wurde in den Adelsstand erhoben. Berlin, wo er 1999 während einer Tournee verstarb, ehrte ihn 1986 mit dem Moses-Mendelssohn-Preis und einer Ehrenprofessur.
Literatur: Y. Menuhin, Kunst als Hoffnung für die Menschheit, 1991; ders., Unvollendete Reise. Lebenserinnerungen, 1991; Diane Menuhin, Blick ins Paradies. Erinnerungen an ein unglaubliches Leben, 1993. *EF*

Menzel, *Adolph* Friedrich Erdmann von

Maler und Grafiker, Ehrenbürger
✶ 8.12.1815 Breslau
† 9.2.1905 Berlin [F.10]
Als Sohn eines Lithographen fertigte M. schon im Alter von 14 Jahren erste Steindrucke in der väterlichen Werkstatt. Als die Familie 1830 nach Berlin zog, führte er nach dem Tode des Vaters zunächst die Werkstatt weiter. Begonnene Kursusversuche an der Berliner Kunstakademie 1833 wurden bald abgebrochen, und M. bildete sich autodidaktisch. Einen ersten Erfolg errang er mit Zeichnungen zu einem Goethe-Gedicht, denen Kinderbuchillustrationen und, bald darauf (1834–1836), Lithographien zu »Denkwürdigkeiten aus der Brandenburgisch-Preußischen Geschichte« folgten. Die Malerei betrieb er zwar schon seit 1836, dennoch schuf M. vorwiegend Grafiken. Besonders die seit 1839 als Auftragsarbeit gefertigten 398 Zeichnungen zu F. Kuglers »Geschichte Friedrichs des Großen« machten ihn einerseits als realistischen Zeichner, andererseits als Erneuerer der Holzschneidetechnik weithin bekannt, da er hierfür Künstler beschäftigte, die das Zeichnerische richtungweisend umzusetzen vermochten. Teilweise im Genre dem Biedermeier verbunden, war andererseits sein Oeuvre durch die Verwendung des Schatten-Licht-Effekts und den bis dahin unüblichen Gebrauch von Licht- und Farbreflexionen (z.B. »Das Balkonzimmer« 1845, »Tafelrunde von Sanssouci« 1850) eine Art Vorwegnahme des Impressionismus. Neben den historischen Arbeiten geriet auch das Arbeitsleben zunehmend in sein Blickfeld, dem er auch malerisch ein Denkmal setzte (»Das Eisenwalzwerk« 1875). Mit zunehmendem künstlerischen Ruhm gingen die Ehrungen M.s. einher. 1853 in die Akademie gewählt, wurde er u.a. 1856 Professor, 1885 Ehrendoktor der Berliner Universität und im selben Jahr noch Kanzler des Ordens »Pour le mérite«. 1895 wurde er Berliner Ehrenbürger. Die Verleihung des Schwarzen Adler-Ordens 1898 erhob ihn in den erblichen Adel, doch blieb M. stets bei den einfachen Berlinern als »die kleine Excellenz« beliebt.
Literatur: G. Kirstein, Das Leben A. Menzels, 1919; I. Wirth, Mit A. Menzel in Berlin, 1965; E. Trost, A. Menzel, 1982. *JM*

Messel, Alfred

Architekt
✶ 22.7.1853 Darmstadt
† 24.3.1909 Berlin [F.46]
M., der Sohn eines kunstliebenden Bankiers, kam nach Studien in Darmstadt, Kassel und an der Bauakademie 1885 nach Berlin und arbeitete ab 1886 als selbständiger Architekt. M. war am Beginn seiner Tätigkeit ein Vertreter des Historismus in Form der üblichen Neorenaissance; ähnlich wie L. Hoffmann löste er sich davon in den 1890er Jahren und ging unter Einbeziehung traditioneller Gestaltungsgrundsätze zu einem von Funktion und Form bestimmten Materialstil über. Mit dem Wertheim-Warenhaus in der Leipziger Straße schuf M. einen langzeitig gültigen »Standardtyp« Warenhaus. Bedeutung erlangten auch seine Ergebnisse im Reformwohnungsbau.
Wichtige Bauten: zahlreiche Wohn- und Geschäftshäuser in Berlin; Warenhaus Wertheim, Leipziger Str., Bln.-Mitte (1896–1906, im II. Weltkrieg zerst.); Reformwohnungsbau Proskauer Str. (1897–98) und Weisbachstr. (1899–1905), Bln.-Friedrichshain; Landesversicherungsanstalt für Brandenburg, Am Köllnischen Park, Bln.-Mitte (1903–04); Gebäude der Nationalbank für Deutschland, Behrenstr., Bln.-Mitte (1906–07); Planung und Bebauung der Museumsinsel, Bln.-Mitte (1906–09, teilw. Ausführung von L. Hoffmann, Eröffnung 1930). *KDS*

Messter, Oskar

Filmproduzent und -regisseur
✶ 21.11.1866 Berlin
† 7.12.1943 Tegernsee
M. begann in der Firma seines Vaters, die optische Geräte herstellte, und wandte sich bald dem neuen Medium Kino zu, dessen Technik er vervollkommnete. 1889–96 verbesserte er durch Eigenkonstruktionen (z.B. Malteserkreuzgetriebe) die Projektoren zu einwandfrei funktionierenden Maschinen, schuf Perforier-, Kopier- und Entwicklungsmaschinen. 1896 eröffnete M. in

Berlin sein erstes Filmatelier, war damit erster Filmproduzent Deutschlands. Seit 1897 drehte er sogenannte Aktualitätsschauen. 1902 führte er durch Koppelung mit Schallplattenaufnahmen erste »Tonfilm«-Experimente durch. Seit 1906 drehte er kurze Spielfilme, ab 1907 auch mit H. Porten, die in der Folge zum Star der »Messter-Film« wurde. M. entdeckte auch L. Dagover, E. Jannings, C. Veith für den Film. 1910 gründete er eine Firma für filmtechnische Geräte. 1914 führte er die ersten Wochenschauen vor. 1917 ging seine Firma in der »Universum Film« (später UFA) auf. 1922 stellte die »Messter-Woche« ihr Erscheinen ein. *DTW*

Meyer, Eduard

Historiker

✶ 28.1.1855 Hamburg

† 31.8.1930 Berlin [F.55]

Der Sohn eines Philologen erhielt auf dem Hamburger »Johanneum« die entscheidenden Anstöße, sich mit der Alten Geschichte zu beschäftigen. M. studierte in Bonn und Leipzig, verbrachte einige Zeit als Privatlehrer im Ausland und begann 1884 mit der Edition seines Hauptwerkes, der »Geschichte des Altertums« (8 Bde., unvollendet, Neuausgabe 1984). Als anerkannter Althistoriker kam er 1902 an die Berliner Universität, wo er bis zu seiner Emeritierung 1923 lehrte und der er 1919 als Rektor vorstand. Der international angesehenene Gelehrte erwarb sich besondere Verdienste um die Erforschung der Geschichte des Alten Orients sowie durch umfangreiche Quellen- und Detailforschungen zur Geschichte der Griechen und des frühen Christentums.

Literatur: W.M. Calder, E. Meyer. Leben und Leistung eines Universalhistorikers, 1990. *UH*

Eduard Meyer (1855–1930)

Meyer, Ernst Hermann

Komponist und Musikwissenschaftler

✶ 8.12.1905 Berlin

† 8.10.1988 ebd.

M. studierte u.a. bei H. Eisler und an der Berliner Musikhochschule bei M. Butting und P. Hindemith Komposition sowie Musikwissenschaft in Berlin und Heidelberg. Seit 1929 der Arbeiterbewegung verbunden, komponierte er auch politische Gebrauchsmusik und war Musikkritiker der »Roten Fahne«. 1933 emigrierte M. nach England. 1948 kehrte er nach Berlin zurück, wurde Ordinarius für Musiksoziologie an der Humboldt-Universität, war Gründungsmitglied der Akademie der Künste (Ost) und des Komponistenverbandes, begründete 1951 die Zeitschrift »Musik und Gesellschaft« und hatte im Laufe der Jahre verschiedene hohe Repräsentationsämter inne. M. galt, besonders wegen seines »Mansfelder Oratoriums« (1950) und der Schrift »Musik im Zeitgeschehen« (1952) als einer der Gründerväter des »sozialistischen Realismus«. Doch sind die meisten seiner großangelegten Orchesterwerke ebenso wie die fein strukturierte und klangsinnliche Kammermusik kaum dazu geeignet, diesen Begriff mit Sinn zu füllen. *ThW*

Meyerbeer, Giacomo

(eigtl. Jakob Liebmann Meyer Beer)

Komponist und Dirigent

✶ 5.9.1791 Tasdorf oder Vogelsdorf b. Berlin

† 2.5.1864 Paris [F.118]

M., der ältere Bruder des Astronomen W. Beer, erhielt mit sieben Jahren ersten Klavierunterricht und spielte als 10jähriger bereits Mozarts Konzert d-moll erstmals öffentlich. 1803 wurde er Schüler der Singakademie, nahm Unterricht bei Zelter, studierte 1810–12 zusammen mit C.M.v. Weber in Darmstadt Komposition. 1813 Hofkomponist des Großherzogs von Hessen-Darmstadt, übersiedelte er 1814 nach Paris. Da seine frühen Bühnenwerke keinen Erfolg hatten, trat er zunächst als Pianist auf. 1816 ging M. für mehrere Jahre nach Italien, wo er die italienische Opernpraxis studierte und selbst italienische Opern komponierte. 1825 kehrte er nach Paris zurück und heiratete seine Kusine. 1827 begann die Zusammenarbeit mit dem Librettisten Eugène Scribe, ganz offensichtlich die Grundlage für den Erfolg seiner großen Opern (»Robert der Teufel« 1831; »Die Hugenotten« 1836; »Der Prophet« 1841, UA 1849). 1832 wurde M. Mitglied der französischen, ein Jahr später der preußischen Akademie der Künste. Friedrich Wilhelm III. verlieh ihm den Titel Hofkapellmeister. 1842 trat M. die Nachfolge Spontinis als preußischer Generalmusikdirektor an der Kgl. Oper in Berlin an. Trotz vieler Konflikte mit dem pedantischen Indentanten v. Küstner setzte M. sich für neue Werke vornehmlich deutscher Komponisten ein (Spontini hatte die italienische Richtung favorisiert). M. ebnete R. Wagner den Weg nach Berlin, was dieser ihm später mit antisemitischen Ausfällen in seiner Publizistik vergalt. Ihm verdankten die Musiker der Oper auch eine Gehaltserhöhung um das Zweieinhalbfache. Er war als Komponist wirtschaftlich so erfolgreich, daß er sich die Arbeit aussuchen konnte, die ihm gefiel. 1845 zog er sich weitgehend vom Operngeschäft zurück und ging 1848 wieder nach Paris, blieb aber formell bis zu seinem Tode in preußischen Amt und Würden (Pour le mérite der Friedensklasse, 1842). In Paris starb er während der Vorbereitungen zur Aufführung seiner letzten Oper »Die Afrikanerin«.

Literatur: G. Meyerbeer, Briefwechsel und Tagebücher, 1960 ff.; J. Kapp, Meyerbeer, 1932.

ThW

Meyerheim, *Eduard* Friedrich

Maler und Radierer

✶ 7.1.1808 Danzig

† 18.1.1879 Berlin

Nach dem Besuch der Danziger Kunstschule siedelte M. 1830 nach Berlin über und besuchte dort die Zeichenklasse der Akademie. Als Maler des Genre- oder Volksbildes wurde er 1836 Mitglied der Akademie sowie 1855 Professor und Mitglied weiterer Akademien. Eines seiner populärsten, auch durch ihn selbst grafisch vervielfältigten Werke, war die 1833 mit F. Kugler herausgegebene Vedutensammlung über die Mark Brandenburg. *JM*

Michelet, Paul

Kommunalpolitiker, Ehrenbürger

✶ 26.10.1835 Berlin

† 29.11.1926 ebd. [F.112]

Der Fabrikantensohn stammte von hugenottischen Einwanderern ab und gehörte der französischen Gemeinde an. Nach seiner Ausbildung in Berlin, London und Paris arbeitete er seit 1850 in der Pelzwarenfabrik des Vaters. Von 1870 bis 1899 führte er dann selbst dieses Unternehmen. In der Berliner Kommune sowie in der französischen Gemeinde wirkte er aktiv mit. Er folgte hier dem Vorbild des Vaters, der selbst über zwanzig Jahre als Bezirksvorsteher tätig war. Dieses Amt bekleidete er von 1873–81, wurde 1887 zum Stadtverordneten gewählt und erhielt 1894 das Vertrauen als Stellvertreter des Vorstehers der Stadtverordnetenversammlung. Sein besonderes Augenmerk galt der Arbeit im Etatausschuß, dessen Vorsitzender er seit 1908 war. In gleichen Jahr wurde er als Vorsteher der Stadtverordnetenversammlung gewählt, ein Amt, das er bis zum Ende des I. Weltkrieges ausübte. 1913, als er auf 25 Jahre Stadtverordnetenarbeit zurückblicken konnte, ehrte ihn Berlin mit dem Titel eines Ehrenbürgers. *EF*

Mies van der Rohe, Ludwig

Architekt

✶ 27.3.1886 Aachen

† 17.8.1969 Chicago (USA)

Erste Anregungen zum Architektenberuf und seiner handwerklichen Meisterschaft bekam M. von seinem Vater, einem Maurer- und Steinmetzmeister. Zeichnen lernte er beim Entwerfen von Stuckornamenten. Für die weitere Vervollkommnung seines Wissens dürfte wohl die praktische Tätigkeit bei B. Paul (bedeutender Möbelentwerfer) und P. Behrens in Berlin (1908–10) entscheidend gewesen sein. Erste unabhängige Entwürfe aus jener Zeit orientierten sich zwar noch an Schinkel und der Schinkel-Renaissance zu Beginn des 20. Jhs. (z.B. Haus Kröller, Den Haag, 1912), nach dem I. Weltkrieg war M. jedoch, ähnlich wie W. Gropius, stark von der Wirkung des Expressionismus geprägt. In diesem Zusammenhang schloß sich M. 1918 auch der progressiven Novembergruppe an. »Revolutionär« waren aus jener Zeit die Entwürfe für Glas-Hochhäuser (1919–20). Wichtige Beiträge für das Neue Bauen wurden seine Entwürfe für die Weißenhof-Siedlung in Stuttgart (1927), für das Haus Tugendhat in Brünn (1930) und insbesondere für

Ludwig Mies van der Rohe (1886–1969)

sein Meisterwerk, den Deutschen Pavillon auf der Internationalen Ausstellung in Barcelona (1929). Jene räumlich-meisterhaft gestaltete offene Anlage und die Verwendung kostbarer Baustoffe (Onyx, Marmor, Travertin, Stahl, flaschengrünes Glas) zeigte, daß M. nach höchster Qualität, größter Einfachheit und Vollendung strebte. Auf Drängen von W. Gropius übernahm M. 1930 die Leitung des Bauhauses Dessau und Berlin, mußte jenes aber unter Druck der Nationalsozialisten 1933 auflösen. Nach seiner Emigration 1937 erwarb M. 1944 die amerikanische Staatsbürgerschaft und wirkte bereits ab 1938 hauptsächlich als Professor am Illinois Institute of Technology in Chicago. Neben F.L. Wright, Le Corbusier und W. Gropius war M. einer der einflußreichsten Architekten in der 1. Hälfte des 20. Jhs.

Wichtige Bauten: Wettbewerbsentwurf Hochhaus Bahnhof Friedrichstr., Bln.-Mitte (1921); Denkmal für die Opfer der Novemberrevolution, Zentralfriedhof Friedrichsf., Bln.-Lichtenberg (1926, zerst.); Wettbewerbsentwurf Neugestaltung Alexanderplatz, Bln.-Mitte (1928); Haus der Deutschen Bauausstellung und Oberleitung der Abt. »Die Wohnung unserer Zeit«, Berlin (1931); Bebauungsplan für das Universitätsgelände des Illinois Institute of Technology, Chicago (1939–41); Neue Nationalgalerie, Bln.-Tiergarten (1962–68).

Literatur: W. Ribbe/W. Schäche (Hg.), Baumeister, Architekten, Stadtplaner, 1987. *KDS*

Minetti, Bernhard

Schauspieler
✶ 26.1.1905 Kiel
† 12.10.1998 Berlin

Sohn eines Architekten. Nach kurzen Studien in München und Berlin blieb er in Berlin, um von 1925–27 an der Staatlichen Schauspielschule von Leopold Jessner sein Schauspielstudium fortzusetzen. Sein erstes Engagement erhielt er 1927/28 in Gera. Über Darmstadt kam er 1930 zum Berliner Staatstheater, wo er unter Regisseuren wie Jessner, Fehling oder Gründgens arbeitete. Spektakulär waren seine Darstellungen unter dem Regie-Genie Jürgen Fehling, beispielsweise in »Wilhelm Tell« (1932), »Der Große Kurfürst« (1936) oder »Julius Cäsar« (1941). M. wirkt auch in Filmen wie »Berlin Alexanderplatz« (1930) oder »Robert Koch« (1940) mit. Man sagt ihm eine Nähe zum NS-Regime nach, weil er den Edelnazi-Autor Rehberg förderte und in Leni Riefenstahls »Tiefland« mitspielte. Er selbst sagte zu der Zeit: »Wir lebten mit einem Mantel von Verdrängen um uns herum. Ich wollte spielen und nicht in ein KZ«. Nach 1945 spielte er am Berliner Schiller- und Schloßparktheater und machte sich einen Namen als Darsteller in Uraufführungen von Thomas-Bernhard-Stücken wie: »Jagdgesellschaft«, »Die Macht der Gewohnheit«, »Der Weltverbesserer«, »Minetti«, »Der Schein trügt«. Man spricht von ihm als dem Schauspieler einer neuen Sachlichkeit mit einer persönlichkeitsstarken, intellektuellen Ausstrahlung. Er reißt Widersprüche auf und bevorzugt, Endzeitgestalten so zu zeigen, daß eindeutige Gefühle verhindert werden. Als 1993 das Schillertheater geschlossen wurde erlebte er dies als den Tod seiner Wirkungsstätte. Seinen letzten beeindrukkenden Auftritt hatte er 1995 am Berliner Ensemble in der Rolle des Schauspiellehrers in Brechts »Arturo Ui« (Regie Heiner Müller).

Literatur: Minetti, Erinnerungen eines Schauspielers, 1985. *KD*

Minutoli, Johann Heinrich Freiherr von

Militär, Ägyptologe und Schriftsteller
✶ 12.5.1772 Genf
† 16.9.1846 Berlin [F.106]

Aus der Schweizer Bürgerfamilie Menu stammend, war der 14jährige nach dem Schulbesuch in Karlsruhe in das preußische Heer eingetreten, in dem er als Leutnant die Feldzüge gegen Frankreich 1792/93 mitmachte. Nach einer schweren Verwundung wurde er 1797 als Professor an die

Berliner Kadettenanstalt im Rang eines Stabskapitäns versetzt, wo er in engen Kontakt zu führenden Wissenschaftlern und Militärs der Residenz kam und auch durch archäologische Unternehmungen im Rheinland und durch Sammlung antiker Kunstschätze bekannt geworden war. Die Kriegserfahrungen ließen ihn zu einem kritischen Analytiker des preußischen Militärsystems werden, 1802–05 war er eines der aktivsten Mitglieder und Sekretär der durch Scharnhorst gegründeten »Militärischen Gesellschaft zu Berlin«. 1811 berief ihn der König zum Gouverneur des Prinzen Karl, 1813 wurde er zum Obersten, 1815 zum General befördert und 1820 als Ehrenmitglied in die Preußische Akademie der Wissenschaften aufgenommen. Nach Beendigung des Erziehungsauftrags für den Prinzen im Jahre 1820 erhielt M. auf Empfehlung des Staatskanzlers von Hardenberg den königlichen Auftrag zu einer Studienreise in den Orient, an der u.a. der Architekt Liman, der Orientalist Scholz und die Naturforscher Ehrenberg und Hemprich teilnahmen. Der Expedition gelang im Jahre 1821 die Eröffnung und Erkundung der Stufenpyramide des Djoser in Sakkara, sie untersuchte den Tempel des Jupiter Ammon in der Oase Siwa (Libysche Wüste) und konnte in Ägypten wertvolle römische Altertümer erwerben. 1822 kehrte M. zurück, die Papyrousrollen, Mumien u.a. Funde bildeten den Grundstock der ägyptischen Sammlungen von Berlin.
Literatur: H. Nehls, Der Altertumsforscher H.B. Freiherr M.v. Minutoli, in: Forschungen und Berichte der Staatl. Museen zu Berlin, 1991. *DW*

Mitscherlich, Eilhard

Chemiker
✶ 7.1.1794 Neuende (Oldenburg)
† 28.8.1863 Berlin [F.46]
Der Pfarrerssohn M. studierte zunächst in Heidelberg, Paris und Göttingen Philosophie (Promotion 1814), danach in Göttingen und seit 1818 in Berlin Medizin und Chemie. Seine Ausbildung konnte er bei Berzelius in Stockholm fortsetzen. Zurückgekehrt, wurde M. 1821 Professor der Berliner Universität, an der er bis zu seinem Tode wirkte und deren Rektor er 1854–55 war. Berühmt waren seine Experimentalvorlesungen. Bei Untersuchungen an Kristallen fand M. die Erscheinungen von Isomorphie, also die gleiche kristalline Form chemisch verschiedener Stoffe, und Polymorphie, die unterschiedliche Kristallisationsform desselben Stoffes. Er analysierte die chemische Zusammensetzung vieler natürlich vorkommender Substanzen und stellte als erster verschiedene Minerale im Labor her. Farben- und Zuckerindustrie verdanken M. wichtige Vorarbeiten, so zur Rohrzuckerspaltung. Sein »Lehrbuch der Chemie« (2 Bde., 1829–30) nannte Justus Liebig »... die Krone von allen, die mir je vorgekommen sind.« *UH*

Moehsen, *Johann* Carl Wilhelm

Mediziner
✶ 9.5.1722 Berlin
† 22.9.1795 ebd. [F.12]
M. studierte in Jena und Halle, wurde dann Arzt am Berliner Joachimsthalschen Gymnasium und 1778 Leibarzt des Königs. Er war ein Anhänger von Naturheilverfahren. Besondere Verdienste erwarb sich M. als Medizinhistoriker. Außerdem legte er eine berühmte Sammlung von Münzen und Medaillen an und veröffentlichte 1781 eine »Geschichte der Wissenschaften in der Mark Brandenburg.« *UH*

Moeller van den Bruck, Arthur

Schriftsteller
✶ 23.4.1876 Solingen
† (Freitod) 30.5.1925 Berlin [F.55]
Der Architektensohn ging nach einem mißlungenen Gymnasialabschluß nach Paris, versuchte sich hier als Schriftsteller, entwickelte sich aber bald zu einem politischen Publizisten. Seine Arbeit »Der preußische Stil« (1916) brachte ihm die Berufung in die Auslandsabteilung der Obersten Heeresleitung ein. In deren Auftrag verfaßte er eine Schrift zu den deutschen politischen Zielen nach Ende des Krieges, die 1919 unter dem Titel »Das Recht der jungen Völker« erschien. In seinen Ansichten bezog er Positionen, die Konservatismus und Modernität zu verbinden suchten und die zur Begründung einer Bewegung des Jungkonservatismus dienten. Im 1919 gegründeten Juniklub fanden sich Vertreter dieser Richtung zusammen, für die M. die klubeigene Zeitschrift »Das Gewissen« herausgab. 1923 erschien seine programmatische Schrift »Das dritte Reich«. Der Befürworter einer »konservativen« Revolution ging 1925 während des Aufenthalts in einer Nervenklinik in den Freitod. *EF*

Mohr, Arno
Maler
✶ 29.7.1910 Posen
† 23.5.2001 Berlin
Seit 1927 als Schildermaler tätig, befaßte er sich seit den 30er Jahren intensiv mit Malerei und Grafik, so 1933–34 an der Charlottenburger Hochschule für Bildende Künste. Danach war er als freischaffender Künstler tätig. Seit 1946 arbeitete er als Professor an der Kunsthochschule in Weißensee. 1970 wurde er Mitglied der Ostberliner Akademie der Künste, 1993 der Akademie der Künste Berlin-Brandenburg. Sein umfangreiches Schaffen reicht von der Grafik über Porträts bis zum großen Landschaftgemälde. Die Gedenktafel für Ernst Zinna in der Jägerstaße 63C stammt von ihm. Berlin ehrte ihn 1962 und 1985 mit dem Goethepreis. *EF*

Möhring, Bruno
Architekt, Stadtplaner, Fachschriftsteller
✶ 11. od. 13.12.1863 Königsberg
† 25./26.3.1929 Berlin [F.67, Grab eingeebnet]
Nach dem Studium an der TH Charlottenburg wurde M. in einem gemeinsamen Büro mit H. Spitzner in Berlin tätig. Der Vertreter des Jugendstils war Mitbegründer der Zeitschrift »Stadtbaukunst« und ab 1899 Mitherausgeber der Zeitschrift »Berliner Architekturwelt«.
Wichtige Bauten: Hochbahnviadukt und -bahnhof Bülowstraße, Bln.-Schöneberg (1897–1902); Swinemünder Brücke, Bln.-Wedding (1902–1905); Villa Möhring, Bln.-Tempelhof/Marienfelde (1904); Hansa-Brücke, Bln.-Tiergarten/ Moabit (1909/10); Rathaus Nikolassee, heute Schule, Bln.-Zehlendorf (1912); Bebauungsplan für das Schöneberger Südgelände (1911) und für den mittleren Teil Treptows (1914). *KDS*

Moissi, Alexander
Schauspieler
✶ 2.4.1880 Triest
† 22.3.1935 Wien
Aus einer albanischen Familie stammend, wuchs M. in Triest wie in Albanien auf, kam 1897 nach Wien als Komparse ans Burgtheater Wien, wurde von Kainz entdeckt, ans Prager Deutsche Theater engagiert und 1903 von Reinhardt ans Kleine Theater in Berlin geholt. Nach vorübergehendem Zerwürfnis am Ostend-Theater (später Rose-Theater), spielte er ab 1906 wieder am Deutschen Theater und anderen Reinhardt-Bühnen. 1933 emigrierte er nach Wien, wo er an den Folgen einer Grippe starb. M. war ein Starschauspieler alter Prägung im Übergang zum modernen Theater, spielte am Deutschen Theater Romeo, Posa, Hamlet, Ödipus, Tasso, Jedermann ebenso wie Rollen bei Hauptmann, Ibsen, Wedekind und Schnitzler. Besonders eindrucksvoll war seine Interpretation gebrochener Charaktere, noch berühmter seine eigentümliche Tongebung und Artikulation, mit dem Timbre eines hochgestimmten Cellos und voll klingender Kadenzen, wovon noch alte Schallplatten Kunde geben. M. schrieb auch ein Napoleondrama »Der Gefangene« (1932). *DTW*

Möllendorff, Wichard Joachim Heinrich von
Militär
✶ 7.1.1724 Lindenberg (Prignitz)
† 28.1.1816 Havelberg
Nach dem Besuch der Ritterakademie in Brandenburg/Havel wurde M. Page Friedrichs II., trat 1743 in die Garde ein und durchlief die Stationen der militärischen Karriere bis zum Generalmajor im Jahre 1761. Als Regimentschef wurde er 1782 Gouverneur Berlins und 1793 Generalfeldmarschall, kommandierte ab 1794 die preußischen Truppen im Feldzug gegen Frankreich. *DW*

Möllhausen, Balduin
Schriftsteller
✶ 27.1.1825 Jesuitenhof b. Bonn
† 28.5.1905 Berlin [F.25]
Er verlor früh seine Eltern, erhielt Landwirtschaftsausbildung und kam nach einer ausgedehnten Amerikareise 1853 nach Berlin. Über seine Reisebeschreibungen erhielt er Kontakt zu A.v. Humboldt, der ihm 1855 die Stellung als Kustos der Bibliothek der königlichen Schlösser vermittelte. Zwischen 1860 und 1905 erschienen über 40 Romane und mehrere Reisebeschreibungen von ihm. Letztere wurden u.a. von Karl May für seine Bücher genutzt. Er erhielt in Neukölln ein Ehrengrab. Das Möllhausenufer (Köpenick) ist nach ihm benannt. *EF*

Helmuth Carl Bernhard Graf v. Moltke (1800–1891)

Moltke, *Helmuth* Carl Bernhard Graf von

preußischer Feldmarschall und Militärtheoretiker, Ehrenbürger
✶ 26.10.1800 Parchim
† 24.4.1891 Berlin

Einer verarmten Adelsfamilie enstammend, besuchte M. 1811–18 die Kadettenanstalt in Kopenhagen, wurde 1819 dänischer Offizier und trat 1822 ins preußische Heer über. 1823–26 besuchte er die Allgemeine Kriegsschule und machte bereits publizistisch auf sich aufmerksam. 1828 begann seine Generalstabskarriere, die ihn schließlich zum führenden Strategen der Operationen in den Kriegen 1864, 1866 und 1870/71 werden ließ. Die Siege in diesen Kriegen stärkten die Position des vordem untergeordneten Generalstabs innerhalb der militärischen Hierarchie. Frühzeitig erkannte M. die Rolle der Eisenbahn auf den inneren Linien und die kriegsentscheidende Bedeutung eines schnellen, langfristig vorbereiteten Aufmarsches für die Gewinnung der Überlegenheit in der strategischen Hauptrichtung. M.s militärtheoretische Arbeiten galten als Standardwerke. 1871 wurde M. Ehrenbürger Berlins. Schriften: Gesammelte Schriften und Denkwürdigkeiten, 8 Bde., 1891–93; Militärische Werke, 1892 ff. *ThW*

Moltke, Helmuth von (der Jüngere)

Generaloberst, Chef des Großen Generalstabes
✶ 25.5.1848 Gersdorff (Meckl.)
† 18.6.1916 Berlin

Der Neffe des Vorigen machte im Schatten seines Onkels trotz mangelnder Eignung steil Karriere. 1903 wurde er Stellvertreter Schlieffens im Großen Generalstab, 1906 dessen Nachfolger. M. hielt an Schlieffens Aufmarschplanung fest. Ihm gebührt das zweifelhafte Verdienst, Österreich zur Mobilmachung gegen Rußland gedrängt und damit zur Ausweitung des Konflikts mit Serbien zum Weltkrieg beigetragen zu haben. *ThW*

Moltke, Helmuth James Graf von

Rechtsanwalt, Kriegsverwaltungsrat
✶ 11.3.1907 Kreisau (Niederschlesien)
† (hingerichtet) 23.1.1945 Berlin [F.73]

Der Urgroßneffe des Feldmarschalls H.C.B. von M. studierte ab 1927 Jura in Breslau, übersiedelte 1932 nach Berlin und trat in ein Anwaltsbüro Unter den Linden ein. Nach Studienaufenthalten in England wurde M. 1938 auch als englischer Rechtsanwalt (Barrister) zugelassen. Bei Kriegsausbruch, der die Errichtung einer Londoner Praxis verhinderte, wurde M. als Sachverständiger für Kriegs- und Völkerrecht im Rang eines Kriegsverwaltungsrates der Auslandsabteilung des Amts Ausland/Abwehr beim OKW dienstverpflichtet. M. sammelte oppositionelle Kräfte um sich: Der »Kreisauer Kreis« erarbeitete politische Vorstellungen für ein Deutschland nach Hitler, ohne an Umsturzplänen unmittelbar beteiligt zu sein. M. wurde schon im Januar 1944 denunziert und verhaftet. Nach dem Attentat vom 20. Juli 1944 wurden die Verbindungen der Stauffenberg-Gruppe zum Kreisauer Kreis aufgedeckt und zahlreiche Kreisauer – so auch M. – abgeurteilt und hingerichtet. *ThW*

Mommsen, Karl

Bankier
✶ 19.4.1861 Berlin
† 28.7.1922 ebd.

Nach dem Jurastudium in München und Berlin arbeitete der Sohn des (nachfolgenden) Historikers und Literaturnobelpreisträgers Theodor M. von 1894 an als Syndikus in der Firma Siemens & Halske. 1897 wurde er Direktor der Mitteldeutschen Kreditbank in Berlin. Seit 1906 gehörte er der Berliner Handelskammer an. M. wirkte auch kommunalpolitisch; so war er seit 1894

Berliner Stadtverordneter. 1903 wurde er als Abgeordneter des Deutschen Reichstags gewählt und wirkte von 1910 an als stellvertretender Vorsitzender des Zentralausschusses der Fortschrittlichen Volkspartei. *EF*

Mommsen, Theodor

Historiker
✶ 30.11.1817 Garding (Schleswig)
† 1.11.1903 Berlin [F.10]

M. stammte aus einer Pastorenfamilie und erhielt eine gediegene humanistische Bildung. Während seines Jurastudiums in Kiel beschäftigte er sich mit dem römischen Recht. Nach einer ausgedehnten Italienreise (1844–47) mit vielen wertvollen Erfahrungen und Impulsen für sein gesamtes Schaffen und aktiver Teilnahme an der Revolution von 1848 erhielt M. 1849 in Leipzig seinen ersten Lehrstuhl. Auf Grund seiner liberalen politischen Einstellung verlor er diesen jedoch wieder, war mit einem Hochverratsprozeß konfrontiert und mußte 1852–54 in die Schweiz emigrieren. Nach mehrjähriger Lehrtätigkeit in Breslau wurde M. 1858 als Professor für Alte Geschichte an die Berliner Universität berufen. Seine Methodik war geprägt durch quellenkritische Sorgfalt und Gründlichkeit, vor allem aber durch seinen Ansatz, alle Disziplinen der Altertumswissenschaften im Sinne einer universalhistorischen Betrachtung zu vereinen. Im Vorwort zum »Römischen Strafrecht« (1899), schrieb er: »Es ist manchem Philologen bei diesen Arbeiten übel bekommen, daß er mit der Jurisprudenz, und manchem Juristen, daß er mit der Philologie sich nur, so weit sie unvermeidlich waren, befaßt hat.« In seinem bekanntesten Werk, der »Römischen Geschichte« (1854–56) begründete M. den »kritischen Realismus in den Altertumswissenschaften«, bezog soziologische Aspekte ein, verfaßte eine politische und eine Kulturgeschichte. Dafür erhielt er 1902 als erster Deutscher den Literatur-Nobelpreis. In seinen Schriften positionierte sich M. ebenso eindeutig im Sinne seiner liberal-demokratischen Ideale, wie er für sie als Mitbegründer der Deutschen Fortschrittspartei, als Landtags- und Reichstagsabgeordneter (seit 1881) eintrat. Redeschlachten lieferte er sich vor allem mit Bismarck. Seine großen Fähigkeiten auch als Organisator bewies M. mit dem Riesenwerk des »Corpus Inscriptionum Latinarum«, einer Inschriftensammlung von großem historischem Wert, deren Edition M. von 1853 an betreute.

Theodor Mommsen (1817–1903)

Literatur: A. Wucher, Th. Mommsen, in: Deutsche Historiker, 1973; L. Wickert, Th. Mommsen, Eine Biographie, 1959–1969. *UH*

Monti, Max(imilian)

Schauspieler, Operettensänger und Theaterleiter
✶ 11.4.1858 (and. Quellen: 15.3.1858 oder 1859) Niklos (and. Quellen: Ödenburg, Ungarn)
† 14.1.1929 Wien

M. begann 1884 in Preßburg als Operettenbuffo, spielte in Wien und 1886–88 in Budapest am Deutschen Theater, wurde 1890 in Berlin am Friedrich-Wilhelmstädtischen Theater engagiert, leitete, nach verschiedenen Abstechern, in Dresden das Tivoli-Theater, in Hamburg das Karl-Schulze-Theater. Auf Veranlassung des Musikverlegers Sliwinski, der Lehars »Lustige Witwe« auch in Berlin durchsetzen wollte, wozu es aber an einem befähigten Ensemble mangelte, kam M. mit seiner Truppe vom Karl-Schulze-Theater nach Berlin. Seit 1908 leitete er im (späteren) Theater am Schiffbauerdamm eines der erfolgreichsten Operettenunternehmen; Uraufführungen von L. Fall, O. Straus und Lehar festigten seinen Ruf. »Die lustige Witwe«, »Die geschiedene Frau« und »Der fidele Bauer« traten von hier aus ihren Triumphzug um die Welt an. Während der Inflation verarmte M. und lebte zurückgezogen bei seiner Schwester in Wien. *DTW*

Morgenstern, *Christian* Otto Josef Wolfgang

Dichter
✶ 6.5.1871 München
† 31.3.1914 Meran
Der Sohn eines Kunstmalers studierte nach dem Breslauer Gymnasium ab 1892 Nationalökonomie, beendete sein Studium jedoch nicht und kam nach Berlin, wo er als Journalist arbeitete. Zwischen 1897 und 1903 befaßte er sich im Auftrag des S. Fischer-Verlages mit der Übersetzung der Gedichte und Versdramen von Henrik Ibsen. Ab 1903 war er als Lektor und Redakteur im Verlag Bruno Cassirer tätig. Er war Herausgeber der Zeitschrift »Das Theater«. Wegen seines schweren Lungenleidens unternahm er viele Reisen in den Süden, die Schweiz und Italien und mußte so ein unstetes Leben führen. 1909 wurde er Anhänger der Anthroposophie von Rudolf Steiner. Berühmt wurden seine »Galgenlieder« (1905) und »Palmström« (1910). Am Stuttgarter Platz 4 (Charlottenburg) befindet sich eine Gedenktafel für den Dichter. *EF*

Christian Morgenstern (1871–1914)

Morgenstern, Lina

(geb. Bauer)
Schriftstellerin, Sozialpolitikerin
✶ 25.11.1830 Breslau
† 16.12.1909 Berlin [F.119]
Die Fabrikantentochter Lina Bauer kam nach Heirat mit jüdischen Kaufmann Theodor M. 1854 nach Berlin. Sie engagierte sich für eine eigenständige Frauenbewegung und gab zwischen 1864 und 1904 die »Deutsche Hausfrauenzeitung« heraus. Von 1860–66 war sie Vorsitzende des Frauenvereins zur Förderung der Fröbelschen Kindergärten. Durch die Gründung der ersten Berliner Volksküchen erhielt sie den Beinamen »Suppen-Lina«. 1868 gründete sie einen Kinderschutzverein und 1873 den ersten Hausfrauenverein. Später schloß sie sich verschiedenen Friedensgesellschaften an und berief 1896 einen Internationalen Frauenkongreß nach Berlin ein. Sie schrieb Kinderbücher und verfaßte 1861 mit »Das Paradies der Kindheit« ein Handbuch der Fröbelschen Lehren. In der Linienstraße 47 (Mitte) erinnert eine Gedenktafel an die sozialpolitisch engagierte Frau. Ihr Ehrengrab befindet sich in Weißensee.
Literatur: H. Knobloch, Die Suppenlina, 1997.
EF

Morgner, Irmtraud

Schriftstellerin
✶ 22.8.1933 Chemnitz
† 6.5.1990 Berlin [F.114]
Die Tochter eines Lokführers studierte von 1952–1956 in Leipzig Germanistik. Anschließend arbeitete sie bis 1958 in Berlin in der Redaktion der Zeitschrift »Neue Deutsche Literatur« (NDL) und war danach als freischaffende Schriftstellerin tätig. Zu ihren wichtigsten Arbeiten gehören die Romane »Ein Haus am Rande der Stadt« (1962), »Hochzeit in Konstantinopel« (1968), »Leben und Abenteuer der Trobadora Beatriz« (1974) und »Amanda. Ein Hexenroman« (1983). 1975 erhielt sie den Heinrich-Mann-Preis, 1977 den Nationalpreis der DDR. *EF*

Moritz, Karl Philipp

Schriftsteller
✶ 15.9.1756 Hameln
† 26.6.1793 Berlin
Der Sohn eines Militärmusikers und späteren Schreibers wuchs in ärmlichen Verhältnissen auf, versuchte schon 1770 sich das Leben zu nehmen und konnte nur durch die Unterstützung einiger Gönner das Gymnasium in Hannover besuchen. Nach dem mißlungenen Versuch als Schauspieler studierte er zwischen 1776 und 1778 Theologie

in Erfurt und Wittenberg. Über Dessau und Potsdam kam er 1778 nach Berlin, wo er eine Anstellung als Lehrer fand. In Berlin schloß er Bekanntschaft mit den aufklärerischen Kräften um Mendelssohn, Gedike, Biester und Herz und wurde Freimaurer. Mitte der 80er Jahre gab er seine Arbeit als Lehrer auf, versuchte sich auch nur ein Jahr als Redakteur der »Vossischen Zeitung« und entschloß sich dann, als freischaffender Schriftsteller zu leben. Seine Reiselust führte ihn 1782 nach England, 1785 durch ganz Deutschland und 1786–88 nach Italien. Diese Aufenthalte bildeten den Stoff seiner Reisebücher. Zwischen 1785 und 1790 entstand sein wohl bekanntestes Werk, der autobiographische Roman »Anton Reiser«, der zu Recht als der erste psychologische Roman in Deutschland gilt. Psychologischen Problemen war auch seine Zeitschrift »Magazin zur Erfahrungsseelenkunde« gewidmet, die er zwischen 1783 und 1793 herausgab. Ein weiterer Schwerpunkt seiner Arbeit waren ästhetische Fragen. 1789 erhielt er eine Professur an der Akademie der Künste, 1791 wurde er Mitglied der Akademie der Wissenschaften. Auf einer Gedenktafel in der Münzstraße 7–11 heißt es: »Er war Wegbereiter der modernen Psychologie und gilt als Mittler zwischen Aufklärung und Romantik.«

Literatur: Moritz, Über die bildende Nachahmung des Schönen, 1788; ders., Götterlehre, 1791; K.F. Klischnig, Mein Freund Anton Reiser. Aus dem Leben des Karl Philipp Moritz, 1993; S. Knoche, Der Publizist Karl Philipp Moritz, 1999. *EF*

Mosse, Rudolf

Verleger

✶ 9.5.1843 Grätz (Posen)

† 8.9.1920 Schenkendorf (Mark) [F.119]

M., Sohn eines Arztes, machte in Posen eine Buchhändlerlehre und arbeitete anschließend in verschiedenen Stellungen in Berlin und Leipzig. 1867 gründete er in Berlin, Friedrichstraße 70, die »Annoncen-Expedition Rudolf Mosse«, die bald in allen größeren deutschen Städten Filialen aufgebaut hatte und mit guten Ideen große Gewinne machte. M. gründete das »Berliner Tageblatt«, das am 1.1.1872 zum ersten Mal erschien. Außerdem besaß M. eine Verlagsbuchhandlung, die u.a. Adreß- und Telefonbücher druckte, und vertrieb den »Rudolf Mosse Code« für den internationalen telegrafischen Handelsverkehr. 1889 übernahm der Verlag die »Berliner Morgen-Zeitung«, später die »Berliner Volks-Zeitung« (1904) und das »8-Uhr-Abendblatt«. M. gehörte neben August Scherl und Leopold Ullstein zu den bedeutendsten und erfolgreichsten Zeitungsverlegern Berlins. Das Mosse-Haus im Berliner Zeitungsviertel zwischen Zimmerstraße, Jerusalemer Straße und Schützenstraße war durch den Umbau des Architekten Erich Mendelssohn in den 20er Jahren eine architektonische Sehenswürdigkeit.

Literatur: E. Kraus, Die Familie Mosse. Deutsch-jüdisches Bürgertum im 19. und 20. Jahrhundert, 1999. *BF*

Müffling, Philipp Friedrich Karl Ferdinand Freiherr von, gen. Weiß

Militär, Ehrenbürger

✶ 12.6.1775 Halle/Saale

† 16.1.1851 Erfurt

Der Sohn eines preußischen Generals trat mit 13 Jahren als Gefreiterkorporal in das Füsilierbataillon Nr. 1 ein, nahm als Leutnant am Feldzug gegen Frankreich 1792/95 teil, setzte sich kritisch mit den Lehren dieses Feldzuges für die preußische Armee und für die preußische Gesellschaft auseinander und wurde ab 1804 Generalstabsoffzier. M. gehörte schon in dieser Zeit zum Kreis der Reformer um Scharnhorst und war zwischen 1802 und 1805 Mitglied der »Militärischen Gesellschaft zu Berlin«. Nach der Niederlage der preußischen Armee von 1806 schied er aus dem Dienst, wurde mit Genehmigung des Königs zeitweilig Beamter und militärischer Berater beim Herzog von Weimar und kehrte 1813 in die preußische Armee als Oberstleutnant in den Stab von General Blücher zurück. Noch 1813 wurde er zum Generalmajor ernannt, nahm an den bedeutendsten Schlachten der Feldzüge 1813/15 teil, hatte bedeutendes Verdienst an der Entwicklung der militärischen Topographie und Kartographie und erreichte 1818 den Rang eines Generalleutnants. Auf der Grundlage seiner im Selbststudium erworbenen umfassenden mathematischen und naturwissenschaftlichen Kenntnisse und Kriegserfahrungen wurde M. nach 1820 Chef aller militärischen Vermessungsarbeiten Preußens und 1828 Mitglied der wissenschaftlichen und technischen Prüfungskommission der Armee und darüberhinaus im militärischen Aus- und Weiterbildungssystem aktiv. Von M. stammte die Idee, den neu entwickelten Telegraphen für die militärische Kommunikation einzusetzen. Für seine politischen und militärischen Verdienste wurde M. 1832 zum Präsidenten des Staatsrates ernannt und 1838 Militärgouverneur von Berlin.

Anläßlich seines 50. Dienstjubiläums wurde M. am 15. November 1842 zum Ehrenbürger der Stadt Berlin ernannt. *DW*

Mühsam, Erich

Schriftsteller

✶ 6.4.1878 Berlin

† 9./10.7.1934 KZ Oranienburg [F.91]

Als Sohn eines jüdischen Apothekers machte M. eine Lehre als Apotheker. Seit 1901 arbeitete er in Berlin und München als freier Schriftsteller. Von Gustav Landauer und dem russischen Anarchisten Bakunin beeinflußt, arbeitete er für kritische Zeitschriften wie »Simplicissimus«, »Gesellschaft« und »Aktion«. 1911–14 und 1918/19 gab er die Zeitschrift für Menschenrechte »Kain« heraus. Als überzeugter Pazifist weigerte er sich, am I. Weltkrieg teilzunehmen und wurde zu 6 Monaten Festungshaft verurteilt. Er gehörte 1918/1919 zu den führenden Köpfen der Bayerischen Räterepublik, wurde nach deren Mißlingen zu 15 Jahren Festungshaft verurteilt, jedoch 1924 vorzeitig entlassen. Von 1926–31 gab er die anarchistische Zeitschrift »Fanal« heraus, in der er vor allem die Weimarer Klassenjustiz angriff und vor dem Faschismus warnte. Er verstand sich als Dramatiker und Lyriker und als politischer Schriftsteller. Sein letztes Theaterstück »Alle Wetter« (1930) behandelte die NS-Machtergreifung, die jedoch (im Theater) verhindert wurde. Wenige Stunden nach dem Reichstagsbrand wurde M. inhaftiert und ins KZ Oranienburg verschleppt. Am 10. Juli 1934 fand man seinen ausgemergelten Leichnam erhängt in einer Latrine.

Literatur: Mühsam, Namen und Menschen. Unpolitische Erinnerungen, 1949. *KD*

Müller, Heiner

Dramatiker

✶ 9.1.1929 Eppendorf (Sachsen)

† 30.12.1995 Berlin [F.108]

Der Beamtensohn mußte in den letzten Kriegsjahren noch zum Arbeitsdienst und Volkssturm und geriet für kurze Zeit in amerikanische Gefangenschaft. Von 1947–51 arbeitete er als Hilfsbibliothekar in Frankenberg. Er kam 1951 nach Berlin, wo er journalistisch tätig wurde, im Schriftstellerverband und am Maxim-Gorki-Theater arbeitete. Seit 1959 war er freischaffend tätig. Von 1970–76 arbeitete er als Dramaturg am Berliner Ensemble. Dieses Theater leitete er von 1993 – zuerst in einem Team und ab 1995 allein. 1993 versuchte er sich auch mit Erfolg als Opernregisseur in Bayreuth. Seit 1983 war er Mitglied der Akademie der Künste Berlin (Ost), deren Präsident er zwischen 1990 und 1993 wurde; seit 1986 gehörte er auch der Akademie der Künste Berlin (West) an. Mit einigen seiner Stücke wie »Die Bauern« und »Der Bau« geriet er in Widerspruch zur Kulturpolitik der DDR. Er gehörte 1976 zu den Erstunterzeichnern des Protestbriefes gegen die Ausbürgerung von Biermann. Er gilt als einer der größten deutschen Dramatiker der Nachkriegszeit und wurde mehrfach ausgezeichnet, so mit dem Heinrich-Mann-Preis (1959), dem Georg-Büchner-Preis (1985), dem Nationalpreis der DDR (1986) und dem Europäischen Theaterpreis (1991). Sein Ehrengrab liegt in Mitte.

Literatur: R. Tschapke, Heiner Müller, 1996. *EF*

Müller, Hermann

Politiker

✶ 18.5.1876 Mannheim

† 21.3.1931 Berlin [F.102]

M., SPD-Mitglied seit 1893, war nach kaufmännischer Lehre zunächst Redakteur und Stadtverordneter in Görlitz. 1906 in den Parteivorstand gewählt, wirkte er seitdem hier und in anderen Funktionen für die SPD. In internationalen Gremien der Sozialdemokratie trat er für solidarische Aktionen der Arbeiter gegen den Krieg ein. 1914 befürwortete er den Bruch solcher Abmachungen um der Vaterlandsverteidigung willen. Mit Friedrich Ebert u.a. versuchte er, den Ausbruch der Novemberrevolution 1918/19 zu verhindern und organisierte den Kampf gegen die Spartakusgruppe unter Karl Liebknecht und Rosa Luxemburg. Als Außenminister 1919/20 unterzeichnete er den Friedensvertrag von Versailles und war 1920 und 1928–30 Reichskanzler. *ED*

Müller, *Johannes* Peter

Biologe und Mediziner

✶ 14.7.1801 Koblenz

† 28.4.1858 Berlin [F.110]

M., Sohn eines Schuhmachers, konnte, früh gefördert, 1819–22 in Bonn und Leipzig studieren. Nach dem medizinischen Examen (1824 in Berlin) wirkte der junge Arzt als Privatdozent und Professor für Anatomie und Physiologie wieder in Bonn. 1833 wurde M. als Direktor des Anatomischen Theaters und des Anatomisch-Zootomischen Museums nach Berlin berufen, wo er eine

Schule von Biowissenschaftlern begründete, aus der unter anderem Virchow und Helmholtz hervorgingen. Seine wichtigsten Arbeitsgebiete waren vergleichende Anatomie und Physiologie, doch verdanken auch Zoologie, Embryologie, pathologische Anatomie und physiologische Chemie M. wichtige Erkenntnisse. So entdeckte er die embryonale Anlage von Eileitern, Uterus und Vagina (M.sche Gänge) und untersuchte die Feinstruktur von Geschwülsten. M. erkannte die Bedeutung der mikroskopischen Anatomie und führte sie als erster in die Lehre ein. Zweimal, 1838–1839 und 1847–48, war er Rektor der Berliner Universität.

Literatur: B. Lohff, J. Müller, in: Klassiker der Medizin, 1991. *UH*

Münzenberg, Willi

Verleger, Publizist

✶ 14.8.1889 Erfurt

† 21.10.1940 bei S.-Marcellin (Frankreich)

M. war ein herausragender politischer Agitator, Propagandist und Organisator. 1906 trat er in Stuttgart einem sozialdemokratischen Bildungsverein bei, wurde auch Mitglied der Sozialdemokratischen Jugendorganisation, in deren Zentralvorstand er bereits 1912 aufrückte. Auf dem linken Flügel der Sozialdemokratie stehend, lehnte er den I. Weltkrieg ab und hielt sich zur innerparteilichen Opposition. 1918 gehörte er zur Spartakus-Gruppe und trat in die bald darauf gegründete Kommunistische Partei Deutschlands ein. Fasziniert vom politischen Umsturz in Rußland – er hatte die Sowjetunion 1920 zum ersten Mal besucht – gründete er mit anderen die Internationale Arbeiterhilfe (IAH), deren Sekretär er wurde. Der Verein hatte das konkrete Ziel, der jungen Sowjetunion aus ihrer politischen und ökonomischen Krise zu helfen, aber auch die Politik der Kommunistischen Partei in Deutschland propagandistisch zu stützen. 1926 erwarb M. die Berliner Zeitung »Welt am Abend« (gegr. 1922). Das in fortschrittlicher Weise journalistisch aufgemachte Blatt hielt sich vom Parteidogmatismus fern und erreichte große Auflagen, so daß 1931 mit »Berlin am Morgen« ein Gegenstück auf den Markt gebracht werden konnte, das auch gut ankam. Im gleichen Jahre kam zum »Münzenberg-Konzern« auch die »Neue Montagszeitung«, die als Lückenergänzung für den in Berlin zeitungsfreien Montag gedacht, ebenfalls erfolgreich lief. Zusammen mit der Sowjetunion gründete M. 1924 die Filmproduktions- und Verleihgesellschaft Meschrabprom. Nach der Machtergreifung der Nationalsozialisten mußte M. in die Emigration gehen, in der er auch weiter politisch, organisatorisch und journalistisch tätig wurde. Besonders bekannt geworden ist der im September 1933 in London von ihm inszenierte Gegenprozeß zum Leipziger Reichstagsbrandprozeß. 1936 gehörte M. zu den führenden Organisatoren des Deutschen Volksfrontausschusses der politischen Emigration in Paris. M., der sich mit seinen Unternehmungen immer der direkten Steuerung durch die KPD oder die Kommunistische Internationale ein wenig zu entziehen wußte, war weder in der KPD noch in der stalinistischen KP der UdSSR unumstritten. Die politischen Spannungen in der Sowjetunion spitzten sich auf Schauprozesse zu, in denen angebliche innenpolitische Gegner vor Gericht gestellt wurden. In der Emigration gab es ähnliche Auflösungserscheinungen. M. wurde 1938 aus der KPD ausgeschlossen und mußte seine publizistischen Unternehmungen nun ganz auf eigene Faust organisieren. Ob sein Tod in der Zeit des Einmarsches deutscher Besatzungstruppen nach Frankreich ein Freitod war oder ein politischer Mord, dessen Auftraggeber in der stalinistischen Sowjetunion saßen, blieb bis heute ungeklärt. M. wurde in der nachstalinistischen Zeit politisch rehabilitiert, gleichwohl ist das Interesse an seiner politischen Propaganda, nur kurzzeitig, stimuliert durch die Studentenrevolte 1968, wieder erwacht.

Literatur: B. Gross, Willi Münzenberg. Eine politische Biographie, 1967; T. Schulz (Hg.), Willi Münzenberg. Propaganda als Waffe, ausgewählte Schriften 1919–1940, 1972; R. Surmann, Die Münzenberg-Legende. Zur Publizistik der revolutionären deutschen Arbeiterbewegung 1921–1933, 1983; W. Uka, Willi Münzenberg. Probleme einer linken Publizistik im Exil, in: Exilforschung, Bd. 7, 1989, S. 40–50. *HB*

Murnau, Friedrich Wilhelm

(eigtl. F.W. Plumpe)

Filmregisseur

✶ 28.12.1888 Bielefeld

† 11.3.1931 Santa Monica (USA) [F.121]

Nach Studien in Berlin und Heidelberg und an der Schauspielschule des Deutschen Theaters wurde M. Schauspieler und Regieassistent am Deutschen Theater. Während des I. Weltkriegs Flieger, wurde er in der Schweiz interniert und drehte im Auftrag der deutschen Botschaft Propagandafilme. Nach dem Krieg inszenierte er

Spielfilme im Geist des Expressionismus (»Nosferatu« 1922). Sein Film »Der letzte Mann« (mit E. Jannings) gehört zu den absoluten Höhepunkten der Stummfilmkunst; die sogenannte »entfesselte Kamera« wurde von der Kritik als »wirkliches Bewegungsspiel« gewürdigt. Wegener bezeichnete M. als »Reinhardt der Filmkunst«. »Tartüff« (1925) und »Faust« (1926) weckten das Interesse Hollywoods an M. (2 Oscars für »Sunrise« 1927). 1931 kam er, vor der Premiere seines Südseefilms »Tabu«, durch einen nie restlos aufgeklärten Autounfall ums Leben.
Literatur: L.H. Eisner, F.W. Murnau, 1964/79; K. Becker, F.W. Murnau, 1981. *DTW*

Müthel, Lothar

Schauspieler, Regisseur und Theaterleiter
✶ 18.2.1896 Berlin
† 4.9.1964 Frankfurt/M.
M. nahm Unterricht an der Schauspielschule des Deutschen Theaters, war 1913–17 am Deutschen Theater engagiert, wirkte 1917–20 in Bukarest, Darmstadt und München. 1920–24 war er am Staatlichen Schauspielhaus, anschließend unternahm er Tourneen im In- und Ausland, war 1927 wieder am Deutschen Theater, 1928–39 am Staatstheater. 1939–46 leitete er das Burgtheater Wien, 1947–50 war er Schauspieler und Chefdramaturg in Weimar, nach Episoden an verschiedenen Berliner Theatern ging er nach Frankfurt/M., war 1951–56 Schauspieldirektor, danach Gastregisseur. M. stieg in den 20er und 30er Jahren in die Reihe führender deutscher Regisseure auf. M. verfügte über feines Sprachgefühl und sicheres Empfinden für die rhythmische und strukturelle Dynamik. Er inszenierte während der NS-Zeit auch Stücke von Johst, Kolbenheyer und Mussolini sowie völkische Thingspiele, spielte selbst den Schlageter und kam zu hohen Ämtern. Nach dem Krieg inszenierte er vorwiegend Klassiker. *DTW*

Muthesius, Hermann

Architekt, Diplomat, Fachschriftsteller
✶ 20.4.1861 Groß-Neuhausen (Thüringen)
† 26.10.1927 Berlin [F.89]
M., Sohn eines Maurermeisters, ging nach dem Studium (1881–87) und Mitarbeit im Architekturbüro von P. Wallot in Berlin (1887–91) als Bauleiter nach Tokio und London. Nach seiner Rückkehr war M. im Preußischen Handelsministerium in Berlin 1904–26 für die Reformierung der preußischen Kunstgewerbe- und Fachschulen zuständig. Großen Eindruck hinterließen bei M.' Auslandsaufenthalten die kunst- und lebensreformerischen Ideen von W. Morris und J. Ruskin (u.a. Arts-and-Crafts-Bewegung). In der Folge war M. 1907 der namhafteste Begründer des Deutschen Werkbundes. Bei seinen Bauten, insbesondere den zahlreichen Landhäusern, vertrat M. den Materialstil und war ein Wegbereiter der modernen Architektur und Industrieformgestaltung.
Wichtige Bauten: zahlreiche Land- und Kleinhäuser in Berlin und anderen Städten, insbesondere: Landhaus Freudenberg, Bln.-Steglitz/Nikolassee (1907–08); Kleinhäuser Gartenstadt Hellerau, Dresden (1910); Landhaus de Burlet, Bln.-Zehlendorf/Schlachtensee (1911); Seidenweberei Michels & Cie, Potsdam/Nowawes (1912); Landhaus Mohrbutter, Bln.-Zehlendorf/Schlachtensee (1912–1913); Siedlung mit etwa 60 Reihenhäusern, Bln.-Treptow/Altglienicke (1914); Großfunkstelle Telefunken, Nauen (1917–20).
Literatur: W. Ribbe/W. Schäche (Hg.), Baumeister, Architekten, Stadtplaner, 1987. *KDS*

N

Nabokov, Vladimir

Schriftsteller
✶ 22.4.1899 St. Petersburg (Rußland)
† 4.7.1977 Montreux (Schweiz)
Die großbürgerliche russische Familie N. emigrierte nach der Oktoberrevolution, und das älteste von fünf Kindern studierte 1919–22 im britischen Cambridge Romanistik und Russische Literatur. Anschließend Übersiedlung nach Berlin, wo Nabokov bis 1937 lebte. Der Verfasser des späteren Welterfolgs »Lolita« (1955) schrieb hier sieben Romane mit lokaler Thematik, von denen gleich der Erstling »Maschenka« (unter dem Titel »Sie kommt – kommt sie?«) und später »König, Dame, Bube« durch die angesehene »Vossische Zeitung« als Übersetzungen aus dem Russischen in Fortsetzungen veröffentlicht wurden. Ehe schriftstellerische Arbeit ab 1926 den Lebensunterhalt sicherte, hatte sich N. mit Tennis-, Box- und Sprachunterricht durchgeschlagen. Er verließ Berlin und ging zunächst nach Frankreich, 1940 in die USA, 1960 in die Schweiz. Seit 1941 schrieb er englisch.
Literatur: T. Urban: Vladimir Nabokov – Blaue Abende in Berlin, 1999. *GB*

Nachama, Estrongo

Oberkantor der jüdischen Gemeinde von Berlin
✶ 4.5.1918 Saloniki (Griechenland)
✶ 13.1.2000 Berlin [F.9]
Nach dem Abitur erhielt er eine Ausbildung als Getreidegroßhandelskaufmann, um den Betrieb des Vaters übernehmen zu können und leistete danach seinen Dienst in der griechischen Armee. 1943 wie seine ganze Familie nach Auschwitz deportiert, konnte er als einziger Überlebender seiner Familie 1945 auf dem Todesmarsch der Häftlinge in der Nähe von Neuruppin von den sowjetischen Truppen befreit werden. Er kam nach Berlin mit der Absicht, nach Angehörigen zu suchen und dann in seine Heimat zurückzukehren. Er blieb jedoch in der Stadt, wurde 1947 Vorbeter der Jüdischen Gemeinde zu Berlin und später ihr Oberkantor. Seit 1948 führte er im RIAS regelmäßig Sabbatfeiern durch. Er war Ehrenmitglied der Gesellschaft für Christlich-Jüdische Zusammenarbeit in Berlin. *EF*

Nagel, Otto

Maler, Grafiker und Schriftsteller, Ehrenbürger
✶ 27.9.1894 Berlin
† 12.7.1967 ebd. [F.102]
N. arbeitete zunächst als Glasmaler und bildete sich autodidaktisch. 1921 wurde er durch eine Ausstellung als »Arbeitermaler« bekannt. Er gründete innerhalb der »Internationalen Arbeiter-Hilfe« 1921 die »Künstlerhilfe« und organisierte 1924 die erste deutsche Kunstausstellung in der Sowjetunion. 1934 erhielt er Malverbot, viele seiner Arbeiten wurden beschlagnahmt. 1945 war N. Mitbegründer des Kulturbundes und wurde 1950 in die Akademie der Künste (Ost) aufgenommen, als deren Präsident er 1956–62 wirkte. Im Zentrum seines Schaffens stand das Proletarierleben Berlins, das er in Zyklen darstellte (erhalten u.a.: »Die Parkbank« 1927), doch ist er auch als stimmungsvoller Zeichner Altberliner Stadtansichten bekannt geworden (z.B. »Hinter der Nicolaikirche« 1941) und betätigte sich milieuschildernd als Schriftsteller. 1970 erhielt er in Berlin (Ost) postum die Ehrenbürgerwürde. 1992 wurde er in die Gesamtberliner Ehrenbürgerliste übernommen.
Literatur: G. Pommeranz-Liedtke, O. Nagel und Berlin, 1964. *JM*

Nahl, Johann August d.Ä.

Bildhauer
✶ August 1710 Berlin
† 22.10.1781 Kassel
Nach erstem Unterricht bei seinem Vater soll N. durch A. Schlüter weiter unterrichtet worden sein. Reisen nach Frankreich und Italien gingen einer wahrscheinlichen Tätigkeit in Straßburg voraus, von wo er 1741 als Direktor nach Berlin berufen

wurde. Hier versah er verschiedene Schlösser, so in Berlin, Charlottenburg, Potsdam und Sanssouci, mit Bauzierrat wie Statuen, Reliefs, Vasen etc., bevor er sich später in der Schweiz und in Kassel niederließ. *JM*

Narloch, Willi

Schauspieler
✶ 18.7.1910 Berlin
† 18.4.1973 ebd.
N. studierte 1931–33 bei Jessner in Berlin. Seine Tätigkeit als Schauspieler und Oberspielleiter in Brandenburg 1933–40 wurde durch Krieg und Gefangenschaft unterbrochen. Nach zweijähriger Tätigkeit an der Kleinen Bühne Berlin folgte 1952–68 das Engagement am Maxim-Gorki-Theater, 1968–73 an der Volksbühne. N. spielte zahlreiche Film- und Fernsehrollen, in denen er volkstümliche Charaktere, meist Ur-Berliner mit Herz und Schnauze gab. *DTW*

Naumann, Friedrich

Politiker
✶ 25.3.1860 Störmthal b. Leipzig
† 24.8.1919 Travemünde [F.49]
Als Theologiestudent und als Pfarrer für die christlich-soziale Bewegung des Berliner Hofpredigers Adolf Stoecker tätig, gab N. 1897 sein geistliches Amt auf, um Politiker und Publizist zu werden. Er trat für die »Versöhnung von Demokratie und Kaisertum« (1900) ein und war ein scharfer Kritiker der Sozialdemokratie. Zu Beginn des I. Weltkrieges Befürworter einer rigorosen Expansionspolitik, propagierte er 1915 einen Wirtschaftsverband »Mitteleuropa« unter deutscher Führung. Als Mitglied der Fortschrittlichen Volkspartei und diverser politischer Klubs vertrat er die Interessen des nationalliberalen Bürgertums. Er strebte eine Klassenspannungen ausgleichende Zusammenarbeit mit der Arbeiterschaft an. Während des Krieges war er Verbindungsmann zwischen tonangebenden Vertretern von Banken und Großindustrie und SPD- und Gewerkschaftsführern. Die Gründung der Deutschen Hochschule für Politik 1920 in Berlin geht u.a. auf seine Initiative zurück.
Schriften: Die Demokratie in der Nationalversammlung, 1919.
Literatur: T. Heuss, F. Naumann zum Gedächtnis, 1919. *ED*

Friedrich Naumann (1860–1919)

Naunyn, Bernhard

Mediziner
✶ 2.9.1839 Berlin
† 27.7.1925 Baden-Baden [F.13]
N. studierte in Berlin und promovierte 1862. Nach einer Zeit als klinischer Assistent in Berlin wurde er 1869 Professor in Dorpat, später auch in Bonn, Königsberg und Straßburg. Wissenschaftlich arbeitete N. auf den Gebieten der Pathologie, Pathobiochemie und Pathophysiologie. Wichtige Arbeiten legte er über Tumoren, Gallensteine und Diabetes sowie zu den Vorgängen und Störungen bei der Blutgerinnung vor. *UH*

Naunyn, Franz Christian

Jurist, Kommunalpolitiker
✶ 29.9.1799 Drengfurt (Ostpreußen)
† 30.4.1860 Berlin [F.13]
Nach dem Schulbesuch und dem Jurastudium in Königsberg arbeitete er in verschiedenen Funktionen, bis ihm 1844 die Stelle eines Bürgermeisters in Berlin angetragen wurde. Bis zum März 1848 füllte er diese Funktion unter dem Oberbürgermeister Heinrich Krausnick aus, der in den Wirren der Revolutionstage zurücktrat und den Platz für N. freimachte. Dieser hatte sich anfänglich auf die Seite der aufständischen Bürger gestellt und führte zwischen März 1848 und Januar 1851 als amtierender Oberbürgermeister die Geschäfte der Stadt. Dabei war er darum bemüht,

den Konflikt zwischen Stadtverwaltung und König schrittweise zurückzunehmen, was mit einer Audienz beim König im August 1849 auch gelang. Nachdem Krausnick 1851 erneut zum Oberbürgermeister gewählt worden war, kehrte N. in sein altes Amt als Bürgermeister zurück. *EF*

Neander, Johann *August* Wilhelm

(eigtl. David Mendel)
Theologe
✶ 17.1.1789 Göttingen
† 14.7.1850 Berlin [F.12]

Der aus einer jüdischen Familie stammende N. wurde 1806 getauft und studierte in Halle und Göttingen Philosophie und Theologie. 1813 erhielt er einen Ruf als Professor für Kirchengeschichte an die Berliner Universität. 1839 wurde er Mitglied der Akademie der Wissenschaften und gilt mit seiner sechsbändigen »Allgemeinen Geschichte der christlichen Religion und Kirche« aus den Jahren 1825–42 als Begründer der neueren evangelischen Kirchengeschichtsforschung. In Berlin verkörperte er den Typ des vergeßlichen Menschen, wenn man vom »reenen Neander« sprach. Sein Ehrengrab befindet sich in Kreuzberg. *EF*

Neander von Petersheiden, Karl von

Militär, Kartograph und Schriftsteller
✶ 25.12.1761 Lades (Hinterpommern)
† 30.4.1842 Berlin [F.106]

Bürgerlicher Herkunft schlug er wie seine zwei Brüder, die als Generalmajor und Oberst in der preußischen Armee aufgrund ihrer Leistungen Karriere machten und die einen aktiven Beitrag zur Reorganisation des preußischen Heeres nach 1806 leisteten, die Laufbahn eines Artillerieoffiziers ein. Im Selbststudium eignete er sich umfassende mathematische und naturwissenschaftliche Kenntnisse an, beschäftigte sich schon als junger Leutnant mit den Grundlagen der Topographie und Kartographie, erhielt in den Feldzügen gegen Frankreich 1793/94 mehrere Auszeichnungen für strategische Vermessungsarbeiten und die Anfertigung von wichtigen Gefechtskarten. Nach der Niederlage von Jena und Auerstedt 1806 schied er als Hauptmann und Batteriechef aus dem aktiven Dienst. Durch seine ingenieurtechnischen Leistungen und Erfindungen im Befestigungswesen erlangte er während der Feldzüge 1813/15 die Aufmerksamkeit des Königs, die ihm in den Jahren nach 1815 für die Durchsetzung bedeutender Projekte der technischen Entwicklung der Hauptstadt Berlin von Nutzen war. Schon um 1800 hatte N. den chaotischen Zustand der Berliner Straßennamen und Hausnumerierung erkannt und 1801 »Neue Anschauliche Tabellen von der gesammten Residenz-Stadt Berlin …«, ein grafisch anschaulich gestaltetes Grundstücks-, Bewohner- und Eigentümerverzeichnis publiziert. Er war auch der Verfasser eines Entwurfs zur Verbesserung der Berliner Straßenbeleuchtung, zu dessen Durchsetzung er vom König zum »Chef der Erleuchtungskompagnie« ernannt wurde. Bekannt wurde N. auch durch seine Bemühungen, die sozialen Folgen des Krieges für die Familien der Militärangehörigen Berlins durch die Schaffung eines Darlehnskasse zu lindern. *DW*

Pola Negri (1897–1987)

Negri, Pola

(eigtl. Barbara Apolonia Chalupiec)
Schauspielerin
✶ 3.1.1897 (and. Quellen: 31.12.1894) Lipno (Polen)
† 1.8.1987 San Antonio (Texas, USA)

N. besuchte in Warschau dic Ballettschule, debütierte als Tänzerin, kam ans Deutsche Theater Berlin, wo ihre Bühnenlaufbahn endete. N. debütierte im Film noch in Warschau, arbeitete 1917 für die Berliner Saturn-Film, 1918 für die Union (die spätere UFA), wo sie unter der Regie von

Lubitsch (u.a. »Carmen«, »Die Augen der Mumie Ma« beide 1918, »Madame Dubarry« 1919, »Die Bergkatze« 1921) zu einer der populärsten Schauspielerinnen wurde. 1923 ging sie mit Lubitsch nach Hollywood, spielte sehr erfolgreich exotische Frauen vom Vamp-Typus. In der Tonfilmära gelang ihr, nach einem Zwischenaufenthalt in England, 1935–38 ein Comeback in Deutschland (»Mazurka« 1935, »Madame Bovary«, »Tango Notturno« 1938), doch kehrte N. noch vor Ausbruch des II. Weltkrieges nach den USA zurück. In der Folgezeit wirkte sie nur noch in zwei Filmen mit.
Autobiographie: Memoirs of a Star, 1970. *DTW*

Neher, Carola

Schauspielerin
✶ 2.11.1900 München
† 28.6.1942 bei Orenburg in sowjetischer Lagerhaft

N. war zunächst Bankangestellte, seit 1920 Schauspielerin in Baden-Baden, in München, später in Wien und Berlin, verheiratet mit Klabund. N. wurde bekannt als Haitung in Klabunds »Kreidekreis«, als Polly in der Berliner Aufführung der »Dreigroschenoper« (auch in der Verfilmung 1931). Brecht schrieb für sie »Die Heilige Johanna der Schlachthöfe«. 1933 emigrierte sie nach Moskau, wurde dort aufgrund falscher Anschuldigungen verhaftet.
Literatur: M. Wegner, Klabund und Carola Neher. Eine Geschichte von Liebe und Tod, 1996.
DTW

Neher, Caspar

Bühnenausstatter
✶ 11.4.1897 Augsburg
† 30.6.1962 Wien

N. debütierte 1923 mit der Ausstattung zum »Käthchen von Heilbronn« am Staatstheater Berlin. Danach arbeitete er abwechselnd in München und Berlin mit bedeutenden Regisseuren (Fehling, Engel, Jessner). Als enger Freund Brechts, der ihn »den größten Bühnenbauer unserer Zeit« nannte, lieferte er die Bühnenbilder vieler Brecht-Uraufführungen. N. entwickelte einen Ausstattungsstil, den man »Kaschemmentheater« genannt hat: Theater der unfeinen Leute, gewollte Simplizität, Ausstellen puren Materials. 1927–33 war er neben seiner Berliner Tätigkeit in Essen und 1934–41 in Frankfurt/M. Bis 1944 am Deutschen Theater Berlin, wo er u.a. die Ausstattungen für die großen Shakespeare-Inszenierungen besorgte, war er 1946–49 in Zürich, anschließend am Berliner Ensemble, 1953–58 am Theater am Kurfürstendamm, danach bis 1962 in Köln. In den 30er Jahren begann die Arbeit für das Musiktheater – N. schrieb auch das Libretto für R. Wagner-Regenys »Der Günstling« –, wobei er sich vorzüglich Mozart widmete. *DTW*

Nelson, Rudolf

(eigtl. R. Lewysohn)
Komponist und Revue-Autor
✶ 8.4.1878 Berlin
† 5.2.1960 ebd. [F.91]

Nachdem er in einigen kleineren Kabaretts als Pianist und Komponist tätig gewesen war, gründete N. 1904 gemeinsam mit dem Chansonnier P. Schneider-Duncker das Kabarett »Zum Roland von Berlin«. Die Adresse in der Potsdamer Straße galt als die mondänste Unterhaltungsbühne Berlins vor dem I. Weltkrieg. N.s Chansons fanden sogar höchstkaiserliches Wohlgefallen: Wilhelm II. ließ sich das »Ladenmädel« gleich fünfmal hintereinander vortragen (bis auch er die Pointe verstanden hatte). 1907 eröffnete N. in der Passage Friedrichstraße/Unter den Linden die Nobel-Kleinkunstbühne »Chat Noir«. Seit 1912 lieferte er in Folge Revuen für das Metropol-Theater, um schließlich nach dem I. Weltkrieg die Revue auf das Kabarett zu übertragen. In den 20er Jahren schrieb Tucholsky Texte für N.s Kabarett-Revuen. Alles, was auf der Bühne Rang und Namen hatte, trat bei ihm auf. 1933 mußte N. emigrieren, war zeitweilig in KZ-Haft. 1949 kehrte er aus den USA nach Berlin (West) zurück. Er erhielt 1953 das Bundesverdienstkreuz. *ThW*

Nering, Johann Arnold

Architekt und Ingenieur
✶ 13.1.1659 Wesel
† 21.10.1695 Berlin

N., der wahrscheinlich einer holländischen Einwandererfamilie entstammte, wurde nach der Rückkehr von seinen Bildungsreisen (1677–79 u.a. nach Italien) Mitarbeiter bei M.M. Smids in Berlin. Mitglied der Baukommission (1688–95) zur Anlage der Friedrichstadt, hatte N. großen Einfluß auf das Baugeschehen und die städtebauliche Entwicklung von Berlin. In der Baukommission oblag ihm die Prüfung aller Bürgerhausentwürfe. Neben A. Schlüter war N. der bedeutendste Vertreter des Berliner Barock und

fand seine Vorbilder hauptsächlich in der italienischen Architektur des 16. und 17. Jhs. (u.a. A. Palladio). Beigesetzt wurde N. in der Dorotheenstädtischen Kirche.
Wichtige Bauten: Stadtbefestigung Leipziger Tor, Bln.-Mitte (1683, zerst.); Stadtgrundriß Friedrichstadt, Bln.-Mitte (1688); Palais Schomburg, später Kronprinzenpalais, Bln.-Mitte (1689, verändert aufg.); Umbau Schloß Niederschönhausen, Bln.-Pankow (1691–93); Teile von Schloß Charlottenburg, Bln.-Charlottenburg (1695); Zeughaus, Bln.-Mitte (1695, Grundstein 25.5.1695); Parochialkirche, Bln.-Mitte (1695, verändert durch Grünberg, Grundstein 15.8. 1695).
Literatur: U. Kieling/U. Hecker, Berliner Architekten und Baumeister bis 1800, 1983. *KDS*

Nernst, *Walther* Hermann

Physiker und Chemiker
✶ 25.6.1864 Briesen (Westpr.)
† 18.11.1941 Ober-Zibelle b. Muskau [F.21]
N. studierte 1883–87 in Zürich, Würzburg und Graz Physik, promovierte und setzte seine Ausbildung bei Ostwald in Leipzig fort. Als Assistent und (ab 1891) Professor in Göttingen wandte er sich der physikalischen Chemie zu und erforschte elektrochemische Vorgänge sowie das Verhalten von Ionen in Lösungen. 1905 nach Berlin berufen, übernahm er die Leitung des Instituts für Physikalische Chemie der Universität. 1905–06 entwickelte N. den Dritten Hauptsatz der Wärmelehre. Schon früh bekannte er sich zur Quantentheorie und konnte theoretische Annahmen von Planck und Einstein experimentell stützen. 1920 wurde N. der Nobelpreis für Chemie zuerkannt. 1922–24 leitete er die Physikalisch-Technische Reichsanstalt Berlin-Charlottenburg, 1925–33 das Physikalische Institut der Universität. N. machte sich um die Entwicklung neuer Meßmethoden ebenso verdient wie um die technische Nutzung seiner Ergebnisse (»Nernst-Lampe«, 1897).
Literatur: H.-G. Barthel, W. Nernst, 1989. *UH*

Nestriepke, Siegfried

Theaterleiter
✶ 17.12.1885 Bartenstein (Ostpr.)
† 5.12.1963 Berlin [F.93]
N., Sohn eines Vermessungsbeamten, studierte in Berlin und Marburg (Dr.phil.), arbeitete als Redakteur und war 1920–33 Generalsekretär der Volksbühne Berlin. 1945 kurzzeitig Intendant des Schloßparktheaters, ging er 1946 als ao. Professor nach Halle, kam 1947 als Stadtrat für Volksbildung nach Berlin zurück, war 1949–55 Intendant des Theaters am Kurfürstendamm und arbeitete darüberhinaus als Theaterschriftsteller und -historiker. *DTW*

Neumann, Franz

Politiker, Ehrenbürger
✶ 14.8.1904 Berlin
† 9.10.1974 ebd. [F.38]
Nach Schlosserlehre und Schulabschluß absolvierte N. die Deutsche Hochschule für Politik in Berlin, war seit 1926 Jugendfürsorger im Magistratsdienst, bis er 1934 aufgrund des »Gesetzes zur Wiederherstellung des Berufbeamtentums« entlassen wurde. Er arbeitete illegal für die SPD und verbrachte, wegen Vorbereitung zum Hochverrat verurteilt, anderthalb Jahre im Konzentrationslager. Nach Kriegsende Mitbegründer und Bezirksvorsitzender der SPD in Berlin-Reinickendorf und stellvertretender Bürgermeister dieses Bezirks, wandte er sich entschieden gegen die Zwangsvereinigung von SPD und KPD in den Ostsektoren. 1946–58 war er Vorsitzender der Berliner SPD und in den Auseinandersetzungen um die Berlin- und Deutschlandpolitik Kontrahent des Flügels um Ernst Reuter und Willy Brandt. Bis 1960 war N. Stadtverordneter und Mitglied des Berliner Abgeordnetenhauses, seit 1949 Vertreter Berlins im Bundestag. 1971 wurde er Berliner Ehrenbürger. *ED*

Neumann, *Günter* Christian Ludwig

Schriftsteller und Komponist
✶ 19.3.1913 Berlin
† 17.10.1972 München [F.6]
N. studierte an der Berliner Musikhochschule u.a. bei H. Tiessen, begann mit 16 Jahren als Kabarettist beim »Kabarett der Komiker« und brachte seine erste eigene Kabarettrevue (»Gib ihm«) 1937 heraus. Während des Krieges organisierte er Aufführungen eines Fronttheaters, als Kriegsgefangener eines Lagertheaters. Seit der Berlin-Blockade gab er (bis 1949) die Satire-Zeitschrift »Insulaner« heraus, die beim RIAS zu einer satirischen Sendereihe ausgebaut wurde – »Günter Neumann und seine Insulaner« – die, unter Beteiligung der Hörer und Auswertung von Hörerzuschriften, zu einem festen Bestandteil des Rundfunks der Bundesrepublik wurde und das

Günter Neumann (1913–1972)

Bewußtsein für die besondere Lage Berlins wach hielt. Große Erfolge hatte N. mit weiteren Kabarettrevuen und Rundfunksendungen. Außerdem schrieb er Filmdrehbücher, z.B. war er Hauptautor des mehrfach preisgekrönten Films »Wir Wunderkinder« (1959).

Schriften: Die Insulaner, 3 Bde., 1954–56

Literatur: R. Stürickow, Der Insulaner verliert die Ruhe nicht, 1983. *DTW*

Neumann, Ludwig Wilhelm

Jurist, Ehrenbürger
✶ 7.5.1762 Perleberg
† 30.11.1847 Berlin

Nach dem Besuch des Berliner Joachimsthalschen Gymnasiums und dem Jurastudium an der Universität Halle kam er 1787 an das Berliner Stadtgericht, wechselte bald darauf zum Kammergericht. 1795 zum Assessor am Stadtgericht gewählt, arbeitete er hier bis zu seinem Ruhestand. Darüber hinaus war er im Vormundschaftsgericht und als Justitiar der Königlich Preußischen Porzellanmanufaktur tätig. Seit 1803 Justizrat und Stadtrichter, arbeitete er 1831 erfolgreich in einer Kommission des Justizministeriums zur Reform des preußischen Prozeßrechts mit. Aus Anlaß seines 50. Dienstjubiläums erhielt er die Berliner Ehrenbürgerwürde. *EF*

Neuss, Hans *Wolfgang* Otto

Kabarettist, Schauspieler
✶ 3.12.1923 Breslau
† 5.5.1989 Berlin [F.93]

Er wuchs mit seiner Schwester Eva in Breslau auf. Nach dem Notabitur Einzug zum Militär. Nach Selbstverstümmelung und EK I. wirkte er als Truppenbetreuer. Nach dem Krieg war er als Schlachter und Landwirtschaftsgehilfe tätig und tingelte als Parodist und Conférencier. Ab 1950 auch Chargendarsteller in Filmen wie »Das Wirtshaus im Spessart«, »Wir Wunderkinder«. Ab 1949 Kabarettauftritte mit Wolfgang Müller. Sie galten als skurril-witziges Traumpaar bis Müller 1960 verunglückte. Als Kabarettist prangerte N. weiterhin mit Witz und Spott die politischen Mißstände an, sein Markenzeichen war der »Mann mit der Pauke«. Er galt als Deutschlands schärfster Nachkriegssatiriker. N. engagierte sich bei der APO, war Mitglied der SPD und gab das satirisch-politische Extrablatt »Neuss Deutschland« heraus, in dem er Gott und die Welt verspottete. 1967 gehörte er zu den Mitbegründern des Republikanischen Clubs in Berlin (West). Er war Mitarbeiter der Berliner Kabaretts »Nürnberger Trichter« und »Die Stachelschweine«, er spielte Theater und produzierte Filme wie »Wir Kellerkinder« und »Genosse Münchhausen«. Mit Solokabarettprogrammen wie »Das jüngste Gerücht« und »Neuss Deutschland« erregte er Aufsehen. Zu Beginn der 60er Jahre zog er sich von der Bühne zurück und ertrug das Leben nur noch unter Drogen. 1983 erhielt er den Deutschen Kleinkunstpreis.

Literatur: V. Kühn, Das Wolfgang Neuss Buch, 1981. *KD*

Nicolai, Friedrich

Verleger, Schriftsteller
✶ 18.3.1733 Berlin
† 8.1.1811 ebd.

Nach Gymnasiumsbesuch in Berlin und Halle sowie Buchhandelslehre in Frankfurt/O. in die väterliche Berliner Verlagsbuchhandlung eingetreten, die N. ab 1758 leitete und zu einem Zentrum des geistigen Lebens der Zeit entwickelte. Für die von ihm begründeten Zeitschriften »Briefe, die neueste Litteratur betreffend« (ab 1759) und »Allgemeine Deutsche Bibliothek« (ab 1765) gewann er zahlreiche namhafte Mitarbeiter, darunter den Philosophen Moses Mendelssohn. Hauptsächlich die ADB machte er zum Träger der Aufklärungsphilosophie, zum – so Heinrich

Heine – Forum »gegen Aberglauben, Jesuiten, Hoflakaien und dergleichen«. Der bürgerlichen Emanzipation half Nicolais satirischer, großenteils in Berlin spielender Roman »Das Leben und die Meinungen des Herrn Magisters Sebaldus Nothanker« (1773–76) voran, gerichtet gegen fanatische Orthodoxie und heuchlerische Frömmigkeit mancher protestantischer Kreise im friderizianischen Preußen. Daniel Chodowiecki illustrierte das bis heute immer wieder aufgelegte Buch. Auch als Lokalchronist bewährte sich der Freund und Förderer Gotthold Ephraim Lessings mit der akribischen »Beschreibung der Königlichen Residenzstädte Berlin und Potsdam« (1769). 1799 wurde er Mitglied der Königlichen Akademie der Wissenschaften zu Berlin – ungeachtet der Tatsache, daß die Polemiken des zunehmend altersstarrsinnigen Nicolai nicht selten über ihre Ziele hinausschossen. In seiner florierenden Buchhandlung An der Stechbahn nahe dem Schloßplatz hielt er ungerührt die Pamphlete prominenter Autoren gegen sich selbst feil! So wetterte Universitätsrektor Johann Gottlieb Fichte, anspielend auf den oben genannten Romantitel, über »Friedrich Nicolais Leben und sonderbare Meinungen«. Schiller und Goethe waren dem knorrigen Berliner ebensowenig gewogen, letzterer aus besonders triftigem Grund: N. hatte dessen »Werther«-Roman 1775 parodiert in der Schrift »Die Freuden des jungen Werthers, Leiden und Freuden Werthers, des Mannes«. Beigesetzt wurde er an der Außenwand der Luisenstadtkirche (Alte Jakobstraße), die im Krieg zerstört und später abgetragen wurde.

Friedrich Nicolai (1733–1811)

Literatur: H. Möller, Aufklärung in Preußen. Der Verleger, Publizist und Geschichtsschreiber Friedrich Nicolai, 1974. *GB*

Nicolai, *Otto* Carl Ehrenfried

Komponist und Dirigent
✶ 9.6.1810 Königsberg
† 11.5.1849 Berlin [F.75]

N. sollte zum musikalischen Wunderkind getrimmt werden, floh von zuhause und ging in Berlin zu C.F. Zelter und ans Kgl. Institut für Kirchenmusik. 1833 wurde N. Organist der preußischen Gesandtschaft in Rom, 1837 Kapellmeister in Wien, 1841 ebd. 1. Kapellmeister der Hofoper, 1848 Kapellmeister der Kgl. Oper und Dirigent des Domchores in Berlin. Hier schrieb er »Die lustigen Weiber von Windsor«, sein einziges noch heute gespieltes Werk. *ThW*

Niebuhr, *Barthold* Georg

Historiker
✶ 27.8.1776 Kopenhagen
† 2.1.1831 Bonn

Der Sohn eines bekannten Orientalisten und Entdeckungsreisenden wuchs in Dänemark und Norddeutschland auf, studierte in Kiel und im schottischen Edinburgh. Frühzeitig trat er in den dänischen, 1806 in den preußischen Staatsdienst ein. 1810 zum Akademiemitglied gewählt und zum Historiographen des Hofes ernannt, hielt N. in Berlin Vorlesungen zur römischen Geschichte, die die Grundlage für sein Hauptwerk, eine dreibändige »Römische Geschichte« (1811–32), bildeten. 1816–23 vertrat er Preußen als Gesandter beim Vatikan. Seit 1824 preußischer Staatsrat, lehrte N. in Bonn Alte Geschichte, wobei er deren universalhistorischen Aspekt betonte. Er gilt als Begründer der philologisch-historischen Quellenkritik und betonte die Notwendigkeit praktischer politischer und Verwaltungserfahrungen für den Historiker.

Literatur: S. Rytkoenen, B.G. Niebuhr als Politiker und Historiker, 1968. *UH*

Nielsen, Asta
Schauspielerin
✶ 11.9.1881 Kopenhagen
† 25.5.1972 ebd.
Die Tochter eines Mühlenarbeiters nahm am Kgl. Theater Kopenhagen Schauspielunterricht, ging mit einer Wandertruppe auf Tournee, kehrte 1908 nach Kopenhagen zurück, drehte 1910 ihren ersten Film und ging im gleichen Jahr mit dem Theatermaler Urban Gad nach Berlin. Sie spielte in Komödien, Abenteuerfilmen und Melodramen, die vor allem durch die Leistung der N. gewannen, so daß der Film zu einer ernsthaften, auch von der Kritik akzeptierten Kunstgattung aufstieg. N. kreierte seit 1913 in ihren Rollen einen neuen, durch Unabhängigkeit und Selbstbewußtsein bestechenden Frauentyp. In den 20er Jahren trat sie auch als Produzentin in Erscheinung: u.a. »Hamlet« (1921, mit N. in der Titelrolle) und »Fräulein Julie« (1922). G.W. Pabst besetzte sie 1925 als Marie Leschner in »Die freudlose Gasse«. Ihr einziger Tonfilm war »Unmögliche Liebe« (1932).
Memoiren: Den tiende muse (1945/46, 2 Bde.; dt. Die schweigende Muse, 1961/77).
Literatur: R. Seydel/A. Hagedorff, A. Nielsen, 1981. *DTW*

Niemöller, Martin
evang. Pfarrer
✶ 14.1.1892 Lippstadt
† 6.3.1984 Wiesbaden
Zweites von sechs Pfarrerskindern, wurde N. nach dem Abitur Seekadett, Leutnant zur See, Kriegsfreiwilliger und Kommandant der kaiserlichen Marine. Er wollte auswandern, entschloß sich dann aber doch zum Studium und wurde 1931 Gemeindepfarrer der St. Annenkirche in Berlin-Dahlem. 1933 gründete er den Pfarrernotbund, der sich gegen die Anwendung des Arierparagraphen in der Kirche zur Wehr setzte. Seit Mai 1934 gehörte er zur Leitung der Bekennenden Kirche und kämpfte hartnäckig gegen Eingriffe des faschistischen Staates in innerkirchliche Angelegenheiten. Gerichtsprozesse und Amtsenthebung konnten ihn nicht beirren. Er wurde mit seiner Dahlemer Gemeinde zum Symbol des kirchlichen Widerstands gegen den Nationalsozialismus. Ein Prozeß 1938 endete mit seiner Freilassung, deshalb ließ ihn Hitler als »persönlichen Gefangenen« in Haft nehmen. Er überlebte das Konzentrationslager Dachau und beteiligte sich nach 1945 an einer Neuordnung der Evangelischen Kirche, beginnend mit der Stuttgarter Schulderklärung des Rates der EKD vom Oktober 1945. Dort heißt es: »... wir wissen uns mit unserem Volk nicht nur in einer großen Gemeinschaft des Leidens, sondern auch in einer Solidarität der Schuld. Mit großem Schmerz sagen wir: Durch uns ist unendliches Leid über viele Völker und Länder gebracht worden ... wir klagen uns an, daß wir nicht mutiger bekannt,

Martin Niemöller (1892–1984)

nicht fröhlicher geglaubt und nicht brennender geliebt haben ...« N. hatte führende Ämter in der EKD und in der ökumenischen Bewegung inne. 1945–56 gehörte er dem Rat der EKD an und leitete das kirchliche Außenamt. 1954 wurde er Präsident der »Deutschen Friedensgesellschaft« und 1967 Ehrenpräsident des Weltkirchenrates. Er suchte schon früh Kontakte zu Kirchenvertretern des Ostblocks. Seine politischen Stellungnahmen und sein Wirken als überzeugter Pazifist haben ihm Anerkennung, Kritik und Anfeindungen gebracht. Aus der Einsicht in die Folgen eines modernen Krieges bezeichnete er die Ausbildung für einen solchen Krieg als Vorbereitung zum Massenmord.
Werke: Vom U-Boot zur Kanzel, 1934; Reden, 4 Bde., 1957–1964.
Literatur: D. Schmidt, M. Niemöller, 1983. *ED*

Nikisch, Arthur
Dirigent
✶ 12.10.1855 Lébényi Szent Miklos (Ungarn)
† 23.1.1922 Leipzig
N. studierte in Wien, war Violinist im Wiener Hoforchester und kam 1878 als Kapellmeister ans Leipziger Stadttheater. 1889 dirigierte er die Sinfoniekonzerte in Boston, war 1893 Kapellmeister und Operndirektor in Budapest und kam 1895 als Gewandhauskapellmeister nach Leipzig. Im gleichen Jahr wurde er Nachfolger H.v. Bülows an der Berliner Philharmonie, mit der er Konzertreisen durch ganz Europa unternahm. Gastdirigate nahm er in Hamburg, London, Amsterdam, Wien, in den USA und in Argentinien wahr. In Leipzig leitete er die Dirigentenklasse am Konservatorium; 1918 begründete er die Silvesteraufführungen der IX. Sinfonie von Beethoven. N. galt als herausragender Interpret der Werke Tschaikowskis, Bruckners und Brahms' und vermochte als Pultvirtuose Orchester wie Publikum zu beeindrucken. Daran erinnert der von Adorno kolportierte Witz über eine Konzertbesucherin, die ihre Nachbarin bittet, sie möge sie doch darauf aufmerksam machen, wenn Nikisch zu faszinieren beginne. *ThW*

Nikolaus I.
Zar von Rußland, Ehrenbürger
✶ 6.7.1796 Zarskoje Selo
† 2.3.1855 Petersburg
1825 zum Zaren gekrönt, war seine Herrschaft mit der Niederschlagung des Dekabristenaufstandes 1825, der Niederschlagung des polnischen Aufstandes 1830/31 und der ungarischen Revolution von 1848/49 sowie dem Krimkrieg von 1854–56 verknüpft. Daß ein russischer Monarch der erste Ausländer war, dem die Berliner Ehrenbürgerschaft übertragen wurde, hing mit den damaligen Bestimmungen zusammen. Danach konnte man als Besitzer von Grund und Boden in der Stadt das Berliner Bürgerrecht erwerben, indem man den Bürgereid leistete. Nikolaus I. hatte – wohl für seine Gattin, die preußische Prinzessin Friederike Louise Charlotte – ein Grundstück Unter den Linden erworben und Interesse am Berliner Bürgerrecht geäußert. Da man ihm aber das Ablegen des Bürgereides nicht antragen mochte, bot man ihm 1837 den Berliner Ehrenbürgertitel an. Mit seinem Dankschreiben ließ der Zar ein Geldgeschenk von 5000 Dukaten überreichen. Er blieb allerdings der einzige, der seine Ehrenbürgerschaft auf diese Weise »bezahlt« hat. *EF*

Nipkow, Paul Julius Gottlieb
Erfinder
✶ 22.8.1860 Lauenburg (Pommern)
† 24.8.1940 Berlin [F.114]
Schon als Primaner hatte er die Vision einer Bildübertragung, ähnlich dem Telefon. Ab 1882 in Berlin Student der Naturwissenschaften, reichte er bereits 1884 ein Patent für ein »elektrisches Teleskop« ein, das erste Patent für ein »Fern«-sehen. Grundlage war die Zerlegung des Bildes in Zeilen durch rotierende Spirallochscheiben, die »Nipkow-Scheiben«. Nach dem Wehrdienst war er als Konstrukteur für Eisenbahnsicherungsanlagen bei Zimmermann-Buchloh in Borsigwalde beschäftigt. In seiner Freizeit war er der weitverbreiteten Flugeuphorie verfallen: im Gegensatz zu Otto Lilienthals »Vogelflug« favorisierte er allerdings eher den »Insektenflug« – die Modelle hatten eine entfernte Ähnlichkeit mit Hubschraubern. Nach seiner Frühpensionierung 1919 widmete er sich ganz der Weiterentwicklung seiner Nipkow-Scheibe. 1930 erwarb Siemens & Halske sein Synchronisations-Patent von 1924. Ob er tatsächlich der Erfinder des Fernsehens war, zu dem ihn die Nazi-Propaganda bestimmte, ist zumindest zweifelhaft, sein Erfindergeist war aber bis ins hohe Alter aktiv. *VTM*

Nolde, Emil
(eigtl. Emil Hansen)
Maler und Grafiker
✶ 7.8.1867 Nolde (Schleswig)
† 13.4.1956 Seebüll (Holstein)
N. studierte 1889/90 an der Karlsruher Kunstgewerbeschule und 1890/91 in Berlin, arbeitete 1892–97 als Lehrer am Gewerbemuseum St. Gallen und schloß 1898–1900 ein Malereistudium in München, Dachau und Paris an. Seit 1901 in Berlin, wurde er Mitglied der Sezession, wohnte aber 1905–07 in Dresden, wo er sich der Künstlergemeinschaft »Brücke« anschloß. Wieder in Berlin, verließ er 1911 die Sezession und lebte abwechselnd dort oder auf der Insel Alsen, seit 1940 ganz in Seebüll. Besonders seine Südseereise von 1913/14 formte durch unverfälschte Natur- und Farbeindrücke seine schon vorher begonnene, stark emotional geprägte expressive Freilichtmalerei (z.B. »Papuajünglinge« 1913/14), die sich später auch religiösen und familiä-

Emil Nolde (1867–1956)

ren Themen zuwandte (»Die Familie« 1931). In seiner großen Schaffenszeit vor und nach dem I. Weltkrieg gehörte N. zu den bekanntesten Berliner Expressionisten.
Literatur: P.F. Schmidt, E. Nolde, 1929; H. Fehr, E. Nolde, 1957. *JM*

Nordmann, Luise (auch Northmann)

(geb. Schulz)
Berliner Original (Harfenjule)
✶ 6.9.1829 Potsdam
† 12.1.1911 Berlin-Schöneberg [F.56]
Die blind geborene Tochter des Brettschneiders Schulz erhielt privaten Gesangsunterricht bei einem Hauptmann in Potsdam. 1865 heiratete sie den Marionettenspieler Nordmann, mit dem sie bis zu seinem Tod 1871 in Brandenburg umherzog. Danach lebte sie in einer Schöneberger Kellerwohnung und verdiente sich ihren Unterhalt durch das Singen und Harfenspielen auf den Berliner Höfen. Die »Harfenjule« erhielt als eine der ersten in Berlin eine Polizeilizenz als Hofmusikant. *EF*

Noske, Gustav

Politiker
✶ 9.7.1868 Brandenburg
† 30.11.1946 Hannover
Der Webersohn, Korbmacher und Gewerkschafter N. trat 1886 der SPD bei, war auf kommunaler Ebene und als Redakteur in Brandenburg, Königsberg und Chemnitz tätig. 1906 Reichtagsmitglied, wirkte er in der Budgetkommission und bei Militär- und Kolonialfragen mit und wurde 1914 einer der prominentesten Vertreter der Politik des »Burgfriedens« und der Unterstützung des Krieges. Im November 1918 sandte ihn der Parteivorstand nach Kiel, wo er den Aufstand der Matrosen und Arbeiter unter Kontrolle bringen und die Ausbreitung der Revolution verhindern sollte. Als Mitglied der provisorischen Regierung und Verantwortlicher für Wehrfragen in Berlin erhielt er am 6.1.1919 den Oberbefehl über die Truppen, die die Revolution niederschlugen. Die Worte: »Einer muß der Bluthund werden, ich scheue die Verantwortung nicht«, haben sich untrennbar mit seinem Namen verknüpft. Dieser Verantwortung wegen selbst in der eigenen Partei diskreditiert, trat er als Reichswehrminister der Weimarer Republik 1920 zurück und übte bis zu seiner Pensionierung 1933 das Amt des Oberpräsidenten der Provinz Hannover aus. 1939 und nach dem 20. Juli 1944 verhaftet, verbrachte er die letzten Kriegsmonate im Gefängnis und im Konzentrationslager.
Schriften: Von Kiel bis Kapp. Zur Geschichte der deutschen Revolution, 1920. *ED*

Nußbaum, Felix

Maler
✶ 11.12.1904 Osnabrück
† 9.8.1944 KZ Auschwitz
»Wenn ich untergehe, laßt meine Bilder nicht sterben« – mit diesen Worten hinterließ Nußbaum seine Gemälde dem Sammler Dr. Grosfilds und dem Freund Dr. Lefevre, als ihn die Nazis 1944 in Belgien festnahmen und nach Auschwitz deportierten. In einer jüdischen Kaufmannsfamilie, in der bildende Kunst und Musik eine wichtige Rolle spielten, wuchs N. in Osnabrück auf und erhielt starke Antriebe für das Studium an der Kunstgewerbeschule in Hamburg. Ab 1923 lebte er in Berlin, seine Lehrer waren Willy Jaeckel an der Lewin-Funcke-Schule und H. Meid, C. Klein und P. Pontke an der Kunstakademie. In Berlin wurde N. bekannt durch eigenständige Arbeiten und die Teilnahme an Ausstellungen. 1927 stellte er in der Galerie Caspar, 1929 und 1930 in der Galerie Wertheim aus. Sein bedeutendstes Werk dieser Periode ist das Gemälde »Der tolle Platz« aus dem Jahre 1931, eine bedrückende Vorahnung des NS-Regimes: Um das Brandenburger Tor und den Pariser Platz werden Personen und

einstürzende Gebäude gruppiert, die in ihrer »Tollheit« die kommende Katastrophe veranschaulichen. Die Siegessäule ist zerstört, in Reih' und Glied marschiert das Establishment und Akademiepräsident Max Liebermann arbeitet auf dem Dach seines zur Ruine degradierten Hauses am Selbstporträt. Nußbaum erhielt 1932 ein Stipendium durch die Preußische Akademie der Künste zur Arbeit in der Villa Massimo in Rom, er mußte jedoch 1933 nach Entzug des Stipendiums aus Rom fliehen, arbeitete ein Jahr an der italienischen Riviera, dann blieb 1935 nur der Weg in ein nichtfaschistisches Land über Paris nach Belgien. Auch dort fand er keine schöpferische Ruhe. Die Belgische Regierung verweigerte ihm die Einbürgerung; die ständigen Wechsel des Aufenthaltsortes, der Druck der Behörden, der zunehmende Antisemitismus sowie die fehlende Resonanz auf seine Bilder ließen depressive Stimmungen entstehen, stürzten ihn in eine tiefe künstlerische Krise. Das Bild »Die Gerippe spielen zum Tanz« aus dem Jahre 1944 ist Zeugnis dieser Zeit. Mit dem letzten Zug wurden er und seine Frau im Juli 1944 in das Vernichtungslager Auschwitz deportiert Das Gesamtwerk Nußbaums ist leider nicht mehr erhalten, etwa 150 Bilder wurden bei einem Atelierbrand in Berlin vernichtet. *DW*

O

Ochs, Siegfried

Dirigent und Komponist
✶ 19.4.1858 Frankfurt/M.
† 6.2.1929 Berlin [F.77]
1882 gründete O. den »Siegfried Ochs'schen Gesangverein«, aus dem 1888 der »Philharmonische Chor« hervorging, der sich unter O.' Leitung besonders durch Aufführungen der Bach'schen Matthäus-Passion sowie durch Erstaufführungen von Bruckner, Wolf und Reger Verdienste erwarb. O. schrieb eine Oper und Volksliedbearbeitungen für Chor.
Schriften: Der deutsche Gesangverein (4 Bde. 1923–28); Über die Art, Musik zu hören (1926)
ThW

Ode, Erik

(eigtl. Fritz Erik Signy Odemar)
Schauspieler und Filmregisseur
✶ 6.11.1910 Berlin
† 19.7.1983 Weißbach am Tegernsee
Der Sohn des Schauspielers Fritz Odemar (1890–1955) erlernte den Beruf eines Kameramanns, begann als Schauspieler 1928 am Theater am Schiffbauerdamm, spielte 1939–42 am Residenztheater vorwiegend komische Rollen und war auch beim Film ein beliebter Episoden-Mime und humorvoller Stichwortgeber. Nach dem Krieg spielte er 1946–48 in Hamburg, in Berlin seit 1947 u.a. in der Komödie, im Theater am Kurfürstendamm (1947/48), beim Kabarett der Komiker (1950/51), im Residenz- und im Hebbel-Theater. 1948 wurde er Oberspielleiter des RIAS. In den 50er und 60er Jahren war er als Filmregisseur besonders dem Musikfilm verpflichtet, den er auf ein beachtliches Niveau hob, das internationale Vergleiche nicht zu scheuen brauchte (u.a. »Schlagerparade« 1953; »Musik im Blut« 1955; »... und abends in die Scala« 1958; »Schlagerraketen« 1960). Später startete er eine zweite Karriere als Kommissar Keller in der TV-Krimiserie »Der Kommissar«. *DTW*

Oestergaard, Heinz

Modeschöpfer
✶ 15.8.1916 Berlin
† 10.5.2003 Bad Reichenhall
O. entstammte einer großbürgerlichen Familie dänischer Herkunft. Der väterliche Schulbuchverlag interessierte O. nur wenig, und so begann er 1938 seine Laufbahn als »Modemacher« im damaligen Modehaus Erich Vogel. 1946 gründete er in Berlin-Grunewald sein eigenes Atelier und zählte schon bald zu den beliebtesten Modeschöpfern der Stadt. Prominente wie Romy Schneider, Maria Schell, Hildegard Knef, Zarah Leander oder Ruth Brandt ließen sich von ihm einkleiden. Auf die Dauer sah O. in der Haute-Couture jedoch keine Zukunft. Ihm schwebte die »Demokratisierung der Mode«, eine »tragbare Mode für Millionen« vor. 1967 verlegte er seinen Firmensitz nach München. 1967 bis 1985 war O. Mode-Chef beim Fürther Versandhaus »Quelle«. Neben Kleidern entwarf er Schuhe, Brillengestelle, Dessous sowie Berufskleidung, u.a. die Uniformen der ADAC-Straßenwacht, die grünen Uniformen der Schutzpolizei und die der Handelsmarine der UdSSR. 1978–85 war O. Professor für Mode und Design an der Fachhochschule für Gestaltung in Pforzheim. Mitte der 80er Jahre erlernte er die Kunst der Glasbläserei und verblüffte das Publikum mit künstlerischen Vasenphantasien. Darüber hinaus entwarf er Teppiche und Möbel. *RS*

Oestreich, Paul

Pädagoge
✶ 30.3.1878 Kolberg
† 28.2.1959 Berlin
Nach dem Studium an den Universitäten in Berlin und Greifswald arbeitete er von 1901 bis zu seiner Entfernung aus dem Schuldienst 1933 als Lehrer in Berlin-Schöneberg. Er stand dem Kreis um Friedrich Naumann nahe, engagierte sich für Reformen des Bildungswesens und gehörte 1919 zu den Mitbegründern des Bundes entschiedener

Schulreformer, dessen Vorsitzender er bis 1933 war. Nach dem II. Weltkrieg war er von 1945–49 Schulrat in Zehlendorf. Danach wirkte er bis 1950 im Magistrat als Dezernent für das höhere Schulwesen. Eine Straße in Weißensee trägt seit 1967 seinen Namen. *EF*

Ohm, Georg Simon

Physiker
✶ 16.3.1789 Erlangen
† 6.7.1854 München
O. wirkte als Privatdozent in Erlangen und als Lehrer in der Schweiz. 1817–26 war er Oberlehrer am Berlin-Cöllnschen Gymnasium und ab 1826 an der Berliner Allgemeinen Kriegsschule. Bekannt wurde er durch das nach ihm benannte Ohm'sche Gesetz (1825/26). Der Durchdringung der damit zusammenhängenden Probleme, etwa die Leitfähigkeit galvanischer Ketten, widmete er einen großen Teil seiner Tätigkeit. O. ging 1833 nach Nürnberg und 1849 nach München. *UH*

Georg Simon Ohm (1789–1854)

Ohser, Erich

(Pseud. e.o. plauen)
Zeichner und Illustrator
✶ 18.3.1903 Untergettengrün (Vogtland)
† (Selbstmord) 5.4.1944 Berlin
Seine Kindheit verbrachte O. in Plauen und lernte zunächst Schlosser. Danach begann er ein Studium an der Akademie für graphische Künste in Leipzig. Als grafischer Mitarbeiter der Zeitschriften »Querschnitt« und »Vorwärts« beschäftigt, erlangte O. daneben vor allem durch seine seit 1934 erscheinenden humoristischen Bildergeschichten »Vater und Sohn« weite Verbreitung und Beliebtheit und wurde damit zu einem der ersten »Comic«-Zeichner Berlins. *JM*

Olbricht, Friedrich

General der Infanterie
✶ 4.10.1888 Leisnig (Sachsen)
† (hingerichtet) 20.7.1944 Berlin [F.46]
O. war Offizier seit 1908, hatte fünf Jahre im Reichswehrministerium in der Abteilung »Fremde Heere« gedient und war Stabschef der 4. Division in Dresden gewesen. Als Divisionskommandeur nahm er 1939 am Krieg gegen Polen teil und war einer der ersten Ritterkreuzträger. Seit Februar 1940 leitete er das Allgemeine Heeresamt im OKH in der Berliner Bendlerstraße und wurde im Juli 1940 General der Infanterie. O. kam in dieser Stellung in nähere Verbindung zu Verschwörergruppen um Beck, Canaris, Oster, Stülpnagel, Tresckow und Witzleben, die den militärischen Widerstand gegen Hitler organisierten. O. war intensiv an der Planung des Umsturzes beteiligt gewesen; er löste am 20.7.1944, nachdem Stauffenberg beim Oberkommando des Heeres mit der Meldung vom vermeintlichen Tod Hitlers eingetroffen war, den Plan »Walküre« aus, der die provisorische Machtübernahme durch die Wehrmacht vorsah. O. wurde noch in der Nacht im Hof des Bendlerblocks erschossen. *ThW*

Olfers, Marie von

(Pseud. M(aria) Werner und Werner Maria)
Schriftstellerin und Kunstmalerin
✶ 27.10.1826 Berlin
† 8.1.1924 ebd.
Tochter des Generaldirektors der Berliner Museen und seiner Gattin Hedwig von Olfers, die in Berlin einen bekannten literarischen Salon führte. In jungen Jahren war O. Mitglied der literarischen Vereinigung »Kaffeter«, gegründet von den Töchtern Bettina von Arnims. O.' »Novellen« (1872) und »Erzählungen« (1893) waren noch der Romantik verpflichtet und fanden wenig Beachtung. Ihre Aufzeichnungen »Briefe und Tagebücher« 1870–1924, die ihre Nichte Margarete von Olfers herausgab, vermitteln ein Bild des kulturellen Lebens der Berliner Oberschicht. *VM*

Orenstein, Benno

Industrieller
✶ 2.8.1851 Posen
† 11.4.1926 Berlin [F.119]
Gemeinsam mit seinem Geschäftspartner Alfred Koppel gründete O. 1876 unter dem Firmennamen »O. u. Koppel« ein Handelsunternehmen für Klein- und Feldbahnen. Der wachsende Erfolg des Unternehmens machte bald Eigenproduktion notwendig, und so entstanden 1886 die ersten Werkstätten am Tempelhofer Ufer. Die Produktion erstreckte sich auf den Bau von Lokomotiven und Waggons für Normalspurbahnen sowie auf Eisenbahnmaterial. 1897 zur Aktiengesellschaft umgewandelt, wurde die Firma zu einem der bedeutendsten deutschen Unternehmen auf diesem Gebiet. *BF*

Orth, *August* Friedrich Wilhelm

Architekt und Stadtplaner, Fachschriftsteller
✶ 25.7.1828 Windhausen b. Braunschweig
† 11.5.1901 Berlin [F.10]
Der Sohn eines Landwirts war nach seiner Ausbildung von 1856–62 bei verschiedenen Eisenbahn-Gesellschaften tätig und wurde um 1865 Hausarchitekt von B.H. Strousberg, später Privat-Baumeister (1877 Baurat, 1893 Geheimer Baurat) und war ein expliziter Vertreter des Rundbogenstils.
Wichtige Bauten: Zionskirche, Bln.-Mitte (1865–1873, zus. mit G. Möller); Görlitzer Bahnhof, Bln.-Kreuzberg (1866–68, zerst.); Zentralvieh- und Schlachthof, Brunnenstr., Bln.-Wedding (1868–76, zerst.); Palais Strousberg, Bln.-Mitte (1867–68, seit 1873 Engl. Botschaft, zerst.); Dankeskirche, Bln.-Wedding (1882–84, zerst.); Emmauskirche, Bln.-Kreuzberg (1890–93, Turm erh.); Gethsemane-Kirche, Bln.-Prenzl. Berg (1891–93); Städtebauliche Entwürfe (1871, 1874 ff.). Publikationen: Die bauliche Zukunft Berlins (1875). Patent: Vorrichtungen zur Erzielung einer guten Akustik (1880).
Literatur: U. Kieling, Berliner Privatarchitekten u. Eisenbahnbaumeister im 19. Jh., 1988. *KDS*

Osborn, Max

(Pseud. Heinrich Garbel)
Literatur- und Kunsthistoriker, Publizist
✶ 10.2.1870 Köln
† 24.9.1946 New York
O. stammte aus einer alten Kölner Bankiersfamilie. 1881 kam er nach Berlin, wo er 1888 sein Abitur machte. Er studierte in Heidelberg, München und Berlin Literatur- und Kunstgeschichte. O. promovierte 1893 mit »Die Teufelliteratur des 16. Jhs.«. 1894–1914 war er Mitherausgeber der »Jahresberichte für neuere dt. Literaturgeschichte«. Von 1900–09 schrieb er Kunst- und Theaterkritiken für die »National-Zeitung«, ab 1910 für die »BZ am Mittag«, von 1914–33 für die »Vossische Zeitung«, außerdem machte er sich einen Namen mit kunsthistorischen Abhandlungen (»Geschichte der Kunst« 1910) und verschiedenen Berlin-Führern. Er begründete den Jüdischen Kulturbund in Berlin mit. 1938 emigrierte er nach Paris, 1941 nach New York, wo er für den »Aufbau« tätig war. Seine Erinnerungen aus dem Kunst-, Kultur- und Geistesleben der Jahre 1890–1933 faßte er in dem Buch »Der bunte Spiegel« (1945) zusammen. *VM*

Oschilewski, Walter Georg

(Pseud. Walther Gosch, Peter Hartberg)
Schriftsteller und Journalist
✶ 22.7.1904 Berlin
† 1.5.1987 ebd.
Nach der Schriftsetzerlehre studierte er an der Hochschule für Politik und an der Universität in Berlin und Jena. Er war als Redakteur für sozialdemokratische und literarische Zeitschriften, aber auch für Journale des Druck- und Verlagswesens tätig. 1940–45 Wehrdienst, von 1946–50 Stadtverordneter in Berlin. Als stellvertretender Chefredakteur der Berliner Tageszeitung »Telegraf« und Leiter des Verlages arani arbeitete er von 1948–69. Zeitweise war O. Lehrbeauftragter für Publizistik an der FU Berlin, 1974 Ernst-Reuter-Plakette, 1977 Prof. h.c. Berlin. Zu O.s Werken gehören: »Gorgias Baldus. Selbstmord des Dichters Protruschkow« (1932), »Eugen Diederichs und sein Werk« (1936). *VM*

Ossietzky, Carl von

Publizist
✶ 3.10.1889 Hamburg
† 4.5.1938 Berlin [F.115]
O. wuchs in bescheidenen Verhältnissen auf, sein Vater war Büroangestellter, seine Mutter betrieb eine Speisewirtschaft. Mit 15 Jahren mußte er wegen des fehlenden Schulgelds die Mittelschule ohne Abschluß verlassen. Er wurde Angestellter beim Grundbuchamt in Hamburg. 1916 Soldat geworden, trat O. 1919 in Hamburg dem Arbeiter- und Soldatenrat bei. Im gleichen Jahr ging er

Carl von Ossietzky (1889–1938)

nach Berlin, wurde Redakteur der »Berliner Volkszeitung« und Mitglied der Deutschen Friedensgesellschaft, die er jedoch nach drei Jahren Sekretärstätigkeit wieder verließ. Im März 1924 gründete er mit Karl Vetter, zur besseren Durchsetzung der eigenen Vorstellungen, die »Republikanische Partei«, die jedoch bei den Reichstagswahlen im Sommer kaum Stimmen erhielt. Nach verschiedenen Tätigkeiten bei linksliberalen Zeitungen wurde O. durch die Bekanntschaft mit Siegfried Jacobsohn und auf Empfehlung Tucholskys im April 1926 politischer Mitarbeiter der »Weltbühne« und nach dem Tod Jacobsohns Herausgeber dieser bedeutenden Wochenzeitung der Weimarer Republik. Für Kurt Hiller war O. »ein politisierender Bel-Esprit, ein Journalist ungewöhnlich hohen literarischen Grades, in der Nähe des Genialen; ...«. Kritik an der Politik des Staates brachte O. Verfolgungen durch die Justiz ein. Im ›Weltbühnenprozeß‹ verurteilte man ihn 1931 zu 18 Monaten Gefängnis wegen eines Artikels, der die geheime Aufrüstung der Reichswehr entlarvte. 1932 wurde er amnestiert und leitete bis zu seiner Verhaftung am 28.2.1933 durch die Nationalsozialisten die »Weltbühne«. Im April 1933 lieferten ihn die Nazis in das KZ Sonnenburg ein, im Februar 1934 wurde er in das KZ Papenburg-Esterwegen verlegt. O. wurde in Abwesenheit am 23.11.1936 der Friedensnobelpreis verliehen, den er trotz Einschüchterung durch die Nazis annahm. Ab April 1936 befand er sich auf Druck der Weltöffentlichkeit zur Behandlung einer Tuberkulose als Gefangener in Berliner Krankenhäusern. O. war einer der bedeutendsten Publizisten der Weimarer Republik, der den zur Macht strebenden Faschismus entlarvte und für Frieden und Demokratie eintrat.

Werke: C.v. Ossietzky, Sämtliche Schriften. Oldenburger Ausgabe hg. von W. Boldt u.a., 8 Bde., 1994.

Literatur: R. Koplin, C.v. Ossietzky als polit. Publizist, 1964; E. Suhr, C.v. Ossietzky, Eine Biogr., 1988; D. Grathoff/G. Kraiker (Hg.), C.v. Ossietzky u. die Kultur der Weimarer Rep., 1990.

VM

Ostrowski, Otto

Kommunalpolitiker

∗ 28.1.1883

† 19.6.1963 Berlin [F.83]

Der SPD-Politiker O. war der zweite Oberbürgermeister im Nachkriegs-Berlin. Am 5.12.1946 folgte er Arthur Werner im Amt. Die ersten Kommunalwahlen im Oktober 1946 brachten der SPD 63, der CDU 29, der LDP 12 und der SED 26 Sitze im Abgeordnetenhaus. Diesem Wahlausgang folgte ein »Kampf um das Rathaus«. Während dieser Krise versuchte O., ein gemeinsames Arbeitsprogramm von SPD und SED zur Linderung der größten Not der Bevölkerung zu erreichen. Dies stieß bei den West-Alliierten und in seiner Partei auf heftigen Widerstand, so daß er am 17.4.1947 zurücktreten mußte. Ihm folgte Ernst Reuter. *ED*

Ostwald, Hans

Schriftsteller

∗ 31.7.1873 Berlin

† 8.2.1940 ebd. [F.94]

O. wuchs als Sohn eines Schmieds in Pommern auf und machte eine Lehre als Goldschmied. Seine Arbeitslosigkeit ab 1893 ließ ihn für mehrere Jahre als Handwerker auf Wanderschaft gehen. Er veröffentlichte seine Erlebnisse im Landstreichermilieu später in »Vagabunden« (1900). Der große Erfolg dieses autobiographischen Romans ermöglichte ihm ein Leben als freier Schriftsteller in Berlin. Auch in anderen Novellen und Romanen beschäftigte sich O. mit dem Leben von Kleinkriminellen, Dirnen und Landstreichern. Die Sprache dieser Halbwelt sammelte er in dem Wörterbuch »Rinnsteinsprache« (1906). Außerdem gab er eine »Kultur- und Sittengeschichte

Berlins« (1910), die Anthologie »Lieder aus dem Rinnstein« (1903–08) und »Das Zillebuch« (1929) heraus; 1991 erschien »Der Urberliner«. *VM*

Ottmer, Carl Theodor

Architekt, Maler
✶ 19.1.1800 Braunschweig
† 22.8.1843 Berlin
Der Sohn eines Arztes lehnte nach Studien 1822–27 an der Bauakademie, Akademie der Künste und der Universität Berlin eine Berufung als preußischer Hofbaumeister ab und nahm später eine vergleichbare Stellung in Braunschweig an. In Berlin war er eng mit K.F. Zelter befreundet. O. galt bereits seit seinem Studium als Spezialist im Theaterbau und war Vertreter des Spätklassizismus.
Wichtige Bauten: Königstädtisches Theater, Bln.-Mitte (1823–24, zerst.); Singakademie, heute Maxim-Gorki-Theater, Bln.-Mitte (1825–27); Residenzschloß Braunschweig (1830–38). *KDS*

Otto I.

Markgraf von Brandenburg
✶ um 1128
† 8.7.1184
Der Sohn des Askanierfürsten Albrecht der Bär regierte von 1170–84 die Nordmark und trug nach dem Namen seiner Burg den Titel Markgraf von Brandenburg. Er und sein Vater erweiterten ihr Herrschaftsgebiet in östlicher Richtung, riefen Siedler aus dem mitteldeutschen und niederrheinischen Raum in die Mark und begründeten Dörfer, Städte und Burgen. O. ist der Gründer des Zisterzienserklosters Lehnin. *ED*

Otto III.

Markgraf von Brandenburg
✶ 1215
† 9.10.1267
Zusammen mit seinem Bruder Johann I. regierte er 1220–67 die Mark. Während dieser Zeit wurde das Land wirtschaftlich erschlossen und die meisten heute noch bestehenden Städte im Havel- und Spreegebiet wurden gegründet. 1232 erhielt Spandau von O. das Stadtrecht. In seine Regierungszeit fällt die erste schriftliche Erwähnung von Cölln. In einer Urkunde vom 28.10.1237 wird der Pfarrer Symeon von Cölln in einem Vertrag zwischen dem Bischof von Brandenburg und dem Markgrafen als Zeuge genannt. Sie gilt als die Gründungsurkunde der Stadt. *ED*

Otzen, Johannes

Architekt und Fachschriftsteller
✶ 8.10.1839 Sieseby (Kreis Rendsburg-Eckernförde)
† 8.6.1911 Berlin [F.95]
Nach seinem Studium in Hannover war O. Baubeauftragter von Carstenn, ab 1874 selbständiger Architekt und wurde 1879 zum Professor an der TH Charlottenburg berufen. O. war maßgeblicher Theoretiker und Hauptvertreter des neugotischen protestantischen Kirchenbaus im späten 19. Jh.
Wichtige Werke: Gesellschaftshaus, Bln.-Lichterfelde (1870–71); Bebauungsplan für Bln.-Friedenau (1870–71); Bauten für die Gewerbeausstellung am Lehrter Bahnhof, Bln.-Tiergarten/Moabit (1885–88); Lutherkirche, Bln.-Schöneberg (1891–94); Georgenkirche, Bln.-Mitte (1894–98, zerst.). *KDS*

P

Pabst, Georg Wilhelm
Schauspieler und Filmregisseur
✶ 27.8.1885 Raudnitz (heute Roudnice, Tschechische Republik)
† 30.5.1967 Wien
P. begann als Schauspieler und Theaterregisseur. C. Frölich setzte ihn 1921 als Darsteller und Assistenten ein, bevor P. 1923 mit »Der Schatz« sein Regiedebüt gab. 1925 drehte er einen Klassiker: »Die freudlose Gasse«, einen sozial genauen »Gegenwartsfilm«. Neben W. Krauss, A. Nielsen, V. Gert spielte Greta Garbo ihre einzige Rolle in einem deutschen Film. »Die Büchse der Pandora« (1928), »Tagebuch einer Verlorenen« (1929), »Westfront 1918« (1930) und die Verfilmung der »Dreigroschenoper« (1931) begründeten sein Renommee in der engagierten linken Kunstszene, die sich vor 1933 in Berlin konzentrierte. Seit 1932 arbeitete P. in Frankreich (»Die Herrin von Atlantis« 1932), kehrte aber nach kurzer Episode in den USA bei Kriegsausbruch in das besetzte Österreich zurück, drehte dort »Komödianten (1941) und »Paracelsus« (1943). Nach 1945 schuf er in Österreich drei Filme, die sich mit der nationalsozialistischen Vergangenheit auseinandersetzen. *DTW*

Georg Wilhelm Pabst (1885–1967)

Pallas, Peter Simon
Zoologe und Entdeckungsreisender
✶ 22.9.1741 Berlin
† 8.9.1811 ebd. [F.12]
Der Sohn eines Chirurgen besuchte schon als 13jähriger in Berlin naturwissenschaftliche und medizinische Vorlesungen. 1760 promovierte er im holländischen Leyden mit einer Dissertation, die zu einem erheblichen Erkenntnisfortschritt auf dem Gebiet der Parasitologie beitrug. Nach mehrjährigem Studien- und Arbeitsaufenthalt in London und den Niederlanden kehrte P. 1767 kurzzeitig nach Berlin zurück. Seine Arbeiten aus dieser Zeit behandeln parasitologische und zoologische Probleme. 1768–1810 wirkte der Gelehrte in Rußland. Er wurde Professor für Naturgeschichte in Petersburg und nahm an der berühmten sibirischen Expedition (1768–74) teil, zu deren Erfolg P. maßgeblich beitrug und über die er eine mehrbändige Reisebeschreibung veröffentlichte. Er erforschte die Flora und Fauna Rußlands und Sibiriens und legte bedeutende naturkundliche Sammlungen an. P. galt als ein Meister der Tierbeschreibung. 1810 kehrte er nach Berlin zurück. *UH*

Pallenberg, Max
Schauspieler
✶ 18.12.1877 Wien
† (Flugzeugabsturz) 26.6.1934 Karlsbad
Verheiratet mit F. Massary, kam P. nach Provinzjahren 1909 ans Theater an der Wien und 1911 ans Deutsche Volkstheater Wien. Reinhardt holte ihn 1914 ans Deutsche Theater Berlin; P. spielte dort und an anderen Berliner Bühnen u.a. den

Schluck (»Schluck und Jau«, Hauptmann), den Kassierer (»Von morgens bis mitternachts«, Kaiser), Galy Gay (»Mann ist Mann«), Peachum (»Dreigroschenoper«). P. emigrierte 1933, spielte in Salzburg den Mephisto. *DTW*

Papen, Franz von

Politiker

✶ 29.10.1879 Werl in Westfalen

† 2.5.1969 Obersassbach (Baden-Württemberg)

P. war Generalstabsoffizier und 1914/15 als Diplomat in den USA und beim Vatikan. Dank seiner vielfältigen Kontakte spielte er 1918–32 eine Rolle in der Vereinigung führender Männer von Banken, Industrie und Generalität im »Deutschen Herrenklub«, der seinen Sitz in Berlin hatte. 1921–32 Abgeordneter der Zentrumspartei im Preußischen Landtag, Vertrauter des Reichspräsidenten Hindenburg und des Reichswehrgenerals Schleicher, wurde er am 1.6.1932 Reichskanzler in einem Kabinett, das zum Übergang von der parlamentarischen Republik zur faschistischen Diktatur beitrug. Mit einem Staatsstreich setzte er am 20.7.1932 die sozialdemokratisch geführte Koalitionsregierung des Landes Preußen ab, verhandelte über die Einbeziehung der Nationalsozialisten in die Regierung, legalisierte SA und SS, erreichte aber aufgrund von Gegenaktionen der betroffenen Parteien und der Bevölkerung das angestrebte Ziel nicht, so daß er am 17.11. 1932 zurücktreten mußte. Bereits sechs Wochen später besprach er mit Hitler erneut den Weg an die Macht. Er wurde Vizekanzler der Hitlerregierung und wirkte 1939–44 als Diplomat in Österreich und in der Türkei. Im Nürnberger Kriegsverbrecherprozeß freigesprochen, verurteilte ihn eine deutsche Spruchkammer zu acht Jahren Arbeitslager, von denen er zwei Jahre verbüßte.

Memoiren: Der Wahrheit eine Gasse, 1952; Vom Scheitern der Demokratie, 1968. *ED*

Franz von Papen (1879–1969)

Parseval, August von

Ingenieur

✶ 5.2.1861 Frankenthal (Pfalz)

† 22.2.1942 Berlin [F.83]

Der Entwickler des ersten Fesselballons, den er 1897 zusammen mit Bartsch von Sigsfeld baute, konstruierte 1906 das Parseval-Luftschiff. Im Unterschied zum Zeppelin war es nicht durch ein Traggerüst versteift, sondern bestand nur aus einer elastischen Hülle. Ab 1912 lehrte er an der Technischen Hochschule in Berlin als Professor für Luftschiffahrt. *VTM*

Parthey, *Gustav* Friedrich Konstantin

Altertumsforscher, Besitzer der Nicolaischen Buchhandlung

✶ 27.10.1798 Berlin

† 2.4.1872 Rom

P., Enkel des Friedrich Christoph Nicolai, besuchte das Gymnasium zum Grauen Kloster und studierte anschließend in Berlin und Heidelberg Philologie. Er promovierte 1820 und begab sich auf ausgedehnte Reisen durch Deutschland, Frankreich, England, Italien, Griechenland, Ägypten und Palästina. Nach dem Tod des Vaters 1825 leitete er die Nicolaische Buchhandlung in Berlin. P. veröffentlichte zahlreiche wissenschaftliche Aufsätze und Bücher und wurde 1857 Mitglied der Berliner Akademie der Wissenschaften. P. legte umfangreiche Sammlungen von Gemälden, Kupferstichen und Handschriften an und besaß eine zum Teil von seinem Großvater geerbte reichhaltige Bibliothek, die er wissenschaftlichen Zwecken zur Verfügung stellte. Einen großen Teil seiner Bücher schenkte er öffentlichen Sammlungen u.a. der Königlichen Bibliothek in Berlin und dem Geheimen Staatsarchiv.

Werke: Wanderungen durch Sizilien und die Levante, 1834–1840; Deutscher Bildersaal, 1861–1864; Jugenderinnerungen, 1871. *BF*

Paul, Bruno

Architekt, Kunsthandwerker, Gebrauchsgrafiker, Maler

✶ 19.1.1874 Seifhennersdorf (Oberlausitz)

† 17.8.1968 Berlin [F.93]

Nach dem Studium an den Kunstgewerbeschulen in Dresden und München war P. 1896–1907 Zeichner für den »Simplizissimus« und für die »Jugend«, 1897 Mitbegründer der Vereinigten Werkstätten für Kunst und Handwerk in München sowie 1907 des Deutschen Werkbundes. Ab 1907 war P. selbständiger Architekt in Berlin, 1907–32 Direktor des Kunstgewerbemuseums mit Lehrtätigkeit und später Mitglied der Preußischen Akademie der Künste. P. war ein führender Vertreter des Jugendstils. Um die Jahrhundertwende ging P. zu ausgesprochen sachlichen Formen des Materialstils und des Neoklassizismus über. Seine Bedeutung lag hauptsächlich bei innenarchitektonischen Entwürfen insbesondere für industriell herstellbare Typenmöbel.

Wichtige Bauten: Bürohaus »Zollernhof«, ehem. FDJ-Zentralrat, heute ZDF-Hauptstadtstudio und Produktionsbüros, Bln.-Mitte (1910–12, zus. mit K. Berndt); Asiatisches Museum, heute Museum Dahlem, Bln.-Zehlendorf (1914–23); Eierkühlhaus Osthafen, Bln.-Friedrichshain (1928–29); Kathreiner-Hochhaus, heute BVG, Bln.-Schöneberg (1929–30); zahlreiche Villen und Wohngebäude. *KDS*

Paulick, Richard

(Pseud. Peter Winsley)

Architekt und Stadtplaner

✶ 27.11.1903 Roßlau (Kreis Zerbst)

† 4.3.1979 Berlin

Nach dem Studium an der TH in Dresden und Berlin-Charlottenburg (Schüler von M. Dülfer und H. Poelzig) und kurzer Praxiszeit (Assistent bei W. Gropius am Bauhaus Dessau) emigrierte P. 1933–49 nach Shanghai (China). Nach seiner Rückkehr 1950 war P. in Berlin (Ost) zunächst am Institut für Bauwesen der Deutschen Akademie der Wissenschaften (unter H. Scharoun) tätig und seit 1951 Mitglied der neu gegründeten Deutschen Bauakademie, Direktor des Instituts für Wohnbauten und Leiter einer Architekturwerkstatt (1955–65 Vizepräsident der Deutschen Bauakademie). P. war nach 1950 Sonderbeauftragter für den Wiederaufbau des historischen Stadtzentrums Berlin (Ost) und ab 1952 Leiter des Aufbaustabes Stalinallee Berlin (heute Karl-Marx-Allee), orientierte sich hauptsächlich an Knobelsdorff und Schinkel und vertrat zu jener Zeit national-traditionalistische Architekturformen. In seiner Rolle als Chefarchitekt von Hoyerswerda (1956–61), Schwedt (1962–64), Halle-Neustadt (1963–68) und als Bezirksarchitekt von Halle betrieb P. Großexperimente im industriellen Wohnungsbau bis hin zur Vollmontage und Fließfertigung.

Wichtige Werke: Stahlfertighaus Dessau-Törten (1926); Wiederaufbau Staatsoper, Bln.-Mitte (1952–55, zus. mit K. Hemmerling); Sporthalle, Bln.-Friedrichshain (1951, abgebr.); Block C-Nord, Stalinallee, heute Karl-Marx-Allee, Bln.-Friedrichshain (1952–58); Rekonstruktion Prinzessinnenpalais, heute Operncafé, Bln.-Mitte (1962–63, zus. mit K. Kroll); Rekonstruktion Kronprinzenpalais, Bln.-Mitte (1968–72, zus. mit W. Prendel); Gestaltung Thälmannplatz, heute Riebeckplatz, Halle (1964–70).

Literatur: M. Müller, Das Leben eines Architekten, 1976. *KDS*

Paulsen, Arno

Schauspieler

✶ 3.1.1900 Stettin

† 17.9.1969 Baden-Baden

P. begann als Operetten-Buffo in Stettin, spielte später in Osnabrück und Hamburg, 1941–43 Fronttheater. 1945 eröffnete er am 2. August das Theater am Schiffbauerdamm, war später am Metropol-Theater, am Theater am Schiffbauerdamm, bei der Volksbühne und der Komödie. Im Film »Die Mörder sind unter uns« (1946) spielte er den Hauptmann Brückner (weiter u.a. in »Die Buntkarierten« 1948; »Bürgermeister Anna« 1950; »Das Mädchen Rosemarie« 1958). *DTW*

Paulsen, Friedrich

Philosoph und Pädagoge

✶ 16.7.1846 Langenhorn (Nordfriesland)

† 14.6.1908 Berlin [F.46]

P. wurde 1878 als Professor für Philosophie und Pädagogik an die Berliner Universität berufen. In seinen Forschungen konzentrierte er sich auf pädagogische Probleme und bezog dabei auch Erkenntnisse aus Ethnologie, Anthropologie und Soziologie mit ein. Sein zweibändiges Hauptwerk, die »Geschichte des gelehrten Unterrichts auf den deutschen Schulen und Universitäten vom Ausgang des Mittelalters bis zur Gegenwart«, erschien 1885. *UH*

Pechstein, Max Hermann

Maler und Grafiker

✶ 31.12.1881 Zwickau

† 19.6.1955 Berlin [F.85]

Nach der Ausbildung zum Dekorationsmaler studierte P. ab 1900 an der Dresdner Kunstgewerbeschule und seit 1902 an der dortigen Akademie. 1906 schloß er sich der Künstlergemeinschaft »Brücke« an, zog 1908 nach Berlin, wurde Mitglied der dortigen Sezession und gründete 1910 die »Neue Sezession«. 1913/14 unternahm er eine Südseereise und leistete anschließend Kriegsdienst, wo u.a. die Radierungen »Somme-Schlacht« (1916/17) entstanden. Nach 1918 arbeitete P. u.a. in der »Internationalen Arbeiterhilfe«, wurde 1923 Mitglied der Akademie der Künste und Professor. 1933 mußte er den Dienst verlassen und seine Werke wurden später als entartet verfolgt. Nach 1945 war P. an der Hochschule für bildende Künste in Charlottenburg tätig. Der in P.s Hauptschaffenszeit stark dekorative Malstil machte ihn schon früh bekannt und ließ ihn zu einem der bedeutendsten Berliner Maler des Expressionismus werden.

Literatur: M. Osborn, M. Pechstein, 1922; K. Lemmer, M. Pechstein und der Beginn des Expressionismus, 1949; L.-G. Buchheim, Die Künstlergemeinschaft Brücke, 1957; M. Pechstein, Erinnerungen, hg. v. L. Reidemeister, 1963. *JM*

Peltzer, Otto

Journalist, Sportlehrer und Leichtathlet

✶ 8.3.1900 Ellernbrook-Drage (Holstein)

† 11.8.1970 Eutin

Wegen seiner verschlossenen Art »Otto, der Seltsame« genannt, nahm er als Mittelstreckenläufer ab 1922 an sämtlichen Hallensportfesten teil, die im Berliner Sportpalast ausgetragen wurden. Er war zwischen 1922 und 1934 fünfzehnmal Deutscher Meister, hat vier Weltrekorde verbessert und elf deutsche Rekorde aufgestellt. Großes Pech hatte P. bei Olympischen Spielen: entweder war er verletzt (1928) oder nicht mehr in Bestform (1932). Berühmt wurde das Duell mit dem finnischen Laufwunder Nurmi über 1500 Meter 1926 anläßlich der Internationalen Wettkämpfe des SC Charlottenburg (das P. in Weltrekordzeit gewann). Im selben Jahr erschien sein »Trainingsbuch des Leichtathleten«. In den 30er Jahren war er Sportlehrer und Erzieher an der Landschule Wickersdorf. 1941 wurde er bei der erzwungenen Einreise aus Schweden verhaftet. Er überlebte das KZ Mauthausen. Nach dem Krieg war er abwechselnd als Sportjournalist, Lehrer und Trainer tätig und verstand sich stets als »Deutscher«, weder Ost- noch West. 1955 erschien sein biographischer Roman »Umkämpftes Leben«. *VTM*

Penck, Friedrich Karl *Albrecht*

Geograph

✶ 25.9.1858 Reudnitz b. Leipzig

† 7.3.1945 Prag

P. hatte in Leipzig studiert und sich in ersten wissenschaftlichen Arbeiten mit Gletscheruntersuchungen sowie Vulkanismus beschäftigt. Nach Lehraufträgen in München und Wien folgte er 1906 einem Ruf nach Berlin. Bis 1927 lehrte P. an der Universität, als deren Rektor er 1917–18 wirkte. 1906–21 stand er als Direktor dem Institut und Museum für Meereskunde vor. Sein Arbeitsgebiet war die physische Geographie, insbesondere die Morphologie der Erdoberfläche. *UH*

Persius, (d.Ä.), Friedrich *Ludwig*

Architekt

✶ 15.2.1803 Potsdam

† 12.7.1845 ebd. [F.127]

Nach dem Studium an der Bauakademie in Berlin war P. als Mitarbeiter K.F. Schinkels und als Baukondukteur in Potsdam (ab 1826) und Klein-Glienicke (ab 1836) tätig. Um 1836 wurde er Hofarchitekt, 1841 Oberbaurat, Mitglied der Oberbaudeputation und Vertrauter König Friedrich Wilhelms IV. P. vertrat hauptsächlich den Spätklassizismus im Übergang zum Historismus in Form der Neoromanik im »Rundbogenstil« und nahm starken Einfluß auf den Bau landschaftsverbundener Villen.

Wichtige Bauten: Umbau Schloß Glienicke (1825–27); Friedenskirche, Potsdam-Sanssouci (1842); Kuppel Nikolaikirche, Potsdam (1843–1845, vollendet 1849 durch A. Stüler, E. Prüfer); Entwurf für Krolls Etablissement, Berlin (1844); Krankenhaus und Kirche Bethanien, heute u.a. Künstlerhaus, Bln.-Kreuzberg (1844–45, Ausfg. 1845–47 durch T. Stein). *KDS*

Pertz, Georg *Heinrich*

Historiker

✶ 28.3.1795 Hannover

† 7.10.1876 München [F.10]

P. wurde nach dem Studium in Göttingen 1816 Archivar in Hannover. 1832 gründete er die

»Hannoversche Zeitung«, die er bis 1837 leitete. 1842 kam P. als Oberbibliothekar nach Berlin. Sein Lebenswerk sind die »Monumenta Germaniae historica«, als deren Schriftleiter er über 50 Jahre (1823–73) wirkte, und deren Editionsgrundsätze er entwickelte. *UH*

Pesne, Antoine

Maler
✶ 23.5.1683 Paris
† 5.8.1757 Berlin [F.12]
Aus einer Künstlerfamilie stammend, erhielt P. schon durch seinen Vater und seinen Onkel Ch. de la Fosse ersten Unterricht in der Porträtkunst. Bei einem Wettbewerb der Pariser Akademie errang er 1703 den ersten Preis im Fach Malerei, ging dann jedoch zu weiteren Studien 1706 nach Italien, wo er sich in Rom, Neapel und vor allem Venedig mit der Malerei der alten Meister beschäftigte. Dort erhielt P. auch den ersten bedeutenden Porträtauftrag durch den Freiherrn von

Antoine Pesne (1683–1757)

Kniphausen, dessen Ausführung König Friedrich I. in Preußen auf ihn aufmerksam werden ließ. Dieser holte ihn 1711 als Hofmaler nach Berlin. Vor allem Friedrich Wilhelm I., selbst in der Malerei dilettierend, bediente sich P.s. Unterweisungen, der als einer der wenigen die rigorosen Etatkürzungen bei Regierungsantritt dieses Herrschers überstand. P. begleitete gleichsam als Bildchronist die Entwicklung einer ganzen Folge von Hohenzollern-Herrschern in Preußen und schuf zahlreiche Darstellungen der königlichen Familie, die noch heute zu geschätzten Zeitzeugnissen gehören. Sie schmückten die Berliner und märkischen Schlösser so u.a. »Friedrich II. als Kleinkind«, derselbe als »Kronprinz« (1739), oder dienten als Geschenke an andere Herrscherhäuser, bzw. wurden durch Kupferstecher für eine weite öffentliche Verbreitung nachgearbeitet. Für seine Anerkennung nicht nur bei Hofe – Friedrich II. widmete ihm sogar ein Gedicht – sprechen zudem die nach ihm in Berlin tätigen Künstler, die meist seine Schüler waren. Außer im Porträtfach ist P. auch als Historien- oder Allegorienmaler in Erscheinung getreten. Er gestaltete bzw. entwarf und überwachte Plafond- und Wandgemälde in verschiedenen Schlössern der Mark Brandenburg.
Literatur: A. Pesne, Katalog, 1957 (Charlottenburg); M. Kühn, A. Pesne, 1958; G. Eckhard, A. Pesne, 1963. *JM*

Pfemfert, Franz

(Pseud. U. Gaday, Dr. S. Pulvermacher, Aug. Stech)
Lyriker und Publizist
✶ 20.11.1879 Lötzen (Ostpreußen)
† 26.5.1954 Mexiko City
P. wuchs als Sohn eines Bäckers in Berlin auf. Mit 13 Jahren verließ er das Gymnasium, später autodidaktisches Studium. P. arbeitete u.a. für die anarchistisch-literarische Zeitschrift »Kampf« und für »Blaubuch«. 1910/11 war er Chefredakteur der Zeitschrift »Demokraten«, von 1911–32 Herausgeber und Verleger der »Aktion«, einer ab 1921 fast ausschließlich politischen Zeitschrift, die er als Organ einer »Großen Deutschen Linken« verstand. P. wandte sich gegen Nationalismus, Militarismus und Spießertum, erst als Spartakist, ab Ende der 20er Jahre als Trotzkist. In der von ihm herausgegebenen Anthologie »Aktions-Lyrik« (1916–22) schrieben expressionistische Zeitgenossen wie Heym, van Hoddis, Lichtenstein, Wolfenstein, Benn und Stadler. 1933 emigrierte P. zunächst nach Karlsbad, 1936 Paris, 1940 New York und weiter nach Mexico City, da die USA kein Einreisevisum erteilten.
Literatur: K. Hickethier u.a. (Hg.), F. Pfemfert, Die Revolutions GmbH, 1973. *VM*

Pfitzmann, Günter

Schauspieler
✶ 8.4.1924 Berlin
† 30.5.2003 Berlin [F.93]

Der 1924 in Berlin geborene Sohn eines Kaufmanns wuchs nach Scheidung der Eltern beim Vater auf. Nach dem Abitur 1942 folgten Arbeitsdienst, dann Kriegsdienst, bei dem sich P. eine schwere Beinverletzung zuzog, die seinen Traumberuf Sportlehrer für ihn unmöglich machte. Nach dem Krieg Schauspielunterricht an Fritz Kirchhoffs Schauspiel-Akademie. P. debütierte 1946 am Potsdamer Landestheater in »Iphigenie auf Tauris«. 1949 gründete er zusammen mit Wolfgang Gruner, Achim Strietzel und Jo Herbst das Kabarett »Die Stachelschweine«, dem er acht Jahre lang angehörte. P. spielte klassisches Theater aber auch Boulevard, feierte einen seiner größten Bühnenerfolge als Professor Higgins in »Pygmalion«/»My Fair Lady«. Bereits 1950 hatte er seine erste Filmrolle in »Nur eine Nacht«, dann folgten einige Edgar-Wallace-Filme, aber auch Antikriegsfilme wie »Hunde wollt ihr ewig leben« (1958) oder »Die Brücke« (1959). Mit Fritz Umgelter drehte er »Am grünen Strand der Spree«. Einem Millionen-Publikum wurde P. durch seine Fernsehrollen bekannt, u.a. spielte er in der ersten Krimiserie des Dt. Fernsehens »Gestatten, mein Name ist Cox«, bei den »Drei Damen vom Grill« (1977–86), in »Berliner Weiße mit Schuß« (1984–94), er war Dr. Brockmann in »Praxis Bülowbogen« (1986–96) oder »Der Havelkaiser« (1993–2000). Viele Auszeichnungen (u.a. dreimal der Goldene Vorhang, die Goldene Kamera und den Telestar in den 80er Jahren, 2000 der Ehrenpreis der Goldenen Kamera) ehrten P., der auch immer ein engagierter Berliner war und jahrzehntelang unnachahmlich »Berliner Schnauze mit Herz« verkörperte. *VS*

Philippi

Stadtpräsident und Polizeidirektor
unter Friedrich II.
(Daten nicht zu ermitteln)

1771 setzte der König seinen Regimentsquartiermeister in diese Ämter ein mit der Maßgabe, die Polizei nach französischem Vorbild zu reorganisieren. Um die damals wegen ihrer Erfolge bei der Verhinderung und Bekämpfung von Verbrechen gerühmten Methoden vor Ort kennenzulernen, reiste Ph. nach Paris und unterbreitete dem König nach der Rückkehr einen Plan, in dem es heißt: »Berlin müsse erfüllt werden mit Spionen der geheimen Polizei, aus allen Ständen müßten dieselben entnommen und mit großen Geldsummen bestochen werden, damit sie der Polizei Mitteilungen brächten über das Leben und Treiben jedes einzelnen Bürgers, sie müßten eindringen in das Innerste der Familien … und auch die Briefe der Post dürften nicht länger ein Geheimnis bleiben« (Adolf Streckfuß). Von einem Projekt solchen Aufwands nahm Friedrich II. Abstand; doch führte Ph. das System der Geheimpolizei in Berlin ein. *ED*

Philippi, Felix

Schriftsteller
✶ 5.8.1851 Berlin
† 23.11.1921 ebd.

Ph. war Journalist in München und Regisseur der ersten dt. Aufführung von Ibsens Dramen am Stadttheater Augsburg. Seit 1884 war Ph. freier Schriftsteller und lebte ab 1891 in Berlin. Bis Anfang des 20. Jhs. schrieb Ph. hauptsächlich Schauspiele, u.a. »Das Erbe« (1899). Als Erzähler befaßte er sich vornehmlich mit Berliner Themen; Altberliner Leben gestaltete er u.a. in »Ehrenreichs« (1918). *VM*

Pieck, Wilhelm

kommunistischer Politiker, Präsident der DDR
✶ 3.1.1876 Guben
† 7.9.1960 Berlin [F.102]

Der Sohn eines Kutschers erlernte den Tischlerberuf und schloß sich früh der Gewerkschaft (1894) und der SPD (1895) an. Nach erfolgreicher Parteiarbeit in Bremen wurde er 1910 in den Parteivorstand nach Berlin geholt. Er gehörte zu den Mitbegründern der Spartakusgruppe (1916) und der KPD (1918). Zwischen 1926 und 1929 leitete er die Berliner Bezirksorganisation der KPD und wurde 1928 Reichstagsabgeordneter. Zwischen 1933 und 1945 lebte er in der Emigration in Moskau. Er gehörte nach 1945 zu den Mitbegründern der SED und wurde einer ihrer Vorsitzenden. Seit 1949 übte er das Amt des Präsidenten der DDR aus. *EF*

Piel, Harry

Schauspieler, Filmregisseur und -produzent
✶ 12.7.1892 Düsseldorf
† 27.3.1963 München

P. begann frühzeitig beim Stummfilm als Regisseur von Abenteuer-, Detektiv- und Sensationsstories, die er seit 1912 in Berlin verfilmte und mit denen er sich als deutsches Pendant zu D. Fairbanks zu profilieren suchte. 1915 holte er zum ersten Mal Kortner vor die Kamera. Seit 1919 spielte er in allen seinen Filmen selbst die Hauptrollen. Nach über 50 Filmen als Regisseur gründete er 1921 eine eigene Produktionsfirma (Harry-Piel-Film; ab 1925 Hape-Film; ab 1929 Ariel-Film), in der alle weiteren Filme entstanden. In den 20er Jahren und in der Tonfilmzeit arbeitete er in den Abenteuerfilmen oft mit Tierdressuren, bei denen er sich übrigens nie doubeln ließ. Neben seinen zahlreichen Produktionen aus der Stummfilmzeit sind unter seinen Tonfilmen hervorzuheben: »Schatten der Unterwelt« (1931), »Ein Unsichtbarer geht durch die Stadt« (1933), »Artisten« (1935), »Der Dschungel ruft« (1936), »Menschen, Tiere, Sensationen« (1938), »Tiger Akbar« (1951). *DTW*

Pietsch, Ludwig Karl Adolf

Schriftsteller und Zeichner
✶ 25.12.1824 Danzig
† 27.11.1911 Berlin
Sein Vater war Regierungssekretär. 1841 kam P. an die Berliner Kunstakademie. Ab 1852 schrieb er u.a. für die »Leipziger Illustrierte Zeitung«. Gleichzeitig widmete er sich der Porträtmalerei. 1863 reiste er zu Malstudien nach Paris und lieferte Kunstberichte für die »Berliner Allgemeine Zeitung« und die »Haude- und Spenersche«. Ab 1864 arbeitete P. für die Feuilleton-Redaktion der »Vossischen Zeitung«. Er war einer der bedeutendsten Rezensenten Berlins, der selbst mit 70 Jahren noch im Mittelpunkt seiner Zunft stand. 1866 erschien sein erstes Buch: »Aus Welt und Kunst«. Als Berichterstatter besuchte P. u.a. den Orient, Frankreich (»Kriegsbilder von Berlin bis Paris« 1871), Rußland, Sizilien und England. 1892 erschien »Wie ich Schriftsteller geworden bin« (1. Teil) und 1894 »Erinnerungen aus den Sechziger Jahren«.
Literatur: Chr. Schulze (Hg.), I. Turgenjew, Briefe an L. Pietsch, 1986. *VM*

Pinthus, Kurt

(Pseud. Paulus Potter)
Literatur- und Theaterwissenschaftler
✶ 29.4.1886 Erfurt
† 11.7.1975 Marbach
Der Kaufmannssohn studierte in Freiburg, Berlin, Genf und Leipzig Philosophie und Geschichte. Nach der Promotion arbeitete er als Lektor in Leipzig, publizierte in verschiedenen Zeitungen und Zeitschriften und befaßte sich frühzeitig mit der Entwicklung des Films. 1919 kam er nach Berlin, arbeitete kurzzeitig als Dramaturg bei Max Reinhardt, lehrte an der Lessing-Hochschule und war einer der prominentesten Literatur-, Film- und Theaterkritiker. Ende 1919 (vordatiert auf 1920) gab er mit »Menschheitsdämmerung – Symphonie jüngster Dichtung« eine vielbeachtete Sammlung expressionistischer Dichtungen der Jahre 1910–20 heraus, die von ihm 1959 erneut unter dem Titel »menschheitsdämmerung. ein dokument des expressionismus« veröffentlicht wurde. 1933 erhielt er Schreibverbot, emigrierte 1937 in die USA und wurde 1938 ausgebürgert. In den USA, deren Staatsbürger er seit 1943 war, forschte und lehrte er vor allem zu Problemen der vergleichenden Theatergeschichte. 1953 kam es zu einem ersten Berlinaufenthalt, seit 1957 hielt er sich häufig in Deutschland auf und übersiedelte 1967 nach Marbach.
Literatur: Pinthus, Das Kinobuch, 1963; ders., Flegeljahre des Films, 1966; ders., Der Zeitgenosse. Literarische Porträts und Kritiken, 1971. *EF*

Pintsch, Richard

Fabrikant
✶ 19.2.1840 Berlin
† 6.9.1919 ebd. [F.99]
P.s Vater Julius P. hatte 1843 in Berlin eine Werkstatt für Gegenstände des Beleuchtungswesens eröffnet, aus der 1848 eine Fabrik für Gasmesser und Apparate zur Herstellung von Leuchtgas wurde. 1907 wurde in Berlin die »Julius P. AG« gegründet, die besonders Einrichtungen für Eisenbahnwagen- und Seebeleuchtung durch Gas herstellte und Gasanstalten errichtete. P. wandte sich 1867 der Wasserstofftechnik und der Ballonfahrt sowie dem Bau von Unterwasserminen und Torpedos zu und verbesserte die Ölgas- und Preßgasbeleuchtung. *BF*

Piscator, Erwin

Regisseur und Theaterleiter
✶ 17.12.1893 Ulm b. Wetzlar
† 30.3.1966 Starnberg [F.93]
P., aus einer Pastorenfamilie stammend, begann 1914 als Schauspieler am Münchner Hoftheater, wurde 1919 Direktor des linken Theaters »Tribunal« in Königsberg und gründete 1921 das Prole-

tarische Theater in Berlin, mit dem er in Betrieben vor Arbeitern spielte. 1923/24 war er Direktor des Central-Theaters, 1924–27 Oberspielleiter der Volksbühne. Seine Inszenierungen erregten Aufsehen durch soziale Schärfe und ungewöhnliche formale Mittel: Fotoprojektionen bei A. Paquets »Fahnen« (1924), dokumentarische Filmszenen bei Paquets »Sturmflut« (1926), Gorkis »Nachtasyl« (1926) vor dem Hintergrund von Revolution, Inflation und Arbeitslosigkeit, Spiegelberg (»Räuber«, Staatstheater 1926) in Lenin-Maske. 1927 gründete P. die 1. P.-Bühne im Theater am Nollendorfplatz und erwarb das Lessing-Theater hinzu. In Tollers »Hoppla, wir leben!« experimentierte er 1927 mit Etagenbühne und Filmeinblendungen, Tolstois »Rasputin« ließ er 1928 auf einer Kugelsegmentbühne spielen, Haseks »Schwejk« wurde 1928 mit Projektionen von Grosz und laufenden Bändern versehen. 1928 brach die 1. P.-Bühne zusammen. 1929 gründete er eine 2. P.-Bühne, die noch im selben Jahr scheiterte. 1930 initiierte er das P.-Kollektiv, arbeitete am Wallner-, Apollo- und Lessing-Theater und im Theater in der Königgrätzer Straße. 1931 verließ P. Deutschland zunächst wegen Filmaufnahmen in der UdSSR (»Aufstand der Fischer von Santa Barbara«). Er stand dem Internationalen Revolutionären Theaterbund vor, verhandelte wegen Übernahme des Deutschen Theaters in Engels (Gebiet Saratow), entging den stalinistischen Säuberungen, indem er nach Paris (1936–39) und später in die USA zog (»Dramatic Workshop« in New York). 1951 kehrte P. nach Deutschland zurück, war Intendant (1962–66) der Freien Volksbühne Berlin. Hier setzte er sich für das »dokumentarische« Theater von Hochhuth, Kipphardt und Weiss ein.
Schriften: Das politische Theater (1929); Schriften zum Theater (2 Bde., 1968).
Literatur: M. Ley-Piscator, The Piscator Experiment, 1967; G. Rühle, Theater für die Republik, 1967; W. Huder (Hg.), E. Piscator, 1893–1966, 1971. *DTW*

Planck, *Max* Ernst Ludwig

Physiker
✶ 23.4.1858 Kiel
† 4.10.1947 Göttingen

P. studierte 1875–79 in München und Berlin. Als Privatdozent arbeitete er an den Universitäten München und Kiel, bevor er 1889 als Professor für mathematische Physik an die Berliner Universität berufen wurde, die bis zu seiner Emeritie-

Max Planck (1858–1947)

rung 1926 seine Wirkungsstätte blieb. 1930–37 war P. Präsident der Kaiser-Wilhelm-Gesellschaft (der heutigen Max-Planck-Gesellschaft) zur Förderung der Wissenschaften zu Berlin. Seine ersten großen Erfolge erzielte er auf den Gebieten der Thermodynamik und Wärmestrahlung sowie mit seinen Arbeiten über Elektrolyte. Mit Untersuchungen zur Emission und Absorption von Strahlen und seinen theoretischen Folgerungen (»P.sches Wirkungsquantum«, 1900) leistete P. einen bedeutenden Beitrag zur Quantentheorie und damit zur Erweiterung der klassischen Physik. Seine Erkenntnisse trugen entscheidend zum Verständnis von Vorgängen im atomaren und subatomaren Bereich bei und bildeten eine Voraussetzung für die schnelle Entwicklung der Kernphysik. Der Nobelpreisträger von 1918 machte sich insbesondere um die Theoriebildung verdient. P.s Werke widerspiegeln die Breite seiner wissenschaftlichen Interessen. Dazu gehören »Grundriß der Thermochemie« (1893); »Theorie der Wärmestrahlung« (1914); »Einführung in die allgemeine Mechanik« (1921); »Einführung in die theoretische Physik« (1928–30) sowie »Theorie der Elektrizität und des Magnetismus« (1930). Als Sekretar der Berliner Akademie der Wissenschaften (1912–38) und Rektor der Universität (1913–14) förderte P. Berlins Entwicklung zur Wissenschaftsmetropole, indem er viele begabte Physiker in die Stadt holte. Seine persönliche Bindung an Berlin war eng. P. schrieb: »... wenn

man einmal in Berlin gelandet ist, kommt man hier schlecht weg, denn hier ist doch schließlich der Mittelpunkt aller geistigen Bewegungen in ganz Deutschland.«
Literatur: J.L. Heilbron, M. Planck, Ein Leben für die Wissenschaft, 1988. *UH*

Platte, *Rudolf* Antonius Heinrich

Schauspieler
✶ 12.2.1904 Dortmund
† 18.12.1984 Berlin [F.83]
P. kam 1932 nach Berlin, spielte zahlreiche Rollen in meist nicht sehr gehaltvollen Unterhaltungsfilmen (»Der Meisterdetektiv« 1944). 1945/46 war er am Theater am Schiffbauerdamm, 1946 am Volkstheater Pankow. In den 60er Jahren hatte er im Hebbel-Theater Serienerfolge (»Fenster zum Flur« 1964; »Das Geld liegt auf der Bank« 1968); über 300mal gab er den Striese im »Raub der Sabinerinnen«. P. spielte auch in zahlreichen Filmen und Fernsehstücken. *DTW*

Plievier, Theodor

(Pseud. bis 1933 Plivier)
Schriftsteller und Publizist
✶ 12.2.1892 Berlin
† 12.3.1955 Avegno b. Locarno
P. entstammte einer Arbeiterfamilie. Mit 16 Jahren brach er die Stukkateurlehre ab und verließ das Elternhaus, um durch Europa und Übersee zu stromern. Nach dem I. Weltkrieg, den P. bei der Kriegsmarine verbrachte, war er in Wilhelmshaven Redakteur des Organs des Matrosenrates. In den 20er Jahren fuhr P. erneut zur See und übte verschiedenste Berufe aus (Fischer bis Goldwäscher). Nach der Rückkehr lebte P. als freier Schriftsteller. Seine Erzählungen und Romane, in denen er abenteuerliche Erfahrungen mit dokumentarischem Material verbindet, verdeutlichen sein Engagement für die Unterdrückten aus individuell-anarchistischer Sicht. Der Roman »Des Kaisers Kuli« (1928), der den Seekrieg, die Matrosenrevolte und die deutsche Revolution schildert, erreichte internationale Verbreitung. Während des Exils 1933–45 in der UdSSR erarbeitete P. im offiziellen Auftrag seinen »Stalingrad«-Roman (1945). 1945 kehrte er nach Deutschland zurück (Weimar), 1947 Abkehr vom Kommunismus und Übersiedlung in den Westen, zunächst Wallhausen (Bodensee), später Avegno.
Literatur: H. Wilde, T. Plievier, Nullpkt. der Freiheit, 1965; H.H. Müller u.a., T. Plievier, Eine Bibl., 1987. *VM*

Theodor Plievier (1892–1955)

Podbielski, Victor von

Offizier und Beamter
✶ 26.2.1844 Frankfurt/O.
† 21.1.1916 Berlin
P. war 1897–1901 Staatssekretär im Reichspostamt, 1901–06 Landwirtschaftsminister und seit 1909 Vorsitzender des Hauptausschusses für die Olympischen Spiele, die für 1916 in Berlin vorbereitet wurden – u.a. mit dem Bau einer Wettkampfarena an der Heerstraße –, aber wegen des Krieges nicht stattfanden. August Bebels Enthüllung, daß sich P. am Kolonialkrieg gegen die Herero und Namas (Hottentotten) in Deutsch-Südwest persönlich bereichert habe, hatte 1906 im Parlament die Ablehnung des Kolonialetats, die Auflösung des Reichstages und Neuwahlen zur Folge. *ED*

Poelzig, Hans

Architekt
✶ 30.4.1869 Berlin
† 14.6.1936 ebd. [F.90]
Seine Mutter war die thüringische Gräfin Poelzig, sein Vater wahrscheinlich Engländer. P. wuchs als Hans Liese bei einem Dorfkantor in Stolpe bei Berlin auf. Nach dem Studium an der TH Charlottenburg wurde P. zunächst Lehrer (1899 Aka-

demie Breslau, 1916–20 Professor und Stadtbaurat in Dresden). Nach seiner Rückkehr in Berlin (1920) Leiter eines Meisterateliers an der Akademie der Künste. Von 1923 bis zu seiner Amtsenthebung durch die Nationalsozialisten, 1933, war P. Professor an der TH Charlottenburg. Seit 1919 fungierte er außerdem als Vorsitzender des Deutschen Werkbundes und Mitglied der progressiven Novembergruppe. Materialgerechtigkeit (Materialechtheit und funktionsentsprechender Einsatz am Bau) wurde um 1895 für etwa 20 Jahre ein neues Mittel künstlerisch-ästhetischer Gestaltung. P. war ein Hauptvertreter jener Bewegung, dem Materialstil, die sich gegen Eklektizismus und Historismus richtete. E. Mendelsohn über P. (1929): »Kein bestimmter Stil – aber immer unbefangen, sicher, stilvoll.« Pionierleistungen erbrachte P. im frühen Industriebau mit einem hohen Grad an Sachlichkeit und z.T. starker Expressivität.

Wichtige Werke: Talsperre Klingenberg (1908); Projekt Opernhaus, Berlin (1912); Bauten der Jahrhundert-Ausstellung, Breslau (1913); Umbau Großes Schauspielhaus, ehem. Friedrichstadtpalast, Bln.-Mitte (1919, 1980 abgebr.); Projekt Hochhaus am Bahnhof Friedrichstr., Bln.-Mitte (1922); Ladenumbauten am Zoo, Bln.-Charlottenburg (1924); Ladenumbau und Kino »Capitol«, Berlin (1925); Durchbruch durch die Ministergärten, städtebaul. Gutachten, Bln.-Mitte (1927); Umgestaltung Scheunenviertel, Bln.-Mitte (1927–28); Kino »Babylon«, Bln.-Mitte (1928–29); Messegelände, Bln.-Charlottenburg (1928–30, zus. mit M. Wagner); Haus des Rundfunks, Bln.-Charlottenburg (1929–30).

Literatur: W. Ribbe/W.Schäche (Hg.), Baumeister, Architekten, Stadtplaner, 1987. *KDS*

Poggendorff, Johann Christian

Physiker

✶ 29.12.1796 Hamburg

† 24.1.1877 Berlin [F.117]

P. wirkte zunächst als Apothekergehilfe und promovierte in Berlin. 1834 wurde er Professor für Physik an der Berliner Universität. Er war einer der bedeutendsten Experimentatoren seiner Zeit. Berühmt wurde er durch die Begründung der »Annalen der Physik und Chemie« (ab 1824) und durch die Herausgabe des nach ihm benannten und bis in die Gegenwart weitergeführten »Biographisch-Literarischen Handwörterbuches« (ab 1863). Seine »Geschichte der Physik« erschien 1879. *UH*

Pohl, Gerhart

(Pseud. Silesius alter)

Schriftsteller und Publizist

✶ 9.7.1902 Trachenberg b. Breslau

† 15.8.1966 Berlin [F.93]

Der Sohn eines Sägewerkbesitzers studierte 1921–24 Germanistik, Kunstgeschichte und Psychologie in Breslau, München und Berlin und promovierte über das dt. Volkslied. In Berlin arbeitete P. als Verlagslektor und gab 1924–30 die kulturpolitische Zeitschrift »Die Neue Bücherschau« heraus. Dann freier Schriftsteller, der ab 1932 im Riesengebirge lebte. P. schrieb u.a. sozial- und kulturkritische Essays, (»Dt. Justizmord« 1924). Sein erzählerisches Werk, das autobiographische Züge trägt, ist häufig in seiner schlesischen Heimat angesiedelt (»Der verrückte Ferdinand« 1939; »Fluchtburg« 1955). Die Nationalsozialisten erteilten ihm mehrfach Schreibverbot. Von 1946–50 war P. Lektor im Aufbau-Verlag, anschließend lebte er als freier Schriftsteller in Berlin (West).

Literatur: W. Hofmann, G. Pohl, Werden und Wirken, 1962. *VM*

Pomplun, Kurt

Heimatforscher

✶ 29.7.1910 Berlin

† 5.8.1977 ebd. [F.83]

Der Sohn eines Postbeamten wuchs in Berlin-Schöneberg auf. Er besuchte die Höhere Staatslehranstalt für das Vermessungswesen, die er nach der Ausbildung zum Vermessungsingenieur verließ. Dieser Beruf garantierte ihm eine enge Verbindung zur Stadtlandschaft, die er sich wochentags mit der Meßlatte und in der Freizeit mit Skizzenbuch erwanderte. Die weiteren Stationen seiner beruflichen Laufbahn, das Landratsamt Teltow, das Berliner Amt für Denkmalpflege und seine ehrenamtliche Tätigkeit als Bezirksheimatpfleger verschafften ihm zusätzlich heimatkundliche Kenntnisse. Doch vor allem seine Neugierde und das Interesse an Berlin und der Mark ließen ihn im Laufe der Jahre ein umfangreiches Wissen der Berliner Historie anhäufen. Im Fernsehen und Rundfunk verbreitete er in Berliner Mundart seine Interpretationen Berliner Stadtgeschichte. Er erzählte und schrieb sie auf, die Geschichten von Häusern und Menschen, Sagen und Märchen einer Region, die in keinem Lesebuch vermerkt sind. Besonders beliebt war die von ihm und Hans Rosenthal gestaltete Rundfunksendung des RIAS: »Kutte kennt sich aus«, die den herzhaften Mutterwitz dieses Schilderers Berliner Lebens gut zur Geltung brachte. P.s Geschichten lassen sich nachlesen in den Büchern: »Berlins alte Dorfkirchen« (4. Aufl. 1984), »Berlins alte Sagen« (5. Aufl. 1985), »Kutte kennt sich aus« (4. Aufl. 1976) und dem Sammelband »Pomplun's Großes Berlin Buch« (1985). *VM*

Popitz, Johannes

Finanzminister
✶ 2.12.1884 Leipzig
† (hingerichtet) 2.2.1945 Berlin-Plötzensee [F.73]

P. war Jurist und seit 1914 im preußischen Innenministerium tätig, als er 1919 ins Reichsfinanzministerium berufen wurde. 1919–25 befaßte er sich als Staatssekretär mit einer Finanzreform und Neuordnung des Steuerwesens, mit Fragen des Finanzausgleichs zwischen Reich und Ländern und einer Reichsreform. 1932/33 war er Reichsminister ohne Geschäftsbereich und kommissarischer Leiter des preußischen Finanzministeriums, von 1933 bis Juli 1944 Finanzminister. Er entwickelte sich zum Gegner des NS-Staates und beteiligte sich an der Widerstandsbewegung gegen Hitler. Nach dem 20. Juli 1944 verhaftet, wurde er zum Tode verurteilt und hingerichtet.
Literatur: H. Dieckmann, J. Popitz' Entwicklung und Wirksamkeit in der Zeit der Weimarer Republik, 1960. *ED*

Porten, Henny (Frieda Ulrike)

Filmschauspielerin und -produzentin
✶ 7.1.1890 Magdeburg
† 15.10.1960 Berlin [F.7]

Als 17jährige begann sie mit ihrer Schwester in »Tonbildern« zu spielen, die ihr Vater in Berlin für O. Messter drehte. Nach verschiedenen kleineren Rollen wurde sie 1911 durch »Das Liebesglück der Blinden« über Nacht zu einer der populärsten Darstellerinnen des deutschen Stummfilms neben A. Nielsen. Meist spielte sie in rührseligen Melodramen; Rollen bei Jessner (»Hintertreppe« 1921) und in den frühen Filmen Lubitschs blieben Ausnahme. Ihre Leistung war nicht unumstritten: Den einen galt sie als »große blonde Frau«, die den »reinsten Germanentyp« darstellte, anderen – wie Ihering – als »die (bessere) Marlitt des Films« oder einfach als »matte Begabung«. Ihr Rollenspektrum reichte dabei von »Anna Boleyn« (1921) bis »Geierwally« (1922). Im Tonfilm wurde sie immer seltener beschäftigt

Henny Porten (1890–1960)

(»Luise. Königin von Preußen« 1934). Nach 1945 feierte sie bei der DEFA ein spätes Comeback (»Carola Lamberti – Eine vom Zirkus« 1954; »Das Fräulein von Scuderi« 1955).
Literatur: H. Belach, Henny Porten, 1986. *DTW*

Poschinger, Heinrich Edler Ritter von

Regierungsbeamter und Schriftsteller
✶ 31.8.1845 München
† 8.8.1911 La Bollène (Südfrankreich)

P. war als geheimer Regierungsrat im Reichskanzleramt tätig. Bekannt wurde er durch die Veröffentlichung von Akten, Briefen und Tischgesprächen, die das politische Wirken des Reichskanzlers Otto von Bismarck dokumentieren. Unter Bismarcks Leitung ausgewählt und zusammengestellt, wurden z.B. die Bände »Fürst Bismarck und die Parlamentarier« (1894–96). 1906 erschien »Bismarck und der Bundestag«. *ED*

Posener, Julius

Architekturhistoriker
✶ 4.11.1904 Berlin
† 29.1.1996 ebd.

Nach dem Architekturstudium an der TH Charlottenburg und ersten Arbeitserfahrungen emigrierte der aus einer jüdischen Familie stammende P. 1935 über Paris nach Palästina. 1941 meldete er sich freiwillig zur britischen Armee und kam mit ihr 1945 nach Deutschland. Von diesem Aufenthalt berichtet sein Essay »In Deutschland 1945 bis 1946«. Er lebte und lehrte danach in Jerusalem, London und Kuala Lumpur. 1961 kam er als Professor für Baugeschichte an die Berliner Hochschule der Künste. Zu seinen bekannten Publikationen gehören die über Hans Poelzig und über die Berliner Architektur im Zeitalter Wilhelms II. Berlin zeichnete ihn 1977 mit dem Kunstpreis und 1988 mit der Ernst-Reuter-Plakette aus. Seine Autobiographie »Fast so alt wie das Jahrhundert« erschien 1990. *EF*

Preuß, Hugo

Staatsrechtler und Politiker
✶ 28.10.1860 Berlin
† 9.10.1925 ebd. [F.77]
Sohn eines Kaufmanns, 1906 Professor für Staatsrecht an der Handelhochschule Berlin, war P. als Mitglied der Fortschrittlichen Volkspartei Stadtverordneter und Stadtrat. Mit Friedrich Naumann u.a. Begründer der Deutschen Demokratischen Partei im November 1918, wurde er von der provisorischen Regierung als Staatssekretär des Inneren eingesetzt und als solcher mit der Ausarbeitung eines Verfassungsentwurfs beauftragt. Die am 31.7.1919 von der Weimarer Nationalversammlung angenommene Verfassung ist im wesentlichen das Werk des Liberalen P. *ED*

Preysing-Lichtenegg-Moos, Konrad Graf von

Theologe
✶ 30.8.1880 Kronwinkel b. Landshut
† 21.12.1950 Berlin [F.104]
Nach dem Jurastudium arbeitete der aus einer bayrischen Adelsfamilie stammende P. in einer Anwaltskanzlei, danach im bayrischen Staatsdienst. 1908 begann er ein Theologiestudium und promovierte 1913. Die Priesterweihe erhielt er 1912. Anschließend war er in verschiedenen kirchlichen Ämtern tätig, 1932 wurde er Bischof von Eichstädt, 1935 Bischof von Berlin. Er war ein Gegner der NS-Kirchenpolitik, und unterhielt Verbindungen zum Widerstand um den Kreisauer Kreis. 1945 wurde er zum Kardinal erhoben. In der St.-Hewigs-Kathedrale (Mitte) erinnert eine Gedenktafel an den katholischen Kirchenführer. In Steglitz wurde eine Straße nach ihm benannt. *EF*

Pringsheim, Nathanael

Botaniker
✶ 30.11.1823 Wziesko (Schlesien)
† 6.10.1894 Berlin [F.118]
P. studierte in Breslau, Leipzig und Berlin, wo er wegen Teilnahme an der Revolution kurzzeitig inhaftiert war. 1864–68 stand er dem Botanischen Garten in Jena vor, um sich dann als Privatgelehrter in Berlin niederzulassen. P. entdeckte und erforschte die Geschlechtlichkeit der niederen Kryptogamen und stellte eine Theorie über die Bedeutung des Chlorophylls für die Pflanzen auf. Die »Jahrbücher für wissenschaftliche Botanik« gab er 1857–94 heraus. *UH*

Prittwitz, Karl Ludwig Wilhelm von

Militär
✶ 16.10.1790 Karitsch (Kreis Glogau)
† 8.6.1871 Görlitz
Als 13jähriger begann der schlesische Gutsbesitzerssohn seine militärische Laufbahn im Infanterie-Regiment Nr. 24, erlebte als Fähnrich die preußische Niederlage bei Jena und Auerstedt, geriet verwundet in französische Gefangenschaft und wurde 1810 nach der Beförderung zum Sekondeleutnant zur Allgemeinen Kriegsschule (Militärakademie) nach Berlin kommandiert. Die Feldzüge gegen Napoleon machte P. in den Stäben des Korps Bülow mit, erhielt 1813 seine Beförderung zum Kapitän und blieb nach 1815 in verschiedenen Stäben, bis er 1818 zum Adjutanten des Prinzen Wilhelm, des späteren Königs, ernannt wurde. Die Protektion des Prinzen brachte ihn in die Nähe des Königs, 1828 die Position des Kommandeurs des 1. Garderegiments, stationiert in Potsdam, 1836 den Rang eines Generals und 1843 das Kommando der Gardeinfanterie. Mit dem Ausbruch der Revolution am 18. März 1848 hatte P. den Oberbefehl über sämtliche Truppen im Raum Berlin, mußte am 19. März nach blutigen Barrikadenkämpfen auf Befehl des Königs die Truppen aus der Stadt zurücknehmen. Sein zu seiner Rechtfertigung geschriebener ausführlicher Bericht über die Kampfhandlungen und die Befehlsstrukturen, durch den Hof unterdrückt, konnte erst 1985 veröffentlicht werden. 1849 wurde er zum Oberbefehlshaber des Reichsheeres in Schleswig ernannt, wurde nach der Rückkehr nach Berlin wieder Kommandeur des Gardekorps und nahm aus gesundheitlichen Gründen im Jahre 1853 seinen Abschied.
Literatur: K.L.v. Prittwitz, Berlin 1848, 1985. *DW*

Samuel Freiherr von Pufendorf (1632–1694)

Pufendorf, Samuel Freiherr von

Jurist und Historiograph
✶ 8.1.1632 Dorf-Chemnitz
† 26.10.1694 Berlin [F.104 A]
In Sachsen geboren, hat P. in Jena und Leipzig studiert, in Heidelberg gelehrt und kam nach längerem Wirken am schwedischen Hof 1688 nach Berlin. Hier schrieb er als Hofhistoriograph die Geschichte der Regierungstätigkeit des Kurfürsten Friedrich Wilhelm. P. war der erste deutsche Verfechter des Naturrechts; der Lehre, wonach der Staat auf einem Vertrag zwischen Volk und Herrscher beruht und fürstliche Gewalt durch Verträge eingeschränkt werden kann. *ED*

Puttkamer, Eugen von

Jurist, preußischer Beamter, Ehrenbürger
✶ 12.10.1800 Zemlin (Pommern)
† 17.4.1874 Lübben
Nach dem Besuch des Berliner Friedrich-Wilhelm-Gymnasiums von 1814–17 und dem Jurastudium in Berlin und Heidelberg kam er 1821 an das Berliner Stadtgericht und später zum Kammergericht. Ab 1830 arbeitete er im preußischen Finanzministerium, danach am Stettiner Oberlandesgericht und als Landrat in Vorpommern. Von 1839–47 wirkte er als Polizeipräsident von Berlin. Als er aus diesem Amt ausschied, wurde er 1847 zum Berliner Ehrenbürger ernannt, was in der bürgerlichen Öffentlichkeit auf Protest stieß, hatte P. doch stets gegenüber den städtischen Organen den Aristokraten hervorgekehrt. Nach einigen Jahren im preußischen Innenministerium arbeitete er ab 1851 als Oberpräsident in Posen. *EF*

Puttkamer, Hermann George Heinrich Christian Baron von

Militär, Ingenieur
✶ 16.9.1804 Grumbkow (Pommern)
† 19.4.1844 Berlin [F.106]
Als 16jähriger trat P. in das Gardeartillerieregiment in Berlin ein, erhielt nach Durchlaufen mehrerer militärischer Bildungseinrichtungen 1825 das Offizierspatent und wurde im Jahre 1836 Premierleutnant. Im Jahre 1839 wurde der Ingenieur und Militärtechniker mit der Neigung zu Organisation und Verwaltung mit der Aufgabe betraut, den Bau der Berlin-Potsdamer Eisenbahn in der Funktion eines »Specialdirectors« zu leiten. Der Erfolg dieses Unternehmens war für den preußischen Staat und die beteiligten Institutionen eine Pionierleistung, an der P. wesentlichen Anteil hatte und für die er zum Hauptmann befördert wurde. Kurz vor der Übernahme der nächsten Aufgabe, des Baus der Bahnverbindung Berlin–Magdeburg, starb P. an einer schweren Krankheit. *DW*

Q

Quantz, Johann Joachim
Flötist und Komponist
✶ 30.1.1697 Oberscheden (Göttingen)
† 12.7.1773 Potsdam [F.128]
Q. wurde von seinem Onkel, dem Stadtmusicus von Merseburg, ausgebildet, studierte 1717 bei Zelenka in Wien und bei Buffardin in Dresden sowie auf Studienreisen durch Italien (1724–27), nach Paris und London. Er begann seine Laufbahn 1714 als Stadtpfeifer in Pirna und Radeberg (Sachsen) und war ab 1716 in der Stadtkapelle Dresden tätig. Hier lernte ihn der preußische Kronprinz Friedrich kennen, dessen Flötenlehrer er wurde. 1741 wurde er vom König an den preußischen Hof berufen, wo er die Hauskonzerte leitete und als Komponist, Instrumentalist und Flötenlehrer tätig war. Sein »Versuch einer Anweisung, die Flöte traversière zu spielen« (1752) zählt nicht nur zu den klassischen Lehrwerken, sondern ist ein einzigartiges Dokument der Musizierpraxis des 18. Jhs. Q. hinterließ die ungeheure Zahl von 300 Flötenkonzerten und 200 Flötensonaten, Duette für zwei Flöten, zahlreiche weitere Instrumental- und Vokalwerke sowie eine Sammlung von Kirchenliedern. *ThW*

Johann Joachim Quantz (1697–1773)

Quitzow, Dietrich von
✶ 1366
† 14.2.1417 Harpke b. Helmstedt
Quitzow, Johann von
✶ 1370
† 1437
Raubritter
Die Brüder Dietrich (1366–1417) und Johann v.Q. (1370–1437) nutzten die labile landesfürstliche Herrschaft unter dem Statthalter Karls IV., Jobst von Mähren, dessen Günstlinge sie waren, um durch Fehden und Raub, juristische Winkelzüge, Pfandnahme und Kauf ihre Besitzungen so zu erweitern, daß sie schließlich zur mächtigsten und gefürchtetsten Familie wurden. In der sogenannten Quitzowzeit, 1400–1410, gehörten ihnen 14 Dörfer, Städte, Schlösser und Burgen, darunter Bötzow (das spätere Oranienburg), Strausberg, Saarmund und Köpenick. Auf diese Weise umzingelten sie faktisch Berlin/Cölln, bedrohten Handel, Wirtschaft und Leben der Bürger durch Zölle, Viehdiebstahl und räuberische Überfälle. Anfang 1414 begann Friedrich VI. von Hohenzollern Burggraf von Nürnberg (der spätere Kurfürst Friedrich I.) den Kampf gegen die Anführer des rebellischen Adels und nahm Köpenick ein. Johann, gefangengenommen, kam 1416 wieder frei und erhielt seine Güter zurück. Dietrich floh außer Landes.
Literatur: J. Feustel, Die Quitzows. Raubritter und Gutsherren, 1998. *ED*

R

Raabe, Wilhelm
(Pseud. Jakob Corvinus)
Schriftsteller
✶ 8.9.1831 Eschershausen (Braunschweig)
† 15.11.1910 Braunschweig
Der Sohn eines Justizamtmannes kam 1831 nach Holzminden, besuchte dort 1840–42 das Gymnasium, 1842–45 die Stadtschule in Stadtoldendorf und 1845–49 das Gymnasium in Wolfenbüttel, das er ohne Reifeprüfung verließ. 1849 war R. Buchhandelslehrling in Magdeburg. Ab 1854 hörte er historische und philosophische Vorlesungen in Berlin. In den dortigen Hörsälen begann er seinen ersten Roman »Die Chronik der Sperlingsgasse« (1856, datiert auf 1857) zu schreiben, der das Leben der Bewohner einer Berliner Gasse schildert (veröffentlicht unter Pseud.). Der Erfolg dieses Erstlings ermöglichte ihm das Dasein als freier Schriftsteller. Ab 1856 wohnte R. in Wolfenbüttel, wo er u.a. an »Westermanns Monatsheften« mitarbeitete. 1862 übersiedelte er für acht Jahre nach Stuttgart. Dort schrieb er für die Berliner »Romanzeitung« und »Über Land und Meer«. Viele seiner Romane wurden zuerst als Fortsetzungen in Familienzeitschriften abgedruckt. Bis zu seinem Tod wohnte er ab 1870 in Braunschweig. Neben realistisch gestalteten Gegenwartsromanen, »Der Hungerpastor« (1864), »Abu Telfan« (1868), »Der Schüdderump« (1870), schrieb R. eine große Anzahl historischer Romane, in denen es ihm gelang, das Charakteristische einer Epoche an kleinen Dingen zu verdeutlichen. R.s Hauptfiguren sind häufig von der Gesellschaft ausgestoßene oder deformierte Sonderlinge, deren Bedeutung die Forschung lange vernachlässigt hat. Bildungsphilister und Spießertum werden in seinen Werken kritisch zur Schau gestellt. R.s Spätwerk sprach den zeitgenössischen Leser kaum noch an, Sprache und Thematik verweigerten sich einer leichten Konsumierbarkeit (u.a. »Stopfkuchen« 1891; »Die Akten des Vogelsangs« 1895). Heute gehört R. zu den bedeutendsten Vertretern des poetischen Realismus und Vorläufern der Moderne.

Wilhelm Raabe (1831–1910)

Literatur: H. Spiero, W. Raabe und sein Lebenskreis, 1931; G. Lukács, in: Dt. Realisten des 19. Jhs., 1952; H. Oppermann, W. Raabe, 1980; H. Denkler, W. Raabe, Legende – Leben – Lit., 1989. *VM*

Rabinowitsch-Kempner, Lydia
Medizinerin
✶ 22.8.1871 Kowno (Litauen)
† 3.8.1935 Berlin [F.55]
Die Tochter eines Brauereibesitzers studierte in der Schweiz Medizin und arbeitete nach ihrer Promotion 1894 als erste weibliche Assistentin an dem von Robert Koch geleiteten Berliner Institut für Infektionskrankheiten. Wegen der fehlenden Entwicklungsmöglichkeiten ging sie in die USA, wo sie 1897 eine Professur erhielt. Nach der Heirat mit Walter Kempner (1870–1920) übersiedelte sie wieder nach Berlin und erhielt als erste Frau in Berlin – als zweite über-

haupt in Preußen – 1912 den Professorentitel. Seit 1920 leitete sie das bakteriologische Institut am Krankenhaus Moabit. 1933 wegen ihrer jüdischen Herkunft aus ihren Funktionen entlassen, sorgte sie sich noch um die Emigration ihrer Kinder, darunter mit Robert Kempner (1899–1993) den späteren Chefankläger der USA im Nürnberger Kriegsverbrecherprozeß. Für sie als schwerkranke Frau kam eine Flucht nicht mehr in Frage.
Literatur: R. Kempner, Ankläger einer Epoche. Lebenserinnerungen, 1983; E. Brinkschulte (Hg.), Weibliche Ärzte, 1994. *EF*

Ramler, Karl Wilhelm

Dichter
✶ 25.2.1725 Kolberg
† 11.4.1798 Berlin [F.105]
Der Sohn eines Akzisen-Kontrolleurs arbeitete nach dem Studium der Medizin, Theologie und Philologie (Halle und Berlin) 1746/47 als Hauslehrer. Seit 1748 war R. Professor für Logik an der Kadettenanstalt in Berlin und von 1790–96 Leiter des Königlichen Nationaltheaters. Gemeinsam mit Sulzer gab er die »Kritischen Nachrichten aus dem Reiche der Gelehrsamkeit« (1750) heraus. R.s streng an antiken Vorbildern orientierte Oden hatten für zahlreiche Zeitgenossen Vorbildfunktion. R. übersetzte antike Dichtungen (»Oden aus dem Horaz« 1787) und bearbeitete ältere Dichtungen: »Lieder der Deutschen« (1766). *VM*

Ranke, Franz *Leopold* von (seit 1865)

Historiker, Ehrenbürger
✶ 21.12.1795 Wiehe/Unstrut
† 23.5.1886 Berlin [F.105]
Der Bruder des Nachfolgenden und später als »Vater der Geschichtswissenschaft« gerühmte R. besuchte die Fürstenschule Schulpforta bei Naumburg. 1814–18 studierte er in Leipzig und Halle Philologie und Theologie, brachte aber historischen Fragestellungen das größere Interesse entgegen. Nach längerer Tätigkeit als Gymnasiallehrer in Frankfurt/O. wurde R. 1825 an die Berliner Universität berufen. Eine Studienreise führte ihn 1827–31 nach Wien und Italien. Seit 1834 war R. Lehrstuhlinhaber in Berlin und bildete viele später namhafte Historiker aus. Nach seiner Emeritierung 1871 blieb er weiter wissenschaftlich produktiv und besorgte eine 54bändige Ausgabe seiner »Sämtlichen Werke«. Besonders

Leopold von Ranke (1795–1886)

wichtig sind davon »Deutsche Geschichte im Zeitalter der Reformation« (6 Bde., 1839–47); »Die römischen Päpste in den letzten 4 Jahrhunderten«, »Französische Geschichte« und »Englische Geschichte« (Gesamtausgabe, Leipzig, 1867–94). R. gilt als wichtigster Vertreter des Historismus in der Geschichtswissenschaft. Er lehnte die Interpretation von Geschichte als ständige Entwicklung auf ein Endziel hin ab und wandte erstmals den Gedanken der Individualität auf die politische und historische Ebene an. R. schrieb: »Das Real-Geistige, welches in ungeahnter Originalität dir plötzlich vor den Augen steht, läßt sich von keinem höheren Prinzip ableiten.« Mit seiner streng quellenkritischen Methode und der detaillierten Untersuchung von historischen Epochen setzte er Maßstäbe für die Forschung. Als akademischer Lehrer, Wissenschaftler und politischer Publizist (Herausgeber der »Historisch-Politischen Zeitschrift«, 1832–36) blieb R. zeitlebens der preußischen Monarchie, Staatsidee und Sozialordnung eng verbunden. Von einer konservativen Haltung ausgehend, betonte er die Rolle von Staat, Nation und Politik in der Geschichte und bezog ökonomische, soziale und kulturelle Gegebenheiten nur in geringem Maß in seine Untersuchungen mit ein. 1885 wurde er Berliner Ehrenbürger.
Literatur: W.J. Mommsen, L.v. Ranke und die moderne Geschichtswissenschaft, 1988. *UH*

Ranke, Karl *Ferdinand*

Pädagoge
✶ 26.5.1802 Wiehe/Unstrut
† 29.3.1876 Berlin [F.10]
Der Sohn eines Justizbeamten und jüngere Bruder des Vorigen besuchte die Lehranstalt Schulpforta. Nach theologischen und philologischen Studien in Halle wirkte R. dort, in Quedlinburg und Göttingen als Lehrer und Schuldirektor. 1842 übernahm er die Leitung des Königlichen Friedrich-Wilhelm-Gymnasiums zu Berlin. Großen Wert legte R. auf die Weiterentwicklung der Unterrichtsmethodik und schrieb darüber hinaus Abhandlungen zu philologischen Themen. *UH*

Raschdorff, *Julius* Carl

Architekt und Fachschriftsteller
✶ 2.7.1823 Pleß (Oberschlesien)
† 13.8.1914 Waldsieversdorf bei Strausberg [F.75]
Nach dem Studium an der Bauakademie in Berlin war R. 1854–72 Stadtbaumeister in Köln und selbständiger Architekt. 1878– 1911 übte R. eine Lehrtätigkeit an der TH Charlottenburg aus. R. war ein Hauptvertreter des Neobarock und wurde 1892 zum Kgl. Dombaumeister ernannt.
Wichtige Werke: Wallraf-Richartz-Museum und Stadttheater, Köln (ab 1878); Hauptgebäude TH Charlottenburg, heute TU (1878–84, zus. mit F. Hitzig u. R. Lucae, teilw. abgebr.); Chemisches Laboratorium TH Charlottenburg (1882–84); Englische Kirche St. George, Monbijou-Park, Bln.-Mitte (1884–85, zerst.); Berliner Dom, Bln.-Mitte (1892–1905). *KDS*

Rathenau, Emil Moritz

Ingenieur, Industrieller
✶ 11.12.1838 Berlin
† 20.6.1915 ebd. [F.100]
R. erhielt seine Ausbildung zunächst in der Maschinenfabrik seines Großvaters in Niederschlesien. Von 1859–62 studierte er an den Polytechnischen Schulen in Hannover und Zürich. Zurückgekehrt nach Berlin, trat er für kurze Zeit als Diplom-Ingenieur in die Lokomotivfabrik von August Borsig ein, ging dann zwei Jahre nach England. 1865 gründete er eine kleine Maschinenbaufabrik in der Chausseestraße. 1883 rief R. mit O.v. Miller die »Deutsche Edison-Gesellschaft für angewandte Elektrizität« zur Installation elektrischer Beleuchtungsanlagen ins Leben, aus der die Allgemeine Elektrizitätsgesellschaft (AEG) hervorging. 1884 baute R. in einem Keller in der Friedrichstraße das erste Elektrizitätswerk Deutschlands. Die 1887 gegründete AEG baute Elektrizitätswerke, Straßenbahnen sowie elektrische Maschinen und Gebrauchsgegenstände für die Stromverbraucher und entwickelte sich zu einem Weltkonzern. R. führte die elektrische Glühlampe und das Telefon in Deutschland ein. Als Generaldirektor der AEG förderte er die Aluminium- und Elektrostahlgewinnung, Drehstromtechnik, Radiotelegrafie, den Bau elektrischer Bahnen und Turbodynamos. *BF*

Rathenau, Walther

Politiker
✶ 29.9.1867 Berlin
† (ermordet) 24.6.1922 ebd. [F.100]
Der Sohn des Vorigen studierte in Berlin und Straßburg Mathematik, Physik, Chemie und Philosophie. Nach der Promotion 1889 war er in Chemiebetrieben, im väterlichen Betrieb, als Bankdirektor, 1903 als einer der Direktoren der AEG tätig und wurde 1915 ihr Aufsichtsratspräsident. Hier hatte er maßgeblichen Anteil am Aufstieg des Konzerns zum größten seiner Art in Europa. Neben seinen wirtschaftlichen und politischen Aktivitäten und dem Wirken in 84 Aufsichtsräten befaßte sich R. mit philosophischen und sozialen Problemen und entwarf in zahlreichen Schriften Pläne, wie moderne kapita-

Walther Rathenau (1867–1922)

listische Wirtschaftsweise mit sozialer Gerechtigkeit zu verbinden sei. 1914 organisierte er in führender Position im Kriegsministerium die Umstellung der deutschen Wirtschaft auf die Kriegsproduktion, die sich vor allem in Berlin konzentrierte. Von ihm stammt der Demobilisierungsplan nach der militärischen Niederlage. Als einflußreiches Mitglied der 1918 gegründeten Deutschen Demokratischen Partei plädierte er für eine flexible Taktik den revolutionären Massen gegenüber. 1921 wurde er Wiederaufbauminister, 1922 Außenminister der Weimarer Republik und unterzeichnete im April 1922 den Rapallo-Vertrag, in dem Sowjetrußland auf den Ersatz der Kriegsschäden verzichtete, Deutschland Eigentumsansprüche in Rußland aufgab, beiderseits diplomatische Beziehungen und Handelskontakte nach dem Grundsatz der Meistbegünstigung aufgenommen werden sollten. R. gehörte wie Reichskanzler Joseph Wirth zu den Politikern, die den Reparationsverpflichtungen aus dem Versailler Friedensvertrag nachkommen wollten, um über spätere Verhandlungen ihre Herabsetzung zu erreichen. Von Gegnern dieser »Erfüllungspolitik« und von antisemitischen Kreisen angefeindet, wurde er von Terroristen der Organisation »Consul« ermordet.
Schriften: Kritik der Zeit, 1912; Mechanik des Geistes, 1913; Von kommenden Dingen, 1917; Gesammelte Schriften, 5 Bde., 1925. *ED*

Rauch, *Christian* Daniel

Bildhauer, Ehrenbürger
✶ 2.1.1777 Arolsen
† 3.12.1857 Dresden [F.108]
R. lernte zunächst ab 1791 fünf Jahre in der Werkstatt des fürstlich waldeckischen Hofbildhauers F. Valentin, danach arbeitete er zwei Jahre als Gehilfe bei Ch. Ruhl in Kassel und besuchte zugleich Kurse an der landgräflichen Akademie. 1797 wurde R. Kammerdiener König Friedrich Wilhelms II. von Preußen, trat bald darauf in den Dienst der Königin Luise und besuchte weiterhin Kurse der Berliner Akademie. Nach kurzem Aufenthalt in Dresden (1802), führte ihn 1804 seine erste Reise nach Italien, wo er sich bis 1811 aufhielt und in Kontakt mit A. Canova, B. Thorvaldsen und der Familie W.v. Humboldts trat. Königin Luises Tod verschaffte ihm den ersten bedeutenden Auftrag, indem er 1810 deren Sarkophag modellierte, der später im Charlottenburger Mausoleum Aufstellung fand (1815). Nach einem erneuten Aufenthalt (1811–1812) in Berlin, wo er Mitglied der Kunstakademie wurde, ging R. über München (Modellierung von Büsten für die Walhalla) wieder nach Rom und Carrara. Nach wechselnden Aufenthalten in Italien und Berlin ließ sich R. 1819 endgültig in Berlin nieder, eröffnete in der Klosterstraße eine große Bildhauerwerkstatt und begann mit der Ausführung der Aufträge für die Denkmäler Bülows, Scharnhorsts und Blüchers (bis 1827). Er beteiligte sich u.a. an dem 1826 aufgestellten Denkmal auf dem Kreuzberg und war zudem auf dem Gebiet der Tierplastik sowie des privaten Bildnisses (u.a. »Adelheid v. Humboldt als Psyche« 1826) tätig. Seine letzten Schaffensjahre für Berlin waren vornehmlich mit der Ausführung des Reiterdenkmals Friedrichs II. ausgefüllt (1851 enthüllt). Zu seinen letzten bedeutenden Werken zählen die 1855 aufgestellten Denkmäler Yorcks und Gneisenaus. Vielfach ausgezeichnet – 1851 (1854) wurde er Berliner Ehrenbürger – starb R. in hohem Alter und hinterließ ein besonders die Stadt Berlin prägendes öffentliches Werk, das ihm den Ruhm eines epochemachenden Künstlers und Gründers der sog. Berliner Schule eintrug.
Literatur: F. und K. Eggers, C.D. Rauch, 5 Bde., 1873–97; H. Mackowsky, C.D. Rauch, 1916; Gedächtnisausstellung zum 100. Todestag, Katalog, 1957. *JM*

Rauch, Johann Georg Gustav von

Militär, Ehrenbürger
✶ 1.4.1774 Braunschweig
† 2.4.1841 Berlin [F.107]
Der preußische Generalssohn trat als 14jähriger in die Ingenieurakademie zu Potsdam ein, wurde mit 16 Jahren Leutnant, nahm am Feldzug gegen die polnische Insurrektion 1794 teil, wurde 1796 Adjutant des Generalquartiermeisters, des Generals von Geusau, seines Schwiegervaters, und schloß sich nach seiner Versetzung in den Generalstab jener Gruppe von jungen Offizieren an, die unter Führung Scharnhorsts schon vor 1806 militärische und gesellschaftliche Reformen forderten und in der »Militärischen Gesellschaft zu Berlin« theoretisch diskutierten. Im Gefolge der totalen Niederlage von Jena und Auerstedt wurde R. aktiver Mitstreiter derjenigen Kräfte, die für eine Reorganisation der preußischen Armee und des preußischen Staates eintraten. Er wurde 1808 Chef der strategisch wichtigen Plankammer und 1809 Direktor der 2. Division des Kriegsministeriums, des Generalstabs der Armee. Besonders

verdient machte sich R. um den Aufbau der Kriegsschulen und um die qualitative Verbesserung der Offiziersbildung. Mit Kriegsausbruch 1813 wurde er, inzwischen Oberst, Chef des Generalstabes im neu aufgebauten Armeekorps des Generals von Yorck, ab Juli 1813 im Oberkommando Blüchers. In dieser Stellung hatte er entscheidende Verdienste bei der operativen Planung, als Generalmajor und Chef des Ingenieurkorps bei der Anpassung der Technik der preußischen Armee und der Fähigkeiten der Militär-Ingenieure an die modernen Kriegsbedürfnisse. Ende 1813 wurde er vom König zum Abteilungsleiter im Kriegsministerium ernannt, vorrangig beschäftigt mit finanziellen, ökonomischen und organisatorischen Fragen der Feldzüge gegen Napoleon. Nach 1815 war R. verantwortlich für den Ausbau der preußischen Festungen, für die Reorganisation des Ingenieurwesens, schließlich wurde er 1837 Kriegsminister und auch Mitglied des preußischen Staatsrats. 1840 verliehen ihm Magistrat und Stadtverordnetenversammlung Berlins anläßlich seines fünfzigjährigen Dienstjubiläums die Ehrenbürgerschaft. *DW*

Raumer, Friedrich Ludwig Georg von

Historiker
✶ 14.5.1781 Wörlitz
† 14.6.1873 Berlin [F.10]

Als preußischer Verwaltungsbeamter unterstützte R. Hardenberg bei dessen Reformpolitik. 1811 wurde er zum Professor für Staatswissenschaften und Geschichte berufen, lehrte zunächst in Breslau und 1819–59 in Berlin. Sein Hauptwerk, die »Geschichte der Hohenstaufen und ihrer Zeit« (6 Bde., 1823–25) machte R. über akademische Kreise hinaus bekannt und trug zu einer romantisierenden Betrachtung des Mittelalters bei. Als Zentrumsabgeordneter der Frankfurter Nationalversammlung von 1848 und in seiner publizistischen Tätigkeit vertrat er liberale Positionen. Verdient machte sich R. um die Verbesserung der Bildungsmöglichkeiten für breite Volksschichten. Dazu organisierte er 1841 den »Wissenschaftlichen Verein« mit umfangreicher Vortragstätigkeit und gründete 1850 die ersten vier Volksbüchereien in Berlin. *UH*

Raupach, *Ernst* Benjamin Salomon

(Pseud. Emil Leutner)
Dramatiker und Erzähler
✶ 21.5.1784 Straupitz b. Liegnitz
† 18.3.1852 Berlin [F.11]

Als Sohn eines Predigers studierte R. 1801–04 in Halle Theologie und Philosophie. Von 1805–14 war er Erzieher in Rußland und von 1816–22 Professor für Literatur und Geschichte an der Kaiserlichen Bildungsanstalt in Petersburg. 1822/23 lebte er in Italien, anschließend in Weimar und Berlin. In der Nachfolge Ifflands und Kotzebues war R. einer der meistgespielten Bühnenautoren, auch wenn Schriftsteller wie Heine und Immermann seine klischeehaften Stücke mit beißendem Spott bedachten. Unter den 117 meist phrasenhaften Stücken war das erfolgreichste »Der Müller und sein Kind« (1835). *VM*

Ravené, Pierre Louis

Kaufmann
✶ 10.2.1793 Berlin
† 31.12.1861 ebd. [F.111]

R. übernahm die von seinem Vater Jakob R. 1775 in der Stralauer Straße 28 gegründete Eisengroßhandlung, die ständig erweitert wurde und schließlich ihren Sitz in der Wallstraße nahm. Durch Investitionen in anderen Branchen wurde das Geschäft enorm vergößert und von R. zu hohem Ansehen gebracht. Populär wurde R. durch die imposante Gemäldegalerie, die erste öffentlich zugängliche Sammlung von Ruf, die in Berlin von einem Vertreter des Bürgertums geschaffen wurde und die schon kurz nach ihrer Gründung 1850 124 Bilder aufwies. *BF*

Recke, Charlotte Elisabeth *(Elisa)* Constanze Freifrau von der

Schriftstellerin
✶ 1.6.1756 Schönberg (Kurland)
† 13.4.1833 Dresden

Die Tochter des polnischen und sächsischen Kammerherrn Friedrich von Medem trennte sich schon bald nach ihrer Heirat 1771 mit Magnus von Recke von ihrem Mann und wurde 1781 geschieden. Bekannt wurde sie, als sie 1786 in der »Berlinischen Monatschrift« eine entlarvende Notiz über den Alchimisten und Abenteurer Cagliostro veröffentlichte, der sie ein Jahr später eine ausführliche Schrift folgen ließ. Bei ihren mehrjährigen Aufenthalten in Berlin verkehrte sie in den Kreisen der Berliner Aufklärer um

Nicolai, hatte aber auch Kontakte zum preußischen Hof. Ihre vielen Reisen verarbeitete sie in Reise- und Tagebüchern. Seit 1804 verband sie eine Lebensgemeinschaft mit dem Schriftsteller Christoph August Tiedge.
Literatur: E. v.d. Recke, Tagebücher und Selbstzeugnisse, 1984. *EF*

Redslob, Edwin
Kunst- und Kulturhistoriker
✶ 22.9.1884 Weimar
† 24.1.1973 Berlin [F.88]
R. wirkte in Erfurt, Bremen und Stuttgart als Museumsdirektor. 1920–33 übte er das Amt des »Reichskunstwarts« der Weimarer Republik aus. 1948 gehörte R. zu den Gründern der Freien Universität Berlin, an der er bis 1954 als Professor für Kunst- und Kulturgeschichte lehrte. Eines seiner wichtigsten Forschungsthemen bildeten die Geschichte und die Entwicklung von Kunst und Kultur in Berlin. Er schrieb unter anderem »Barock und Rokoko in Schlössern von Berlin und Potsdam« (1954). R. legte auch eine bedeutende Goethe-Sammlung an, die er 1969 der Stadt Düsseldorf überließ. *UH*

Reger, Erik
(eigtl. Hermann Dannenberger)
Schriftsteller und Publizist
✶ 8.9.1893 Bendorf/Rhein
† 10.5.1954 Wien [F.93]
R. studierte in Bonn, München und Heidelberg Kunst- und Literaturgeschichte. Nach Entlassung aus englischer Kriegsgefangenschaft arbeitete er von 1919–27 als Pressereferent bei Krupp. Seine Mitarbeit an verschiedenen Zeitungen ab 1924 geschah unter Pseudonym. 1931 erschien sein kritischer Roman »Union der festen Hand«, der mit dem Kleist-Preis ausgezeichnet wurde. In ihm verarbeitete R. im Stil der Reportage die Entwicklung des rheinischen Industriereviers von 1918–28. R. floh 1934 zunächst in die Schweiz, arbeitete ab 1935 aber als Redakteur und Lektor für den »Dt. Verlag« in Berlin. Von 1945 bis zu seinem Tod war R. Mitherausgeber und Chefredakteur des »Tagesspiegel« in Berlin. *VM*

Rehfisch, Hans José
(Pseud. Georg Turner, Sydney Philipps, René Kestner)
Dramatiker
✶ 10.4.1891 Berlin
† 9.6.1960 Schuls (Schweiz) [F.108]
R., Sohn eines Arztes, studierte Volkswirtschaft, Philosophie, Rechts- und Staatswissenschaften in Berlin, Heidelberg und Grenoble. Nach dem I. Weltkrieg arbeitete er als Richter und Rechtsanwalt in Berlin. Mit Piscator leitete er ab 1923 das Berliner »Zentraltheater«. In den 20er Jahren gehörten R.s zeitkritische Stücke zu den meistgespielten auf dt. Bühnen. Sein erster großer Erfolg war die Tragikomödie »Wer weint um Juckenack?« (1924). In »Die Affäre Dreyfus« (1929) wendet sich R. gegen Militarismus, Antisemitismus und Klassenjustiz. 1933 verhafteten ihn die Nazis. 1936 konnte er nach Wien emigrieren, 1938 nach London, wo er u.a. an antifaschistischen Sendungen des BBC für Deutschland mitwirkte. 1945 leitete R. in New York die Regieklasse an Piscators »Dramatic Workshop« und arbeitete als Dozent für Soziologie. Ab 1950 lebte R. in Hamburg und München.
Literatur: H. Huppert, Rehfisch o. die überwundenen Verführungen. In: SuF 23, 1971. *VM*

Erik Reger (1893–1954)

Reichardt, Johann Friedrich
Komponist, Kapellmeister und Musikschriftsteller
✶ 25.11.1752 Königsberg
† 27.6.1814 Giebichenstein (Halle)
Früh musikalisch ausgebildet, studierte R. seit 1768 Jura, ging aber 1771 auf eine Konzertreise durch mehrere deutsche Städte. 1775 wurde R. als Kapellmeister an den preußischen Hof berufen. Auf Studienreisen verschaffte er sich Anregungen für seine Arbeit als Komponist und Musikschriftsteller. 1794 wegen seiner Haltung zur Französischen Revolution aus dem Hofdienst entlassen, ließ er sich in Halle als Salineninspektor nieder. R. zählt neben J.A.P. Schulz und C.F. Zelter zur 2. Berliner Liederschule. Aus seiner Feder stammen volkstümlich gewordene Weisen (»Schlaf, Kindlein schlaf«), aber auch zahlreiche Schriften, die unschätzbaren kulturhistorischen Wert besitzen.
Werke: 7 Sinfonien, 14 Klavierkonzerte, 3 Klavierquintette, 6 Streichtrios, 3 Opern, 8 Liederspiele und Singspiele, ca. 1000 Lieder in 30 verschiedenen Sammlungen.
Schriften: Schreiben über die Berlinische Musik (1775), Vertraute Briefe aus Paris (1804).
Literatur: D. Fischer-Dieskau, »Weil nicht alle Blütenträume reiften«. J. F. Reichardt, Hofkapellmeister dreier Preußenkönige, 1992. *ThW*

Reiche, auch Ryke
Seit 1326 im Rat von Cölln nachweisbarer Name einer der reichsten Bürgerfamilien von Berlin. Sie verfügte wie die Familien Blankenfelde, Wins u.a. über beträchtlichen ländlichen Lehns- und Eigenbesitz, hatte wiederholt das Bürgermeisteramt inne, oft in Personalunion mit einem kurfürstlichen Amt und brachte namhafte Gelehrte hervor. Die R. waren Kaufleute großen Stils mit ausgedehnten Handelsbeziehungen und Geldgeschäften von Nürnberg bis Danzig. 1620 starb die Familie in der zehnten Generation aus. *ED*

Reif, Hans
Staats- und Rechtswissenschaftler und Politiker, Ehrenbürger
✶ 19.1.1899 Leipzig
† 11.11.1984 Berlin [F.94]
R., Mitbegründer der LDP in Leipzig, kam 1946 nach Berlin, wurde Stadtverordneter und wirkte 1948/49 für die FDP im Parlamentarischen Rat bei der Erarbeitung des Grundgesetzes mit. Vertreter Berlins im Bundestag 1949–57, setzte er sich für die Einbeziehung Berlins in den Bundeshaushalt und die Präsens von Bundesbehörden in der Stadt ein. 1963–71 war R. Vizepräsident des Berliner Abgeordnetenhauses. Er arbeitete im Europarat und in Gremien der Europäischen Bewegung mit, lehrte zwanzig Jahre als Professor an der Deutschen Hochschule für Politik in Berlin, war Kuratoriumsmitglied der Friedrich-Naumann-Stiftung und Ehrenbürger Berlins. *ED*

Reimer, Dietrich Arnold
Verlagsbuchhändler
✶ 13.5.1818 Berlin
† 15.10.1899 ebd. [F.11]
R., dritter Sohn Georg Andreas R.s, erlernte nach dem Besuch des Gymnasiums den Buchhandel und eröffnete 1845 im väterlichen Hause Wilhelmstraße 73 ein Sortimentsgeschäft, die »Buch- und Landkartenhandlung von Dietrich Reimer«. Als das Geschäft rasch aufblühte, begründete er ein Verlagsunternehmen mit dem Schwerpunkt Landkarten und Atlanten. 1852 holte er sich den hervorragenden Kartographen Heinrich Kiepert aus Weimar ins Haus und kaufte die alteingesessene Globenfabrik von C. Adami in Potsdam. Von nun an stellte R. auch qualitätsvolle Globen her, die ihm bald Weltruf einbrachten. Vom Reichsmarineamt erhielt R. den Vertrieb der deutschen Admiralitätskarten sowie der amtlichen Segelhandbücher übertragen. R. widmete sich auch der wissenschaftlichen Geographie und publizierte auf diesem Gebiet eine Reihe von Zeitschriften. R. zählte zu den namhaftesten deutschen Verlagsbuchhändlern. Das Sortiment hatte er bereits 1858 aufgegeben und sein Geschäft in die Anhaltstraße 11, später Nummer 12, verlegt. 1868 trat sein langjähriger Mitarbeiter Hermann August Höfer als Mitbesitzer in die Firma ein. 1891 schied R. aus dem Geschäft aus. *BF*

Reimer, Georg Andreas
Buchhändler, Verleger
✶ 27.8.1776 Greifswald
† 26.4.1842 Berlin [F.10]
R. übernahm 1800 die 1750 gegründete Realschulbuchhandlung zu Berlin, die er auf dem Gebiet der schönen wie auch der wissenschaftlichen Literatur zu einer der angesehensten Verlagsbuchhandlungen Deutschlands machte. Während der Befreiungskriege 1813/15 war sein Haus Treffpunkt für Männer wie Schleiermacher, Fich-

te, Arndt. 1819 erwarb er zu seinem Berliner Geschäft, das er mit einer Druckerei erweiterte, die Weidmannsche Buchhandlung in Leipzig, die von 1830–65 sein ältester Sohn Karl August R. leitete und die 1853 nach Berlin verlegt wurde.

BF

Reimer, Konrad

Architekt
✶ 28.7.1853 Berlin
† 5.1.1915 ebd.
R. war Schüler von J.H. Strack (neben A. Stüler Hauptvertreter der Schinkel-Schule) in Berlin und ab 1886 mit Friedrich Körte soziiert (Fa. Reimer & Körte).
Wichtige Bauten: Haus des Vereins Deutscher Ingenieure, heute Gebäude der Humboldt-Universität, Bln.-Mitte (1896–97); Borsig-Tor, Bln.-Tegel (1898); Verwaltungsgebäude Fa. Borsig, Chausseestr., Bln.-Mitte (1899); Verwaltungsgebäude der Deutschen Versicherungs-AG, Brüderstr., Bln.-Mitte (um 1905); Archenhold-Sternwarte, Bln.-Treptow (1908–09). *KDS*

Reinhardt, Max

(eigtl. M. Goldmann)
Regisseur, Schauspieler und Theaterleiter
✶ 9.9.1873 Baden b. Wien
† 30.10.1943 New York
R. debütierte als Schauspieler in Salzburg und wurde 1894 von O. Brahm ans Deutsche Theater nach Berlin geholt. Während seines Engagements gründete R. dort 1898 die Sezessionsbühne, 1901 das Kabarett »Schall und Rauch«, 1902 das Kleine Theater Unter den Linden (»Salome« 1902; Gorkis »Nachtasyl«, seit 1903 500 Vorstellungen in Serie). 1903 löste sich R. von Brahm und dem Deutschen Theater, erwarb das Neue Theater (am Schiffbauerdamm), wo er 1905 mit der (ersten seiner 12) »Sommernachtstraum«-Inszenierungen neue Maßstäbe für Klassiker-Aufführungen setzte. 1905 gelang es R., den Gebäudekomplex in der Schumannstraße für 2½ Millionen Mark von L'Arronge zu kaufen. R. ließ das Embergsche Tanzlokal (Schumannnstr. 14) zu den Kammerspielen umbauen, die der bevorzugte Spielort für Stücke von Ibsen, Strindberg und Wedekind wurde, während das Deutsche Theater glanzvolle Klassiker-Aufführungen sah. R. engagierte die besten Schauspieler seiner Zeit. 1910 begann er mit »König Ödipus« die »Arenaspiele« im Zirkus Schumann (auch Gastspiele in vielen europäi-

Max Reinhardt (1873–1943)

schen Metropolen). Nach dem I. Weltkrieg ließ R. den Zirkus Schumann von Poelzig zum Großen Schauspielhaus umbauen, doch blieben die Ränge bei »Hamlet« und Rollands »Danton«, ebenso wie bei Tollers »Maschinenstürmer« leer – das Volk verweigerte R.s Volkstheater das Gefolge. 1920 übergab er die Direktion seiner Berliner Häuser Felix Hollaender und ging nach Wien. 1924 kehrte R. nach Berlin zurück, baute die Komödie am Kurfürstendamm auf und inszenierte wieder am Deutschen Theater. R. emigrierte 1933 nach Österreich, beim »Anschluß« 1938 in die USA. R., eine der universellsten Persönlichkeiten der Theatergeschichte, hat wie kaum ein zweiter die Theaterlandschaft Berlins im ersten Drittel des 20. Jhs. geprägt.
Schriften: Ausgewählte Briefe, Reden und Schriften (1963); Regiebuch zu Macbeth (1966); Schriften (1974).
Literatur: C. Funke, Max Reinhardt, 1996.

DTW

Reiniger, Lotte

Scherenschneiderin, Animationsfilmerin
✶ 2.6.1899 Berlin
† 19.6.1981 Dettenhausen b. Tübingen
P. Wegener, für dessen Film »Der Rattenfänger von Hameln« (1918) sie die Titelvignetten schnitt, brachte R. zum Film. Unter der Leitung von Cürlis schuf sie in mehreren Kurzfilmen mit

dem Scherenschnittfilm ein neues Genre. »Die Abenteuer des Prinzen Achmed« (1926), nach einem Märchen aus »1001 Nacht«, war der erste abendfüllende Animationsfilm der Filmgeschichte (Mitarbeiter u.a. F. Masareel, W. Ruttmann). R. setzte auch Techniken des chinesischen Schattenspiels ein und führte Tonfilm und Silhouettenanimation (»Zehn Minuten mit Mozart« 1930; »Carmen« 1933; »Papageno« 1935) zur Synthese. In den 30er Jahren arbeitete sie überwiegend in der Schweiz, in Frankreich, Italien und England. Für Renoir gestaltete sie 1938 die Schattenspielsequenz für »La Marseillaise«. Nach dem Krieg übersiedelte sie nach England, wo sie allein für das Fernsehen 13 Märchenfilme schuf. Ihr letzter abendfüllender Film war wieder ein Scherenschnittfilm: »Aucassin et Nicolette« (1975). *DTW*

Rellstab, Heinrich Friedrich *Ludwig*

Dichter, Opernlibrettist
✶ 13.4.1799 Berlin
† 28.11.1860 ebd. [F.99A, Grab eingeebnet]
Der Sohn des Nachfolgenden war Artillerieoffizier und Lehrer an der Kriegsschule, begründete 1819 mit L. Berger die jüngere Berliner Liedertafel. Ab 1826 wirkte er als Musikkritiker und Opernreferent der »Vossischen Zeitung«. 1827 saß er wegen einer Satire auf die Sängerin H. Sontag in Festungshaft. R. war ein Gegner Spontinis, schrieb für Meyerbeer Texte und setzte sich publizistisch für die Durchsetzung der deutschen Musik ein. *ThW*

Rellstab, Johann Karl Friedrich

Komponist und Musikalienhändler
✶ 27.2.1759 Berlin
† 19.8.1813 ebd.
R., Vater des Vorigen, wurde nach früher musikalischer Ausbildung Schüler von Agricola und Fasch. Nach dem Tod seines Vaters mußte er 1779 dessen Buchdruckerei und Papierhandlung übernehmen und schloß dem Unternehmen alsbald eine Musikalienhandlung und einen Musikverlag an. 1790 errichtete er ein Instrumentenlager, dem er 1791 ein Klavierleihinstitut nebst einer Reparaturwerkstatt anschloß, was auch weniger begüterten Musikenthusiasten den Zugang zu einem Instrument ermöglichte. 1783 hatte er die erste Musikleihbücherei eröffnet und 1787 die Konzerte in seinem Hause mittels Familienabonnements dem breiten Publikum geöffnet. Sein Haus in der Jägerstr. 18 stand zeitweilig der Singakademie für Proben offen. Während der französischen Besatzung kamen nach 1806 R.s Geschäfte weitgehend zum Erliegen, die Leihbibliothek wurde verkauft, und R. schlug sich als Klavierlehrer und Musikkritiker der »Vossischen Zeitung« durch. R. komponierte u.a. Singspiele, Oden, Lieder und Klaviermusik. *ThW*

Remarque, Erich Maria

(eigtl. Erich Paul Remark)
Schriftsteller
✶ 22.6.1898 Osnabrück
† 25.9.1970 Locarno
Der Sohn eines Buchbinders besuchte das Lehrerseminar und meldete sich 1916 freiwillig an die Front. Nach dem I. Weltkrieg arbeitete R. in verschiedenen Berufen, u.a. als Redakteur bei »Sport im Bild« in Berlin. 1929 erschien sein Roman »Im Westen nichts Neues«, der ihn über Nacht weltberühmt machte. Obwohl R. sagte, er wollte »nur den Versuch machen, über eine Generation zu berichten, die vom Kriege zerstört wurde«, löste der Roman politische Auseinandersetzungen aus. Leben und Sterben des Protagonisten Paul Bäumer, geschildert in einfacher Report-Sprache, wurden als bewußte Anklage gegen den Krieg verstanden, obwohl auf eine Reflexion über die Ursachen verzichtet wurde. R. verließ Deutschland 1929, lebte ab 1931 in Ascona und ging 1939 nach New York, wo er die amerikanische Staatsbürgerschaft annahm. Einen zweiten Welterfolg errang R. mit »Arc de Triomphe« (1946). Ab 1945 lebte R. abwechselnd in der Schweiz und New York.
Literatur: F. Baumer, Erich Maria Remarque, 1994. *VM*

Renn, Ludwig

(eigtl. Arnold Friedrich Vieth von Golßenau)
Schriftsteller
✶ 22.4.1889 Dresden
† 21.7.1979 Berlin [F.102]
R., Sohn eines Professors für Mathematik und Physik, studierte nach der Offizierslaufbahn in Göttingen und München Russisch, Jura, Nationalökonomie und Kunstgeschichte, später Archäologie und Geschichte. Sein 1928 erschienener autobiographischer Roman »Krieg«, der ein ähnlicher Welterfolg wie Remarques »Im Westen nichts Neues« war, und »Nachkrieg« (1930) stellen R.s Kriegserfahrungen dar. »Krieg« protokol-

liert im nüchternen Berichtsstil die Erlebnisse des Frontsoldaten Renn, während »Nachkrieg« (1930) R.s Erfahrungen in den Jahren des revolutionären Umbruchs widerspiegelt. Er war KPD-Mitglied seit 1928 und Sekretär des Bundes Proletarisch-Revolutionärer Schriftsteller in Berlin. 1932 wurde er kurzzeitig wegen »literarischen Hochverrats« verhaftet. 1936 floh R. in die Schweiz. Im spanischen Bürgerkrieg kämpfte er als Offizier bei den Internationalen Brigaden. Ab 1939 war R. Präsident der Bewegung »Freies Deutschland« in Mexiko. 1947 kehrte R. nach Berlin (Ost) zurück, wo er ab 1952 als freier Schriftsteller lebte und u.a. Jugendbücher schrieb.
Literatur: G. Goldbach, Renn als Jugendschriftsteller, 1985. *VM*

Renz, *Ernst* Jacob

Zirkusdirektor
✶ 18.5.1815 Böckingen b. Heilbronn
† 3.4.1892 Berlin [F.75]
Zuerst als Seiltänzer ausgebildet, widmete sich R. später der Schulreiterei, gründete 1843 eine eigene Truppe und gab bereits 1844 ein erstes Gastspiel in Berlin. 1850 kam er mit seinem eigenen Zirkus nach Berlin und begann hier die Auseinandersetzung mit Dejean (Direktor des Cirque National de Paris), als deren Ergebnis R. 1852 in den von Dejean geräumten Otto'schen Zirkus in der Friedrichstraße 141a zog, ab März 1852 dort spielte, das Zirkusgebäude 1863 erwerben konnte, es aber wegen des Stadtbahnbaus wieder verkaufen mußte. Von 1879–1895/96 spielte R. regelmäßig im sog. Markthallen-Zirkus an der Carlstraße (nach Auflösung des Zirkus R. 1897 ging das Gebäude an den Zirkus Schumann über, nach dem I. Weltkrieg übernahm M. Reinhardt das Zirkusgebäude, ließ es 1919 von H. Poelzig zum Großen Schauspielhaus umbauen; hieraus entstand der spätere Friedrichstadtpalast). R. gab Gastspiele u.a. in Amsterdam, Kopenhagen und Mailand, hatte außer in Berlin eigene Zirkusgebäude in Wien, Breslau und Hamburg. Seine schon früher gerühmten »Concurrenzen«, bei denen zwei Künstler gleichzeitig auftraten, sowie seine exzellente equestrische Schule wurden ergänzt durch das Heranziehen damals völliger Neuerungen wie der erste Auftritt eines Dompteurs in einem fahrbaren Löwenkäfig. Später durch R. eingeführte aufwendige Ausstattungspantomimen galten jedoch als umstrittenene Erweiterungen zirzensischer Kunst.
Literatur: J. Halperson, Das Buch vom Zirkus, 1926; A.H. Kober, Rund um die Manege, 1928; G.u.D. Winkler, Allez Hopp durch die Welt, 1977. *JM*

Reuleaux, Franz

Ingenieur
✶ 30.9.1829 Eschweiler
† 20.8.1905 Berlin [F.49]
Nach einer Maschinenbaulehre im väterlichen Betrieb erfolgte ein Studium in Karlsruhe, Bonn und Berlin. 1854 erschien sein erstes Buch: »Constructionslehre für den Maschinenbau«. Von 1856 bis 1864 war er Professor am Polytechnikum in Zürich, 1864 wurde er an das Gewerbeinstitut nach Berlin (ab 1879 »Technische Hochschule«) berufen, deren Rektor er ab 1890 war. 1875 erschien sein erster Kinematik-Band »Theoretische Kinematik«, dem 1900 der Band 2 »Die praktischen Beziehungen der Kinematik zur Geometrie und Mechanik« folgte. 1876 kam es zu einem folgenschweren Skandal: auf der Weltausstellung in Philadelphia wies R. auf die mangelnde Qualität der Produkte aus deutscher Technik hin – die nationale Empörung war zuerst groß, legte sich aber mit der Einsicht in die Notwendigkeit der Fertigung mit hoher Qualität: der Grundstein zum Gütezeichen »Made in Germany« war gelegt. *VTM*

Reuter, Ernst

Politiker, Regierender Bürgermeister
✶ 29.7.1889 Apenrade (Schleswig, heute dänisch)
† 29.9.1953 Berlin [F.93]
Seine Kindheit und Jugend verbrachte er in Ostfriesland, wohin sein Vater, Kapitän von Beruf, an die Seemannschule nach Leer versetzt worden war. Nach dem Studium in Marburg und München legte er 1912 das Examen für das höhere Lehramt ab. Während des Studiums schloß er sich der SPD an, kam 1913 nach Berlin und war hier in der Bildungsarbeit der Partei tätig. Seit 1915 Soldat, wurde er 1916 an der Ostfront verwundet und geriet in russische Gefangenschaft. Hier wirkte er in einem politischen Zirkel mit, dem unter Leitung von Karl Radek auch der Ungar Bela Kun und der Kroate Josep Broz (Tito) angehörten. Im Frühjahr 1918 wurde er in das »Wolgakommissariat für deutsche Angelegenheiten« geschickt, wo unter seiner Leitung ein autonomes deutsches Gebiet entstand. In dieser Zeit hatte er auch Kontakte zu Lenin und Stalin. Ende

Ernst Reuter (1889–1953)

1918 wieder in Berlin, wurde er Mitglied der eben gegründeten KPD. Seit 1921 gehörte er der Berliner Stadtverordnetenversammlung an. Kurzzeitig hatte er 1921 auch die Funktion des Generalsekretärs der KPD inne, wurde jedoch schon Ende des Jahres wegen seiner Differenzen mit der Komintern wieder abgesetzt und im Januar 1922 aus der KPD ausgeschlossen. Seitdem gehörte er der USPD bzw. SPD an. Er engagierte sich immer stärker für kommunalpolitische Probleme, wurde 1926 Berliner Stadtrat für Verkehrswesen und seit ihrer Gründung 1928 Aufsichtsratsvorsitzender der Berliner Verkehrsgesellschaft (BVG). Von 1931–33 wirkte er als Oberbürgermeister von Magdeburg. Seit 1932 Mitglied des Reichstages, wurde er 1933 und 1934 verhaftet. 1935 emigrierte er über London nach Ankara. Dort arbeitete er im Verkehrsministerium und lehrte an der Verwaltungshochschule. Im Spätherbst 1946 kehrte er nach Deutschland zurück und war bereits ab Dezember wieder als Berliner Stadtrat tätig. Als man ihn 1947 zum Berliner Oberbürgermeister wählte, legte die sowjetische Verwaltung ihr Veto ein. Erst im Dezember 1948 konnte er dieses Amt ausüben, nun aber nur noch für Berlin (West). Mit aller Kraft setzte er sich für die Unabhängigkeit von der DDR, aber auch gegen alle Neutralitätsbestrebungen ein. Im Gedächtnis blieben seine mahnenden Worte vom 9.9.1948: »Uns kann man nicht eintauschen. Uns kann man nicht verhandeln, und uns kann man auch nicht verkaufen ... Ihr Völker der Welt! ... Schaut auf diese Stadt und erkennt, daß Ihr diese Stadt und dieses Volk nicht preisgeben dürft, nicht preisgeben könnt.«
Literatur: Reuter, Schriften und Reden, 4 Bde., 1972/75; W. Brandt/R. Löwenthal, Ernst Reuter. Ein Leben für die Freiheit, 1957; Erinnerungen an Ernst Reuter, 1978; P. Auer, Ihr Völker der Welt. Ernst Reuter und die Blockade von Berlin, 1998. *EF*

Reutter, Otto

(eigtl. O. Pfützenreuter)
Komiker und Conférencier
✶ 24.4.1870 Gardelegen
† 3.3.1931 Düsseldorf

R. war Kaufmann, Kulissenschieber, Statist, Tingeltangel-Direktor mit Neigungen zum Schreiben heiterer Szenen. Er begann seine Karriere 1895 am Berliner Apollo-Theater, war auf Reisen in allen namhaften deutschsprachigen Varietés und gastierte ab 1899 alljährlich im Berliner Wintergarten. Wo R. auftrat, stand er im Zentrum des Interesses. »Ein schlecht rasierter Mann mit Stielaugen, der aussieht wie ein Droschkenkutscher, betritt in einem unmöglichen Frack und ausgelatschten Stiefeln das Podium«, schrieb Tucholsky in stiller Begeisterung. Seine zahlreichen Chansons, die er meist leise und freundlich lächelnd vortrug – der Berliner Polizeipräsident verbot um die Jahrhundertwende R.s Auftritte allein wegen seines »verdächtigen Lächelns« – waren voller Witz, Ironie und versteckter Bosheit; dabei dennoch von einer Leichtigkeit, die in Deutschland bis heute ihresgleichen sucht. R. begann mit einer Gage von 240,– Mark und kassierte am Ende 30.000,– Mark und mehr. *DTW*

Reznicek, Emil Nikolaus Freiherr von

Komponist und Dirigent
✶ 4.5.1860 Wien
† 2.8.1945 Berlin [F.122]

R. studierte zunächst Jura, wechselte aber zur Musik und studierte in Graz und Leipzig. R. begann als Korrepetitor, war Kapellmeister in verschiedenen Städten. 1902 kam er nach Berlin, richtete hier 1905 die Kammerkonzerte ein, war 1909–11 Kapellmeister an der Komischen Oper und 1920–26 Kompositionslehrer an der Musikhochschule Berlin. Von seinen zahlreichen Kompositionen wurde vor allem die Ouvertüre zu »Donna Diana« bekannt. *ThW*

Ribbeck, Conrad Gottlieb

Theologe, Ehrenbürger
✶ 21.3.1759 Stolp (Hinterpommern)
† 28.6.1826 Berlin [F.117]
Aus einer Theologenfamilie stammend, wählte auch er an der Halleschen Universität das Theologiestudium und wirkte danach in verschiedenen kirchlichen Ämtern, so seit 1787 in Magdeburg, wo er zum Konsistorialrat ernannt wurde. 1805 kam er als Propst von St. Marien und St. Nikolai nach Berlin. Zum Oberkonsistorialrat ernannt, engagierte er sich für den Zusammenschluß der lutherischen und reformierten Kirche. 1813 schloß er sich einer Deputation Berliner Bürger an, die den König um das schnelle Inkraftsetzen der Landsturmverordnung bat. Dafür wurden ihm als erstem Bürger überhaupt die Berliner Ehrenbürgerrechte verliehen. R. war Beichtvater der Königin Luise und gab mit anderen Theologen 1818 das Berliner Gesangbuch heraus. *EF*

Richter, Rotraut

Schauspielerin
✶ 15.5.1915 Berlin
† 1.10.1947 ebd. [F.92]
R. wurde schon sehr früh vom Film entdeckt und namentlich durch ihre Rollen in Filmen, die im Berliner Milieu spielten, bekannt. Sie galt als Filmgesicht der jungen Berlinerin und wirkte u.a. mit in »Das erste Recht des Kindes« (1932), »Hitlerjunge Quex«, »Ganovenehre« (1933), »Die Sporck'schen Jäger« (1934), »Kirschen in Nachbars Garten«, »Krach im Hinterhaus« (1935), »Das Veilchen vom Potsdamer Platz« (1937), »Krach im Vorderhaus« (1941), »Wozzeck« (1947). *DTW*

Richthofen, *Ferdinand* Paul Wilhelm Dieprand Freiherr von

Geograph
✶ 5.5.1833 Karlsruhe (Oberschlesien)
† 6.10.1905 Berlin [F.121]
R. hatte in Breslau und Berlin studiert, war in Wien, Bonn und Leipzig wissenschaftlich tätig, bevor er 1886 als Professor für Geologie an die Berliner Universität berufen wurde. 1903/04 stand er ihr als Rektor vor und förderte besonders den Aufbau des Instituts und Museums für Meereskunde, dessen Eröffnung 1906 er jedoch nicht mehr miterleben konnte. Bereits seit 1873 war R. Präsident der Geographischen Gesellschaft zu

Ferdinand von Richthofen (1833–1905)

Berlin. Neben seinen geologischen Arbeiten erwarb er sich Verdienste um die wissenschaftliche Erforschung Chinas, wofür er mehrere Reisen unternahm. In ihrem Ergebnis veröffentlichte R. sein fünfbändiges Hauptwerk »China, Ergebnisse einer Reise« (1877–1912) sowie (1886) seinen »Führer für Forschungsreisende«, ein für lange Zeit wichtiges Lehrbuch der Geomorphologie.
Literatur: G. Engelmann, F.v. Richthofen und Albrecht Penck: Zwei markante Geographen Berlins, 1984. *UH*

Riemer, Emil

Artist, Berliner Original (»Strohhut-Emil«)
✶ 13.2.1875 Berlin
† 22.8.1965 ebd.
Der Zirkusartist war anfänglich im Zirkus Schumann, danach beim Zirkus Busch beschäftigt. Er trat mit verschiedenen circensischen Nummern auf, bevor er sich bei einem Sturz aus der Zirkuskuppel verletzte. Seit den 30er Jahren wurde er als »Strohhut-Emil« zu einem Berliner Original: Er fuhr auf seinem Fahrrad durch die Stadt, machte Kunststücke und zog dabei seinen Strohhut. *EF*

Riesenburger, Martin
Rabbiner
✶ 14.5.1896 Berlin
† 14.4.1965 ebd. [F.119]
Nachdem er sein Studium der Zahnmedizin abgebrochen hatte, befaßte er sich an der Hochschule für die Wissenschaft des Judentums in Berlin mit Religionsphilosophie. 1933 begann er seelsorgerisch im Jüdischen Altersheim von Berlin zu arbeiten. 1939 wurde er Rabbiner der Jüdischen Gemeinde von Berlin. Während der NS-Zeit kurzzeitig verhaftet, arbeitete er seit 1943 auf dem Friedhof der Jüdischen Gemeinde in Weißensee. Er widmete sich nach 1945 dem Wiederaufbau der jüdischen Gemeinde von Berlin und wirkte von 1953 als ihr Gemeinderabbiner. Seit 1961 vertrat er darüber hinaus als Landesrabbiner alle jüdischen Gemeinden in der DDR. Die Berliner Humboldt-Universität ernannte ihn zum Ehrendoktor. In Hellersdorf ist eine Straße nach ihm benannt. *EF*

Rietschel, Hermann Immanuel
Heizungsingenieur
✶ 19.4.1847 Dresden
† 18.2.1914 Berlin [F.84]
Der Vater der »Heiz- und Klimatechnik« hatte schon als Kind eine große technische Begabung. Nach dem Besuch von Gymnasium und Polytechnikum in Dresden studierte er an der Kgl. Gewerbeakademie in Berlin. Zusammen mit seinem Freund Rudolf Henneberg gründete er 1872 die Fa. Rietschel & Henneberg, »Fabrik für Zentralheizung, Wasser- und Gasanlagen«. 1880 schied R. aus der Fa. aus und begann eine Laufbahn als Zivilingenieur: Gutachten, Beratungen, Entwurfsarbeiten wurden sein Lebensinhalt. 1883 wurde ihm der Professorentitel verliehen. 1885 folgte die Berufung an den Lehrstuhl für Heizung und Lüftung der TH Charlottenburg. Sein Praxisbezug ist Legende – sein »Lehrbuch der Heizungs- und Klimatechnik«, erstmalig 1893 erschienen, von seinen Nachfolgern fortgeführt und ergänzt, diente seither Generationen von Heizungsbauern als Nachschlagewerk schlechthin. 1910 legte er sein Lehramt nieder. *VTM*

Ringelnatz, Joachim
(eigtl. Hans Bötticher)
Schriftsteller und Maler
✶ 7.8.1883 Wurzen b. Leipzig
† 17.11.1934 Berlin [F.2]
Sohn des Jugendschriftstellers, Humoristen und Zeichners Georg B.. Noch vor dem Abitur wurde R. des Gymnasiums in Leipzig verwiesen (er holte den Abschluß an einer Privatschule nach) und ging ohne Wissen der Eltern als Schiffsjunge zur See. Vier Jahre Seefahrerzeit waren unterbrochen von Gelegenheitsarbeiten, die er in fast dreißig Berufen ausübte, vom Speditionsangestellten in Hamburg, Tabakladenbesitzer in München bis zum Archivar im Scherl-Verlag in Berlin. Nach diesen Wanderjahren kam R. 1909 zu dem München-Schwabinger Kabarett »Simpl«. Nach dem I. Weltkrieg, an dem R. als Marineleutnant teilnahm, folgte Arbeitslosigkeit und 1919 die Heirat mit Leonharda Pieper (Muschelkalk). Nach der vorübergehenden Mitarbeit beim »Simpl« wurde R. von Walter Mehring für Reinhardts Berliner Kleinkunstbühne »Schall und Rauch« entdeckt. Dort wurden seine satirisch-parodistischen »Turngedichte« (1920) und die Lieder aus »Kuddel Daddeldu« (1920) bald beliebte Programmpunkte. Auch bei verschiedenen Auftritten in Deutschland und der Schweiz, in Wien und Prag (bis 1933) standen die moritatenhaften Seemannslieder, in denen der meist trunkene Kuddel Daddeldu von seinen Seefahrten und wilden Landgängen berichtete, im Mittelpunkt. In R.' scheinbar hingeworfenen Versen, in denen auch so prosaische Dinge wie Bedürfnisanstalten und Pellkartoffeln bedichtet werden, mischt sich Groteskes mit Tiefsinnigem. Dane-

Joachim Ringelnatz (1883–1934)

ben gibt es aber auch eine zarte Lyrik inneren Empfindens. Obwohl R. häufig mit der Grammatik spielt, Worte zerschneidet und neue kreiert, meinte Alfred Polgar: »Seine Verse, auch die knitteligsten noch, sind so glatt und rund, als wären sie auf einer Töpferscheibe gedreht«. Als Kunstmaler hatte R. 1925 seine erste Ausstellung in Berlin, wo er von 1930 bis zu seinem frühen Tode auch wieder wohnte (Westend). Den Nazis galten seine Werke als entartet.
Literatur: W. Kayser/H.P. des Coudres, J.-Ringelnatz-Bibl., 1960; H. Bemmann, Daddeldu, ahoi! Leben und Werk des Dichters, Malers und Artisten Joachim Ringelnatz, 1988. *VM*

Ristock, Harry

Politiker
✶ 20.1.1928 Seemen (Ostpreußen)
† 5.3.1992 Berlin [anonym im Tegeler Fließtal beigesetzt]
R., Bauernsohn aus Ostpreußen, hat 1948– 52 die Hochschule für Politik in Berlin absolviert und war 1960–65 als leitender Angestellter in der Privatwirtschaft tätig. Mitglied der SPD seit 1950, 1953–60 Landessekretär der »Falken«, wirkte er in verschiedenen Funktionen von Orts- bis Bundesebene für SPD und Gewerkschaft ÖTV. 1965 war er Stadtrat für Volksbildung in Berlin-Charlottenburg, 1971–75 Senatsdirektor, 1975–81 Senator für Bau- und Wohnungswesen. Seit 1975 gehörte er dem Berliner Abgeordnetenhaus an. Wie er in seinen Erinnerungen schildert, war er im geteilten Berlin bemüht, Begegnungen zwischen Menschen aus West und Ost zu organisieren und Kontakte zwischen Politikern zu knüpfen (»Neben dem roten Teppich« 1991). *ED*

Ritter, *Carl* Georg

Geograph
✶ 7.8.1779 Quedlinburg
† 28.9.1859 Berlin [F.117]
Nach längerer Tätigkeit als Lehrer wirkte R. seit 1820 als Professor, seit 1828 auch als erster Ordinarius für Geographie an der Universität sowie an der Allgemeinen Kriegsschule in Berlin. Als Wissenschaftler machte er sich um die Erweiterung der Geographie von einer rein politischen Erdkunde auf die physische Erdbeschreibung verdient. R. thematisierte bereits das Verhältnis des Menschen zur Natur. Seine Vorlesungen waren im geistigen Leben Berlins berühmt. *UH*

Roberts, Ralph Arthur

(eigtl. Robert Arthur Schönherr)
Schauspieler und Theaterleiter
✶ 2.10.1884 Meerane
† 12.3.1940 Berlin [F.121]
R. begann als Statist am Dresdner Albert-Theater, spielte in Wiesbaden, Berlin, Breslau und Hamburg. 1921 übernahm er die Leitung des Berliner Komödienhauses und eröffnete 1928 das Theater in der Behrenstraße. Beim Film spielte R. 1928 den Wehrhahn im »Biberpelz« und den Striese im »Raub der Sabinerinnen«. Höhepunkt seiner schauspielerischen Laufbahn war sein Staatsanwalt in E. Engels »Der Maulkorb« (1937). *DTW*

Rode, Christian *Bernhard*

Maler und Radierer
✶ 25.7.1725 Berlin
† 24.6.1797 ebd. [F.117]
Der Sohn eines Goldschmieds erfuhr durch seine Tätigkeit in der Werkstatt A. Pesnes eine grundlegende Förderung seines Talents. 1750–51 hielt sich R. zu Studien in Paris auf und ging später für zwei Jahre nach Italien (Rom und Venedig). Um 1756 nach Berlin zurückgekehrt, arbeitete er als freier Maler und wurde, als Akademiemitglied, 1783 zum Direktor dieser künstlerisch stagnierenden Anstalt gewählt, die er durch seine Arbeit reformierte. Seine Themen, zumeist der Geschichte oder der Bibel entlehnt, fanden vor allem durch Berliner Kirchenbilder Verbreitung, so u.a. Altarbilder der Marien- und Nikolaikirche sowie Allegorien in der zerstörten Garnisonkirche. Daneben verbreitete er seine Werke durch eigene Radierungen und schuf sowohl Wand- und Deckengemälde als auch Reliefentwürfe. Zudem förderte er in seinem Haus junge Künstler, darunter D. Chodowiecki. *JM*

Rodenberg, Julius

(eigtl. J. Levy)
Schriftsteller und Publizist
✶ 26.6.1831 Rodenberg (Kreis Schaumburg)
† 11.7.1914 Berlin [F.102, Grab eingeebnet]
R. stammte aus einer wohlhabenden jüdischen Familie und ging in Hannover und Rinteln zur Schule. Ab 1851 studierte er in Heidelberg, Göttingen und Berlin Jura. 1855 berichtete er aus Paris für eine große dt. Zeitung. R. promovierte 1856 in Marburg, anschließend lebte er mehrere Jahre auf den britischen Inseln (»Alltagsleben in

London« 1860). 1861 ließ er sich in Berlin nieder, wo er u.a. »Salons für Literatur, Kunst und Gesellschaft« herausgab und 1874 die Monatsschrift »Deutsche Rundschau« gründete. 1885–89 (3 Bde.) erschienen R.s realistische Erzählungen »Bilder aus dem Berliner Leben«. *VM*

Rodigast, Samuel
Pädagoge
✶ 19.10.1649 Gröben b. Jena
† 19.(29.?)3.1708 Berlin
Der Pfarrerssohn kam nach dem Besuch des Gymnasiums in Weimar 1668 an die Universität von Jena, wo er Philosophie studierte. Seit 1680 arbeitete er am Gymnasium zum Grauen Kloster in Berlin, zuerst als Konrektor und seit 1698 als Rektor. Von ihm stammen viele kirchliche Lieder. Beigesetzt wurde er in der im II. Weltkrieg zerstörten Kirche des Grauen Klosters. *EF*

Roon, *Albrecht* Theodor Emil Graf von
preußischer Feldmarschall, Kriegsminister
✶ 13.4.1803 Pleushagen b. Kolberg
† 23.2.1879 Berlin
Der Nachkomme einer aus Holland zugewanderten Kaufmannsfamilie durchlief seit 1816 eine Kadettenausbildung und wurde 1821 Secondelieutenant. In den folgenden Jahren wirkte R. als Lehrer an der Allgemeinen Kriegsschule und veröffentlichte mehrere militärgeographische Werke. 1848 trat er seine erste Generalstabsstellung an. Im Juni 1858 verfaßte R. im Auftrag des Prinzen Wilhelm eine Denkschrift zur Reorganisation des Heerwesens; als der Prinz am 9.10. 1858 die Regentschaft übernahm, wurde R. Generalmajor, 14 Monate später Kriegsminister, um die Reorganisationspläne durchzuführen. Die Ablehnung der Heeresvorlage durch den Landtag beschwor eine Verfassungskrise herauf, auf deren Höhepunkt 1862 Bismarck, dessen Förderer R. war, zum preußischen Ministerpräsidenten berufen wurde. R. sandte das entscheidende Telegramm zu Bismarck nach Biarritz: »Periculum in mora. Dépechez vous.« 1873 amtierte R. zeitweilig als preußischer Ministerpräsident. *ThW*

Albrecht von Roon (1803–1879)

Rose, Bernhard
Schauspieler und Theaterleiter
✶ 22.5.1865 Lohme (Ostprignitz)
† 23.6.1927 Bad Oyenhausen
Rose, *Paul* Arthur Max
Schauspieler und Theaterleiter,
Sohn des Vorigen
✶ 31.7.1900 Berlin
† 25.12.1973 Baden-Baden
Rose, Willi
Schauspieler, Bruder des Vorigen
✶ 4.2.1902 Berlin
† 15.6.1978 ebd. [F.2]
Die Theaterdynastie der Roses wurde von Bernhard R. begründet, der seit 1890 mit einem Theaterensemble in verschiedenen Wirtshäusern auftrat. Ab 1902 spielte er im Deutschen Clubhaus in der Badstraße, 1906 kaufte er das Ostend-Theater in der Großen Frankfurter Straße, das fortan »R.-Theater« hieß (1914–19: 2. Spielstätte Walhalla-Theater). In der Arbeitergegend des Berliner Ostens machte R. Volkstheater mit unterhaltendem, allmählich anspruchsvoller werdendem Spielplan, in dem die Gewohnheiten des Garten- und Restaurationstheaters aber weiterhin gepflegt wurden. Bernhard R.s Sohn Paul übernahm 1927 die künstlerische Leitung des Theaters (ab 1935 Direktor) und brachte bemerkenswerte Klassiker-Inszenierungen sowie Ibsen- und Hauptmann-Aufführungen heraus. 1942/43 im Zuge der NS-Theaterreform quasi enteignet, wirkte er später in Köthen, Tübingen und Kassel sowie als Gastregisseur an verschiedenen Häusern. Auch sein jüngerer Bruder Willi R. spielte 1918–21 und 1925–33 am R.-Theater, trat später nur noch als Gast im Familienunternehmen auf. Nach 1947

widmete er sich erfolgreich der Film- und TV-Tätigkeit; u.a. als Partner von Brigitte Mira wurde er als Prototyp des Berliner Volksschauspielers festgelegt.
Schriften: P. Rose, Berlins große Theaterzeit, 1959.
Literatur: Baumgarten, Das Rose-Theater, 1991.
DTW

Rosemeyer, Bernd
Automobil-Rennfahrer
✶ 14.10.1909 Lingen
† 28.1.1938 bei Mörfelden-Walldorf [F.91]
Das Berliner Rennfahrer-Idol gewann als Nachwuchsfahrer auf seinem Auto-Union 1935 das Avus-Rennen, im gleichen Jahr den Grand-Prix auf dem Masaryk-Ring bei Brünn. Mit dem Sieg 1936 im Großen Preis von Italien wurde R. Automobil-Europameister, als zweiter Deutscher nach Caracciola. Der jugendliche Draufgänger verunglückte 1938 beim Versuch, einen neuen Geschwindigkeitsrekord aufzustellen, tödlich. Eine Stunde nach der Weltrekordfahrt Caracciolas trug ihn eine Windböe bei Tempo 400 von der Bahn. Zehntausende folgten R.s letzter Fahrt auf den Waldfriedhof Dahlem.
VTM

Bernd Rosemeyer (1909–1938)

Rosenberg, *Johann* Georg
Maler
✶ 1739 Berlin
† 1808 ebd.
Als Schüler von B. Rode bildete sich R. auf Reisen (Holland, Paris) weiter und war zunächst Theatermaler in Hamburg, Danzig und Königsberg. 1775 wieder in Berlin, widmete er sich der Bildnis- und Architekturmalerei und wurde 1785 Mitglied der Akademie. Bekannt wurde er durch seine teilweise in hoher Auflage herausgegebenen aquarellierten großformatigen Radierungen nach Bildnissen, vor allem aber nach Ansichten der Stadt Berlin, die nach vorherigen Ölgemälden gefertigt wurden.
JM

Rosenthal, *Hans* Günter
Rundfunkregisseur und Showmaster
✶ 2.4.1925 Berlin
† 10.2.1987 ebd. [F.9]
Der Sohn eines jüdischen Bankbeamten, der seine Eltern frühzeitig verlor, wurde 1940–43 zur Zwangsarbeit gepreßt, konnte dem Holocaust entkommen und sich mit Hilfe zweier Berliner Frauen in einer Laubenkolonie bis Kriegsende verstecken. 1945 wurde er Volontär beim Berliner Rundfunk, wechselte 1948 zum RIAS, war dort seit 1953 bis zu seinem Ausscheiden 1980 Regisseur, seit 1962 Abteilungsleiter Unterhaltung. Als Quizmaster machte er sich zuerst im Hörfunk einen Namen (»Wer fragt, gewinnt« ab 1954; Kabarett-Sendereihe »Der Rückblick«; »Das klingende Sonntagsrätsel«; »Allein gegen alle« ab 1963). Beim Fernsehen wurde er durch die Gemeinschaftsproduktion »Gut gefragt ist halb gewonnen«, besonders aber durch die ZDF-Produktion »Dalli-Dalli« (ab 1971) bekannt. Eine Umfrage nannte ihn im Mai 1977 als beliebtesten deutschen Showmaster überhaupt.
Autobiographie: Zwei Leben in Deutschland, 1980.
Literatur: T. Henschke, Hans Rosenthal. Ein Leben für die Unterhaltung, 1999.
DTW

Roters, Eberhard
Kunsthistoriker, Galerist
✶ 15.2.1929 Dresden
† 31.8.1994 Berlin
Der angesehene Kunsthistoriker gründete 1976 die Berlinische Galerie, die er bis 1987 leitete. Posthum erschien seine umfassende Arbeit »Malerei des 19. Jahrhunderts«. Das nach ihm be-

nannte Eberhard-Roters-Stipendium für Junge Kunst wird seit 2000 alle zwei Jahre vergeben. Berlin ehrte sein Engagement für die Moderne 1987 mit der Ernst-Reuter-Plakette. *EF*

Roth, Joseph

Schriftsteller, Journalist
✶ 2.9.1894 Brody (Galizien)
† 27.5.1939 Paris

Nach Philosophie- und Germanistikstudium betätigte sich der österreichische Freiwillige des I. Weltkriegs 1919 zunächst als Journalist in Wien, ehe er ein Jahr später nach Berlin ging und für mehrere Blätter tätig wurde. 1921 Anstellung beim »Berliner Börsen-Courier«, ab 1923 Berliner Feuilletonkorrespondent der renommierten »Frankfurter Zeitung«. Unter den 1300 bibliographisch erfaßten Artikeln eines der bestbezahlten Journalisten der Weimarer Republik beschreiben viele das Leben in der deutschen Hauptstadt. Roth: »Die moderne Zeitung braucht den Reporter nötiger als den Leitartikler. *Mich* liest man mit Interesse. *Ich zeichne das Gesicht der Zeit.*« Am Berliner Restauranttisch in »Mampes Guter Stube« am Kurfürstendamm nahe der Gedächtniskirche entstanden 1924 sein erster Roman, »Hotel Savoy«, und 1932 sein bekanntester, »Radetzkymarsch«, ironisch-kritischer Abgesang auf die k.u.k. Monarchie. R. sah die faschistische Bücherverbrennung voraus (»Sie werden uns damit meinen«) und emigrierte 1933 nach Österreich, später nach Paris.

Literatur: M. Bienert (Hg.), Joseph Roth in Berlin, 1996. *GB*

Rother, Christian

Leiter der Preußischen Seehandlung, Ehrenbürger
✶ 14.11.1778 Rupperttsdorf
† 7.11.1849 Rogau (Schlesien)

R. übernahm 1820, als das von Friedrich II. gegründete Handels- und Bankunternehmen reorganisiert wurde, die Leitung der »Seehandlung«. Diese wurde durch Kabinettsbeschluß zum selbständigen, vom Staatshaushalt unabhängigen Institut, und neben dem Warenhandel von und nach Amerika, Ostindien und China übernahm sie alle Geldgeschäfte des Staates mit dem Ausland. »1834/35 sind ihrem Chef, dem wirklichen Geheimen Rat Rother, welcher schon früher zugleich Präsident der Hauptverwaltung der Staatsschulden war, auch der öffentliche Straßen- und Brückenbau sowie die Verwaltung für Handel, Fabriken und Bauwesen nebst der Leitung des technischen Gewerbeinstituts übertragen worden« (Zedlitz 1834). 1847 wurde R. Berliner Ehrenbürger. *ED*

Rowohlt, Ernst

Verleger
✶ 23.6.1887 Bremen
† 1.12.1960 Hamburg

R., Sohn eines Maklers, machte eine Buchhändlerlehre und gründete 1908 einen eigenen Verlag in Leipzig, der jedoch schon fünf Jahre später von Kurt Wolff übernommen und als »Kurt Wolff Verlag« erfolgreich fortgeführt wurde. Nach dem I. Weltkrieg, an dem er zuletzt als Aufklärungsflieger teilgenommen hatte, kam R. nach Berlin und gründete hier am 1.2.1919 in der Potsdamer Str. zum zweiten Mal einen Verlag, den »Ernst R. Verlag«. Mit fast 200 bekannten Autorennamen wurde dieser einer der wichtig-

Ernst Rowohlt (1887–1960)

sten Verlage von Belletristik und Zeitkritik im Berlin der 20er Jahre, durch den u.a. Ringelnatz, Musil, Tucholsky, Fallada berühmt wurden und der auch Autoren aus dem politisch rechten Lager wie etwa Ernst v. Salomon publizierte. Von 1928 an brachte R. die junge amerikanische Literatur nach Deutschland und verlegte u.a. Hemingway, Lewis, Faulkner und Thomas Wolfe. Berühmt

wurden auch R.s Autoren-Abende in Berlin, die er vierteljährlich veranstaltete und an denen die bedeutendsten Schriftsteller der Zeit teilnahmen. 1933 wurden etwa 50% der Bücher des Verlages verboten und verbrannt. Aus der Passauer Str., wo der Verlag seit 1925 ansässig gewesen war, siedelte er 1936 in ein bescheideneres Quartier in der Eislebener Str. über. R. wurde 1938 aus der Reichsschriftums- und Reichskulturkammer ausgeschlossen und erhielt Berufsverbot. Der Verlag, seit dem 1.1.1939 eine Tochtergesellschaft der Deutschen Verlags Anstalt Stuttgart, wurde von seinem Sohn Heinrich Maria Ledig bis 1943 fortgeführt. R. floh 1938 nach Brasilien, kam 1940 aber auf gefahrvollem Weg nach Berlin zurück. Er stellte sich als Fliegerhauptmann der Wehrmacht zur Verfügung, wurde aber 1943 wegen politischer Unzuverlässigkeit entlassen. Nach dem Krieg gründete R. mit seinem Sohn Ledig in allen vier Besatzungszonen seinen Verlag abermals neu. Seit 1950 ist Reinbek bei Hamburg alleiniger Verlagssitz. R. popularisierte das Taschenbuch in Deutschland; »rowohlts rotations romane« fanden außerordentlich weite Verbreitung. Der gesellige R., den seine Autoren »Väterchen« nannten, war eine markante Verlegerpersönlichkeit. Thomas Wolfe schrieb über ihn: »Er ist einer jener Menschen, die in der größten Gesellschaft die Augen aller sogleich auf sich lenken, und den man, selbst wenn man seiner nur mit einem flüchtigen Blick gewahr wurde, so wenig vergißt wie das einzige geheizte Zimmer in einem sonst unbewohnten und öden Gebäude.«
Literatur: W. Kiaulehn, Mein Freund der Verleger, 1967; P. Mayer, E. Rowohlt 1968 *BF*

Rubens, Heinrich
Physiker
✶ 30.3.1865 Wiesbaden
† 17.7.1922 Berlin [F.46]
Nach Studium in Darmstadt, Berlin und Straßburg wirkte R. ab 1889 in Berlin. Er erhielt 1900 eine Professur an der TH Charlottenburg und folgte 1906 einer Berufung an die Berliner Universität. Berühmt wurde R. durch die Entdeckung des nach ihm benannten Strahlungsgesetzes. Mit seinen spektroskopischen und Strahlungsuntersuchungen stand er in der vordersten Linie der experimentellen Forschung seiner Zeit. *UH*

Rudolphi, Karl Asmund
Mediziner und Biologe
✶ 14.7.1771 Stockholm
† 29.11.1832 Berlin
R. wirkte zunächst in Greifswald und folgte 1810 einer Berufung an die Berliner Universität. Seiner Bitte um freie Wohnung, da »eine Menge der nothwendigen Bedürfnisse in Berlin sehr viel, zum Theil doppelt theurer sind, ...« konnte Wilhelm von Humboldt nicht entsprechen. R. lehrte in Berlin Anatomie, Physiologie und Pathologie. Im Humboldtschen Sinne setzte er sich für die Einheit von Lehre und Forschung und für Studien- und Lehrfreiheit ein. Die fleißigen armen Studenten waren ihm »ebenso lieb gewesen und es haben in meinen Vorlesungen so viele stets unentgeltlich gehört«. 1813/14 sowie 1824/25 stand er der Universität als Rektor vor und setzte die Ehrenpromotion der Führer der Befreiungskriege durch. Das Anatomische Theater und das Anatomische Museum förderte er nachhaltig. Mit seinen biochemischen Studien wies er spekulative Auswüchse des Vitalismus und der Naturphilosophie zurück. *UH*

Rufer, *Josef* Leopold
Musiktheoretiker
✶ 18.12.1893 Wien
† 7.11.1985 Berlin [F.89]
R. studierte bei A.v. Zemlinsky und A. Schönberg, dessen Assistent er 1925–33 an der Berliner Akademie der Künste war. Er war Musikkritiker der »Berliner Morgenpost« (1928–40), gründete und leitete nach 1945 das Internationale Musikinstitut in Berlin-Zehlendorf, gab mit H.H. Stuckenschmidt 1947–50 die Zeitschrift »Stimmen« heraus und lehrte seit 1956 an der Musikhochschule Berlin (West) Theorie und Zwölftonkomposition. *ThW*

Rühle von Lilienstern, Johann Jakob August
Offizier, Schriftsteller
✶ 16.4.1780 Berlin
† 1.7.1847 Salzburg [F.106]
Der spätere preußische General und Chef des Generalstabs der Armee stammte aus einer ostelbischen Offiziers- und Gutsbesitzersfamilie. Geprägt durch die Jahre als Kadett in Berlin und Offizier im Regiment Garde (IR 15) zu Potsdam und die enge lebenslange Freundschaft mit Heinrich von Kleist, konnte sich R.v.L. im militäri-

schen Dienst vor allem durch seine Leistungen als Kartograph, Historiker, Pädagoge auszeichnen. Von 1802–05 war er Mitglied der von Scharnhorst gegründeten und geführten »Militärischen Gesellschaft zu Berlin«, damit in die Gruppe von jüngeren preußischen Offizieren eingebunden, die sich nach den Feldzügen gegen Frankreich 1792–95 und gegen den polnischen Aufstand von 1794 für grundlegende Reformen in Armee und Gesellschaft Preußens einsetzte. Nach der preußischen Niederlage 1806 war er einige Jahre an den Hof des Herzogs von Weimar abkommandiert, war wissenschaftlich und schriftstellerisch tätig und beteiligte sich aktiv im Kreis der Offiziere um Scharnhorst, Boyen und Clausewitz an der Reorganisation der Armee. R.v.L. war Mitglied der preußischen Delegation auf dem Wiener Kongreß 1814/15 und arbeitete ab 1815 in der zweiten Abteilung des Kriegsministeriums, dem Generalstab, die er ab 1819/21 leitete. In dieser Periode initiierte er die Bildung einer staatlichen Einrichtung für den Druck von Karten und graphischen Werken, die als Königliches Lithographisches Institut 1818 in Berlin geschaffen wurde und als deren erster Direktor er bekannt wurde. Im Jahre 1837 wurde er von König Friedrich Wilhelm III. zum Direktor der Allgemeinen Kriegsschule zu Berlin ernannt. R.v.L. gab den ersten Schulatlas in Deutschland heraus und verfaßte eine Reihe philosophischer und militärhistorischer Schriften. *DW*

Rumpler, Edmund
Konstrukteur
✶ 4.1.1872 Wien
† 7.9.1940 Neu Pollow (Wismar) [F.121]
Der österreichische Konstrukteur gründete 1908 in Berlin die Luftfahrzeug GmbH. Hier entstand eine weiterentwickelte Form der »Taube« Eltrichs, einem der bekanntesten Flugzeuge vor dem I. Weltkrieg, unter dem Namen »Rumpler-Taube«. Neben der Entwicklung des ersten Kabinenflugzeugs konstruierte er 1921 ein »Tropfenauto«. Dies war ein stromlinienförmiger Kraftwagen (mit ausgezeichnetem cW-Wert!), der über einen Heckmotor mit Vorderradantrieb verfügte. *VTM*

Rungenhagen, Carl Friedrich
Komponist und Dirigent
✶ 27.9.1778 Berlin
† 21.12.1851 ebd. [F.108]
R. gab ab 1796 Musikunterricht, um nach dem Tode seines Vaters die vielköpfige Familie zu ernähren, wurde 1815 an der Berliner Singakademie 2. Dirigent und nach Zelters Tod dessen Nachfolger als 1. Dirigent, wobei er sich gegen Mendelssohn Bartholdy durchsetzte. Er war Mitglied der Berliner Akademie der Künste und Professor für Komposition. R. hinterließ zahlreiche Instrumentalwerke, 4 Opern, 3 Oratorien und ca. 1000 Lieder. *ThW*

Ruska, *Ernst* August Friedrich
Physiker und Elektrotechniker
✶ 25.12.1906 Heidelberg
† 27.5.1988 Berlin [F.93]
Der Sohn eines bekannten Wissenschaftshistorikers war nach dem Studium 1934–55 in Berlin in der Industrieforschung tätig. 1949 wurde R. Abteilungsleiter am Fritz-Haber-Institut der Max-Planck-Gesellschaft und Professor an der Freien Universität. Seit 1959 lehrte er an der Technischen Universität Berlin. Die bedeutendste Leistung von R., der 1986 den Nobelpreis für Physik erhielt, ist die Entwicklung des Elektronenmikroskops, die ihm (zusammen mit Max Knoch) 1931–32, noch während der Arbeit an seiner Dissertation, gelang. R. ging dabei von den Welleneigenschaften der Elektronen aus, die sich durch die Wirkung starker Magnetfelder bündeln und fokussieren lassen. Während das erste Versuchsmodell nur eine 400fache Vergrößerung erlaubte, vervollkommnete R. diese Technik später zu kommerzieller Nutzbarkeit. Zusammen mit seinem Bruder Helmut, einem Mikrobiologen, der ebenfalls lange in Berlin wirkte und 1948–52 an der Freien Universität lehrte, erarbeitete R. die Grundlagen für die Anwendung der Elektronenmikroskopie in Mikrobiologie, Pathologie und Physiologie. *UH*

Ruttmann, Walter
Filmregisseur
✶ 28.2.1887 Frankfurt/M.
† 15.7.1941 Berlin
R. studierte Architektur und Malerei und arbeitete als Grafiker. Anfang der 20er Jahre begann er mit experimentellen Kurzfilmen. »Opus I–IV« (1921–25) waren abstrakte Filme, in denen geometrische Figuren sich in rhythmischem Wechsel zu neuen Bildkompositionen vereinigten. Sein bekanntester Film ist »Berlin. Die Sinfonie der Großstadt«, der den Tagesablauf einer pulsieren-

den Metropole dokumentarisch festhält und zu faszinierenden Sequenzen montiert. 1929 arbeitete er mit Piscator an dem Tonfilmexperiment »Melodie der Welt«. R. wirkte später auch in Frankreich und Italien (»Acciado«/»Stahl« Italien 1933), drehte weitere Städteporträts, Aufklärungsfilme (»Krebs« 1941) und »Kulturfilme« (»Altgermanische Bauernkultur« 1934) und Filme über bedeutende Firmen (»Mannesmann« 1937; »Henkel, ein deutsches Werk in seiner Arbeit« 1938), in denen er sich dem nationalsozialistischen Propagandagestus mehr und mehr anschloß (»Waffenkammern Deutschlands« 1940, »Deutsche Panzer« 1940). *DTW*

S

Sachs, Nelly

(eigtl. Leonie)
Lyrikerin, Ehrenbürgerin
✶ 10.12.1891 Berlin
† 12.5.1970 Stockholm
S. wuchs in großbürgerlichen Verhältnissen in Berlin auf. Ihr Vater, ein jüdischer Fabrikant, ließ seine Tochter privat unterrichten. In jungen Jahren schrieb S. romantisch stilisierte Gedichte. Ihr erstes Buch »Legenden und Erzählungen« (1921) fand wenig Beachtung. Die Lektüre eines Romans von Selma Lagerlöf regte S. zur Korrespondenz mit der Autorin an, die ihr später (1940) half, Deutschland zu verlassen und mit ihrer Mutter nach Schweden zu flüchten. Nach einer Phase tiefer Depression übersetzte S. schwedische Literatur ins Deutsche und schrieb Gedichte, die unter dem Eindruck der Verfolgung des jüdischen Volkes entstanden und die sie berühmt machten. »In den Wohnungen des Todes« (1947) und »Sternverdunkelung« (1949) gehören zu den wichtigsten Gedichtsammlungen. Der Nobelpreis für Literatur wurde S. 1966 verliehen, 1967 bekam sie die Ehrenbürgerrechte der Stadt Berlin.
Literatur: W.A. Behrendsohn, N. Sachs, 1963; R. Dinesen, ›Und Leben hat immer wie Abschied geschmeckt‹. Frühe Gedichte u. Prosa d. N. Sachs, 1987. *VM*

Saefkow, Anton

Widerstandskämpfer
✶ 22.7.1903 Berlin
† (hingerichtet) 18.9.1944 Brandenburg-Görden
Als Funktionär der KPD war der Maschinenbauer S. von 1933–39 im Zuchthaus und in den Konzentrationslagern Fühlsbüttel und Dachau. Seit 1942 gehörte er zur Leitung der illegalen Berliner KPD-Organisation und stellte Kontakte zu verschiedenen Widerstandsgruppen her, auch zu der um Julius Leber. Erneut verhaftet, wurde er am 5.9.1944 zum Tode verurteilt. *ED*

Sagebiel, Ernst

Architekt
✶ 2.10.1892 Braunschweig
† 5.3.1970 Starnberg
Nach dem Studium war S. zunächst im Architekturbüro Koerfer (Köln) und später im Büro von E. Mendelsohn tätig. Als Architekt des Luftfahrtministeriums vertrat S. mit seinen Bauten, abgestimmt auf die Speerschen Pläne zur Umgestaltung Berlins, einen monumentalen Repräsentationsstil.
Wichtige Bauten: Reichsluftfahrtministerium, heute Detlev-Rohwedder-Haus, Bln.-Mitte (1935–36); Flughafen Tempelhof, Bln.-Tempelhof (1935–39); Umbau Preußischer Landtag, heute Abgeordnetenhaus von Berlin, Bln.-Mitte (1933–35). *KDS*

Sahm, Heinrich

Oberbürgermeister
✶ 12.9.1877 Anklam
† 3.10.1939 Oslo [F.91]
Nach rechts- und staatswissenschaftlichen Studien und Examen übte S. kommunale Ämter in Stettin, Magdeburg, Bochum und bei der Zivilverwaltung von Warschau aus. 1919 wurde er Oberbürgermeister von Danzig, wo er sich diplomatisch dafür einsetzte, daß die Stadt von Polen unabhängig und Freistaat wurde. Er hatte Erfolg und fand die Anerkennung Paul von Hindenburgs. Ein Konflikt mit dem rechtsradikalen »Stahlhelm« bewirkte Anfang 1931, daß er, der selbst rechts stand, zurücktreten mußte. Am 14.4.1931 wurde er Oberbürgermeister von Berlin. Als die Nationalsozialisten im Januar 1933 an die Macht kamen, rief er die Stadtverordneten zur Mitarbeit bei der »nationalen Erneuerung« auf. Er wurde im November 1933 NSDAP-Mitglied, blieb im Amt, wurde aber durch den zum Stadtkommissar für Berlin ernannten Julius Lippert immer mehr in seinen Befugnissen beschnitten, so daß er im Dezember 1935 seinen Rücktritt einreichte. Er starb als Gesandter in Oslo. *ED*

Sais, Tatjana

Schauspielerin und Kabarettistin
✶ 28.1.1910 Frankfurt/M.
† 26.2.1981 Berlin [F.6]
Nach Gesangs- und Ballettausbildung war S. 1925–28 beim Opernballett Frankfurt, 1930–32 am Neuen Theater Frankfurt, seit 1932 an verschiedenen Berliner Bühnen, 1934/35 beim Kabarett »Die Katakombe«. Nach 1945 spielte sie Hörspielrollen beim RIAS (u.a. bei »Günter Neumann und seine Insulaner«). Filmrollen hatte sie u.a. in »Bel ami« (1939), »Berliner Ballade« (1948), »Der Engel, der seine Harfe versetzte« (1959). *DTW*

Sala, Oskar

Physiker, Komponist
✶ 18.7.1910 Greiz (Thüringen)
† 26.2.2002 Berlin
S. bekam als Kind Klavier- und Orgelunterricht und gab bereits als Schüler erste Konzerte. Nach dem Abitur (1929) ging er nach Berlin, wo ihn Paul Hindemith in seine Meisterklasse für Komposition aufnahm. 1930 machte Hindemith seinen Schüler mit dem Ingenieur Dr. Friedrich Trautwein bekannt, der an der Rundfunkversuchsstelle lehrte und gerade mit der Entwicklung eines neuartigen elektronischen Musikinstruments beschäftigt war, dem Trautonium, einem Urtyp des späteren Synthesizers, bei dem alle Töne durch elektrische Entladungen entstehen. Ein Drahtsaite wird auf eine Metallschiene gedrückt, wodurch sich der Stromkreis schließt. So entstehen fließende Töne ohne feste Halbtonschritte. Am 20. Juni 1930 fand im großen Konzertsaal der Berliner Musikhochschule das erste elektronische Konzert statt: Die Uraufführung der »Sieben Triostücke«, die Hindemith eigens für das Trautonium komponiert hatte. S. war von der Möglichkeit der elektronischen Klangerzeugung so angetan, daß er seine Mitarbeit an der Weiterentwicklung des Instruments anbot. Um sich die physikalischen Grundlagen anzueignen, studierte S. 1932–36 Physik und Mathematik. Neben Hindemith komponierten auch Arnold Schönberg, Richard Strauss und Arthur Honegger Werke für das Trautonium. Ab 1933 lehrte S. im Auftrag der Firma Telefunken das Trautoniumspiel, 1935 baute er ein Trautonium für den Rundfunk und 1938 konstruierte er ein Konzerttrautonium, mit dem er auf Konzerttournee durch Europa ging. 1940 führte S. mit dem Berliner Philharmonischen Orchester unter Carl Schuricht Werke von Hindemith für Trautonium auf. Das neue Instrument, das bisher nicht dagewesene Klang- und Geräuschpotentiale offenbarte, wurde bald für den Film entdeckt, und S. komponierte in den 40er Jahren vornehmlich für die UFA. Nach dem Krieg erfand er eine neue Schaltung für die er Patente im In- und Ausland erwarb. Auf der Weiterentwicklung, dem Mixturtrautonium, begann er 1953 auch zu komponieren. 1958 richtete er sich ein eigenes Studio in Berlin-Charlottenburg ein, wo er Kultur-, Industrie- und Spielfilme aber auch Hörspiele und Werbespots vertonte, so auch die legendären Werbespots des »HB-Männchens«. S. schrieb rund 400 Soundtracks, u.a. für »Das Mädchen Rosemarie« und den Edgar-Wallace-Film »Der Würger von Schloß Blackmoor«. 1961 wurde Alfred Hitchcock auf ihn aufmerksam und ließ sich von ihm die Geräuschkulisse für »Die Vögel« arrangieren. Vom Flügelschlagen bis zum markerschütternden Kreischen der Vögel waren alle Geräusche auf seinem Trautonium entstanden. S. erhielt viele Preise, u.a. 1987 das Filmband in Gold. Sein Nachlaß befindet sich im Deutschen Museum in München.
Literatur: P. Badge, Oskar Sala. Pionier der elektronischen Musik. Hg. v. P. Frieß, 2000. *RS*

Salomon, Alice

Politikerin, Sozialpädagogin
✶ 19.4.1872 Berlin
† 30.8.1948 New York
Schon früh engagierte sich die Tochter eines jüdischen Kaufmanns in der sozialen Frauenarbeit, gehörte seit 1893 der »Mädchen- und Frauengruppe für soziale Hilfsarbeit« an und wurde 1899 Vorsitzende der Gruppe. Ein Jahr später wirkte sie im Vorstand des »Bundes Deutscher Frauenvereine« mit und übernahm hier bald das Amt der 2. Vorsitzenden, das sie bis 1920 ausfüllte. In dieser Zeit, zwischen 1902 und 1906, studierte sie an der Berliner Universität Staatswissenschaften und Nationalökonomie und promovierte zum Dr.phil. 1908 gründete sie in Berlin die erste »Soziale Frauenschule«. Zwischen 1908 und 1933 war sie auch international im »Internationalen Frauenbund« tätig. 1925 wurde sie Präsidentin der neugegründeten »Akademie für soziale und pädagogische Frauenarbeit«. Für ihre Verdienste zeichnete sie die Berliner Charité 1932 zu ihrem 60. Geburtstag mit dem Ehrendoktor aus. Wegen ihrer jüdischen Herkunft 1933 aus allen Positionen entfernt, gründete sie ein priva-

tes Hilfskomitee für in Deutschland bedrohte Menschen. 1934 schloß sie sich – sie hatte sich 1914 nach dem Tod der Mutter taufen lassen – der Bekennenden Kirche an. 1937 wurde sie aus Deutschland ausgewiesen und ging über Großbritannien in die USA. In ihren »Lebenserinnerungen« heißt es in einer Selbsteinschätzung: »Liberal im Hinblick auf individuelle Rechte, progressiv, was die soziale Gerechtigkeit betrifft, und in der Ethik konservativ.«
Literatur: Salomon, Leitfaden der Wohlfahrtspflege, 1921; dies., Soziale Diagnosen, 1926; dies., Charakter ist Schicksal. Lebenserinnerungen, 1983; I. Stoehr, A. Salomon. In: Stadtbild und Frauenleben, 1997. *EF*

Salomon, Erich

Fotograf
✶ 28.4.1886 Berlin
† 7.7.1944 KZ Auschwitz
Jurastudium und Promotion in München, Berlin und Rostock. S. war ein Pionier des modernen Bildjournalismus. Ohne Blitzlicht, aber mit lichtstarken Objektiven machte er diskrete Schnappschüsse auf internationalen Konferenzen, in Gerichtsverhandlungen und im Reichstag. Er arbeitete von 1918–25 für den Ullstein Verlag, später u.a. für die »Berliner Illustrirte Zeitung«, »Times«, »Fortune« und »New York Times«. 1931 erschien »Berühmte Zeitgenossen in unbewachten Augenblicken«. S. emigrierte 1934 nach Holland. *VM*

Saltenburg, Heinz

(eigtl. H. Salz)
Theaterleiter
✶ 1882 Ungarn
† 23.9.1948 London
S. gehörte neben Barnowsky, Reinhardt und den Brüdern Rotter zu den führenden Theaterunternehmern Berlins. Die S.-Bühnen, die 1926–29 fünf Theater umfaßten (Deutsches Künstler-Theater, Theater am Kurfürstendamm, Theater am Schiffbauerdamm, Lustspielhaus, Wallner-Theater) galten als der größte Theaterkonzern Europas. S. hatte nie den Ehrgeiz, Regie zu führen; er fungierte ausschließlich als Direktor. 1933 als Jude verfolgt, emigrierte er nach England. *DTW*

Sandrock, Adele

(eigtl. A. Feldern-Förster)
Schauspielerin
✶ 19.8.1864 Rotterdam
† 30.8.1937 Berlin
S. debütierte 1879 in Berlin, kam nach Engagement bei den Meiningern wieder nach Berlin ans Victoria-Theater und spielte anschließend an verschiedenen Wiener Theatern. Ihre sehr persönliche Beziehung zu A. Schnitzler (1893–95) schlug sich in zahlreichen Rollen nieder, die S. in Schnitzler-Stücken spielte. 1905–10 war sie am Deutschen Theater engagiert, später an verschiedenen Berliner Theatern beschäftigt. S. begann in Jungmädchenrollen, war dann eine bedeutende Heldendarstellerin (Eboli, Maria Stuart, Salome, Elektra) und wechselte ins Charakterfach. Sie war in Reinhardts Klassiker-Inszenierungen im Zirkus Schumann ebenso zuhause wie im Kabarett. Besonders bekannt wurde sie als bärbeißige komische Alte in deutschen Unterhaltungsfilmen; ihre harschen Zurechtweisungen und polternden Gardinenpredigten machten selbst die plattesten Schnulzen zum kinematographischen Ereignis.

Adele Sandrock (1864–1937)

Autobiographie: Mein Leben, 1940.
Literatur: R. Wagner (Hg.), A. Sandrock und Arthur Schnitzler, 1975. *DTW*

Sänger, Eugen

Raketen- und Raumfahrttechniker
✶ 22.9.1905 Preßnitz (Mähren)
† 10.2.1964 Berlin
S. beschäftigte sich an der Technischen Hochschule Wien mit der Entwicklung von Flüssigkeitsraketen und Überschallflugzeugen. Seit 1936 setzte er diese Arbeit, auch mit militärischer Komponente, in Deutschland fort. Nach 1945 Forschungsingenieur in Frankreich und später in Stuttgart, standen Antriebe für Strahlflugzeuge im Mittelpunkt seiner Arbeit. Seit 1963 war S. Professor an der Technischen Universität Berlin. *UH*

Saphir, (Carl Friedrich) Moritz Gottlieb (Georg)

(eigtl. Moses)
Schriftsteller und Publizist
✶ 8.2.1795 Lovas-Berény b. Budapest
† 5.9.1858 Baden b. Wien
S. stammte aus orthodoxer jüdischer Familie und besuchte von 1806–14 die rabbinische Schule in Prag. In Wien arbeitete er von 1822–25 u.a. an Bäuerles »Wiener Theaterzeitung« mit. Anschließend war er Kritiker in Berlin, Gründer einiger Zeitungen und der literarischen Vereinigung »Tunnel über der Spree«. In dieser Zeit veröffentlichte S. u.a. den »Berliner Theater-Almanach auf das Jahr 1828, ein Neujahr-Geschenk für Damen« (1828) und »Die Runde des großen steinernen Apoll's, aus dem Thiergarten, in der ersten Carnevals-Nacht, durch die Straßen Berlins« (1829). Ab 1829 lebte S. in München, wo er neben seiner Tätigkeit als Hoftheaterintendanzrat (1832) auch als Regierungsspitzel tätig gewesen sein soll, bis er 1834 wieder nach Wien zog. Hier gründete er 1837 die Zeitschrift »Der Humorist«, die er bis 1855 leitete. In den 40er Jahre polemisierte er gegen demokratische Bestrebungen.
Literatur: J. Toury, M. Saphir u. K. Beck, zwei vormärzl. Literaten Österreichs, in: W. Grab u. J.H. Schoeps (Hg.), Juden im Vormärz u. in der Revolution v. 1848, 1983. *VM*

Sass, Franz u. Erich

Berufsverbrecher
✶ 1904 Berlin (Franz S.)
✶ 1906 Berlin (Erich S.)
† 27.3.1940 Sachsenhausen
Die beiden Berufsverbrecher aus zerrütteter Familie wurden bereits als Kinder straffällig. Franz Sass kam in Fürsorge-Erziehung, Erich Sass brach eine Schlosserlehre ab. Gemeinsam eröffneten sie 1926 eine kleine Autowerkstatt, die ihnen die unauffällige Anschaffung eines Schneidbrenners erlaubte. Mit dessen Hilfe wollten sie am 27. März 1927 den Tresor einer Moabiter Bankfiliale knacken. Das Vorhaben mißlang aus Mangel an Erfahrung, ging jedoch in die Berliner Kriminalgeschichte ein als erster Versuch, einen Stahlschrank »warm« zu öffnen. Anfang 1929 landeten sie ihren spektakulärsten, minutiös ausgetüftelten Coup; die Presse sprach von »unheimlicher Präzision«. Wochenlang gruben, stemmten und schweißten sie sich zum Tresorraum der Disconto-Gesellschaft am Wittenbergplatz durch und plünderten 179 Kundensafes. Mehrere Zeitungen widmeten dem Verbrechen Extra-Ausgaben. Geschätzter Wert der später nur zum geringsten Teil polizeilich sichergestellten Beute: knapp zwei Millionen Reichsmark. Der Raub ruinierte den Ruf des angesehenen Berliner Tresorherstellers S.J. Arnheim und beendete dessen selbständige Existenz. Nach weiteren schweren Einbrüchen, auch in Dänemark, wurden Franz und Erich S. im Konzentrationslager Sachsenhausen erschossen.
Literatur: C.-P. Steinmann, Tatort Berlin – Erlesene Kriminalfälle, 1997. *GB*

Sauer, Oscar

Schauspieler
✶ 11.12.1856 Berlin
† 3.4.1918 ebd. [F.121]
S. begann in Osnabrück, spielte sich als Bonvivant und Operettenbuffo über zahlreiche deutsche Bühnen bis nach Berlin, wo er 1890 am Lessing-Theater, 1897 bei Brahm am Deutschen Theater, ab 1904 mit Brahm wieder am Lessing-Theater engagiert war. S. war einer der führenden Schauspieler des Brahm-Ensembles, vertrat wie kein zweiter dessen naturalistisches Darstellungskonzept (besonders in Hauptmann-Stücken). Für Kerr war er die Verkörperung des »leuchtenden Seelenschauspielers«. *DTW*

Sauerbruch, Ernst *Ferdinand*

Chirurg
✶ 3.7.1875 Barmen
† 2.7.1951 Berlin [F.95]
S., dessen Vater technischer Leiter einer Weberei war, studierte 1895–1902 in Marburg, Jena und Leipzig. Nach der Promotion war er kurzzeitig

als Assistenzarzt in Kassel, Erfurt sowie in Berlin-Moabit tätig, bevor S. schließlich nach Breslau ging. Dort gelang es ihm, mit der Konstruktion der Unterdruckkammer (1904) ein wesentliches Problem der Thoraxchirurgie zu lösen und dadurch die Gefahr des Pneumothorax zu bannen. 1905 verließ S., inzwischen habilitiert, Breslau, wirkte in Greifswald und Marburg und wurde 1910 Ordinarius für Chirurgie in Zürich. Er widmete sich vor allem der chirurgischen Behandlung der Lungentuberkulose sowie tierexperimentellen Forschungen. Unter dem Eindruck der unzähligen Verwundeten des I. Weltkrieges entwickelte S. neuartige Arm- (»Sauerbruch-Hand«, die erste Prothese mit wirklich beweglichen Fingern) und Beinprothesen. Als Professor 1918–27 in München lehrend, scharte sich um ihn die sogenannte »Sauerbruch-Schule«. In dieser Zeit entstand auch sein Werk »Die Chirurgie der Brustorgane«. 1927 übernahm S. den Lehrstuhl für Chirurgie an der Berliner Charité, den er bis 1949 innehatte. Er führte komplizierte und riskante Operationen aus und genoß im In- und Ausland ein fast legendäres Vertrauen. S. trat für eine ganzheitliche medizinische Betrachtungsweise ein und schrieb: »Wir sehen immer wieder, daß vieles Große und Wertvolle verloren geht, wenn Spezialisierung beginnt.« In seiner Haltung während der Zeit des Nationalsozialismus nicht unumstritten, hat S. doch immer Distanz zu den Machthabern bewahrt. Nach dem Krieg ist er in Berlin kurzzeitig als Stadtrat für Gesundheit tätig gewesen.

Literatur: E. Vosschulte, E.F. Sauerbruch, in: Klassiker der Medizin, 1991; J. Thorwald, Die Entlassung. Das Ende des Chirurgen F. Sauerbruch, 1983. *UH*

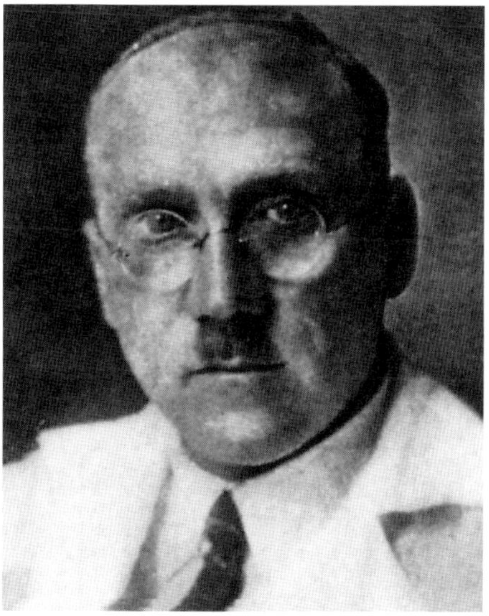

Ferdinand Sauerbruch (1875–1951)

Savigny, Friedrich Karl von

Jurist

✶ 21.2.1779 Frankfurt/M.

† 25.10.1861 Berlin

S. stammte aus einer Adelsfamilie lothringischer Herkunft. Nach dem Studium in Marburg erhielt er dort im Jahre 1800 seinen ersten Lehrauftrag. 1803 zum Professor ernannt, beschäftigte er sich insbesondere mit dem Zivilrecht und der Rechtsgeschichte. Eine ausgedehnte Studienreise diente der Materialsammlung zur mittelalterlichen Rechtsgeschichte, bevor er 1808 als Professor nach Landshut und 1810 an die gerade gegründete Berliner Universität berufen wurde. S. beteiligte sich an deren Aufbau, war 1812/13 ihr Rektor. Bis 1842 hatte er den Lehrstuhl für Römisches Recht inne. S. gilt als Begründer der »historischen Rechtsschule«. Seine Hauptwerke sind die »Geschichte des römischen Rechts im Mittelalter« (6 Bde., 1815–31) und »System des heutigen römischen Rechts« (8 Bde., 1840–49). 1842–48 war S. als preußischer Minister an praktisch-politischer Rechtsetzung entscheidend beteiligt.

Literatur: J. Rueckert, Jurisprudenz und Idealismus bei F.K.v. Savigny, 1984; I. Denneler, F.K.v. Savigny, 1985. *UH*

Scabell, Ludwig Carl

Direktor der Brandpolizei

✶ 25.9.1811 Berlin

† 9.6.1885 ebd. [F.99]

S. war Sohn des königlichen Oberwasserbauinspektors, wurde nach seiner Berufsausbildung Bauinspektor in Liegnitz, Betriebsdirektor der Berlin-Stettiner Eisenbahn und Mitarbeiter im Preußischen Innenministerium. Aus dem Amt des Bauinspektors beim Berliner Polizeipräsidium und Oberspritzenkommissarius wurde er am 1.2.1851 zum königlichen Branddirektor ernannt. Dies ist das Gründungsdatum der Berliner »Brandpolizei«, der späteren Berliner Feuerwehr. *ED*

Schadow, *Johann* Gottfried

Bildhauer und Grafiker
✶ 20.5.1764 Berlin
† 27.1.1850 ebd. [F.108]
Sch., Sohn eines Schneidermeisters, wurde zunächst durch Gehilfen des preußischen Hofbildhauers J.P.A. Tessaert im Zeichnen unterwiesen, konnte aber schon 1776 in dessen Werkstatt eine Ausbildung aufnehmen und führte nebenher

Johann Gottfried Schadow (1764–1850)

seine Zeichenstudien weiter. Nach seiner 1785–1787 dauernden Italienreise wurde Sch. zum ordentlichen Mitglied der Berliner Akademie gewählt und übernahm die Leitung der Hofbildhauerwerkstatt. Seinen künstlerischen Ruhm begründete das 1789–91 geschaffene Grabdenkmal für den Grafen v.d. Mark (heute Nationalgalerie), mit dem er zum Wegbereiter des Klassizismus in Preußen wurde. Wegen der im Inland vernachlässigten Tradition des Bronzegusses begab sich Sch. 1791 auf eine Skandinavienreise und nach St. Petersburg, um diese Technik zu erlernen. Da er seine Absicht jedoch nicht umsetzen konnte, arbeitete er weiterhin hauptsächlich in Stein und mußte sogar sein 1794 vollendetes Hauptwerk – die Quadriga mit der Viktoria auf dem Brandenburger Tor – als Kupfertreibarbeit ausführen lassen. Desgleichen sind später aufgestellte Bronzewerke Sch.s. – darunter »Zieten« (1794) oder der »Alte Dessauer« (1800) – Nachgüsse seiner Marmororiginale. Neben der Porträtarbeit für das königliche Haus – darunter die berühmte Gruppe der Prinzessinnen Luise und Friederike (1795–1797) – gestaltete Sch. zahlreiche Privatbildnisse, jedoch auch Grabmonumente, und war außerdem als Figurenmodelleur für die kgl. Porzellanmanufaktur tätig. Ein weiterer Zweig war sein Reliefschaffen, das sich an zahlreichen Gebäudefassaden der Stadt zeigte, darunter an der ehemaligen Alten Münze und an dem von ihm schon seit 1805 als Rektor (ab 1815 Direktor) der Akademie bewohnten Haus in der heutigen Schadowstraße. Sch., der selbst 1828 seine Bildhauerarbeit beendete, war fortan, teilweise in der Sehkraft stark beschränkt, nur noch als Zeichner und Grafiker tätig und widmete sich in Veröffentlichungen der künstlerischen Anatomie.

Literatur: G.v. Lücken, J.G. Schadow, 1764–1850. Bildwerke und Zeichnungen, Katalog, 1964; U. Krenzlin, J.G. Schadow, 1990. *JM*

Schaeffers, Willi

Schauspieler und Kabarettist
✶ 2.9.1884 Landsberg/Warthe
† 10.8.1962 München [F.2]
Sch. begann bei Wandertheatern und verschiedenen Provinzbühnen, gelangte bis zum Schauspielhaus Düsseldorf und spielte an verschiedenen Berliner und Münchner Bühnen. Sch. begann seine Kabarettlaufbahn als Conferencier bei R. Nelson und unternahm später zahlreiche Kabarett-Tourneen. Seit 1938 leitete er das Kabarett der Komiker in Berlin. 1959 gründete er in Berlin das Kabarett »Tingel Tangel«. Sch. war auch in zahlreichen Filmrollen zu sehen. *DTW*

Schäfer, Dietrich

Historiker
✶ 16.5.1845 Bremen
† 12.1.1929 Berlin [F.88]
Sch., Sohn eines Hafenarbeiters, war zunächst als Volksschullehrer tätig, bevor er in Heidelberg und Göttingen Geschichte studierte. Seit 1877 Professor, wirkte er in Jena, Breslau, Tübingen und Heidelberg. 1903–21 als Professor in Berlin, galt sein besonderes Interesse der Geschichte der Hanse. Er verfaßte auch Arbeiten zur dänischen und zur Kolonialgeschichte. Sch. sah in den politischen Machtverhältnissen den Hauptgegenstand seiner Forschung. *UH*

Schamoni, Ulrich
Filmregisseur, Medienmanager
✶ 9.11.1939 Berlin
† 9.3.1998 ebd. [F.93]
Nachdem er 1956 das Gymnasium in Münster ohne Abschluß verlassen hatte, nahm er in München Schauspielunterricht und arbeitete dann als Regieassistent an vielen Kino- und Fernsehfilmen mit. 1962 veröffentlichte er seinen Roman »Dein Sohn läßt grüßen«. In den 60er Jahren entstanden eine Reihe eigener Filme, so »Es« (1966), »Alle Jahre wieder« (1967), »Quartett im Bett« (1968), die alle Anerkennung fanden und ausgezeichnet wurden. Erfolge wurden auch Fernsehserien wie »Was wären wir ohne uns« (1978) und »So lebten sie alle Tage« (1984). Seit 1985 entwickelte er eigene Radio- und Fernsehprojekte wie den privaten Rundfunksender Hundert,6 und die private TV-Station 1 A Berlin-Brandenburg. *EF*

Scharf, Kurt
Theologe
✶ 21.10.1902 Landsberg/Warthe
† 28.3.1990 Berlin [F.88]
Seit 1928 Pfarrer in Friesack (Mark), wurde er 1933 durch seine Pfarrstelle in Sachsenhausen mit den Praktiken des Konzentrationslagers bekannt. Seit 1935 war er Präses des Bruderrates der Bekennenden Kirche in Brandenburg. 1938 wurde er vom Amt suspendiert und erhielt Rede- und Schreibverbot. Seit 1945 leitete er die Abteilung Brandenburg im Evangelischen Konsistorium. In den Jahren 1957–60 war er Vorsitzender des Rates der Evangelischen Kirche der Union (EKU). Die gleiche Funktion hatte er zwischen 1961 und 1967 im Rat der Evangelischen Kirchen in Deutschland (EKD). Von 1966–72 durfte er als Bischof von Berlin-Brandenburg weder nach Berlin (Ost) noch in die DDR einreisen. Sein Ehrengrab neben dem Grab von Rudi Dutschke befindet sich in Zehlendorf. 1976 verlieh ihm Berlin die Ernst-Reuter-Plakette.
Literatur: W.-D. Zimmermann, Kurt Scharf. Ein Leben zwischen Vision und Wirklichkeit, 1992. *EF*

Scharnhorst, Gerhard Johann David von
Militär
✶ 12.11.1755 Bordenau b. Hannover
† 28.6.1813 Prag [F.107]
Der Sohn eines Pächters besuchte von 1772–77 die Militärschule auf dem Wilhelmstein und trat 1778 als Fähnrich in das Dragonerregiment von Estorff der hannoverschen Armee ein, wechselte 1783 zur Artillerie über und wurde Lehrer an der Kriegsschule in Hannover. Er gab die »Bibliothek für Offiziere« heraus, veröffentlichte das »Handbuch für Offiziere in den anwendbaren Theilen der Kriegswissenschaften« in 3 Bänden und begann 1788 mit der Herausgabe des »Neuen militairischen Journals«. Als Stabshauptmann, später Major, nahm er an den Feldzügen gegen die französische Republik im Rahmen des englischen Expeditionskorps 1793/95 teil und war ab 1794 im Generalmeisterstab tätig; die Niederlage des Korps bei Fleurus im Juni 1794 verstärkte Scharnhorsts kritische Haltung gegenüber der veralteten absolutistischen Heeresstruktur. Ab 1798 erhielt er unter Vermittlung des Freiherrn vom und zum Stein Angebote, in preußische Dienste zu treten, auf die er 1801 einging. Er wurde in Berlin Lehrer an der Akademie für junge Offiziere, im Rang eines Oberstleutnants in das 3. Artillerieregiment eingestellt und in den erblichen Adelsstand erhoben. 1802 begann er mit der intensiven Vorbereitung des preußischen Offizierskorps auf die neuen theoretischen Aufgaben, gründete und leitete die »Militärische Gesellschaft zu Berlin«. 1804 wurde Sch. zum Obersten befördert und in den Generalstab versetzt, am Vorabend des Krieges 1806 wurde er Generalstabschef der preußischen Hauptarmee, konnte aber die Niederlagen bei Jena und Auerstedt nicht abwenden. Nach kurzer französischer Gefangenschaft war er in Ostpreußen bei der Durchsetzung militärischer Reformen tätig, wurde Vorsitzender der Militär-Reorganisationskommission und erwarb sich entscheidende Verdienste gemeinsam mit Stein und Hardenberg bei der Vorbereitung und Planung der Feldzüge 1813/15. In der Schlacht bei Großgörschen am 2. Mai 1813 erhielt Sch. eine schwere Verwundung, an deren Folgen er während einer diplomatischen Mission starb. *DW*

Scharoun, Hans
Architekt, Ehrenbürger
✶ 20.9.1893 Bremen
† 25.11.1972 Berlin [F.93]
Der Sohn eines Brauereidirektors aus Bremerhaven und Nachkomme böhmischer Einwanderer folgte nach dem Studium an der TH Charlottenburg (1912–14) und seinem Militärdienst der Berufung durch O. Moll an die Akademie für Kunst und Kunstgewerbe Breslau (Professor 1925–32),

an dessen Stelle H. Poelzig etwa 20 Jahre vorher gewirkt hatte. Sch., der sich von 1932–45 in Berlin hauptsächlich mit dem Bau von Einfamilienhäusern befaßt hatte, wurde 1945 für 1 Jahr Stadtrat für Bau- und Wohnungswesen beim Magistrat von Groß-Berlin, wo er sich auch für die Konstituierung der TU Berlin einsetzte. 1946–58 übernahm Sch. einen Lehrstuhl und das Institut für Städtebau an jener TU und war außerdem 1947–50 Leiter des Instituts für Bauwesen der Akademie der Wissenschaften, das 1951 in die neu gegründete Deutsche Bauakademie überging. Von 1955–68 war er der erste gewählte Präsident der neu gegründeten Akademie der Künste. Auf städtebaulichem Gebiet entwickelte Sch. an der Breslauer Akademie neue Prinzipien einer ›bewohnbaren Stadtlandschaft‹, die er zum ersten Mal in Berlin-Siemensstadt verwirklichen konnte: »... anstelle von Straße und Straßenbild parkähnliche Grünlandschaft, in die sich die zum Block vereinten Wohnzellen hineinlagern und die durch ein distanziertes Netz von Verkehrs- und Zubringerstraßen und Wohnwegen durchzogen ist. Die Formulierung dieser Forderung stellt sich als Zeilenbau dar« (Scharoun, 1930). Obwohl einer der phantasiereichsten deutschen Architekten, war er unter Fachleuten und Politikern sehr umstritten. Daraus erklärt sich, daß z.B. der sogenannte »Kollektivplan« von 1946 zum Aufbau Berlins als Bandstadt nicht und die »Wohnzelle Friedrichshain« nur fragmentarisch realisiert wurden. Mittelpunkt seines Lebens und Wirkens war Berlin. Das Kulturforum Berlin am Kemperplatz ist wohl eine seiner bedeutendsten Schöpfungen. Sch. wurde 1969 Berliner Ehrenbürger.

Wichtige Bauten: Hochhaus Friedrichstraße, Bln.-Mitte (1922, Entwurf); Lageplan der Siedlung und Wohnbauten, Bln.-Spandau/Siemensstadt (1930); »Das wachsende Haus« auf der Ausstellung »Sonne, Luft und das Haus für alle«, Berlin (1932); Planung für den Neubau Berlins, »Kollektivplan« (1946, u.a. mit L. Herzenstein, R. Lingner, S. Selmanagic, H. Weinberger); Nachbarschaft (Wohnzelle) Friedrichshain, Bln.-Friedrichshain (1949, Entwurf); Umbau Haus Hannoversche Straße 30, ehem. ständige Vertretung der Bundesrepublik Deutschland, Bln.-Mitte (1949); Amerika Gedenkbibliothek, Bln.-Kreuzberg (1951, 2. Preis Wettbewerb); Konzerthaus Philharmonie, Bln.-Tiergarten (1963, zus. mit W. Weber); Bebauungsplan Mehringplatz Bln.-Kreuzberg (1963, 1. Preis Wettbewerb); Staatsbibliothek, Bln.-Tiergarten (1964, 1967–78, zus. mit E. Wisniewski); Kammermusiksaal, Bln.-Tiergarten (1971, 1984–87, zus. mit E. Wisniewski).

Literatur: W. Ribbe/W. Schäche (Hg.), Baumeister, Architekten, Stadtplaner, 1987. *KDS*

Scharwenka, Franz Xaver

Pianist und Komponist

✶ 6.1.1850 Samter (Prov. Posen)

† 8.12.1924 Berlin [F.46]

Sch. war als Klavierlehrer wie als Virtuose erfolgreich. 1881 gründete er in Berlin das Sch.-Konservatorium, das ab 1891 von seinem Bruder Philipp Sch. (1847–1917) geleitet und mit der von Klindworth gegründeten Klavierschule 1893 zum Klindworth-Sch.-Konservatorium vereinigt wurde. 1891–98 leitete er in New York eine nach ihm benannte Musikschule. Er komponierte Klaviermusik und schrieb 1907 eine »Methodik des Klavierspiels«. *ThW*

Schaudinn, *Fritz* Richard

Zoologe und Mikrobiologe

✶ 19.9.1871 Röseningken (Ostpreußen)

† 22.6.1906 Hamburg [F.5]

S. studierte 1890–94 an der Berliner Universität Philosophie und Naturwissenschaften. Danach beschäftigte er sich am Institut für Infektionskrankheiten mit den Protozoen als Krankheitserreger und wurde 1898 Privatdozent für Zoologie und Protozoologie. Seit 1904 Direktor des Instituts für Protozoologie beim Berliner Gesundheitsamt, entdeckte Sch. 1905 die Erreger von Syphilis und Amöbenruhr. Er prägte den Begriff »Mikrobiologie«. Der vielseitige Gelehrte, der 1906 bei einem Selbstinfektionsversuch starb, unternahm auch mehrere zoologische Expeditionen, wobei sein besonderes Interesse der arktischen und marinen Fauna vor allem der nördlichen Meere galt. *UH*

Scheerbart, Paul (Karl Wilhelm)

(Pseud. Bruno Küfer)

Schriftsteller und Publizist

✶ 8.1.1863 Danzig

† 15.10.1915 Berlin [F.55, Grab eingeebnet]

Der Sohn eines Schiffszimmermanns betrieb Studien der Philosophie und Kunstgeschichte in Leipzig, Halle, München und Wien und lebte ab 1884 als freier Schriftsteller, in Berlin seit 1887. Als einer der bedeutendsten Vertreter der phantastischen Literatur gründete Sch. 1892 den »Verlag der Phantasten«. In seinen Werken stehen groteske und phantastische Elemente neben gesellschaftskritischen, u.a. in »Münchhausen und Clarissa« (1906). Der starke Trinker lebte im ständigen Kampf gegen die Armut. *VM*

Scheffer, Thassilo von

Schriftsteller und Übersetzer

✶ 1.7.1873 Stargard (Preußen)

† 27.11.1951 Berlin

Sch. verbrachte seine Kindheit auf dem väterlichen Gut, später in Südwestdeutschland. Er studierte Jura in Straßburg und Königsberg, dann Germanistik ebd. und in Freiburg, Dr.phil. 1901. Nach längerem Italienaufenthalt lebte Sch. als Privatgelehrter und freier Schriftsteller in Freiburg, München und ab 1909 in Berlin-Charlottenburg. Von Bedeutung sind vor allem seine Übersetzungen von Homers »Ilias« (1913) und »Odyssee« (1918). Zu Sch.s Werken gehören »Die homerische Philosophie« (1921) und »Römische Götter- und Heldensagen« (1926). *VM*

Scheibe, Richard

Bildhauer

✶ 19.4.1879 Chemnitz

† 6.10.1964 Berlin [F.85]

Nach begonnenem Studium der Malerei zunächst an der Dresdner, dann an der Münchner Akademie, ging Sch. 1900 nach Italien, wo er sich zusammen mit seinem Freund G. Kolbe für die Bildhauerei entschied. Seit 1925 arbeitete Sch. als Professor am Städelschen Kunstinstitut in Frankfurt/M. 1933 vorläufig entlassen, wurde er ein Jahr darauf wiederberufen, ging jedoch 1936 als Nachfolger an die Hochschule für Bildende Künste nach Berlin. Im Mittelpunkt seines Schaffens stand lange Zeit der Akt (z.B. »Schwestern« 1934/35), doch war Sch. auch im Porträtfach tätig und gestaltete eine Reihe von Büsten (darunter M. Pechstein). Nach dem II. Weltkrieg weiter in Berlin arbeitend, erfuhr er öffentliche Ehrungen (Ehrendoktorwürde 1950) und schuf eine Reihe von Ehrenmalen, unter denen besonders das für die Opfer des 20. Juli 1944 (1954) im ehemaligen Oberkommando des Heeres (heute Berliner Sitz des Bundesministeriums der Verteidigung, Stauffenbergstraße) hervorzuheben ist. *JM*

Scheidemann, Philipp

Politiker

✶ 26.7.1865 Kassel

† 29.11.1939 Kopenhagen

Nach Arbeit im Buchdruckergewerbe begann Sch. im 30. Lebensjahr seine journalistische und politische Tätigkeit für die Sozialdemokratie, der er 1883 beigetreten war. Von 1903–18 war er Reichstagsabgeordneter. 1911 in den Parteivorstand gewählt, hatte er 1917/18 mit Friedrich Ebert den SPD-Parteivorsitz inne. Im Parlament unterstützte er die Politik der Regierung und bewilligte die Kriegskreditvorlagen. Im Januar 1918 wandte er sich gegen Generalstreik und revolutionäre Beendigung des Krieges und wirkte in der Folgezeit in Regierungsämtern für die Eindämmung der Revolution. Am 9.11.1918 rief er vom Reichstag die deutsche Republik aus. Er war von Februar bis Juni 1919 Ministerpräsident der ersten Regierung der Weimarer Republik und trat wegen der um den Versailler Friedensvertrag entstehenden Konflikte als Gegner der Vertragsannahme zurück. 1920–25 wirkte er im Reichstag und als Oberbürgermeister von Kassel. Im Juli 1933 emigrierte er über Prag u.a. Länder nach Dänemark.

Schriften: Memoiren eines Sozialdemokraten, 2 Bde., 1928. *ED*

Schelcher, Raimund

Schauspieler

✶ 27.3.1910 Daressalam

† 27.3.1972 Berlin

Sch. kam nach Studium an der Kölner Schauspielschule über Gießen, Frankfurt/M., Hamburg, Leipzig ans Berliner Schiller-Theater. 1939 ins Strafbataillon eingezogen und in sowjetische Gefangenschaft geraten, konnte er erst 1949 in Bremen wieder neu beginnen. Seit 1950 spielte er am Deutschen Theater, seit 1954 am Berliner Ensemble, als Gast auch an der Volksbühne. Bei der DEFA war er in zahlreiche Filmrollen zu sehen (u.a. in »Schlösser und Katen« 1957). *DTW*

Schelling, *Friedrich* Wilhelm Josef von

Philosoph

✶ 27.1.1775 Leonberg

† 20.8.1854 Bad Ragaz (Schweiz)

Der aus einer pietistischen Pfarrersfamilie stammende Sch. kam 1790 zur Ausbildung in das berühmte Tübinger Stift, wo er sich unter anderem mit Hegel und Hölderlin anfreundete. Nach

Wanderjahren als Hauslehrer, Reisen und weiteren Studien wurde Sch. durch Vermittlung einflußreicher Freunde schon 1798 zum Professor in Jena berufen. 1803 wandte er sich nach Bayern, lehrte zuerst in Würzburg, später in Erlangen und München Philosophie und war von 1806–23 auch Direktor der Akademie der bildenden Künste zu München. 1841 wurde Sch. (vermutlich vom preußischen Hof als möglicher akademischer Ge-

Friedrich Wilhelm Josef von Schelling (1775–1854)

genspieler der »Linkshegelianer« eingeschätzt) an die Berliner Universität berufen. Dazu schrieb Ruge (1841): »Schelling ist nach Berlin berufen, Sch. nach Hegel! … wie unverantwortlich wäre es, wenn man diese Herausforderung der Reaktion nicht mit Bomben und Kartätschen begrüßte.« Trotz des anfänglich großen öffentlichen Interesses an seinen Vorlesungen blieb Sch. in Berlin auf die Dauer erfolglos und stellte die Lehrtätigkeit 1846 ein. Wichtige Werke sind »Philosophische Untersuchungen über das Wesen der menschlichen Freiheit« (1809) und »Philosophie der Mythologie« (1848). Wichtiger als die begrenzte Wirkung des in sich widersprüchlichen Gesamtwerkes auf das philosophische Denken seiner Zeit sind seine Einflüsse auf die moderne Psychologie und Existenzphilosophie. Sch.s Ansatz, wonach Philosophie in den ursprünglichen Zustand einer Einheit von Mensch und Natur zurückführen solle, ist heute aus ökologischer Sicht durchaus bedenkenswert. Sch. war ein hervorragender Kenner der Naturwissenschaften und hat sich immer wieder mit deren Erkenntnissen auseinandergesetzt. Jedoch spielten auch irrationale Elemente in seinem Denken eine große Rolle. In seinem Spätwerk dominieren Skepsis gegenüber dem Umgang mit menschlicher Freiheit sowie eine zunehmende Religiosität.

Literatur: H. Braun, F. Schelling, in: Klassiker der Philosophie, 1991; M. Frank, Eine Einführung in Schellings Philosophie, 1985. *UH*

Scherchen, Hermann

Dirigent

✶ 21.6.1891 Berlin

† 12.6.1966 Florenz

Sch. begann, nach autodidaktischer Ausbildung und Tätigkeit als Bratscher im Blüthner-Orchester und in der Berliner Philharmonie, seine Dirigentenlaufbahn 1911: Er leitete die Uraufführungen von Schönbergs »Pierrot Lunaire« und der Kammersinfonie. Sch. war 1914 Dirigent des Rigaer Sinfonieorchesters und wurde während des I. Weltkrieges interniert. Anschließend wirkte er in Berlin, wo er 1919 die »Neue Musikgesellschaft« und das »Scherchen-Quartett« gründete und die Zeitschrift »Melos« herausgab. 1921 leitete er die »Arbeitersänger« und den Leipziger Konzert-Verein, 1922/23 die Frankfurter Museumskonzerte, 1922–47 die Abonnementskonzerte in Winterthur. 1933 von den Nationalsozialisten aus Deutschland vertrieben, dirigierte er u.a. in Wien und Zürich. 1954 gründete er in Gravesano (Schweiz) ein elektroakustisches Institut. Sch. machte sich als Dirigent besonders um die Aufführung moderner Musik verdient.

Schriften: Lehrbuch des Dirigierens, 1929; Das moderne Musikempfinden, 1946; Musik für jedermann, 1950. *ThW*

Scherer, Wilhelm

Germanist

✶ 26.4.1841 Schönborn (Niederösterreich)

† 6.8.1886 Berlin [F.46]

Nach Lehrtätigkeit in Wien und Straßburg wurde Sch. 1877 als Professor an die Berliner Universität berufen. Mit seinen an den exakten Methoden der Naturwisssenschaften orientierten literaturwissenschaftlichen Analysen beeinflußte er die Methodik germanistischer Forschung stark. Bekannt wurden seine »Geschichte der deutschen Literatur« (1883) sowie essayistische Arbeiten über Goethe. *UH*

Schering, *Ernst* Christian Friedrich

Apotheker, Industrieller
✶ 31.5.1824 Prenzlau
† 27.12.1889 Berlin [F.14]
Sch. erwarb 1851 die »Schmeißersche Apotheke« in der Berliner Chausseestraße und nannte sie »Grüne Apotheke«. Sch. pflegte alle Präparate selbst anzufertigen, in der »Grünen Apotheke« baute er sein erstes Laboratorium auf. Seit 1854 widmete sich Sch. der Fabrikation von Hilfsmitteln für die noch junge Fotografie, die bis dahin aus Frankreich eingeführt werden mußten. 1868 war Sch. Mitbegründer der Deutschen Chemischen Gesellschaft, deren Schatzmeister er bis 1880 blieb. 1871 erwarb er ein Grundstück an der Müller- und Fennstraße zum Bau einer chemischen Fabrik, aus der sich eines der führenden deutschen Chemie-Großunternehmen entwickelte. Seit dem Krieg 1870/71 belieferte Sch. die preußische Armee mit Arzneimitteln und bekam als Anerkennung dafür vom König den Roten Adler-Orden 4. Klasse. Sch. entdeckte neue Verfahren und Produkte wie z.B. die »elektrolytische Darstellung mangan- und übermangansaurer Salze aus manganhaltigen Abfällen der Chlorbereitung«, die er 1881 zum Patent anmeldete. Auch führte er Desinfektionsmittel wie Kaliumpermanganat und Formaldehyd in besonders konzentrierter Form auf dem Markt ein. *BF*

Scherl, August Hugo Friedrich

Verleger, »Zeitungskönig«
✶ 24.7.1849 Düsseldorf
† 18.4.1921 Berlin [F.18]
Sch. besuchte in Berlin die Gewerbeschule und trat als Lehrling in das väterliche Geschäft, einen kleinen Verlag in der Naunynstraße, ein. Bald überwarf er sich jedoch mit dem Vater und ging nach Düsseldorf. In Köln übernahm er die Geschäftsführung des kleinen Verlages »Duster & Co« und hatte mit der Herausgabe von Groschenheftchen in Fortsetzungsfolgen beträchtlichen Erfolg. Sch. startete eine Vielzahl von Unternehmungen, z.B. baute er in Köln eine Rollschuhbahn, dann 1878 ein Theater, das »Flora-Theater« für seine spätere Frau, die Schauspielerin Flora Rosner. Das Theater war jedoch binnen eines halben Jahres bankrott und Sch. mußte schließlich 1880 ohne seine Familie nach Berlin zum Vater zurückkehren. Dort gründete er eine Tageszeitung, machte jedoch wieder bankrott und ging zu seiner inzwischen auf fünf Personen gewachsenen Familie nach Frankfurt. 1883 kam er endgültig nach Berlin und gründete mit der »Heribert Kurth & Comp.«, die seit 1900 »Scherl GmbH« hieß, den »Berliner Lokal-Anzeiger«, nach dem Vorbild ausländischer Zeitungen. Mit diesem Anzeigenblatt begann eine Umwälzung der Berliner Zeitungslandschaft und die steile Karriere des »Zeitungskönigs«. Sch. hatte einen neuen Zeitungstyp geschaffen. 1889 gründete Sch. die »Berliner Abend-Zeitung«, 1899 die illustrierte

August Scherl (1849–1921)

Wochenschrift »Die Woche«, 1900 »Der Tag. Moderne illustrierte Zeitung«, die erste zweifarbige Zeitung. Seit 1901 erschien bei Sch. »Vom Fels zum Meer«; 1904 kaufte Sch. die »Gartenlaube«. Das Verlagshaus Sch.s in der Zimmerstraße vertrat im Gegensatz zu Mosse und Ullstein eine erzkonservative wilhelminische Haltung. Sch. galt als sehr verschlossener Mensch, der sich für Politik nicht interessierte. »Er hatte keine Freunde, teilte sich niemand mit, hinterließ keinerlei Briefwechsel oder andere Aufzeichnungen und hüllte sein ganzes Tun und Treiben in geheimnisvolles Schweigen« (Peter de Mendelssohn). Sch., dessen Verschwendungssucht nach dem Tod seiner ersten Frau 1885 Stadtgespräch war, interessierte sich bald nicht mehr für sein gut gehendes Geschäft und steckte viel Geld in andere Ideen, z.B. die »Einschienenbahn«, ein neues Schnellbahnsystem. 1913 verkaufte er seine Verlagsgesellschaft an den Deutschen Verlagsverein, der sie 1916 an den Hugenberg-Konzern

weitergab. Hugenberg mußte den Verlag 1944 an die NSDAP verkaufen.
Literatur: H. Erman, A. Scherl. Dämonie und Erfolg in Wilhelminischer Zeit, 1956. *BF*

Schiemann, Theodor
Historiker und Publizist
✶ 17.7.1847 Grobin (Kurland)
† 26.1.1921 Berlin [F.106]
Sch. studierte Geschichte an den Universitäten Dorpat und Göttingen, er schloß das Studium 1874 mit der Promotion ab. Er begann seine wissenschaftliche Laufbahn als Gymnasiallehrer in Lettland und 1883 als Stadtarchivar in Tallin. Im Jahre 1887 schloß er seine Habilitation an der Universität Berlin ab, begann eine Lehrtätigkeit an der Kriegsakademie und arbeitete ab 1889 auch am Geheimen Staatsarchiv. 1892 erhielt Sch. eine ordentliche Professor für osteuropäische Geschichte an der Berliner Universität, gründete das Berliner Seminar für osteuropäische Geschichte und leitete dessen Zeitschrift. Als Publizist wurde er als prominenter Vertreter der Alldeutschen bekannt, er publizierte regelmäßig in der konservativen »Kreuzzeitung«. Nach dem I. Weltkrieg war er Kurator der neuen Universität Dorpat. *DW*

Schillings, Max von (seit 1912)
Komponist und Dirigent
✶ 19.4.1868 Düren (Rheinland)
† 23.7.1933 Berlin
Sch. studierte in München Jura, hörte Kunst- und Literaturgeschichte, wandte sich aber auf Anraten von Richard Strauss ganz der Musik zu. 1892 Assistent bei den Bayreuther Festspielen, 1908 Generalmusikdirektor in Stuttgart, wo er 45 Uraufführungen herausbrachte, war Sch. 1919–24 Intendant der Staatsoper Berlin, 1933 Generalintendant der Berliner Städtischen Oper und seit 1932 Vorsitzender des Verbandes deutscher Tonkünstler. Als Präsident der Akademie der Künste (seit 1932) bestimmte er im März 1933 auf Druck des NS-Kommissars B. Rust K. Kollwitz und H. Mann zum »freiwilligen« Austritt aus der Akademie, worauf er »so sehr wie möglich verstarb« (H. Mann). Seine Musik stand im Banne Wagners, seine Oper »Mona Lisa« (1915) nähert sich dem Verismo. Zu Lebzeiten häufig aufgeführt, gerieten seine Werke schnell in Vergessenheit. Sch. schrieb u.a. 4 Opern, sinfonische Dichtungen, Bühnenmusiken und Melodramen, ein Violinkonzert, Klavier- und Kammermusik sowie Lieder. *ThW*

Schinkel, Karl Friedrich
Architekt, Maler, Baubeamter
✶ 13.3.1781 Neuruppin
† 9.10.1841 Berlin [F.108]
Der Sohn einer märkischen Pfarrersfamilie nahm von 1798–99 bei F. Gilly Privatunterricht, um 1799–1800 seine Studien an der neu gegründeten Bauakademie in Berlin abzuschließen. Nach Tätigkeit als Privatbaumeister und Maler in Berlin bekam Sch. 1810 auf Veranlassung W.v. Humboldts eine Anstellung bei der Oberbaudeputation im Ressort »Öffentliche Prachtbauten« (1815 Geheimer Oberbaurat), trat 1830 die Nachfolge Eytelweins als Direktor jener Behörde an und wurde 1838 Oberbaudirektor; 1820 Professor und Senatsmitglied an der Akademie der Künste, der er bereits seit 1811 angehörte. Nach einem Schlaganfall wegen Arbeitsüberlastung am 11.9. 1840 erlangte er im letzten Lebensjahr das Bewußtsein nicht mehr wieder. Neben seiner romantischen Hinwendung zur Neogotik war Schinkel Hauptvertreter des Klassizismus, wobei er eine ideale Zweckmäßigkeit anstrebte: »Das Ideal ist dasjenige, welches den höchsten Charakter seiner Gattung trägt, daher das verständlichste, das nächste, das vollkommenste seiner Gattung. Je mehr das Kunstwerk diese Eigenschaften trägt, je näher ist es dem Ideal, je charaktervoller, je höher sein Wert.« Der Charakter, die Funktion eines Gebäudes sollte bereits von außen erkennbar sein. Sch. setzte sich auch für die Erhaltung von Kunstdenkmälern ein (Anfänge der Denkmalpflege).
Wichtige Werke: Neue Wache, Unter den Linden, Bln.-Mitte (1816–18); Schauspielhaus am Gendarmenmarkt, Bln.-Mitte (1818–21, verändert aufg.); Nationaldenkmal zur Erinnerung an die Befreiungskriege, Bln.-Kreuzberg (1818–21); Schloßbrücke, Bln.-Mitte (1819–21); Umbau Schloß Tegel, Bln.-Tegel (1820–24); Altes Museum, Bln.-Mitte (1822–30); Friedrich-Werdersche Kirche, Bln.-Mitte (1824–31, wieder aufg.); Leuchtturm, Arkona/Rügen (1825–27); Schloß Charlottenhof, Potsdam-Sanssouci (1826–28); Nikolaikirche, Potsdam (1830–37, Ausfg.).
Literatur: K.F. Schinkel (Katalog), Werke und Wirkungen 1981. *KDS*

Schlegel, August Wilhelm von (seit 1815)

Schriftsteller
✶ 8.9.1767 Hannover
† 12.5.1845 Bonn

Nach dem Studium der Theologie und Philologie in Göttingen war Sch. vier Jahre als Hauslehrer in Amsterdam tätig. 1795 zog er nach Jena, wo er habilitierte und 1798 eine Professur erhielt. Sch. schrieb für Schillers »Horen«, »Musenalmanach« und für die »Allgemeine Literatur Zeitung«. 1798–1800 gab er mit seinem Bruder Friedrich die frühromantische Zeitschrift »Athenäum« heraus. Seine zwischen 1801 und 1804 gehaltenen Vorlesungen in Berlin »Über schöne Literatur und Kunst« (Hg. Jacob Minor, 3 Bde. 1884), in denen Sch. Ästhetik und Weltanschauung der Frühromantik darlegte, bereiteten der Romantik in Berlin den Weg. In Berlin lernte er auch Madame de Stael kennen, deren Sekretär und Reisebegleiter er die nächsten 14 Jahre wurde. 1808 hielt Sch. Vorlesungen »Über dramatische Kunst und Literatur« in Wien. 1818 nahm er einen Lehrstuhl für Kunst- und Literaturgeschichte in Bonn an. Die Übersetzungen der Stücke Shakespeares und Sch.s sprachwissenschaftliche Arbeiten waren u.a. für die Romanistik und die indische Philologie (Hg. »Indische Bibliothek«, 3 Bde. 1823–30) von besonderer Bedeutung.

Literatur: R. Schirmer, A.W. Schlegel u. seine Zeit, 1986. *VM*

Schlegel, (Karl Wilhelm) Friedrich von (seit 1815)

Schriftsteller
✶ 10.3.1772 Hannover
† 12.1.1829 Dresden

Nach der Kaufmannslehre in Leipzig studierte Sch. Jura in Göttingen und klassische Philologie und Philosophie in Leipzig. Anschließend lebte er als freier Schriftsteller in Dresden, ab 1797 in Berlin. Zwischen 1794 und 1802 war er Privatdozent in Berlin und Jena, wo er mit seinem Bruder August Wilhelm die frühromantische Zeitschrift »Athenäum« herausgab. Einen Namen machte er sich mit ersten theoretischen Schriften, u.a. »Über das Studium der griechischen Poesie« (1797). Der Skandal, den 1800 in Jena sein autobiographisch geprägter Roman »Lucinde« durch die Betonung der Sinnlichkeit auslöste, hätte fast seine Habilitation gefährdet. 1802 betrieb Sch. Sanskritstudien in Paris, die später für die vergleichende Sprachwissenschaft bedeutend wurden. 1804 ging er nach Köln und ab 1809 befand er sich im diplomatischen Dienst der österreichischen Regierung. Sch. hielt Vorlesungen in Wien über Literatur und Geschichte. Von 1815–18 war er österreichischer Legationsrat beim Bundestag in Frankfurt/M. In späteren Jahren wandte sich Sch. dem Konservativismus zu, z.B. gründete er die militärische Zeitschrift »Concordia« (1820), an der sein Bruder A.W. Schlegel die Mitarbeit verweigerte.

Literatur: E. Behler, F. Schlegel, 1983. *VM*

Schlei, Marie

(geb. Stabenow)
Politikerin
✶ 26.11.1919 Reetz
† 21.5.1983 Berlin [F.45]

Sch., die von sich selbst als »Proletarierkind aus Hinterpommern« sprach, hatte ihre Examina in Abendkursen erworben. Mutter von drei Kindern, arbeitete sie als Verkäuferin, Angestellte, Lehrerin im Wedding, als Rektorin und Schulrätin in Berlin. 1949 kam sie zur SPD und übernahm bis 1981 zahlreiche Aufgaben in der SPD-Bundestagsfraktion und parlamentarische Ämter. 1969–81 war sie als Vertreterin Berlins Mitglied des Bundestages, 1974–77 Parlamentarische Staatssekretärin und Leiterin des Bundeskanzleramts, 1977–78 Bundesministerin für wirtschaftliche Zusammenarbeit. Wegen ihrer Offenheit und Hilfsbereitschaft brachte man ihr Sympathie und Vertrauen entgegen; ihre Schlagfertigkeit machte sie zur Repräsentantin Berlins. *ED*

Schleich, Carl Ludwig

Mediziner
✶ 19.7.1859 Stettin
† 7.3.1922 Bad Saarow [F.121]

Sch., Sohn eines bekannten Augenarztes, studierte in Zürich, Berlin und Greifswald und ließ sich 1889 als Chirurg in Berlin nieder. Er wirkte auch als Amts- (Kreis Teltow) und Militärarzt. Sch. führte die Infiltrationsanästhesie ein. 1892 stellte er sie auf dem Chirurgenkongreß in Berlin vor. Am Ende des aufsehenerregenden Vortrages kam es nach seiner Ankündigung, eventuelle Gegner seines Verfahrens moralisch zu verurteilen und strafrechtlich zu verfolgen, zu tumultartigen Protesten. Seine bahnbrechende Methode der örtlichen Betäubung durch eine Mischung aus Wasser und Kokain, zuvor in Hunderten Selbstversuchen getestet, setzte sich jedoch schnell in der medizinischen Praxis durch. Sie bot die Möglichkeit, die bisher einzig praktizierte und mit erheblichen Gefahren verbundene Äther- bzw. Chloroform-Vollnarkose stark einzuschränken. Der vielseitig begabte Arzt wandte sich später von der Medizin ab und trat als Dichter, Maler und Musiker in Erscheinung. *UH*

Schleicher, Kurt von

General

✶ 7.4.1882 Brandenburg

† (ermordet) 30.6.1934 Neubabelsberg [F.55]

Aus preußischer Offiziersfamilie stammend, im Generalstab und 1914 im Großen Hauptquartier tätig, befaßte sich Sch. seit 1919 in führenden Ämtern mit dem Aus- und Umbau der Reichswehr. Als politischer Kopf der Generalität wurde er in der Weimarer Republik einflußreicher Verbindungsmann zwischen Reichswehr, Staatsapparat, Industriellen und Parteiführern. Er trug zur Einbeziehung der NSDAP in die Regierung bei, unterstützte den Staatsstreich des Franz von Papen und sicherte die Politik ab, die das Parlament durch Notverordnungen ausschaltete. Von Dezember 1932 bis Januar 1933 selbst Reichskanzler, wurde er faktisch Hitlers Platzhalter. Er fiel dem Blutbad zum Opfer, das dieser zur Konsolidierung seines Regimes am 30.6.1934 (Röhm-Putsch) anrichten ließ. *ED*

Schleiermacher, Friedrich Daniel Ernst

Theologe

✶ 21.11.1768 Breslau

† 12.2.1834 Berlin [F.10]

Der Sohn eines Feldpredigers erhielt seine Schulausbildung bei den Herrnhutern und studierte von 1787 in Halle Theologie und Philosophie. 1790 nahm er eine Stelle als Hauslehrer in Ostpreußen an, kam nach drei Jahren nach Berlin zurück und erhielt hier 1796 eine Anstellung als Prediger an der Charité. Er verkehrte in den Salons von Henriette Herz und Dorothea Veit und schloß mit Friedrich Schlegel Freundschaft. In dieser Zeit entstanden seine frühen Schriften »Über die Religion« (1799) und »Monologe« (1800). Zwischen 1802 und 1804 wirkte er als Prediger in Stolp. Hier begann er mit der Übersetzung der Werke des griechischen Philosophen Platon, eine Arbeit, die ihn bis an sein Lebensende beschäftigte. Seine Platonübersetzungen gehören bis heute zu den besten im deutschsprachigen Raum. Nach einem kurzen Aufenthalt an der Universität Halle von 1804–07 kehrte er nach

Friedrich Daniel Ernst Schleiermacher (1768–1834)

Berlin zurück. Von 1809 an wirkte er als Prediger der Dreifaltigkeitskirche. Er beteiligte sich aktiv an der Gründung der Berliner Universität 1810, war erster Dekan der theologischen Fakultät und 1815/16 ihr Rektor. Seit 1810 gehörte er der Akademie der Wissenschaften an. Durch seine liberalen Ansichten geriet er nach 1815 ins Visier der preußischen Behörden, was 1823 sogar zu einer gerichtlichen Untersuchung führte. In seinen philosophischen Ansichten entwickelte er, ausgehend von Spinoza, seine Ansichten über die Moral, die Freiheit und den Staat. Begründet auf seinem Toleranzverständnis, trat er für die Judenemanzipation ein.

Literatur: Schleiermacher, Philosophische Schriften, 1984; W. Dilthey, Das Leben Schleiermachers, 1922; D. Lange (Hg.), Friedrich Schleiermacher, 1985. *EF*

Schlenther, Paul

Schriftsteller und Theaterkritiker

✶ 20.8.1854 Insterburg

† 30.4.1916 Berlin [F.77]

Sch. studierte in Leipzig, Heidelberg, Berlin und Straßburg und promovierte 1880 in Tübingen. Anschließend arbeitete er in Berlin an verschiedenen Zeitungen mit, ab 1886 als Theaterreferent der »Vossischen Zeitung«. Sein Engagement galt dem Naturalismus, deshalb gründete er mit Otto Brahm u.a. 1889 den Verein »Freie Bühne«, der naturalistische Dramen zur Aufführung brachte und so z.B. Ibsen in Deutschland zum Durchbruch verhalf. Von 1898–1910 war Sch. Direktor des Wiener Burgtheaters. *VM*

Schlesinger, Georg

Fertigungstechniker
✶ 17.1.1874 Berlin
† 6.10.1949 Wembley (England)
Studium des Maschineningenieurwesens an der TH Charlottenburg von 1892–97. Als Konstrukteur stieg er bei Ludwig Loewe & Co. vom Dolmetscher zum Leiter des Konstruktionsbüros auf, bis er 1904 auf die erste deutsche Professur für Werkzeugmaschinen und Fabrikbetrieb berufen wurde. Die Auseinandersetzung mit dem Taylorismus war kritisch: Sch. mahnte stets sozialen Umgang mit denjenigen an, die mit dem erhöhten Arbeitstempo nicht schritthalten konnten. Als Vorstandmitglied des deutschen Normungsausschusses leistete er wichtige Arbeit für die Normung von Werkzeugmaschinen. Von Mitarbeitern seines Instituts denunziert, wurde Sch. kurz vor der Machtübernahme der Nationalsozialisten 1933 wegen Hochverrats verhaftet, mußte aber 1934 wieder entlassen werden, nachdem sich die Vorwürfe gegen ihn als haltlos erwiesen hatten. 1934 emigrierte er, wie viele seiner jüdischen Kollegen, zuerst in die Schweiz, danach nach Brüssel. Ab 1939 war er am Aufbau eines fertigungstechnischen Forschungslabors in Großbritannien beteiligt und beschäftigte sich bis zu seinem Tode mit Fragen der Fertigungstechnik und Betriebsorganisation. *VTM*

Schlesinger, Klaus

Schriftsteller
✶ 9.1.1937 Berlin
† 11.5.2001 ebd.
Nach der Ausbildung als Chemielaborant arbeitete er einige Jahre in Forschungslabors. Danach war er zwischen 1963 und 1969 als Journalist tätig. 1971 erschien sein Roman »Michael«, 1974 das Szenarium zum Film »Ikarus« und 1977 »Berliner Traum«. Als er sich 1979 gegen die Kriminalisierung Stefan Heyms wandte, wurde er aus dem Schriftstellerverband der DDR ausgeschlossen. Er übersiedelte 1980 nach Berlin (West). Nach dem Fall der Mauer zog er 1991 wieder in den Ostteil der Stadt. 1998 publizierte er Publizistik und Prosa unter dem Titel »Von der Schwierigkeit, Westler zu werden«. Wie die meisten seiner literarischen Arbeiten spielen auch seine letzten beiden Romane »Die Sache mit Randow« (1996) und »Trug« (2000) in Berlin. *EF*

Schlesinger, Paul

(Pseud. Sling)
Schriftsteller
✶ 11.5.1878 Berlin
† 23.5.1928 ebd. [F.121]
Vor dem I. Weltkrieg war Sch. Texter und Darsteller beim Münchener Kabarett »Die Elf Scharfrichter« und arbeitete für die Zeitschriften »Schaubühne« und »Simplizissimus«. In den 20er Jahren machte er bei der »Vossischen Zeitung« in Berlin das Genre Gerichtsberichterstattung populär. Es wurde ein Instrument der Zeitkritik. 1929 erschien die Sammlung »Richter und Gerichtete«. Außerdem schrieb Sch. Romane (u.a. »Stefan und Elsa Hirrlinger« 1922), Lustspiele (u.a. »Der dreimal tote Peter« 1927), Kinderbücher und Feuilletons. *VM*

Schlieffen, Alfred Graf von

Generalfeldmarschall,
Chef des Großen Generalstabes
✶ 28.2.1833 Berlin
† 4.1.1913 ebd. [F.107]
Einer alten Junkerfamilie entstammend, schlug Sch. 1853 die Offizierslaufbahn ein, absolvierte 1858–61 die Kriegsakademie und bekleidete in der Folge verschiedene Dienststellungen im Truppengeneralstab und als Regimentskommandeur. 1884 wurde er Abteilungschef im Großen Generalstab, 1888 Oberquartiermeister und drei Jahre später Nachfolger Waldersees als Chef des Generalstabes. In mehreren Denkschriften entwickelte er Vorschläge für einen Präventivschlag gegen Frankreich, die ihren konzentriertesten Ausdruck 1905/06 im sogenannten »Schlieffenplan« fanden. Dieser Plan sah eine einseitige Umfassungsoperation, unter Umgehung des französischen Festungsgürtels und unter Verletzung der Neutralität Belgiens und Luxemburgs vor, die den Gegner im Marnebogen einschnüren und zu einer Vernichtungsschlacht zwingen sollte. Der Plan schlug, nicht konsequent durchgeführt, im Herbst 1914 fehl und führte zur deutschen Niederlage in der Marne-Schlacht. *ThW*

Schliemann, Heinrich

Kaufmann, Altertumsforscher, Ehrenbürger
✶ 6.1.1822 Neubukow (Mecklenburg)
† 26.12.1890 Neapel (Italien)
Der Pastorensohn erlernte in Fürstenberg den Beruf eines Kaufmanns und entwickelte sich zu einem erfolgreichen Geschäftsmann. Sowohl in Rußland, wo er ein eigenes Handelshaus gründete, als auch in den USA, wo er eine Bank für den Goldhandel eröffnete, erzielte er gewaltige Gewinne, so daß er sich 1864 als mehrfacher Millionär aus dem Geschäftsleben zurückziehen konnte. Bereits seit den 50er Jahren hatte er sich durch Sprachstudien und seit 1864 auf Weltreisen auf sein künftiges Ziel, die Archäologie, vorbereitet. Dem diente auch sein Studium an der Sorbonne in Paris zwischen 1866 und 1870 und die Promotion 1869 an der Rostocker Universität. Seit 1870 unternahm er Ausgrabungen in Troja, Mykene, Ithaka und mehreren anderen Orten. Seine Grabungspraktiken blieben in der Fachwelt nicht unumstritten. 1881 übergab er seine trojanische Sammlung mit dem »Schatz des Priamos« der Stadt Berlin als Schenkung. Dafür ehrte ihn die Stadt 1881 mit dem Titel eines Ehrenbürgers.
EF

Schlüter, Andreas

Bildhauer und Architekt
✶ (13.7.?) 1659 Danzig
† 19.5.1714 Petersburg
Der Sohn des Bildhauers Wilhelm Sch. lebte seit 1681 in Wilanow bei Warschau, war dort 1691 Hofbildhauer geworden und bekam bereits 3 Jahre später eine Anstellung an der geplanten Akademie der Künste in Berlin (Gründung 1696), deren Direktor er von 1702–04 wurde. Ohne gründliche Bauausbildung und -praxis leitete Sch. von 1698–99 den Bau des Berliner Zeughauses. Nach Teileinsturz wurde er zwar von seinem Amt suspendiert, bekam aber 1699 den Posten des Schloßbaudirektors und zwischen 1700 und 1704 des Oberbaudirektors. Als der zum Berliner Schloß gehörige Wasserturm, der Münzturm, einzustürzen drohte, wurde Sch. Ende 1706 als Schloßbaudirektor abgelöst und war bis 1713 als Hofbildhauer und selbständiger Architekt tätig. Auf Grund des Angebots von Zar Peter I. übernahm er 1713 eine Lehrtätigkeit an der Akademie der Künste in Petersburg. Sch. war der Hauptmeister des brandenburgischen Barock. Als Universal-Künstler stand er im Gegensatz zu den theoretisch und praktisch erfahrenen und technisch versierten Ingenieurarchitekten (Nering, Eosander, Memhardt), schuf aber dennoch als erster Baumeister in der noch jungen Residenzstadt Berlin mit einem Schlag Architektur von höchstem künstlerischen Rang.

Andreas Schlüter (1659–1714)

Wichtige Bauten: Zeughaus, Bln.-Mitte (1698–99, 1695 begonnen von J.A. Nering und M. Grünberg, vollendet 1699–1710 von J.d. Bodt); Berliner Schloß, Bln.-Mitte (1698–1706, barocker Umbau und Erweiterung, Vollendung 1707–13 durch J.F. Eosander und 1713–17 durch M.H. Böhme, 1945 besch., 1951 gespr.); Münzturm, Bln.-Mitte (1702–06, abgetr.); Stadtschloß Potsdam, Dekoration Marmorsaal, (1705, 1945 ausgebr., abgetr.).
Literatur: U. Kieling/U. Hecker, Berliner Architekten und Baumeister bis 1800, 1983. *KDS*

Schmettau, Samuel Graf von

Generalfeldmarschall
✶ 26.3.1684 Berlin
† 18.8.1751 ebd. [F.121]
Als Berufsoffizier nahm Sch. in Diensten verschiedener Staaten, meist jedoch in österreichischen, an vielen Kriegen der ersten Hälfte des 18. Jhs. teil. Zuletzt diente er (1741–44) als Generalfeldzeugmeister und Kommandant der Artillerie im preußischen Heer. Sch. befaßte sich mit Mathematik und Vermessungswesen. Unter seiner Leitung entstand 1748 ein Grundriß von

Berlin. 1744 war S. erster Kurator der neugegründeten Akademie der Wissenschaften zu Berlin. *UH*

Schmidt, *Georg* Friedrich

Maler, Zeichner, Kupferstecher und Radierer
✶ 24.1.1712 Schönerlinde
† 25.1.1775 Berlin
Nach einer Lehre als Kupferstecher und sechsjährigem Militärdienst unterrichtete Sch. an der Berliner Akademie, ging dann aber nach Frankreich, wo er 1744 als Protestant in die Akademie aufgenommen wurde. Im selben Jahr nach Berlin heimgekehrt, schuf er fortan Bildnisse bedeutender Persönlichkeiten und vervielfältigte bekannte Gemälde (u.a. Rembrandt). Wegen seiner Leistungen als damals modernisierender Vertreter des Kupferstichs wurde Sch. 1757 nach St. Petersburg berufen und unterwies dort zahlreiche Künstler in grafischen Techniken. Er kehrte jedoch 1762 nach Berlin zurück und fertigte zahlreiche Illustrationen zu Werken Friedrichs II. *JM*

Schmidt, Joseph

Tenor
✶ 6.3.1904 Daviolende (Rumänien)
† 16.11.1942 Gyrenbad (Schweiz)
Sch. begann seine Laufbahn 1930 als Rundfunk- und Revuesänger (unter E. Charell im Großen Schauspielhaus Berlin). Wegen seiner Kleinwüchsigkeit (1,50 m) trat er vornehmlich als Konzertsänger bei Rundfunk, Schallplatte (»Ein Lied geht um die Welt«) und später beim Film auf. 1933–37 tourte er durch Europa und Amerika. In Deutschland von den Nationalsozialisten verfolgt, emigrierte er in die Schweiz und starb in einem Internierungslager. *ThW*

Schmidt-Rottluff, Karl

Maler und Grafiker, Ehrenbürger
✶ 1.12.1884 Rottluff
† 10.8.1976 Berlin [F.91]
Sch.-R. studierte zunächst Architektur in Dresden, brach dann jedoch ab, nachdem er 1905 Mitglied der Künstlergemeinschaft »Brücke« geworden war und widmete sich ausschließlich der Malerei. 1911 übersiedelte er nach Berlin und lebte hier, bzw. ab 1913, abwechselnd in Berlin und im Fischerdorf Nidden. Erst spät, 1931, wurde er Mitglied der Akademie der Künste, die er 1933 jedoch wieder verließ. 1937 wurde sein Werk als »entartet« verfolgt. 1941 erhielt Sch.-R. Berufsverbot und übersiedelte zeitweise (1943) nach Rottluff. 1946 gehörte er zu den Gründern des »Kulturbundes« im Osten Deutschlands und lehrte 1947–54 an der Hochschule für Bildende Künste in Charlottenburg. Neben einem ausdrucksstarken malerischen Werk, das von eigenwilliger leidenschaftlicher Farbgebung geprägt ist, schuf Sch.-R. zahlreiche Grafiken sowie Kleinkunstwerke (u.a. Steinschneiderei), entwarf auch Mosaiken und Wandbilder, wodurch er zu den vielseitigsten expressionistischen Künstlern wurde, die in Berlin gelebt haben. 1970 wurde er Berliner Ehrenbürger.
Literatur: W.R. Valentiner, Schmidt-Rottluff, 1920; W. Grohmann, K. Schmidt-Rottluff, 1956; K. Brix, K. Schmidt-Rottluff, 1971. *JM*

Schmoller, *Gustav* Friedrich von

(seit 1908)
Nationalökonom und Historiker
✶ 4.6.1838 Heilbronn
† 27.6.1917 Bad Harzburg [F.7]
Von seinem Vater, einem Verwaltungsbeamten, wurde Sch. nach dem Abitur in das Verwaltungsrecht und das Finanzwesen eingeführt. Anschließend studierte er in Tübingen Nationalökonomie und Geschichte. Professuren in Halle (ab 1864) und Straßburg (seit 1872) folgte 1884 seine Beru-

Gustav von Schmoller (1838–1917)

fung an die Berliner Universität, an der Sch. bis 1912 lehrte. Der politisch engagierte Gelehrte gehörte seit 1884 dem preußischen Staatsrat an und vertrat von 1899 an die Universität im preußischen Herrenhaus. Großen Einfluß gewann er als Mitbegründer (1872) und späterer Vorsitzender (1890) des »Vereins für Socialpolitik«, der die Untersuchung aktueller gesellschaftlicher und wirtschaftlicher Entwicklungen fördern und mittels wissenschaftlicher Analysen zur Lösung sozialer Probleme beitragen sollte. In diesem Kreis – manchmal auch als »Kathedersozialisten« bezeichnet – wurden Konzepte für die Gestaltung eines modernen Wohlfahrts- und Sozialstaates entwickelt. Sch. war Herausgeber der »Forschungen zur Brandenburgischen und Preußischen Geschichte« (ab 1887) und der »Acta Borussica« (ab 1888). Zu seinen bedeutendsten Werken gehören »Die Straßburger Tucher- und Weberzunft« (1879); die »Umrisse zur Verfassungs-, Verwaltungs- und Wirtschaftsgeschichte« (1898) und sein zweibändiger »Grundriß der Allgemeinen Volkswirtschaftslehre« (1900–04). Im Mittelpunkt seines Interesses standen die Sozial-, Wirtschafts- und Verwaltungsgeschichte. Ihre gründliche Erforschung war für Sch. der Weg zum Verständnis der Erfordernisse der Gegenwart. Sch. gilt als Begründer der »jüngeren historischen Schule der Nationalökonomie«, die der konkret-historischen Betrachtung den Vorzug vor theoretischen Modellen gab. Für seinen methodischen Ansatz beispielhaft sind Sch.s Straßburger Untersuchungen zur Zunftgeschichte. Sch. bejahte den preußischen Staat und die Reichseinigung prinzipiell, trat aber immer für soziale Reformen ein.

Literatur: P.R. Anderson, G.v. Schmoller, in: Deutsche Historiker, 1973. *UH*

Schneider, Louis

Schauspieler und Schriftsteller

✶ 19.4.1805 Berlin

† 16.12.1878 Behlertsbrück b. Potsdam

Der Sohn eines Berliner Musikers war 1827–48 Mitglied des Kgl. Schauspielhauses und neben Devrient einer der Pioniere des Schauspielervereins in Berlin. Sch., der sich als leidenschaftlicher Royalist gebärdete, wurde 1848 auf Druck der demokratischen Öffentlichkeit entlassen. 1857 gründete er eine Pensionskasse für Schauspieler. Sch. verfaßte zahlreiche Lustspiele und gab seit 1827 das »Bühnenrepertoire des Auslands« heraus. *DTW*

Schnell, Robert Wolfgang

Schriftsteller und Maler

✶ 8.3.1916 Barmen (heute Wuppertal)

† 1.8.1986 Berlin [F.3]

Sch. verließ die Schule ohne Abschluß und wandte sich der Malerei, Musik und Schauspielerei zu. Die Ruhr-Kammerspiele in Witten wurden 1946 von Sch. mitgegründet, anschließend führte er am Deutschen Theater in Berlin Regie. 1949 kam die erste Ausstellung seiner Bilder zustande, während Sch. hauptberuflich als Journalist tätig war. 1959 gründete er die Galerie »zinke« und veröffentlichte schriftstellerische Arbeiten. Seine Prosa zeichnet häufig das Leben von gesellschaftlichen Außenseitern oder Abgestiegenen nach (»Erziehung durch Dienstmädchen« 1968) oder handelt von opportunistischen Spießern (»Geisterbahn. Ein Nachschlüssel zum Berliner Leben« 1964). *VM*

Schnitzler, Karl Eduard von

Journalist

✶ 28.4.1918 Berlin

† 29.9.2001 Zeuthen b. Berlin

Der Sohn eines Legationsrates engagierte sich früh politisch und trat 1932 in die Sozialistische Arbeiterjugend (SAJ) ein. Nach einem kurzen Versuch Medizin zu studieren entschied er sich für eine kaufmännische Lehre. Von 1939–44 war er Soldat, geriet in englische Gefangenschaft und arbeitete dort als BBC-Redakteuer in Sendungen für Kriegsgefangene. 1945 frühzeitig aus der Gefangenschaft entlassen, wurde er Kommentator beim NWDR Hamburg und war seit 1946 leitend im NWDR Köln tätig. Wegen seiner linken politischen Ansichten 1947 fristlos entlassen, wechselte er in die Ostzone und wurde dort Mitarbeiter beim Berliner Rundfunk. Seit 1952 Chefkommentator zuerst im Rundfunk, dann auch im Fernsehen der DDR, war er von 1960–89 für die Sendung »Der schwarze Kanal« verantwortlich. Nach 1989 arbeitete er für Blätter mit deutlich kommunistischer Ausrichtung. 1956 entstand sein Film »Du und mancher Kamerad«. Seine Autobiographie (1995) trägt den Titel »Meine Schlösser oder Wie ich mein Vaterland fand«. *EF*

Schnurre, Wolfdietrich

Schriftsteller

✶ 22.8.1920 Frankfurt/M.

† 9.6.1989 Berlin [F.93]

Der Sohn eines Bibliothekars wuchs ab 1928 in einem Berliner Arbeiterviertel auf. Während des Kriegsdienstes, den Sch. nach dem Gymnasium leisten mußte, wurde er mehrfach wegen ›Defätismus‹ inhaftiert. Ab 1945 arbeitete Sch. als Buch-, Film- und Theaterkritiker u.a. für »Deutsche Rundschau« und »Welt am Sonntag«. 1947 gründete er die »Gruppe 47« mit und lebte ab 1950 als freier Schriftsteller. Er verfaßte Kurzgeschichten, Romane, Lyrik, Hör- und Fernsehspiele. Unmittelbar nach 1945 setzten sich seine Kurzgeschichten mit Faschismus, Krieg und Nachkriegszeit auseinander (»Die Rohrdommel ruft jeden Tag« 1950), später wurden seine Darstellungen immer verschlüsselter und wiesen stellenweise surrealistische Elemente auf (»Das Los unserer Stadt« 1959, »Der Schattenfotograf« 1978). 1983 wurde S. der Georg-Büchner-Preis verliehen.

Literatur: K.-G. Kribben, W. Schnurre, in: D. Weber (Hg.), Dt. Lit. seit 1945 in Einzeldarstellungen, 1968. *VM*

Schoeller, Marga

Buchhändlerin

✶ 4.2.1905 Düren

† 17.8.1978 Berlin [F.2]

Nach ihrer Ausbildung zur Verlagsbuchhändlerin beim Langen-Müller-Verlag in München ging die Tochter eines rheinischen Papierfabrikanten 1928 nach Berlin, wo sie zunächst eine Anstellung in einem Zeitschriftenverlag fand. Mit der finanziellen Unterstützung des Großvaters kaufte sie im November 1929 die Filiale der renommierten Buchhandlung Buchholz aus der Leipziger Straße am Kurfürstendamm 30. Der winzige Laden, der in einer ehemaligen Portierloge untergebracht war und von nun an »Marga Schoeller Bücherstube« hieß, avancierte dank seines anspruchsvollen Sortiments bald zum Treffpunkt der Anti-Nazi-Intelligenz. Die couragierte Buchhändlerin lehnte es strikt ab, sich dem nationalsozialistischen Kulturdiktat zu beugen und verkaufte statt der verordneten NS-Propagandaliteratur offiziell nur noch »harmlose« Literatur. Doch für ihre Stammkunden zauberte sie aus einem Kellerversteck, einem scheinbar unerschöpflichen Reservoir, so manches verbotene Buch hervor. Nach dem Krieg gehörte Sch. zu den ersten Buchhändlern, die eine Lizenz erhielten. Wieder wurde die Bücherstube zu einem Zentrum des geistigen Berlin. So liest sich das Gästebuch wie ein Who is who der europäischen Literaturszene: Thornton Wilder, Max Frisch, Ingeborg Bachmann, Elias Canetti, Erich Kästner, Robert Musil, Jean Cocteau, Günter Grass, Peter Weiß u.v.a.. Auch Intellektuelle aus Ostberlin wie Arnold Zweig oder Bertolt Brecht kamen vor dem Bau der Mauer gerne hierher, was schließlich dazu führte, daß die West-Berliner Stadtbüchereien damit drohten, nicht mehr bei ihr einzukaufen. Die Bücherstube war nicht nur ein Treffpunkt der Gruppe 47, sondern auch wichtigste Anlaufstelle für die 68er und die APO-Prominenz. »Es kam in dieser Zeit vor«, so eine Mitarbeiterin, »daß ein Polizist vor dem Laden postierte und die Titel der im Schaufenster ausgestellten Bücher aufnotierte.« Doch die »Löwin vom Kurfürstendamm«, wie sie wohl nach ihrem Firmensignet, dem im Sessel sitzenden und lesenden Löwen genannt wurde, ließ sich nicht einschüchtern. In den 50er Jahren war das Geschäft um den Nachbarladen vergrößert und beide Läden mit einer Passage verbunden worden. Dann kamen noch die Räume im ersten Stock hinzu. 1974, nachdem der Hauswirt auf Eigenbedarf geklagt hatte, verließ Sch. den Kurfürstendamm und zog in die Knesebeckstraße, wo die Buchhandlung von einer GmbH weitergeführt wird. Einer der Geschäftsführer ist ihr Sohn Thomas Rodig.

Literatur: B. Wegner (Hg.), Die Freundinnen der Bücher. Buchhändlerinnen, 2001. *RS*

Schoenlein, Johann Lucas

Mediziner

✶ 30.11.1793 Bamberg

† 23.1.1864 ebd.

Der Handwerkersohn studierte in Landshut und Würzburg Naturwissenschaften und Medizin. Als Dozent, Professor und Krankenhausdirektor wirkte Sch. in Würzburg, bis er 1833 aus politischen Gründen entlassen wurde. Nach mehrjähriger Lehrtätigkeit in Zürich folgte er 1840 einem Ruf an die Berliner Charité, wo er bis 1859 lehrte und auch als Leibarzt des preußischen Königs fungierte. Sch. gehörte zu den berühmtesten Ärzten seiner Zeit und machte sich besonders um die Einführung neuer diagnostischer Methoden wie der Auskultation und Perkussion, der mikroskopischen und Laboruntersuchung verdient. Seine Vorlesungen hielt er in deutscher Sprache statt in Latein. Beschreibung und Einordnung zahlreicher Krankheitsbilder gehen auf ihn zurück. So verwandte er 1830 als erster den Begriff »Tuberkulose« für den entsprechenden Krankheitskomplex. Sch. erforschte die Rolle von Parasiten als

Krankheitserreger und war an der Entdeckung des ersten menschenpathogenen Pilzes beteiligt.
UH

Schollwer, Edith

Schauspielerin, Kabarettistin, Chansonniere
✶ 12.2.1904 Berlin
† 1.10.2002 ebd.
Sch. absolvierte in Berlin ein Gesangsstudium und debütierte 1925 in Kurt Robitscheks »Kabarett der Komiker«, wo sie bis 1949 regelmäßig als Soubrette gastierte. 1928 wirkte Sch. in der Eröffnungsrevue »Hereinspaziert« im Haus Vaterland mit, spielte in Kabarettrevuen, u.a. in »Die Nacht der Nächte« von Rudolf Nelson und trat in unzähligen Revuen von James Klein, Hermann Haller und Erik Charell auf. Darüber hinaus wurde sie immer wieder an verschiedene Operettenbühnen engagiert. Im Theater des Volkes, dem späteren Friedrichstadtpalast spielte sie die Hauptrolle in Walter Kollos »Wie einst im Mai« (Inszenierung Erik Charell). Nach dem II. Weltkrieg spielte Sch. an verschiedenen Sprechbühnen, u.a. am Hebbel-Theater. 1947 engagierte Günter Neumann sie für seine Kabarett-Revue »Alles Theater«, die Gustaf Gründgens im Kabarett Ulenspiegel in der Nürnberger Straße in Szene setzte. Ab 1948 sang sie das Eröffnungslied zu Günter Neumanns Funkkabarett »Die Insulaner«, zu dessen festem Ensemble sie auch gehörte. Weiterhin spielte Sch. Theater, wirkte in zahlreichen Spielfilmen mit und unternahm Tourneen als Chansonniere. Ihr »Wanderlied der Hausfrau«, ein Chanson von Günter Neumann, wurde in den 50er Jahren zu einem Hit. Zudem trat sie regelmäßig in öffentlichen Veranstaltungen des RIAS auf, u.a. in der stets öffentlichen »RIAS-Kaffeetafel«, einem bunten Programm mit zum Teil eigens für diese Veranstaltung geschriebenen Songs und Sketchen, ebenso in der überaus erfolgreichen Hörspielreihe des RIAS »Damals war's. Geschichten aus dem alten Berlin.« In den 90er Jahren spielte sie in der ZDF-Familienserie »Die Wicherts von nebenan« die Oma Käthe.
RS

Scholtz, Arthur

Jurist
✶ 29.1.1871 Bythin b. Posen
† 14.5.1935 Berlin
Nach dem Studium der Rechts- und Staatswissenschaften in München, Berlin und Breslau wandte sich der Beamtensohn frühzeitig der Kommunalpolitik zu. Seit 1897 in der Posener Stadtverwaltung tätig, wurde er dort bald Stadtrat und Kämmerer. In gleichen Funktionen arbeitete er ab 1903 in Charlottenburg. Nach der Entstehung von Groß-Berlin 1920 wurde er, der Mitglied der Deutschen Volkspartei war, 1921 zum Bezirksbürgermeister von Berlin-Charlottenburg gewählt. 1924 rückte er in das Amt des Berliner Bürgermeisters auf. Im gleichen Jahr wurde er Stadtältester. Als Oberbürgermeister Böß in einen Skandal verwickelt wurde, der zu seiner Beurlaubung und dann zur Dienstentlassung führte, übernahm Sch. in der komplizierten sozialen und politischen Situation vom Herbst 1929 bis zum April 1931 kommissarisch die Geschäfte des Oberbürgermeisters. Da er in dem neuen Selbstverwaltungsgesetz für Berlin keine Arbeitsgrundlage für sich als Bürgermeister sah, schied er 1931 aus allen seinen Ämtern aus und ließ sich in den Ruhestand versetzen.
EF

Scholz, Arno

Journalist, Verleger
✶ 22.4.1904 Berlin
† 30.7.1971 ebd. [F.94]
Nach dem Schulbesuch in Berlin Ausbildung zum Mechaniker. Seit 1924 sozialdemokratischer Journalist (»Die Glocke«, herausgegeben von Helphand-Parvus; »Vorwärts« Berlin, »Volkswille« Hannover), 1933 Berufsverbot, später Werbeberater und Klischeehersteller. Nach 1945 Lizenzträger des britisch lizenzierten »Telegraf« und der Abendzeitung »nachtdepesche«. Beide Zeitungen gehörten zur Konzentrations-GmbH, der Holding der SPD für ihre publizistischen Unternehmungen. Der Zeitungsmarkt Berlin (West) war für die vielen täglich erscheinenden Blätter zu klein, der »Telegraf« hatte nie die Chance, in die ökonomisch günstige Erstanbieterposition zu gelangen. Nachdem durch den Kauf des Ullstein Verlages (»Berliner Morgenpost«, »BZ«) durch den Hamburger Springer Verlag Synergieeffekte großen Stils mit den auch in Berlin erscheinenden Zeitungen (»Bild« und »Welt«) erreicht werden konnten, vermochten auch die öffentlichen Zuschüsse des Bundes zur Erhaltung der Pressevielfalt (Gesamtdeutsches Ministerium) die Einstellung von Zeitungen nicht mehr aufzuhalten. 1970 wurden »Telegraf« und »nachtdepesche« fusioniert, Mitte 1972 wurden die Blätter eingestellt und der Verlag liquidiert. Literatur: A. Scholz, nullvier. Ein Jahrgang zwi-

schen den Fronten, 1962; St. Appelius, (Fritz) Heine. Die SPD und der lange Weg zur Macht, 1999. *HB*

Scholz, Ernst

Politiker
✶ 3.5.1874 Wiesbaden
† 26.6.1934 Berlin
Nach dem Studium arbeitete Dr.jur.Dr.Ing. Sch. im öffentlichen Dienst in Frankfurt/M., Berlin, Wiesbaden und Düsseldorf, u.a. 1900/01 als 1. Sekretär des Allgemeinen Genossenschaftsverbandes in Charlottenburg. 1912 wurde er Oberbürgermeister von Kassel und Mitglied des Preußischen Herrenhauses. 1913/14 und 1917–20 übte er das Amt des Oberbürgermeisters der Stadt Charlottenburg aus und wurde 1920/21 Reichswirtschaftsminister. *ED*

Scholz, Gustav (»Bubi«)

Berufsboxer
✶ 12.4.1930 Berlin
† 21.8.2000 ebd.
Der Sohn eines Schmieds begann kurz vor Kriegsende eine Lehre als Feinmechaniker, die er jedoch nicht beenden konnte. Nach Kriegsende begann er erneut zu lernen, diesmal als Koch bei Aschinger. In dieser Zeit erwachte sein Interesse am Boxen. Er meldete sich in einer Boxschule an und hatte 1948 seinen ersten Kampf. Mit der Lizenz als Berufsboxer gab er seine Lehre als Koch auf und verdiente neben dem Training Geld als Zeitungsfahrer. 1951 gewann er seine erste Deutsche Meisterschaft im Weltergewicht. Danach boxte er im Mittelgewicht und war auch hier erfolgreich. 1954 hatte er seinen ersten Kampf in den USA. Nachdem er 1955 an Tbc erkrankte, mußte er eine längere Pause einlegen, erkämpfte aber 1958 in Berlin den Titel eines Europameisters. 1961 wechselte er ins Halbschwergewicht, wo er zwar einen Kampf um die Weltmeisterschaft verlor, jedoch Europameister werden konnte. 1965 erklärte er seinen Rücktritt vom Boxsport und versuchte sich als Geschäftsmann, allerdings ohne Erfolg.. 1984 tötete er seine Frau und mußte für drei Jahre ins Gefängnis. Nach der Haftentlassung 1987 setzten bald gesundheitliche Probleme ein, die ihn zu einem Pflegefall werden ließen. Seine Autobiographie »Der Weg aus dem Nichts« erschien 1980. *EF*

Scholz, Hans (Rudolf Wilhelm)

Schriftsteller und Kunstmaler
✶ 20.2.1911 Berlin
† 29.11.1988 ebd. [F.2]
Sch. studierte in Berlin Kunstgeschichte und Malerei. Ab 1935 arbeitete er als freier Künstler und als Lehrer an einer privaten Kunstschule. 1939 gehörte Sch. der Meisterklasse von F. Spiegel an der Preußischen Akademie der Künste an. Nach seiner Kriegsgefangenschaft (1940–46) arbeitete Sch. wieder als Lehrer und textete für Werbefilme. Von 1963 bis 1976 leitete er die Feuilletonredaktion des »Tagesspiegel«. Schriftstellerischer Erfolg stellte sich 1955 mit »Am grünen Strand der Spree« ein, humorvoll erzählte Berliner Geschichten aus Kriegs- und Nachkriegszeit, die mit dem Berliner Fontane-Preis und dem Heinrich-Stahl-Preis der Jüdischen Gemeinde in Berlin ausgezeichnet wurden. Weitere Veröffentlichungen waren »Berlin, jetzt freue Dich« (1960) und »Wanderungen und Fahrten in der Mark Brandenburg« (1973–84).
Literatur: J. Kaiser, Pfiffiger Berliner Fachmann fürs Überleben, in: ders., Erlebte Lit., 1988. *VM*

Schönberg, Arnold

Komponist
✶ 13.9.1874 Wien
† 13.7.1951 Los Angeles
Sch. bildete sich autodidaktisch zum Komponisten, kam 1901 nach Berlin, war Dirigent in Wolzogens »Überbrettl«, Arrangeur von Unterhaltungsmusik und Lehrer am Stern'schen Konservatorium. Ab 1903 wieder in Wien, ging er acht Jahre später erneut nach Berlin und unternahm mit eigenen Werken Konzertreisen. Mit Kriegsbeginn kehrte Sch. nach Wien zurück, später leitete er Konzerte im »Verein für musikalische Privataufführungen«, unterrichtete und entwickelte die »Zwölftontechnik«. 1925 folgte er dem Ruf nach Berlin an die Akademie der Künste als Leiter einer Meisterklasse. Im Mai 1933 floh er vor dem NS-Regime und ließ sich in Los Angeles nieder. Sch.s Werke scheinen den jeweiligen Stand seiner Kompositionstechnik exemplarisch demonstrieren zu wollen. Bis 1907 spätromantisch, danach bis 1920 atonal, seit 1923 seriell. In Berlin vollendete Sch. so wichtige Werke wie die Suite op. 29, das Streichquartett op. 30 und die Oper »Von heute auf morgen«. Die Oper »Moses und Aron« blieb unvollendet (1930/32). *ThW*

Schöning, Kurd Wolfgang Wilhelm Gustav von

Militär und Historiker
✶ 13.8.1789 Morrn (Krs. Landsberg a.d. Warthe)
† 2.4.1859 Berlin [F.106]

Der Sohn eines preußischen Gutsbesitzers und Landrats trat mit 11 Jahren in die Berliner Kadettenanstalt ein, wurde im Kriegsjahr 1806 Sekondeleutnant im Infanterieregiment Nr. 35 »Prinz Heinrich« und war aktiv am Neuaufbau der preußischen Armee nach Jena und Auerstedt beteiligt. Nach den Feldzügen 1813/1815 wurde er als Kapitän im Berliner Kaiser-Alexander-Grenadier-Regiment als Adjutant in der Grenadierbrigade tätig. Im Jahre 1820 wählte ihn Prinz Karl von Preußen zu seinem Adjutanten. 1827 nahm er seinen Abschied vom Militärdienst und widmete sich voll der wissenschaftlichen und publizistischen Tätigkeit, gleichzeitig wurde er zum Hofmarschall des Prinzen ernannt. Sch. war einer der bekanntesten und anerkannten Militärschriftsteller des 19. Jhs. *DW*

Schopenhauer, Arthur

Philosoph
✶ 22.2.1788 Danzig
† 21.9.1860 Frankfurt/M.

Der Sohn eines vermögenden Kaufmanns nahm nach einer zweijährigen Reise durch Westeuropa 1805 in Hamburg eine kaufmännische Lehre auf. Von 1806 an lebte er in Weimar, wo seine inzwischen verwitwete Mutter, eine Schriftstellerin, einen literarischen Salon unterhielt. 1809 nahm Sch. in Göttingen das Studium der Philosophie und der Naturwissenschaften auf, das er 1811 in Berlin fortsetzte. Nach seiner Promotion (1813 in Jena) lebte er – wieder als Kaufmann – in Dresden. 1819 erschien sein Hauptwerk »Die Welt als Wille und Vorstellung«. Auch seine späteren Schriften stehen zu diesem Buch in direkter Beziehung. 1820 habilitierte sich Sch. in Berlin, wo er sich in den folgenden zehn Jahren auch meist aufhielt. Von 1831 an lebte er bis zu seinem Tode zurückgezogen als Privatgelehrter in Frankfurt/M. Schon der 23jährige Sch. äußerte in einem Gespräch mit Wieland: »Das Leben ist eine mißliche Sache: Ich habe mir vorgesetzt, es damit hinzubringen, über dasselbe nachzudenken.« Sein wichtigstes philosophisches Werk enthält nach eigener Aussage nur »einen einzigen Gedanken in der angemessenen Darstellung«. Danach ist der Mensch einem irrationalen, blinden Willen in sich selbst unterworfen, einem Willen, der, eigentlich animalischer Lebensdrang, die Vernunft erst hervorbringt und damit höher steht als der Intellekt. Sch. bleibt prinzipiell Pessimist, da das Leiden in dieser Welt nie ein Ende nehmen kann. Als Reaktion darauf propagierte Sch. Rückzug und Verweigerung. Er sah sich als Philosophen der Außenseiter und wollte keine Lebenshilfe geben. Trotzdem war Sch. in seinen späten Jahren in Deutschland sehr populär und wirkte auf Philosophen, auf Musiker und Literaten, wofür Namen wie F. Nietzsche, R. Wagner und T. Mann stehen mögen.

Literatur: W. Schneider, Schopenhauer: Eine Biographie, 1988; R. Safranski, Schopenhauer und die wilden Jahre der Philosophie, 1988. *UH*

Arthur Schopenhauer (1788–1860)

Schreiber, Walther

Rechtsanwalt und Politiker
✶ 10.6.1884 Pustleben (Sachsen)
† 30.6.1958 Berlin [F.91]

Dr. jur. nach dem Studium in Grenoble, München, Berlin und Halle, war Sch. 1911–25 Rechtsanwalt, Offizier seit 1914 und gehörte 1918 einem Soldatenrat an. 1919–33 Mitglied des Preußischen Landtages, übernahm er 1923–32 das Amt eines Preußischen Staatsministers und Ministers für Handel und Gewerbe. Ab 1934 arbeitete er wieder als Rechtsanwalt in Berlin, wo er über Julius Leber Kontakte zum Widerstand gegen

Hitler hatte. Er begründete mit Andreas Hermes und anderen die CDU in der sowjetischen Besatzungszone, war dessen Stellvertreter und seit 1947 Vorsitzender des CDU-Landesverbandes Berlin. 1946–51 gehörte er der Stadtverordnetenversammlung und dem Abgeordnetenhaus von Berlin an. Seit 1951 Bürgermeister, wurde er 1953–55 Nachfolger Ernst Reuters als Regierender Bürgermeister und zugleich Mitglied des Bundesrates. *ED*

Schreker, Franz

Komponist
✶ 23.3.1878 Monaco
† 21.3.1934 Berlin [F.91]
Sch. studierte in Wien Komposition und Violine. 1908 gründete er den Wiener Philharmonischen Chor, war 1912 Kompositionslehrer an der Wiener Akademie der Tonkunst und wurde 1920 nach Berlin als Direktor der Musikhochschule berufen. 1932 führte er eine Meisterklasse an der Akademie der Künste: A. Hába und E. Krenek gehörten zu seinen vielen Schülern. 1933 vom NS-Kultusminister Rust entlassen, erlitt er im Herbst 1933 einen schweren Schlaganfall, von dem er sich nicht mehr erholte. Kompositorisch markiert das Lebenswerk Sch.s den Übergang von der Spätromantik zur Moderne. Namentlich seine Bühnenkompositionen (»Der ferne Klang« 1901–10; »Der Schatzgräber« 1915–18; »Der singende Teufel« 1924–28; »Der Schmied von Gent« 1929–32) wurden seinerzeit gerühmt; die meisten erscheinen heute aufgrund fragwürdiger Libretti, die Sch., besessen von dichterischem Ehrgeiz, selbst verfaßte, nicht mehr aufführenswert. Sch. schrieb außerdem Ballette, sinfonische und vokalsinfonische Werke, Klavier- und Kammermusik. *ThW*

Schröder, Ernst

Schauspieler, Regisseur
✶ 27.1.1915 Wanne-Eikel
† (Freitod) 26.7.1994 Berlin
Sch. studierte Germanistik und wollte Architekt werden. Schauspielausbildung in Bochum bei Saladin Schmitt. 1934 debütierte er als Schauspieler und Regieassistent am Schauspielhaus Bochum, spielte 1936/37 in Bielefeld, 1937/38 in Kiel und nach dem Reichstagsbrand holte ihn H. George 1938 an das Berliner Schiller-Theater. 1944/45 Soldat. 1945 spielte er am Berliner Hebbel-Theater, wo er auch bis 1951 die Theaterschule leitete. Als profilierter Charakterdarsteller war er auf den unterschiedlichsten Bühnen Berlins tätig und stellte seine Darstellungskunst auch in Filmen und Fernsehrollen wie »Stresemann« und »Lorentz & Söhne« unter Beweis. 1964 feierte Sch. als Marquis de Sade in Peter Weiss' »Die Verfolgung und Ermordung Jean-Paul Marats, dargestellt durch die Schauspielgruppe des Hospizes zu Charenton unter Anleitung des Herrn de Sade« am Schiller-Theater einen Sensationserfolg. Henning Rischbieter schrieb dazu: »Die Faszination, die von diesem Schauspieler in dieser Rolle ausgeht, ist einzigartig. Er spricht aus der Tiefe der Trauer, eher leise, aber immer klar.« 1958–67 am Schauspielhaus Zürich, danach wieder in Berlin am Schiller-Theater und an der Freien Volksbühne. Auf seinem Weingut in Italien hatte er eine Theaterbühne, wo er probte und spielte. 1980 stürzte sich seine Tochter Christiane in San Francisco von der Golden Gate Bridge. Wegen einer Krebserkrankung war Sch. 1994 in der Berliner Schloßpark-Klinik und stürzte sich dort aus dem vierten Stock.
Literatur: Schröder, Die Arbeit des Schauspielers, 1966; ders., Das Leben verspielt, 1978. *KD*

Schröder, Werner

Zoologe
✶ 19.12.1907 Bochum
† 2.7.1985 Berlin [F.53]
Nach dem Studium in Berlin und anschließenden Studienreisen wurde er nach Kriegsende 1945 zum kaufmännischen Direktor des zerstörten Berliner Zoos berufen und engagierte sich beim Wiederaufbau der Anlagen. Von 1953–77 leitete er als Direktor das Berliner Aquarium. Eine Gedenktafel am Aquarium erinnert an den verdienstvollen Zoologen. Sein Ehrengrab liegt in Schöneberg. *EF*

Schröder-Sonnenstern, Friedrich

Maler
✶ 11.9.1892 Tilsit
† 10.5.1982 Berlin [F.49]
Schr.-S., der keine besondere Berufsausbildung genoß, übte vor Beginn seiner Karriere als Maler verschiedene Tätigkeiten aus. Sowohl in praktischer Arbeit als Gärtner, freier Prediger, Astrologe und Heilmagnetopath verdiente er sich seinen Lebensunterhalt. Da derartige mentale Übungen bei Schr.-S. nicht ohne Wirkung auf ihn selbst blieben, begab er sich in eine Nervenheilanstalt,

in der er erste künstlerische Arbeiten verfertigte. Seine seither betriebenen autodidaktischen Kunststudien sind jedoch nicht allein als Resultat des der Heilung dienenden Selbstfindungsprozesses zu sehen, sondern vor allem als gesuchte Auseinandersetzung mit den Zuständen der menschlichen Seele. Seit 1949 lebte Schr.-S. als freischaffender Maler, dessen zur naiven Malerei tendierender Stil in ironisch-sarkastischer Thematik starke surrealistische Merkmale aufwies. Später veränderte sich der Inhalt seiner Werke durch die stärker spürbar werdende halluzinative Widerspiegelung seiner Gedankenwelt in Form von dämonisch-erotischen Figurationen heraldischer Art, die wie Zaubergestalten seine Bilder beherrschen. Sein künstlerisches Oeuvre ist bis heute keiner bestimmten Kategorie zuzuordnen. Dies ist nicht allein an den schwer vergleichbaren, an der Grenze zur psychopathischen Kunst stehenden Motive und Kompositionen zu erklären, sondern liegt auch daran, daß sich Schr.-S. – im Gegensatz zu den meisten anderen Künstlern – nie um die einer in gewissem Sinne rechtlichen Autorschaft entspringende Unversehrtheit seiner Werke bemühte. Seine Bilder und Zeichnungen sind häufig mit seinem Einverständnis von Schülern oder Freunden später verändert, bearbeitet oder fertiggestellt worden. Trotz dieser Widersprüchlichkeit in Person und Werk, oder gerade deswegen, zählt Schr.-S. zu den bekanntesten und skurrilsten Vertretern der Berliner Kunstszene nach 1945.

Literatur: F. Schröder-Sonnenstern, Die Pferdearschbetrachtung des Friedrich Schröder-Sonnenstern, hg. v. J. Petersen (Autobiographie); Schröder-Sonnenstern, Phaidon Dictionary of 20th Century Art, 1973. *JM*

Schroeder, Louise

Politikerin, Ehrenbürgerin

∗ 2.4.1887 Altona

† 4.6.1957 Berlin

Sch. kam aus dem Hamburger Armenviertel, aus einem sozialistisch orientierten Elternhaus. Nach dem Besuch der Gewerbeschule arbeitete sie als Sekretärin. Mit 23 Jahren wurde sie in den Vorstand der SPD in Altona-Ottensen gewählt, wurde Stadtverordnete für Soziales, Mütter und Gesundheit in Altona und eine der 46 weiblichen Abgeordneten in der Deutschen Nationalversammlung. 1920 nahm sie an der Gründung der Arbeiterwohlfahrt teil. 1920–33 Reichstagsabgeordnete, vertrat sie die SPD auf Kongressen und in internationalen Gremien. Seit 1933 unter Polizeiaufsicht, war sie bei verschiedenen Firmen mit Sozialarbeit befaßt. Ungeachtet ihrer angegriffenen Gesundheit setzte sie nach Kriegsende ihre Kraft für den demokratischen Neuaufbau in Berlin ein. Sie wirkte bei der Gründung der SPD in Berlin mit und wurde zweite Vorsitzende des Berliner Landesverbandes. Einheitsparteibestrebungen trat sie entschieden entgegen.

Louise Schroeder (1887–1957)

1946 übernahm sie das Amt des Zweiten Bürgermeisters von Berlin, das sie bis 1951 innehatte. Vom 8.5.1947 bis 5.12.1948, in der Zeit der Krise, Blockade und Spaltung Berlins, amtierte sie anstelle von Ernst Reuter, der sein Amt wegen des Vetos des sowjetischen Stadtkommandanten nicht antreten konnte, als Oberbürgermeister von Berlin. Wegen Erkrankung wurde sie zeitweise von Ferdinand Friedensburg vertreten. Sie wirkte für Berlin im Bundestag und erfüllte darüberhinaus internationale Verpflichtungen. 1957 erhielt sie den Ehrendoktortitel der FU und wurde Ehrenbürgerin der Stadt. *ED*

Schuchhardt, Carl

Archäologe

∗ 6.8.1859 Hannover

† 7.12.1943 Berlin

Nachdem er 20 Jahre das Kestner-Museum in seiner Heimatstadt geleitet hatte, kam Sch. 1908 nach Berlin. Er wurde Direktor der Prähistorischen Sammlung des Museums für Volkskunde und wirkte an dieser Stelle bis 1925. Sein besonderes Interesse galt der Erforschung der Ur- und Frühgeschichte des mitteleuropäischen Raumes sowie der Kulturgeschichte. Wichtige Werke sind »Alteuropa« (1919) und »Vorgeschichte von Deutschland« (1928). *UH*

Schuckmann, Kaspar Friedrich Freiherr von

Jurist, preußischer Beamter, Ehrenbürger
✶ 25.12.1755 Mölln
† 17.9.1834 Berlin
1779 kam er erstmals nach Berlin, wo er am Kammergericht und Oberregierungsgericht tätig war. Nach verschiedenen Aufgaben in Breslau und bei der Verwaltung von Ansbach und Bayreuth sowie 1807 einer kurzzeitigen Haft bei den Franzosen in Mainz kehrte er 1810 nach Berlin zurück. Hier wurde er leitend im preußischen Innenministerium tätig, dem er von 1814 an als Staatsminister vorstand. Von 1819–30 führte er auch das Polizeiministerium und stand an der Spitze jener berüchtigten Immediats-Untersuchungskommission, die die Aufgabe hatte, die sogenannten Demagogen aufzuspüren. Zum 50. Dienstjubiläum wurde er 1829 zum Berliner Ehrenbürger ernannt. *EF*

Schuhmann, Carl

Mechaniker, Turnlehrer
✶ 12.5.1869 Münster (Westfalen)
† 24.3.1946 Berlin
Der gelernte Präzisionsmechaniker kam 1889 nach Berlin. Hier schloß er sich der Berliner Turnerschaft an. Als er am 9.4.1896 bei den Olympischen Spielen in Athen im Pferdsprung siegte, wurde er damit der erste deutsche Olympiasieger. Gold gewann er auch mit der deutschen Turnriege am Barren und Reck. Hinzu kam auch noch eine Goldmedaille im Ringen. Zwischen 1898 und 1915 lebte er in London und kehrte danach nach Berlin zurück, wo er sich weiter dem Turnsport widmete. Er gehörte zu den wenigen Sportlern, die sich bemühten, die Deportation des jüdischen Sportlers Alfred Flatow zu verhindern. *EF*

Schulenburg, Fritz-Dietlof Graf von der

Verwaltungsbeamter
✶ 5.9.1902 London
† (hingerichtet) 10.8.1944 Berlin
Sch., als Sohn des deutschen Militärattachés in London geboren, studierte Rechts- und Staatswissenschaften und trat in die Verwaltungslaufbahn ein. 1937 wurde er Polizeivizepräsident von Berlin und 1939 Stellvertreter des Präsidenten von Schlesien, Gauleiter Joseph Wagner. Seit 1940 nahm er als Reserveoffizier am Rußlandfeldzug teil. Er entwickelte sich vom Nationalsozialisten – Mitglied der NSDAP seit 1931 – zum entschiedenen Gegner Hitlers, gehörte dem Kreisauer Kreis an und war einer der maßgeblichen Männer bei der Vorbereitung des Hitlerattentats vom 20. Juli 1944.
Literatur: U. Heinemann, Ein konservativer Rebell. Schulenburg und der 20. Juli, 1990. *ED*

Schultz, Johann Heinrich

Mediziner
✶ 20.6.1884 Göttingen
† 19.10.1970 Berlin [F.2]
Sch., seit 1919 Professor in Jena, kam 1924 als Psychotherapeut nach Berlin und wurde 1936 Direktor des Berliner Instituts für Psychotherapie. Sein Hauptverdienst war die Einführung des autogenen Trainings als Behandlungsmethode in die Medizin. Er schrieb u.a. »Das autogene Training« (1932) und war Mitherausgeber eines fünfbändigen »Handbuchs der Neurosenlehre und Psychotherapie« (1959–61). *UH*

Schulz, Johann Abraham Peter

Komponist, Dirigent und Pädagoge
✶ 31.3.1747 Lüneburg
† 10.6.1800 Schwedt/O.
1765–68 war Sch. Kirchensänger in Berlin und erhielt Instrumental- und Kompositionsunterricht. 1768 wurde er musikalischer Begleiter der Wojewodin von Smolensk und reiste in deren Gefolge durch Frankreich, Italien, Österreich und Polen. 1773 ließ er sich in Berlin nieder, war zunächst Musiklehrer, 1776–78 Dirigent des Französischen Theaters und 1779–87 Kapellmeister an den Privatkapellen der Prinzen von Preußen in Berlin und Rheinsberg. 1787 war er Hofkapellmeister in Kopenhagen und lebte seit 1795 in Lüneburg, Berlin, Rheinsberg und Schwedt. Sch. ist einer der wichtigsten Vertreter der Berliner Liederschule. Er gehörte neben Reichardt und

Zelter zu denen, die Glucks Neuerungen auf der Opernbühne gegen die Konservativen Hasse und Graun verteidigten. Aus seinen zahlreichen, heute nicht mehr aufgeführten Kompositionen ragen die 3 Bände der »Lieder im Volkston« (1782, 1784, 1790) heraus, denen auch das berühmte Lied »Der Mond ist aufgegangen« entstammt.

ThW

Schulze, *Johannes* Karl Hartwig

Pädagoge

✶ 15.1.1786 Bruel (Mecklenburg)

† 20.2.1869 Berlin [F.108]

Sch., Sohn eines Zollverwalters, studierte Philologie und Theologie in Halle und Leipzig, war als Hauslehrer tätig und wurde 1810 Gymnasialdirektor in Weimar. Bekannt wurde er durch die Herausgabe der Werke Winckelmanns, die er ab 1812 in Hanau fortsetzte. Dort sammelte er auch erste Erfahrungen in der Organisation des Schulwesens. 1818 ging Sch. nach Berlin und trat ins preußische Unterrichts- und Cultus-Ministerium ein. Bis 1859 prägte er an verantwortlicher Stelle die Entwicklung der Schulen, speziell der Gymnasien und Universitäten in Preußen. In den klassischen humanistischen Fächern sah Sch. die Grundlage jeglicher höheren Schul- wie auch der universitären Bildung. Durch eine umsichtige Berufungspolitik erwarb er sich auch Verdienste um die Entwicklung der Naturwissenschaften an der Berliner Universität.

Literatur: B. Schneider, J. Schulze und das preußische Gymnasium, 1986. *UH*

Schulze, Minna

(gen. »Wasserminna«)

Artistin

✶ 25.12.1893 Berlin

† 14.3.1959 ebd. [F.112]

Sie verdiente ihren Unterhalt als Dienstmädchen und Reinigungskraft, bevor sie Schwimmerin im Wasserballet des Zirkus Busch wurde. Bald entwickelte sie sich zu einer kühnen Artistin, die durch ihre Sprünge aus der Zirkuskuppel oder auch mit Pferd ins Wasserbassin berühmt wurde. Beigesetzt wurde sie im Familiengrab der Familie Busch. Paula Busch beschrieb in dem Buch »Wasserminna« dieses Leben für den Zirkus.

EF

Schulze-Boysen, Harro

Marineflieger

✶ 2.9.1909 Kiel

† (hingerichtet) 22.12.1942 Berlin-Plötzensee

Schon vor 1933 Hitlergegner, organisierte der von Göring protegierte Oberleutnant in der Nachrichtenabteilung des Reichsluftfahrtministeriums zusammen mit Harnack u.a. Antifaschisten eine weitverzweigte Widerstandsorganisation. Sie war für die rasche Beendigung des Krieges und den Sturz Hitlers tätig und seit Frühjahr 1941 in das sowjetische Spionagenetz integriert. Die Gestapo fahndete nach ihr unter dem Namen »Rote Kapelle«. Zu den zu Tode Verurteilten gehörte auch seine Frau Libertas (✶ 20.11.1913, hingerichtet 22.12.1942). *ED*

Schulze-Delitzsch, Franz Hermann

Ökonom und Begründer des deutschen Genossenschaftswesens

✶ 29.8.1808 Delitzsch

† 29.4.1883 Potsdam [F.128]

Er schied 1851 nach einem Konflikt mit dem Justizminister aus dem Staatsdienst aus, nachdem er 21 Jahre als Richter in Delitzsch und in der Provinz Posen gearbeitet hatte. Danach widmete er sich der Entwicklung des Genossenschaftswesens. Im Zusammenschluß der Handwerker, Bauern und Arbeiter in Produktionsgenossenschaften, Konsum-, Spar- und Krankenhilfsvereinen sah er das Mittel gegen Not und Verelendung. Als Liberaler wirkte er im Deutschen Nationalverein seit 1859 für die nationalstaatliche Einigung Deutschlands, begründete mit Max von Forckenbeck, Rudolf Virchow u.a. 1861 die Deutsche Fortschrittspartei und war seit 1871 Reichstagsabgeordneter. *ED*

Schumann, Georg Alfred

Komponist und Chordirigent

✶ 25.10.1866 Königstein

† 23.5.1952 Berlin [F.55]

Sch. studierte in Dresden und Leipzig. 1890–1896 war er Dirigent der Danziger Singakademie, 1896–99 der Bremer Philharmonie. Seit 1900 wirkte er in Berlin als Direktor der Singakademie (seit 1909 Leitung der Liedertafel) und Professor an der Kgl. Akademie der Künste. 1913–45 führte er eine Meisterklasse an der Akademie, deren Präsident er 1934 wurde. Sch. komponierte 2 Sinfonien, 5 Ouvertüren für Chor und Orchester, Kammermusik und Orgelwerke. *ThW*

Schünemann, Georg
Musikwissenschaftler
✶ 13.3.1884 Berlin
† 2.1.1945 ebd. [F.121]
Sch. studierte in Berlin am Stern'schen Konservatorium Flöte und an der Universität Musikwissenschaft, Literaturgeschichte und Philosophie. Sch. war zunächst Orchestermusiker, promovierte 1907 zur »Geschichte des Dirigierens«, habilitierte sich 1919 und wurde 1923 Professor. Nachdem er zunächst als Musiklehrer und Konzertkritiker gearbeitet hatte, übernahm er 1920 ein Lehramt und die stellvertretende Leitung der Musikhochschule und wurde 1932 zum Direktor ernannt. 1933 von den Nationalsozialisten fristlos entlassen und auf den Posten des Leiters der Staatlichen Instrumentensammlung abgeschoben, übernahm er ab 1935 die Leitung der Musikabteilung der Preußischen Staatsbibliothek. Sch. war maßgebend an der Reform der Musikerziehung beteiligt (»Die Musik in Kindheit und Jugend« 1930). Mehr noch als seine Arbeiten über Zelter (1932, 1937), die Singakademie (1941) und die »Geschichte der Klaviermusik« (1940) hatten seine Neuübersetzungen der Operntexte Mozarts dauerhafte Wirkung. *ThW*

Schur, Issai
Mathematiker
✶ 10.1.1875 Mohilev/Dnjepr
† 10.1.1941 Tel Aviv
Sch. promovierte und habilitierte sich in Berlin. Er ging 1913 nach Bonn und erhielt 1916 eine Professur in Berlin. Sch. zählte mit Arbeiten zur Theorie der Integralgleichungen sowie zur Zahlentheorie und Analysis zu den herausragenden Mathematikern seiner Zeit. Als internationale Autorität galt er in der Darstellungstheorie von Gruppen, die durch die weitgehend in Berlin entwickelte Quantenmechanik von besonderer Bedeutung für die theoretische Physik wurde. Sch. emigrierte 1939 nach Israel. *UH*

Schustehrus, Kurt
Politiker
✶ 25.3.1856 Bärholz (Ostpreußen)
† 27.2.1913 Berlin
Sch. studierte in Königsberg und Leipzig, wurde 1881 Referendar, 1896 Assessor, arbeitete seit 1888 in der Stadtverwaltung von Thorn in Westpreußen, war dort Syndikus und Stadtrat. 1889 zweiter Bürgermeister. 1893 erster Bürgermeister von Nordhausen, wurde er 1899 Bürgermeister und 1900 Oberbürgermeister der Stadt Charlottenburg. Er war Mitglied des Preußischen Herrenhauses und stellvertretender Vorsitzender des Provinziallandtags und des Provinzialausschusses. *ED*

Schwartz, Friedrich Ferdinand *Albert*
Fotograf, Kunstverleger
✶ 12.1.1836 Berlin
† 4.5.1906 ebd.
Abkömmling einer Buchbinder- und Fotografenfamilie; eröffnete nach Berufsausbildung zum Fotografen beim Onkel Heinrich Ferdinand Sch. und nach Erlangen des Bürgerrechts 1860 ein eigenes Atelier. Erste Arbeiten bereits ab 1854/55 nachgewiesen. Widmete sich vornehmlich der Landschafts- und Architekturfotografie, wobei er Hervorragendes bei der Dokumentation des Berliner Stadtbildes im Wandel leistete. Seinem unermüdlichen Wettlauf mit der Spitzhacke sind Tausende Aufnahmen von abgerissenen Bauwerken zu verdanken, wertvolle Quellen zur Lokalgeschichte. Die Schwartzsche Sammlung, darunter auch Darstellungen alter Fabriken und Maschinen, gilt als ältester authentischer und umfassender Bildnachweis über Berlin. Schwartz war »Hof-Photograph«, Mitglied des Vereins für die Geschichte Berlins und Herausgeber mehrere Sammelbände mit eigenen Aufnahmen.
Literatur: H. Brost/L. Demps: Berlin wird Weltstadt, mit zahlr. Schwartz-Fotografien, 1981 u. 1997. *GB*

Schwartzkopff, *Louis* Viktor Robert
Industrieller
✶ 5.6.1825 Magdeburg
† 7.3.1892 Berlin [F.108]
Sch. kam 1842 nach Berlin, um hier am Gewerbeinstitut zu studieren. Nach dem Studium erfolgte eine praktische Ausbildung bei Borsig, die Sch. mit einer sechsmonatigen Tätigkeit als Lokomotivführer bei der Berlin-Hamburger Eisenbahn abschloß. 1851 kaufte Sch. in der Chausseestraße ein großes Grundstück, auf dem er die 1852 mit seinem Teilhaber, dem Berliner Gießereimeister Nitsche, gegründete »Eisenbahngießerei und Maschinenfabrik Schwartzkopff und Nitsche« errichtete. Zunächst war der Kunstguß Schwerpunkt der Gießerei, die u.a. Achslager und Puffer für Eisenbahnwaggon-Fabriken herstellte. Sch. wandte sich bald dem Maschinenbau

zu, fabrizierte Dampfhämmer, Bergwerks- und Walzmaschinen. Um 1860 begann er mit der Fabrikation von Eisenbahnmaterial jeglicher Art für den Strecken- und Bahnhofsbau. Die Fabrik in der Chausseestraße wurde schließlich durch ständige Erweiterung zu einer modernen Lokomotivfabrik ausgebaut. 1867 verließen die ersten zwölf Güterzuglokomotiven das Werk. Ein zusätzlich in der Ackerstraße errichtetes Werk diente dem allgemeinen Maschinenbau. Für seine großen unternehmerischen Leistungen wurde Sch. vom preußischen König mit dem Titel Kommerzienrat geehrt und von der preußischen Regierung in den Staatsrat berufen. *BF*

Schwarz, Karl Herman Amandus

Mathematiker
✶ 25.1.1843 Hermsdorf (Schlesien)
† 30.11.1921 Berlin [F.84]
Der Sohn eines Architekten studierte in Berlin. Er wirkte als Hochschullehrer in Halle, Zürich und Göttingen und kam 1892 nach Berlin. Sch. erzielte grundlegende Ergebnisse zur Funktionen- und Potentialtheorie, die deren weitere Entwicklung nachhaltig beeinflußten. Seine Hauptarbeitsgebiete waren konforme Abbildungen und die Variationsrechnung. Als bahnbrechend gilt seine Methode der sukzessiven Approximation bei Differentialgleichungen. *UH*

Schwarzenberg, Adam Graf zu

Kurfürstlicher Statthalter
✶ 26.8.1584
† 14.3.1641 Spandau
Der Statthalter des Kurfürsten Georg Wilhelm wollte 1638, während des 30jährigen Krieges, Berlin zur Festung ausbauen, die Garnison verstärken und die Bürger zur Verteidigung rüsten. Der Rat der Stadt, der bis dahin erfolgreich bemüht gewesen war, durch Kontributionszahlungen kriegerische Überfälle abzuwenden, lehnte dies mit Hinweis auf die bewährte Neutralität der Stadt und die militärische Nutzlosigkeit ab. Die Berliner verfolgten Sch. mit Drohungen und Schmähschriften. Dessen ungeachtet ließ Sch. am 18.1.1641 die Cöllner Vorstädte niederbrennen und plündern. *ED*

Schwatlo, Carl

Architekt
✶ 19.6.1831 Hermsdorf (Ostpreußen)
† 24.12.1884 Berlin
Nach dem Studium in Königsberg und Berlin wurde Sch. ab 1855 zunächst Leiter des Ateliers von G.F.H. Hitzig und war 1865–77 als Landbaumeister im Generalpostamt (1872 Regierungs- und Baurat) für die Errichtung zahlreicher Postämter in deutschen Städten verantwortlich. Sch. vertrat dabei insbesondere neoromanische Stilformen.
Wichtige Bauten: Geschäftshaus Oppenheim, Bln.-Mitte (1869–70); Reichspostamt, Bln.-Mitte (1871–74, zerst.); Postfuhramt, Bln-Mitte (1875–1881); Haupttelegraphenamt, heute Hauptstadtrepräsentanz Dt. Telekom, Bln.-Mitte (1877–78); Jüdisches Altersheim, heute Polizei, Bln.-Prenzl. Berg (1883–87, teilw. zerst.). *KDS*

Schwechten, Franz Heinrich

Architekt
✶ 12.8.1841 Köln
† 11.8.1924 Berlin [F.47]
Sch. studierte 1861–69 an der Bauakademie in Berlin und arbeitete danach als Bauführer bei A. Stüler und M. Gropius sowie als Privatbaumeister in Berlin. 1871 wurde Sch. zum Chef des Entwurfsbüros der Berlin-Anhalter-Eisenbahn berufen. Seine wichtigste Aufgabe war hier der Bau des Anhalter Personenbahnhofs in Berlin. Sch. wurde 1885 Mitglied der Akademie der Künste und Dozent an der TH, war ab 1888 Mitglied des Senats und Baurat, ab 1889 Senatsmitglied der Akademie der Künste und wurde 1902 Leiter eines Meisterateliers an jener Akademie. Sch. war im Rahmen des Historismus ein Hauptvertreter der Neoromanik und Neorenaissance, verwendete auch Formen der Backsteingotik.
Wichtige Bauten: Anhalter Bahnhof, Bln.-Kreuzberg (1872–80, bis aufs Portal abgebrochen); Schultheiß-Brauerei, Schönhauser Allee, Bln.-Prenzl. Berg (1889–91), Kaiser-Wilhelm-Gedächtniskirche, Bln.-Charlottenburg (1890–95, Turmruine erhalten); Apostel-Paulus-Kirche, Bln.-Schöneberg (1892–94); Kaiser-Wilhelm-Turm, Bln.-Wilmersdorf (1897–99); Kraftwerk Moabit, Bln.-Tiergarten (1899–1900); Hohenzollernbrücke und Südbrücke, Köln (1907–11).
Literatur: W. Ribbe/W. Schäche (Hg.), Baumeister, Architekten, Stadtplaner, 1987. *KDS*

Schwedler, Rolf

Kommunalpolitiker
✶ 25.3.1914 Berlin
† 13.2.1981 ebd. [F.83]
Nach dem Studium an der TH Berlin 1938 Diplomingenieur, leistete Sch. bis 1945 Militärdienst, arbeitete dann im Brückenbauamt und im Hauptbauamt für Baulenkung der Stadt Berlin. 1955–72, als er Senator für Bau- und Wohnungswesen war, entstanden u.a. die Gropiusstadt, das Märkische Viertel, Philharmonie, Europa-Center und die neugestaltete Gedächtniskirche. Sch. gab 1951–54 das »Berliner Baubuch« heraus. 1973–76 war er Mitglied des Bundestages. *ED*

Schweinfurth, Georg

Botaniker und Geograph
✶ 29.12.1836 Riga
† 19.9.1925 Berlin [F.87]
Sch. unternahm 1863–66 seine erste große Reise nach Ägypten und dem Ostsudan. 1869–71 erforschte er im Auftrag der Berliner Akademie der Wissenschaften das Gebiet am oberen Nil geographisch und botanisch. Auf dieser Expedition konnte Sch. das Quellgebiet des Stromes nach Südwesten abgrenzen. Er brachte die erste Kunde von den Pygmäen nach Europa. Sch. schrieb »Beitrag zur Flora Äthiopiens« (1867) und »Im Herzen von Afrika« (2 Bde., 1874). *UH*

Georg Schweinfurth (1836–1925)

Seeberg, Reinhold

Theologe
✶ 5.4.1859 Pörafer (Livland)
† 23.10.1935 Ahrenshoop
Der Bauernsohn schlug nach dem Studium und der Promotion die akademische Laufbahn ein. Schon 1884 arbeitete er als Privatdozent, ein Jahr später als ao. Professor an der Universität Dorpat und kam 1889 als Professor nach Erlangen. 1898 wurde er nach Berlin berufen, um hier auf dem Gebiet der Theologie ein konservatives Gegengewicht zu Adolf Harnack zu bilden. Mit der Arbeit »Die Grundwahrheiten der christlichen Religion« entwarf er sein theologisches Gegenprogramm zu Harnack. Der monarchistisch eingestellte S. gehörte während des I. Weltkrieges zu den Vertretern maximaler Kriegsziele und stand nach 1918 der Weimarer Republik ablehnend gegenüber. 1909 war er als Präsident des freien Kirchlich-sozialen Bundes Nachfolger von Alfred Stoecker. 1918/19 leitete er als Rektor die Berliner Universität. Von 1923 an führte er den Vorsitz im Zentralausschuß der Inneren Mission. Seine Arbeit »Die Kirche Deutschlands im 19. Jahrhundert« (1900) wurde in mehrere Sprachen übersetzt. In Berlin erinnert eine Straße in Wilmersdorf an den Theologen. *EF*

Seeckt, Hans von

General, Chef der Reichswehr
✶ 22.4.1866 Schleswig
† 27.12.1936 Berlin [F.107]
S. trat als 19jähriger in die Armee ein, wurde nach Absolvierung der Kriegsakademie 1899 Hauptmann und avancierte im I. Weltkrieg zum Stabschef der 11. Armee. 1917/18 war er Generalstabschef der türkischen Armee. Obwohl Monarchist, stellte er sich nach 1918 in den Dienst der Weimarer Republik, organisierte konterrevolutionäre Feldzüge im Baltikum, war im April 1919 militärischer Berater der deutschen Delegation bei den Friedensverhandlungen in Versailles und leitete den als »Truppenamt« firmierenden Großen Generalstab. Im Kapp-Putsch 1920 erklärte er die Neutralität der Reichswehr, wurde danach Chef der Heeresleitung. S. arbeitete am Ausbau des 100.000-Mann-Heeres zur modernen Kaderarmee als Grundstock künftiger Aufrüstung, mußte aber 1926 wegen massiver Meinungsverschiedenheiten mit führenden Politikern und auf Druck der Entente zurücktreten und beschäftigte sich fortan als Militärschriftsteller. 1934/35 war

er militärischer Berater Tschiang Kai-scheks in China. *ThW*

Seelenbinder, Werner

Arbeiter
✶ 2.8.1904 Stettin
† (hingerichtet) 24.10.1944 Brandenburg-Görden

Der Sohn eines Maurerpoliers kam 1911 mit der Familie nach Berlin, besuchte hier bis 1918 die Volksschule und mußte bereits früh zum Unterhalt der Familie beitragen. Nach dem I. Weltkrieg arbeitete er als ungelernter Arbeiter, vorwiegend als Transportarbeiter und war von 1929 an mehrere Jahre arbeitslos. 1929 trat er der KPD bei. Schon früh dem Ringersport verschrieben, war er bis 1933 in Arbeitersportvereinen organisiert und gewann im Bereich des Arbeitersports zwischen 1922 und 1926 mehrere nationale und internationale Titel. Als er 1933 Deutscher Meister geworden war und bei der Siegerehrung den Hitlergruß verweigerte, wurde er für viele Monate gesperrt. Trotzdem konnte er sich für die Olympischen Spiele 1936 in Berlin qualifizieren und erreichte hier einen vierten Platz. 1937 bei den Europameisterschaften in Paris wurde er Dritter, 1938, 1940 und 1941 gelang es ihm wiederum, den Deutschen Meistertitel zu erkämpfen. S. hatte sich 1938 einer antifaschistischen Widerstandsgruppe angeschlossen und war bei seinen Auslandsaufenthalten als Kurier tätig. 1942 verhaftet, wurde er zum Tode verurteilt und im Zuchthaus Brandenburg-Görden hingerichtet. *EF*

Seeling, Heinrich

Architekt
✶ 1.10.1852 Zeulenroda (Thüringen)
† 15.2.1932 Berlin [F.83]

Nach dem Studium der Architektur in Berlin wurde S. bald selbständiger Architekt. Ab 1907 war er Stadtbaurat von Charlottenburg, S. war Vertreter des Historismus und Spezialist für Theaterbauten.

Wichtige Bauten: Wassertürme Westend, Bln.-Charlottenburg (1882–83, 1908–10); Neues Theater Am Schiffbauerdamm, heute Berliner Ensemble, Bln.-Mitte (1891–92); Deutsches Opernhaus, Bln.-Charlottenburg (1911–12, durch P. Baumgarten d.Ä. umgeb., teilw. zerst., durch F. Bornemann verändert aufg.); Erweiterung Rathaus Charlottenburg (1911–15). *KDS*

Seghers, Anna

(eigtl. Netty Rádvanyi, geb. Reiling)
Schriftstellerin, Ehrenbürgerin
✶ 19.11.1900 Mainz
† 1.6.1983 Berlin [F.108]

S., Tochter eines Antiquitätenhändlers, studierte in Köln und Heidelberg Philologie, Geschichte, Kunstgeschichte und Sinologie, 1924 Promotion über Rembrandt. Seit 1928 war sie Mitglied der KPD und des Bundes proletarisch-revolutionärer Schriftsteller. Für ihre erste Veröffentlichung, »Der Aufstand der Fischer von St. Barbara«, erhielt sie 1928 den Kleist-Preis. Nach der Verhaftung 1933 gelang ihr die Flucht nach Frankreich. In Paris arbeitete S. an verschiedenen antifaschistischen Zeitungen mit u.a. als Mitherausgeberin der (in Prag erschienenen) »Neuen Deutschen Blätter«. 1940 floh S. über Südfrankreich nach Mexiko, kehrte aber 1947 nach Deutschland zurück und nahm im selben Jahr den Georg-Büchner-Preis in Empfang. Ab Gründung bis 1978 war S. Präsidentin des Schriftstellerverbandes der DDR. Kennzeichnend für ihre Prosa ist die sachliche, knappe, Sentimentalitäten vermeidende Darstellung sozialer Spannungen, revolutionärer Situationen und antifaschistischen Widerstands. Ihre Exilromane »Das siebte Kreuz« (1942) und »Transit« (span. 1944, dt. 1948), der vor allem persönliche Erfahrungen verarbeitet, wurden weltbekannt. Auch zu ästhetischen Fragen nahm S. Stellung, u.a. in »Die Aufgaben der Kunst«. 1975 hatte sie in Berlin (Ost) den Titel einer Berliner Ehrenbürgerin erhalten. Sie wurde 1992 in die Gemeinsame Ehrenbürgerliste übernommen.

Literatur: A. Seghers Text u. Kritik 38, 1973; A. Seghers Materialienbuch, Hg. P. Roos u. F.J. Hassauer-Roos, 1977; K. Sauer, A. Seghers, 1978. *VM*

Sehring, Bernhard

Architekt
✶ 1.6.1855 Edderitz (Anhalt)
† 27.12.1941 Berlin

Nach dem Architekturstudium in Berlin war S. ab 1890 selbständiger Architekt und vertrat an seinen Bauten Gestaltungselemente vom Historismus bis Jugendstil.

Wichtige Bauten: Künstlerhaus St. Lukas, Bln.-Charlottenburg (1890); Wohnhaus und Atelier Hoppmeister, Grunewald, Bln.-Wilmersdorf (1893); Theater des Westens, Bln.-Charlottenburg (1895–96); Stadttheater, Cottbus (1908–10, rest. 1981–86). *KDS*

Seidel, Heinrich
Schriftsteller und Konstrukteur
✶ 25.6.1842 Perlin (Bez. Schwerin)
† 7.11.1906 Groß-Lichterfelde (Berlin) [F.60]
Der Sohn eines Pfarrers lebte ab 1851 in Schwerin. Ohne Schulabschluß arbeitete er sich vom Schlosserlehrling bis zum Ingenieur empor. S. studierte von 1860–62 einige Semester Maschinenbau am Polytechnikum in Hannover und be-

Heinrich Seidel (1842–1906)

währte sich dann vier Jahre in Güstrower Maschinenfabriken. 1866 beendete er seine Studien in Berlin und wurde 1868 Ingenieur. Anschließend war S. u.a. bei der Maschinenfabrik Wöhlert beschäftigt, die Lokomotiven baute. 1872, nach seinem Eintritt in die Berlin-Anhaltische-Eisenbahngesellschaft, wurden seine bekanntesten Entwürfe für Eisenbahnbauten realisiert: die Überbrückung der Yorckstraße, des Landwehrkanals, des Tempelhofer- und Halleschen Ufers und 1880 das eiserne Hallendach im Anhalter Bahnhof, mit einer Spannweite von 62,5 m breiter als »Unter den Linden«. Im selben Jahr beendete S. seine Ingenieurs-Laufbahn und widmete sich nur noch dem Schreiben, ermutigt durch Storm, der eine Novelle lobend erwähnt hatte. Bereits während seines Studiums war S. ein eifriges Mitglied der Dichtervereinigung »Tunnel über der Spree«. Die erste Veröffentlichung wurde die Novelle »Der Rosenkönig« (1871). Der große Erfolg kam allerdings erst mit dem 1882 erschienenen Titel »Leberecht Hühnchen«, der das Leben eines Deutschen Kleinbürgers der Gründerzeit humorvoll nachzeichnet. Der Anklang, den dieser Held kleiner Verhältnisse, der nie seinen Optimismus verliert, fand, motivierte S. zur Fortsetzung der Thematik ›Leberecht Hühnchen‹. Er verfaßte »Neues von Leberecht Hühnchen« (1888) und »Leberecht Hühnchen als Großvater« (1890). Es handelt sich, auch bei den 1880 erschienenen »Vorstadtgeschichten«, teilweise um wirklichkeitsnahe Genrebilder, vor allem jedoch um Idyllen, von denen jeder Zeitbezug ferngehalten wird.
Literatur: Jahn, J. (Hg.), Heinrich Seidel – Zwischen City und Idyll, 1997. *VM*

Selle, Christian Gottlieb
Mediziner
✶ 7.10.1748 Stettin
† 8.11.1800 Berlin
Seit 1756 in Berlin ansässig, entwickelte er sich zu einem vielbeschäftigten Arzt, praktizierte an der Charité, war Vizedirektor des Collegium medico-chirurgicum und Leibarzt des Königs Friedrich II. Als dieser 1786 starb, veröffentlichte S. »Die Krankheitsgeschichte des Höchstseeligen Königs von Preußen, Friedrich's des Zweyten Majestät«. Von ihm stammen auch umfängliche und immer wieder aufgelegte medizinische Werke wie die »Einleitung in die Natur- und Arzneiwissenschaft« und das »Handbuch der medicinischen Praxis«. Er gehörte zum engen Kreis der Berliner Aufklärer, war Mitglied der Mittwochsgesellschaft und seit 1786 Mitglied der Akademie der Wissenschaften. Er versuchte sich auch auf philosophischem Gebiet, wovon Artikel über Freiheit und Notwendigkeit oder die Moralität menschlichen Handelns in der »Berlinischen Monatsschrift« und die »Philosophischen Gespräche« von 1780 zeugen. In seinen philosophischen Ansichten war er ein Gegner Kants. Der Arzt Ernst Ludwig Heim vermerkte beim Tode S.s in seinem Tagebuch: »Er glaubte ein großer Philosoph zu sein, die eigentlichen Philosophen glaubten dies aber nicht, sondern hielten ihn für einen großen Arzt, und die Aerzte gestanden ihm letzteres nicht zu, sondern hielten ihn für einen großen Philosophen.« *EF*

Sellner, Gustav Rudolf

Regisseur

✶ 25.5.1905 Traunstein

† 8.5.1990 Königsfeld-Burgberg

S. war 1951–61 Intendant des Landestheaters Darmstadt, 1961–72 Intendant bzw. Generalintendant der Deutschen Oper Berlin und wirkte als Regisseur u.a. am Schillertheater in Berlin, am Wiener Burgtheater, an der Hamburger Staatsoper und bei den Salzburger Festspielen. Er bestach vor allem durch die Inszenierung antiker Tragödien, avantgardistischer Schauspiele und moderner Opern, z.B. Schönbergs »Moses und Aron« 1959 an der Deutschen Oper Berlin.

ThW

Senator, Hermann

Mediziner

✶ 6.12.1834 Gneesen

† 14.7.1911 Berlin [F.118]

S. studierte in Berlin und ließ sich dort 1857 als praktischer Arzt nieder. Bekannt machten ihn Forschungen u.a. zur Bauchspeicheldrüse, zur Niere und zur Zuckerkrankheit. 1875 zum Professor berufen, leitete S. die Innere Abteilung des Augusta-Hospitals, kam 1881 an die Charité und wurde später Leiter der III. Medizinischen Poliklinik. Er schrieb »Krankheiten und Ehe« (1908). 1907 übertrug man ihm die Präsidentschaft der Medizinischen Gesellschaft, deren Ehrenvorsitz er 1910 übernahm. *UH*

Seydel, *Karl* Theodor

Oberbürgermeister

✶ 14.7.1812 Minden

† 14.4.1873 Berlin [F.46]

S. wirkte von 1863–72 als erster in der Reihe liberaler Oberbürgermeister. Berlin entwickelte sich in dieser Zeit zur Großstadt, zum Industrie- und Verkehrszentrum und wuchs durch Zuwanderung sprunghaft. Die damit verbundenen städtebaulichen, kommunalpolitischen und sozialen Aufgaben nahm S. energisch in Angriff. Er begann, den von James Hobrecht bis 1862 ausgearbeiteten ersten Bebauungsplan in die Tat umzusetzen. Mietskasernen, Schulbauten, neue Straßenzüge, das Städtische Krankenhaus Friedrichshain, Humboldthain, Treptower Park, Börse, Markthalle, Neue Synagoge, Siegessäule und Rotes Rathaus haben in seiner Amtszeit das Leben der Berliner und das Stadtbild nachhaltig verändert. *ED*

Seydlitz-Kurzbach, Friedrich Wilhelm Freiherr von

Militär

✶ 3.2.1721 Kalkar (Krs. Kleve)

† 8.11.1773 Ohlau

Der Offizierssohn besuchte die Schule in Freienwalde, wurde 1734 Page beim Markgrafen von Schwedt und durchlief in dessen Kürassierregiment eine schnelle Karriere, wurde 1752 Chef des Dragonerregiments Nr. 12 und als Oberst ein Jahr später des Kürassierregiments Nr. 8. Im Siebenjährigen Krieg erwarb er sich den Ruf eines unschlagbaren Reitergenerals. *DW*

Siedler, Eduard Jobst

Architekt und Schriftsteller

✶ 7.3.1880 Loburg

† 1.2.1949 Berkeley (Kalifornien, USA)

Nach dem Architekturstudium in München und Berlin war S. seit 1908 in Berlin zunächst selbständiger Architekt, von 1926–45 Professor an der TH Charlottenburg. S. war Vertreter sachlich zurückhaltender Formen, bei der Überarbeitung seines preisgekrönten Reichskanzlei-Entwurfs veränderte er die äußere Gestaltung in Richtung »konservativer Moderne«.

Wichtige Bauten: Rathaus, Berlin-Zehlendorf (1926–29, mehrfach erweitert); Randbebauung Tempelhofer Damm der Siedlung auf dem Tempelhofer Feld, Bln.-Tempelhof (1927–28); Erweiterung Reichskanzlei, Bln.-Mitte (1928–30); Reichsluftschutzzentrale, Berlin (1938–39).

KDS

Siemens, Werner von (seit 1888)

Unternehmer

✶ 13.12.1816 Gut Lenthe b. Hannover

† 6.12.1892 Berlin [F.121]

Als Sohn eines Landwirtes in einer kinderreichen Familie aufgewachsen, fehlte das Geld für den Besuch der Berliner Bauakademie. Deshalb meldete er sich zum Militärdienst und wurde von 1835–38 an der Berliner Artillerie- und Ingenieurschule ausgebildet. Danach diente er in Magdeburg und Wittenberg, bis er Anfang der 40er Jahre nach Berlin versetzt wurde. Bei seiner Arbeit in den Artilleriewerkstätten entwickelte er einen elektrischen Zeigertelegraphen, 1847 errichtete er mit dem Mechaniker Georg Halske eine Telegraphenbauanstalt. Hier entwickelte er nach seinem Ausscheiden aus dem Militär 1849 eine Dynamomaschine, die erste brauchbare Elek-

trolok, die auf der Berliner Gewerbeausstellung 1879 gezeigt wurde, und auch die erste elektrische Straßenbahn, die ab 1881 in Lichterfelde fuhr. Aus dem kleinen Handwerksbetrieb war in wenigen Jahrzehnten ein bedeutendes Industrieunternehmen geworden. 1874 wurde S. Mitglied der Akademie der Wissenschaften. Als führendes Mitglied der Deutschen Fortschrittspartei gehörte er einige Jahre dem Preußischen Abgeordnetenhaus an. Seine Lebenserinnerungen erschienen 1892. An das Wirken des erfolgreichen Ingenieurs und Industriellen erinnern in Berlin sein Denkmal am Einsteinufer 17/19–25 (Charlottenburg), mehrere Gedenktafeln in der Klosterstraße (Mitte), in der Otto-Suhr-Allee 10–16 (Charlottenburg) und am Nollendorfplatz (U-Bahnhof, Schöneberg) sowie die Siemensstraßen in Tiergarten, Steglitz und Köpenick und der Siemensdamm in Charlottenburg.
Literatur: W. Feldenhuchen, Werner von Siemens. Erfinder und internationaler Unternehmer, 1992. *EF*

Siemering, *Rudolf* Leopold

Bildhauer
✶ 10.8.1835 Königsberg
† 23.1.1905 Berlin [F.5]
S. erhielt bereits früh Zugang zur Bildhauerei und studierte zunächst an der Kunstakademie in Königsberg. 1858 siedelte er nach Berlin über, wurde an der dortigen Akademie Schüler bei G. Bläser und beteiligte sich 1862 am Wettbewerb um das Berliner Schillerdenkmal, bei dem er einen Preis gewann. Mit diesen Mitteln finanzierte er 1862–63 eine Italienreise, die ihm das Studium klassischer Bildwerke ermöglichte. Den hieraus gewonnenen strengen Realismus wußte S. in seinen nachfolgenden Arbeiten wirkungsvoll einzusetzen. So entstanden in seiner späteren Amtszeit als Professor und Direktor des Rauch-Museums einige für Berlin wichtige Werke. S. bearbeitete historische Themen, u.a. »Wilhelm I.« für das Zeughaus (1888), das Haydn-Mozart-Beethoven-Denkmal für den Tiergarten (1904), ebenso wie schlichtere, darunter ein Denkmal für den Begründer der modernen Augenheilkunde A.v. Graefe (1882) oder – sein wohl populärstes Werk – die Statue der Hl. Gertraude auf der gleichnamigen Berliner Brücke.
Literatur: B. Daun, Siemering, 1906. *JM*

Sigismund (auch Siegmund)

deutscher König und Kaiser
✶ 15.2.1368 Nürnberg
† 9.12.1437 Znaim (Ungarn)
Von seinem Vater Karl IV. 1376 zum Markgrafen von Brandenburg gemacht, verpfändete S. 1388 das Land seinem Vetter Jobst von Mähren. Als dieser 1411 starb, setzte S. den Burggrafen Friedrich VI. von Nürnberg aus dem Hause Hohenzol-

Sigismund (1368–1437)

lern zum erblichen Statthalter in Brandenburg ein. Er übertrug ihm 1415 das Land mit allen Rechten; 1417 belehnte er ihn und verlieh ihm die Kurwürde als Friedrich I. *ED*

Silex, Karl Heinrich

Journalist
✶ 6.7.1896 Stettin
† 18.5.1982 Köln
Sein Vater war Pastor und starb, als S. drei Jahre alt war. 1914, nach dem Abitur, wurde er auf eigenen Wunsch Seekadett und während des I. Weltkriegs Kommandant. S. studierte Nationalökonomie in Kiel und führte das Studium in Berlin fort, Promotion 1921. Anschließend schlug er die journalistische Laufbahn ein. 1922 wurde S. Mitarbeiter der politischen Redaktion der »Deutschen Allgemeinen Zeitung«. Ein Jahr später reizte ihn das Ausland, er ging zur »christlichen Seefahrt«. Seine Reiseerfahrungen schilder-

te S. in der DAZ, für die er 1925 Korrespondent in London wurde. Von 1933–43 war er Chefredakteur dieser Zeitung, anschließend bei der Marine. Nach Kriegsende lebte S. als Journalist in Heidelberg und Stuttgart, wo er die Wochenzeitung »Deutsche Kommentare« gründete und »Bücher Kommentare« herausgab. 1955 Übersiedlung nach Berlin, um beim »Tagessspiegel« die Nachfolge des Chefredakteurs Reger anzutreten. 1963 trat er von seinem Amt zurück und veröffentlichte 1968 seine Memoiren: »Mit Kommentar. Lebensbericht eines Journalisten«. *VM*

Simmel, Paul

Zeichner und Karikaturist
✶ 27.6.1887 Spandau
† 24.3.1933 Berlin [F.50]
Zunächst im Schlosserhandwerk ausgebildet, folgte S. seiner künstlerischen Neigung und begann 1909 mit einem Studium an der Berliner Kunstakademie, das er später in München und Paris fortsetzte. Nach Ende des I. Weltkrieges wieder in Berlin lebend, war S. als fester Mitarbeiter der »Berliner Illustrierten« tätig, für die er vorwiegend, neben seinem weiteren zeichnerischen Werk, humorige und zeitkritische Arbeiten schuf, die ihn als Karikaturisten bekannt werden ließen. Darüber hinaus veröffentlichte er seine Karikaturen u.a. auch in der »Morgenpost« und in den »Lustigen Blättern«. S.s. scharfkonturige Zeichnungen, deren beigefügte Beschriftungen und Kommentare genau den Ton der Zeit trafen, waren beim Publikum außerodentlich beliebt, weshalb seine Zeichnungen außerdem in eigenen Bänden gesammelt herausgegeben wurden. S. galt als einer der führenden Karikaturisten der 20er Jahre in Berlin.
Literatur: Neues Paul-Simmel-Album, 1935. *JM*

Simon, Henri *James*

Textilkaufmann, Mäzen
✶ 17.9.1851 Berlin
† 23.5.1932 ebd. [F.118]
Entstammte einer der reichsten und angesehensten jüdisch-bürgerlichen Familien Berlins, Vater bedeutender Textilunternehmer. S., Absolvent des elitären Gymnasiums Zum Grauen Kloster, interessierte sich von Jugend an für alte Geschichte, Sprachen und Kunst; Mutter und Großeltern erzogen ihn zu sensiblem Sozialverhalten. Nach kaufmännischer Ausbildung in der gemeinsamen Firma des Vaters und des Onkels trat er dort mit 25 Jahren als Teilhaber ein. Der junge Geschäftsmann begann eine eigene Gemäldesammlung aufzubauen. Bald und mit namhaften Beträgen engagierte er sich bei karitativen Einrichtungen (Kinderhilfe) und bekleidete jahrzehntelang ehrenamtliche Leitungsfunktionen in der Berliner Industrie- und Handelskammer und anderen berufsständischen Vereinigungen. Später förderte Simon hauptsächlich die Deutsche Orient-Gesellschaft und Berlins staatliche Kunstmuseen durch Spenden sowie großzügige Schenkungen. Die Stadt verdankt ihm die 1912 im oberägyptischen Amarna mit seiner Finanzhilfe ausgegrabene weltbekannte Nofretete-Büste.
Literatur: O. Matthes, James Simon – Mäzen im Wilhelminischen Zeitalter, 2000. *GB*

Simson, Eduard Martin von (seit 1888)

Jurist, Politiker
✶ 10.11.1810 Königsberg
† 2.5.1899 Berlin [F.14]
Nachdem der Sohn eines jüdischen Kaufmanns 1823 zur evangelischen Religion übergetreten war und sein Jurastudium mit der Promotion 1829 abgeschlossen hatte, erhielt er bereits 1933 eine Professur an der Königsberger Universität. 1848 Delegierter zur Frankfurter Nationalversammlung und ab Oktober 1848 auch deren Präsident, bot er 1849 dem preußischen König vergeblich die Kaiserkrone an. Danach zog er sich für einige Jahre aus der Politik zurück. Seit 1858 war er Mitglied des preußischen Abgeordnetenhauses und von 1859–61 dessen Vizepräsident. Als Vertreter der Nationalliberalen Partei gehörte er von 1867–76 dem Norddeutschen bzw. Deutschen Reichstag an und war bis 1874 deren Präsident. Im Dezember 1870 trug er als Führer der Parlamentsdeputation dem preußischen König in Versailles die Kaiserkrone an. Von 1869–79 war er Gerichtspräsident in Frankfurt/O. und von 1879 bis zum Ruhestand 1891 Präsident des Reichsgerichts. *EF*

Singer, Paul

Politiker
✶ 16.1.1844 Berlin
† 31.1.1911 ebd. [F.102]
S. war als Kaufmann in Konfektionsfirmen tätig und gründete 1869 in Berlin die Damenmäntelfabrik Gebr. Singer. Über den linken Flügel der liberalen Deutschen Fortschrittspartei, die Arbeitervereine und die Internationale Arbeiterasso-

ziation kam er 1869 zur Sozialdemokratischen Arbeiterpartei und wurde, als diese 1878–90 durch »Sozialistengesetz« verboten war, zum Führer der Berliner Arbeiterbewegung und einem ihrer fähigsten Parlamentarier. Er gründete die Presseorgane »Vorwärts« (1876–78) und den illegal verbreiteten »Sozialdemokrat« (1879–90). S. war seit 1883 Berliner Stadtverordneter und 1884–1911 Reichstagsabgeordneter. Von 1890 bis zu seinem Tod einer der beiden Vorsitzenden der Sozialdemokratie, vertrat er diese auch international. Er war Gegner der Expansionspolitik Preußens und des Kaiserreichs, vertrat eine revolutionäre Linie in der Partei und setzte sich mit Lassalle u.a. auseinander. *ED*

Sintenis, Renée

Bildhauerin und Illustratorin
✶ 20.3.1888 Glatz
† 22.4.1965 Berlin [F.91]
Zunächst ausgebildet an der Stuttgarter Kunstschule, setzte S. 1908–11 ihre Studien an der Berliner Kunstgewerbeschule fort. 1929 wurde sie Mitglied der Akademie der Künste, wurde jedoch 1934 durch die Nationalsozialisten wieder hinausgedrängt. 1937 fiel ihr Werk unter die Aktion »entartete Kunst«; zahlreiche ihrer Arbeiten wurden beschlagnahmt. Zusätzlich verlor sie ihr Atelier und weitere Werke 1944 durch Bombenschaden. Seit 1947 war S. im Lehramt an der Berliner Hochschule für Bildende Künste tätig, was ihr die Gelegenheit bot, ihre traditionelle Naturbetrachtung an jüngere Berliner Künstler weiterzuvermitteln. 1955 wurde S. Mitglied der Akademie der Künste. Trotz Anerkennung ihres plastischen Menschenbildes (z.B. »Läufer Nurmi« 1926) hat S. vorwiegend auf dem Gebiet der Tierplastik gearbeitet und ist außerdem mit Holzschnitten zu literarischen Themen in Erscheinung getreten.
Literatur: R. Crevel, R. Sintenis, 1930; A. Jannasch, R. Sintenis, 1949; H. Kiel, R. Sintenis, 1956. *JM*

Skarbina, Franz

Maler und Radierer
✶ 29.2.1849 Berlin
† 18.5.1920 ebd. [F.23]
S., Sohn eines Goldschmieds, studierte 1865–68 an der Berliner Akademie und wurde 1878 zunächst Hilfslehrer, dann 1882–93 Hauptlehrer an der Anatomieklasse der Hochschule für Bildende Künste. Nach einem zwischenzeitlichen Parisaufenthalt (1885/86) trat er 1892 der »Gruppe der XI« bei und 1899 der Berliner Sezession. Besonderer Beliebtheit beim Publikum erfreuten sich seine zunächst kleinen realistischen, später mondäneren Bilder mit Szenen des Berliner Straßenlebens. *JM*

Skladanowsky, Max

Filmtechniker und Produzent
✶ 30.4.1863 Berlin
† 30.11.1939 ebd. [F.115]
S. unternahm nach optisch-mechanischer, fotografischer und Glasmalerlehre 1879 mit Vater und Bruder Tourneen als Schausteller mit farbigen Nebelbildprojektionen. Seit Mitte der 80er Jahre experimentierte er mit fotografischen Apparaten, um »lebende Bilder« herzustellen, baute 1892 eine Kamera und stellte auf dem Dachgarten Schönhauser Allee 146 in Berlin die ersten, nur wenige Meter langen Filme her. Am 1.11.1895 führte S. im Berliner »Wintergarten« ein fünfzehnminütiges Filmprogramm vor. Es war die erste Filmvorführung in Deutschland; die Wirkung der »lebenden Bilder« machte Sensation. Die Versuche, seine Erfindung kommerziell zu verwerten – die Deutsche Bank, die sich 20 Jahre später mit Millionen an der UFA beteiligen sollte, verweigerte S. einige tausend Mark Kredit – waren nicht erfolgreich. S. produzierte noch einige weitere Filme sowie Blätter-Bücher (sogenannte »Daumenkinos«).
Literatur: M. Hanisch, Auf den Spuren der Filmgeschichte. Berliner Schauplätze, 1991; J. Trimborn, Sammlung Max Skladanowsky. Aus dem Nachlaß eines Filmpioniers, 1997. *DTW*

Sklarek, Wilhelm

Arzt, Naturforscher
✶ 22.9.1836 Raschkow (Posen)
† 10.10.1915 Berlin [F.118]
S. studierte von 1854–58 in Berlin Medizin u. arbeitete im Physiologischen Institut von Dumbol Reymond. 1858 ließ er sich in Krossen und Eikenhagen als Arzt nieder. S. verfaßte populär-naturwissenschaftliche Abhandlungen, begründete die Wochenzeitschrift »Der Naturforscher« und leitete bis 1912 die »Naturwissenschaftliche Rundschau«, streng wissenschaftliche u. dennoch allgemein verständliche Fachzeitschriften. 1899 erhielt er den Titel eines Professors. *BF*

Slaby, Adolf Karl Heinrich
Ingenieur
✶ 18.4.1849 Berlin
† 6.4.1913 ebd. [F.5]
Studium an der Gewerbeakademie in Berlin. Ab 1873 war er Lehrer für Mathematik und Mechanik an der Gewerbeschule in Potsdam und ab 1876 Privatdozent an der Gewerbeakademie in Berlin. 1883 baute er als Professor den Lehrstuhl für Elektrotechnik an der TH Charlottenburg auf. Von 1906 bis 1908 VDI-Vorsitzender. Gemeinsam mit Graf Arco schuf er das erste deutsche Telegraphen-System und war Mitbegründer der deutschen Gesellschaft für drahtlose Telegraphie (Telefunken). *VTM*

Slevogt, Max
Maler, Grafiker, Bühnenbildner und Illustrator
✶ 8.10.1868 Landshut
† 20.9.1932 Neukastel
S. verbrachte seine Kindheit in Würzburg und hielt sich, bedingt durch verwandtschaftliche Bindungen, des öfteren in Neukastel auf. Von 1885–89 studierte er an der Münchner Akademie und verbrachte anschließend einen Studienaufenthalt in Paris (Académie Julian). Nach Landschaftsdarstellungen in Neukastel 1889/90 führte ihn eine erste Reise 1890 nach Italien, wonach er sich im selben Jahr in München niederließ. Hier beteiligte er sich an der Münchner Sezession, wurde auch für die Zeitschriften »Jugend« und »Simplicissimus« tätig, und lernte F. d'Andrade, den damals berühmten Don Giovanni-Interpreten, kennen. S.s. Bildwerk, bis dahin kaum von anderen Vorbildern beeinflußt, wurde 1900 in Paris, wo er sich an der Weltausstellung beteiligte, stark vom französischen Impressionismus inspiriert. Hiervon zeugen seine Tierbilder aus dem Frankfurter Zoo (1901), die ihm, nun schon Professor, 1901 die Übersiedlung nach Berlin und Mitwirkung an der dortigen Sezession erleichterten. Seine eigenständige und von freien Kompositionen geprägte Malerei wurde immer farb- und lichtreicher (»Der weiße d'Andrade« 1902), die gleiche Auffassung zeigten auch seine Buchillustrationen (u.a. »Ali Baba« 1903) und seit 1904 die Ausstattungen für Bühnen u.a. von Max Reinhardt. Verstärkt wurde das lichtvolle Farbspiel zusätzlich durch eine 1914 unternommene Ägyptenreise. Im I. Weltkrieg anfangs als Kriegsmaler tätig, beteiligte er sich 1916 an P. Cassirers Zeitschrift »Der Bildermann« und wurde 1917 Leiter einer Meisterklasse der Berliner Akademie. Bis in die 20er Jahre arbeitete er weiter an Illustrationen (»Faust, II. Teil« 1924–27) sowie an Bühnenbildern (»Zauberflöte«, Lindenoper 1928) und an Wandfresken (u.a Berliner Kindlbräu 1929). Neben seinen Gemälden, die ihn als einen der Großen des deutschen Impressionismus in Berlin zeigen, sind vor allem seine grafischen Arbeiten zur Weltliteratur richtungweisend.

Max Slevogt (1868–1932)

Literatur: M. Heffels, Die Buchillustration von M. Slevogt, 1960 [Börsenblatt f.d. dt. Buchhandel]; Sievers/ Waldmann, M. Slevogt. Das druckgraphische Werk I 1890–1914, 1962; H.-J. Imiela, M. Slevogt, 1968. *JM*

Smids, Michael Matthias (auch Smid, Schmidt, Smidts, Schmid)
Wasserbautechniker, Schiffszimmermann und Bauunternehmer
✶ 11.7.1626 Breda oder Rotterdam
† 24.7.1692 Berlin
S. hatte ab 1652 in Berlin eine Anstellung als Hofzimmermann und Schleusenbaumeister und wurde ab 1653 Hofbaumeister (anfangs J.G. Memhardt unterstellt), war dabei in Berlin und Umgebung einflußreicher Unternehmer (insbesondere Holzhandel), beschäftigte sich mehr mit Bauausführungen statt Architektur. S. ist in der Dorotheenstädtischen Kirche beigesetzt.

Wichtige Werke: Schleuse an der Schloßfreiheit, Bln.-Mitte (1657, unter J.G. Memhardt, zerst.); Wiederherstellung und teilweiser Neubau des Marstalls, Einbeziehung des Ribbeck-Hauses, Bln.-Mitte (1665–70); Lange Brücke Bln.-Köpenick (1669); Bauleitertätigkeit am Berliner Schloß sowie Tätigkeit beim Kanal-, Schleusen-, Brücken- und Festungsbau. *KDS*

Sobeck, Hans (»Hanne«)

Fußballer
✶ 18.3.1900 Mirow (Mecklenburg)
† 17.2.1989 Berlin [F.93]

Schon als Kind nach Berlin gekommen, spielte er Anfang der 20er Jahre bei Alemannia 90. 1923 und 1925 absolvierte er die ersten beiden Länderspiele als »Halbrechter«. Später wechselte er zu Hertha BSC. Von 1926–1931 erreichten die Herthaner jeweils das Endspiel um die Deutsche Meisterschaft – nur der Erfolg blieb bis 1930 versagt: in Düsseldorf wurde endlich das Endspiel gegen Holstein Kiel mit 5:4 gewonnen. Beliebt war S. auch als Sportreporter beim Berliner Rundfunk, der ihn schon Anfang der 30er Jahre verpflichtete. Achtmal spielte er noch in der Nationalmannschaft. Selbst als Vierzigjähriger stand er »seiner« Hertha noch zur Verfügung, wenn Not am Mann war. Später wurde er Trainer bei Hertha und war auch als Verbandssportlehrer für den VBB tätig. Seine Versuche als »Retter in der Not« während der Skandale 1965 und 1971 konnten den sportlichen Absturz der Hertha aber nicht aufhalten. *VTM*

Söhnker, Hans

Schauspieler
✶ 11.10.1905 Kiel
† 21.10.1981 Berlin

Nach seiner Schauspielausbildung debütierte S. am Kieler Theater. Danach folgten Engagements in Frankfurt/M., Danzig, Baden-Baden, Chemnitz, Bremen und 1933 Berlin. 1934 wurde S. für den Film entdeckt. In Produktionen des Unterhaltungsgenres übernahm er unzählige Rollen und avancierte zum Publikumsliebling. Pro Jahr drehte er durchschnittlich vier Filme, u.a. »Der Zarewitsch«, »Eva«, »Arzt aus Leidenschaft«, »Der Mustergatte«, »Die Fledermaus«, »Die Csardasfürstin«, »Schwarzwaldmädel«, »Große Freiheit Nr. 7«, »1 × 1 der Ehe«, »Geliebter Lügner«, »Oberarzt Dr. Solm«, »Geliebte Corinna«, »Der Hund von Baskerville« u.v.a.m. 1945–48 übernahm er ein Engagement am Schloßparktheater Berlin und wurde 1946 für seine schauspielerischen Leistungen mit dem Joachim-Gottschalk-Preis ausgezeichnet. Seit Anfang der 60er Jahre wirkte S. kaum noch in Filmen mit, dafür in Fernsehserien wie z.B. »Forellenhof«. *DTW*

Solger, Karl Wilhelm Ferdinand

Philosoph
✶ 28.11.1780 Schwedt
† 20.10.1819 Berlin

Der Beamtensohn besuchte ab 1795 das Gymnasium zum Grauen Kloster, ging 1799 zum Jurastudium nach Halle und lehrte seit 1809 an der Universität Frankfurt/O. 1811 kam er an die Berliner Universität und gehörte zu den frühen Rektoren der Berliner Universität, wurde er doch nach Fichte, Savigny und Rudolphi 1814 – im Todesjahr seines großen Vorgängers Fichte – in dieses Amt gewählt. Er bemühte sich erfolgreich, Hegel nach Berlin zu holen. 1815 stand er an der Spitze einer Kommission zur Verbesserung der Universitätsbibliothek. 1817 veröffentlichte er seine »Philosophischen Gespräche«. Im Mittelpunkt seines theoretischen Konzepts stand – in kritischer Auseinandersetzung mit Wortführern der Romantik – eine »tragische Ironie«. Goethe hatte eine hohe Meinung von den literaturkritischen Ansichten des Philosophen. Nach seinem frühen Tod verteidigte Hegel den Philosophen gegen Angriffe mit den Worten: »Solger war nicht wie die übrigen mit oberflächlicher philosophischer Bildung zufrieden, sondern sein echt spekulatives innerstes Bedürfnis drängte ihn, in die Tiefe der philosophischen Idee hinabzusteigen.«

Literatur: H. Fricke, K.W. Solger, 1941 (1972); P. Schulte, Solgers Schönheitslehre, Diss. 2001. *EF*

Sombart, Werner

Nationalökonom und Historiker
✶ 19.1.1863 Ermsleben/Harz
† 18.3.1941 Berlin [F.91]

Der Sohn eines Rittergutsbesitzers und Zuckerfabrikanten verbrachte die Jugendzeit in Berlin, wo er auch seit 1882 den größten Teil seiner Studien absolvierte. In Pisa und Rom arbeitete er über die sozialökonomischen Verhältnisse in Italien (»Die römische Campagna«, 1888). Nach praktischen wirtschaftlichen Erfahrungen in der Bremer Handelskammer erhielt S. 1890 eine Professur in Breslau. Er ging 1906 an die neugegründete Handelshochschule nach Berlin und lehrte ab 1918 auch an der Universität. Gerühmt wurde seine Fähigkeit, auch scheinbar »trockene« ökonomische oder statistische Fakten und Zusammenhänge in Wort und Schrift fesselnd und anschaulich darzustellen. Zu den von ihm selbst immer wieder überarbeiteten Hauptwerken gehören »Der proletarische Sozialismus (›Marxismus‹)« (1924, 1934 überarbeitet als »Deutscher Sozialismus«) und »Der moderne Kapitalismus« (6 Bde., 1902). Mit seinen ökonomischen Analysen von Marx aus- und über ihn hinausgehend, geriet S. zur praktischen Politik der deutschen Linken zunehmend in Widerspruch. In der Zeit des I. Weltkriegs vollzog er eine scharfe Wende. Seine deutsch-nationale Haltung, gepaart mit Ablehnung sowohl der kapitalistischen Moderne als auch des Kommunismus, und nicht zuletzt ein elitärer Ästhetizismus trugen dazu bei, daß S. in seinen späten Jahren zu einem geistigen Wegbereiter des Nationalsozialismus werden konnte.

Literatur: B. vom Brocke, W. Sombart, in: Deutsche Historiker, 1973; W. Krause, W. Sombarts Weg vom Kathedersozialismus zum Faschismus, 1962. *UH*

Sonnenschein, Carl

Theologe

✶ 15.7.1876 Düsseldorf

† 20.2.1929 Berlin [F.110]

Nach dem Studium in Bonn und Rom, der Promotion und der Priesterweihe war er als Kaplan tätig, leitete die Katholisch-soziale Studentenbewegung und war in Mönchengladbach Mitarbeiter des »Volksvereins für das katholische Deutschland«. 1918 kam er nach Berlin. Hier leitete er das Akademische Arbeitsamt und gab das Katholische Kirchenblatt heraus. Durch sein soziales Engagement wurde er als »Großstadtapostel« eine weitbekannte Persönlichkeit. Eine Gedenktafel in der Delbrückstraße 35 (Wilmersdorf) und der Sonnenscheinpfad in Tempelhof erinnern an den streitbaren Theologen. *EF*

Sontag, Henriette

(eigtl. H. Sonntag)

Sängerin (Koloratursopranistin)

✶ 3.1.1806 Koblenz

† 17.6.1854 Mexiko

S. begann in Wien (1822) und Leipzig und sang 1825–27 in Berlin, anschließend in Paris und London. Nach ihrer Heirat mit einem Diplomaten gab sie 1830–49 nur noch Konzerte. Am Ende ihrer Laufbahn kehrte sie auf die Opernbühne zurück und gastierte ab 1852 erfolgreich in Übersee. Fürst Pückler, mit dem sie schon in Berlin ein Verhältnis hatte, stellte ihr auch in London nach – in Branitz setzte er ihr ein Denkmal. *ThW*

Sophie Charlotte

Kurfürstin von Brandenburg,
Königin in Preußen

✶ 30.10.1668 Iburg

† 1.2.1705 Hannover [F.103]

Die Tochter des Herzogs Ernst August von Hannover wurde 1684 mit dem brandenburgischen Kurprinzen, späteren König Friedrich I., vermählt. Dieser zweiten Ehe des Kurprinzen entstammt der 1688 geborene einzige Sohn und Thronfolger Friedrich Wilhelm (I.). 1695 erhielt S. vom Kurfürsten im Austausch gegen Caputh das Dorf Lietzow, wo sie sich von Andreas Schlüter ein Lustschloß bauen ließ, das nach ihrem Tod den Namen Charlottenburg erhielt. Sie war für ihren Stand und für ihre Zeit überdurchschnittlich gebildet, belesen, pflegte den Kontakt zu den Geistesgrößen ihrer Zeit und erlaubte sich einen gewissen religiösen Freisinn. Nach dem Urteil ihres Enkels Friedrich II. »vereinigte sie das Genie eines großen Mannes mit den Kenntnissen eines Gelehrten in sich«. Zusammen mit Leibniz bewog sie den König, im Jahr 1700 die Berliner Societät der Wissenschaften zu gründen. *ED*

Sorma, Agnes

(eigtl. Martha Karoline Zaremba)

Schauspielerin

✶ 17.5.1865 Breslau

† 10.2.1927 Crownking (Arizona) [F.95]

S. begann als ganz junges Mädchen, u.a. in Breslau, Liegnitz, Görlitz und Posen. 1882 wurde sie von L'Arronge ans Deutsche Theater Berlin engagiert. 1890–94 holte sie Barnay ans Berliner Theater, 1894–98 spielte sie unter Brahm wieder am Deutschen Theater. Anschließend unternahm sie Tourneen durch zahlreiche europäische Staaten, spielte an verschiedenen Berliner Theatern und während des I. Weltkriegs auch in Fronttheatern. Ihre wichtigsten Rollen waren Käthchen von Heilbronn, Franziska (»Minna von Barnhelm«), Ophelia, Nora, Candida (Shaw), Rautendelein (Hauptmann, »Armer Heinrich«), Minna von Barnhelm, Porzia (»Kaufmann von Venedig«). S. galt als eine erstklassige »Natürlichkeitsspielerin«, die darüberhinaus große klassische Rollen mit dramatischem Atem gestalten konnte. »A. S. hatte das empfindlichste Ohr für den Tonfall der Sprache und wandelte diesen Tonfall in unerschöpflichen, aber auch unauffälligen Nuancen ab«, schrieb J. Bab 1927. *DTW*

Spalding, Johann Joachim

Theologe
✶ 1.11.1714 Tribsees (Vorpommern)
† 22.5.1804 Berlin [F.104 A]
Nach dem Theologiestudium in Rostock und Greifswald und der Promotion 1736 arbeitete er als Hauslehrer und als Pfarrer. In Halle lernte er den Philosophen Christian Wolff kennen. Intensiv beschäftigte er sich mit der englischen Aufklärung. 1764 kam er als Propst an die Nikolai- und Marienkirche und wurde darüber hinaus Oberkonsistorialrat. Mit seiner Schrift »Über die Bestimmung des Menschen«, die er bereits 1748 verfaßt hatte und die 1794 in 13. Auflage herauskam, wurde er zu einem der führenden Berliner Aufklärer. Mit seinem Plädoyer für eine Vernunftreligion schuf er sich unter den Theologen viele Feinde. Dagegen verteidigte Moses Mendelssohn die Position von Sp. 1780 gehörte er mit Ditterich und Teller zu den Herausgebern eines neuen Kirchengesangbuches, um dessen Einführung es zu einem mehrjährigen Streit kam. Friedrich II., der in diese Auseinandersetzung mit mehreren Erlassen eingriff, schrieb unter den Erlaß von 1781 seine berühmt gewordene handschriftliche Bemerkung: »Ein Jeder kann bei mir glauben, was er will, wenn er nur ehrlich ist…« Als sich nach dem Tod Friedrichs II. die Aufklärungsgegner um Wöllner durchsetzten, wandte sich Sp. 1788 mit einem Protest gegen das reaktionäre Religionsedikt an König Friedrich Wilhelm II. Als der Protest erfolglos blieb, trat er von seinen Ämtern zurück. *EF*

Spangenberg, Dietrich

Politiker
✶ 25.6.1922 Dömnitz (Mecklenburg)
† 3.8.1990 Berlin [F.92]
Nach Medizinstudium in Berlin und Militärdienst im Strafbataillon 1942–45 arbeitete Sp., der 1947 der SPD beigetreten war, in der Studentischen Selbstverwaltung und als Leiter des Büros für gesamtdeutsche Studentenangelegenheiten. Er gehörte zu den Gründern der FU Berlin. 1958–63 leitete er das Bundesbüro für politische Erziehung, war 1963–67 Senatsdirektor und Chef der Senatskanzlei. Mit Willy Brandt und Egon Bahr wirkte er für die Entspannungspolitik und hat dazu beigetragen, daß im Dezember 1963 das erste Passierscheinabkommen zwischen West- und Ostberlin zustande kam. 1967–69 war er Bevollmächtigter der Bundesregierung in Berlin und wurde dann Staatssekretär beim Bundespräsidenten Gustav Heinemann. *ED*

Späth, Franz Ludwig

Gärtner, Baumschulenbesitzer
✶ 25.2.1839 Berlin
† 3.2.1913 ebd. [F.18]
Sp. übernahm als junger Mann die schon 1720 von seinem Urahn Christoph Sp. gegründete kleine Gärtnerei vor dem Halleschen Tor und verlegte 1864 die Baumschulen in die Britzer Feldmark, wo sie bald ein Areal von 1000 Morgen Land einnahmen. Er förderte die Organisation und Betriebsführung des deutschen Baumschulwesens, prüfte den Anbauwert aller erreichbaren Obstsorten, züchtete Neuheiten und widmete sich vor allem der Frage der Obstsortenverminderung und der Obstbaumunterlagen. Sp. legte in Britz einen botanischen Garten und ein Arboretum an. *BF*

Speer, Albert

Architekt
✶ 19.3.1905 Mannheim
† 1.9.1981 London
Sohn eines Architekten. Nach dem Architekturstudium an der TH Karlsruhe, der TH München und an der TH Charlottenburg bei H. Poelzig und H. Tessenow (1923–29) bekam Sp. in Berlin als selbständiger Architekt zunächst nur kleine Aufträge. Auf Grund des überraschenden Todes von P.L. Troost (1934), des »Führerarchitekten«, fiel die Wahl Hitlers 1936 auf Speer. Geleitet von den Machtintentionen des Bauherren entwickelte Speer einen »kargen, panzerglatten Monumentalismus« in der Architektur, »hart und rigide im Habitus, reduziert im Detail, disziplinierend in der Wirkung« (Schäche). Sp. sollte auch die gewünschte »Neugestaltung« Berlins vorbereiten, wozu er, 1937 zum »Generalinspektor für die Reichshauptstadt Berlin« ernannt, mit den Kompetenzen eines Ministers ausgestattet und allein dem »Führer« unterstellt wurde. Für die Neugestaltung Berlins entwickelte Sp. (1936–42) ein

Achsenkreuz in N/S und O/W-Richtung mit dem Schnittpunkt im Bereich des Brandenburger Tores und einer Nord/Süd-Triumphstraße mit großer Halle, 2 Zentralbahnhöfen, Triumphbogen und sämtlichen wichtigen Partei-, Staats- und Repräsentationsbauten in maßstabsloser Monumentalität. Die Fertigstellung war für 1950 vorgesehen, Berlin sollte aus diesem Anlaß in »Germania« umgetauft werden. Für die Realisierung jenes Projektes wäre der Abriß von mehr als 54.000 Wohnungen erforderlich geworden. Wegen seiner Tätigkeit als »Reichsminister für Rüstung und Kriegsproduktion« (1942–45) wurde Sp. im Nürnberger Kriegsverbrecherprozeß zu 20 Jahren Haft verurteilt.
Literatur: W. Ribbe/W. Schäche (Hg.), Baumeister, Architekten, Stadtplaner, 1987. *KDS*

Spemann, Hans
Zoologe
✶ 27.6.1869 Stuttgart
† 12.9.1941 Freiburg i.Br.
Sp. absolvierte zunächst eine Buchhändlerlehre und studierte dann in Würzburg. Er erhielt dort 1904 eine Professur, ging 1908 nach Rostock und folgte 1914 einer Berufung zum Leiter der Abteilung für Entwicklungsphysiologie und zweiten Direktor des Kaiser-Wilhelms-Instituts für Biologie in Berlin-Dahlem. Gleichzeitig lehrte er an der Berliner Universität. Sp.s Hauptforschungsrichtung war die Keimentwicklung. Bei seinen »Schnürversuchen« entdeckte er 1918 den »Organisations-Effekt« bestimmter Keimteile eines gerade befruchteten Eis. Dessen Erforschung beschäftigte ihn bis zu seinem Tode. Dabei konnte z.B. gezeigt werden, daß eineiige Zwillinge des Menschen vollständig getrennte Doppelbildungen sind. Als er 1935 für die Auffindung des Organisations-Effektes während der embryonalen Entwicklung den Nobelpreis für Medizin erhielt, notierte er: »Ich bin zwar durch die Verleihung des Preises bekannter, aber nicht gescheiter geworden. Das scheinen viele zu vergessen«. S. ging 1919 nach Freiburg i.Br. *UH*

Spener, Johann Karl Philipp
Buchhändler, Redakteur
✶ 5.9.1749 Berlin
† 27.1.1827 ebd.
Sp. übernahm 1772 die Leitung des Verlags »Haude & Spener«. Er gab die Sortimentsbuchhandlung auf und stellte zwei Bereiche in den Mittelpunkt seiner erfolgreichen Tätigkeit: Reisebeschreibungen und moderne Technik. Zu den Autoren, die er teilweise selbst übersetzte, gehörten Kapitän Cook, dessen »Geschichte der Seereisen« 1772–84 erschien. Die »Berlinischen Nachrichten«, allgemein als »Spenersche Zeitung« – im 19. Jh. im Volksmund »Onkel Spener« – bekannt, redigierte er mit Geschick und Niveau. Ihm ist die Einführung der ständigen Theaterkritik und eines regelrechten Feuilletons zu verdanken. Sp. war der erste deutsche Verleger, der seine Zeitung seit 1823 auf der von Rudolf König erfundenen Schnellpresse drucken ließ. Nur die Londoner Times hatte vor ihm Königs Erfindung benutzt. Unter Sp.s Verlagsleitung begann die Pflege wissenschaftlicher und literarischer Zeitschriften, etwa der »Iris« oder der »Berlinischen Monatsschrift« von Gedicke und Biester, die zu einem führenden Blatt der Berliner Aufklärung wurde. Seine letzte Ruhe fand Sp. auf dem 1910 aufgelösten Friedhof der Dreifaltigkeitsgemeinde am Potsdamer Bahnhof. *BF*

Spener, Philipp Jakob
Theologe
✶ 13.1.1635 Rappoltsweiler (Elsaß)
† 5.2.1705 Berlin [F.104 A, Nordwand der Nikolaikirche]
Nach dem Theologiestudium in Straßburg, Basel, Genf, Stuttgart und Tübingen wurde er 1663

Philipp Jakob Spener (1635–1705)

Prediger am Straßburger Münster. 1666 kam er nach Frankfurt/M. und 1686 als Oberhofprediger nach Dresden. 1691 wurde er als Propst an die Nikolaikirche nach Berlin berufen. Auf ihn geht die Einführung der Konfirmation im Land Brandenburg zurück. Er gilt als einer der Hauptvertreter des lutherischen Pietismus. Eine Gedenktafel am Nikolaikirchplatz 4 (Mitte) sowie die Spenerstraße in Tiergarten erinnern an den Theologen. *EF*

Spielhagen, Friedrich

Schriftsteller und Publizist
✶ 24.2.1829 Magdeburg
† 25.2.1911 Berlin [F.7]
Sp., Sohn eines Regierungsbaurates, wuchs in Stralsund auf. Er studierte ab 1847 Jura, später Philosophie und Philologie in Berlin, wo er die 48er Revolution erlebte, in Bonn und Greifswald. Nach mehrjähriger Tätigkeit als Gymnasiallehrer in Leipzig war Sp. Feuilletonredakteur bei der »Zeitung für Norddeutschland« in Hannover und Redakteur der »Deutschen Wochenschrift« in Berlin. Von 1878–84 gab Sp. »Westermanns Monatshefte« heraus und schrieb erfolgreich für die Familienzeitschrift »Gartenlaube«. Seine bekanntesten Zeitromane erschienen in recht rascher Folge und machten ihn zu einem der erfolgreichsten Romanciers der 2. Hälfte des 19. Jhs. Seine Sympathien mit der 48er Revolution zeigte Sp. in »Problematische Naturen« (4 Bde. 1861), die Probleme der Industrialisierung in »Hammer und Amboß« (5 Bde. 1869) und die Interessen des Bürgertums in »Sturmflut« (3 Bde. 1877). Beiträge zur Erzähltheorie veröffentlichte er u.a. in »Vermischte Schriften« (2 Bde. 1864 und 1868) und »Beiträge zur Theorie und Technik des Romans« (1883).
Literatur: V. Klemperer, Die Zeitromane Spielhagens u. ihre Wurzeln, 1913; A. Fischbacher-Bosshardt, Anf. d. mod. Erzählkunst. Unters. zu F. Spielhagens theor. u. liter. Werk, 1988. *VM*

Spiker, Samuel Heinrich

Schriftsteller und Publizist
✶ 24.12.1786 Berlin
† 24.5.1858 ebd.
Sp. studierte und promovierte in Halle. 1814/15 gab er mit F. Rühs die »Zeitschrift für neueste Geschichte« heraus und arbeitete 1819–27 für das »Journal für Land- und Seereisen«. 1816 bereiste Sp. England und Schottland, seine Reiseberichte erschienen 1818 in 2 Bdn. Diese Aufenthalte, seine Übersetzungen Shakespeares, Scotts und Irvings und sein Dasein als Lebemann trugen ihm den Spitznamen »Lord Spiker« ein. 1827 erwarb er die »Haude & Spenersche Zeitung«, von den Berlinern »Onkel Spener« genannt, neben der »Vossischen Zeitung« (»Tante Voss«) das bedeutendste Blatt Berlins. Außerdem war er als Bibliothekar der kgl. Bibliothek tätig. 1848 verlor Sp. die Hofgunst, weil seine Zeitung einen Artikel über den Prinzen von Preußen gebracht hatte, der dem Hofe nicht genehm war.
Werke: S.H. Spiker, Berlin und seine Umgebungen im neunzehnten Jahrhundert, Nachdruck 1979. *VM*

Spindler, Johann Julius Wilhelm

Seidenfärber, Fabrikant, Gründer von »Spindlersfeld«
✶ 8.4.1810 Berlin
† 1873 ebd.
Sp. machte eine Lehre in der Seidenfärberei Chassang und wanderte von 1828–32 als Geselle durch Deutschland, Österreich und die Schweiz bis nach Oberitalien. Zurückgekehrt nach Berlin, gründete er zunächst mit dem Erbteil der Großmutter eine bescheidene Färberei in der Burgstraße 3, später eine Dampffärberei in der Wallstraße 12. Der Betrieb breitete sich immer mehr aus, so daß Sp. 1871 ein 200 Morgen großes Areal am linken Spreeufer unterhalb Köpenicks erwarb und dort »Spindlersfeld«, wie er es nannte, baute. Seine Söhne William und Carl führten das Unternehmen erfolgreich weiter. *BF*

Spitta, August Adolf *Max*

✶ 13.7.1842 Lissa (Provinz Posen)
† 12.12.1902 Berlin [F.108]
Sp., dessen Familie aus Belgien stammte, war nach dem Studium im Staatsdienst tätig (1888 Baurat, 1899 Geheimer Oberbaurat) und ab 1883 als Lokalbaubeamter bei der Ministerial-Baukommission überwiegend für historische Bauten in Berlin und Umgebung verantwortlich. Sp. vertrat hauptsächlich die neogotische »Hannoversche Schule«.
Wichtige Bauten: Neue Nazarethkirche, Bln.-Wedding (1889–93); Erlöserkirche Rummelsburg, Bln.-Lichtenberg (1890–92); Auenkirche Bln.-Wilmersdorf (1895–97); Johannes-Evangelist-Kirche, Bln.-Mitte (1895–1900). *KDS*

Spitta, Julius August *Philipp*
Musikwissenschaftler
✶ 27.12.1841 Wechold (Wesermarsch)
† 13.4.1894 Berlin [F.49]
Sp. studierte in Göttingen Theologie und klassische Philologie, promovierte 1864 und wurde Gymnasiallehrer in Reval, Sondershausen und Leipzig. 1875 wurde er an die Universität Berlin als Professor für Musikwissenschaft berufen. Er lehrte zugleich an der Kgl. Hochschule für Musik und war ständiger Sekretär der Akademie der Künste. Zusammen mit G. Adler und F. Chrysander gab er (1885–94) die »Vierteljahresschrift für Musikwissenschaft« heraus, die schnell zur führenden Fachzeitschrift wurde. Sp. wirkte auch an der Herausgabe der »Denkmäler Deutscher Tonkunst« mit, machte sich aber vor allem als Begründer der modernen Bachforschung einen Namen, die er durch Anwendung der Methodik der klassischen Philologie bereicherte. Seine Bachbiographie (1873/80) gehört bis heute zu den Standardwerken der Musikwissenschaft. Verdienste erwarb sich Sp. ferner durch die Herausgabe der Werke von H. Schütz (16 Bde., 1885–94) und der Orgelwerke von D. Buxtehude (2 Bde., 1876/77). *ThW*

Splitgerber, David
Kaufmann, Bankier
✶ 18.10.1683
† 23.2.1764 Berlin [F.111, Grab eingeebnet]
Sp. begründete zusammen mit Gottfried Adolph Daum 1712 mit königlicher Erlaubnis das erste Bankgeschäft in Berlin, das seit 1735 in der Gertraudenstraße 16/17 seinen Sitz hatte. Sp. unterhielt vielfältige vorindustrielle Anlagen, wie die Gewehr- und Waffenmanufakturen zu Potsdam und Spandau seit 1722, eine Spiegelfabrik in Neustadt an der Dosse sowie seit 1740 in Neukölln an der Blocksbrücke eine Zuckersiederei und Raffinerie. 1751 erhielt Sp. vom König das Zucker-Monopol für die Kur- und die Neu-Mark. Auch besaß er seit 1753 die Stahl-, Eisen- und Messingwerke sowie Schleif- und Poliermühlen in Neustadt-Eberswalde. *BF*

Spontini, *Gasparo* Luigi Pacifio
italienischer Komponist und Dirigent
✶ 14.11.1774 Majolati (Ancona)
† 24.1.1851 ebd.
Gegen den Willen seines Vaters schlug Sp. die Musikerlaufbahn ein. Nach seinen Studien war er als Opernkomponist für Rom, Neapel, Venedig und Florenz tätig. 1803 übersiedelte er nach Paris, wo er das Wohlgefallen der Familie Bonaparte erregte und 1805 zum Hofkomponisten sowie zum Kapellmeister der Kaiserin ernannt wurde. 1810–12 leitete er das Théâtre de l'Impératrice und führte hier u.a. Mozarts Opern erfolgreich auf. 1820 berief ihn Friedrich Wilhelm III. von Preußen nach Berlin. Er wurde »Erster Capellmeister und General-Musikdirector« – dies war die Geburtsstunde des Titels »Generalmusikdirektor« (GMD), den Dirigenten bis heute verliehen bekommen. In Berlin blieb er bis zu seiner Entlassung 1841 – er war wegen der Bevorzugung der konservativen Richtung und wegen der Verschleuderung riesiger Mittel für pompöse Inszenierungen (sogar lebende Elefanten mußten in der Oper »Olympie« auf die Bühne) heftig von der »reformierten« Opposition angefeindet worden. *ThW*

Spranger, Eduard
Kulturphilosoph und Pädagoge
✶ 27.6.1882 Groß-Lichterfelde b. Berlin
† 17.9.1963 Tübingen
Sp. wirkte 1920–46, unterbrochen von einem einjährigen Japanaufenthalt, als Professor in Berlin. Er beschäftigte sich mit Pädagogik, Psychologie und der Kulturgeschichte und untersuchte die Wechselbeziehung zwischen Kultur und Individualität. Sp. trat für eine ganzheitliche Erziehung ein und beeinflußte damit reformpädagogische Ansätze. Eine seiner Forderungen war die akademische Ausbildung auch von Volksschullehrern. *UH*

Sprengel, Christian Konrad
Botaniker
✶ 22.4.1750 Brandenburg
† 7.4.1816 Berlin
Sp. studierte in Halle Theologie sowie alte Sprachen, arbeitete als Lehrer und war 1780–94 Rektor des Gymnasiums in Spandau bei Berlin. Dort wandte er sich etwa ab 1787 verstärkt botanischen Studien zu, in deren Mittelpunkt die Fortpflanzungsorgane der Pflanzen und die Rolle von Insekten bei ihrer Bestäubung standen. Im Ergebnis seiner Beobachtungen und scharfsinnigen Schlußfolgerungen entstand sein Hauptwerk »Das entdeckte Geheimnis der Natur im Bau und in der Befruchtung der Blumen« (1793). Bis zu seinem Tode lebte Sp. als Privatgelehrter in Berlin. *UH*

Springer, Axel Cäsar
Verleger
✶ 2.5.1912 Altona
† 22.9.1985 Berlin [F.89]
Sp., Sohn des Verlegers Hinrich Springer in Altona, besuchte das Realgymnasium in Altona und wurde 1928 Lehrling im väterlichen Betrieb, wo er eine gründliche Ausbildung erfuhr. Er arbeitete danach als Reporter für die »Bergedorfer Zeitung« und in Hamburg im »Wolffschen Telegraphenbureau«. 1934 trat er als Redakteur bei den vom Verlag des Vaters verlegten »Altonaer Nachrichten« ein. Im April 1946 gründete Sp. die »Axel Springer GmbH« und gab erst die Programmzeitschrift »Nordwestdeutsche Hefte« und dann die »Hör zu!«, die mit rd. 13 Mill. Lesern (1985) zur auflagenstärksten Zeitschrift in Europa wurde, heraus. 1948 folgte Sp.s erste eigene Tageszeitung, das »Hamburger Abendblatt«, eine lockere, auf eine unpolitische Konsumgesellschaft gerichtete Zeitung, die binnen vier Jahren eine Auflage von 300.000 erreichte. 1950 baute Sp. in Hamburg ein neues Verlags- und Druckhaus, in dem im Juni 1952 zum ersten Mal die »Bild-Zeitung« erschien, die sich »Deutschlands modernste Zeitung« nannte und für ein bilderhungriges Massenpublikum konzipiert war. Im Dez. 1953 lag die Auflage der »Bild-Zeitung« bei 1,2 Mill., 1966 an manchen Tagen bei sechs und 1985 bei durchschnittlich 3,5 Mill. Tagesauflage. Seit 1956 erscheint zusätzlich »Bild am Sonntag« im Sp.-Verlag, 1953 ging »Die Welt« an Sp. 1957/58 erwarb Sp. ein Grundstück an der Kochstraße im alten Berliner Zeitungsviertel, wo 1959 der Grundstein für das neue Verlags- und Druckhaus gelegt wurde, das 1966 fertiggestellt war. Trotz des Baus der Mauer, die direkt neben dem Gebäude hochgezogen wurde, blieb Sp. mit seinem Hauptsitz demonstrativ in Berlin. Im Dez. 1959 ging der Ullstein-Verlag in den Besitz Sp.s über. 1970 wurde die Verlagsgruppe Axel Sp. in eine Aktiengesellschaft umgewandelt und 1971 als »Axel Sp. GmbH Ges. für Publizistik KG« neu geordnet. Heute ist der Konzern einer der beherrschenden deutschen Medienriesen. »Aufstieg und Laufbahn des Zeitungsverlegers Axel Sp. wären in jedem Land der Welt erstaunlich gewesen; in Deutschland nach dem II. Weltkrieg waren sie einzigartig. Es gab und gibt in der deutschen Zeitungsgeschichte nichts Vergleichbares« (Peter de Mendelssohn). Sp. unterstützte über eine Stiftung sozial schwache Künstler und setzte sich für die Versöhnung zwischen Juden und Christen ein. Er stiftete u.a. die Bibliothek des Israel-Museums in Jerusalem und das Leo-Baeck-Institute in New York.
Werke: Von Berlin aus gesehen. Zeugnisse eines engagierten Deutschen, 1971; Aus Sorge um Deutschland. Zeugnisse eines engagierten Berliners, 1980.
Literatur: M. Jürgs, Der Fall Axel Springer. Eine deutsche Biographie, 1996. *BF*

Springer, Julius
Buchhändler, Verleger
✶ 18.5.1817 Berlin
† 17.4.1877 ebd.
Sp. errichtete 1842 eine Buchhandlung und später den »Julius Springer Verlag« u.a. für wissenschaftliche Literatur (speziell Forstwissenschaft, Pharmazie, Technik). Anfangs verlegte Sp. auch freisinnige politische Flugschriften und schöne Literatur, z.B. Werke von Jeremias Gotthelf. Er war wiederholt (seit 1848) Stadtverordneter. Sp. saß 26 Jahre im Vorstand der Vereinigung der Berliner Buchhändler. Als Vorsteher des buchhändlerischen Börsenvereins beteiligte er sich an der Schaffung des Reichsgesetzes vom 11. Juni 1870 über den Schutz des Urheberrechts. *BF*

Springer, Robert (Gustav Moritz)
(Pseud. Adam Stein)
Schriftsteller und Publizist
✶ 23.11.1816 Berlin
† 21.10.1885 ebd.
Sp., Sohn eines Goldschmieds, besuchte das Lehrerseminar in Berlin. Nach kurzer Lehrertätigkeit lebte er als freier Schriftsteller abwechselnd in Italien, Frankreich, Österreich und Deutschland und kam 1853 endgültig nach Berlin zurück. Er schrieb für verschiedene Tageszeitungen und setzte sich in zahlreichen Veröffentlichungen mit Berliner Themen auseinander, u.a. »Berlin's Straßen Kneipen und Klubs im Jahre 1848« (1850), »Berlin wird Weltstadt« (o.J., 1868). Daneben erfreuten sich seine Romane zunehmender Beliebtheit, z.B. »Gräfin Lichtenau« (1871), »Devrient und Hoffmann« (1873), außerdem beschäftigte er sich mit literatur- und kunstgeschichtlichen Themen (»Charakterbilder und Scenerien« 1886). *VM*

Staegemann, Friedrich August von

Jurist, preußischer Beamter, Ehrenbürger
✶ 7.11.1763 Vieraden (Uckermark)
† 17.12.1840 Berlin [F.14]
Der Theologensohn wuchs nach dem Tod seiner Eltern in einem Berlin Waisenhaus auf, besuchte das Gymnasium zum Grauen Kloster und ging zum Jurastudium nach Halle. Seit 1785 arbeitete er als preußischer Beamter in Königsberg. Von 1806 an war er in Berlin tätig, zuerst im preußischen Finanzwesen, dann als Mitarbeiter von Hardenberg und Stein. Er war Teilnehmer am Wiener Kongreß 1815 und leitete zwischen 1819 und 1820 die »Staatszeitung«. Aus Anlaß seines 50. Dienstjubiläums ernannte man ihn zum Berliner Ehrenbürger. Er gehörte dem Tugendbund an, führte einen vielbesuchten Salon und verfaßte selbst Texte und Gedichte mit patriotischem Inhalt. *EF*

Stahl, Friedrich Julius

Rechtsphilosoph und Politiker
✶ 16.1.1802 Würzburg
† 10.8.1861 Bad Brückenau [F.46]
Seit 1840 in Berlin, entwickelte er eine christlich-konservative Staatslehre, die das Gottesgnadentum des Königs Friedrich Wilhelm IV. mit Verfassung und Parlament vereinbaren sollte. Von Friedrich Karl von Savigny u.a. Vertretern der Historischen Rechtsschule ausgehend, war er ein vehementer Verteidiger von Thron und Altar und Gegner aufklärerischer Naturrechtslehren und revolutionärer Ideen. Seit 1849 gehörte er zu den parlamentarischen Führern der Konservativen und war Mitarbeiter der 1848 gegründeten »Neuen Preußischen Zeitung«, die nach dem Eisernen Kreuz im Titel Kreuzzeitung genannt wurde.
Werke: Die Philosophie des Rechts in geschichtlicher Ansicht, 1830/37. *ED*

Stahn, Otto

Architekt und Brückenbaumeister
✶ 10.07.1859
† 31.01.1930 Berlin
St., Schüler von Raschdorff, Otzen und Schäfer, wurde 1913 Baurat und vertrat den Historismus hauptsächlich in den Formen der Neoromanik.
Wichtige Bauten: Moltkebrücke, Bln.-Tiergarten (1887); Gertraudenbrücke, Bln.-Mitte (1894–95); Oberbaumbrücke, Bln.-Friedrichshain (1894–96); Andreas-Kirche, Bln.-Zehlendorf/Wannsee (1895–97); Umbau Weidendammer Brücke, Bln.-Mitte (1895–97); Rathaus Wannsee, Bln.-Zehlendorf (1900–01). *KDS*

Staudte, Wolfgang

Schauspieler und Regisseur
✶ 9.10.1906 Saarbrücken
† 19.1.1984 Zigorski Vrh (Slowenien)
St. wuchs als Sohn eines Schauspielerehepaares ab 1912 in Berlin auf, lernte zunächst bei Mercedes Techniker und Automonteur und studierte zwei Semester in Oldenburg an der Ingenieurakademie. 1926 wurde St. Schauspieler – auch seine Eltern spielten am Rose-Theater und an der Volksbühne – an der Volksbühne, bei Reinhardt und Piscator. Ab 1930 übernahm er kleine Filmrollen. 1933 wurde ihm von den Nationalsozialisten die Spielerlaubnis am Theater entzogen. St. schlug sich mit Gelegenheitsarbeiten durch, muggte beim Rundfunk. Es folgten erste kleine Filme bei einer Werbefirma. Seinen ersten »richtigen« Film drehte er 1943 bei der »Tobis« – »Akrobat schö-ö-ön« mit Charlie Rivel. Es folgten weitere Unterhaltungsfilme bei anderen Filmgesellschaften – z.B. 1944 »Ich hab von dir geträumt«, 1945 »Frau über Bord« (unvollendet). Seine bedeutendsten Filme, für die er auch international Anerkennung erhielt, drehte er nach 1945 bei der DEFA. »Die Mörder sind unter uns« mit Hildegard Knef war 1946 der erste deutsche Nachkriegsfilm überhaupt, 1949 »Rotation«, 1951 »Der Untertan« (nach Heinrich Mann). 1953 folgte »Die Geschichte vom kleinen Muck«, einer der besten (und meistverkauften) Kinderfilme der DEFA. 1955 versuchte er Brechts »Mutter Courage« für den Film zu adaptieren, seine letzte Arbeit bei der DEFA (unvollendet). St. drehte danach nur noch in Westdeutschland, wo ihm so herausragende Filme gelangen wie »Rosen für den Staatsanwalt« (1959), »Kirmes« (1960), »Herrenpartie« (1964) – Filme, die um das Thema Faschismus kreisen und sich um eine kritische Aufarbeitung deutscher Nachkriegsgeschichte bemühen. In den 70er Jahren drehte St. einige (z.T. mehrteilige) Fernsehfilme – u.a. »Der Seewolf« (1971), »Der eiserne Gustav« (1978/79). – Weitere Filme: »Madelaine und der Legionär« (1958), »Der Maulkorb« (1958), »Der letzte Zeuge« (1960), »Die glücklichen Jahre der Thorwalds« (1962), »Die Dreigroschenoper« (1963), »Das Lamm« (1964), »Ganovenehre« (1966), »Die Herren mit der wei-

ßen Weste« (1969), »Fluchtweg St. Pauli« (1971), »Zwischengleis« (1978) u.a.
Literatur: Netenjakob/Orbanz/Prinzler, Staudte, 1991; M. Ludin, Wolfgang Staudte, 1996. *DTW*

Stauffenberg, Claus Graf Schenk von
Generalstabsoffizier
✶ 15.11.1907 Jettingen
† (erschossen) 20.7.1944 Berlin [F.46]
St. entstammte schwäbischem Adel, war mit den Familien York und Gneisenau verwandt und ergriff, der Familientradition folgend, den Offiziersberuf. 1926 trat er in die Reichswehr ein und wurde 1933 Oberleutnant. Während der Vorbereitung des II. Weltkrieges und in seinem Verlauf, besonders angesichts der auf Völkermord abzielenden Kriegsführung, gelangte er zu dem Schluß, daß nur der Sturz Hitlers und die Zerschlagung der Diktatur Deutschland vor der Katastrophe bewahren könne. Er entschied sich, unter Einsatz seines Lebens dazu beizutragen. Mit einem Kreis gleichgesinnter Offiziere und im Kontakt zu einstigen Ministern, hohen Beamten, Industriellen, Gutsbesitzern, Geistlichen u.a. Widerstandskreisen sehr unterschiedlicher politischer Zielsetzung plante er seit 1943 den Putsch. Der Beendigung des Krieges an allen Fronten sollten weitreichende innen- und außenpolitische Veränderungen folgen. St. strebte eine demokratische Ordnung in Deutschland an. Sein Amt als Chef des Generalstabs beim Oberbefehlshaber des Ersatzheeres, seit 1.7.1944 Oberst, ermöglichte es ihm, nach zwei fehlgeschlagenen Versuchen, am 20. Juli 1944 das Attentat auf Hitler auszuführen. Hitler kam mit leichten Verletzungen davon; der Putsch mißlang. Mit drei seiner Mitverschworenen wurde St. am selben Tag im Oberkommando der Wehrmacht festgenommen und im Hof des OKW-Gebäudes in der Bendlerstraße standrechtlich erschossen. Die Leichen wurden auf dem Matthäus-Friedhof begraben, kurz darauf exhumiert und die Asche auf den Rieselfeldern verstreut. *ED*

Steckel, Leonard
Schauspieler und Regisseur
✶ 18.1.1901 Kuihinin (Ungarn)
† 9.2.1971 Aitrang (Ostallgäu) [F.2]
St. debütierte nach 1921 am Neuen Volkstheater Berlin, spielte in der Folge an verschiedenen Berliner Bühnen (u.a. Deutsches Theater, Volksbühne und Piscator-Bühne). 1933–53 spielte St.

Claus Graf Schenk von Stauffenberg (1907–1944)

in der Emigration am Schauspielhaus Zürich (u.a. in den Uraufführungen »Der gute Mensch von Sezuan« und »Galileo Galilei«). Nach 1945 übernahm er viele Gastinszenierungen. 1957–59 war er Intendant der Freien Volksbühne Berlin. St. kam bei einem Eisenbahnunglück ums Leben. *DTW*

Steeg, Ludwig
Bürgermeister
✶ 22.12.1894 Ottweiler/Saar
† 6.9.1945 (sowjetisches Lager)
St., Jahrgang 1894, stammte aus dem Saargebiet. Er trat 1919 in die Berliner Stadtverwaltung ein und wurde ein enger Mitarbeiter des 1933 eingesetzten Stadtkommissars und Stadtpräsidenten Julius Lippert; seit 1934 Lipperts Stellvertreter in der Funktion des Stadtpräsidenten. 1933 war er NSDAP-Mitglied geworden. Nach Lipperts Ablösung fungierte St. 1940 als kommissarischer Bürgermeister und wurde im März 1945 noch zum Oberbürgermeister von Berlin ernannt. *ED*

Steenbeck, Max
Physiker
✶ 21.3.1904 Kiel
† 15.12.1981 Berlin
St. studierte ab 1923 in seiner Heimatstadt zunächst Chemie, wechselte 1924 zur Physik und

war 1927–45 in der Forschungsabteilung der Berliner Siemens-Schuckert-Werke tätig. Er untersuchte insbesondere elektromagnetische Vorgänge und ihre technische Anwendbarkeit, befaßte sich mit Plasmaphysik und entwickelte das Betatron, einen Elektronenbeschleuniger. Solche Geräte kommen heute bei der Behandlung tiefliegender Tumore zum Einsatz. 1945 ging er in die Sowjetunion und arbeitete dort bis 1956 am Atomprogramm mit. St. baute dort eine großtechnische Gaszentrifuge zum Trennen von Uran-Isotopen. Nach seiner Rückkehr wurde St. Professor und Institutsdirektor in Jena, später auch Vorsitzender des Forschungsrates der DDR und Vizepräsident der Akademie der Wissenschaften. Zeitweilig war er für den ostdeutschen Kernkraftwerksbau zuständig. Wissenschaftlich arbeitete er zu Fragen der Magnetohydrodynamik und beschäftigte sich mit theoretischen Problemen der Struktur der Materie. *UH*

Steffeck, *Carl* Constantin Heinrich

Maler, Radierer und Lithograph
✶ 4.4.1818 Berlin
† 11.7.1890 Königsberg [F.111]
Als Schüler der Berliner Akademie lernte er u.a. seit 1837 bei F. Krüger und C. Begas (ab 1839), ging dann nach Paris, 1840–42 nach Italien und war dann wieder in Berlin tätig. Seit 1848 war St. Direktor der Königsberger Akademie und wurde 1859 Professor an der zu Berlin, wo er u.a. M. Liebermann unterrichtete. Er stand als Tiermaler in Fortsetzung der Traditionen Krügers (v.a. Pferde- und Hundebilder). *JM*

Stegen, Johanna

(»Heldenmädchen von Lüneburg«)
✶ 11.1.1793 Lüneburg
† 12.1.1842 Berlin [F.109]
Während der Befreiungskriege 1813 versorgte sie im Kampf um Lüneburg preußische Soldaten mit Munition, wobei sie ihr eigenes Leben aufs Spiel setzte. Diese Tat wurde in Gedichten, so von Rückert, verherrlicht. In dem so entstehenden Mythos wurde sie zum »Heldenmädchen von Lüneburg«. Sie heiratete den freiwilligen Jäger Wilhelm Hindersin, mit dem sie nach Berlin kam, wo er als Lithograph arbeitete. Sie erhielt in Berlin-Mitte ein Ehrengrab. In Steglitz wurde ein Straße nach ihr benannt. *EF*

Stein zum Altenstein, Karl Sigismund Franz Freiherr vom (meist Altenstein genannt)

preußischer Minister
✶ 1.10.1770 Ansbach
† 14.5.1840 Berlin [F.10]
Der von Staatskanzler Hardenberg geförderte Referendar kam 1799 nach Berlin und unterstützte in der Folgezeit die Bemühungen der preußischen Reformer, u.a. bei der Gründung der Berliner Universität 1810. 1808–10 war er Finanzminister; 1817 übernahm er das neugebildete Ministerium für die geistlichen, Unterrichts- und Medizinalangelegenheiten. Er förderte Naturwissenschaften, Mathematik und Philosophie, war mit Fichte freundschaftlich verbunden und setzte sich 1828, gegen erhebliche Widerstände, persönlich für die Besetzung des seit Fichtes Tod 1814 in Berlin vakanten Philosophielehrstuhls mit Hegel ein. In seine Amtszeit fallen die Gründung des Alten Museums 1830, einer Technischen Schule, die Umgestaltung des Botanischen Gartens und der Charité. *ED*

Stein, Heinrich Friedrich *Karl* Reichsfreiherr vom und zum

preußischer Minister
✶ 26.10.1757 Nassau
† 29.6.1831 Cappenberg (Westfalen)
Nach dem Studium der Rechtswissenschaft seit 1780 im preußischen Staatsdienst, wurde er 1804 Minister für finanzielle und wirtschaftliche Angelegenheiten und war bemüht, in Preußen Reformen nach englischem Vorbild einzuführen. Da König Friedrich Wilhelm III. solche Pläne verwarf, nahm St. am 3.1.1807 seinen Abschied. Napoleon veranlaßte, daß ihn der König am 30.9.1807 als leitenden Minister wieder berief. Mit seinem und dem Namen Hardenberg sind eine Reihe umfassender Reformen verbunden: eine Städte- und Verwaltungsreform und der Beginn der Bauernbefreiung in Preußen 1808, die er unter zähem Widerstand aus Kreisen des Adels und von seiten des Königs durchsetzte. Am 24.11. 1808 wurde er erneut entlassen. Seine Gegner hatten Napoleon einen Brief in die Hände gespielt, in dem er sich für den nationalen Befreiungskampf aussprach. Er suchte in Österreich Zuflucht, wurde von Zar Alexander I. als politischer Berater nach Rußland berufen und beförderte von hier und später von Ostpreußen aus die Volkserhebung gegen Napoleon. Auf dem Wiener Kongreß 1814/15 wirkte er als russischer

Berater und Gegner Metternichs. Angebote, für Österreich oder Preußen in den diplomatischen Dienst zu treten, lehnte er ab. Er widmete sich historischen Studien und initiierte 1819 die »Gesellschaft für ältere deutsche Geschichtskunde« und die Quellensammlung »Monumenta Germaniae Historica«, welche durch die Verbreitung der Kenntnis deutscher Geschichte Nationalbewußtsein entwickeln sollte. *ED*

Steiner, Rudolf

Begründer der Anthroposophie
✶ 27.2.1861 Kraljevec (Slawonien)
† 30.3.1925 Dornach b. Basel
St., Sohn eines österreichischen Bahnbeamten, ging in Wien zur Schule, studierte dort Naturwissenschaften und betrieb geisteswissenschaftliche Studien. 1897 kam er nach Berlin und war Mitherausgeber des »Magazins für Litteratur« und der »Dramaturgischen Blätter«. Er lehrte von 1899–1905 an der Arbeiter-Bildungsschule und entwickelte sein anthroposophisches Weltbild, das zum Bruch mit der dt. Sektion der Theosophischen Gesellschaft führte, deren Generalsekretär er war. 1913 gründete er die Anthroposophische Gesellschaft. Ab 1914 errichtete St. in Dornach das Goetheanum, das geistige Zentrum der Anthroposophischen Gesellschaft, geprägt durch die eigenwillige architektonische Struktur der anfänglich in Holz-, später Betonbauweise gefertigten Häuser. St.s Werk ist umstritten und gilt als nahezu unüberschaubar. An Bedeutung gewannen vor allem seine pädagogischen Ideen und die Biologisch-Dynamische Landwirtschaft. *VM*

Steinrück, Albert

Schauspieler und Regisseur
✶ 20.5.1872 Wetterburg (Waldeck)
† 11.2.1929 Berlin [F.94]
St. begann in den 90er Jahren Theater zu spielen. Bevor er 1901 nach Berlin kam, war er an Bühnen in Mühlhausen, Wiesbaden, Breslau und Hannover. In Berlin spielte er am Schillertheater, dann am Neuen und am Kleinen Theater, 1906–08 am Deutschen Theater. 1908 ging er für zwölf Jahre an das Münchner Hoftheater, wo er als Direktor, Regisseur und Schauspieler den Höhepunkt seiner Karriere erlebte. 1921 kehrte er ans Staatstheater nach Berlin zurück. – St., massiv und stimmgewaltig, der von Ihering als »männlich, kantig und verschlossen« beschrieben wurde, war ein Charakterschauspieler von Format und leistete viel für die Entwicklung der realistischen Schauspielkunst. Besonders eindrucksvoll gestaltete er Rollen wie Dr. Schön (»Erdgeist«), Wehrhahn (»Biberpelz«), Hjalmar Ekdal (»Wildente«), Woyzeck, Mephisto, Marquis von Keith (Wedekind), Präsident Walter (»Kabale und Liebe«), Lear, Jago (»Othello«), Posa (»Don Carlos«), Michael Kramer. *DTW*

Stemmle, Robert A(dolf)

Schriftsteller, Filmregisseur und -produzent
✶ 10.6.1903 Magdeburg
† 24.2.1974 Baden-Baden
St. besuchte das Lehrerseminar in Genthin. Ab 1927 studierte er in Berlin einige Semester Literatur- und Theatergeschichte. Anschließend arbeitete er als Journalist und Puppentheaterdirektor, der seine Puppenspiele neben Theaterstücken und Romanen selbst schrieb. St. war Mitbegründer des Kabaretts »Die Katakomben« sowie Dramaturg und Regisseur u.a. an der Volksbühne in Berlin. Ab 1930 arbeitete er als Filmregisseur, -produzent und Drehbuchautor u.a. bei UFA und Bavaria. Zu seinen bekanntesten Filmen gehören »Quax der Bruchpilot«, »Charleys Tante« und »Emil und die Detektive«. Auch nach dem Krieg war St. als Regisseur und Autor für Theater, Film und Fernsehen tätig. Der Bearbeitung von Fällen der Kriminalgeschichte galt St.s besonderes Interesse: »Der Mann, der Sherlock Homes war«, »Affaire Blum«. Mit G.H. Mostar sammelte St. Kriminalfälle in »Der neue Pitaval« (1963–69). *VM*

Stephan, Heinrich von (seit 1885)

Generalpostmeister
✶ 7.1.1831 Stolp
† 8.4.1897 Berlin [F.11]
Der Handwerkersohn aus Pommern und wißbegierige Schüler begann seine Laufbahn 1848 als Schreiber im Postbüro seiner Heimatstadt. Über Marienburg, Danzig, Köln u.a. Stationen kam er 1859 ins Generalpostamt von Berlin und bewies Organisationstalent und Pioniergeist. Er modernisierte Dienstinstruktionen, publizierte Studien über die Geschichte der preußischen Post und ein Lehrbuch für Postbeamte, den »Kleinen Stephan« (1863). 1870 ernannte ihn Bismarck zum Generalpostmeister des Norddeutschen Bundes, 1876 übernahm St. dieses Amt für das gesamte Deutsche Reich. 1895 wurde er Staatsminister. Die vorbildliche Organisation des deutschen Postwesens, Vereinfachung der Posttarife, Vereini-

Heinrich von Stephan (1831–1897)

gung von Post- und Telegrammwesen 1876, Einführung des Fernsprechers und der Postkarte haben seinen Namen populär gemacht. 1875 gründete er den Allgemeinen Postverein, der seit 1878 Weltpostverein hieß. *ED*

Stern, Julius

Dirigent und Musikpädagoge
✶ 8.8.1820 Breslau
† 27.2.1883 [F.119]

St. wurde als Jude für die Leitung der Berliner Singakademie für ungeeignet befunden, gründete 1847 den Stern'schen Gesangverein, der sich zur ernsthaften Konkurrenz der Singakademie entwickelte. 1850 gründete er mit Marx und Kullak die »Musikschule für Gesang, Klavier und Komposition«, die, nach dem Ausscheiden der beiden anderen Mitbegründer, »Stern'sches Konservatorium« geheißen, sich des Rufs, eine der besten privaten Musikschulen zu sein, erfreute. *ThW*

Stinde, *Julius* Ernst Wilhelm

(Pseud. Alfred de Valmy, J. Steinmann, Wilhelmine Buchholz, Richard E. Ward)
Schriftsteller und Journalist
✶ 28.8.1841 Kirchnüchel (Kreis Plön)
† 5.8.1905 Olsberg (Hochsauerlandkreis)

St., Sohn eines Propstes, brach seine Apothekerlehre ab, um Chemie in Kiel, Gießen und Jena zu studieren. Nach der Promotion 1863 arbeitete St. drei Jahre in Hamburg in chemischen Fabriken. Seine journalistische Laufbahn begann 1865 u.a. mit Theaterkritiken und Erzählungen, die er als freier Mitarbeiter für die Zeitschrift »Reform« schrieb. Als fester Mitarbeiter war er u.a. für die »Spenersche Zeitung« tätig. Das Hamburger Karl-Schultze-Theater führte erfolgreich verschiedene Volksstücke von St. auf, u.a. »Tante Lotte« (1875), »Die Familie Carstens« (1877). 1876 ging St. als freier Schriftsteller nach Berlin, wo er ab 1879 unter dem Pseud. Wilhelmine Buchholz im »Deutschen Monatsblatt« verklärende Schilderungen des Berliner Kleinbürgerlebens veröffentlichte, die den Grundstein für seine erfolgreiche Buchholz-Serie legten: »Buchholzens in Italien« (1883), »Die Familie Buchholz« (3 Tle. 1884–86), »Frau Buchholz im Orient« (1888), »Wilhelmine Buchholz' Memoiren« (1895).

Literatur: U. Goerdten, J. Stinde, 1979 (Ausstellungsführer der UB der FU Berlin). *VM*

Stöcker, Hulda Caroline Emilie *Helene*

Frauenrechtlerin, Publizistin
✶ 13.11.1869 Wuppertal
† 24.2.1943 New York

Als Tochter eines Textilfabrikanten absolvierte sie zunächst eine Lehrerinnenausbildung, entfloh 1889 20jährig der puritanischen Strenge ihres Elternhauses und ging nach Berlin. Sie studierte in Berlin und Glasgow Germanistik, Nationalökonomie und Philosophie. 1901 promovierte sie als erste deutsche Frau in Bern. 1903 hielt sie Vorlesungen an der Berliner Lessing-Hochschule und gab die »Frauen-Rundschau« heraus. Seit 1905 lebte St. ohne Trauschein mit dem Rechtsanwalt B. Springer zusammen. Sie setzte sich für Sexualreformen und für die Reformierung des Familien- und Nichtehelichenrechtes ein. Zugleich war sie im »Bund für Mutterschutz« und als Redakteurin der Zeitschriften »Mutterschutz« und »Die neue Generation« tätig. Als Kriegsgegnerin engagierte sie sich in der »Liga für Menschenrechte« und in der »Deutschen Friedensgesellschaft«. Sie trat für die Gleichberechtigung der Frau als »freie selbstverantwortliche Persönlichkeit« ein. Zusammen mit dem Berliner Sexualwissenschaftler Magnus Hirschfeld engagierte sie sich für die Abschaffung des § 175, da sie grundsätzlich staatliche Einwirkungen in Beziehungen verurteilte. In der von ihr in Berlin

herausgegebenen Zeitschrift »Die neue Generation« kämpfte sie für die sexuelle Befreiung der Frau aus der wilhelminischen Tradition von Prüderie und Doppelmoral. Als 1933 alle Ehe- und Sexualberatungsstellen von den Nazis geschlossen wurden, emigrierte St. über die Schweiz, England, Dänemark in die USA.
Literatur: P. Rantzsch, Helene Stöcker zwischen Pazifismus und Revolution. *KD*

Stoeckel, Walter

Mediziner
✶ 14.3.1871 Stobingen (Ostpreußen)
† 12.2.1961 Berlin
Seine wissenschaftliche Laufbahn führte St. über Bonn, Breslau, Erlangen, Berlin (1904–05), Marburg, Kiel, Leipzig in die Hauptstadt. Dort übernahm er 1926 die Leitung der Universitäts-Frauenklinik. Ansehen gewann er durch Arbeiten zur urologischen Gynäkologie. Seine Lehrbücher zur Gynäkologie und Geburtshilfe waren Standardwerke. Über St., dem wohl berühmtesten Frauenarzt Deutschlands in der ersten Hälfte des 20. Jhs., hieß es in Berlin: Operieren bei Sauerbruch, Kinder kriegen bei Stoeckel! *UH*

Stoecker, Adolf

Theologe, Politiker
✶ 11.12.1835 Halberstadt
† 7.2.1909 Bozen-Gries [F.10]
Nach dem Theologiestudium in Halle und Berlin arbeitete er zuerst als Hauslehrer, dann als Pfarrer und kam 1874 als Hof- und Domprediger nach Berlin. Seit 1877 Leiter der Berliner Stadtmission, drängte er mit der Gründung einer Christlich Sozialen Arbeiterpartei 1878 in die Politik. Er gehörte von 1878–98 dem preußischen Abgeordnetenhaus und zwischen 1881 bis 1893 sowie 1898–1908 dem Deutschen Reichstag an. Er propagierte eine extrem antisemitische Politik. 1890 wurde er von seinem Predigeramt abberufen und verließ 1896 auch die Konservative Partei, zu deren rechtesten Vertretern er bis dahin zählte. *EF*

Stolz, Robert

Komponist und Kapellmeister
✶ 25.8.1880 Graz
† 22.6.1975 Berlin
St. studierte in Wien u.a. bei Humperdinck und machte sich besonders als Operettenkomponist einen Namen, schrieb auch zahlreiche Show-Musiken, Ballette und Singspiele. Nach dem I. Weltkrieg lebte er in Berlin, emigrierte vor den Nationalsozialisten zuerst nach Wien, später in die USA. Schon zur Stummfilmzeit arbeitete er für den Film, schrieb und dirigierte Premieren-Begleitmusiken. Später gehörte er zu den produktiven Filmkomponisten. *ThW*

Stolze, Wilhelm

Erfinder
✶ 20.5.1798 Berlin
† 8.1.1867 ebd. [F.110 A]
St. gilt als Erfinder der Stenographie. 1841 veröffentlichte er ein neues deutsches Stenographiesystem, das dem bisherigen vor allem in seiner Genauigkeit und durch feste Regeln überlegen war. Es bildet u.a. die Grundlage der gegenwärtigen deutschen Einheitskurzschrift. *UH*

Stomps, V(ictor) O(tto)

(Pseud. VauO)
Schriftsteller und Verleger
✶ 26.9.1897 Krefeld
† 4.3.1970 Berlin [F.94]
Als Sohn eines Rechtsanwaltes wuchs St. in Berlin auf. Nach Ende des I. Weltkriegs studierte er (ohne Abschluß) und arbeitete als Hilfsregisseur und Dramaturg für die UFA. In Berlin gründete S. 1924 die Druckerei und 1926 den Verlag »Die Rabenpresse«, außerdem gab er die literarischen Zeitschriften »Der Fischzug« (1926), »Der weiße Rabe« (1932–34) und »Löse und Binde« (1937) heraus. 1949 setzte St. die Förderung und Entdeckung junger Autoren fort durch die Frankfurter Verlagsgründung »Eremitenpresse«. In Berlin schuf St. 1967 den Verlag »Neue Rabenpresse«. Zu seinen Werken gehören: »Tage, Jahre, Menschen« (1947), »Babylonische Freiheit« (1964).
Literatur: G.B. Fuchs u. H. Pross (Hg.), Guten Morgen VauO, ein Buch für den weißen Raben, 1962. *VM*

Stone, Shepard

Publizist, Ehrenbürger
✶ 31.3.1908 Nashua (USA)
† 5.5.1990 Vermont (USA)
Nach dem Studium der Geschichte und Staatswissenschaften in den USA sowie in Heidelberg und Berlin, wo er 1932 promovierte, arbeitete er als Publizist, diente dann bis 1946 in der Armee,

mit der er 1945 nach Deutschland kam. Von 1949 an arbeitete er beim US-Hochkommissariat in Deutschland, bis er 1952 in die USA zurückging, wo er in der Ford Foundation tätig wurde. Von 1968–73 wirkte er als Präsident der Internationalen Vereinigung für die Freiheit und Kultur in Paris. Als das Aspen-Institut aus den USA eine Filiale in Berlin eröffnete, kam er 1974 als ihr Direktor nach Berlin, wo er bis 1988 tätig war. Seine stete Verbundenheit mit Berlin zeigte sich in der frühen Unterstützung der Freien Universität und Austauschprogrammen, in den Vorschlägen für das Wissenschaftskolleg und in dem Aufbau einer Shepard Stone Stiftung. 1983 wurden seine Verdienste um Berlin mit dem Ehrenbürgertitel gewürdigt. *EF*

Strack (d.Ä.), Johann Heinrich

Architekt, Baubeamter, Fachschriftsteller
✶ 6.7.1805 Bückeburg
† 13.6.1880 Berlin [F.108]

Nach dem Studium an der Akademie der Künste ab 1824 und Bauakademie in Berlin sowie Mitarbeit im Atelier K.F. Schinkels (1825–32) wurde St. zunächst Privatbaumeister (1832–37) und stieg danach im Staatsdienst bis zum Hofarchitekt des Kaisers (ab 1876) auf. Daneben lehrte St. an der Kunstakademie (ab 1839) und an der Bauakademie (1854–80) und war ab 1838 Mitherausgeber des Architektonischen Albums. St. war wichtiger Vertreter des Berliner und Potsdamer Spätklassizismus und bestimmte nach dem Tod F.A. Stülers die Staats- und Hofbauten in Berlin. Wichtige Bauten: Gebäude Zoologischer Garten, Bln.-Tiergarten (1841–44, zerst.); Petrikirche, Bln.-Mitte (1846–53, zerst.); Maschinenbauanstalt Borsig, Bln.-Mitte (1857–60, zerst.); Siegessäule, Bln.-Tiergarten (1865–73, 1938–39 umgesetzt u. verändert); Weiterbau Nationalgalerie, Bln.-Mitte (1866–76, Überarbeitung von F.A. Stülers Plänen); Seitenhallen Brandenburger Tor (1867–68, zus. mit H. Blankenstein); Unterbau Kreuzberg-Denkmal, Bln.-Kreuzberg (1875–78). Literatur: U. Kieling, Berliner Baubeamte und Staatsarchitekten im 19. Jh., 1986. *KDS*

Strassmann, Ferdinand

Mediziner, Ehrenbürger
✶ 24.2.1838 Rawitsch (Provinz Posen)
† 19.4.1931 Berlin [F.119]

Aus einer Medizinerfamilie stammend, studierte auch er in Berlin Medizin, wobei einer seiner Lehrer Rudolf Virchow war. Nach der Promotion 1862 praktizierte er in Berlin, wo er auch der Jüdischen Gemeinde angehörte. Hohe Anerkennung erwarb er sich bei der Seuchenbekämpfung, als Berlin 1866 unter der Choleraepidemie zu leiden hatte. 1900 gründete er eine Privatklinik. Von 1889 an arbeitete er als unbesoldeter Stadtrat und engagierte sich besonders für die Verbesserung des öffentlichen Gesundheitswesens, wovon neue Krankenhäuser und andere medizinische Einrichtungen zeugten, die in seiner Amtszeit entstanden. In den Jahren des I. Weltkrieges als Stadtmedizinalrat angestellt, erhielt er 1915 die Berliner Ehrenbürgerwürde. Nach einem schweren Unfall 1919 mußte er seine kommunalpolitische Tätigkeit aufgeben. *EF*

Straub, Agnes

Schauspielerin
✶ 2.4.1890 München
† 8.7.1941 Berlin

St. debütierte mit fünfzehn Jahren in Heidelberg, ging dann nach Bonn, Königsberg und nach Berlin, wo sie seit 1915 an verschiedenen Bühnen (u.a. Schiller-, Lessing-Theater, Deutsches Theater) spielte und als tragische Charakterdarstellerin – u.a. als Kriemhild (»Die Nibelungen«), Mutter (Bronnen, »Vatermord«), Medea (Jahnn) – geschätzt wurde. In den 30er Jahren war sie auch in Filmrollen zu sehen. G. Weisenborn schrieb für sie das Stück »Die Neuberin« (1935). *DTW*

Straumer, Heinrich

Architekt
✶ 7.12.1876 Chemnitz
† 22.11.1937 Berlin

Nach dem Studium in Dresden kam der Meisterschüler von Paul Wallot 1903 nach Berlin. Hier schuf er eine Reihe von Wohnhäusern im Landhausstil sowie Geschäfts- und Kaufhäuser. Bekannt wurde vor allem als Architekt des Funkturms, der 1926 anläßlich der 3. Funkausstellung eingeweiht wurde. Seine Ansichten zur Architektur kann man in dem 1997 wiederaufgelegten Buch »Neue Werkkunst« aus dem Jahre 1927 erfahren. *EF*

Straus, *Oscar* Nathan
Komponist und Dirigent
∗ 6.3.1870 Wien
† 11.1.1954 Bad Ischl
St. studierte bei M. Bruch in Berlin, war mehrere Jahre Theaterkapellmeister. 1901 holte ihn E.v. Wolzogen als Hauskomponist ans »Überbrettl«, das erste literarische Kabarett Berlins, wo St. viele bekannte und beliebte Chansons schrieb. St. komponierte zahlreiche Operetten; nur »Die lustigen Nibelungen« (1904) und »Ein Walzertraum« (1907) hatten über den Tag hinaus Bestand. Seit 1927 in Wien lebend, emigrierte er 1938 über Paris in die USA. *ThW*

Strauss, Richard
Musiker
∗ 11.6.1864 München
† 8.9.1949 Garmisch-Partenkirchen
Der Sohn eines Musikers studierte einige Semester in München, bevor er sich ganz der Musik zuwandte. Über verschiedene Stationen als Kapellmeister in Meiningen, München und Weimar kam er 1894 als Hofkapellmeister nach München. Bekannt wurde er in den 90er Jahren durch seine Tondichtungen »Don Juan«, »Till Eulenspiegel«, »Also sprach Zarathustra«, »Don Quixote« und »Ein Heldenleben«. Er kam 1894 für ein Jahr als Chefdirigent des Berliner Philharmonischen Orchesters nach Berlin. Von 1898–1918 war er 1. Hofkapellmeister an der Berliner Hofoper. In dieser Zeit, zwischen 1905 und 1911, entstanden drei seiner bekanntesten Opern: »Salome«, »Elektra« und »Der Rosenkavalier«. Seit 1901 gehörte er der Akademie der Künste an. Aus seiner Funktion eines Präsidenten der Reichsmusikkammer, die er von 1933–35 innehatte, mußte er wegen seiner Beziehung zu Stefan Zweig zurücktreten. In den Jahren 1934–45 nahm er viele Gastdirigate wahr und arbeitete häufig in Bayreuth. Eine Gedenktafel am Theodor-Heuss-Platz (Charlottenburg) und eine Straße in Wilmersdorf erinnern an das Wirken eines der größten Komponisten des 20. Jhs. *EF*

Streckfuß, Adolf *Carl*
Schriftsteller
∗ 10.5.1823 Berlin
† 11.10.1895 ebd. [F.109]
Nach dem Studium an landwirtschaftlichen Akademien gelang es ihm jedoch nicht, in den preußischen Staatsdienst aufgenommen zu werden, da er während der revolutionären Ereignisse der Jahre 1848 und 1849 als radikaler Demokrat aufgetreten war. Er verdiente seinen Unterhalt als Tabakwarenhändler, engagierte sich aber intensiv als Schriftsteller von Romanen und Novellen. Wegen seiner historischen Arbeit »Die große französische Revolution und die Schreckensherrschaft« wurde er sogar angeklagt, dann allerdings freigesprochen. Mit seiner umfänglichen Darstellung »Vom Fürstenhof zur Weltstadt – 500 Jahre Berliner Geschichte« schuf er eines der ersten Standardwerke der Berlingeschichte. In Weißensee trägt eine Straße seinen Namen. *EF*

Streckfuß, *Adolph* Friedrich Carl
Beamter, Ehrenbürger
∗ 20.9.1778 Gera
† 26.7.1844 Berlin [F.109]
Der aus Sachsen stammende Sohn eines Buchhalters ging von 1797–1800 zum Jurastudium nach Leipzig und war anschließend im Dresdner Justizamt tätig. Zwischen 1801 und 1803 arbeitete er als Hofmeister in Triest, wo er sich intensiv mit der italienischen Sprache und Literatur beschäftigte. Das war die Grundlage eigener literarischer Arbeiten und Übersetzungen aus dem Italienischen während seiner Jahre in Wien. Von 1806 an wieder in Sachsen, arbeitete er in verschiedenen Dienststellungen in Zeitz, Dresden und Merseburg. 1819 wurde er nach Berlin ins Ministerium des Innern berufen. Seit 1840 war er Mitglied des Preußischen Staatsrates. Große Verdienste erwarb er sich bei der weiteren Ausarbeitung der preußischen Städteordnung, die für die Stärkung der kommunalen Selbstverwaltung bedeutungsvoll war. Dafür vor allem wurde ihm bei seinem Abschied aus dem Staatsdienst 1843 die Berliner Ehrenbürgerwürde verliehen. *EF*

Stresemann, Gustav
Politiker
∗ 10.5.1878 Berlin
† 3.10.1929 ebd. [F.18]
Nach Geschichts- und Nationalökonomiestudium in Berlin und Promotion 1900 als Syndikus tätig, wurde St. 1903 stellvertretender Vorsitzender des Bundes deutscher Industrieller. Als Mitglied der Nationalliberalen Partei seit 1907 im Reichstag, 1917 Fraktionsvorsitzender, profilierte er sich als Flottenenthusiast und Verfechter deutschen Weltmachtstrebens. Vom dezidierten Annexionspolitiker entwickelte er sich zum Vorkämpfer des

Völkerbunds und der Idee der Vereinigten Staaten von Europa. Im Dezember gründete er die Deutsche Volkspartei und war bis 1929 ihr führender Kopf und Vorsitzender. Innenpolitisch strebte er – gegen Widerstände in den eigenen Reihen – eine große Koalition an. 1923 Reichskanzler in zwei Regierungen der Weimarer Republik, 1923–29 Außenminister, unterzeichnete er 1925 den Locarno-Vertrag, der Deutschland wie-

Gustav Stresemann (1878–1929)

der weitgehende Gleichberechtigung in der internationalen Politik und Aufnahme in den Völkerbund brachte. 1926 erhielt er – zusammen mit dem französischen Außenminister Aristide Briand – den Friedensnobelpreis. *ED*

Stresemann, Wolfgang

Musiker

✶ 20.7.1904 Dresden

† 18.11.1998 Berlin [F.91]

Der Sohn des Politikers Gustav St. kam 1910 mit seinen Eltern nach Berlin. Schon früh zeigte sich sein Interesse an der Musik, doch studierte er nach dem Abitur 1922 zuerst in Berlin und dann in Heidelberg Jura. Nach der Promotion 1928 in Erlangen unterstützte er die politische Arbeit des Vaters bis zu dessen frühen Tod. 1932 legte er in Berlin das Assessor-Examen ab und arbeitete von 1933 an als Syndikus der »Tilgungskasse für gewerbliche Kredite«. 1939 emigrierte er in die USA und wandte sich hier ganz der Musik zu. 1945 wurde er amerikanischer Staatsbürger, arbeitete als Musikkritiker und als Dirigent. In den 50er Jahren hielt er sich mehrfach in Berlin auf. Seit 1956 arbeitete er als Intendant des Radio-Symphonie-Orchesters-Berlin (RSO). Von 1959 an war er Intendant des Berliner Philharmonischen Orchesters, ein Amt, das er bis 1978 innehatte und 1984/85 noch einmal kommissarisch wahrnahm.

Literatur: Stresemann, Mein Vater Gustav Stresemann, 1979; ders., Ein seltsamer Mann. Erinnerungen an Herbert von Karajan, 1992; ders., Zeiten und Klänge. Ein Leben zwischen Musik und Politik, 1994. *EF*

Strousberg, Bethel Henry

Industrieller, »Eisenbahnkönig«

✶ 20.11.1823 Neidenburg (Ostpr.)

† 31.5.1884 Berlin [F.46]

St. ging nach dem Tod seiner Eltern 1835 nach England, ließ sich dort taufen und trat in das Geschäft seiner Oheime ein. Er begann für Zeitschriften zu schreiben und wurde Eigentümer von Sharpes »London Magazine«, das bedeutende Gewinne abwarf. Auch für Lebensversicherungsanstalten war St. tätig. 1856 kam St. nach Berlin. Als Vertreter englischer Häuser führte er den Bau der Tilsit-Insterburger-Bahn und der Ostpreußischen Südbahn aus. Dann baute er selbst zahlreiche Eisenbahnstrecken, u.a. die Berlin-Görlitzer-, die Märkisch-Posener-, die Halle-Sorauer-, die Hannover-Altenbekener-, die Rechte Oderuferbahn, die Brest-Grajewo-Bahn, die Ungarische Nordostbahn und Bahnstrecken in Rumänien. Da ihm für diese Großprojekte nicht genügend Kapital zur Verfügung stand, bezahlte er als Generalunternehmer die Lieferanten der Bahn durch Aktien. In Berlin gründete St. 1866 eine eigene Zeitung, »Die Post«, die u.a. die großen wirtschaftlichen Unternehmungen St.s unterstützen sollte. St. kaufte Grundbesitz, u.a. die ausgedehnte Herrschaft Zbirow in Böhmen, die Edestorff'sche Lokomotivenfabrik in Linden bei Hannover sowie mehrere Gruben und Hütten. Auf dem Höhepunkt seiner Karriere umfaßte sein Industrie-Imperium über 100.000 Beschäftigte und St. gehörte zu den größten Grundbesitzern. Zeitgenossen verglichen St. mit Bismarck, hielten ihn für ein unternehmerisches Genie und einen »Kulturheros«. Friedrich Engels charakterisierte St.s Popularität 1869 ironisch so: »Der größte Mann in Deutschland ist unbedingt der

Strousberg. Der Kerl wird nächstens deutscher Kaiser. Überall, wohin man kommt, spricht alles nur von Strousberg.« Ende der 60er Jahre ließ St. für sich in der Wilhelmstraße ein Palais bauen, das einen bis dahin nicht gekannten Luxus und Komfort aufwies. Als 1870 die Koupons der rumänischen Bahn nicht eingelöst werden konnten, begann sein jäher Abstieg. St. geriet 1875 in Preußen, Österreich und Rußland in Konkurs, wurde in Moskau verhaftet und nach langem Prozeß zur Verbannung verurteilt. Im Herbst 1877 kehrte St. nach Berlin zurück, in die Stadt, für deren Entwicklung als Industrie-Metropole er Entscheidendes geleistet hatte. Hier beschloß er seinen Lebensabend in sehr bescheidenden Verhältnissen.
Werke: Dr. Strousberg und sein Wirken, 1876, (Autobiographie); Fragen der Zeit. I. Über Parlamentarismus, 1877.
Literatur: Hoppe, Dr. Strousberg und Konsorten, 1871; M. Ohlsen, Der Eisenbahnkönig B.H. Strousberg, 1987. *BF*

Stubenrauch, *Ernst* Leberecht Hugo Georg Colmar von

Verwaltungsjurist, preuß. Landrat
✶ 19.7.1853 Sagan (Reg.bez. Frankfurt/O.)
† 4.9.1909 Schierke/Harz

Entstammte einer preußischen Beamtenfamilie, Vater Kreisrichter. Mit 16 Jahren Abitur am Friedrichswerderschen Gymnasium Berlin, dann Studium der Kameralistik, Volkswirtschaft und Rechtswissenschaft. Zunächst Gerichtsreferendar bzw. -assessor, 1880 Wechsel in den höheren Verwaltungsdienst; 1885 zum Landrat des Kreises Teltow berufen. St. ist geistiger Vater des 38 Kilometer langen Teltowkanals, dessen Bau er überzeugungskräftig sowohl bei der preußischen Regierung als auch beim Teltower Kreistag durchsetzte. Die wichtige, 1900–06 errichtete Wasserstraße zwischen Spree und Havel erschloß neue Industriegebiete im südlichen Berlin und im Umland. 1908 wurde der acht Jahre zuvor durch Kaiser Wilhelm II. nobilitierte Stubenrauch zum Wirklichen Geheimen Oberregierungsrat und zum Berliner Polizeipräsidenten ernannt. Ein Jahr später starb er an Krebs.
Literatur: C. Wilke: Die Landräte der Kreise Teltow und Niederbarnim im Kaiserreich, 1998. *GB*

Stuckenschmidt, Hans Heinz

Musikwissenschaftler
✶ 1.11.1901 Straßburg
† 15.8.1988 Berlin [F.83, Urne im Kolumbarium]

St., von 1948–67 Professor für Musikgeschichte an der TU Berlin, war einer der renommiertesten Musikschriftsteller und -kritiker seiner Zeit. St. engagierte sich leidenschaftlich für die Durchsetzung der Moderne.
Schriften: Arnold Schönberg (1951); Schöpfer der Neuen Musik (1958); Die großen Komponisten unseres Jahrhunderts (1971); Schönberg. Leben, Umwelt, Werk (1974); Die Musik eines halben Jahrhunderts (1976). *ThW*

Stüler, Friedrich August

Architekt, Baubeamter
✶ 28.1.1800 Mühlhausen (Thüringen)
† 18.03.1865 Berlin [vermutlich F.108, neben dem Grab der Ehefrau]

Der Sohn eines Pfarrers, ursprünglich zum Theologiestudium bestimmt, absolvierte 1817–19 in Erfurt und an der Bauakademie die Feldmesserausbildung und legte nach weiteren Studien und Praktika 1826–27 an der Berliner Bauakademie die Baumeisterprüfung ab. Nach zahlreichen Reisen durch Europa wurde St. 1831 Direktor der Schloßbaukommission und avancierte nach Schinkels Erkrankung zum Bauberater Friedrich Wilhelms IV., 1842 zum Architekten des Königs und 1854 zum Ministerialbaudirektor und Dezernenten für Kirchenbau. St. gründete 1824 zusammen mit E. Knoblauch den Architektenverein zu Berlin, war ab 1841 Mitglied der Akademie der Künste und bereitete 1846 mit einer Denkschrift die Reorganisation der Bauakademie vor. Nach K.F. Schinkel war St. einer der produktivsten Architekten und Hauptvertreter des Historismus.
Wichtige Bauten: Neues Museum, Bln.-Mitte (1843–46, teilw. zerst.); Schloß Schwerin (1843–57, zus. mit G.A. Demmler); Orangerieschloß, Potsdam-Sanssouci (1851–60); Neue Synagoge, Oranienburger Str., Bln.-Mitte (1859–66, Entwurf E. Knoblauch); Nationalgalerie, Bln.-Mitte (1862–65, Ausfg. durch J.H. Strack); Dorfkirche, Bln.-Marzahn (1870–71, Entwurf).
Literatur: U. Kieling, Berliner Baubeamte und Staatsarchitekten im 19. Jh., 1986. *KDS*

Stumm, Johannes

Polizeipräsident von Berlin
✶ 27.3.1897 Berlin
† 25.12.1978 ebd. [F.18]

Nach dem Besuch der Luisenstädtischen Oberrealschule und Studium der Staats- und Rechtswissenschaft in Berlin und Erlangen promovierte er 1925 zum Dr.jur. In der Weimarer Republkik war St. zunächst Kriminalkommissar, dann Polizeirat, schließlich Polizeipräsident von Berlin. Nach der Entlassung 1933 war St. Prokurist und Direktor einer Wirtschaftsprüfungsgesellschaft. 1946 trat St. als Präsidialdirektor wieder in den öffentlichen Dienst und war von 1948–62 Berliner Polizeipräsident. St. erwarb sich große Verdienste beim Neuaufbau der Berliner Polizei.

RM

Sudermann, Hermann

Schriftsteller
✶ 30.9.1857 Matziken (Ostpreußen)
† 21.11.1928 Berlin [F.84]

S., Sohn eines Bierbrauers, finanzierte sein Studium der Geschichte und Philosophie in Königsberg und Berlin durch Hauslehrerstellen. 1881/82 war er Chefredakteur des »Deutschen Reichsblatts«, dann freier Schriftsteller. Seiner ersten Erzählsammlung »Im Zwielicht« (1886) folgte der autobiographische Roman »Frau Sorge« (1887), der wie die später erschienenen »Litauischen Geschichten« (1917) in der heimatlichen Umgebung spielt. Finanziell unabhängig machte ihn sein erster Erfolg, das gesellschaftskritische Drama »Die Ehre«, das kurz nach Hauptmanns »Vor Sonnenaufgang« im Lessing-Theater in Berlin uraufgeführt wurde. S. benutzte hier die typische Berliner Wohnsituation, Bürgertum im Vorder- und Proletariat im Hinterhaus, um die Auswirkungen eines korrupten Ehrbegriffs zu demonstrieren. Neben Hauptmann galt S. als führender dt. Dramatiker des Naturalismus. Ein weiterer Erfolg gelang ihm mit »Heimat« (1893). Im Gegensatz zum zeitgenössischen Publikum mißfiel den Kritikern (u.a. Kerr) S.s Hang zu publikumswirksamen Effekten, da diese die Aussage der Stücke relativieren.

Literatur: D. Kuhn (Hg.), H. Sudermann, 1978; W.T. Rix (Hg.), H. Sudermann, 1980. *VM*

Hermann Sudermann (1857–1928)

Suhr, Otto

Nationalökonom und Politiker,
Regierender Bürgermeister von Berlin
✶ 17.8.1894 Oldenburg
† 30.8.1957 Berlin [F.93]

S. studierte in Leipzig von 1914–20 Geschichte, Volkswirtschaft und Zeitungswissenschaft – unterbrochen durch vierjährigen Kriegsdienst –, trat 1919 der SPD bei, wurde Pressereferent der Reichszentrale der SPD für Heimatdienst und übernahm mehrere Funktionen im Rahmen der freien Gewerkschaften. 1923 Doktor der Philosophie in Leipzig, ging er dann nach Berlin und übernahm die wirtschaftspolitische Abteilung des Allgemeinen Freien Angestelltenbundes. Dazu kam eine umfangreiche Lehrtätigkeit an der Berliner Hochschule für Politik, nachdem S. bereits an der Thüringer Wirtschaftsschule und der neugebildeten Betriebsräteschule der Gewerkschaften wirkte. Zwischen 1933 und 1945 schlug sich S. als freier Volkswirt durch. Er hatte als Mitglied des illegalen Gewerkschaftskomitees Verbindung zur Widerstandsbewegung. Nach Kriegsende war S. Mitbegründer der neuen unabhängigen Gewerkschaften in Berlin und wurde in die Zentralverwaltung der Sowjetischen Besatzungszone als Hauptabteilungsleiter für die Industrie einbezogen. Dort setzte er sich entschieden gegen die Zwangsvereinigung von SPD und KPD in Berlin zur Wehr. 1946–50 war er Stadtverordnetenvorsteher von Groß-Berlin bzw. Berlin (West), von 1948–49 Mitglied des Parlamentarischen Rates und an der Ausarbeitung des Grundgesetzes beteiligt. S. war einer der Väter der freiheitlichen Berliner Verfassung, für deren Verwirkli-

chung er in nahezu acht Jahren als Präsident des Berliner Abgeordnetenhauses unermüdlich wirkte. 1955 wurde S. als dritter Sozialdemokrat nach Ernst Reuter und Louise Schroeder Regierender Bürgermeister von Berlin. Trotz umfangreichen politischen Engagements war S. seit 1952 Honorarprofessor für Theorie der Politik an der FU. Von 1948–55 wirkte er als Direktor der Deutschen Hochschule für Politik, die seit 1958 als Otto-Suhr-Institut der FU eingegliedert ist. Mit L. Schroeder gab S. die Zeitschrift »Das sozialistische Jahrhundert« heraus. Ein schweres Leiden setzte seinem Wirken in Politik und Wissenschaft ein plötzliches Ende.
Schriften: Die Organisation der Unternehmer, 1924; Die Welt der Wirtschaft vom Standort des Arbeiters, 1925; Die Lebensgestaltung des Angestellten, 1928 u.a. *RM*

Svarez, Carl Gottlieb
(auch Suarez, eigtl. Schwarz)
Jurist
✶ 27.2.1746 Schweidnitz (Schlesien)
† 14.5.1798 Berlin

Nach dem Jurastudium zwischen 1762 und 1765 in Frankfurt/O. arbeitete der Sohn eines Advokaten in Breslau und wurde hier mit J.H.C. von Carmer bekannt. Als dieser 1779 von Friedrich II. als Großkanzler nach Berlin berufen und mit einer Reform des preußischen Justizwesens betraut wurde, holte Carmer S. nach Berlin. Hier erhielt er die Aufgabe, ein neues Gesetzbuch auszuarbeiten. Daran arbeitete er gemeinsam mit Ferdinand Klein viele Jahre, bis es 1788 abgeschlossen war. Aber erst 1794 trat es unter dem Titel »Allgemeines Landrecht« in Kraft. Es gehört zu den bedeutendsten Gesetzeswerken der Zeit. S. zählte zum engeren Kreis der Berliner Aufklärer, war Mitglied der »Mittwochsgesellschaft« und publizierte in der »Berlinischen Monatsschrift«, dem Sprachrohr der Berliner Aufklärer. 1787 zum Obertribunalrat ernannt, lehnte er jedoch eine Erhebung in den Adelsstand prinzipiell ab. Ein Jahr lang hatte er auch die Aufgabe, den Kronprinzen und späteren König Friedrich Wilhelm III. in die Rechtswissenschaft einzuführen. Dieser würdigte S. mit den Worten: »Ohne Euch würde weder die neue Gerichtsordnung, noch das allgemeine Landrecht, welches bis dahin als ein unauflösliches Problemen betrachtet wurde, je zu Stande gekommen sein.«
Literatur: Svarez, Vorträge über Recht und Staat, 1960; A. Stölzel: Carl Gottlieb Suarez, 1885. *EF*

Sybel, *Heinrich* Karl Ludolf von
Historiker und Politiker
✶ 2.12.1817 Düsseldorf
† 1.8.1895 Marburg [F.46]

S. entstammte dem rheinischen Bildungsbürgertum. Nach dem Studium in Berlin wirkte der Historiker in Marburg und München, wo er auch den bayerischen König beriet. Während anfangs das Mittelalter sein bevorzugtes Arbeitsgebiet war, wandte sich S. als Professor in Bonn (1861–1875) der neuen Geschichte zu. 1875 wurde er preußischer Archivdirektor in Berlin. Als offizieller Geschichtsschreiber der Reichsgründung nahm S. großen Einfluß auf das Geschichtsbild im Wilhelminischen Deutschland. Der politisch konservativ ausgerichtete Historiker war Abgeordneter des Frankfurter Vorparlaments 1848 und später des preußischen Abgeordnetenhauses. Bekannt war S. für seine aktive Parteinahme in den geistigen Auseinandersetzungen der Zeit. Zu seinen Werken gehören »Die Geschichte der Revolutionszeit 1789–95« (5 Bde., 1853–79) und »Die Begründung des deutschen Reiches durch Wilhelm I.« (7 Bde., 1889–94).
Literatur: V. Dotterweich, H.v. Sybel, Geschichtswissenschaft in politischer Absicht, 1978. *UH*

T

Tappert, Georg
Maler und Grafiker
✶ 20.10.1880 Berlin
† 17.11.1957 ebd. [F.91]
T. studierte u.a. an der Kunstakademie von Karlsruhe und war 1906 maßgeblich an der Gründung der Künstlergemeinde von Worpswede beteiligt. 1909 übersiedelte T. nach Berlin, wo er ein Lehramt an der Staatlichen Kunstschule antrat und ein Jahr darauf gemeinsam mit A. Segal und weiteren die »Neue Sezession Berlin« gründete. Von 1913–33 war er Professor an der Berliner Hochschule für Kunsterziehung. Wegen seiner politischen Aktivitäten – u.a. Mitbegründung der sogenannten Novembergruppe 1918 – wurde er 1933 aus dem Lehramt gedrängt und erhielt Ausstellungsverbot. Nach 1945 arbeitete T. an der Hochschule für Bildende Künste in Charlottenburg (seit 1950 als deren stellvertretender Direktor) und prägte somit maßgeblich die künstlerische Entwicklung Berlins in der Nachkriegszeit. Bekannt wurde T. vor allem durch seine in Worpsweder Tradition stehenden Blumenbilder. Er trat jedoch auch als Bildnismaler und Buchillustrator hervor. *JM*

Tauber, Richard
(eigtl. Ernst Seiffert)
Sänger
✶ 16.5.1891 Linz
† 8.1.1948 London
T. debütierte 1913 als Tamino in Chemnitz und wurde sofort an die Hofoper nach Dresden engagiert. Seit 1915 sang T. auch in Berlin, Wien und München und wurde als Mozart-Tenor berühmt. Ab Mitte der 20er Jahre widmete er sich mit großem Erfolg der Operette und war in Berlin der große Star-Tenor in Lehárs Operetten. (»Paganini«, »Land des Lächelns«). T. sang auch im Film und für die Schallplatte. Vor den Nationalsozialisten emigrierte er nach England, wo er einem Krebsleiden erlag. *ThW*

Taubert, Carl Gottfried *Wilhelm*
Komponist und Dirigent
✶ 23.3.1811 Berlin
† 7.1.1891 ebd. [F.13]
T. war seit 1831 »Leiter der Hofconcerte am Piano«, 1842–69 Kapellmeister der Oper in Berlin. Danach dirigierte er die Sinfoniekonzerte noch bis 1883. Als Komponist war T. sehr vielseitig, doch sind seine zahlreichen Werke (als opus 1–205 erschienen), die sich durch eine eingängige Melodik auszeichneten, heute vergessen. Am bekanntesten waren seine »Kinderlieder«, die in 13 Heften zwischen 1843 und 1878 erschienen. *ThW*

Tauentzien, *Bogislaw* Friedrich Emanuel, Graf Tauentzien von Wittenberg
preußischer General
✶ 15.9.1760 Potsdam
† 20.2.1824 Berlin [F.107]
T. trat 1775 ins preußische Heer ein, wurde 1795 Oberst, 1801 Generalmajor. 1806 befehligte er bei Jena die Avantgarde des Hohenloheschen Korps. Als Korpskommandeur kämpfte er im Herbst 1813 bei Großbeeren und Dennewitz, zwang nach der Schlacht von Leipzig Torgau zur Kapitulation und erstürmte im Januar 1814 Wittenberg (daher der Beiname »von Wittenberg«). Nach dem Frieden war T. Oberbefehlshaber der Marken. *ThW*

Taut, Bruno
Architekt
✶ 4.5.1880 Königsberg
† 24.12.1938 Ankara
Nach Besuch der Baugewerk-Schule gründete T. in Berlin bereits 1909 sein eigenes Architekturbüro mit F. Hoffmann, das er ab 1912 mit seinem Bruder Max T. teilte. T. wurde 1921–24 Stadtbaurat von Magdeburg, anschließend Chefarchitekt der GEHAG in Berlin, 1930–32 Professor für Städte- und Wohnungsbau an der TH Charlot-

tenburg und emigrierte als »Kulturbolschewist« nach Moskau (1932–33), Japan (1936) und in die Türkei (1936). 1919 trat T. der progressiven Novembergruppe bei und gab 1920 die Zeitschrift »Frühlicht« heraus. Anfänglich noch Befürworter des Materialstils, war T. später führender Vertreter expressionistischer und farbiger Architektur sowie des Neuen Bauens. »Man soll nicht studieren, was die alten Meister machten, sondern was sie suchten«. Ausgangspunkt im Wohnungsbau war der damalige Zustand der Städte, die hygienischen und sozialen Mißstände. »Ziel war immer die genossenschaftlich organisierte Siedlung, der Sozialismus im unpolitischen, überpolitischen Sinne, frei von jeder Herrschaftsform ... Dies wird der Architekt gestalten müssen, will er sich nicht selbst überflüssig machen« (B. Taut 1919).
Wichtige Bauten: Zahlreiche Miet- und Geschäftshäuser in Berlin (ab 1908); Gartenstadtsiedlung »Am Falkenberg«, Bln.-Treptow/Altglienicke (1913–14); Siedlung »Freie Scholle«, Bln.-Tegel (1924–32); Großsiedlung Britz, 1. Bauabschnitt, Bln.-Neukölln (1925–27, zus. mit M. Wagner); Siedlung »Eichkamp«, Bln.-Charlottenburg (1926–27); Siedlung »Paradies«, Bln.-Treptow/Bohnsdorf (1926–30); Großsiedlung »Onkel Toms Hütte«, Bln.-Zehlendorf (1926–31, zus. mit H. Häring und O. Salvisberg); Wohnblock Buschallee, Bln.-Weißensee (1928–30); Wohnstadt »Carl Legien«, Erich-Weinert-Str., Bln.-Prenzl. Berg (1929–30).
Literatur: K. Junghanns, Bruno Taut, 1880–1938, 1970; B. Zöller-Stock, Bruno Taut. Die Innenraumentwürfe des Berliner Architekten, 1993.
KDS

Taut, Max
Architekt
✶ 15.5.1884 Königsberg
† 26.2.1967 Berlin
Der Bruder von Bruno T. wurde nach dem Besuch der Baugewerkschule in Königsberg ab 1906 beim Hochbauamt Rixdorf (Bln.-Neukölln) tätig und arbeitete ab 1911 als selbständiger Architekt in Berlin. Hier wirkte T. auch ab 1912 mit seinem Bruder Bruno T. sowie mit F. Hoffmann im gemeinsamen Büro zusammen. T. wurde wegen seiner Auffassungen zur Architektur von den Nationalsozialisten diffamiert und bekam 1933–45 keine öffentlichen Aufträge mehr. Nach dem Krieg avancierte T. 1945–53 zum Professor an der Berliner Hochschule der bildenden Künste und Leiter der Abteilung Architektur sowie später (1955) zum Direktor der Abteilung Baukunst der Akademie der Künste Berlin. T. vertrat in seiner Anfangsphase den Materialstil, wurde aber insbesondere in den 20er Jahren ein Hauptvertreter des Neuen Bauens hauptsächlich auf dem Gebiet der Bürogebäude.
Wichtige Werke: Bebauungsplan, Siedlung »Eichkamp«, Bln.-Charlottenburg (1919); Bürohaus des ADGB, Wallstr., Bln.-Mitte (1922–24, zus. mit F. Hoffmann); Verbandshaus der Deutschen Buchdrucker, Bln.-Kreuzberg (1924–26, zus. mit F. Hoffmann); Dorotheen-Lyzeum, Oberspreestr., Bln.-Köpenick (1927–29); Gewerkschaftshaus Engeldamm, Bln.-Mitte (1927–29); Schule Nöldnerplatz, Bln.-Lichtenberg (1927–35); Wohnbauten in der Großsiedlung Britz, Bln.-Neukölln (1953–55).
Literatur: M. Taut, 1884–1967, Zeichnungen, Bauten, 1984 *KDS*

Teichert, Daniel Friedrich Gottlob
Militär und Politiker
✶ 1.2.1796 Berlin
† 21.9.1853 ebd. [F.106]
T. entstammte einer bürgerlichen Familie, trat 1813 als Freiwilliger in die Preußische Armee ein und wurde Artillerieoffizier. Seine umfassende Bildung und hohen pädadogischen Fähigkeiten führten ihn als Lehrer an die Artillerieschule in Berlin. Die demokratischen Familientraditionen und die Kontakte zu Kreisen liberaler Militärs waren die Grundlage für die Entscheidung, im März 1848 als preußischer Major für die Nationalversammlung in Frankfurt zu kandidieren. Als Mitglied im Militär- und Marineausschuß leistete T. eine intensive parlamentarische Arbeit, kehrte 1849 nach der Aufforderung des preußischen Königs in den Militärdienst zurück. Er wurde Beamter im Preußischen Kriegsministerium und starb mit seiner gesamten Familie an den Folgen einer Cholerainfektion. Ein gußeisernes Grabdenkmal in Gestalt eines neugotischen Tabernakels aus der Schinkelschule erinnert an ihn auf dem Alten Berliner Garnisonfriedhof. *DW*

Tempelhoff, Georg Friedrich Ludwig von
Militär und Schriftsteller
✶ 19.3.1737 Trampe (Oberbarnim)
† 13.7.1807 Berlin [F.106]
Aus einer preußischen Beamtenfamilie stammend, trat der Absolvent der Universitäten Frankfurt/O. und Halle/S. im Jahre 1756 in die Armee

ein, nahm als Artillerist an den bedeutenden Schlachten des Siebenjährigen Krieges teil, wurde 1759 Offizier und begann unmittelbar nach dem Krieg mit militärhistorischen und naturwissenschaftlichen Studien. Im Jahre 1775 vollendete er sein erstes Buch über die Taktik der Artillerie, das zur Zufriedenheit König Friedrich II. ausfiel, aber sogleich aus Gründen der militärischen Geheimhaltung nicht publiziert werden durfte. T. durfte Mathematik und Ballistik für die Offiziere der Berliner Garnison lehren, erreichte mit dem Feldzug von 1778/79 den Rang eines Kapitäns. Auch sein zweites Buch aus dem Jahre 1781 »Le Bombardier Prussien« blieb militärische Verschlußsache. Friedrich II. erhob 1884 T. in den erblichen Adelsstand, verweigerte ihm aber die Aufnahme in die Akademie der Wissenschaften. Unter Friedrich Wilhelm II. erhielt T. eine Artillerieregiment, den Generalsrang und die Aufnahme in beide preußische Akademien zu Berlin, die der Wissenschaften und die der Künste. Zugleich beauftragte ihn der König 1787 mit der Ausbildung der Prinzen Friedrich Wilhelm und Ludwig in den mathematischen und militärischen Wissenschaften. Im Jahre 1791 wurde er zum Direktor der neuerrichteten Artillerieakademie in Berlin ernannt, widmete den Großteil seiner Zeit der militärwissenschaftlichen Forschung und veröffentlichte zwischen 1783 und 1802 sein Hauptwerk, die »Geschichte des Siebenjährigen Krieges« in 6 Bänden. Am Feldzug gegen Frankreich 1792–94 nahm er als Chef eines Artillerieregiments teil, mußte wegen Auseinandersetzungen mit Vorgesetzten das Kommando abgeben, wurde rehabilitiert und 1802 zum Generalleutnant befördert. *DW*

Tergit, Gabriele

(eigtl. Elise Hirschmann)
Schriftstellerin, Journalistin
✶ 4.3.1894 Berlin
† 24.7.1982 London
Die Fabrikantentochter besuchte Alice Salomons »Soziale Frauenschule« und wurde dort – dann auch durch Tätigkeit in Kinderhorten und in der Lehrstellenvermittlung – für sozialpolitische Fragen sensibilisiert. Nach externem Abitur studierte sie Philosophie, Soziologie, Geschichte und promovierte. Erste Zeitungsbeiträge ab 1915 im verbreiteten »Berliner Tageblatt«, nachfolgend Feuilletons in der »Vossischen Zeitung« und Gerichtsreportagen im »Berliner Börsen-Courier«, ferner Mitarbeit bei Carl von Ossietzkys »Weltbühne«. T.s bekanntester Roman, »Käsebier erobert den Kurfürstendamm«, handelt von einem Volkssänger, den profitgierige Unternehmer aus der Neuköllner Hasenheide in den Westen Berlins verpflanzen und kalt fallenlassen, als der geschäftliche Erfolg ausbleibt. Beim Erscheinen 1931 als bester Zeitroman gefeiert. Nachdem Gabriele Tergit am 4. März 1933 von der SA bedroht worden war, verließ sie tags darauf Deutschland und ging mit Sohn und Ehemann, dem Architekten Heinrich Julius Reichenberg, nach Prag, Palästina und 1938 nach London. 1957–81 Sekretär des PEN-Zentrums deutschsprachiger Autoren im Ausland; Bundesverdienstkreuz.
Schrieb außerdem: Effinger, Roman einer Berliner jüdischen Familie, 1951; Autobiographie Etwas Seltenes überhaupt, postum 1983; gesammelte Gerichtsreportagen (Hg. J. Brüning) Wer schießt aus Liebe?, 1999. *GB*

Tessenow, Heinrich

Architekt
✶ 7.4.1876 Rostock
† 1.11.1950 Berlin [F.91]
Nach dem Architekturstudium in München war T. ab 1902 als Dozent in Wien, Dresden und an der TH Charlottenburg (1945–50). Mitglied der »Novembergruppe« (ab 1925) und der Architektenvereinigung »Der Ring«, der Bauakademie und Akademie der Künste, leitete er von 1926–42 ein Meisteratelier an der Vereinigten Staatsschule für freie und angewandte Kunst. T. war Vertreter eines stark versachlichten Neoklassizismus (ohne Schmuckelemente) im Übergang zu einem handwerklich betonten, aber sachlichen Materialstil, strebte Wohnungsbau-Reformen und für jeden erschwingliche Kleinsiedlungshäuser an.
Wichtige Bauten: Wohnbauten in der Siedlung Fischtalgrund, Bln.-Zehlendorf (1928–29); Stadtbad Gartenstr., Bln.-Mitte (1929–30, zus. mit C. Jelkmann); Wohnhaus Tessenow, Sophie-Charlotte-Str., Bln.-Zehlendorf (1930); Umbau Neue Wache, Unter den Linden, zum Ehrenmahl für die Gefallenen, Bln.-Mitte (1930, verändert aufg.).
Publikationen: Der Wohnungsbau, 1909; Hausbau und dergleichen, 1916; Handwerk und Kleinstadt, 1918.
Literatur: G. Wangerin/G. Weiß u.a., H. Tessenow, 1976. *KDS*

Thaer, Albrecht Daniel
Agrarwissenschaftler
✶ 14.5.1752 Celle
† 26.10.1828 Möglin
T. studierte ab 1770 in Göttingen Medizin. Nach Eintritt in die väterliche Arztpraxis geriet er bald in Konflikt mit der »Schulmedizin«, wurde aber trotzdem 1778 zum Stadtphysicus und bald darauf zum Kurfürstlich Hannoverschen Hofmedicus

Albrecht Daniel Thaer (1752–1828)

ernannt. Wohl aus Einsicht in die Begrenztheit des medizinischen Wissens seiner Zeit, wandte sich T. der Landwirtschaft zu und versuchte als erster, diesem Hauptwirtschaftszweig eine wissenschaftliche Grundlage zu geben. Auf seinem Experimentiergut führte er u.a. Fruchtwechsel und Stallfütterung ein. Um seine Erkenntnisse zu verbreiten, veröffentlichte T. zahlreiche Schriften wie »Unterricht über den Kleebau und die Stallfütterung für den lüneburgischen Landwirt« (1791) und »Beschreibung der neuesten Ackergeräte« (1803). 1804 nach Preußen gerufen, kaufte er das Gut Möglin bei Wriezen, wo T. seine Theorien praktisch erprobte und mit staatlicher Unterstützung 1806 eine landwirtschaftliche Lehranstalt einrichtete. Von 1810–19 lehrte er als Professor für Cameralwissenschaften an der Berliner Universität – im Winter in der Stadt, im Sommer in Möglin. T. wirkte an der Entwicklung einer fortschrittlichen Agrargesetzgebung in Preußen mit, wobei ihm die Befreiung des Bauernstandes und die freie Verfügung über den Grundbesitz wichtig waren. In seinen letzten Lebensjahren erwarb er sich Verdienste um die Entwicklung der Merino-Schafzucht, was dem Verehrer Voltaires den Spitznamen Wollthaer eintrug. Als Hauptwerk des »Begründers der Agrarwissenschaften in Deutschland« gelten die »Grundsätze einer rationellen Landwirtschaft« (1812). Als T. mit dem Adlerorden 3. Klasse dekoriert werden sollte, schrieb er: »Ich weiß nicht, wer mir … den Possen gespielt hat, in Erinnerung zu bringen, daß ich doch auch ein Band im Knopfloch tragen solle … morgen muß ich nolens volens in die Kirche gehen, jedoch gottlob, auf ausdrücklichen Befehl Sr. Majestät des Königs, in Stiefeln, dann zur Tafel und endlich gar auf einen Ball, ich wollte es wäre Schlafenszeit und Alles wäre vorbei«.
Literatur: V. Klemm/G. Meyer, A.D. Thaer, Pionier d. Landwirtschaftswissenschaften in Deutschland, 1968. *UH*

Theiss, Caspar (auch Theyss)
Baumeister
✶ unbekannt
† um 1550 Berlin [F.104 A]
T. war zunächst unter K. Krebs in Torgau tätig und wurde von jenem 1537 oder 1538 zu Kurfürst Joachim II. als Schloßbaumeister nach Berlin vermittelt. T. war der erste bekannte Renaissance-Baumeister in Berlin und wurde 1544 auch als Bau- und Mühlenmeister erwähnt. T. ist in der Nikolaikirche in Berlin beigesetzt.
Wichtige Bauten: Mitarbeit am Schloß Hartenfels, Torgau (vor 1537–38); Berliner Schloß, Entw. K. Krebs, Schloßplatzflügel (1537–40, zerst.), Spreeflügel mit Erasmuskapelle (ab 1540, zerst.); Neubau Turmhelm St. Nikolai, Spandau (1540, zerst.); Jagdschloß Grunewald, Bln.-Zehlendorf (1542– 43, zus. mit K. Buntschuh, später verändert). *KDS*

Thielscher, Guido
Schauspieler
✶ 10.9.1859 Königshütte (Oberschlesien)
† 1.7.1941 Bad Salzbrunn [F.83]
Der Sohn eines Landwirts ging nach der Schulzeit nach Berlin und wandte sich dem Theater zu. 1877 fand er am Belle-Alliance-Theater sein erstes Engagement, wo er bald in Possen und Schwänken Aufmerksamkeit erregte. Seit 1881 gehörte er zum Ensemble des Wallner-Theaters, seit 1883 zum Zentral-Theater und ging anschlie-

ßend zum Thalia-Theater, wo er 1893 »Charleys Tante« kreierte. 1896 wurde T. ans Deutsche Theater berufen, wo er großen Erfolg mit Chargen wie dem 1. Totengräber im Hamlet, der Hexe in »Faust« und dem Pater in den »Räubern« hatte. Das neu eröffnete Metropol-Theater mußte zwei Jahre später beträchtliche 10.000 Mark Abstandssumme bezahlen, um T. freizubekommen. Im Thalia-, im Metropol-Theater und im Lustspielhaus errang er seine größte Popularität. Seinerzeit hießen Rollen, in denen er Erfolg gehabt hatte, in Fachkreisen »Thielscherrollen«. Durch seinen Humor und seinen Berliner Dialekt wurde er zu einem der beliebtesten Komiker Berlins. 1934 zog er sich von der Bühne zurück.
Memoiren: Erinnerungen eines alten Komödianten (1938). *DTW*

Thomas, Emil

Schauspieler und Theaterleiter
✶ 24.11.1836 Berlin
† 19.9.1904 ebd. [F.2]
Der Sohn eines Zahnarztes absolvierte eine Buchbinderlehre, trat 1854 zum ersten Mal im Berliner Liebhabertheater »Urania« auf. Am Friedrich-Wilhelmstädtischen Theater begann er als Bühnenarbeiter, bevor sich sein komisches Talent auf der Provinzschmiere bewähren durfte. Über Liegnitz, Görlitz, Leipzig, Zürich, Posen, Frankfurt, Koblenz, Köln, Danzig und Breslau kam er 1861 ans Krollsche Theater nach Berlin, wo er als Laternenanzünder Lampe einen durchschlagenden Erfolg in einer Berliner Lokalposse hatte. Ab 1866 spielte er am Hamburger Thalia-Theater. 1875 übernahm er die Leitung des Woltersdorff-Theaters in Berlin, anschließend des Thalia-Theaters in der Friedrichstraße. Er spielte später am Wallner-Theater, leitete das Königstädtische und das Zentral-Theater, gastierte erfolgreich in Übersee und kehrte 1894 für immer nach Berlin zurück. T. war als Komiker der Berliner Lokalposse, die er auch als Theaterleiter förderte, ebenso geschätzt wie als komischer Charakterspieler. *DTW*

Thurneisser, Leonhard

(genannt Zum Thurn)
Arzt und Alchimist
✶ 6.8.1531 Basel
† 9.7.1596 Köln
T. erlernte den Beruf eines Goldschmiedes, bevor er als Arztgehilfe seine erste Berührung mit der Medizin hatte. Er sammelte Kräuter, bereitete Arzneien und lernte die Schriften des Paracelsus kennen. In zwielichtige Handlungen verstrickt, mußte T. aus Basel fliehen und begann ein zehnjähriges abenteuerliches Wanderleben als Handwerker und Soldat, bis er schließlich in Tirol als Minenbesitzer und Bergbauinspektor zu Reichtum gelangte. Auf seinen ausgedehnten Reisen durch Europa, Nordafrika und in den Orient bemühte er sich um die Erweiterung seiner medizinischen Kenntnisse und gab von 1565–68 seine wirtschaftlichen Aktivitäten auf, um sich dem autodidaktischen Studium von Alchimie, Medizin und Astrologie zu widmen. T. erwarb sich den Ruf eines »Wunderdoktors« und wurde, nachdem er die Frau des Kurfürsten Johann Georg von Brandenburg von schwerer Krankheit geheilt hatte, 1571 zu dessen Leibarzt und Hofmedicus ernannt und von seinem zeitweiligen Wohnort Frankfurt/O. nach Berlin berufen. »T. gehörte zu derjenigen schlechten Sorte der Paracelsisten, denen es nur darum zu tun war, ihres Lehrers geheime Künste zum Zweck eigener Bereicherung zu erlernen und auszunutzen«, urteilt ein Biograph wohl etwas voreingenommen. Die ersten seiner vielen Bücher, die er in eigener Druckerei in Berlin herausgab, waren, ohne jeden Zweifel, dem Wissensstand und Zeitgeist entsprechend, von Spekulationen und Aberglauben geprägt. In den späteren Werken wies sich T. jedoch als genauer Beobachter und ernsthaft um Erkenntnis bemühter Naturforscher aus. An seinem Berliner Wohnort, dem Grauen Kloster, legte er einen Botanischen Garten sowie einen kleinen Zoo an, richtete ein Naturalienkabinett ein und trieb einen schwunghaften Arzneimittelhandel. 1579 verließ T., wegen seiner medizinischen Praktiken zunehmend kritisiert, Berlin und ging nach Basel zurück, wo er sein Vermögen verlor. Er starb nach erneutem Vagabundenleben verarmt in einem Kloster.
Literatur: P. Morys, Medizin und Pharmazie in der Kosmologie L. Thurneissers (1531–1596), 1982. *UH*

Tiburtius, Franziska

Medizinerin
✶ 24.1.1843 Bisdamitz (Rügen)
† 5.5.1927 Berlin
T. studierte in Zürich als eine der ersten deutschen Frauen Medizin und promovierte dort 1876 zum Doktor der Medizin. Ihre Ausbildung vervollkommnete sie an einer Dresdner Frauenkli-

nik. In Deutschland, wo das Frauenstudium noch verboten war, erhielt sie keine Approbation. Gemeinsam mit Emilie Lehmus ließ sich T. in Berlin nieder. Sie waren die ersten Berliner Ärztinnen in eigener Praxis. Dem Status nach Heilpraktiker, mußte ihr Sprechstundenschild den Hinweis »Dr. med. in Zürich« enthalten. Aus diesen ersten Anfängen in der Alten Schönhauser Allee entwickelte sich später die Klinik weiblicher Ärzte. T., die der Frauenbewegung nahestand, berichtete über ihre Lebenserfahrungen in »Erinnerungen einer Achtzigjährigen« (1923). Ihre Autobiographie erlebte mehrere Auflagen. *UH*

Tiburtius, *Joachim* Friedrich Ferdinand

Volkswirtschaftler, Politiker
✶ 11.8.1889 Liegnitz (Schlesien)
† 27.5.1967 Berlin [F.60]

T. studierte in Lausanne, Berlin, Breslau und Königsberg Jura, Volkswirtschaftslehre, Geschichte und Philosophie; Promotion zum Doktor der Philosophie in Berlin 1914. Von 1915–18 Assistent am Staatswissenschaftlichen Seminar der Berliner Universität, ging T. von 1918–25 als Referent in das Reichsarbeitsministerium und bekleidete bis 1933 das Amt eines geschäftsführenden Vorstandsmitglieds in der Hauptgemeinschaft des deutschen Einzelhandels. Ab 1929 wandte sich T. der wissenschaftlichen Arbeit wieder zu, lehrte in Berlin ab 1929 und wurde 1943 Honorarprofessor an der Handelshochschule in Leipzig. Nach Kriegsende war T. in der Zentralverwaltung der Brennstoffindustrie für die Sowjetische Besatzungszone tätig, erhielt 1946 eine Professur an der Universität Leipzig und wurde 1948 auf den Lehrstuhl für Handels- und Sozialpolitik der FU Berlin berufen. Als christdemokratischer Stadtverordneter in Berlin seit 1946 aktiv, war er von 1951–63 als Senator für Volksbildung des Landes Berlin unermüdlich für den Auf- und Ausbau des neuen Bildungswesens tätig. *RM*

Tieck, Christian *Friedrich*

Bildhauer
✶ 14.8.1776 Berlin
† 12.5.1851 ebd.

T., Sohn eines Seilers, begann 1789 mit einer Bildhauerlehre, die er 1794 mit Auszeichnung beendete. Nach Arbeiten im Atelier G. Schadows bis 1797, reiste T. mit W.v. Humboldt nach Italien, dann weiter nach Paris, um dort bis 1801 bei J.L. David zu arbeiten. Nach mehreren Aufträgen, auch außerhalb Berlins, begann 1819 in seiner Heimatstadt seine erfolgreichste Schaffensperiode. 1830, bei der Gründung des Berliner Museums (heute Altes Museum am Lustgarten), wurde T. Direktor der Skulpturensammlung, 1839 Vizedirektor, schließlich 1846 Direktor der Kunstakademie. T.s Schaffen, das stets einer streng klassizistischen Auffassung verbunden blieb, hinterließ Spuren an zahlreichen öffentlichen Gebäuden Berlins. Hierzu zählen u.a. Reliefs und Statuen am Schauspielhaus (1820–22), die Rossebändiger-Figuren auf dem Alten Museum (1826), oder Teile der Kreuzbergdenkmals (1821) sowie zahlreiche Bildnisse von Zeitgenossen (u.a. Goethe 1801).

Literatur: E. Hildebrand, F. Tieck, 1906. *JM*

Tieck, Johann *Ludwig*

(Pseud. Peter Lebrecht, Gottlieb Färber)
Schriftsteller
✶ 31.5.1773 Berlin
† 28.4.1853 ebd. [F.10]

Der Sohn eines Seilers besuchte das Friedrichswerdersche Gymnasium, wo seine enge Freundschaft mit Wackenroder begann. Beide zählen zu den bedeutendsten Repräsentanten der frühen Berliner Romantik. Durch sein Interesse an Musik und Literatur wurde er mit Persönlichkeiten wie dem Schriftsteller Moritz und den Musikern Fasch und Zelter bekannt. Nach dem Studium

Ludwig Tieck (1773–1853)

kehrte er 1794 nach Berlin zurück. Er wurde mit den Wortführern der deutschen Romantik, den Gebrüdern Schlegel und Novalis, bekannt und schrieb seine Theaterstücke, Gedichte, Märchen und Erzählungen im Geist der romantischen Schule. Verdienstvoll sind seine Übersetzungen von Shakespeare und Cervantes. 1798 zog er nach Jena, von 1825 an lebte er vorwiegend in Dresden. 1841 kam er nach Potsdam und siedelte von dort bald nach Berlin über. *EF*

Tiessen, Heinz

Komponist und Dirigent
✶ 10.4.1887 Königsberg
† 29.11.1971 Berlin [F.93]
T. war 1911–17 Musikkritiker, 1917/18 Korrepetitor an der Lindenoper, 1919–21 Kapellmeister an der Volksbühne und 1920–22 Dirigent des Universitätsorchesters in Berlin. Nach dem I. Weltkrieg in der »Novembergruppe« aktiv, war T. seit 1925 Lehrer an der Musikhochschule (1930 Professur), Akademiemitglied seit 1930; 1933 wurden seine Werke für unerwünscht erklärt. T. schrieb Orchesterwerke, Kammermusik, Chor- und Schauspielmusik und Lieder. *ThW*

Tietjen, Heinz

Dirigent, Regisseur und Theaterleiter
✶ 24.6.1881 Tanger (Marokko)
† 30.11.1967 Baden-Baden
T., Sohn eines Diplomaten und Schüler von A. Nikisch, begann 1904 in Trier, wo er 1907 Intendant wurde, war 1922–25 Operndirektor in Breslau, 1925–30 und 1948–54 Leiter der Städtischen Oper Berlin, 1927–30 auch der Staatsoper Berlin, 1927–45 zusätzlich Generalintendant aller Preußischen Staatstheater, seit 1931 oblag ihm auch die Leitung der Bayreuther Festspiele. 1956–59 war er Intendant der Hamburger Staatsoper. T. wurde besonders durch seine Wagner-Inszenierungen berühmt, die er zusammen mit dem Bühnenbildner E. Preetorius erarbeitete. Als Regisseur und Intendant in problematischen Zeitläuften versuchte T. den »Ring« noch als bruchloses Mythengebäude zu inszenieren. Auch in späteren Jahren kehrte T. immer wieder ans Pult zurück. Der frühere Berliner Kultursenator Tiburtius nannte seinen Lebensweg »die Geburt eines Intendanten aus dem Geiste der Musik«. T. war Träger des Großen Bundesverdienstkreuzes mit Stern (1956) und der Ernst-Reuter-Plakette. *ThW*

Tietz, Oskar

Kaufmann
✶ 18.4.1858 Birnbaum/Warthe
† 17.1.1923 Klosters (Schweiz) [F.119]
T. gründete zusammen mit seinem Onkel Hermann T. 1882 in Gera ein Weißwarengeschäft. Ihre Grundsätze, die Waren direkt beim Produzenten zu beziehen, jeden Artikel mit einem kleinen Gewinn zu kalkulieren und ihn mit dem Preis auszuzeichnen, womit Verkaufspersonal gespart wurde, ermöglichten dem Familienunternehmen einen sagenhaften Aufschwung. 1887 war der Jahresumsatz bereits auf einige Millionen gestiegen und Hermann T. zog sich vom Geschäft zurück. T. siedelte 1889 nach München über und hatte dort bald drei Filialen aufgebaut, weitere entstanden in Süddeutschland. Im Jahre 1900 eröffnete T. nach amerikanischem Vorbild ein Warenhaus großen Stils in Berlin in der Leipziger Straße. Bald entstanden weitere Berliner Filialen wie das 1906 eröffnete Kaufhaus »Hermann Tietz« am Alexanderplatz. Auch in vielen anderen deutschen Städten wie Hamburg, Stuttgart, Straßburg, Karlsruhe, Weimar gab es Verkaufshäuser. Das Unternehmen war noch bis 1934 in Familienbesitz, als die Nationalsozialisten die jüdische Familie aus der Konzernleitung hinausdrängten und den Kaufhauskonzern unter dem Kunstnamen Hertie »arisierten«. *BF*

Tirpitz, Alfred von

Admiral
✶ 19.3.1849 Küstrin
† 6.3.1930 Ebenhausen b. München
T. trat 1865 in die preußische Kriegsmarine ein, war seit 1892 Chef des Stabes beim Oberkommando der deutschen Kriegsmarine. Im Juni 1897 zum Staatssekretär des Reichsmarineamtes berufen, setzte er sich für den verstärkten Ausbau der deutschen Hochseeflotte und der Auslandskreuzerverbände ein. T., seit 1911 Großadmiral, trat 1916 wegen Differenzen über den Einsatz der deutschen Flotte zurück. *ThW*

Traube, *Ludwig* Louis

Mediziner
✶ 12.1.1818 Ratibor
† 11.4.1876 Berlin [F.118]
Der Sohn eines Weinhändlers studierte in Breslau und Berlin, bildete sich in Wien weiter und ließ sich als praktischer Arzt in Berlin nieder. Er führte die Auskultation (Abhorchen) und die Per-

kussion (Abklopfen) ein und machte sie in Kursen der Ärzteschaft bekannt. T. habilitierte sich 1848 als erster Jude an der Berliner Universität. 1853 wurde er dirigierender Arzt an der Charité, erst 1872 ordentlicher Professor. Hauptgegenstand seiner Forschungen waren Herzkrankheiten und die Theorie des Fiebers. Die Temperaturmessung in der klinischen Praxis und das Führen genauer Krankenblätter gingen von ihm aus. Mit Tierversuchen zur Veränderung des Lungenparenchyms nach Durchtrennung der nervi vagi begründete er die experimentelle Pathologie. Für ihn waren Hypothesen Arbeitsinstrumente, die vor allem »Angriffspunkte für das controllierende Experiment darbieten müssen«. T. stand in dem Ruf eine der »glänzendsten Zierden der Berliner Hochschule«, ja »Heros der Forschung, Wissenschaft und Lehre« zu sein. *UH*

Trautschold, Ilse

Schauspielerin
✶ 27.2.1906 Berlin
† 17.5.1991 ebd. [F.91]
Dem Kinopublikum wurde T.s schönes, unverwechselbares Gesicht in »Mutter Krausens Fahrt ins Glück« bekannt. Nach dem II. Weltkrieg wurde ihre charakteristische Stimme bei »Günter Neumann und seine Insulaner« zum Synonym für die Schlagfertigkeit, die Robustheit und den kekken Zungenschlag der Nachkriegsberlinerin. Als Schauspielerin auf den Brettern des Hansa-Theaters, der Schaubühne und der Freien Volksbühne genoß sie große Popularität. *DTW*

Treitschke, Heinrich Gotthard von

Historiker
✶ 15.9.1834 Dresden
† 28.4.1896 Berlin [F.46]
T. stammte aus einer sächsischen Offiziersfamilie und studierte Geschichte, Nationalökonomie und Staatswissenschaften. Nach Professuren in Leipzig, Freiburg, Kiel und Heidelberg erfolgte 1874 seine Berufung an die Berliner Universität. Als Nachfolger Rankes wurde T. 1886 zum »Historiographen des preußischen Staates« bestellt und 1895, gegen erheblichen Widerstand, in die Akademie der Wissenschaften aufgenommen. Als sein wissenschaftliches Hauptwerk gelten die seit 1879 erschienenen fünf Bände einer unvollendet gebliebenen »Deutschen Geschichte im 19. Jahrhundert«. T. verstand sich selbst mehr als politischer Geschichtsschreiber denn als Geschichts-

Heinrich von Treitschke (1834–1896)

forscher. Wenngleich er auch soziologische Erkenntnisse in seinen Untersuchungen beachtet hat, betonte T. doch das Primat der Politik in der Gesellschaft und die dominierende Rolle des Staates. Politisch trat T., zunächst sich den Liberalen zurechnend, als Kritiker Bismarcks in Erscheinung, später jedoch zunehmend als dessen Anhänger und Vertreter extrem deutsch-nationaler Positionen auf. Er war nicht nur ein Gegner des Sozialismus, sondern jeglicher sozialreformerischer Bestrebungen, ausgehend von der Auffassung, daß »keine Kultur ohne Dienstboten auskäme«. Daher sah er in den politischen Zielen der Sozialdemokratie den Ausdruck von »Neid und Gier«. T., der auch für seine antisemitische Haltung bekannt war, befürwortete eine aggressive Machtpolitik nach außen. Den Krieg hielt er generell für »berechtigt und sittlich«, die Idee eines ewigen Friedens dagegen für »ein unmögliches und zugleich unsittliches Ideal«. Kaum ein anderer deutscher Historiker übte wie T. mit seinen Werken und Vorlesungen solch starke Wirkung auf Politik und öffentliche Meinung seiner Zeit, wie auch auf das Geschichtsbild in Deutschland und die deutsche Geschichtswissenschaft bis 1945, aus.
Literatur: G. Iggers, H.v. Treitschke, in: Deutsche Historiker, 1973; W. Bussmann, Treitschke. Sein Welt- und Geschichtsbild, 1981. *UH*

Trendelenburg, Friedrich

Chirurg
✶ 24.5.1844 Berlin
† 15.12.1924 ebd. [F.89]

Der Sohn eines bekannten Philosophen studierte in Berlin Medizin und arbeitete 1868–74 als Assistent am Krankenhaus Berlin-Friedrichshain, bevor er 1875 als Ordinarius für Chirurgie nach Rostock ging. Später wirkte T. in Bonn und Leipzig und kehrte erst nach seiner Emeritierung 1911 wieder nach Berlin zurück. T. wurde durch die von ihm eingeführte Beckenhochlagerung bei Operationen im Beckenbereich bekannt (»T.-Position«). Er erkannte auch diagnostisch wertvolle Symptome bei Hüftleiden und Krampfadern (»T.-Zeichen«). *UH*

Trojan, Johannes

Journalist, Schriftsteller
✶ 14.8.1837 Danzig
† 21.11.1915 Rostock

Der Kaufmannssohn wuchs in Danzig auf, studierte anfänglich in Göttingen Medizin, um dann 1858 nach Berlin zu wechseln, wo er sich der Germanistik widmete. Von 1862–1909 gehörte er zur Redaktion des »Kladderadatsch«, dessen Chefredakteur er 23 Jahre lang war. Er war befreundet mit Bismarck, was ihn jedoch nicht davon abhielt, mit spitzer satirischer Feder den Zeitgeist zu attackieren. Seine Feuilletons über Berlin, die zumeist in der »National-Zeitung« erschienen, ließ er in einer Sammlung 1903 unter dem Titel »Berliner Bilder« erscheinen. In Treptow trägt eine Straße seinen Namen. *EF*

Tschudi, Hugo von

Kunsthistoriker
✶ 7.2.1851 Jakobshof (Österreich)
† 23.11.1911 Cannstatt

Der Sohn eines aus altem Schweizer Adel stammenden Naturwissenschaftlers hatte eine ausgezeichnete Ausbildung als Kunsthistoriker hinter sich, als er 1896 zum Direktor der Berliner Nationalgalerie berufen wurde. Doch bald kam es zu Auseinandersetzungen um den Ankauf und die Ausstellung französischer Impressionisten, so Manets »Wintergarten«. Die konservative Öffentlichkeit mit Wilhelm II. an der Spitze wandte sich gegen derartige »Gossenkunst«. T. wurde bald in Zwangsurlaub geschickt. 1909 verließ er Berlin und ging als Direktor der Königlich-Bayrischen Gemäldesammlung nach München. Von ihm stammen u.a. Arbeiten über Böcklin, Manet und Menzel. In Hellersdorf trägt eine Straße seinen Namen.

Literatur: »Von Manet bis van Gogh – Hugo von Tschudi und der Kampf um die Moderne« (Katalog, München 1996) *EF*

Tuaillon, Louis

Bildhauer
✶ 7.9.1862 Berlin
† 21.2.1919 ebd. [F.77]

T. studierte zunächst 1879–81 an der Berliner Akademie, wurde dann 1882–83 Meisterschüler von R. Begas in Berlin und ging anschließend für ein Jahr nach Wien. 1885–1902 lebte er in Rom, war Mitglied des Deutschen Künstlervereins und trat in Kontakt zu H.v. Marées und A.v. Hildebrand. 1902 Mitglied der Berliner Sezession, wurde er 1906 in die Akademie berufen und leitete schon ein Jahr darauf eines ihrer Meisterateliers für Bildhauerei. Der begüterte Künstler, der Pferdesport trieb, wandte sich schon früh Tierdarstellungen zu und erreichte hierin eine große Meisterschaft. Seine hervorragende Reiterplastik »Amazone« (1895) gehörte bereits zum durch ihn geprägten neoklassizistischen Formengut, durch das er zum bekanntesten Bildhauer des spätwilhelminischen Berlins wurde. Zahlreiche sei-

Kurt Tucholsky (1890–1935)

ner im öffentlichen Auftrag geschaffene Werke zierten einst die Stadt (so u.a. »Herkules mit Stier« 1902–05), doch war T. auch im Porträtfach tätig.
Literatur: P. Weiglein, L. Tuaillon, 1919; W. Grzimek, Deutsche Bildhauer des 20. Jahrhunderts, 1969. *JM*

Tucholsky, Kurt

(Pseud. Kaspar Hauser, Peter Panter, Theobald Tiger, Ignatz Wrobel)
Schriftsteller, Publizist
✶ 9.1.1890 Berlin
† (Freitod) 21.12.1935 Hindas b. Göteborg (Schweden)

Der Sohn eines leitenden Angestellten machte am Luisen-Gymnasium 1909 sein Abitur und begann danach ein Jurastudium in Berlin, das er 1915 mit der Promotion in Genf beendete. Schon früh widmete er sich der schriftstellerischen Arbeit, wovon das Buch »Rheinsberg« (1912) zeugt. Seit 1913 war er Mitarbeiter der von Jacobsohn begründeten »Schaubühne«, der späteren »Weltbühne«. Kurzzeitig USPD-Mitglied, schloß er sich nach 1922 keiner Partei mehr an. Von 1924 an lebte er in Paris, von wo er nur Ende 1926 für ein Jahr zurückkehrte, als er die Herausgabe der »Weltbühne« übernahm. Nachdem sein Freund Ossietzky diesen Posten übernommen hatte, ging er wieder nach Paris. 1929 übersiedelte er nach Schweden. 1933 aus Deutschland ausgebürgert, wählte er 1935 den Freitod. Er verkörperte den Typ des kritischen linken Intellektuellen, der als unabhängiger Publizist seine Zeit schonungslos unter die Lupe nahm, ganz nach seiner Maxime »Kämpfen – aber mit Freuden! Dreinhauen – aber mit Lachen!« 1988 wurde in Berlin die Internationale Tucholsky-Gesellschaft gegründet.
Literatur: Tucholsky, Schloß Gripsholm, 1931; G. Zwerenz, Tucholsky, 1979; H. Bemmann, Kurt Tucholsky. Ein Lebensbild, 1990. *EF*

U

Uhse, Bodo

Schriftsteller
✶ 13.2.1904 Rastatt
† 2.7.1963 Berlin [F.108]
Der Offizierssohn engagierte sich aktiv in der rechtsradikalen Politik, nahm am Kapp-Putsch teil und war als Redakteur nazistischer Zeitungen tätig. 1930 brach er mit der NSDAP, emigrierte 1933 nach Frankreich und gehörte im spanischen Bürgerkrieg 1936 den Internationalen Brigaden an. Danach lebte er im Exil in den USA und in Mexiko. Nach seiner Rückkehr nach Deutschland war er 1949 Chefredakteur der kulturpolitischen Zeitschrift »Aufbau« und seit 1963 der Zeitschrift »Sinn und Form«. Von 1950–52 war er Vorsitzender des Schriftstellerverbandes der DDR. 1954 erhielt er den Nationalpreis der DDR. 1955 wurde er Mitglied der Ostberliner Akademie der Künste und war Sekretär der Sektion Sprachpflege und Dichtkunst. Zu seinen bekanntesten Romanen gehören »Söldner und Soldat«, »Leutnant Bertram« und »Die Patrioten« Sein Ehrengrab liegt in Mitte. Eine Straße in Hellersdorf trägt seinen Namen. *EF*

Ulbricht, Walter

Politiker
✶ 30.6.1898 Leipzig
† 1.8.1973 Berlin [F.102]
Aus einer Arbeiterfamilie stammend, erlernte U. den Beruf eines Möbeltischlers und trat 1912 der SPD bei. Wegen Antikriegspropaganda 1918 in Militärhaft, wurde U. durch die Novemberrevolution 1918 befreit. Er war Mitglied des Leipziger Arbeiter- und Soldatenrates und Mitbegründer der KPD in Sachsen. 1925/29 war U. Abgeordneter des Sächsischen Landtags und vertrat von 1928–33 die KPD im Reichstag. 1933 emigrierte er nach Paris, Prag und Moskau. Nach Ausbruch des Krieges leistete U. Propagandaarbeit in Kriegsgefangenenlagern, wo er an der Gründung des Nationalkomitee Freies Deutschland (NKFD, gegr. 1943) beteiligt war. Am 29.4. 1945 mit der »Gruppe Ulbricht« von der KPD-Führung nach Berlin delegiert, organisierte U. in Berlin und Brandenburg den Neuaufbau der KPD und hatte neben Pieck den Hauptanteil an der erzwungenen Vereinigung von KPD und SPD zur SED in der SBZ 1946 (Vereinigungsparteitag 21./22.4.1946 in Berlin). Zunächst einer der beiden stellvertretenden Vorsitzenden der SED (neben Grotewohl; Vorsitzender Pieck), wurde er 1950 zum Generalsekretär der SED gewählt. Nach Gründung der DDR war U. von 1949 bis 1960 Stellvertreter des Ministerpräsidenten Grotewohl. Danach übernahm U. 1960 die neugeschaffene Funktion des Vorsitzenden des Staatsrates der DDR, später auch das Amt des Vorsitzenden des Nationalen Verteidigungsrates. Damit hatte U. die entscheidenden Funktionen in seiner Hand konzentriert. U. organisierte einen strengen Zentralismus, sicherte der SED im System der zugelassenen Blockparteien die absolute Führung und verfolgte den Ausbau der DDR zu einem eng an die UdSSR angeschlossenen sozialistischen Staat. Innenpolitischen Problemen gegenüber reagierte er hart, außenpolitisch war U. ständig um den Ausbau der Souveränität der DDR bemüht. Im Kapitalismus der Bundesrepublik erblickte U. den Hauptfeind seiner Politik. Ausdruck dafür war der Bau der Berliner Mauer (13.8.1961), den U. nicht mit dem Schutz vor dem Ausbluten der DDR begründete, sondern als präventive Maßnahme gegen einen angeblich drohenden Überfall auf die DDR. *RM*

Ullstein, Leopold

Verleger, Stadtverordneter
✶ 6.9.1826 Fürth
† 4.12.1899 Berlin [F.118]
U. kam 1848 als Papierhändler nach Berlin. Gemeinsam mit Franz Duncker und Rudolf Virchow engagierte er sich in der politischen Opposition und war nach 1871 mehrere Jahre Mitglied der Stadtverordnetenversammlung. U. gründete 1877 den Ullstein-Verlag, der erst Zeitungen, die

Leopold Ullstein (1826–1899)

»Deutsche Union« und die »Berliner Zeitung«, später auch Bücher produzierte. Der U.-Verlag entwickelte sich unter U.s fünf Söhnen zum größten Verlag Europas. U.s freisinnige »Berliner Zeitung« wurde nach ihrer Gründung mehrere Jahre lang mit Prozessen überzogen, erlebte aber dennoch einen raschen Aufschwung. 1881 zog der expandierende Verlag in die Kochstraße 23. In den 20er Jahren umfaßten die Verlagsgebäude fast den gesamten Block Kochstraße, Charlottenstraße, Markgrafenstraße, Besselstraße. 1887 gründete U. die »Berliner Abendpost« und 1898 die »Berliner Morgenpost« mit Arthur Brehmer als Chefredakteur; die Gründung dieses Konkurrenzblattes zum »Berliner Lokalanzeiger« löste den sogenannten Zeitungskrieg mit August Scherl aus, der allerdings nach Verhandlungen der beiden Zeitungsmagnaten friedlich beigelegt wurde. Als Ullstein starb, beschäftigte sein Unternehmen bereits 1.600 Menschen.
Literatur: Hundert Jahre Ullstein 1877–1977, Festschrift, 1977. *BF*

Unger, *Johann Friedrich* Gottlieb

Holzschneider, Buchdrucker,
Schriftsteller und Verleger
✶ ca. 1753 Berlin
† 26.12.1804 ebd.
Der Sohn eines nach Berlin übergesiedelten sächsischen Holzschneiders führte dessen Betrieb weiter und machte sich zunächst einen Namen durch die von ihm selbst gefertigten und im eigenen Hause verlegten Holzschnitte im Geschmack seiner Zeit. Daneben verfaßte U. Abhandlungen über die Holzschneidekunst. Seine von ihm meisterlich beherrschte Technik, Schattenrisse zu vervielfältigen (Boumagie; u.a. Bildnisse von Berlinischen und auswärtigen Gelehrten, 1779), machte ihn über Berlin hinaus bekannt. Weite Verbreitung fanden z.B. auch seine Einzeldrucke von M. Luther nach L. Cranach. U. bemühte sich außerdem um Proben neuer Drucklettern, aus denen schließlich die nach ihm benannte »Unger-Fraktur« hervorging, die 1793 von ihm in Stahl geschnitten und ab 1894 in eigener Schriftgießerei produziert wurde. *JM*

Unzelmann

Schauspielerfamilie

Karl Wilhelm Ferdinand

✶ 1.7.1753 Braunschweig
† 21.4.1832 Berlin [F.10, Grab eingeebnet]
war 1774–81 jugendlicher Liebhaber in Döbbelins Truppe und 1788–1823 Heldendarsteller am Kgl. Nationaltheater bzw. Schauspielhaus, wo er besonders als Franz Moor, Hamlet, Posa sowie als Leporello in Mozarts »Don Giovanni« auffiel. Seine Frau,

Friederike

geb. Flittner
✶ 24.1.1768 Gotha
† 16.8.1815 Berlin
wurde (nach 2. Ehe 1805) unter dem Namen F. Bethmann-U. – als Salondame wie als Heroine – bekannt; sie war ihrem Mann 1788 nach Berlin gefolgt, wo sie u.a. die Eboli, Minna von Barnhelm, Maria Stuart, Racines Andromache und als Sängerin die Konstanze in Mozarts »Entführung aus dem Serail« gab. Beider Sohn

Karl Wolfgang

✶ 6.12.1786 Mainz
† 21.3.1843 Berlin
begann als Bonvivant an verschiedenen deutschen Theatern; sein komisches Talent entfaltete sich später, besonders als Truffaldino in »Diener zweier Herren« hatte er durchschlagenden Erfolg. 1824 kam er ans Hoftheater nach Berlin, doch setzte er bald sein ruheloses Wanderleben fort. *DTW*

Uphues, Josef

Bildhauer

✶ 23.5.1850 Sassenberg (Westfalen)

† 2.1.1911 Berlin [F.6, Grab eingeebnet]

An der Berliner Akademie wurde U. als Mitschüler von R. Begas ausgebildet und führte danach zahlreiche öffentliche Aufträge in Berlin und anderen Städten aus, wozu besonders Denkmäler bedeutender Zeitgenossen u.a. aus kombinierten Materialien (Marmor und Bronze) gehörten – eine damals selten geübte Technik (z.B Reiterbild Kaiser Friedrichs III.; Mitarbeit an der Siegesallee). U. galt als einer der führenden Berliner Denkmalbildner der wilhelminischen Zeit. *JM*

Ury, Else

Schriftstellerin

✶ 1.11.1877 Berlin

† (ermordet) 12.1.1943 Auschwitz

Die Tochter eines jüdischen Tabakfabrikanten besuchte bis 1894 das Lyzeum Luisenschule. Da sie sich ihren Wunsch, Lehrerin zu werden, nicht erfüllen konnte, begann sie mit dem Schreiben. Ab 1900 erschienen ihre Feuilletons in der »Vossischen Zeitung«. Ihr erstes Kinderbuch wurde 1905 veröffentlicht. Berühmt wurde sie durch ihre Mädchenbücher um Nesthäkchen, die seit 1918 erschienen. Die zehn Bände reichen von »Nesthäkchen und ihre Puppen« bis »Nesthäkchen im weißen Haar«. Insgesamt erschienen von ihr 39 Bücher, das letzte 1933 mit dem Titel »Jugend voraus«. 1935 wurde sie aus der Reichsschrifttumskammer ausgeschlossen. Wegen ihrer Mutter, die 1940 starb, kam für sie eine Emigration nicht in Frage. Am 12.1.1943 wurde sie nach Auschwitz deportiert, wo sie in der Gaskammer umkam. Auf dem Grabstein ihrer Eltern auf dem jüdischen Friedhof Weißensee ist hinter ihrem Namen vermerkt: »deportiert von Berlin und nicht zurückgekehrt«.

Literatur: M. Brentzel, Nesthäkchen kommt ins KZ, 1992. *EF*

Ury, Lesser

Maler und Grafiker

✶ 7.11.1861 Birnbaum (Prov. Posen)

† 18.10.1931 Berlin [F.119]

In sozial bescheidenen Verhältnissen aufgewachsen, kam U. 1874 zwölfjährig mit der Mutter nach Berlin und lernte zunächst Schneider. 1878 ging er, nach Abbruch der Lehre, an die Düsseldorfer Akademie, 1879 zog er nach Brüssel. Von den dortigen akademischen Lehrthemen unbefriedigt, wandte er sich 1880 nach Paris, um im Atelier von J. Lefebvre weiterzustudieren. Nunmehr stärker auf die Farbe setzend, entstanden erste Studien von Straßen und Nachtstimmungen in impressionistischer Manier. 1882–84 fertigte er die ersten wirklich farblich gereiften Landschaftsbilder im flämischen Dorf Volluvet. 1885 erstmals in Berlin, zog U. zunächst einmal wieder nach München (1886), um seine Studien zu vervollkommnen. Die endgültige Entscheidung für Berlin traf U. mit seiner Übersiedlung dann 1887, nachdem er Kontakte zu M. Liebermann und F.v. Uhde aufgenommen hatte. Hier konnte er, ganz unter den Eindruck des großstädtischen Lebens mit seinen Bewegungen, Farben und Lichtspielen geraten, an seine Pariser Straßenbilder anknüpfen. 1890 nach Italien reisend, wandte er sich seit 1891 wieder Landschaften zu und verbrachte danach einige Zeit in der Mark Brandenburg und Holstein, wo er vor allem Pastelle schuf. 1896 mit Aktdarstellungen an seine Münchner Zeit anknüpfend, gestaltete er um die Jahrhundertwende außerdem monumentale religiöse und philosophische Themen aus dem Alten Testament. Zur Landschaftsdarstellung zurückgekehrt, erlebte er nach 1914 in mehreren Ausstellungen öffentliche Ehrung und wurde 1921 zum Ehrenmitglied der Sezession ernannt, doch zog er sich mehr und mehr zurück. Wie kaum ein anderer Vertreter des Berliner Impressionismus hat U. noch in seinen letzten Jahren das Leben der Stadt Berlin farblich festgehalten (u.a. »Nollendorfplatz« 1925). Leider wurde der größte Teil seines Werkes Opfer des nationalsozialistischen Kulturterrors.

Literatur: K. Schwarz, L. Ury, 1920; Der künstlerische Nachlaß von L. Ury, Katalog, mit Gedenkrede von A. Donath, 1932; Deutsche Impressionisten, Katalog 1979. *JM*

V

Valentini, Georg Wilhelm Freiherr von
Militär und Schriftsteller
✶ 21.8.1775 Mittenwalde
✶ 6.8.1834 Berlin [F.106]
V. stammte aus einer preußischen Offiziersfamilie, trat schon mit 12 Jahren als Kadett in die Armee ein, durchlief die militärische Laufbahn bis zum Leutnant im Jägerregiment zu Fuß und nahm an den Feldzügen gegen Frankreich 1793/94 teil. Verwundet und desillusioniert zurückgekehrt, wandte er sich der Stabsarbeit und der schriftstellerischen Tätigkeit zu. Unmittelbar nach seiner Rückkehr in die Garnison erschien sein Buch »Vom Kleinen Kriege«, das sofort mehrere Auflagen erfuhr und ihn mit dem Militärschriftsteller Berenhorst in Kontakt brachte. 1804 wurde V. Offizier im Generalstab. Schon in den Jahren vor 1806 war er einbezogen in den Kreis der Reformer um Scharnhorst und dessen »Militärischer Gesellschaft zu Berlin«. Nach der verheerenden Niederlage von Jena und Auerstedt schloß er sich General Blücher an, nahm aber aus Enttäuschung über die Politik Preußens gegenüber dem napoleonischen Frankreich seinen Abschied, trat 1809 mit Erlaubnis des Königs in die österreichische und 1810 in die russische Armee ein, in deren Reihen er am Feldzug gegen die Türkei teilnahm. 1812 wurde er wieder in die preußische Armee aufgenommen, als Stabsoffizier unter General von Yorck hatte er wesentlichen Anteil an den Siegen bei Leipzig und Waterloo und wurde 1815 zum Kommandanten der Festung Glogau ernannt. Nach dem Wiener Kongreß konzentrierte sich V. auf militärhistorische Studien und wurde zu einem der bedeutendsten Militärschriftsteller seiner Zeit. 1820 erschien sein wichtigstes Werk »Die Lehre vom Kriege«, 1824 wurde er Generalleutnant und 1828 Generalinspekteur des preußischen Militär-Erziehungs- und Bildungswesens. *DW*

Valetti, Rosa
(eigtl. R. Vallentin)
Diseuse, Kabarettistin
✶ 1869
† 10.12.1937 Wien
V. trat in verschiedenen Kabaretts auf, bevor sie am 23.12.1920 im »Café des Westens« (als Treffpunkt der Bohème »Café Größenwahn« genannt) ihr eigenes Kabarett »Größenwahn« gründete, mit dem sie an die Traditionen des Montmartre-Kabaretts anknüpfte. V., »häßlich wie die schwarze Nacht und platzend von lichtstarker Persönlichkeit« (T. Hesterberg), leitete 1922/23 »Die Rampe«, war 1929 am »Larifari« beteiligt und 1934/35 am Theater an der Wien engagiert.
DTW

Van't Hoff, Jacobus Henricus
Chemiker
✶ 30.8.1852 Rotterdam
† 1.3.1911 Berlin [F.92]
V. studierte in Holland, in Bonn sowie Paris und promovierte 1874 in Utrecht. Ausgehend vom Phänomen der optischen Aktivität einiger organischer Verbindungen entwickelte er eine bis in die Gegenwart wichtige Theorie zu ihrer molekularen Struktur. Seine Vorstellungen zur Ausrichtung der Valenzen der Kohlenstoffatome im Raum machten V. zum Mitbegründer der Stereochemie. Der wegen seiner Theorien auch vielfach zu unrecht kritisierte und angegriffene Wissenschaftler wurde 1878 Professor für Chemie, Geologie und Mineralogie in Amsterdam und arbeitete dort zu Fragen der Thermodynamik und der Kinetik chemischer Reaktionen (»Van't-Hoffsche Gleichung bzw. Regel«). Intensiv beschäftigte er sich auch mit der elektrolytischen Dissoziation und mit der Osmose. Seit 1896 wirkte V. als Professor an der Berliner Akademie der Wissenschaften. Sein wichtigster Forschungsgegenstand in dieser Zeit waren industriell bedeutsame Untersuchungen an Salzen. 1901 war er der erste Nobelpreisträger für Chemie. *UH*

Varnhagen van Ense, Karl August

Diplomat, Publizist
✶ 21.2.1785 Düsseldorf
† 10.10.1858 Berlin [F.11]

Der Sohn eines Mediziners sollte eigentlich dem Vater in seinem Beruf folgen, brach jedoch die Ausbildung an der Berliner Pépinière 1803 ab und wurde Hauslehrer bei einem Berliner Fabrikanten. In dieser Zeit versuchte er sich als Schriftsteller in verschiedenen Projekten, so gemeinsam mit Chamisso und Wilhelm Neumann. Die bescheidenen Ergebnisse führten zur Einsicht, daß er für die Literatur nicht tauge. Er versuchte es noch einmal mit dem Studium der Medizin 1806 in Halle und Tübingen, meldete sich 1809 zum österreichischen Militär und schloß sich 1812 dem in russischen Diensten kämpfenden Oberst von Tettenborn an. 1814 heiratete er Rahel Levin und wurde im selben Jahr in den Staatsdienst berufen. Er war 1815 in Wien tätig und kam 1816 als preußischer Gesandter nach Karlsruhe. 1819 wegen »demokratischer Verbindungen« abberufen, ging er nach Berlin zurück. 1825 wurde er in den Ruhestand versetzt und widmete sich nun ganz seinen historischen und literaturkritischen Arbeiten. Von besonderer Bedeutung sind seine Biographien, die seit 1824 in den »Biographischen Denkmälern« erschienen. 1848 engagierte er sich noch einmal öffentlich im Sinne der liberalen Kräfte. Heinrich Heine schrieb an den »wahlverwandtesten Waffenbruder«: »Sie haben gleich mir die alte Zeit begraben helfen und bei der neuen Hebammendienste geleistet.«

Literatur: Aus dem Nachlaß Varnhagens van Ense. Tagebücher von K.A. Varnhagen van Ense, 1861ff; ders., Kommentare zur Zeitgeschichte, 1984; U. Wiedemann, K.A. Varnhagen van Ense. Ein Unbequemer in der Biedermeierzeit, 1994.
EF

Varnhagen van Ense, Rahel Antonie Friederike

Saloniere
✶ 19.5.1771 Berlin
† 7.3.1833 ebd. [F.11]

Die Tochter des jüdischen Bankiers Levin eröffnete nach dem Tod des Vaters 1789 ihren ersten Salon, in dem sich bald die führenden Intellektuellen der Stadt wie die Brüder Humboldt und Friedrich Schlegel, Schleiermacher und Jean Paul trafen, bis sie ihn 1806 auf Grund der Kriegsereignisse schließen mußte. In den darauffolgenden Jahren widmete sie sich einer ausgedehnten Korrespondenz, ganz nach ihrem Motto »Mein Leben soll zu Briefen werden!«. Aktiv engagierte sie sich im antinapoleonischen Befreiungskampf. 1814 ließ sie sich evangelisch taufen, nahm die Vornamen Antonie Friederike an und heiratete Karl August Varnhagen van Ense. An seiner Seite weilte sie während des Wiener Kongresses 1815 in Wien und während seiner Tätigkeit als preußischer Gesandter in Karlsruhe. Als ihr Mann 1819 abberufen wurde, gingen sie nach Berlin zurück. Hier eröffnete sie ihren zweiten Salon, in dem Persönlichkeiten wie Franz Grillparzer und Heinrich Heine verkehrten, der sie die »geistreichste Frau des Universums« nannte. Erst nach ihrem Tod erschienen Teile ihres umfangreichen Briefwechsels.

Literatur: K.A. Varnhagen van Ense, Rahel, 3 Bde., 1834; E. Key, Rahel, 1907; H. Arendt, Rahel Varnhagen, 1959; E. Key/C. Stern, Der Text meines Herzens. Das Leben der Rahel Varnhagen, 1994.
EF

Veidt, Conrad

(eigtl. C. Weidt)
Schauspieler
✶ 22.1.1893 Berlin
† 3.4.1943 Hollywood

V. verließ das Gymnasium ohne Abschluß, spielte nach Besuch der Schauspielschule des Deutschen Theaters kleine Chargenrollen, arbeitete

Conrad Veidt (1893–1943)

während des I. Weltkriegs an Fronttheatern in Libau und Tilsit. 1916 begann er mit der Filmarbeit in Rollen, die ihn auf den »dämonischen Typ« festlegten (u.a. »Satanas« 1919; »Der Januskopf« 1920 von F.W. Murnau; »Das Cabinett des Dr. Caligari« 1920). V. spielte aber auch den homosexuellen Geiger Paul Körner in dem von M. Hirschfeld inspirierten Aufklärungsfilm »Anders als die anderen« (1919). 1916–29 arbeitete er für die United Artists in Hollywood, kehrte nach Berlin zurück und spielte in deutschen Tonfilmen Offiziers-Typen. Eine seiner besten (und am wenigsten beachteten) Leistungen vollbrachte er als englisches »Double« von H. Albers in der englischsprachigen Version von »FP 1 antwortet nicht« (1932). 1934 ging er nach England (»Jew Suess« 1934), 1940 in die USA (Major Strasser in »Casablanca« 1943). Auf dem Golfplatz von MGM ereilte ihn der Herztod. *DTW*

Vespermann, Kurt

Schauspieler
✶ 1.5.1887 Kulmsee (Westpr.)
† 13.7.1957 Berlin [F.7]

Der aus einer seit 170 Jahren dem Theater verbundenen Schauspielerfamilie stammende V. war ein humoristischer Charakterspieler, der einst als junger Komiker am Kgl. Schauspielhaus begann und jahrzehntelang von Berlins Bühnen nicht wegzudenken war. Angegraute Lustspielväter, Sonderlinge, liebenswürdige Käuze und sympathische Lebenskünstler waren sein Rollenfach auf dem Berliner Boulevardtheater. Zuletzt spielte er an der Komödie und am Renaissance-Theater. *DTW*

Viebig, Clara

Schriftstellerin
✶ 17.7.1860 Trier
† 31.7.1952 Berlin

Tochter eines aus Posen stammenden Oberregierungsrats, der Abgeordneter für Posen im Frankfurter Parlament war. Ab 1860 lebte die Familie in Trier. V. verbrachte dort ihre Kindheit, später in Düsseldorf, wo sie das Lyzeum besuchte. Die Landschaft ihrer Kindheit und Jugend, vor allem die der Eifel, prägte ihr späteres literarisches Werk. 1883 zog sie nach Berlin, um sich an der Musikhochschule als Konzertsängerin ausbilden zu lassen. Sie heiratete 1896 in Berlin den deutsch-jüdischen Verlagsbuchhändler Friedrich Cohn (Verlag Fleischel u. Co.). Seit 1894 hatte sie kleinere Prosaarbeiten in der »Volkszeitung« veröffentlicht. 1897 erschienen ihre ersten Novellen »Kinder der Eifel« im Verlag ihres Mannes, 1899 der autobiographische Roman »Es lebe die Kunst« und 1900 der in der Eifel spielende Roman »Das Weiberdorf«. Bald wurde neben der Rheinlandschaft und Posen auch Berlin zum Schauplatz ihrer Romane. »Das tägliche Brot« (1900); »Die vor den Toren« (1910); »Das Eisen im Feuer« (1913); »Eine Handvoll Erde« (1915); »Töchter der Hekuba« (1917) und »Das rote Meer« (1920). In diesen Romanen hat sie die Entwicklung Berlins von 1848–1918 festgehalten. Vor allem aber interessierten sie die seelischen Auswirkungen des großstädtischen Lebens auf die Menschen, die aus der Provinz nach Berlin gezogen waren, war sie doch selbst eine von ihnen gewesen. Ihr Werk ist stark beeinflußt von Emil Zola. Fast immer beschreibt sie Menschen der unteren Volksschichten, die sich in großen sozialen Schwierigkeiten behaupten müssen. 1936 starb ihr Mann, 1937 emigrierte V. nach Brasilien. Sie kehrte aber 1940 nach Berlin zurück, verließ die Stadt jedoch bald wegen der Bombenangriffe und zog nach Schlesien. 1946 vertrieben, lebte sie bis zu ihrem Tode wieder in Berlin, jetzt unter ärmlichen Verhältnissen. Sie, die vorher eine viel gelesene Autorin gewesen war, war nun fast vergessen. Ihr Grab befindet sich auf dem Nordfriedhof in Düsseldorf. *IU*

Virchow, *Rudolf* Ludwig Karl

Mediziner und Politiker, Ehrenbürger
✶ 13.10.1821 Schivelbein (Pommern)
† 5.9.1902 Berlin [F.46]

V. wurde nach dem Medizinstudium in Berlin 1846 Prosektor an der Charité. Beobachtungen während einer Fleckfieberepidemie 1848 in Oberschlesien prägten V. Der junge Arzt führte den schweren Verlauf der Seuche auf die erbärmlichen Lebensumstände der Bevölkerung zurück und begründete mit seinen exakten wissenschaftlichen Untersuchungen dazu die Sozialhygiene in Deutschland. Wegen seiner Teilnahme an der Revolution von 1848 in politische Schwierigkeiten geraten, ging V. 1849 als Anatom nach Würzburg. 1856 wurde er an die Berliner Universität zurückberufen. Bald darauf veröffentlichte er sein wissenschaftliches Hauptwerk »Die Cellularpathologie in ihrer Begründung auf physiologische und pathologische Gewebelehre« (1858). Mit seinem theoretischen Ansatz, alle Krankheiten letztlich auf zelluläre Veränderungen zurückführen zu können, eröffnete V. nicht nur der Pathologie, sondern der medizinischen Forschung insgesamt und in der Folge auch der Therapie eine neue Dimension. Auf pathologischem Gebiet publizierte er in späteren Jahren Arbeiten über Trichinellose und Geschwülste und begründete eine wichtige medizinische Zeitschrift (später »V.s Archiv«). Der vielseitig interessierte Forscher betrieb auch archäologische sowie ethnologische

Rudolf Virchow (1821–1902)

Studien und legte drei bedeutsame Sammlungen an: eine pathologisch-anatomische, eine anthropologische und eine prähistorische. V. ging von einer gewissen Kongruenz zwischen dem Organismus (»Zellstaat«) und der Struktur der menschlichen Gesellschaft aus, für deren vernünftige Organisation er auch als Politiker eintrat. 1861 Mitbegründer der Deutschen Fortschrittspartei, Landtags- und 1880–93 Reichstagsabgeordneter, war V. ein dezidierter Gegner Bismarcks, mit dem er sich heftige Rededuelle lieferte. »Er konnte sehr spitz, sehr scharf, sehr schneidend sein im Kreise der Fachmänner wie im Parlament. Die beißende Ironie lag ihm näher als der Brustton der Überzeugung«, schrieb Schleich über ihn. Große Verdienste erwarb sich V. um das öffentliche Gesundheitswesen in Berlin. Die Einrichtung der ersten vier städtischen Krankenhäuser geht ebenso auf seine Initiative zurück wie die Anlage der Kanalisation in der Hauptstadt oder die Einführung der obligatorischen Fleischbeschau in Preußen (1877). 1891 wurde V. Berliner Ehrenbürger.

Literatur: G. Mann, R. Virchow, in: Klassiker der Medizin, 1991; K. Winter, R. Virchow, 1976.

UH

Vita, Helen

(eigt. Helena Vita Elisabeth Reichel)
Kabarettistin, Schauspielerin, Diseuse
✶ 7.8.1928 Hohenschwangau (Oberbayern)
† 16.2.2001 Berlin

Die Tochter eines Schweizer Konzertmeisters und einer Cellistin wuchs in Genf auf, wo sie eine französische Schule besuchte. Nach Schulabschluß nahm V. am Conservatoire Genève Schauspielunterricht und gab mit 16 Jahren ihr Bühnendebüt am dortigen Théâtre in Thornton Wilders »Unsere kleine Stadt«. Ihre eigentliche Karriere als Schauspielerin begann sie am Théâtre du Vieux Colombier in Paris. Bertolt Brecht holte V. 1948 ans Schauspielhaus Zürich, wo sie in der Uraufführung seines Stücks »Herr Puntila und sein Knecht Matti« (5.6.1948) die Eva spielte. Brecht empfahl dem »verkappten komischen Talent« sich mehr dem Kabarett zuzuwenden, und so ging V. 1949 zum »Cabret Fédéral«, 1952 an die »Kleine Freiheit« nach München. 1955 kehrte V. zurück zum Theater und spielte an verschiedenen Bühnen. Ihren Wohnsitz wählte sie schließlich in Berlin. Mitte der 60er Jahre begann sie, Chansonabende mit Songs von Friedrich Hollaender, Kurt Tucholsky, Bertolt Brecht und Kurt Weill zu geben. Berühmtheit erlangte V. mit ihren »Frechen Chansons aus dem alten Frankreich«, die die Staatsanwaltschaft auf den Plan riefen. 1965 wurde die LP »Noch frechere Chansons aus dem alten Frankreich« aus den Schallplattenläden entfernt. Ungeachtet dessen erhielt V. dafür zweimal den Preis der Deutschen Schallplattenkritik. Neben zahllosen Engagements an Theatern und Boulevardbühnen wirkte V. in rund 60 Filmen mit, u.a. in »08/15«, »Das Mädchen Rosemarie«, »Ganovenehre« sowie in Rainer Werner Fassbinders »Lili Marleen« und »Berlin Alexanderplatz«. 1997 erarbeitete V. zusammen mit ihrem Pianisten und Komponisten das Programm »Drei alte Schachteln«, eine Bühnenshow, mit der sie an der Seite von Evelyn Künneke und Brigitte Mira nicht nur in der Berliner »Bar jeder Vernunft« sondern auch auf zahlreichen Tourneen vor stets ausverkauften Häusern Triumphe feierte. Anfang 1999 trat sie zusammen mit der Brecht-Eisler Interpretin Gisela May mit dem

Progamm »Wenn die beste Freundin ...« auf. Zuletzt hatte sie in der ZDF Comedy-Reihe »Salto Kommunale« einen ulkigen Duopart übernommen. *RS*

Vockel, Heinrich

Politiker
✶ 14.6.1892 Neuhaus b. Paderborn
† 22.1.1968 Berlin [F.92]
Nach dem Studium der Nationalökonomie und Landwirtschaft in München, Berlin und Münster, trat V. von 1922–33 als Generalsekretär der Deutschen Zentrumspartei im politischen Leben der Weimarer Republik hervor und war von 1930–33 Mitglied des Deutschen Reichstages. Von 1934 bis 1950 hatte V. die Geschäftsleitung eines Großkaufhauses inne, ehe er wieder in die Politik zurückging. Hier wirkte er von 1950–62 als Bevollmächtigter der Bundesrepublik Deutschland in Berlin. *RM*

Vogel, Hermann Wilhelm

Chemiker und Fotograf
✶ 26.3.1834 Dobrilugk (Niederlausitz)
† 17.12.1898 Berlin [F.49]
Nach einer Kaufmannslehre kam V. 1854 nach Berlin und studierte am Königlichen Gewerbeinstitut Chemie, Physik und Mineralogie. 1863 hatte er in Abwesenheit an der Universität Göttingen mit seiner Arbeit »Über das Verhalten des Chlorsilbers, Bromsilbers und Jodsilbers im Licht und die Theorie der Fotografie« promoviert, der ersten wissenschaftlichen Arbeit über Fotografie überhaupt. Ab 1864 hält er Vorlesungen am Kgl. Gewerbeinstitut über Fotografie. In der Folgezeit gelang ihm die Entwicklung fotografischen Materials, das Farben als tonrichtige schwarzweiße Abbildungen wiedergab. Der Autor des vierbändigen »Handbuchs der Photographie« blickte schon früh über den Tellerrand des forschenden Wissenschaftlers und widmete sich der Frage nach der Wahrheit fotografischer Abbildungen: im Zeitalter der elektronischen Manipulation ein Thema mit sehr aktuellem Bezug. *VTM*

Voigt, Wilhelm

Schuhmacher, »Hauptmann von Köpenick«
✶ 13.12.1849 Tilsit
† 3.1.1922 Luxemburg
Der Sohn eines Schuhmachermeisters und gelernte Schuhmacher erhielt bereits 1863 eine erste kurze Haftstrafe. Zwischen seinem 18. Und 30. Lebensjahr saß er im Zuchthaus Moabit und in der Haftanstalt Sonnenschein ein. Danach auf Wanderschaft zwischen Erfurt und Budapest, Eisenach und Odessa, Riga und Posen, wurde er wieder straffällig und verbüßte seine Haft in der Provinz Posen. Als er Anfang 1906 entlassen wurde, ging er nach Berlin. Sein Ziel war es, einen gültigen Paß zu bekommen, der ihn vor Ausweisungen und anderen polizeilichen Verfolgungen schützen sollte. Zu diesem Zweck besorgte er sich eine Hauptmannsuniform, nahm eine Gruppe Soldaten unter sein Kommando und besetzte am 16.10.1906 das Köpenicker Rathaus. Nach seinem Coup, der ihn mit einem Schlag berühmt machte, erhielt er vier Jahre Gefängnis, wurde jedoch 1908 begnadigt. In den folgenden Jahren ging er mit seiner Geschichte auf Tourneen. 1909 erwarb er sich Wohnrecht in Luxemburg. 1909 erschien seine Autobiographie »Wie ich der Hauptmann von Köpenick wurde. Mein Lebensbild«. Nach dem Theaterstück von Zuckmayer wurde die Geschichte mehrfach verfilmt, so mit Heinz Rühmann und Harald Juhnke in den Hauptrollen. In Berlin erinnern eine Gedenktafel und Skulptur am Rathaus Alt-Köpenick (Köpenick) an das Original.
Literatur: W. Löschburg, Ohne Glanz und Gloria. Die Geschichte des Hauptmanns von Köpenick, 1996. *EF*

Voß, Julius von

Militär und Schriftsteller
✶ 24.8.1768 Brandenburg
† 1.11.1832 Berlin [F.106]
Wie sein Vater aktiver Offizier, diente er von 1782–98 in der preußischen Armee und wurde für seine Leistungen mit dem Orden Pour le merite ausgezeichnet. Nach dem Ausscheiden aus dem Militärdienst befaßte er sich anfänglich mit theoretischen Arbeiten zur Kriegskunst wie »Beiträge zur Philosophie der Kriegskunst« (1804). Später schrieb er Unterhaltungsromane, Erzählungen und Theaterstücke. Und schuf so über 200 Werke. Besonders erfolgreich wurde 1821 sein Volksstück »Der Strahlower Fischzug«. Beigesetzt wurde er auf dem Garnisonsfriedhof (Mitte). *EF*

W

Wackenroder, Wilhelm Heinrich

Jurist, Schriftsteller
✶ 13.7.1773 Berlin
† 13.2.1798 ebd. [F.14, Grab eingeebnet]

Der Sohn eines preußischen Justizbeamten lernte auf dem Friedrichswerderschen Gymnasium Ludwig Tieck kennen, mit dem ihn eine lebenslange Freundschaft verband. Er beschäftigte sich intensiv mit Musik und Literatur und zählte Karl Philipp Moritz, und die Musiker Fasch und Zelter zu seinen Lehrern. Auf Drängen des Vaters mußte er jedoch ein Studium der Rechtswissenschaften beginnen, das er in Erlangen und Göttingen absolvierte. 1794 wieder in Berlin, arbeitete er am Berliner Kammergericht, geriet jedoch in immer tiefere Widersprüche zwischen der juristischen Arbeit und seinen literarischen Neigungen. Zwischen 1796 und seinem frühen Tod erschienen einige Arbeiten, so ein Artikel über Dürer, das »Märchen von einem nackten Mann« und die autobiographische Erzählung »Das merkwürdige musikalische Leben des Tonkünstlers Joseph Berglinger«. Vor allem aber mit den »Herzensergießungen eines kunstliebenden Klosterbruders« wurde er zu einem wichtigen Stichwortgeber der Romantik und gemeinsam mit Tieck der bedeutendste Repräsentant der frühen Berliner Romantik.

Literatur: Wackenroder, Sämtliche Werke und Briefe, 1991; B. Tecchi, W.H. Wackenroder, 1962. *EF*

Waesemann, *Hermann* Friedrich

Architekt, Unternehmer
✶ 6.6.1813 Danzig
† 28.1.1879 Berlin [F.109]

Nach dem Studium an der Universität Bonn und der Bauakademie in Berlin war W. 1841–44 bei A. Stüler an Entwurf und Bauleitung des Neuen Museums in Berlin beteiligt. Seine Tätigkeit als selbständiger Architekt ab 1849 wurde 1851–59 durch seine Berufung in den Staatsdienst unterbrochen. 1866 gründete W. zusammen mit P. Erdmann die Berliner Bauvereinsbank und übernahm deren Vorsitz. Als Vertreter des Historismus (Nach-Schinkel-Schule) widmete sich W. ab 1859 ausschließlich dem Bau des Berliner Rathauses.

Wichtige Werke: Getreidespeicher, Holzmarktstr., Bln.-Friedrichshain (1856–57, zus. mit F. Dannenberg); Berliner Rathaus, sog. Rotes Rathaus, Bln.-Mitte (1859–69, verm. unter Verwendung des Entwurfs von H.v.d. Hude).

Literatur: U. Kieling, Berliner Privatarchitekten u. Eisenbahnbaumeister im 19. Jh., 1988. *KDS*

Waetzoldt, Wilhelm

Kunsthistoriker
✶ 21.2.1880 Hamburg
† 5.1.1945 Halle/S.

W. erhielt 1912 in Halle seine erste Professur. 1920 wurde er Professor für Kunstgeschichte an der Berliner Universität. 1927–33 wirkte er als Generaldirektor der Staatlichen Museen zu Berlin. Danach ging er wieder an die Hallenser Universität zurück. Seine Hauptwerke sind »Die Kunst des Porträts« (1908); »Deutsche Kunsthistoriker« (1921) sowie »Dürer und seine Zeit« (1936). *UH*

Wagner, Martin

Architekt
✶ 5.11.1885 Königsberg (Ostpreußen)
† 28.5.1957 Cambridge (Mass., USA)

Nach dem Studium in Dresden und Berlin wurde W. Direktor der DEWOG (1924–26) und Stadtbaurat in Berlin (1926–33). Aus Solidarität zu Käthe Kollwitz trat W. 1933 aus der Akademie der Künste aus, emigrierte nach Diffamierung durch die Nationalsozialisten im selben Jahr über die Türkei in die USA und übernahm dort eine Professur in Havard. W. ging von der Vorstellung aus, die Bauindustrie in genossenschaftliches Eigentum zu überführen, um damit einen preiswerten rationellen Massenwohnungsbau realisieren und die Wohnungsnot mildern zu können. Die Gründungen der Wohnungsbau-Genossenschaften DEWOG und GEHAG (1924) durch die Gewerkschaften auf Vorschlag von W., der Bau der ersten Großplattensiedlung (7 Mp Plattengewicht) Deutschlands in Bln.-Lichtenberg (1924–26, fast 40 Jahre vor dem DDR-Plattenbau) und die Realisierung der Hufeisensiedlung Bln.-Britz (1925–26), zusammen mit B. Taut, waren nur bescheidene Anfänge für sein Ziel. Darüber hinaus sollte nach den Vorstellungen Ws. auch die Stadtmitte radikal umgestaltet werden, um sich den neuen Wirtschafts- und Verkehrsansprüchen anzugleichen.

Wichtige Bauten: Siedlung Lindenhof, Bln.-Schöneberg (1918–19); Großplattenversuchssiedlung, Bln.-Lichtenberg (1924–26); Hufeisensiedlung in Britz, Bln.-Neukölln (1925–26, zus. mit B. Taut); Entwurf Umgestaltung Alexanderplatz, Bln.-Mitte (1929); Strandbäder Müggelsee und Wannsee, Bln.-Köpenick und Zehlendorf (1928– 29); Messegelände, Bln.-Charlottenburg (1927–31, zus. mit H. Poelzig); Prototyp »Das wachsende Haus« (1932).

Literatur: W. Ribbe/W. Schäche (Hg.), Baumeister, Architekten, Stadtplaner, 1987. *KDS*

Waitz, Georg

Rechtshistoriker
✶ 9.10.1813 Flensburg
† 24.5.1886 Berlin [F.46]

W. studierte in Kiel und 1833–36 an der Berliner Universität, wo er durch Ranke zu quellenkritischen Studien zur deutschen Geschichte des frühen Mittelalters angeregt wurde. Nach wissenschaftlicher Tätigkeit in Hannover und einem ersten Lehramt in Kiel wurde W. 1849 als Professor nach Göttingen berufen, wo er bis 1875 wirkte. 1876 kehrte er nach Berlin zurück und übernahm die Edition der »Monumenta Germaniae historica«. Sein Hauptwerk ist die »Deutsche Verfassungsgeschichte« (8 Bde., 1844–78). Als junger Wissenschaftler hatte W. 1841 die »Merseburger Zaubersprüche« entdeckt. Er war auch politisch aktiv und gehörte als Konservativer zur Frankfurter Nationalversammlung 1848–49. W. beförderte den Anschluß seiner schleswig-holsteinischen Heimat an Deutschland, trat für den Föderalismus und gegen eine Hegemonie Preußens auf. *UH*

Waldeck, Franz Leo Benedikt

Politiker
✶ 31.7.1802 Münster
† 12.5.1870 Berlin

Der Sohn eines Juristen und Hochschullehrers aus Münster sympathisierte schon als Student der Rechtswissenschaften in Göttingen mit den demokratischen Ideen des Vormärz, stand aber den praktischen Aktivitäten der revolutionären Bewegung zurückhaltend gegenüber. 1822 beginnt die Laufbahn des talentierten Richters, zuerst in seiner Heimatstadt Münster, später über Halberstadt, Paderborn und schließlich in Berlin. Mit dem Ausbruch der Revolution von 1848 überwindet W., inzwischen zum Geheimen Obertribunalrat am Kammergericht in Berlin avanciert, seine Bedenken gegen praktische politische Aktivitäten. Der bekannte Demokrat Virchow gewinnt W. für eine Kandidatur bei den Wahlen zur Preußischen Verfassunggebenden Versammlung. Als Abgeordneter gehört er zum radikalen linken Flügel in der Konstituante, leistete einen aktiven Beitrag zur Erarbeitung einer demokratischen Verfassung Preußens und wurde im Oktober 1848 zum Vizepräsidenten der Versammlung gewählt. Nach dem Rücktritt der Regierung Auerswald-Hansemann im September 1848 war W. einer der Kandidaten für einen Ministerposten im Kabinett, die Reaktion vereitelte diese Entwicklung und löste im November das Parlament auf. W. gehörte zur Gruppe der Abgeordneten, die gegen den Staatsstreich des Königs mit dem Aufruf zur Steuerverweigerung protestierte, wurde dafür 1849 Opfer der staatlichen Repression. Der gegen den bekannten Berliner Demokraten und Richter geführte Schauprozeß endete mit einem Freispruch, auch ein durch den Hof angestrengtes Disziplinarverfahren mit dem Ziel des Ausschlusses aus dem Richterdienst verfehlte seine Wirkung. Erst 1858 trat W. wieder in die aktive Politik ein, war 1861 einer der Gründer der Fortschrittspartei und für sie als Abgeordneter wirksam. Beigesetzt wurde er auf dem Ende des 19. Jhs. aufgelösten Domfriedhof St. Hedwig in der Invalidenstraße. *DW*

Walden, Herwarth

(eigtl. Georg Levin; Pseud. Georg Sturm, Walter Sturm, Dr. Profundus u.a.)
Musiker, Kunstkritiker, Schriftsteller
✶ 16.9.1878 Berlin
† 31.10.1941 im Straflager Saratow (UdSSR)

Nach Schulbesuch entschied er sich gegen die

vom Vater gewünschte Buchhändlerausbildung und nahm ein Musikstudium (Klavier) auf. Er komponierte, gab Konzerte und unterrichtete in Berlin. Seine Aufmerksamkeit galt aber auch den anderen Künsten. Gefördert durch Else Lasker-Schüler (mit der er ab 1901 ein Jahrzehnt verheiratet war) wurde er seit 1904 Leiter des von ihm gegründeten Vereins für Kunst, der alle neuen Kunstrichtungen förderte (Expressionismus, Futurismus, Kubismus, Dadaismus). W. gab die Zeitschrift »Sturm« (1910–1932) heraus, schrieb Dramen und Romane, veranstaltete Kunstausstellungen von europäischem Rang und war ein wichtiger Propagandist aller neuen künstlerischen Bestrebungen in Berlin. 1932 ging er in die Sowjetunion, wo er in Moskau bis zu seiner Verhaftung am Fremdspracheninstitut arbeitete. Im Zuge der stalinistischen Säuberungen wurde er in ein Straflager eingeliefert, wo er während des II. Weltkrieges starb. Im Zuge der Aufarbeitung des Stalinismus wurde W. rehabilitiert.

Literatur: G. Brühl, Herwarth Walden und der »Sturm«, 1983. *HB*

Walden, Matthias

(eigtl. Egon Wilhelm Otto Baron von Saß)
Journalist
✶ 16.5.1927 Dresden
✶ 17.11.1984 Berlin [F.91]

Nach Schulausbildung und Kriegsdienst arbeitete W. seit 1946 als Zeitungsredakteur. 1950 verließ er die DDR, um in Berlin (West) Kommentator des RIAS zu werden. Der Sender hatte ein Team junger Leute angezogen, die schon aufgrund ihres jugendlichen Alters keine differenzierten Berufserfahrungen besaßen, aber durch den II. Weltkrieg und das nationalsozialistische Regime, durch das viele von ihnen auch verfolgt worden waren (Hans Rosentahl, Egon Bahr u.a.), konnten sie schwer errungene Lebenserfahrungen als Basis in ihre journalistische Tätigkeit einbringen. W. fiel durch scharfe Formulierung und sprachliche Eleganz auf. Er scheute sich nicht, auch Emotionen in seine Argumentationen einzubinden und galt als einer der eloquentesten Sprecher für das freie Berlin, das sich der DDR-Propaganda entgegenstellte. 1956 wechselte er vom RIAS Berlin zum Sender Freies Berlin (SFB), der zwei Jahre vorher als Landesrundfunkanstalt aus einer Niederlassung des von den Briten gegründeten Nordwestdeutschen Rundfunks (NWDR) mit Hauptsitz in Hamburg entstanden war. W. war Chefkommentator und stellvertretender Chefredakteur des SFB. Durch das gemeinsame Fernsehen des Ersten Programms (ARD), dem der SFB zulieferte, wurde W. auch in der Bundesrepublik bekannt, wobei nicht nur Kommentare, sondern auch Feature und Dokumentarsendungen herausragten. Weit verbreitet wurde sein Film über die »Berliner Mauer«, die seit dem 13. August 1961 die Stadt als scharf bewachte Grenze, wie es schien auf unabsehbare Zeit, teilen sollte. 1980 ging W. im Range eines Chefredakteurs zum Springer Verlag Berlin und wurde Mitglied der Geschäftsführung der Gesellschaft für Publizistik KG als Mitherausgeber der »Welt«. Er arbeitete auch als Kommentator für die »Welt am Sonntag«. Für seinen Journalismus erhielt W. zahlreiche Preise u.a. 1960 den Jakob-Kaiser-Preis, 1963 den Heinrich-Stahl-Preis, den Konrad-Adenauer-Preis 1972 und die Goldene Kamera 1976. *HB*

Waldersee, Alfred K.L. Graf von

Militär
✶ 8.4.1832 Potsdam
† 5.3.1904 Hannover

Der Sohn eines preußischen Kavallerie-Generals aus der weitverzweigten Familie Anhalt-Dessau wuchs in Potsdam auf, trat mit 12 Jahren in die Kadettenanstalt ein, wurde drei Jahre später Kadett in Berlin und 1850 Sekondeleutnant in der Garde-Artillerie-Brigade. Nach einigen Jahren der Gouverneurstätigkeit beim Prinzen Albert von Sachsen-Altenburg durchlief W. schnell die Offizierskarriere, wurde 1865 Adjutant des Prinzen Albert von Preußen und nahm am Feldzug gegen Österreich 1866 als Major im Generalstab teil. Vor Ausbruch des Krieges gegen Frankreich 1870 wurde W. an die deutsche Botschaft in Paris kommandiert und avancierte mit Kriegsbeginn zum Flügeladjutanten des preußischen Königs. Der Sieg 1871 fand ihn in der deutschen Kommandantur in Paris, zeitweilig als Geschäftsträger der Botschaft. Zum Obersten und 1876 zum Generalmajor ernannt, erhielt er vielfältige diplomatische Aufträge und wurde 1881 Generalquartiermeister, damit Stellvertreter des greisen Generalstabschefs von Moltke. In dieser Stellung kam W. in scharfe Konflikte mit Reichskanzler von Bismarck und dem Reichstag in innenpolitischen und militärpolitischen Fragen. Kaiser Wilhelm II. ernannte unmittelbar nach seiner Thronbesteigung W. zum Chef des Generalstabes und machte ihn zu einem seiner engsten Berater. 1891 wurde der ehrgeizige Graf nach politischen Differenzen mit dem Kaiser von seiner Stellung entbunden und zum Kommandeur des IX. Armeekorps in Hamburg-Altona ernannt. Im Jahre 1900 wurde der inzwischen zum Generalfeldmarschall beförderte W. Oberkommandierender des Expeditionskorps der ausländischen Mächte gegen die chinesischen Revolutionäre (Boxeraufstand).

DW

Waldeyer-Hartz, Heinrich *Wilhelm* Gottfried von (seit 1916)

Anatom
✶ 6.10.1836 Hehlen
† 23.1.1921 Berlin

W. wirkte als Anatom in Königsberg, Breslau und Straßburg, bevor er 1883 einer Berufung nach Berlin folgte. Dort erwarb er sich Verdienste um die Erweiterung des Anatomischen Instituts der Universität. Herausragend waren seine Leistungen beim Zusammenfassen aktueller Probleme der Anatomie und Entwicklungsgeschichte. W. trug eine große Schädelkollektion zusammen. Als grundlegend gelten seine Forschungen zum Bau des Nervensystems. Begriffe wie Neuron und Chromosom stammen von ihm. Er schrieb u.a. »Zur Geschichte des anatomischen Unterrichts in Berlin« (1899) und »Die Bildnisse Friedrich d. Gr. und seine äußere Erscheinung« (1900). 1898–99 stand er als Rektor der Berliner Universität vor. 1896–1919 leitete W. als Sekretar die Physikalisch-mathematische Klasse der Akademie der Wissenschaften. *UH*

Waldoff, Claire

Kabarettistin, Diseuse
✶ 21.10.1884 Gelsenkirchen
† 22.1.1957 Bayrisch-Gmain

Das elfte von 16 (nach anderen Quellen das sechste von 12) Kindern einer Steiger- und Gastwirtsfamilie wollte ursprünglich Medizin studieren, ging aber nach der Scheidung der Eltern zum Theater, begann in Bad Pyrmont – als Naive und jugendliche Liebhaberin für 40 Mark Gage – und Kattowitz und kam nach Berlin, wo sie nach kurzen Engagements am Figaro-Theater, das französische Komödien im »Pariser Stil« aufführte, und am Neuen Schauspielhaus am Nollendorfplatz, wo sie neidische Kollegen rausekelten, schließlich 1907 im Kabarett »Roland von Berlin«, namentlich mit dem damals noch unbekannten jungen Komponisten W. Kollo, der sie am Klavier begleitete, durchschlagenden Erfolg hatte. »Die Art ihres Vortrags war so neu wie ihr ›Genre‹«, schreibt W.V. Ruttkowski. Vor dem I. Weltkrieg schon wurde sie *die* Zugnummer der beiden größten Kabaretts von Berlin, des »Chat Noir« und des »Lindenkabaretts«, und galt als berlinischste unter den Berliner Diseusen. Dabei war sie hochgebildet und belesen; sie verfügte über eine Bibliothek von 4.000 Bänden. Ihr Outfit und ihr Auftreten – mit kurzgeschnittenem Haar, gestärktem Kragen und »Krawallschleife«

Claire Waldoff (1884–1957)

– galten als extravagant bis anstößig. Allein daß sie als Frau in Hosen auftrat, erregte das Mißtrauen der Zensur. In ihren deftigen und burschikosen Chansons – auf ihre unverwechselbare Art kreierte sie einen Gassenhauer nach dem anderen – »war sie das Volk von Berlin« (W. Schaeffers), die aber – wie z.B. in Tucholskys »Mutterns Hände« – auch die leisen Töne beherrschte. Sie war auf dem Überbrettl und dem Varietépodium ebenso zuhause wie vor dem Riesenauditorium des Sportpalastes. Nach 1933 fiel sie in Ungnade, weil der Volksmund ihr Lied »Hermann heeßt er« – das Standardlied aller ihrer Programme seit 1913 – auf H. Göring ummünzte. Nach 1945 versuchte sie ein Comeback im Münchner Kabarett »Bunter Würfel«. 1948 gastierte sie auch wieder in Berlin, z.B. im Kabarett »Ulenspiegel«. Literatur: H. Bemmann, Wer schmeißt denn da mit Lehm?, 1982. *DTW*

Wallner, Franz

(eigtl. F. Leidesdorf)
Schauspieler und Theaterleiter
✶ 25.9.1810 Wien
† 19.1.1876 Nizza [F.118A]
W. debütierte 1830 und war ab da am Theater in der Josefstadt in Wien engagiert. 1845/46 kam er nach Engagements an verschiedenen kleineren Theatern für kurze Zeit nach Berlin, arbeitete 1848–50 in Petersburg, kehrte dann nach Deutschland zurück, war in Freiburg und Posen, übernahm 1855 das Königstädtische Vaudeville-Theater in Berlin, das er nach Erhalt einer eigenen Konzession seit 1864 als Wallner-Theater weiterführte. W. bevorzugte die Berliner Posse, die er mit ausgesuchten Darstellern exzellent zu inszenieren verstand. Mit Stücken von D. Kalisch wie z.B. »Der Aktienbudiker«, »Der gebildete Hausknecht«, »Berlin wie es weint und lacht«, »Einer von uns're Leut« erreichte die Berliner Lokalposse im Wallner-Theater ihren Höhepunkt.
Schriften: Rückblicke auf meine theatralische Laufbahn (1864); Über Land und Meer (1873).
Literatur: H. Blum, Lebenserinnerungen von Agnes W., 1900. *DTW*

Wallot, Paul

Architekt
✶ 26.6.1841 Oppenheim/Rhein
† 10.8.1912 Langenschwalbach/Taunus
Als Sohn eines Weingutbesitzers und Hugenottennachkommen studierte W. 1856–59 in Darmstadt, 1859–60 in Hannover, 1860–63 an der Bauakademie in Berlin und legte 1863/64 an der Universität Gießen seine Baumeister-Prüfung ab. Nach seiner Berliner Tätigkeit bei H. Strack, R. Lucae, F. Hitzig sowie Gropius & Schmieden war W. 1868–83 Privat-Baumeister in Frankfurt/M. und übersiedelte 1883 zur Leitung des Reichstagsbaus nach Berlin. 1894 wurde W. in Dresden Kgl.-Sächs. Hofrat und Professor an der Akademie der Künste. W. war Hauptvertreter der italienisch geprägten Neorenaissance.
Wichtige Bauten: Reichstagsgebäude, Bln.-Tiergarten (1884–94, 1882 Wettbewerbssieger); Reichstagspräsidentenpalais, Berlin (1897–1904); Ständehaus auf der Brühlschen Terrasse, Dresden (1901–1906).
Literatur: U. Kieling, Berliner Privatarchitekten u. Eisenbahnbaumeister im 19. Jh., 1988. *KDS*

Wangel, Hedwig

(eigtl. Amalie Pauline Hedwig Simon)
Schauspielerin
✶ 23.9.1875 Berlin
† 9.3.1961 Lohe b. Rendsburg
Die Tochter eines Musikverlegers begann ihre Bühnenlaufbahn schon als Kind und als Volontärin am Kgl. Schauspielhaus. In Detmold 1894 engagiert, ging sie über München, Riga, Berlin (Lessing-Theater), Kassel, London, Hamburg nach Berlin an die Reinhardt-Bühnen (Klytämnestra in Sophokles »Elektra« 1903; Frau Hurtig in »Lustige Weiber von Windsor« 1904). Seit 1905 war sie Lehrerin an der Schauspielschule des Deutschen Theaters. W. fiel auf durch ihren Mut, auch grotesk-häßliche Charaktermasken zu tragen. Zwischen 1909 und 1925 zog sie sich ganz von der Bühne zurück. Nach ihrem erfolgreichen Comeback in den 20er Jahren trat sie an verschiedenen Berliner Bühnen auf. 1933/34 zog sie sich abermals von der Bühne zurück und spielte nach ihrem zweiten Comeback schließlich an den Münchner Kammerspielen (Mutter Wolffen in Hauptmanns »Biberpelz« 1938). Auch nach dem Krieg war sie in zahlreichen Bühnen- und Filmrollen zu sehen. *DTW*

Warburg, *Emil* Gabriel

Physiker
✶ 9.3.1846 Hamburg-Altona
† 28.7.1931 Grunau b. Bayreuth
Der Vater des Nachfolgenden studierte an der Berliner Universität und begann dort auch seine akademische Laufbahn als Privatdozent, ging 1872 nach Straßburg und 1876 als Institutsdirektor nach Freiburg i.Br. 1895 kehrte W. nach Berlin zurück, um die Leitung des physikalischen Instituts der Universität zu übernehmen. 1905–22 war er Präsident der Physikalisch-Technischen Reichsanstalt in Berlin-Charlottenburg. Er gilt als einer der bedeutendsten Experimentalphysiker seiner Zeit. Zu seinen wichtigsten Forschungsthemen gehörten die Schallgeschwindigkeit und andere akustische Erscheinungen in Flüssigkeiten und Gasen, Elektrolyte und galvanische Erscheinungen, elektrische Entladungsvorgänge und die Entstehung des Ozons. In seinen späteren Wirkungsjahren in Berlin wandte sich W. der Photochemie zu. Zu seinen wichtigsten Werken zählen die »Kinetische Theorie der Wärme« (1900) und sein »Lehrbuch der Experimentalphysik« (1903). *UH*

Warburg, *Otto* Heinrich

Physiologe und Biochemiker, Ehrenbürger
✶ 8.10.1883 Freiburg i.Br.
† 1.8.1970 Berlin [F.92]
Der Sohn des Vorigen studierte ab 1903 in Berlin Chemie (Promotion 1906), anschließend in Heidelberg Medizin (Promotion 1911). Von 1914 an wirkte W. in Berlin, wo er 1931 Direktor des Kaiser-Wilhelm-Instituts (1950 als Max-Planck-Institut wiedereröffnet) für Zellphysiologie wurde. Sein zentrales Thema war die biologische Energieübertragung. Dabei gelangen ihm die Aufklärung der molekularen Vorgänge bei der Zellatmung und die Identifizierung der daran beteiligten Enzyme. In diesem Zusammenhang erforschte er die Rolle der Spurenelemente Eisen und Kupfer sowie die der Vitamine als Bestandteil von Enzymen und Koenzymen. Für die Entdeckung der Cytochromoxidase (Warburgsches Atmungsferment) und seine Gesamtleistung erhielt W. 1931 den Nobelpreis für Medizin und Physiologie. Intensiv beschäftigte er sich mit der Photosynthese. Ausgehend von seinen bioenergetischen Untersuchungen an Tumoren entwickelte W. auch eine Theorie der Krebsentstehung. Berlin ernannte ihn 1963 zum Ehrenbürger.
Literatur: H. Krebs, O. Warburg. Zellphysiologe, Biochemiker, Mediziner, 1979; P. Werner, O. Warburg. Von der Zellphysiologie zur Krebsforschung, 1988. *UH*

Otto Heinrich Warburg (1883–1970)

Wartenberg, Johann Kasimir von Kolbe, Reichsgraf von (seit 1699)

Politiker
✶ 6.2.1643 in der Wetterau
† 4.6.1712 Woltersdorf
Der Günstling Friedrichs III. von Brandenburg-Preußen wurde 1696 Oberkämmerer, erlangte durch Intrigen unumschränkte Macht am Hofe. Erster Staatsminister 1702 mit 123.000 Talern Einkünften. W. sicherte sich die kritiklose Unterstützung Friedrichs durch Bemühungen, über Beziehungen zu Österreich diesem die Königskrone zu verschaffen, was mit dem Krontraktat 1700 auch verwirklicht wurde. Als Gegenleistung gewährte er militärische Hilfe für Österreich und England im spanischen Erbfolgekrieg. Die Subsidien wurden für die Verschwendungssucht des Hofes aufgebraucht. W. zog auch die Finanzverwaltung an sich, schuf ein regelrechtes System der Abhängigkeit und Korruption am Hofe. Auch Friedrich III. war von ihm abhängig, weil W.s Frau, die Holländerin Catharina Rickers, die Mätresse des Königs (und des englischen Gesandten Raby) wurde. Energisches Vorgehen des Kronprinzen Friedrich Wilhelm I., Grumbkows und Ilgens führten zum Sturz W.s. im Jahre 1711. Noch immer in der Gunst des Königs stehend, zog sich W. mit riesigem Vermögen auf sein Gut Woltersdorf zurück. *RM*

Wäscher, Aribert

Schauspieler
✶ 1.12.1895 Flensburg
† 14.12.1961 Berlin [F.92]
W. begann 1915 in Magdeburg und ging dann nach Köln. 1919 kam er nach Berlin und spielte für kurze Zeit am Kleinen Theater. 1920–23 folgten Engagements am Deutschen Theater, am Lustspielhaus, an der Volksbühne und an den Barnowsky-Bühnen. 1926–44 spielte er am Staatstheater und arbeitete mit Jessner und Fehling. Zwischen 1946–50 war W. am Deutschen Theater engagiert, später am Renaissance-, Schiller- und Schloßparktheater. W. war ein außerordentlich zwingender Darsteller unheimlicher, schmieriger, gefährlicher oder grotesker Figuren, ein Schauspieler der großen Brüche. Sein besonderes Talent zeigte sich am deutlichsten in der Darstellung des Schigolch (»Lulu«) – »Dieser Schigolch wird von allen Schigolchs der beste bleiben« (Kerr). – Weitere Rollen u.a. Julius Cäsar, Clau-

dius (»Hamlet«), Doktor (»Woyzeck«), Hexe (»Faust«), Leporello (»Don Juan und Faust«), Narr (»Was ihr wollt«), Crofts (»Frau Warrens Gewerbe«), Dorfrichter Adam (»Der zerbrochene Krug«), Patriarch (»Nathan der Weise«), Tartuffe. *DTW*

Weber, Carl Maria von

Komponist und Dirigent
✶ 19.11.1786 Eutin (Holstein)
† 5.6.1826 London

W. kam 1812 das erste Mal nach Berlin und schrieb für Zelters Liedertafel das »Kriegslied«. Nach einem Intermezzo als Kapellmeister in Prag weilte er 1814 wieder in Berlin und vertonte in patriotischer Begeisterung Th. Körners militante Gedichtsammlung »Leyer und Schwert«. Als Kapellmeister der Deutschen Oper in Dresden (seit 1817) konnte er seinen »Freischütz« gegen den die italienische Oper bevorzugenden Hof nicht durchsetzen. So ging diese romantischste aller deutschen Opern zum ersten Mal am 18.6.1821 in Berlin über die Bühne; auch hier nicht an der Lindenoper, wo Spontini herrschte, sondern am Kgl. Schauspielhaus. Der Erfolg war überwältigend, und von diesem Moment wurde W. als geistiger Gegenspieler Spontinis aufgebaut, was seinen Absichten, in Berlin eine feste Anstellung zu finden, sehr abträglich war. Friedrich Wilhelm III., der hinter Spontini stand, wußte W.s Bestallung zu verhindern. Mit »Euryanthe« konnte er, auch in Berlin, an den »Freischütz«-Erfolg nicht mehr anknüpfen. *ThW*

Wedekind, Frank

(eigtl. Benjamin Franklin W.;
Pseud. Hieronymus Jobs)
Schriftsteller
✶ 24.7.1864 Hannover
† 9.3.1918 München

Der Arztsohn studierte in Lausanne und München und versuchte sich bereits früh auf literarischem Gebiet. Berlin besuchte er erstmals Ende der 80er Jahre. Er schrieb für die satirische Zeitschrift »Simplicissimus« und mußte wegen Majestätsbeleidigung sogar eine Festungshaft verbüßen. Nach Reisen nach Paris und London und Aufenthalten vor allem in München kam er 1902 nach Berlin, wo er im Kabarett »Überbrettl« auftrat. Berühmt wurde er mit seinem Stück »Frühlings Erwachen«, das 1891 entstanden war und das 1906 im Deutschen Theater unter Regie von Max Reinhardt aufgeführt wurde. W. spielte gemeinsam mit seiner Frau Tilly in vielen seiner Stücke selber mit. Seit 1908 lebte W. in München. Seine Stücke gehörten zu den meistgespielten dieser Zeit, und auch seine Songtexte fanden großen Beifall. Am Deutschen Theater in Berlin kam es 1912 und 1914 zu zwei Wedekind-Zyklen, in denen viele seiner Stücke aufgeführt wurden. In Friedrichshain ist eine Straße nach dem Schriftsteller benannt. *EF*

Wegely, Wilhelm Caspar

Porzellanmanufakturgründer
✶ 1714 Berlin
† 14.9.1764 ebd. [F.130]

W., Sohn eines aus dem Schweizer Kanton Thurgau eingewanderten Wollzeugfabrikanten, trat 1737 als Teilhaber in die väterliche Manufaktur ein, die eines der größten Unternehmen der Berliner Textilbranche war. 1751 gründete W. aus Mitteln der Wollzeugmanufaktur eine Porzellanmanufaktur, nachdem er von König Friedrich II. das Privileg für die Porzellanherstellung und das Kommandantenhaus in der Neuen Friedrichstraße 22–23 als Fabrikgebäude erhalten hatte. 1752 begann W. mit Hilfe einiger Arbeiter aus der Höchster Porzellanfabrik mit der Herstellung. Friedrich II. lobte die Qualität des Porzellans W.s ausdrücklich. Während der Besetzung Sachsens im Siebenjährigen Krieg beschlagnahmte Friedrich II. die Meißner Porzellanmanufaktur und verpachtete sie dem Armeelieferanten Schimmelmann. An W.s Unternehmen zeigte er fortan kein Interesse mehr. Die Meißner Ware wurde für W. zur tödlichen Konkurrenz: 1757 mußte die erste Berliner Porzellanmanufaktur mit Verlust schließen.

Literatur: G. Zick, Berliner Porzellan der Manufaktur von W.C. Wegely 1751–1757, 1978. *BF*

Wegener, *Alfred* Lothar

Geophysiker und Polarforscher
✶ 1.11.1880 Berlin
† Ende November 1930 in Grönland

Der Sohn eines Altphilologen studierte in Berlin, Innsbruck und Heidelberg Mathematik, Meteorologie und Astronomie und arbeitete kurzzeitig an der Sternwarte Berlin-Tegel. Während W. sich zunächst mit der Atmosphärenforschung beschäftigte, wandte er sich später der Geophysik, Wetter- und Polarforschung zu. W., 1919 zum Pro-

Alfred Wegener (1880–1930)

fessor in Hamburg, 1924 in Graz berufen, nahm an insgesamt vier Expeditionen nach Grönland und in die Arktis teil, auf deren letzterer er verscholl. Bekannt wurde der Wissenschaftler vor allem durch seine Kontinentalverschiebungstheorie (ab 1912), nach der es ursprünglich nur einen Kontinent gab, dessen Bruchstücke, die heutigen Erdteile, auseinandergedriftet sind. W. stellte auch eine Theorie zum meteoritischen Ursprung der Mondkrater auf.
Wichtige Werke »Die Entstehung der Kontinente und Ozeane«, 1915; »Die Klimate der geologischen Vorzeit«, 1924; »Mit Motorboot und Schlitten in Grönland«, 1930.
Literatur: H.G. Körber, A. Wegener, 1980. *UH*

Wegener, *Paul* Hermann

Schauspieler und Regisseur
✶ 11.12.1874 Jerrentowitz
(= Arnoldsdorf b. Graudenz)
† 13.9.1948 Berlin [F.2]
W. wuchs auf dem Rittergut Bischdorf seiner Eltern auf, studierte in Freiburg und Leipzig Jura, Philosophie und Kunstgeschichte, und nahm nebenbei Schauspielunterricht. 1895 trat er sein erstes Engagement in Rostock an. Verschiedene Affären zwangen ihn zu häufigen Engagementwechseln. Seit 1906 war er in Berlin, zuerst am Deutschen Theater, in der Folge an verschiedenen anderen Berliner Bühnen beschäftigt. Seit 1913 spielte er in Stummfilmen (17 bis 1920), wovon ihn »Der Student von Prag« (1913), »Der Golem« (1915) und »Der Golem, wie er in die Welt kam« (1920) weltberühmt machten. Zwischen 1934 und 1937 führte W. Regie in sieben Filmen (zwei davon nach 1945 von den Alliierten verboten) und spielte zahlreiche weitere Filmrollen. Nach Kriegsende leitete W., da er als »wenig belastet« galt, die »Kammer der Kunstschaffenden«. 1945 spielte er bei der Wiedereröffnung des Deutschen Theaters den Nathan, 1946 in Osbornes »Tod im Apfelbaum« am Hebbel-Theater sowie letzte Filmrollen. *DTW*

Weidemann, Friedrich Wilhelm

Maler
✶ 1668 Osterburg
† 25.12.1750 Berlin
W., ein Schüler v. Langerfeldts, wurde 1702 zum preußischen Hofporträtmaler ernannt. 1712 Rektor, 1718 Direktor an der Berliner Akademie, arbeitete er dort seit 1730 als Professor für Perspektive. König Friedrich Wilhelm I. schätzte W. sehr und betraute ihn mit zahlreichen Porträts von Mitgliedern der kgl. Familie, besonders jedoch mit der »Abkonterfeiung« seiner geliebten »Langen Kerls«. *JM*

Weidt, Jean (Hans)

Tänzer und Choreograph
✶ 7.10.1904 Hamburg
† 29.8.1988 Berlin
W. gab 1925 seinen ersten Tanzabend. Der Gründer der Gruppe »Rote Tänzer« (1929) wurde 1933 verhaftet. Während der Emigration war W. in Moskau, Prag, Paris, Algerien, als britischer Soldat in Nordafrika. Seit 1948 wieder in Berlin (Ost), leitete W. das Tanzensemble der »Gruppe junger Arbeiter«, war 1950–53 Choreograph in Schwerin, arbeitete danach freischaffend (z.B. an der Komischen Oper). Er leitete die »Gruppe Junger Tänzer« (seit 1982 »Gruppe J. W.«). *DTW*

Weierstraß, *Karl* Theodor Wilhelm

Mathematiker
✶ 31.10.1815 Ostenfelde (Westfalen)
† 19.2.1897 Berlin [F.110]
W. war nach dem Studium der Cameralistik in Bonn und der Mathematik in Münster zunächst als Gymnasiallehrer in Ostpreußen tätig. Mit sei-

ner Lösung eines schwierigen mathematischen Problems rief er nicht nur das Erstaunen der Fachwelt hervor, sondern erhielt dafür auch den Doktortitel der Universität Königsberg. 1856 wurde er als Professor an das Berliner Gewerbeinstitut, 1864 an die Berliner Universität berufen, der er als Rektor 1873–74 vorstand. W. entwikkelte die Theorie der mathematischen Funktionen entscheidend weiter und arbeitete erfolgreich auf den Gebieten der Analysis und der Differentialgeometrie. Seine gesammelten Schriften sind 1894–1927 in acht Bänden herausgegeben worden.
Literatur: H. Behnke/K. Kopfermann, Festschrift zur Gedächtnisfeier für K. Weierstraß, 1966.
UH

Weigel, Helene

Schauspielerin und Theaterleiterin
✶ 12.5.1900 Wien
† 6.5.1971 Berlin [F.108]
W. genoß ihre schauspielerische Ausbildung in Wien, ging 1919–21 ans Neue Theater nach Frankfurt/M. (u.a. Marie in »Woyzeck«), wechselte 1921/22 ans Frankfurter Schauspielhaus (Meroë in »Penthesilea«). 1922 übersiedelte sie nach Berlin und spielte in der Folge an verschiedenen Bühnen (Staatstheater: Salome in Nestroys »Talisman«; Deutsches Theater; Renaissance-Theater: Klara in »Maria Magdalena«; Volksbühne: Begbick in »Mann ist Mann«, Grete Hinkemann in Tollers »Hinkemann«; Komödienhaus: Titelrolle in der Uraufführung von Brechts »Die Mutter«). 1924 hatte sie Brecht kennengelernt, den sie 1929 heiratete. W. galt als großes schauspielerisches Talent und wurde sogar von den Brecht wenig wohl gesonnenen Kritikern als »Entdeckung« gefeiert. 1933 emigrierte sie zusammen mit Brecht – über Prag, Wien, Carona (Schweiz), Thuro und Svendborg. Eine Moskau-Reise überzeugte Brecht und die W., daß dort ihres Bleibens nicht wäre. 1939 übersiedelten sie nach Stockholm, wo W. als Schauspiellehrerin arbeitete, 1940 nach Finnland (Helsinki und Marlebäk), 1941 schließlich in die USA (Santa Monica), wo sie wiederum Schauspielunterricht gab. Während der Exil-Jahre spielte W. nur wenige Rollen: Titelrolle in »Die Gewehre der Frau Carrar«, Die Jüdische Frau in »Furcht und Elend des Dritten Reiches«. 1947 kehrte sie mit Brecht nach Europa zurück; zunächst in die Schweiz (Titelrolle in Brechts »Antigone«) und 1948 nach Berlin (Ost). Im Januar 1949 trat sie das erste Mal als Mutter Courage am Deutschen Theater auf. Im September gründete sie mit Brecht das Berliner Ensemble, dessen Intendantin sie bis zu ihrem Tode war. Hier spielte sie u.a. in Brechts Stücken »Der kaukasische Kreidekreis«, »Coriolan«, »Die Gesichte der Simone Machard«; ferner in Strittmatters »Katzgraben«, Baierls »Frau Flinz«, Ostrowskis »Ziehtochter«. Als Intendantin balancierte sie nach Brechts Tod auf dem schmalen Grat zwischen Bewahrung Brechtscher Aufführungsmodelle und theatralischer Erneuerung.
Literatur: V. Tenschert, Die Weigel, 1981. *DTW*

Weill, Kurt

Komponist
✶ 2.3.1900 Dessau
† 3.4.1950 New York
W. studierte u.a. in Berlin bei Humperdinck, wurde Korrepetitor in Dessau, 1919/20 Theaterkapellmeister in Lüdenscheid, studierte erneut in Berlin bei Busoni (1921–24) und wandte sich um 1925 nach mehreren Orchesterwerken der Bühne zu: Die Begegnung mit Brecht war prägend (»Dreigroschenoper«, Uraufführung 1928, Theater am Schiffbauerdamm). 1933 mußte W. emigrieren, ging in die USA und schrieb dort perfekte Broadway-Musicals (z.B. »The Lady in the Dark« 1942).
Literatur: J. Schebera, Kurt Weill, 2000. *ThW*

Weinert, Erich

Schriftsteller
✶ 4.8.1890 Magdeburg
† 20.4.1953 Berlin [F.102]
Der Sohn eines Ingenieurs besuchte nach der Lehrzeit als Lokomobilbauer von 1908–10 die Kunstgewerbeschule in Magdeburg und arbeitete danach als Zeichenlehrer. Nach seiner Soldatenzeit begann er politisch-satirische Gedichte zu schreiben. 1923 kam er nach Berlin, wo er in verschiedenen Kabaretts mitwirkte und seine Gedichte in Zeitschriften wie der »Weltbühne«, dem »Simplicissimus« und »Lachen links« publizierte. Ende der 20er Jahre trat er der KPD bei. Durch viele öffentliche Veranstaltungen, auf denen er seine Gedichte vortrug und die Publikation seiner Arbeiten in kommunistischen Zeitungen, wurde er schnell bekannt und populär. 1933 emigrierte er über die Schweiz und Frankreich in die Sowjetunion. Er trat während des spanischen Bürgerkrieges in die Internationalen Brigaden ein. Nach der Internierung in Frankreich 1939 kam er

wieder nach Moskau. 1943 gehörte er zu den Mitbegründern des »Nationalkomitee Freies Deutschland« und wurde dessen Präsident. 1946 kam er nach Berlin zurück. 1949 und 1952 erhielt er den Nationalpreis der DDR. Zu seinen bekanntesten Arbeiten zählen die Gedichtsammlungen »Rufe in die Nacht« und »Das Zwischenspiel« sowie die Sammlungen »Camaradas« und »Memento Stalingrad«. In Berlin erinnern Denkmale in der Ostseestraße/Prenzlauer Allee (Prenzlauer Berg) und An der Wuhlheide (Köpenick) sowie die Erich-Weinert-Straße (Prenzlauer Berg) an den Dichter. *EF*

Weischedel, Wilhelm

Philosoph
✶ 11.4.1905 Frankfurt/M.
† 20.8.1975 Berlin [F.93]

W. wurde 1946 Professor in Tübingen und folgte 1952 einem Ruf an die Freie Universität Berlin. Seine Arbeitsgebiete waren Geschichte der Philosophie und Systematische Philosophie. Er bemühte sich um die Entwicklung einer philosophisch fundierten Theologie und trat gegen den Nihilismus in den Geisteswissenschaften auf. 1956–64 gab er eine sechsbändige Kant-Ausgabe heraus; 1971–72 erschien sein zweibändiges Werk »Der Gott der Philosophen«. *UH*

Weisenborn, Günther

(Pseud. Eberhard Foerster, Christian Munk)
Schriftsteller
✶ 10.7.1902 Velbert (Rheinland)
✶ 26.3.1969 Berlin

Nach dem Studium der Medizin und Germanistik in Bonn ging er 1928 nach Berlin, als sein erstes Theaterstück »U-Boot S 4« ein Erfolg wurde. 1930 versuchte er sich als Farmer in Argentinien, wirkte dann als freier Schriftsteller und ging, als nach 1933 seine Stücke verboten wurden, in die USA. 1937 kehrte er nach Deutschland zurück, beteiligte sich am antifaschistischen Widerstand, wurde 1942 verhaftet und kam ins Zuchthaus. Nach der Befreiung 1945 war er eine kurze Zeit als Bürgermeister in Luckau tätig, kam dann wieder nach Berlin, wo er zu den Gründern des Hebbel-Theaters gehörte. Mit Herbert Sandberg gab er die satirische Zeitschrift »Ulenspiegel« heraus. Seit 1951 arbeitete er als Chefdramaturg der Hamburger Kammerspiele. 1964 kam er wieder nach Berlin. Zu seinen bekanntesten Arbeiten gehören der Roman »Das Mädchen von Fanö« (1935), das Drama »Die Illegalen« (1945) sowie das stark autobiographisch gehaltene Buch »Memorial« (1947) und die Arbeit über den antifaschistischen Widerstand »Der lautlose Aufstand« (1953). *EF*

Weiser, Grete

Schauspielerin
✶ 27.2.1903 Hannover
† (Verkehrsunfall) 2.10.1970 Untersteinbach [F.2]

W. wuchs in Dresden auf, heiratete schon mit 16 Jahren, ging nach der baldigen Scheidung als Elevin an die Berliner Volksbühne. Später spielte sie an den Theatern am Nollendorfplatz und am Kurfürstendamm als Sängerin und Schauspielerin und entfaltete ihr komisches Talent und ihre Begabung fürs Kabarett (1930–33) und für die Operette. Schon 1927 erstmalig beim Stummfilm beschäftigt, wirkte sie im Laufe ihrer Karriere in über 100 Filmem mit (u.a. »Die göttliche Jette«,

Grete Weiser (1903–1970)

»Ehe in Dosen«, »Oh, diese Männer«, »Krach im Hinterhaus«, »Der Raub der Sabinerinnen«, »Engel mit kleinen Fehlern«, »Mädchen für alles«, »Ferien vom Ich«). Höhepunkt ihrer Bühnenlaufbahn war die Mutter Wolffen (»Biberpelz« 1953 Hamburger Kammerspiele, 1960 Komödie Berlin) und die Frau Nomsen (»Meteor« von Dürrenmatt, 1966 am Renaissance-Theater Berlin). In

den 60er Jahren wandte sie sich zunehmend der Fernseharbeit zu.
Literatur: H. Borgelt, Herz mit Schnauze, 1971.
DTW

Weiß, Bernhard

Theologe
✶ 20.6.1827 Königsberg
† 14.1.1918 Berlin

Der Sohn eines Pfarrers studierte in Königsberg, Halle und Berlin Theologie. Nach der Promotion und Habilitation lehrte er seit 1852 als Privatdozent an der Königsberger Universität, wo er erst 1863 einen eigenen Lehrstuhl erhielt. Nach einer kurzen Zeit in Kiel wurde er 1877 an die Berliner Universität berufen, wo er bis 1910 lehrte. In seinen stets sehr gut besuchten Vorlesungen fanden sich bis zu 400 Hörer ein. Von ihm stammt ein Vielzahl theologischer Publikationen, darunter »Das Leben Jesu«. Posthum erschien 1927 die autobiographische Sammlung »Aus neunzig Lebensjahren«.
EF

Weiß, Bernhard

Politiker
✶ 30.7.1880 Berlin
† 29.7.1951 London

W. studierte Rechts- und Staatswissenschaften sowie Volkswirtschaft, promovierte 1906 in Würzburg und begann als Amtsrichter in Berlin, leitete seit 1916 die politische Abteilung des Polizeipräsidiums Berlin. Als erster ungetaufter Jude gelangte W. in den höheren preußischen Verwaltungsdienst. W. wurde Mitglied der SPD und war 1920–24 Leiter der politischen Polizei. Nach Polizeiaktionen gegen die sowjetische Handelsvertretung wurde er seines Amtes enthoben und später zum Leiter der Kriminalpolizei ernannt. Ab 1927 war er Polizei-Vizepräsident von Berlin. Sein scharfes Durchgreifen gegen politische Gewalttaten der KPD und der NSDAP schuf ihm links wie rechts Feinde. Die von Goebbels gesteuerte NS-Presse verunglimpfte ihn als »Isidor Weiß«. Nach dem Staatsstreich in Preußen 1932 verlor er sein Amt und war kurzfristig in Haft. Vor den Nationalsozialisten emigrierte er über Prag nach London; sein Name befand sich auf der ersten Ausbürgerungliste. In London betrieb er ein Papierwaren- und Druckereigeschäft.
ThW

Wenck, *Ewald* Hermann

Schauspieler, Kabarettist
✶ 28.12.1891 Berlin
† 30.4.1981 ebd. [F.61]

W. begann in Bautzen, kam über Konstanz und Gera zurück nach Berlin. Neben seiner Bühnentätigkeit spielte W. in rund 300 Filmen kleine Charakterrollen (u.a. in »Herrliche Zeiten« 1951; »Hotel Adlon« 1955). Besonders populär wurde er als Mitwirkender bei »Günter Neumann und seine Insulaner« im RIAS. Bei dieser Rundfunkanstalt moderierte er auch 1970–81, als »ältester Disc-Jockei der Welt«, die Sendereihe »Ewalds Schlagerparade« und führte als Erzähler mit einem besonders lang gedehnten »Juuuten Ahhmd« die Zuhörer ein in die Berliner Welt von »Damals war's. Geschichten aus dem alten Berlin«.
DTW

Wendlandt, *Horst* Otto Gregori

Filmproduzent
✶ 15.3.1922 Criewen (Schwedt)
† 30.8.2002 Berlin

Der Sohn eines russischen Landarbeiters namens Gregori Gubanow und einer deutschen Mutter wurde von Fritz und Minna Wendlandt adoptiert und großgezogen. 1939–41 absolvierte W. eine kaufmännische Lehre bei der Tobis-Filmkunst in Berlin. 1941–44 war er Buchhalter in den Tobis-Ateliers, 1948–52 Geschäftsführer für den Regisseur Carl Froehlich, 1952–56 Produktionschef der Central-Europa-Film. 1956 ging W. zu Arthur Brauners CCC-Film, wo er als Produktionsleiter ca. 40 Filme betreute. 1960 stieg er in die dänische Rialto-Film ein, die bald in seinen Besitz überging. 1959 begann W. Edgar-Wallace-Krimis zu verfilmen. Der erste Film der Serie, »Der Frosch mit der Maske«, wurde völlig unerwartet ein überwältigender Publikumserfolg und so endete die Serie erst nach 32 Filmen mit dem Streifen »Das Rätsel des roten Halbmondes« (1972). Die Wallace-Krimis, von der zeitgenössischen Kritik entweder verschwiegen oder verhöhnt, waren stets Kassenschlager. 1963 begann W. Karl-May-Romane zu verfilmen. »Der Schatz im Silbersee« zählt zu den kassenträchtigsten deutschen Filmen der Nachkriegszeit und errang als »erster europäischer Western« sogar im Ausland Anerkennung. Insgesamt verfilmte W. neun Karl-May-Romane. Ende der 60er, Anfang der 70er Jahre drehte W. seichte Komödien, die sogenannten »Paukerfilme« u.a. mit Theo Lingen als kauzig-komischem Schulleiter. Zudem war W.

Mitproduzent von Ingmar Bergmanns Familiengeschichte »Fanny und Alexander«. In den 80er Jahren arbeitete er an Rainer Werner Fassbinders »Lola« und »Die Sehnsucht der Veronika Voss« mit. Letzterer wurde 1982 mit dem Goldenen Bären der Berlinale ausgezeichnet. W. produzierte auch die Filme von Otto Waalkes (»Otto – Der Film«) sowie Loriots Erfolgsfilme »Ödipussi« und »Pappa ante Portas«. W. erhielt zahlreiche Auszeichnungen, darunter 38 Goldene Leinwände, 2 Filmbänder in Gold, 6 Bambis, den Bundesfilmpreis und die Berlinale-Kamera für sein Lebenswerk. *RS*

Wermuth, Adolf

Oberbürgermeister von Berlin
✶ 23.3.1855 Hannover
† 12.10.1927 Berlin [F.116]
Nach dem Studium der Rechte in Leipzig, Heidelberg und Göttingen, wurde W. Regierungsassessor in Oppeln. 1883 in das Reichsamt des Inneren geholt, avancierte er 1904 zum Unterstaatssekretär. Mehrfach trat W. in besonderen wirtschaftlich-diplomatischen Angelegenheiten hervor, so als Reichskommissar für die Weltausstellung in Melbourne (1888/89) sowie in Chicago (1893). 1890 war W. kaiserlicher Kommissar für Helgoland bei dessen Übergabe an Deutschland, wurde 1898 Leiter der handelspolitischen Abteilung im Reichsamt des Inneren, zuständig für Zolltarife und Handelsverträge. 1909–12 war er als Staatssekretär des Reichsschatzamtes und Reichsschatzsekretär einer der wichtigsten Fachbeamten der Reichsregierung. Vom Juni 1912 bis zum November 1920 war W. Oberbürgermeister von Berlin. W. hat wesentliche Verdienste um die Sicherung der Versorgung der Berliner Bevölkerung in den Nachkriegsjahren. *RM*

Werner, *Anton* Alexander von

Maler und Zeichner
✶ 9.5.1843 Frankfurt/O.
† 4.1.1915 Berlin [F.49]
Nach dem 1860 an der Berliner Akademie begonnenen Studium ging W. zur Fortsetzung der Ausbildung 1862 nach Karlsruhe. Zunächst als Illustrator tätig, begann er bald mit der Historien- und Landschaftsmalerei. Im deutsch-französischen Krieg arbeitete er als Kriegszeichner. Seit 1871 lebte er in Berlin, wirkte dort im Verein Berliner Künstler und wurde im selben Jahr offizieller Hofmaler des Kaiserhauses. 1875 wurde W. Direktor der Hochschule für Bildende Künste. Mindestens seit den Kriegstagen fertigte W. Bildnisstudien, die er später zur technisch reifen Herstellung seiner monumentalen Historienbilder (darunter mehrere Fassungen seiner berühmten »Kaiserproklamation in Versailles«) ebenso verwendete wie die Fotografie. Daneben ist er als Architekturausstatter und Mosaizist in Erscheinung getreten (u.a. Sockelfries der Siegessäule). Literatur: F.v. Rhaynach, A. von Werner und die Berliner Hofmalerei, 1893; P.G. Thielen, Zur Historienmalerei der Bismarckzeit, 1964. *JM*

Werner, Arthur

Oberbürgermeister
✶ 15.4.1877 Berlin
† 27.7.1967 ebd. [F.56]
W. war Oberbürgermeister der am 19.5.1945 vom sowjetischen Stadtkommandanten ins Amt eingesetzten ersten Berliner Stadtverwaltung nach Kriegsende. In ihr wirkten Sozialdemokraten, Kommunisten, frühere Deutschnationale, wie der Arzt Ferdinand Sauerbruch, und Zentrumspolitiker zusammen, um das Leben in der kriegszerstörten Stadt wieder in Gang zu bringen. W., Architekt und Ingenieur für Elektrotechnik und Maschinenbau, gehörte keiner Partei an. Dieser »Stutifa-Magistrat« arbeitete bis zum 5.12.1946, als die SPD bei den ersten Kommunalwahlen im Oktober die höchste Stimmenzahl erhielt und Otto Ostrowski zum Oberbürgermeister vorschlug. *ED*

Werner, Theodor

Maler
✶ 14.2.1886 Jettenburg b. Tübingen
† 15.1.1969 Berlin
Nach einem Studium an der Stuttgarter Akademie und längeren Reisen nach Italien, Holland, Spanien, USA und Frankreich (in Paris 1930–35 längerer Studienaufenthalt), lebte er seitdem in Potsdam und Berlin. Befreundet mit G. Braque und J. Miró und von ihnen beeinflußt, schuf W. Werke, die in der Nazizeit als »entartet« galten, aber stets zu begehrten Sammlerobjekten gehörten. W. zählte zu den bedeutendsten abstrakten Malern der Nachkriegszeit in Deutschland. *JM*

Wertheim, Georg

Warenhausbesitzer
✶ 11.2.1857 Stralsund
† 31.12.1939 Berlin [F.11]
W. kam nach dem Besuch des Gymnasiums mit seinem Bruder nach Berlin in die Lehre bei der Firma »Wolff & Apulant Manufakturen«. Er kehrte nach Stralsund zurück, als dort der Vater Adolf W. ein Manufakturwarengeschäft eröffnete. 1885 gründete W. zusammen mit seinem Vater, der als der Erfinder des Warenhauses gilt, in der Rosenthaler Straße 27 in Berlin ein erstes Textilgeschäft. Dem Prinzip der frei ausliegenden und mit festem Preis gekennzeichneten Waren folgend, bauten W. und sein Bruder Franz W. das Unternehmen in wenigen Jahren zum größten seiner Art mit zahlreichen Filialen aus. 1890 gründeten sie ein Geschäft in der Oranienstraße 111. Mit dem Gebäude Alfred Messels am Moritzplatz für die Firma »A. Wertheim«, einem Kaufhaus großen Stils mit einem Mittellichthof, begann in Berlin der Warenhausbau. Das große Warenhaus Wertheim, der architektonisch revolutionäre Skelettbau Messels in der Leipziger Straße, konnte 1904 bezogen werden. W., dessen Unternehmen in seiner Blütezeit rund 10.000 Angestellte zählte, hatte während des Nationalsozialismus unter dem organisiertem Boykott jüdischer Geschäfte zu leiden. 1937 mußte er aus dem Konzern ausscheiden. Der Konzern wurde »arisiert« und bekam den Namen »AWAG« (Allgemeine Warenhaus AG). *BF*

Weskamm, Wilhelm

Theologe
✶ 13.5.1891 Helsen (Westfalen)
† 21.8.1956 Berlin [F.104]
Nach dem Theologiestudium in Paderborn und München erhielt er 1914 die Priesterweihe. Er wurde mit verschiedenen Aufgaben in Paderborn, Merseburg, Halle und Magdeburg betraut, bis er 1948 zum zweiten Weihbischof von Paderborn mit offiziellem Sitz in Magdeburg ernannt wurde. 1951 berief ihn der Papst zum Bischof von Berlin. Zugleich war er Vorsitzender der Katholischen Bischofskonferenz. Eine Gedenktafel in der St.-Hedwigskathedrale (Mitte) sowie die Weskammstraße (Tempelhof) erinnern an den Kirchenmann. *EF*

Wessel, Horst

SA-Führer und Propagandist der NSDAP
✶ 9.10.1907 Bielefeld
† 23.2.1930 Berlin
W. entstammte einer Bielefelder Pfarrerfamilie; der Vater übernahm 1913 die Pfarramtsstelle an der Berliner Nikolaikirche, wurde mit Kriegsbeginn Feldprediger und hatte Kontakt zu Hindenburg und zu deutschnationalen Kreisen. Bereits sechzehnjährig wurde W. Zeitfreiwilliger bei der Reichswehr, kam dann über den Bismarck- und Wiking-Bund 1925 zu Hitlers NSDAP. W. begann das Studium der Rechte in Berlin, brach sein Studium jedoch ab, als er erkannte, daß die NSDAP Einfluß in der Arbeiterschaft gewinnen müsse. Er verdingte sich als Bauarbeiter und Taxichauffeur und zog aus dem Elternhaus in der Jüdenstraße in ein Berliner Arbeiterviertel in der Frankfurter Straße. Dort stellte er einen SA-Sturm zusammen, der besonders aktiv gegen die kommunistischen Arbeiter vorging, so daß es zu harten Konfrontationen kam. Am 14.1.1930 wurde er bei einem Überfall in seiner Wohnung in der Frankfurter Straße schwer verletzt und verstarb sechs Wochen darauf. Der Prozeß gegen den Juden Epstein, der den Todesschuß abgegeben haben soll, diente der faschistischen Regierung 1935 als Vorwand für antisemitische Pogrome. Als Komponist des Liedes »Die Fahne hoch …« und Märtyrer der nationalsozialistischen Bewegung spielte W. für die faschistische Ideologie und Propaganda eine wichtige Rolle. *RM*

Wichern, Johann Gottfried *Hinrich*

Theologe
✶ 21.4.1808 Hamburg
† 7.4.1881 ebd.
Nach dem Theologiestudium und ersten sozialpädagogischen Erfahrungen in seiner Heimatstadt trat der Begründer der Inneren Mission (1848) der evangelischen Kirche Zeit seines Lebens für soziale Dienste seiner Kirche ein. So war er seit 1857 im preußischen Innenministerium für die Armenkassen und die Strafanstalten verantwortlich, gründete 1858 in Berlin das evangelische Johannisstift und 1860 die Johanneshilfe für bedürftige Kinder. Eine Gedenktafel in Alt-Moabit 127 (Tiergarten), die Wichernstraßen in Spandau und Zehlendorf und das Haus Wichern in der Waldenserstraße 31 (Tiergarten) erinnern an den sozial engagierten Theologen. *EF*

Wichert, Ernst

Jurist und Schriftsteller
✶ 11.3.1831 Insterburg (Ostpr.)
† 21.1.1902 Berlin [F.50]
Nach dem Jurastudium in Königsberg und dem Staatsexamen in Berlin arbeitete er an verschiedenen Gerichten, vor allem in Königsberg. 1887 kam er als Kammergerichtsrat nach Berlin, wo er bis zum Ruhestand 1896 tätig war. Danach widmete er sich ganz der schriftstellerischen Arbeit. Von ihm stammen 18 historische Romane, so über den Großen Kurfürsten, an die 60 Erzählungen und 30 Theaterstücke. 1879 erschien seine Autobiographie »Richter und Dichter«. Eine Straße in Prenzlauer Berg trägt seinen Namen. *EF*

Wieck, Dorothea

Schauspielerin
✶ 3.1.1908 Davos
† 19.2.1986 Berlin [F.2]
W. nahm in München Schauspielunterricht, debütierte mit 16 Jahren am Theater in der Josefstadt in Wien und wurde an die Münchner Kammerspiele engagiert. Frühzeitig interessierte sich der Film für sie; kurzzeitig war sie auch in Hollywood. W. wurde vor allem in der Rolle der jungen Lehrerin in dem Film »Mädchen in Uniform« (1931) berühmt. Nach 1945 baute sie in Berlin eine Schauspielschule auf, die sie 1961–67 leitete. 1976 zog sie sich aus der Öffentlichkeit zurück. *DTW*

Johann Hinrich Wichern (1808–1881)

Wieman, *Mathias* Carl Heinrich Franz

Schauspieler
✶ 23.6.1902 Osnabrück
† 3.12.1969 Zürich
Nach vier Semestern Studium der Kunstgeschichte und Philosophie besuchte W. die Schauspielschule des Deutschen Theaters, debütierte 1924 als Moritz Stiefel in Wedekinds »Frühlings Erwachen« am Deutschen Theater, dem er bis 1929 und 1932/33 angehörte. M. Seeler verpflichtete ihn an die »Junge Bühne« (in Stücken von Bronnen, Zuckmayer, Fleißer), wo er vor allem durch hohe stimmliche Kultur bestach. Ab 1933 gastierte W. an verschiedenen Berliner Theatern. Beim Film hatte er im »Schimmelreiter« (1934) einen durchschlagenden Erfolg. In späteren Jahren spielte der zum germanischen Edelmenschen aufgebaute W. in mehreren NS-Militärfilmen (u.a. »Kadetten« 1941) und ließ sich in »Ich klage an« (1941) dazu herab, in der Rolle eines Arztes die NS-Euthanasie zu verherrlichen. Zahlreiche Filme W.s fielen nach 1945 unter das Aufführungsverbot der Alliierten. In der Radio-Sendereihe »Das Schatzkästlein« wurde er reichsweit als Rezitator klassischer Literatur bekannt. Nach dem Krieg spielte er in Stuttgart, Wien, Hamburg, Zürich, München und in Berlin am Schloßparktheater. *DTW*

Wigman, Mary

(eigtl. Marie Wiegmann)
Tänzerin, Choreographin und Pädagogin
✶ 13.11.1886 Hannover
† 18.9.1973 Berlin
W. studierte in Hellerau (Dresden) und in München bei Laban, mit dessen Truppe sie auch in Ascona war. Den I. Weltkrieg über blieb sie in der Schweiz, trat 1917 in Zürich ohne nennenswerten Erfolg mit drei Soloprogrammen auf. Mehr Erfolg hatte sie 1918 in Davos, wo die »Ekstatischen Tänze« beeindruckten. In Deutschland schaffte sie nach anfänglichen Mißerfolgen damit in Hamburg und Dresden den künstlerischen Durchbruch. 1920 gründete sie in Dresden die W.-Schule (aus der später die Palucca-Schule hervorging). Das Institut wurde zum Zentrum der Bewegung des Deutschen Ausdruckstanzes. In den 20er Jahren wurde W. zum Ideal und Syn-

Mary Wigman (1886–1973)

onym für den Deutschen Ausdruckstanz, eine Tanzrichtung, die gegen den klassisch-akademischen Tanz revoltierte. Gastspiele in Europa und Amerika brachten ihr auch internationale Anhängerschaft. Das Dresdner Zentralinstitut der W.-Schule zählte bald 360 Schüler, an den Filialen des Auslands (incl. New York) studierten weitere 1500. Die mit der Machtergreifung der Nationalsozialisten beginnenden Schwierigkeiten verdichteten sich nur langsam, weil sich die NS-Kulturpolitik das »Deutsche« am »Deutschen Ausdruckstanz« zunutze machen wollte. Noch entstanden weitere Soloprogramme, und zur Olympiade 1936 trat sie mit dem großen Tanzpoem »Totenklage« vor die Öffentlichkeit. W. wurde jedoch als Leiterin ihrer Dresdner Schule abgelöst und nach Leipzig abgeschoben, wo sie sich 1942 als Solotänzerin verabschiedete und 1943 mit der Choreographie zu Orffs »Carmina Burana« Aufsehen erregte. Nach 1945 baute sie in Leipzig eine neue Schule auf und arbeitete an der Oper. 1949 ging sie nach Berlin (West) und gründete hier eine weitere Schule. An der Städtischen Oper choreographierte sie 1957 Strawinskys »Sacre du Printemps« und 1961 Glucks »Orpheus und Euridike« zur Inszenierung von R. Sellner.

Schriften: Deutsche Tanzkunst, 1935; Die Sprache des Tanzes, 1963.

Literatur: R. Delius, M. Wigmann, 1925; G. Zivier, M. Wigmann, 1956. *DTW*

Wilamowitz-Moellendorf, Enno Friedrich Richard *Ulrich* von

Philologe

✶ 22.12.1848 Markowitz (Posen)

† 25.9.1931 Berlin

W. hatte sich schon als Hochschullehrer in Greifswald und Göttingen einen Namen gemacht, als er 1897 an die Berliner Universität berufen wurde. Er widmete sich der quellenkritischen altsprachlichen Forschung und trug dazu bei, den einseitig pädagogisch ausgerichteten Klassizismus in Alt-Philologie und Alter Geschichte zu überwinden. Besondere Verdienste erwarb sich W. um die Neuherausgabe und Interpretation altgriechischer Dichter. *UH*

Wildenbruch, Ernst von

Dramatiker

✶ 3.2.1845 Beirut (Libanon)

✶ 15.1.1909 Berlin

Der Sohn des preußischen Generalkonsuls für Syrien besuchte seit Ende der 50er Jahre Schulen in Berlin und Halle, war Kadett und seit 1863 Leutnant in Potsdam. Nach dem Jurastudium, das er 1867 in Berlin aufgenommen hatte, arbeitete W. in verschiedenen Dienststellungen in Frankfurt/O. und Eberswalde, bis er 1877 nach Berlin kam. Hier war er bis 1900 im Außenministerium tätig. Seit 1907 lebte er in Weimar. Bereits während seiner Zeit als Beamter schrieb er Theaterstücke mit vorwiegend historischem Hintergrund. Nach seinem Tod wurde er in Weimar beigesetzt. In Berlin erinnern die Wildenbruchbrücke (Neukölln) und der Wildenbruchplatz (Neukölln) sowie Wildenbruchstraßen in Hellersdorf und Neukölln/Treptow an den Dramatiker. *EF*

Wilder, Billy

(eigtl. Samuel Wilder)

Drehbuchautor, Regisseur

✶ 22.6.1906 Sucha (Provinz Galizien, heute Polen)

† 28.03.2002 Beverly Hills (Los Angeles, USA)

Der Sohn eines jüdischen Geschäftsmannes begann seine berufliche Laufbahn als Journalist bei der Wiener Boulevardzeitung »Die Stunde«. 1926 lernte W. den Bandleader Paul Whiteman kennen, mit dem er nach Berlin ging. Hier arbeitete W. als freier Mitarbeiter für mehrere Tageszeitungen und Zeitschriften (»Berliner Börsen-Courier«, »Nachtausgabe«, »Tempo«, »B.Z. am Mittag« »Der Querschnitt«). Bekannt wurde W. durch eine Serie in der »B.Z. am Mittag«, in der er seine Erlebnisse als Eintänzer im Eden-Hotel schilderte. Darüber hinaus arbeitete er als Ghostwriter für Stummfilmautoren. 1930 drehte er zusammen mit Robert Siodmak seinen ersten Film, eine Art Dokumentarstreifen mit dem Titel »Menschen am Sonntag«. Einen Tag nach dem Reichstagsbrand, am 28. Februar 1933 verließ W. Deutschland und ging über Paris nach Hollywood, wo er schließlich bei Paramount Pictures einen Vertrag als Drehbuchautor bekam. Bis 1950 schrieb er fast alle seine Drehbücher zusammen mit seinem Co-Autor Charles Brackett, so auch das Buch zu »Ninotchka«, das Ernst Lubitsch mit Greta Garbo verfilmte, sowie »Sunset Boulevard« (1950), den bissigsten Hollywoodfilm über Hollywood, in dem Wilder selber Regie führte. Sein Regiedebüt in Hollywood hatte W. bereits 1942 mit »The Major and the Minor« gegeben. Erst nach Kriegsende erfuhr W., daß seine Mutter, sein Stiefvater und die Großmutter in Auschwitz ermordet worden waren. 1945 kam er im Rang eines Colonels nach Deutschland und wurde Leiter der Filmabteilung in der Psychological Warfare Division of the U.S. Army. 1948 drehte er in Berlin die Politsatire »A Foreign Affair« mit Marlene Dietrich. Fachleute sehen den Film als »unentdeckten Klassiker« (Cameron Crowe). Ab 1951, nach der Aufgabe der Zusammenarbeit mit Charles Brackett war W. auch fast immer sein eigener Produzent. Jetzt begann seine erfolgreiche Zusammenarbeit mit I.A.L. Diamond. Beide schrieben die Bücher zu Kino-Erfolgen wie »Some like it hot«, »The Apartment« oder »Irma la Douce«. Kurz vor dem Mauerbau kam W. noch einmal nach Berlin und drehte, u.a. mit Liselotte Pulver und Horst Buchholz, die Ost-West-Komödie »One, Two, Three« (1961). Da Wilder bei den Dreharbeiten vom Bau der Mauer überrascht wurde, mußte das Brandenburger Tor in den Münchner Bavaria-Studios nachgebaut werden. Die skurrile Polit-Satire, über die zur Zeit des Kalten Krieges niemand so recht lachen konnte, wurde erst nach dem Fall der Berliner Mauer zu einer Art Kultfilm. W. erhielt für seine Filme insgesamt sechs Oskars.

Literatur: H. Karasek, Billy Wilder. Eine Nahaufnahme. 1992; C. Crowe, Hat es Spaß gemacht, Mr. Wilder?, 2000. *RS*

Wilhelm I. (1797–1888)

Wilhelm I.

preußischer König, deutscher Kaiser
✶ 22.3.1797 Berlin
† 9.3.1888 ebd. [F.1]

Der zweite Sohn des preußischen Königs Friedrich Wilhelm III. und der Königin Luise von Preußen erlebte als Kind die schmachvolle preußische Niederlage gegen Napoleon, aber auch das nationale Wiedererwachen in den antinapoleonischen Befreiungskriegen, in denen er – für den Armeeberuf auserkoren – 1813 bei Bar-sur-Aube seine Feuertaufe erhielt. »Einfach, bieder und verständig«, wie seine Mutter ihn charakterisierte, war er frei von den romantisch-ständischen Ideen seines regierenden Bruders Friedrich Wilhelm IV. und verfocht als Vorsitzender des preußischen Staatsministeriums und Kommandeur des Gardekorps während der Revolution von 1848 eine harte Linie (»Kartätschenprinz«), mußte nach England fliehen, wurde jedoch auf Betreiben Camphausens schon im Juni 1848 zurückgerufen und als Abgeordneter in die preußische Nationalversammlung gewählt. Als Oberbefehlshaber der Armee schlug er die Aufstände in Baden und in der Pfalz (Juli 1849) blutig nieder und blieb als Militärgouverneur von Rheinland und Westfalen im westdeutschen Teil der preußischen Monarchie. Nach dem Schlaganfall des königlichen Bruders 1857 wurde W. Regent, ab 7.10. 1858 Prinzregent. Nach dem Tode F.W.IV. am 2.1.1861 zum preußischen König gekrönt, leitete er seine Herrschaft mit einer Umbildung des Kabinetts ein (Beginn der »Neuen Ära«). W.s Versuche, eine Heeresreform durchzuführen (u.a. gesetzliche Festlegung einer dreijährigen Dienstzeit), stießen auf den hartnäckigen Widerstand des Abgeordnetenhauses, was W. 1863 bewog abzudanken. Die kritische Zuspitzung wurde durch die Berufung Bismarcks zum Ministerpräsidenten gelöst, der die Heeresreform ohne Budgetentscheidung weiterführte. Bismarck überragte den König in jeder Beziehung und setzte sich in allen entscheidenden Punkten gegenüber W. durch. Bismarcks Außenpolitik, gekrönt durch den Sieg über Frankreich 1871, führte zur Antragung der Kaiserkrone, die W. zunächst ablehnen wollte (»Was soll mir der Charaktermajor?«). W. dachte eher an ein auf ganz Deutschland bezogenes Großpreußentum, weniger an ein Deutsches Reich. Die Krönung erfolgte am 18.1.1871 in Versailles. Differenzen zu Bismarck gab es bei dessen Versuch, den Zweibund mit Österreich (1879) gegen Rußland wirksam werden zu lassen, was bei der traditionellen Verbindung der beiden Herrscherhäuser (W. war immerhin der Onkel von Zar Alexander II.) auf W.s Widerstand stieß. Die beiden Attentate auf W. 1878 (durch Hödel und Nobiling) bildeten den Anlaß für das Sozialistengesetz.

Literatur: E. Marcks, Kaiser Wilhelm I., 1897.

RM

Wilhelm II.

preußischer König, deutscher Kaiser

✶ 27.1.1859 Potsdam

† 4.6.1941 Haus Doorn, Niederlande

Der Sohn Friedrichs III., des 99 Tage-Kaisers, und der Prinzessin Victoria von England wurde nach dem Studium der Rechts- und Staatswissenschaften in Bonn 1877–79 in den Militärdienst eingezogen. Der konservative und feudalaristokratische Geist, der ihn hier umgab – insbesondere in der Elitetruppe der Potsdamer Garde –, prägte sein Selbstbewußtsein als Herrscherpersönlichkeit. Neunundzwanzigjährig bestieg er 1888 den Thron. Im Unterschied zu seinem eher zurückhaltenden Großvater Wilhelm I. überschätzte W. seine Fähigkeiten, war ohne Augenmaß und nicht selten dilettantisch. Das »Persönliche Regiment«, wie seine durch die Verfassung begünstigte Regierungsweise bezeichnet wurde, erlaubte ihm weitgehende, oft verschärfende Eingriffe in politische Prozesse, ohne die entsprechende Billigung durch den Reichstag zu haben. Die Entlassung Bismarcks war eine Konsequenz dieser Haltung, zugleich Ausdruck der Hinwendung zu junkerlichen und militaristischen Kreisen, die Deutschlands Weltgeltung außenpolitisch mit allen Mitteln zu befördern suchten. Es war die Zeit der »Geheimen Kabinette« in denen industrielle Interessengruppen, aber auch nationalistische Kreise Einfluß auf den Kaiser gewannen. Berüchtigt – und kennzeichnend für die außenpolitische Unbedarftheit W.s – war die sog. »Hunnenrede«, die er anläßlich der Verabschiedung der deutschen Truppen zur Bekämpfung des Boxeraufstandes 1900 gehalten hatte (»Wer euch in die Hand fällt, sei euch verfallen.«). Innenpolitisch war W. zunächst zu sozialen Zugeständnissen an die Arbeiterbewegung bereit (Aufhebung des Sozialistengesetzes 1890), unterstützte dann aber unter dem Einfluß des Freiherrn v. Stumm ein verschärftes Vorgehen gegen die Sozialdemokratie. W. hat die verstärkte Rüstungspolitik des Deutschen Reiches nach der Jahrhundertwende gefördert und expansionistische Tendenzen durch eigenes Auftreten autorisiert (Krügerdepesche). Mit der Novemberrevolution 1918 wurde W. zur Abdankung gezwungen.

Literatur: H. Helfrich, Wilhelm II. als Kaiser u. König, 1954. *RM*

Willdenow, Karl *Ludwig*

Botaniker

✶ 22.8.1765 Berlin

† 10.7.1812 ebd.

W. erhielt seine Ausbildung in der väterlichen Apotheke Unter den Linden sowie an der Apothekerschule im thüringischen Langensalza. Anschließend studierte er in Halle Medizin. Schon in seiner Jugend hatte sich W. der Botanik zugewandt und bereits 1787 sein »Prodomus florae Beroliniensis« (»Berliner Flora«) veröffentlicht. Wieder in Berlin, ließ er sich als Arzt und Apotheker nieder. 1792 erschien sein »Grundriß der Kräuterkunde«. 1798 wurde W. Professor für Naturgeschichte am Collegium medico-chirurgicum; 1801 übernahm er die Leitung des Botanischen Gartens. Er legte eine bedeutende Herbarsammlung an, beschäftigte sich mit Pflanzengeographie und botanischer Systematik. 1810 wurde W. erster Professor für Botanik an der gerade gegründeten Berliner Universität. Beigesetzt wurde er auf dem 1826 geschlossenen – heute nicht mehr vorhandenen – Dorotheenstädtischen Friedhof. *UH*

Wille, Bruno

Erzähler, Lyriker, Essayist
✶ 6.2.1860 Magdeburg
† 31.8.1928 Lindau/Bodensee [F.55]
W. war der Sohn eines Versicherungskaufmanns. Er studierte Theologie, Philosophie, Mathematik und Naturwissenschaften. In Berlin war er Mitglied verschiedener literarischer Vereinigungen z.B. des naturalistischen Vereins »Durch« (gegr. 1886) und der »Neuen Gemeinschaft« (gegr. 1900), die ab 1902 ihr Domizil am Schlachtensee hatte. Nachdem er aus der evangelischen Kirche ausgetreten war, wurde er Sprecher und Lehrer der freireligiösen Gemeinde Berlins. Aus diesem Grunde mußte W. 1895 eine vierwöchige Haft in Friedrichshagen verbüßen. (»Das Gefängnis zum Preußischen Adler«, 1914) Er war aktiv bei den »Jungen« in der sozialdemokratischen Partei. Soziale und literarische Gründe waren es auch, die ihn zu einem Mitbegründer der »Freien Volksbühne« (1890) und der »Neuen Freien Volksbühne« (1892) machten. Von 1890–1920 lebte W. in Friedrichshagen, südöstl. von Berlin, wo sich um ihn und Wilhelm Bölsche der »Friedrichshagener Dichterkreis« bildete, zu dem hauptsächlich naturalistische Schriftsteller gehörten. Seine erste Gedichtsammlung erschien 1891 unter dem Titel »Einsiedler und Genosse«, den man fast als Lebensmotto verstehen kann; denn er war beides, ein Mensch, der die Einsamkeit liebte, der aber auch ein großes Bedürfnis hatte, auf andere Menschen einzuwirken und sie zu beeinflussen. 1897 veröffentlichte er Gedichte über die Großstadt Berlin und die Mark Brandenburg »Einsiedelkunst aus der Kiefernheide«. 1901 erschien sein Roman »Offenbarungen des Wacholderbaums«, 1909 der Roman »Abendburg« und 1920 seine Autobiographie »Mein sechzigjähriges Leben«. W. liegt auf dem Parkfriedhof Lichterfelde begraben. *IU*

Wilms, Friedrich *Robert*

Chirurg
✶ 9.9.1824 Arnswalde (Neumark)
† 23.9.1880 Berlin [F.13]
Der Sohn eines Apothekers kam 1842 zum Medizinstudium nach Berlin. Nach Studienaufenthalten im Ausland begann er 1848, als Assistenzarzt an der Kranken- und Diakonissenanstalt Bethanien in Berlin zu arbeiten. Dort übernahm W. 1862 die Leitung der chirurgischen Abteilung. Darüber hinaus führte er eine umfangreiche Privatpraxis und erwarb sich Verdienste als Militärarzt sowie um die Heranbildung des Chirurgen-Nachwuchses. *UH*

Windeck, Agnes

(eigtl. A. Windel)
Schauspielerin
✶ 27.3.1888 Hamburg
† 29.9.1975 Berlin [F.2]
W. begann als Schauspielerin in Hamburg, Hannover und Berlin. 1915 gab sie nach Eheschließung ihren Beruf auf, in den sie erst 1938 zurückkehrte (bis 1945 Lehrerin an der Schauspielschule des Deutschen Theaters). Sie spielte in der RIAS-Sendereihe »Günter Neumann und seine Insulaner« mit. Später war sie in zahlreichen Fernsehrollen zu sehen. Auf der Bühne spielte sie mit K. Haack in »Zwei ahnungslose Engel« und die Mutter Higgins in »My fair Lady«. *DTW*

Windthorst, Ludwig

Zentrumspolitiker, Gegenspieler Bismarcks
✶ 17.1.1812 auf Gut Kaldenhof b. Osnabrück
† 14.3.1891 Berlin
Aus katholischer Beamtenfamilie kommend, studierte W. die Rechte in Göttingen und Heidelberg und wurde 1836 Rechtsanwalt in Osnabrück. Seine politische Laufbahn begann W. als Abgeordneter der Zweiten Landtagskammer des Königreichs Hannover, deren Präsident er 1851 wurde. Als Justizminister reformierte er das hannoveranische Justizwesen. W. führte 1867 als Bevollmächtigter König Georgs V. die Abfindungsverhandlungen mit Preußens Regierung über das hannoversche Staatsvermögen. 1870 war W. Mitbegründer der Deutschen Zentrumspartei und nach dem Tode Hermann Mallinckrodts 1874 deren Führer. W. war Gegenspieler Bismarcks und bekämpfte scharf die Ausnahmegesetze gegen die katholische Kirche. Nach dem innenpolitischen Umschwenken Bismarcks 1877/78 hatte W. großen Anteil an der nun einsetzenden Integration des Katholizismus in die politische Kultur des Deutschen Reiches. Er wirkte mit bei der Gründung eines Volksvereins für das katholische Deutschland 1890. *RM*

Wins

Wie die Blankenfelde und Ryke gehörte die Familie zur reichen bürgerlichen Oberschicht im mittelalterlichen Berlin, die von den Einkünften ihrer Besitzungen im Umland der Stadt lebte und ausgedehnten Waren- und Geldhandel betrieb. Die W. gehörten zu den ersten, die in kurfürstlichen Dienst traten. Nach dem Berliner Unwillen 1448 in Ungnade gefallen, erhielten sie schon ein Jahr später ihre eingezogenen Ländereien (Blankenburg, Wartenberg, Falkenberg, Biesdorf, Alt-Landsberg) wieder zurück und wurden, als es um Schuldeintreibungen aus ihren Kreditgeschäften ging, vom Kurfürsten Friedrich II. unterstützt. 1458 hatte Claus, 1465–73 Valentin, 1490–99 Jakob W. das Bürgermeisteramt inne. Von den verschiedenen Zweigen der großen Familie führte einer ab 1600 den Adelstitel. *ED*

Winterstein, *Eduard* Clemens von

(eigtl. E. Freiherr von Wangenheim)
Schauspieler
∗ 1.8.1871 Wien
† 22.7.1961 Berlin [F.102]

W. debütierte 1889 in Gera, war seit 1895 in Berlin am Schiller-Theater, seit 1898 bei Brahm, 1901–03 am Lessing-Theater, seit 1903 beim Reinhardt-Ensemble (Deutsches Theater 1905–1938), spielte zwischendurch (z.B. in Jessners legendärer »Tell«-Inszenierung 1919) am Staatstheater, 1938–44 am Schiller-Theater, seit 1945 wieder am Deutschen Theater. Seit der Stummfilmzeit wirkte W. auch in 168 Filmen mit. Zu seinen wichtigsten Bühnenrollen zählen: Ferdinand, Tellheim (1904), Horatio (»Hamlet« 1912), Fuhrmann Henschel (1916), Stauffacher (»Tell« 1919), Sanitätsrat (»Vor Sonnenaufgang« 1932), Klosterbruder (»Nathan der Weise« 1945), Nathan (1955). W., der über 70 Jahre auf der Bühne stand, galt als Nestor des deutschen Theaters, stellte er doch eine Art Symbol für die Kontinuität humanistischer Schauspielkunst dar. Memoiren: Mein Leben und meine Zeit (2 Bde., 1942/47). *DTW*

Wissell, Rudolf

Politiker, Gewerkschaftsführer, Ehrenbürger
∗ 8.3.1869 Göttingen
† 13.12.1962 Berlin [F.65]

Der Maschinenbauer war seit 1888 Mitglied der Sozialdemokratie. W., der sich für Reformpolitik und einen »ethischen Sozialismus« einsetzte, wurde 1909 Leiter der Sozialpolitischen Abteilung der Gewerkschaften in Berlin, 1919 2. Vorsitzender der Generalkommission der Gewerkschaften Deutschlands und am 9.11.1918 Mitglied der Regierung der Volksbeauftragten, dann Wirtschaftsminister des aus der Weimarer Nationalversammlung hervorgegangenen Reichskabinetts. Er trat nach nur fünf Monaten zurück, weil sein Vorschlag für die Reformierung der deutschen Wirtschaft zu einer planmäßigen gesellschaftlich kontrollierten Gemeinwirtschaft von den Sozialisierungskommissionen 1918/19 und 1920 nicht angenommen wurde. W. war Mitglied des Reichstages von 1920–33, fungierte von 1924 bis 1932 als Schlichter für Groß-Berlin und Brandenburg. 1929/30 war W. Reichsarbeitsminister im Kabinett Müller. Verhaftung 1933, Polizeiaufsicht bis 1935; danach lebte W. zurückgezogen in Berlin. Nach Kriegsende in mehreren Ausschüssen des SPD-Landesverbandes Berlin tätig, publizierte W. zu sozialpolitischen Fragen; hervorzuheben ist seine umfangreiche Arbeit zum Brauchtum des Handwerks, wofür er 1929 die Ehrendoktorwürde der Universität Kiel verliehen bekam. 1949 wurde W. Ehrenbürger von Berlin. Schriften: Die Räte-Idee, 1919; Die Planwirtschaft, 1920; Des alten Handwerks Recht und Gewohnheit, 6 Bde., 1974 ff.
Literatur: D.E. Barclay, Rudolf Wissell als Sozialpolitiker 1890–1933, 1984. *RM*

Wisten, Fritz

Schauspieler, Regisseur und Theaterleiter
∗ 25.3.1890 Wien
† 12.12.1962 Berlin [F.93]

W. spielte nach Engagements an verschiedenen kleineren Bühnen 1920–33 in Stuttgart im Charakterfach (u.a. Richard III., Jago, Mephisto, Ödipus). Als rassisch Verfolgter schon im März 1933 entlassen, kam er als Schauspieler und Regisseur, 1939–41 auch als Leiter, zum Theater des Jüdischen Kulturbundes in Berlin. Nach 1941 überlebte er Zwangsarbeit, Gestapo-Schikanen und KZ-Haft. 1945 inszenierte W. »Nathan der Weise« zur Wiedereröffnung des Deutschen Theaters und Wolfs »Professor Mamlock« am Hebbel-Theater. 1946–54 war W. Intendant des Theaters am Schiffbauerdamm, in dem er das Ensemble der noch im Wiederaufbau befindlichen Volksbühne formierte; 1954–62 Intendant der Volksbühne am Luxemburgplatz. Zu seinen wichtigsten Inszenierungen gehören Gorkis »Feinde«, U. Bechers »Feuerwasser« und H. Zinners »Teufelskreis« und »Ravensbrücker Ballade«.
Literatur: H. Goertz/R. Weyl (Hg.), Komödiantisches Theater. F. Wisten und sein Ensemble, 1957. *DTW*

Witte, Otto

Schausteller
✶ 16.10.1872 Diesburg b. Magdeburg
✶ 13.8.1958 Hamburg
Der Sohn eines Kutschers kam schon mit acht Jahren zum Zirkus. Er bereiste mit verschiedenen Unternehmen Europa, Amerika, Afrika und Kleinasien. 1912 trat er in die türkische Armee ein und diente im Geheimdienst. Auch als Hochstapler trat er in Erscheinung, als er sich als albanischer Prinz ausgab und für einige Tage als Otto I. zum albanischen König gekrönt wurde. Nach Berlin kam er nach dem I. Weltkrieg, gründete eine »Partei für den Mittelstand, die Bauern, Kleinhändler und Schausteller« und ließ sich als Kandidat für die Wahl des Reichspräsidenten 1925 aufstellen. Er lebte bis 1950 in Berlin und trat als Schausteller und albanischer Exkönig auf. 1939 erschien seine Autobiographie »Fünf Tage König von Albanien«. Einer seiner Enkel ist Norbert Witte, der den Berliner Spreepark am Plänterwald in die Pleite führte und sich 2002 nach Südamerika absetzte. *EF*

Witzleben, Erwin von

Generalfeldmarschall
✶ 4.12.1881 Breslau
† (hingerichtet) 8.8.1944 Berlin [F.73]
Im Kadettenkorps erzogen, war W. im I. Weltkrieg zunächst Frontoffizier, später im Generalstab tätig. In der Reichswehr hatte er verschiedene Truppenkommandos inne. 1934 wurde er als Generalmajor Befehlshaber des Wehrkreises III (Berlin-Brandenburg). Wegen seiner Ablehnung der abenteuerlichen Kriegspolitik Hitlers 1938 von diesem Posten entfernt, wurde ihm das Kommando einer Heeresgruppe übertragen. Als Oberbefehlshaber der 1. Armee durchbrach er im Juni 1940 die Maginotlinie und wurde zum Generalfeldmarschall ernannt. Nach seiner gesundheitsbedingten Entlassung 1942 schloß er sich dem militärischen Widerstand gegen Hitler an; ihm war nach dem Gelingen der Verschwörung der Posten des Oberbefehlshabers der Wehrmacht zugedacht. Nach dem Attentat vom 20.7.1944 gab er den ersten Befehl an die Wehrmacht heraus. Nach dem Scheitern des Umsturzes am 21.7.1944 verhaftet, wurde er im Schnellverfahren des »Volksgerichtshofes« verurteilt und in Plötzensee hingerichtet. *ThW*

Erwin von Witzleben (1881–1944)

Wohlberedt, Willi

Heimatforscher
✶ 29.7.1878 Berlin
† 26.8.1950 Wieck (Darß) [F.86]
Der Heimatforscher, der als Angestellter bei der AEG tätig war, widmete seine ganze Freizeit seinem Hobby: der Erforschung Berliner Grabstätten. Im Ergebnis seiner langjährigen und akribischen Arbeit schuf er zwischen 1932 und 1939 ein einzigartiges Nachschlagewerk. Dieses »Verzeichnis der Grabstätten bekannter und berühmter Persönlichkeiten in Groß-Berlin, Potsdam und Umgebung«, der sogenannte »Wohlberedt«, gehört heute zu den bedeutendsten Sammlungen biographischen Charakters. Sein Ehrengrab befindet sich in Wilmersdorf. *EF*

Wöhler, Friedrich

Chemiker
✶ 31.7.1800 Eschersheim b. Frankfurt/M.
† 23.9.1882 Göttingen
Der Sohn eines universell gebildeten Tierarztes und Landwirts nahm 1820 in Marburg das Medizinstudium auf, das er in Heidelberg fortsetzte, wo er sich aber zunehmend der Chemie zuwandte. Als Schüler des berühmten Berzelius in Stockholm befaßte sich W. 1824 mit chemischen, geologischen und mineralogischen Forschungen. 1825 kam er als Lehrer an die Berliner Gewerbeschule, wo er 1828 zum Professor ernannt wurde und bis 1831 wirkte. In Berlin gelang ihm die

Reindarstellung verschiedener Elemente (Bor, Beryllium, Aluminium) und 1828 mit der Harnstoffsynthese die erstmalige künstliche Herstellung einer organischen Substanz. Daneben untersuchte er die chemische Zusammensetzung von Mineralen und begann, den Metabolismus organischer Stoffe im menschlichen Organismus zu erforschen. Seit 1831 in Kassel und ab 1836 in Göttingen wirkend, verband W. eine sehr enge und erfolgreiche Zusammenarbeit mit Justus Liebig. Gemeinsam gelang den Forschern die Synthese vieler organischer Stoffe unter Laborbedingungen. W. machte sich um die Heranbildung des akademischen Nachwuchses verdient. Der in Gießen lehrende Liebig würdigte W.s große pädagogische Fähigkeiten mit dem Ausspruch: »Es sind recht dumme Kerls, die von Göttingen nach Gießen gehen, der Chemie wegen, vom Gaul auf den Esel«. 1860 gelang W. die Isolierung des Kokains. Ein weiteres wichtiges Arbeitsgebiet des produktiven Chemikers war die technische Chemie. W. besorgte auch wissenschaftliche Übersetzungen, machte sich als Herausgeber von Fachliteratur und als Verfasser von Lehrbüchern der organischen und anorganischen Chemie einen Namen. Zu seinen wichtigsten Werken gehören »Grundriß der organischen Chemie« (1840), »Die Mineralanalyse in Beispielen« (1861) und das »Handwörterbuch der reinen und angewandten Chemie«, von dem ab 1842 insgesamt sechs Bände erschienen und das W. gemeinsam mit Liebig und Poggendorff herausgab.
Literatur: J. Valentin, F. Wöhler, 1949. *UH*

Woldemar (auch Waldemar)
Markgraf von Brandenburg
✶ vor 1281
† 14.8.1319 Bärwalde
Sohn des Markgrafen Konrad I., vereinigte er den durch Erbfolge zersplitterten Besitz der brandenburgischen Askanier. W. hatte endlose Gebietshändel mit mecklenburgischen Fürsten; streitbar und selbstbewußt sicherte er die brandenburgischen Grenzen, doch Kriegskosten und Prunksucht am Hofe erforderten den Verkauf immer neuer Gebiete. Seine Ehe mit der Askanierin Agnes blieb kinderlos, so daß nach W.s Tod der askanische Anspruch auf die Mark Brandenburg erloschen war. Das bildete den Hintergrund für das Auftauchen des falschen Woldemar 1348, eines vermutlich von dem Magdeburger Erzbischof Otto, König Karl IV. und der anhaltinischen Askanierlinie ins Spiel gebrachten Betrügers, der sich als von langer Pilgerfahrt zurückgekehrter Markgraf Woldemar ausgab. Viele der mit den nun regierenden Wittelsbachern unzufriedenen Städte gingen zu ihm über. Am 2.10.1348 belehnte ihn Karl IV. mit der Mark Brandenburg. Erst als Karl IV. gezwungen war, sich mit den Wittelsbachern zu einigen (Aufstellung eines Gegenkönigs durch die Wittelsbacher), entlarvte er den falschen Woldemar und belehnte die Wittelsbacher mit der Mark Brandenburg (1350). *RM*

Wolf, Konrad
Filmregisseur
✶ 20.10.1925 Hechingen
† 7.3.1982 Berlin [F.102]
Sohn des Schriftstellers F. Wolf. W.s Familie emigrierte 1933 und kam 1934 in die Sowjetunion. 1945 kehrte W. mit sowjetischen Truppen nach Deutschland zurück und arbeitete bei der Sowjetischen Militäradministration. Ab 1949 studierte er in Moskau Regie, wurde 1955 Regisseur der DEFA. Filme wie »Genesung« (1956), »Lissy« (1957), »Sterne« (1959), »Professor Mamlock«, »Ich war neunzehn« (1968) und »Mama, ich lebe« (1977) setzten die Tradition des antifaschistischen Geschichtsbildes der DEFA fort und schufen zugleich neue ästhetische Maßstäbe. Gegenwartsfilme wie »Sonnensucher« (1958/72), »Der geteilte Himmel« (1964), »Der nackte Mann auf dem Sportplatz« (1974) und »Solo Sunny« (1980) provozierten langanhaltende Diskussionen. 1980–82 schuf er mit einem Team von Dokumentaristen die sechsteilige Fernsehdokumentation »Busch singt«. Von 1965 bis zu seinem Tode war W. Präsident der Akademie der Künste (Ost). *DTW*

Wolff, Bernhard (Benda)
Publizist
✶ 3.3.1811 Berlin
† 11.5.1879 ebd. [F.118]
Nach der Schulausbildung in Berlin nahm W. ein Medizinstudium auf, das er mit dem Dr.med. abschloß. Statt in die beabsichtigte medizinische Praxis ging er nach dem frühen Tod des Vaters in organisatorisch publizistische Tätigkeiten. Mit liberalen politischen Freunden gründete er als Mitglied des National-Zeitungs-Clubs die Berliner »National-Zeitung«, die nach einer Probenummer am 23. März 1848 ab 1. April des selben Jahres laufend erschien. Zum Zeitungs-Club gehörten u.a. Adolf Diesterweg, Franz Duncker und Friedrich Zabel. W. leitete den Zeitungsvertrieb

und war ab Mitte der 50er Jahre alleiniger Besitzer des Blattes. Bereits vor der Zeitungsgründung hat er in Paris den Betrieb der Nachrichtenagentur Havas kennengelernt, wo er zusammen mit Julius Reuter hospitierte. Er erkannte die Zukunftsbedeutung der Nachrichtenagenturen, die das teure Korrespondentenwesen zumindest teilweise ersetzen, und solide Berichterstattung auch für kleinere Blätter finanziell erschwinglich machen konnten. Deshalb gründete er Wolff's Telegraphisches Bureau Ende Nov. 1849 in Berlin, unmittelbar nach der Freigabe der Telegraphie für öffentliche Nutzung durch den preußischen Staat. W.s Telegramme erschienen von da an in der »National-Zeitung«, wurden aber auch anderen Kunden systematisch angeboten. 1856 gab es erste Absprachen mit Havas und Reuter und drei Jahre später die sogenannten Kartellverträge, die die Einzugs- und Verbreitungsgebiete der Nachrichtenagenturen bis zum I. Weltkrieg festschrieben. Im selben Jahr wurde die Nachrichtenagentur finanziell auf eine neue Basis gestellt. Ein Kreis von Banken, der von Bismarck inspiriert worden war, gründete eine Kommanditgesellschaft, ohne daß diese Umgründung und deren politischer Hintergrund bekannt wurden. Der Einfluß zunächst des preußischen Staates und dann der Leitung des Deutschen Reiches auf Wolff's Bureau wurde allerdings im Laufe der Jahre öffentlich deutlich. Die wichtigste deutsche Nachrichtenagentur galt künftig als offiziöse Quelle. Auch in der »National-Zeitung« hatte W., wie ein großer Teil der Liberalen von 1848, Frieden mit Bismarck gemacht. Als W. starb, war die Zeitung eines der führenden Berliner Blätter und die Nachrichtenagentur die führende deutsche Agentur, die angesichts der politischen wie militärischen Vormachtstellung Deutschlands in Kontinentaleuropa zu Hoffnungen Anlaß gab, wenn auch, wie die Kartellverträge signalisierten, die relative Bedeutung von Wolff's Bureau im und für das Ausland nicht überschätzt werden darf.
Literatur: B. Friehe, Geschichte der »National-Zeitung«. 1848–1878, 1933; D. Basse, Wolff's Telegraphisches Bureau. 1849–1933, 1991. *HB*

Wolff, Julius

Chirurg
✶ 21.3.1836 Märkisch-Friedland
† 18.2.1902 Berlin [F.119]
W. studierte in Berlin Medizin, habilitierte sich 1868 für Chirurgie und wurde 1884 Professor an der Charité. Aus seiner Privatklinik ging die Universitätsklinik für orthopädische Chirurgie hervor, deren Direktor W. seit 1890 war. Der in Berlin als »Knochen-Wolff« bekannte Arzt führte neue Behandlungsmethoden ein, so bei Gelenkerkrankungen und angeborenen Mißbildungen. Sein Buch »Das Gesetz der Transformation der Knochen« (1892) wurde ein Standardwerk der Orthopädie. *UH*

Wolff, Theodor

Publizist
✶ 2.8.1868 Berlin
† 23.9.1943 ebd. [F.119]
Der Sohn eines Großkaufmanns entschied sich früh für die journalistische Laufbahn, war seit 1887 im Verlag Mosse beschäftigt und arbeitete zwischen 1894 und 1906 als Pariser Korrespondent des »Berliner Tageblattes«. Von 1906 bis zu seiner Emigration 1933 leitete er als Chefredakteur das »Berliner Tageblatt«. Unter seiner Führung entwickelte sich die Auflage der liberalen Zeitung von 100.000 auf etwa 250.000. Der allseitig interessierte W. gehörte 1889 zu den Mitbegründern der »Freien Bühne«, war bis zu seinem Austritt 1926 aktiv in der von ihm 1918 mitbegründeten Deutschen Demokratischen Partei und publizierte eine Reihe erfolgreicher Bücher, so das »Pariser Tagebuch« (1908) und »Der Marsch durch zwei Jahrzehnte« (1936; unter dem Titel »Die Wilhelminische Epoche« 1989 neuaufgelegt). 1933 emigriert, wurde er 1943 in Nizza verhaftet und an die Gestapo übergeben. Als er im KZ Sachsenhausen schwer erkrankte, kam er ins Jüdische Krankenhaus nach Berlin, wo er starb. Seit 1960 wird vom Bundesverband Deutscher Zeitungsverleger der Theodor-Wolff-Preis verliehen.
Literatur: B. Sösemann (Hg.), Th. Wolff. Der Journalist, 1993; ders., T. W. Der Publizist, 1995; ders., T. W. Der Chronist, 1997; ders., T. W. Ein Leben mit der Zeitung, 2000. *EF*

Wollenschlaeger, Harry

Schausteller
✶ 3.6.1927 Berlin
† 20.6.2001 ebd. [F.80 A]
Aus einer alteingesessenen Schaustellerfamilie stammend, begann W. gleich nach dem Krieg mit dem Wiederaufbau des Betriebes. 1949 war er Gründungsmitglied des Berliner Schaustellerverbandes, als dessen Vorstand er zwischen 1970 und 2001 tätig war. 1975 wurde er Präsident des

Deutschen Schaustellerbundes, 1983 Präsident der Europäischen Schaustellerunion. Der international vielfach ausgezeichnete Schausteller wirkte aber auch in seiner Heimatstadt als Kommunalpolitiker. So war er zwischen 1962 und 1971 Bezirksverordneter von Charlottenburg und gehörte von 1971–75 dem Berliner Abgeordnetenhaus an. Verdienste erwarb er sich auch um das Deutsch-Amerikanische Volksfest, zu dessen Mitbegründern er 1961 gehörte. *EF*

Wolzogen, Ernst von

Kabarettist und Schriftsteller
✶ 23.4.1855 Breslau
† 30.8.1934 Wolfratshausen
W. studierte in Straßburg und Leipzig, schrieb Romane und Novellen, Lustspiele und Gedichte, kam 1881/82 nach Berlin, schloß sich dem Friedrichshagener Dichterkreis an und verbuchte erste Erfolge als Autor. 1893 ging er nach München, schrieb »Die Feuersnot« (für R. Strauss) und wurde Spielleiter des Akademisch-dramatischen Vereins. 1899 kehrte er nach Berlin zurück, wo er die Idee eines literarisch veredelten Kabaretts umsetzte. Die »Bunte Bühne« (1901 zuerst in der Sezessions-Bühne Alexanderstraße, später in der Köpenicker Straße) lag in einer für das Kabarett nicht besonders günstigen Arbeitergegend im Berliner Osten; noch ehe sie Pleite machte, setzten die Betreiber W. den Stuhl vor die Tür. Er tingelte mit bunten Programmen, gründete 1905 die erste Komische Oper (Dresdner Straße), die ein Fiasko wurde, ging nach Darmstadt, versuchte sich als freier Schriftsteller und zog sich schließlich ganz zwischen seine Bücher und Musikinstrumente in Wolfratshausen an der Isar zurück. *DTW*

Wrangel, Friedrich Heinrich Ernst Graf von

Militär, Ehrenbürger
✶ 13.4.1784 Stettin
† 1.11.1877 Berlin
Aus einer Offiziersfamilie stammend, durchläuft W. die militärische Laufbahn ab 1796 im Dragoner-Regiment Nr. 6 und nimmt an den entscheidenden Schlachten der Feldzüge 1813/15 teil. Im Jahre 1815 wird er im Range eines Obersten Kommandeur des 5. Kürassierregiments. Der steile Aufstieg in der Hierarchie des preußischen Militärs führt den Generalleutnant 1847 in das Gouverneursamt von Berlin, in das Zentrum der politischen und militärischen Auseinandersetzungen der Jahre 1848/49. Während des Feldzugs gegen Dänemark im April 1848 hatte er den Oberbefehl über die Truppen des deutschen Bundes, kehrte im August 1848 nach Berlin zurück und erhielt im September den Oberbefehl über alle in der Mark stehenden Truppen. Sein Name war verbunden mit dem Belagerungszustand und der Zerschlagung der Verfassunggebenden Versammlung im November 1848. Friedrich Wilhelm IV. dankte ihm 1857 diese Ergebenheit gegenüber der Krone mit der Beförderung zum Generalfeldmarschall. Berlin hatte ihm 1850 die Ehrenbürgerschaft verliehen. *DW*

Wüst, Ida

Schauspielerin
✶ 10.10.1884 Wiesbaden
† 4.11.1958 Berlin
W. begann schon während der Stummfilmzeit mit der Filmarbeit, meist in Mütterrollen. Später spielte sie ältere elegante Damen, zuweilen komisch aber sympathisch. Ihre beste Leistung war die Mutter Wolfen im »Biberpelz«-Film (1937). Weitere Filme, mit denen W., eine der höchstbezahlten Schauspielerinnen der 30er Jahre, erfolgreich war, waren u.a. »Kleiner Mann, was nun?« (1933), »Heiratsinstitut Ida & Co.« (1937), »Sieben Jahre Pech« und »Wunschkonzert« (1940). *DTW*

Ida Wüst (1884–1958)

Wylich und Lottum, Carl Friedrich Heinrich Graf von
Militär, Politiker, Ehrenbürger
✶ 5.11.1767 Berlin
† 14.2.1841 ebd.
Der Generalssohn war mit 13 Jahren Kadett, mit 17 Jahren Fähnrich in einem Infanterieregiment, wurde nach schneller militärischen Karriere nach einem Unfall in der Militärverwaltung eingesetzt und konnte sich als Geheimer Staatsrat und hoher Beamter im Kriegsministerium eine sichere Position schaffen. Den gesellschaftlichen, militärischen und Verwaltungsreformen nach 1806 stand er abwehrend gegenüber, besaß das absolute Vertrauen König Friedrich Wilhelms III. Die Verdienste um das Finanzwesen und die Aufrechterhaltung des preußischen und Berliner Verwaltungswesens in den Kriegsjahren 1813/15 bewog den König, ihn zum Generalleutnant und 1817 zum Staatsminister zu ernennen. Magistrat und Stadtverordnete Berlins verliehen ihm 1834 die Ehrenbürgerschaft. *DW*

Z

Zacharias, Helmut

Musiker

✶ 27.1.1920 Berlin

† 28.02.2002 Brissago (Schweiz)

Der Sohn eines Geigers und Komponisten und einer Sängerin erhielt im Alter von zweieinhalb Jahren seine erste Geige und als Vierjähriger ersten Geigenunterricht. Mit sechs Jahren, am 29.11.1926, hatte Z. im Cabaret »Faun« in der Friedrichstraße seinen ersten öffentlichen Auftritt. Sein erstes Violinkonzert gab er mit elf im Deutschland-Sender (Mozarts Violinkonzert in G-Dur). 1935 gab Z. im Berliner »Wintergarten« sein Können als Violinvirtuose zum besten. 1936–39 studierte Z. an der Berliner Musikhochschule. 1939–41 ging er mit dem Berliner Kammerorchester unter der Leitung von Hans Benda auf Europatournee. 1941 entdeckte er seine Liebe zu Swing und Jazz und spielte in illegalen Jazz-Kellern, u.a. im »Groschenkeller« in der Kantstraße, wo er zusammen mit dem Gitarristen Coco Schumann, dem berühmten »Ghetto-Swinger«, musizierte. Z.' eigentliche Karriere begann erst nach 1945. Er verschrieb sich der sogenannten leichten Muse und landete mit Titeln wie »Wenn der weiße Flieder wieder blüht« Welterfolge. 1956 behauptete sich der »weiße Flieder« in den USA fünf Wochen lang unter den Top Ten. Weltweit gab Z. Konzerte, trat u.a. auch zweimal im Pariser »Olympia« auf. In den 50er und 60er Jahren wirkte Z. in unzähligen TV-Shows mit, machte auch zahlreiche eigene Shows. Mehr als 400 Eigenkompositionen und 1.400 von ihm arrangierte und produzierte Titel gehören zu seinem Lebenswerk. Im Laufe seiner Karriere verkaufte Z. rund 13 Millionen Schallplatten. Für eine TV-Aufzeichnung kehrte der stets unterschätzte Musiker noch einmal zur Klassik zurück und spielte zusammen mit Yehudi Menuhin Bachs Doppelkonzert. Im Dezember 1995 trat er zum letzten Mal im Deutschen Fernsehen auf.

RS

Zahn-Harnack, Agnes von

Schriftstellerin, Führerin der Frauenbewegung

✶ 15.6.1884 Berlin

† 22.5.1950 ebd.

Z.-H. war die Tochter des bedeutenden Theologen Adolf Harnack; sie hat später seine Biographie veröffentlicht. Aufgrund ihrer Erziehung trat sie frühzeitig in der Öffentlichkeit mit schriftstellerischen Arbeiten auf. Sie wirkte im protestantischen Sinne und interessierte sich besonders für die damalige Frauenbewegung; vor allem lag ihr der weibliche akademische Nachwuchs am Herzen. So war sie seit 1926 Leiterin des Deutschen Akademikerinnen-Bundes. 1933 lösten die Nationalsozialisten den Bund auf. Nach dem Krieg entstand unter ihrer Führung die Hochschulgruppe des »Berliner Frauenbundes von 1947«. Er sollte der Vorläufer eines neuen Akademikerinnen-Bundes sein. Anläßlich des 65. Geburtstages von Z.-H. trafen sich vom 18.–24. Juni 1949 Akademikerinnen aus allen Teilen Deutschlands, um über eine Neugründung zu beraten. Z.-H. erhielt von der Universität Marburg die Ehrendoktorwürde für erfolgreiches Wirken für Staat und Kirche.

EH

Zech, Paul

Schriftsteller

✶ 19.2.1881 Briesen b. Thorn (Westpreußen)

† 7.9.1946 Buenos Aires (Argentinien) [F.53]

Nachdem der Sohn eines Landschullehrers seine Jugend vor allem in Elberfeld verbracht hatte, arbeitete er einige Jahre als Bergmann im Ruhrgebiet, in Belgien und Nordfrankreich. 1910 kam er nach Berlin. Hier wirkte er als freier Schriftsteller. 1919 erhielt er aus der Hand von Heinrich Mann für seine Novellensammlung »Der schwarzer Baal« den Kleistpreis verliehen. Als Herausgeber der Zeitschrift »Das neue Pathos« war er wesentlich an der Popularisierung der expressionistischen Dichtung beteiligt. 1933 emigrierte er über Prag und Paris nach Argentinien. Von ihm stammen Gedichte, Novellen und Romane, Dramen und Übersetzungen. Eine Gedenktafel in der Naumannstraße 78 (Schöneberg) erinnert an den Schriftsteller. Sein Ehrengrab befindet sich in Schöneberg *EF*

Zehrer, Hans

Publizist

✶ 22.6.1899 Berlin

† 23.8.1966 ebd. [F.92]

Nach Schule und Kriegsdienst im I. Weltkrieg nahm Z. ein Studium der Medizin und Psychologie an der Berliner Universität auf, das er nicht zu Ende führte. 1923 ging er als Redakteur (Außenpolitik) zur »Vossischen Zeitung«, bei der er 6 Jahre blieb. Lehrmeister waren Georg Bernhard und Julius Elbau. 1929 übernahm er als Chefredakteur die Zeitschrift »Die Tat«, die der Verleger Eugen Diederichs, Jena, 1909 gegründet hatte. Von den Ideen der Jugendbewegung herkommend verfolgte »Die Tat« im konservativen Spektrum eine aktivistische Politik, die die Demokratie von Weimar deutlich ablehnte. Z. und seine Freunde (zu denen Ferdinand Fried und E.W. Eschmann zählten) suchten nach Konzepten für eine neue Republik, die sie jenseits des Liberalismus vermuteten. Das Vorbild des faschistischen Italien spielte dabei eine Rolle. Zur NSDAP Hitlers gab es kaum Verbindungen. Z. setzte Hoffnungen auf das dann scheiternde Konzept des Generals Kurt von Schleicher, der hinter den Kulissen und als kurzzeitiger Reichskanzler die NSDAP spalten und deren linken Flügel mit den Gewerkschaften (Carl Legien) zu einer mehrheitsfähigen gesellschaftlichen Front zusammenzuschließen suchte. Die Zeitschrift »Die Tat« suchte ihre Abonnenten und Leser in örtlichen Diskussionskreisen für eine neue Politik zu aktivieren. Um diesen Ansatz zu verstärken, übernahm der Tatkreis die Berliner Tageszeitung »Tägliche Rundschau« 1932/33. Nach dem Scheitern all dieser Pläne trat Z. von der journalistischen Bühne zeitweilig ab. 1938 wurde er Lektor, später Verlagsleiter des Oldenburger Stalling-Verlags, bis er erneut in den Kriegsdienst einberufen wurde. Nach dem II. Weltkrieg versuchte Z. erneut im Journalismus Fuß zu fassen. Die Britische Besatzungsmacht mochte in Wertung seiner Weimarer Publizistik nicht die Zustimmung geben, Z. als Chefredakteur der »Welt« in Hamburg einzusetzen. Es gelang aber 1948 Z. zum Chefredakteur des (evangelischen) »Sonntags-Blatts« des Hannoveraner Bischofs Hans Lilje zu machen. Nachdem die Briten die »Welt« durch Verkauf an den Axel Springer Verlag privatisierten, konnte Z. dort die Chefredaktion antreten (1953). Springer und Z. waren zunächst in der innen- wie außenpolitischen Linie einig, die auf Wiedervereinigung und Verankerung im Westen, die Ablehnung der nationalsozialistischen Politik und die Wiedergutmachung und Freundschaft gegenüber dem Staat Israel und den Juden gerichtet war. Beide waren sich auch einig, mit ihrer Zeitung die Politik der amtierenden Bundesregierungen und deren führender Kraft, der CDU, zu stützen. Der sachliche Konsens und die politische Bindung beider wurde aber brüchig. Ab 1964 wurde in Ablösung von Z., der auch schwer erkrankt war, ein dreiköpfiges Kollegium in die Leitung der »Welt« berufen. Z., der seinen Hauptwohnsitz wieder in Berlin genommen hatte, versuchte weiter als führender Mitarbeiter der »Welt«, deren Linie zu beeinflussen und vielleicht auch die Führung des Blattes in die alte Reichshauptstadt zu ziehen. Er schrieb weiter als Hans im Bild in der »Bild« Zeitung und als Hans Thomas Leitartikel für die »Welt am Sonntag«. Daß er den Weg der »Welt«-Redaktion später nach Bonn gebilligt hätte, kann bezweifelt werden. Die vielleicht zu späte Rückkehr nach Berlin kann nur dann als Genugtuung für Z. verstanden werden, wenn es gelingt, die »Welt« am neuen Standort trotz redaktioneller Kooperation mit der »Berliner Morgenpost« als überregionale deutsche Zeitung zu etablieren.

Literatur: E. Demant, Hans Zehrer als politischer Publizist. Vom Schleicher zu Springer, 1971; H.-D. Müller, Der Springer Konzern. Eine kritische Studie, 1968; J. Pöhls, Die »Tägliche Rundschau« und die Zerstörung der Weimarer Republik 1930–1933, 1975; K. Sontheimer, Der »Tat«-Kreis, in: Vierteljahreshefte für Zeitgeschichte, Jg. 7, 1959, S. 229–260. *HB*

Zelle, Robert

Stadtrat, Oberbürgermeister

✶ 18.9.1829 Berlin

† 24.1.1901 ebd. [F.21]

Z. stammte aus einer Professorenfamilie, studierte Rechtswissenschaften in Bonn und Berlin, arbeitete anschließend als Rechtsanwalt und war dann in der Redaktion des »Preußischen Handelsarchivs« tätig. Seit 1861 war Z. Stadtrat und nach dem Rücktritt Dunckers Bürgermeister; 1892 wählten die Stadtverordneten ihn zum Oberbürgermeister. Die Wahl war auf ihn gefallen, weil er die Zusammenarbeit beider städtischen Körperschaften anstrebte. Allerdings haben weder Z. noch Wilhelm II., der seine Wahl sehr begrüßte, den Gedanken eines größeren Berlins aufgegriffen. Der Kaiser dachte bei seinen Glückwünschen eher an eine Verschönerung der Linden oder der Denkmäler als an ein Groß-Berlin. Z. reichte schon 1898 sein Rücktrittsgesuch ein, das die Stadtverordneten mit Anerkennung für seine Tätigkeit annahmen. Er widmete sich im Ruhestand der Musik und Literatur. *EH*

Zeller, Eduard von

Theologe und Philosoph
✶ 22.1.1814 Kleinbottwar b. Ludwigsburg
† 9.3.1908 Stuttgart
Nach Lehraufträgen für Theologie bzw. Philosophie in Bern, Marburg und Heidelberg wurde Z. 1872 an die Berliner Universität berufen. Dort wirkte er bis zu seiner Emeritierung 1895. Er galt zuerst als Anhänger Hegels, später gehörte er zu den Neukantianern. Z. führte den Begriff »Erkenntnistheorie« in die Philosophie ein. Sein Hauptforschungsgebiet war die Geschichte der Philosophie. Bekannt machten ihn Werke wie »Die Philosophie der Griechen in ihrer geschichtlichen Entwicklung« (5 Bde., 1844–52) und »Grundriß der Geschichte der griechischen Philosophie« (1893). *UH*

Zelter, Carl Friedrich

Maurermeister, Komponist und Dirigent
✶ 11.12.1758 Berlin
† 15.5.1832 ebd. [F.105]
Z. lernte im Baugewerbe und wurde 1783 – sein Meisterstück bestand aus Kreuzgewölben und Kaminen – Maurermeister. Gleichzeitig bildete er sich musikalisch aus und spielte im Orchester des Döbbelinschen Theaters, wurde 1791 Mitglied des Singvereins seines Lehrers und Förderers K. Fasch, der nachmaligen Berliner Singakademie, vertrat diesen als Dirigent und wurde 1800 Faschs Nachfolger in der Leitung dieses Chores. 1806 wurde er zum Ehrenmitglied der Kgl. Akademie der Künste und 1809 zum Professor ernannt. Durch die Gründung einer Instrumentalistenschule (1807) und des Kgl. Instituts für Kirchenmusik (1822), der ersten öffentlichen Musikbildungsstätte Berlins, sowie durch seine Initiative zur Einrichtung eines Musikseminars an der Universität (1829) wurde er zum Begründer einer zeitgemäßen Musikerausbildung in Berlin. 1809 begründete er die ältere Berliner Liedertafel, den ältesten deutschen Männerchor. Seiner Initiative ist es zu danken, daß die Singakademie ein eigenes Gebäude bekam. Auf seine Anregung wurde der Kgl. Bibliothek 1829 eine Musikabteilung angegliedert. Neben seinen Baugeschäften und seiner Tätigkeit als Dirigent der Singakademie leitete er das Institut für Kirchenmusik und war Musikdirektor am Musikseminar der Universität. Er leitete Orchesterkonzerte (Freitagsmusiken) und einen Studentenchor, war Mitarbeiter am evangelischen Gesangbuch von 1830 und verfaßte sieben ausführliche Denkschriften zur Verbesserung der Musikpflege und -erziehung; überdies nahm er sich noch Zeit für zahlreiche Schüler, von denen Mendelssohn Bartholdy, O. Nicolai, C. Loewe und G. Meyerbeer die berühmtesten sind; er wechselte mit J.W. Goethe, dessen musikalischer Berater und langjähriger Duzfreund er war, hunderte von Briefen; er komponierte Sinfonien, Instrumentalkonzerte, Kantaten und Motetten, Chormusik und Lieder (»Sämmtliche Lieder, Balladen und Romanzen«, 4 Bde., 1810–13), von denen »Es war ein König in Thule« (nach Goethe) am populärsten geworden ist – kurz: er war zu seiner Zeit das unbestrittene Oberhaupt des musikalischen Berlin. *ThW*

Carl Friedrich Zelter (1758–1832)

Zeppelin, Ferdinand Graf von

Luftschiffer

✶ 8.7.1838 Konstanz

† 8.3.1917 Berlin

Nach einer militärischen Laufbahn, die ihn geistig nicht sonderlich befriedigte, studierte er an der Universität Tübingen Maschinenbau, Chemie und Staatswissenschaft. Nach dem ersten Kontakt mit einem Fesselballon in Amerika perfektionierte er bereits bekannte Pläne zum Bau eines Luftschiffs. 1882 kam er als Gesandter Württembergs nach Berlin, nahm aber 1890 endgültig Abschied von der Truppe und widmete sich ganz der Fliegerei. 1900 war zwar sein erstes Luftschiff fertig, aber auch das Startkapital restlos verbraucht; der Graf mußte ungewöhnliche Wege zur Geldbeschaffung beschreiten: eine Lotterie half, 1906 den zweiten Versuch zu finanzieren. »LZ 2« stieg auf, wurde aber am Landeplatz durch einen Orkan zerstört. Im selben Jahr kam der Durchbruch mit dem gut lenkbaren »Z 1«. Zwischen 1910 und 1914 erfolgten zahlreiche Fahrten über Deutschland, sein ziviles Luftschiff »Schwaben« erreichte bereits eine Durchschnittsgeschwindigkeit von 76 km/h und hatte eine Nutzlast von 6,5 t. In Staaken baute er weitere Luftschiffe und Großflugzeuge, speziell für die Armee. Allerdings war der militärische Effekt im I. Weltkrieg doch eher bescheiden, da die Zeppeline eine zu gute Zielscheibe boten. *VTM*

Zeune, Johann *August*

Pädagoge, Geograph und Germanist

✶ 12.5.1778 Wittenberg

† 14.11.1853 Berlin [F.99]

Z., Sohn eines Philosophieprofessors, stammt mütterlicherseits aus dem fränkischen Adelsgeschlecht derer von Eschenbach. Bereits 1802 wurde er an der Universität seiner Heimatstadt Dozent für Erdkunde, ging aber 1803 als Lehrer ans berühmte Berliner Gymnasium zum Grauen Kloster. 1806 beauftragte König Friedrich Wilhelm III. Z. mit der Gründung der ersten deutschen Blinden-Lehranstalt. Als deren Direktor verfaßte Z. mehrere Bücher über die Blindheit, speziell zur Didaktik des Unterrichts für Blinde (»Belisar. Über den Unterricht der Blinden« 1808) und erfand den Reliefglobus. Darüber hinaus beschäftigte er sich mit Problemen der physischen Geographie sowie mit der Geschichte der Geographie. 1808 erschien sein Handbuch »Gea, Versuch einer wissenschaftlichen Erdbeschreibung«. 1810 wurde Z. als Professor für Geographie an die neugegründete Berliner Universität berufen. *UH*

Ziegler, Franz

Politiker

✶ 3.2.1803 Warchau b. Brandenburg

† 1.10.1876 Berlin

Der Sohn eines Dorfpastors aus der Provinz Brandenburg schlug nach dem Studium die juristische Laufbahn ein und wurde Anwalt am Land- und Stadtgericht in Brandenburg/Havel. 1840 wurde er zum Oberbürgermeister Brandenburgs gewählt, entwickelte in dieser Position eine radikale demokratische Position gegenüber der preußischen Bürokratie und erwarb sich den Ruf eines radikalen, entschiedenen Demokraten. Im Frühjahr 1848 wurde er durch die Volksbewegung in seinem Amt bestätigt und im Herbst 1848 in einer Nachwahl als Abgeordneter für die Verfassunggebende Versammlung Preußens gewählt. Z. gehörte zu denjenigen demokratischen Abgeordneten, die sich im November 1848 der königlichen Aufforderung nach Verlegung der gewählten Versammlung aus Berlin nach Brandenburg widersetzten und zur Steuerverweigerung wegen Verfassungsbruch durch den Staat aufriefen. Nach der Niederlage der Revolution wurde Z. wegen Hochverrats angeklagt und zu mehrjähriger Festungshaft verurteilt, die er durchleiden mußte. Erst nach 1860 konnte er wieder am politischen Leben teilnehmen. 1865 kandidierte er erfolgreich für den Preußischen Landtag, gehörte zu den führenden Politikern der Fortschrittspartei auch später im Reichstag und wandte sich allmählich in einem schmerzlichen Erkenntnisprozeß unter dem Motto: »Das Herz der Demokratie ist da, wo die preußischen Fahnen wehen!« der nationalen Symbolfigur Bismarck zu. In diesen Berliner Jahren wurde er zu einem Original der Gesellschaft, bekannt vor allem am Stammtisch im Weinhaus Lutter & Wegner zusammen mit Theodor Döring, Adolf Glaßbrenner, Albert Hopf und Karl Stawinski. *DW*

Zieten, Hans Joachim von

preußischer Reitergeneral

✶ 14.(24.)5.1699 Wustrau b. Ruppin

† 26.1.1786 Berlin

Z. trat 1714 als Fahnenjunker in den Militärdienst ein, nahm aber 1724 schon seinen Abschied, weil er in der Beförderung mehrfach übergangen worden war. Zwei Jahre später kehrte er zum Dienst zurück, wurde wegen eines Ehrenhändels mit Festungshaft bestraft und entlassen, 1730 rehabilitiert und ein Jahr später zum Rittmeister, 1736 zum Major befördert. Seit 1741 machte er sich im Leibhusarenregiment um die Reorganisation der preußischen Kavallerie verdient. 1744 drang er mit der Avantgarde nach Böhmen vor und wurde Generalmajor. Nach zeitweiliger Entfremdung von Friedrich II. ernannte

Hans Joachim von Zieten (1699–1786)

ihn dieser bei Ausbruch des Siebenjährigen Krieges zum Generalleutnant. Mehrere Schlachten entschied er durch das beherzte Eingreifen seiner Reiterei (»wie Zieten aus dem Busch«). Friedrich II. schenkte dem »alten Vater Zieten« seine besondere Gunst, woraus nicht zuletzt der legendäre Ruhm des alten Husaren herrührt.
Literatur: G. Winter, H. J.v. Zieten, 1886. *ThW*

Zille, Rudolf *Heinrich*

Grafiker und Zeichner, Ehrenbürger
✶ 10.1.1858 Radeburg b. Dresden
† 9.8.1929 Berlin [F.121]
Z., aus sehr armen Verhältnissen stammend, übersiedelte 1867 nach Berlin und begann 1872 mit selbstfinanziertem Privatunterricht im Zeichnen, den er autodidaktisch erweiterte. Beruflich als Lithograph ausgebildet, nutzte er Abendkurse der kgl. Kunstschule als Schüler von C. Domschke und Th. Hosemann. Seit 1877 arbeitete er bei der »Photographischen Gesellschaft« und erlernte dort die verschiedendsten Reproduktionstechniken. Als er 1907 freischaffend weiterarbeitete, besaß Z. bereits reiche Erfahrungen in grafischen Techniken, da er seit mindestens 1885 eigene Arbeiten veröffentlicht hatte, zu deren Herstellung er sich vor allem der Fotografie als Mittel der szenischen Gestaltung bediente. Seinen öffentlichen Ruf als Zeichner begründete Z. 1901 durch Beteiligung an einer Ausstellung der Berliner Sezession, deren Mitglied er zwei Jahre darauf wurde. Weite Verbreitung erfuhren seine Werke vor allem durch Veröffentlichungen in Zeitschriften (u.a. »Simplicissimus« oder »Jugend«), doch gab er auch eigene Mappenwerke heraus. Nicht nur seine stets zunehmende Popularität (in der Öffentlichkeit liebevoll »Pinselheinrich« tituliert), sondern vor allem die Qualität seiner Kunst – die hohe Meisterschaft erreichte, wenn er ungehindet von Konventionen arbeiten konnte – führten zu gesellschaftlicher Anerkennung durch die Aufnahme in die Akademie der Künste 1924 und die Verleihung des Professorentitels. Z. war zu Beginn des 20. Jhs. schlechthin der populärste Künstler Berlins, und unschätzbar sind noch heute seine mit sicherem und knappem Strich sowie oft auch unter Zuhilfenahme bissigen Humors in den Beschriftungen gefertigten Darstellungen der proletarischen Lebensweise und ihrer Ausdrucksformen (u.a. Zyklen »Hurengespräche«, »Berliner Luft«, beide 1913; »Komm, Karlineken, komm« 1925). Der Bildchronist des »Milljöhs« war, bei aller Liebe zum Objekt, jedoch auch einer der schärfsten Kritiker der Lebenszustände der unteren Bevölkerungsschichten. 1970 postum in Berlin (Ost) zum Ehrenbürger ernannt, wurde Z. 1992 in die Gemeinsame Ehrenbürgerliste aufgenommen.
Literatur: H. Ostwald, Zille. Zilles Vermächtnis, 1930; W. Schumann, Das Große Zille-Album, 1958; O. Nagel, H. Zille, 1973; W. Ranke, H. Zille – Photographien Berlin 1890–1910, 1975.
JM

Zimmermann, Eduard

Politiker
✶ 4.9.1811 Berlin,
† 29.2.1880 ebd.
Der Sohn des Direktors des Friedrich-Werderschen Gymnasiums wurde nach dem Jura- und Kameralistik-Studium an der Berliner Universität und nach vier Jahren der Tätigkeit als Publizist und Gerichtsreferendar im Jahre 1839 Bürgermeister von Spandau und ab 1840 Mitglied

des Landtages der Provinz Brandenburg. Der radikal-demokratische Kommunalpolitiker Z. trat im März 1848 auf die Seite der Revolutionäre, wurde in die Frankfurter Nationalversammlung gewählt und gehörte in diesem ersten gesamtdeutschen Parlament zur Gruppe der radikalen Linken. Populär wurde er durch die Entschlossenheit, mit der er am 18. März das Spandauer Militär zwang, die schwarz-rot-goldenen Farben der deutschen Demokratie über der Festung zu zeigen. In den Revolutionsjahren war Z. auch Herausgeber der Wochenzeitung »Havelländisches Volksblatt«. Seine politische Konsequenz führte ihn zur Mißachtung des königlichen Rückberufungsbefehls aus Frankfurt/M., damit in das Stuttgarter »Rumpfparlament« und schließlich vor die Schranken eines preußischen Gerichts. Mitte 1849 wurde er verhaftet und nach zweijähriger Untersuchungshaft in Brandenburg wurde ihm 1850 der Prozeß gemacht. Der Vollstreckung des Urteils zu 12 Jahren Zuchthaus im Jahre 1849 wegen Hochverrats und Majestätsbeleidigung entzog er sich durch Flucht und Emigration. In England versuchte er einen beruflichen Neuanfang als Publizist, schrieb für deutsche und englische Zeitschriften, wurde Mitglied der Incorporated Law Society of the United Kingdom. Nach der Amnestierung kehrte er 1858 zurück, nahm aktiven Anteil an der Berliner Kommunalpolitik und wurde in die Stadverordnetenversammlung gewählt. Er wirkte in den Reihen der Deutschen Fortschrittspartei, war für sie Abgeordneter im Reichstag ab 1874 für den Wahlkreis Frankfurt/O., ab 1877 für Berlin. *DW*

Zobelitz, Fedor von

Schriftsteller
✶ 5.10.1857 Spiegelberg (Brandenburg)
† 10.2.1934 Berlin [F.83]
Nachdem er zunächst als Offizier gedient und danach das Gut des Vaters geführt hatte, kam er nach Berlin. Hier arbeitete er als Redakteur der »Militärischen Blätter« und widmete sich seiner Liebe, den alten Büchern. So gründete er die »Gesellschaft der Bibliophilen« und gab deren »Zeitschrift für Bücherfreunde« zwischen 1897 und 1909 heraus. Der vielgereiste Z. – u.a. Italien, Frankreich, Algerien, Marokko – schrieb Romane, die vorwiegend im Milieu des Adels spielten. 1934 erschien seine Autobiographie »Ich hab so gern gelebt«. Sein Ehrengrab liegt in Wilmersdorf. In Reinickendorf trägt eine Straße seinen Namen. *EF*

Zörgiebel, Karl Friedrich

Politiker
✶ 30.9.1878 Mainz
† 14.2.1961 ebd.
Nach einer Küferlehre wurde er bereits 1901 SPD-Mitglied und war danach in verschiedenen Funktionen hauptamtlich tätig. Von 1920–24 gehörte er dem Deutschen Reichstag an. Zwischen 1922 und 1933 bekleidete er in Köln, Berlin und Dortmund den Posten eines Polizeipräsidenten. In dieser Funktion sorgte er in seiner Berliner Amtszeit von 1926–30 für Verbesserungen der innerstädtischen Verkehrsregelungen und führte die Verkehrsampeln ein. 1929 war er nach einem Verbot der Maidemonstration dafür verantwortlich, daß auf die demonstrierenden Arbeiter geschossen wurde und über 30 Tote zu beklagen waren. In der NS-Zeit wurde er verhaftet und erhielt eine Gefängnisstrafe. Nach Kriegsende 1945 war er als Landespolizeipräsident in Nordrhein-Westfalen tätig. In Berlin wurde der Zörgiebelweg (Spandau) nach ihm benannt. *EF*

Zuckmayer, Carl

Schriftsteller
✶ 27.12.1896 Nackenheim (Rheinland-Pfalz)
† 18.1.1977 Visp (Schweiz)
Der Fabrikantensohn ging als Kriegsfreiwilliger in den I. Weltkrieg, wurde zu einem überzeugten Pazifisten und studierte in den ersten Nachkriegsjahren in Heidelberg. 1920 kam er nach Berlin. Nach anfänglichen Schwierigkeiten hatte er 1925 mit seiner Komödie »Der fröhliche Weinberg« großen Erfolg und erhielt den Kleistpreis. Auch in der Folgezeit wurden die meisten seiner Theaterstücke in Berlin uraufgeführt, obwohl er seit 1926 in Hemdorf bei Salzburg lebte. 1933 mit Aufführungsverbot belegt, emigrierte er 1939 über die Schweiz und Kuba in die USA. Nach dem Krieg erarbeitete er für die US-Regierung Einschätzungen zum Kulturleben in Deutschland und Österreich. 2002 erschienen diese von ihm verfaßten Dossiers unter dem Titel »Geheimreport«. 1947 hielt er in Berlin die Eröffnungsrede für die Wiederbelebung der Volksbühnenbewegung. Seit 1958 wieder ständig in Europa, lebte er in der Schweiz. Zu seinen bekanntesten Stücken, die auch verfilmt wurden, zählen »Der Hauptmann von Köpenick« (1931) und »Des Teufels General« (1946). 1966 erschien seine Autobiographie »Als wär's ein Stück von mir«. In Berlin erinnern die Carl-Zuckmayer-Brücke (Schöneberg) und eine Gedenktafel in der Inns-

brucker Straße/Fritz-Elsas-Straße (Schöneberg) an den Schriftsteller. *EF*

Zunz, Leopold

Historiker

✶ 10.8.1794 Detmold

† 18.3.1886 Berlin [F.118]

Z. gilt als »Schöpfer und Meister der Wissenschaft vom Judentum«. Aus alter und angesehener, aber armer jüdischer Familie stammend, kam Z. nach Schulbesuch in Wolfenbüttel 1815 nach Berlin. Er studierte an der Berliner Universität und war als Privatlehrer tätig. Nach seiner Promotion (1821 in Halle) arbeitete Z. in Berlin unter schwierigen materiellen Verhältnissen als Wissenschaftler, Prediger und Redakteur, bis ihm 1840 die Leitung des Berliner jüdischen Lehrerseminars (bis 1850) übertragen wurde. Sein Buch »Gottesdienstliche Vorträge« (1832) wurde ein Standardwerk zur jüdischen Geschichte und Literatur. Das Werk »Zur Geschichte und Literatur« (1845) markiert den Beginn der Judaistik als Wissenschaft. Weite Verbreitung fand die »Synagogale Poesie des Mittelalters« (1855).

Literatur: S. Maybaum, Aus dem Leben von L. Zunz, 1894. *UH*

Zuse, Konrad

Ingenieur

✶ 22.6.1910 Berlin-Wilmersdorf

† 18.12.1995 Hünfeld b. Fulda

Nach dem Studium an der Technischen Universität in Berlin entwickelte er zwischen 1934 und 1938 mit Z1 die erste programmgesteuerte Rechenanlage der Welt. 1941 konnte er dann mit dem Relaisrechner Z3 eine betriebsfähige Rechenanlage vorstellen. 1949 gründete er in Neunkirchen ein eigenes Unternehmen für die Produktion von Rechenanlagen. Mit Z22 wurde hier 1956 der erste Elektronenrechner hergestellt. Ein Nachbau seines Z1 befindet sich heute im Berliner Technikmuseum. Berlin ehrte ihn 1985 mit der Ernst-Reuter-Plakette. *EF*

Zweig, Arnold

Schriftsteller

✶ 10.11.1887 Glogau (Schlesien)

† 26.11.1968 Berlin [F.108]

Z. wurde als Sohn eines Getreidehändlers und Sattlermeisters geboren. 1907 begann er ein Lehrerstudium in Breslau, München, Göttingen, Rostock und studierte ab 1913 in Berlin die Fächer Germanistik, moderne Sprachen, Philosophie, Psychologie, Kunstgeschichte und Nationalökonomie. Ersten literarischen Ruhm brachte ihm der Roman »Novellen um Claudia« (1912). Für sein Drama »Ritualmord in Ungarn« erhielt er 1915 den Kleist-Preis. Von 1915–18 war Z. Soldat in Belgien, Serbien und Frankreich. Durch das Kriegserlebnis wandelte sich seine anfängli-

Arnold Zweig (1887–1968)

che Kriegsbegeisterung in einen konsequenten Pazifismus. Nach einem kurzen Studienaufenthalt in Tübingen, wo er nach dem Krieg noch Soziologie und Literaturgeschichte studierte, lebte Z. bis 1923 in Starnberg, das er wegen antisemitischer Ausschreitungen verließ. Er zog nach Berlin, und arbeitete dort als Redakteur an der zionistischen »Jüdischen Rundschau«. Seit seiner frühen Jugend hatte sich Z. mit seiner jüdischen Herkunft beschäftigt und nachdrücklich zum Judentum bekannt. In Berlin gehörte Z. zum links-intellektuellen Lager und setzte sich für eine liberale, den Menschenrechten verpflichtete Republik, eine gerechte Justiz und ein soziales Wirtschaftssystem ein. Er wurde Mitarbeiter der »Weltbühne«. Nach einer psychoanalytischen Behandlung erwachte Z.s Interesse an der Psychoanalyse und führte zu einer langjährigen Freundschaft und einem umfangreichen Briefwechsel mit Sigmund Freud. 1929 wurde Z. Vorsitzender des Schutzverbandes Deutscher Schriftsteller. Im

März 1933 verließ Z. Berlin und emigrierte nach Israel. Hier lebte er mit kürzeren Unterbrechungen bis er, als überzeugter Sozialist, 1948 nach Berlin (Ost) zurückkehrte. 1950–1953 war Z. Präsident der Akademie der Künste der DDR. Drei Schwerpunkte bestimmen sein literarisches Werk: die Auseinandersetzung mit dem Judentum, politisches Engagement im Sozialismus und Pazifismus und das Interesse an der Psychoanalyse. Jüdische Themen werden vor allem in den Büchern »Das ostjüdische Antlitz« (1920) und »Bilanz der deutschen Judenheit« (1933) behandelt. Die Antikriegshaltung kommt in vielen seiner Romane zum Ausdruck z.B. in seinem bekanntesteten Roman, »Der Streit um den Sergeanten Grischa« (1927). Dieser Roman gehört zu dem von Z. konzipierten Weltkriegszyklus »Der große Krieg der weißen Männer«, zu dem auch die bekannten Romane »Junge Frau von 1914« (1931), »Erziehung vor Verdun« (1935), »Einsetzung des Königs« (1937) und die weniger bekannten, wie »Die Feuerpause« (1954) und »Die Zeit ist reif« (1957) gehören. In seinem Roman »Das Beil von Wandsbek« (1943) thematisiert Z. das Problem der Mitläufer im Nationalsozialismus. Z. starb in Berlin, sein Grab befindet sich auf dem Dorotheenstädtischen Friedhof.

Literatur: W.v. Sternburg (Hg.), Arnold Zweig. Materialien zu Leben und Werk, 1987; J. Hermand, Arnold Zweig. 1990. *IU*

Die Friedhöfe

Die Bezirksnamen beziehen sich auf die Bezirke *vor* der Bezirksreform von 2001.

Bezirk Charlottenburg

F.1 Mausoleum im Schloßpark Charlottenburg, Schloßpark Spandauer Damm
F.2 Landeseigener Friedhof Heerstraße, Trakehner Allee 1 und Heerstraße
F.3 Landeseigener Friedhof Ruhleben, Am Hain
F.4 Kirchhof der Luisen-Gemeinde, Guerickestraße 7–9
F.5 Kirchhof der Luisen-Gemeinde, Königin-Elisabethstraße 46 und Lerchpfad
F.6 Kirchhof der Luisen-Gemeinde, Fürstenbrunner Weg 37–67
F.7 Kirchhof der Kaiser-Wilhelm-Gedächtnis-Gemeinde, Fürstenbrunner Weg 69–79
F.8 Lokalie Maria Regina Martyrium, Heckerdamm 230
F.9 Friedhof der Jüdischen Gemeinde zu Berlin, Scholzplatz

Bezirk Kreuzberg

F.10 Kirchhof der Dreifaltigkeitsgemeinde, Baruther Straße
F.11 Kirchhof der Dreifaltigkeitsgemeinde, Bergmannstraße 39–41
F.12 Kirchhof der Jerusalems-Gemeinde und der Neuen Kirchen-Gemeinde, Am Blücherplatz/Zossener Straße
F.13 Kirchhof der Jerusalems-Gemeinde und der Neuen Kirchen-Gemeinde, Baruther Straße/Zossener Straße
F.14 Kirchhof der Jerusalems-Gemeinde und der Neuen Kirchen-Gemeinde, Mehringdamm 21
F.15 Kirchhof der Jerusalems-Gemeinde und der Neuen Kirchen-Gemeinde, Bergmannstraße 45–47
F.16 Kirchhof der Friedrichwerderschen Gemeinde, Bergmannstraße 42–44
F.17 Kirchhof der Böhmisch-Lutherischen Bethlehems-Gemeinde, Am Blücherplatz Eingang Zossener Straße
F.18 Alter Luisenstadt-Kirchhof, Südstern 8–12

Bezirk Neukölln

F.19 Kirchhof der Jerusalems-Gemeinde und der Neuen Kirchen-Gemeinde, Hermannstraße 84–90
F.20 Kirchhof der Emmaus-Gemeinde, Hermannstraße 129–137
F.21 Kirchhof der St. Thomas-Gemeinde, Hermannstraße 179–185
F.22 Kirchhof der St. Michael-Gemeinde, Hermannstraße 191–195
F.23 Alter Kirchhof der St. Jacobi-Gemeinde, Karl-Marx-Straße 4–10
F.24 Kirchhof der Magdalenen-Gemeinde, Karl-Marx-Straße 209–213
F.25 Landeseigener Friedhof Neukölln (ehem. Neuer Garnisonfriedhof), Columbiadamm 122–158
F.26 Landeseigener Friedhof Neukölln (ehem. Standortfriedhof), Lilienthalstraße 17–19
F.27 Kirchhof der Gemeinden St. Simeon und St. Lukas, Britz, Tempelhofer Weg 3
F.28 Friedhof der Dorfgemeinde Britz, Backbergstraße 38a
F.29 Landeseigener Friedhof Britz, Buschkrugallee 38–50
F.30 Landeseigener Parkfriedhof Neukölln, Buckower Damm 168–174
F.31 Landeseigener Friedhof Buckow, Alt-Buckow 39a
F.32 Landeseigener Friedhof Rudow, Köpenicker Straße 117–141

Bezirk Reinickendorf

F.33 Landeseigener Friedhof, Freiheitsweg 64
F.34 Landeseigener Friedhof Reinickendorf, Humboldtstraße 74–90
F.35 Landeseigener Friedhof Frohnau, Hainbuchenstraße 64–76
F.36 Landeseigener Friedhof Heiligensee, Sandhauser Straße 78–130
F.37 Landeseigener Friedhof Hermsdorf, Frohnauer Straße 112–122
F.38 Landeseigener Friedhof Tegel (Nordgraben), Wilhelm-Blume-Allee 3/Waidmannsluster Damm 17/19
F.39 Landeseigener Friedhof Wittenau, Thiloweg 2
F.40 Kirchhof der Ev. Danke-Gemeinde, Blankestraße 12
F.41 Kirchhof der St. Hedwig-Gemeinde, Ollenhauer Straße 24–28
F.42 Kirchhof der St. Sebastian-Gemeinde, Humboldtstraße 68–73
F.43 Campo Santo der Familie Humboldt, Tegel, Gabrielenstraße
F.44 Kirchhof der Russisch-Orthodoxen Kirchgemeinde Wittenau, Wittestraße 37
F.45 Kirchhof der Martin-Luther-Gemeinde, Barnabasstraße 5–19

Bezirk Schöneberg

F.46 Alter Kirchhof der St. Matthäus-Gemeinde, Großgörschenstraße 12–14/Monumentenstraße
F.47 Kirchhof der Gemeinde Alt-Schöneberg, Hauptstraße 47
F.48 Landeseigener Friedhof (ehem. St. Matthäus-Gemeinde), Priesterweg 17
F.49 Alter Kirchhof der Zwölf-Apostel-Gemeinde, Kolonnenstraße 24–25
F.50 Neuer Kirchhof der Zwölf-Apostel-Gemeinde, Werdauer Weg
F.51 Landeseigener Friedhof Schöneberg, Eisackstraße 40a
F.52 Landeseigener Friedhof Schöneberg, Eythstraße 1–25
F.53 Landeseigener Friedhof Schöneberg, Stubenrauchstraße 43–45

Bezirk Spandau

F.54 Landeseigener Friedhof »In den Kisseln«, Pionierstraße 84–156

Bezirk Steglitz

F.55 Landeseigener Parkfriedhof Lichterfelde, Thuner Platz 2–4
F.56 Kirchhof der Luther- und der Kreuz-Gemeinde, Malteserstraße 113–133 und Malteserstraße 123–133
F.57 Kirchhof der Lichterfelde-Giesendorf-Gemeinde, Ostpreußendamm 132
F.58 Kirchhof der Lichterfelde-Paulus-Gemeinde, Hindenburgdamm (Dorfaue)
F.59 Landeseigener Friedhof, Langestraße 7–9
F.60 Landeseigener Friedhof Lichterfelde, Moltkestraße 42
F.61 Landeseigener Friedhof Steglitz, Bergstraße 34–52/Bismarckstraße

Bezirk Tempelhof

F.62 Landeseigener Friedhof Tempelhof, Gottlieb-Dunkel-Straße 26–27
F.63 Landeseigener Heidefriedhof Mariendorf, Reiseckstraße 14
F.64 Kirchhof der Dreifaltigkeits-Gemeinde, Mariendorf, Eisenacher Straße 61
F.65 Kirchhof der Kirchgemeinde »Zum Heiligen Kreuz«, Mariendorf, Eisenacher Straße 62
F.66 Kirchhof der ev. Kirchengemeinde Lichtenrade, Paplitzer Straße 10–24
F.67 Kirchhof der Christus-Gemeinde, Mariendorf, Mariendorfer Damm 223–227
F.68 Friedhof der Gemeinde St. Matthias, Mariendorf, Röblingstraße 91

Bezirk Tiergarten

F.69 Gedenk- und Bildungsstätte, Stauffenbergstraße 14
F.70 Zoologischer Garten, Hardenbergplatz 8/Budapester Straße 24
F.71 Landeseigener Friedhof Tiergarten, Wilsnacker Straße/Alt-Moabit
F.72 Friedhof der St. Johannes-Gemeinde, Alt-Moabit 24–25

Bezirk Wedding

F.73 Gedenkstätte Plötzensee, Hüttigpfad
F.74 Kirchhof II der Domkirchen-Gemeinde, Müllerstraße 72–73
F.75 Kirchhof der Dorotheenstädtischen Gemeinde, Liesenstraße 9
F.76 Landeseigener Urnenfriedhof, Seestraße 92–93
F.77 Landeseigener Friedhof Wedding, Gerichtstraße 37–38
F.78 St. Johannes-Kirchhof, Seestraße 126
F.79 Berliner Hafen- und Lagerhaus-Betrieb (BEHALA), Westhafenstr. 1
F.80 Kirchhof der St. Philippus-Apostel-Kirchengemeinde, Müllerstraße 44–45
F.80 A Kirchhof II der St. Elisabeth-Gemeinde, Wollankstr. 66
F.81 Kirchhof der Sophien-Gemeinde, Freienwalder Straße 19b
F.82 Robert-Koch-Institut, Nordufer 20

Bezirk Wilmersdorf

F.83 Landeseigener Friedhof Wilmersdorf, Berliner Straße 81–103
F.84 Landeseigener Friedhof Grunewald, Bornstedter Straße 11–12
F.85 Landeseigener Friedhof Schmargendorf, Misdroyer Straße 51–53
F.86 Landeseigener Friedhof Grunewald-Forst, Im Jagen 135

Bezirk Zehlendorf

F.87 Botanischer Garten, Dahlem, Königin-Luise-Str. 6–8/Unter den Eichen 165
F.88 Kirchhof der St. Annen-Gemeinde, Dahlem, Königin-Luise-Str. 55
F.89 Kirchhof der Ev. Kirchengemeinde Berlin-Nikolassee, Kirchweg 8–12
F.90 Landeseigener Friedhof Wannsee, Friedenstraße 2–14
F.91 Landeseigener Waldfriedhof Dahlem, Hüttenweg 47
F.92 Landeseigener Friedhof Dahlem, Königin-Luise-Straße 57
F.93 Landeseigener Waldfriedhof Zehlendorf, Potsdamer Chaussee 75–77/Wasgensteig
F.94 Landeseigener Friedhof, Onkel-Tom-Straße 30
F.95 Landeseigener Friedhof Wannsee, Lindenstraße 1–2
F.96 Grabstelle im Heinrich-Laehr-Park, Teltower Damm/Prinz Handjerystraße
F.97 Grabstätte am Kleinen Wannsee, Bismarckstraße
F.98 Kirchhof der St. Peter- und Paul-Gemeinde, Nikolskoe

Bezirk Friedrichshain

F.99 Kirchhof der Georgen-Gemeinde, Landsberger Allee 48
F.99 A Friedhof der St.-Petri-Gemeinde, Friedenstr. 81

Bezirk Köpenick

F.100 Städtischer Friedhof Oberschöneweide, An der Wuhlheide
F.101 Ev. Friedhof Friedrichshagen

Bezirk Lichtenberg

F.102 Zentralfriedhof Friedrichsfelde, Gudrunstraße

Bezirk Mitte

F.103 Dom (Gruft), Karl-Liebknecht-Straße
F.104 St. Hedwigs-Kathedrale (Krypta), Hedwigskirchgasse
F.104 A Nikolaikirche, Nikolaikirchgasse
F.105 Alter Kirchhof der Sophien-Gemeinde, Sophienstraße 2–3
F.106 Garnisonfriedhof von 1722, Linienstraße 207–212/Kleine Rosenthaler Straße 3–7
F.107 Invalidenfriedhof, Scharnhorststraße 33
F.108 Kirchhof der Dorotheenstädtischen und der Friedrichwerderschen Gemeinde, Chausseestraße 126
F.109 Kirchhof der Sophien-Gemeinde, Bergstraße 29
F.110 Kirchhof der St. Hedwigs-Gemeinde, Liesenstraße 8
F.110 A Alter Domfriedhof, Liesenstr. 6
F.111 Kirchhof der Französischen Gemeinde, Chausseestraße 127

F.112 Kirchhof der Französischen Gemeinde, Liesenstraße 7
F.113 Friedhof der Jüdischen Gemeinde (1827 geschlossen), Gr. Hamburger Straße 26–27
F.113 A Kirchhof Elisabeth- u. Versöhnungs-Gemeinde, Ackerstr. 37

Bezirk Pankow

F.114 Landeseigener Friedhof III Pankow, Hermann-Hesse-Straße
F.115 Landeseigener Friedhof IV Pankow, Buchholzer Straße
F.115 A Landeseigener Friedhof VII Pankow, Uhlandstr. 54/64
F.116 Kirchhof im Schloßpark Buch, Alt-Buch 36

Bezirk Prenzlauer Berg

F.117 Kirchhof der St. Nicolai- und der St. Marien-Gemeinde, Prenzlauer Allee 1
F.118 Friedhof der Jüdischen Gemeinde (1880 geschlossen) Schönhauser Allee 23–25
F.118 A Kirchhof I der Georgen-Parochialgemeinde, Greifswalder Str. 229–234

Bezirk Weißensee

F.119 Friedhof der Jüdischen Gemeinde Berlin, Herbert-Baum-Straße 45
F.120 Kirchhof der Ev. Auferstehungs-Gemeinde, Indira-Gandhi-Straße 110

F.121 Südwestkirchhof Stahnsdorf, Alte Bahnhofstraße
F.122 Wilmersdorfer Waldfriedhof, Stahnsdorf, Alte Bahnhofstraße
F.123 Kirchhof Köpenick, Rudower Straße
F.124 Friedhof Potsdam-Babelsberg, Goethestraße
F.125 Alter Friedhof Potsdam-Bornim
F.126 Neuer Friedhof Potsdam
F.127 Bornstedter Friedhof Potsdam
F.128 Alter Friedhof Potsdam
F.129 Landschaftsfriedhof Gatow, Max-Kolbe-Str. 6
F.130 Gruftgewölbe Parochialkirche, Klosterstraße
F.131 Gruft Sanssouci
F.132 Alter Friedhof, Schloßstraße Steglitz
F.133 Wald- u. Parkfriedhof, Pankow-Schönholz